PREPARAÇÃO ESTRATÉGICA

PARA 1ª FASE DA OAB

Coordenadores

NATHALIA MASSON

NESTOR TÁVORA

PREPARAÇÃO ESTRATÉGICA

PARA 1ª FASE DA OAB

2018

EDITORA *Jus*PODIVM

www.editorajuspodivm.com.br

EDITORA *Jus*PODIVM
www.editorajuspodivm.com.br

Rua Mato Grosso, 164, Ed. Marfina, 1º Andar – Pituba, CEP: 41830-151 – Salvador – Bahia
Tel: (71) 3045.9051 • Contato: https://www.editorajuspodivm.com.br/sac

Diagramação e Capa: Maitê Coelho *(maitescoelho@yahoo.com.br)*

ISBN: 978-85-442-2031-3

APRESENTAÇÃO DA OBRA

Este é o resultado de um grande esforço coletivo para lhe oferecer o melhor livro voltado para sua preparação para a 1ª fase do Exame da OAB!

Você não encontrará nesta obra um amontado de matérias aleatoriamente reunidas, sem qualquer lógica ou método, apenas agrupando o conteúdo das 17 disciplinas jurídicas exigidas no exame. Aqui temos um instrumento eficaz para sua aprovação, com objetividade, simplicidade e, principalmente, uma enorme estratégia de escolha e exposição de conteúdo.

É um livro de DICAS ESTRATÉGICAS de todas as disciplinas que constarão em sua prova de primeira fase do Exame da OAB. São DICAS, pois apresentam a matéria em um formato objetivo e sintético, o que, por óbvio, facilita sua leitura, compreensão e o aproveitamento do seu tempo, tão escasso e valioso. São ESTRATÉGICAS, pois resultam de um minucioso trabalho de análise das provas anteriores e do perfil da Fundação Getulio Vargas, responsável pela elaboração da prova, bem como dos muitos anos de experiência dos professores autores.

Assim, realizamos uma obra completa, tanto no que diz respeito às disciplinas e à metodologia, quanto ao grupo de autores que se uniu para este projeto. São professores que se dedicam há muitos anos na preparação para a OAB, possuem especial e destacada *expertise* nesse assunto e compartilham de um mesmo sonho: proporcionar o melhor conteúdo para sua aprovação!

Esta obra lhe proporcionará a melhor e mais eficiente revisão preparatória para a 1ª fase do Exame da OAB. Por isso, temos a certeza de que ela será uma peça fundamental em sua vitória, ou melhor, em nossa vitória, pois estamos juntos nessa caminhada!

Bons estudos, boa prova e rumo à vitória!

Nathalia Masson e ***Nestor Távora***

Coordenadores

SOBRE OS AUTORES

- COORDENADORES

NATHALIA MASSON

NESTOR TÁVORA

- COLABORADORES

ALESSANDRO SPILBORGHS
Direito Tributário

Advogado. Consultor tributário. Professor da Rede LFG de Ensino nos cursos preparatórios para concursos e exame da OAB. Pós-graduado em Direito Tributário. Mestre em Direito Político e Econômico.

ANTONIO CARLOS FREITAS JR.
Estatuto da Criança e do Adolescente

Advogado formado pela Faculdade de Direito da Universidade de São Paulo - USP. Pós-graduado em Direito e Processo Constitucional pelo Instituto de Direito Público de São Paulo – IDP/SP. Mestrando em Direito Constitucional pela Faculdade de Direito da Universidade de São Paulo – USP. Foi Coordenador de Juventude da Prefeitura de São Paulo e presidente do Conselho Municipal de Juventude de São Paulo. Foi assessor parlamentar na Assembleia Legislativa de São Paulo e na Câmara dos Deputados.

ARTHUR DA MOTTA TRIGUEIROS NETO
Ética Profissional

Procurador do Estado de São Paulo. Pós-graduado em Direito. Professor de Direito Penal e Ética Profissional na Rede LFG. Autor e coautor de livros voltados a preparação para Exame da OAB e concursos públicos. Palestrante.

BETHÂNIA PÁDUA
Direito Processual Civil

Graduada em Direito pela Universidade Federal de Juiz de Fora (2004) e mestrado em Sociologia e Direito pela Universidade Federal Fluminense (2009). Atualmente é advogada e leciona Direito Processual Civil nas Faculdades de Direito Doctum e Granbery.

DIOGO AGUIAR
Direito Penal

Advogado. Mestre em Direito Penal pela Pontifícia Universidade Católica de São Paulo - PUC/SP. Professor na Rede de Ensino LFG. Professor no curso de Pós-Graduação da Escola Brasileira de Direito/EBRADI. Professor conteudista do curso de Pós-Graduação Lato Sensu em EaD - Universidade Anhanguera-Uniderp.

EMERSON MALHEIRO
Direito Internacional

Pós-Doutorando em Direitos Humanos pela Universidade de Salamanca - Espanha. Doutor (aprovado summa cum laude, sob orientação do Professor Livre Docente Rizzatto Nunes) e Mestre (aprovado com nota máxima, distinção e louvor pela banca examinadora) em Direito pela Universidade Metropolitana de Santos. Pós-graduado com título de Especialista em Direito Público pela Pontifícia Universidade Católica de Minas Gerais, em Direitos Humanos pela Universidade Cândido Mendes, em Direito da Comunicação Digital e em Direito Penal pelas Faculdades Metropolitanas Unidas. Secretário do Departamento Acadêmico de Práticas, Estágios e Extensão, além de Líder da Área de Direito Internacional do Departamento Acadêmico de Direito Público e Professor nos Cursos de Graduação e Pós-Graduação (Especialização) das Faculdades Metropolitanas Unidas. Autor de obras nas áreas de Direito Humanos, Direitos Fundamentais, Direito Internacional, Direito da Sociedade de Informação, Direito Penal e Criminologia, publicadas por prestigiosas editoras e também de diversos artigos estampados em revistas e jornais jurídicos especializados. É Conferencista Emérito do Departamento de Cultura e Eventos da OABSP, Consultor da Comissão do Acadêmico de Direito da OABSP e Advogado. Foi docente dos Cursos Preparatórios para Concursos Públicos e Exame de Ordem do Complexo Educacional Damásio de Jesus, da Rede de Ensino Luiz Flávio Gomes e Professor Apresentador do Programa Prova Final, da TV Justiça.

ESTEFÂNIA ROSSIGNOLI
Direito Empresarial

Formada em Direito pela UFJF. Pós-graduada em Direito Empresarial e Econômico pela UFJF. Mestre em Direito Civil pela UERJ. Professora de Direito Empresarial em cursos de graduação, de pós-graduação e de cursos preparatórios. Advogada militante nas áreas de Direito Empresarial e Civil.

FABIANO MELO GONÇALVES DE OLIVEIRA
Direito Ambiental e Direitos Humanos

Professor dos cursos de graduação e pós-graduação em Direito e Administração da PUC/Minas. Professor de Direito Ambiental e Direitos Humanos da Rede LFG. Doutorando em Urbanismo e mestre em Direito. Redes Sociais: fabianomelooficial

FABRÍCIO BOLZAN
Direito do Consumidor

Advogado Militante em São Paulo-SP nas áreas de Direito Administrativo e Direito do Consumidor. Professor de Direito Administrativo e de Direito do Consumidor do Curso LFG (Luiz Flávio Gomes) - Carreiras Jurídicas e Nível Médio.

FRANCISCO SAVOIA
Direito Penal

Professor Universitário, especialista em direito penal e processual penal pela EPD, mestrando pela PUC-SP e Advogado.

JOSÉ ARAS
Direito Administrativo

Coordenador Geral do Centro de Estudos José Aras – CEJAS (www.cursocejas.com.br e www.cejastv.com.br). Advogado militante. Parecerista e palestrante. Graduado em Direito pela Universidade Federal da Bahia. Membro do Instituto de Direito Administrativo da Bahia – IDAB. Consultor Jurídico de Municípios, Órgãos Públicos e Entidades do 3º Setor. Autor de diversos livros. Instagram: @cejascurso

NATHALIA MASSON
Direito Constitucional

Doutoranda em Direito Público pela Universidade de Coimbra. Mestre em Teoria Geral do Estado e Direito Constitucional/PUC-RJ. Professora de Direito Constitucional e autora de diversas obras jurídicas.

NESTOR TÁVORA
Direito Processual Penal

Ex-Defensor Público do Estado de Alagoas. Advogado. Mestre em Direito Público pela Universidade Federal da Bahia. Especialista em Ciências Criminais pelas Faculdades Jorge Amado. Professor da Escola de Magistrados da Bahia. Professor da Fundação Escola Superior do Ministério Público da Bahia. Professor da Escola Superior de Advocacia Orlando Gomes. Professor da Faculdade Baiana de Direito nos cursos de graduação e Pós-Graduação. Professor da rede de ensino LFG.

MIRTES MUNIZ
Direito Processual Penal

Graduada pela PUC-SP. Pós-graduada pela Escola Paulista da Magistratura. Professora de Processo Penal. Advogada Criminalista.

THAIS MENDONÇA
Direito do Trabalho e Direito Processual do Trabalho

Juíza do Trabalho (TRT 5ª Região). Mestre em Direito (UFBA). Professora da Rede LFG e da Escola Judicial do TRT da 5ª Região.

WAGNER INÁCIO DIAS
Direito Civil

Professor Universitário. Mestre em Direito. Autor e coautor de obras jurídicas. Palestrante. Advogado. Cronista. Conselheiro da 30ª Subseção (Ubá) da OAB/MG.

WALLACE MAGRI
Filosofia do Direito

Bacharel em Direito. Doutor em Semiótica e Linguística Geral. Professor de Cursos Preparatórios. Autor de diversas obras para Concursos públicos e advogado.

SUMÁRIO

ÉTICA PROFISSIONAL

Arthur da Motta Trigueiros Neto

DIREITO CONSTITUCIONAL

Nathalia Masson

DIREITO ADMINISTRATIVO
José Aras

DIREITO CIVIL
Wagner Inácio Dias

DIREITO PROCESSUAL CIVIL

Bethânia Pádua

DIREITO PENAL

Diogo Aguiar

DIREITO PROCESSUAL PENAL
Nestor Távora

DIREITO INTERNACIONAL
Emerson Malheiro

DIREITO TRIBUTÁRIO
Alessandro Spilborghs

DIREITO EMPRESARIAL
Estefânia Rossignoli

FILOSOFIA DO DIREITO
Wallace Magri

DIREITO AMBIENTAL
Fabiano Melo Gonçalves de Oliveira

DIREITOS HUMANOS
Fabiano Melo Gonçalves de Oliveira

DIREITO DO CONSUMIDOR
Fabrício Bolzan

ESTATUTO DA CRIANÇA E DO ADOLESCENTE – ECA

Antonio Carlos Freitas Jr.

DIREITO DO TRABALHO

Thais Mendonça

DIREITO PROCESSUAL DO TRABALHO
Thais Mendonça

ÉTICA PROFISSIONAL

♦ ***Arthur da Motta Trigueiros Neto***

Sumário

INCIDÊNCIA DOS TEMAS NAS PROVAS
(Atualizada até o XXIV Exame da OAB)

Ética Profissional		
Advogado empregado	2	1%
Relações com clientes	3	1%
Das eleições e dos mandatos	4	2%
Estágio profissional	5	2%
Sigilo profissional	10	4%
Mandato	10	4%
Processo disciplinar	11	4%
Publicidade	11	4%
Inscrição na OAB	13	5%
Sociedade de advogados	14	6%
Atividade de advocacia	15	6%
Organização da OAB	16	6%
Deveres éticos	17	7%
Incompatibilidades e impedimentos	18	7%
Honorários advocatícios	24	10%
Infrações e sanções disciplinares	29	12%
Prerrogativas	48	19%
TOTAL	**250**	100%

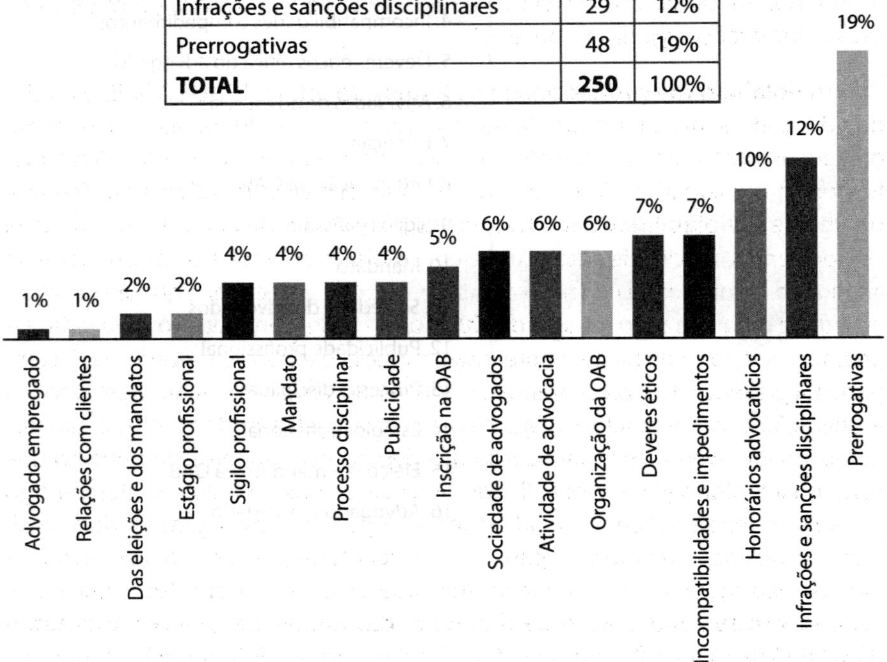

1. PRERROGATIVAS (DIREITOS) DOS ADVOGADOS

→ **Arts. 6º, 7º e 7º-A do EAOAB**

1 As **prerrogativas** dos advogados não constituem "privilégios pessoais", mas, sim, **garantias** que lhe são conferidas para o bom e adequado desempenho de suas atividades, as quais são consideradas indispensáveis à administração da justiça.

2 O art. 6º do EAOAB já inicia prevendo que *"não há hierarquia nem subordinação entre advogados, magistrados e membros do Ministério Público, devendo todos tratar-se com consideração e respeito recíprocos"*, reafirmando-se que o advogado não é inferior se comparado aos magistrados e membros do Ministério Público.

3 As **principais prerrogativas** dos advogados vêm previstas no rol do **art. 7º do EAOAB**, que, diga-se de passagem, não é exaustivo, vale dizer, não esgota todas as garantias da advocacia e de seus membros. Contudo, para fins de Exame de Ordem, imprescindível o estudo de cada um dos incisos e parágrafos de referido dispositivo legal. Leia todos!

4 **Liberdade de exercício profissional**: nos termos do art. 7º, I, do EAOAB, é direito do advogado exercer, com liberdade, a profissão em todo o território nacional. Lembre-se, porém, que o EAOAB, em seu art. 10, § 2º, prevê a necessidade de **inscrição suplementar** para a atuação do profissional em outros estados (Conselhos Seccionais) se exercer com habitualidade a advocacia (mais de cinco causas/intervenções judiciais por ano).

5 **Inviolabilidade profissional**: nos termos do art. 7º, II, do EAOAB, é direito do advogado a inviolabilidade de seu escritório ou local de trabalho, bem como de seus instrumentos de trabalho, de sua correspondência escrita, eletrônica, telefônica e telemática, desde que relativas ao exercício da advocacia. Trata-se, porém, de **inviolabilidade relativa**, eis que o §6º, do mesmo art. 7º, preconiza que presentes indícios de autoria e materialidade da prática de crime por parte de advogado, a autoridade judiciária competente poderá decretar a quebra da inviolabilidade de que trata o inciso II do *caput* deste artigo, em decisão motivada, expedindo mandado de busca e apreensão, específico e pormenorizado, a ser cumprido na presença de representante da OAB, sendo, em qualquer hipótese, vedada a utilização dos documentos, das mídias e dos objetos pertencentes a clientes do advogado averiguado, bem como dos demais instrumentos de trabalho que contenham informações sobre clientes. A ressalva constante do § 6º deste artigo 7º não se estende a clientes do advogado averiguado que estejam sendo formalmente investigados como seus partícipes ou coautores pela prática do mesmo crime que deu causa à quebra da inviolabilidade. Frise-se, por oportuno, que o STF julgou **constitucional** o **acompanhamento das diligências por representante da OAB** (**ADIn 1.127-8**). Para a eficácia das diligências, o juiz poderá comunicar a entidade, em caráter confidencial (ofício reservado), para que seja designado representante para acompanhar as diligências. Porém, em caso de inércia da própria OAB, caso, devidamente avisada da diligência, quede inerte, a busca e apreensão será válida. Apenas se o magistrado não oficiar à OAB, aí sim haverá ilegalidade!

6 **Comunicação reservada com cliente preso**: nos termos do art. 7º, III, do EAOAB, é direito do advogado comunicar-se com seus clientes, pessoal e reservadamente, **mesmo sem procuração**, quando estes se acharem presos, detidos ou recolhidos em estabelecimentos civis ou militares, ainda que considerados incomunicáveis.

7 **Prisão em flagrante do advogado**: nos termos do art. 7º, IV e §3º, do EAOAB, quando a **prisão** do advogado tiver **relação com o *exercício da advocacia***, exigir-se-á a **presença de um representante da OAB** quando da lavratura do auto de prisão em flagrante. Ressalte-se que somente caberá a prisão em flagrante do advogado, ligada à sua atividade profissional, se se tratar de **crime inafiançável** (art. 7º, § 3º, do EAOAB). Não incorra em equívoco: advogado pode ser preso em flagrante, mesmo que por crime afiançável, sem que a lavratura do respectivo auto conte com a presença de representante da OAB! A prerrogativa ora estudada somente "entrará em cena" se o crime cometido pelo advogado tiver relação com o exercício profissional. Se se tratar de crime inafiançável, será cabível sua prisão em flagrante, exigindo o EAOAB, porém, que se garanta a presença de representante da OAB durante a lavratura do auto de prisão.

8 **Prisão do advogado antes do trânsito em julgado**: nos termos do art. 7º, V, do EAOAB, é direito do advogado, em caso de **prisões cautelares**, vale dizer, aquelas anteriores ao trânsito em julgado da sentença penal (flagrante, temporária e preventiva), permanecer recolhido em **Sala de Estado-Maior** (sala situada nas dependências das Forças Armadas – Marinha, Exército ou Aeronáutica, bem como em Batalhão da Polícia Militar e Corpo de Bombeiros), com instalações e comodidades condignas, **ou, à falta dela**, em **prisão domiciliar.** O STF, na **ADIn 1127-8**, julgou inconstitucional o controle, pela OAB, das "acomodações" da sala de Estado-Maior. Em última análise, as cautelas acerca das acomodações nas salas de Estado-Maior ficarão a cargo, evidentemente, das Forças Armadas, **sem ingerência da OAB**, tal como constou na redação original do art. 7º, V, EAOAB, que atribuía à entidade o "reconhecimento" de que as instalações eram cômodas e condignas ao advogado. Com o advento do trânsito em julgado da condenação criminal imposta ao advogado, cessará a prerrogativa, ou seja, não mais ficará detido em Sala de Estado-Maior ou prisão domiciliar, migrando para o sistema prisional "comum", a fim de cumprir a pena como qualquer outra pessoa.

9 **Liberdade de acesso do advogado a diversos locais**: nos termos do art. 7º, VI, do EAOAB, é direito do advogado ingressar livremente:

a) nas salas de sessões dos tribunais, mesmo além dos cancelos que separam a parte reservada aos magistrados;

b) nas salas e dependências de audiências, secretarias, cartórios, ofícios de justiça, serviços notariais e de registro, e, no caso de delegacias e prisões, mesmo fora da hora de expediente e independentemente da presença de seus titulares;

c) em qualquer edifício ou recinto em que funcione repartição judicial ou outro serviço público onde o advogado deva praticar ato ou colher prova ou informação útil ao exercício da atividade profissional, dentro do expediente ou fora dele, e ser atendido, desde que se ache presente qualquer servidor ou empregado;

d) em qualquer assembleia ou reunião de que participe ou possa participar o seu cliente, ou perante a qual este deva comparecer, desde que munido de poderes especiais.

Nos lugares acima indicados, será direito do advogado o de permanecer sentado ou em pé e deles retirar-se independentemente de licença (art. 7º, VII, do EAOAB). Assim, não se poderá, por exemplo, compelir um advogado, durante uma audiência, a permanecer em pé, ou dele se exigir a concessão de permissão para que dela se retire.

10 **Acesso do advogado aos magistrados**: nos termos do art. 7º, VIII, do EAOAB, é direito do advogado dirigir-se **diretamente aos magistrados** nas salas e gabinetes de trabalho, *independentemente de horário previamente marcado* ou outra condição, observando-se a ordem de chegada. Nesse caso, não se poderá retirar do advogado a possibilidade de **contato direto** com o magistrado, sendo ilegal condicionar o atendimento do causídico à prévia análise da questão por outro profissional, como assistentes ou escreventes judiciários.

11 **Sustentação oral**: por força da **ADIn 1127-8**, o STF declarou inconstitucional o art. 7º, IX, do EAOAB, que prescrevia ser direito do advogado **sustentar oralmente as razões de qualquer recurso ou processo**, nas sessões de julgamento, **após o voto do relator**, em instância judicial ou administrativa, pelo prazo de quinze minutos, salvo se prazo maior fosse concedido. Destarte, após a decisão proferida pela Excelsa Corte, em controle concentrado de constitucionalidade, o advogado somente poderá fazer **sustentação oral** em recursos cuja lei a **admita**, ou nos termos dos regimentos internos dos tribunais, no momento também definido por referidos regimentos (geralmente *antes* do voto do relator ser lido). Em suma, nos casos dos recursos, a sustentação oral estará vinculada à **previsibilidade** de referida prerrogativa.

12 Uso **da palavra**: *nos termos do art. 7º, X, do EAOAB, é* direito do advogado, para o esclarecimento de **circunstâncias fáticas** que se apresentem **equivocadas**, ou em razão de **dúvidas** surgidas em relação a **fatos**, **documentos** ou

afirmações que influam no julgamento, fazer **uso da palavra**, pela ordem, de **maneira rápida e objetiva** (intervenção sumária), em qualquer juízo ou tribunal, ainda que seja necessário, por exemplo, interromper a fala do próprio magistrado em audiência. Também poderá fazê-lo quando sofrer **acusações** ou for **indevidamente censurado**.

13 Direito **de reclamação**: nos termos do art. 7º, XI, do EAOAB, é direito do advogado **reclamar**, **verbalmente** ou por **escrito**, perante qualquer juízo, tribunal ou autoridade, contra a inobservância de **preceito de lei, regulamento ou regimento**.

14 Fala **do advogado**: nos termos do art. 7º, XII, do EAOAB, é direito do advogado **falar**, **sentado ou em pé**, em juízo, tribunal ou órgão de deliberação coletiva da Administração Pública ou do Poder Legislativo.

15 Exame **de autos de processos**: nos termos do art. 7º, XIII, do EAOAB, é direito do advogado examinar, em **qualquer órgão dos Poderes Judiciário e Legislativo**, ou da **Administração Pública em geral**, autos de processos findos ou em andamento, mesmo sem procuração, quando não estejam sujeitos a sigilo, assegurada a obtenção de cópias, podendo tomar apontamentos. Cuidado: se os autos estiverem sob sigilo, ainda assim o advogado poderá consultá-los e obter cópias, mas desde que apresente a procuração outorgada pelo cliente. Em reforço: em regra, para o advogado examinar autos de processos (perante quaisquer Poderes), bem como obter cópias e fazer apontamentos, não precisará apresentar procuração, bastando que comprove sua condição de advogado. Contudo, se os autos estiverem sob sigilo, o instrumento de mandato será necessário.

16 Exame **de autos de investigação**: nos termos do art. 7º, XIV, do EAOAB, com a redação que lhe foi dada pela Lei 13.245/2016, é direito do advogado **examinar, em qualquer instituição responsável por conduzir investigação**, mesmo sem procuração, autos de flagrante e de investigações de qualquer natureza, findos ou em andamento, ainda que conclusos à autoridade, podendo copiar peças e tomar apontamentos, em meio físico ou digital. Nos autos sujeitos a sigilo, deve o advogado apresentar procuração (art. 7º, §10, do EAOAB). Importante registrar que a autoridade competente poderá delimitar o acesso do advogado aos elementos de prova relacionados a diligências em andamento e ainda não documentados nos autos, quando houver risco de comprometimento da eficiência, da eficácia ou da finalidade das diligências (art. 7º, §11, do EAOAB). Finalmente, estabelece o art. 7º, §12, do EAOAB, que a inobservância aos direitos estabelecidos no inciso XIV, o fornecimento incompleto de autos ou o fornecimento de autos em que houve a retirada de peças já incluídas no caderno investigativo implicará responsabilização criminal e funcional por abuso de autoridade do responsável que impedir o acesso do advogado com o intuito de prejudicar o exercício da defesa, sem prejuízo do direito subjetivo do advogado de requerer acesso aos autos ao juiz competente.

17 Direito **de vista de autos de processos**: nos termos do art. 7º, XV, do EAOAB, é direito do advogado **ter vista** dos processos judiciais ou administrativos de qualquer natureza, em cartório ou na repartição competente, ou **retirá-los** (fazer carga) pelos prazos legais. Frise-se que para o exercício dessa prerrogativa, não exige a lei que o advogado apresente a procuração. Contudo, o art. 7º, §1º do EAOAB, dispõe que não se aplica o disposto nos incisos XV e XVI:

1) aos processos sob regime de segredo de justiça (nesse caso, somente com a apresentação de procuração o advogado terá direito de vista e carga dos autos);
2) quando existirem nos autos documentos originais de difícil restauração ou ocorrer circunstância relevante que justifique a permanência dos autos no cartório, secretaria ou repartição, reconhecida pela autoridade em despacho motivado, proferido de ofício, mediante representação ou a requerimento da parte interessada;
3) até o encerramento do processo, ao advogado que houver deixado de devolver os respectivos autos no prazo legal, e só o fizer depois de intimado.

18 Direito **de retirada de autos de processos findos**: nos termos do art. 7º, XVI, do EAOAB, é direito do advogado **retirar** (fazer carga) autos de processos findos, mesmo sem procuração, pelo prazo de 10 (dez) dias. Contudo, a procuração será necessária se os processos, ainda que findos (encerrados), tiverem tramitado sob segredo de justiça (art. 7º, §1º, item 1, do EAOAB). Não se aplicará também o disposto no inciso XVI (art. 7º, §1º):

2) quando existirem nos autos documentos originais de difícil restauração ou ocorrer circunstância relevante que justifique a permanência dos autos no cartório, secretaria ou repartição, reconhecida pela autoridade em despacho motivado, proferido de ofício, mediante representação ou a requerimento da parte interessada;
3) até o encerramento do processo, ao advogado que houver deixado de devolver os respectivos autos no prazo legal, e só o fizer depois de intimado.

19 **Desagravo público**: nos termos do art. 7º, XVII, do EAOAB, é direito do advogado ser publicamente desagravado, quando ofendido no exercício da profissão ou em razão dela. Esclarece o §5º, do mesmo art. 7º, que no caso de ofensa a inscrito na OAB, no exercício da profissão ou de cargo ou função de órgão da OAB, o conselho competente deve promover o desagravo público do ofendido, sem prejuízo da responsabilidade criminal em que incorrer o infrator. Pormenorizando a prerrogativa em comento, o Regulamento Geral, em seus art. 18, dispõe que o desagravo público poderá ser deflagrado de ofício, a pedido do advogado ofendido ou de qualquer pessoa. Se a ofensa dirigida ao advogado for puramente pessoal, ou seja, sem que diga respeito ao exercício da profissão, ou em razão de cargo ou função na OAB, o relator do processo de desagravo poderá propor seu arquivamento, bem como se a ofensa configurar crítica de caráter doutrinário, religioso ou político. Ainda, nos termos do referido art. 18, o desagravo público, como instrumento de defesa dos direitos e prerrogativas da advocacia, não depende de concordância do ofendido, que não pode dispensá-lo, devendo ser promovido a critério do Conselho (§7º). Nos termos do art. 19 do Regulamento Geral, compete ao **Conselho Federal** promover o desagravo público de **Conselheiro Federal** ou de **Presidente de Conselho Seccional**, quando ofendidos no exercício das atribuições de seus cargos e ainda quando a **ofensa** a advogado se revestir de relevância e grave violação às prerrogativas profissionais, com **repercussão nacional**. Nos demais casos, a competência para o desagravo será dos Conselhos Seccionais.

20 Uso **de símbolos privativos**: nos termos do art. 7º, XVIII, é direito do advogado usar os **símbolos privativos da profissão**, quais sejam, as **vestes talares** e as **insígnias**, cujos modelos constam no Provimento 8/1964, do Conselho Federal da OAB, bem como a **imagem da justiça** (Têmis) e a **balança**. Porém, os símbolos do Conselho Federal (brasão da República) e dos Conselhos Seccionais são privativos desses órgãos, não podendo sequer os advogados utilizá-los.

21 **Sigilo profissional**: nos termos do art. 7º, XIX do EAOAB, é direito do advogado **recusar-se a depor como testemunha** em processo no qual funcionou ou deva funcionar, ou sobre fato relacionado com pessoa de quem seja ou foi advogado, mesmo quando autorizado ou solicitado pelo constituinte, bem como sobre fato que constitua sigilo profissional. Em suma, sempre que o fato chegar ao conhecimento do advogado em razão do exercício profissional, deverá recusar-se a depor como testemunha (que sempre tem o dever de dizer a verdade), sob pena de violação ao sigilo profissional.

22 **Direito de retirada**: nos termos do art. 7º, XX, do EAOAB, é direito do advogado **retirar-se do recinto** onde se encontre aguardando pregão para ato judicial, após **30 (trinta) minutos** do horário designado e ao qual ainda não tenha comparecido a autoridade que deva presidir a ele, mediante **comunicação** protocolizada em juízo. Se se tratar de audiência trabalhista, o prazo cai para 15 (quinze) minutos, nos moldes previstos no art. 815, parágrafo único, da CLT. Observe que o exercício da prerrogativa em tela somente será possível em caso de ausência do magistrado do recinto onde deveria presidir o ato. O "atraso de pauta" das audiências não dará margem para que o advogado "abandone" o fórum.

23 **Assistência a clientes investigados**: nos termos do art. 7º, XXI, do EAOAB, incluído pela Lei 13.245/2016, é direito do advogado **assistir a seus clientes investigados** durante a **apuração** de infrações, sob pena de **nulidade absoluta** do respectivo interrogatório ou depoimento e, subsequentemente, de todos os elementos investigatórios e probatórios dele decorrentes ou derivados, direta ou indiretamente, podendo, inclusive, no curso da respectiva apuração, apresentar razões e quesitos.

24 **Imunidade profissional**: nos termos do art. 7º, §2º, do EAOAB, o advogado tem imunidade profissional, não constituindo injúria, difamação ou desacato puníveis qualquer manifestação de sua parte, no exercício de sua atividade, em juízo ou fora dele, sem prejuízo das sanções disciplinares perante a OAB, pelos excessos que cometer. Destarte, pela leitura do dispositivo em comento, goza o advogado de imunidade penal no que toca aos crimes de *injúria* e *difamação*, considerados crimes contra a honra (arts. 139 e 140, ambos do CP), bem como no tocante ao crime de *desacato*, considerado crime contra a administração da justiça (art. 331, CP). No entanto, o STF, no julgamento da **ADIn 1.127-8**, entendeu pela **inconstitucionalidade** da expressão "**desacato**", excluindo referida infração da abrangência da imunidade penal ora estudada. Portanto, a imunidade profissional do advogado somente alcança os crimes de injúria e difamação. Caso pratique calúnia (art. 138 do CP), ainda que no exercício de sua atividade, responderá o advogado criminalmente.

25 **Salas especiais para advogados e OAB**: nos termos do art. 7º, §4º, do EAOAB, o **Poder Judiciário** e o **Poder Executivo** devem instalar, em todos os juizados, fóruns, tribunais, delegacias de polícia e presídios, **salas especiais permanentes** para os advogados, com uso e **controle** assegurados à OAB. O STF, após julgar a **ADIn 1.127-8**, declarou ***inconstitucional*** a palavra "controle". Assim, embora asseguradas a manutenção das salas especiais para os advogados nas repartições referidas, não será a OAB que irá controlá-las. Ressalte-se que os gastos expendidos pelo Poder Executivo ou pelo Judiciário para a instalação das salas para uso dos advogados não poderão ser "transferidos" à OAB, que não poderá ser compelida a proceder ao "reembolso" dos valores. Trata-se de um **dever** de referidos Poderes de Estado.

26 **Assistência de representante da OAB**: nos termos do art. 16 do Regulamento Geral, sem prejuízo da atuação de seu defensor, contará o advogado com a **assistência de representante da OAB** nos **inquéritos policiais** ou nas **ações penais** em que figurar como **indiciado**, **acusado** ou **ofendido**, sempre que o fato a ele imputado decorrer do **exercício da profissão** ou a este **vincular-se**.

27 **Direitos das advogadas**: A Lei 13.363, de 25 de novembro de 2016, promoveu a inclusão de mais um dispositivo ao Estatuto da OAB, mais precisamente o art. 7º-A, que passou a dispor expressamente sobre os **direitos das advogadas** que se encontrem em **situações específicas** (gestante, lactante, adotante ou que tiver dado à luz), materializando-se, assim, o princípio da igualdade material ou substancial entre homens e mulheres que integrem a advocacia brasileira.

Doravante, serão direitos da advogada:

> **I - gestante:**
>
> a) entrada em tribunais sem ser submetida a detectores de metais e aparelhos de raios X;
>
> b) reserva de vaga em garagens dos fóruns dos tribunais;
>
> **II - lactante, adotante ou que der à luz**, acesso a creche, onde houver, ou a local adequado ao atendimento das necessidades do bebê;
>
> **III - gestante, lactante, adotante ou que der à luz**, preferência na ordem das sustentações orais e das audiências a serem realizadas a cada dia, mediante comprovação de sua condição;
>
> **IV - adotante ou que der à luz**, suspensão de prazos processuais quando for a única patrona da causa, desde que haja notificação por escrito ao cliente.

Os direitos previstos à advogada **gestante** ou **lactante** (no caso, incisos I, II e III, do art. 7º-A do EAOAB) aplicam-se enquanto perdurar, respectivamente, o estado gravídico ou o período de amamentação.

Já os direitos assegurados nos incisos II e III, também do precitado art. 7º-A, à advogada **adotante** ou **que der à luz** serão concedidos pelo prazo previsto no CLT, ou seja, **120 (cento e vinte) dias.**

Finalmente, o direito assegurado no inciso IV do art. 7º-A à advogada **adotante** ou que **der à luz** será concedido pelo prazo previsto no § 6º do art. 313 do CPC, fixado em 30 (trinta) dias.

2. INFRAÇÕES E SANÇÕES DISCIPLINARES

→ **arts. 34 a 43 do EAOAB**

1 São ***quatro*** as **sanções** previstas para as infrações disciplinares previstas no art. 34 do EAOAB, a saber:

a) Censura (art. 36, EAOAB)

b) Suspensão (art. 37, EAOAB)

c) Exclusão (art. 38, EAOAB)

d) Multa (art. 39, EAOAB)

2 A ***censura*** é a mais leve das sanções, sendo cabível sua aplicação nos seguintes casos:

a) infrações definidas nos *incisos I a XVI e XIX* do art. 34 do EAOAB;

b) violação ao Código de Ética e Disciplina (CED); e

c) violação ao EAOAB, quando para a infração não existir pena mais grave.

3 As infrações éticas que dão ensejo à pena de censura podem ser divididas em **três grupos**: i) infrações disciplinares do art. 34 do EAOAB; ii) violação ao CED; iii) violação ao EAOAB.

No **primeiro grupo**, temos as seguintes hipóteses (correspondentes aos incisos I a XVI e XXIX do art. 34 do EAOAB):

> I – exercer a profissão, quando impedido de fazê-lo, ou facilitar, por qualquer meio, o seu exercício aos não inscritos, proibidos ou impedidos;
>
> II – mantiver sociedade profissional fora das normas e preceitos estabelecidos nesta lei;
>
> III – valer-se de agenciador de causas, mediante participação nos honorários a receber;
>
> IV – angariar ou captar causas, com ou sem a intervenção de terceiros;
>
> V – assinar qualquer escrito destinado a processo judicial ou para fim extrajudicial que não tenha feito, ou em que não tenha colaborado;
>
> VI – advogar contra literal disposição de lei, presumindo-se a boa-fé quando fundamentado na inconstitucionalidade, na injustiça da lei ou em pronunciamento judicial anterior;
>
> VII – violar, sem justa causa, sigilo profissional;
>
> VIII – estabelecer entendimento com a parte adversa sem autorização do cliente ou ciência do advogado contrário;
>
> IX – prejudicar, por culpa grave, interesse confiado ao seu patrocínio;
>
> X – acarretar, conscientemente, por ato próprio, a anulação ou a nulidade do processo em que funcione;
>
> XI – abandonar a causa sem justo motivo ou antes de decorridos dez dias da comunicação da renúncia;
>
> XII – recusar-se a prestar, sem justo motivo, assistência jurídica, quando nomeado em virtude de impossibilidade da Defensoria Pública;
>
> XIII – fizer publicar na imprensa, desnecessária e habitualmente, alegações forenses ou relativas a causas pendentes;
>
> XIV – deturpar o teor de dispositivo de lei, de citação doutrinária ou de julgado, bem como de depoimentos, documentos e alegações da parte contrária, para confundir o adversário ou iludir o juiz da causa;
>
> XV – fizer, em nome do constituinte, sem autorização escrita deste, imputação a terceiro de fato definido como crime;
>
> XVI – deixar de cumprir, no prazo estabelecido, determinação emanada do órgão ou de autoridade da Ordem, em matéria da competência desta, depois de regularmente notificado;
>
> XXIX – praticar, o estagiário, ato excedente de sua habilitação.

No **segundo grupo**, impor-se-á a pena de censura quando houver a **violação a dispositivos do CED**. Significa dizer que eventuais comportamentos lesivos às disposições previstas em referido diploma normativo darão azo à aplicação da pena em comento.

Por fim, para o **terceiro grupo**, admitir-se-á a aplicação da censura sempre que, violado o EAOAB, **inexistir** uma **penalidade mais grave** cabível. Ou seja, se determinada regra estatutária for desrespeitada pelo advogado, a ele se imporá a censura se não forem cominadas as penas de **suspensão** e **exclusão** (mais graves, portanto).

3 A censura, uma vez imposta, ficará registrada nos assentamentos (prontuário) do advogado, "sujando sua ficha" na OAB. Contudo, é possível que a **censura** seja **convertida em advertência,** que se materializará em ofício reservado encaminhado ao advogado, sem registro em seus assentamentos, quando existirem **circunstâncias atenuantes,** dentre elas as previstas no art. 40 do EAOAB:

> I – falta cometida na defesa de prerrogativa profissional;
>
> II – ausência de punição disciplinar anterior;
>
> III – exercício assíduo e proficiente de mandato ou cargo em qualquer órgão da OAB;
>
> IV – prestação de relevantes serviços à advocacia ou à causa pública.

4 A pena de **suspensão** (art. 37 do EAOAB) **interdita o exercício profissional** em todo o território nacional, ou seja, durante o seu cumprimento, o advogado não poderá exercer atividades privativas de advocacia em nenhum Estado (Conselho Seccional). Nada obstante, não cessará o dever de pagamento de anuidade.

5 As **hipóteses de suspensão** vêm previstas no art. 34, XVII a XXV do EAOAB, bem como em caso de reincidência em sanção disciplinar.

6 São causas de suspensão (art. 34, XVII a XXV, do EAOAB:

> XVII – prestar concurso a clientes ou a terceiros para realização de ato contrário à lei ou destinado a fraudá-la;
>
> XVIII – solicitar ou receber de constituinte qualquer importância para aplicação ilícita ou desonesta;
>
> XIX – receber valores, da parte contrária ou de terceiro, relacionados com o objeto do mandato, sem expressa autorização do constituinte;
>
> XX – locupletar-se, por qualquer forma, à custa do cliente ou da parte adversa, por si ou interposta pessoa;
>
> XXI – recusar-se, injustificadamente, a prestar contas ao cliente de quantias recebidas dele ou de terceiros por conta dele;
>
> XXII – retiver, abusivamente, ou extraviar autos recebidos com vista ou em confiança;
>
> XXIII – deixar de pagar as contribuições, multas e preços de serviços devidos à OAB, depois de regularmente notificado a fazê-lo;
>
> XXIV – incidir em erros reiterados que evidenciem inépcia profissional;
>
> XXV – mantiver conduta incompatível com a advocacia.

Especificamente no caso do inciso XXV acima, temos que se considera **conduta incompatível (art. 34, parágrafo único)**:

a) prática reiterada de jogo de azar, não autorizado por lei;

b) incontinência pública e escandalosa;

c) embriaguez ou toxicomania habituais.

7 O prazo de **duração da suspensão** varia, em **regra**, de 30 dias (no mínimo) a 12 meses (no máximo), levando-se em consideração, para tanto, os **antecedentes profissionais do inscrito, as atenuantes, o grau de culpa por ele revelado, as circunstâncias e as consequências da infração** (art. 40, parágrafo único, "b", do EAOAB). Porém, em três casos, a duração máxima da suspensão não é pré-estabelecida (art. 37, §§2º e 3º, do EAOAB), a saber:

a) recusa *injustificada* do advogado a prestar contas ao cliente de quantias recebidas dele ou de terceiros por conta dele (art. 34, XXI, EAOAB) – a suspensão durará até que o advogado preste as contas, satisfazendo integralmente a dívida, acrescida de correção monetária (art. 37, § 2º, do EAOAB);

b) inadimplência com as *contribuições, multas e preços* de serviços devidos à OAB, depois de regularmente notificado a fazê-lo (art. 34, XXIII, EAOAB) – a suspensão durará até que o advogado quite sua dívida, acrescida de correção monetária (art. 37, § 2º, do EAOAB);

c) incidir em *erros reiterados* que evidenciem inépcia profissional (art. 34, XXIV, EAOAB) – nesse caso, a suspensão somente cessará após o advogado prestar novas provas de habilitação (art. 37, §3º, do EAOAB).

8 A pena de **exclusão** (art. 38 do EAOAB) é a mais grave de todas, eis que acarretará o cancelamento da inscrição (art. 11, II, do EAOAB). Somente poderá ser aplicada se contar com votos favoráveis de **2/3 (dois terços)** dos membros do Conselho Seccional competente.

9 A **exclusão** será cabível nas seguintes **hipóteses**:

a) infração aos **incisos XXVI a XXVIII** do art. 34 do EAOAB;

b) reincidência na sanção de suspensão por 3 vezes;

10 São **hipóteses de exclusão** (art. 34, XXVI a XXVIII, do EAOAB):

> XXVI – fazer falsa prova de qualquer dos requisitos para inscrição na OAB;
>
> XXVII – tornar-se moralmente inidôneo para o exercício da advocacia;
>
> XXVIII – praticar crime infamante.

11 Uma vez excluído, fato que ensejará o **cancelamento da inscrição** (art. 11, II, do EAOAB), o advogado somente poderá retornar à OAB (reinscrição) após sujeitar-se ao processo de **reabilitação**, conforme determina o art. 11, §3º, do EAOAB.

12 A pena de multa (art. 39 do EAOAB) tem natureza ***acessória***, já que somente poderá ser fixada **cumulativamente** com as de **censura** ou **suspensão**, significando dizer que **não** poderá, jamais, ser imposta **isoladamente** como decorrência do cometimento de infração ético-disciplinar.

13 A cumulação da multa com a censura ou suspensão dependerá da existência de **circunstâncias agravantes** (ex.: reincidência em infrações disciplinares).

14 A pena de multa corresponderá ao **valor** de **1 (uma) anuidade** e o **máximo de seu décuplo**, levando-se em consideração, para fins de mensuração, os antecedentes profissionais do inscrito, as atenuantes, o grau de culpa por ele revelado, as circunstâncias e consequências da infração disciplinar (art. 40, parágrafo único, "b", do EAOAB).

15 A pena de multa **jamais será cumulada com a pena de exclusão**, podendo ser imposta cumulativamente, repita-se, ou com a censura ou com a suspensão.

16 Com o objetivo de contribuirmos à mais fácil assimilação das **hipóteses de cabimento** para cada uma das **espécies de sanções disciplinares**, propormos ao leitor o que segue:

a) A sanção de ***censura*** é a que engloba o maior número de hipóteses (17 das 29 infrações disciplinares previstas no art. 34 do EAOAB), o que torna mais difícil a sua memorização. Em razão disso, dizemos: não se preocupe com elas! Por eliminação, tudo o que não se enquadrar em *suspensão* e *exclusão* será censura!

b) A sanção de ***suspensão***, embora traga **nove** hipóteses do art. 34 do EAOAB (incisos XVII a XXV), **cinco** delas estão vinculadas à ideia de **dinheiro** (ex.: solicitar ou receber *importância* – inc. XVIII; receber *valores* da parte contrária – inc. XIX; *locupletar-se* à custa do cliente – inc. XX; recusa à prestação de contas de *quantias recebidas* – inc. XXI; deixar de *pagar* as contribuições e preços de serviços à OAB – inc. XXIII). Para as quatro hipóteses restantes, propormos, para fins de memorização, que o leitor se recorde da sigla **RECIF**: a) **RE** (REtenção abusiva ou extravio de autos – inc. XXII); **C** (Conduta incompatível – inc. XXV); **I** (Inépcia profissional – inc. XXIV) e; **F** (Fraude – inc. XVII).

Em **resumo**, lembre-se do seguinte:

- **Dinheiro** = art. 34, XVIII, XIX, XX, XXI e XXIII, EAOAB
- **RECIF** = art. 34, XVII, XXII, XXIV e XXV, EAOAB

3. HONORÁRIOS ADVOCATÍCIOS

→ **arts. 22 a 26 do EAOAB;**

→ **arts. 48 a 54 do CED**

1 Os **honorários** correspondem à ***remuneração dos serviços advocatícios prestados pelo profissional***, seja em juízo, seja fora dele. É indispensável que sejam fixados com *moderação*, observados os critérios previstos no CED e tabelas estabelecidas pelos Conselhos Seccionais.

2 De acordo com o art. 49 do CED, eis os **critérios** que devem ser observados pelos advogados para o estabelecimento dos honorários:

> I – a relevância, o vulto, a complexidade e a dificuldade das questões versadas;
>
> II – o trabalho e o tempo a ser empregados;
>
> III – a possibilidade de ficar o advogado impedido de intervir em outros casos, ou de se desavir com outros clientes ou terceiros;
>
> IV – o valor da causa, a condição econômica do cliente e o proveito para este resultante do serviço profissional;
>
> V – o caráter da intervenção, conforme se trate de serviço a cliente eventual, frequente ou constante;
>
> VI – o lugar da prestação dos serviços, conforme se trate do domicílio do advogado ou de outro;
>
> VII – a competência do profissional;
>
> VIII – a praxe do foro sobre trabalhos análogos.

3 Os honorários podem ser **classificados** da seguinte forma:

a) contratuais (ou convencionais);

b) por arbitramento judicial;

c) sucumbenciais;

d) com pacto ou cláusula *quota litis*.

4 Os **honorários contratuais** ou convencionais, de acordo com o art. 48 do CED, deve ser estipulado **preferencialmente por escrito**, conferindo, assim, maior segurança às partes (cliente e advogado). Nesse caso, constituirá título executivo extrajudicial (art. 24, caput, do EAOAB).

5 Nos termos do art. 48, § 1º, do CED, o **contrato de prestação de serviços** de advocacia **não exige forma especial**, devendo estabelecer, porém, com **clareza e precisão**, o seu objeto, os honorários ajustados, a forma de pagamento, a extensão do patrocínio, esclarecendo se este abrangerá todos os atos do processo ou limitar-se-á a determinado grau de jurisdição, além de dispor sobre a hipótese de a causa encerrar-se mediante transação ou acordo.

6 Não havendo **expressa previsão** no contrato acerca do **momento de pagamento**, os honorários, segundo sugere o art. 22, § 3º, EAOAB, serão devidos pelo cliente da seguinte forma: **1/3 (um terço)** no **início do serviço**, **1/3 (um terço)** até a **decisão de primeira instância** e o restante no **final.**

7 A **compensação de créditos**, pelo advogado, de importância devidas ao cliente, somente será admissível quando o **contrato de prestação de serviços** a **autorizar** ou quando houver **autorização especial do cliente** para este fim, por este firmada (art. 48, § 2º, CED). Em suma, não poderá o advogado reter valores pertencentes aos clientes como forma de "compensar" seu crédito de honorários, a não ser que haja autorização no próprio contrato de prestação de serviços ou autorização especial dada pelo cliente.

8 Se o advogado juntar aos autos o contrato de honorários **antes de expedir-se o mandado de levantamento ou precatório**, o juiz deve determinar que lhe sejam pagos **diretamente**, por **dedução da quantia** a ser recebida pelo constituinte, salvo se este provar que já os pagou (art. 22, § 4º, do EAOAB). Excelente mecanismo para se evitar "calote"!

9 Dispõe o art. 48, § 6º, do CED, que deverá o advogado, no tocante ao **valor**, observar o **mínimo** da Tabela de Honorários instituída pelo respectivo Conselho Seccional onde for realizado o serviço, inclusive aquele referente às diligências, sob pena de caracterizar-se o **aviltamento de honorários**. Em simples palavras, cobrar abaixo da Tabela constitui infração ética!

10 O art. 48, § 3º, do CED, prevê que o contrato de prestação de serviços poderá dispor sobre a **forma de contratação de profissionais para serviços auxiliares** (por exemplo, contadores), bem como sobre o pagamento de custas e emolumentos, os quais, na ausência de disposição em contrário, presumem-se devam ser atendidos pelo cliente. Caso o contrato preveja que o advogado antecipe tais despesas, ser-lhe-á lícito reter o respectivo valor atualizado, no ato de prestação de contas, mediante comprovação documental.

11 Dispõe o art. 48, § 5º, do CED, que é **vedada**, em qualquer hipótese, a **diminuição dos honorários contratados em decorrência da solução do litígio por qualquer mecanismo adequado de solução extrajudicial**.

12 Na falta de estipulação ou de acordo, os honorários são fixados por ***arbitramento judicial*** *(segunda espécie de honorários)*, em remuneração **compatível com o trabalho** e o **valor econômico da questão**, não podendo ser **inferiores aos estabelecidos na tabela** organizada pelo Conselho Seccional da OAB (art. 22, § 2º, EAOAB). Ao juiz impõe-se observar o mínimo estabelecido nas referidas Tabelas elaboradas pelos Conselhos Seccionais, servindo como **parâmetro** para o arbitramento dos honorários. Caso o faça abaixo da Tabela, o advogado poderá recorrer, pleiteando a majoração da verba.

13 Os **honorários por arbitramento judicial** decorrem, usualmente, de uma das seguintes **situações** abaixo:

a) *inexistência de contrato escrito;*

b) *controvérsia envolvendo o contrato verbal* (ex.: o cliente recusa-se a pagar o que foi ajustado verbalmente).

14 Os **honorários sucumbenciais** (terceira espécie de honorários) são aqueles **devidos pela *parte vencida*** no processo (sucumbente), que irá pagá-los ao ***advogado da parte vencedora***. Observe bem: a verba sucumbencial pertence ao *advogado* da parte vencedora, e não a esta.

15 Usualmente, os honorários de sucumbência são **fixados entre 10% e 20% do valor** da condenação ou da causa, nos termos do **art. 85 do NCPC**.

16 De acordo com o disposto no **art. 24, § 3º, do EAOAB**, é **nula** qualquer disposição, cláusula, regulamento ou convenção individual ou coletiva que retire do advogado o **direito ao recebimento dos honorários de sucumbência**. No entanto, o STF, no julgamento da ***ADIn 1.194***, reconheceu a ***inconstitucionalidade*** *do referido dispositivo legal*, dando-se margem, pois, para que haja **acordo em sentido contrário** quanto à destinação da verba sucumbencial, que constitui um **direito disponível do advogado**, razão por que admite disposição (acordo, renúncia etc).

17 Na hipótese de **falecimento ou incapacidade civil** do advogado, os honorários de sucumbência, proporcionais ao trabalho realizado, são recebidos por seus **sucessores ou representantes legais** (art. 24, § 2º, do EAOAB).

18 Nos termos do art. 51, *caput*, do CED, os **honorários de sucumbência** poderão ser **executados** pelo advogado, assistindo-lhe o **direito autônomo** para promover a **execução** do capítulo da sentença que os estabelecer ou para postular, quando for o caso, a **expedição de precatório ou requisição de pequeno valor** em seu favor (quando a parte vencida for a Fazenda Pública).

19 Em caso de **substabelecimento**, a verba correspondente aos honorários da sucumbência será repartida entre o **substabelecente** e o **substabelecido**, proporcionalmente à atuação de cada um no processo ou conforme haja sido ajustado entre eles (art. 51, § 1º, CED).

20 Havendo **conflitos entre advogados** envolvendo divergência sobre valores a serem partilhados de honorários sucumbenciais, a OAB ou seus Tribunais de Ética poderão ser solicitados a indicar **mediador**, sendo tentada, preliminarmente, nos processos disciplinares que envolverem esse assunto, a conciliação entre os advogados (art. 51, §§ 2º e 3º, CED).

21 Os **honorários com pacto ou cláusula *quota litis*** (quarta espécie de honorários) decorrem do **êxito na demanda**: se a causa patrocinada pelo advogado for "bem-sucedida", este receberá os honorários; caso contrário, "embolsará prejuízo".

22 Nos termos do art. 50, §1º, do CED, os **honorários com cláusula quota litis** devem ser estipulados em **pecúnia**, sendo certo que, **apenas excepcionalmente**, o advogado participará de **bens particulares do cliente**, desde que, comprovadamente, ele não tenha **condições pecuniárias para satisfazer o débito**.

23 Os **ganhos do advogado** não poderão superar os do **cliente**, já considerados os eventuais honorários sucumbenciais recebidos, sob pena de cometimento de infração ética (**locupletamento ilícito** - art. 34, XX, EAOAB).

24 Quando o objeto do serviço jurídico versar sobre **prestações vencidas** e **vincendas**, os honorários advocatícios com cláusula *quota litis* poderão incidir sobre o valor de umas e outras, atendidos os requisitos da **moderação** e **razoabilidade** (art. 50, § 2º, do CED).

25 Os honorários advocatícios, **de qualquer espécie**, constituem ***crédito privilegiado*** em concurso de credores, falência, recuperação judicial, insolvência civil e liquidação extrajudicial (art. 24, *caput*, do EAOAB).

26 De acordo com a **jurisprudência**, os honorários têm **natureza alimentar** (AgReg Suspensão de Liminar 158-2/RE 470.407 - STF; REsp 293552 - STJ), o que foi reafirmado quando da edição da **Súmula vinculante 47**, que assim dispõe: *"Os honorários advocatícios incluídos na condenação ou destacados do montante principal devido ao credor consubstanciam verba de natureza alimentar cuja satisfação ocorrerá com a expedição de precatório ou requisição de pequeno valor, observada ordem especial restrita aos créditos dessa natureza".*

27 *Conforme prevê o art. 85, §14, do NCPC,* os honorários constituem **direito do advogado** e têm **natureza alimentar**, com os **mesmos privilégios dos créditos oriundos da legislação do trabalho**, sendo vedada a compensação em caso de sucumbência parcial.

28 De acordo com o art. 24, § 4º, EAOAB, o **acordo** feito pelo **cliente do advogado** e a **parte contrária**, salvo aquiescência do profissional, **não lhe prejudica os honorários**, quer os convencionados, quer os concedidos por sentença.

29 Nos termos do art. 54 do CED, **antes de ajuizar ação contra cliente** para receber os honorários que lhe sejam devidos, deverá o advogado **renunciar** ao patrocínio da causa (art. 54, CED). Ou seja, em caso de inadimplência do cliente, o advogado não poderá prosseguir no patrocínio da causa, sendo o caso de renunciar o mandato que lhe tenha sido outorgado.

30 A **cobrança judicial** dos honorários advocatícios prescreve em ***cinco anos***, consoante dispõe o art. 25, *caput*, do EAOAB. O **termo inicial da prescrição** será:

a) o vencimento do contrato, se houver (inc. I);

b) o trânsito em julgado da decisão que houver fixado os honorários de sucumbência e os arbitrados (inc. II);

c) a ultimação do serviço extrajudicial, em se tratando, evidentemente, de atos extrajudiciais elaborados pelo advogado (inc. III);

d) a desistência ou transação (inc. IV);

e) a renúncia ou revogação do mandato (inc. V).

31 O cliente que quiser **prestação de contas do advogado** de quantias recebidas deverá promover a ação (de prestação de contas) no prazo de cinco anos, nos termos do art. 25-A do EAOAB.

32 Conforme dita o art. 26 do EAOAB, o **advogado substabelecido**, com reserva de poderes, não poderá realizar a cobrança dos honorários sem a **intervenção do substabelecente.**

33 De acordo com o art. 52 do CED, o crédito por honorários advocatícios, seja do advogado autônomo, seja de sociedade de advogados, ***não autoriza o saque de duplicatas*** *ou* ***qualquer outro título de crédito de natureza mercantil,*** podendo apenas ser emitida ***fatura***, quando o cliente assim pretender, com fundamento no contrato de prestação de serviços, a qual, porém, *não poderá ser levada a* ***protesto***.

34 Caso o advogado receba seus honorários por meio de **cheque**, ou tenha em poder **nota promissória** assinada pelo cliente, **depois de frustrada a tentativa de recebimento amigável**, poderá levá-los – os títulos de crédito – a **protesto.**

35 O art. 53 do CED permite que o advogado ou sociedade de advogados empregue, para o recebimento de honorários, ***sistema de cartão de crédito***, mediante credenciamento junto a empresa operadora do ramo. Contudo, eventuais ajustes com a empresa operadora que impliquem pagamento antecipado, não afetarão a responsabilidade do causídico perante o cliente em caso de rescisão do contrato de prestação de serviços, devendo ser observadas as disposições deste quanto à hipótese ora aventada (art. 53, parágrafo único, do CED).

4. INCOMPATIBILIDADES E IMPEDIMENTOS

→ **arts. 27 a 30 do EAOAB**

1 O Estatuto da OAB tratou de ***duas categorias*** de situações geradoras de uma **impossibilidade** – completa ou relativa – do exercício concomitante da advocacia e de outras atividades. Assim, temos as **incompatibilidades** e os **impedimentos**.

2 As **incompatibilidades**, conforme prevê o art. 27 do EAOAB, geram a **proibição total** para a advocacia, ao passo que os **impedimentos** geram **proibição parcial**.

3 Quem for considerado **incompatível** (ou incompatibilizado) **não poderá advogar**, sequer em causa própria. Já quem for considerado **impedido poderá advogar**, mas com algumas **restrições** que veremos mais à frente.

4 O **rol de incompatibilidades** consta no art. 28 do EAOAB. Nas dicas a seguir veremos todas as hipóteses geradoras de proibição total para advogar. Vamos a elas!

5 **Chefe do Poder Executivo e Membros das Mesas do Poder Legislativo (art. 28, I, EAOAB):** são incompatíveis com a advocacia os Chefes do Poder Executivo (Presidente da República, Governadores e Prefeitos), assim como os membros das Mesas do Poder Legislativo, ou seja, aqueles parlamentares que integram os órgãos diretivos das Casas Legislativas (ex.: Presidente da Câmara dos Deputados, Presidente do Senado Federal, Presidente das Assembleias Legislativas e Presidente das Câmaras de Vereadores). Frise-se que os substitutos legais dos Chefes do Executivo e dos membros das Mesas do Legislativo também são alcançados pelas incompatibilidades.

6 **Membros do Poder Judiciário, do Ministério Público, dos tribunais e conselhos de contas, dos juizados especiais, da justiça de paz, juízes classistas e todos os que exerçam função de julgamento em órgãos de deliberação coletiva da administração pública direta e indireta (art. 28, II, EAOAB)**: todos os "atores" indicados são considerados incompatíveis com a advocacia. Alguns destaques são necessários:

a) **membros do Poder Judiciário** – regra geral são totalmente proibidos de advogar. Afinal, se um magistrado pudesse advogar, haveria inafastável concorrência desleal com os demais advogados, proporcionando-lhes fácil captação de clientela. Contudo, há uma "categoria" de magistrados que poderá advogar, consoante entendimento do STF no julgamento da ADI 1.127-8: os juízes eleitorais e seus suplentes não remunerados oriundos da classe de advogados;

b) **juizados especiais** – os **juízes leigos**, conforme manifestação do Conselho Federal da OAB nesse sentido, bem como os **conciliadores** e **árbitros**, desde que não haja, em qualquer caso, remuneração, poderão exercer a advocacia. Nessa senda, o Novo CPC, em seu art. 167, §5º, previu que os **conciliadores** e **mediadores judiciais** cadastrados na forma do caput, se advogados, estarão **impedidos** de exercer a advocacia **nos juízos em que desempenhem suas funções**. Assim, a restrição para o exercício da advocacia alcançará apenas os juízos em que atuem;

c) **juízes classistas**- integravam a Justiça do Trabalho até 1999, sendo que por força de emenda constitucional, houve a extinção de referidos cargos da aludida Justiça especializada.

7 Ocupantes **de cargos ou funções de direção (art. 28, III, EAOAB):** os ocupantes de cargos ou funções de **direção** em órgãos da Administração Pública direta ou indireta, em suas fundações e em suas empresas controladas ou concessionárias de serviços públicos são incompatíveis com a advocacia. Porém, ficam **excluídos da incompatibilidade** os que não tenham **poder de decisão relevante sobre interesses de terceiro**, a juízo do Conselho competente da OAB, bem como a **administração acadêmica diretamente relacionada ao magistério jurídico** (art. 28, § 2º, do EAOAB). Neste último caso, estamos falando dos diretores ou coordenadores de faculdades públicas de Direito.

8 Ocupantes **de cargos ou funções vinculados ao Poder Judiciário de serviços notariais e de registro (art. 28, IV, EAOAB):** são incompatíveis os ocupantes de cargos ou funções **vinculados direta ou indiretamente ao Poder Judiciário**. Estamos aqui tratando, por exemplo, dos oficiais de justiça, escreventes, técnicos judiciários, analistas judiciários, assessores jurídicos de magistrados, desembargadores ou ministros etc. Também são incompatíveis todos aqueles que trabalham em **serviços notariais e de registro**, tais como os Oficiais de Registro Civil e de Registro de Imóveis, bem assim os Tabeliães dos Cartórios de Notas.

9 ***Atividades policiais (art. 28, V, EAOAB):*** os ocupantes de cargos ou funções vinculados direta ou indiretamente à **atividade policial de qualquer natureza** são alcançados pela incompatibilidade. É o caso, por exemplo, dos Delegados de Polícia, Escrivães, Investigadores, Bombeiros, Guardas Municipais, Policiais Rodoviários e Policiais Militares.

10 **Militares na ativa (art. 28, VI, EAOAB):** são incompatíveis os **ocupantes das Forças Armadas** (Marinha, Exército e Aeronáutica), desde que **na ativa**. Assim, não são alcançados pela proibição para advogar os ex-militares.

11 **Atividades tributárias (art. 28, VII, EAOAB):** os ocupantes de cargos ou funções **em matéria fiscal-tributária**, desde que detenham competência para fiscalização, arrecadação ou lançamento de tributos ou contribuições parafiscais, são alcançados pela incompatibilidade, tais como os Auditores Fiscais da Receita Federal do Brasil, Fiscais de Rendas dos Estados e Municípios, Agentes Tributários e Fiscais do INSS.

12 **Ocupantes de funções de direção e gerência em instituições financeiras (art. 28, VIII, EAOAB):** são incompatíveis com a advocacia as pessoas que ocuparem as funções de **direção e gerência em instituições financeiras**, sejam estas públicas ou privadas. É o caso dos gerentes ou diretores de bancos. Cuidado: a incompatibilidade em análise não alcança todas as pessoas que trabalharem em instituições financeiras, mas, repita-se, apenas aquelas que ocupem funções de direção e gerência. Assim, a pessoa que trabalhar como "caixa" num banco não será considerada incompatível.

13 Nos termos do art. 28, § 1º, EAOAB, a **incompatibilidade permanece** mesmo que o ocupante do cargo ou função **deixe de exercê-lo temporariamente**. Por exemplo, se um juiz federal pedir licença do cargo para tratamento de doença, mesmo durante seu afastamento continuará a ser incompatível com a advocacia.

14 Nos termos do art. 4º, parágrafo único, do EAOAB, serão **nulos** os atos praticados por pessoa que passe a exercer atividade incompatível.

15 As incompatibilidades, se forem de **natureza temporária**, gerarão, para o advogado, seu **licenciamento** (art. 12, II, do EAOAB).

16 As incompatibilidades, quando de **natureza definitiva**, produzirão, para o advogado, o **cancelamento da inscrição** (art. 11, IV, do EAOAB).

17 Os **impedimentos**, diferentemente das incompatibilidades, geram apenas uma **proibição parcial** para o exercício da advocacia. Assim, quem ostentar algum impedimento poderá advogar, embora com as **restrições** previstas no art. 30 do EAOAB.

18 Há **duas categorias** de pessoas com impedimentos (art. 30, EAOAB): (i) **servidores públicos** (art. 30, I, do EAOAB); e (ii) **parlamentares** (membros do Poder Legislativo).

19 Os **servidores públicos** são impedidos de advogar apenas **contra a Fazenda Pública que os remunere** ou à qual seja **vinculada sua entidade empregadora** (art. 30, I, do EAOAB). Assim, por exemplo, um servidor público do Estado de São Paulo não poderá advogar contra o Estado de São Paulo; um servidor do município de Natal/RN não poderá advogar contra o município de Natal/RN. Dica: o servidor público não pode "cuspir" (leia-se: advogar) no "prato em que come" (leia-se: Fazenda Pública que o remunera ou à qual seja vinculada a entidade empregadora).

20 Há um tipo de servidor público que **não é alcançado pelo impedimento** previsto no art. 30, I, do EAOAB: os **docentes de cursos jurídicos** (art. 30, parágrafo único, do EAOAB). Assim, por exemplo, um professor de Direito Tributário de uma Universidade Federal (servidor público, portanto) poderá propor ação anulatória de débito fiscal referente a imposto de renda lançado indevidamente contra seu cliente. Na prática, esse professor estará advogando contra a União, que é a Fazenda Pública a que se vincula a Universidade Federal em que trabalha.

21 Os **parlamentares** (membros do Poder Legislativo) – deputados federais e estaduais, senadores e vereadores – em seus diferentes níveis, são impedidos de advogar **contra ou a favor** das pessoas jurídicas de direito público, empresas públicas, sociedades de economia mista, fundações públicas, entidades paraestatais ou empresas concessionárias ou permissionárias de serviço público. Em suma, parlamentares não podem advogar contra ou a favor do Poder Público em geral. Cuidado: se o parlamentar for ocupante da Mesa de sua Casa Legislativa (por exemplo, Presidente da Câmara Municipal de Vereadores), não será alcançado simplesmente pelo impedimento (art. 30, II, do EAOAB), mas, sim, pela incompatibilidade (art. 28, I, do EAOAB).

22 Nos termos do art. 4º, parágrafo único, do EAOAB, a **violação ao impedimento** acarreta a **nulidade** dos atos praticados pelo advogado.

23 O art. 29 do EAOAB trata daquilo que se convencionou denominar "advocacia exclusiva" ou "exercício limitado da advocacia". Assim, os *Procuradores Gerais, Advogados Gerais, Defensores Gerais e os dirigentes de órgãos jurídicos* da Administração Pública direta, indireta e fundacional, são **exclusivamente legitimados** para o exercício da advocacia vinculada às funções que exerçam durante o período da investidura.

5. DEVERES ÉTICOS (ÉTICA DO ADVOGADO)

→ **arts. 1º a 29 do CED**

1 O art. 2º, parágrafo único, do CED, embora em **rol exemplificativo**, apresenta serem **deveres éticos** do advogado:

> I – preservar, em sua conduta, a honra, a nobreza e a dignidade da profissão, zelando pelo caráter de essencialidade e indispensabilidade da advocacia;
>
> II – atuar com destemor, independência, honestidade, decoro, veracidade, lealdade, dignidade e boa-fé;
>
> III – velar por sua reputação pessoal e profissional;
>
> IV – empenhar-se, permanentemente, no aperfeiçoamento pessoal e profissional;
>
> V – contribuir para o aprimoramento das instituições, do Direito e das leis;
>
> VI – estimular, a qualquer tempo, a conciliação e a mediação entre os litigantes, prevenindo, sempre que possível, a instauração de litígios;
>
> VII – desaconselhar lides temerárias, a partir de um juízo preliminar de viabilidade jurídica;
>
> VIII – abster-se de:
>
> a) utilizar de influência indevida, em seu benefício ou do cliente;
>
> b) vincular seu nome ou nome social a empreendimentos sabidamente escusos;

> c) emprestar concurso aos que atentem contra a ética, a moral, a honestidade e a dignidade da pessoa humana;
>
> d) entender-se diretamente com a parte adversa que tenha patrono constituído, sem o assentimento deste;
>
> e) ingressar ou atuar em pleitos administrativos ou judiciais perante autoridades com as quais tenha vínculos negociais ou familiares;
>
> f) contratar honorários advocatícios em valores aviltantes.
>
> IX – pugnar pela solução dos problemas da cidadania e pela efetivação dos direitos individuais, coletivos e difusos;
>
> X – adotar conduta consentânea com o papel de elemento indispensável à administração da Justiça;
>
> XI – cumprir os encargos assumidos no âmbito da Ordem dos Advogados do Brasil ou na representação da classe;
>
> XII – zelar pelos valores institucionais da OAB e da advocacia;
>
> XIII – ater-se, quando no exercício da função de defensor público, à defesa dos necessitados.

2 Nos termos do **art. 4º, *caput*, do CED,** o advogado, ainda que vinculado ao cliente ou constituinte, mediante relação empregatícia ou por contrato de prestação permanente de serviços, ou como integrante de departamento jurídico, ou de órgão de assessoria jurídica, público ou privado, deve zelar pela sua **liberdade** e **independência**. Assim, temos que a liberdade e independência são características inerentes à advocacia.

3 O art. 5º do CED dispõe que o exercício da advocacia é **incompatível** com qualquer procedimento de **mercantilização**. O advogado não exerce uma atividade empresarial, razão por que não pode se comportar como se um "homem de negócios" fosse. Prova disso é que a publicidade profissional (tema que será abordado posteriormente) do advogado é pautada pela discrição e sobriedade, não podendo implicar captação de clientela.

4 O art. 6º do CED prevê ser **defeso** (proibido) ao advogado expor os fatos em Juízo ou na via administrativa falseando deliberadamente a verdade e utilizando de má-fé.

Nessa linha, o NCPC, em seu art. 5º, inserido no capítulo das normas fundamentais do processo civil, dispõe que aquele que de qualquer forma participa do processo deve comportar-se de acordo com a **boa-fé,** o que é reforçado pelo art. 77, do mesmo Código, que determina serem deveres das partes, de seus **procuradores** (advogados) e de todos aqueles que de qualquer forma participem do processo:

> I - expor os fatos em juízo conforme a verdade;
>
> II - não formular pretensão ou de apresentar defesa quando cientes de que são destituídas de fundamento;

III - não produzir provas e não praticar atos inúteis ou desnecessários à declaração ou à defesa do direito;

IV - cumprir com exatidão as decisões jurisdicionais, de natureza provisória ou final, e não criar embaraços à sua efetivação;

V - declinar, no primeiro momento que lhes couber falar nos autos, o endereço residencial ou profissional onde receberão intimações, atualizando essa informação sempre que ocorrer qualquer modificação temporária ou definitiva;

VI - não praticar inovação ilegal no estado de fato de bem ou direito litigioso.

E o § 6º do referido art. 77 do NCPC, corroborando o **dever de boa-fé**, prevê que aos advogados públicos ou privados e aos membros da Defensoria Pública e do Ministério Público, eventual responsabilidade disciplinar será apurada pelo respectivo órgão de classe ou corregedoria, ao qual o juiz oficiará.

5 O art. 7º do CED preconiza que é vedado o **oferecimento de serviços** profissionais que implique, direta ou indiretamente, **angariar** ou **captar clientela**.

6 Nos termos do art. 9º do CED, o advogado deve **informar** o cliente, de modo claro e inequívoco, quanto a **eventuais riscos** da sua pretensão, e das **consequências** que poderão advir da demanda. Deve, igualmente, **denunciar**, desde logo, a quem lhe solicite parecer ou patrocínio, qualquer circunstância que possa **influir na resolução** de submeter-lhe a consulta ou **confiar-lhe** a causa.

7 As relações entre advogado e cliente baseiam-se na **confiança recíproca**. Sentindo o advogado que essa confiança lhe falta, é recomendável que externe ao cliente sua impressão e, não se dissipando as dúvidas existentes, promova, em seguida, o **substabelecimento do mandato** ou a ele **renuncie** (art. 10 do CED).

8 O advogado, no exercício do mandato, atua como patrono da parte, cumprindo-lhe, por isso, imprimir à causa **orientação que lhe pareça mais adequada**, sem se subordinar a intenções contrárias do cliente, mas, antes, procurando esclarecê-lo quanto à estratégia traçada (art. 11, CED).

9 O **art. 12 do CED** dispõe que a conclusão ou desistência da causa, tenha havido, ou não, extinção do mandato, **obriga** o advogado a **devolver** ao cliente **bens**, **valores** e **documentos** que lhe hajam sido confiados e ainda estejam em seu poder, bem como a **prestar-lhe contas**, pormenorizadamente, sem prejuízo de esclarecimentos complementares que se mostrem pertinentes e necessários. Contudo, a **parcela dos honorários paga pelos serviços** até então prestados não se inclui entre os valores a serem devolvidos.

10 Nos termos do **art. 23 do CED**, é **direito** e **dever** do advogado assumir a defesa criminal, sem considerar sua própria opinião sobre a culpa do acusado. Vale, aqui, a máxima: o advogado criminalista não se confunde com o criminoso!

O parágrafo único do referido art. 23 do CED dispõe que **não há causa criminal indigna de defesa**, cumprindo ao advogado agir, como defensor, no sentido de que a todos seja concedido tratamento condizente com a dignidade da pessoa humana, sob a égide das garantias constitucionais.

11 O art. **24 do CED** prevê que o advogado **não se sujeita** à imposição do cliente que pretenda ver com ele atuando **outros advogados**, nem fica na contingência de **aceitar a indicação de outro profissional** para com ele trabalhar no processo. Ou seja, o advogado constituído pelo cliente não poderá ser obrigado a atuar conjuntamente com outro(s) advogado(s), sob pena de sua liberdade e independência serem diretamente afetadas. Se o cliente insistir e determinar essa "atuação conjunta" do advogado originalmente contratado com outro profissional, terá aquele a possibilidade de renunciar o mandato.

12 O advogado deve **abster-se de patrocinar** causa contrária à validade ou legitimidade de ato jurídico em cuja formação haja colaborado ou intervindo de qualquer maneira; da mesma forma, deve **declinar seu impedimento** ou o da **sociedade** que integre quando houver **conflito de interesses** motivado por intervenção anterior no trato de assunto que se prenda ao patrocínio solicitado (art. 22 do CED).

13 De acordo com o **art. 31 do EAOAB,** o advogado deve proceder de forma que o torne **merecedor de respeito** e que contribua para o **prestígio da classe e da advocacia**. Deverá, ainda, manter **independência** em qualquer circunstância (art. 31, §1º). Nenhum receio de desagradar a magistrado ou a qualquer autoridade, nem de incorrer em impopularidade, deve **deter o advogado no exercício da profissão** (art. 31, §2º).

14 Conforme dita o **art. 32 do EAOAB,** o advogado é **responsável** pelos atos que, no exercício profissional, praticar com **dolo ou culpa**. Em caso de lide temerária, o advogado será solidariamente responsável com seu cliente, desde que coligado com este para lesar a parte contrária, o que será apurado em ação própria.

15 Nos exatos termos do **art. 33 do EAOAB**, o advogado obriga-se a cumprir rigorosamente os deveres consignados no Código de Ética e Disciplina, que regula os seus deveres para com a comunidade, o cliente, o outro profissional e, ainda, a publicidade, a recusa do patrocínio, o dever de assistência jurídica, o dever geral de urbanidade e os respectivos procedimentos disciplinares.

16 O **art. 27 do CED** prescreve que o advogado observará, nas suas relações com os colegas de profissão, agentes políticos, autoridades, servidores públicos e terceiros em geral, o **dever de urbanidade**, tratando a todos com **respeito e consideração**, ao mesmo tempo em que preservará seus direitos e prerrogativas, devendo exigir igual tratamento de todos com quem se relacione. O dever de urbanidade há de ser observado, da mesma forma, nos atos e manifestações relacionados aos pleitos eleitorais no âmbito da Ordem dos Advogados do Brasil. No caso de ofensa à honra do advogado ou à imagem da instituição, adotar-se-ão as medidas cabíveis, instaurando-se processo ético-disciplinar e dando-se ciência às autoridades competentes para apuração de eventual ilícito penal.

17 Consideram-se imperativos de uma correta atuação profissional o emprego de **linguagem escorreita e polida**, bem como a observância da **boa técnica jurídica** (art. 28 do CED).

18 O art. 29 do CED dispõe que o advogado que se valer do concurso de colegas na prestação de serviços advocatícios, seja em caráter individual, seja no âmbito de sociedade de advogados ou de empresa ou entidade em que trabalhe, dispensar-lhes-á **tratamento condigno**, que não os torne **subalternos** seus nem lhes **avilte os serviços prestados** mediante **remuneração incompatível** com a natureza do trabalho profissional ou inferior ao mínimo fixado pela **Tabela de Honorários** que for aplicável. Quando o aviltamento de honorários for praticado por empresas ou entidades públicas ou privadas, os advogados responsáveis pelo respectivo departamento ou gerência jurídica serão instados a corrigir o abuso, inclusive intervindo junto aos demais órgãos competentes e com poder de decisão da pessoa jurídica de que se trate, sem prejuízo das providências que a Ordem dos Advogados do Brasil possa adotar com o mesmo objetivo.

6. ATIVIDADES DE ADVOCACIA

→ **arts. 1º a 4º do EAOAB**
→ **arts. 1º a 8º e 30 do CED**
→ **arts. 1º a 10 do RGOAB**

1 O art. 133 da CF dispõe que o **advogado** é **indispensável à administração da justiça**, sendo inviolável por seus atos e manifestações no exercício da profissão, nos limites da lei.

2 A palavra *"advogado"* e o *exercício da atividade de advocacia* são **privativos** dos **inscritos** na Ordem dos Advogados do Brasil (OAB), conforme enuncia o art. 3º do EAOAB.

3 De acordo com o art. 1º do EAOAB, identificamos **três grupos** de **atividades privativas de advocacia:**

> I – postulação a qualquer órgão do Poder Judiciário e aos juizados especiais;
>
> II – as atividades de consultoria, assessoria e direção jurídicas;
>
> III – visar atos e contratos constitutivos de pessoas jurídicas.

4 Nos termos do art. 1º, I, do EAOAB, considera-se atividade privativa de advocacia a **postulação perante "qualquer" órgão** *do Poder Judiciário, inclusive juizados especiais.* Da leitura de referido dispositivo, podia-se inferir que o advogado detinha um verdadeiro "monopólio" de atuação perante o Poder Judiciário, vale dizer, qualquer cidadão somente poderia demandar em juízo por intermédio de advogado. Ocorre que o STF, no julgamento da ADI 1.127-8, declarou a inconstitucionalidade da expressão "qualquer" contida no art. 1º, I, do EAOAB. Portanto, não é verdadeira a firmação de que toda e qualquer postulação judicial exija a intervenção de advogado. Há situações em que referido profissional é dispensável. A partir das dicas a seguir, faremos uma análise das exceções, vale dizer, hipóteses em que a intervenção do advogado é facultativa (leia-se: desnecessária).

5 **Postulação perante os Juizados Especiais**: a Lei 9.099/1995, em seu art. 9º, estabelece que a assistência das partes por advogado é obrigatória apenas nas causas com valores **superiores a 20 (vinte) salários mínimos**, apenas em **1º grau de jurisdição** (em **grau recursal**, independentemente do valor da causa, a participação do advogado é **imprescindível**).Também, a Lei 10.259/2001, regulamentadora dos juizados especiais cíveis e criminais no âmbito federal, em seu art. 10, permite que as partes designem, por escrito, representantes para a causa, advogado ou não. Porém, em grau recursal, a participação do advogado é obrigatória.

Em resumo:

a) **Juizados Especiais Cíveis estaduais** (Lei 9.099/95) - o advogado será necessário em 1ª instância desde que o valor da causa supere vinte salários mínimos; já em 2ª instância, qualquer que seja o valor da pretensão, a representação da parte por advogado será indispensável;

b) **Juizados Especiais Cíveis federais** (Lei 10.259/01) - advogado será desnecessário em 1ª instância. Já em grau recursal, sua intervenção será imprescindível.

6 **Impetração de *habeas corpus*:** de acordo com o art. 1º, §1º, do EAOAB, a impetração de habeas corpus perante **qualquer instância ou tribunal** não é considerada atividade privativa de advocacia. Em outras palavras, qualquer pessoa poderá impetrar habeas corpus, independentemente de advogado, em qualquer instância ou juízo. O objetivo do Estatuto da OAB ao dispensar advogar para o manejo de referida ação foi o de facilitar a tutela da liberdade de locomoção, permitindo-se a qualquer pessoa manejar referido instrumento. Impõe, porém, destacar, que a dispensa de advogado para a propositura de habeas corpus **não se estende a outras ações de índole constitucional**, tais como o **mandado de segurança, mandado de injunção, *habeas data*** e **ação popular**. Nesses casos, o advogado será indispensável.

7 **Postulação perante a Justiça do Trabalho:** dispõe o art. 791 da CLT que os empregados e empregadores poderão reclamar **pessoalmente** perante a Justiça do Trabalho e acompanhar as suas reclamações até o final. Assim, **em regra**, a intervenção do advogado é dispensável na **Justiça do Trabalho**. Contudo, algumas ressalvas devem ser feitas, decorrentes da **Súmula 425 do TST**: "O *jus postulandi* das partes, estabelecido no art. 791 da CLT, limita-se às Varas do Trabalho e aos Tribunais Regionais do Trabalho, não alcançando a **ação rescisória**, a **ação cautelar**, o **mandado de segurança** e os **recursos de competência do Tribunal Superior do Trabalho**".

8 **Postulação perante a Justiça de Paz:** a Justiça de Paz não integra a função jurisdicional do Estado, tendo como incumbência principal, de acordo com o art. 98, II, CF, celebrar **casamentos**. O STF, no julgamento da ADI 1.127-8, excluiu do art. 1º, I, do EAOAB a postulação perante a Justiça de Paz, ou seja, não é necessário que os pedidos apresentados a um juiz de paz sejam feitos por intermédio de advogado.

9 **Propositura de ação de alimentos:** o art. 2º da Lei 5.478/1968 (Lei de Alimentos) prevê que o credor, **pessoalmente** ou por intermédio de advogado, dirigir-se-á ao juiz competente, qualificando-se, e exporá suas necessidades, provando apenas o parentesco ou a obrigação de alimentar do devedor, indicando seu nome e sobrenome, residência ou local de trabalho, profissão e naturalidade, quanto ganha aproximadamente ou os recursos de que dispõe. Em suma, quem for pedir alimentos em juízo não precisará ser representado por advogado.

10 **Propositura de revisão criminal:** de acordo com a doutrina e a jurisprudência, admite-se o ajuizamento de **revisão criminal**, cuja natureza jurídica é de ação autônoma de impugnação, prevista nos arts. 621 e seguintes, CPP, **independentemente de representação por advogado**.

11 **Medidas protetivas da Lei Maria da Penha**: o art. 19 da Lei 11.340/06 autoriza a própria ofendida (mulher, vítima de violência doméstica) a requerer a concessão, pelo juiz, das medidas de urgência previstas nos arts. 22 e 23 de aludido diploma legal. Em suma, uma mulher, vítima de violência doméstica, ao registrar um Boletim de Ocorrência por agressão sofrida de seu companheiro ou marido, poderá formular pedido de medidas protetivas diretamente à autoridade policial, que remeterá os autos da investigação ao Poder Judiciário, que apreciará diretamente o pleito da ofendida, independentemente de intervenção de advogado.

12 São **atividades privativas de advocacia**, além das já vistas nas dicas anteriores, a representação das partes interessadas em **inventários, divórcios, separações**, **extinção de união estável** e **usucapião extrajudiciais**, nos termos dos arts. 610, §2º, 733, §2º e 1.071, todos do NCPC.

13 A segunda atividade privativa de advocacia, ao lado da postulação judicial, é a de **prestar assessoria, consultoria e direção jurídicas** (art. 1º, II, do EAOAB; art. 7º do RGOAB). Nos dois primeiros casos, fala-se em advocacia preventiva. Com relação à direção jurídica, esta somente poderá ser exercida por advogado, quer nos departamentos jurídicos de empresas públicas, privadas ou paraestatais, quer em instituições financeiras públicas ou privadas.

14 A última **atividade privativa de advocacia** é a de **visar** (assinar) **atos e contratos constitutivos de pessoas jurídicas** (contratos sociais, estatutos etc.), que somente serão admitidos a registro, sob pena de nulidade, se **contarem com essa participação** do **advogado**.

15 O art. 2º, parágrafo único, do Regulamento Geral dispõe que estão **impedidos de exercer a atividade de visar atos e contratos constitutivos de pessoas jurídicas** os advogados que prestem serviços a órgãos ou entidades da Administração Pública direta ou indireta, da unidade federativa a que se vincule a Junta Comercial, ou a quaisquer repartições administrativas competentes para o mencionado registro.

16 Em **regra**, os atos e contratos constitutivos de pessoas jurídicas exigem a participação do advogado, que deverá visá-los, anuindo com seus conteúdos. Porém, as **únicas exceções** são as ***microempresas e empresas de pequeno porte***, cujos atos ficarão dispensados de visto por advogado.

17 De acordo com o art. 1º, § 3º, do EAOAB, é terminantemente proibida a **divulgação da advocacia vinculada a quaisquer outras atividades** (ex.: contabilidade, imobiliárias, assessoria de imprensa etc.), ainda que sem fins lucrativos.

18 Nos termos do art. 3º, § 1º, do EAOAB, exercem a atividade de advocacia, sujeitando-se ao regime desta lei, além do regime próprio a que se subordinem, os integrantes da **Advocacia-Geral da União**, da **Procuradoria da Fazenda Nacional**, da **Defensoria Pública** e das **Procuradorias e Consultorias Jurídicas dos Estados**, do **DF**, dos **Municípios** e das respectivas entidades de **administração indireta e fundacional**. São os integrantes da chamada **advocacia pública**.

19 É **dever do advogado público** a **independência técnica**, exercendo suas atividades de acordo com suas convicções profissionais e em estrita observância aos princípios constitucionais da administração pública.

20 De acordo com o art. 8º do CED, *suas disposições obrigam igualmente os órgãos de* **advocacia pública**, *e* **advogados públicos**, *incluindo aqueles que ocupem posição de chefia e direção jurídica.*

21 O **advogado público** exercerá suas funções com **independência técnica**, contribuindo para a solução ou redução de litigiosidade, sempre que possível.

22 O advogado público, inclusive o que exerce cargo de chefia ou direção jurídica, observará nas relações com os colegas, autoridades, servidores e o público em geral, o **dever de urbanidade**, tratando a todos com respeito e consideração, ao mesmo tempo em que preservará suas prerrogativas e o direito de receber igual tratamento das pessoas com as quais se relacione.

23 Em regra, a atuação do advogado será remunerada, vale dizer, trabalhará onerosamente (mediante contraprestação pecuniária). Contudo, o Novo CED, em seu art. 30, admite, desde que preenchidos determinados requisitos, a **advocacia *pro bono*,** assim considerada a **prestação gratuita, eventual** e **voluntária** de serviços jurídicos. São **destinatários** da advocacia *pro bono* as **instituições sociais sem fins econômicos e os seus assistidos**, desde que não disponham de recursos para a contratação de advogado, bem como as **pessoas naturais**, desde que a contratação de advogado lhes acarrete prejuízo para o próprio sustento. A advocacia *pro bono* não poderá ser utilizada para **fins político-partidários ou eleitorais**, nem beneficiar instituições que visem a tais fins, nem como **instrumento de publicidade para captação de clientela**.

7. INSCRIÇÃO

→ **arts. 8º a 14 do EAOAB;**
→ **arts. 20 a 26, 32 a 36 do RGOAB**

1 São **requisitos para inscrição** na OAB como advogado (art. 8º do EAOAB):

> I – capacidade civil;
>
> II – diploma ou certidão de graduação em direito, obtido em instituição de ensino oficialmente autorizada e credenciada;
>
> III – título de eleitor e quitação do serviço militar, se brasileiro;
>
> IV – aprovação em Exame de Ordem;
>
> V – não exercer atividade incompatível com a advocacia;
>
> VI – idoneidade moral;
>
> VII – prestar compromisso perante o conselho.

2 Quanto ao segundo requisito para a inscrição na OAB (diploma ou certidão de graduação em direito), o art. 23 do RGOAB dispõe que, **à falta do diploma** regularmente registrado, o candidato apresentará **certidão de graduação em direito**, acompanhada de **cópia autenticada do respectivo histórico escolar**.

3 O penúltimo requisito (idoneidade moral) não estará atendido por aquele candidato que tiver sido condenado por **crime infamante**, conforme dispõe o art.

8º, § 4º, do EAOAB: "não atende ao requisito de idoneidade moral aquele que tiver sido condenado por crime infamante, salvo reabilitação judicial". Frise-se que o reconhecimento da inidoneidade moral exige quórum de **dois terços** dos membros do Conselho competente.

3 O último requisito para a obtenção da inscrição na OAB (prestar compromisso perante o conselho) tem uma peculiaridade: trata-se de um **ato personalíssimo** e, portanto, **indelegável** (art. 20, §1º, do RGOAB). Assim, somente o candidato é quem poderá prestar compromisso, não sendo possível, por exemplo, delegá-lo a terceira pessoa por meio de procuração.

4 **Espécies de inscrição**: da leitura do art. 10 do EAOAB, conseguimos extrair a existência de **três espécies** de inscrição, quais sejam, a **principal**, a **suplementar** e a **por transferência**.

5 **Inscrição principal**: nos termos do art. 10, caput, do EAOAB, a **inscrição principal** do advogado deve ser feita no Conselho Seccional em cujo território pretenda estabelecer seu ***domicílio profissional.*** Considera-se **domicílio profissional** a **sede principal** de atividade de advocacia. Havendo dúvida, prevalecerá o domicílio da pessoa física do advogado (art. 10, §1º, do EAOAB).

6 **Inscrição suplementar**: nos termos do art. 10, §2º, do EAOAB, o advogado necessitará de inscrição suplementar caso passe a advogar com **habitualidade** perante outros Conselhos Seccionais que não o da sua inscrição principal. Considera-se haver habitualidade a intervenção judicial que **exceder de 5 (cinco) causas por ano.** Também será necessária a inscrição suplementar em caso de **constituição de filial** de sociedade de advogados (art. 15, §5º, do EAOAB).

7 **Inscrição por transferência***:* em caso de efetiva mudança de domicílio profissional, o advogado deverá requerer a transferência de sua inscrição para o Conselho Seccional correspondente (art. 10, §3º, do EAOAB).

8 O Conselho Seccional deve **suspender o pedido de transferência ou de inscrição suplementar**, ao verificar a existência de **vício ou ilegalidade na inscrição principal**, contra ela representando ao **Conselho Federal** (art. 10, §4º, do EAOAB).

9 Haverá o **cancelamento da inscrição** nos seguintes casos (art. 11 do EAOAB):

> a) a requerimento;
>
> b) se o inscrito sofrer penalidade de exclusão;
>
> c) falecimento;
>
> d) se o inscrito passar a exercer, em *caráter definitivo*, atividade incompatível com a advocacia;
>
> e) se houver a perda de qualquer dos requisitos necessários para a inscrição.

10 O cancelamento da inscrição acarreta o **desligamento** do advogado dos quadros da OAB.

11 De acordo com o disposto no art. 11, § 2º, EAOAB, na hipótese de **novo pedido de inscrição**, que **não restaura o número de inscrição anterior**, deve o interessado fazer prova dos requisitos dos incisos I, V, VI e VII do art. 8º, quais sejam, **capacidade civil, não exercer atividade incompatível**, ter **idoneidade moral** e **prestar compromisso** perante o Conselho.

12 Diversamente do cancelamento, que, como visto, acarreta o desligamento do advogado dos quadros da OAB, é possível que o profissional se **licencie** da entidade, ou seja, dela se afaste temporariamente.

13 Irá **licenciar-se** o profissional que (art. 12 do EAOAB):

a) assim o requerer, por motivo justificado;

b) passar a exercer, em caráter temporário, atividade incompatível com o exercício da advocacia;

c) sofrer doença mental considerada *curável*.

14 **Cuidado**: o exercício de atividade incompatível pode acarretar cancelamento da inscrição ou licenciamento do profissional. Haverá **cancelamento** caso se trate de exercício de atividade incompatível em **caráter definitivo**. Já se a atividade incompatível for exercida pelo inscrito de maneira **transitória ou temporária**, será caso de **licenciamento** do advogado.

15 Durante o período de licenciamento, o profissional não poderá praticar atividades privativas de advocacia, sob pena de **nulidade dos atos** (art. 4º, parágrafo único, do EAOAB).

16 Nos termos do art. 13 do EAOAB, o **documento de identidade profissional**, na forma prevista no Regulamento Geral, é de uso obrigatório no exercício da atividade de advogado ou de estagiário e constitui **prova de identidade civil** para todos os fins legais.

17 De acordo com a Resolução nº 05/2016, do CFOAB, que alterou a redação de inúmeros dispositivos do Código de Ética e Disciplina e Regulamento Geral, passou-se a admitir a adoção, pelo advogado, de seu **nome social**, assim considerada a designação pela qual a **pessoa travesti ou transexual** se identifica e é socialmente reconhecida e será inserido na **identificação do advogado mediante requerimento.**

18 Conforme dispõe o art. 14 do EAOAB, é obrigatória a indicação do **nome (ou, também, do nome social) e número de inscrição** em todos os documentos assinados pelo advogado, no exercício de suas atividades, inclusive em sua publicidade.

19 Aos Conselhos Seccionais da OAB incumbe alimentar, automaticamente, por via eletrônica, o **Cadastro Nacional dos Advogados - CNA**, mantendo as informações correspondentes constantemente atualizadas.

20 O CNA deve conter o nome completo de cada advogado, o nome social, o número da inscrição, o Conselho Seccional e a Subseção a que está vinculado, o número de inscrição no CPF, a filiação, o sexo, a data de inscrição na OAB e sua modalidade, a existência de penalidades eventualmente aplicadas, estas em campo reservado, a fotografia, o endereço completo e o número de telefone profissional, o endereço do correio eletrônico e o nome da sociedade de advogados de que eventualmente faça parte, ou esteja associado, e, opcionalmente, o nome profissional, a existência de deficiência de que seja portador, opção para doação de órgãos, Registro Geral, data e órgão emissor, número do título de eleitor, zona, seção, UF eleitoral, certificado militar e passaporte.

21 No cadastro são incluídas, igualmente, informações sobre o cancelamento das inscrições.

22 O advogado fica dispensado de comunicar o exercício eventual da profissão, até o total de cinco causas por ano, acima do qual obriga-se à inscrição suplementar.

8. ORGANIZAÇÃO DA OAB

→ **arts. 44 a 62 do EAOAB;**

→ **arts. 44 a 127 e 145 a 150 do RGOAB.**

1 De acordo com o julgamento realizado pelo STF na **ADI 3026/2006**, sob a relatoria do então Ministro Ero Grau, a OAB foi identificada como sendo uma **entidade *sui generis***, ímpar no elenco das personalidades jurídicas. Abandonou-se, a partir de então, o **antigo entendimento** de que se tratava de uma **autarquia federal**.

2 Podemos elencar como as principais **características da OAB**:

a) ser considerada um serviço público (art. 44, caput, do EAOAB);

b) ter independência (inexistência de subordinação ao poder público);

c) ter forma federativa (seus órgãos podem ser agrupados em nível federal, estadual e municipal);

d) ter imunidade tributária total quanto a suas rendas, bens e serviços (exceto Caixa de Assistência dos Advogados, conforme RE 233.843 julgado pelo STF);

e) ter personalidade jurídica;

f) ter funcionários regidos pela CLT (art. 79 do EAOAB);

g) não submeter suas contas a Tribunais de Contas (há órgão próprio da OAB responsável pela análise de suas contas – gastos e receitas).

3 De acordo com o art. 45 do EAOAB, **quatro são os órgãos** que integram a **OAB**:

a) Conselho Federal (CFOAB);
b) Conselhos Seccionais (CSecc);
c) Subseções;
d) Caixas de Assistência dos Advogados.

4 **Conselho Federal** – **CFOAB** (arts. 45, I e §1º e 51 a 55, todos do EAOAB; arts. 62 a 104, Regulamento Geral)

(i) É considerado o **órgão supremo** da OAB, dotado de **personalidade jurídica própria**. É, ainda, a última instância recursal. Tem sede em Brasília-DF.

(ii) As **competências do CFOAB** vêm previstas no art. 54 do EAOAB, a saber:

> I – dar cumprimento efetivo às finalidades da OAB;
>
> II – representar, em juízo ou fora dele, os interesses coletivos ou individuais dos advogados;
>
> III – velar pela dignidade, independência, prerrogativas e valorização da advocacia;
>
> IV – representar, com exclusividade, os advogados brasileiros nos órgãos e eventos internacionais da advocacia;
>
> V – editar e alterar o Regulamento Geral, o Código de Ética e Disciplina, e os Provimentos que julgar necessários;
>
> VI – adotar medidas para assegurar o regular funcionamento dos Conselhos Seccionais;
>
> VII – intervir nos Conselhos Seccionais, onde e quando constatar grave violação desta Lei ou do Regulamento Geral;
>
> VIII – cassar ou modificar, de ofício ou mediante representação, qualquer ato, de órgão ou autoridade da OAB, contrário a esta Lei, ao Regulamento Geral, ao Código de Ética e Disciplina, e aos Provimentos, ouvida a autoridade ou o órgão em causa;
>
> IX – julgar, em grau de recurso, as questões decididas pelos Conselhos Seccionais, nos casos previstos neste Estatuto e no Regulamento Geral;
>
> X – dispor sobre a identificação dos inscritos na OAB e sobre os respectivos símbolos privativos;
>
> XI – apreciar o relatório anual e deliberar sobre o balanço e as contas de sua diretoria;

XII – homologar ou mandar suprir relatório anual, o balanço e as contas dos Conselhos Seccionais;

XIII – elaborar as listas constitucionalmente previstas, para o preenchimento dos cargos nos tribunais judiciários de âmbito nacional ou interestadual, com advogados que estejam em pleno exercício da profissão, vedada a inclusão de nome de membro do próprio Conselho ou de outro órgão da OAB;

XIV – ajuizar ação direta de inconstitucionalidade de normas legais e atos normativos, ação civil pública, mandado de segurança coletivo, mandado de injunção e demais ações cuja legitimação lhe seja outorgada por lei;

XV – colaborar com o aperfeiçoamento dos cursos jurídicos, e opinar, previamente, nos pedidos apresentados aos órgãos competentes para criação, reconhecimento ou credenciamento desses cursos;

XVI – autorizar, pela maioria absoluta das delegações, a oneração ou alienação de seus bens imóveis;

XVII – participar de concursos públicos, nos casos previstos na Constituição e na lei, em todas as suas fases, quando tiverem abrangência nacional ou interestadual;

XVIII – resolver os casos omissos neste Estatuto.

(iii) A **intervenção** do CFOAB nas Seccionais depende de **prévia aprovação** por **dois terços das delegações**, garantido o amplo direito de defesa do Conselho Seccional respectivo, nomeando-se diretoria provisória para o prazo que se fixar (art. 54, parágrafo único, do EAOAB). O mesmo quórum será exigido para a **edição** ou **alteração do CED e RGOAB**, bem como de **Provimentos** (art. 78 do RGOAB).

(iv) O Conselho Federal atua mediante os seguintes **órgãos**:

a) **Conselho Pleno** (presidido pelo Presidente do Conselho Federal e secretariado pelo Secretário-Geral) – suas competências vêm definidas no art. 75 do RGOAB;

b) **Órgão Especial do Conselho Pleno** (presidido pelo Vice-Presidente do Conselho Federal e secretariado pelo Secretário-Geral Adjunto) – suas competências vêm definidas no art. 85 do RGOAB;

c) **Primeira Câmara** (presidida pelo Secretário Geral do Conselho Federal) – suas competências vêm definidas no art. 88 do RGOAB;

d) **Segunda Câmara** (presidida pelo Secretário Geral-Adjunto do Conselho Federal) – suas competências vêm definidas no art. 89 do RGOAB;

e) **Terceira Câmara** (presidida pelo Tesoureiro do Conselho Federal) – suas competências vêm definidas no art. 90 do RGOAB.

f) **Diretoria** (composta pelo **Presidente**, com competências estabelecidas no art. 100 do RGOAB; **Vice-Presidente**, com competências delineadas no art. 101 do RGOAB; **Secretário-Geral**, cujas competências vêm destacadas no art. 102 do RGAOB; **Secretário Geral-Adjunto**, com as competências definidas no art. 103 do RGOAB; e **Tesoureiro**, que tem suas competências trazidas pelo art. 104 do RGOAB) – suas competências vêm definidas no art. 99 do RGOAB. No caso de vacância de cargo da Diretoria, em virtude de perda do mandato, morte ou renúncia, o sucessor é eleito pelo Conselho Pleno;

g) **Presidente** – suas competências vêm definidas no art. 100 do RGOAB.

(v) A composição **(integrantes)** do Conselho Federal da OAB é a seguinte (art. 62 do RGOAB):

a) **Presidente – frise-se que não é conselheiro federal;**

b) **Conselheiros Federais** – integrantes das **delegações** de cada uma das unidades federativas (são, ao todo, **oitenta e um** conselheiros, visto que cada delegação é composta de três conselheiros federais);

c) **Ex-presidentes** (são membros honorários vitalícios) – têm, somente, **direito a voz** nas sessões, salvo aqueles que ocuparam o cargo até 5 de julho de 1994, possuindo estes o direito de voto. Seus votos equivalem ao de uma delegação. Não participam da eleição da Diretoria do Conselho Federal.

(vi) Nas **sessões do Conselho Federal,** que ocorrem ordinariamente entre os meses de fevereiro a dezembro, sendo que há recesso no mês de janeiro, todos os seus membros podem delas participar, bem como os *Presidentes dos Conselhos Seccionais*, apenas com direito a voz, o *Presidente do Instituto dos Advogados Brasileiros*, apenas com direito a voz, os agraciados com a "Medalha Rui Barbosa", apenas com direito a voz e os *ex-presidentes* do CFOAB, também com direito a voz (salvo os que exerceram o cargo ou estavam no seu exercício em 5 de julho/1994).

(vii) O **Presidente** do CFOAB não vota nas sessões que ocorrem em referido órgão, salvo em caso de **empate** (voto de qualidade).

(viii) Os votos, nas sessões do CFOAB, são tomados por **delegação,** que não poderá votar nos assuntos de interesse de sua unidade federada.

5 Conselhos Seccionais – CSecc (arts. 45, II e §2º e 56 a 59, do EAOAB; arts. 105 a 114 do Regulamento Geral)

(i) Os CSecc são os **órgãos estaduais** da OAB, com sede em cada um dos Estados e no DF. Portanto, temos, ao todo, vinte e sete Conselhos Seccionais.

(ii) Os CSecc têm **personalidade jurídica própria**.

(iii) As **competências** dos Conselhos Seccionais estão definidas no art. 58 do EAOAB:

> I – editar seu Regimento Interno e Resoluções;
>
> II – criar as Subseções e a Caixa de Assistência dos Advogados;
>
> III – julgar, em grau de recurso, as questões decididas por seu Presidente, por sua diretoria, pelo Tribunal de Ética e Disciplina, pelas diretorias das Subseções e da Caixa de Assistência dos Advogados;
>
> IV – fiscalizar a aplicação da receita, apreciar o relatório anual e deliberar sobre o balanço e as contas de sua diretoria, das diretorias das Subseções e da Caixa de Assistência dos Advogados;
>
> V – fixar a tabela de honorários, válida para todo o território estadual;
>
> VI – realizar o Exame de Ordem;
>
> VII – decidir os pedidos de inscrição nos quadros de advogados e estagiários;
>
> VIII – manter cadastro de seus inscritos;
>
> IX – fixar, alterar e receber contribuições obrigatórias, preços de serviços e multas;
>
> X – participar da elaboração dos concursos públicos, em todas as suas fases, nos casos previstos na Constituição e nas leis, no âmbito do seu território;
>
> XI – determinar, com exclusividade, critérios para o traje dos advogados, no exercício profissional;
>
> XII – aprovar e modificar seu orçamento anual;
>
> XIII – definir a composição e o funcionamento do Tribunal de Ética e Disciplina, e escolher seus membros;
>
> XIV – eleger as listas, constitucionalmente previstas, para preenchimento dos cargos nos tribunais judiciários, no âmbito de sua competência e na forma do Provimento do Conselho Federal, vedada a inclusão de membros do próprio Conselho e de qualquer órgão da OAB;
>
> XV – intervir nas Subseções e na Caixa de Assistência dos Advogados;
>
> *XVI – desempenhar outras atribuições previstas no Regulamento Geral.*

(iv) De acordo com o art. 105 do RGOAB, são, ainda, competências dos CSecc:

> I – cumprir o disposto nos incisos I, II e III do art. 54 do Estatuto;
>
> II – adotar medidas para assegurar o regular funcionamento das Subseções;

III – intervir, parcial ou totalmente, nas Subseções e na Caixa de Assistência dos Advogados, onde e quando constatar grave violação do Estatuto, deste Regulamento Geral e do Regimento Interno do Conselho Seccional;

IV – cassar ou modificar, de ofício ou mediante representação, qualquer ato de sua diretoria e dos demais órgãos executivos e deliberativos, da diretoria ou do conselho da Subseção e da diretoria da Caixa de Assistência dos Advogados, contrários ao Estatuto, ao Regulamento Geral, aos Provimentos, ao Código de Ética e Disciplina, ao seu Regimento Interno e às suas Resoluções;

V – ajuizar, após deliberação:

a) ação direta de inconstitucionalidade de leis ou atos normativos estaduais e municipais, em face da Constituição Estadual ou da Lei Orgânica do Distrito Federal;

b) ação civil pública, para defesa de interesses difusos de caráter geral e coletivos e individuais homogêneos;

c) mandado de segurança coletivo, em defesa de seus inscritos, independentemente de autorização pessoal dos interessados;

d) mandado de injunção, em face da Constituição Estadual ou da Lei Orgânica do Distrito Federal.

(v) São **integrantes** dos Conselhos Seccionais:

a) Presidente;

b) Conselheiros seccionais (ou estaduais) – eleitos no âmbito estadual e distrital, em número proporcional ao de seus inscritos, na forma do RGOAB;

c) Ex-presidentes – são membros honorários vitalícios, somente com direito a voz nas sessões;

d) Presidente do Instituto de Advogados local –é membro honorário, somente com direito a voz nas sessões.

(vi) Nas **sessões** do Conselho Seccional, que ocorrem ordinariamente entre os meses de fevereiro a dezembro, havendo recesso em janeiro, além de seus integrantes, terão direito à voz o Presidente do Conselho Federal, os Conselheiros federais da respectiva delegação, o Presidente da Caixa de Assistência dos Advogados e os Presidentes das Subseções (art. 56, §3º, do EAOAB).

(vii) O **número** de **conselheiros seccionais,** nos termos do art. 106 do RGOAB, será **proporcional** ao número de **advogados** com inscrição concedida, observados os seguintes critérios:

a) Abaixo de 3000 (três mil) inscritos, até 30 (trinta) membros;

b) a partir de 3000 (três mil) inscritos, mais um membro por grupo completo de 3.000 (três mil) inscritos, até o total de 80 (oitenta) membros.

(viii) Caberá ao Conselho Seccional, por meio de **resolução**, observado o número da última inscrição concedida, **fixar o número de seus membros**, sujeita a **referendo do CFOAB**, que aprecia a base de cálculo e reduz o excesso, se houver (art. 106, §2, do EGOAB), não se incluindo no cálculo da composição dos elegíveis ao órgão em comento seus ex-Presidentes e o Presidente do Instituto dos Advogados.

(ix) A **Diretoria** dos Conselhos Seccionais terá a mesma composição da Diretoria do CFOAB,vale dizer, Presidente, Vice-Presidente, Secretário-Geral, Secretário Adjunto e Tesoureiro.

(x) Conforme art. 50 do RGOAB, ocorrendo **vaga** de cargo de **diretoria** do Conselho Federal ou do **Conselho Seccional**, inclusive do Presidente, em virtude de perda do mandato (art. 66 do Estatuto), morte ou renúncia, o substituto é eleito pelo Conselho a que se vincule, dentre os seus membros.

6 **Subseções** (arts. 60 e 61, EAOAB; arts. 115 a 120, Regulamento Geral)

(i) São **partes autônomas** do Conselho Seccional.

(ii) As subseções não têm **personalidade jurídica própria**.

(iii) São criadas pelos **Conselhos Seccionais** por meio de **resolução,** dependendo, para tanto, de **estudo preliminar de viabilidade** realizado por comissão especial designada pelo seu Presidente, incluindo o número de advogados efetivamente residentes na base territorial, a existência de comarca judiciária, o levantamento e a perspectiva do mercado de trabalho, o custo de instalação e de manutenção (art. 117 do RGOAB).

(iv) A **resolução** do Conselho Seccional que tenha criado a Subseção deve fixar sua **base territorial**, os **limites de suas competências** e **autonomia**, fixar a **data da eleição da diretoria** e do **conselho**, quando for o caso, e o início do **mandato** com encerramento coincidente com o do Conselho Seccional, além de definir a composição do conselho da Subseção e suas atribuições, quando for o caso (art. 118 do RGOAB).

(v) A **área territorial** de uma Subseção, com um número mínimo de **15 (quinze) advogados** nela profissionalmente domiciliados, poderá abranger um município, mais de um município ou parte de município (art. 60, §1º, do EAOAB).

(vi) A **administração da Subseção** caberá à sua **Diretoria**, com atribuições e composição equivalentes às da diretoria do Conselho Seccional (art. 60, §2º, do EAOAB).

(vii) As **competências** das Subseções estão previstas no art. 61 do EAOAB:

I – dar cumprimento efetivo às finalidades da OAB;

II – velar pela dignidade, independência e valorização da advocacia, e fazer valer as prerrogativas do advogado;

III – representar a OAB perante os poderes constituídos;

IV – desempenhar as atribuições previstas no Regulamento Geral ou por delegação de competência do Conselho Seccional.

(viii) Se a Subseção tiver **mais de 100 (cem) advogados**, poderá contar com um **Conselho**, em número de membros fixado pelo Conselho Seccional (art. 60, §3º, do EAOAB).

(ix) Nos termos do parágrafo único do art. 61 do EAOAB, ao **Conselho** da Subseção, quando houver, **compete** exercer as **funções e atribuições do Conselho Seccional**, na forma do Regimento Interno deste, e ainda:

a) editar seu Regimento Interno, a ser referendado pelo Conselho Seccional;

b) editar resoluções, no âmbito de sua competência;

c) instaurar e instruir processos disciplinares, para julgamento pelo Tribunal de Ética e Disciplina;

d) receber pedido de inscrição nos quadros de advogado e estagiário, instruindo e emitindo parecer prévio, para decisão do Conselho Seccional. com as mesmas funções e atribuições do Conselho Seccional.

(x) A manutenção das Subseções, além de receitas próprias, dar-se-á por dotações dos Conselhos Seccionais.

(xi) Caso as Subseções incorram em **grave violação** ao EAOAB ou ao Regimento Interno do Conselho Seccional, este poderá, mediante o voto de **dois terços** de seus membros, nelas **intervir** (art. 60, §6º, do EAOAB).

(xii) Os **conflitos de competência** entre subseções e entre estas e o Conselho Seccional são por este decididos, com recurso voluntário ao Conselho Federal (art. 119 do RGOAB).

7 **Caixas de Assistência dos Advogados** (arts. 45, IV e §4º e 62, ambos EAOAB; arts. 121 a 127, Regulamento Geral)

(i) São dotadas de **personalidade jurídica própria**, adquiridas após **aprovação e registro** de seus estatutos no respectivo Conselho Seccional.

(ii) As Caixas de Assistência dos Advogados são **órgãos assistenciais**, criados pelos Conselhos Seccionais, desde que contem com **mais de 1500 (mil e quinhentos) inscritos.**

(iii) O **custeio** das atividades das Caixas de Assistência dá-se por **repasse dos Conselhos** de metade da receita recebida, após as deduções regulamentares obrigatórias, nos moldes traçados pelo art. 56 do RGOAB.

(iv) A **Diretoria** das Caixas de Assistência dos Advogados é composta de cinco membros, cujas atribuições serão definidas no seu Regimento Interno.

(v) As Caixas podem promover a **seguridade complementar** dos advogados.

(vi) Em caso de **extinção** da Caixa, todo seu patrimônio será revertido ao Conselho Seccional respectivo.

(vii) Conforme determina o art. 123 do RGOAB, a **assistência aos inscritos na OAB** é definida no estatuto da Caixa e está **condicionada** a:

I - regularidade de pagamento, pelo inscrito, da anuidade à OAB (ou seja, advogado inadimplente não faz jus às benesses que a Caixa pode lhe proporcionar);

II - carência de um ano, após o deferimento da inscrição;

III - disponibilidade de recursos da Caixa.

(viii) O estatuto da Caixa poderá prever a **dispensa** dos requisitos I e II acima, em casos especiais (art. 123, parágrafo único, do RGOAB).

8 Todos os atos praticados pela OAB se submetem à **publicidade**, salvo os que devam tramitar sob sigilo (ex.: processos disciplinares), devendo ser publicados na imprensa oficial, ou mesmo afixados nos fóruns.

9 A OAB goza de **imunidade tributária** no tocante a seus bens, serviços e rendas. No entanto, não recebe verbas públicas para o desempenho de suas competências.

10 As certidões referentes às contribuições, preços de serviços e multas, após assadas pelas diretorias dos Conselhos competentes, são consideradas **títulos executivos extrajudiciais**.

11 O advogado em dia com sua anuidade fica **isento** do pagamento de **contribuição sindical**.

12 Os funcionários contratados pela OAB são **celetistas**. Assim, não são considerados servidores públicos.

13 Os **presidentes** dos **Conselhos Seccionais** e **Subseções** são **legitimados ativos** para demandarem, judicial ou extrajudicialmente, pessoas que violarem as disposições das regras deontológicos e regulamentadoras da advocacia, podendo intervir inclusive em inquéritos policiais e processos em que figurem como indiciados, acusados ou ofendidos os inscritos na OAB.

14 Os presidentes dos Conselhos Seccionais e Subseções podem **requisitar cópias de peças** de autos, ou mesmo de **documentos**, a qualquer tribunal, juiz, cartório ou órgão da Administração direta ou indireta, desde que haja

motivação idônea, compatível com os fins do Estatuto da OAB, conforme decidido pelo STF na **ADI 1.127-8**.

15 A **Conferência Nacional da Advocacia Brasileira** é **órgão consultivo máximo do Conselho Federal**, reunindo-se trienalmente, no segundo ano do mandato, tendo por objetivo o estudo e o debate das questões e problemas que digam respeito às finalidades da OAB e ao congraçamento dos advogados (art. 145 do Regulamento Geral).

16 No **primeiro ano do mandato** do **Conselho Federal** ou do **Conselho Seccional**, decidem-se a data, o local e o tema central da Conferência.

17 As **conclusões das Conferências** têm caráter de **recomendação** aos Conselhos correspondentes.

18 São **membros** das Conferências:

I – **efetivos**: os Conselheiros e Presidentes dos órgãos da OAB presentes, os advogados e estagiários inscritos na Conferência, todos com direito a voto;

II – **convidados**: as pessoas a quem a Comissão Organizadora conceder tal qualidade, sem direito a voto, salvo se for advogado.

19 Os convidados, expositores e membros dos órgãos da OAB têm **identificação especial** durante a Conferência.

20 Os **estudantes de direito**, mesmo inscritos como estagiários na OAB, são **membros ouvintes**, escolhendo um porta-voz entre os presentes em cada sessão da Conferência.

21 A Conferência é **dirigida por uma Comissão Organizadora**, designada pelo Presidente do Conselho, por ele presidida e integrada pelos membros da Diretoria e outros convidados.

22 O Presidente pode desdobrar a Comissão Organizadora em **comissões específicas**, definindo suas composições e atribuições.

23 Cabe à **Comissão Organizadora** definir a distribuição do temário, os nomes dos expositores, a programação dos trabalhos, os serviços de apoio e infraestrutura e o regimento interno da Conferência.

24 Durante o funcionamento da Conferência, a **Comissão Organizadora** é representada pelo **Presidente**, com poderes para cumprir a programação estabelecida e decidir as questões ocorrentes e os casos omissos.

25 Os **trabalhos** da Conferência desenvolvem-se em **sessões plenárias**, **painéis** ou **outros modos de exposição** ou **atuação** dos participantes.

26 As sessões são dirigidas por um **Presidente** e um **Relator**, escolhidos pela Comissão Organizadora.

27 Quando as sessões se desenvolvem em forma de **painéis**, os expositores ocupam a **metade do tempo total** e a **outra metade** é destinada aos debates e votação de propostas ou conclusões pelos participantes.

28 É facultado aos **expositores** submeter as suas conclusões à **aprovação dos participantes.**

29 **Medalha Rui Barbosa** (art. 152 do Regulamento Geral): A "**Medalha Rui Barbosa**" é a **comenda** máxima conferida pelo Conselho Federal às **grandes personalidades da advocacia brasileira**. Referida comenda só pode ser concedida uma vez, no prazo do mandato do Conselho, e será entregue ao homenageado em sessão solene.

9. SIGILO PROFISSIONAL

→ **arts. 35 a 38 do CED;**
→ **art. 7º, XIX, do EAOAB.**

1 O sigilo profissional consiste em um **dever** imposto ao advogado, que terá a obrigação ética de resguardar os **fatos** e as **informações** que tenha tomado conhecimento **em razão do exercício profissional**, ou em virtude de **funções exercidas na OAB** ou quando tiver atuado na condição de **mediador, conciliador** ou **árbitro**.

2 O sigilo profissional é de **ordem pública** (ou seja, **cogente**), independendo de solicitação de reserva que lhe seja feita pelo cliente.

3 Presumem-se **confidenciais** as comunicações de qualquer natureza entre advogado e cliente.

4 O advogado, quando no exercício das funções de mediador, conciliador e árbitro, se submete às regras de sigilo profissional.

5 O sigilo profissional **cederá em face de circunstâncias excepcionais** que configurem **justa causa**, como nos casos de grave ameaça ao **direito à vida e à honra** ou que envolvam **defesa própria**.

6 O advogado não é obrigado a depor, em processo ou procedimento judicial, administrativo ou arbitral, sobre fatos a cujo respeito deva guardar **sigilo profissional**.

7 Constitui **Infração ético-disciplinar** (art. 34, VII, do EAOAB), punida com censura, a violação, sem justa causa, de sigilo profissional.

8 O advogado não poderá atuar contra ex-cliente ou ex-empregador até que passados **dois anos** do fim da relação contratual. É o que se denomina de **abstenção bienal**.

10. MANDATO

→ **art. 5º do EAOAB;**
→ **arts. 12 a 20 e 26, CED;**
→ **art. 6º do RGOAB**

1 De acordo com o art. 5º, *caput*, EAOAB, o advogado **postula em juízo ou fora dele**, fazendo **prova do mandato**. A prova (ou o instrumento) do mandato é a **procuração**.

2 De acordo com o art. 105 do NCPC, a **procuração** poderá ser materializada em **instrumento público** ou **particular**, não havendo exigência, no último caso, do reconhecimento de firma.

3 Podemos **classificar** a procuração em **três espécies**:

a) **procuração *ad juditia***: é a procuração para o **foro em geral**, que habilita o advogado a postular judicialmente em nome do cliente, excetuados, porém, os atos que dependam de poderes especiais (ex.: confissão, reconhecimento jurídico do pedido, transação etc.), nos termos do art. 5º, § 2º, EAOAB;

b) **procuração com poderes especiais:** permite ao advogado a prática de atos que exijam a outorga de **poderes específicos**, para além da postulação para o foro em geral, tais como a transação, a confissão, o reconhecimento jurídico do pedido, a desistência da ação;

c) **procuração *apud acta*:** outorgada pelo cliente ao advogado nos próprios autos da demanda judicial, reduzida a termo pelo escrivão, geralmente durante as audiências. Temos como exemplo de procuração *apud acta* aquela definida no art. 791, § 3º, da CLT, que assim prescreve: "A constituição de procurador com poderes para o foro em geral poderá ser efetivada, mediante simples registro em ata de audiência, a requerimento verbal do advogado interessado, com anuência da parte representada". Também se verifica a possibilidade de procuração apud acta no processo penal, consoante dispõe o art. 266 do CPP: "A constituição de defensor independerá de instrumento de mandato, se o acusado o indicar por ocasião do interrogatório".

4 É possível a **postulação momentânea** do advogado *sem a procuração*, apenas em caso de **urgência**, assim afirmada pelo profissional, que deverá, contudo, apresentá-la no **prazo de 15 (quinze) dias, prorrogável por igual período** (art. 5º, § 1º, do EAOAB).

5 Se a procuração não for apresentada no prazo acima, os atos processuais postulatórios serão considerados ineficazes, visto que a parte não terá contado com a indispensável capacidade postulatória, considerada um pressuposto processual.

6 Já decidiu o STF, nos autos do MS 21.730-I-DF, que a **falta de apresentação de procuração** é similar à não demonstração de que o mandatário judicial tem inscrição nos quadros da OAB, gerando, pois, a **inexistência dos atos processuais praticados.**

7 **Formas de extinção do mandato**: podemos classificar as formas de extinção do mandato em (i) **presumida** e (ii) **expressas.**

8 **Forma presumida de extinção do mandato**: nos termos do art. 13 do CED, concluída a causa ou arquivado o processo, **presume-se** cumprido e extinto o mandato.

9 **Formas expressas de extinção do mandato**

(i) **Renúncia** (art. 5º, § 3º, EAOAB; art. 16, CED; art. 6º, Regulamento Geral): decorre de **ato de vontade** do próprio advogado, que, em juízo de conveniência, ou por imperativo ético, dará fim à relação profissional anteriormente estabelecida com o cliente. Deverá o advogado renunciante observar os seguintes **requisitos**:

a) *proceder à **comunicação** de tal decisão ao **cliente***, preferencialmente por carta com aviso de recebimento. Ato seguinte, deve o advogado proceder à comunicação do juízo perante o qual atuava em nome do cliente, instruída com o comprovante de que o cliente foi comunicado da renúncia. Frise-se que, nos termos do art. 16 do CED, a renúncia ao patrocínio deve ser feita **sem a menção do motivo que a determinou**, ou seja, não poderá o profissional explicitar ao magistrado as razões que o levaram à renúncia (ex.: falta de pagamento de honorários, quebra da confiança etc.);

b) a partir da comunicação ao cliente, caberá ao advogado renunciante o dever de ***representar** o mandante pelo **prazo de dez dias***, salvo se for substituído antes do término de referido prazo. Caso o advogado renunciante desobedeça a referido dever de representação, incorrerá em infração ética correspondente a abandono da causa, nos termos do art. 34, XI, EAOAB.

(ii) **Revogação** (art. 17, CED): trata-se de **ato de vontade do cliente**, que, porém, não estará desobrigado do pagamento das verbas honorárias contratadas, bem como não retira o direito do advogado de receber o quanto lhe seja devido em eventual verba honorária de sucumbência, calculada proporcionalmente em face do serviço efetivamente prestado.

(iii) **Substabelecimento sem reserva de poderes** (art. 26, § 1º, CED): considera-se substabelecimento o mecanismo pelo qual um advogado **transfere** a outro advogado, **total (sem reserva de poderes) ou parcialmente (com reserva de poderes)**, os poderes que lhe foram outorgados originariamente pelo cliente. Nos termos do art. 26, § 1º, do CED, o **substabelecimento do mandato sem reserva de poderes** (transferência total do mandato por um advogado a outro), exige o **prévio e inequívoco conhecimento do cliente**, diferentemente do **substabelecimento com reserva de poderes**, que é **ato pessoal do advogado** (art. 26, *caput*, do CED). Neste caso, não há a exigência de que o advogado dê prévio e inequívoco conhecimento ao cliente.

10 **Decurso do tempo e extinção do mandato**: o decurso do tempo **não extingue o mandato**, salvo se o contrário houver sido ajustado no respectivo instrumento. Em outras palavras, se nada constar no instrumento procuratório, o mandato terá validade independentemente do tempo transcorrido desde sua outorga (art. 18 do CED).

11 Caso sobrevenha à outorga da procuração **conflito de interesses** entre os clientes, caberá ao advogado **optar por um dos mandatos**, renunciando aos outros (arts. 19 e 20, ambos do CED), resguardado o **sigilo profissional**.

12 O advogado não deve **aceitar procuração** de quem já tenha patrono constituído, sem prévio conhecimento deste, salvo por **motivo plenamente justificável** ou para **adoção de medidas judiciais urgentes e inadiáveis**.

13 O advogado não deve deixar ao **abandono** ou ao **desamparo** as causas sob seu patrocínio, sendo recomendável que, em face de dificuldades insuperáveis ou inércia do cliente quanto a providências que lhe tenham sido solicitadas, renuncie ao mandato.

11. SOCIEDADE DE ADVOGADOS

→ **arts. 15 a 17 do EAOAB;**
→ **arts. 37 a 43 do RGOAB**

1 Nos termos do art. 15, *caput*, do EAOAB, com a redação que lhe foi conferida pela Lei 13.247, de 12 de janeiro de 2016, os advogados podem reunir-se em

sociedade simples de prestação de serviços de advocacia ou constituir **sociedade unipessoal de advocacia**, na forma disciplinada no Estatuto da OAB e no Regulamento Geral.

2 Até o advento da Lei 13.247/2016, somente era possível a constituição de **sociedade pluripessoal**, vale dizer, formada por, pelo menos, **dois advogados**. Agora, admite-se que **um só advogado** seja **titular** de uma sociedade de advocacia.

3 A **natureza jurídica** da sociedade de advogados é a de **sociedade simples** (e não empresária!).

4 A **aquisição da personalidade jurídica** de uma sociedade de advogados, qualquer que seja a espécie, dá-se com a elaboração de um **ato constitutivo** (contrato social), que deverá ser levado a **registro** no **Conselho Seccional** da OAB em cuja base territorial tiver **sede** (art. 15, § 1º, EAOAB; art. 37, *caput*, Regulamento Geral). As sociedades de advogados não podem ser registradas em Junta Comercial (afinal, não são sociedades empresariais) ou em Cartório de Registro Civil das Pessoas Jurídicas. Frise-se: cabe à OAB (Conselho Seccional onde se instalar a sede da sociedade) registrar os atos constitutivos das sociedades de advogados.

5 Admite-se a constituição de **filiais** de sociedades de advogados ou sociedades unipessoais de advocacia, nos termos do art. 15, § 5º, do EAOAB. Importante anotar que somente se admitirá a abertura de filial em Conselhos Seccionais diversos (jamais no mesmo Conselho Seccional). Em resumo: somente é possível a constituição de uma filial por Conselho Seccional, mediante o arquivamento de seu ato constitutivo no Conselho Seccional respectivo, averbando-se, ainda, no registro da sede.

6 Constituída filial de sociedade de advogados (pluripessoal ou unipessoal), seus sócios ou titular precisarão providenciar **inscrição suplementar** (independentemente do número anual de causas).

7 A **razão social** (denominação) da **sociedade pluripessoal** deverá ter obrigatoriamente o **nome ou nome social** de **pelo menos um advogado** responsável pela sociedade (art. 16, § 1º, EAOAB), completo ou abreviado.

8 Já a razão social das **sociedades unipessoais** deve ser obrigatoriamente formada pelo **nome ou nome social** do seu titular, **completo** ou **parcial**, com a expressão '**Sociedade Individual de Advocacia**' (art. 16, § 4º, do EAOAB, incluído pela Lei 13.247/2016).

9 Em caso de **falecimento** de sócio cujo nome ou sobrenome constava na razão social da sociedade, poderá permanecer na denominação social desde que **prevista tal possibilidade** no **ato constitutivo** (art. 16, § 1º, parte final, EAOAB).

10 Nos termos do art. 16, *caput*, EAOAB, é expressamente **proibido** que haja a adoção de **denominação de fantasia** (nome fantasia), visto que tal é característica marcante das sociedades empresariais

11 Conforme dispõe o art. 15, § 3º, EAOAB, as **procurações** devem ser outorgadas ***individualmente*** aos advogados e **indicar a sociedade de que façam parte**. Quanto a esta última exigência, o art. 105, § 3º, do NCPC assim dispõe: "Se o outorgado integrar sociedade de advogados, a procuração também deverá conter o nome dessa, seu número de registro na Ordem dos Advogados do Brasil e endereço completo".

12 Em caso de **clientes com interesses opostos**, o art. 15, § 6º, EAOAB, combinado com o art. 19 do CED, indicam ser **vedada a representação judicial** por advogados **sócios da mesma sociedade.**

13 O art. 15, § 4º, EAOAB, com a redação alterada pela Lei 13.247/2016, dispõe nenhum advogado pode integrar **mais de uma sociedade de advogados**, constituir **mais de uma sociedade unipessoal** de advocacia, ou integrar, **simultaneamente**, uma sociedade de advogados e uma sociedade unipessoal de advocacia, com **sede** ou **filial** na **mesma área territorial** do respectivo Conselho Seccional. Ou seja, um advogado somente poderá figurar como sócio, ou titular de sociedade unipessoal, em uma sociedade por Conselho Seccional.

14 De acordo com o art. 16, § 2º, EAOAB, o **licenciamento** de sócio para exercer **atividade incompatível em caráter temporário** deve ser **averbado** no registro da sociedade, sem alterar sua constituição. Porém, se o sócio iniciar o exercício de atividade incompatível em **caráter definitivo**, sua inscrição na OAB será cancelada (art. 11, IV, do EAOAB), razão por que haverá alteração da constituição societária.

15 A **sociedade unipessoal** pode resultar da **concentração**, por um advogado, das quotas de uma sociedade de advogados (sociedade pluripessoal), independentemente das razões que motivaram tal concentração (art. 15, §7º, do EAOAB, incluído pela Lei 13.247/2016). Em suma, uma sociedade inicialmente pluripessoal poderá transformar-se em sociedade unipessoal (ex.: sociedade com dois sócios, sendo que um deles dela se retira, concentrando o outro todas as quotas sociais).

16 Nos termos do art. 17 do EAOAB, com a nova redação que lhe foi conferida pela Lei 13.247/2016, e art. 40, Regulamento Geral, além da sociedade, o sócio e o titular da sociedade individual de advocacia respondem **subsidiária** e **ilimitadamente** pelos **danos causados** aos clientes por **ação** ou **omissão no exercício da advocacia**, sem prejuízo da responsabilidade disciplinar em que possam incorrer. Significa dizer o seguinte: (i) os danos causados por sócios ou titular de sociedade unipessoal são de responsabilidade principal da própria sociedade (pessoa jurídica); (ii) sendo insuficiente o patrimônio da sociedade para fazer frente à reparação dos danos causados a cliente ou terceiro, os sócios (pessoas naturais) serão atingidos (responsabilidade subsidiária à da sociedade); (iii) em caso de atingimento do patrimônio pessoal dos sócios, tal ocorrerá ilimitadamente (pouco importará o percentual de participação do sócio na sociedade).

17 De acordo com o art. 16, *caput*, EAOAB, **não podem ser admitidas a registro**, nem podem **funcionar**, todas as espécies de sociedades de advogados que:

a) apresentem forma ou características de sociedade empresária;

b) que adotem denominação de fantasia;

c) que realizem atividades estranhas à advocacia;

d) que incluam como ou titular de sociedade unipessoal de advocacia pessoa não inscrita como advogado ou totalmente proibida de advogar.

18 De acordo com o disposto no art. 39 do Regulamento Geral, a sociedade de advogados pode **associar-se** com advogados, **sem vínculo de emprego**, para participação nos resultados. Para tanto, será de rigor que os **contratos de associação** havidos entre a sociedade e os advogados associados sejam **averbados** no registro da sociedade.

19 O **advogado associado** não é sócio da sociedade, nem seu empregado.

12. PUBLICIDADE PROFISSIONAL

→ **arts. 39 a 47 do CED**

1 O art. 39 do CED dispõe que a **publicidade profissional** do advogado tem caráter meramente **informativo** e deve primar pela **discrição** e **sobriedade**, não podendo configurar **captação de clientela** ou **mercantilização da profissão**.

2 Em virtude da redação de referido dispositivo, enxergamos as seguintes **características** da publicidade profissional:

a) caráter informativo;

b) discrição e sobriedade; e

c) vedação à captação de clientela ou mercantilização da profissão.

3 O art. 40 do CED estabelece que os **meios** utilizados para a publicidade profissional deverão ser **compatíveis com as diretrizes** estipuladas no art. 39 do referido diploma normativo (*caráter informativo, discrição e sobriedade*), sendo **vedados**:

> I – a veiculação da publicidade por meio de rádio, cinema e televisão;
>
> II – o uso de outdoors, painéis luminosos ou formas assemelhadas de publicidade;

> III – as inscrições em muros, paredes, veículos, elevadores ou em qualquer espaço público;
>
> IV – a divulgação de serviços de advocacia juntamente com a de outras atividades ou a indicação de vínculos entre uns e outras;
>
> V – o fornecimento de dados de contato, como endereço e telefone, em colunas ou artigos literários, culturais, acadêmicos ou jurídicos, publicados na imprensa, bem assim quando de eventual participação em programas de rádio ou televisão, ou em veiculação de matérias pela internet, sendo permitida a referência a e-mail;
>
> VI – a utilização de mala direta, a distribuição de panfletos ou formas assemelhadas de publicidade, com o intuito de captação de clientela.

4 Para a **identificação** dos **escritórios de advocacia**, será permitida a utilização de *placas, painéis luminosos e inscrições em suas fachadas*, desde que respeitadas as diretrizes do art. 39 do CED (*caráter informativo, discrição e sobriedade)*.

5 O art. 41 do CED que as **colunas** que o advogado mantiver nos meios de comunicação social ou os **textos** que por meio deles divulgar não deverão induzir o leitor a litigar nem promover, dessa forma, captação de clientela.

6 O art. 42 do CED traz diversas **vedações** impostas aos advogados no tocante à sua **conduta profissional**:

> I – responder com habitualidade a consulta sobre matéria jurídica, nos meios de comunicação social;
>
> II – debater, em qualquer meio de comunicação, causa sob o patrocínio de outro advogado;
>
> III – abordar tema de modo a comprometer a dignidade da profissão e da instituição que o congrega;
>
> IV – divulgar ou deixar que sejam divulgadas listas de clientes e demandas;
>
> V – insinuar-se para reportagens e declarações públicas.

7 O art. 43 do CED traça as regras acerca da **participação** do advogado em **programas de televisão e de rádio** e em outros **meios de comunicação.** Assim, pode-se dizer que é possível que um advogado participe de programas televisivos ou em rádios, mas jamais para publicidade profissional.

8 O advogado que eventualmente participar de programa de televisão ou de rádio, de entrevista na imprensa, de reportagem televisionada ou veiculada por qualquer outro meio, para **manifestação profissional** (frise-se: para publicidade, não!), deve **visar a objetivos exclusivamente ilustrativos, educacionais e instrutivos**, *sem propósito de promoção pessoal ou profissional*, vedados pronunciamentos sobre métodos de trabalho usados por seus colegas de profissão.

9 Quando convidado para manifestação pública, por qualquer modo e forma, visando ao esclarecimento de tema jurídico de interesse geral, deve o advogado

evitar insinuações com o sentido de promoção pessoal ou profissional, bem como o **debate de caráter sensacionalista**.

10 O advogado, na **publicidade profissional** que promover ou nos **cartões** e **material de escritório** que utilizar, **fará constar**, nos termos do art. 44, *caput*, do precitado diploma normativo:

i) seu nome, nome social ou nome da sociedade de que faça parte; e

ii) número ou números de inscrição na OAB.

11 Na publicidade profissional poderão ser referidos apenas os **títulos acadêmicos** do advogado e as **distinções honoríficas** relacionadas à vida profissional, bem como as **instituições jurídicas** de que faça parte, e as **especialidades** a que se dedicar, o **endereço, e-mail, site, página eletrônica, *QR code*, logotipo** e a **fotografia do escritório**, o **horário de atendimento** e os **idiomas** em que o cliente poderá ser atendido (art. 44, § 1º, do CED).

12 É **vedada** a inclusão de **fotografias pessoais** ou de **terceiros** nos cartões de visitas do advogado, bem como menção a qualquer **emprego, cargo** ou **função** ocupado, atual ou pretérito, em qualquer órgão ou instituição, salvo o de **professor universitário** (art. 44, § 2º, do CED).

13 São admissíveis como formas de publicidade o **patrocínio de eventos** ou **publicações de caráter científico ou cultural**, assim como a **divulgação de boletins**, por meio físico ou eletrônico, sobre matéria cultural de interesse dos advogados, desde que sua circulação fique adstrita a **clientes** e a **interessados do meio jurídico** (art. 45 do CED).

14 O art. 46 do CED permite a publicidade veiculada pela **internet** ou por **outros meios eletrônicos,** desde que observadas as diretrizes estabelecidas em seu art. 39 (caráter informativo, discrição e sobriedade).

15 A telefonia e a internet podem ser utilizadas como veículo de publicidade, inclusive para o **envio de mensagens** a **destinatários certos**, desde que estas não impliquem o oferecimento de serviços ou representem forma de captação de clientela.

13. PROCESSO DISCIPLINAR

→ **arts. 68 a 77, EAOAB;**

→ **arts. 55 a 63 e 66 e 67,CED;**

→ **arts. 120, 137-D, 138 a 144-A, RGOAB**

1 Ao **processo disciplinar**, regido pelo Estatuto da OAB, Regulamento Geral, CED e Regimentos internos das Seccionais, aplicam-se ***subsidiariamente*** as regras da **legislação processual penal comum**.

2 Aos **demais processos** perante a OAB, que não tenham conteúdo disciplinar, aplicam-se, subsidiariamente, as regras do **processo administrativo** e da legislação **processual civil**, *nesta ordem*.

3 O Novo Código de Ética e Disciplina, em suas disposições gerais e transitórias, prevê a possibilidade de o processo disciplinar tramitar por **meio eletrônico** (**virtual**), conforme regulamentação por Provimento do Conselho Federal da OAB (art. 78). Anote-se que referida regulamentação ocorreu por meio do **Provimento 176/2017 do CFOAB**.

4 Os **prazos,** nos **processos em geral** perante a OAB (disciplinares e não disciplinares), para manifestações de advogados, estagiários e terceiros, são de **15 (quinze) dias**, inclusive para interposição recursos.

5 O início de contagem dos prazos é o **primeiro dia útil seguinte**:

a) ao da notificação do recebimento de ofício (nos casos de comunicação por ofício reservado ou de notificação pessoal);

b) ao da publicação pela imprensa oficial.

6 De acordo com o art. 139 do Regulamento Geral, cuja redação foi alterada pelas Resoluções 9 e 10 de 2016, do CFOAB, os prazos nos processos que tramitam perante a OAB, partir de 1º de janeiro de 2017, passaram a ser contados em **dias úteis**, à semelhança do Novo CPC. Assim, por exemplo, o prazo para interposição de recurso será de 15 dias úteis.

7 De acordo com o art. 139, §3º, do Regulamento Geral, com a redação dada pela Resolução 10/2016 do CFOAB, entre os dias **20 e 31 de dezembro** e durante o período de **recesso (janeiro)** do Conselho da OAB que proferiu a decisão recorrida, os **prazos são suspensos**, reiniciando-se no primeiro dia útil após o seu término.

8 O **poder de punir disciplinarmente** pertence ao **Conselho Seccional** *em cuja base territorial tenha ocorrido a* ***infração*** (e não Conselho Seccional em que o advogado tiver inscrição).

9 Será do **Conselho Federal** o **poder de punir** quando a falta for cometida perante esse mesmo órgão, ou em caso de **foro "privilegiado"** (membros do Conselho Federal e Presidentes dos Conselhos Seccionais).

10 O **julgamento** do processo disciplinar, já devidamente instruído pelas Subseções ou por relatores do próprio Conselho Seccional, compete ao tribunal de ética e disciplina com "jurisdição" perante o Conselho Seccional competente. Quando a competência para punir for do **Conselho Federal** da OAB, o julgamento do processo ficará a cargo desse órgão.

11 Transitado em julgado o processo disciplinar, o **Conselho Seccional informará a decisão ao Conselho** em que mantiver o infrator sua **inscrição principal**, para que conste dos respectivos assentamentos.

12 Se o advogado praticar um **fato** com **repercussão prejudicial à dignidade da advocacia**, em situações de **notória gravidade perante a opinião pública**, poderá ser **suspenso preventivamente**, nos termos do art. 70, § 3º, do EAOAB. Uma vez suspenso, o **prazo** máximo da medida será de ***90 (noventa) dias***, *quando, então, o processo disciplinar já deverá ter sido concluído.*

13 Uma vez instaurado o processo disciplinar, este **tramitará em sigilo até o trânsito em *julgado***, somente podendo ter acesso às informações nele contidas as **partes**, seus **defensores** e a **autoridade judiciária competente** (art. 72, §2º, do EAOAB).

14 Para os **processos disciplinares findos** (com trânsito em julgado), o sigilo persistirá apenas em caso de aplicação de *censura*, tornando-se acessível a terceiros em casos de ***suspensão e exclusão****, que são sanções de natureza* ***pública***.

15 O processo disciplinar tem **três fases**: (i) **instauração**; (ii) **instrução**; e (iii) **julgamento.**

16 **Instauração do processo disciplinar** (arts. 55 a 57 do CED): A **instauração** do processo disciplinar pode ocorrer de **duas formas** (art. 55, CED):

a) **de ofício**, quando o conhecimento do fato se der por meio de **fonte idônea** ou por **comunicação** da autoridade competente, não se considerando fonte idônea a **denúncia anônima**;

b) **mediante representação**, dirigida ao Presidente do Conselho Seccional ou da Subseção, ou ao Presidente do Tribunal de Ética e Disciplina, quando os Regimentos Internos das Seccionais atribuírem a este último órgão competência para instaurar o processo ético disciplinar.

17 De acordo com o art. 57 do CED, a **representação** deverá conter:

> I – a identificação do representante, com a sua qualificação civil e endereço;
>
> II – a narração dos fatos que a motivam, de forma que permita verificar a existência, em tese, de infração disciplinar;
>
> III – os documentos que eventualmente a instruam e a indicação de outras provas a ser produzidas, bem como, se for o caso, o rol de testemunhas, até o máximo de cinco;
>
> IV – a assinatura do representante ou a certificação de quem a tomou por termo, na impossibilidade de obtê-la.

18 **Instrução do processo disciplinar** (arts. 58 e 59 do CED): recebida a representação pelo Presidente do Conselho Seccional ou da Subseção (se esta dispuser de Conselho), ou pelo Presidente do Tribunal de Ética e Disciplina, desde que o regimento interno do Conselho Seccional atribua ao referido órgão a competência delegada para presidir atos de instrução processual, será **designado um relator**, por sorteio, que terá por incumbência presidir a instrução processual. Contudo, antes de os autos serem encaminhados ao relator, será feita a juntada de ficha cadastral e certidões de eventuais punições ou processos em andamento contra o representado.

19 Tão logo analisada pelo relator a representação, desde que preenchidos os **critérios de admissibilidade**, que entendemos ser aqueles trazidos pelo art. 57 do CED, caberá a ele emitir um **parecer** propondo a instauração do processo. Caso contrário, ou seja, estando a representação desprovida dos critérios de admissibilidade, emitirá parecer propondo o **arquivamento liminar** da representação. Os Conselhos Seccionais poderão instituir **Comissões de Admissibilidade** no âmbito dos Tribunais de Ética e Disciplina, compostas por seus membros ou por Conselheiros Seccionais, com atribuição de análise prévia dos pressupostos de admissibilidade das representações ético-disciplinares, podendo propor seu arquivamento liminar.

20 Qualquer das providências referidas na dica anterior (emissão de parecer pela instauração do processo ou pelo arquivamento liminar), deverá ser apresentada pelo relator no **prazo de 30 (trinta) dias**, sob pena de **redistribuição do feito** pelo Presidente do Conselho Seccional ou da Subseção para **outro relator**, o qual disporá do mesmo prazo para emitir parecer.

21 Ato seguinte, o Presidente do Conselho competente ou, conforme o caso, o do Tribunal de Ética e Disciplina (TED), proferirá **despacho** declarando **instaurado o processo disciplinar** (se presentes os critérios de admissibilidade da representação) ou o **arquivamento liminar da representação**, nos termos do parecer do relator ou segundo os fundamentos que adotar.

22 A **representação contra membros do Conselho Federal da OAB e Presidente de Conselho Seccional** é processada e julgada pela **2ª Câmara do Conselho Federal da OAB**, reunida em sessão plenária.

23 A representação contra **membros da Diretoria do Conselho Federal da OAB**, bem como **membros honorários vitalícios** e detentores da **Medalha Rui Barbosa**, será processada e julgada pelo **Conselho Pleno do Conselho Federal da OAB.**

24 Declarado instaurado o processo, o relator determinará a **notificação** dos interessados para prestarem esclarecimentos, ou a do representado, a quem será dada a possibilidade de apresentar, no prazo de 15 (quinze) dias, **defesa**

prévia, podendo, a juízo do relator, se houver motivo relevante, ser **prorrogado** o prazo.

25 Na **defesa prévia** poderão ser requisitadas provas e arroladas até 5 (cinco) testemunhas. A notificação ao representado será encaminhada ao endereço que estiver registrado em seu cadastro de inscrito no Conselho Seccional.

26 No caso de o representado **não ser encontrado**, ou ser **revel**, ser-lhe-á designado **defensor dativo.**

27 Depois da apresentação de defesa prévia, o relator proferirá **despacho saneador,** seguindo o processo para a fase de *colheita de prova oral*, para oitiva das partes (representante e representado) e/ou caso tenham sido arroladas testemunhas, até o número de cinco para cada parte, que serão ouvidas em **audiência** especialmente designada junto à OAB para esse fim.

28 O relator pode determinar a **realização de diligências**, se julgá-las convenientes e necessárias, seguindo o processo, no mais, por **impulso oficial.**

29 Quanto aos **meios de prova**, indeferirá o relator aqueles considerados **ilícitos, impertinentes, desnecessários** ou **protelatórios**, fazendo-o fundamentadamente.

30 Encerrada a instrução, o relator proferirá **parecer preliminar,** a ser submetido ao TED, dando o enquadramento legal aos fatos imputados ao representado.

31 Apresentado o parecer preliminar, será aberto o prazo comum de **15 (quinze)** dias para apresentação de **razões finais**. Lembre-se: o prazo é contado em dias úteis!

32 No CED "antigo", as razões finais eram apresentadas **antes** do parecer preliminar do relator. Guarde bem essa dica!

33 **Julgamento do processo disciplinar** (arts. 60 a 67 do CED): recebido o processo já instruído, o Presidente do Tribunal de Ética e Disciplina (TED) **designará um relator,** que não poderá ser o mesmo da fase instrutória caso o processo já estivesse tramitando em referido órgão.

34 O processo será incluído em **pauta na primeira sessão de julgamento após distribuído ao relator**, da qual serão as partes notificadas com antecedência mínima de 15 (quinze) dias.

35 Na sessão, após o voto do relator, é facultada **sustentação oral** às partes (representante e representado), pelo prazo de **15 (quinze) minutos**.

36 Encerrado o julgamento, os autos seguirão para a **lavratura de acórdão**, que, se julgar **procedente a representação**, dele deverá constar: enquadramento da infração e a respectiva sanção aplicada, o quórum de instalação e de deliberação, o voto prevalente (se do relator ou o divergente), as agravantes e atenuantes eventualmente existentes e as razões determinantes para conversão da censura em advertência, que, como se sabe, não ficará registrada nos assentamentos do inscrito.

37 O **acórdão** conterá:

a) ementa (essência da decisão);

b) o autor do voto divergente que tenha prevalecido será o redator;

c) o voto condutor será lançado nos autos;

d) o voto divergente, mesmo se vencido, deverá, também, ter seus fundamentos lançados nos autos, em voto escrito ou transcrição na ata de julgamento, quando oral.

38 Relevante anotar que sempre que o relator o determinar, será atualizado nos autos o relatório de **antecedentes do representado.**

39 A conduta dos interessados que, no processo disciplinar, se revele **temerária** ou que caracterize a **intenção de alterar a verdade dos fatos**, bem como a **interposição de recursos protelatórios**, contrariam os princípios do CED, sujeitando os responsáveis à correspondente **sanção**.

40 **Recursos nos processos na OAB**: o **prazo** para interpor qualquer recurso perante a OAB é de **15 (quinze) dias**, contados do primeiro dia útil seguinte, seja da publicação da decisão na imprensa oficial, seja da data do recebimento da notificação, anotada pela Secretaria do órgão da OAB ou pelo agente dos Correios.

41 Se o recurso for interposto **via *fac-simile*** (fax, por exemplo), a juntada do **original** deverá ocorrer em **10 (dez) dias**, nos termos do art. 139, § 1º, do Regulamento Geral.

42 **Competência recursal**: os recursos serão dirigidos (**i**) ao **Conselho Seccional** – de todas as decisões proferidas pelo seu Presidente, pelo TED, ou, ainda, pela diretoria da Subseção ou da Caixa de Assistência dos Advogados; (**ii**) ao **Conselho Federal** – de todas as decisões definitivas proferidas pelo Conselho Seccional, quando não tenham sido unânimes, ou, sendo unânimes, contrariarem o EAOAB, CED, Provimentos e decisões do Conselho Federal ou de outros Conselhos Seccionais.

43 Em regra, os recursos serão recebidos em **duplo efeito** (devolutivo e suspensivo), **exceto** (art. 77, EAOAB):

a) matéria relativa a eleições;

b) suspensão preventiva decidida pelo TED;

c) cancelamento de inscrição quando obtida com falsa prova.

44 Nos três casos citados na dica anterior, os recursos *não serão recebidos com efeito suspensivo*, ou seja, as decisões recorridas **produzirão efetivos** antes mesmo do julgamento dos recursos.

45 Peculiaridades dos recursos (art. 138 do Regulamento geral):

i) ***Interposição:*** à exceção dos embargos de declaração (que serão dirigidos ao relator da decisão recorrida, que lhes pode negar seguimento, fundamentadamente, se os tiver por manifestamente protelatórios, intempestivos ou carentes dos pressupostos legais para interposição), os demais recursos são dirigidos ao **órgão julgador superior** competente, embora interpostos perante a autoridade ou órgão que proferiu a decisão recorrida;

ii) ***Juízo de admissibilidade:*** será feito pelo **relator** do órgão julgador a que se dirige o recurso, não podendo a autoridade ou órgão recorrido rejeitar o encaminhamento. Assim, haverá **juízo único de admissibilidade**, realizado somente pelo órgão *ad quem*;

iii) ***Embargos declaratórios:*** admitindo os embargos de declaração, o relator os colocará em mesa para julgamento, independentemente de inclusão em pauta ou publicação, na primeira sessão seguinte, salvo justificado impedimento;

iv) ***Irrecorribilidade:*** a decisão que negar seguimento aos embargos de declaração, por reputá-los manifestamente protelatórios, intempestivos ou carentes dos pressupostos para sua interposição, bem como a que, admitindo referido recurso, incluí-lo em mesa para julgamento, independentemente de inclusão em pauta ou publicação, são **irrecorríveis.**

46 Se o relator do recurso constatar **intempestividade** ou **ausência dos pressupostos legais** para interposição do recurso, proferirá despacho indicando ao Presidente do órgão julgador o indeferimento liminar, devolvendo-se o processo ao órgão recorrido para executar a decisão. Contra a decisão do Presidente cabe recurso voluntário ao órgão julgador (art. 140 do RGOAB).

47 Se o relator da decisão recorrida também integrar o órgão julgador superior, fica neste **impedido** de relatar o recurso, conforme dispõe o art. 141 do RGOAB.

48 Quando a decisão, inclusive dos Conselhos Seccionais, conflitar com orientação de órgão colegiado superior, fica sujeita ao **duplo grau de jurisdição** (art. 142 do RGOAB). Estamos, aqui, diante daquilo que se denomina de **reexame necessário** ou **recurso de ofício.**

49 Contra as decisões proferidas pelo **Tribunal de Ética e Disciplina**, caberá recurso ao **plenário** ou **órgão especial** equivalente do **Conselho Seccional**, sendo certo que o **Regimento Interno** de referido órgão disciplinará o cabimento dos recursos no âmbito de cada órgão julgador (art. 144 do RGOAB).

50 Para a formação do recurso interposto contra decisão de **suspensão preventiva de advogado** (art. 77, Lei 8.906/1994), dever-se-á juntar **cópia integral dos autos da representação disciplinar**, permanecendo o processo na origem para cumprimento da pena preventiva e tramitação final, nos termos do artigo 70, § 3º, do Estatuto (art. 144-A do RGOAB).

51 **Revisão dos processos disciplinares**: será cabível a **revisão** do processo disciplinar já transitado em julgado, nos termos do art. 73, § 5º, do EAOAB, nos seguintes casos:

a) erro de julgamento;

b) condenação baseada em falsas provas.

52 De acordo com o art. 68 do CED:

a) a **legitimidade** para pedir a revisão de processo ético é do advogado punido com a sanção disciplinar;

b) a **competência** para julgar o pedido revisional é do órgão de que emanou a condenação final;

c) quando a competência for do **Conselho Federal**, a revisão será processada perante sua **Segunda Câmara**, reunida em sessão plenária;

d) o pedido de revisão receberá **autuação própria**, sendo **apensado** aos autos do processo disciplinar a que se refira;

e) o pedido de revisão **não suspende os efeitos da decisão condenatória**, salvo quando o relator, ante a relevância dos fundamentos e o risco de consequências irreparáveis para o requerente, conceder **tutela cautelar** para que se suspenda a execução;

f) a parte representante somente será notificada para integrar o processo de revisão quando o relator entender que deste poderá resultar **dano ao interesse jurídico** que haja motivado a representação.

53 **Reabilitação**: após a aplicação definitiva de sanção (censura, suspensão ou exclusão) ao advogado infrator, é possível que peça sua **reabilitação** (art. 41, EAOAB).

54 O **prazo** para pedir reabilitação é de **um ano** após o cumprimento da sanção, devendo para tanto fazer **provas de bom comportamento**.

55 Se a imposição de sanção decorrer da **prática de crime**, o pedido de reabilitação perante a OAB deverá ser acompanhado da prévia sentença concessiva de **reabilitação criminal**.

56 **Procedimento do pedido de reabilitação**:

a) a **competência** para processá-lo e julgá-lo será do **Conselho Seccional** em que tenha sido **aplicada a sanção disciplinar**, ou, nos casos de competência originária do **Conselho Federal**, a este caberá julgar o pedido de reabilitação;

b) terá **autuação própria**, sendo **apensado** aos autos do processo disciplinar a que se refira;

c) as **provas de bom comportamento**, referentes ao exercício da advocacia e à vida social do advogado, deverá instruir o pedido de reabilitação, cabendo à Secretaria do Conselho competente certificar, nos autos, o efetivo cumprimento da sanção disciplinar pelo requerente;

d) se o pedido de reabilitação não estiver suficientemente instruído, o relator assinará prazo para a **complementação da documentação**, que, se desatendido, ensejará o seu **arquivamento liminar**.

57 **Prescrição da pretensão punitiva da OAB:** o EAOAB fixa a **prescrição da pretensão punitiva** disciplinar da OAB em **5 (cinco) anos**, *contados da constatação oficial do fato* (art. 43, *caput*, do EAOAB), e não da prática da infração ética, como se poderia imaginar.

58 Instaurado o processo disciplinar, se este ficar **paralisado por mais de 3 (três) anos**, pendente de despacho ou de julgamento, ocorrerá a chamada **prescrição intercorrente** (art. 43, § 1º, do EAOAB).

59 São **causas de interrupção** da prescrição (art. 43, §2º, do EAOAB):

a) instauração do processo disciplinar ou notificação válida feita diretamente ao representado;

b) decisão condenatória recorrível de qualquer órgão julgador da OAB.

60 A prescrição pode ser conhecida **de ofício** ou **a requerimento**.

14. ESTÁGIO PROFISSIONAL

→ **art. 9º do EAOAB;**

→ **arts. 27 a 31 e 35 do RGOAB**

1 **Objetivo do estágio profissional:** conferir ao estagiário a indispensável **aprendizagem prático-profissional na área da advocacia.**

2 **Requisitos para a admissão ao estágio profissional de advocacia**: o art. 9º do EAOAB prevê os seguintes ***requisitos*** para a inscrição como estagiário:

I – **preencher os requisitos mencionados nos incisos I, III, V, VI e VII do art. 8º:**

i) capacidade civil;

ii) título de eleitor e quitação do serviço militar, se brasileiro;

iii) não exercer atividade incompatível com a advocacia;

iv) idoneidade moral;

v) prestar compromisso perante o conselho.

II – **ter sido admitido em estágio profissional de advocacia.**

3 **Duração do estágio:** de acordo com o § 1º do art. 9º do EAOAB, o estágio profissional de advocacia tem **duração** de ***dois anos***, podendo ser mantido pelas respectivas instituições de ensino superior, pelos Conselhos da OAB ou por setores, órgãos jurídicos e escritórios de advocacia credenciados pela OAB.

4 Ainda a respeito da duração do estágio, o art. 35 do Regulamento Geral dispõe que o **prazo** de **validade do cartão** de identidade do estagiário é de, no máximo, **3 (três) anos**, não podendo ser prorrogado.

5 Da análise das duas dicas anteriores, conseguimos concluir que o limite máximo de tempo de estágio é de **três anos** (dois anos + um ano de prorrogação).

6 A admissão do estudante de direito ao estágio profissional dá-se nos **últimos anos do curso jurídico** (art. 9º, § 1º, EAOAB).

7 **Local de inscrição do estagiário:** a **inscrição** do estagiário é feita perante o **Conselho Seccional** em cujo **território** se localize seu ***curso jurídico***. Assim, pouco importa o local de sua residência ou do próprio estágio, mas, sim, o Estado em que cursa Direito.

8 **Bacharel em direito:** de acordo com o art. 9º, § 4º, EAOAB, o estágio profissional poderá ser cumprido por **bacharel em direito** que queira se inscrever na Ordem.

9 **Estágio profissional e pessoas incompatíveis com a advocacia:** para os estudantes de direito que **exerçam *atividade incompatível*** *com a advocacia* (art. 28 do EAOAB), não serão admitidos como estagiários pela OAB, conforme extraímos dos arts. 8º, V e 9º, I, ambos do EAOAB. Porém, poderá **frequentar o estágio ministrado pela respectiva instituição de ensino superior**, para fins de aprendizagem.

10 **Atividades que podem ser desempenhadas pelos estagiários:** o art. 3º, §2º, do EAOAB, prevê que o estagiário de advocacia, regularmente inscrito, **poderá praticar os atos privativos previstos no art. 1º do mesmo Estatuto**, mas em **conjunto** com o advogado e sob a **responsabilidade** deste.

11 O art. 29 do Regulamento Geral da OAB estabelece a regra de que os **atos praticados por estagiários** deverão ser supervisionados e elaborados em **conjunto com um advogado.**

12 **Isoladamente**, o estagiário poderá praticar os seguintes **atos** (art. 29, §1º, do Regulamento Geral), embora **sob a responsabilidade do advogado**:

a) Elaborar e assinar petições de juntada de documentos a processos administrativos ou judiciais;

b) Fazer cargas e descargas (devolução) de processos;

c) Obter certidões cartorárias referentes a processos em trâmite ou findos.

13 Nos termos do art. 29, § 2º, do Regulamento Geral, "para o exercício de atos extrajudiciais, o estagiário pode **comparecer isoladamente**, quando receber **autorização** ou **substabelecimento** do advogado".

14 A realização de atos **isoladamente** pelo estagiário, **fora das hipóteses admitidas**, além de configurar **exercício ilegal da profissão** (contravenção penal - art. 47 LCP - Decreto-Lei 3.688/1941), configura **infração ética**, prevista no art. 34, XXIX, do EAOAB.

15 O estágio profissional de advocacia pode ser oferecido pela instituição de ensino superior autorizada e credenciada, em convênio com a OAB, complementando-se a carga horária do estágio curricular supervisionado com atividades práticas típicas de advogado e de estudo do Estatuto e do Código de Ética e Disciplina, observado o tempo conjunto mínimo de **300 (trezentas) horas,** distribuído em 2 (dois) ou mais anos.

16 A complementação da carga horária, no total estabelecido no convênio, pode ser efetivada na forma de **atividades jurídicas** no **núcleo de prática jurídica** da instituição de ensino, na **Defensoria Pública**, em **escritórios de advocacia** ou em **setores jurídicos** públicos ou privados, credenciados e fiscalizados pela OAB.

17 As **atividades de estágio** ministrado por instituição de ensino, para fins de convênio com a OAB, são **exclusivamente práticas**, incluindo a redação de atos processuais e profissionais, as rotinas processuais, a assistência e a atuação em audiências e sessões, as visitas a órgãos judiciários, a prestação de serviços jurídicos e as técnicas de negociação coletiva, de arbitragem e de conciliação.

18 O **estágio** realizado na **Defensoria Pública da União**, do **Distrito Federal ou dos Estados**, na forma do artigo 145 da Lei Complementar 80, de 12 de janeiro de 1994, é considerado válido para fins de **inscrição no quadro de estagiários da OAB.**

19 O **cartão de identidade do estagiário** tem o mesmo modelo e conteúdo do cartão de identidade do advogado, com a indicação de "Identidade de

Estagiário", em destaque, e do prazo de validade, que não pode ultrapassar 3 (três) anos nem ser prorrogado.

20 O **cartão de identidade** do estagiário **perde sua validade** imediatamente após a prestação do **compromisso** como **advogado.**

15. ELEIÇÕES E MANDATO NA OAB

→ **arts. 63 a 67 do EAOAB**

→ **arts. 128 a 137-C do RGOAB**

1 **Base normativa para as eleições**: as eleições estão regulamentadas nos **arts. 63 a 67 do EAOAB, arts. 128 a 137-C do Regulamento Geral e Provimento 146/2011 do CFOAB.** Na **ausência de normas expressas** no Estatuto da OAB e no Regulamento Geral, ou em Provimento, aplica-se, **supletivamente**, no que couber, a **legislação eleitoral**.

2 **Condições de elegibilidade** (art. 63, § 2º, EAOAB e arts. 131, § 5º e 131-A, Regulamento Geral): os **requisitos** ou **condições de elegibilidade** aos cargos na OAB são:

a) ser **regularmente inscrito** no Conselho Seccional respectivo, com inscrição principal ou suplementar;

b) **situação regular** na OAB (estar em dia com as anuidades na data do protocolo do pedido de registro da candidatura; em caso de parcelamento, devem estar as parcelas quitadas);

c) não ocupar **cargo exonerável *ad nutum*;**

d) não ter **condenação por infração disciplinar**, salvo se reabilitado, ou não ter **representação disciplinar** julgada procedente por órgão do Conselho Federal (em suma, ser "ficha limpa");

e) **exercer a profissão** há mais de 5 (cinco) anos, excluído o período de estágio. Esse prazo é contado **até o dia da posse**;

f) **não exercer atividade incompatível** com a advocacia, em caráter permanente ou temporário;

g) **não integrar listas**, com processo em tramitação, para **provimento de cargos em tribunais** judiciários ou administrativos;

h) **se o candidato tiver tido** suas **contas rejeitadas** segundo o disposto na alínea "a" do inciso II do art. 7º do Provimento n. 101/2003, ter **ressarcido o dano** apurado pelo Conselho Federal, sem prejuízo do cumprimento do prazo de 08 (oito) anos previsto na alínea "g".

3 **Datas para as eleições**: para os cargos das **Subseções, Conselhos Seccionais** e **Caixas de Assistência dos Advogados,** as eleições ocorrerão na

segunda quinzena do mês de novembro do último ano do mandato, com posse em 1º de janeiro, ao passo que para a **Diretoria do Conselho Federal,** em **31 de janeiro** do ano seguinte, com posse em 1º de fevereiro.

4 O **mandato** para todos os cargos da OAB é de **3 (três) anos**, iniciando-se em **primeiro de janeiro** do ano seguinte ao da eleição, salvo o Conselho Federal, cuja Diretoria será eleita "indiretamente" pelos conselheiros federais em 31 de janeiro do ano seguinte.

5 O exercício do mandato é **gratuito**, considerado, porém, serviço relevante, inclusive para fins de **disponibilidade** e **aposentadoria**.

6 O art. 66 do EAOAB trata das hipóteses de **extinção automática do mandato**:

> I – quando ocorrer qualquer hipótese de cancelamento de inscrição ou de licenciamento do profissional;
>
> II – quando o titular sofrer condenação disciplinar;
>
> III – quando o titular faltar, sem motivo justificado, a 3 (três) reuniões ordinárias consecutivas de cada órgão deliberativo do Conselho ou da diretoria da Subseção ou da Caixa de Assistência dos Advogados, não podendo ser reconduzido no mesmo período de mandato.

7 Extinto qualquer mandato, caberá ao **Conselho Seccional** escolher o **substituto**, caso não haja **suplente**.

8 Não são admissíveis **candidaturas isoladas**, ou seja, as chapas devem ser **completas**, contemplando **todos os cargos** (Diretoria dos Conselhos Seccionais, Conselheiros Seccionais, Conselheiros Federais, Diretoria da Caixa de Assistência dos Advogados e suplentes, se houver).

9 Nos termos do art. 131, *caput*, do Regulamento Geral, as chapas deverão atender ao **mínimo de 30% (trinta por cento)** e ao **máximo de 70% (setenta por cento)** para **candidaturas de cada sexo**, o que implica em vedação a chapas compostas somente por homens ou mulheres. Contudo, o percentual mínimo poderá ser alcançado levando-se em consideração a chapa completa, compreendendo os cargos de titular e de suplência, não sendo obrigatória a observância em cargos específicos ou de diretoria, incluindo a do Conselho Federal. Para o alcance do percentual mínimo observar-se-á o arredondamento de fração para cima, considerando-se o número inteiro de vagas subsequente. É facultativa a observação do percentual mínimo nas Subseções que não possuam Conselho.

10 Para o cargo de Presidente do Conselho Federal, bem como para os demais membros da Diretoria de referido órgão superior,**não haverá votação direta, eis que a eleição ficará com participação restrita aos conselheiros federais, em votação autônoma, que ocorrerá em 31 de janeiro do ano seguinte ao da eleição.** A votação, nos termos do art. 137-A do RGOAB, ocorre em **31 de**

janeiro do ano seguinte ao da eleição, às **19h00**, em reunião presidida pelo Conselheiro mais antigo, reputando-se eleita a chapa que conseguir a **maioria simples dos votos** dos Conselheiros Federais, presente a **metade mais um** de seus membros. Todos os **membros** da chapa à Diretoria do Conselho Federal devem ser **Conselheiros Federais, exceto** o Presidente. O **candidato a Presidente** deve contar, no mínimo, com o **apoiamento de 6 Conselhos Seccionais** (art. 67, II, do EAOAB).

11 **Candidatos** a cargos que estejam no **exercício de mandato** poderão nele permanecer, mesmo que concorram às eleições.

12 A votação é de **comparecimento obrigatório** (art. 128, RGOAB), sob pena de **multa de 20%** do valor da anuidade, salvo justificativa escrita que será apreciada pela Diretoria do Conselho Seccional (art. 134, RGOAB).

13 A **votação** ocorrerá preferencialmente em **urna eletrônica**, ou, caso haja impossibilidade, em **cédula única**. Nesta constará a denominação da chapa, os nomes da Diretoria do Conselho Seccional (Presidente, Vice-Presidente, Secretário-Geral, Secretário-Geral Adjunto e Tesoureiro), os Conselheiros Seccionais, os Conselheiros Federais, Diretoria da Caixa de Assistência e suplentes.

14 Não se admite "**voto em trânsito**", sendo de rigor que o advogado vote no local previamente indicado pela Comissão Eleitoral (art. 134, §5º, RGOAB).

15 Caso o advogado tenha **diversas inscrições** (principal e suplementares), poderá escolher em qual Conselho Seccional irá votar, tendo, porém, que avisar previamente o Conselho competente.

16 Nos termos do art. 131-B do RGOAB, desde o pedido de registro da chapa, poderá ser efetuada **doação** para a **campanha** por **advogados**, inclusive candidatos, sendo **vedada a doação por pessoas físicas** que não sejam advogados e por qualquer **empresa ou pessoa jurídica**, sob pena de indeferimento de registro ou cassação do mandato.

17 Será obrigatória a **prestação de contas** de campanha por parte das chapas concorrentes, devendo ser fixado pelo Conselho Federal o limite máximo de gastos (art.131-B, §1º, RGOAB).

18 Será fixado pelo Conselho Federal o **limite máximo de doações** para as campanhas eleitorais por parte de quem não é candidato (art. 131-B, §2º, RGOAB).

19 É **admissível** a **propaganda eleitoral** pelos seguintes meios:

a) Envio de cartas, mensagens eletrônicas (*e-mail*) e "torpedos" (SMS e MMS) e WhatsApp aos advogados;

b) Cartazes, faixas, *banners* e adesivos, desde que não explorados comercialmente por empresas que vendam espaço publicitário, observada a distância de e até trezentos metros dos fóruns;

c) Uso e distribuição de camisetas, bonés e *bottoms*;

d) Distribuição de impressos variados;

e) Manutenção de sítios eletrônicos (das chapas e de terceiros, mas, neste último caso, restrito a 1 *banner* de 234x60 pixels, com até 25 KB), blogs na internet e assemelhados, desde que devidamente informados à Comissão Eleitoral para fins de registro.

20 São **condutas vedadas** em matéria eleitoral:

a) Qualquer propaganda transmitida por meio de emissora de televisão ou rádio, excluindo entrevistas, debates e notícias sobre a campanha eleitoral, desde que integrando a programação normal da emissora;

b) Utilização de outdoors e assemelhados, exceto nos locais de votação;

c) Qualquer meio de divulgação em espaço publicitário comercializado em ruas e logradouros, independente de tamanho, a exemplo de cartazes eletrônicos, em veículos de transportes públicos, como ônibus e táxis, bem assim em outros pontos de divulgação ou, ainda, em veículos contratados mediante aluguel, ressalvados os espaços publicitários de comitês de candidaturas;

d) Propaganda na imprensa que exceda, por edição, a 1/8 (um oitavo) de página de jornal padrão e a 1/4 (um quarto) de página de revista ou tabloide, ainda que gratuita, não podendo exceder, ainda, a 10 (dez) edições;

e) Propaganda com uso de carros de som e assemelhados, ou seja, qualquer veículo ou instrumento fixo ou ambulante de emissão sonora, como megafones. A vedação não atinge a sonorização de atos públicos de campanha com a presença de candidatos;

f) Quaisquer pinturas ou pichações em prédios públicos ou privados, com exceção de pinturas alusivas à chapa, nos respectivos comitês;

g) Distribuição de brindes, ressalvado o uso e distribuição de camisetas, bonés e *bottoms*;

h) Contratação de terceiros para veiculação e exibição de bandeiras, bandeirolas e assemelhados na parte externa do prédio onde estiverem situadas as salas de votação (Provimento 146/2011, art. 10, § 6º) e, no dia da eleição, é vedada a propaganda eleitoral nos prédios onde estiverem situadas as salas de votação.

21 São considerados **atos de abuso econômico, político e dos meios de comunicação:**

a) Propaganda transmitida por meio de emissora de televisão ou rádio, permitindo-se entrevistas e debates com os candidatos;
b) Propaganda por meio de *outdoors* ou com emprego de carros de som ou assemelhados;
c) Propaganda na imprensa, a qualquer título, ainda que gratuita, que exceda, por edição, a um oitavo de página de jornal padrão e a um quarto de página de revista ou tabloide;
d) Uso de bens imóveis e móveis pertencentes à OAB, à Administração direta ou indireta da União, dos estados, do Distrito Federal e dos municípios, ou de serviços por estes custeados, em benefício de chapa ou de candidato, ressalvados os espaços da Ordem que devam ser utilizados indistintamente pelas chapas concorrentes;
e) Pagamento, por candidato ou chapa, de anuidades de advogados ou fornecimento de quaisquer outros tipos de recursos financeiros ou materiais que possam desvirtuar a liberdade do voto;
f) Utilização de servidores da OAB em atividades de campanha eleitoral.

22 São, ainda, **condutas vedadas aos candidatos**:
a) Uso de bens imóveis e móveis e de serviços e atividades da OAB ou do poder público em benefício de campanha de qualquer chapa, inclusive o desvio das finalidades institucionais da Ordem para promoção de candidaturas ou promoção pessoal de dirigente candidato;
b) Pagamento de anuidade de advogado ou o fornecimento de recursos financeiros ou bem de valor econômico que possa desvirtuar a liberdade de voto;
c) Realização de shows artísticos;
d) Utilização de servidores da OAB em atividade em favor da campanha eleitoral de qualquer chapa;
e) Divulgação pela chapa, sob sua responsabilidade, antes das eleições, por qualquer meio de comunicação, de pesquisa não registrada previamente na Comissão Eleitoral;
f) No período de 15 (quinze) dias antes das eleições, a divulgação de pesquisa eleitoral, nos termos do art. 133, § 5º, I, do Regulamento Geral;
g) No período de 30 (trinta) dias antes das eleições, a regularização da situação financeira de advogado perante a Tesouraria da OAB para torná-lo apto a votar, nos termos do art. 133, § 5º, II, do Regulamento Geral;
h) No período de 90 (noventa) dias antes das eleições, a concessão ou distribuição às Seccionais e Subseções, por dirigente, candidato ou

chapa, de recursos financeiros, salvo os destinados ao pagamento de despesas de pessoal e de custeio ou decorrentes de obrigações e de projetos preexistentes, bem como de máquinas, equipamentos, móveis e utensílios, ressalvados os casos de reposição, e a convolação de débitos em auxílios financeiros, salvo quanto a obrigações e a projetos preexistentes;

i) Promoção pessoal de candidatos na propaganda institucional da OAB;

j) Promoção pessoal de candidatos na inauguração de obras e serviços da OAB, no período de 60 (sessenta) dias antes das eleições;

k) Propaganda transmitida por meio de emissora de televisão ou rádio, permitindo-se entrevistas e debates com os candidatos, desde que sejam convidados todos os candidatos a Presidente.

16. ADVOGADO EMPREGADO

→ **arts. 18 a 21 do EAOAB;**
→ **arts. 3º, 11 a 14 do Regulamento Geral;**
→ **arts. 4º e 25 do CED**

1 São **características** do advogado, nada obstante a relação empregatícia, sua ***isenção técnica*** e ***independência profissional***, conforme art. 18, caput, do EAOAB, tornando a sua subordinação mitigada (atenuada).

2 Prevê o art. 4º do CED que o advogado, ainda que vinculado ao cliente mediante relação empregatícia, deve zelar pela sua **liberdade** e **independência**.

3 Conforme dispõe o parágrafo único do art. 18 do EAOAB, o advogado empregado **não estará obrigado** à **prestação de serviços profissionais** de **interesse pessoal** dos empregadores, **fora da relação de emprego**.

4 O **salário mínimo profissional (piso salarial)** dos advogados empregados será fixado por ***acordo ou convenção coletiva***, ou por ***sentença normativa*** proferida em dissídio coletivo perante a Justiça do Trabalho, conforme art. 19 do EAOAB.

5 A **representação dos advogados** nas convenções coletivas, acordos coletivos e dissídios coletivos compete ao ***Sindicato*** ou, à falta deste, à ***federação*** ou ***confederação* de advogados** (art. 11 do Regulamento Geral)

6 De acordo com o art. 20, *caput*, EAOAB, a **jornada de trabalho** de um advogado empregado não poderá exceder a duração diária de ***quatro horas contínuas***

e a de ***vinte horas semanais***, salvo *acordo* ou *convenção coletiva*, ou em caso de *dedicação exclusiva*.

7 A **dedicação exclusiva** acima referida diz respeito apenas ao **tempo de duração da jornada de trabalho** do advogado empregado, que no caso não poderá exceder a **oito horas diárias** (e, no máximo, *quarenta horas semanais*, tal como previa a antiga redação do art. 12 do Regulamento Geral).

8 Para fins de análise da jornada de trabalho, o art. 20, §1º, do EAOAB dispõe que se considera como **período de trabalho** o tempo em que o advogado estiver **à disposição do empregador**, **aguardando** ou **executando ordens**, no seu escritório ou em atividades externas, sendo-lhe reembolsadas as despesas feitas com transporte, hospedagem e alimentação.

9 As horas extras do advogado empregado serão pagas com **adicional não inferior a *cem por cento*** da hora normal, tal como prevê o art. 20, § 2º, do EAOAB. Importante anotar que o art. 59 § 1º, da CLT, já com as alterações promovidas pela Lei 13.467/2017 (**Reforma Trabalhista**), dispõe que a remuneração da hora extra será, pelo menos, **50% (cinquenta por cento)** superior à da hora normal. Logo, a disposição estatutária, por ser mais benéfica ao advogado, além de se tratar de diploma legal específico, se sobrepõe à CLT.

10 No período das **20h00 (vinte horas)** de um dia às **5h00 (cinco horas)** do dia seguinte, as horas trabalhadas em **período noturno** serão remuneradas com um **adicional de 25%*(vinte e cinco por cento)*** da hora normal (art. 20, § 3º, do EAOAB).

11 Pegadinha: cuidado com o examinador! A **jornada noturna estabelecida pela CLT** (art. 73, § 2º) varia das **22h00 (vinte e duas horas)** às **5h00 (cinco horas)** do dia seguinte, cabendo ao empregado perceber adicional de, pelo menos, **20% (vinte por cento)** sobre a hora diurna (art. 73, *caput*).

12 De acordo com o Regulamento Geral (art. 3º) e o Código de Ética (art. 25), é **defeso** (*proibido*) ao advogado funcionar no mesmo processo, ***simultaneamente***, como **patrono** e **preposto** do empregador ou cliente.

13 Caso o advogado empregado receba **honorários sucumbenciais**, estes **não integrarão seu salário ou remuneração**, eis que decorrem precipuamente do exercício da advocacia e apenas acidentalmente da relação de emprego, razão por que **não serão considerados para efeitos trabalhistas ou previdenciários** (art. 14, *caput*, do Regulamento Geral).

DIREITO CONSTITUCIONAL

♦ *Nathalia Masson*

Sumário

federações; 3.4. A Federação na Constituição da República de 1988; 3.5. Formação de novos estados e municípios; 3.6. Vedações constitucionais; 3.7. Intervenção

4. Repartição constitucional de competências

5. Poder Legislativo: 5.1. Estrutura do Poder Legislativo; 5.2. Composição das Casas Legislativas; 5.3. Funcionamento e direção do Poder Legislativo; 5.4. Das comissões parlamentares; 5.5. Imunidades dos congressistas; 5.6. Tribunal de Contas

6. Processo Legislativo: 6.1. Espécies normativas; 6.2. Leis ordinárias – processo legislativo ordinário; 6.3. Procedimento legislativo sumário ou regime de urgência constitucional; 6.4. Leis complementares; 6.5. Leis delegadas; 6.6. Medidas provisórias; 6.7. Decreto legislativo; 6.8. Resoluções

7. Poder Executivo: 7.1. Sistemas de governo; 7.2. O Poder Executivo na Constituição da República de 1988; 7.3. Eleição e mandato do Presidente da República; 7.4. Posse; 7.5. Impossibilidades de exercer o cargo: o impedimento e a vacância; 7.6. Licença; 7.7. Atribuições do Presidente da República; 7.8. Imunidades do Presidente da República; 7.9. Responsabilidade do Presidente da República; 7.10. Responsabilidade dos Governadores e dos Prefeitos municipais

8. Poder Judiciário: 8.1. Introdução; 8.2. Órgãos do Poder Judiciário; 8.3. Arquitetura do Poder Judiciário; 8.4. Composição dos Tribunais; 8.5. Escolha dos integrantes do judiciário; 8.6. Garantias do Poder Judiciário; 8.7. Órgãos judiciários em espécie; 8.8. Súmulas vinculantes

9. Funções essenciais à Justiça: 9.1. Ministério Público; 9.2. Advocacia-Geral da União; 9.3. Advocacia privada; 9.4. Defensoria pública.

10. Controle de constitucionalidade: 10.1. Tipologias de inconstitucionalidade; 10.2. Parâmetro para a declaração de constitucionalidade ou inconstitucionalidade; 10.3. Formas de controle de constitucionalidade; 10.4. Controle difuso de constitucionalidade; 10.5. Controle concentrado abstrato de constitucionalidade; 10.6. Legitimados à propositura das ações do controle concentrado de constitucionalidade; 10.7. Ação Direta de Inconstitucionalidade; 10.8. Ação Declaratória de Constitucionalidade; 10.9. Ação Direta de Inconstitucionalidade por Omissão; 10.10. Arguição de descumprimento de preceito fundamental

11. Ordem social: 11.1. Da seguridade social; 11.2. Da educação, da cultura e do desporto; 11.3. Da ciência, tecnologia e inovação; 11.4. Da comunicação social; 11.5. Do meio ambiente; 11.6. Da família, da criança, do adolescente, do jovem e do idoso; 11.7. Dos índios (arts. 231 e 232, CF/88)

12. Da defesa do Estado e das instituições democráticas: 12.1. Estado de defesa; 12.2. Estado de Sítio

13. Ordem econômica: 13.1. Princípios gerais da Ordem Econômica; 13.2. Análise dos artigos 171 a 181 da Constituição; 13.3. Política Urbana; 13.4. Política Agrícola, Fundiária e Reforma Agrária; 13.5. Sistema Financeiro Nacional

INCIDÊNCIA DOS TEMAS NAS PROVAS
(Atualizada até o XXIV Exame da OAB)

DIREITO CONSTITUCIONAL

Tema	Nº	%
Funções essenciais à justiça	1	1%
Defesa do Estado e Instituições Democráticas	1	1%
Da Ordem Econômica e Financeira	3	2%
Teoria da Constituição	5	3%
Da Ordem Social	7	5%
Organização do Estado	7	5%
Poder Legislativo	11	7%
Repartição constitucional de competências	12	8%
Poder Executivo	13	8%
Poder Judiciário	14	9%
Processo Legislativo	19	12%
Controle de Constitucionalidade	23	15%
Direitos e Garantias Fundamentais	39	25%
TOTAL	**155**	100%

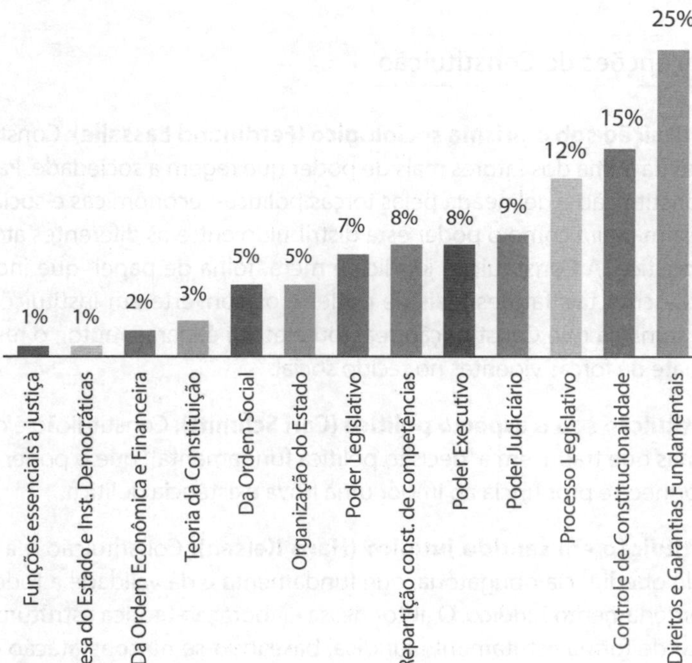

1. TEORIA DA CONSTITUIÇÃO

1.1. Introdução

1 O vocábulo "constituição" é um termo que pode ser utilizado em diversos sentidos. De forma simplificada, pode-se dizer que constituição é o que forma, o que estrutura determinado corpo.

2 No âmbito do Direito Constitucional, a Constituição é o documento jurídico (escrito ou não) responsável por estruturar um Estado. Suas normas, além de estabelecer a forma de organização e funcionamento das instituições essenciais, também consagram os direitos fundamentais dos indivíduos.

3 Em razão disso, a Constituição revela-se essencial e imprescindível, sendo certo afirmar que todo Estado a possui, porque todo Estado precisa estar com seus elementos essenciais devidamente organizados.

4 A dificuldade de se estabelecer um conceito único de Constituição deu ensejo a diversas elaborações teóricas que conferiram a este termo uma série de significados e sentidos. Aqueles de maior relevância e repercussão serão a seguir apresentados.

1.2. Concepções de Constituição

5 **Constituição sob o prisma sociológico (Ferdinand Lassalle)**: Constituição é o produto da soma dos fatores reais de poder que regem a sociedade. Para este autor, a Constituição é delineada pelas forças políticas, econômicas e sociais atuantes e pela maneira como o poder está distribuído entre os diferentes atores do processo político. A Constituição jurídica é mera "folha de papel" que incorpora num texto escrito tais fatores reais de poder e os converte em instituições jurídicas. Isso significa que Constituição real (ou efetiva) é, para o autor, o resultado desse embate de forças vigentes no tecido social.

6 **Constituição sob o aspecto político (Carl Schmitt):** Constituição é conjunto de normas que traduzem a "decisão política fundamental" que o poder constituinte reconhece e pronuncia ao impor uma nova existência política.

7 **Constituição em sentido jurídico (Hans Kelsen):** Constituição é a norma superior, de obediência obrigatória, que fundamenta e dá validade a todo o restante do ordenamento jurídico. O autor dessa elaboração teórica estruturou o ordenamento de forma estritamente jurídica, baseando-se na constatação de que toda norma retira sua validade de outra que lhe é imediatamente superior.

8 **Concepção culturalista (a busca por alguma conexão entre os sentidos anteriormente apresentados):** esta acepção desenvolve-se a partir da consideração de que a Constituição é um produto da cultura, pois assim como a cultura é o resultado da atividade criativa humana, o Direito também o é. A partir dessa teoria, a Constituição fundamenta-se simultaneamente em fatores sociais, nas decisões políticas fundamentais (frutos da vontade política do poder constituinte) e também nas normas jurídicas de dever ser cogentes.

1.3. Classificação das Constituições

9 As Constituições podem ser classificadas segundo alguns critérios que serão apresentados a seguir.

10 **Quanto à origem:**

- **(i)** **Democrática (promulgada, popular ou votada):** esta Constituição tem seu texto construído por intermédio da participação do povo, de modo direto ou indireto (por meio de representantes eleitos).
- **(ii)** **Outorgada (imposta, ditatorial, autocrática ou carta constitucional):** trata-se de Constituição que é construída e estabelecida sem qualquer espécie de participação popular, sendo imposta aos nacionais como resultado de um ato unilateral do governante. Neste caso, o povo não participa do seu processo de formação, sequer indiretamente.
- **(iii)** **Cesarista:** embora o texto dessa Constituição também seja elaborado sem a participação do povo, para que esteja apto a entrar em vigor, dependerá de aprovação popular que o ratifique depois de pronto. Em razão disso, a Constituição cesarista não se confunde com a outorgada, mas também não pode ser considerada democrática, pois no seu processo de formação cabe ao povo apenas manifestar sua concordância ou discordância a um documento já pronto, sem possibilidade de inserção de conteúdo novo ao texto elaborado.
- **(iv)** **Dualista (convencionada ou pactuada):** esta espécie de Constituição – absolutamente antiquada em face do constitucionalismo contemporâneo – é formada por textos constitucionais que nascem do instável compromisso entre forças opositoras, no caso entre o monarca e o Poder Legislativo (representação popular) e alicerçados simultaneamente em dois princípios antagônicos: o monárquico e o democrático.

11 **Quanto à estabilidade (mutabilidade ou processo de modificação)**

- **(i)** **Imutável (granítica, intocável ou permanente):** trata-se de Constituição que pretende fantasiosamente prevalecer por toda eternidade. Em razão disso, não prevê nenhum procedimento de reforma, já que não permite qualquer mudança do seu texto. Baseia-se na crença de que não há órgão constituído com legitimidade suficiente para efetivar alterações num texto criado por uma "entidade suprema e superior".

(ii) Transitoriamente imutável: visando preservar a redação original de seu texto nos primeiros anos de vigência, determinadas Constituições impedem a reforma de seus dispositivos por certo período. Foi o que fez a Constituição Imperial de 1824 que estabeleceu, no art. 174, que seu texto somente poderia ser modificado após quatro anos de vigência.

(iii) Fixa: também chamada silenciosa, essa Constituição permite que seu texto seja alterado apenas pelo poder que a criou, ou seja, pelo Poder Constituinte Originário. Hoje, Constituições dessa natureza são consideradas relíquias históricas.

(iv) Rígida: será considerada rígida a Constituição que estabelecer em seu próprio texto regras mais rigorosas e complicadas para sua reforma do que as previstas para a feitura das demais espécies normativas, infraconstitucionais.

(v) Flexível: é a Constituição que, ao contrário do rígida, pode ter seu texto modificado por intermédio de um procedimento legislativo comum, ordinário, não requerendo qualquer processo específico para sua alteração.

(vi) Transitoriamente flexível: trata-se de Constituição que, durante certo período, permite a alteração de seu texto por meio de um procedimento mais simples, baseado no rito comum. Findo o prazo estabelecido, a modificação de suas normas passa a obedecer um procedimento mais complexo que o estabelecido para a elaboração das demais espécies normativas infraconstitucionais. Vale observar que essa Constituição não é ao mesmo tempo flexível e rígida (é primeiro flexível, passando posteriormente à condição de documento rígido); por isso não pode ser intitulada "semirrígida" ou "semiflexível" (tipologia que será apresentada no item a seguir).

(vii) Semirrígida (ou semiflexível): trata-se de Constituição que estabelece ritos distintos de modificação de seu texto, a depender da natureza da norma que será alterada. Essa espécie de documento constitucional é composto em duas partes: uma rígida que abriga os preceitos mais importantes que só podem ser reformados por meio de um procedimento diferenciado e rigoroso; e outra flexível integrada pelas demais normas, que comportam alteração através de um processo menos complexo, menos dificultoso.

12 Quanto à forma

(i) Escrita: é a Constituição na qual todos os dispositivos são escritos e estão inseridos de modo sistemático em um único documento. Por isso, diz-se que sua fonte normativa é única.

(ii) Não escrita: é Constituição que possui forma não escrita, pois composta por normas não consolidadas em um único documento formal (como ocorre como as Constituições escritas) e que se encontram em fontes normativas diversas, em precedentes judiciais e em costumes historicamente construídos. As normas das Constituições não escritas não desfrutam de um *status* hierarquicamente diferenciado frente às demais normas do ordenamento jurídico.

13 Quanto ao modo de elaboração

(i) Dogmática (ou ortodoxa): trata-se de documento constitucional necessariamente escrito, elaborado em ocasião certa, historicamente determinada, por um órgão competente para tanto.

(ii) Histórica: sempre não escrita, a Constituição histórica é construída aos poucos, em um lento processo de filtragem e absorção de ideais por vezes contraditórios. Ao contrário da dogmática, este documento constitucional não é formado de uma só vez, sendo produto da gradativa evolução jurídica e histórica de uma sociedade.

14 Quanto à extensão

(i) Analítica: trata-se de Constituição que apresenta um texto detalhado a respeito não apenas da organização e do funcionamento do Estado, mas também de assuntos dispensáveis à estruturação estatal.

(ii) Concisa (sintética ou reduzida): é a Constituição que apresenta um texto breve e composto apenas por elementos substancialmente constitucionais. Este documento limita-se a enunciar os princípios básicos para a estruturação estatal.

15 Quanto ao conteúdo

(i) Material: considera-se materialmente constitucional toda norma que tratar de matéria constitucional (isto é, que trate da organização do Estado e dos direitos fundamentais), independentemente de estar tal diploma inserido ou não no texto da Constituição.

(ii) Formal: constitucionais são todas as normas inseridas no texto da Constituição, independentemente de versarem ou não sobre temas tidos por constitucionais, isto é, assuntos imprescindíveis à organização política do Estado. Em outros termos, são constitucionais os preceitos que compõem o documento constitucional, ainda que o conteúdo de alguns destes preceitos não possa ser considerado materialmente constitucional.

16 As explicações postas acima permitem as seguintes conclusões:

(a) o sentido formal de uma Constituição só é possível se ela for escrita, ou seja, se possuir todas as suas normas agregadas em um único documento. É justamente este texto codificado e sistematizado que reunirá a totalidade das normas e princípios constitucionais;

(b) na acepção formal, como só podem ser consideradas constitucionais as normas integradas ao texto da Constituição, todas as demais normas, independentemente do conteúdo, serão consideradas infraconstitucionais;

(c) todas as normas infraconstitucionais, independentemente da matéria que regulem, são inferiores à Constituição, por isso lhe devem respeito e obediência;

(d) qualquer norma infraconstitucional que contrarie a Constituição será considerada inconstitucional;

(e) por último, não há hierarquia normativa entre as normas constitucionais; todas possuem o mesmo *status*, a mesma dignidade normativa, independentemente de qual seja seu conteúdo.

17 Quanto à finalidade

(i) **Garantia (ou Constituição-quadro):** é aquela que restringe o poder estatal, criando esferas de não ingerência do poder público na vida dos indivíduos. Por possuir um corpo normativo repleto de direitos individuais oponíveis ao Estado, diz-se que traz para os sujeitos liberdades-negativas ou liberdades-impedimentos.

(ii) **Balanço (ou Constituição-registro):** trata-se de documento constitucional próprio dos regimes socialistas, seu texto busca explicitar o desenvolvimento atual da sociedade e ser um espelho fiel capaz de traduzir os patamares em que se encontram a economia e as instituições políticas

(iii) **Dirigente**: elaborada com vistas às expectativas futuras do Estado, essa Constituição apresenta um texto definidor de planos fins e objetivos que serão perseguidos pelos poderes públicos e pela sociedade. É marcada, pois, pela presença de programas e projetos voltados à concretização de certos ideais políticos. Seu texto apresenta comumente normas de eficácia programática, destinadas aos órgãos estatais, com a inequívoca finalidade de fixar os programas que irão guiar os poderes públicos na consecução dos planejamentos traçados.

18 Quanto à interpretação

(i) **Nominalista:** trata-se do documento constitucional que apresenta normas tão precisas e inteligíveis que dependem apenas do método interpretativo gramatical ou literal para serem compreendidas. Neste caso, todas as possíveis ocorrências constitucionais da vida fática já encontram, previamente, resposta no texto constitucional, bastando aplicar à hipótese a literalidade da norma jurídica cabível, que solucionada estará a controvérsia.

(ii) Semântica: a compreensão do texto dessa Constituição demanda a aplicação de diversos métodos interpretativos, revelando-se insuficiente a interpretação literal. Nessa hipótese, a assimilação adequada do texto constitucional requer a utilização de variados processos hermenêuticos.

19 Quanto à correspondência com a realidade (ou quanto critério ontológico): desenvolvido em meados do século XX pelo alemão Karl Loewenstein que partiu de uma teoria ontológica das Constituições, este critério pretende avaliar o grau de comunicabilidade entre o texto constitucional e a realidade por ele normatizada. Vejamos:

(i) Normativa: trata-se da Constituição que apresenta uma perfeita sintonia entre o texto constitucional e a conjuntura política e social do Estado, de forma que a limitação ao poder dos governantes e a previsão de direitos à população sejam estritamente observadas e cumpridas.

(ii) Nominativa: trata-se de documento constitucional que, muito embora apresente um texto que não está em exata sintonia com a realidade política e social do Estado, anseia chegar a este estágio. Por isso, diz-se seus dispositivos não são (ainda) dotados de força normativa capaz de reger plenamente os processos de poder, mas almeja-se um dia alcançar a perfeita sintonia entre o texto (Constituição) e o contexto (realidade). Nossa Constituição de 1988 nasceu com o ideal de ser normativa mas, obviamente, não conquistou essa finalidade, pois ainda hoje existem casos de absoluta ausência de concordância entre o texto constitucional e a realidade.

(iii) Semântica: é a Constituição que nunca pretendeu conquistar uma coerência apurada entre o texto e a realidade, mas apenas garantir a situação de dominação estável por parte do poder autoritário. Típica de estados ditatoriais, sua função única é servir o poder despótico, protegendo-o da tentativa de intervenção de outros dominadores.

20 Quanto à ideologia (ou quanto à dogmática)

(i) Eclética (ou heterogênea): trata-se de texto constitucional produto de uma composição variada de acordos heterogêneos, que denota pluralidade de ideologias (muitas vezes colidentes) e sinaliza a ocorrência de possíveis duelos entre os diversos grupos políticos a serem pacificados pelos operadores jurídicos.

(ii) Ortodoxa: é o documento constitucional construído a partir de um pensamento único e avesso ao pluralismo ideológico, isto é, que descarta qualquer possibilidade de convivência entre diferentes grupos políticos e distintas teorias.

21 **Quanto à unidade documental (quanto à sistemática):** a classificação a seguir é aplicável apenas às Constituições escritas, pois pressupõe a existência de documentos normativos. Vejamos:

(i) **Orgânica (unitextual):** é a Constituição estruturada em um documento único, cujas dispositivos estão apresentados em um texto lógico e coerente. Não há espaço para identificação de normas constitucionais fora da Constituição – esta última exaure os dispositivos constitucionais, não sendo possível a existência de normas com valor constitucional que estejam fora de seu texto.

(ii) **Inorgânica (pliritextual):** é formada por diversas estruturas documentais, ou seja, suas normas estão dispersas em variados documentos, pois diferentes textos irão compor o que denominaremos "Constituição".

22 **Quanto ao sistema:** esta classificação divide os textos constitucionais em principiológicos e preceituais a depender da preponderância de regras ou princípios, vale dizer, do grau de abstração das normas que predominam.

(i) **Principiológica:** é a Constituição que apresenta em seu texto princípios como normas de destaque. E como princípios possuem grau de abstração significativo, para serem concretizados necessitarão de mediação legislativa ou judicial.

(ii) **Preceitual:** é a Constituição que confere primazia às regras, traduzidas em normas com alto grau de precisão e especificidade, o que permite uma imposição direta e coercitiva de seus dispositivos. Em virtude da predominância de normas com grau superior de determinabilidade, as Constituições preceituais tendem a ser excessivamente detalhistas.

23 **Quanto ao local da decretação:**

(i) **Heteroconstituição (ou Constituição heterônoma):** raras são as Constituições que não se originam no Estado que irão viger, surgindo em Estado diverso daquele em que o documento vai valer, ou então elaboradas por algum organismo internacional. A heteroconstituição é bastante incomum e causa justificável perplexidade, afinal o documento Constitucional vai ser feito fora do Estado onde suas normas produzirão efeitos.

(iii) **Autoconstituição:** também intitulada autônoma, é a Constituição elaborada dentro do próprio Estado que irá estruturar normativamente e reger.

24 **Quanto ao papel da Constituição (ou função desempenhada pela Constituição):** a função que será desempenhada pela Constituição no ordenamento jurídico dá origem à Constituição-lei, à Constituição-moldura e à Constituição-fundamento (ou Constituição-total).

(i) **Constituição-lei:** é documento constitucional desprovido de *status* hierárquico diferenciado e que, por isso, é equiparado às demais leis do ordenamento. Nesse sentido, como as normas constitucionais estão em idêntico patamar da legislação ordinária, não possuindo superioridade em relação a estas, não são capazes de moldar a atuação do legislador e funcionam unicamente como diretrizes não vinculantes.

(ii) **Constituição-moldura:** de acordo com essa acepção, a Constituição é só a moldura de um quadro vazio, funcionando como limite à atuação do legislador ordinário, que não poderá atuar fora dos limites previamente estabelecidos. Dessa forma, a preocupação da jurisdição constitucional seria, tão somente, a de verificar se o legislador agiu dentro dos contornos da moldura constitucional, isto é, se o "desenho" legislativo está dentro do quadro ou se extrapolou as bordas previamente definidas.

(iii) **Constituição-fundamento:** esta Constituição diferencia as normas constitucionais das demais, na medida em que as situa num plano de superioridade valorativo que as torna cogentes para legisladores e indivíduos. A atuação do legislador, neste caso, torna-se significativamente abreviada, vez que seu papel está reduzido a interpretar as normas constitucionais e efetivá-las.

25 **Quanto ao conteúdo ideológico (ou quanto ao objeto):** proposta por André Ramos Tavares, esta classificação visa identificar o conteúdo ideológico que permeia a construção do texto constitucional.

(i) **Liberal**: as Constituições de ideologia liberal definem, essencialmente, as normas que regulam o exercício do poder estatal, assegurando liberdades individuais oponíveis ao Estado, e as normas que estabelecem garantias que asseguram a realização dos direitos por parte dos indivíduos. São Constituições que veem o Estado circunscrito às funções de repressão e proteção, despossuído de políticas de desenvolvimento social e econômico.

(ii) **Social**: as Constituições sociais passam a consagrar em seus textos não só direitos relacionados à liberdade, mas também prerrogativas de cunho social, cultural e econômico. A atuação do Estado deixa de ser meramente negativa, como era nas Constituições liberais, para se tornar positiva, na medida em que fica claro que as políticas estatais são eficientes vetores para o alcance de uma igualdade material.

26 **Outras classificações:** ademais das classificações já sistematizadas, os constitucionalistas pátrios apresentam outras que nos parecem úteis ao entendimento do tema.

(i) **Suave**: idealizada pelo jurista italiano Gustavo Zagrebelsky, "Costituzione mite" (ou leve, *soft*, dúctil), a Constituição suave é aquela que, numa sociedade extremamente diversificada e fragmentada por interesses plurais, não prevê um único modo de vida e o estabelece como parâmetro exclusivo a ser seguido por seus cidadãos.

(ii) **Plástica:** de acordo com Pinto Ferreira, a Constituição plástica constitui sinônimo de Constituição flexível. Apesar disso, outros autores concebem como plásticas as Constituições que conferem ao seu texto certa maleabilidade, que o permite acompanhar as oscilações típicas da realidade fática. Seria, portanto, uma Constituição que permitiria constantes releituras, cujo texto seria permanentemente reinterpretado para melhor acompanhar as mutações da sociedade.

(iii) **Expansiva**: com a pretensão de dar conta de textos constitucionais que, comparativamente aos anteriores que regiam a vida daquele mesmo Estado, têm seu conteúdo ampliado. Essa classificação, apresentada por Raul Machado Horta, indica Constituições que conferem juridicidade a novas situações e estendem o tratamento jurídico de diversos outros temas já presentes nos documentos constitucionais anteriores.

(iv) **Em branco:** esse documento constitucional permite alterações em seu texto, no entanto, os aspectos procedimentais que orientarão as mudanças não estão previstos na Constituição. A reforma, se for feita, estará subordinada ao regramento imposto pelo órgão revisor, que estipulará as regras formais e os obstáculos de conteúdo que deverão ser observados na reestruturação do documento.

1.4. Aplicabilidade das normas constitucionais

27 Diversos autores também realizaram a classificação das normas constitucionais a partir de sua aplicabilidade (ou eficácia), vale dizer, de acordo com sua aptidão para produzir efeitos jurídicos. A seguir, serão apresentados os mais importantes.

28 **A classificação de José Afonso da Silva:** de acordo com este autor, as normas constitucionais podem ser classificadas em três grupos:

(i) **Normas de eficácia plena**: são aquelas capazes de produzir todos os seus efeitos essenciais simplesmente com a entrada em vigor da Constituição e independentemente de qualquer regulamentação por lei. São, por isso, dotadas de aplicabilidade imediata, direta e integral.

(ii) **Normas de eficácia contida:** são aquelas que também estão aptas para a produção de seus plenos efeitos desde a promulgação da Constituição (aplicabilidade imediata), mas que podem vir a ser restringidas. O direito nelas previsto é imediatamente exercitável com a simples promulgação da Constituição, mas pode ser, no futuro, restringido.

(iii) **Normas de eficácia limitada**: são aquelas que só produzem seus plenos efeitos depois da exigida regulamentação. Elas asseguram determinado direito que, contudo, não poderá ser exercido de forma plena enquanto não for regulamentado pelo legislador ordinário. Estas normas podem ainda ser subdividas em dois grupos: normas definidoras de princípios institutivos (organizativos ou orgânicos) e normas definidoras de princípios programáticos. As normas de eficácia limitada definidoras de princípios são aquelas pelas quais o legislador constituinte traça esquemas gerais de estruturação e atribuições de órgãos ou entidades, para que o legislador ordinário os estruture posteriormente mediante lei. As normas de eficácia limitada definidoras de princípios programáticos são aquelas pelas quais o constituinte, em vez de regular, direta e imediatamente, determinados interesses, limitou-se a lhes traçar os princípios para serem cumpridos pelos seus órgãos (legislativos, executivos, jurisdicionais e administrativos), como programas das respectivas atividades, visando à realização dos fins sociais do Estado.

29 **A classificação de Maria Helena Diniz:** de acordo com esta autora, as normas constitucionais podem ser divididas, segundo a sua eficácia, em:

(i) **Normas com eficácia absoluta (ou supereficazes):** são as normas constitucionais imutáveis, que não podem ser objeto de emenda. Como exemplo temos os princípios constitucionais sensíveis e as chamadas cláusulas pétreas.

(ii) **Normas com eficácia plena:** equivalem às normas de eficácia plena do Prof. José Afonso da Silva.

(iii) **Normas com eficácia relativa restringível:** equivalem às normas de eficácia contida do Prof. José Afonso da Silva.

(iv) **Normas com eficácia relativa complementável ou dependente de complementação legislativa:** Equivalem às normas de eficácia limitada do Prof. José Afonso da Silva, sendo dividas em: (1) normas de princípio institutivo; e (2) normas programáticas.

30 **A classificação de Uadi Lammêgo Bulos:** o autor reconhece a existência de **normas com eficácia exaurida** (ou esvaída), isto é, aquelas que já extinguiram a produção de seus efeitos, tendo, portanto, sua aplicabilidade esgotada.

31 Atualmente, a teoria da aplicabilidade das normas constitucionais tem sofrido fortes críticas. A principal delas, apontada pelo professor Gilmar Ferreira Mendes, refere-se à inexistência de critérios seguros e balizas objetivas para identificar o grau de aplicabilidade das normas, o que torna tal teoria insegura e inconsistente. Outra crítica digna de nota é a que afirma que a teoria da aplicabilidade das normas constitucionais cria uma subversão na estrutura hierárquica do ordenamento jurídico ao dar mais importância à regulamentação infraconstitucional do que à própria norma constitucional.

1.5. Princípios instrumentais de interpretação da constituição e das leis

32 A proteção constitucional de diversos direitos e bens jurídicos propicia um ambiente favorável à ocorrência de tensões entre interesses distintos. Com vistas à solução de eventuais controvérsias, foram consagrados diversos princípios e métodos voltados à interpretação do texto constitucional e da legislação infraconstitucional, sendo os mais importantes apresentados a seguir.

33 **Princípio da supremacia da Constituição**: as normas constitucionais são hierarquicamente superiores às demais normas que compõe o ordenamento. A Constituição é, portanto, considerada a norma fundamental de onde todas as demais retiram seu pressuposto de validade. Nesse sentido, será inconstitucional a norma do sistema que estiver em desconformidade com a Constituição, prestando-se os mecanismos de controle a garantir sua higidez e supremacia.

34 **Princípio da interpretação conforme à Constituição:** trata-se de princípio que não se presta propriamente à interpretação das normas constitucionais, mas da legislação infraconstitucional. A importância desse método interpretativo manifesta-se claramente diante das chamadas normas polissêmicas ou plurissignificativas, cujo texto pode revelar diversos sentidos. Entretanto, a aplicação prática da interpretação conforme à Constituição deve obedecer aos seguintes critérios:

- **(i)** se o texto do dispositivo é unívoco, isto é, não tolera interpretações múltiplas, não há que se falar em interpretação conforme;
- **(ii)** não são aceitáveis violações à literalidade do texto, afinal o intérprete encontra seu limite de atuação no perímetro que envolve as possibilidades hermenêuticas do texto, não podendo, jamais, atuar como legislador positivo, criando norma nova a partir da tarefa interpretativa.

35 **Princípio da presunção de constitucionalidade das leis:** como os poderes públicos extraem suas competências da Constituição, por consequência presume-se que eles agem estritamente em consonância com esta. Isso confere às normas produzidas pelo Poder Legislativo (e também pelos demais Poderes, no exercício da função atípica de natureza legislativa) a presunção de serem constitucionais.

36 Ressalte-se que essa presunção é apenas relativa, isto é, admite prova em contrário, o que autoriza que as normas (infraconstitucionais ou constitucionais derivadas) submetam-se ao controle de constitucionalidade.

37 **Princípio da unidade da Constituição**: esse princípio confere uma interpretação sistemática das normas constitucionais, permitindo compreendê-las

como um todo unitário e harmônico, desprovido de antinomias reais. Esse princípio interpretativo conduz às seguintes conclusões: não existe hierarquia normativa, tampouco subordinação entre as normas constitucionais; eventuais conflitos entre as normas originárias serão, pois, sanados por meio da tarefa hermenêutica. Em razão disso, é inviável a declaração de inconstitucionalidade de uma norma constitucional em face de outra.

38 **Princípio da força normativa da Constituição:** idealizado por Konrad Hesse, preceitua ser função do intérprete sempre "valorizar as soluções que possibilitem a atualização normativa, a eficácia e a permanência da Constituição". Destarte, deve o intérprete priorizar a interpretação que dê concretude à normatividade constitucional, jamais negando-lhes eficácia.

39 **Princípio do efeito integrador**: por força desse princípio, na interpretação da Constituição, deve-se buscar a leitura que reforce o ideal de que a Constituição é um agrupamento normativo único, composto por normas conectadas, que devem ser lidas de maneira a reforçar e a reafirmar a integração política e social engendrada pela Constituição.

40 **Princípio da concordância prática ou harmonização**: visa solver eventuais desacertos entre as normas constitucionais. Atua perante conflitos específicos que somente se pronunciam diante de um caso concreto.

41 **Princípio da máxima efetividade ou da eficiência (intervenção efetiva):** de acordo com este princípio, os direitos e garantias fundamentais devem ser sempre interpretados de modo a conferir-lhes a maior efetividade possível, otimizando a norma para dela extrair todo o seu potencial protetivo.

42 **Princípio da conformidade funcional ou justeza:** objetiva impedir que os órgãos encarregados de realizar a interpretação constitucional cheguem a um resultado que subverta ou perturbe o esquema organizatório funcional estabelecido pela Constituição, sob pena de usurpação de competência.

1.6. Elementos da Constituição

43 José Afonso da Silva idealizou a estruturação da Constituição da República de 1988 em cinco elementos formativos que facilitam, sobremaneira, a visualização da Constituição enquanto um conjunto harmônico. São eles:

- **(i)** **Elementos orgânicos:** contemplam as normas que regulam a estrutura do Estado e dos Poderes.
- **(ii)** **Elementos limitativos:** estão presentes nas normas institutivas do rol de direitos e garantias fundamentais.

(iii) **Elementos sócio-ideológicos:** são compostos pelas normas que explicitam o compromisso social das Constituições modernas com a proteção dos indivíduos e busca pela efetivação de um bem-estar social.

(iv) **Elementos de estabilização constitucional:** são representados pelo conjunto de normas que objetivam assegurar a solução de conflitos constitucionais, a defesa da Constituição, do Estado e das instituições democráticas.

(v) **Elementos formais de aplicabilidade:** correspondem às normas que instituem regras de aplicação das normas constitucionais.

2. DIREITOS E GARANTIAS FUNDAMENTAIS

2.1. Teoria Geral

1 A ideia de que existem certos direitos que são fundamentais para uma existência humana digna **não é recente**. Contudo, foi só a partir das duas grandes revoluções liberais ocorridas no século XVIII (a americana em 1776, e a francesa em 1789) que a relação entre indivíduo e o Estado se reconfigurou, pois foi como resultado da luta pela liberdade e pela ampliação da participação política que foram promulgadas as primeiras constituições escritas que, além de limitar o poder dos governantes, afirmavam direitos políticos e individuais dos cidadãos (Constituição dos EUA, em 1787 e da França em 1791).

2 Nos séculos seguintes, outras circunstâncias históricas deram origem a novos modelos constitucionais que ampliaram consideravelmente o rol de direitos tidos como fundamentais, para incluir, além dos direitos políticos e individuais, também direitos sociais e coletivos.

3 É a **dignidade da pessoa humana** o cerne de todo o sistema dos direitos fundamentais. Reconhecendo sua importância, o legislador constituinte de 1988 consagrou esse princípio como fundamento do Estado Democrático de Direito (art. 1º, III, CF/88) e conferiu proteção especial às normas constitucionais definidoras de direitos e garantias individuais (previstas, preferencialmente, no art. 5º, CF/88) ao qualificá-las como **cláusulas pétreas** (art. 60, § 4º, IV, CF/88).

4 Por fim, topograficamente, os direitos e garantias fundamentais estão organizados no **Título II** da CF/88, abrangendo os direitos e deveres individuais e coletivos (capítulo I), os direitos sociais (capítulo II), os direitos de nacionalidade (capítulo III), os direitos políticos (capítulo IV) e aqueles referentes aos partidos políticos (capítulo V).

2.2. Diferenciação entre direitos e garantias fundamentais

5 Embora sejam institutos que estão intimamente relacionados, direitos e garantias fundamentais não se confundem.

Correspondem a "direitos fundamentais" as **normas meramente declaratórias** que positivam posições jurídico-subjetivas de vantagem necessárias para a plena realização da dignidade humana.

6 As "garantias fundamentais", por sua vez, são normas de **natureza assecuratória** que protegem os direitos fundamentais e servem de instrumentos para a sua efetivação.

7 Exemplificando, caso uma pessoa tenha seu direito fundamental à liberdade de locomoção (art. 5º, XV, CF/88) lesionado por uma prisão arbitrária, poderá valer-se do de um remédio constitucional chamado *habeas corpus* (art. 5º, LXVIII) que é a garantia apta a sanar tal violação.

2.3. Gerações (ou dimensões) de direitos fundamentais

8 A evolução histórica dos direitos fundamentais é resultado das constantes lutas pela sua concretização. A respeito desse processo, Paulo Bonavides traçou um perfil histórico-temporal, reunindo os direitos institucionalizados em dado período histórico em diferentes grupos, denominados **gerações**.

9 **Direitos de primeira geração:** consagram os direitos civis e políticos clássicos, essencialmente ligados ao valor **liberdade**. Apresentam-se como direitos dos indivíduos e são oponíveis, sobretudo, ao Estado, na medida em que exigem deste, precipuamente, uma abstenção, um não fazer, possuindo, dessa forma, inequívoco caráter negativo.

10 **Direitos de segunda geração:** acentuam o princípio da **igualdade** entre os homens (igualdade material). São, usualmente, denominados "direitos do bem-estar", uma vez que pretendem ofertar os meios materiais imprescindíveis para a efetivação dos direitos individuais. Para tanto, exigem do Estado uma atuação positiva, um fazer, o que significa que sua realização depende da implementação de políticas públicas estatais, do cumprimento de ceras prestações sociais por parte do Estado, tais como: saúde, educação, trabalho, habitação, previdência e assistência social.

11 **Direitos de terceira geração:** englobam, dentre outros, os direitos ao desenvolvimento, ao progresso, ao meio ambiente ecologicamente equilibrado, à autodeterminação dos povos, à propriedade sobre o patrimônio comum da

humanidade, à qualidade de vida, os direitos do consumidor e da infância e juventude. São classificados como direitos de **fraternidade** e **solidariedade**.

12 **Direitos de quarta geração:** são consagrados os direitos – como, por exemplo, à democracia, à informação e ao pluralismo – dos quais dependerá a concretização da sociedade aberta do futuro, em sua dimensão de máxima universalidade, para a qual parece o mundo inclinar-se no plano de todas as relações de convivência.

13 **Direitos de quinta geração:** reconhecidos por alguns autores, abarcam o direito à **paz**.

2.4. Características dos direitos fundamentais

14 A doutrina constitucional indica alguns traços característicos comuns aos direitos fundamentais, cujos principais serão apresentados a seguir.

15 **Universalidade**: os direitos fundamentais são considerados universais vez que pertencem a todas as pessoas (a mera condição de ser humano é suficiente para a sua titularização) e são válidos em todos os lugares, devendo ser protegidos independentemente da condição jurídica do indivíduo ou do local onde este se encontra.

16 **Historicidade**: os direitos fundamentais são fruto de processos históricos e, por isso, refletem o contexto da época em que foram reconhecidos. Ex.: a consagração dos direitos civis e políticos clássicos foi fruto da luta pela superação do Estado absolutista.

17 **Unidade/Indivisibilidade:** os direitos fundamentais formam um sistema harmônico, coerente e indissociável, que deve ser compreendido sempre em conjunto.

18 **Imprescritibilidade e inalienabilidade:** os direitos fundamentais não são passíveis de alienação, não podendo seus titulares deles dispor. Tampouco sofrem os efeitos da prescrição, de modo que sua proteção pode ser buscada a qualquer momento, independente do decurso do tempo.

19 **Relatividade:** os direitos fundamentais não são considerados absolutos, podendo ter seu âmbito de incidência reduzido diante de ocorrências fáticas específicas que evidenciem a colisão com outros direitos constitucionalmente resguardados. Neste caso, haverá a necessidade de buscar a harmonização dos bens jurídicos colidentes.

20 **Inviolabilidade:** os direitos fundamentais não podem ser desrespeitados nem pelo Estado, nem por particulares, sob pena de responsabilização civil, administrativa e criminal.

21 **Complementaridade:** direitos fundamentais complementam-se, razão pela qual sua interpretação deve buscar a interatividade entres eles.

22 **Efetividade:** os direitos e garantais institucionalizados devem pautar a atuação dos Poderes Públicos no sentido de conferir-lhes máxima eficácia e efetividade.

2.5. Destinatários dos direitos fundamentais

23 Os direitos fundamentais têm por destinatários **todas as pessoas** indistintamente, pois são necessários à promoção da dignidade humana. Por isso, muito embora o *caput* do art. 5º, da CF/88 indique que a titularidade dos direitos e garantias fundamentais pertence aos brasileiros e estrangeiros residentes no país, o STF firmou entendimento de que mesmo o estrangeiro sem domicílio no Brasil tem direito a todas as prerrogativas básicas que lhe assegurem a preservação da dignidade.

24 Contudo, isso não significa que não possa haver, em alguns casos, diferenças a serem consideradas por força de exceções expressamente estabelecidas pela Constituição, a exemplo das distinções entre brasileiros natos e naturalizados (art. 12, § 3º e art. 5°, LI, dentre outras).

25 Sobre as **pessoas jurídicas**, a orientação majoritária – adotada inclusive por parte do STF – é de que elas também possuem direitos fundamentais compatíveis com sua natureza (ex.: direito de propriedade), os quais são dignos de proteção constitucional.

2.6. Aplicabilidade imediata dos direitos fundamentais

26 As normas constitucionais que estabelecem os direitos fundamentais possuem aplicabilidade **imediata** (art. 5º, § 1º, CF/88), isto é, não dependem de atuação legislativa para que tenham eficácia. Contudo, o próprio texto constitucional (e apenas ele) poderá excepcionar essa regra, exigindo norma regulamentadora para que certos direitos fundamentais possam ser plenamente exercidos.

2.7. Eficácia horizontal dos direitos fundamentais

27 Os direitos fundamentais foram historicamente concebidos para limitar o exercício do poder do Estado na esfera das liberdades dos indivíduos. Por isso, o constitucionalismo tradicional os identificava com como direitos subjetivos de defesa dos indivíduos exercidos contra o poder do Estado-opressor.

Contemporaneamente, no entanto, a discussão a respeito da possibilidade de aplicação da teoria dos direitos fundamentais às **relações privadas** ganhou força. Em outras palavras, os que sustentam a eficácia horizontal dos direitos fundamentais afirmam a vinculação dos particulares aos direitos fundamentais nela erigidos, de modo que não só o Estado como toda a sociedade podem ser sujeitos passivos desses direitos. No Brasil, essa teoria é reconhecida tanto pela doutrina quanto pela jurisprudência.

2.8. Nacionalidade

28 Nacionalidade é o **vínculo jurídico-político** que une certo indivíduo a determinado Estado, tornando-o um componente do povo. Serão nacionais de um Estado, portanto, aqueles que a ordem jurídica interna definir como tais.

29 A nacionalidade é considerada um **direito fundamental** da pessoa humana. Em nossa Constituição está inscrito no art. 12.

30 Para um melhor entendimento do assunto, é importante conceituarmos outros relevantes institutos, todos correlatos à nacionalidade, a saber:

31 **Nação:** designa o agrupamento humano homogêneo cujos membros são possuidores das mesmas tradições, costumes e ideais coletivos, partilhando, também, laços invisíveis, como a consciência coletiva e o sentimento de comunidade

32 **Povo:** conjunto de nacionais que compõem o elemento humano de um Estado.

33 **População**: representa a totalidade de indivíduos que habitam determinado território, ainda que ali se achem temporariamente, independentemente da nacionalidade. É um conceito numérico, demograficamente mais amplo que o de povo, já que engloba não só os nacionais, mas também os estrangeiros e os apátridas.

34 **Apátrida:** é o indivíduo que não é reconhecido como nacional de nenhum Estado.

35 **Polipátrida:** é o indivíduo que é reconhecido como nacional de dois ou mais Estados.

36 **Estrangeiro:** é o indivíduo considerado nacional de outro Estado que não a República Federativa do Brasil.

37 **Cidadão:** corresponde ao indivíduo nacional que se encontra no gozo de direitos políticos.

2.8.1. Nacionalidade: espécies

38 A nacionalidade pode ser classificada de duas formas:

(i) **Nacionalidade primária** ou **originária:** independe da vontade do indivíduo, pois resulta de um fato natural que é o nascimento. Dá origem aos brasileiros natos (art. 12, I, CF/88).

(ii) **Nacionalidade secundária** ou **adquirida**: é aquela resultante de um ato voluntário, manifestado após o nascimento. Dá origem aos brasileiros naturalizados (art. 12, II, CF/88).

2.8.2. Critérios para a aquisição da nacionalidade originária

39 Os Estados aplicam, em geral, um dos dois seguintes critérios para a aquisição da nacionalidade originária, quais sejam:

(i) ***Jus soli* ou critério territorial:** esse critério considera nacionais todos indivíduos que nascem no território do Estado.

(ii) ***Jus sanguinis* ou critério sanguíneo:** fundamentado no vínculo do sangue, esse critério considera nacional de um Estado todo aquele que for filho de nacionais, não sendo relevante qual foi o local de nascimento.

2.8.3. Regras para aquisição da nacionalidade originária brasileira

40 Em nossa Constituição, a nacionalidade originária é regulada pelo art. 12, I, CF/88, que traz três alíneas e **quatro caminhos** (já que a alínea 'c' será dividida em duas partes) de aquisição da nacionalidade brasileira nata. É importante destacar que este dispositivo consagra, como regra, o critério da territorialidade, mas também adota o critério da consanguinidade (desde que somado a algum outro, vez que o critério sanguíneo sozinho, nunca será suficiente para a aquisição da nacionalidade nata no Brasil).

41 De acordo com o texto constitucional, será considerado brasileiro nato:

(A) O nascido em território brasileiro (critério *jus soli,* adotado pelo art. 12, I, 'a', CF/88).

- Em regra, a pessoa que nasce em **território nacional** é brasileira, ainda que seus pais sejam estrangeiros. Exceção: não será, entretanto, contemplado com a nacionalidade brasileira originária aquele que mesmo tendo nascido em território brasileiro, seja filho de pais estrangeiros e qualquer deles aqui esteja a serviço de seu país.

- Quem nasce, pois, na República Federativa do Brasil é brasileiro nato, salvo se os dois pais forem estrangeiros e ao menos um dos genitores estiver no Brasil a serviço do país de origem (caso em que a criança não fará jus à nacionalidade brasileira).

(B) O nascido fora do território nacional, mas que seja filho de pai brasileiro ou mãe brasileira que se encontre no estrangeiro **a serviço da República Federativa do Brasil** (critério do *jus sanguinis* associado ao critério funcional, art. 12, I, 'b', CF/88).

- Prestigiando os laços sanguíneos, essa hipótese confere nacionalidade brasileira ao filho do brasileiro que nasça no estrangeiro quando este estiver servindo fora do país - seja no desempenho de função ou na prestação de um serviço público de natureza diplomática, administrativa ou consular - a quaisquer dos órgãos da administração centralizada ou descentralizada da União, dos Estados-membros, do Distrito Federal ou dos Municípios.

(C.1) O nascido fora do território nacional, filho de pai brasileiro ou mãe brasileira (que não estejam a serviço da República Federativa do Brasil) que seja registrado em repartição brasileira competente (critério do *jus sanguinis* associado ao registro, adotado pelo art. 12, I, 'c', primeira parte, CF/88).

- A aquisição da nacionalidade originária dependerá, neste caso, não apenas dos laços sanguíneos, mas também de um ato voluntário dos genitores que corresponde ao **registro** da criança em repartição brasileira competente.

(C.2) O nascido fora do território nacional, filho de pai brasileiro ou mãe brasileira (que não estejam a serviço da República Federativa do Brasil), que não foi registrado em repartição brasileira competente e desde que venha residir no Brasil e opte, em qualquer tempo, depois de atingida a maioridade, pela nacionalidade brasileira (critério do *jus sanguinis* associado ao **critério residencial e opção confirmativa**).

- O texto constitucional também autoriza que a nacionalidade originária seja adquirida pelo indivíduo filho de pai brasileiro ou mãe brasileira (ou ambos) que nasceu no exterior e não foi registrado. Neste caso, ele deverá residir em território nacional (a qualquer tempo e com qualquer idade) e fazer a opção confirmativa perante a Justiça Federal (art. 109, X, CF/88). Frise-se que a referida opção confirmativa somente poderá ser realizada depois de atingida a maioridade (já que essa manifestação de vontade exige capacidade plena e é personalíssima).

2.8.4. Critérios para a aquisição da nacionalidade secundária

42 A aquisição secundária da nacionalidade é realizada por meio da **naturalização,** que pode manifestar-se de duas formas:

(i) **Naturalização tácita** (ou grande naturalização): ocorre quando o Estado confere a condição de nacional às pessoas estrangeiras que, por exemplo, residam no país em um determinado momento e que atendam a certas condições. Independe de qualquer ato voluntário dos indivíduos. É usualmente adotada em países que possuem um número de nacionais menor que o desejado, tendo por intuito promover a povoação do Estado. A Constituição da República de 1988 **não** prevê a naturalização tácita, somente a expressa.

(ii) **Naturalização expressa:** é aquela que depende de uma **manifestação da vontade** do indivíduo no sentido de tornar-se um nacional de determinado Estado, devendo, para tanto, observar as normas jurídicas estabelecidas pelo Estado escolhido para aquisição da nacionalidade.

2.8.5. Regras para aquisição da nacionalidade secundária brasileira

43 A aquisição da nacionalidade brasileira derivada sujeita-se à **manifestação da vontade** do estrangeiro no sentido de tornar-se um nacional e de observar as normas jurídicas pertinentes (afinal, a CF/88 só admitiu a naturalização expressa). Constitucionalmente, o assunto é tratado no art. 12, II, dispositivo que revela que adotamos duas espécies de naturalização:

(A) **Naturalização ordinária:** é aquela concedida após o regular procedimento e por ato discricionário do Poder Público. Esta modalidade, portanto, não confere ao estrangeiro o direito público subjetivo à obtenção da naturalização ordinária. Contempla:

- os estrangeiros de qualquer nacionalidade (ou apátridas) que cumprirem os requisitos previstos na Lei de Migração (Lei nº 13.445/2017); e
- os indivíduos originários de países de língua portuguesa que tenham residido no Brasil por pelo menos um ano ininterrupto e sejam possuidores de idoneidade moral.

(B) **Naturalização extraordinária:** é aquela concedida após o regular procedimento e por ato vinculado do Poder Público, de modo que os estrangeiros que atenderem corretamente a todos os requisitos constitucionalmente exigidos terão o direito público subjetivo à sua obtenção. São eles: (1) possuir residência ininterrupta no território nacional por mais de quinze anos; (2) ausência de condenação penal; e (3) apresentação do requerimento de naturalização.

2.8.6. *Quase nacionalidade ou brasileiros por equiparação*

44 Em decorrência das históricas relações entre Brasil e Portugal, a ordem constitucional vigente confere aos **portugueses** residentes em território nacional tratamento jurídico similar ao dispensado ao brasileiro naturalizado, sem que necessitem submeter-se a qualquer procedimento de naturalização. A Constituição Federal, no entanto, condicionou a eficácia de tal regra à existência de **reciprocidade** em favor dos brasileiros (art. 12, § 1º, CF/88).

45 Tendo em vista a existência no ordenamento jurídico português de regra idêntica, a norma constitucional é plenamente eficaz e autoriza os portugueses residentes na República Federativa do Brasil em caráter permanente a requerer junto ao Ministério da Justiça a **quase nacionalidade**, desde que comprovem a nacionalidade portuguesa e a capacidade civil plena.

2.8.7. *Diferenças de tratamento entre brasileiros natos e naturalizados*

46 A Constituição Federal **veda** expressamente que a lei estabeleça distinções entre brasileiros natos e naturalizados, ressalvados os casos nela previstos (art. 12, § 2º, CF/88).

47 Nesse sentido, é possível identificar as seguintes situações constitucionalmente estabelecidas de **diferenciação** entre brasileiro nato e naturalizado:

- **(i) Ocupação de cargos estratégicos (art. 12, § 3º, CF/88):** alguns cargos públicos estratégicos não podem ser ocupados por brasileiros naturalizados, pois são **privativos de brasileiros natos**. Portanto, serão necessariamente brasileiros natos: o Presidente da República, o Vice-Presidente da República, o Presidente da Câmara dos Deputados, o Presidente do Senado Federal, os onze Ministros do Supremo Tribunal Federal, os membros da carreira diplomática, os oficiais das Forças Armadas e o Ministro de Estado da Defesa.
- **(ii) Reserva de assentos no Conselho da República (art. 89, VII, CF/88):** a Constituição reserva seis assentos no Conselho da República para brasileiros natos.
- **(iii) Impossibilidade extradição do brasileiro nato (art. 5º, LI, CF/88):** em **nenhuma** hipótese o brasileiro nato será extraditado. Tal não ocorre com o brasileiro naturalizado que poderá extraditado em duas situações: (i) em caso de crime **comum**, praticado **antes** da naturalização, e; (ii) na hipótese de envolvimento comprovado com o tráfico ilícito de entorpecentes ou drogas afins, a qualquer tempo.

(iv) **Propriedade (art. 222, CF/88):** o texto constitucional determina que a propriedade de empresa jornalística e de radiodifusão sonora e de sons e imagens é privativa de brasileiros natos ou naturalizados há mais de dez anos, ou de pessoas jurídicas constituídas sob as leis brasileiras e que tenham sede no País.

2.8.8. Perda do direito de nacionalidade

48 A perda da nacionalidade brasileira só ocorre nas hipóteses listadas pelo art. 12, § 4°, CF/88, quais sejam:

(1) Art. 12, § 4°, I: será declarada a perda da nacionalidade do brasileiro que tiver **cancelada sua naturalização**, por sentença judicial, em virtude de atividade nociva ao interesse nacional. Note-se que esta hipótese somente atinge o brasileiro naturalizado.

(2) Art. 12, § 4°, II: a perda, no caso deste inciso, poderá atingir os brasileiros natos e os naturalizados, desde que qualquer deles **adquira outra nacionalidade** fora dos casos previstos na Constituição Federal. Afinal, a CF/88 determina que a aquisição de nova nacionalidade ocasiona a perda da nossa, salvo se referida aquisição:

   (i) importar em recebimento de nacionalidade primária por Estado estrangeiro, ou;

   (ii) for fruto de imposição do Estado estrangeiro no qual o brasileiro reside, como condição para que ele possa permanecer no território ou para exercer direitos civis.

2.9. Direitos políticos

49 Os direitos políticos consistem na disciplina dos meios necessários ao **exercício da soberania popular**, isto é, representam o conjunto de normas legais permanentes que regulamentam o direito democrático de participação popular na formação da vontade do Estado diretamente ou por seus representantes.

50 É o **alistamento eleitoral** que confere ao cidadão o direito subjetivo público de eleger seus representantes (capacidade eleitoral ativa) e ser eleito (capacidade eleitoral passiva), facultando-lhe a possibilidade de participar (diretamente ou por representação) do processo político e das ações governamentais.

51 **Capacidade eleitoral ativa** ou **alistabilidade:** é a aptidão conferida ao eleitor através do alistamento para deliberar a respeito do processo político e das ações governamentais mediante o exercício do voto.

52 No Brasil, tanto o alistamento eleitoral quanto o voto são **obrigatórios** para os brasileiros maiores de dezoito anos de idade.

53 O alistamento eleitoral e o voto são, todavia, **facultativos** para os analfabetos, os maiores de setenta anos e os maiores de dezesseis e menores de dezoito anos de idade (art. 14, § 1º, CF/88).

54 Vale lembrar que os direitos políticos não são exercitáveis por estrangeiros (art. 14, § 2º, primeira parte, CF/88). A única exceção a essa regra envolve os portugueses equiparados aos brasileiros naturalizados, também chamados de 'quase-nacionais', que poderão requerer o alistamento junto à Justiça Eleitoral sem que necessitem submeter-se a qualquer procedimento de naturalização (art. 12, § 1º, CF/88).

55 São **inalistáveis**, isto é, não podem se alistar como eleitores os conscritos (durante o período do serviço militar obrigatório) e os estrangeiros (art. 14, § 2º, segunda parte, CF/88).

56 **Capacidade eleitoral passiva ou elegibilidade:** trata-se da aptidão para concorrer a certo cargo eletivo quando atendidas todas as condições constitucionais previstas.

57 As condições para um cidadão adquirir a elegibilidade estão enunciadas no texto constitucional (art. 14, § 3º) e são as seguintes:

> I - a nacionalidade brasileira;
>
> II - o pleno exercício dos direitos políticos;
>
> III - alistamento eleitoral;
>
> IV - domicílio eleitoral na circunscrição;
>
> V - filiação partidária;
>
> VI - idade mínima, que será de:
>
> 18 anos para Vereador;
>
> 21 anos para Deputado Federal, Deputado Estadual ou Distrital, Prefeito, Vice-Prefeito e juiz de paz;
>
> 30 anos para Governador e Vice-Governador de Estado e do Distrito Federal;
>
> 35 anos para Presidente e Vice-Presidente da República e Senador.

58 Vale destacar que idade mínima deverá ser comprovada na data da posse e não do registro da candidatura ou eleição, exceto no caso do Vereador, pois o candidato a este cargo deverá comprovar a idade mínima na data limite do registro da candidatura, vale dizer, antes mesmo de ser eleito.

59 Preenchidos todos os requisitos constitucionais, o indivíduo poderá candidatar-se a um cargo eletivo. O exercício da capacidade eleitoral passiva, todavia, exige ainda que o candidato não incida nas chamadas inelegibilidades, tampouco nas hipóteses de perda ou suspensão dos direitos políticos.

60 Delimitadas as linhas introdutórias a respeito dos direitos políticos, passaremos, a seguir, para a análise de sua classificação doutrinária em direitos políticos positivos e negativos.

2.9.1. Direitos políticos positivos

61 São direitos políticos positivos o conjunto de normas que asseguram ao eleitor participação ativa na formação da vontade do Estado. Seu exercício verifica-se através dos seguintes instrumentos:

(i) **Direito de sufrágio (art. 14, *caput*, CF/88)**: é direito público subjetivo do cidadão de se eleger (capacidade eleitoral ativa) e ser eleito (capacidade eleitoral passiva). Este direito é exercido através do **voto** direto, secreto, universal e periódico, características que foram erigidas pela Constituição Federal de 1988 à condição de **cláusula pétrea expressa**, estando previstas no art. 60, § 4º, II. Do texto constitucional é possível, ainda, depreender que o voto é também personalíssimo, igualitário, livre e obrigatório.

(ii) **Plebiscito e referendo (art. 14, I e II, CF/88):** tanto o plebiscito quanto referendo são mecanismos legislativos de consulta popular acerca de matérias relevantes de natureza constitucional, legislativa ou administrativa. Diferenciam-se, contudo, em razão do momento em que os cidadãos são acionados: enquanto o plebiscito é convocado com anterioridade ao ato legislativo ou administrativo – cabendo aos cidadãos, por meio do voto, aprovar ou denegar o que lhes tenha sido submetido, o referendo é convocado com posterioridade ao ato legislativo ou administrativo, cumprindo ao povo a respectiva ratificação ou rejeição da proposta apresentada pelo poder público. Vale lembrar que tanto a autorização de referendo, quanto a convocação de plebiscito realiza-se mediante decreto legislativo, ato normativo expedido pelo Congresso Nacional (art. 49, XV, CF/88).

(iii) **Iniciativa popular de leis (art. 14, III, CF/88):** trata-se de instrumento de participação direta da sociedade na produção normativa do Estado, por meio da deflagração do processo legislativo de lei ordinária ou de lei complementar. Na esfera federal, para que o projeto de lei de iniciativa popular seja apreciado pela Câmara dos Deputados, este deve estar subscrito por pelo menos um por cento do eleitorado nacional (só cidadãos podem assinar), distribuídos em pelo menos cinco Estados-membros sendo que, em cada um dos Estados-membros participantes não se pode reunir menos que três décimos por cento do número total de eleitores de cada um deles (art. 61, § 2°, CF/88).

(iv) **Ação popular (art. 5º, LXXIII, CF/88):** trata-se de ação constitucional reservada ao **cidadão** para a tutela do patrimônio público ou de entidade de que o Estado participe, da moralidade administrativa, do meio ambiente e do patrimônio histórico e cultural, mediante a anulação do ato lesivo. Através desse mecanismo, o cidadão exerce diretamente a soberania popular, pois não busca a defesa de interesses particulares, mas a proteção da coisa pública.

2.9.2. Direitos políticos negativos

62 Os direitos políticos negativos estão relacionados aos impedimentos, sendo estes os fatos que impossibilitam a participação do cidadão no processo político e sua atuação nos órgãos governamentais. Os impedimentos abrangem tanto a **privação** (perda e suspensão) dos direitos políticos, quantos as **inelegibilidades**.

63 As hipóteses que ocasionam a privação dos direitos políticos estão listadas no art. 15, CF/88 e podem ser divididas em duas espécies: a perda e a suspensão. Vale lembrar que o texto constitucional veda expressamente a cassação de direitos políticos (art. 15, *caput*, CF/88).

64 **Perda dos direitos políticos (art. 12, § 4º, e art. 15, I, ambos da CF/88):** é a privação definitiva dos direitos políticos. Verifica-se em duas situações:

(i) por cancelamento da naturalização por sentença judicial condenatória transitada em julgado em virtude de atividade nociva ao interesse nacional. Não atinge o brasileiro nato, só o naturalizado. A competência para julgamento, neste caso, será da Justiça Federal de primeira instância;

(ii) por aquisição de outra nacionalidade. A perda, nessa hipótese, poderá atingir tanto o brasileiro nato quanto o naturalizado, e será concretizada por mero procedimento administrativo realizado perante o Ministério da Justiça. Independe, portanto, de procedimento judicial.

65 **Suspensão de direitos políticos (art. 15, II a V, CF/88):** é a privação temporária dos direitos políticos. Neste caso, a reaquisição será automática, vale dizer, teremos a recuperação dos direitos políticos findada a situação que deu causa à suspensão. São elas:

(i) declaração de incapacidade civil absoluta;

(ii) condenação criminal com trânsito em julgado, enquanto durarem os efeitos da condenação;

(iii) recusa de cumprir obrigação a todos imposta ou prestação alternativa (sendo importante frisar que a situação estudada neste item é, ainda hoje, objeto de divergência doutrinária, relativamente ao enquadramento como hipótese de perda ou suspensão);

(iv) condenação por improbidade administrativa.

66 As **inelegibilidades**, por seu turno, são os impedimentos ao exercício da plena capacidade eleitoral passiva, inviabilizando o direito de certo cidadão ser votado. Os casos de inelegibilidade encontram-se previstos no art. 14, §§ 4º a 8º, da CF/88 e na Lei Complementar nº 64/90, os quais poderão ser ampliados apenas por lei complementar, conforme disposto no art. 14, § 9º, CF/88.

67 As inelegibilidades podem ser classificadas em absolutas ou relativas, de acordo com sua abrangência.

68 A **inelegibilidade absoluta** consiste no categórico impedimento para o indivíduo concorrer a qualquer cargo eletivo e persiste enquanto não cessada a causa que a originou.

69 São absolutamente inelegíveis, de acordo com a Constituição (art. 14, § 4°), os inalistáveis e os analfabetos.

70 Os **inalistáveis** são aqueles que não podem ser eleitores, ou seja, os estrangeiros e os conscritos (art. 14, § 2º, CF/88). Vale destacar que tais indivíduos, por não poderem se alistar como eleitores, também não poderão ser eleitos para nenhum cargo.

71 Já os **analfabetos** são plenamente alistáveis, ou seja, podem votar (lembrando que o alistamento e o voto são facultativos), mas não são dotados de capacidade eleitoral passiva, razão pela qual não podem candidatar-se a nenhum cargo eletivo.

72 Por fim, os adolescentes entre dezesseis e dezoito anos de idade, embora possam ser eleitores (alistamento e voto facultativos), são também absolutamente inelegíveis, visto que não possuem a idade mínima para concorrer a qualquer cargo eletivo.

73 As hipóteses de **inelegibilidade relativa**, por sua vez, consistem em impedimentos a certos cargos eletivos, em virtude da ocorrência de certas situações. Os motivos que ensejam a inelegibilidade relativa podem ser:

(i) **funcionais** (art. 14, §§ 5º e 6º, CF/88):

- para o mesmo cargo: torna inelegíveis para exercer o terceiro mandato consecutivo em um mesmo cargo os chefes do Poder Executivo já reeleitos. Assim, em razão do princípio democrático que busca a alternância de poder, a reeleição é autorizada uma só vez para o mesmo cargo de chefia do Executivo. Vale ressaltar que a Constituição não proibiu o indivíduo de exercer o mesmo cargo de chefia no Executivo três (ou mais) vezes, mas sim que ocupasse o mesmo cargo três vezes consecutivas. Sobre o assunto, é também importante destacar que, de acordo com o entendimento do STF, o cidadão que já exerceu dois mandatos de Prefeito consecutivamente, ou seja, foi eleito e reeleito, fica inelegível para um terceiro mandato, ainda que seja em Município diferente. Trata-se de interpretação conferida ao art. 14, § 5º, CF/88 que visa impedir a existência da figura do denominado "**prefeito itinerante**" ou do "prefeito profissional".

– para cargo diverso: impede que o chefe do Executivo pleiteie outro cargo eletivo sem que se desincompatibilize daquele que ocupa. Em razão disso, estará obrigado a renunciar ao seu mandato pelo menos seis meses antes da eleição a que pretende concorrer. Essa regra de afastamento visa evitar que o candidato faça uso do dinheiro público e prestígio do cargo para promover sua candidatura a outro cargo, colocando em nítida desvantagem os demais concorrentes. Vale lembrar, ainda, que a Constituição não exige a desincompatibilização dos chefes dos Poderes Executivos para concorrer à reeleição.

(ii) **decorrentes de casamento, parentesco ou afinidade** (art. 14, § 7º, CF/88): chamada também de inelegibilidade reflexa, impede que os cônjuges e os parentes (consanguíneos ou afins) até o segundo grau dos titulares do Poder Executivo ocupem cargo político-eletivo dentro do território da circunscrição em que este exerce mandato (salvo se o cônjuge ou o parente até segundo grau já for titular de mandato eletivo e candidato à reeleição). Construção jurisprudencial consolidou o entendimento no sentido de que esta espécie de inelegibilidade é extensível às situações de união estável, homo ou heteroafetivas.

(iii) **militares** (art. 14, § 8º, CF/88): primeiramente, deve-se destacar que a Constituição considera elegíveis apenas os militares alistáveis. Assim, aquele que está conscrito (prestando o serviço militar obrigatório) não pode se alistar como eleitor e, em consequência, não pode se eleger. Para que os militares da ativa possam concorrer a cargo eletivo, será necessário observar as seguintes regras: aqueles que possuírem menos de dez anos de serviço castrense, deverão afastar-se definitivamente da carreira (art. 14, § 8º, I, CF/88). De outro lado, o mesmo não ocorre com o militar que tenha mais de dez anos de serviço castrense, pois este, uma vez eleito, será transferido para a inatividade no ato da diplomação (art. 14, § 8º, II, CF/88), circunstância que poderá ser revertida posteriormente com o seu retorno à ativa.

(iv) **Inelegibilidades na legislação infraconstitucional:** a Constituição Federal autoriza a edição de lei complementar para dispor sobre outros casos de inelegibilidade relativa e os prazos de sua cessação, a fim de proteger a probidade administrativa, a moralidade para o exercício do mandato, considerada a vida pregressa do candidato, e a normalidade e legitimidade das eleições contra influência do poder econômico ou do abuso do exercício de função, cargo ou emprego na administração direta ou indireta.

74 Atualmente, é a Lei Complementar 64/1990 (também chamada de Lei das Inelegibilidades) que trata do assunto e estabelece outros casos. Importante salientar que referida lei foi recentemente alterada pela conhecida "Lei da Ficha Limpa" (LC nº 135/2010).

2.9.3. Ação de impugnação de mandato eletivo

75 Prevista no art. 14, §§ 10 e 11 do texto constitucional, a **ação de impugnação de mandato eletivo** pode ser proposta por qualquer partido político, coligação, candidato ou o Ministério Público Eleitoral (art. 22, da LC nº 64/1990) para impugnar o mandato obtido com abuso de poder econômico, corrupção ou fraude.

76 O autor, na ação de impugnação de mandato eletivo, possui 15 dias para propositura em juízo, cujo prazo se inicia com a diplomação do candidato impugnado e corre sem interrupção, por se tratar de prazo decadencial.

77 Vale lembrar que a ação deverá ser instruída com provas de abuso do poder econômico, corrupção ou fraude, tramitando em segredo de justiça e respondendo o autor, na forma da lei, se a demanda for temerária ou por manifesta má-fé.

2.9.4. Principio da anterioridade (ou anualidade) eleitoral

78 O princípio da anualidade eleitoral, consagrado no **art. 16 da CF/88,** estabelece que a lei (ou a emenda constitucional) que alterar o processo eleitoral entrará em vigor na data de sua publicação, porém não produzirá efeitos nas eleições que ocorram até um ano da data de sua vigência. Isso significa que as regras do jogo eleitoral podem até ser modificadas, contudo não serão toleradas alterações casuísticas, realizadas no curso do processo eleitoral.

79 Por fim, vale destacar que, de acordo com a jurisprudência do STF, tal postulado constitui uma cláusula pétrea por representar uma garantia fundamental do cidadão-eleitor, do cidadão-candidato e dos partidos políticos, sendo oponível, inclusive, em relação ao exercício do poder constituinte derivado (ADI 3685).

2.10. Remédios Constitucionais

80 Conforme já salientado, as garantias são instrumentos de efetivação dos direitos fundamentais. Em geral, para cada direito dessa natureza o texto constitucional outorga uma garantia. Nesse contexto, os remédios constitucionais são **mecanismos de proteção** conferidos aos indivíduos contra abusos de poder, agressões aos seus direitos ou mesmo para efetivar um direito fundamental. Cada um desses mecanismos de matriz constitucional será abordado nos itens subsequentes.

2.10.1. Remédios Constitucionais de Natureza Administrava (ou não-jurisdicional)

81 São exercidos por via administrativa, perante autoridades públicas e, portanto, sem que haja a provocação do Poder Judiciário. De acordo com a Constituição Federal, são remédios de **natureza não jurisdicional** o (i) direito de petição e o (ii) direito à obtenção de certidões.

2.10.2. Direito de petição

→ **art. 5º, xxxiv, "a", CF/88**

82 O direito de petição é o remédio constitucional adequado para formular pedidos e defender direitos junto à Administração Pública. Serve também como mecanismo de impugnação de ilegalidades ou atos abusivos praticados por agentes do Poder Público. Sua regulação encontra-se na Lei 9.051/1995. Pode ser utilizado por qualquer pessoa – seja ela natural ou jurídica, nacional ou estrangeira – independentemente do pagamento de taxas.

2.10.3. Direito à obtenção de certidões

→ **art. 5º, XXXIV, "b", CF/88**

83 Trata-se de remédio constitucional, regulado pela Lei 4.898/1965, que assegura a todos "a obtenção de certidões em repartições públicas, para defesa de direitos e esclarecimentos de situações de interesse pessoal".

84 A exemplo do que ocorre com o direito de petição, este também pode ser utilizado por qualquer pessoa – seja ela natural ou jurídica, nacional ou estrangeira – independentemente do pagamento de taxas.

85 Caso o fornecimento da certidão seja negado ilegalmente pelo Poder Público, estará configurada a violação a direito líquido e certo, caso em que o titular do direito à obtenção da certidão poderá impetrar **mandado de segurança** para garantir sua efetivação.

2.10.4. "Habeas corpus"

→ **art. 5º, LXVIII e LXXVII, CF/88**

86 Trata-se de ação constitucional **gratuita** (art. 5º, LXXVII, CF/88) cabível para proteger a liberdade de ir e vir do indivíduo quando ameaçada ou violada por ilegalidade ou abuso de poder (art. 5º, XV, CF/88).

87 É regulamentada pelo Código de Processo Penal.

88 **Legitimidade ativa:** é universal, uma vez que **qualquer pessoa** física ou jurídica, nacional ou estrangeira pode impetrar esse remédio constitucional em benefício próprio ou alheio, independentemente de sua capacidade civil, política ou profissional e de sua idade ou estado mental. Destaque-se que **não** é exigida a atuação de advogado (art. 654, *caput*, CPP).

89 **Legitimidade passiva:** pertence ao responsável pela ameaça ou violação à liberdade de locomoção de outrem. Normalmente, será uma autoridade pública (delegado, juiz, desembargador etc.), mas poderá também ser impetrado contra um particular quando este for o responsável pelo ato.

90 **Paciente:** é a pessoa física beneficiada pela ordem e pode coincidir com o impetrante. Pessoa jurídica não pode ser paciente de *habeas corpus,* pois não é titular de direito de ir e vir. Seus eventuais interesses poderão ser tutelados na esfera criminal pelo mandado de segurança.

91 **Espécies:** (i) *habeas corpus* preventivo: utilizado para a obtenção do salvo conduto, quando o risco da privação da liberdade é iminente; (ii) *habeas corpus* repressivo: utilizado com o fim de obtenção de um alvará de soltura, quando a privação da liberdade já foi concretizada.

92 **Militares:** a Constituição, em seu art. 142, § 2º, traz uma hipótese de **não cabimento** do *habeas corpus*, que se dá no caso de punições disciplinares militares.

2.10.5. Mandado de segurança individual

→ **art. 5º, LXIX, CF/88**

93 Trata-se de ação constitucional cabível para proteger **direito líquido e certo**, **não** amparado por *habeas corpus* e *habeas data*, quando o responsável pela ilegalidade ou abuso de poder for autoridade pública ou agente de pessoa jurídica no exercício de atribuições do Poder Público. É importante destacar que o ato lesivo pode decorrer tanto de uma ação quanto de uma omissão de autoridade. Seu procedimento encontra-se regulamentado no Lei 12.016/2009.

94 **Direito líquido e certo:** é aquele capaz de ser demonstrado independente de ulterior dilação probatória, cuja existência é manifesta.

95 **Caráter residual:** o mandado de segurança é uma garantia fundamental que deve ser utilizado residualmente, já que somente poderá ser impetrado para amparar direito líquido e certo que não disser respeito ao direito de locomoção (caso em que deve ser manejado o *habeas corpus*) e ao direito ao acesso e/ou retificação de informações pessoais (caso em que deverá ser utilizado o *habeas data*).

96 **Prazo decadencial:** o prazo para impetração do *mandamus* é de **cento e vinte dias**, contados do conhecimento oficial pelo interessado do ato a ser impugnado. Trata-se de prazo decadencial que, após iniciado, não se interrompe, tampouco se suspende. Na hipótese de o mandado de segurança ser impetrado contra omissão de certa autoridade, não haverá prazo decadencial a ser observado caso a administração não esteja sujeita a prazo para praticar o ato.

97 **Legitimidade ativa:** pertence a **qualquer pessoa** física ou jurídica, nacional ou estrangeira pode impetrar esse remédio constitucional para proteger direito próprio (art. 1º, § 3º, Lei 12.016/2009). Vale lembrar que a doutrina também admite a legitimidade de entes despersonalizados para impetrar essa ação em defesa de seus direitos ou prerrogativas. Ex.: mesas do Congresso Nacional, espólio, massa falida etc.

98 **Legitimidade passiva:** pertence à autoridade coatora responsável pela ameaça ou violação ao direito líquido e certo, não amparado por *habeas corpus* e *habeas data*. Poderá ser tanto uma autoridade pública de qualquer dos Poderes da União, dos Estados, do Distrito Federal e dos Municípios, e das respectivas autarquias, fundações públicas, empresas públicas e sociedades de economia mista, quanto um agente de pessoa jurídica privada que esteja, por delegação, no exercício de atribuição do Poder Público.

99 **Espécies:** (i) mandado de segurança **preventivo**: utilizado para proteger direito líquido e certo ameaçado por uma iminente violação; (ii) mandado de segurança **repressivo**: utilizado para anular o ato ilegal ou abusivo de direito líquido e certo já concretizado.

100 **Hipóteses de não cabimento:** pode-se afirmar que não será cabível o *writ*, quando se tratar:

(i) de ato do qual caiba recurso administrativo com efeito suspensivo, independentemente de caução;

(ii) de decisão judicial da qual caiba recurso com efeito suspensivo;

(iii) de decisão judicial transitada em julgado;

(iv) de lei em tese;

(v) de ato interna *corporis*;

(vi) de substituição por ação popular ou ação de cobrança.

2.10.6. Mandado de segurança coletivo

→ **(art. 5º, LXX, CF/88)**

101 O mandado de segurança coletivo é ação idêntica ao *writ* de natureza individual, aplicando-se a ele todas as premissas daquele, com as adequações necessárias. A diferença central reside no fato de que o mandado de segurança coletivo tem como objetivo específico tutelar a coletividade e seus direitos líquidos e certos coletivos ou individuais homogêneos.

102 Por **direitos coletivos** entende-se os transindividuais, de natureza indivisível, de que seja titular grupo ou categoria de pessoas ligadas entre si ou com a parte contrária por uma relação jurídica básica.

103 De outro lado, são direitos **individuais homogêneos** aqueles de origem comum, isto é, decorrentes de lesões homogêneas a direitos subjetivos individuais.

104 Assim, dada a semelhanças, pode-se afirmar que todas as considerações feitas a respeito do mandado de segurança individual servem para o *mandamus* coletivo, com as seguintes exceções:

105 **Legitimidade ativa:** de acordo com o texto constitucional (art. 5°, LXX, CF/88), o mandado de segurança coletivo pode ser impetrado apenas por (i) partido político com representação no Congresso Nacional; (ii) organização sindical, entidade de classe ou associação legalmente constituída e em funcionamento há pelo menos um ano, em defesa dos interesses de seus membros ou associados.

106 Sobre o assunto, cabem as seguintes observações:

- Apenas os partidos políticos com representação no Congresso Nacional estão legitimados para propor mandado de segurança coletivo e apenas para a defesa de direitos políticos e eleitorais de seus filiados (art. 21, Lei 12.016/2009).
- As entidades de classe e sindicados não precisam estar legalmente constituídos há pelo menos um ano para poder defender os interesses de seus membros via mandado de segurança coletivo (trata-se de exigência destinada apenas às associações). Contudo, esse remédio constitucional somente poderá ser utilizado para defender aqueles direitos

guardem pertinência com a atividade das entidades de classe e sindicados (art. 21, Lei 12.016/2009).

De acordo com o entendimento firmado pelo STF, é desnecessária a expressa autorização dos sindicalizados para a substituição processual em mandado de segurança coletivo (Súmulas 629 e 630, STF).

- As associações deverão estar legalmente constituídas e em funcionamento há pelo menos um ano para possam impetrar mandado de segurança coletivo para a defesa dos direitos de seus membros e desde que estes direitos guardem pertinência com a atividade da entidade associativa (art. 21, Lei 12.016/2009). Segundo o STF, dispensa-se a autorização específica por parte de seus sócios para que as associações possam ingressar com o mandado de segurança em juízo, sendo suficiente a autorização genérica prevista em seu estatuto.

107 **Efeitos da decisão:** os efeitos da decisão em mandado de segurança coletivo abrangem todos os associados que se encontram descritos na petição inicial do *writ*, independentemente se o ingresso na entidade associativa tenha ocorrido antes ou após a impetração.

108 A impetração do mandado de segurança coletivo não gera litispendência entre a esfera individual e coletiva, o que possibilita a posterior utilização do mandado de segurança individual.

2.10.7. Mandado de injunção

→ **art. 5º, LXXI, CF/88**

109 O mandado de injunção é a ação constitucional cabível para viabilizar o exercício de direitos, liberdades constitucionais ou prerrogativas inerentes à nossa nacionalidade, soberania ou cidadania, inviabilizados pela falta de norma regulamentadora.

110 Apesar de ser um remédio constitucional de extrema relevância, seu procedimento só foi regulamentado pela Lei 13.300 de 23 de junho de 2016 e 28 anos e após a sua consagração. Apesar disso, antes mesmo da edição do referido diploma normativo, o mandado de injunção já era utilizado a partir da aplicação analógica das normas procedimentais do mandado de segurança constantes da Lei 12.016/2009.

120 Essa garantia fundamental é um importante instrumento de combate à síndrome de inefetividade das normas constitucionais, protegendo os direitos subjetivos que não se concretizam e não estão sendo exercidos em razão da falta de norma regulamentadora. Então, duas finalidades desse remédio podem ser identificadas: (i) primordialmente, viabilizar (concretizar) o exercício de direitos previstos na Constituição; (ii) de forma secundária, visa combater a inércia dos Poderes Públicos.

121 **Pressupostos de cabimento:** o mandado de injunção será cabível sempre que a ausência de norma regulamentadora tornar inviável o exercício de direitos e liberdades constitucionais, bem como das prerrogativas inerentes à nacionalidade, soberania e cidadania. Assim, pode-se dizer que a propositura dessa ação constitucional pressupõe: (i) a existência de norma constitucional de eficácia limitada impositiva desprovida de regulamentação; (ii) a existência de um dever para os Poderes Públicos em editar as normas infraconstitucionais; (iii) efetiva omissão do Poder Público que inviabilize o exercício de direitos e liberdades constitucionais.

122 O mandado de injunção pode ser individual ou coletivo, muito embora o texto constitucional de 1988 não faça referência expressa à modalidade coletiva dessa ação, a qual foi fruto de construções doutrinárias e jurisprudenciais, especialmente por parte do STF. Em 2016, o mandado de injunção coletivo foi, enfim, consagrado pelo ordenamento jurídico brasileiro, pela Lei 13.300.

123 **Legitimidade ativa do mandado de injunção individual (art. 3º, primeira parte, Lei 13.300/2016):** pertence a **qualquer pessoa** física ou jurídica, que esteja impedida de exercer qualquer direito, liberdade constitucional ou prerrogativa inerente à nacionalidade, soberania e cidadania, em razão de omissão do Poder Público em editar normas regulamentadoras que confiram efetividade às normas constitucionais.

124 **Legitimidade ativa do mandado de injunção coletivo (art. 12, Lei 13.300/2016):** cabe (i) ao Ministério Público, quando a tutela requerida for especialmente relevante para a defesa da ordem jurídica, do regime democrático ou dos interesses sociais ou individuais indisponíveis; (ii) ao partido político com representação no Congresso Nacional, para assegurar o exercício de direitos, liberdades e prerrogativas de seus integrantes ou relacionados com a finalidade partidária; (iii) à organização sindical, entidade de classe ou associação legalmente constituída e em funcionamento há pelo menos 1 (um) ano, para assegurar o exercício de direitos, liberdades e prerrogativas em favor da totalidade ou de parte de seus membros ou associados, na forma de seus estatutos e desde que pertinentes a suas finalidades, dispensada, para tanto, autorização especial; (iv) à Defensoria Pública, quando a tutela requerida for especialmente relevante para a promoção dos direitos humanos e a defesa dos direitos individuais e coletivos dos necessitados, na forma do inciso LXXIV do art. 5º da Constituição Federal.

125 Vale lembrar que para a utilização desse remédio constitucional seja válido, é preciso também que o legitimado ativo demonstre o **nexo de causalidade**, vale dizer, deve comprar que o não exercício do direito/liberdade/prerrogativa é consequência direta da inexistência da regulamentação.

126 **Legitimidade passiva (art. 3º, parte final, Lei 13.300/2016):** pertence ao Poder, ao órgão ou à autoridade com atribuição para editar a norma regulamentadora que viabilizaria os direitos previstos na Constituição Federal, tendo em vista que o mandado de injunção tem por objetivo suprir omissão do Poder Público em relação às normas constitucionais.

127 **Efeitos das decisões definitivas em mandado de injunção:** antes da edição da Lei 13.300/2016, o STF, em julgado paradigmático, identificou a existência duas correntes básicas a respeito desse assunto denominadas "concretista" e "não concretista", subdividindo-se a primeira delas em diversas outras: em "geral" e "individual", sendo que esta última, por sua vez, também se subdivide em "direta" e "intermediária". Vejamos:

- **Teoria concretista geral**: a sentença judicial produz efeitos *erga omnes*, permitindo a viabilização do exercício do direito para todos, até que sobrevenha a norma pendente, produzida pelo órgão ou autoridade.
- **Teoria concretista individual direta**: o Poder Judiciário deve implementar o direito de forma imediata, sendo desnecessário aguardar que o órgão ou a autoridade competente se disponham a fazê-lo.
- **Teoria concretista individual intermediária**: o Poder Judiciário não deve viabilizar o direito de forma imediata, pois deve, inicialmente, reconhecer a mora e dar ciência ao órgão ou autoridade impetrada a fim de que a solução seja apresentada. Caso o prazo transcorra sem que a omissão seja suprida, isto é, em caso de persistência da letargia, aí sim o órgão julgador da injunção deve tomar as providências pertinentes.
- **Teoria não concretista:** preceitua ser a decisão concessiva da injunção possuidora de natureza exclusivamente declaratória, tendo por objeto apenas o reconhecimento, por meio de sentença, da omissão na edição da norma regulamentadora. Após quase vinte anos adotando a teoria não concretista, o STF (nos MIs 670, 708 e712) passou a adotar a teoria concretista, reconhecendo, pois, eficácia a este remédio constitucional.

128 Ao tratar do assunto, a Lei 13.300/2016 dispõe, em seu art. 8º, que a decisão do mandado de injunção individual que reconhecer o estado de mora legislativa deverá determinar prazo razoável para que o impetrado promova a edição da norma regulamentadora e estabelecer as condições em que se dará o exercício dos direitos, das liberdades ou das prerrogativas reclamados ou, se for o caso, as condições em que poderá o interessado promover ação própria visando a exercê-los, caso não seja suprida a mora legislativa no prazo determinado. Contudo, lei permite a dispensa a determinação de prazo razoável para que o impetrado promova a edição da norma regulamentadora quando comprovado que o impetrado deixou de atender, em mandado de injunção anterior, ao prazo estabelecido para a edição da norma.

129 O diploma legislativo dispõe também que, em regra, a decisão que defere a injunção terá eficácia subjetiva limitada às partes (*inter partes*) e produzirá efeitos até o advento da norma regulamentadora, podendo excepcionalmente ser conferida eficácia ***ultra partes*** ou ***erga omnes*** à decisão, quando isso for inerente ou indispensável ao exercício do direito, da liberdade ou da prerrogativa objeto da impetração (art. 9º, *caput* e § 1º, Lei 13.300/2016).

130 Além disso, após o trânsito em julgado da decisão, seus efeitos poderão ser estendidos aos casos análogos por decisão monocrática do relator (art. 9º, § 2º, Lei 13.300/2016).

131 Portanto, a despeito da divergência jurisprudencial existente, a lei que disciplina o processo e o julgamento dos mandados de injunção aparentemente adotou tanto a corrente concretista individual intermediária (art. 8º, I, Lei 13.300/2016), quanto a concretista direta (art. 8º, parágrafo único, Lei 13.300/2016) o que certamente não encerrará a discussão a respeito.

132 Por fim, vale lembrar que, a teor do que dispõe o *caput*, do art. 13 da Lei, a sentença do mandado de injunção coletivo fará coisa julgada limitadamente às pessoas integrantes da coletividade, do grupo, da classe ou da categoria substituídos pelo impetrante. Além disso, de acordo com o parágrafo único do mesmo dispositivo, "o mandado de injunção coletivo não induz litispendência em relação aos individuais, mas os efeitos da coisa julgada não beneficiarão o impetrante que não requerer a desistência da demanda individual no prazo de 30 (trinta) dias a contar da ciência comprovada da impetração coletiva".

2.10.8. "Habeas data"

→ **art. 5º, LXXII, CF/88**

133 Trata-se de ação constitucional gratuita (art. 5º, LXXVII, CF/88) cabível para assegurar o conhecimento de informações relativas à pessoa do impetrante, constantes de registros ou bancos de dados de entidades governamentais ou de caráter público; e para a retificação de dados, quando não se prefira fazê-lo por processo sigiloso, judicial ou administrativo.

134 Seu rito processual é disciplinado pela Lei 9.507/1997 que, em seu art. 7º, prevê as seguintes **hipóteses de cabimento**:

> I - para obter o acesso às informações referentes à pessoa do impetrante e que sejam constantes de registro ou banco de dados de entidades governamentais ou de caráter público;
>
> II - para promover a retificação de informações referentes à pessoa do impetrante;
>
> III - para proceder à anotação de informações relativas à pessoa do impetrante.

135 Ainda a respeito do cabimento, não será admissível o *habeas data* se não houver recusa das informações por parte da autoridade administrativa, sendo este o entendimento jurisprudencial do STJ, também afirmado na Súmula 2 daquele Tribunal. Assim, o impetrante deverá demonstrar já na inicial seu "interesse de agir", que só estará configurado a partir da negativa da autoridade competente em prestar as informações pleiteadas ou, ainda, pela falta de resposta num prazo previamente estabelecido.

136 **Legitimidade ativa:** pertence a **qualquer pessoa** física ou jurídica, nacional ou estrangeira pode impetrar esse remédio constitucional para ter acesso às informações a seu respeito.

137 É importante observar que, por ter por objeto informações relativas à pessoa do impetrante, ação de *habeas data* é personalíssima, **não** podendo ser impetrada em favor de terceiros.

138 **Legitimidade passiva:** tendo em vista que este remédio tem por finalidade dar conhecimento e/ou retificar informações constantes de registro ou de banco de dados, tanto de entidades governamentais, como de particulares que tenham caráter público, são justamente tais entidades que serão sujeitos passivos do *habeas data*, desde que possuam informações relativas ao impetrante.

2.10.9. Ação popular

→ **art. 5º, LXXIII, CF/88**

139 Trata-se de ação constitucional reservada ao cidadão para a tutela do patrimônio público ou de entidade de que o Estado participe, da moralidade administrativa, do meio ambiente e do patrimônio histórico e cultural, mediante a anulação do ato lesivo. Através desse mecanismo, pois não se busca a defesa de interesses particulares, mas a proteção da coisa pública.

140 Seu rito processual é disciplinado pela Lei 4.717/65.

141 **Legitimidade ativa:** pertence exclusivamente ao cidadão, sendo este indivíduo dotado de capacidade eleitoral ativa (isto é, que pode votar) e que esteja em dia com suas obrigações eleitorais. Por este motivo, pode-se afirmar que não poderão ser autores dessa ação:

(i) os estrangeiros, mesmo que residentes no território nacional;

(ii) os apátridas,

(iii) as pessoas jurídicas (Súmula 365, STF);

(iv) os brasileiros que estejam com seus direitos políticos suspensos ou perdidos, nos termos do art. 15, CF/88;

(v) o Ministério Público. Vale lembrar que este órgão poderá atuar no polo ativo nos casos de sucessão processual, isto é, quando o cidadão desistir da ação, caso em que o magistrado intimará este órgão para, se for o caso, dar prosseguimento.

142 Importante ressaltar que para que essa ação seja considerada válida é imprescindível que o autor apresente a comprovação da lesividade do ato.

143 **Legitimidade passiva:** pode-se dizer que a ação normalmente será proposta em face:

(i) das pessoas jurídicas de direito público, cujo patrimônio se procura proteger, bem como suas entidades autárquicas e quaisquer outras pessoas jurídicas que sejam subvencionadas pelos cofres;
(ii) dos responsáveis pelo ato lesivo, vale dizer, autoridades diretamente responsáveis pelo ato que está sendo impugnado, administradores e demais funcionários;
(iii) beneficiários diretos do ato ou contrato lesivo.

144 **Efeitos da decisão:** os efeitos da sentença que julga procedente a ação popular são efeito *erga omnes* e geram:

(i) a invalidação do ato lesivo ao patrimônio público;
(ii) a condenação das autoridades, dos administradores, dos funcionários e dos beneficiários, que arcarão com o ressarcimento dos danos e das perdas;
(iii) a condenação das autoridades, dos administradores, dos funcionários e dos beneficiários em custas e ônus de sucumbência.

145 Por fim, ressalte-se que caso seja julgado improcedente o pedido da ação popular, o autor ficará **isento de custas judiciais** e do ônus da sucumbência, salvo comprovada má-fé.

3. ORGANIZAÇÃO POLÍTICO-ADMINISTRATIVA DO ESTADO

3.1. Forma de Estado

1 A forma de Estado relaciona-se com a distribuição do exercício do poder político em razão de um território, de modo que a existência (ou não) de descentralização dará o tom da opção feita pelo poder originário ao estruturar o Estado. Destarte, se houver descentralização, teremos um estado federado; noutro giro, a centralização do poder em uma única entidade (poder central) responsável pela emissão de todos os comandos decisórios e normativos caracteriza o estado unitário. Nos termos enunciados pelo art. 1º da CF/88,

somos uma federação, formada pela união **indissolúvel** dos Estados e Municípios e do Distrito Federal.

3.2. Tipologias de formas de Estado

2 O **estado unitário** tem por nota marcante a centralização política, pois o poder encontra-se enraizado em um único núcleo estatal, do qual emanam todas as decisões. Essa forma de Estado admite, entretanto, divisões de ordem administrativa que se prestam a viabilizar sua governabilidade.

3 A **federação** possui como traço fundamental a descentralização do exercício do poder político, pois as unidades que a compõem são detentoras de capacidade de autogoverno, autonormatização e autoadministração, agindo com autonomia definida e limitada pela Constituição Federal. O federalismo é, portanto, a unidade na pluralidade. A forma federada é a que rege nosso Estado desde que o Decreto nº 01 que proclamou a República como forma de governo e transformou as províncias em estados federados, consagrando a federação. Em apertada síntese, caracterizam a forma federada de Estado:

(i) descentralização no exercício do poder político;

(ii) indissolubilidade do vínculo federativo, com a consequente inexistência do direito à secessão;

(iii) rigidez constitucional capaz de tornar o núcleo essencial da federação intocável à ação supressiva do legislador ordinário, que jamais poderá empreender sua extinção;

(iv) existência de um Tribunal Constitucional apto a interpretar e proteger a Constituição do Estado Federal e dirimir os confrontos que possam advir da relação entre os entes;

(v) previsão de um órgão legislativo que represente os poderes regionais, fazendo com que as vontades parciais participem da formação da vontade nacional (total).

4 A **Confederação**, por seu turno, caracteriza-se pela reunião de Estados soberanos firmada por meio de tratados ou acordos internacionais para a realização de tarefas e fins comuns, sem que haja qualquer alienação da soberania dos entes componentes ao estado Confederado. Para muitos, a Confederação não é propriamente uma forma de Estado, dada a ausência, neste caso, de divisão geográfica do poder dentro de um único território.

3.3. Classificação das federações

5 No que diz respeito à **origem** das federações, estas podem formar-se de duas maneiras: por agregação ou por segregação. A federação que se origina por

agregação é o resultado da junção de Estados Nacionais, até então soberanos, que decidem se reunir por meio de um vínculo federativo. Para tanto, cedem sua soberania para o estado federal e se tornam parte da federação, como entidades meramente autônomas. Por sua vez, as federações que se originam por segregação resultam do desfazimento de um Estado unitário já constituído no intuito de formar um Estado Federal. Neste caso, o poder, até então localizado no centro, é partilhado para permitir a criação das entidades federativas. A federação brasileira originou-se deste modo.

6 As federações podem também ser diferenciadas a partir do **modelo de concentração de poder** adotado. Será considerada centrípeta a federação que fortalece o poder central em razão da predominância de atribuições conferidas no plano federal (para ilustrar, temos o caso brasileiro, em que a União concentra um vasto rol competências). A federação será centrífuga quando as competências conferidas às entidades regionais forem mais abundantes do que as existentes no plano central, sendo este o caso da federação norte-americana, onde os Estados--membros possuem mais tarefas do que a entidade federal.

7 Quanto à **repartição de competências**, as federações podem ser classificadas como duais ou cooperativas. No modelo dual, são conferidas atribuições isoladas para os entes federados, entregando a cada um deles competências privativas que serão exercidas de forma independente, sem comunicação com os demais. Na federação neoclássica, também chamada de cooperativa, as competências são repartidas de modo a possibilitar uma atuação conjunta dos entes, em regime de parceria/condomínio. Na Constituição de 1988, verifica-se a adoção de um sistema de repartição de competências que prevê para cada ente atribuições próprias, mas também muitas tarefas comuns, que serão cumpridas por meio de colaboração recíproca entre os entes federativos. Adotamos, pois, um federalismo de cooperação.

3.4. A Federação na Constituição da República de 1988

8 A federação brasileira é resultado do desfazimento de um Estado unitário. Estruturada inicialmente pela Constituição de 1891, revela-se no atual documento constitucional como **princípio fundamental** do Estado, sendo também considerada uma **cláusula pétrea** expressa, dada a sua inserção no art. 60, § 4º, I, CF/88.

9 A **União** é o ente central da federação, sendo detentora de um grande volume de atribuições. Tem como uma de suas principais funções a de representar a República Federativa do Brasil nas relações internacionais, o que não nos autoriza a confundir as duas entidades. A União é um ente autônomo e central, formado pela aglutinação das partes regionais integrantes da federação. Já a República Federativa do Brasil é o todo, o complexo resultante da reunião de todos os entes federados, quais sejam, a União, os Estados-membros, o Distrito Federal e os Municípios.

10 Os **Estados-membros** são organizações políticas regionais autônomas típicas dos Estados federais, pois materializam a descentralização no exercício do poder político que os caracterizam. Na ordem constitucional pátria, são organizados e regidos pelas Constituições estaduais – elaboradas pelo poder constituinte decorrente (art. 11, ADCT) – e pelo restante do corpo normativo estadual composto por leis e atos normativos produzidos pelo Poder Legislativo regional.

11 Desde a entrada em vigor da Constituição de 1988, os **Municípios** integram a organização político-administrativa da República Federativa do Brasil como entes da federação detentores de plena autonomia (tal qual a União, os Estados-membros e o Distrito Federal). Muito criticada foi essa opção brasileira de alçar os Municípios ao patamar de ente federado, por, especialmente, três dificuldades: (i) nenhuma outra federação o faz, (ii) eles não participam da formação da vontade nacional (pois não possuem representantes no Senado Federal) e (iii) tampouco podem ser objeto de intervenção federal acaso afrontem o princípio da indissolubilidade do pacto federativo (afinal, os Municípios localizados nos Estados-membros só podem ser objeto de intervenção estadual).

12 O **Distrito Federal (DF)** é um ente federativo autônomo, possuidor de atribuições legislativas, administrativas e judiciárias, consubstanciadas pela tríplice capacidade que envolve a auto-organização, o autogoverno e a autoadministração. Regido por Lei Orgânica, o DF não se divide em Municípios (só em regiões administrativas) e possui, segundo o art. 32, § 1°, CF/88, competências legislativas cumulativas (já que detém as atribuições legislativas estaduais e municipais).

13 Os **Território Federais** eram considerados entes federativos pelo sistema constitucional anterior, mas, com a entrada em vigor da Constituição da República de 1988, foi-lhes suprimida tal condição. Os Territórios Federais até então existentes foram transformados em Estados-membros (Amapá e Roraima) ou reincorporados ao Estado de origem (Fernando de Noronha foi reincorporado ao Estado de Pernambuco). Atualmente, portanto, não existem Territórios Federais e, ainda que novos sejam criados por lei complementar, não serão entes federados, uma vez que integrarão a União enquanto meras descentralizações administrativo-territoriais (art. 33, CF/88).

3.5. Formação de novos estados e municípios

14 Uma das características nucleares da federação é a inadmissibilidade do direito à **secessão**, como consequência de o vínculo entre as unidades federadas ser **indissolúvel**. Isso, contudo, não impede que sejam engendradas alterações na estrutura político-administrativa orgânica da federação, desde que observados os parâmetros constitucionais. Nesse sentido, a Constituição da República de 1988 prevê em seu texto instrumentos de reordenação do Estado brasileiro, inclusive através da formação de novos entes federativos.

15 Conforme previsão constitucional, são cinco as possibilidades de reorganização político-administrativa interna da República Federativa do Brasil, a saber: (i) a incorporação; (ii) a fusão; (iii) a subdivisão; (iv) o desmembramento-anexação; e (v) o desmembramento-formação.

16 Os Estados-membros podem incorporar-se entre si, subdividir-se ou desmembrar-se para se anexarem a outros, ou formarem novos Estados ou Territórios Federais. Para tanto, são cumulativamente necessárias:

(i) a realização de consulta prévia à população diretamente interessada mediante plebiscito;

(ii) a oitiva das Assembleias Legislativas dos Estados envolvidos;

(iii) a aprovação do Congresso Nacional, por lei complementar.

17 Os Municípios também podem submeter-se a incorporação, fusão ou desmembramento, para que haja a formação de novas entidades federativas locais. Para tanto, a CF/88 estabelece cumulativamente as seguintes condições:

(i) a edição de lei complementar federal, fixando de modo genérico o período em que poderá ocorrer a criação, incorporação, fusão ou desmembramento (de se ressaltar que esta lei ainda não foi, até o presente momento, editada);

(ii) a apresentação e a publicação dos estudos de viabilidade municipal;

(iii) a realização de consulta prévia às populações dos Municípios diretamente interessados, em plebiscito convocado pela Assembleia Legislativa do Estado;

(iv) a aprovação de lei ordinária estadual regulamentando a criação, a fusão ou o desmembramento.

18 Vale destacar que a edição de lei complementar federal não constava no texto original da CF/88 como condição para a criação, a incorporação, a fusão e o desmembramento de Municípios. Contudo, diante da corriqueira divisão de Municípios pátrios com finalidade única eleitoreira (multiplicar o número de prefeituras, secretarias e câmaras municipais), em 1996 a referida condição foi inserida no texto constitucional através da EC nº 15, que alterou o art. 18, § 4º. Ressalte-se que a lei complementar federal prevista no referido dispositivo não foi (até hoje!) elaborada.

3.6. Vedações constitucionais

19 A Constituição Federal (art. 19) veda à União, aos Estados, ao Distrito Federal e aos Municípios estabelecer cultos religiosos ou igrejas, subvencioná-los, embaraçar-lhes o funcionamento ou manter com eles, ou seus representantes, relações de dependência ou aliança, ressalvada, na forma da lei, a colaboração de interesse público. É, igualmente, vedado aos entes federados recusar fé aos documentos públicos, em virtude da presunção de veracidade que estes possuem. Também não podem criar distinções entre brasileiros ou preferências entre si.

3.7. Intervenção

A. Introdução

20 A intervenção é um mecanismo de **defesa** da federação ante situações críticas que comprometam a estrutura e o equilíbrio do pacto federativo. Trata-se de um procedimento **excepcional**, que somente poderá ser determinado em hipóteses restritas, em que o texto constitucional autoriza que um ente federado passe a ter ingerência nos negócios políticos de outro ente federado, suprimindo-lhe a autonomia durante certo tempo. Dado o seu caráter drástico, portanto, pode-se concluir que é uma medida de natureza temporária e excepcional.

B. Princípios que regem o processo interventivo

21 Princípio da **não-intervenção**: a regra é não intervir, pois sempre que houver alguma outra medida menos gravosa e apta a assegurar a manutenção da federação, ela será preferível à intervenção.

22 Princípio da **taxatividade**: as possibilidades de utilização deste mecanismo extremo estão exaustivamente previstas nos arts. 34 e 35 no texto constitucional, não se admitindo interpretação extensiva.

23 Princípio da **temporariedade**: o espaço de tempo da supressão da autonomia do ente que sofre a intervenção deve ser aquele imprescindível ao restabelecimento da normalidade e nada mais.

C. Espécies de intervenção

24 A Constituição da República de 1988 contempla duas modalidades de intervenção: (i) a federal: realizada pela União nos Estados-membros, no Distrito Federal ou nos Municípios localizados em Territórios Federais; e (ii) a estadual:

empreendida pelos Estados-membros nos Municípios localizados em seu território.

25 A respeito do assunto, vale destacar as seguintes observações: 1) os territórios federais, por não serem entes federados, não sofrem intervenção, uma vez que não possuem autonomia a ser suspensa. Contudo, por estarem autorizados a dividir-se em Municípios, é válido destacar que os entes locais podem sofrer a intervenção e que esta, na absoluta impossibilidade de ser decretada pelos territórios, será decretada pela União. 2) Considerando que o Distrito Federal não pode ser politicamente dividido em Municípios (por expressa vedação constitucional), não se pode falar em intervenção distrital, já que nesta entidade federativa não há um ente menor sujeito à intervenção. Por outro lado, não há óbice para que o Distrito Federal sofra intervenção federal, determinada pela União.

D. Intervenção federal

26 A intervenção federal deve ser formalizada através de decreto pelo Presidente da República, após oitiva dos conselhos da República e da Defesa Nacional, que ofertarão pareceres meramente opinativos. Além disso, a decretação dessa medida deve também observar certos pressupostos materiais e formais.

27 **Pressupostos materiais** para a decretação da intervenção: a União somente pode decretar a intervenção nas hipóteses taxativamente previstas na Constituição no art. 34. São elas:

(i) Para efetivar a defesa nacional:
- Art. 34, I, CF/88: visa manter a integridade nacional;
- Art. 34, II, CF/88: visa repelir invasão estrangeira ou de uma unidade da Federação em outra.

(ii) Para defender a ordem pública:
- Art. 34, III, CF/88.

(iii) Para proteger o livre exercício dos poderes constitucionais das unidades da federação:
- Art. 34, IV, CF/88.

(iv) Para reorganizar as finanças das unidades federativas:
- Art. 34, V, CF/88.

(v) Para prover a execução de lei federal, ordem ou decisão judicial:
- Art. 34, VI, CF/88.

(vi) Para assegurar a observância dos princípios constitucionais sensíveis:
- Art. 34, VII, CF/88.

28 **Pressupostos formais** para a decretação da intervenção:

(i) A intervenção federal será **espontânea** nos casos listados nos incisos I, II, III e V do art. 34, hipóteses em que será decretada de ofício pelo Presidente da República.

(ii) A intervenção será **provocada**, nos casos constantes dos incisos IV, VI e VII do art. 34, ora por solicitação, quando um pedido (que pode não ser acatado) é feito, e ora por requisição (uma ordem, que torna a decretação da intervenção obrigatória).

(1) Art. 36, I, 1ª parte (c/c art. 34, IV): Poder Executivo (Governador do Estado ou do Distrito Federal) ou Poder Legislativo (Assembleia Legislativa ou Câmara Legislativa) sofrer coação ou impedimento. Haverá solicitação ao Presidente da República para que ele avalie a necessidade da medida.

(2) Art. 36, I, 2ª parte (c/c art. 34, IV): coação ou impedimento que atinge o livre exercício das atribuições do Poder Judiciário. O STF avalia se a medida extraordinária é, ou não, adequada à situação e, entendendo que sim, irá requisitar (ordenar) ao Presidente da República que expeça o decreto interventivo.

(3) Art. 36, II (c/c art. 34, VI, 2ª parte): a intervenção é decretada para efetivar ordens ou decisões judiciais descumpridas. A requisição partirá do STF, do STJ ou do TSE.

(4) Art. 36, III, 1ª parte (c/c art. 34, VII): depende da declaração de procedência da ADI Interventiva pelo STF. Referida ação será acionada sempre que houver um descumprimento de princípio constitucional sensível, sendo o Procurador Geral da República o único legitimado a sua propositura.

(5) Art. 36, III, 2ª parte (c/c art. 34, VI, 1ª parte): depende de o STF dar provimento a representação apresentada pelo PGR em virtude da inexecução de lei federal.

29 Sobre o **decreto interventivo**: trata-se de diploma normativo que deve necessariamente constar (i) a amplitude da intervenção; (ii) o prazo de duração da medida; (iii) as condições em que a intervenção será executada; (iv) a indicação do interventor, se for necessária esta nomeação.

30 Da necessidade de nomeação do interventor: a intervenção sem interventor é possível.

31 O controle da intervenção: o decreto interventivo presidencial sujeita-se a um controle político (realizado pelo Congresso Nacional) e a um controle jurídico (orquestrado por órgãos do Poder Judiciário). No exercício do controle político do decreto interventivo, o Congresso terá 24 horas para avaliação do documento. No curso do recesso parlamentar, o Parlamento será convocado extraordinariamente (em 24 horas). Vale lembrar que essa modalidade de controle é desnecessária quando a intervenção é decretada tendo por base os incisos VI e VII do art. 34, CF/88. O Poder Judiciário, por sua vez, ao exercer seu controle verificará a observância dos procedimentos constitucionais para a edição do decreto interventivo.

E. Intervenção estadual

32 Realizado por Estado-membro em Município, que deverá observar estritamente as seguintes regras:

(i) as hipóteses que autorizam a decretação da intervenção estadual são apresentadas pelo art. 35, CF/88, de modo taxativo;

(ii) a intervenção estadual é medida excepcional e temporária;

(iii) a formalização da intervenção depende de decreto interventivo do Governador;

(iv) o decreto deverá explicitar a amplitude, o prazo e as condições de execução e, se couber, deverá nomear um interventor;

(v) o decreto será submetido (nas hipóteses dos incisos I a III do art. 35, CF/88) à apreciação da Assembleia Legislativa que deverá opinar no prazo de 24 horas, num autêntico controle político. Se a Casa Legislativa estadual estiver no período de recesso parlamentar, deverá ser convocada extraordinariamente no prazo de 24 horas;

(vi) quando a decretação da intervenção tiver por causa a situação descrita no inciso IV do art. 35, CF/88, não haverá controle político;

(vii) sobre a ação direta interventiva estadual, vale ressaltar que sua propositura é de legitimidade do **Procurador Geral de Justiça**.

33 Por fim, é de se destacar o enunciado da Súmula 637, STF: "Não cabe recurso extraordinário contra acórdão de tribunal de justiça que defere pedido de intervenção estadual em Município".

4. REPARTIÇÃO CONSTITUCIONAL DE COMPETÊNCIAS

1 A divisão constitucional de atribuições entre os entes federados pode ser apontada como um elemento fundamental na constituição do federalismo, uma de suas notas mais marcantes e essenciais. Isso porque, é em razão da descentralização no exercício do poder político que se originam as diversas entidades federadas, possuidoras, todas elas, de autonomia e capacidades próprias. Como todas são igualmente capazes politicamente, o que afasta a subordinação de umas às outras, caberá à Carta Maior a tarefa de distribuir, a cada ente federado, suas **competências** de caráter administrativo, legislativo e tributário. Destarte, ao dividir as atribuições constitucionais e delimitar para cada ente federado o seu campo material/legislativo/tributário de atuação, a Constituição da República está oportunizando a existência da própria federação.

2 A divisão de competências é regida pelo **princípio da preponderância dos interesses**, o qual preceitua que a distribuição de atribuições entre os entes federativos deva considerar a amplitude da matéria em questão. Assim, compete à União cuidar das matérias que revelem a predominância de interesse nacional, aos Estados os assuntos em que o interesse regional prepondera, restando aos Municípios aquelas matérias nas quais é marcante o interesse local (ao Distrito Federal confere-se atribuições de caráter regional e de cunho local, em razão da competência legislativa cumulativa enunciada no art. 32, § 1°, CF/88). Atente-se para a circunstância de o princípio basear-se na noção de predominância, jamais de exclusividade. Porque, a rigor, o interesse nunca será de uma única entidade.

3 Existem três modelos básicos de distribuição de competências adotados nas federações existentes mundo afora:

(i) modelo americano: mais tradicional, apresenta uma delimitação precisa das competências da União, com os poderes remanescentes sendo delegados aos Estados-membros;

(ii) modelo canadense: apenas as competências dos Estados-membros são precisamente delimitadas, sendo os poderes remanescentes conferidos à União;

(iii) modelo indiano: as competências são enumeradas para todos os entes federados, de maneira exaustiva.

4 A República Federativa do Brasil adota o **modelo americano** de repartição de competências, mas com uma particularidade: além serem enumeradas as atribuições da União, a Constituição Federal também enumera aquelas pertencentes aos Municípios – já que no modelo brasileiro de organização do Estado, tais unidades locais também são consideradas entes federativos –, restando aos Estados-membros as tarefas remanescentes.

5 A **distribuição de competências** em uma federação pode ser realizada de acordo com dois sistemas:

(i) **sistema horizontal**: originado nos EUA, a Constituição Federal delega a cada ente atribuições que lhes sejam próprias, particulares, as quais serão desempenhadas de modo estanque, isolado, sem que haja qualquer resquício de participação ou interferência de outro ente;

(ii) **sistema vertical**: são estabelecidas constitucionalmente competências que serão exercidas em conjunto pelos entes federados, chamadas de atribuições comuns e concorrentes, resultando na formação de federações de cooperação. Referida técnica foi empregada no direito brasileiro pela primeira vez na Carta de 1934.

6 As competências da União na federação brasileira foram enumeradas ao longo do texto constitucional, estando sistematizadas da seguinte forma:

(i) no art. 21 são previstas as tarefas materiais exclusivas;

(ii) no art. 22 são estabelecidas as atribuições privativas de cunho legislativo;

(iii) no art. 23 encontram-se as competências materiais comuns;

(iv) no art. 24 estão definidas as atribuições legislativas concorrentes com os Estados-membros e o Distrito Federal.

7 Estes dispositivos **não** são os únicos a estabelecer tarefas para a União, que possui outras competências, a exemplo das descritas nos arts. 48, 49 e 149, CF/88.

8 Sobre as **competências materiais exclusivas da União** (art. 21, CF/88): correspondem a atribuições claramente administrativas, que remetem à ideia de "fazer algo", de "atuar". São indelegáveis, devendo ser necessariamente prestadas pela União.

9 Sobre as **competências legislativas privativas da União** (art. 22, CF/88): indicam que a União irá legislar sobre algum tema, sobre algo. São atribuições delegáveis, afinal existe autorização constitucional expressa para que a delegação aos Estados e ao Distrito Federal ocorra. Referida autorização para a delegação dessas competências está no parágrafo único do dispositivo, que aponta a necessidade do preenchimento de **três requisitos** para que haja delegação válida em favor dos Estados e do Distrito Federal: um de ordem formal, outro material e o terceiro está implícito na redação do parágrafo:

(i) requisito formal: a União somente poderá efetivar delegação por meio da edição de uma lei complementar;

(ii) requisito material: a União não poderá delegar toda a matéria contida nos incisos, mas tão somente as questões específicas das matérias ali relacionadas;

(iii) requisito implícito: não pode a delegação beneficiar somente um ou alguns Estados, devendo necessariamente se estender a todos eles, alçando também o Distrito Federal, por força do princípio isonômico (ver art. 19, CF).

10 Vale lembrar que a União não está obrigada a realizar a delegação, mas se o fizer, este ato não importará em declinação de sua função legislativa, podendo recuperá-la a qualquer tempo, bastando para isso que edite as normas a respeito do assunto objeto da delegação.

11 Sobre as **competências materiais comuns** (art. 23, CF/88): são competências que devem ser cumpridas por todos os entes federados conjuntamente. Neste caso, a União atua em condição de igualdade com os demais entes federativos. Considerando que as atividades relacionadas às matérias mencionadas nos incisos podem ser realizadas por todos os entes federativos, a possibilidade conflitiva das atuações é óbvia. Em razão disso, o parágrafo único estabelece a fixação de normatização, por lei complementar federal, que vise harmonizar o exercício das atividades por parte dos entes.

12 Sobre as **competências legislativas concorrentes** (art. 24, CF/88): tratam-se matérias a respeito das quais tanto a União, quanto os Estados-membros e o Distrito Federal podem legislar. Nesse caso, a União atuará fixando as normas gerais (art. 24, § 1°, CF/88), cabendo aos Estados e ao Distrito Federal exercer a chamada **competência suplementar-complementar** (art. 24, § 2°, CF/88), através da edição de normas que complementem a legislação federal existente, atendendo às especificidades regionais.

13 Por outro lado, se por inércia da União inexistir legislação federal estabelecendo as normas gerais sobre matéria de competência legislativa concorrente, os Estados-membros e o Distrito Federal poderão exercer competência legislativa plena – também chamada de suplementar supletiva –, para atenderem às suas peculiaridades (art. 24, § 3º, CF/88). No entanto, a superveniência de lei federal sobre normas gerais **suspende** (e não revoga!) a eficácia da lei estadual/distrital eventualmente existente, naquilo que lhe for contrária (art. 24, § 4º, CF/88).

14 **Competências dos Estados-Membros**: o art. 25, § 1º, CF/88 expressamente determina que são reservadas a estes entes as competências que não lhes sejam vedadas pela Constituição. Trata-se de uma atuação bastante esvaziada, em virtude do excesso de competências materiais e legislativas enumeradas para a União, o que faz com que remanesçam pouquíssimas tarefas para os Estados-membros. A regra, portanto, é a previsão de competências legislativas residuais para os Estados.

15 Ademais da competência legislativa remanescente do art. 25, § 1°, CF/88, identifica-se para os Estados uma importante competência expressa, concernente à autorização que referidas entidades possuem para explorar diretamente, ou mediante concessão, os serviços locais de gás canalizado, na forma da lei, sendo vedada a edição de medida provisória para a sua regulamentação (art. 25, § 2º, CF/88).

16 **Competências dos Municípios**: as mais importantes atribuições municipais foram elencadas no art. 30, CF/88, entre as quais destacam-se (i) legislar sobre assuntos de interesse local; (ii) suplementar a legislação federal e a estadual no que couber; além de (iii) algumas atribuições materiais (administrativas).

17 Neste ponto, é valido destacar dois enunciados de súmulas vinculantes editados pelo STF:

(i) **Súmula vinculante 38**: É competente o Município para fixar o horário de funcionamento de estabelecimento comercial.

(ii) **Súmula vinculante 49**: Ofende o princípio da livre concorrência lei municipal que impede a instalação de estabelecimentos comerciais do mesmo ramo em determinada área.

18 Nada obstante a competência municipal para fixar o horário de funcionamento de estabelecimentos comerciais, segundo a súmula 19 do STJ, é competência da União fixar o horário de funcionamento de agências bancárias, para fins de atendimento ao público. Por outro lado, de acordo com manifestação do STF (RE 251.542-SP, Rel. Min. Celso de Mello), compete aos Municípios legislar sobre o conforto e a segurança dos usuários dos serviços bancários (por exemplo, editando lei que fixe o tempo máximo de espera na fila de bancos, lei que determina às agências bancárias a instalação de porta eletrônica, câmera de segurança, bebedouros e cadeiras).

19 **Competências do Distrito Federal**: a Constituição da República conferiu ao Distrito Federal (no art. 32, § 1º, CF/88) competência legislativa cumulativa, pois a este ente são atribuídas tanto as competências legislativas reservadas aos Estados, quanto as reservadas aos Municípios. Além disso, a competência tributária distrital é equivalente a dos Municípios.

20 O Distrito Federal também exerce competências materiais comuns (do art. 23, CF/88) e competências legislativas concorrentes (do art. 24, CF/88). Além disso, havendo delegação por lei complementar editada pela União, o DF também poderá legislar sobre questões específicas das matérias relacionadas no art. 22, CF/88 (que trata das competências legislativas privativas da União).

21 Por último, vale destacar que as leis do Distrito Federal editadas no exercício de competência legislativa estadual poderão ser objeto de ADI no STF. Por outro lado, conforme indica a súmula 642, STF: "Não cabe Ação Direta de Inconstitucionalidade de lei do Distrito Federal derivada da sua competência legislativa municipal".

5. PODER LEGISLATIVO

1 A **tripartição de Poderes** é consagrada na CF/88 no art. 2º, devendo ser lida de forma mais elástica, pois, como se sabe, o poder constituinte originário outorgou a cada um dos órgãos estatais competências que se traduzem em funções **típicas** e **atípicas**.

2 O papel que cabe ao Legislativo nesse complexo mosaico de distribuição de tarefas é indeclinável em um Estado de Direito, pois envolve, além da função típica de **legislar**, também aquela primordial de controlar e **fiscalizar** os atos dos demais Poderes, evitando excessos e irregularidades que tanto arriscam as liberdades democráticas.

3 Ademais, estas duas funções típicas do Poder Legislativo (legislar e fiscalizar) não estão hierarquizadas, encontrando-se no mesmo patamar de importância.

4 Em caráter atípico, o Poder Legislativo exerce também atividades de natureza executivo-administrativa (ex.: realização de concurso público para seleção de servidores) e de natureza jurisdicional (ex.: atribuições de julgamento de crimes de responsabilidade).

5.1. Estrutura do Poder Legislativo

5 A Constituição da República de 1988 estruturou o Poder Legislativo Federal de forma **bicameral**, isto é, com duas Casas Legislativas: a Câmara dos Deputados e o Senado Federal (art. 44, CF/88).

6 A opção do Poder Constituinte originário pela **forma federativa de Estado** é que justifica a organização do Poder Legislativo em uma estrutura bicameral. Nesse modelo de organização do Estado, verifica-se, em regra, a existência de duas Casas Legislativas: uma composta por representantes do povo e outra por representantes das unidades federadas (Estados).

7 Na República Federativa do Brasil, a **representação do povo** é realizada pelos parlamentares eleitos para Câmara dos Deputados, ficando a **representação dos Estados-membros e do Distrito Federal** para os membros eleitos do Senado Federal. Vale lembrar que, embora os Municípios também sejam unidades federadas, não possuem representação direta no Senado Federal.

8 Deve-se salientar também que os Estados-membros, os Municípios e o Distrito Federal, por serem organizações políticas autônomas, possuem Casas Legislativas próprias, organizadas de modo **unicameral**. Nos Estados, o Poder Legislativo é exercido pela Assembleia Legislativa; no Distrito Federal, pela Câmara Legislativa;

e, nos Municípios, pela Câmara Municipal (veja-se a respeito os artigos 27, § 1°; 29, IV e 32, § 3°, todos da CF/88).

5.2. Composição das Casas Legislativas

9 O texto constitucional tratou da escolha dos representantes do Poder Legislativo, estabelecendo toda a normativa referente à composição numérica e aos critérios que precisam ser preenchidos para estruturar cada Casa Legislativa.

10 A Câmara dos Deputados compõe-se de representantes do povo, eleitos pelo sistema **proporcional** em cada Estado, em cada Território e no Distrito Federal. O mandato dos Deputados Federais é de **quatro anos** (ou seja: uma legislatura), não havendo qualquer restrição quanto à reeleição, que pode se efetivar ilimitadamente (art. 45, CF/88).

11 O número total de Deputados varia proporcionalmente ao número de habitantes de cada Estado e do Distrito Federal, de modo que nenhum Estado tenha menos que **oito** ou mais que **setenta** representantes. Os Territórios Federais também foram constitucionalmente autorizados a eleger representantes para a Câmara dos Deputados em um número fixo de quatro Deputados, sendo indiferente, neste caso, a proporção da população.

12 Os **requisitos** de elegibilidade estabelecidos pela CF/88 para o sujeito eleger-se Deputado Federal são os seguintes:

(i) nacionalidade brasileira, sendo que para ocupar a Presidência da Casa o sujeito há de ser brasileiro nato (por exigência do art. 12, § 3°, CF/88);

(ii) ter a idade mínima de vinte e um anos (art. 14, § 3°, VI, 'c', CF/88);

(iii) ostentar a condição de eleitor;

(iv) e não sofrer a incidência de nenhuma causa de inelegibilidade.

13 O Senado Federal é a Casa Legislativa que afirma a forma federativa de Estado, pois composta por representantes dos Estados-membros e do Distrito Federal, eleitos pelo sistema majoritário simples, para o exercício de mandatos de **oito anos** (duas legislaturas), sendo autorizadas sucessivas reeleições (art. 46, CF/88).

14 Ao contrário da representatividade proporcional que vigora na Câmara dos Deputados, no Senado Federal, cada Estado-membro e o Distrito Federal serão representados de modo paritário, por **três** Senadores. Em razão disso, o número de membros da Casa é fixo e corresponde a oitenta e um.

15 Cada Senador é eleito com dois suplentes, sendo que sua eleição implica a dos substitutos (chapa única). O mandato dos Senadores tem duração de oito anos, havendo renovação parcial de 1/3 ou 2/3 da representação de cada Estado-membro e do Distrito Federal a cada quatro anos.

16 As condições de elegibilidade para um cidadão ocupar uma cadeira no Senado Federal são as mesmas já listadas para os membros da Câmara (exceto a idade mínima, pois o Senador deverá contar com pelo menos de trinta e cinco anos, de acordo com o art. 14, § 3°, VI, 'a', CF/88).

5.3. Funcionamento e direção do Poder Legislativo

17 O Legislativo é um dos Poderes do Estado, dotado de autonomia e independência, o que garante sua auto-organização e a capacidade de elaborar seu regimento interno e dispor sobre sua organização, funcionamento, polícia, criação, transformação ou extinção dos cargos, empregos e funções de seus serviços, e a iniciativa de lei para fixação da respectiva remuneração, observados os parâmetros estabelecidos na lei de diretrizes orçamentárias.

18 Sobre o **funcionamento** do Congresso Nacional, consoante o art. 57, CF/88, temos:

(i) o Congresso Nacional deverá reunir-se anualmente, na Capital Federal, de 2 de fevereiro a 17 de julho e de 1° de agosto a 22 de dezembro. Este período (que abrange o ano legislativo) é denominado **sessão legislativa**.

(ii) A **legislatura** é composta por quatro sessões legislativas e, portanto, têm duração de quatro anos.

(iii) O **recesso parlamentar** vai de 18 a 31 de julho, de 23 de dezembro a, em regra, 01 de fevereiro. Durante o período do recesso, se necessário for, os parlamentares serão extraordinariamente convocados.

(iv) No que toca às **sessões legislativas extraordinárias**, temos que o Congresso Nacional não poderá deliberar sobre nenhuma outra matéria exceto aquela que ensejou a convocação, salvo se houver medida provisória em vigor na data da convocação extraordinária, pois, neste caso, elas serão apreciadas.

(v) Outra relevante informação acerca das convocações extraordinárias foi introduzida, em caráter moralizante, pela EC n° 50/2006. Consiste na vedação do pagamento de parcela indenizatória em razão das convocações realizadas no recesso. Ressalte-se que, segundo entende o STF a proibição do pagamento de referida parcela é, por simetria, norma de observância obrigatória para os parlamentares estaduais.

(vi) **Sessões preparatórias e mesas diretoras**: igualmente relevante destacar que as Casas do Congresso Nacional reunir-se-ão em sessões preparatórias, a partir de 1º de fevereiro, no primeiro ano da legislatura, para a posse de seus membros e eleição das respectivas Mesas, para mandato de dois anos, sendo vedada a recondução para o mesmo cargo na eleição imediatamente subsequente.

(vii) Frise-se que a expressão "imediatamente subsequente" somente se refere à eleição imediatamente subsequente que ocorra na mesma legislatura (da primeira Mesa para a formação da segunda Mesa, ambas as Mesas da mesma legislatura).

(viii) Ressalte-se que a vedação para recondução do mesmo cargo na eleição imediatamente subsequente não é norma de repetição obrigatória, isto é, não precisa ser obedecida em âmbito estadual.

(ix) **Sessões conjuntas**: tratam-se de situações constitucionalmente estabelecidas de atuação conjunta da Câmara dos Deputados e do Senado Federal. São excepcionais, pois no sistema bicameral, a regra é as Casas Legislativas funcionarem em separado. De acordo com a CF/88, a reunião das duas Casas ocorrerá:

(a) para inaugurar a sessão legislativa;

(b) com a finalidade de elaborar o regimento comum e regular a criação de serviços comuns às duas Casas;

(c) para receber o compromisso do Presidente e do Vice-Presidente da República;

(d) no intuito de conhecer do veto e sobre ele deliberar.

5.4. Das comissões parlamentares

A. Introdução

19 As Comissões Parlamentares (art. 58, CF/88) são **órgãos fracionários** de natureza técnica que integram a estrutura do Congresso Nacional e suas Casas Legislativas. Podem possuir funções de natureza legislativa, fiscalizadora, investigativa ou representativa. Podem ser: (i) permanentes: instituídas em razão da matéria e não possuem prazo de funcionamento estabelecido e; (ii) temporárias: instituídas para a apreciação de temas específicos, dentro de certo tempo determinado.

20 Sua atuação deve observar os princípios da **colegialidade** (as deliberações devem ser tomadas por maioria) e da **proporcionalidade** (a repartição de suas vagas deve ser proporcional entre os partidos e blocos partidários).

21 As Comissões Parlamentares têm por função primordial o estudo inaugural das proposições apresentadas. Possuem também finalidade investigativa, representativa e de fiscalização da gestão da coisa pública, além de funcionarem como espaço singular e privilegiado de interação entre o Parlamento e a sociedade.

22 Comissão representativa do Congresso Nacional: tem por função representar o Congresso Nacional durante os intervalos da sessão legislativa, isto é, no curso do recesso parlamentar.

B. Comissão Parlamentar de Inquérito (CPI)

23 As **Comissões Parlamentares de Inquérito** (CPIs) são instrumentos do Poder Legislativo para o exercício de sua função típica de controle dos atos de toda a Administração Pública. Possuem acentuada importância em um Estado Democrático para a de vigilância dos negócios públicos, no intuito de coibir atos indecentes e criminosos que comprometem a boa e hábil gestão do Estado.

24 O art. 58, § 3º, CF/88, que enuncia os requisitos para a criação das CPIs, é, segundo decidiu o STF, norma de **observância compulsória** para as Casas Legislativas estaduais e municipais, pelo princípio da simetria.

25 O dispositivo mencionado no item anterior lista **três requisitos** constitucionais para instauração das CPIs, a saber:

(i) subscrição de requerimento de Constituição de CPI por, no mínimo, 1/3 dos Deputados federais ou dos Senadores da República, ou 1/3 dos membros de cada Casa do Congresso Nacional – neste último caso formando uma Comissão Parlamentar de Inquérito (CPMI).

(ii) indicação de um fato determinado;

(iii) previsão de prazo certo para a apuração de referido fato.

26 Essas três condições, quando cumpridas, impõem a criação da comissão, independentemente da submissão a qualquer outro requisito. Isso significa que é inconstitucional norma da Constituição Estadual que determine que o requerimento subscrito por 1/3 dos membros (para apuração de fato determinado por prazo certo) seja aprovado pela maioria dos integrantes da Assembleia Legislativa do Estado, afinal, tal postura violaria o direito das minorias de investigar (além de violar a norma da CF que determina serem só três os requisitos para a criação da comissão).

27 Sobre os **poderes** das CPIs: a Constituição Federal confere às CPIs poderes investigatórios próprios das autoridades judiciais (art. 58, § 3º), que compreendem, na verdade, os poderes judiciais instrutórios, já que nosso ordenamento jurídico não reconhece a figura do juiz-investigador. Contudo, por não se encontrarem taxativamente enunciados no texto constitucional, os limites mais precisos dessa atuação inquisitiva exercida Poder Legislativo vão sendo estabelecidos, pouco a pouco, por meio de uma construção jurisprudencial. Deste modo, ficou assentado que as CPIs possuirão os poderes instrutórios rotineiros dos magistrados, salvo aqueles que se submetem à esfera única de decisão dos juízes, não podendo, em outras palavras, praticar atos sobre os quais incida a **cláusula constitucional da reserva de jurisdição.**

28 Em razão desta cláusula, às CPIs é **vedado** (i) determinar a medida de busca e apreensão domiciliar; (ii) determinar a quebra do sigilo das comunicações telefônicas; (iii) decretar a prisão, salvo a situação de flagrante delito; (iv) decretar medidas acautelatórias.

29 Outras **vedações**: (i) violação do direito ao silêncio: o convocado a depor em CPI não pode ser constrangido a narrar ou confirmar fatos que possam importar em prejuízo pessoal; (ii) violação do direito à assistência técnica de advogado: a CPI não pode impedir que o depoente receba assistência técnica jurídica de seu advogado durante o curso do depoimento, pois tal configura prática abusiva violadora do direito de defesa de que também faz jus a testemunha; (iii) violação ao sigilo profissional: determinar a revelação de informações profissionais sigilosas é vedado tanto ao Poder Judiciário, quanto às CPIs.

30 As CPIs não possuem poderes que não estejam elencados dentro das atribuições do Poder Legislativo. Em consequência, não podem: (i) promover a responsabilização de quem quer que seja; (ii) anular atos de qualquer outro Poder da República; (iii) convocar magistrado para investigar sua atuação jurisdicional; (iv) subverter, revogar, cassar, alterar decisões jurisdicionais proferidas nos processos, dentre as quais se inserem as que decretam o chamado segredo de justiça.

31 Em homenagem ao **princípio federativo** – que confere autonomia aos Estados-membros, ao Distrito Federal e aos Municípios –, as CPIs instaladas em âmbito federal não podem investigar assuntos de interesse acentuadamente regional ou local e que não tenham qualquer impacto digno de destaque no plano nacional.

32 Em resumo, no que se refere às **atribuições** das comissões podemos listar as seguintes:

(i) a busca e a apreensão não domiciliar;

(ii) a quebra de sigilos: bancário, fiscal e de dados (inclusive os telefônicos);

(iii) a requisição de diligências;

(iv) a oitiva de indiciados, testemunhas e autoridades.

33 **Fundamentação** das decisões: as CPIs devem fundamentar suas determinações, indicando razões que legitimem a excepcional medida invasiva e a necessidade de sua adoção para a investigação.

34 **Princípio da colegialidade**: a validade das deliberações das CPI está condicionada à manifestação da maioria absoluta de seus membros.

35 **Controle jurisdicional das CPIs**: as práticas abusivas das Comissões que afrontem direito subjetivo são passíveis de controle judicial, inexistindo, neste caso, ofensa ao princípio da separação de poderes.

36 **Relatório final**: encerrada a atividade investigativa da comissão deve ser apresentado um relatório descritivo detalhado do trabalho que foi realizado e das conclusões alcançadas.

37 As proposições finais apresentadas pela CPI não são dotadas de autoexecutoriedade. Por isso, caso conclua pela ocorrência de ilícitos, deve o relatório ser encaminhado ao **Ministério Público**, para adoção das medidas ou providências tidas por necessárias.

38 As CPIs podem ser instauradas também pelas **Casas Legislativas estaduais, distrital e municipais** para o exercício da atividade investigativa. Contudo, em razão do princípio da simetria, são de repetição obrigatória as previsões contidas na Constituição da República a respeito da organização e funcionamento das CPIs federais, de modo que os demais entes federados devem observá-las ao regulamentarem o assunto em seus documentos fundamentais (Constituições estaduais e Leis Orgânicas municipais e distrital).

39 Consoante manifestação do STF e entendimento doutrinário, as **CPIs** criadas em **âmbito estadual** poderão determinar a quebra do sigilo fiscal, bancário e telefônico.

40 Ressalte-se que as **CPIs municipais** não poderão determinar providências hostis aos direitos fundamentais, como, por exemplo, a quebra do sigilo de dados bancários, fiscais ou telefônicos ou conduções coercitivas.

5.5. Imunidades dos congressistas

41 As imunidades são regras protetivas à função parlamentar, atribuídas aos membros do Poder Legislativo para que estes possam executar suas atribuições com liberdade, independência frente aos demais Poderes e sem pressões externas (ver art. 53, CF/88).

42 As imunidades não conferem privilégios de ordem pessoal, mas visam assegurar o livre exercício do mandato. São, pois, **prerrogativas vinculadas ao cargo**.

43 **Imunidade material** (também conhecida como inviolabilidade): presta-se a neutralizar, na esfera penal e civil, a responsabilização do parlamentar por suas opiniões, palavras e votos, desde que tenham sido emitidos no exercício da função parlamentar.

44 As ofensas irrogadas em plenário, fazem presumir a imunidade. Quando praticadas fora do recinto parlamentar, deve haver inequívoca confirmação de que o ato está relacionado com a função parlamentar para a imunidade incidir.

45 Imunidades formais: asseguram ao congressista a prerrogativa de não ser preso e a suspensão do processo penal que esteja em trâmite contra si.

46 **Imunidade formal relativa à prisão** (*freedom from arrest*): corresponde à impossibilidade de o parlamentar federal ser preso, salvo em flagrante de crime inafiançável. Em havendo a prisão, os autos deverão ser encaminhados à Casa Legislativa respectiva, para que, pelo voto da maioria de seus membros, resolva sobre o tema.

47 **Imunidade formal relativa ao processo**: esta imunidade foi sensivelmente modificada pela EC 35/2001, pois antes dela, o STF somente iniciava o processo criminal contra o parlamentar se fosse concedida a autorização da respectiva Casa Legislativa. Na tentativa de eliminar esse espaço de "quase impunidade", a EC 35 tratou de pôr fim a exigência de prévia autorização.

48 Atualmente, esta imunidade significa a possibilidade de a Casa Legislativa respectiva sustar, a qualquer tempo antes de prolatada a decisão final pelo STF, o trâmite da ação penal proposta contra Deputado federal ou Senador em razão de crime praticado após o ato de diplomação.

49 As normas constitucionais que definem as prerrogativas dos parlamentares integrantes do Congresso Nacional são aplicáveis, sem restrições, aos membros das Assembleias Legislativas dos Estados e da Câmara Legislativa do Distrito Federal.

50 Quanto às prerrogativas dos **vereadores** são cabíveis as seguintes observações:

(i) imunidade material: o vereador é inviolável ao proferir suas opiniões, palavras e votos, mas o reconhecimento desta imunidade condiciona-se não só à demonstração de pertinência e conexão com o mandato, mas também a comprovação de que ele age dentro dos limites da circunscrição municipal;

(ii) imunidade formal: vereadores não são detentores de nenhuma imunidade formal.

51 **Foro por prerrogativa de função**: Deputados Federais e Senadores, a partir da expedição do diploma até o término do mandato, serão submetidos a julgamento perante o **STF** pela prática de infrações penais comuns, estando abrangidas nessa locução os crimes eleitorais, os crimes dolosos contra a vida e as contravenções penais.

52 A determinação da competência para o julgamento em razão do foro privilegiado rege-se pela regra da atualidade do mandato. Logo, encerrado o exercício do mandato parlamentar deixará o STF de figurar como Tribunal competente para o julgamento, devendo os autos ser remetidos à Justiça de primeiro grau. Isso ocorre em virtude do **cancelamento da súmula nº 394** do STF.

53 Em homenagem ao ideal de simetria, Deputados estaduais também possuirão foro especial no Tribunal de Justiça do respectivo Estado (em se tratando de infrações penais comuns inseridas na jurisdição da Justiça Estadual, incluindo-se aí os crimes dolosos contra a vida), no Tribunal Regional Federal (se o crime for praticado em detrimento de bens, serviços ou interesses da União, entidade autárquica ou empresa pública federal) e no Tribunal Regional Eleitoral (se o crime for eleitoral). Ver art. 27, § 1° e súmula nº 722, STF.

54 Vale lembrar que, de acordo com o enunciado da **súmula vinculante nº 45**, a competência constitucional do Tribunal do Júri só prevalecerá sobre o foro por prerrogativa de função estabelecido exclusivamente pela Constituição Estadual. Por isso, se congressistas ou deputados estaduais ou distritais cometerem crime doloso contra a vida, eles não serão processados e julgados perante o tribunal do júri (pois o foro especial para essas autoridades foi estabelecido diretamente na Constituição Federal e, pelo princípio da especialidade, prevalecerá diante da competência do júri).

55 Quanto aos vereadores, a Constituição Federal não concedeu a eles prerrogativa de foro, o que pode, todavia, ser feito pelas Constituições estaduais, conferindo competência originária para o processamento e julgamento das infrações penais aos respectivos Tribunais de Justiça.

5.6. Tribunal de Contas

56 Nos temos do art. 74, CF/88, cada Poder da República possui um sistema próprio de autofiscalização, realizado por órgãos que compõem sua própria estrutura administrativa.

57 A função do Tribunal de Contas, portanto, será a de **auxiliar o Poder Legislativo no exercício do controle externo**, isto é, na atividade de fiscalização da execução do orçamento e do uso do dinheiro público (artigos 70 a 75 da CF/88).

58 Muito embora tenha sido previsto pela Constituição no capítulo referente ao Poder Legislativo, o Tribunal de Contas não o integra e também não está a ele subordinado. É, portanto, um órgão de natureza técnica, **independente** e **autônomo**, auxiliar do Poder Legislativo.

59 **Composição** do Tribunal de Contas da União: O TCU é composto por nove Ministros, que devem satisfazer aos seguintes requisitos: (i) ser brasileiro (nato ou naturalizado); (ii) possuir mais de 35 e menos de 65 anos de idade; (iii) ser detentor de idoneidade moral e reputação ilibada; (iv) ser notório possuidor de conhecimentos jurídicos, contábeis, econômicos e financeiros ou da Administração Pública; (v) estar há mais de dez anos no exercício de função ou de efetiva atividade profissional que exija os conhecimentos mencionados no item anterior.

60 Quanto à **escolha**, dois terços (seis Ministros) são escolhidos pelo Congresso Nacional. Os outros três Ministros (um terço) são escolhidos pelo Presidente da República.

61 **Garantias** dos integrantes dos Tribunais de Contas: os Ministros integrantes do TCU possuem as mesmas garantias, prerrogativas, impedimentos, vencimentos e vantagens dos **Ministros do STJ**.

62 Garantias dos Conselheiros das Cortes Estaduais de Contas: possuem as mesmas garantias, prerrogativas, impedimentos vencimentos e vantagens dos Desembargadores dos Tribunais de Justiça.

63 **Ministério Público** que atua junto ao Tribunal de Contas da União: trata-se de um órgão do Ministério Público especializado, no qual atuam sete membros, nomeados pelo Presidente da República, após específico concurso público de provas e títulos. Possuem idênticas garantias, vedações e forma de investidura estipulados constitucionalmente para os membros do Ministério Público comum.

64 Tribunais de Contas dos Estados-membros, Distrito Federal e Municípios: em razão do disposto no art. 75, CF, a organização, a composição e a atividade fiscalizatória dos Tribunais de Contas dos Estados, do Distrito Federal e dos Municípios deverão observar estritamente as normas enunciadas na Constituição Federal.

65 No âmbito dos Estados, é competência da Constituição estadual dispor sobre os Tribunais de Contas respectivos, que possuirão sete Conselheiros. E âmbito municipal, é vedada a instituição de Tribunais, Conselhos e órgãos de Contas Municipais (nos termos do art. 31, § 4º, CF). Tal proibição não impossibilita que os Estados-membros criem Tribunal, Conselho ou órgão para realizar a fiscalização das contas dos Municípios que o integram.

6. PROCESSO LEGISLATIVO

1 A expressão "processo legislativo" designa a sucessão ordenada de atos que devem ser observados na elaboração das espécies normativas primárias listadas pelo art. 59 da Constituição Federal.

2 A atividade de legislar foi conferida ao Poder Legislativo com primazia, mas não com exclusividade, visto que a Constituição também confere ao Poder Executivo e ao Poder Judiciário autorização para exercê-la em casos específicos. Exemplo disso, é a possibilidade de edição de medidas provisórias e leis delegadas por parte do Chefe do Poder Executivo (art. 62 e 68, CF/88) e a competência do Poder Judiciário em editar normas regimentais (art. 96, I, "a", CF/88).

3 À luz ao princípio da simetria, as normas constitucionais que preveem as regras básicas do processo legislativo federal são de reprodução obrigatória pelos demais entes federados que, ao regulamentarem o processo legislativo em seus documentos fundamentais (Constituições estaduais e Leis Orgânicas), deverão observar rigorosamente as previsões contidas na Constituição da República. Do mesmo modo, as matérias nas quais a iniciativa pertencer de forma reservada ao Presidente da República deverão ser atribuídas aos Governadores e Prefeitos, no que couber.

6.1. Espécies normativas

4 A Constituição Federal prevê, em seu art. 59, sete espécies normativas primárias, quais sejam: I - emendas constitucionais; II - leis complementares; III - leis ordinárias; IV - leis delegadas; V - medidas provisórias; VI - decretos legislativos; e VII - resoluções.

6.2. Leis ordinárias – processo legislativo ordinário

5 O processo legislativo ordinário é aquele que deve ser observado na elaboração das leis ordinárias. Trata-se do procedimento mais básico e completo; caracteriza-se pela ausência de prazos para a realização dos atos de deliberação e votação.

6 Apesar de mais demorado, este procedimento comporta uma maior oportunidade para o exame, o estudo e a discussão do projeto. Divide-se em três fases, quais sejam:

(i) **introdutória**: fase que contém o ato de iniciativa;

(ii) **constitutiva**: fase que comporta os atos de deliberação, votação e deliberação executiva (sanção e veto presidencial);

(iii) **complementar**: também chamada de fase de integração de eficácia, corresponde ao momento em que se realizam a promulgação e a publicação.

A. Iniciativa

7 A fase introdutória do processo de elaboração das leis ordinárias é composta apenas pelo ato "de iniciativa" que, tal como o nome diz, é responsável por inaugurar a marcha da produção normativa no Poder Legislativo.

8 A prerrogativa de deflagrar o processo legislativo ordinário foi conferida pela Constituição Federal (art. 61) a um amplo rol de legitimados. São eles: (i) qualquer membro ou Comissão da Câmara dos Deputados, do Senado Federal ou do Congresso Nacional; (ii) o Presidente da República; (iii) o Supremo Tribunal Federal; (iv) os Tribunais Superiores; (v) o Procurador-Geral da República; (vi) os cidadãos, na forma e nos casos constitucionalmente previstos.

9 É importante destacar, contudo, que os legitimados listados no item anterior não podem apresentar projetos de lei irrestritamente sobre qualquer matéria, visto que alguns assuntos foram reservados pela Constituição à iniciativa de certos órgãos ou autoridades.

10 Para exemplificar, lembremos que a Constituição Federal reservou algumas matérias à iniciativa privativa do Presidente da República, de modo a colocar a regulamentação dos assuntos na sua dependência única e exclusiva, não podendo haver, em nenhuma hipótese, regulamentação destas matérias por iniciativa de outras autoridades ou órgãos.

11 Em homenagem ao princípio da simetria, o dispositivo que agrega as matérias que são de iniciativa privativa do Presidente da República (art. 61, § 1°) é de repetição obrigatória para os demais entes federados. Cita-se, a título de exemplo, a iniciativa de projeto de lei que cria cargos, funções ou empregos públicos na administração federal direta e autárquica ou promove o aumento de sua remuneração. Como em âmbito federal a iniciativa é presidencial, o poder decorrente deverá, necessariamente, reservar essa mesma iniciativa em âmbito estadual ao Governador do Estado-membro.

12 O Ministério Público, órgão autônomo e independente, possui a prerrogativa de deflagrar o processo legislativo por meio da apresentação do projeto de lei complementar que regulamentará sua organização. A iniciativa será do Procurador-Geral em concorrência com o chefe do Poder Executivo (art. 61, § 1º, II, "d", c/c art. 128, § 5º, todos da CF/88).

13 A previsão constitucional de iniciativa popular (art. 61, § 2º) autoriza a sociedade a deflagrar o processo legislativo de lei ordinária ou de lei complementar. No entanto, os rigorosos requisitos constitucionais estabelecidos para sua validade, tem desestimulado a utilização desse instrumento democrático pelos cidadãos. Isto porque, para que possa ser apreciado pela Câmara dos Deputados, o projeto de lei de iniciativa popular deve ser subscrito por pelo menos um por cento do eleitorado nacional (só cidadãos podem assinar), distribuídos em pelo menos cinco Estados-membros sendo que, em cada um dos Estados-membros participantes, não se pode reunir menos que três décimos por cento do número total de eleitores de cada um deles.

14 Por simetria, diga-se que o poder decorrente, ao elaborar as Constituições estaduais, deve prever a iniciativa popular de lei em âmbito estadual (art. 27, § 4°, CF/88). E, pelo mesmo princípio, existe também iniciativa popular em âmbito municipal, com a apresentação de projetos de lei de interesse específico do Município, da cidade ou de bairros, através de manifestação de pelo menos cinco por cento do eleitorado (art. 29, XIII, CF/88).

15 Ocorre o vício de iniciativa quando a prerrogativa de deflagrar o processo legislativo sobre determinado assunto é usurpada, gerando a inconstitucionalidade formal subjetiva da norma produzida. Trata-se de vício insanável, que torna nulo (e não simplesmente anulável) qualquer lei/ato normativo que tenha sido aprovado com ofensa às regras de iniciativa reservada constitucionalmente estabelecidas.

16 Exemplo disso ocorre quando um projeto de lei de iniciativa privativa do presidente da República é apresentado por parlamentar. Neste caso, ainda que o Congresso Nacional o aprove, a norma nascerá inconstitucional e nem mesmo a ulterior sanção do projeto pelo chefe do Poder Executivo será capaz de sanar tal vício.

17 Em que pese existirem autores partidários da tese de que a sanção do Poder Executivo é suficiente para convalidar o vício de iniciativa, a doutrina majoritária discorda dessa possibilidade argumentando que o princípio da supremacia da Constituição torna nula (e não simplesmente anulável) qualquer norma adversa ao documento constitucional. E como todo ato nulo é impassível de convalidação, também a norma inconstitucional o será.

B. Deliberação

18 O Poder Legislativo federal é organizado de forma bicameral pois, o Congresso Nacional é formado por duas Casas Legislativas (Câmara dos Deputados e Senado Federal). Destarte, no processo de formação das leis em âmbito federal, atuam as duas Casas do Congresso, de modo que o projeto aprovado por uma delas será revisto pela outra. De acordo com o *caput* do art. 64, CF/88, em regra, a Câmara dos Deputados é a Casa iniciadora e o Senado a revisora. O Senado Federal só será a primeira Casa a apreciar o projeto de lei quando este for apresentado por um membro seu ou por uma comissão sua. Nestes dois casos, a Câmara dos Deputados fará a análise revisional do projeto de lei.

19 Por meio da deliberação, submete-se a propositura à discussão. Este ato é realizado perante as comissões. As Comissões Parlamentares representam órgãos colegiados de natureza técnica, que integram a estrutura do Congresso Nacional e de suas Casas Legislativas, tendo por responsabilidade a feitura do estudo inaugural das proposições normativas apresentadas. Tais órgãos fornecem à Casa a qual estejam integradas um parecer prévio à deliberação plenária, para que esta última se desenvolva de maneira esclarecida.

20 Na deliberação, ambas as Casas (iniciadora e revisora) – cada qual no momento em que o projeto chegar à sua apreciação – submetem a proposição normativa a um exame temático, no qual o mérito da proposta poderá ser verificado (nas comissões temáticas), bem como a um exame de constitucionalidade (na respectiva Comissão de Constituição e Justiça). A seguir, o projeto de lei é levado à votação em sessão Plenária.

21 Portanto, o projeto de lei, via de regra, é discutido nas comissões e votado em Plenário.

22 Destaque-se, todavia, que as Comissões das Casas Legislativas possuem importante prerrogativa constitucional de discutir e votar as proposições legislativas que dispensarem, na forma do regimento, a competência do Plenário, em um procedimento legislativo abreviado, o que corresponde a uma espécie de delegação *interna corporis* da atividade legiferante (ver art. 58, §2°, I, CF/88).

C. Votação plenária

23 O projeto de lei, após ser discutido no âmbito das Comissões Parlamentares, será submetido à votação no plenário da Casa onde estiver tramitando. No plenário, para início da votação, deve ser observado o quórum de instalação da sessão, que é de maioria absoluta (dos membros). Como na Câmara dos Deputados temos 513 integrantes, o quórum para a abertura da sessão de votação será de 257 deputados federais; como no Senado Federal temos 81 membros, o quórum para a abertura da sessão de votação será de 41 senadores.

24 Uma vez instalada a sessão, há que se observar a maioria de aprovação que, em se tratando de lei ordinária, será a maioria simples (maioria dos presentes; lembrando que já estão presentes na sessão a maioria dos membros, pois há quórum de votação). Ver art. 47, CF/88.

25 A votação no plenário da Casa iniciadora poderá resultar em uma das seguintes situações:

(i) aprovação do projeto de lei (com ou sem emendas) que terá seu trâmite continuado na Casa revisora;

(ii) rejeição do projeto de lei que ocasionará em seu arquivamento. Vale lembra que a matéria constante de projeto de lei rejeitado somente poderá constituir objeto de novo projeto, na mesma sessão legislativa, mediante proposta da maioria absoluta dos membros de qualquer das Casas do Congresso Nacional (art. 67, CF/88).

26 Havendo aprovação, o projeto deve ser encaminhado à casa revisora. Na Casa revisora, o projeto de lei estará sujeito a nova deliberação e votação, onde poderá ocorrer:

(i) a aprovação do projeto de lei sem emendas, caso em que ele será encaminhado ao chefe do Poder Executivo para sanção ou veto (deliberação executiva);

(ii) a aprovação do projeto de lei com emendas que, se forem significativas (isto é, se promoverem alterações substanciais no texto), farão com que o projeto retorne à Casa iniciadora para que esta aprecie exclusivamente as novas proposições. Se aprovadas, o projeto seguirá com as emendas para deliberação executiva. Se rejeitadas, o projeto também seguirá para deliberação executiva, mas sem as emendas. Frise-se, contudo, que as emendas produzidas pela Casa revisora não serão avaliadas pela Casa iniciadora quando simplesmente promoverem correções redacionais do projeto ou se elas não modificarem o sentido e alcance da proposição jurídica;

(iii) a rejeição do projeto de lei, ocasionando seu arquivamento. Aplica-se o princípio da irrepetibilidade também a este caso, de modo que sua matéria somente poderá constituir objeto de novo projeto, na mesma sessão legislativa, mediante proposta da maioria absoluta dos membros de qualquer das Casas legislativas.

27 Por último, insta destacar que tão logo haja a aprovação do projeto de lei (com ou sem emendas) pelas duas Casas Legislativas, ele seguirá para o autógrafo. Este é o documento formal que traduz todo o trâmite legislativo e explicita, com rigor e exatidão, o teor final do projeto de lei.

D. Deliberação executiva (sanção ou veto presidencial)

28 No sistema constitucional pátrio, a elaboração normativa é ato complexo, resultante da vontade de mais de um órgão autônomo. Assim, depois que o projeto de lei é discutido, votado e aprovado pelas duas Casas Legislativas, deve ser encaminhado para apreciação do Presidente da República, que terá o prazo máximo de quinze dias úteis, contados da data do recebimento do projeto, para analisar a proposição normativa e ofertar uma reposta positiva (sanção) ou negativa (veto).

(I) Sanção

29 A sanção é a manifestação de aquiescência presidencial ao texto do projeto, convertendo-o em lei. Pode ser:

(i) **expressa**, quando o Presidente opinar explicita e formalmente a favor do projeto de lei, durante os quinze dias úteis destinados à sua manifestação;

(ii) **tácita**, quando o Presidente da República se mantiver em silêncio durante o período destinado a sua manifestação;

(iii) **total,** quando o Presidente da República concorda com a integralidade do texto do projeto de lei;

(iv) **parcial**, quando sua aquiescência é dada apenas a parte do texto e, portanto, terá ele sancionado parcialmente e vetado parcialmente o projeto submetido à sua apreciação.

30 Vale destacar que a sanção tácita será sempre total, enquanto a expressa poderá ser total ou parcial.

(II) Veto

31 O veto é a manifestação de desaprovação total ou parcial exercida pelo Poder Executivo sobre projeto de lei aprovado pelo Poder Legislativo.

32 O veto pode ser classificado quanto à extensão em (i) **total**, quando alcança a integralidade do projeto de lei, ou (ii) **parcial** quando diz respeito a parte dele, devendo incidir sobre texto integral de artigo, parágrafo, inciso ou alínea e nunca sobre palavras ou expressões isoladas (art. 66, § 2°, CF/88). De todo modo, em sendo total ou parcial, uma coisa é certa: o veto será sempre expresso, pois do silêncio, já sabemos, resulta sanção tácita.

33 O veto pode também ser classificado quanto às razões que conduziram à discordância em (i) **jurídico**, quando fundamentado na inconstitucionalidade do projeto de lei; ou (ii) **político**, quando respaldado na contrariedade ao interesse público.

34 Suas principais características são:

(i) deve ser apresentado no prazo fatal de 15 dias úteis;

(ii) deve ser necessariamente motivado, afinal precisam ser explicitadas as razões que conduziram à discordância. Por isso, determina a Constituição que o veto, com suas razões, seja comunicado ao Presidente do Senado Federal no prazo de quarenta e oito horas;

(iii) é ato irretratável, pois uma vez manifestada a discordância face a projeto de lei que lhe foi encaminhado, o Presidente da República não poderá alterar sua opinião;

(iv) é ato supressivo, uma vez que procura elidir total ou parcialmente o texto de projeto de lei que julgar inconstitucional ou contrário ao interesse público, sendo impossível que o Presidente dele se utilize para acrescentar algum termo ao projeto de lei.

35 A deliberação executiva a favor do veto não implica em arquivamento do projeto de lei, pois a Constituição confere ao Poder Legislativo a prerrogativa de rejeitá-lo. O veto será apreciado em sessão conjunta, dentro do prazo de trinta dias a contar de seu recebimento, só podendo ser rejeitado (isto é, derrubado) pelo voto da maioria absoluta dos Deputados Federais e Senadores, em escrutínio que era secreto até a edição da EC nº 76 de 2013. Desde então, tornou-se aberto.

E. Promulgação

36 A promulgação é ato que compete, em princípio, ao Presidente da República que deverá formalizá-la em até quarenta e oito horas (art. 66, § 7º, CF/88). Normalmente, quando o Presidente sanciona expressamente um projeto de lei, os atos de sanção e promulgação são praticados simultaneamente. Assim, embora sejam atos juridicamente diversos, sanção e promulgação podem se aperfeiçoar em um mesmo momento. De outro lado, nas hipóteses em que há sanção tácita ou rejeição do veto presidencial e o Presidente da República não efetua a promulgação no prazo de quarenta e oito horas, caberá ao Presidente do Senado Federal fazê-lo, também no prazo de quarenta e oito horas. Findo este prazo, se o Presidente do Senado Federal não houver promulgado, a competência – a rigor, a obrigação impreterível de promulgar – passará ao Vice-Presidente do Senado (art. 66, § 7º, CF/88). Nestes casos de sanção tácita e rejeição ao veto, sanção e promulgação terão ocorrido em momentos diversos e efetivados por autoridades diferentes.

F. Publicação

37 A publicação é o ato subsequente à promulgação que torna a lei pública através do órgão da imprensa oficial, marcando o momento em que esta passa a ser obrigatória e exigível. É considerada, por isso, condição de eficácia das leis.

38 Muito embora não haja nenhuma previsão constitucional a respeito, entende-se que a publicação compete à autoridade que efetivou a promulgação, sendo crime de responsabilidade a circunstância de o Chefe do Executivo omitir ou retardar dolosamente a publicação das leis.

6.3. Procedimento legislativo sumário ou regime de urgência constitucional

39 O procedimento legislativo sumário disciplina a elaboração de leis ordinárias em regime de urgência. Desenvolve-se a partir das mesmas fases e mesmos atos previstos para o processo legislativo ordinário, porém com prazo delimitado para que os atos de deliberação e votação sejam realizados.

40 Para que o regime denominado "urgência constitucional" seja adotado no processo formação das leis ordinárias, devem estar presentes os seguintes pressupostos: (i) o projeto de lei deve ser de iniciativa do Presidente da República; e (ii) esta autoridade deve expressamente solicitar ao Congresso Nacional urgência na apreciação.

41 No procedimento legislativo sumário, a Câmara dos Deputados será obrigatoriamente a Casa iniciadora, cabendo ao Senado Federal a atribuição de Casa Revisora. Cada qual terá, sucessivamente, o prazo de quarenta e cinco dias para deliberar e votar o projeto encaminhado pelo Presidente da República. Findo este prazo, se a Casa Legislativa onde o projeto de lei se encontra não se manifestar sobre ele, terá todas suas deliberações sobrestadas (trancamento de pauta) – à exceção daquelas que tiverem prazo constitucional determinado – até que se ultime a votação do projeto de lei que tramita no procedimento sumário.

42 Por serem os prazos sucessivos e, portanto, contados em separado, cada uma das Casas é responsável por acarretar o trancamento de sua própria pauta.

43 Se a Casa Legislativa revisora (necessariamente o Senado Federal) propuser emendas ao projeto de lei, estas deverão ser apreciadas pela Câmara dos Deputados no prazo de dez dias. As emendas feitas pela Casa revisora só não serão avaliadas pela Casa iniciadora se efetuarem modificações meramente redacionais no projeto de lei.

44 Por último, vale informar que os prazos que regem o procedimento sumário não correm nos períodos de recesso do Congresso Nacional, não se aplicam aos projetos de código, mas se aplicam aos atos de outorga e concessão de emissoras de rádio e TV.

6.4. Leis complementares

45 O procedimento legislativo para a feitura das leis complementares não foi expressamente definido pela Constituição Federal, que somente se preocupou em mencionar o quórum de aprovação, que é de maioria absoluta (art. 69, CF/88). Em razão disso, entende-se ser aplicável à produção dessa espécie normativa os mesmos atos e fases procedimentais definidos para a produção das leis ordinárias.

46 As leis complementares e as leis ordinárias, no entanto, comportam importantes distinções:

(i) sob o aspecto formal: a elaboração/alteração de lei complementar exige voto favorável da maioria absoluta dos membros da Casa da Legislativa em que estiver tramitando e não podem ser votadas conclusivamente no âmbito das Comissões, que são órgãos fracionários. Por sua vez, a elaboração/alteração de lei ordinária exige apenas o voto favorável da maioria simples da Casa Legislativa (ou comissão) onde a proposição esteja sendo discutida;

(ii) sob o aspecto material: às leis complementares são reservadas as matérias taxativamente previstas pela Constituição, cabendo residualmente às leis ordinárias a disciplina de todos os demais assuntos. Vale dizer, serão de lei ordinária todas as matérias para as quais não for constitucionalmente exigida lei complementar, decreto legislativo ou resolução.

47 De acordo com o STF, não há hierarquia entre lei ordinária e lei complementar. Sendo espécies normativas primárias, ambas encontram-se no mesmo patamar normativo, possuindo, as duas, *status* hierárquico de normas infraconstitucionais.

6.5. Leis delegadas

48 As leis delegadas são elaboradas pelo chefe do Poder Executivo, após prévia autorização do Poder Legislativo (art. 68, CF/88). Trata-se de situação em que o Congresso Nacional delega, por meio da edição de uma **resolução**, o poder de criar leis para o Presidente da República. Este deverá respeitar estritamente os limites impostos pela resolução congressual.

49 O processo de formação das leis delegadas comporta as seguintes considerações:

(i) a delegação depende de iniciativa solicitadora, pela qual o Presidente da República solicita a delegação ao Congresso Nacional, que, se acatá-la, externará sua aceitação por meio de resolução que deverá constar (de forma específica e explícita) o conteúdo e os termos de exercício da delegação;

(ii) é vedada a delegação das matérias de competência exclusiva do Congresso Nacional; de competência privativa da Câmara dos Deputados ou do Senado Federal; reservadas à lei complementar; referentes à organização do Poder Judiciário e do Ministério Público, à carreira e à garantia de seus membros; à nacionalidade, cidadania, direitos individuais, políticos e eleitorais; e aos planos plurianuais, diretrizes orçamentárias e orçamentos;

(iii) se ao editar a lei delegada o Presidente da República extrapolar os limites impostos na resolução, o Congresso Nacional poderá editar um decreto legislativo sustando o trecho da lei em que o Presidente exorbitou as balizas fixadas (art. 49, V, CF/88). De acordo com a doutrina, neste caso, estamos diante de uma hipótese de controle de constitucionalidade político repressivo.

50 Por último, é importante destacar que existem duas espécies de lei delegada, a típica e a atípica. Já tendo sido a típica narrada nos tópicos anteriores, importa reconhecer que a atípica se diferencia em razão de o Congresso Nacional exigir que o Presidente da República edite um projeto de lei delegada. Portanto, se a resolução determinar que a delegação será atípica, teremos a apreciação do projeto pelo Congresso Nacional, que a fará em votação única, vedada qualquer emenda.

6.6. Medidas provisórias

51 As medidas provisórias são atos normativos primários com força de lei, editados pelo Presidente da República em casos de relevância e urgência e que, por ordem constitucional, devem ser imediatamente submetidos à apreciação do Congresso Nacional (art. 62, CF/88).

52 São dois, portanto, os pressupostos constitucionais legitimadores para a edição válida das medidas provisórias: a relevância e a urgência. A urgência está ligada à inafastável premência da regulamentação, ao passo que a relevância se materializa na essencialidade do tema. Importante deixar assente que o STF estabilizou o entendimento de que é viável o controle jurisdicional dos mesmos. Todavia, de modo absolutamente excepcional para impedir que o Presidente da República, ao editar medidas provisórias, incida em excesso de poder ou em situação de manifesto abuso institucional.

53 A válida edição das medidas provisórias, além de depender da observância estrita dos pressupostos constitucionais, pressupõe também obediência aos limites materiais impostos à sua incidência. Referidos limites foram introduzidos pela EC nº 32/2001, no art. 62, § 1º, CF/88, que delineia os assuntos que não podem ser regulados por meio de uma medida provisória.

Correspondem a limites materiais implícitos à edição das medidas provisórias, os artigos 49, 51 e 52, da CF/88, que veiculam as matérias de competência exclusiva do Congresso e de competência privativa das Casas Legislativas.

54 A matéria tributária, em geral, não representa uma vedação material à edição de medida provisória, exceto nas hipóteses em que a própria Constituição exigiu a edição de lei complementar (ex.: art. 146), devendo, contudo, ser observado o princípio da anterioridade tributária (nos casos em que ele se aplica).

55 Outros limites materiais expressos à edição das medidas provisórias: art. 25, § 2º, CF; art. 246, CF; e, por fim, art. 73 do ADCT.

56 A produção de efeitos da medida provisória ocorre tão logo esta é publicada. Trata-se de ato normativo pronto e acabado, que possui força de lei.

57 Possui eficácia de sessenta dias, prorrogáveis uma única vez por igual período. O prazo, pois, em que a medida provisória produz efeitos é usualmente de cento e vinte dias.

58 O prazo de eficácia (de sessenta dias, prorrogável uma única vez por igual período) contar-se-á da publicação da medida provisória, suspendendo-se durante os períodos de recesso do Congresso Nacional. Por isso, por vezes, o prazo de eficácia da medida provisória será mais extenso que 120 dias, afinal, durante o recesso parlamentar a medida terá eficácia, todavia, a contagem do prazo estará suspensa.

59 Por veicular matéria de lei ordinária, a medida provisória é apreciada pelo Poder Legislativo segundo os mesmos trâmites verificados na deliberação parlamentar do processo ordinário. A respeito do assunto, cabem a seguintes observações:

(i) A Casa iniciadora será sempre a Câmara dos Deputados e a Casa revisora o Senado Federal, já que quem apresenta a medida ao mundo normativo é, necessariamente, o Presidente da República. A votação da medida deve ser feita no plenário, nunca nas comissões internas das Casas Legislativas.

(ii) Antes de chegar à Casa iniciadora a medida provisória passa pela apreciação de uma Comissão mista, que realizará a verificação do cumprimento dos pressupostos constitucionais para sua edição, emitindo, assim, um parecer opinativo. Durante o processo de apreciação da medida pelo Poder Legislativo, o ideal é que a discussão e a votação nas duas Casas ocorram no prazo de **quarenta e cinco dias**, contados da data da sua publicação. Caso não seja votada nesse prazo, entrará automaticamente em regime de urgência (trancamento de pauta na Casa Legislativa em que a medida estiver tramitando), sobrestando-se as demais deliberações legislativas da Casa em que estiver tramitando.

(iii) Com relação ao trancamento de pauta mencionado no item anterior, vale lembrar da decisão tomada pelo STF no MS 27.931, em junho de 2017. Na ocasião, nossa Corte Suprema deu interpretação conforme ao § 6º do art. 62 da CF, para, sem redução de texto, restringir-lhe a exegese. Assim, afastada qualquer outra possibilidade interpretativa, fixou-se entendimento de que o regime de urgência previsto no referido dispositivo constitucional – que impõe o sobrestamento das deliberações legislativas das Casas do Congresso Nacional – refere-se **apenas às matérias passíveis de regramento por medida provisória**. Excluem-se do bloqueio, em consequência, as propostas de emenda à Constituição e os projetos de lei complementar, de decreto legislativo, de resolução e, até mesmo, de lei ordinária, desde que veiculem temas pré-excluídos do âmbito de incidência das medidas provisórias (CF, art. 62, § 1º, I, II e IV).

(iv) Quando aprovada, a medida provisória é convertida em lei, o que pode ocorrer com ou sem alterações de seu texto. Se a medida provisória for aprovada integralmente por ambas as Casas do Congresso Nacional, sem qualquer alteração significativa do seu texto, será convertida em lei, promulgada e publicada pelo Presidente do Senado.

(v) Se for aprovada com alguma modificação substancial do texto original, a medida será transformada em um projeto de lei de conversão e seguirá, deste modo, o trâmite legislativo ordinário. Destarte, o projeto de lei de conversão será encaminhado ao Presidente da República, para eventual sanção ou veto. Sendo vetadas as modificações feitas pelos parlamentares, o veto deverá ser apreciado em sessão conjunta pelo Congresso Nacional, em votação aberta (nos mesmos moldes do processo legislativo ordinário).

(vi) A rejeição da medida provisória poderá ocorrer de forma expressa (por votação desfavorável) ou tácita (por não ter sido apreciada dentro do prazo constitucional, caso em que a rejeição também é chamada de rejeição por decurso de prazo). Em sendo rejeitada, é vedada sua reedição pelo Presidente na mesma sessão legislativa.

(vii) Quando a medida provisória é rejeitada, o Congresso Nacional tem o prazo de sessenta dias para disciplinar, por decreto legislativo, as relações jurídicas constituídas e decorrentes de atos praticados durante a sua vigência. Não editado o decreto legislativo em até sessenta dias após a rejeição ou perda de eficácia da medida, as relações jurídicas constituídas e decorrentes de atos praticados durante sua vigência conservar-se-ão por ela regidas.

60 Alguns apontamentos finais sobre esta espécie normativa:

(i) O Presidente da República não pode retirar da apreciação do Congresso Nacional uma medida provisória editada e já em vigor, afinal ele não mais tem ingerência sobre ela após a edição.

(ii) Nada obstante a anotação anterior, existe uma alternativa para o Presidente paralisar a produção de efeitos de uma MP já editada, em vigor, e sob análise do Congresso Nacional. Basta que ele edite uma segunda MP (MP2) visando ab-rogar a MP anterior (MP1).

(iii) Um inconveniente acordo político resultou na formulação do infeliz art. 2º da EC nº 32/2001, que determina que as medidas provisórias editadas em data anterior à da publicação da EC nº 32/2001 continuam em vigor até que uma MP ulterior as revogue explicitamente ou até que haja deliberação definitiva do Congresso Nacional.

(iv) O STF firmou seu entendimento no sentindo de que há possibilidade de adoção de medida provisória por Estado-membro, desde que o instituto esteja previsto expressamente na Constituição estadual e desde que respeitada a simetria constitucional, valendo-se das regras estipuladas em âmbito federal para o processamento dessa espécie normativa, sem poder afastar-se delas (art. 25, *caput,* CF/88).

6.7. Decreto legislativo

61 O decreto legislativo é a espécie normativa primária utilizada pelo Congresso Nacional no uso de suas atribuições exclusivas constantes do art. 49, CF/88, para regulamentação dos assuntos ali dispostos. Em que pese ser ato normativo primário, a disciplina de seu trâmite de elaboração é determinada pelo Congresso Nacional.

6.8. Resoluções

62 As resoluções são espécies normativas primárias editadas pelo Poder Legislativo no uso de suas atribuições fixadas pela Constituição. Em âmbito federal, são editadas pelo Congresso Nacional, pelo Senado Federal e pela Câmara dos Deputados. Em regra, produzem efeitos internos, havendo hipóteses excepcionais em que terá efeitos externos. Exemplo: resolução editada pelo Congresso Nacional para delegar ao Presidente da República poderes para editar leis delegadas.

63 As resoluções não possuem procedimento legislativo fixado na Constituição, mas alguns aspectos da tramitação estão definidos no texto constitucional, como a aprovação, que se dá por maioria relativa, seguindo a regra genérica do art. 47, CF/88. Exige-se, no entanto, o quórum qualificado de dois terços para aprovação certas resoluções especialmente definidas.

7. PODER EXECUTIVO

1 O Poder Executivo compõe a tripartição dos Poderes do Estado, juntamente com o Legislativo e o Judiciário. Sendo autônomo e independente, exerce a **função típica** de governar e administrar a coisa pública, realizando a gestão estatal através da formulação, implantação e execução de políticas públicas.

2 O Poder Executivo realiza, além de suas atribuições típicas, também funções **atípicas**:

(i) de natureza jurisdicional, quando há um dissídio administrativo; e

(ii) de natureza legislativa, ao, por exemplo, editar uma medida provisória (art. 62, CF/88) ou uma lei delegada (art. 69, CF/88).

7.1. Sistemas de governo

3 O sistema de governo nos permite identificar como se desenvolve a relação entre os Poderes Executivo e Legislativo.

4 No **Presidencialismo**, as funções executivas concentram-se inteiramente no Poder Executivo, inexistindo qualquer dependência política entre este e o Poder Legislativo.

5 O sistema **Parlamentarista**, por sua vez, apresenta Poderes que se articulam com relativa interdependência, afinal uma parcela da função executiva (chefia de governo) será deslocada para ser exercida pelo Primeiro Ministro, integrante do Poder Legislativo.

6 As diferenças marcantes entre as duas espécies de sistema são:

(i) No presidencialismo a chefia é **una**, pois há identidade entre aquele que exerce a chefia de Estado e a chefia de Governo. Neste caso, a autoridade que congrega ambas as funções é o Presidente da República. No parlamentarismo, a chefia é **dual** de modo que o chefe de Estado e o chefe de Governo são, necessariamente, pessoas distintas.

(ii) No sistema presidencialista, não é imprescindível a existência de vínculo político necessário o Poder Legislativo e o Poder Executivo, de modo que o Presidente poderá ser eleito sem possuir o apoio da maioria no Parlamento, que poderá (ou não) ser construída posteriormente no transcorrer do Governo. No parlamentarismo, de outro lado, essa ligação entre os poderes é essencial: a chefia de Governo é dependente da maioria parlamentar, numa relação que necessariamente é construída *a priori*.

(iii) Quanto ao tempo de mandato, no presidencialismo existe tempo **determinado** para sua duração (atualmente, o mandato presidencial no Brasil, nos termos do art. 82, CF/88, é de quatro anos); já no parlamentarismo, o Primeiro Ministro ocupará o cargo de chefe de Governo por tempo **indeterminado**, enquanto mantiver o apoio e a confiança do Parlamento.

7 Desde a instauração da República (com a Constituição de 1891) o presidencialismo nos acompanha como sistema de Governo. A única **exceção** que tivemos na nossa história republicana foi o hiato presidencialista representado pelo período compreendido entre as emendas constitucionais nº 4 e nº 6, em que o parlamentarismo foi formalmente adotado (de setembro de 1961 a janeiro de 1963). Com o advento da Carta Constitucional de 1988, o presidencialismo seguiu sendo prestigiado como sistema de Governo.

7.2. O Poder Executivo na Constituição da República de 1988

8 O Poder Executivo é **unipessoal**, sendo exercido exclusivamente pelo Presidente da República, sob o auxílio dos Ministros de Estado (art. 76, CF/88).

9 Os Ministros de Estado encontram-se subordinados ao Presidente da República e são por ele nomeados/demitidos livremente, conforme art. 84, I, CF/88. Deverão:

(i) ser brasileiros natos ou naturalizados (salvo o **Ministro de Estado da Defesa** que necessariamente será **nato**, consoante determina o art. 12, § 3°, CF/88);

(ii) ser maiores de vinte e um anos; e

(iii) estar no pleno exercício dos direitos políticos.

10 Os Ministros de Estado possuem **foro** por prerrogativa de função, sendo processados e julgados pelo Supremo Tribunal Federal em razão da prática de crimes comuns e de responsabilidade (art. 102, I, 'c', CF/88). Todavia, caso o crime de responsabilidade praticado pelo Ministro seja conexo com o do Presidente da República, o processo e julgamento passarão a ser da competência do Senado Federal (art. 52, I, CF/88).

7.3. Eleição e mandato do Presidente da República

11 Para que um cidadão ocupe o cargo de Presidente da República, é necessário o preenchimento dos seguintes **requisitos** constitucionais (art. 14, § 3°, CF/88):

(i) ser brasileiro nato;
(ii) possuir alistamento eleitoral;
(iii) estar no pleno exercício dos direitos políticos;
(iv) estar filiado a algum partido político;
(v) ter a idade mínima de trinta e cinco anos;
(vi) não estar sujeito à incidência de nenhuma causa de inelegibilidade.

12 O sistema eleitoral que rege as eleições para a chefia do Executivo em âmbito federal é o **majoritário absoluto**. Neste sistema, é eleito Presidente o candidato que obtém a maioria absoluta dos votos válidos (são descontados os nulos e os em branco) em primeiro ou em segundo turno.

13 Este mesmo sistema é utilizado nas eleições de **Governadores** e de **Prefeitos** de Municípios com **mais de 200 mil eleitores.**

14 Caso o Município possua **até 200 mil eleitores**, o sistema eleitoral utilizado será o **majoritário simples** (ou puro). Segundo este sistema, será eleito o candidato que conquistar a maioria dos votos válidos, em turno único de votação.

15 O mandato do Presidente possui a duração de **quatro anos** e terá início em **1º de janeiro do ano seguinte ao da sua eleição**, sendo admitida a **reeleição** para **um único** período subsequente (ver art. 82 e art. 14, § 5º, ambos da CF/88).

7.4. Posse

16 A posse do Presidente e do Vice-Presidente da República ocorrerá em **1º de janeiro do ano subsequente à eleição**, em sessão conjunta do Congresso Nacional (art. 78, CF/88).

17 Se o Presidente ou o Vice-Presidente da República (ou ambos) não comparecerem para tomar posse dos cargos na data fixada (1º de janeiro), o cargo do ausente será declarado vago após o transcurso do prazo de dez dias, salvo se houver motivo de força maior a justificar a ausência.

18 Em havendo motivo de força maior que justifique a ausência, aguardaremos o comparecimento do faltoso pelo tempo que for necessário à superação do motivo.

7.5. Impossibilidades de exercer o cargo: o impedimento e a vacância

19 São considerados **impedimentos** os afastamentos temporários do Chefe do Poder Executivo (ocasionados, por exemplo, por uma viagem, por uma doença, pela suspensão das funções no curso de um processo criminal). A **vacância**, de outro lado, caracteriza-se pela impossibilidade categórica e decisiva de exercer a função (derivada de morte, renúncia ou condenação criminal ou no processo de *impeachment*). Se o Presidente se ausentar de suas funções, temporária ou definitivamente, pertence ao Vice-Presidente a atribuição primária de substituí-lo (em caso de impedimento) ou sucedê-lo (em caso de vacância), conforme indica o art. 79, CF/88.

20 Ocorrendo impedimento simultâneo do Presidente e do Vice-Presidente da República (**duplo impedimento**), a Constituição Federal estabelece um rol taxativo e ordenado das pessoas que deverão ser chamadas sucessivamente a ocupar, interinamente, a Presidência da República, a saber (art. 80, CF/88):

(1º) Presidente da Câmara dos Deputados;

(2º) Presidente do Senado Federal;

(3º) Ministro Presidente do Supremo Tribunal Federal.

21 Ocorrendo a dupla vacância dos cargos de Presidente e Vice (os dois cargos vagos) **novas eleições** deverão ser realizadas (art. 81, CF/88). Isso ocorre porque os Presidentes da Câmara, do Senado ou do Supremo Tribunal Federal são substitutos eventuais que estão aptos a assumir a Presidência apenas de forma **temporária**.

22 Ocorrendo a vacância dos dois cargos nos **dois primeiros anos do mandato presidencial**, novas eleições **diretas** deverão ser organizadas em até noventa dias depois de aberta a última vaga. Por outro lado, se a vacância dos dois cargos efetivar-se **nos últimos dois anos do mandato**, a Constituição impõe a realização de novas eleições **indiretas** (pelo Congresso Nacional), trinta dias depois da última vaga se abrir.

23 Ressalte-se que o Presidente e o Vice que forem escolhidos em qualquer dessas modalidades de novas eleições deverão, tão somente, completar o mandato de seus antecessores cumprindo o **"mandato tampão"**.

24 De acordo com o STF, a regra constante do art. 81, § 1°, CF/88, **não** é norma de repetição obrigatória para as demais entidades federadas. Destarte, os Estados poderão prever eleições diretas também em caso de dupla vacância nos dois últimos anos de governo.

7.6. Licença

25 O Presidente e o Vice-Presidente da República não poderão sair do país por **mais de quinze dias** sem autorização (licença) do Congresso Nacional, pois se o fizerem estarão sujeitos à perda do cargo. Tal licença é desnecessária para ausências do país por período igual ou inferior de quinze dias.

26 Consoante orientação do STF, referida disposição **é** norma de observância obrigatória para os Estados-membros.

7.7. Atribuições do Presidente da República

27 As atribuições privativas do Presidente relacionadas à Chefia de Estado, de Governo e da Administração Federal encontram-se previstas no art. 84, CF/88. Trata-se de rol não exaustivo (exemplificativo) apresentado sem qualquer critério ordenador visível.

28 Nem todas as competências elencadas no art. 84 poderão ser delegadas. Somente são delegáveis as atividades previstas nos incisos VI, XII e XXV, primeira parte. A delegação poderá ser feita aos Ministros de Estado, ao Procurador-Geral da República (PGR) e ao Advogado-Geral da União (AGU).

7.8. Imunidades do Presidente da República

29 O texto constitucional prevê para o Presidente da República um conjunto de **prerrogativas formais**, referentes (i) à prisão, (ii) ao processo e (iii) à inibição da responsabilidade penal, durante a vigência do mandato, por atos estranhos à função presidencial.

30 **Imunidade formal relativa à prisão**: trata-se de prerrogativa que assegura ao Presidente a impossibilidade de ser preso enquanto não sobrevier sentença condenatória prolatada pelo STF em virtude da prática de um crime comum (art. 86, § 3º, CF/88).

31 Deste modo, o Presidente da República **não** poderá ser preso em flagrante, temporariamente, preventivamente ou em decorrência de condenação pela prática de crime de responsabilidade.

32 **Imunidade formal relativa ao processo**: para que o Presidente da República seja processado, tanto pela prática de crime comum, quanto pela prática de crime de responsabilidade, deve haver autorização prévia da **Câmara dos**

Deputados, por **2/3** de seus membros (pelo menos 342 dos 513 Deputados Federais deverão ser favoráveis) (ver arts. 51, I e 86, *caput*, ambos da CF/88).

33 **Cláusula de irresponsabilidade penal temporária** (ou relativa): o Presidente só poderá ser responsabilizado, durante a vigência de seu mandato, pela prática de crimes que sejam relacionados ao exercício de suas funções (praticados na função ou em razão dela), conforme art. 86, § 4°, CF/88.

34 Não havendo conexão entre o crime praticado e a atividade presidencial, ou se o crime foi praticado antes do início do mandato, a responsabilização somente ocorrerá após o encerramento deste (perante a justiça comum, já que o foro especial do Presidente no STF para as infrações penais comuns termina quando se encerra o mandato; cancelamento da súmula 394, STF).

35 Os **Prefeitos** e os **Governadores não** possuem nenhuma dessas imunidades presidenciais. Com relação aos Prefeitos, essa inaplicabilidade das imunidades sempre foi pacífica; já com relação aos Governadores, o entendimento até maio de 2017 era o de que eles possuíam apenas a imunidade referente à autorização, vale dizer, somente seriam processados se a Assembleia Legislativa do Estado autorizasse previamente. No entanto, no julgamento conjunto das ADIs 4798, 4764 e 4797, o STF firmou o entendimento que de que as unidades federativas **não têm competência** para editar normas que exijam autorização da Assembleia Legislativa para que o STJ instaure ação penal contra Governador e nem para legislar sobre crimes de responsabilidade.

7.9. Responsabilidade do Presidente da República

36 O Presidente pode ser responsabilizado tanto pela prática de crimes comuns (infrações penais comuns), quanto por crimes de responsabilidade (infrações político-administrativas).

37 A locução "crimes comuns" refere-se a **qualquer** tipo de **infração penal** (desde as contravenções penais até os crimes dolosos contra a vida, passando pelos crimes eleitorais), sendo o órgão competente para o julgamento o **Supremo Tribunal Federal** (art. 102, I, 'b', CF/88).

38 Os crimes de responsabilidade são as infrações político-administrativas, apresentadas no art. 85 da CF/88 num rol meramente **exemplificativo.** O juiz natural para estas infrações é o **Senado Federal**, órgão responsável pela realização de um julgamento político. Vale lembrar que é de competência legislativa privativa da **União** a definição dos crimes de responsabilidade e o estabelecimento das respectivas normas de processo e julgamento (**súmula vinculante 46**).

39 **Juízo de admissibilidade realizado pela Câmara dos Deputados**: o Presidente da República somente poderá ser processado por crime comum ou de responsabilidade se antes houver anuência da Câmara dos Deputados, por 2/3 de seus membros. A autorização dada pela Câmara representa uma **admissibilidade provisória** da acusação, pois não vincula nem o STF, nem o Senado Federal que farão novo juízo acerca da admissibilidade da acusação.

40 O julgamento dos crimes de responsabilidade praticados pelo Presidente será realizado no Senado Federal (desde que haja antes, autorização da Câmara dos Deputados). O Senado funcionará como um Tribunal Político de colegialidade heterogênea, pois composto por todos os membros do Senado Federal, mas presidido por autoridade externa ao Poder Legislativo, isto é, pelo **Ministro Presidente do STF** (art. 52, parágrafo único, CF/88).

41 No Senado, a condenação somente poderá ser proferida por **2/3** dos membros da Casa Legislativa (pelo menos 54 dos 81 Senadores deverão ser favoráveis), formalizada em uma resolução e importará na aplicação das penas de **perda do cargo** e **inabilitação por oito anos** para o exercício das funções públicas, sem prejuízo das demais sanções judiciais cabíveis.

42 Referidas penas não guardam entre si a relação de principal e acessória, sendo ambas autônomas. Isso significa que a eventual renúncia do Presidente impede a aplicação da pena de perda do cargo, mas não de inabilitação por oito anos (caso Collor). É também possível que haja condenação à pena de perda do cargo, mas absolvição da pena de inabilitação (caso Dilma, em que as votações foram 'fatiadas', isto é, feitas em separado).

7.10. Responsabilidade dos Governadores e dos Prefeitos municipais

43 Os **Governadores**, se praticarem crime comum, serão processados e julgados no Superior Tribunal de Justiça art. 105, I, 'a', CF/88), lembrando que a possibilidade de instauração de um processo criminal depende de autorização prévia da Assembleia Legislativa estadual.

44 Quanto à prática de crime de responsabilidade, nos termos da lei federal que regulamenta o tema (art. 78, § 3°, Lei 1079/1950), o processamento e julgamento será realizado por um Tribunal especial, formado por cinco membros da Assembleia Legislativa e cinco Desembargadores, sob a presidência do Presidente do Tribunal de Justiça local. Vale destacar que a possibilidade de instauração de um processo criminal depende de autorização prévia da Assembleia Legislativa estadual.

45 No que tange aos **Prefeitos** Municipais, estes poderão ser processados e julgados perante o Tribunal de Justiça, Tribunal Regional Eleitoral ou pelo Tribunal Regional Federal, a depender da natureza da infração (ver art. 29, X, CF/88 e súmula 702, STF). Em relação aos crimes de responsabilidade serão processados e julgados pela Câmara Municipal (art. 4°, decreto-lei 201/67).

8. PODER JUDICIÁRIO

8.1. Introdução

1 O Poder Judiciário foi concebido e estruturado pela Constituição Federal de 1988 para exercer tipicamente a **função jurisdicional**, que se traduz pela atividade de promover a solução imparcial dos conflitos de interesses levados à apreciação do Estado-juiz, a partir da aplicação do direito objetivo ao caso concreto.

2 Por ser a atividade jurisdicional a manifestação de um poder, as decisões que dela resultam são dotadas de imperatividade e substituem a vontade das partes. Em contrapartida, a intervenção estatal de ofício na esfera jurídica dos indivíduos através da jurisdição é (via de regra) vedada pelo ordenamento, devendo reinar a **inércia** até o momento em que o Poder Judiciário for legitimamente provocado, hipótese em que este não poderá furtar-se à prestação jurisdicional. Isto porque, a Constituição, ao dispor no art. 5º, XXXV, que "a lei não excluirá da apreciação do Poder Judiciário lesão ou ameaça a direito" (**princípio da inafastabilidade da jurisdição**), garantiu a todos o direito de obter prestação jurisdicional. A jurisdição, portanto, traduz não apenas um poder, mas também um dever do Estado.

3 Lembremos que o Poder Judiciário exercerá, também, funções de modo atípico (secundário), tanto de natureza executivo-administrativa (ex.: realização de concurso público para seleção de servidores) quanto de natureza legislativa (ex.: elaboração de regimentos internos pelos tribunais).

8.2. Órgãos do Poder Judiciário

4 A **organização judiciária** brasileira encontra-se prevista entre os arts. 92 e 126, CF/88. No art. 92 temos a indicação de que o Poder é composto pelos seguintes órgãos: (i) o Supremo Tribunal Federal (STF); (ii) o Conselho Nacional de Justiça (CNJ); (iii) o Superior Tribunal de Justiça (STJ); (iv) o Tribunal Superior do Trabalho; (v) os Tribunais Regionais Federais e Juízes Federais; (vi) os Tribunais e Juízes do Trabalho; (vii) os Tribunais e Juízes Eleitorais; (viii) Tribunais e Juízes Militares; (ix) os Tribunais e Juízes dos Estados e do Distrito Federal e Territórios.

5 De todos os órgãos listados, merece destaque o **Conselho Nacional de Justiça** que, embora integrante da estrutura constitucional do Poder Judiciário, não é dotado de competência para exercer jurisdição. Isto porque, trata-se de órgão interno responsável pelo controle administrativo, financeiro e disciplinar da magistratura (art. 103-B, § 4º, CF/88).

6 É também importante salientar que a EC nº 92/2016 inseriu ao rol de órgãos do Poder Judiciário descrito no art. 92, CF/88 (no inciso II-A), o Tribunal Superior do Trabalho que não constava expressamente do dispositivo. Anteriormente, este órgão estava implícito na expressão "Tribunais e Juízes do Trabalho", constante do inciso IV. Com a alteração, topograficamente, sua localização encontra-se logo após o Superior Tribunal de Justiça.

7 O sistema constitucional Judiciário brasileiro reflete a **forma federativa clássica**, funcionando apenas nas esferas federal (Poder Judiciário da União) e estadual (Poder Judiciário dos estados). Assim, embora os Municípios sejam organizações políticas locais autônomas integrantes da federação brasileira, não estão autorizados a organizar uma Justiça própria com juízes e tribunais municipais. Isso não significa, entretanto, que não haja prestação jurisdicional em suas localidades, sendo esta cabível aos juízes atuantes nas comarcas e sessões judiciárias de que for parte.

8 Vale lembrar que a Justiça do Distrito Federal e Territórios é criada e mantida pela **União**, de forma que seus magistrados e servidores serão remunerados pelo erário federal (art. 21, XIII e art. 22, XVII, ambos da CF/88).

8.3. Arquitetura do Poder Judiciário

9 **Órgãos de convergência**: correspondem aos Tribunais de convergência recursal, que julgam os recursos das decisões proferidas pelos Tribunais inferiores, sendo os responsáveis pela última palavra nas causas de competência da Justiça respectiva. Todos eles encontram-se sediados na Capital Federal (Brasília), conforme art. 18, § 1°, CF/88.

10 O STF, sendo o órgão de cúpula de todo o Poder Judiciário, é também o órgão de convergência por excelência, pois cabe-lhe proferir a última palavra a respeito de matéria constitucional nas causas que lhe são submetidas.

11 O STJ, funciona como órgão de convergência da Justiça comum em matéria infraconstitucional federal, cabendo-lhe julgar, em recurso especial, as causas decididas, em única ou última instância, pelos Tribunais Regionais Federais ou pelos tribunais dos Estados, do Distrito Federal e Territórios.

12 O TST, o TSE e o STM são também intitulados órgãos de convergência, na medida em que funcionam como Tribunal de cúpula de cada uma das Justiças especiais da União, sendo os responsáveis pela decisão definitiva nas causas de competência da Justiça respectiva.

13 **Órgãos de superposição**: correspondem ao STF e ao STJ, Cortes que detém jurisdição nacional e não pertencem a qualquer das divisões da Justiça pátria. Suas decisões sobrepõem-se às proferidas pelos órgãos que lhes sejam inferiores. O STF é órgão de cúpula de todo o Poder Judiciário, em sobreposição inclusive ao STJ que, por sua vez, sobrepõem-se a todos os órgãos das Justiças Estadual e Federal.

14 A Justiça Comum é fracionada em: (i) Justiça Federal; (ii) Justiça Estadual; e (iii) Justiça do Distrito Federal e Territórios. A Constituição ainda prevê que a União, no Distrito Federal e nos Territórios, e os Estados deverão instituir: (i) Juizados Especiais, e (ii) a Justiça de Paz.

15 A Justiça especializada é composta pelos seguintes órgãos: (i) Justiça do Trabalho; (ii) Justiça Eleitoral; (iii) Justiça Militar da União; (iv) Justiça Militar dos Estados, do Distrito Federal e Territórios.

8.4. Composição dos Tribunais

16 **Número de membros** que compõem os Tribunais do Poder Judiciário:

- Supremo Tribunal Federal: 11 Ministros
- Conselho Nacional de Justiça: 15 Conselheiros
- Superior Tribunal de Justiça: No mínimo 33 Ministros
- Tribunais Regionais Federais: No mínimo 07 Juízes (Des. Federais)
- Tribunal Superior do Trabalho: 27 Ministros
- Tribunais Regionais do Trabalho: no mínimo 07 juízes (Des. do Trabalho)
- Tribunal Superior Eleitoral: no mínimo 07 Ministros
- Tribunais Regionais Eleitorais: 07 Juízes
- Superior Tribunal Militar: 15 Ministros
- Tribunais de Justiça dos Estados: sua composição é definida pela Constituição estadual e pelo Estatuto da Magistratura.

8.5. Escolha dos integrantes do judiciário

17 São meios de **ingresso** na carreira da magistratura: (i) Juízos de primeira instância: mediante concurso público de provas e títulos, sendo o aprovado empossado no cargo inicial juiz substituto; (ii) Tribunais de segunda instância: através da promoção dos juízes de carreira, por antiguidade ou merecimento, ou por força

do quinto constitucional; (iii) STF e Tribunais Superiores: por nomeação realizada de acordo com os critérios constitucionais.

18 A **regra do quinto constitucional**: de acordo com o texto constitucional, a composição dos Tribunais Regionais Federais, dos Tribunais dos Estados, e do Distrito Federal e Territórios deverá observar a fórmula estabelecida no art. 94, CF/88, segundo a qual **um quinto dos lugares deverá ser preenchida por membros do Ministério Público**, com mais de dez anos de carreira, **e de advogados** de notório saber jurídico e de reputação ilibada, com mais de dez anos de efetiva atividade profissional. Neste caso, a escolha é iniciada pelos órgãos de representação das respectivas classes que preparam uma lista sêxtupla que será encaminhada ao Tribunal que, por sua vez, reduzirá (em votação) a lista para tríplice a partir das indicações recebidas. Em seguida, caberá ao Poder Executivo escolher um dos integrantes dessa lista para nomeação. Deve-se observar que o magistrado nomeado pelo quinto constitucional torna-se, desde logo, vitalício.

19 Em que pese o art. 94, CF/88 não mencionar, a regra do quinto também passou a ser aplicada aos Tribunais do Trabalho, TST e TRTs, a partir da EC nº 45/2004 (ver art. 111-A e art. 115, ambos da CF/88).

20 **Participação do Poder Legislativo na escolha dos integrantes do Poder Judiciário**: de acordo com CF/88, a nomeação dos membros de determinados órgãos do Poder Judiciário resulta da vontade de mais de um órgão autônomo. Nestes casos, depois de ser realizada a indicação do nome pelo órgão competente, a posse do indicado estará condicionada à aprovação do Poder Legislativo, após a realização de sabatina. Esta regra é aplicada ao STF, ao STJ, ao TST e ao CNJ, pois a assunção ao cargo dos candidatos às vagas nesses órgãos, depende da aprovação da maioria absoluta dos membros do Senado Federal. O mesmo ocorre com o STM, com uma diferença: é exigida a concordância da maioria simples dos senadores para aprovação do nome indicado.

21 A Constituição Federal estabelece um **padrão etário** de ingresso ao cargo de magistrado de alguns Tribunais, que corresponde a limites de idade (mínimo e máximo) para um cidadão possa ser indicado a compor tais órgãos. São eles:

- STF, STJ e TST: idade mínima de 35 anos e máxima de 65 anos;
- TRFs e TRTs: idade mínima de 30 anos e máxima de 65 anos;
- STM: idade mínima de 35 anos apenas para os ministros civis.

8.6. Garantias do Poder Judiciário

22 No intuito de assegurar a **independência** e a **autonomia** do Poder Judiciário perante os outros Poderes, a Constituição atribuiu-lhe **garantias** que podem ser assim subdivididas:

(i) **institucionais**, que protegem o Judiciário enquanto instituição e se desdobram em garantias de autonomia orgânico-administrativa e em garantias de autonomia financeira; e

(ii) **funcionais**, que recaem sobre os próprios magistrados, visando assegurar-lhes independência e imparcialidade no exercício de suas atribuições.

23 Garantias institucionais: são concernentes à instituição como um todo e foram constituídas para tutelar o Poder Judiciário nas suas interações com os demais Poderes.

(A) **Garantias de autonomia orgânico-administrativa**: tais garantias são perceptíveis na estruturação e gestão dos órgãos pertencentes ao Poder Judiciário e concretizam-se por meio das competências privativas que a eles são atribuídas. Referem-se à capacidade que os Tribunais possuem de estruturação, gestão, administração e funcionamento, desempenhadas sem que haja qualquer ingerência dos demais Poderes.

(B) **Garantias de autonomia financeira**: a autonomia financeira do Poder Judiciário assegura-lhe recursos e alguma discricionariedade para utilizá-los. Foi outorgada aos Tribunais a elaboração de suas propostas orçamentárias, observados os limites estabelecidos conjuntamente com os demais Poderes na lei de diretrizes orçamentárias.

24 As garantias funcionais permitem aos juízes o cumprimento de suas atribuições constitucionais e legais com a necessária imparcialidade e, ainda, com desassombro e liberdade diante de eventuais ingerências externas. Podem ser fracionadas em dois grupos: (1) garantias de independência e (2) garantias de imparcialidade.

(1) Garantias de **independência** dos órgãos judiciários: estas garantias permitem aos magistrados trabalhar em paz, sem se subordinarem hierarquicamente a quem quer que seja; são elas:

(A) **Vitaliciedade**: é a garantia que vincula o titular ao cargo para o qual foi nomeado e, uma vez alcançada, torna o sujeito detentor do cargo por toda vida, o que garante que ele somente irá perdê-lo em virtude de sentença judicial transitada em julgado. No primeiro grau de jurisdição, a vitaliciedade somente é adquirida após o magistrado exercer efetivamente o cargo por dois anos e superar o estágio probatório. Durante esse período, o juiz pode perder seu cargo administrativamente, por decisão da maioria absoluta dos membros do Tribunal a que ele estiver vinculado. Já nos Tribunais, todos os membros adquirem a garantia da vitaliciedade com a assunção do cargo, independentemente da forma de acesso.

(B) **Inamovibilidade**: consiste na prerrogativa que o magistrado possui de somente ser removido (ou promovido) por iniciativa própria, jamais de ofício. A única exceção é a existência de interesse público, hipótese em que seu deslocamento (por ex., de uma comarca para outra, de um grau de jurisdição para outro) poderia se dar pelo voto da maioria absoluta dos membros do Tribunal a que ele esteja vinculado ou do Conselho Nacional de Justiça, sendo sempre assegurada a ampla defesa.

(C) **Irredutibilidade de subsídios**: consiste na garantia que os magistrados têm de que seus subsídios não poderão ser reduzidos (salvo em decorrência da incidência dos tributos). Isso evita pressões externas, que impediriam a liberdade no exercício das atribuições judicantes. Trata-se de uma garantia nominal, e não real, isto é, os valores percebidos pelos magistrados não estão livres de corrosão por eventual inflação.

(2) Garantias de **imparcialidade** dos órgãos judiciários: vedações foram impostas ao juiz no intuito de garantir sua imparcialidade enquanto órgão julgador. O rol que as estabelece é taxativo e determina que aos magistrados é vedado:

(i) exercer, ainda que em disponibilidade, outro cargo ou função, salvo uma de magistério;

(ii) receber, a qualquer título ou pretexto, custas ou participação em processo;

(iii) dedicar-se à atividade político-partidária;

(iv) receber, a qualquer título ou pretexto, auxílios ou contribuições de pessoas físicas, entidades públicas ou privadas, ressalvadas as exceções previstas em lei; e

(v) exercer a advocacia no juízo ou Tribunal do qual se afastou, antes de decorridos três anos do afastamento do cargo por aposentadoria ou exoneração. Trata-se da chamada quarentena de saída.

8.7. Órgãos judiciários em espécie

A. Ao Supremo Tribunal Federal

→ **arts. 101 a 103, da CF/88**

25 Órgão de cúpula do Poder Judiciário: além de ser o órgão judicial brasileiro mais antigo, o Supremo Tribunal Federal encontra-se no topo da organização judiciária, caracterizando-se como órgão superior do Poder.

26 **Composição**: onze ministros vitalícios.

27 **Escolha** dos integrantes: os Ministros do STF são nomeados pelo Presidente da República, depois de aprovada a escolha pela maioria absoluta dos membros do Senado Federal.

28 Para que um cidadão seja indicado à vaga de Ministro da Corte Suprema, é necessário o preenchimento dos seguintes **requisitos** constitucionais:

(i) nacionalidade originária (brasileiro nato, conforme exige o art. 12, § 3°, CF/88);

(ii) idade mínima superior a trinta e cinco anos e idade máxima inferior a sessenta e cinco anos;

(iii) notável saber jurídico;

(iv) reputação ilibada.

29 **Funções**: o STF é a Corte Constitucional brasileira, vale dizer, é o órgão judicante responsável pela defesa da Constituição em todo o território nacional, mediante diversos mecanismos, entre os quais se destaca o controle concentrado de constitucionalidade realizado de forma exclusiva por este órgão. Contudo, o Supremo não é uma Corte exclusivamente constitucional, pois a Constituição Democrática de 1988 ampliou significativamente suas competências originárias, conferindo-lhe também outras de natureza recursal (arts. 102 e 103, CF/88).

B. Conselho Nacional de Justiça

30 Órgão de **controle interno** do Poder Judiciário: em meio a um cenário de críticas severas ao isolacionismo social, morosidade e corporativismo maléficos que acometiam o Poder Judiciário, foi instituído o CNJ (pela EC nº 45/2004), órgão não judicante, dotado de atribuições exclusivamente administrativas para o controle da atuação administrativa e financeira do Poder Judiciário e fiscalização dos juízes no cumprimento de seus deveres funcionais. A criação do Conselho foi questionada perante o STF, sob o argumento de violação ao ideal de separação de poderes e ao princípio federativo. Tais alegações não foram acolhidas pela Corte, que acabou afirmando a constitucionalidade do CNJ.

31 **Composição**: o CNJ possui quinze membros, com mandato de dois anos, sendo admitida, apenas, uma recondução.

32 **Escolha dos integrantes**: os membros do Conselho são nomeados pelo Presidente da República, depois de aprovada a escolha pela maioria absoluta dos integrantes do Senado Federal, com exceção ao Presidente do Supremo Tribunal Federal, que é membro originário do Conselho por expressa determinação constitucional (art. 103-B, I, CF/88).

33 O CNJ será presidido pelo Presidente do STF, sendo que nas suas ausências e impedimentos, caberá ao Vice-Presidente do STF exercer essa função. O Ministro do Superior Tribunal atuará junto ao Conselho como Ministro-Corregedor. Também o Procurador-Geral da República e o Presidente do Conselho Federal da OAB oficiarão junto ao Conselho.

34 **Funções**: cabe ao CNJ o controle da atuação administrativa e financeira do Poder Judiciário, além da fiscalização dos juízes no cumprimento de seus deveres funcionais. Suas atribuições constitucionalmente previstas (art. 103-B, § 4º), no entanto, não são exaustivas, havendo a possibilidade de ampliação pelo Estatuto da Magistratura.

35 Vale destacar que o STF não está sujeito às deliberações do CNJ, pois, além de ser órgão de cúpula jurisdicional nacional do Judiciário brasileiro, apresenta-se igualmente como órgão de cúpula administrativa, financeira e de controle do cumprimento dos deveres funcionais dos juízes. Portanto, os atos do Conselho poderão ser revistos pela Corte.

C. Superior Tribunal de Justiça

→ **arts. 104 e 105, CF/88**

36 **Órgão de defesa da unidade do direito federal**: o STJ foi instituído pela Constituição de 1988 como órgão o responsável por assegurar a supremacia da legislação federal no Brasil, uniformizando sua interpretação em todo o país.

37 Compõem a **estrutura do STJ**, os seguintes órgãos administrativos: (i) a Escola Nacional de Formação e Aperfeiçoamento de Magistrados e (ii) o Conselho da Justiça Federal; ambos instituídos pela EC nº 45/2004.

38 **Composição**: trinta e três ministros, no mínimo, sendo:

(i) **um terço** composto por juízes advindos dos Tribunais Regionais Federais;

(ii) **um terço** composto por Desembargadores advindos dos Tribunais de Justiça;

(iii) **um terço** composto, em partes iguais, dentre advogados e membros do Ministério Público Federal, Estadual, do Distrito Federal e Territórios, alternadamente, indicados segundo o regramento previsto no art. 94, CF/88 – apesar de a aritmética da formação do STJ não se subordinar à regra do "quinto constitucional", o procedimento de indicação dos membros do MP e da advocacia segue os trâmites definidos por esta cláusula.

39 **Escolha** dos integrantes: os Ministros do STJ são nomeados pelo Presidente da República, depois de aprovada a escolha pela maioria absoluta do Senado

Federal. Para que um cidadão seja indicado à vaga de Ministro deste órgão, é necessário o preenchimento dos seguintes **requisitos** constitucionais:

(i) idade mínima superior a trinta e cinco anos e idade máxima inferior a sessenta e cinco anos;

(ii) notável saber jurídico;

(iii) reputação ilibada.

40 **Funções:** o Tribunal possui competências originárias e recursais, com base no que dispõe o art. 105, CF/88, cabendo-lhe precipuamente assegurar a supremacia da legislação federal no Brasil, uniformizando sua interpretação em todo o país.

D. Tribunais Regionais Federais e juízes federais

→ **arts. 106 a 110 da CF/88**

41 Competência: cabe à Justiça Federal o julgamento das causas envolvendo interesse da União ou de suas autarquias, fundações e empresas públicas federais, na condição de autoras, assistentes ou oponentes, com exceção das de falência, acidentes do trabalho e as sujeitas à Justiça Eleitoral e à Justiça do Trabalho e outras questões de interesse da Federação previstas no art. 109, CF/88.

42 **Estrutura**: a Justiça Federal Comum é composta pelos Tribunais Regionais Federais e Juízes Federais de primeira instância.

43 Tribunais Regionais Federais: são compostos de, no mínimo, sete juízes, recrutados, quando possível, na respectiva região e nomeados pelo Presidente da República dentre brasileiros com mais de **trinta** e menos de sessenta e cinco anos, sendo:

(i) um quinto dentre advogados com mais de dez anos de efetiva atividade profissional e membros do Ministério Público Federal com mais de dez anos de carreira;

(ii) os demais, mediante promoção de juízes federais com mais de cinco anos de exercício, por antiguidade e merecimento, alternadamente.

44 Com a Reforma do Judiciário, a EC nº 45/2004 previu a instalação da Justiça itinerante, assim como a descentralização dos TRFs.

45 Juízes federais: ingressam na carreira mediante aprovação em concurso público de provas e títulos e são lotados nas varas federais abarcadas pela jurisdição de cada Tribunal Regional Federal. A Constituição determinou que cada Estado (e o Distrito Federal) deve constituir uma seção judiciária que terá por sede a respectiva Capital, e varas localizadas (subseções judiciárias, com sede nas cidades do interior do Estado). Nos Territórios Federais, a jurisdição e as atribuições conferidas aos juízes federais caberão aos juízes da justiça local.

46 **Incidente de deslocamento de competência** para Justiça Federal (IDC): nas hipóteses de grave violação de direitos humanos, o Procurador-Geral da República, com a finalidade de assegurar o cumprimento de obrigações decorrentes de tratados internacionais de direitos humanos dos quais o Brasil seja parte, poderá suscitar, perante o STJ, em qualquer fase do inquérito ou processo, o incidente de deslocamento de competência para a Justiça Federal, conforme art. 109, § 5º, CF/88. Tal regra tem sido denominada "**federalização**". Exemplo: a tortura e homicídio praticados por grupos de extermínio.

E. Justiça do Trabalho

→ **arts. 111 a 116 da CF/88**

47 **Competência**: a Justiça do Trabalho é órgão de jurisdição especializada que promove a solução de conflitos decorrentes das relações de trabalho.

48 **Estrutura**: a Justiça do Trabalho tem como órgãos o Tribunal Superior do Trabalho, os Tribunais Regionais do Trabalho e os Juízes do Trabalho, sendo possível que a lei atribua a jurisdição trabalhista aos juízes de direito nas comarcas onde não foram instituídas Varas da Justiça do Trabalho (casos em que os recursos serão direcionados ao respectivo Tribunal Regional do Trabalho).

49 Tribunal Superior do Trabalho: com sede na Capital Federal e jurisdição em todo o território nacional, compõe-se de vinte e sete Ministros, escolhidos entre brasileiros natos ou naturalizados, com mais de trinta e cinco e menos de sessenta e cinco anos de idade, de notável saber jurídico e reputação ilibada, nomeados pelo Presidente da República após aprovação pela maioria absoluta do Senado Federal. O TST será composto por:

(i) um quinto entre advogados com mais de dez anos de efetiva atividade profissional e membros do Ministério Público do Trabalho, com mais de dez anos de efetivo exercício da função – nesse caso, haverá uma lista sêxtupla elaborada pelos órgãos das respectivas classes que será encaminhada ao TST. O TST, de posse da lista sêxtupla, elabora outra, agora tríplice, que será encaminhada ao Presidente da República, autoridade competente para verificar o cumprimento dos requisitos. O mesmo realizará a escolha de um nome, tal escolha será encaminhada para sabatina do Senado Federal e dependerá de aprovação por maioria absoluta. No fim de todo o trâmite, ocorrerá a nomeação pelo Presidente da República;

(ii) os demais componentes, quatro quintos, são escolhidos entre os juízes dos Tribunais Regionais do Trabalho, **oriundos da magistratura de carreira**, indicados pelo próprio Tribunal Superior – nesse caso, há indicação do TST ao Senado Federal, que aprovará a escolha por maioria absoluta e a encaminhará para a nomeação, a ser realizada pelo Presidente da República.

50 Merece destaque também recente alteração do texto constitucional promovida pela EC nº 92/2016, que atribuiu competência originária ao TST para processar e julgar a reclamação para a preservação de sua competência e garantia da autoridade de suas decisões (art. 111-A, § 3º, CF/88).

51 Tribunais Regionais do Trabalho: compõem-se de, no mínimo, sete juízes, recrutados, quando possível, na respectiva região, e nomeados pelo Presidente da República dentre brasileiros com mais de **trinta** e menos de sessenta e cinco anos, sendo:

(i) um quinto dentre advogados com mais de dez anos de efetiva atividade profissional e membros do Ministério Público do Trabalho com mais de dez anos de efetivo exercício, observado o disposto no art. 94, CF/88;

(ii) os demais, mediante promoção de juízes do trabalho por antiguidade e merecimento, alternadamente.

52 Juízes do trabalho: com a EC nº 24/1999, as Juntas de Conciliação e Julgamento foram substituídas pelas Varas do Trabalho, nas quais um juiz singular exerce a jurisdição. Porém, nas comarcas em que não houver Vara do Trabalho, o juiz de direito será competente para exercer a jurisdição do juiz do trabalho, devendo encaminhar eventuais recursos para o Tribunal Regional do Trabalho da respectiva região.

F. Tribunais e Juízes Eleitorais

→ **arts. 118 a 121, CF/88**

53 **Competência**: a Justiça Eleitoral é órgão de jurisdição especializada, que cuida da organização e lisura do processo eleitoral.

54 **Estrutura**: a Justiça Eleitoral é composta pelo o Tribunal Superior Eleitoral, os Tribunais Regionais Eleitorais, os Juízes Eleitorais e as Juntas Eleitorais.

55 Tribunal Superior Eleitoral: compõe-se de sete Ministros, sendo:

(i) três juízes eleitos, mediante voto secreto, entre os Ministros do STF;

(ii) dois juízes eleitos, mediante voto secreto, entre os Ministros do STJ; e

(iii) dois juízes nomeados pelo Presidente da República dentre seis advogados de notável saber jurídico e idoneidade moral, indicados pelo STF.

56 No caso da indicação feita pelo STF, a Corte elaborará lista sêxtupla com os nomes dos advogados e encaminhará ao Presidente da República, que irá realizar a nomeação sem necessidade de aprovação do Senado Federal.

57 Tribunais Regionais Eleitorais: haverá um na Capital de cada Estado e no Distrito Federal (serão, pois, 27 TREs), cada um deles composto por sete juízes, escolhidos do seguinte modo:

(i) mediante eleição, pelo voto secreto:

(A) de dois juízes dentre os desembargadores do Tribunal de Justiça;

(B) de dois juízes, dentre juízes de direito, escolhidos pelo Tribunal de Justiça;

(ii) de um juiz do Tribunal Regional Federal com sede na Capital do Estado ou no Distrito Federal, ou, não havendo, de juiz federal, escolhido, em qualquer caso, pelo Tribunal Regional Federal respectivo;

(ii) por nomeação, pelo Presidente da República, de dois juízes dentre seis advogados de notável saber jurídico e idoneidade moral, indicados pelo Tribunal de Justiça.

58 Juízes eleitorais: em primeiro grau, a Justiça Eleitoral é composta por juízes de Direito integrantes da Justiça Estadual e do Distrito Federal.

G. Tribunais e juízes militares

→ **arts. 122 a 124, CF/88**

59 **Estrutura**: a Justiça Militar fraciona-se em Justiça Militar da União e Justiça Militar dos Estados e do Distrito Federal.

60 Superior Tribunal Militar: é o órgão de cúpula é da Justiça Militar da União, sendo formado por quinze Ministros vitalícios, sendo cinco civis e dez militares. Todos os Ministros do STM são nomeados pelo Presidente da República, após aprovação do Senado Federal.

61 Os dez militares integrantes do STM são compostos por três oficiais-generais da Marinha, quatro oficiais-generais do Exército e três oficiais-generais da Aeronáutica, sendo todos da ativa e do posto mais elevado da carreira. Os cinco civis, por outro lado, são compostos por três advogados de notório saber jurídico e conduta ilibada, além de dez anos de efetiva atividade profissional e dois por escolha paritária, sendo um juiz auditor e um membro do Ministério Público, ambos da Justiça Militar.

62 O Presidente da República aponta o candidato livremente – não há lista tríplice ou sêxtupla – e encaminha ao Senado Federal. Este aprova a escolha por maioria simples, encaminhando de volta para nomeação pelo Presidente da República.

H. Tribunais e juízes dos Estados

→ **arts. 125 e 126, CF/88**

63 **Competência**: à Justiça Estadual é atribuída competência residual, cabendo-lhe processar e julgar qualquer causa que não esteja sujeita à competência de outro órgão jurisdicional (Justiça Federal comum, do Trabalho, Eleitoral e Militar).

64 **Estrutura**: a organização das Justiças estaduais é conferida à Constituição do estado respectivo, cabendo-lhe também a distribuição da competência entre os juízes de Direito e Tribunais de Justiça.

8.8. Súmulas vinculantes

→ **art. 103-A, CF**

65 **Conceito**: as súmulas vinculantes são enunciados aprovados pelo STF de observância compulsória (dotados de efeitos vinculantes), que contém as orientações jurisprudenciais da Corte firmadas a partir de sucessivas decisões proferidas em casos concretos a respeito de matéria constitucional. Trata-se de instrumento que permite à Corte Suprema padronizar a interpretação jurídico-constitucional a respeito de normas determinadas, acerca das quais haja controvérsia atual entre órgãos judiciários ou entre esses e a administração pública que acarrete grave insegurança jurídica e relevante multiplicação de processos sobre questão idêntica.

66 **Origem**: foi num cenário de "crise do Poder Judiciário", marcado pela lentidão dos processos e o alto custo de obtenção de uma resposta institucional, que ganhou força no direito brasileiro a pretensão por precedentes judiciais com força vinculativa. Finalmente, em 2004, a EC/45 operou a introdução de um instituto típico da ***common law*** na ordem constitucional brasileira de tradição codificada, que ocasionou estranheza e ensejou, de início, duras críticas.

67 A **finalidade** da previsão desse instituto no direito pátrio teve objetivos mais amplos e nobres que simplesmente combater a **morosidade** do Judiciário reduzindo sua carga de trabalho. A concessão de efeito vinculante às súmulas visou garantir **respostas igualitárias** entre os jurisdicionados, especialmente àqueles menos favorecidos constantemente excluídos das benesses da cidadania nas causas de repetição. Teve por intuito, também, garantir imparcialidade na aplicação da lei, alcançando previsibilidade no manejo do direito e impedindo arbitrariedades judiciais.

68 **Competência** para edição, revisão e cancelamento: **exclusiva do Supremo Tribunal Federal.** A Corte pode atuar de **ofício** (proposta apresentada por um Ministro integrante do Tribunal) ou a partir de **provocação** dos órgãos e pessoas com legitimidade para a propositura de ação direta de inconstitucionalidade, sem prejuízo do que vier a ser estabelecido em lei (CF, art. 103-A, § 2º). Vale mencionar que a Lei nº 11.417/2006 incrementou esse rol, atribuindo em seu art. 3º a iniciativa também ao Defensor Público-Geral da União e de todos os Tribunais. Este mesmo diploma normativo, permite ainda a proposta de edição, revisão ou cancelamento de enunciado de súmula vinculante por Município, caso em que esta deverá ser realizada incidentalmente ao curso de processo em que tal ente federativo seja parte.

69 **Requisitos** de edição:

(i) existência de reiteradas decisões sobre a matéria **constitucional**;

(ii) existência de **controvérsia atual** entre órgãos do Poder Judiciário ou entre estes e a Administração Pública que acarrete grave insegurança jurídica ou a multiplicação de processos idênticos;

(iii) aprovação por **2/3** dos membros da Corte (isto é, ao menos 8 Ministros).

70 **Objeto**: as súmulas vinculantes terão por objeto a eficácia, a validade e a interpretação de normas jurídicas determinadas.

71 **Efeito vinculante**: todos os demais órgãos do Poder Judiciário e a administração pública, direta e indireta, de todas as unidades da nossa federação, estão vinculados pelo teor do enunciado da súmula vinculante. Vale lembrar que os Poderes Executivo e Legislativo ficam vinculados pela súmula, salvo quando estiverem no exercício da produção normativa (isto é, salvo se estiverem legislando).

72 **Cabimento de reclamação**: da decisão judicial ou do ato administrativo que contrariar enunciado de súmula vinculante, negar-lhe vigência ou aplicá-lo indevidamente caberá reclamação ao STF, sem prejuízo da utilização de outros recursos ou meios admissíveis de impugnação. Se a reclamação for utilizada para questionar omissão ou ato da administração pública, seu uso só será admitido após o esgotamento prévio das vias administrativas.

9. FUNÇÕES ESSENCIAIS À JUSTIÇA

1 Sabemos que o Poder Judiciário não age por iniciativa própria em razão do princípio da inércia. É característica da jurisdição a estática ou o não-agir por impulso próprio. Destarte, é imprescindível que a Constituição institucionalize as atividades profissionais especializadas no desenrolar da dialética processual, atribuindo-lhes o *status* **de funções essenciais à Justiça**. Referidas funções estão referidas entre os arts. 127 a 135 da CF/88, distribuídas do seguinte modo:

(i) Ministério Público (arts. 127 a 130);
(ii) Advocacia Pública (arts. 131 e 132),
(iii) Advocacia (art. 133); e
(iv) Defensoria Pública (art. 134).

9.1. Ministério Público

2 O Ministério Público é uma **instituição permanente**, essencial à função jurisdicional do Estado, ao qual incumbe a defesa da ordem jurídica, do regime democrático e dos interesses sociais e individuais indisponíveis (art. 127, *caput*, CF/88).

3 Em consonância com as lições doutrinárias majoritárias, o Ministério Público **não** integra nenhum dos poderes estatais, sendo uma instituição independente e autônoma, que não se inclui na estrutura de nenhum dos poderes tradicionais (Legislativo, Executivo e Judiciário).

4 **Princípios institucionais do Ministério Público (art. 127, § 1º, CF/88):**

(i) **princípio da unidade**: os integrantes do MP são parte de uma única instituição, sendo dirigidos por um mesmo chefe institucional (o Procurador-Geral) e possuidores das mesmas prerrogativas funcionais;

(ii) **princípio da indivisibilidade**: sinaliza que os integrantes do MP podem ser substituídos uns pelos outros, desde que da mesma carreira, sem que isso acarrete qualquer prejuízo aos atos já praticados;

(iii) **princípio da independência funcional**: protege a instituição de constrangimentos indevidos e ingerências externas – por meio das garantias institucionais –, e garante independência aos membros do MP, de forma que estes não se subordinem às convicções jurídicas de outrem, podendo atuar livremente, de acordo com suas próprias convicções jurídicas, às leis e, sobretudo, à Constituição Federal.

(iv) **princípio do promotor natural:** ao contrário dos demais, este é um princípio que se encontra implícito no ordenamento pátrio e que visa impedir eventuais designações casuísticas e arbitrárias realizadas pelo Chefe da instituição que poderiam comprometer a plenitude e a independência da instituição. Em razão disso, este princípio preceitua que o representante do Ministério Público que deve atuar no caso é aquele previamente apontado pelas regras, abstratas e genéricas, de estruturação e organização da instituição, no intuito de, com isso, rechaçar o "acusador" de exceção.

5 O ingresso na carreira do Ministério Público depende do preenchimento dos seguintes **requisitos** (art. 129, § 3º, CF/88):

(i) bacharelado em Direito;

(ii) comprovação de três anos, no mínimo, de atividade jurídica;

(iii) aprovação em concurso público de provas e títulos, com a obrigatória participação da OAB em sua realização e observância, nas nomeações, da ordem de classificação no certame.

6 Garantias institucionais do Ministério Público (art. 127, §§ 2º e 3º, CF/88): com vistas a assegurar a atuação autônoma e independente do Ministério Público, a Constituição enunciou algumas garantias institucionais para este órgão que podem ser apresentadas da seguinte maneira: (i) autonomia funcional da instituição; (ii) autonomia administrativa; e (iii) autonomia financeira.

7 Garantias dos membros do Ministério Público (art. 128, § 5º, I, CF/88): além das garantias institucionais, o texto constitucional estabeleceu também garantias destinadas aos membros do Ministério Público. São elas:

(i) a **vitaliciedade**: o membro do Ministério Público se torna vitalício após dois anos de efetivo exercício, não podendo mais perder o cargo senão após decisão judicial transitada em julgado.

(ii) a **inamovibilidade**: os membros do Ministério Público, uma vez titulares do cargo, somente poderão ser removidos, ou mesmo promovidos, por iniciativa própria. Importante destacar que essa garantia é constitucionalmente excepcionada por motivo de interesse público, mediante decisão, por maioria absoluta de votos, do órgão colegiado competente (o Conselho Nacional do Ministério Público), assegurada ampla defesa.

(iii) a **irredutibilidade de subsídio**: garantia que assegura que os membros do Ministério Público não sofram pressões por diminuições remuneratórias indevidas no exercício de suas funções e atribuições.

8 Vedações constitucionais aos membros do Ministério Público (art. 128, § 5º, II, CF/88): a **plena independência** do Ministério Público é alcançada também em razão das vedações impostas aos membros do MP, que se traduzem, em verdade, em garantias de imparcialidade. São as seguintes:

(i) receber, a qualquer título e sob qualquer pretexto, honorários, percentagens ou custas processuais;

(ii) exercer a advocacia;

(iii) participar de sociedade comercial, na forma da lei;

(iv) exercer, ainda que em disponibilidade, qualquer outra função pública, salvo uma de magistério;

(v) exercer atividade político-partidária;

(vi) receber qualquer forma de auxílio ou contribuição de pessoas físicas, entidades públicas ou privadas, exceto nas situações autorizadas em lei.

9 **Organização e composição do Ministério Público (art. 128, CF/88):** nos termos do documento constitucional, o Ministério Público engloba:

(i) o Ministério Público da União (MPU), que compreende:

- Ministério Público Federal (MPF);
- Ministério Público do Trabalho (MPT);
- Ministério Público Militar (MPM);
- Ministério Público do Distrito Federal e Territórios (MPDFT); e

(ii) os Ministérios Públicos dos Estados (MPEs).

10 O Chefe do MPU é o **Procurador-Geral da República (PGR)**, nomeado pelo Presidente da República dentre indivíduos que preencham os seguintes requisitos: (i) integrante da carreira; (ii) maior de trinta e cinco anos, (iii) aprovação de seu nome pela maioria absoluta do Senado Federal (art. 128, § 1º, CF/88).

11 Seu **mandato é de dois anos**, sendo permitida a recondução ilimitada, desde que observado idêntico procedimento ao da nomeação. Sua destituição antes do término do mandato é possível, e ocorrerá por iniciativa do Presidente da República, sendo precedida de autorização da maioria absoluta do Senado Federal (art. 128, §§ 1º e 2º, CF/88).

12 O processo e julgamento do PGR, em razão do relevante *status* funcional que possui, é realizado pelo **Senado Federal** (art. 52, II, CF/88), em se tratando de crime de responsabilidade, e no **STF**, na hipótese do cometimento de crime comum (art. 102, I, "b", CF/88).

13 O Chefe dos Ministérios Públicos dos Estados e do Distrito Federal é o **Procurador-Geral de Justiça** (PGJ), nomeado pelo respectivo Chefe do Poder Executivo, através da escolha de um dos nomes inscritos em lista tríplice formada por integrantes da carreira (art. 128, § 3º, CF/88). Não há participação do Poder Legislativo local nesta escolha, haja vista a desnecessidade da aprovação da escolha feita pelo chefe do Executivo.

14 O **mandato** do PGJ é de dois anos, sendo permitida apenas uma recondução. Sua destituição antes do término do mandato é possível, mas deve ser precedida de deliberação da maioria absoluta do Poder Legislativo, na forma da lei complementar respectiva (art. 128, §§ 3º e 4º, CF/88).

15 **Conselho Nacional do Ministério Público (CNMP):** adicionado ao documento constitucional pela emenda que engendrou a reforma do Poder

Judiciário, CNMP é um órgão de controle interno da instituição sediado em Brasília e com atuação em todo o território nacional. Sua composição está delimitada no art. 130-A, que determina a participação de 14 membros, nomeados pelo Presidente da República depois de aprovada a escolha pela maioria absoluta do Senado Federal. Seus integrantes são detentores de um mandato de dois anos, sendo admitida uma recondução. Vale lembrar que o PGR, além de ser o Presidente do Conselho é também o membro nato.

16 Por determinação constitucional, as funções do Ministério Público só podem ser exercidas por **integrantes da carreira**, que deverão residir na comarca da respectiva lotação, salvo autorização do chefe da instituição (art. 129, § 2º, CF/88).

17 O STF reconheceu, recentemente, a legitimidade do Ministério Público para promover, por autoridade própria, **investigações de natureza penal**.

9.2. Advocacia-Geral da União

18 A atual Constituição instituiu a Advocacia-Geral da União (art. 131, CF/88), atribuindo-lhe a **representação da União, judicial e extrajudicialmente**, e, nos termos da lei complementar que dispuser sobre sua organização e funcionamento, as atividades de consultoria e assessoramento jurídico do Poder Executivo. Vê-se, pois, que foi o texto constitucional de 1988 que, além de fortalecer substancialmente o Ministério Público, conferindo-lhe diversas prerrogativas de *status* constitucional, criou um órgão específico para efetivar a representação judicial e extrajudicial da União, concedendo-lhe as condições indispensáveis para o cumprimento de suas tarefas.

19 A Advocacia-Geral da União **compreende**:

(i) como órgãos de direção superior:

- o Advogado-Geral da União (AGU);
- a Procuradoria-Geral da União e a da Fazenda Nacional;
- Consultoria-Geral da União;
- o Conselho Superior da Advocacia-Geral da União; e
- a Corregedoria-Geral da Advocacia da União.

20 Subordinados diretamente ao Advogado-Geral da União, além do seu gabinete, estão: (i) a Procuradoria-Geral da União; (ii) a Consultoria-Geral da União; (iii) a Corregedoria-Geral da Advocacia-Geral da União; (iv) a Secretaria de Controle Interno e, (v) técnica e juridicamente, a Procuradoria-Geral da Fazenda Nacional.

21 A Advocacia-Geral da União é chefiada pelo **Advogado-Geral da União** (art. 131, § 1º, CF/88), o qual é livremente nomeado pelo Presidente da República (ou seja, a escolha não há de ser confirmada pelo Senado Federal), dentre advogados maiores de trinta e cinco anos, possuidores de notável saber jurídico e de reputação ilibada. Note-se, pois, que o AGU não precisa integrar os quadros da Advocacia-Geral da União para ser nomeado para a função.

22 Possuidor do **status de Ministro de Estado**, o AGU será processado e julgado, nos crimes de responsabilidade, no Senado Federal (art. 52, II, CF/88), e nos crimes comuns, no STF (art. 102, I, "c", CF/88).

23 Os Procuradores dos Estados e do Distrito Federal integram a respectiva Procuradoria-Geral, órgão ao qual a Constituição confiou a representação da entidade federada (judicial e extrajudicialmente) e a prestação da atividade de consultoria e assessoramento (art. 132, *caput*, CF/88).

24 Quanto ao ingresso na carreira, ele ocorre mediante concurso público, de provas e títulos, com a participação da OAB em todas as suas fases (art. 131, § 2º e art. 132, CF/88).

25 Aos procuradores foi assegurada estabilidade após três anos de efetivo exercício, mediante avaliação de desempenho perante os órgãos próprios, após relatório circunstanciado das corregedorias. Sua remuneração é feita por subsídio fixado em parcela única (art. 132, parágrafo único, CF/88).

9.3. Advocacia privada

26 O **advogado é indispensável à administração da justiça**, sendo inviolável por seus atos e manifestações no exercício da profissão e nos limites da lei (art. 133, CF/88).

27 Quanto à **indispensabilidade** dos advogados, ela decorre da circunstância de eles serem os profissionais que possuem, com exclusividade, a capacidade postulatória. Admite-se, no entanto, a participação facultativa dos advogados em algumas situações, por ex.: (i) impetração de *habeas corpus*; (ii) exercício do direito de petição; (iii) o ajuizamento de reclamação trabalhista também dispensa a obrigatoriedade do advogado; dentre outras situações.

28 A **inviolabilidade do advogado** constante do texto constitucional deve ser lida como uma prerrogativa vinculada ao exercício profissional, prevista pelo constituinte no intuito último de resguardar o exercício do direito de defesa.

9.4. Defensoria pública

29 No intuito de equacionar o acesso ao Judiciário e a obtenção das prestações jurisdicionais a todos os indivíduos, independentemente da (in)capacidade econômica que os distingue, a Constituição de 1988 edificou a Defensoria Pública (art. 134, CF/88), instituição permanente, essencial à função jurisdicional do Estado, incumbindo-lhe, como expressão e instrumento do regime democrático, fundamentalmente, a orientação jurídica, a promoção dos direitos humanos e a defesa, em todos os graus, **judicial** e **extrajudicial**, dos direitos individuais e coletivos, de forma integral e gratuita, aos **necessitados**, na forma do inciso LXXIV do art. 5º, CF.

30 A competência legislativa para a regulamentação da assistência jurídica e da Defensoria Pública é concorrente entre a União, os Estados e o Distrito Federal (art. 24, XIII, CF/88). Por isso, e apesar da unidade e indivisibilidade da instituição, temos a Defensoria Pública da União, a Defensoria Pública dos Estados, a Defensoria Pública do Distrito Federal e a dos Territórios.

31 Quanto à organização da Defensoria, lembremos que a instituição rege-se pelos mesmos princípios que o Ministério Público, a saber, a unidade, a indivisibilidade e a independência funcional princípios que, a partir da EC nº 80/2014, foram explicitados no § 4º do art. 134, CF/88. O ingresso na carreira ocorre, na classe inicial, através da realização de concurso público, de provas e títulos.

32 Aos defensores públicos foram asseguradas as seguintes garantias (art. 134, § 1º, CF/88 c/c arts. 43 e 127 da LC nº 80/1994):

(i) inamovibilidade; (ii) a independência funcional; (iii) irredutibilidade dos vencimentos; e (iv) estabilidade.

33 Quanto às prerrogativas enunciadas para os integrantes da carreira (arts. 44 e 128 da LC nº 80/1994), temos:

(i) todos os membros da Defensoria são detentores do direito à prisão especial ou em sala especial de Estado Maior e, após sentença condenatória transitada em julgado, ser recolhido em dependência separada, no estabelecimento em que tiver de ser cumprida a pena;

(ii) os defensores não serão presos, senão por ordem judicial escrita, salvo em flagrante, caso em que a autoridade fará imediata comunicação ao Defensor Público-Geral;

(iii) os defensores serão intimados pessoalmente em qualquer processo e grau de jurisdição ou instância administrativa, mediante entrega dos autos com vista, contando-se-lhes em dobro todos os prazos;

(iv) se vencedores na causa, os órgãos da Defensoria são destinatários de honorários advocatícios, salvo quando a Defensoria Pública tenha atuado contra a pessoa jurídica de direito público à qual pertença.

34 Dentre às vedações impostas aos defensores pela Constituição da República, encontra-se a de exercer a advocacia fora das atribuições institucionais (art. 134, § 1º, parte final, CF/88).

10. CONTROLE DE CONSTITUCIONALIDADE

1 A **supremacia da Constituição** revela a ideia de superioridade hierárquica das normas constitucionais em relação às demais normas que compõem o ordenamento. A Constituição é, portanto, considerada a **norma fundamental** de onde todas as demais retiram seu pressuposto de validade. Nesse sentido, será inconstitucional a norma do sistema que estiver em desconformidade com a Constituição, prestando-se os mecanismos de controle a garantir sua higidez e supremacia.

2 A efetivação do controle desenlaça-se na conclusão de constitucionalidade ou de inconstitucionalidade do ato submetido à comparação (análise de compatibilidade) com o texto constitucional. Caso a percepção final seja pelo antagonismo e contrariedade do ato normativo inferior frente aos vetores constitucionais, estaremos diante da **inconstitucionalidade** que poderá ser classificada segundo alguns critérios apontados no próximo tópico.

10.1. Tipologias de inconstitucionalidade

3 **Inconstitucionalidade formal (ou nomodinâmica)**: verifica-se quando determinada espécie normativa é produzida sem a observância devida às regras constitucionais próprias de processo legislativo. Nesse caso, a norma nascerá com um defeito extrínseco (de forma). Pode ser: (i) subjetiva, quando o vício formal deriva do descumprimento das normas de reserva de iniciativa das leis, ou (ii) objetiva, nas hipóteses em que o desrespeito referir-se às demais normas do processo legislativo.

4 **Inconstitucionalidade material (ou nomoestática)**: verifica-se quando o conteúdo da lei ou ato normativo revela-se contrário às normas e princípios inscritos na Constituição. Assim, a liberdade do legislador para a elaboração das espécies normativas deve ser exercida dentro dos limites constitucionais.

5 É possível também identificar a ocorrência de duas espécies de inconstitucionalidades a partir da análise das condutas praticadas pelo Poder Público: a inconstitucionalidade por **ação** e a inconstitucionalidade **omissão**. Na primeira, temos a realização, por parte do Estado, de uma conduta positiva (um *facere*) que não se compatibiliza com os preceitos constitucionais. Noutro giro, temos a inconstitucionalidade por omissão quando a nefasta letargia dos Poderes Públicos impede a efetivação de uma norma constitucional que, para produzir com plenitude seus efeitos, depende de uma atuação estatal.

6 **Inconstitucionalidade originária**: verifica-se quando uma lei ou ato normativo é editado posteriormente à Constituição em vigor, mas é com ela incompatível. Em tal situação, a norma constitucional que servirá de parâmetro será sempre anterior ao objeto (norma infraconstitucional).

7 Na **inconstitucionalidade superveniente**, o parâmetro (norma constitucional) é sempre posterior ao objeto (norma infraconstitucional). No Brasil, ao contrário de outros países (Portugal, por exemplo), não se reconhece a inconstitucionalidade superveniente, de modo que o aproveitamento dos atos normativos infraconstitucionais produzidos pelos processos legislativos vigentes antes da nova ordem constitucional ocorre através da realização de um **juízo de recepção**, segundo o qual apenas aqueles que forem materialmente compatíveis com a nova Carta Política são recepcionados, ou seja, continuam vigentes, ficando os demais revogados (ou não recepcionados).

8 **Inconstitucionalidade total**: trata-se do vício que compromete a norma de tal maneira que enseja a exclusão integral de seu texto do ordenamento jurídico.

9 Será **parcial** a inconstitucionalidade quando o vício atingir apenas trechos específicos do diploma normativo.

10 No que diz respeito ao prisma de apuração, a inconstitucionalidade poderá ser **direta** (mediata ou antecedente) ou **indireta**.

11 **Inconstitucionalidade direta**: configura-se quando a lei ou ato normativo apresenta uma antinomia frontal com o texto da Constituição, sem que para a aferição de compatibilidade seja necessária a análise de nenhuma outra norma infraconstitucional interposta. Incide sobre as espécies normativas primárias (art. 59, CF/88) que retiram seu fundamento de validade diretamente da Constituição da República.

12 **Inconstitucionalidade indireta** (ou mediata): subdivide-se em:

(i) inconstitucionalidade reflexa (ou oblíqua) – é aquela em que o vício decorre do desrespeito a uma norma infraconstitucional interposta entre o ato que se questiona e a Constituição.

(ii) inconstitucionalidade consequencial (por arrastamento, por atração ou por reverberação normativa) – ocorre quando há entre duas normas uma relação de dependência (uma principal e outra acessória), sendo que a declaração de inconstitucionalidade da principal enseja a declaração de inconstitucionalidade da acessória, ainda que o pedido tenha se limitado à norma principal. Isso porque, não faz sentido retirar do ordenamento a norma principal, deixando a norma secundária (dependente da primeira) que, sozinha, não possui nenhum sentido normativo.

10.2. Parâmetro para a declaração de constitucionalidade ou inconstitucionalidade

13 Numa análise estrutural da Constituição, é possível concluirmos que:

(i) o **preâmbulo não** é considerado parâmetro porque não é norma jurídica.

(ii) quanto à parte permanente (arts. 1º ao 250), todas as normas que a integram, independentemente de seu conteúdo, são consideradas parâmetro, não importando se são originárias, derivadas (emendas constitucionais) ou mesmo decorrentes da assimilação pelo rito especial de Tratados e Convenções Internacionais sobre Direitos Humanos (art. 5º, § 3º, CF).

14 No que se refere à parte transitória, expressa no ADCT (arts. 1º ao 114), pode-se dizer que suas normas também são consideradas parâmetro para o controle, enquanto ainda forem dotadas de eficácia, claro. Se a eficácia já se exauriu (aplicabilidade esgotada), não servem mais como normas de referência.

15 Por fim, vale ressaltar que no controle difuso de constitucionalidade, permite-se também a fiscalização dos atos emanados do Poder Público perante norma constitucional que já tenha sido revogada, sendo unicamente necessário verificar se essa norma constitucional estava em vigor no momento da criação do ato.

10.3. Formas de controle de constitucionalidade

16 O controle de constitucionalidade pode classificado a partir de diversos critérios que serão apresentados a seguir.

17 Quanto ao **órgão** que realizará o controle:

(i) **Controle político**: é realizado por órgãos públicos desprovidos de natureza jurisdicional;

(ii) **Controle jurídico** (ou jurisdicional): é efetivado por órgãos integrantes do Poder Judiciário e detentores de poderes jurisdicionais. É o sistema adotado no Brasil.

18 Quanto ao **momento** do controle:

(i) Controle **preventivo**: é aquele realizado quando a norma encontra-se ainda em fase de elaboração, vale dizer, no curso do trâmite legislativo.

Portanto, recai sobre projetos de lei e propostas de emenda constitucional. É modalidade de controle adotada em nosso país.

(ii) Controle **repressivo**: ocorre após o término do processo legislativo, alcançando as espécies normativas prontas e acabadas e que já estejam produzindo (ou ao menos aptas a produzir) seus efeitos. É também modalidade de controle adotada em nosso país.

19 Quanto à **relação entre o órgão e o momento** de controle no direito brasileiro, pode-se dizer que no Brasil, em regra, o controle de constitucionalidade é realizado pelo Poder Judiciário e de modo repressivo. Há, todavia, possibilidade de o controle ocorrer na modalidade judicial-preventiva, político-preventiva e, ainda, político-repressiva.

(i) **Controle judicial-repressivo**: o Poder Judiciário é o principal ator do controle repressivo de constitucionalidade, fiscalizando as leis e demais atos normativos com tramitação procedimental devidamente concluída, isto é, que já tenham sido, ao menos, promulgados.

(ii) **Controle judicial-preventivo**: trata-se de modalidade excepcional de controle, que é exercida pelo Poder Judiciário apenas quando um parlamentar – e somente ele – ingressa com mandado de segurança para coibir atos praticados no curso do processo legislativo que sejam incompatíveis com as disposições constitucionais procedimentais que disciplinam o tema.

(iii) **Controle político-preventivo**: é considerado político pois o controle é exercido por órgão não integrante do Poder Judiciário, sendo, por outro lado, preventivo porque alcança as proposições em fase de tramitação legislativa. No direito pátrio, realiza-se tanto pelo Poder Legislativo quanto pelo Poder Executivo.

(iv) **Controle político-repressivo**: modalidade excepcional de controle, desenvolve-se tanto no Poder Legislativo quanto no Poder Executivo.

20 Quanto ao **número (ou quantidade) de órgãos** competentes para processar o controle:

(i) **Controle difuso**: é exercido por uma pluralidade de órgãos jurisdicionais e através de qualquer processo em que se pretenda o reconhecimento da inconstitucionalidade de uma lei ou ato normativo para obtenção da tutela de direitos subjetivos (controle concreto). Originado nos Estados Unidos da América, o controle difuso é realizado por qualquer juiz ou Tribunal. No Brasil, essa modalidade foi inaugurada pela Constituição de 1891 e mantida em todas as subsequentes.

(ii) **Controle concentrado (reservado):** o julgamento das questões constitucionais é atribuída a um órgão jurisdicional superior ou a uma Corte Constitucional (no Brasil, o STF), mediante um processo objetivo em que a validade da lei ou ato normativo é discutido em tese (controle abstrato), inexistindo violação concreta a um direito individual ou coletivo. Foi idealizado por Hans Kelsen que, em 1920, o consagrou na Constituição da Áustria. Existe no direito pátrio desde que a EC nº 16/1965 introduziu, na Constituição de 1946, a representação de inconstitucionalidade.

21 Quanto à finalidade do controle, pode-se classificá-lo em:

(i) **Controle concreto** (incidental): verifica-se quando a constitucionalidade de uma norma é arguida de modo incidental, no curso de uma demanda que possui como intuito principal solucionar uma controvérsia envolvendo direitos subjetivos. A constitucionalidade da norma não é, no controle concreto, a questão principal da ação, mas sim uma questão prejudicial que, como antecedente lógico à solução da pretensão deduzida em juízo, deve ser resolvida antes pelo Judiciário.

(ii) **Controle abstrato**: trata-se do controle realizado mediante um processo objetivo em que a validade da lei ou ato normativo é discutida em tese, inexistindo violação concreta a um direito individual ou coletivo. Nesse caso, a finalidade precípua do controle é promover a defesa objetiva da Constituição.

10.4. Controle difuso de constitucionalidade

22 O controle difuso de constitucionalidade foi instituído no Brasil pela primeira vez em 1891 – quando promulgada a primeira Constituição da República – e mantido em todas as Cartas subsequentes. É conhecido também como controle incidental, ou concreto.

23 Como principais características dessa modalidade de controle, podemos destacar:

(i) **Finalidade**: é a satisfação de um direito subjetivo, não sendo o reconhecimento da inconstitucionalidade de uma lei ou ato normativo a questão principal da demanda. Destaca-se, neste caso, a existência de uma controvérsia concreta (controle concreto), sendo o reconhecimento da inconstitucionalidade apenas questão incidental. Destarte, podemos concluir que a finalidade é proteger direitos subjetivos afetados pela norma dita inconstitucional, dirimindo a controvérsia jurídica e protegendo os direitos subjetivos pertencentes às partes da relação jurídica.

(ii) **Objeto**: pode ser qualquer ato emanado dos Poderes Públicos, não importando a esfera federativa que o produziu, tampouco se sua natureza é de ato normativo ou não, seja primário ou secundário. Igualmente, não é relevante ser o ato anterior ou posterior à norma constitucional parâmetro, isto é, pré ou pós-constitucional. Também não é obstáculo para a realização do controle difuso ter sido o ato revogado ou estar com seus efeitos exauridos.

(iii) **Parâmetro**: o controle difuso permite a fiscalização dos atos emanados do Poder Público perante qualquer norma constitucional, ainda que ela já tenha sido revogada, sendo unicamente necessário verificar se estava em vigor no momento da criação do ato impugnado.

(iv) **Instrumento processual adequado**: a questão da inconstitucionalidade pode ser arguida em qualquer processo em que se pretenda a tutela de direitos subjetivos (ou seja, no controle difuso não temos ações específicas).

(v) **Legitimidade**: é ampla a legitimidade para inaugurar o controle difuso de constitucionalidade, já que abrange: as partes (autor ou réu), em quaisquer demandas; os eventuais terceiros intervenientes; o Ministério Público; os órgãos jurisdicionais, de ofício, no âmbito dos processos de sua competência (com exceção do STF no recurso extraordinário).

(vi) **O controle difuso nos Tribunais**: a Constituição Federal (art. 97) condiciona a declaração de inconstitucionalidade pelos Tribunais em controle difuso à observância da "cláusula de reserva de plenário". Esta determina que somente pelo voto da maioria absoluta de seus membros ou dos membros do órgão especial é que a inconstitucionalidade da lei ou ato normativo poderá ser declarada. Isso significa que órgãos fracionários (turmas e câmaras) não podem declarar sozinhos a inconstitucionalidade de uma lei ou ato normativo (prestigiando o princípio da presunção de constitucionalidade das normas). Sobre o tema, vale também a leitura do **art. 949, parágrafo único, CPC/15** (que mitiga a cláusula, ao determinar que os órgãos fracionários não submeterão ao Plenário ou ao órgão especial o incidente de inconstitucionalidade quando já houver pronunciamento prévio destes ou do Plenário do STF sobre a questão) e da **súmula vinculante nº 10** do STF.

(vii) **Competência**: o julgamento pode ser exercido por qualquer juiz ou Tribunal do Poder Judiciário no âmbito dos processos de sua competência.

(viii) **Efeitos da decisão**: a declaração de inconstitucionalidade no controle difuso produz efeitos ***ex tunc*** (ou retroativos), sendo o ato normativo considerado inconstitucional (nulo) ou constitucional desde o dia em que surgiu no ordenamento e ***inter partes***, não atingindo terceiros que não participaram daquela específica relação processual.

(ix) No entanto, é possível que ambos os efeitos sejam **excepcionados**, desde que a decisão tenha sido tomada pelo **STF**, no sentido da **inconstitucionalidade** da norma.

(x) Assim, poderemos ter a modulação dos efeitos temporais se o **STF**, ao decidir a **inconstitucionalidade** da norma, concluir que deva prevalecer a segurança jurídica ou algum interesse social marcante. Neste caso, poderá a Corte manipular os efeitos temporais da decisão de modo que a declaração de inconstitucionalidade não retroaja, mas sim valha do trânsito em julgado da decisão em diante (efeito *ex nunc*) ou a partir de outro momento que a Corte venha a fixar (*pro futuro*).

(xi) Quanto ao efeito *inter* partes, vale registrar que ele tem sido apontado como a principal desvantagem do controle difuso, pois oportuniza o surgimento de uma multiplicidade de questões idênticas/semelhantes, o que ocasiona a marcante morosidade do Poder Judiciário, além de favorecer o surgimento de decisões judiciais contraditórias, o que enseja o descrédito na justiça pública. Não por outro motivo, duas questões adicionais sobre os efeitos *inter* partes ainda precisam ser avaliadas: o papel do Senado Federal no controle difuso e a tendência de abstrativização do controle difuso.

24 **Atuação do Senado Federal no controle difuso** (art. 52, X, CF): há uma especificidade no sistema brasileiro que autoriza o Senado Federal, por meio da edição de uma resolução, suspender a execução da lei declarada definitivamente inconstitucional pelo STF no controle difuso, o que ampliará os efeitos da decisão de modo a alcançar terceiros (pois o efeito *inter partes* da decisão do STF será convertido pelo Senado em *erga omnes*). Alguns pontos referentes a essa participação merecem ser destacados:

(i) compete ao STF comunicar ao Senado a decisão definitiva de inconstitucionalidade prolatada no controle difuso;

(ii) a atuação senatorial ocorrerá em caráter discricionário, não havendo obrigatoriedade ou prazo determinado para que o órgão legislativo promova a suspensão;

(iii) o Senado, no cumprimento dessa função, atua como órgão nacional, podendo suspender a execução da lei declarada definitivamente inconstitucional pelo STF independentemente da esfera federativa que a produziu;

(iv) alguns Ministros do STF vêm propondo uma revisão do papel que o Senado desempenha no controle difuso. Segundo esta corrente, competiria ao Senado apenas conferir publicidade à decisão proferida pela Corte, que por si mesma seria possuidora de eficácia *erga omnes*.

25 Contudo, a letargia do Senado Federal em editar as resoluções trouxe descrédito para a fórmula constitucionalmente pensada para promover a ampliação dos efeitos subjetivos das decisões de inconstitucionalidade prolatadas pelo STF no controle difuso. Como consequência, temos os contínuos e severos questionamentos à sua manutenção.

26 Muitos são os que hoje consideram legítimo entender que está superada a fórmula originalmente pensada pelo poder constituinte originário para promover a extensão dos efeitos da decisão, a exemplo do Ministro Gilmar Mendes. Em sua percepção, a própria decisão do Supremo contém força normativa suficiente e bastante para suspender a execução da lei declarada inconstitucional, de modo que teria havido uma autêntica mutação constitucional do dispositivo em comento (art. 52, X, CF/88).

27 Os demais Ministros da Corte Suprema, contudo, refutaram expressamente a tese, ou pelo menos, não aderiram a tal conclusão. Para eles, a decisão em controle difuso possui ainda, em regra, efeitos *inter partes*, estando preservado o papel do Senado (de promover a ampliação dessa eficácia).

28 **Controle difuso de constitucionalidade no âmbito da ação civil pública** (ACP): a ACP corresponde a um instrumento processual do qual o Ministério Público e outras entidades legitimadas podem se valer para efetivar a defesa de interesses difusos, coletivos e individuais homogêneos. Considerando que a questão da inconstitucionalidade pode ser arguida em qualquer processo em que se pretenda a tutela de direitos subjetivos, poderá também ser arguida no âmbito desse processo coletivo. Contudo, a jurisprudência do STF firmou interessante precedente restritivo à utilização da ACP no controle difuso. De acordo com a Corte, embora essa ação seja um instrumento idôneo de fiscalização incidental de constitucionalidade, a controvérsia constitucional não poderá estar identificada como sua questão principal, mas como mera questão prejudicial, indispensável à resolução do litígio de natureza coletiva. Em outras palavras, a ACP deve objetivar a tutela de uma pretensão concreta, jamais a declaração de inconstitucionalidade em tese de uma lei. A finalidade da imposição desse requisito foi impedir a utilização da ACP como sucedâneo da ADI.

10.5. Controle concentrado abstrato de constitucionalidade

29 Essa modalidade de controle de constitucionalidade, desenhada por Hans Kelsen, é realizada em abstrato e pela "via principal", isto é, a questão de constitucionalidade configura o pedido principal da ação, sendo que a Corte Constitucional analisa, em tese, se há (ou não) contrariedade à Constituição, inexistindo violação concreta a um direito individual ou coletivo. Vale lembrar que o julgamento das questões constitucionais nas ações do controle concentrado é atribuída a um órgão jurisdicional superior ou a uma Corte Constitucional que, no Brasil, corresponde ao Supremo Tribunal Federal.

30 O controle concentrado abstrato surgiu no Brasil na Constituição democrática de 1946 que, além de manter o controle difuso, instituiu a representação de inconstitucionalidade, de legitimidade exclusiva do Procurador Geral da República (PGR), por meio da Emenda Constitucional nº 16 de 1965.

31 Com o advento da Constituição de 1988, o controle concentrado abstrato foi robustecido e aperfeiçoado. Incrementou-se o rol de ações componentes da via concentrada: se antes somente contávamos com a representação de inconstitucionalidade (que com a nova Constituição foi denominada ação direta de inconstitucionalidade - ADI), a partir de 1988, foram criadas a ação de arguição de preceito fundamental (ADPF) e a ação direta de inconstitucionalidade por omissão (ADO). Posteriormente, em 1993, a EC nº 3 incluiu no rol de ações do controle concentrado a ação declaratória de constitucionalidade (ADC). Vale lembrar que todas são da competência originária do STF, conforme indicam o art. 102, I, 'a'; o art. 102, § 1°; e o art. 103, § 2°, todos da CF/88.

32 Outra inovação trazida pela Carta Constitucional de 1988, foi a ampliação do leque de legitimados à propositura das ações do controle concentrado, listados no art. 103, assunto que será tratado no item a seguir.

10.6. Legitimados à propositura das ações do controle concentrado de constitucionalidade

33 Atualmente, todas as ações do controle concentrado contam com um rol idêntico de legitimados, previsto no art. 103, CF/88.

34 Isto porque, a edição da EC nº 45/2004 tornou equivalente à da ADI a legitimidade para a propositura de ADC.

35 Em relação à ADO, a equivalência de legitimados pode ser confirmada pelo art. 12-A, da Lei nº 9.868/1999 (alterada pela Lei 12.063/2009).

36 Por fim, quanto à ADPF, em que pese o art. 103, CF/88 não fazer menção expressa a essa ação, a previsão do art. 2º, I, Lei nº 9.882/1999 elimina qualquer dúvida nesse sentido.

37 Atualmente, são nove os incisos do art. 103, CF/88 que enunciam os legitimados. Ali temos autoridades, entidades e Mesas. São eles: I- o Presidente da República; II- a Mesa do Senado Federal; III- a Mesa da Câmara dos Deputados; IV- a Mesa de Assembleia Legislativa ou da Câmara Legislativa do Distrito Federal; V- o Governador de Estado ou do Distrito Federal; VI- o Procurador-Geral da

República; VII- o Conselho Federal da Ordem dos Advogados do Brasil; VIII- partido político com representação no Congresso Nacional; IX- confederação sindical ou entidade de classe de âmbito nacional.

38 Referidos legitimados podem ser assim organizados:

(i) **4 autoridades**: 1- Presidente da República; 2- Procurador-Geral da República; 3- Governador de Estado; 4- Governador do Distrito Federal.

(ii) **4 Mesas**: 1- Mesa do Senado Federal; 2- Mesa da Câmara dos Deputados; 3- Mesa da Assembleia Legislativa de Estado; 4- Mesa da Câmara Legislativa do Distrito Federal.

(iii) **4 entidades**: 1- Conselho Federal da Ordem dos Advogados do Brasil; 2- Partido político com representação no Congresso Nacional; 3- Confederação Sindical; 4- Entidade de classe de âmbito nacional.

39 Segundo o STF, os legitimados listados nos incisos I a VII são dotados de **capacidade postulatória**, estando aptos a ajuizar as ações do controle concentrado independentemente de se fazerem representar por advogado. Assim, apenas o partido político com representação no Congresso Nacional e a confederação sindical ou entidade de classe de âmbito nacional **não** possuem capacidade postulatória.

40 Embora não haja nenhuma discriminação no texto constitucional, o STF, em construção jurisprudencial, diferenciou os legitimados em dois grupos: (i) os universais e (ii) os especiais.

(i) Os legitimados **universais** podem propor a ação direta independentemente de comprovação da pertinência temática, pois para eles o interesse é presumido.

(ii) Os legitimados **especiais** (ou interessados), por outro lado, deverão comprovar o requisito de pertinência temática, sob pena da ação não ser conhecida por ausência de legitimidade *ad causam*. São especiais os legitimados constantes dos incisos IV, V e IX, do art. 103, CF/88, sendo eles: (A) a Mesa de Assembleia Legislativa ou da Câmara Legislativa do Distrito Federal; (B) o Governador de Estado ou do Distrito Federal; e (C) a confederação sindical ou entidade de classe de âmbito nacional.

10.7. Ação Direta de Inconstitucionalidade

→ **art. 102, I, "a", CF**

41 Primeira ação do controle concentrado abstrato instituída no direito brasileiro, a ADI visa tutelar a ordem constitucional objetiva por meio da instauração, no STF, de um processo de fiscalização abstrata. Referida ação possui as seguintes características:

(i) **Finalidade**: visa a declaração de inconstitucionalidade das leis e atos normativos federais e estaduais incompatíveis com a ordem constitucional vigente.

(ii) **Objeto**: somente as leis (e os demais atos normativos) federais e estaduais poderão ser discutidos no STF em sede de ADI (art. 102, I, "a", CF/88). Portanto, estão excluídos da abrangência dessa ação, as leis e outros atos normativos municipais. Deve-se destacar também que as leis do Distrito Federal editadas no exercício da competência legislativa estadual podem ser objeto de ADI no STF. Já as leis do Distrito Federal editadas na competência municipal, não (súmula 642, STF). Além disso, considerando que direito constitucional brasileiro não reconhece o fenômeno da inconstitucionalidade superveniente, as leis e atos normativos anteriores à norma constitucional eleita como referência não poderão ser objeto da ADI que abrangerá apenas os diplomas pós-constitucionais.

(iii) **Parâmetro de controle**: a norma que servirá de paradigma para a verificação da constitucionalidade na ADI são todas as normas vigentes do texto constitucional, incluindo-se aí os tratados e convenções internacionais sobre direitos humanos que, aprovados pelo rito especial do art. 5º, § 3º, CF/88, ingressarem no ordenamento jurídico interno com força normativa constitucional. Quanto às normas constitucionais constantes do ADCT, somente servirão de parâmetro se não estiver exaurida a sua eficácia.

(iv) **Procedimento**: encontra-se regulado na Lei nº 9.868/1999.

42 A jurisdição constitucional no controle concentrado não pode ser deflagrada de ofício pelo Supremo Tribunal, devendo a Corte ser devidamente provocada por um dos legitimados enunciados no art. 103, CF/88.

43 A petição inicial da ADI, apresentada por qualquer legitimado, deverá conter: (i) o dispositivo da lei ou do ato normativo impugnado; (ii) os fundamentos jurídicos do pedido em relação a cada uma das impugnações; e (iii) o pedido, com suas especificações.

44 **Princípio da adstrição** ou **congruência**: na ADI, o STF fica (em regra) vinculando ao que foi apresentado pelo legitimado ativo no pedido feito na petição inicial (exemplo: se o legitimado ativo impugnar apenas o art. 5° da Lei X, o STF analisará somente o referido artigo).

45 Quanto aos fundamentos, não vale a regra da adstrição. Isso significa que o Supremo não se vincula aos fundamentos jurídicos apresentados na peça inaugural, de forma que a causa de pedir pode ser considerada aberta. Em outras palavras, o STF pode decidir por fundamento diverso daquele apresentado pelo legitimado ativo na petição inicial (exemplo: o legitimado argumenta na inicial que o art. 4° da Lei Z é inconstitucional por ferir o princípio X; o STF decide que referido artigo é mesmo inconstitucional, mas por outro motivo, isto é, por violar o princípio W).

46 O autor da ADI poderá requerer, além da tutela principal consistente na declaração de inconstitucionalidade dos dispositivos impugnados na inicial, a tutela de urgência, consistente na suspensão imediata dos dispositivos sob os quais paira a suspeita da pecha da inconstitucionalidade. A medida cautelar na ADI será tratada nos tópicos seguintes.

47 Sendo admitida a ADI, o relator pedirá informações aos órgãos ou às autoridades das quais emanou a lei ou o ato normativo impugnado e estas serão prestadas no prazo de 30 dias contado do recebimento do pedido.

48 Decorrido o prazo fixado para a prestação das informações, serão ouvidos, sucessivamente, o ProcuradorGeral da República e o Advogado-Geral da União, que deverão manifestar-se, cada qual, no prazo de 15 dias.

49 **Atuação do Procurador-Geral da República (PGR)**: além de ser um dos legitimados universais para a propositura das ações do controle concentrado, possui também a atribuição de ser previamente ouvido em todos os processos de competência do Supremo Tribunal Federal, estando autorizado a opinar inclusive naquelas por ele mesmo propostas (art. 103, § 1°, CF/88).

50 Sua atuação deverá ser imparcial e em defesa da Constituição. Por esse motivo, o PGR é livre para se manifestar tanto pela constitucionalidade, quanto pela inconstitucionalidade da norma, a depender das circunstâncias do caso.

51 Cabe salientar que o PGR não poderá desistir das ações diretas que ele propor (art. 5°, Lei 9.868/1999).

52 **Atuação do Advogado-Geral da União (AGU)**: essa autoridade possui a atribuição constitucional de *defensor legis*, cabendo-lhe o papel de curador da presunção de constitucionalidade da norma. Em razão disso, nas ações diretas de inconstitucionalidade, o AGU deverá ser citado para defender o ato ou texto impugnado.

53 Antigamente, o STF entendia que não era possível o AGU opinar pela inconstitucionalidade da norma impugnada em hipótese alguma, sob pena de desrespeito à sua missão constitucional de defensor da norma. Destarte, caso o AGU se deparasse com uma hipótese de inconstitucionalidade flagrante, não poderia se recusar a defender a lei ou ato normativo impugnado. Atualmente, entretanto, tal regra foi flexibilizada pela Corte, que passou a considerar certa autonomia na atuação desta autoridade, que poderá opinar contra a norma atacada. Exemplo disso ocorre quando a lei impugnada contrariar os interesses da União (que devem ser tutelados pelo AGU, em virtude da previsão do art. 131,

CF/88) ou quando já houver manifestação da Corte pela inconstitucionalidade da norma (ADI 1.616).

54 **Atuação do *amicus curiae***: embora não se admita a intervenção de terceiros no processo de ação direta de inconstitucionalidade, o relator, considerando a relevância da matéria e a representatividade dos postulantes, poderá, por despacho irrecorrível, admitir a manifestação de outros órgãos ou entidades (os *amici curiae*) que possam oferecer suporte à Corte por meio da inserção de argumentos e debates, indicando pontos até então não observados.

55 São dois (e cumulativos) os requisitos legais para a admissão do *amicus*: (i) a relevância da matéria e (ii) a representatividade dos postulantes. Destaque-se que não há direito subjetivo para nenhum interessado de participar como *amicus curiae* em um processo. A decisão de ingresso (segundo a lei, um "despacho irrecorrível") compete ao relator do processo. Todavia, entende o STF que se tal decisão for denegatória, caberá recurso (agravo) para o Pleno.

56 Muito embora ao *amicus curiae* caiba o papel de acentuada relevância nas discussões concernentes ao controle concentrado e difuso de constitucionalidade – visto que solicita seu ingresso para fornecer ao juiz ou Tribunal (órgão julgador) elementos que melhor fundamentem sua decisão –, este participante não goza dos mesmos poderes processuais das partes principais, não estando autorizado a recorrer no âmbito do processo objetivo, excetuando-se a hipótese de oposição de embargos declaratórios prevista expressamente no Novo Código de Processo Civil (art. 138, §1º).

57 **Medida cautelar em ADI**: a concessão de medida cautelar em ADI pelo STF exige a presença dos seguintes pressupostos legitimadores: *fumus boni iuris* e *periculum in mora*.

58 Normalmente, a medida cautelar é concedida por decisão da maioria absoluta dos membros do Tribunal (seis Ministros), desde que presentes na sessão pelo menos oito Ministros. Todavia, no período de recesso, a cautelar poderá ser concedida pelo relator e referendada, posteriormente, pelo Tribunal Pleno.

59 São efeitos da decisão concessiva da cautelar:

(i) *erga omnes* e vinculantes, de forma que a suspensão da norma (e também dos processos que envolvam sua aplicação) produza eficácia contra todos e vincule todos os demais órgãos do Poder Judiciário e a Administração Pública;

(ii) *ex nunc* (não retroativa), em regra, tendo em vista que a Corte prolata uma decisão precária e que a segurança jurídica precisa ser preservada. Há, todavia, possibilidade excepcional de a decisão ser concedida com efeitos retroativos (*ex tunc*);

(iii) repristinatório, pois torna aplicável a legislação anterior acaso existente.

60 Efeitos da decisão definitiva em ADI: a decisão final da ADI terá eficácia *erga omnes* (contra todos) e, em regra, efeitos *ex tunc* (retroativo). Este último deve-se à adoção da tese da nulidade, pois o ato declarado inconstitucional é considerado nulo, e não meramente anulável, de forma que nunca terá produzido nenhum efeito válido no ordenamento desde a sua edição.

61 **Modulação temporal de efeitos**: deve-se ressaltar que o art. 27 da Lei nº 9.868/1999 autoriza o STF a modular temporalmente os efeitos de sua decisão, desde que haja razões de segurança jurídica ou excepcional interesse social e que a decisão seja prolatada pela maioria qualificada de 2/3 (oito Ministros).

62 **Efeito vinculante**: a decisão de mérito proferida pelo STF em sede de ADI tem caráter vinculante, devendo ser obrigatoriamente observada pelos demais órgãos do Poder Judiciário e da administração pública direta e indireta, nas esferas federal, estadual e municipal (art. 102, § 2º, CF/88).

63 A decisão definitiva será irrecorrível, ressalvada a interposição de embargos declaratórios, não podendo, igualmente, ser objeto de ação rescisória.

10.8. Ação Declaratória de Constitucionalidade

→ **art. 102, I, "a", CF**

64 A ADC é ação do controle concentrado que foi introduzida no texto constitucional pela EC nº 3/1993, tendo sido sua constitucionalidade questionada e confirmada pelo STF na ADC (QO) 1-DF. Possui as seguintes características:

(i) **Finalidade**: visa a declaração de constitucionalidade das leis e atos normativos federais pós-constitucionais para confirmar sua compatibilidade com a ordem constitucional vigente.

(ii) **Objeto**: somente leis e outros atos normativos federais, desde que editados após a norma constitucional escolhida como parâmetro (leis estaduais, distritais, municipais e pré-constitucionais não podem ser objeto de ADC perante o STF).

(iii) **Parâmetro**: é idêntico ao estabelecido para a ADI.

65 **Procedimento**: está estabelecido na Lei nº 9.868/99. Há grande similitude entre o procedimento da ADI e o da ADC, sendo necessário somente apresentar as mais marcantes distinções.

66 **Demonstração de relevante controvérsia judicial**: é um requisito formal de admissibilidade da ADC (não exigido para ADI). Sua exigência decorre do princípio da presunção de constitucionalidade das leis, de modo que o legitimado ativo, na petição inicial, deverá demonstrar a presença de uma controvérsia comprometedora dessa presunção. Poderá fazê-lo juntando decisões de primeiro e/ou segundo grau de jurisdição que apresentem conclusões divergentes a respeito da constitucionalidade da norma objeto, acarretando grave incerteza e um estado de intranquilidade (art. 14, III, Lei nº 9.868/1999).

67 Outras distinções: sendo admitida a ADC, o relator pedirá informações aos órgãos ou às autoridades das quais emanou a lei ou o ato normativo impugnado, não havendo prazo fixado para que estas sejam prestadas. Além disso, no procedimento da ADC não há participação do AGU (apenas do PGR), afinal, nessa ação não há norma impugnada, uma vez que o legitimado ativo requer tão somente a declaração definitiva de constitucionalidade da norma. Finalmente, a participação do *amicus curiae* nessa ação é permitida, nos mesmo moldes da ADI (mas, por analogia à autorização legal existente para a ADI).

68 **Medida cautelar em ADC**: tal como ocorre em todas as ações do controle concentrado, também em ADC temos a previsão de tutela de urgência.

69 A concessão da cautelar (pela maioria absoluta dos membros da Corte) depende da comprovação dos pressupostos legitimadores, *fumus boni juris* e o *periculum in mora*, sendo que a decisão que a concede produz eficácia contra todos (*erga omnes*) e efeito vinculante. A concessão também opera efeitos *ex nunc*, via de regra.

70 Frise-se, por fim, que a concessão da cautelar consiste na determinação de que os juízes e os Tribunais suspendam o julgamento dos processos que envolvam a aplicação da lei ou do ato normativo objeto da ação até seu julgamento definitivo, que deverá ocorrer em até cento e oitenta dias, sob pena de perda de sua eficácia.

71 A decisão final em ADC produz eficácia *erga omnes*, efeito vinculante e retroativos (*ex tunc*, em regra), sendo admissível a modulação dos efeitos temporais quando houver a declaração de inconstitucionalidade da norma, isto é, a improcedência do pedido.

72 A decisão definitiva será irrecorrível, ressalvada a interposição de embargos declaratórios, não podendo, igualmente, ser objeto de ação rescisória

10.9. Ação Direta de Inconstitucionalidade por Omissão

→ **art. 103, § 2º, CF/88**

73 A ADO é uma ação do controle concentrado de constitucionalidade que possui as seguintes características:

(i) **Finalidade**: tutelar a ordem constitucional objetiva, que se vê abalada e ferida diante da inércia governamental em regulamentar e, com isso, concretizar as disposições constitucionais. Prevista no art. 103, §

2º, CF/88 e regulamentada (recentemente) pela Lei nº 12.063/2009, que modificou a Lei nº 9.868/1999, esta ação será julgada pelo STF.

(ii) **Objeto**: a ADO tem como objeto as normas constitucionais de eficácia limitada não regulamentadas. A ausência de regulamentação que enseja a propositura da ADO pode ser: (a) uma omissão total ou parcial; (b) derivada de omissão legislativa ou administrativa.

74 **Procedimento:** a petição inicial na ADO deverá indicar a omissão inconstitucional (total ou parcial), além do pedido com suas especificações. Em sendo inepta a inicial, não fundamentada ou manifestamente improcedente, será liminarmente indeferida pelo relator. Do indeferimento caberá agravo.

75 Sendo admitida a ADO, o relator poderá solicitar as informações previstas no art. 6º, da Lei nº 9.868/99. Poderá, ainda, solicitar a manifestação do AGU, que deverá fazê-lo no prazo de 15 dias. Após o decurso do prazo para informações, o PGR, nas ações em que não for autor, terá vista do processo, também por 15 dias.

76 **Medida cautelar em ADO**: a Lei nº 12.063/2009 trouxe a possibilidade expressa de concessão da medida cautelar, tanto em se tratando de ADO por omissão total quanto em ADO por omissão parcial (art. 12-F).

77 Quanto aos **efeitos**, a medida cautelar poderá consistir na suspensão da aplicação da lei ou do ato normativo questionado, no caso de omissão parcial, bem como na suspensão de processos judiciais ou de procedimentos administrativos, ou ainda em qualquer outra providência a ser fixada pelo Tribunal.

78 **Decisão definitiva**: na presença de pelo menos oito Ministros, o relator proferirá seu voto em plenário e a Corte decidirá por maioria absoluta.

79 De acordo com o entendimento do STF, a procedência da ADO importa no reconhecimento judicial de que há inaceitável inércia por parte Poder Público, possuindo a Corte, tão somente, a atribuição de noticiar (ou cientificar) o legislador ou órgão administrativo que incorre em mora, para que o responsável adote as medidas necessárias à concretização do texto constitucional. A decisão definitiva será irrecorrível, ressalvada a interposição de embargos declaratórios, não podendo, igualmente, ser objeto de ação rescisória.

80 A Corte **não** está autorizada, em razão dos próprios limites fixados pela Constituição, a produzir um provimento normativo no intuito de superar a letargia do órgão inadimplente e, com isso, resolver de vez o estado de inconstitucionalidade. A separação dos poderes, valor que nos é muito caro, impede que a Corte atue como legislador positivo. A ação possui, pois, reduzidos efeitos práticos.

81 Se a mora estiver atribuída a um dos poderes instituídos, este será cientificado de que a norma precisa ser elaborada, não podendo a Corte, sequer, fixar prazo para sua edição. Por outro lado, se for atribuída a um órgão administrativo, é possível ao STF determinar a elaboração da norma em até 30 dias ou outro prazo que entender razoável.

10.10. Arguição de descumprimento de preceito fundamental

→ **art. 102, § 1º, CF**

82 A ADPF é uma ação do controle concentrado de constitucionalidade que possui as seguintes características:

(i) **Finalidade**: visa evitar ou reparar lesão a preceito fundamental, resultante de ato do Poder Público. Como não há indicação (nem na Constituição, tampouco na lei regulamentadora) de quais são, efetivamente, os preceitos fundamentais, o STF determinou, no julgamento da ADPF 1-RJ, competir à Corte esta definição. Segundo entendeu nossa Suprema Corte, não se pode negar o caráter de **preceito fundamental** aos seguintes dispositivos:

- Arts. 1° a 4°: que estabelecem os princípios fundamentais e as estruturas essenciais para a organização do Estado;
- Arts. 5° a 17: além destes, outros direitos e garantias fundamentais esparsos no texto constitucional ou assimilados por tratados internacionais (art. 5°, § 3°, CF/88) são também considerados preceitos fundamentais por encerrarem a proteção máxima do indivíduo e da dignidade da pessoa humana;
- Art. 34, VII: os princípios constitucionais sensíveis, cuja inobservância pode acarretar a decretação de intervenção federal (are. 36, III, CF/88);
- Art. 60, § 4°: as cláusulas pétreas, tanto as expressas no documento constitucional quando as implícitas.

(ii) **Cabimento**: de acordo com o art. 4º, § 1º, Lei nº 9.882/1999, a arguição só será admitida quando **não** houver qualquer outro meio de sanar a lesividade. Isso importa no reconhecimento de ser a ADPF um instrumento do controle concentrado cujo manejo é **extraordinário** e **supletivo**, autorizado unicamente naquelas situações de inexistência de outro meio apto a sanar a lesividade. Deste modo, se cabível a ADI ou a ADC, não será admissível a propositura da arguição de descumprimento. Ademais, a Corte reconhece a fungibilidade entre a ADI e ADPF. Assim, se a ADPF for equivocadamente utilizada, pode a Corte determinar o aproveitamento do feito como se ADI fosse, desde que comprovada a perfeita satisfação dos requisitos exigidos à propositura desta.

(ii) **Objeto**: poderão figurar como objeto da ADPF:

- direito pré-constitucional (normas anteriores à edição da Constituição em 1988; ou então posteriores a 1988, todavia, anteriores à norma constitucional invocada como parâmetro modificada por emenda constitucional);
- direito municipal em face da Constituição Federal;
- controvérsias sobre direito pós-constitucional já revogado ou cujos efeitos já se exauriram;
- decisões judiciais construídas a partir de interpretações violadoras de preceitos fundamentais.

(iii) **Parâmetro de controle**: a ADPF possui um parâmetro mais restrito que o das demais ações do controle concentrado. Isso porque, a arguição será manejada para, unicamente, a tutela dos preceitos fundamentais, ou seja, para a defesa de somente alguns dispositivos constitucionais que possam ser abarcados por esse título. Como não há indicação (nem na Constituição, tampouco na lei regulamentadora) de quais são, efetivamente, os preceitos fundamentais, o STF determinou, no julgamento da ADPF 1-RJ, competir à Corte esta definição.

(iv) Procedimento: encontra-se regulado na Lei nº 9.882/1999.

83 Espécies de ADPF:

(A) arguição autônoma: prevista no art. 1º, *caput*, Lei nº 9.882/1999, possui a finalidade de evitar (modalidade preventiva) ou reparar (modalidade repressiva) lesão a preceito fundamental resultante de ato do Poder Público;

(B) arguição incidental: tem por intuito evitar ou reparar lesão a preceito fundamental em razão da existência de uma controvérsia constitucional relevante acerca de lei ou ato normativo federal, estadual ou municipal, incluídos os anteriores à Constituição (art. 1º, parágrafo único, I, Lei nº 9.882/1999).

84 **Cautelar em ADPF**: o art. 5º da Lei nº 9.882/1999 autoriza a concessão de cautelar em ADPF, por maioria absoluta dos membros do STF (seis Ministros). Em caso de extrema urgência ou perigo de lesão grave, ou ainda, em período de recesso, poderá o relator conceder a liminar, *ad referendum* do Tribunal Pleno.

85 **Decisão definitiva**: presentes na sessão, ao menos, oito Ministros, a decisão definitiva que prolatará a constitucionalidade (ou inconstitucionalidade) do dispositivo – ou mesmo sua recepção ou não recepção (nas hipóteses de o objeto ser norma qualificada como pré-constitucional) ou a ilegitimidade de um ato concreto do Poder Público que tenha ferido a Constituição – será tomada pela maioria absoluta dos membros (seis Ministros).

86 A decisão possuirá eficácia contra todos (*erga omnes*), seus efeitos serão vinculantes e, salvo a excepcional modulação dos efeitos temporais, também retroativos (*ex tunc*).

87 A decisão que julgar procedente ou improcedente o pedido feito na arguição de descumprimento não pode ser objeto de ação rescisória e é irrecorrível. Entendemos possível a interposição de embargos declaratórios, assim como na ADI, com o fito de sanar eventuais contradições, omissões ou obscuridades.

88 A decisão definitiva será irrecorrível, ressalvada a interposição de embargos declaratórios, não podendo, igualmente, ser objeto de ação rescisória

11. ORDEM SOCIAL

1 Os direitos de ordem social encontram-se disciplinados no Título VIII da Constituição da República. Neles são tratados variados temas: seguridade social; educação, cultura e desporto; ciência, tecnologia e inovação; comunicação social; meio ambiente; família, criança, adolescente, jovem e idoso; e, índios.

2 De acordo com disposto no art. 193, CF/88, a ordem social tem como base o primado do trabalho, e como objetivo o bem-estar e a justiça sociais. A seguir serão analisados as diretrizes, os institutos e os mecanismos eleitos pelo texto constitucional para a concretização de tais objetivos.

11.1. Da seguridade social

→ **Arts. 194 a 204, CF/88**

3 A Constituição Federal, no *caput* do art. 194, define seguridade social como um conjunto integrado de ações de iniciativa dos Poderes Públicos e da sociedade, destinadas a assegurar os direitos relativos à saúde, à previdência e à assistência social, todos direitos destinados a promover a satisfação das necessidades humanas básicas.

4 Os direitos por ela consagrados são de proteção social, considerados atualmente de fundamental importância. Mas nem sempre foi assim no Brasil e no mundo, podendo sua evolução histórica ser dividida nas seguintes fases:

(i) Fase da assistência pública: composta basicamente por práticas filantrópicas e de caridade, nesta fase a sociedade socorria os necessitados – primeiro através das instituições religiosas – angariando recursos por meio de de doações que seriam destinadas aos inválidos, enfermos, desempregados.

(ii) Fase do seguro social: verificada ao final do século XIX, nasceu a partir dos contratos de seguros de direito privado, que passaram a ser posteriormente organizados e administrados pelo Estado para a proteção dos trabalhadores. Seu custeio era realizado tanto pelos empregadores, quanto pelos empregados e também pelo próprio Estado.

(iii) Fase da proteção dos cidadãos: nessa fase, os direitos da seguridade social passaram a alcançar quaisquer pessoas, em todos os seus estados de necessidade, em todas as fases da vida, e surgiu como decorrência da Segunda Grande Guerra Mundial.

5 No Brasil, a Constituição Federal de 1988 foi a primeira a instituir o sistema de seguridade social, o qual inclui ações nas áreas da previdência social, da assistência social e da saúde pública.

6 **Objetivos**: a seguridade social é constitucionalmente estruturada para tutelar as pessoas que estejam impedidas (por quaisquer circunstâncias), de provisionar as necessidades vitais próprias ou de sua família. É competência do Poder Público organizá-la, obedecendo os seguintes objetivos – que são considerados pela doutrina como verdadeiros princípios – expressamente previstos no parágrafo único do art. 194 da CF/88:

(i) **Universalidade da cobertura e do atendimento:** a cobertura da seguridade social é considerada universal, pois abrange todos os riscos sociais (morte, enfermidade grave, velhice, desemprego etc.). Por outro lado, também o seu atendimento possui caráter universal, pois todas as pessoas necessitadas, nacionais ou estrangeiras, serão atendidas em caso de necessidade.

(ii) **Uniformidade e equivalência dos benefícios e serviços às populações urbanas e rurais:** as prestações da seguridade social devem ser concedidas de forma isonômica às populações urbanas e rurais, não sendo possível a discriminação negativa em desfavor das populações rurais como já ocorrido no passado.

(iii) **Seletividade e distributividade na prestação dos benefícios e serviços:** a seletividade reflete as escolhas do legislador na definição das prestações e serviços que serão prestados sempre aos mais carentes. A distributividade é uma consequência: ao selecionar os mais despossuídos para a obtenção dos benefícios, acaba por efetivar uma maior justiça social.

(iv) **Irredutibilidade do valor dos benefícios:** o intuito constitucional foi o de preservar o poder aquisitivo do segurado e seus dependentes, preservando o valor nominal do benefício (em relação aos benefícios previdenciários, também o valor real, conforme disposição do § 4º, do art. 201, CF/88).

(v) **Equidade na forma de participação no custeio:** contribui quem possui maior capacidade contributiva, ou seja, quem tem mais renda contribui com mais para a seguridade social.

(vi) **Diversidade da base de financiamento:** as fontes de financiamento da seguridade social são diversas. O financiamento se desdobra em direito e indireto: no primeiro caso, ele se realiza por intermédio das contribuições sociais destinadas à seguridade social; no segundo, se efetiva através do pagamento, por toda a sociedade, dos demais tributos.

(vii) Caráter democrático e descentralizado da administração, mediante gestão quadripartite, com participação dos trabalhadores, dos empregadores, dos aposentados e do Governo nos órgãos colegiados.

7 **Da Saúde:** a saúde é um direito fundamental de segunda geração de suma importância, pois indispensável à fruição plena dos demais. Listado como direito social, apresenta-se como um dos mais relevantes deveres do Estado, que deverá garanti-la (mediante políticas sociais e econômicas que visem à redução do risco de doença e de outros agravos) e torná-la acessível de forma universal e igualitária.

8 Nada obstante a obrigação estatal, a assistência à saúde é livre à iniciativa privada, o que significa que instituições privadas poderão participar de forma complementar do sistema único de saúde, mas respeitando as diretrizes deste.

9 **Da previdência Social:** a previdência social é uma instituição pública, cuja principal função é garantir proteção ao trabalhador contribuinte e sua família, transferindo a eles uma renda sempre que houver a perda da capacidade de trabalho – seja por doença, invalidez, idade avançada, morte ou desemprego involuntário –, ou mesmo em razão da maternidade e da reclusão.

10 Diferentemente da saúde e da assistência social, a previdência social possui caráter contributivo, o que significa dizer que a fruição dos benefícios previdenciários depende de contribuição, devendo os indivíduos estar filiados ao sistema como segurados e passar a contribuir para viabilizar o seu devido funcionamento.

11 **Da assistência social:** trata-se de um direito previsto na Constituição para quem dele necessitar, independentemente de contribuição à seguridade social. Está intimamente vinculada ao reconhecimento de que o Estado deve assegurar, ao menos, condições básicas de existência aos seus cidadãos, cumprindo um de seus objetivos fundamentais – o de erradicar a pobreza e a marginalização – e efetivando um dos fundamentos centrais do texto constitucional: a dignidade da pessoa humana.

11.2. Da educação, da cultura e do desporto

→ **arts. 205 a 214, CF/88**

Da educação

12 A educação é um dos mais importantes direitos sociais da Constituição, sendo dever do Estado propiciar os meios que viabilizem seu exercício.

13 Segundo o art. 205, CF/88, a educação deve ser promovida e incentivada com a colaboração da sociedade, visando ao pleno desenvolvimento da pessoa, seu preparo para o exercício da cidadania e sua qualificação para o trabalho. É a educação um direito fundamental de todos e dever da família e do Estado.

14 O Estado brasileiro permite a coexistência de instituições públicas e privadas de ensino. Contudo, por expressa previsão constitucional, o ensino público será sempre gratuito e realizado em estabelecimentos oficiais (art. 206, III e IV, CF/88).

15 Por este motivo, o entendimento sumulado do STF afirma que a cobrança de matrícula como requisito para que o estudante possa cursar universidade pública viola o art. 206, IV, da Constituição (súmula vinculante 12).

Da cultura

16 A cultura é um direito constitucional fundamental integrante da segunda dimensão de direitos, devidamente prestigiado no texto constitucional de 1988 que estabeleceu uma seção específica destinada a regular o tema, determinando ser de competência estatal garantir a todos o pleno exercício dos direitos culturais e acesso às fontes da cultura nacional, o apoio e incentivo à valorização e à difusão das manifestações culturais (art. 215, CF/88).

Do desporto

17 A tutela ao desporto, estruturada no art. 217, CF/88, é realizada constitucionalmente de forma ampla, abarcando não só o esporte, mas também a recreação, o lazer e o divertimento.

18 No mesmo dispositivo, art. 217, foi estipulada como atribuição estatal a de fomentar práticas desportivas formais e não-formais, como direito de cada um.

11.3. Da ciência, tecnologia e inovação

→ **Arts. 218 a 219-B, CF/88**

19 A ciência corresponde ao conjunto de informações organizadas e sistematizadas, adquiridas em certa área do conhecimento – sempre de maneira metódica e rigorosa –, que podem ser transmitidas por um processo pedagógico de ensino. A tecnologia, por sua vez, parte da aplicação prática das informações teóricas reunidas pela ciência, associando-as a novas pesquisas (científicas e tecnológicas) com o intuito de produzir e criar. Por sua vez, a inovação, incluída pela EC 85/2015, reforça o tema, consistindo na introdução de novidade ou aperfeiçoamento no ambiente produtivo ou social que resulte em novos produtos (art. 2º, IV, Lei nº 10.973/2004).

20 O documento constitucional considera que os investimentos na área científica, tecnológica e, mais recentemente, de inovação são essenciais ao desenvolvimento do nosso país. Por isso, estabelece como competência do Estado incentivar e promover o desenvolvimento científico, a pesquisa, a capacitação científica e tecnológica e a inovação.

11.4. Da comunicação social

→ **Arts. 220 a 224, CF/88**

21 Em complemento à proteção constitucional já posta no art. 5º, em que se enuncia a liberdade de expressão do pensamento, o direito de resposta, a proibição à censura, o acesso à informação, resguardado o sigilo da fonte, quando necessário ao exercício profissional, a Constituição destina um capítulo próprio à comunicação social.

22 Prevista no art. 220 da CF/88, a garantia à liberdade de comunicação social visa assegurar o direito de informar e exteriorizar as ideias e pensamentos para um número indeterminado de pessoas, por meio oral ou escrito, o que se faz através dos veículos de comunicação de massa, tais como os jornais, as revistas, as emissoras de TV e rádio.

11.5. Do meio ambiente

→ **Art. 225, CF/88**

23 O meio ambiente, direito fundamental de terceira dimensão, pode ser definido como o complexo de relações estabelecidas entre o mundo natural e os seres vivos. Sua degradação gera irreparáveis danos à saúde e à vida digna e saudável das pessoas.

24 Por isso, consagrou a Constituição que todos têm direito ao meio ambiente ecologicamente equilibrado, bem de uso comum do povo e essencial à sadia qualidade de vida, impondo-se ao poder público e à coletividade o dever de defendê-lo e preservá-lo para as presentes e futuras gerações (art. 205).

11.6. Da família, da criança, do adolescente, do jovem e do idoso

→ **Arts. 226 a 230, CF/88**

Da família

25 A família é uma instituição fundamental para o pleno desenvolvimento do indivíduo, por isso recebeu da Constituição uma proteção especial, sendo reconhecida como base da sociedade civil (art. 226).

26 O termo "família" atualmente designa uma instituição privada, voluntariamente construída por pessoas adultas, pouco importando se a constituição da relação foi formal ou informal, ou se envolveu casais heteroafetivos ou homoafetivos.

Da criança, do adolescente e do jovem

27 A Constituição, no art. 227, enuncia ser dever da família, da sociedade e do Estado assegurar à criança, ao adolescente e ao jovem, com absoluta prioridade, o direito à vida, à saúde, à alimentação, à educação, ao lazer, à profissionalização, à cultura, à dignidade, ao respeito, à liberdade e à convivência familiar e comunitária, além de colocá-los a salvo de toda forma de negligência, discriminação, exploração, violência, crueldade e opressão. Tratam-se de direitos fundamentais peculiares aos indivíduos protegidos pela norma, que se prestam a garantir seu pleno desenvolvimento e que devem ser assegurados por todos.

28 Nos termos do art. 2º do Estatuto da Criança e do Adolescente (ECA), define-se criança como sendo a pessoa até doze anos de idade incompletos e adolescente aquela com idade entre doze e dezoito anos de idade.

Do idoso

29 A Constituição traz, em seu artigo 230, normas protetivas ao idoso. Segundo o dispositivo, a família, a sociedade e o Estado têm o dever de amparar as pessoas idosas, assegurando sua participação na comunidade, defendendo sua dignidade e seu bem-estar e garantindo-lhes o direito à vida.

30 Com a finalidade de regulamentar essa proteção especial foi editado o Estatuto do Idoso (Lei nº 10.741/2003).

11.7. Dos índios

→ **arts. 231 e 232, CF/88**

31 São reconhecidos aos índios sua organização social, costumes, línguas, crenças e tradições, e os direitos originários sobre as terras que tradicionalmente ocupam, competindo à União demarcá-las, proteger e fazer respeitar todos os seus bens.

12. DA DEFESA DO ESTADO E DAS INSTITUIÇÕES DEMOCRÁTICAS

1 O sistema constitucional de crises baseia-se nos princípios da **necessidade** (pois o acionamento só pode se dar em casos de extrema gravidade, sob pena de configuração de arbítrio e golpe de estado) e **temporariedade** (pois o lapso temporal de vigência das medidas excepcionais é limitado, o que evita a instauração de uma ditadura).

2 Caso ocorra o afloramento da situação de crise, dois mecanismos constitucionais poderão ser acionados para recuperar a normalidade, quais sejam: o **estado de defesa** e o **estado de sítio**.

12.1. Estado de defesa

3 O estado de defesa apresenta-se como uma modalidade de restauração da habitualidade menos gravosa, já que sua operacionalização é menos áspera aos direitos fundamentais quando comparado ao estado de sítio.

4 As hipóteses que legitimam a decretação do estado de defesa estão previstas de modo **taxativo** na Constituição. São alternativos os dois pressupostos legitimadores:

(I) a **grave e iminente instabilidade institucional** e

(II) a **calamidade de grandes proporções na natureza.**

5 O estado de defesa será instaurado por iniciativa exclusiva do **Presidente da República**, após a oitiva dos **Conselhos da República e da Defesa Nacional**.

6 Enquanto medida excepcional, sua decretação subordina-se à observância estrita dos seguintes requisitos:

(i) **manifestação prévia dos Conselhos da República e da Defesa Nacional**;

(ii) **expedição do decreto** instituidor da medida pelo Presidente da República que deverá necessariamente conter:

- o **tempo de duração da medida, que não poderá ultrapassar o limite temporal máximo de trinta dias, prorrogável, uma única vez, por mais trinta dias;**
- **a área a ser abrangida, sendo que os locais compreendidos devem ser restritos e determinados;**
- **as medidas coercitivas que vigorarão durante a sua vigência.**

(iii) aprovação do decreto editado pelo Presidente da República pela **maioria absoluta** dos membros do Congresso Nacional.

7 As medidas coercitivas cabíveis no estado de defesa consistem em **restrições**, a alguns direitos fundamentais, a saber:

(I) **reunião**, ainda que exercida no seio das associações;

(II) **sigilo de correspondência**;

(III) **sigilo de comunicação telegráfica e telefônica.**

12.2. Estado de Sítio

8 O estado de sítio visa superar uma indesejável situação excepcional, tencionando retornar ao *status quo ante*. Apresenta-se, no entanto, como uma medida significativamente mais onerosa e severa que o estado de defesa. É, portanto, reservado para situações críticas, que resultem em **grave comoção nacional, conflito armado envolvendo um Estado estrangeiro**, ou até mesmo **quando o estado de defesa**, outrora decretado, **revela-se insuficiente**.

9 São pressupostos materiais legitimadores da decretação, não necessariamente cumulativos:

(I) **comoção grave de repercussão nacional**;

(II) **ocorrência de fatos que comprovem a ineficácia do estado de defesa**;

(III) **declaração de guerra ou resposta a agressão armada estrangeira**.

10 A decretação do estado de sítio subordina-se aos seguintes pressupostos formais:

(i) audiência prévia dos **Conselhos da República e de Defesa Nacional**.

(ii) **prévia autorização** do Congresso Nacional (por maioria absoluta), formalizada na edição de um **decreto legislativo** que indicará a duração da medida, as normas necessárias a sua execução e as garantias constitucionais que ficarão suspensas. Se o estado de sítio foi acionado para fazer frente à situação de guerra, não se pode prever o lapso temporal da medida, tampouco estipular quais serão todas as garantias e direitos que ficarão afastados;

(iii) designação, pelo Presidente da República, do **executor** das medidas específicas, assim como as **áreas abrangidas**.

11 A decretação só pode ser realizada após o **Congresso Nacional autorizar a medida**, pela maioria absoluta de seus membros.

12 Quando houver decretação do estado de sítio tendo por base a comoção grave de repercussão nacional ou ineficácia das medidas tomadas durante o estado de defesa, as seguintes **medidas** poderão ser empregadas:

(i) obrigação de permanência em localidade determinada;

(ii) detenção em edifício não destinado a acusados ou condenados por crimes comuns;

(iii) restrições relativas à inviolabilidade da correspondência, ao sigilo das comunicações, à prestação de informações e à liberdade de imprensa, radiodifusão e televisão, na forma da lei;

(iv) suspensão da liberdade de reunião;

(v) busca e apreensão em domicílio;

(vi) intervenção nas empresas de serviços públicos;

(vii) requisição de bens.

13 Noutro giro, se a medida houver sido decretada com fundamento no estado de guerra ou resposta a agressão armada estrangeira, **qualquer garantia constitucional poderá ser suspensa**, ao menos em tese.

13. ORDEM ECONÔMICA

1 A Constituição da República de 1988 dedicou o Título VII à ordem econômica e financeira, onde, em quatro capítulos (Dos princípios gerais da atividade Econômica {arts. 170 a 181}; Da política urbana {arts. 182 e 183}; Da política agrícola e fundiária e da reforma agrária {arts. 184 a 191}; e Do sistema financeiro nacional {art. 192}), o processo de interferência do Estado na condução da vida econômica do país foi delineado, principalmente no que diz respeito às atividades geradoras de rendas e riquezas.

2 Embora não esteja afirmado na CF/88, o Brasil adota o sistema econômico capitalista, cujo fundamento é a propriedade privada dos meios de produção e a livre-iniciativa. Nesse sentido, o texto constitucional consagra uma economia de livre mercado sem descuidar, no entanto, do processo econômico que é direcionado a um objetivo central: assegurar a todos uma existência digna, buscando o bem-estar social e, sobretudo, a melhoria das condições de vida de todos os integrantes da sociedade.

13.1. Princípios gerais da Ordem Econômica

3 **Soberania nacional:** é enunciada como princípio da ordem econômica, o que se explica pelo fato de que uma nação que se pretende soberana no campo político dificilmente conseguirá concretizar este propósito se não se consolidar, antes, como soberana no aspecto econômico.

4 **Propriedade privada e a função social da propriedade:** ao garantir a propriedade privada enquanto direito individual, a Constituição confere segurança jurídica aos atores sociais para atuarem no mercado econômico. Tal direito, entretanto, não é considerado absoluto ou intangível, pois sua proteção encontra-se condicionada ao cumprimento da chamada função social da propriedade, o que significa dizer que o direito à fruição não mais poderá ser exercido de modo egoístico ou abusivo, devendo ser conjugados os interesses do proprietário com os da sociedade e do Estado.

5 **Livre concorrência:** visa garantir a participação do maior número possível de agentes econômicos no processo competitivo, para criar, por exemplo, o equilíbrio entre oferta e procura no mercado. Garante a competição justa e leal no mercado que, para tanto, deve estar livre de eventuais abusos do poder econômico e de práticas anticoncorrenciais. Esse princípio fundamentou a edição da súmula vinculante 49 pelo STF, cujo enunciado afirma: "Ofende o princípio da livre concorrência lei municipal que impede a instalação de estabelecimentos comerciais do mesmo ramo em determinada área".

6 **Defesa do consumidor:** a Constituição conferiu elevada importância à proteção ao consumidor ao alçá-lo não apenas a fundamento da ordem econômica brasileira, mas também a direito fundamental, arrolado no inciso XXXII do art. 5º. A preocupação do Estado com a concreção da proteção enunciada deu origem ao Código de Defesa do Consumidor (Lei 8.078/90), diploma normativo voltado à defesa daquele que se reconheceu como sendo a parte vulnerável em uma relação de consumo: o consumidor.

7 **Defesa do meio ambiente:** enquanto bem indispensável à vida, à flora e à fauna, o meio ambiente deve ser respeitado e utilizado de forma racional no desempenho da atividade econômica, a fim de evitar o esgotamento dos recursos naturais disponíveis.

8 **Redução das desigualdades regionais e sociais:** este princípio fundamenta a adoção de variadas políticas públicas por parte do Estado que buscam favorecer regiões mais pobres do país, a fim de desenvolvê-las, e, com isso, promover uma maior integração nacional, proporcionando uma melhor distribuição dos recursos (para exemplificar, lembremos dos seguintes dispositivos: art. 3º, III, CF/88 "Constituem objetivos fundamentais da República Federativa do Brasil: III - erradicar a pobreza e a marginalização e reduzir as desigualdades sociais e regionais."; art. 43, CF/88 "Nas áreas a que se refere o § 2º, IV, a União incentivará a recuperação de terras áridas e cooperará com os pequenos e médios proprietários rurais para o estabelecimento, em suas glebas, de fontes de água e de pequena irrigação.")

9 **Busca do pleno emprego:** este princípio pretende promover a valorização do trabalho humano, requerendo que o Estado adote políticas econômicas que facilitem o acesso ao mercado de trabalho de todos os que se encontram em condições de exercer atividade produtiva.

10 **Tratamento favorecido para as empresas de pequeno porte:** a efetivação deste princípio pela Constituição se dá, principalmente, pela simplificação (às vezes eliminação) das obrigações administrativas, previdenciárias, tributárias e creditícias destas empresas.

13.2. Análise dos artigos 171 a 181 da Constituição

11 **Art. 171:** atualmente revogado pela EC n.º 6/1995, este dispositivo conferia um tratamento protecionista à empresa brasileira de capital nacional em detrimento da empresa brasileira. Sua revogação ocorreu no momento político em que o país atingia o auge dos processos de privatização e concessão no país.

12 **Art. 172:** dispõe que a lei (Lei nº 4.131/1962) regule os investimentos de capital estrangeiro, incentivando os reinvestimentos e disciplinando a remessa de lucros, sempre tendo por norte o interesse nacional.

13 **Art. 173:** cuida da atividade econômica em sentido estrito que consiste na atuação do Estado no mercado como verdadeiro empresário, mediante práticas empresariais de natureza eminentemente privada e, por isso, desenvolvida em regime de concorrência com o setor privado. Contudo, a participação estatal nessa seara será marcada pela excepcionalidade, pois só autorizada quando necessária aos imperativos da segurança nacional ou relevante interesse coletivo, definidos em lei.

14 **Art. 174:** cuida da intervenção estatal indireta, na qual o Estado não prestará a atividade econômica mas, tão somente, agirá como agente normatizador e

regulador da mesma. De acordo com este dispositivo, caberá ao Estado fiscalizar, incentivar e planejar, enunciando diretrizes no intuito de conformar adequadamente o processo econômico. Referidas orientações estatais, porém, somente serão cogentes para o setor público, funcionando como meras recomendações ao setor privado.

15 **Arts. 175 a 181:** estes dispositivos constitucionais trazem outras formas de atuação estatal na economia, a exemplo do monopólio relativo ao petróleo e ao gás natural, transportes aéreo, marítimo e terrestre, o turismo, bem como a prestação de serviços públicos e a propriedade de jazidas.

13.3. Política Urbana

16 O texto constitucional dedicou um capítulo específico à **política de desenvolvimento urbano** (arts. 182 e 183) a qual tem por finalidade ordenar o pleno desenvolvimento da cidade e alcançar o bem-estar para seus habitantes, devendo ser executada pelo Município, em conformidade com as diretrizes comuns fixadas em lei editada pela União.

17 A execução e expansão dessa política desenvolvimentista tem como um dos seus principais instrumentos o plano diretor, a ser aprovado pela Câmara Municipal, e obrigatório apenas para cidades com mais de vinte mil habitantes (art. 182, § 1º, CF/88). Nesse instrumento normativo, serão elencadas as regras municipais referentes às edificações, zoneamento urbano etc.

18 Vale lembrar que o texto constitucional afirma que a propriedade urbana apenas cumpre sua função social quando atende às exigências fundamentais de ordenação da cidade expressas no plano diretor. Caso não haja observância adequada da função social, a Constituição faculta ao Município exigir do proprietário do solo urbano não edificado, subutilizado ou não utilizado, que promova seu adequado aproveitamento, sob pena, sucessivamente, de: (i) parcelamento ou edificação compulsórios; (ii) imposto sobre a propriedade predial e territorial urbana progressivo no tempo, e, (iii) desapropriação com pagamento mediante títulos da dívida pública de emissão previamente aprovada pelo Senado Federal, com prazo de resgate de até dez anos, em parcelas anuais, iguais e sucessivas, assegurados o valor real da indenização e os juros legais (art. 182, § 4º, CF/88).

19 Além disso, o texto constitucional estabeleceu também a chamada **usucapião especial urbana** ou *pro morare* e a concessão de uso especial para fins de moradia (art. 183), em favor de quem possuir como sua, área urbana de até 250m^2, por cinco anos ininterruptos e sem oposição, utilizando-a para sua moradia (ou de sua família).

13.4. Política Agrícola, Fundiária e Reforma Agrária

20 Ao tratar da política agrícola, fundiária e da reforma agrária, o texto constitucional busca otimizar a distribuição, o uso e a exploração de terras produtivas.

21 De acordo com o que enuncia o art. 187, CF/88, a política agrícola será planejada e executada por lei, contando com a participação efetiva do setor de produção (que envolve produtores e trabalhadores rurais), com os setores de comercialização, de armazenamento e de transportes.

22 Prevê, ainda, a Constituição (no art. 191) a **usucapião agrária** (ou usucapião especial rural), em benefício de quem, não sendo proprietário de nenhum imóvel, rural ou urbano, possua como seu (por mais de cinco anos ininterruptos e sem qualquer oposição), área de terra em zona rural, desde que não superior a 50 hectares, tornando-a produtiva com seu trabalho ou de sua família, e tendo nela sua moradia.

23 Por seu turno, os arts. 184 a 186 cuidam da desapropriação para fins de reforma agrária, cujo intuito é valorizar o trabalhador do campo, incrementar a produção e combater os latifúndios improdutivos – exatamente por isso ela não alcança nem a propriedade que já é produtiva, nem a pequena e média propriedade rural, desde que seu proprietário não possua outra. Vale ainda mencionar que a competência para determinar essa desapropriação é privativa da União, que age em nome do interesse social e da preservação da função social da propriedade rural, e será efetividade mediante prévia e justa indenização em títulos da dívida agrária.

13.5. Sistema Financeiro Nacional

24 O sistema financeiro nacional é tratado pela Constituição no art. 192, dispositivo alterado substancialmente pela EC nº 40/2003, que conferiu nova redação ao *caput*, revogando todos os incisos e parágrafos. Tal alteração pôs fim à exigência de uma lei complementar única para a regulamentação do sistema financeiro, permitindo, por consequência, sua regulamentação em partes.

25 Em sua redação atual, o art. 192 estabelece que o sistema financeiro nacional deve ser estruturado de forma a promover o desenvolvimento equilibrado do País e a servir aos interesses da coletividade, em todas as partes que o compõem, abrangendo as cooperativas de crédito, sendo regulado por leis complementares que disporão, inclusive, sobre a participação do capital estrangeiro nas instituições que o integram.

DIREITO ADMINISTRATIVO

♦ *José Aras*

Sumário:

1. Poderes administrativos
2. Organização da Administração Pública
3. Atuação administrativa e controle sobre os atos administrativos
4. Responsabilidade extracontratual do Estado
5. Licitação
6. Contratos administrativos
7. Concessão e permissão de serviços públicos
8. Gestão associada de serviços públicos
9. Servidores públicos
10. Improbidade administrativa
11. Intervenção do Estado na propriedade
12. Bens públicos
13. Processo administrativo

INCIDÊNCIA DOS TEMAS NAS PROVAS
(atualizada até o XXIV Exame da OAB)

Direito Administrativo		
Concessão e Permissão de Serviços Públicos	4	3%
Bens Públicos	6	4%
Improbidade Administrativa	7	5%
Serviços Públicos	10	7%
Poderes Administrativos	10	7%
Responsabilidade Extracontratual do Estado	10	7%
Licitação	11	8%
Contratos Administrativos	13	9%
Intervenção do Estado na Propriedade	14	10%
Organização da Administração Pública	16	12%
Atos Administrativos	18	13%
Servidores Públicos	20	14%
Total	139	100%

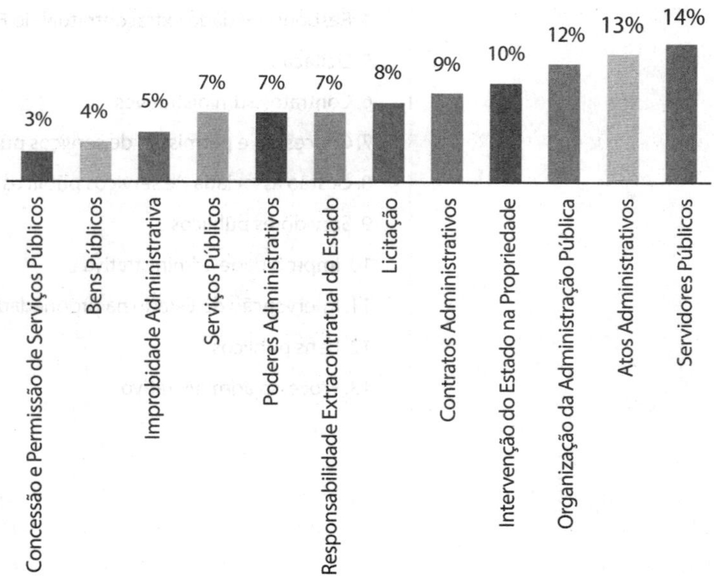

1. PODERES ADMINISTRATIVOS

1 São poderes instrumentais de que se valem a Administração Pública direta, autárquica e fundacional para a consecução do interesse público. São eles os poderes: hierárquico, disciplinar, normativo e de polícia.

2 O poder hierárquico impõe uma relação de coordenação e subordinação ligando os órgãos e agentes administrativos. Tem como consequências o dever de obediência às ordens superiores (exceto aquelas **manifestamente ilegais**); a possibilidade de solução de conflitos de competência; bem como a possibilidade de delegação e avocação de competência.

3 A **delegação** de competência tem natureza discricionária e não pressupõe hierarquia, não podendo: ser total; envolver atos normativos; decisão de recursos administrativos ou matérias de competência exclusiva do órgão ou autoridade.

4 No exercício da competência delegada, considera-se o ato praticado pelo delegatário (delegado) e não pelo delegante.

5 O poder disciplinar possibilita a apuração de infrações e a aplicação de sanções às pessoas (físicas ou jurídicas) sujeitas à disciplina administrativa, ou seja, os servidores públicos e os contratados pela Administração.

6 O poder normativo possibilita a edição de atos de conteúdo regulamentar visando complementar a lei, a exemplo dos regimentos internos, instruções normativas, provimentos, regulamentos, dentre outros.

7 Além dos regulamentos executivos (condicionados), admite-se a edição de **regulamentos autônomos** para a organização e funcionamento da Administração Pública (exceto quando implicar aumento de despesa, criação ou extinção de órgãos públicos – matérias reservadas à lei), bem como para a extinção de funções e cargos públicos, apenas quando estiverem **vagos**.

8 Por sua vez, o poder de polícia condiciona o exercício dos direitos individuais ao interesse coletivo, sendo absolutamente **indelegável**. É possível, entretanto, a delegação de atos materiais decorrentes do exercício do poder de polícia, a exemplo de instalação de câmeras e sensores fotoelétricos.

9 O poder de polícia, como uma das espécies dos atos administrativos, goza dos atributos da imperatividade, discricionariedade e autoexecutoriedade. Assim, os atos decorrentes do poder de polícia podem ser impostos independentemente do consentimento do particular, com escolha do momento mais adequado ao interesse público (conveniência e oportunidade) e sem necessitar da anuência prévia do Poder Judiciário.

2. ORGANIZAÇÃO DA ADMINISTRAÇÃO PÚBLICA

1 A organização administrativa brasileira é composta pela Administração Pública e pelas entidades do Terceiro Setor, também chamadas de "paraestatais";

2 A Administração Pública se subdivide em Administração Pública Direta/Centralizada, composta pela União, Estados, Distrito Federal e Municípios, que atuam através de centros de competências denominados "**órgãos públicos**", e pela Administração Pública Indireta/Descentralizada, integrada pelas autarquias, fundações públicas, empresas públicas e sociedades de economia mista e suas subsidiárias.

3 As entidades da Administração Pública indireta somente podem ser criadas mediante lei autorizativa (lei ordinária específica), sendo que as autarquias e as fundações públicas de direito público são criadas diretamente pela lei e as demais entidades têm sua criação autorizada em lei.

4 A Administração Pública direta realiza **tutela** frente às entidades da Administração Pública indireta, isto é, controle de finalidade, sem vínculo de subordinação, através de **recurso hierárquico impróprio**, necessariamente previsto em lei.

5 As entidades da Administração Pública Direta, as autarquias e as fundações públicas se submetem ao regime jurídico de direito público, gozando das prerrogativas públicas, a exemplo de privilégios processuais, imunidade tributária, exercício de poderes administrativos, bens públicos, dentre outros.

6 As autarquias e as fundações públicas podem se qualificar como agências reguladoras ou agências executivas.

7 As agências reguladoras são sempre autarquias em **regime especial**, tendo, em comparação às autarquias comuns, maior extensão do seu poder normativo e maior estabilidade dos seus dirigentes, que, uma vez nomeados - desde que tenham notória especialização no setor regulamentado -, exercem mandato com prazo certo, só o perdendo mediante renúncia, processo administrativo ou decisão judicial.

8 Findo o mandato, esses dirigentes se submetem a uma **quarentena**, sendo impedidos de atuarem no setor regulamentado por quatro meses, permanecendo vinculado à agência e recebendo vencimentos como se no exercício estivesse. A violação da quarentena implica em crime de advocacia administrativa e improbidade.

9 As agências executivas são autarquias ou fundações públicas que firmam com as respectivas Entidades da Administração Pública Direta, contrato de gestão, ampliando a sua autonomia em troca do cumprimento de metas de desempenho.

Cabe à lei complementar, nessas hipóteses, dispor sobre o prazo de duração do contrato, os controles e critérios de avaliação de desempenho, direitos, obrigações e responsabilidade dos dirigentes e a remuneração de pessoal.

10 As empresas públicas, as sociedades de economia mista e suas subsidiárias (estatais) são pessoas jurídicas de direito privado, submetendo-se ao regime jurídico de direito **privado** quanto às suas relações civis, comerciais, trabalhistas e tributárias, somente podendo gozar de benefícios fiscais quando extensivos ao setor privado.

11 As estatais que prestam serviços públicos, a exemplo dos Correios, em razão da aproximação ao interesse público e por não terem finalidade lucrativa, têm o seu regime jurídico obtemperado por normas de direito público, gozando de imunidade tributária e impenhorabilidade dos seus bens.

12 **Todas** as entidades da Administração Pública Direta e Indireta submetem-se às limitações públicas, dentre as quais, licitação, concurso público e controle financeiro dos tribunais de contas.

13 A Lei das Estatais estabeleceu regras específicas para essas entidades, dentre os quais a inversão das fases de habilitação e classificação, novos limites para contratos diretos por dispensa de licitação (50 mil reais para obras e serviços comuns e 100 mil reais para obras e serviços de engenharia), bem como a preferência para licitações na modalidade de pregão.

14 As **entidades paraestatais** são pessoas jurídicas de direito privado que atuam com finalidades sociais e não lucrativas. Preenchem verdadeiras lacunas deixadas pelo Estado e, como forma de compensação, gozam de privilégios concedidos pela Administração, a exemplo de isenções fiscais, assinatura de convênios, utilização de bens públicos, recebimento de contribuições parafiscais, dentre outros.

15 São exemplos de paraestatais as entidades integrantes do sistema "S" (Sesc, Senai, Sebrae); as **Organizações da Sociedade Civil de Interesse Público** (OSCIP's) e as **Organizações Sociais** (OS's).

16 As OSCIP's são qualificadas mediante termo de parceria, por meio do Ministério da Justiça. Algumas entidades não podem ser qualificadas com OSCIP´s, a exemplo de sindicatos, sociedades comerciais e instituições religiosas.

17 As OS's são qualificadas mediante contrato de gestão, por meio da respectiva área de atuação da entidade.

18 Configura hipótese de licitação dispensável a contratação para prestação de serviços, pelo Estado, das entidades qualificadas como Organizações Sociais, para atividades contempladas no contrato de gestão.

3. ATUAÇÃO ADMINISTRATIVA E CONTROLE SOBRE OS ATOS ADMINISTRATIVOS

1 Os atos administrativos devem ser praticados com observância da **lei** (princípio da legalidade estrita) e se subdividem, basicamente, em atos vinculados e atos discricionários.

2 Os **atos vinculados** são aqueles em que todos os elementos (sujeito; forma; objeto; motivo e finalidade) estão preestabelecidos na lei, não havendo margem de opção para que o dirigente escolha entre critérios de conveniência e oportunidade. Exemplo típico são os atos de aposentadoria compulsória.

3 Os **atos discricionários**, por sua vez, são aqueles em que apenas alguns dos elementos estão estabelecidos na lei (sujeito; forma e finalidade), de modo que os demais (objeto e motivo) serão apurados no caso concreto pelo gestor público, levando em conta os critérios de conveniência e oportunidade, componentes do **mérito** administrativo. Exemplo típico, dentre outros tantos, é a remoção de ofício de servidores públicos para o melhor atendimento do serviço público, ou seja, no interesse da Administração.

4 Daí se vê que o **mérito** do ato administrativo está presente apenas nos atos discricionários, não havendo que se falar em mérito de atos vinculados.

5 O controle sobre a atuação administrativa se realiza pelo Poder Judiciário; pela própria Administração Pública e pelo Poder Legislativo.

6 O **controle judicial** refere-se ao atendimento das questões de legalidade e legitimidade (observância dos princípios da Administração Pública) e, quando não observados esses critérios de legalidade ou legitimidade, o juiz, se provocado (em razão do princípio da inércia da jurisdição), deverá **anular** o ato eivado de vício.

7 No exercício do controle administrativo (**autotutela**), a Administração tanto deve anular seus atos ilegais ou ilegítimos, quanto **revogar** seus próprios atos discricionários por questões de inconveniência ou inoportunidade (ou seja, questões de mérito).

8 A **revogação** opera efeitos *ex nunc* e a anulação opera efeitos *ex tunc*, exceto quando envolver atos ampliativos (aqueles que geram efeitos favoráveis para os administrados que não tiverem agido de má-fé), em que a **anulação** (dentro dos 5 anos de sua prática) opera efeitos *ex nunc*, em atenção do princípio da segurança jurídica.

9 Em decisão na qual se evidencie não acarretarem lesão ao interesse público nem prejuízo a terceiros, os atos que apresentarem defeitos sanáveis poderão ser convalidados pela própria Administração.

10 Além da anulação e da revogação, são modalidades de extinção dos atos administrativos a **cassação** (quando o vício de legalidade opera após o reconhecimento do direito pela Administração); a **caducidade** (em função do advento de uma nova lei incompatível com o ato que será extinto); a **renúncia**; o **exaurimento dos feitos jurídicos do ato** e o **perecimento** (desaparecimento) do sujeito ou do objeto.

11 O **controle legislativo**, por sua vez, se efetiva nas vertentes política e financeira. Na vertente política, incide sobre os atos de governo, a exemplo da declaração de guerra, a celebração de paz e a sustação dos atos normativos do poder executivo que exorbitem do poder regulamentar.

12 Na vertente financeira, o **controle pela respectiva Casa Legislativa** se materializa com o auxílio do órgão do Tribunal de Contas, que mantém competência, dentre outras, para analisar (via parecer) as contas anuais do chefe do Poder Executivo; julgar as contas pelos demais responsáveis por despesas (inclusive impondo débito e multa – ambos com eficácia de título executivo extrajudicial); além de sustar atos administrativos ilegais, bem como contratos administrativos (caso a Administração ou a própria Casa Legislativa se mantenha inerte por mais de 90 dias, contados da ciência da irregularidade).

13 Os responsáveis pelo controle interno de cada órgão ou entidade deve dar ciência ao Tribunal de Contas acerca de eventuais ilegalidades, sob pena de responder de forma solidária.

4. RESPONSABILIDADE EXTRACONTRATUAL DO ESTADO

1 De acordo com a **teoria do risco administrativo**, as pessoas jurídicas de direito público e as de direito privado prestadoras de serviços públicos respondem de forma **OBJETIVA** pelos prejuízos que seus agentes, nessa qualidade, causem a terceiros, assegurada a ação regressiva contra o responsável, nos casos de dolo ou culpa.

2 Tratando-se de omissão, o Estado e as demais pessoas jurídicas de direito público ou privado prestadoras de serviços públicos respondem de forma subjetiva, pela teoria da culpa administrativa (culpa anônima, caracterizadora da **falta do serviço**).

3 Não obstante, mesmo nos casos de omissão, responderá o Estado, objetivamente, em casos de dano ambiental, dano nuclear, situações de trânsito e de custódia, especialmente envolvendo danos ocorrentes dentro de hospitais públicos, escolas públicas e ambientes prisionais. Assim, se um detento fere outro, incidirá a responsabilidade objetiva do Estado, **ante a situação de custódia**.

4 São **excludentes de responsabilidade** a força maior, o caso fortuito e a culpa exclusiva da vítima.

5 Tratando-se de dano ambiental e dano nuclear, aplica-se a teoria do risco integral, não se admitindo a oposição de excludentes de responsabilidade.

6 Em razão do princípio da **dupla garantia**, a ação comum indenizatória pode ser proposta pela vítima apenas contra o Estado no prazo de 5 anos, tendo como possíveis pedidos a condenação por danos materiais, morais e estéticos. Não se admite a denunciação à lide do agente público causador do dano.

7 Igualmente aplicando-se o princípio da dupla garantia, a ação regressiva deve ser proposta pelo Estado contra o seu próprio agente, nos casos em que tiver agido com dolo ou culpa (responsabilidade subjetiva), no prazo de 3 anos, não subsistindo a antiga tese da imprescritibilidade, conforme novo entendimento do STF.

8 Diferentemente do que ocorre com as pessoas naturais (físicas) ou privadas, o Estado responde tanto por danos decorrentes de comportamentos ilícitos, quanto por aqueles decorrentes de comportamentos LÍCITOS, desde que o dano seja certo (efetivo), anormal (aquele que supera os meros dissabores da vida em sociedade) e especial (individualizado).

9 As entidades da Administração Pública indireta, assim como as delegatárias de serviços públicos (concessionárias e permissionárias) respondem de forma primária e direta pelos prejuízos que seus agentes causem a terceiros, sendo apenas subsidiária a responsabilidade do Estado.

10 As delegatárias respondem objetivamente perante terceiros e usuários dos serviços públicos.

11 Embora prevaleça a regra da irresponsabilidade do Estado por típicos atos legislativos e judiciais, o Estado responde por danos decorrentes de leis declaradas inconstitucionais, por leis de efeitos concretos e pelo **erro judiciário**, isto é, aquele em que alguém é preso indevidamente ou ficar preso além do tempo fixado na sentença.

5. LICITAÇÃO

1 As obras, serviços, inclusive de publicidade, compras, alienações, concessões, permissões e locações da Administração Pública, quando contratadas com terceiros, serão necessariamente precedidas de licitação, ressalvadas as hipóteses de contratação direta através das situações de dispensa e inexigibilidade de licitação.

2 A **dispensa** de licitação se subdivide em licitação dispensada (envolvendo alienação de bens públicos – exceto venda a terceiros) e licitação dispensável. Ambas envolvem hipóteses taxativas previstas nos arts. 17 e 24 da Lei 8.666/93, sendo que quando dispensada, a natureza é vinculada (sendo proibido licitar), e quando dispensável, a natureza é discricionária (sendo facultado ao administrador optar entre licitar ou não).

3 Dentre as hipóteses de licitação dispensada encontram-se a dação em pagamento; a doação (permitida para outro órgão ou entidade da Administração Pública) e a permuta.

4 Caracterizam situações de licitação dispensável: casos de guerra ou grave perturbação da ordem; emergência ou de calamidade pública; licitação deserta (quando não acudirem – aparecerem - interessados à licitação), dentre outras.

5 Também são hipóteses de licitação dispensável as compras e contratações de serviços nos valores relativos a 10% dos limites para aquisições via convite, valendo lembrar que esse limite saltará para 20% para compras, obras e serviços contratados por consórcios públicos e por autarquia ou fundação qualificadas como **Agências Executivas**.

6 A inexigibilidade, por sua vez, estará caracterizada quando houver inviabilidade de competição, sendo três as hipóteses **exemplificativas** previstas na Lei Geral de Licitações: aquisição junto a fornecedorese representantes comerciais **exclusivos** (um só fabricante ou fornecedor); contratação de serviços técnicos ou científicos com profissionais ou empresas de **notória especialização** e quando o objeto do contrato tiver **natureza singular**, bem como contratação de profissional de qualquer setor artístico, desde que consagrado pela crítica especializada ou pela opinião pública.

7 É vedada a inexigibilidade para serviços de publicidade e divulgação, ainda que o profissional ou a empresa tenha natureza singular, sendo que, nessas hipóteses, a modalidade licitatória será o concurso.

8 Nas hipóteses de contratação direta, se ficar comprovado superfaturamento, respondem solidariamente pelo dano causado à Fazenda Pública o fornecedor ou o prestador de serviços, e o agente público responsável, sem prejuízo de outras sanções legais cabíveis.

9 Os atos de dispensa e inexigibilidade (contratação direta) devem ser necessariamente justificados (**motivados**) como condição de eficácia, indicando-se a caracterização da situação emergencial ou calamitosa (ser for o caso), a razão da escolha do fornecedor ou executante e **a justificativa do preço**.

10 A licitação destina-se a garantir a observância do princípio constitucional da isonomia, a seleção da proposta mais vantajosa para a Administração, devendo ser processada e julgada em estrita conformidade com os princípios básicos da legalidade, da impessoalidade, da moralidade, da igualdade, da publicidade, da probidade administrativa e da vinculação ao instrumento convocatório.

11 É vedado aos agentes públicosadmitir, prever, incluir ou tolerar, nos atos de convocação, cláusulas ou condições que comprometam, restrinjam ou frustrem o seu **caráter competitivo** e estabeleçam preferências ou distinções em razão da naturalidade, da sede ou domicílio dos licitantes ou de qualquer outra circunstância impertinente ou irrelevante para o específico objeto do contrato.

12 Em igualdade de condições, como critério de desempate, será assegurada preferência, sucessivamente, aos bens e serviços produzidos no País; produzidos ou prestados por empresas brasileiras; produzidos ou prestados por empresas que invistam em pesquisa e no desenvolvimento de tecnologia no País ou produzidos ou prestados por empresas que comprovem cumprimento de reserva de cargos prevista em lei para pessoa com deficiência ou para reabilitado da Previdência Social e que atendam às regras de acessibilidade previstas na legislação.

13 A licitação não será sigilosa, sendo públicos e acessíveis ao público os atos de seu procedimento, salvo quanto ao conteúdo das propostas comerciais, até a respectiva abertura.

14 Nos processos de licitação, poderá ser estabelecida **margem de preferência** paraprodutos manufaturados e para serviços nacionais que atendam a normas técnicas brasileiras e bens e serviços produzidos ou prestados por empresas que comprovem cumprimento de reserva de cargos prevista em lei para pessoa com deficiência ou para reabilitado da Previdência Social e que atendam às regras de acessibilidade previstas na legislação.

15 As licitações para a execução de obras e para a prestação de serviços obedecerão à seguinte sequência: projeto básico; projeto executivo e execução das obras e serviços.

16 Não poderá participar, direta ou indiretamente, da licitação ou da execução de obra ou serviço e do fornecimento de bens a eles necessários **o autor do projeto, básico ou executivo**, pessoa física ou jurídica; a empresa, isoladamente ou em consórcio, responsável pela elaboração do projeto básico ou executivo ou da qual o autor do projeto seja dirigente, gerente, acionista ou detentor de mais de 5% (cinco por cento) do capital com direito a voto ou controlador, responsável técnico ou subcontratado ou o servidor ou dirigente de órgão ou entidade contratante ou responsável pela licitação.

17 É permitida a participação do autor do projeto na licitação de obra ou serviço, ou na execução, na condição de **consultor ou técnico**, nas funções de fiscalização, supervisão ou gerenciamento, **exclusivamente** a serviço da Administração interessada.

18 As compras, sempre que possível, deverãoatender ao princípio da padronização que imponha compatibilidade de especificações técnicas e de desempenho, observadas, quando for o caso, as condições de manutenção, assistência técnica e garantia oferecidas, bem como devem ser processadas através de sistema de **registro de preços**.

19 São modalidades de licitação: concurso; leilão; concorrência; tomada de preços, convite e pregão.

20 **Concurso** é a modalidade de licitação entre quaisquer interessados para escolha de trabalho técnico, científico ou artístico, que não atendam aos critérios necessários à contratação direta, via inexigibilidade de licitação (natureza singular e notória especialização).

21 O vencedor do concurso tem direito a um prêmio (devidamente estabelecido no edital) e deve transferir os direitos autorais para a Administração Pública e, em se tratando de projeto, o vencedor deverá autorizar a Administração a executá-lo quando julgar conveniente.

22 **Leilão** é a modalidade de licitação entre quaisquer interessados para a venda de bens móveis inservíveis para a administração ou de produtos legalmente apreendidos ou penhoradosa quem oferecer o maior lance, igual ou superior ao valor da avaliação.

23 Os bens **imóveis** da Administração Pública, cuja aquisição haja derivado de procedimentos judiciais ou de dação em pagamento, poderão ser alienados com a adoção do procedimento licitatório, sob a modalidade de concorrência ou leilão.

24 Os bens arrematados no leilão serão pagos à vista ou no percentual estabelecido no edital, não inferior a 5% (5 por cento) e, após a assinatura da respectiva ata lavrada no local do leilão, imediatamente entregues ao arrematante, o qual se obrigará ao pagamento do restante no prazo estipulado no edital de convocação, sob pena de perder, em favor da Administração, o valor já recolhido.

25 **Concorrência** é a modalidade de licitação entre quaisquer interessados que, na fase inicial de habilitação preliminar, comprovem possuir os requisitos mínimos de qualificação exigidos no edital para execução de seu objeto.

26 **Tomada de preços** é a modalidade de licitação entre interessados devidamente cadastrados ou que atenderem a todas as condições exigidas para cadastramento até o terceiro dia anterior à data do recebimento das propostas, observada a necessária qualificação.

27 **Convite** é a modalidade de licitação entre interessados do ramo pertinente ao seu objeto, cadastrados ou não, escolhidos e convidados em número mínimo de 3 (três) pela unidade administrativa, a qual afixará, em local apropriado, cópia do instrumento convocatório e o estenderá aos demais cadastrados na correspondente especialidade que manifestarem seu interesse com antecedência de até 24 (vinte e quatro) horas da apresentação das propostas.

28 A escolha entre essas três ultimas modalidades se efetiva de acordo com determinadas faixas de valores, sendo que, para obras e serviços de engenharia, o convite será utilizado para aquisições de até R$ 150.000,00; a tomada de preços, até R$ 1.500.000,00, e a concorrência, quando acima de R$ 1.500.000,00.

29 Para compras e serviços comuns os limites são, para convite, até R$ 80.000,00; tomada de preços, até R$ 650.000,00, e concorrência, acima de R$ 650.000,00.

30 Nos casos em que couber convite, a Administração poderá utilizar a tomada de preços e, em qualquer caso, a concorrência, sendo **vedado o fracionamento de licitação**, isto é, a utilização da modalidade "convite" ou "tomada de preços", conforme o caso, para parcelas de uma mesma obra ou serviço, ou ainda para obras e serviços da mesma natureza e no mesmo local que possam ser realizadas conjunta e concomitantemente, sempre que o somatório de seus valores caracterizar o caso de "tomada de preços" ou "concorrência".

31 O **pregão** também é modalidade de licitação para aquisição de bens e serviços comuns (existem restrições para engenharia), não havendo limite de valor. Nele, o tipo de licitação é sempre o menor preço e ainda conta com a inversão das fases de habilitação e julgamento (classificação, marcada, essa fase, pelo **leilão reverso**, em que as propostas mais bem classificadas participam de novas rodadas de negociação, com vistas a obtenção de melhores preços para a Administração).

32 Para a **habilitação** nas licitações exigir-se-á dos interessados, exclusivamente, documentação relativa à habilitação jurídica; qualificação técnica; qualificação econômico-financeira; regularidade fiscal e trabalhista, sendo proibido ao licitante empregar menores de 16 anos, salvo na condição de aprendiz, a partir dos 14 anos.

33 O julgamento das propostas será **objetivo**, devendo a Comissão de licitação ou o responsável pelo convite realizá-lo em conformidade com os tipos de licitação, os critérios previamente estabelecidos no ato convocatório e de acordo com os fatores exclusivamente nele referidos, de maneira a possibilitar sua aferição pelos licitantes e pelos órgãos de controle.

34 Constituem **tipos** de licitação: menor preço; a de melhor técnica; a de técnica e preço e a de maior lance ou oferta (nos casos de alienação de bens ou concessão de direito real de uso), sendo vedada a utilização de outros tipos de licitação.

35 A licitação pode ser desfeita, motivadamente, através da anulação (motivos de ilegalidade) ou pela revogação (razões de conveniência e oportunidade), desde que em razão de fatos novos (circunstâncias supervenientes).

6. CONTRATOS ADMINISTRATIVOS

1 Contratos administrativos são ajustes bilaterais firmados entre a Administração Pública e pessoas físicas ou jurídicas, geralmente precedidos de licitação.

2 A critério da autoridade competente, em cada caso, e desde que prevista no instrumento convocatório, poderá ser exigida prestação de garantia nas contratações de obras, serviços e compras, cabendo ao contratado optar por uma das modalidades: caução em dinheiro ou em títulos da dívida pública; seguro-garantia e fiança bancária.

3 A garantia não excederá a 5 por cento do valor do contrato, sendo que, para obras, serviços e fornecimentos de **grande vulto envolvendo alta complexidade técnica e riscos financeiros consideráveis**, o limite de garantia poderá ser elevado para até dez por cento do valor do contrato.

4 A duração dos contratos administrativos ficará adstrita à vigência dos respectivos créditos orçamentários, exceto quanto aos projetos cujos produtos estejam contemplados nas metas estabelecidas no Plano Plurianual; à prestação de serviços a serem executados de forma contínua(limitada a sessenta meses); ao aluguel de equipamentos e à utilização de programas de informática, podendo, nessa hipótese, a duração estender-se pelo prazo de até 48 (quarenta e oito) meses após o início da vigência do contrato.

5 Os prazos de início de etapas de execução, de conclusão e de entrega admitem prorrogação, mantidas as demais cláusulas do contrato e assegurada a manutenção de seu **equilíbrio econômico-financeiro**.

6 É vedado o contrato com **prazo de vigência indeterminado**.

7 O regime jurídico dos contratos administrativos é marcado pela presença das **CLÁUSULAS EXORBITANTES**, que conferem à Administração a prerrogativa de modificá-los unilateralmente; rescindi-los unilateralmente; fiscalizar-lhes a execução; aplicar sanções; realizar **encampação** (isto é, ocupar provisoriamente bens móveis, imóveis, pessoal e serviços vinculados ao objeto do contrato) e a mitigação da suspensão do contrato (que só é possível após 90 dias do inadimplemento por parte da Administração).

8 As cláusulas econômico-financeiras e monetárias dos contratos administrativos não poderão ser alteradas sem prévia concordância do contratado.

9 É nulo e de nenhum efeito o contrato verbal com a Administração, salvo o de pequenas compras de pronto pagamento, feitas em regime de adiantamento.

10 A publicação resumida do instrumento de contrato ou de seus aditamentos na imprensa oficial é condição indispensável para sua **eficácia**.

11 A Administração convocará regularmente o interessado para assinar o termo de contrato, aceitar ou retirar o instrumento equivalente, dentro do prazo e condições estabelecidos, sob pena de decair o direito à contratação, sendo facultado convocar os licitantes remanescentes, na ordem de classificação, para fazê-lo em igual prazo e nas mesmas condições propostas pelo primeiro classificado, ou revogar a licitação.

12 Decorridos 60 (sessenta) dias da data da entrega das propostas, sem convocação para a contratação, ficam os licitantes liberados dos compromissos assumidos, o que demonstra que o licitante vencedor não tem direito à contratação, mas sim uma mera expectativa de direito.

13 Os contratos administrativos poderão ser alterados, com as devidas justificativas, de forma unilateral ou mediante acordo entre as partes contratantes.

14 A alteração unilateral pode ser qualitativa (quando houver modificação do projeto ou das especificações, para melhor adequação técnica aos seus objetivos), ou quantitativa (quando necessária a modificação do valor contratual em decorrência de acréscimo ou diminuição quantitativa de seu objeto, nos limites de até 25% do valor inicial atualizado do contrato, e, no caso particular de reforma de edifício ou de equipamento, até o limite de 50%, apenas para os seus acréscimos).

15 Nenhum acréscimo ou supressão poderá exceder esses limites percentuais, salvo as supressões resultantes de acordo celebrado entre os contratantes.

16 A alteração por acordo entre as partes pode decorrer da necessidade de substituição da garantia de execução ou da necessidade de modificação do regime de execução da obra ou serviço, ou da forma de pagamento.

17 Também haverá alteração para restabelecer a relação que as partes pactuaram inicialmente entre os encargos do contratado e a retribuição da Administração para a justa remuneração da obra, serviço ou fornecimento, **objetivando a manutenção do equilíbrio econômico-financeiro inicial do contrato**, na hipótese de sobrevirem fatos imprevisíveis, ou previsíveis (porém de consequências incalculáveis), ou, ainda, em caso de força maior, caso fortuito ou fato do príncipe, configurando álea econômica extraordinária e extracontratual.

18 No caso de supressão de obras, bens ou serviços, se o contratado já houver adquirido os materiais e posto no local dos trabalhos, estes deverão ser pagos pela Administração pelos custos de aquisição regularmente comprovados e monetariamente corrigidos, podendo caber indenização por outros danos eventualmente decorrentes da supressão, desde que regularmente comprovados.

19 Quaisquer tributos ou encargos legais criados, alterados ou extintos, bem como a superveniência de disposições legais, quando ocorridas após a data da apresentação da proposta, de comprovada repercussão nos preços contratados, implicarão a revisão destes para mais ou para menos, conforme o caso, configurando uma das hipóteses de **fato do príncipe**.

20 A variação do valor contratual para fazer face ao **reajuste de preços** previsto no próprio contrato, as atualizações, compensações ou penalizações financeiras decorrentes das condições de pagamento nele previstas, bem como o empenho de dotações orçamentárias suplementares até o limite do seu valor corrigido, não caracterizam alteração do mesmo, podendo ser registrados por simples apostila, dispensando a celebração de aditamento.

21 A execução do contrato deverá ser acompanhada e **fiscalizada** por um representante da Administração especialmente designado, permitida a contratação de terceiros para assisti-lo e subsidiá-lo de informações pertinentes a essa atribuição.

22 O contratado deverá manter preposto, aceito pela Administração, no local da obra ou serviço, para representá-lo na execução do contrato.

23 A inexecução total ou parcial do contrato enseja a sua rescisão, que pode ser unilateral, mediante acordo ou judicial.

24 A rescisão judicial se efetiva quando a iniciativa é do contratado, por inadimplemento atribuído à Administração Pública, a exemplo da não liberação de área, local ou objeto para execução de obra, serviço ou fornecimento, nos prazos contratuais, bem como das fontes de materiais naturais especificadas no projeto (**fato da Administração**).

25 Constituem motivos para rescisão unilateral do contrato administrativo (assegurada ampla defesa), o inadimplemento do contratado; razões de interesse público, de alta relevância e amplo conhecimento (justificadas e determinadas pela máxima autoridade da esfera administrativa a que está subordinado o contratante) e a ocorrência de caso fortuito ou de força maior, regularmente comprovada e impeditiva da execução do contrato.

26 A rescisão unilateral acarreta, dentre outras, aassunção imediata do objeto do contrato no estado e local em que se encontrar; a ocupação e utilização do local, instalações, equipamentos, material e pessoal empregados na execução do contrato, necessários à sua continuidade (encampação); a execução da garantia contratual para ressarcimento da Administração e dos valores das multas e indenizações a ela devidos (daí a natureza autoexecutória das multas envolvendo contratos administrativos), bem como a retenção dos créditos decorrentes do contrato até o limite dos prejuízos causados à Administração.

27 Pela inexecução total ou parcial do contrato a Administração poderá, garantida a prévia defesa, aplicar ao contratado as seguintes sanções: **advertência**; **suspensão** temporária (por prazo não superior a 2 anos); **declaração de inidoneidade** para licitar ou contratar com a Administração Pública e aplicar-lhe **multa**, na forma prevista no instrumento convocatório ou no contrato, esta última podendo ser cumulada com as sanções administrativas anteriores.

28 A declaração de inidoneidade é de competência exclusiva do Ministro de Estado, do Secretário Estadual ou Municipal.

29 A suspensão e a declaração de inidoneidade poderão também ser aplicadas às empresas ou aos profissionais que tenham sofrido condenação definitiva por praticarem, por meios dolosos, fraude fiscal no recolhimento de quaisquer tributos; que tenham praticado atos ilícitos visando frustrar os objetivos da licitação; ou que demonstrem não possuir idoneidade para contratar com a Administração em virtude de atos ilícitos praticados.

30 Cabe ao contratado, diretamente, a **responsabilidade** em decorrência da execução dos contratos administrativos.

31 O contratado é responsável pelos danos causados diretamente à Administração ou a terceiros, decorrentes de sua culpa ou dolo na execução do contrato, não excluindo ou reduzindo essa responsabilidade a fiscalização ou o acompanhamento a cargo da Administração.

32 O contratado é responsável pelas obrigações civis, trabalhistas, previdenciárias, fiscais e comerciais resultantes da execução do contrato.

33 Embora não responda por obrigações de natureza fiscais ou comerciais, a Administração Pública responde subsidiariamente pelas obrigações civis e trabalhistas (se comprovada a falta de fiscalização, em conformidade com a Súmula 331, do TST) e, de forma solidária, pelas obrigações de natureza previdenciária decorrentes do contrato.

34 O contratado, na execução do contrato, sem prejuízo das responsabilidades contratuais e legais, poderá subcontratar partes da obra, serviço ou fornecimento, até o limite admitido, em cada caso, pela Administração.

35 Executado o contrato, o seu objeto será recebido de forma provisória ou definitiva, podendo ser dispensado o recebimento provisório nos casos de gêneros perecíveis e alimentação preparada, bem como serviços profissionais ou obras e serviços de valor até 650 mil reais.

36 A declaração de nulidade do contrato administrativo opera retroativamente impedindo os efeitos jurídicos que ele, ordinariamente, deveria produzir, além de desconstituir os já produzidos.

37 A nulidade não exonera a Administração do dever de indenizar o contratado pelo que este houver executado até a data em que ela for declarada e por outros prejuízos regularmente comprovados, contanto que não lhe seja imputável, promovendo-se a responsabilidade de quem lhe deu causa.

38 Configuram contratos de direito privado firmados pela Administraçãoos contratos de seguro, financiamento ou locação (em que o Poder Público seja locatário), regidos, predominantemente, por norma de direito privado.

7. CONCESSÃO E PERMISSÃO DE SERVIÇOS PÚBLICOS

1 A prestação de serviços públicos é dever do Estado, que pode executá-los de forma direta ou mediante delegação de serviços públicos, isto é, por meio de concessão ou permissão.

2 Concessão de serviço público é a delegação de sua prestação, firmada por contrato administrativo precedido de licitação na modalidade de concorrência, à pessoa jurídica ou consórcio de empresas que demonstre capacidade para seu desempenho, por sua conta e risco e por prazo determinado.

3 Concessão de serviço público precedida da execução de obra pública é a construção, total ou parcial, conservação, reforma, ampliação ou melhoramento de quaisquer obras de interesse público, delegada pelo Estado (poder concedente), mediante licitação, na modalidade de concorrência, à pessoa jurídica ou consórcio de empresas que demonstre capacidade para a sua realização, por sua conta e risco, de forma que o investimento da concessionária seja remunerado e amortizado mediante a exploração do serviço ou da obra por prazo determinado.

4 Permissão de serviço público é a delegação, a título precário, mediante licitação, da prestação de serviços públicos, feita pelo poder concedente à pessoa física ou jurídica que demonstre capacidade para seu desempenho, por sua conta e risco.

5 Daí já que se vê que os delegatários de serviços públicos respondem de forma primária, direta e objetivamente pelos danos que seus agentes, nessa qualidade, causam aos usuários e a terceiros (não usuários do serviço público), de modo que a responsabilidade do poder concedente quanto a esses danos é apenas subsidiária (ou seja, incide no caso de falência ou extinção do delegatário).

6 Existem três modalidades de concessão: comum, patrocinada ou administrativa (as duas últimas, espécies de parcerias público-privada).

7 A **concessão comum** é marcada pelo fato de que a remuneração do concessionário é bancada pelas **tarifas** pagas pelos usuários, não havendo contraprestação do poder concedente.

8 A tarifa do serviço público concedido será fixada pelo preço da proposta vencedora da licitação e preservada pelas regras de **reajuste e revisão**, a fim de manter-se o equilíbrio econômico-financeiro, inclusive em decorrência da criação, alteração ou extinção de tributos ou encargos legais após a apresentação da proposta (fato do príncipe).

9 As concessionárias de serviços públicos são obrigadas a oferecer ao consumidor e ao usuário, dentro do mês de vencimento, pelo menos seis datas opcionais para escolherem os dias de vencimento de seus débitos.

10 Os concessionários podem contar com fontes provenientes de receitas **alternativas**, complementares, acessórias ou de projetos associados, com ou sem exclusividade, com vistas a favorecer a modicidade das tarifas, a exemplo de locação de espaços e placas publicitárias, busdoor, dentre outras, as quais serão obrigatoriamente consideradas para a aferição do inicial equilíbrio econômico-financeiro do contrato.

11 **Concessão patrocinada**, modalidade de parceria público-privada (PPP), é a concessão de serviços públicos ou de obras públicas prestadas em favor da coletividade, quando envolver, adicionalmente à tarifa cobrada dos usuários, contraprestação pecuniária do parceiro público ao parceiro privado.

12 **Concessão administrativa**, também espécie de PPP, é o contrato de prestação de serviços de que a Administração Pública seja a usuária direta ou indireta, ainda que envolva execução de obra ou fornecimento e instalação de bens.

13 Existem regras que se aplicam especificamente às parcerias público-privadas, a exemplo do valor do contrato (que não pode ser inferior a 20 milhões de reais); o período de prestação do serviço (que não pode ser inferior a 5, nem superior a 35 anos) e o objeto (não podendo envolver unicamente o fornecimento de mão-de-obra, a instalação de equipamentos ou a execução de obra pública).

14 Também é regra específica para as parcerias público-privadas a **repartição de riscos** entre as partes decorrentes da teoria da imprevisão, inclusive os referentes a caso fortuito, força maior, fato do príncipe e álea econômica extraordinária.

15 Os riscos decorrentes de fatos da Administração são sempre da responsabilidade da Administração, por envolver inexecução contratual a ela atribuída, como, por exemplo, a não liberação da área para que a contratada possa executar o contrato.

16 A União, seus fundos especiais, suas autarquias, suas fundações públicas e suas empresas estatais dependentes são autorizadas a participar, no limite global de R$ 6.000.000.000,00 (seis bilhões de reais), em Fundo Garantidor de Parcerias Público-Privadas - FGP que terá por finalidade prestar garantia de pagamento de obrigações pecuniárias assumidas pelos parceiros públicos federais, distritais, estaduais ou municipais em virtude das parcerias público privadas.

17 Além disso, as concessões envolvendo parcerias público-privadas são precedidas da criação de uma sociedade de propósito específico, incumbida de implantar e gerir o objeto da parceria.

18 Toda concessão ou permissão pressupõe a prestação de serviço adequado, isto é, deve satisfazer os princípios da **regularidade**, **continuidade**, **eficiência**, **segurança**, **generalidade**, **cortesia na sua prestação**, **modicidade das tarifas** e **atualidade** (compreendendo, a modernidade das técnicas, do equipamento e das instalações e a sua conservação, bem como a melhoria e expansão do serviço).

19 Não se caracteriza como descontinuidade do serviço a sua **interrupção** em situação de emergência ou após prévio aviso, quando motivada por razões de ordem técnica ou de segurança das instalações, bem como por **inadimplemento do usuário**, considerado o interesse da coletividade, inclusive serviços de energia elétrica.

20 Nas concorrências para fins de concessão de serviços públicos, é **possível** a inversão das fases de habilitação e classificação.

21 Por sua vez, os contratos de concessão de serviços públicos podem prever mecanismos privados de solução de disputas, inclusive convenção de arbitragem.

22 A outorga de concessão ou permissão não terá caráter de exclusividade, salvo no caso de inviabilidade técnica ou econômica devidamente justificada pelo poder concedente.

23 É admitida a subconcessão, sempre precedida de concorrência, desde que expressamente prevista no contrato de concessão e autorizada pelo poder concedente.

24 A transferência de concessão ou do controle societário da concessionária sem prévia anuência do poder concedente implicará a **caducidade** da concessão.

25 Nas condições estabelecidas no contrato de concessão, o poder concedente autorizará a assunção do controle ou da administração temporária da concessionária por seus financiadores e garantidores com quem não mantenha vínculo societário direto, para promover sua reestruturação financeira e assegurar a continuidade da prestação dos serviços, não alterando as obrigações da concessionária e de seus controladores para com terceiros, poder concedente e usuários dos serviços públicos.

26 Nos contratos de financiamento, as concessionárias poderão oferecer em garantia os direitos emergentes da concessão (inclusive as tarifas recebidas), até o limite que não comprometa a operacionalização e a continuidade da prestação do serviço.

27 Para garantir contratos de mútuo de longo prazo (superior a 5 anos) destinados a investimentos relacionados a contratos de concessão, em qualquer de suas modalidades, as concessionárias poderão ceder ao mutuante, como garantia, parcela de seus créditos operacionais futuros.

28 Incumbe ao poder concedente, dentre outros, regulamentar o serviço concedido e fiscalizar permanentemente a sua prestação; aplicar as penalidades regulamentares e contratuais; declarar de utilidade pública os bens necessários à execução do serviço ou obra pública, promovendo as desapropriações e instituindo servidões administrativas, diretamente ou mediante outorga de poderes à concessionária, caso em que será desta a responsabilidade pelas indenizações cabíveis.

29 O poder concedente poderá **intervir** na concessão com o fim de assegurar a adequação na prestação do serviço, bem como o fiel cumprimento das normas contratuais, regulamentares e legais pertinentes.

30 A intervenção far-se-á por decreto do poder concedente, que deverá, no prazo de trinta dias, instaurar procedimento administrativo para comprovar as causas determinantes da medida e apurar responsabilidades, assegurado o direito de ampla defesa, processo esse a ser concluído no prazo de até cento e oitenta dias, sob pena de considerar-se inválida a intervenção.

31 Cessada a intervenção, se não for extinta a concessão (pela **caducidade**), a administração do serviço será devolvida à concessionária, precedida de prestação de contas pelo interventor, que responderá pelos atos praticados durante a sua gestão.

32 São **modalidades de extinção da concessão**: o advento do termo contratual (prazo final do contrato); a anulação (razões de ilegalidade); a falência ou extinção da empresa concessionária (assim como o falecimento ou incapacidade do titular, no caso de empresa individual); a **encampação**; a **caducidade** e a **rescisão**.

33 Considera-se **encampação** a retomada do serviço pelo poder concedente durante o prazo da concessão, por motivo de interesse público, mediante lei autorizativa específica e após prévio pagamento da indenização.

34 A **caducidade** corresponde à extinção da concessão, via decreto, por inexecução total ou parcial do contrato por parte do concessionário, a exemplo da prestação inadequada ou deficiente do serviço; pelo descumprimento das cláusulas contratuais; pela paralisação do serviço, dentre outras causas, precedida sempre da notificação e concessão de prazo para correção das falhas que, se não atendidas, gerará a instauração de processo administrativo para verificação da inadimplência, assegurado o direito de ampla defesa.

35 Declarada a caducidade, não resultará para o poder concedente qualquer espécie de responsabilidade em relação aos encargos, ônus, obrigações ou compromissos com terceiros ou com empregados da concessionária.

36 A **rescisão** ocorre por iniciativa do concessionário, no caso de descumprimento das normas contratuais pelo poder concedente, mediante **ação judicial** especialmente intentada para esse fim.

37 Em atenção ao princípio da continuidade do serviço público, na hipótese de rescisão judicial, os serviços prestados pela concessionária não poderão ser interrompidos ou paralisados, até a decisão judicial transitada em julgado.

38 Extinta a concessão, retornam ao poder concedente todos os bens reversíveis, direitos e privilégios transferidos ao concessionário conforme previsto no edital e estabelecido no contrato.

39 Extinta a concessão, haverá a imediata assunção do serviço pelo poder concedente, procedendo-se aos levantamentos, avaliações e liquidações necessárias, autorizando, ainda, a ocupação das instalações e a utilização, pelo poder concedente, de todos os bens reversíveis.

40 A **reversão** implicará no pagamento de indenização das parcelas **não amortizadas** até o momento da extinção da concessão.

41 Quando a extinção ocorrer em razão do advento do termo contratual, a reversão far-se-á com a indenização das parcelas dos investimentos vinculados a bens reversíveis ainda não amortizados ou depreciados, que tenham sido realizados com o objetivo de garantir a continuidade e atualidade do serviço concedido.

8. GESTÃO ASSOCIADA DE SERVIÇOS PÚBLICOS

1 A **gestão associada de serviços públicos** se realiza através de convênios e consórcios públicos.

2 Os convênios são instrumentos jurídicos bilaterais, que envolvem interesses convergentes, sem contrapartida de uma parte à outra, a exemplo dos ajustes firmados entre entidades federadas para prestação de serviços de atendimento médico e odontológico, combate à seca, dentre outros.

3 Já os consórcios dão ensejo à criação de uma **nova pessoa jurídica**, que pode ser de direito público ou de direito privado.

4 Quando de direito privado, os consórcios públicos adquirem personalidade jurídica com o atendimento das normas de direito civil (registro em cartório) e assumem a forma de associação civil, submetendo-se às regras de direito público em relação à realização de licitação, celebração de contratos, prestação de contas e admissão de pessoal (via concurso público, em regra) que será regida pela CLT.

5 Quando constituídos como forma de direito público, os consórcios adquirem personalidade jurídica mediante a vigência das leis de ratificação do protocolo de intenções e assumem a forma de **associações públicas** com natureza de **autarquia** (integrando a administração indireta de todos os entes da Federação consorciados), denominadas, assim, de **associações públicas**.

6 Os consórcios públicos podem ser horizontais (quando envolvem entes da mesma hierarquia) e verticais (quando envolvem entidades políticas de diferentes hierarquias), sendo que a União somente participará de consórcios públicos em que também façam parte todos os Estados em cujos territórios estejam situados os Municípios consorciados.

7 Os consórcios públicos poderão outorgar concessão, permissão ou autorização de obras ou serviços públicos mediante autorização prevista no contrato de consórcio público, que deverá indicar de forma específica o objeto da concessão, permissão ou autorização e as condições a que deverá atender, observada a legislação de normas gerais em vigor.

8 O consórcio público será constituído por contrato cuja celebração dependerá da prévia subscrição de **protocolo de intenções**.

9 É nula a cláusula do contrato de consórcio que preveja determinadas contribuições financeiras ou econômicas de ente da Federação ao consórcio público, salvo a doação, destinação ou cessão do uso de bens móveis ou imóveis e as transferências ou cessões de direitos operadas por força de gestão associada de serviços públicos.

10 O contrato de consórcio público será celebrado com a ratificação, mediante lei, do protocolo de intenções.

11 Os entes consorciados somente entregarão recursos ao consórcio público mediante **contrato de rateio**, formalizado em cada exercício financeiro e seu prazo de vigência não será superior ao das dotações que o suportam, com exceção dos contratos que tenham por objeto exclusivamente projetos consistentes em programas e ações contemplados em plano plurianual ou a gestão associada de serviços públicos custeados por tarifas ou outros preços públicos.

12 É vedada a aplicação dos recursos entregues por meio de contrato de rateio para o atendimento de despesas genéricas, inclusive transferências ou operações de crédito.

13 O consórcio público está sujeito à fiscalização contábil, operacional e patrimonial realizada pelo **Tribunal de Contas** competente para apreciar as contas do chefe do Poder Executivo representante legal do consórcio, inclusive quanto à legalidade, legitimidade e economicidade das despesas, atos, contratos e renúncia de receitas, sem prejuízo do controle externo a ser exercido em razão de cada um dos contratos de rateio.

14 Os agentes públicos incumbidos da gestão de consórcio **não responderão pessoalmente** pelas obrigações contraídas pelo consórcio público, mas responderão pelos atos praticados em desconformidade com a lei ou com as disposições dos respectivos estatutos.

15 A retirada do ente da Federação do consórcio público dependerá de ato formal de seu representante na assembleia geral, na forma previamente disciplinada por lei.

16 Os bens destinados ao consórcio público pelo consorciado que se retirar, somente serão revertidos ou retrocedidos no caso de expressa previsão no contrato de consórcio público ou no instrumento de transferência ou de alienação.

17 A retirada ou a extinção do consórcio público não prejudicará as obrigações já constituídas, inclusive os contratos de programa, cuja extinção dependerá do prévio pagamento das indenizações eventualmente devidas.

18 A alteração ou a extinção de contrato de consórcio público dependerá de instrumento aprovado pela assembleia geral, ratificado mediante lei por todos os entes consorciados.

19 Deverão ser constituídas e reguladas por **contrato de programa**, como condição de sua validade, as obrigações que um ente da Federação constituir para com outro ente da Federação ou para com consórcio público no âmbito de gestão associada em que haja a prestação de serviços públicos ou a transferência

ADMINISTRATIVO

total ou parcial de encargos, serviços, pessoal ou de bens necessários à continuidade dos serviços transferidos.

20 É nula a cláusula de contrato de programa que atribuir ao contratado o exercício dos poderes de planejamento, regulação e fiscalização dos serviços por ele próprio prestados.

21 O contrato de programa continuará vigente mesmo quando extinto o consórcio público ou o convênio de cooperação que autorizou a gestão associada de serviços públicos.

22 A União poderá celebrar convênios com os consórcios públicos, com o objetivo de viabilizar a descentralização e a prestação de políticas públicas em escalas adequadas.

23 No caso de consórcios públicos, aplicar-se-á o dobro dos valores estipulados para contratações mediante concorrência, tomada de preços e convite quando formado por até 3 (três) entes da Federação, e o triplo, quando formado por maior número.

24 É dispensável a licitação para a celebração de contrato de programa com ente da Federação ou com entidade de sua administração indireta, para a prestação de serviços públicos de forma associada nos termos do autorizado em contrato de consórcio público ou em convênio de cooperação.

25 Configuram atos de improbidade administrativa que implicam lesão ao erário celebrar contrato ou outro instrumento que tenha por objeto a prestação de serviços públicos por meio da gestão associada sem observar as formalidades legais, bom como celebrar contrato de rateio de consórcio público sem suficiente e prévia dotação orçamentária.

9. SERVIDORES PÚBLICOS

1 A União, os Estados, o Distrito Federal e os Municípios instituirão, no âmbito de sua competência, regime jurídico único e planos de carreira para os servidores da Administração Pública direta, das autarquias e das fundações públicas.

2 De acordo com o princípio do livre acesso, os cargos, empregos e funções públicas são acessíveis aos brasileiros que preencham os requisitos estabelecidos em lei, assim como aos estrangeiros, na forma da lei.

3 Por sua vez, a investidura em cargo ou emprego público depende de aprovação prévia em **concurso público** de provas ou de provas e títulos, de acordo com a natureza e a complexidade do cargo ou emprego, ressalvadas as nomeações para cargo em comissão e para as funções de confiança, declaradas em lei de **livre nomeação e exoneração**.

4 O prazo de validade do concurso público será de até 2 anos, prorrogável uma vez, por igual período, sendo que, durante o prazo improrrogável previsto no edital de convocação, aquele aprovado em concurso público de provas ou de provas e títulos será convocado com prioridade sobre novos concursados para assumir cargo ou emprego na carreira.

5 A lei reservará percentual dos cargos e empregos públicos para as pessoas portadoras de deficiência e definirá os critérios de sua admissão, enquadrando-se como deficientes, para essa finalidade, os portadores de visão monocular, mas não os indivíduos que tenha audição unilateral.

6 A lei estabelecerá os casos de **contratação por tempo determinado**, sem concurso público, para atender à necessidade temporária de excepcional interesse público.

7 É garantido ao servidor público civil o direito à livre associação sindical, assim como o direito de greve que, pela falta de regulamentação, poderá ser exercido com base nos ditames traçados na Lei Geral de Greve do setor privado, conforme orientação do STF.

8 A remuneração dos servidores públicos e o subsídio (dos agentes políticos ou dos servidores organizados em carreira) somente poderão ser fixados ou alterados por lei específica, observada a iniciativa privativa em cada caso, assegurada **revisão geral anual**, sempre na mesma data e sem distinção de índices, garantindo-se, ainda, a **irredutibilidade dos vencimentos**.

9 A remuneração e o subsídio dos ocupantes de cargos, funções e empregos públicos da administração direta, autárquica e fundacional, dos membros de qualquer dos Poderes da União, dos Estados, do Distrito Federal e dos Municípios, dos detentores de mandato eletivo e dos demais agentes políticos e os proventos, pensões ou outra espécie remuneratória, percebidos cumulativamente ou não, incluídas as vantagens pessoais ou de qualquer outra natureza, não poderão exceder o subsídio mensal, em espécie, dos Ministros do Supremo Tribunal Federal (**teto remuneratório**).

10 São os seguintes subtetos: nos Municípios, o subsídio do Prefeito, e nos Estados e no Distrito Federal, o subsídio mensal do Governador no âmbito do Poder Executivo; o subsídio dos Deputados Estaduais e Distritais no âmbito do Poder Legislativo e o subsídio dos Desembargadores do Tribunal de Justiça, no âmbito do Poder Judiciário, aplicável este subteto aos membros do Ministério Público, aos Procuradores e aos Defensores Públicos.

11 O teto remuneratório aplica-se às empresas públicas e às sociedades de economia mista e suas subsidiárias **que** receberem recursos da União, dos Estados, do Distrito Federal ou dos Municípios para pagamento de despesas de pessoal ou de custeio em geral.

12 É vedada a vinculação ou equiparação de quaisquer espécies remuneratórias para o efeito de remuneração de pessoal do serviço público, sendo que os acréscimos pecuniários percebidos por servidor público não serão computados nem acumulados para fins de concessão de acréscimos ulteriores.

13 É vedada a percepção simultânea de proventos de aposentadoria com a remuneração de cargo, emprego ou função pública, ressalvados os cargos acumuláveis, os cargos eletivos e os cargos em comissão declarados em lei de livre nomeação e exoneração.

14 Não serão computadas, para efeito dos limites remuneratórios, as parcelas de **caráter indenizatório** previstas em lei.

15 Vencimento é a retribuição pecuniária pelo exercício de cargo público, com valor fixado em lei, podendo ser inferior ao salário mínimo.

16 Remuneração (total da remuneração) é o vencimento do cargo efetivo, acrescido das vantagens pecuniárias permanentes estabelecidas em lei, não podendo ser inferior ao salário mínimo.

17 São vantagens pagas aos servidores: indenizações, gratificações e adicionais. As indenizações **não se incorporam ao vencimento** ou provento para qualquer efeito; já as gratificações e os adicionais incorporam-se ao vencimento ou provento, nos casos e condições indicados em lei.

18 O vencimento, a remuneração e o provento não serão objeto de arresto, sequestro ou penhora, exceto nos casos de prestação de alimentos resultante de decisão judicial.

19 As **férias** somente poderão ser interrompidas por motivo de calamidade pública, comoção interna, convocação para júri, serviço militar ou eleitoral, ou por necessidade do serviço declarada pela autoridade máxima do órgão ou entidade.

20 É vedada a acumulação remunerada de cargos públicos (sob pena de **demissão**), exceto quando houver compatibilidade de horários, dois cargos de professor; um cargo de professor com outro técnico ou científico; e, dois cargos ou empregos privativos de profissionais de saúde, com profissões regulamentadas.

21 A proibição de acumular estende-se a empregos e funções e abrange autarquias, fundações, empresas públicas, sociedades de economia mista, suas subsidiárias e sociedades controladas, direta ou indiretamente, pelo poder público.

22 Ao servidor público da administração direta, autárquica e fundacional no **exercício de mandato eletivo**, aplicam-se as seguintes disposições: tratando-se de mandato eletivo federal, estadual ou distrital, ficará afastado de seu cargo, emprego ou função;investido no mandato de Prefeito, será afastado do cargo, emprego ou função, sendo-lhe facultado optar pela sua remuneração; e, investido no mandato de Vereador, havendo compatibilidade de horários, perceberá as vantagens de seu cargo, emprego ou função, sem prejuízo da remuneração do cargo eletivo, e, não havendo compatibilidade, poderá optar pela melhor remuneração.

23 Em qualquer caso que exija o afastamento para o exercício de mandato eletivo, seu tempo de serviço será contado para todos os efeitos legais, exceto para promoção por merecimento, sendo que, para efeito de benefício previdenciário, no caso de afastamento, os valores serão determinados como se no exercício estivesse.

24 São **estáveis** após 3 anos de **efetivo exercício** (correspondente ao período do estágio probatório) os servidores nomeados para cargo de provimento efetivo em virtude de concurso público, desde que aprovado em **avaliação especial** de desempenho por comissão instituída para essa finalidade.

25 Ao entrar em exercício, o servidor nomeado para cargo de provimento efetivo ficará sujeito a **estágio probatório** por período de 36 meses (ou 3 anos), durante o qual a sua aptidão e capacidade serão objeto de avaliação para o desempenho do cargo, observados, dentre outros, sua assiduidade, disciplina, capacidade de iniciativa, produtividade e responsabilidade.

26 O servidor público estável só perderá o cargo: em virtude de sentença judicial transitada em julgado; mediante processo administrativo em que lhe seja assegurada ampla defesa; mediante procedimento de **avaliação periódica** de desempenho e para adequação aos limites de gastos de despesa com pessoal.

27 Invalidada por sentença judicial a demissão do servidor estável, será ele **reintegrado** e o eventual ocupante da vaga, se estável, **reconduzido** ao cargo de origem, sem direito a indenização, aproveitado em outro cargo ou posto em **disponibilidade** com remuneração proporcional ao tempo de serviço (considerados, para essa finalidade, o tempo de serviços prestado em qualquer das esferas do governo).

28 Extinto o cargo ou declarada a sua desnecessidade, o servidor estável ficará em **disponibilidade**, com remuneração proporcional ao tempo de serviço, até seu adequado **aproveitamento** em outro cargo.

29 São formas de **provimento** de cargos públicos a nomeação; a promoção; a readaptação; a reversão; o aproveitamento; a reintegração e a recondução.

30 **Readaptação** é a investidura do servidor em cargo de atribuições e responsabilidades compatíveis com a limitação que tenha sofrido em sua capacidade física ou mental verificada em inspeção médica.

31 **Reversão** é o retorno à atividade de servidor aposentado por invalidez, quando junta médica oficial declarar insubsistentes os motivos da aposentadoria; ou no interesse da administração (desde quetenha solicitado a reversão, a aposentadoria tenha sido voluntária, tivesse sido estável quando na atividade, a aposentadoria tenha ocorrido nos 5 anos anteriores à solicitação e haja cargo vago).

32 Não poderá reverter o aposentado que já tiver completado 75 (setenta e 5) anos de idade, ou seja, o limite para a aposentadoria compulsória.

33 A **reintegração** é a reinvestidura do servidor estável no cargo anteriormente ocupado ou no cargo resultante de sua transformação, quando invalidada a sua demissão por decisão administrativa ou judicial, com ressarcimento de todas as vantagens.

34 **Recondução** é o retorno do servidor estável ao cargo anteriormente ocupado e decorrerá deinabilitação em estágio probatório relativo a outro cargo ou reintegração do anterior ocupante.

35 O retorno à atividade de servidor em **disponibilidade** far-se-á mediante **aproveitamento** obrigatório em cargo de atribuições e vencimentos compatíveis com o anteriormente ocupado.

36 A vacância do cargo público decorrerá deexoneração, demissão, promoção, readaptação, aposentadoria, posse em outro cargo inacumulável ou falecimento.

37 **Remoção** é o deslocamento do servidor, a pedido ou de ofício, no âmbito do mesmo quadro, com ou sem mudança de sede e tem como espécies: de ofício, no interesse da Administração; a pedido, a critério da Administração; e, a pedido, para outra localidade, independentemente do interesse da Administração (para acompanhar cônjuge ou companheiro, também servidor público, que foi deslocado no interesse da Administração; por motivo de saúde do servidor, cônjuge, companheiro ou dependente, condicionada à comprovação por junta médica oficial; ou, em virtude de processo seletivo, na hipótese em que o número de interessados for superior ao número de vagas).

38 **Redistribuição** é o **deslocamento de cargo** de provimento efetivo, ocupado ou vago no âmbito do quadro geral de pessoal, para outro órgão ou entidade do mesmo Poder.

39 Os servidores investidos em cargo ou função de direção ou chefia e os ocupantes de cargo de NATUREZA ESPECIAL terão **substitutos** indicados no regimento interno ou, no caso de omissão, previamente designados pelo dirigente máximo do órgão ou entidade, o qual fará jus à retribuição pelo exercício do cargo ou função de direção ou chefia ou de cargo de Natureza Especial, nos casos dos afastamentos ou impedimentos legais do titular, superiores a trinta dias consecutivos, paga na proporção dos dias de efetiva substituição que excederem o referido período.

40 Conceder-se-á ao servidor as seguintes modalidades de licença: por motivo de doença em pessoa da família; por motivo de afastamento do cônjuge ou companheiro; para o serviço militar; para atividade política; para capacitação; para desempenho de mandato classista **e** para tratar de **interesses particulares** (desde que estável, pelo prazo de até 3 anos consecutivos, sem remuneração, a qual poderá ser interrompida, a qualquer tempo, a pedido do servidor ou no interesse do serviço).

41 O servidor responde civil, penal e administrativamente pelo exercício irregular de suas atribuições.

42 A responsabilidade civil decorre de ato omissivo ou comissivo, doloso ou culposo, que resulte em prejuízo ao erário ou a terceiros. A responsabilidade penal abrange os crimes e contravenções imputadas ao servidor nessa qualidade. A responsabilidade civil-administrativa resulta de ato omissivo ou comissivo praticado no desempenho do cargo ou função.

43 As sanções civis, penais e administrativas poderão cumular-se, sendo independentes entre si.

44 A responsabilidade administrativa do servidor será afastada no caso de absolvição criminal que negue a existência do fato ou sua autoria, podendo ser punido em função de eventual **falta residual**.

45 Aos servidores titulares de cargos efetivos da União, dos Estados, do Distrito Federal e dos Municípios, incluídas suas autarquias e fundações, é assegurado regime de previdência de caráter contributivo e solidário, mediante contribuição do respectivo ente público, dos servidores ativos e inativos e dos pensionistas, observados critérios que preservem o equilíbrio financeiro e atuarial.

46 Os servidores abrangidos pelo regime de previdência própria serão aposentados: por invalidez permanente; compulsoriamente, com proventos proporcionais ao tempo de contribuição, **aos 70 (setenta) anos de idade, ou aos 75 (setenta e cinco)** anos de idade, esta última hipótese, na forma de lei complementar; ou, **voluntariamente**, desde que cumprido tempo mínimo de dez anos de efetivo exercício no serviço público e 5 anos no cargo efetivo em que se dará a aposentadoria.

47 São, ainda, condições para a aposentadoria voluntária: sessenta anos de idade e trinta e cinco de contribuição, se homem, e cinquenta e cinco anos de idade e trinta de contribuição, se mulher (para receberem proventos compatíveis com os valores recebidos quando na atividade); ou, sessenta e cinco anos de idade, se homem, e sessenta anos de idade, se mulher, com proventos **proporcionais ao tempo de contribuição**.

48 Os requisitos de idade e de tempo de contribuição para a percepção de proventos compatíveis com os valores recebidos na atividade serão reduzidos em 5 anos para o professor que comprove exclusivamente tempo de efetivo exercício das funções de magistério na educação infantil e no ensino fundamental e médio, **ainda que fora da sala de aula**.

49 É vedada a adoção de requisitos e critérios diferenciados para a concessão de aposentadoria, ressalvadosos casos de servidoresportadores de deficiência, que exerçam atividades de risco ou cujas atividades sejam exercidas sob condições especiais que prejudiquem a saúde ou a integridade física.

50 Ressalvadas as aposentadorias decorrentes dos cargos acumuláveis, é vedada a percepção de mais de uma aposentadoria à conta do regime de previdência próprio dos servidores público.

51 É assegurado o reajustamento dos benefícios para preservar-lhes, em caráter permanente, o valor real, não mais subsistindo o direito à equiparação entre os benefícios previdenciários e os valores pagos aos servidores ativos.

52 O tempo de contribuição federal, estadual ou municipal será contado para efeito de aposentadoria e o tempo de serviço correspondente para efeito de disponibilidade.

53 É vedado o estabelecimento de qualquer forma de contagem de tempo de contribuição fictício.

54 Aplica-se o teto remuneratório à soma total dos proventos de inatividade, inclusive quando decorrentes da acumulação de cargos ou empregos públicos, bem como de outras atividades sujeitas a contribuição para o regime geral de previdência social e ao montante resultante da adição de proventos de inatividade com remuneração de cargo acumulável na forma da Constituição Federal, cargo em comissão declarado em lei de livre nomeação e exoneração, e de cargo eletivo.

55 Ao servidor ocupante, exclusivamente, de cargo em comissão declarado em lei de livre nomeação e exoneração bem como de outro cargo temporário ou de emprego público, aplica-se o regime geral de previdência social, e não o regime próprio de previdência aplicável aos servidores públicos.

10. IMPROBIDADE ADMINISTRATIVA

1 São sujeitos ativos dos atos de improbidade os agentes públicos em geral (com exceção apenas do Presidente da República e dos Ministros de Estado, conforme entendimento do STF na Reclamação 2134-DF) e os terceiros (que se beneficiem de forma **direta ou indireta** dos atos de improbidade).

2 São sujeitos passivos dos atos de improbidade as entidades da Administração Pública direta e indireta.

3 A Lei de Improbidade Administrativa arrola de **forma exemplificativa** nos seus artigos 9, 10, 10-A e 11, quatro diferentes tipos de atos de improbidade, quais sejam: os que causam enriquecimento ilícito; os que causam prejuízo ao erário; os que se referem a concessão ou aplicação indevida de benefício financeiro ou tributário e os que violam os princípios da Administração Pública.

4 Embora não se pressuponha prejuízo para a tipificação dos atos de improbidade, é necessária a presença de elemento subjetivo para a configuração da improbidade administrativa.

5 Os atos que causam prejuízo ao erário podem ser configurados de forma dolosa ou culposa. Os demais somente se admitem a prática de forma dolosa.

6 Os atos de improbidade podem implicar no pagamento de multa, integral, ressarcimento ao erário, proibição de contratar com o Poder Público, além da perda da função pública e a suspensão dos direitos políticos, esses últimos somente com o trânsito em julgado da sentença condenatória.

7 As sanções podem ser aplicadas de forma isolada ou cumulativamente.

8 A ação por atos de improbidade pode ser proposta pelo Ministério Público ou pela própria pessoa jurídica da Administração Pública que sofre os respectivos atos de improbidade.

9 Não sendo o autor da ação, o Ministério Público deve participar do feito, na condição de fiscal da lei, sob pena de nulidade.

10 **Não se admite** acordo, transação ou ajustes de conduta nas ações envolvendo ações por improbidade administrativa.

11 Eventual decisão do Tribunal de Contas, ainda que aprovando as contas do agente público, não afasta a ação por improbidade.

12 Antes da citação do réu, o juiz deve decidir se recebe, ou não, a petição, à luz da manifestação prévia apresentada pelo requerido.

13 A Lei de Improbidade determina que a posse e o exercício de qualquer agente público está condicionada à apresentação de declaração de rendas, para apuração anual da evolução patrimonial.

14 Se não for apresentada a declaração de renda ou se a prestação for falsa, tal implicará na demissão do agente "a bem do serviço público", incompatibilizando-o para qualquer exercício de uma nova função pública.

11. INTERVENÇÃO DO ESTADO NA PROPRIEDADE

1 Em razão dos princípios da supremacia do interesse público sobre o interesse privado e da função social da propriedade, o Estado pode intervir na propriedade privada e no domínio econômico.

2 No domínio econômico, o Estado exerce o papel de regulador, proibindo formação de cartel, monopólios e abuso de poder econômico que vise a dominação de mercados e ofensa aos direitos dos consumidores.

3 As intervenções sobre a propriedade privada se subdividem em intervenções restritivas e supressivas. As primeiras apenas mitigam os diretos inerentes ao domínio (usar, gozar, dispor e reivindicar a coisa); as últimas retiram a propriedade particular, destituindo-o da coisa.

4 São intervenções restritivas: limitação administrativa, requisição, ocupação temporária, servidão e tombamento.

5 As limitações administrativas correspondem a determinações estatais genéricas, ou seja, indeterminadas, e não geram direito a indenização. São exemplos, a altura máxima de prédios próximos a orlas, o recuo obrigatório em construções, dentre outros.

6 A requisição é marcada por situações emergenciais e calamitosas gerando direito a indenização ao proprietário, posterior, em caso de dano.

7 A ocupação temporária incide sobre terrenos vizinhos (ou próximos) às obras públicas, para viabilizar a sua execução. Também geram direito a indenização posterior, em caso de dano.

8 A servidão administrativa se caracteriza como uma intervenção com natureza de direito real sobre a propriedade alheia. Nela, a *res dominans* (coisa dominante) é um serviço público de caráter permanente (a exemplo de energia elétrica, serviço postal, transporte aéreo) e a *res serviens* (coisa serviente) é a propriedade do particular.

9 A servidão administrativa não gera direito a indenização quando imposta por lei (caráter genérico), mas gera direito a indenização quando imposta por sentença (via judicial) ou mediante acordo.

10 O tombamento, por sua vez, é a modalidade de intervenção restritiva que visa a proteção do patrimônio histórico, artístico e culturalnacional. No plano federal, é efetivado pelo IPHAN (autarquia federal que cuida da proteção do patrimônio histórico e artístico Nacional).

11 Importante efeito do tombamento é a criação de uma "área de entorno" em que os imóveis nela situados sofrem uma servidão administrativa, sendo-lhes proibidos de realizar construções, colocar placas ou pinturas que tirem a visibilidade do bem tombado.

12 O Novo CPC **revogou** o direito de preferência que decorria do tombamento, de modo que, hodiernamente, o proprietário do bem tombado passou a poder alienar livremente o bem.

13 O Estatuto da Cidade prevê o instituto da **preempção** (direito de preferência) através do qual, mediante lei, o município pode estabelecer, por um prazo de 5 anos (renovável após um ano de sua extinção), o seu direito de preferência para aquisição onerosa de bens, visando a aquisição de áreas para finalidades públicas diversas.

14 A **desapropriação**, por sua vez, é a espécie de intervenção supressiva, uma vez que retira a propriedade do particular. Pode ser dividida em dois blocos: desapropriações com caráter sancionatório (funcionando, portanto, como uma punição ao proprietário que não cumpriu a função social da propriedade) e desapropriações que não têm caráter de sanção.

15 São desapropriações sancionatórias: a desapropriação confiscatória; a rural e a urbana.

16 A desapropriação **confiscatória** se efetiva sem o pagamento de qualquer indenização ao proprietário e incide nas situações em que este efetiva o cultivo ilegal de plantas psicotrópicas ou utilização de mão-de-obra escrava, sendo da competência exclusiva da União.

17 Os imóveis confiscados serão destinados à reforma agrária (se estiverem localizados na zona rural) ou em programas de habitação popular (quando localizados em zonas urbanas).

18 Todo e qualquer bem de valor econômico apreendido em decorrência do tráfico ilícito de entorpecentes e drogas afins e da exploração de trabalho escravo será confiscado e reverterá a fundo especial com destinação específica, na forma da lei.

19 A desapropriação sancionatória **rural** é da competência exclusiva da União e ser materializa através do INCRA (Instituto Nacional de Colonização e Reforma Agrária). O pagamento da indenização se realiza mediante título da dívida agrária, com prazo de resgate de 20 anos, a partir do segundo ano de sua emissão, exceto as benfeitorias úteis e necessárias, cuja indenização será paga previamente e em dinheiro.

20 A desapropriação rural para fins de reforma agrária não incide sobre imóveis produtivos e sobre a pequena e média propriedade rural, exceto se o expropriado tenha outra propriedade urbana ou rural.

21 Já a desapropriação sancionatória **urbana** é da competência exclusiva dos municípios, desde que tenha plano diretor e lei específica para a área objeto da intervenção. Essa modalidade de desapropriação é precedida, necessariamente, de notificação do proprietário para que efetive o parcelamento ou a edificação compulsórios do bem, assim como pela imposição do IPTU progressivo por 5 anos e alíquota máxima de 15%.

22 São espécies de desapropriações **sem caráter de sanção**, a desapropriação por utilidade pública e a desapropriação por interesse social, sendo de competência **concorrente** entre a União, os Estados, o Distrito Federal e os Municípios.

23 Nessas hipóteses, ainda que o proprietário cumpra a função social da coisa, efetivar-se-á a desapropriação em função da supremacia do interesse público, porém com pagamento de indenização justa, prévia e em dinheiro.

24 A declaração da utilidade pública ou do interesse social pode ser feita pelo chefe do Poder Executivo (mediante decreto) ou pelo poder legislativo (mediante lei de efeitos concretos).

25 A desapropriação por utilidade pública deve ser efetivada no prazo máximo de 5 anos da declaração, sendo de 2 anos no caso de interesse social.

26 Serão indenizadas todas as benfeitorias existentes no momento da desapropriação. Após a declaração, somente serão indenizadas as benfeitorias necessárias e as úteis, se previamente autorizadas.

27 É assegurada ao expropriante a imissão provisória na posse do imóvel, mediante demonstração de urgência e prévio depósito do valor quantificado do preço da indenização.

28 A declaração é de competência exclusiva das pessoas políticas (União, estados, DF e municípios), sendo que a fase executória pode ser objeto de delegação às pessoas integrantes da Administração Pública, bem como aos delegatários de serviços públicos.

29 O expropriado tem **direito de extensão**, isto é, de que a desapropriação se estenda sobre todo o imóvel, nas hipóteses de desapropriação parcial, em que a área não expropriada for economicamente inaproveitável.

30 A tredestinação corresponde ao desvio da finalidade (destino) da desapropriação, indicada no ato expropriatório. Pode ser lícita (quando observa o interesse público, por isso não gera qualquer consequência jurídica) ou ilícita (quando não se observa o interesse público).

31 A tredestinação ilícita gera a retrocessão, isto é, o direito do proprietário buscar a condenação do poder público por perdas e danos.

32 Os bens, uma vez incorporados à Fazenda Pública, não podem ser objeto de reivindicação, ainda que fundada em nulidade ou em decorrência da **desapropriação indireta**, isto é, do fato administrativo em que a Administração se apropria de um bem sem a observância de um regular processo. Nessas hipóteses, terá, o proprietário, direito a indenização.

33 Conforme entendimento jurisprudencial, prescrevem em 10 anos as ações de indenização em decorrência de desapropriação indireta.

12. BENS PÚBLICOS

1 Os bens públicos são aqueles de propriedade das pessoas jurídicas de direito público interno, ou seja, a União; os Estados; o Distrito Federal e os Municípios, assim como suas respectivas autarquias e fundações públicas.

2 Os bens públicos são classificados em bens de uso comum do povo, bens de uso especial e bens dominicais.

3 São exemplos de bens de uso comum do povo, as ruas, os rios, os mares e o meio ambiente; são bens de uso especial aqueles vinculados a prestação de serviços públicos, a exemplo dos prédios públicos, os veículos oficiais e as terras indígenas. Ambos são bens **afetados**, ou seja, consagrados a alguma utilidade pública.

4 Os bens dominicais, por sua vez, são bens sem uso, ou seja, **desafetados**. São exemplos, as terras devolutas, os terrenos de marinha e a dívida ativa.

5 O regime dos bens públicos é marcado por quatro características, quais sejam, a impenhorabilidade; a imprescritibilidade; a não-onerabilidade e a inalienabilidade.

6 Consequência da **impenhorabilidade** é que a execução contra a Fazenda Pública se efetiva pelo sistema de precatórios, valendo ressaltar que gozam de impenhorabilidade os bens privados (especialmente aqueles de titularidade das empresas públicas e sociedades de economia mista, assim como das delegatárias de serviços públicos) quando estejam vinculados (afetados) a prestação de serviços públicos.

7 A **imprescritibilidade** significa que os bens públicos não se sujeitam a usucapião, sejam bens públicos situados nas zonas urbanas, sejam aqueles localizados nas zonas rurais.

8 Em razão da não-onerabilidade os bens públicos não se sujeitam a ônus, a exemplo do penhor, hipoteca, anticrese ou outras formas de gravame.

9 Finalmente, por força da inalienabilidade, os bens públicos não podem, como regra, ser vendidos a terceiros, exceto se atenderem a quatro requisitos, quais sejam: avaliação prévia, interesse público, licitação e **desafetação**. Cumpridas essas condições, os bens públicos podem ser vendidos, excepcionalmente, de modo que essa característica é atualmente considerada **alienabilidade condicionada**.

10 O uso dos bens públicos pode ser normal ou anormal se estiver, ou não, em conformidade com a sua destinação própria.

11 Também o uso pode ser comum, quando à disposição de todos, ou privativo, quando utilizado por apenas uma pessoa.

12 O uso privativo depende do consentimento público, o que se perfaz por meio de concessão, permissão ou autorização (de uso).

13 A concessão de uso de bens públicos constitui modalidade de contrato administrativo, efetivado mediante licitação e tem prazo determinado, de modo que a rescisão antecipada gera direito a indenização, salvo se a culpa vier a ser atribuída ao próprio concessionário.

14 A permissão e a autorização **de uso** caracterizam-se como atos administrativos **unilaterais, discricionários e precários**. Em razão da precariedade, podem ser revogados a qualquer tempo e retomados sem qualquer direito a indenização, salvo quando esta houver sido outorgada com prazo determinado (hipóteses de autorização ou permissão condicionada ou qualificada).

13. PROCESSO ADMINISTRATIVO

1 O processo administrativo caracteriza um dos meios para o exercício da atividade administrativa, conferindo maior segurança aos administrados e às atividades estatais.

2 A Administração Pública obedecerá, dentre outros, aos princípios da legalidade, finalidade, motivação, razoabilidade, proporcionalidade, moralidade, ampla defesa, contraditório, segurança jurídica, interesse público e eficiência.

3 Em função do princípio da segurança jurídica a Administração não pode aplicar retroativamente nova interpretação em desfavor do administrado.

4 Os atos administrativos deverão ser **motivados**, com indicação dos fatos e dos fundamentos jurídicos, especialmente quando tenha natureza decisória ou neguem, limitem ou afetem direitos ou interesses.

5 A motivação deve ser explícita, clara e congruente, podendo consistir em declaração de concordância com fundamentos de anteriores pareceres, informações, decisões ou propostas, que, neste caso, serão parte integrante do ato (denominada motivação aliunde: de outo lugar).

6 Como regra, é proibida a cobrança de despesas processuais, bem como o oferecimento de caução ou arrolamento de bens quando da tramitação dos processos administrativos.

7 O processo administrativo pode iniciar-se de ofício (princípio da oficialidade) ou a pedido de interessado.

8 São legitimados como interessados no processo administrativo: pessoas físicas ou jurídicas; as organizações e associações representativas, no tocante a direitos e interesses coletivos; as pessoas ou as associações legalmente constituídas quanto a direitos ou interesses difusos.

9 São capazes, para fins de processo administrativo, os maiores de 18 anos, ressalvada previsão especial em ato normativo próprio.

10 É impedido de atuar em processo administrativo o servidor ou autoridade quetenha interesse direto ou indireto na matéria; tenha participado ou venha a participar como perito, testemunha ou representante, ou se tais situações ocorrem quanto ao cônjuge, companheiro ou parente e afins até o terceiro grau ou esteja litigando judicial ou administrativamente com o interessado ou respectivo cônjuge ou companheiro.

11 A autoridade ou servidor que incorrer em impedimento deve comunicar o fato à autoridade competente, abstendo-se de atuar, sendo que a omissão do dever de comunicar o impedimento constitui falta grave, para efeitos disciplinares.

12 Pode ser arguida a suspeição de autoridade ou servidor que tenha amizade íntima ou inimizade notória com algum dos interessados ou com os respectivos cônjuges, companheiros, parentes e afins até o terceiro grau, valendo lembrar que o indeferimento de alegação de suspeição poderá ser objeto de recurso, sem efeito suspensivo.

13 O órgão competente perante o qual tramita o processo administrativo determinará a intimação do interessado, com antecedência mínima de três dias úteis quanto à data de comparecimento.

14 O desatendimento da intimação não importa o reconhecimento da verdade dos fatos, nem a renúncia a direito pelo administrado.

15 As atividades de instrução destinadas a averiguar e comprovar os dados necessários à tomada de decisão realizam-se de ofício ou mediante impulsão do órgão responsável pelo processo, sem prejuízo do direito dos interessados de propor atuações probatórias.

16 São **inadmissíveis** no processo administrativo as provas obtidas por **meios ilícitos**.

17 Quando deva ser obrigatoriamente ouvido um órgão consultivo, o parecer deverá ser emitido no prazo máximo de quinze dias, salvo norma especial ou comprovada necessidade de maior prazo.

18 Se um parecer obrigatório e vinculante deixar de ser emitido no prazo fixado, o processo não terá seguimento até a respectiva apresentação, responsabilizando-se quem der causa ao atraso; se um parecer obrigatório e não vinculante deixar de ser emitido no prazo fixado, o processo poderá ter prosseguimento e ser decidido com sua dispensa, sem prejuízo da responsabilidade de quem se omitiu no atendimento.

19 Encerrada a instrução, o interessado terá o direito de manifestar-se no prazo máximo de 10 dias, salvo se outro prazo for legalmente fixado.

20 Os interessados têm direito à vista do processo e a obter certidões ou cópias reprográficas dos dados e documentos que o integram, ressalvados os dados e documentos de terceiros protegidos por sigilo ou pelo direito à privacidade, à honra e à imagem.

21 A Administração tem o **dever de** explicitamente emitir **decisão** nos processos administrativos e sobre solicitações ou reclamações, em matéria de sua competência, no prazo de trinta dias após a instrução de processo administrativo, salvo prorrogação por igual período expressamente motivada.

22 O interessado poderá, mediante manifestação escrita, desistir total ou parcialmente do pedido formulado ou, ainda, renunciar a direitos disponíveis.

23 A desistência ou renúncia do interessado, conforme o caso, não prejudica o prosseguimento do processo se a Administração considerar que o interesse público assim o exige (oficialidade).

24 Havendo vários interessados, a desistência ou renúncia atinge somente quem a tenha formulado.

25 O órgão competente poderá declarar extinto o processo quando exaurida sua finalidade ou o objeto da decisão se tornar impossível, inútil ou prejudicado por fato superveniente.

26 Das decisões administrativas cabe recurso, independentemente de caução, em face de razões de legalidade e de mérito, dirigido à autoridade que proferiu a decisão, a qual, se não a reconsiderar no prazo de 5 dias, o encaminhará à autoridade superior.

27 Se o recorrente alegar que a decisão administrativa contraria enunciado da súmula vinculante, caberá à autoridade prolatora da decisão impugnada, assim como a autoridade competente para decidir o recurso, explicitar as razões da aplicabilidade ou inaplicabilidade da súmula, conforme o caso.

28 Acolhida pelo Supremo Tribunal Federal a reclamação fundada em violação de enunciado da súmula vinculante, dar-se-á ciência à autoridade prolatora e ao órgão competente para o julgamento do recurso, que deverão adequar as futuras decisões administrativas em casos semelhantes, sob pena de responsabilização pessoal nas esferas cível, administrativa e penal.

29 Salvo disposição legal específica, é de dez 10 o prazo para interposição de recurso administrativo, contado a partir da ciência ou divulgação oficial da decisão recorrida.

30 O recurso não tem efeito suspensivo, podendo ser concedido efeito suspensivo nas hipóteses em que houver justo receio de prejuízo de difícil ou incerta reparação decorrente da execução da decisão.

31 O recurso não será conhecido quando interposto fora do prazo, por quem não seja legitimado, após exaurida a esfera administrativa ou perante órgão incompetente, situação em que será indicada ao recorrente a autoridade competente, sendo-lhe devolvido o prazo para recurso.

32 O recurso administrativo tramitará por, no máximo, três instâncias administrativas, salvo disposição legal em contrário.

33 O não conhecimento do recurso não impede a Administração de rever de ofício o ato ilegal, desde que não ocorrida **preclusão administrativa** (não sendo apropriado utilizar-se a expressão "coisa julgada administrativa", uma vez que a última decisão administrativa pode ser objeto de apreciação judicia, com base no princípio da inafastabilidade da jurisdição).

34 O órgão competente para decidir o recurso poderá confirmar, modificar, anular ou revogar, total ou parcialmente, a decisão recorrida, se a matéria for de sua competência.

35 Do julgamento do recurso **poderá decorrer gravame** à situação do recorrente, hipótese em que este deverá ser cientificado para que formule suas alegações antes da decisão.

36 Os processos administrativos de que resultem sanções poderão ser revistos, **a qualquer tempo**, a pedido ou de ofício, quando surgirem **fatos novos ou circunstâncias relevantes** suscetíveis de justificar a inadequação da sanção aplicada.

37 Da **revisão** do processo (recurso de revisão) não poderá resultar agravamento da sanção, ou seja, é proibida a *reformatio in pejus*.

38 Tratando-se de processo administrativo disciplinar, em caso de falecimento do servidor, a revisão pode ser requerida por qualquer pessoa da família.

39 Os prazos começam a correr a partir da data da cientificação oficial, excluindo-se da contagem o dia do começo e incluindo-se o do vencimento.

40 Salvo motivo de força maior devidamente comprovado, os prazos processuais não se suspendem.

41 As sanções, a serem aplicadas por autoridade competente, terão natureza pecuniária ou consistirão em obrigação de fazer ou de não fazer, assegurado sempre o direito de defesa, sendo, portanto, a aplicação de sanção a administrado (servidor ou não), com base no instituto da **verdade sabida**.

42 Terão prioridade na tramitação, em qualquer órgão ou instância, os procedimentos administrativos em que figure como parte ou interessado: pessoa com idade igual ou superior a 60 (sessenta) anos; pessoa portadora de deficiência, física ou mental e portadoras de doenças graves ou incuráveis, na forma da lei.

43 A pessoa interessada na obtenção do benefício, juntando prova de sua condição, deverá requerê-lo à autoridade administrativa competente, que determinará as providências a serem cumpridas, deferida a prioridade, os autos receberão identificação própria que evidencie o regime de tramitação prioritária.

DIREITO CIVIL

♦ *Wagner Inácio Dias*

Sumário:

1. LINDB – Lei de Introdução às Normas do Direito Brasileiro.

2. Fontes do Direito: 2.1. O cumprimento da lei.

3. Parte geral: 3.1. Pessoa natural; 3.2. Capacidade civil da pessoa física; 3.3. Emancipação; 3.4. Dos direitos da personalidade; 3.5. Pessoas jurídicas e Direitos da Personalidade; 3.6. Fim da pessoa natural; 3.7. Domicílio; 3.8. Pessoas jurídicas; 3.9. Despersonificação e desconsideração da personalidade; 3.10. Das associações; 3.11. Das fundações; 3.12. Das sociedades; 3.13. Dos bens; 3.14. Classificação dos bens; 3.15. Dos bens reciprocamente considerados; 3.16. Fatos jurídicos; 3.17. Negócio jurídico; 3.18. Patologias do negócio jurídico; 3.19. Invalidade do negócio jurídico; 3.20. Da forma dos atos jurídicos e da sua prova; 3.21. Espécies de prova; 3.22. Prescrição e decadência.

4. Obrigações**:** 4.1. Solidariedade 4.2. Obrigações facultativas e alternativas; 4.3. Transmissão das obrigações; 4.4. Obrigações *proter rem;* 4.5. Do pagamento em consignação; 4.6. Inadimplemento das obrigações; 4.7. Mora; 4.8. Resolução por onerosidade excessiva; 4.9. Promessa por fato de terceiro; 4.10. Da promessa de recompensa.

5. Responsabilidade civil: 5.1. Generalidades; 5.2. Conduta; 5.3. Dano; 5.4. Nexo causal; 5.5. Concorrência de culpa ou participação da vítima; 5.6. Responsabilidade Civil X Responsabilidade Penal; 5.7. Teoria da culpa e do risco.

6. Contratos: 6.1. Princípios contratuais; 6.2. Formas especiais contratuais; 6.3. Classificação dos contratos; 6.4. Formação dos contratos; 6.5. Vícios redibitórios; 6.6. Evicção; 6.7. Fim da relação contratual; 6.8. Contratos em espécie; 6.9. Atos unilaterais.

7. Direito das coisas: 7.1. Da posse; 7.2. Classificação, aquisição, efeitos e perda da posse; 7.3. Da propriedade; 7.4. Formas de aquisição da propriedade imóvel; 7.5. Aquisição da propriedade móvel; 7.6. Dos direitos reais; 7.7. Direitos reais sobre coisa alheia.

8. Direito das famílias: 8.1. União Estável; 8.2. Direito Patrimonial das uniões; 8.3. Parentesco; 8.4. Linhas de parentesco; 8.5. Filiação; 8.6. Ações vinculadas à filiação; 8.7. Adoção; 8.8. Poder familiar; 8.9. Dissolução do casamento; 8.10. Bem de família; 8.11. Alimentos; 8.12. Tutela e curatela.

9. Direito das sucessões: 9.1. Deserdação; 9.2. Indignidade; 9.3. Renúncia; 9.4. Herança jacente e vacante; 9.5. Sucessão testamentária.

INCIDÊNCIA DOS TEMAS NAS PROVAS
(atualizada até o XXIV Exame da OAB)

DIREITO CIVIL

LINDB	1	1%
Direito das Sucessões	14	9%
Responsabilidade Civil	15	10%
Direito das Coisas	23	15%
Direito das Famílias	23	15%
Teoria Geral do Direito Civil (Pessoas, bens e negócios jurídicos)	25	16%
Direito das Obrigações	25	16%
Direito dos Contratos	26	17%
TOTAL	152	100%

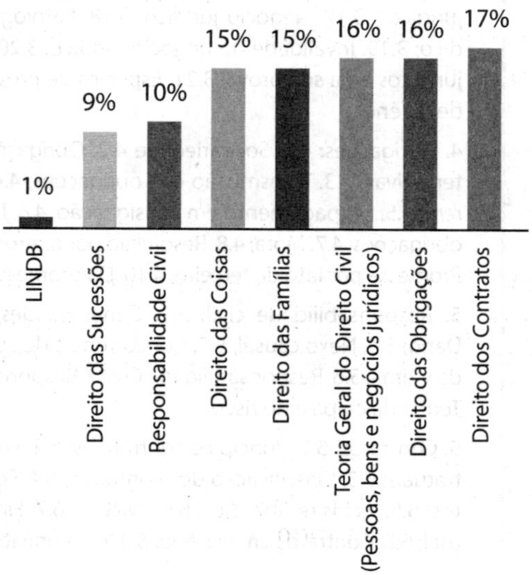

1. LINDB – LEI DE INTRODUÇÃO ÀS NORMAS DO DIREITO BRASILEIRO

1 A LINDB, lei 4.657/42, anteriormente denominada Lei de Introdução ao Código Civil, refere-se a todo o direito positivo brasileiro, compreendendo-se por positivo o ordenamento jurídico existente em nosso país (não se limitando à lei, mas absorvendo também os costumes e práticas reiteradas, dentre outros). Nos interessa, aqui, revisar os principais pontos desta norma que dizem respeito ao Direito Civil e sua teoria geral.

2 A primeira diferenciação a ser feita é a que contrapõe **Direito Objetivo e Direito Subjetivo**.

3 Quando se tem em mente a norma, **abstratamente concebida**, está-se diante do **direito objetivo**. Este reúne as disposições legais (em sentido amplo), tipicamente previstas, está ligado às implicações concretas (sendo estas irrelevantes para a formação do direito objetivo, pois mesmo sem qualquer efeito concreto ele existirá).

4 De outro lado, **a norma pode se materializar sobre o sujeito**, dando a este a possibilidade de atuar (o que se denomina *facultas agendi*) conforme a previsão típica (na norma), estabelecendo o **direito subjetivo**.

5 **Direito potestativo.** Enquanto o direito subjetivo determina-se sempre sobre um sujeito, especificando o poder de uma pessoa sobre a esfera jurídica de outra (como nas obrigações de dar, fazer e não fazer) o direito potestativo, que se faz realizar sem a necessidade de submissão da esfera alheia, concretizando-se a partir da simples vontade do agente (sendo ou não necessária a intervenção do Estado-juiz). Tenha como exemplo o direito de obter o divórcio (seja judicial ou extrajudicialmente).

2. FONTES DO DIREITO

1 O Direito, como ciência que é, necessita de fontes que além de viabilizarem sua criação (fontes de produção), sejam meios de se fazer conhecer, canais para escoar o que foi produzido (fontes de cognição). Assim, as **fontes do Direito** são os meios técnicos de se criar e fazer conhecer o direito.

2 Alinhando este pensamento ao fato de que o direito brasileiro segue, ainda e essencialmente, o *civil law* (sistema europeu-continental em que a lei é a fonte primária) percebe-se que a norma escrita, conformada em lei, é a fonte de

Direito por excelência. Anote-se, contudo, que ganham destaque outras fontes, como a jurisprudência, o que se pode notar nas súmulas impeditivas de recurso (CPC, art. 1.011, II c/c 932, IV) e, com mais força, nas Súmulas Vinculantes (CF, art. 103-A).

3 As fontes do Direito se apresentam em 3 classes: **as materiais, as formais e as não-formais**.

4 **Materiais** são as fontes que trazem clara a estrutura fática do Direito, a sua base sociológica. Há um substrato fático sobre o qual se apoia todo o direito. Assim, quando se cria o Direito, este encontra base em todo o conjunto de elementos sociais que estruturam o pensamento dos viventes em determinado lugar e tempo.

5 **Fontes formais**: **a lei** (fonte formal por excelência, também denominada fonte principal ou direta, e que retomaremos à frente), **a analogia**, **os costumes e os princípios gerais do Direito** (estas denominadas acessórias ou indiretas), acrescendo-se ao rol, conforme lição de Caio Mário, **a equidade**. Estes últimos funcionam como meios interpretativos e integrativos da lei.

6 A função delas é desvendar o sentido da norma-regra, quando esta não se apresenta clara, quando há contradição entre disposições ou quando o legislador não dispôs de forma direta sobre o caso.

Elementos de integração da lei

Analogia	Método de integração do sistema que visa a aplicação de uma regra a uma situação por ela não prevista diretamente, em razão da similaridade básica entre as situações fáticas. Como bem lembra Tércio Sampaio, existem duas formas de analogia: a) *legis* – quando se parte de um preceito legal para aplicá-lo a um caso não previsto; b) *iuris* – quando se tem vários preceitos que, juntando-se os princípios que os inspiram, são utilizados para a criação de uma nova normal aplicável ao caso.
Costumes	Conjunto de práticas reiteradas na sociedade, derivadas do que os Romanos chamavam de *more*, uma conduta generalizada e dotada de força cogente social. O costume deve reunir duas qualidades: (a) a repetição da conduta pela sociedade e (b) a compreensão de que esta conduta se faz necessária, obrigatória. Pode ser *praeter legem* (quando disciplina matéria ainda não regulada em lei), *secundum legem* (quando suas disposições são coincidentes com as da lei) e *contra legem* (que dispõe contrariamente ao que regula a lei, não sendo aceito, por maioria doutrinária, no Brasil). O costume pode também estar referenciado pela própria lei, como um elemento integrador, como no art. 596, do Código Civil.

Elementos de integração da lei

Princípios gerais do Direito	O sistema, partindo de um repertório base composto pelas normas, necessita de elementos de conexão que deem a ele a noção de inteireza. Estes elementos, nascidos da concepção lógica do ser humano são os princípios gerais de direito.
Equidade	Apesar de repudiada, por parte da doutrina, a equidade deve ser considerada, conforme lições de Caio Mário e Maria Helena Diniz, um método de integração, mesmo de não constar do art. 4º da LINDB. A ideia de que *dura lex sed lex* (a lei é dura, mas é a lei – dura lei, mas lei), aplicação rígida e fria da lei, pode levar a injustiças absurdas. Desconsiderar a plausibilidade, a temperança, e o bom senso, tanto na interpretação quando na aplicação (desde que autorizado o uso em lei), pode levar o caso a decisões que neguem o próprio sentido de justiça. Desta forma, a equidade é a autorização legal para que o magistrado, de forma ampla ou mais restrita, possa utilizar seu bom senso, sua experiência e sagacidade para apresentar a melhor solução para o caso, como bem prevê o art. 127 do CPC (Em um sentido muito amplo, equivale a decidir com justiça, decidir com equidade). Apresenta duas espécies: a) equidade legal – quando a lei autoriza que o juiz escolha dentre possibilidades legalmente previstas; b) equidade judicial – estampada, como exemplo, pelo art. 1.740, II do CC, ocorre quando a lei autoriza que o juiz faça uso de seu bom alvitre (na letra do artigo, "como houver por bem").

7 Fontes não-formais: **doutrina e jurisprudência**. Atente-se para a clara diferença entre fontes não-formais e fontes materiais. Enquanto estas são externas ao mundo jurídico, promanando efeitos sobre ele, aquelas são categorias jurídicas que representam a compreensão dos doutos ou dos magistrados acerca da norma. Portanto, fontes não-formais encontram-se em um processo de *autopoiesis, autoconstrução,* para com todo o sistema jurídico, de dentro dele criam influência sobre ele próprio. Para Caio Mário, a jurisprudência é fonte informativa ou intelectual.

8 Retomando **o estudo da lei como fonte formal primordial**, percebe-se que ela tem duas características fundamentais: a **generalidade** e a **imperatividade** (a doutrina diverge na existência de outras, mas estas duas são constantes). Geral, porque não pode conter preceitos individualistas, devendo se direcionar à coletividade. Mesmo leis que regulem questões profissionais ou pontuais, referem-se à sociedade como um todo, pois todos devem a ela respeito e são por ela afetados. De outro lado, a lei contém um imperativo (condicional ou não) que impõe, determina uma conduta, seja ela positiva ou negativa.

9 Toda norma legal necessita estar apta à produção de efeitos no mundo jurídico. Disto resulta que uma vez publicada a lei, esta deverá passar por uma fase que a qualifique para a produção de efeitos, denominada **vigência**. Deve-se atentar que *a contagem do prazo para entrada em vigor das leis que estabeleçam período de vacância far-se-á com a inclusão da data da publicação e do último dia do prazo, entrando em vigor no dia subsequente à sua consumação integral* (LC 95/98, art. 8º, §1º).

10 A norma pode iniciar a produção de efeitos de forma imediata ou aguardar prazo, em *vacatio legis*, para que seus destinatários possam conhecer dela o conteúdo e se adequar às determinações. Para que tenha **vigência imediata,** é necessário que o corpo da lei regulamente expressamente tal situação (ex.: "esta lei entre em vigor na data da sua publicação"). Do mesmo modo, poderá dispor o legislador que a norma-regra entre **em vigor em prazo diferente**, bastando que se assinale qual a duração deste, no texto da lei (ex.: "esta lei entra em vigor 120 após sua publicação"). O Código Civil, por exemplo, aguardou um ano antes de entrar em vigor.

11 **Não havendo prazo fixado na lei**, a *vacatio* será de 45 (quarenta e cinco) dias, dentro do território nacional. E, de acordo com as regras do direito internacional, a produção de efeitos em relação aos brasileiros residentes alhures, estará submetida a uma *vacatio* de 3 (três) meses.

12 Pode ocorrer de o texto da lei ser republicado ou ocorrer publicação de um texto novo, da mesma lei. Duas regras merecem especial atenção: a) Se, antes de entrar a lei em vigor, ocorrer nova publicação de seu texto, destinada a correção, o prazo começará a correr da nova publicação; e b) As correções a texto de lei já em vigor consideram-se lei nova.

13 Ainda em tema de vigência, **a lei não é feita**, em regra, para durar de forma limitada no tempo. Pelo contrário, ela tende a se manter até que seja revogada por outra lei (princípio da continuidade).

14 Contudo, existem **leis temporárias**, exceções no sistema, limitando sua duração a um tempo certo (lei com prazo de validade) ou a um evento (como uma guerra, por exemplo).

15 Compreendido o prazo, deve-se avaliar como as normas reagem em relação à sua sucessão no tempo. Tal estudo, ocupa-se da **revogação das normas-regra**, visto que estas se relacionam de forma excludente, mediante uma lógica de tudo ou nada (*all or nothing*). Uma das fundamentais diferenças encontradas entre **princípios e regras** está no fato de que enquanto estas valem ou não (e no conflito aparente entre elas uma não seria aplicada), os princípios relacionam-se por meio da ponderação, não deixando de valer se um princípio não for aplicado à situação concreta.

16 Vale destacar que ganha importância atualmente a teoria do **diálogo das fontes**. Esta teoria, defendida por Erik Jayme, professor em Heidelberg, ressalta a unidade e sistematicidade do Direito, que deve ser interpretado como um todo, como um conjunto, deixando de lado a visão de que as regras se excluem segundo a novidade ou especialidade de suas disposições. Com isto, há forte interrelação entre os mais variados ramos e instrumentos legais, gerando completude e qualificando a aplicação ao caso concreto.

17 Ingressando especificamente na sucessão de leis no tempo, percebemos que surgindo no sistema nova lei que verse sobre todo o assunto, **a lei anterior será retirada integralmente do mundo jurídico**, dizendo-se ter sido **ab-rogada**. Contudo, se a nova lei regular apenas parte da matéria, não atacando alguns dispositivos da lei anterior, esta permanecerá em parte no mundo jurídico, dizendo-se ter sido **derrogada**. Desta forma, **a revogação total é denominada ab-rogação; a revogação parcial, derrogação.** A nova lei pode ainda dispor de forma complementar, seja geral ou especialmente. Nestas situações não haverá alteração da lei anterior, passando as duas a coexistirem de maneira harmoniosa no sistema.

18 A norma não pode, no anseio de fazer-se valer, agredir o **ato jurídico perfeito, o direito adquirido e a coisa julgada.**

19 **Ato jurídico perfeito** é o que já alcançou todo seu trâmite de formação, estando preparado para produzir ou já produzindo efeitos (como um contrato já formado). O direito adquirido, por sua vez, é o que já compõe a esfera do sujeito, mas ainda não se deu por realizado, ainda não foi exercitado (como alcançar os requisitos para a aposentadoria e não a requerer), considerando-se estes os que o "começo do exercício tenha termo pré-fixo, ou condição pré-estabelecida inalterável, a arbítrio de outrem" (LINDB, art. 6º, §2º).

20 Estas situações não se confundem com a possibilidade de que **a lei se faça imperar sobre situações pendentes**. Assim, se A e B realizam pré-contrato visando a realização de uma locação futura, mudando a legislação que regula o contrato de locação, esta não atingirá o contrato preliminar realizado, mas deverá ser observada no contrato definitivo.

21 Do mesmo modo, em razão da aplicação imediata sobre as situações pendentes, a nova legislação passará a reger os efeitos de um contrato estabelecido. Note que a validade do contrato não será afetada, visto que regulada pela lei anterior, mas os seus efeitos deverão obedecer aos novos regramentos estabelecidos pela legislação.

22 Por fim, **coisa julgada** é a qualidade que recobre os efeitos da sentença, fazendo com que estes não mais possam ser modificados, ressalvada eventual ação rescisória ou de *querela nulitatis*. A rescisória, proposta no Tribunal, tem por fim anular sentença de primeiro grau já transitada em julgado (dentro do prazo de 2 anos, contados do trânsito em julgado), em situações especiais, como no caso de ter sido proferida a decisão por juiz absolutamente incompetente. Já a *querela nulitatis*, ou declaratória de inexistência processual, é promovida em primeiro grau e tem por fundamento, por exemplo, o transcurso de processo à revelia do réu que sequer foi citado.

23 A sucessão de leis no tempo nos leva à questão da **repristinação**, que é a retomada de efeitos de uma lei revogada em razão da revogação da sua lei revogadora. Trata-se de uma decorrência lógica, direcionada pelo raciocínio direto, visto que perdendo vigor uma lei que antes havia revogado outra lei, esta última deveria retomar sua vigência. Mas isto somente pode se dar de **forma expressa**, ou seja, a nova lei que revoga a lei revogadora, deve mencionar explicitamente o renascimento da primeira lei que havia sido suprimida do sistema legal. **Assim, a repristinação expressa é permitida em nosso sistema, mas a tácita é vedada.**

24 Ao lado da repristinação, há situações que envolvem o **efeito repristinatório**, como o decorrente do controle de constitucionalidade, em razão do princípio da nulidade absoluta do ato inconstitucional. Por ser a lei inconstitucional eivada de nulidade, se a norma X revogadora da norma Y for declarada inconstitucional, Y deve ser considerada não-revogada. Isto porque, sendo nula a norma revogadora (e respeitada a modulação de efeitos, visto que a decisão tem seus efeitos regulados no tempo, por exemplo, para que se evitem prejuízos ou lesões graves à segurança jurídica), não pode produzir efeitos válidos no mundo jurídico (dentre eles a revogação de outras normas). O efeito repristinatório também ocorre na concessão de suspensão cautelar de norma em ação direta de inconstitucionalidade.

25 Como regra deve-se perceber que a lei estabelece seus efeitos sem prazo determinado. Diante desta afirmação, tem-se que uma norma terá produção imediata de efeitos sobre as relações que se encontrem dentro de seu período de vigência. Este preceito está claro no art. 6º da LINDB que determina que a lei terá efeito imediato, sendo protegidos o ato jurídico perfeito, o direito adquirido e a coisa julgada. Estes institutos impedem que os efeitos imediatos de uma norma afetem situações consolidadas durante a vigência de outra.

26 Finalizando a sucessão das leis no tempo, temos de discutir como serão regulados os atos que transcorrerem entre duas ou mais leis.

27 Para proteger a validade e a existência de um ato jurídico, o sistema vincula tais elementos à legislação vigente ao tempo de sua confecção. O mesmo, contudo, não ocorre com os efeitos. Isto ocorre porque enquanto os **elementos de existência e os requisitos de validade estão atrelados à lei do momento de sua formação, os efeitos devem respeitar a lei que vigente for ao tempo de sua concretização ou manifestação.**

28 Fugindo a tal estrutura, se o efeito estiver ligado à causa mesma do ato (transmissão da propriedade, da posse, reconhecimento da filiação etc.) não poderá ser alcançado pela nova lei, sob pena de incorrer em **retroatividade mínima**, que também é medida vedada ante a existência do ato jurídico perfeito, da coisa julgada ou do direito adquirido.

29 Para melhor compreender a vedação à retroatividade mínima, tenha-se uma nova norma determinando que a alienação de bem imóvel acima de 20 salários mínimos deva ser objeto de escritura pública. O atual regramento determina a forma pública quando o imóvel tiver valor acima de 30 salários mínimos. Caso A e B celebrem um contrato de compra e venda de imóvel no valor de 22 salários mínimos e se valham, de acordo com o regramento vigente ao tempo, apenas da forma particular (pois a legislação assim reconhecia o ato) a nova regra não poderá impedir que o contrato produza efeitos, pois importaria em retroatividade mínima, vez que alcançaria a estrutura de validade de contrato em razão do prolongamento dos efeitos da relação jurídica.

2.1. O cumprimento da lei

30 Dois pontos da LINDB dão destaque à temática do cumprimento das leis, ou seja, na necessidade de observação de suas determinações.

31 O primeiro deles cria a regra geral de que **não se pode alegar a ignorância da lei para justificar seu descumprimento** (princípio da obrigatoriedade das leis). Isto dá destaque para a diferenciação entre o **erro de fato e o erro de direito**.

32 O erro que envolve as circunstâncias fáticas de um acontecimento e é reconhecido em nosso sistema é o **erro de fato**, que se pode ver, a título de exemplo, no erro enquanto vício do consentimento. Quando A realiza negócio em razão de compreensão errônea de elementos essenciais (a potência do motor do automóvel, por exemplo) do bem ou fato envolvido, será possível a anulação do negócio realizado. Trata-se de erro de fato, erro em relação às circunstâncias fática que envolvem o negócio jurídico.

33 Já o **erro de direito**, refutado enquanto meio de escusa pelo art. 3º da LINDB, seria o desconhecimento ou a má-compreensão de uma regra legal. Em busca da estabilidade das relações e da segurança jurídica, o sistema jurídico impõe presunção de conhecimento sobre os conteúdos legais. Contudo, abre exceções, como bem se pode ver em situações que envolvam *credor putativo* (em que o Direito reconhece o pagamento feito a quem não é credor, mesmo que este fato se dê em razão de uma não compreensão da lei – como aquele que paga ao herdeiro quando deveria pagar ao espólio), *casamento putativo* (quando se casa entendendo que determinada situação não é óbice à validade do matrimônio, mas que na realidade é), dentre outros.

34 Além disso, o art. 139, III do Código Civil dá ao erro de direito a capacidade de invalidar o negócio jurídico, sendo necessário que seja, ao mesmo tempo, o (I) motivo único ou principal do negócio e (II) não seja meio de desobediência à lei.

35 E, como segunda decorrência do cumprimento da lei, os sistemas criam para o magistrado o dever de julgar, seja o mérito ou a estrutura formal do processo, não podendo este omitir-se nesta missão pela simples alegação de que não há norma que contemple o caso. Ocorrendo isto, deve ele valer-se da analogia, dos costumes ou dos princípios gerais de Direito, e da equidade, como já demonstrado quando do comentário anterior ao princípio da proibição do *non liquet*.

3. PARTE GERAL

3.1. Pessoa natural

1 **A existência da pessoa física ou natural começa com o nascimento com vida**. Sem nascimento, tem-se o **nascituro, sujeito de direito despersonalizado.** Com nascimento, mas sem vida, **tem-se o natimorto, humano que não alcançou a qualidade de pessoa** (não herda, não transfere direitos ou deveres – que durante sua condição de nascituro pode tê-los recebido, como no caso dos alimentos) e que, mesmo nascendo morto, deverá ter assento próprio em livro registral (Livro C auxiliar), decorrência lógica de sua condição humana.

2 Pode-se, também, falar em **concepturo**, que é o ser cuja existência ainda está no universo da possibilidade (conforme previsão do art. 1.799, I do Código Civil) e que, mesmo não existindo, pode ser apontado em disposições de última vontade para titularizar (no futuro) a sucessão de alguém.

3 No Brasil, **nascimento e vida** são os **únicos elementos** necessários para que se conforme a **pessoa física**, para que tenha início a existência desta pessoa. **Não se exige forma humana, não há necessidade de ser o nascido viável**, enfim, não se exige nada além dos dois requisitos mencionados.

4 A existência da **pessoa física termina com a morte**, eis o que determina o art. 6º do Código Civil.

5 Deve-se ter claro que morte possui um sentido jurídico próprio: ocorre na **morte encefálica, na morte real (com cadáver).** Isto se dá com base na

legislação que regulamenta o transplante de órgãos (Lei 9434/97) e Resolução CFM 1.480/1997. **Para a constatação da morte encefálica, é necessário laudo de dois médicos** que não participem das equipes de remoção e transplantes.

6 Pode ocorrer, também, na ausência de médico, através de declaração de **2 (duas) testemunhas** que tenham presenciado ou verificado a morte. Mesmo após o sepultamento, será possível realizar o assento de óbito desde que haja **2 (duas) testemunhas que tenham presenciado o falecimento ou o funeral, e possam atestar a identidade do cadáver** (art. 83, LRP).

7 Pode ocorrer que duas pessoas, parentes entre si, venham a falecer na mesma ocasião tornando-se impossível averiguar, dentre eles, quem faleceu primeiro. Nestas circunstâncias o sistema civil brasileiro presume que morreram elas no mesmo instante, não havendo sucessão entre elas. É a **comoriência** que, assim, impede que pessoas que morreram na mesma ocasião herdem uma da outra. Se pai e filho vierem a falecer, por exemplo, nesta situação, haverá a sucessão do pai (sem contar com o filho como herdeiro) e a do filho (sem contar com o pai como herdeiro).

8 **A personalidade é um atributo intrínseco dado a esta condição**. Não se concebe mais um humano coisificado, como em priscas eras já se conheceu no mundo (como durante a escravidão romana). Não há que se falar mais, desta forma, **em morte civil, que seria a supressão de direitos civis de uma pessoa viva**.

9 Vale destacar que na ADPF 54 o STF **permitiu a interrupção da gravidez em casos de feto anencéfalo**.

3.2. Capacidade civil da pessoa física

10 Toda pessoa tem capacidade de direito ou de gozo (que não pode ser graduada), mas nem toda pessoa tem capacidade de fato ou de exercício. A capacidade de direito sintetiza a possibilidade de **ser titular (estática)** de direitos e obrigações na ordem civil, enquanto a capacidade de fato qualifica o sujeito para **exercer (dinâmica)** pessoalmente os direitos e deveres da ordem civil. Enquanto toda pessoa tem capacidade de direito, a capacidade de fato é atribuída paulatinamente à pessoa, de acordo com a sua maturidade e possibilidade de compreensão do Direito.

11 A **capacidade de fato plena é alcançada quando se atinge a maioridade civil** (à zero hora do dia em que se completa 18 anos de idade) ou quando ocorre a emancipação. A capacidade, após tal idade, se torna a regra. E qual seria a exceção? A exceção, condição especial, é a **incapacidade**.

12 O sistema Civil busca proteger a pessoa. Desta forma, após o nascimento com vida surge uma estrutura protetiva especial que dá origem à **incapacidade absoluta e à incapacidade relativa.** Hoje, somente os menores de 16 anos são absolutamente incapazes.

13 Os incapazes estão estampados nos arts. 3º e 4º do Código Civil, podendo ser assim divididos:

Quadro de incapazes do Código Civil

Absolutamente incapazes	Em razão da idade	– Menores 16 anos
Relativamente incapazes	Em razão da idade	– Maiores de 16 e menores de 18 anos
	Por causa ou necessidade especial ou outra causa acidental	– os ébrios habituais e os viciados em tóxico; – aqueles que, por causa transitória ou permanente, não puderem exprimir sua vontade; – os pródigos.

14 **Absolutamente incapazes** – em relação a eles o sistema civil cria uma máxima rede de proteção, determinando que a incapacidade pode ser suprida (em situações não personalíssimas) através da representação (atente-se que o representante realiza o ato no lugar físico do representado – em um contrato, por exemplo, consta a assinatura apenas do representante). O ato realizado pelo absolutamente incapaz sem a representação é nulo, não podendo produzir efeitos.

15 A única forma de absolutamente incapazes se encontra **nos menores de 16 anos**, sendo, assim, um caso de **incapacidade cronológica**. Não há necessidade de qualquer declaração por parte do Judiciário. Os **representantes legais** dos menores de 16 anos são os seus pais. Contudo, não mais estando estes vivos ou tendo sido destituídos do poder familiar, será dado ao menor um **tutor**, seu representante para os atos da vida civil.

16 **Relativamente incapazes** – Continuam os maiores de 16 anos e menores de 18 anos a compor a **única classe de relativamente incapazes por idade, sendo assim uma incapacidade de origem cronológica.** Neste sentido, **não há necessidade de qualquer intervenção para que recebam a plena capacidade.** No dia em que completamente 18 anos, mais precisamente à zero hora deste dia, **tornam-se plenamente capazes.**

17 De outro lado há **os ébrios habituais e os viciados em tóxico** que formam a segunda classe de **relativamente incapazes**. **Necessário que o**

consumo, além de constante (denotando dependência), reduza a capacidade de compreensão, gerando, portanto, um discernimento reduzido. Eventos isolados de consumo de drogas (lícitas ou não) não geram incapacidade (de qualquer grau), podendo-se alegar, caso a caso, dolo (defeito do negócio jurídico) por parte do que vier a se aproveitar da condição fragilizada do outro.

18 Temos também como relativamente incapazes **aqueles que, por causa transitória ou permanente, não puderem exprimir sua vontad**e. Neste ponto estão incluídas todas as enfermidades ou necessidades especiais mentais que suprimem ou reduzem exponencialmente a capacidade de discernimento do sujeito. Não importa seja a limitação de expressão duradoura ou não.

19 A curatela é o processo utilizado para a decretação da incapacidade, seja ela absoluta ou relativa, sendo nomeado, ao final, um **curador** para o incapaz.

20 De acordo com a nova sistemática implantada pelo Estatuto da Pessoa com Deficiência, sendo a pessoa excepcional (portador da Síndrome de Down, por exemplo), isto, por si só, não autoriza a decretação da incapacidade relativa (muito menos a absoluta, que só se aplica aos menores de 16 anos).

21 Por fim, a mais controversa das figuras dentre os relativamente incapazes, **os pródigos. Pródigo é o perdulário**, o que gasta desmesuradamente suas economias. A curatela sobre uma pessoa pródiga somente lhe restringe a realização (sem a devida assistência) de atos de conteúdo patrimonial, não estando limitada para os atos de natureza pessoal (como reconhecer um filho ou se casar).

22 **Não paire dúvidas quanto à situação dos idosos.** A idade, no direito civil brasileiro, somente estabelece o início da capacidade. **Não há limite temporal máximo para a plena capacidade civil**. Desta forma, apesar de ainda trazer o Código um limitador de vontade (o maior de 70 anos que se casa terá a obrigatoriedade do regime separação total de bens – art. 1.641, II, CC), **não há incapacidade por velhice**.

23 Criou o legislador, ao lado das já conhecidas representação e assistência, **um terceiro gênero de mecanismo de proteção**, a tomada de decisão apoiada. Nela, a pessoa capaz reconhece que necessita, para certos atos da vida civil (como os de disposição patrimonial), do auxílio de duas pessoas idôneas, no momento da decisão. A tomada de decisão apoiada surge de pedido formulado pela pessoa interessada e seus apoiadores, constando:

- os limites do apoio a ser oferecido e os compromissos dos apoiadores;
- o prazo de vigência do acordo;
- e o respeito à vontade, aos direitos e aos interesses da pessoa que devem apoiar.

24 Desta forma, o apoio à decisão está limitado a um conjunto especifico de atos, tomados aqui pela qualidade e não pela ocorrência. Logo, o pedido pode estabelecer que a tomada será utilizada em todas as alienações realizadas pela pessoa com deficiência. Ainda, não é possível que se estabeleça a tomada por prazo incerto ou mesmo que seja este prazo limitador desarrazoadamente extenso.

3.3. Emancipação

25 A emancipação possibilita ao menor de idade alcançar a plena capacidade civil antes da maioridade. Não se trata, assim, de antecipação da maioridade (que se vincula ao tempo cronológico), mas sim da plena capacidade civil. O conceito está no parágrafo único do art. 5º do Código Civil. A emancipação somente se aplica aos incapazes por idade. Para os que estão submetidos à curatela, o caminho é o levantamento desta, através de processo próprio em que o magistrado reconhece a cessação da causa de incapacidade.

26 **São os seguintes os casos de emancipação:**

I. **concessão dos pais, ou de um deles na falta do outro, mediante instrumento público, independentemente de homologação judicial** – nesta previsão, que somente se aplica **ao que seja maior de 16 anos**, os pais (ou apenas um, se não houver o outro) dirige-se ao Cartório de Notas e, através de escritura pública lavrada pelo Tabelião, emancipará o menor. **A escritura deverá ser averbada no Cartório de Registro Civil de Pessoas Naturais.** Mesmo emancipado, conforme doutrina e jurisprudência, os pais do menor continuam a responder por seus atos ilícitos civis.

II. **sentença do juiz, ouvido o tutor – o tutor exerce múnus qualificado**, não podendo se desvencilhar, imotivadamente, de sua função. Contudo, pode provocar o Judiciário para que se aprecie a possibilidade de emancipar o tutelado (desde que conte este com **16 anos**, no mínimo), com oitiva do Ministério Público. **Da sentença se extrairá mandado para averbação no Cartório de Registro Civil de Pessoas Naturais.** Uma vez emancipado o menor cessará a tutela.

II. **casamento – a idade núbil no Brasil é de 16 anos**, tanto para o homem quanto para a mulher (art. 1.517, CC). Nesta idade e até completar 18 anos, o adolescente necessitará da autorização dos pais – autorização esta que não se confunde com a emancipação. A emancipação se dá no momento em que está celebrado o matrimônio, ou seja, quando da manifestação da fórmula **estabelecida no art. 1.535**. É possível, contudo, o casamento antes da idade núbil. Isto se dá quando houver gravidez comprovada (art. 1.520, CC), através de **pedido judicial de suprimento de idade**. Vale destacar que o artigo mencionado previa duas causas, sendo que uma delas encontra-se sem eficácia uma vez que o casamento do ofensor com a ofendida não mais extingue a punibilidade no universo do Direito Penal.

III. **exercício de emprego público efetivo** – esta causa de emancipação, que seria comprovada com a ata de posse e comprovação do início do exercício, devendo-se ter atenção uma vez que para exercer emprego público em caráter definitivo é necessária, atualmente, a idade mínima de 18 anos. Outras formas de emprego público, como a contratação temporária, não geram a emancipação.

V. **pela colação de grau em curso de ensino superior** – a aceleração de estudos está prevista no art. 24, V, c da Lei de Diretrizes e Bases da Educação (Lei 9.394/96) para o ciclo da educação básica e muitas Universidades/Faculdades também preveem a possibilidade de antecipação dos estudos em seus regimentos.

V. **estabelecimento civil ou comercial, ou pela existência de relação de emprego, desde que, em função deles, o menor com dezesseis anos completos tenha economia própria** – uma vez que o menor demonstre capacidade de se manter financeiramente, seja através de seu estabelecimento civil ou comercial, ou por manter relação de emprego, o Direito Civil deve reconhecer sua plena capacidade. O conceito "economia própria" deve ser interpretado **como o recebimento de salário mínimo**, o que pode criar situações de complexa solução. A prova está no registro do estabelecimento ou na Carteira de Trabalho, para o caso de relação de emprego. Deve-se atentar que, sendo a relação jurídica de Direito de Trabalho, um contrato-realidade, mesmo não havendo assinatura da CTPS, mas desde que se possa provar por outras vias (como a sentença de reclamatória trabalhista procedente) a emancipação estará comprovada.

Já em relação ao estabelecimento civil ou comercial, o melhor entendimento está em que a assinatura no contrato social (ou equivalente) seria suficiente para tal comprovação.

3.4. Dos direitos da personalidade

27 É o **ser humano o titular do núcleo de direitos que lastreiam sua dignidade**. Sem tal núcleo, a condição humana é colocada **em risco**, cria-se situação em que o mínimo não será provido a alguém ou a um grupo de pessoas.

28 Estes direitos, com claro espeque no art. 5º da Carta Constitucional, são uma direta **inflexão dos direitos humanos consagrados na órbita internacional**, visando resguardar, no aspecto privado, a intimidade, a imagem, a honra dentre outros direitos.

29 O Código Civil, **em seu art. 11**, estabelece algumas características básicas dos direitos da personalidade. Segundo a lei, estes direitos são **irrenunciáveis** e **intransmissíveis, ressalvados os casos legais permissivos** (como a transmissão dos direitos patrimoniais do autor art. 49 Lei 9.610/98).

Principais características dos direitos da personalidade	
Irrenunciabilidade	Decorre da **situação de necessidade destes direitos.** Como são direitos vinculados à própria condição humana e não se pode renunciar ao que se é, não há, de forma prévia, viabilidade de renúncia de tais direitos.
Intransmissibilidade	Já a **intransmissibilidade** surge, por lógica, da condição personalíssima destes direitos. Não se tenha, com isto, que não é possível explorar economicamente tais aspectos. Pelo contrário, o próprio nome civil pode ser objeto de cessão de uso, como se vê em grifes para roupas, brinquedos etc. Contudo, esta **exploração patrimonial não suprime ou retira do titular o direito da personalidade em si**, podendo este exercê-lo da melhor maneira, limitando apenas o aspecto patrimonial.
Absolutismo	Normalmente os direitos pessoais são relativos, oponíveis somente a algumas pessoas. Contudo, os direitos da personalidade rompem esta tradição, **sendo oponíveis a toda e qualquer pessoa, *erga omnes*.** Não há, desta forma, um titular passivo determinado de tais direitos, devendo todos exprimir o respeito pelos direitos de cada um.
Imprescritibilidade	A lesão a um direito da personalidade **não se consolida no tempo**. Desta forma, havendo publicação indevida da imagem de uma pessoa, pode esta, a qualquer tempo, promover ação tendente a fazer cessar a utilização. Contudo, o mesmo não se aplica ao direito de ser ressarcido pelos danos causados, prescrevendo este em **3 anos**.
Extrapatrimonialidade	Esta característica pode causar entendimentos conflitantes. Tenha-se que os direitos da personalidade são projeções da pessoa em si, não tendo, de forma apriorística, um valor patrimonial. Contudo, **tanto a lesão a um deles quanto a cessão limitada e específica podem ser mensuradas economicamente**, conforme enunciado 4 das Jornadas de Direito Civil do CJF.
Vitaliciedade	De forma direta, os direitos da personalidade deixam de **existir com a extinção da personalidade de seu titular**. Contudo, deve-se reconhecer, com base no art. 12 do Código Civil, que há **lesados indiretos** que podem ingressar em juízo para obter **reparo por agressão à honra, memória, nome etc., do falecido**.

30 A sistemática do Código Civil estabelece que os direitos da personalidade podem ser protegidos tanto de maneira **repressiva** (após o dano) ou de forma **preventiva** (sempre que houver fundado receio de dano).

31 Podem-se destacar como principais direitos da personalidade:

32 **Direito à vida e à integridade física:** envolve toda a relação da pessoa com seu corpo, tendo por moderador a dignidade humana. Ninguém pode dispor onerosamente de seu corpo ou de parte dele, do que se vê claramente a proibição de exploração econômica do sangue humano (CF, art. 199, § 4º).

33 Em relação ao **corpo morto**, pode-se dele dispor em vida tanto através de testamento (e como se trata de questão meramente pessoal, até mesmo por codicilo) ou por outro ato intervivos (declaração em cartório, por exemplo).

34 Esta disposição é revogável a qualquer tempo, **não cabendo à família dispor acerca do destino de todo o corpo**, somente há legitimidade dos parentes mais próximos em relação à doação de órgãos.

35 Já quanto ao **corpo vivo**, a doação de órgãos somente é permitida quando se tratar de órgãos dúplices e em favor do cônjuge ou parente colateral até o 4º grau.

36 **Direito à integridade moral:** este direito tutela toda a esfera de intimidade e privacidade da pessoa.

37 O alcance desta tutela é **amplo e diversificado**, protegendo tanto **a imagem, as criações intelectuais, quanto a voz da pessoa**. Em se tratando de tutela da imagem, vale destacar que tanto a **imagem retrato** (fotografia ou qualquer outro modo de identificação direta da pessoa) quanto a **imagem reputação** (conjunto de atributos pelos quais a pessoa é reconhecida na sociedade) são tutelados.

38 Qualquer proteção ao universo da intimidade e da privacidade não subsiste frente à **necessidade de funcionamento da Justiça e da manutenção da ordem pública** (p.ex.: divulgação de fotos de criminosos).

39 **Direito à identidade:** este direito possui dois reflexos básicos. A faculdade de conhecer sua **ascendência genética** e o **nome civil**. A possibilidade de se conhecer a ascendência mitiga hoje as restrições do Direito de Família, principalmente criando a possibilidade jurisprudencial de investigação avoenga (conhecer quem são seus avós biológicos).

40 Por outro lado, o nome civil é um dos principais direitos da personalidade atualmente compreendidos no sistema. Ele **é o elemento capaz de possibilitar o direito à identidade**.

CIVIL

Elementos que compõem o nome civil

Elementos essenciais	**Prenome** (ou nome individual ou nome próprio) – identifica o indivíduo na família;
	Nome (ou patronímico, cognome, sobrenome ou apelido de família) – identifica o indivíduo na sociedade.
Elementos secundários (podem ou não compor o nome)	**Agnome** – utilizada para diferenciar parentes com mesmo nome: Júnior, Filho, Sobrinho, Neto etc.
	Alcunha ou Epíteto – é o apelido.
Nome vocatório	É uma denominação estabelecida sobre uma relação metonímica qualitativa, parte pelo todo, e que uma parcela do nome vem a qualificar e identificar a pessoa, no mais das vezes se desconhecendo o real nome do indivíduo. Ex.: Pontes de Miranda (Francisco Cavalcante Pontes de Miranda) etc.
Títulos	Títulos nobiliárquicos ou honoríficos (barão, duque etc.);
	Títulos eclesiásticos (padre, bispo, pastor, missionário, etc.);
	Identidades oficiais (Promotor, Defensor Público, Juiz, Delegado etc.);
	Títulos acadêmicos ou estudantis (doutor, mestre, especialista etc.)

41 Situações que possibilitam a alteração do nome civil:

i) Prenome ou nome completo jocoso;

ii) Substituição (ou acréscimo) do prenome por apelidos públicos notórios (Xuxa, Lula etc.).

iii) Participação de programa de proteção de vítimas e testemunhas;

iv) Caso irmãos tenham o mesmo nome;

v) No primeiro ano após a maioridade, sem necessidade de qualquer justificativa, desde que não prejudique interesse de terceiros;

vi) Quando do casamento, o cônjuge pode acrescentar aos seus o patronímico do outro;

vii) O enteado pode acrescentar o patronímico do padrasto (art. 57, §8º da LRP);

viii) Adoção (possibilidade de se trocar todo o prenome – além dos apelidos de família – do adotando) (art. 47, §§5º e 6º, do ECA).

3.5. Pessoas jurídicas e Direitos da Personalidade

42 O art. 52 do Código Civil determina que se devem estender às pessoas jurídicas, naquilo em que couber, a proteção dos direitos da personalidade. Quando se restringe "ao que couber" percebe-se que a personalidade das pessoas jurídicas **é especial, pontual e determinada pelos fins a que se destina**. Diferente é a proteção deferida à personalidade jurídica dada aos seres humanos, ampla, destinada a receber, no universo jurídico, as pessoas que existem fisicamente.

43 O STJ reconhece a possibilidade de lesão a tais direitos, consagrando o entendimento de que *a pessoa jurídica pode sofrer dano moral* (Enunciado 227, da Súmula do STJ). Importante destacar **que o referido pretório reconhece não apenas a existência de uma tutela equivalente, mas a própria atribuição de tais direitos**, limitados à condição da pessoa jurídica, indo além do que constrói o art. 52, CC (veja-se os REsp's 1.407.907 e 1.481.124).

3.6. Fim da pessoa natural

44 O fim da pessoa natural se dá com a morte. Quando não é possível uma declaração para se constar a morte, esta pode se dar de forma **presumida**. Pode **ocorrer com ou sem a declaração de ausência**.

45 **Morte presumida sem a decretação de ausência** – o art. 88 da Lei de Registros Públicos (Lei 6.015/73) e o art. 7º do Código Civil viabilizam que se declare judicialmente o óbito, por **ação de justificação**, e, em fusão das disposições, percebe-se a autorização legal do pedido quando se tratar de

> pessoas desaparecidas em naufrágio, inundação, incêndio, terremoto ou qualquer outra catástrofe, quando estiver provada a sua presença no local do desastre e não for possível encontrar-se o cadáver para exame ou ainda se for extremamente provável a morte de quem estava em perigo de vida ou se alguém, desaparecido em campanha ou feito prisioneiro, não for encontrado até dois anos após o término da guerra.

46 A justificação de óbito também pode ocorrer em razão de **desaparecimento no período ditatorial brasileiro**, compreendido entre 02/09/61 e 05/10/1988. Esta previsão encontra-se no art. 1º da Lei 9.140/95. Neste caso, contudo, o pedido pode ser **consubstanciado pela via cartorial**, somente se aplicando o caminho judicial em caso de dúvida.

47 **Morte presumida com a decretação de ausência** – A ausência pode ser definida como o desaparecimento, voluntário ou não, do sujeito de seu

CIVIL

domicílio, não havendo mais notícias do mesmo. Assim, o **simples desaparecimento do domicílio não caracteriza ausência**, sendo necessário que não haja **qualquer notícia acerca da pessoa.**

48 A ausência apresenta **três fases: (I)** a curadoria dos bens, **(II)** a sucessão provisória e a **(III)** sucessão definitiva.

49 **Em cada** uma delas ocorrem efeitos patrimoniais diferentes. Por outro lado, a ausência produz um efeito pessoal básico, pois o ausente será, **desde que aberta sua sucessão provisória**, morto por **presunção**, e deste modo, cessará o laço conjugal que acaso ele possua.

50 A **curadoria dos bens** (que pode ser requerida por **qualquer interessado** ou pelo **Ministério Público**), primeira das três fases, pode durar **1 (um) ano ou 3 (três) anos**, contados do início da arrecadação dos bens. O prazo normal é de um ano, mas poderá ser de três se o ausente deixou procurador que não mais quer/pode exercer o mandato ou não tem poderes suficientes para os atos necessários. Será nomeado um curador, que possui poderes de mero administrador, sendo, assim, detentor dos bens do ausente.

51 **Tem o cônjuge ou companheiro do ausente preferência em ser curador, salvo se separado judicialmente ou de fato (neste caso, por mais de 2 anos).** Não havendo companheiro ou cônjuge, será **deferida aos pais ou aos descendentes**, sempre seguindo esta ordem legal, e respeitando o fato de que os mais próximos excluem os mais remotos (assim, por exemplo, os filhos – descendentes de primeiro grau – preferem aos netos – descendentes de segundo grau). Não havendo ninguém que preencha tais requisitos, será nomeado um terceiro como curador *ad hoc*, pelo juiz. São aplicáveis ao curador as disposições referentes à tutela e à curatela, no que forem cabíveis

52 **Vencido o prazo, poderá ser solicitada a abertura da sucessão provisória.** São legitimados a requerer a abertura da sucessão provisória: **(I)** o cônjuge não separado judicialmente (a mera separação de fato não retira a legitimidade – e, cuidado, não trata o Código do divórcio pois, neste caso, não é mais a pessoa "cônjuge") e, por extensão, o companheiro; **(II)** os presumidos herdeiros, sejam eles legítimos ou testamentários (incluídos os legatários); **(III)** os que tiverem qualquer direito legalmente vinculado à morte do ausente (como os antigos fideicomissários e os legatários); **(IV)** os credores de obrigações vencidas e não pagas; e **(V)** o Ministério Público (subsidiariamente).

53 Nesta fase, os bens serão entregues aos herdeiros (legítimos ou testamentários), atribuindo a cada um a **posse provisória dos bens.**

54 O tempo de duração da sucessão provisória é, em regra, 10 anos. **Pode, contudo, ser aberta a próxima etapa**, findando a sucessão provisória se:

- **cumulativamente**, o ausente tiver mais de **oitenta anos de idade** e a última notícia dele já tiver, pelo menos, **cinco anos**; ou
- ocorrer a **certeza da morte**, sendo o processo de ausência findado para a abertura do inventário.

55 Não havendo solicitação de abertura do inventário no prazo de 30 dias a contar do trânsito em julgado da sentença, serão os **bens recolhidos como herança jacente**, passando, ao final do procedimento e com a declaração da vacância, para o patrimônio do Distrito Federal, do Município ou da União, se localizado em Território.

56 **Os herdeiros legítimos, que não forem necessários (art. 1.845 cônjuge, companheiro – por analogia -, ascendentes e descendentes), deverão caucionar** para ingressar na posse. Esta medida tem por fim resguardar os bens, visto ser direito do ausente receber os bens no estado em que deixou. Além de caucionar, os demais herdeiros deverão capitalizar metade dos frutos provenientes dos bens, e **tomar todas as medidas de proteção** necessárias à manutenção do acervo. O **cônjuge/companheiro, descendentes e ascendentes** farão seus **todos** os frutos, não tendo de capitalizar metade dos mesmos.

57 **Dentre os herdeiros (ressalvados, por lógica, os necessários)** havendo quem não possa prestar a caução, será entregue o bem (ou bens) ao administrador ou a herdeiro que puder caucionar. Metade dos frutos que seriam recebidos pelo herdeiro **que não caucionou** serão entregues ao novo herdeiro imitido (e o primeiro, que não caucionou, receberá a outra metade – portanto, um quarto). Os demais frutos deverão ser, como já dito, capitalizados para aguardar o retorno do ausente, se este for culpado pela ausência perderá os frutos em favor dos herdeiros. Retornando o ausente e decidindo o magistrado que seu desaparecimento foi voluntário perderá ele todo o direito aos frutos.

58 **Por fim, ocorre a sucessão definitiva**. Após a sucessão provisória, poderá ser requerida a abertura da sucessão definitiva pelos interessados. **Nesta fase, as cauções que foram prestadas serão restituídas**. Caso o ausente retorne, **somente haverá direito aos bens que restarem e nas condições em que se encontrarem**. Em relação aos bens que forem alienados, receberá apenas o valor que foi obtido **com a transmissão deles**. Esta fase também terá duração **de 10 anos**, findos os quais ocorrerá a **consolidação definitiva da propriedade** para os sucessores. Com a abertura da sucessão definitiva, aplica-se a presunção de morte, conforme segunda parte do art. 6º do Código Civil. **Em qualquer das fases, tendo-se prova da morte real, findará o procedimento e deverá ser aberto o correspondente inventário**.

59 Passando o referido prazo sem qualquer manifestação de um eventual interessado, os bens serão entregues à **Fazenda Pública** (lembrando-se que sempre se incorporam ao **Município ou DF**, dependendo da localização dos mesmos).

3.7. Domicílio

60 **É o lugar jurídico do sujeito**, o **centro de relações jurídico-sociais por ele estabelecidas**. O domicílio pode ser legal, voluntário ou de eleição (também chamado de domicílio contratual).

61 Dada sua utilidade, torna-se premente que se aparte o conceito de domicílio das noções **de residência e habitação (ou moradia).**

62 Primeiramente, a **habitação** é o lugar provisório em que se encontra a pessoa, como a pernoite em um hotel.

63 **Residência** é o lugar físico em que se encontra a pessoa, **seu lugar de morada atual e habitual**, conceito este utilizado também pelo Direito Internacional em algumas situações. O **domicílio** nasce da soma da residência com o ânimo de permanecer (*animus manendi*), como já dito, é o lugar jurídico do sujeito.

64 Como se pode notar, o domicílio necessita da soma de dois elementos: **a)** um **objetivo**, que é a residência e outro **b) subjetivo**, que se perfaz na vontade de permanecer no local. Esta vontade também será necessária quando se desejar mudar o domicílio, visto que a mudança física deve ser acompanhada pela vontade de mudar (a mudança do domicílio pode ser provada com a comunicação às autoridades de onde se sai para onde se vai).

65 O Brasil adotou a **obrigatoriedade de domicílio**, determinando, para isto, que nos casos em que a pessoa natural não tiver residência habitual (como o circense e o andarilho) será considerado domicílio o lugar onde for encontrada (art. 73, CC), o que a doutrina denomina **domicílio ocasional ou aparente**. Com isto, resta patente que não há pessoa sem domicílio.

66 De outro lado, nada impede que se tenha uma pluralidade de domicílios, visto não haver qualquer regra de unicidade. Por isso, caso a pessoa estabeleça centro de relações jurídicas em locais diferentes (profissionais, pessoais etc.) cada um deles será considerado domicílio para as suas relações.

67 Casos especiais de **domicílios legais**: o **agente diplomático**, quando citado no estrangeiro, **vindo a alegar extraterritorialidade,** mas não designando um lugar no país em que tem domicílio, **será considerado domiciliado no Distrito Federal** ou no **último** lugar em que teve domicílio no Brasil. O **incapaz** terá como domicílio o de seus **representantes**. Já o preso, terá como seu domicílio o local onde cumpre pena. Por outro lado, o **servidor público** tem como domicílio o lugar em que exerce **permanentemente suas funções**. Contudo, nada impede que tenha ele outros domicílios, **desde que firme outros centros de relações e tal fato não esteja vedado em lei**. Por fim, o **militar** tem como domicílio o lugar em que **servir**, sendo ele da Marinha ou da Aeronáutica, a sede

do comando a que estiver subordinado e o marítimo (não se confunda com o militar da Marinha) o lugar onde o navio estiver matriculado.

68 Há, ainda, **o domicílio de eleição** (art. 78, CC). Este também pode ser denominado domicílio contratual ou obrigacional. As partes, no instrumento contratual, vinculam eventuais discussões sobre o mesmo a um dado domicílio ou foro.

69 E quanto às **pessoas jurídicas**? A fixação do domicílio está estabelecida pelo art. 75 do Código Civil. Assim, são estes os respectivos domicílios:

> I - da União, o Distrito Federal;
>
> II - dos Estados e Territórios, as respectivas capitais;
>
> III - do Município, o lugar onde funcione a administração municipal;
>
> IV - das demais pessoas jurídicas, o lugar onde funcionarem as respectivas diretorias e administrações, ou onde elegerem domicílio especial no seu estatuto ou atos constitutivos.

70 O legislador também previu que as **pessoas jurídicas** poderiam ter mais de um estabelecimento, localizados em diversas cidades. Nesta situação **cada um** será domicílio **para as relações e atos provenientes**. Neste mesmo sentido, o estabelecimento situado no Brasil de pessoa jurídica que tiver sede no estrangeiro, será considerado domicílio para as **relações aqui firmadas**.

3.8. Pessoas jurídicas

71 O Direito concebe, ao lado das pessoas físicas, entes que surgem da **fusão** (mediante registro) **de pessoas ou de bens**, aos quais se defere **personalidade jurídica**. Pode-se perceber que as pessoas jurídicas surgem, desta forma, de coletividades, seja de pessoas ou de bens. Há, contudo, exceção a tal coletividade, **como se dá com a subsidiária integral**, que não se conforma **nem como coletividade de bens e nem de pessoas**.

72 Teixeira de Freitas denominava as pessoas jurídicas como **entes de existência ideal**. A nomenclatura pessoa jurídica, decorrente da área fiscal, acabou por prevalecer.

73 As pessoas jurídicas **têm o início de sua existência determinado pelo registro**. Sendo de natureza civil será competente o **Registro Civil de Pessoas Jurídicas (como as sociedades simples)**; se de natureza empresarial, **a Junta Comercial do Estado (como as sociedades empresariais)**. Deve-se ter especial atenção para as pessoas jurídicas que são criadas mediante lei, **pois esta é que será definidora do início da sua existência**. Ainda, atente-se que em certas situações é necessária a autorização do Governo para a criação da pessoa, e sendo assim, somente depois de obtida a autorização **será efetivado o registro**. Enquanto não realizado o registro não haverá pessoa jurídica**, mas sim**

sociedade em comum, ente despersonalizado, que cria responsabilidade ilimitada para seus sócios ou associados.

74 Fundamental que se entenda este papel da lei no nascimento de algumas pessoas jurídicas. **Há pessoas jurídicas criadas por lei e pessoas jurídicas autorizadas por lei. Na primeira, a lei é instrumento de criação (eficácia genética) enquanto na segunda é pressuposto para a criação (que se dará no registro).**

75 **Em razão de sua formação** as pessoas jurídicas podem ser **universalidades de bens** (*universitas bonorum*) ou **universalidade de pessoas** (*universitas personarum*). As universalidades de bens, **exemplificadas pelas fundações e pela EIRELI**, são um **plexo patrimonial que recebe personalidade pela ordem jurídica**. Já as **universalidades de pessoas**, como as associações e os partidos políticos, nascem da **reunião de pessoas em busca de um fim comum**, sendo tal fim econômico ou não, a variar de acordo com a espécie de pessoa.

76 Classificando-as de acordo com a natureza jurídica, podem as pessoas jurídicas ser de **direito público (art. 41, CC)** ou **de direito privado (art. 44, CC)**. As de direito privado são as associações, sociedades, fundações, organizações religiosas, partidos políticos e as empresas individuais de responsabilidade limitada (EIRELIs). Já as de direito público se dividem em duas espécies: **I) as de direito público interno** – a União, os Estados, Municípios, Distrito Federal, Autarquias, Associações Públicas e demais entidades criadas em lei e que tenham caráter público; **II) as de direito público externo** –que engloba os Estados estrangeiros e todas as demais pessoas que recebam personalidade no espectro internacional.

77 Quanto às **organizações religiosas**, deve-se ter claro que a sua constituição é livre **sem que isto implique retirá-las da obrigatoriedade de registro.**

78 Os partidos políticos possuem regulamentação própria, de acordo com a Lei **9.096/95 (Lei dos Partidos Políticos),** segundo o texto da lei, *é livre a criação, fusão, incorporação e extinção de partidos políticos cujos programas respeitem a soberania nacional, o regime democrático, o pluripartidarismo e os direitos fundamentais da pessoa humana.*

79 A **EIRELI (Empresa individual de responsabilidade limitada)** ingressou no sistema jurídico no ano de 2011. A massa patrimonial destinada à constituição da EIRELI será afetada do patrimônio da pessoa (com um valor mínimo de 100 salários mínimos) e responderá pelas dívidas resultantes do empreendimento. **O patrimônio da pessoa física ficará resguardado**, já que somente a parcela destinada à constituição da EIRELI será responsável pelos riscos do empreendimento. **A autonomia patrimonial decorre da personificação da EIRELI**, entidade própria que é, dotada de bens, oriundos da mencionada afetação do patrimônio de uma única pessoa (não há, repise-se, EIRELI coletiva ou societária).

80 A lei 13.247/16 trouxe à baila a figura da **sociedade unipessoal de advocacia**, que deve ser alinhada à figura da EIRELI, nascendo assim uma EIRELI especial para a advocacia. **Em ambas as situações, contudo, não há que se falar em sociedade, mas sim, na primeira, em uma universalidade de bens.**

81 Destaque-se, ainda em relação à lei 13.147/16, que a restrição imposta pelo novo art. 15, § 4º da Lei 8.906/94, ao se impedir que o advogado possa integrar mais de uma sociedade de advogados ou integrar, simultaneamente, uma sociedade de advogados e uma sociedade unipessoal de advocacia, com sede ou filial na mesma área territorial do respectivo Conselho Seccional, **é de duvidosa constitucionalidade**, visto restringir, de maneira infundada ao nosso ver, a liberdade associativa.

3.9. Despersonificação e desconsideração da personalidade

82 **Não pode a autonomia de personalidade da pessoa jurídica servir de meio de fraude ou atuar como um limitador de responsabilidade para aqueles que se valem dela de forma leviana ou ilegal.** Tendo em vista tal risco, de que se levante a personalidade como um escudo a tutelar desvios e abusos necessário que possa ocorrer o levantamento **episódico da personalidade** (**desconsideração**) quanto a sua **extinção total e definitiva** (**despersonificação**).

83 Começando pela segunda, deve-se perceber que a pessoa jurídica pode encontrar seu **fim de forma natural ou de maneira abrupta**. Naturalmente, a pessoa jurídica findará com o alcance de sua finalidade, **o término do seu prazo predefinido de existência ou por mútuo acordo de seus sócios ou associados.** Nestas circunstâncias a personalidade extinguir-se-á por completo, gerando a **despersonificação (ou despersonalização)**, colocando fim na pessoa que havia sido criada. O destino de seu patrimônio seguirá o que for determinado em estatuto ou em lei, conforme analisado em cada um dos tipos possíveis.

84 Já a **desconsideração** se consubstancia em técnica processual que visa afastar, de maneira **eventual e específica** a personalidade, possibilitando que se **alcance o patrimônio dos seus sócios ou associados**.

85 A **desconsideração pode se dar de duas formas**, de acordo com a teoria adotada pelo legislador. De um lado, a teoria maior da desconsideração, baseia-se, como justificador do afastamento da personalidade, em ato fraudulento ou contrário a lei realizado pelos sócios. É o caminho definido pelo Código Civil, em seu art. 50. **Só se aplica a desconsideração da personalidade jurídica quando houver a prática de ato irregular e, limitadamente, aos administradores ou sócios que nela hajam incorrido**.

86 Ao lado da teoria maior, pode-se destacar **a teoria menor**, que viabiliza o afastamento da personalidade sempre que esta for empecilho para a satisfação dos credores. Trata-se de uma visão extremada, que coloca de lado a personalidade jurídica sempre que esta se apresenta como um obstáculo à maior tutela do consumidor. Esta é a teoria adotada pelo parágrafo 5º do art. 28 do Código de Defesa do Consumidor.

87 Por fim, deve-se dar especial destaque à **teoria da desconsideração inversa da personalidade**. Segundo esta teoria, é possível, uma vez solicitar que a parcela patrimonial que toque ao sócio, respeitada a pessoalidade de tal condição, seja direcionada em favor dos credores dele. Assim, imagine que o sócio A possua um conjunto de cotas no valor de 50 mil reais, refletidas e mensuradas no patrimônio da pessoa jurídica. Seus credores, ao detectarem a insuficiência patrimonial do devedor podem requerer a responsabilização da pessoa jurídica, como meio de satisfazer o seu crédito.

88 As sociedades e associações, aqui analisadas por terem uma formatação genérica de despersonificação, podem atingir a extinção em razão de:

i) Término do prazo;
ii) Por decisão de seus membros;
iii) Por força de lei (que passa a forma contrária ao sistema, por exemplo);
iv) Por determinação judicial;
v) Por impossibilidade do objeto ou inexistência de pluralidade de sócios.

89 Como o registro fez nascer a Pessoa Jurídica, deverá ocorrer o cancelamento do mesmo para que se a extinção (art. 51, CC), desta forma não basta uma das ocorrências acima, necessário que ela seja acompanhada do registro de baixa da pessoa jurídica.

Destino dos bens de acordo com a espécie de pessoa jurídica	
Associação	O patrimônio líquido residual será destinado à entidade de fins não econômicos designada no estatuto. No silêncio deste, deliberarão o destino os associados, desde que o valor reverta em favor de instituição municipal, estadual ou federal, de fins idênticos ou semelhantes. Não havendo esta, o valor será entregue à Fazenda Estadual, Distrital ou Federal (se localizada em território). Lembre-se que os associados podem deliberar, se silente o estatuto, que será devolvido o valor de todas as contribuições que tiverem pago.
Sociedade	Solvido todo o passivo, com o pagamento das dívidas, o restante será fracionado pelos sócios, na proporção da participação de cada um.
Fundação	Será o patrimônio dela incorporado, salvo disposição em contrário no ato constitutivo, ou no estatuto, em outra fundação, designada pelo juiz, que se proponha a fim igual ou semelhante

3.10. Das associações

90 Esta forma de pessoa jurídica nasce da reunião de pessoas que almejam um fim não econômico, podendo este ser científico, cultural, recreativo etc. **Fim não econômico** nada tem a ver com a existência ou não de lucro em suas atividades e não criando direitos e deveres entre seus associados. Especificamente, denota que os associados não buscam obter ganhos financeiros ao ingressar ou constituir uma tal pessoas.

91 **A qualidade de associado é intransmissível**, podendo o estatuto regulamentar de forma diferente esta situação (e não se confunde a transmissão da cota com a qualidade de associado – a primeira não gera, obrigatoriamente, a segunda – conforme art. 56, pu, CC.). **Havendo resultado positivo no final do exercício não pode este ser revertido monetariamente para os associados**, devendo ser aplicado em expansões, melhorias ou investimentos para futuras ampliações.

92 **Não há necessidade de um capital para a sua formação**, mas deve-se apontar no estatuto como serão custeadas as ações a serem promovidas.

93 Em respeito à **liberdade de associação**, o estatuto deve não apenas apontar as formas de ingresso e retirada do associado, mas também a forma de exclusão deste. Na exclusão o associado, que houver infringido a regra estatutária, será desvinculado da associação. Esta forma, contudo, não pode suprimir os direitos fundamentais, mormente o devido processo e a ampla defesa.

94 **A exclusão é penalidade final**, promovida quando a manutenção da pessoa no quadro associativo põe em risco a estrutura da associação, denotando quebra da *affectio societatis* em relação a este integrante.

95 A igualdade entre os associados deve ser respeitada pelo estatuto, mas este pode criar condições especiais para determinadas classes, como se vê na prática em casos de associados que não pagam mensalidades ou outras situações específicas.

96 Assembleia é o órgão decisório máximo, incumbindo-lhe, privativamente:

I. **destituir os administradores**
II. **alterar o estatuto**

97 O estatuto irá definir a forma de convocação da assembleia, podendo ele criar situações especiais de convocação (como para apreciar exclusão, datas especiais, entrega de determinadas informações etc.). Contudo, **deverá ser garantido que 1/5 dos associados possam convocar a realização desta**.

98 **Como não há objetivo econômico nas associações**, a sua dissolução cria necessidade de observação atenta da **distribuição do patrimônio**. Desta forma,

CIVIL

após a liquidação patrimonial, devem ser deduzidas as cotas dos associados, e realizada a distribuição de acordo com a previsão estatutária. Não havendo esta disposição o patrimônio residual *a entidade de fins não econômicos designada no estatuto, ou, omisso este, por deliberação dos associados, à instituição municipal, estadual ou federal, de fins idênticos ou semelhantes.* **Não havendo tal instituição, reverterá o valor em favor das Fazendas do Estado, Distrito Federal ou União**. A reversão em favor da União se pode compreender que ocorrerá quando a associação estiver localizada em território.

3.11. Das fundações

99 **As fundações não se alinham com as outras duas formas de pessoas jurídicas** mais conhecidas (associações e sociedades), isto porque não são universalidades de pessoas, são compostas de bens que recebem personalidade jurídica em seu conjunto.

100 Não há a vinculação entre a fundação e seu instituidor, que somente poderá intervir na estrutura, de forma legal, se se mantiver como presidente ou cargo de administração. Uma vez criada a pessoa se desliga do seu instituidor.

101 A dotação de patrimônio que dará origem à fundação pode ser realizada por **escritura pública ou por testamento**, especificando, obrigatoriamente, o fim a que se destina. Poderá, ainda, apresentar o estatuto integralmente ou a forma como se dará a administração da pessoa jurídica. Esta dotação não pode ser falaciosa, deve ser respeitada, tanto assim que se constituída por escritura pública nascerá para o instituidor o dever de transferir os bens (seja a propriedade ou qualquer outro modo, como constituições de renda) para a formação da pessoa jurídica e não sendo isto realizado, a transmissão se dará por força de mandado judicial expedido em ação própria (CC, art. 64).

102 **Pode o instituidor, ao invés de organizar o estatuto, determinar a terceiros que o façam**. Não sendo elaborado em 180 (cento e oitenta) dias, o Ministério Público deverá assumir o encargo, salvo prazo diferente dado pelo instituidor.

103 A fundação que esteja em um Estado será fiscalizada pelo MP estadual, de outro lado caso que esteja localizada em Território ou no Distrito Federal, **velará pela fundação o Ministério Público do Distrito Federal e Territórios**. As de natureza pública federal estão subordinadas aos Ministério Público Federal.

104 Em relação à finalidade que pode ser objeto da fundação, determina a lei (conforme redação dada em 2015) que poderá ter fins de assistência social, cultura, defesa e conservação do patrimônio histórico e artístico, educação, saúde, segurança alimentar e nutricional, defesa, preservação e conservação do meio ambiente e promoção do desenvolvimento sustentável, pesquisa científica, desenvolvimento de tecnologias alternativas, modernização de sistemas de gestão, produção e divulgação de informações e conhecimentos técnicos e científicos, promoção da ética, da cidadania, da democracia e dos direitos humanos e atividades religiosas. **Contudo, esta listagem deve ser entendida como sendo meramente exemplificativa.**

105 **Pode ocorrer de o patrimônio destinado não ser suficiente para alcançar o fim almejado.** Nesta situação o valor deverá ser vertido para outra fundação de fim igual ou similar, **ressalvado outro destino determinado pelo instituidor**. Pode-se pensar na possibilidade de ser verter o valor a um fundo remunerado à espera da constituição de uma fundação que possa receber o conjunto patrimonial.

106 É possível a modificação do estatuto desde que:

i. Não contrarie os fins previamente definidos;

ii. aprovação por 2/3 dos diretores com competência para tanto;

iii. aprovação pelo MP ou, quando denegada, suprida pelo Judiciário.

107 O Ministério Público tem o prazo de 45 dias para efetivar a análise da alteração solicitada. Transcorrido tal prazo sem manifestação (*in albis*) ou sendo esta negativa, caberá aos administradores (ou Conselho Curador, ou Presidência, enfim, ao órgão administrativo superior) buscar o provimento mediante análise por parte do Judiciário.

108 Em respeito aos direitos da minoria (aqui não de sócios ou associados, mas de membros da administração), sendo a decisão não unânime, os administradores, **ao encaminhar o pedido ao Ministério Público para a aprovação**, solicitarão que se dê ciência aos vencidos para que impugnem, querendo, a decisão em 10 dias. **Na impugnação serão carreadas as razões de resistência**, e em que tal decisão poderá afetar a estrutura fundacional. Havendo controvérsia seguirá a impugnação o caminho judicial.

109 **Sendo impossível a continuidade da fundação**, por ter a sua finalidade se tornado ilícita, impossível, sem utilidade ou se o prazo fixado para sua duração já houver se esgotado, *o órgão do Ministério Público, ou qualquer interessado, lhe promoverá a extinção, incorporando-se o seu patrimônio, salvo disposição em contrário no ato constitutivo, ou no estatuto, em outra fundação, designada pelo juiz, que se proponha a fim igual ou semelhante.*

3.12. Das sociedades

110 As sociedades também são pessoas jurídicas nascidas da união de pessoas (físicas ou jurídicas) em torno de uma finalidade comum. Esta finalidade, contudo, tem natureza econômica, diferentemente das associações.

CIVIL

111 Deve-se perceber que as sociedades, em **razão da densidade de sua organização**, são classificadas em **(a) sociedades simples** e **(b) sociedades empresariais**.

112 São **empresariais** as sociedades que envolvem uma complexa estrutura em que são destinados os fatores de produção (terra - capital - trabalho ou, hoje, conhecimento - capital - trabalho) em favor da obtenção de lucro (arts. 982 c/c 966, CC).

113 **Simples** são as que não envolvem tal estrutura, partindo de uma atividade desenvolvida dentro de um critério de menor complexidade. Ou seja, uma vez existente a figura do empresário e sendo este coletivo, nasce uma sociedade empresarial e, atente-se, empresário, na forma da lei é ***quem exerce profissionalmente atividade econômica organizada para a produção ou a circulação de bens ou de serviços*** (art. 966, CC). É esta visão que irá diferenciar, quando não houver determinação legal direta, uma sociedade em simples ou empresarial.

114 A lei predetermina algumas espécies de sociedades como simples ou como empresariais (art. 982, parágrafo único, CC). **São empresariais**, sempre e por força de lei, as **sociedades por ações** (Sociedades anônimas e comanditas por ações). **São simples**, sempre e por força de lei, as **cooperativas**.

115 As **Sociedades de Economia Mista e as Empresas Públicas** possuem natureza jurídica de direito privado, uma vez que explorem atividade econômica de produção ou comercialização de bens ou de prestação de serviços (art. 173, §1º, II, CF).

116 Acerca da exclusão, necessário que seja observado o mais escorreito contraditório, não podendo haver exclusão sumária ou muito menos apenas pautada na quebra da *affectio societatis* (STF REsp 1129222). **A *affectio* rompida, pode motivar a dissolução da sociedade**, mas não o desligamento arbitrário do sócio.

3.13. Dos bens

117 O interesse humano pode ter uma infinidade de objetos e de desejos. Deste microcosmos devem ser separados, agora, **os bens** para que possamos estudá-los. Ao nos referirmos a bens temos em mente tudo o que tem um valor jurídico, **que pode ser objeto do desejo humano**. Não importa se se trata de algo tangível ou não.

118 Neste sentido, a doutrina diferencia **os bens (gênero)** de suas duas espécies: os **bens propriamente ditos** (de natureza intangível, como os direitos de crédito) e as **coisas** (que teriam natureza tangível, como um cavalo ou uma casa).

3.14. Classificação dos bens

Dos bens considerados em si mesmos

119 Tendo em vista o próprio bem, sem compará-lo ou relacioná-lo com outros, tem-se as mais simples classificações (e nem por isso menos importantes): a) bens classificados quanto à **mobilidade**; b) bens classificados quanto à **fungibilidade**; c) bens classificados quanto à **consuntibilidade**; d) bens classificados quanto à **divisibilidade**; e e) bens **singulares** e **coletivos**.

120 **Bens móveis e bens imóveis**– esta classificação diferencia de um lado os **bens móveis**, que podem ser deslocados de um local para o outro (por uma força própria ou por uma força externa) **sem que isso gere prejuízo à sua estrutura ou lhe modifique a destinação econômico-social**. Notam-se, assim, dois critérios: **o físico**, baseado na mobilidade da estrutura sem qualquer prejuízo e o **econômico-social**, quando a mudança, apesar de possível fisicamente, causa uma redução na utilidade ou no valor do bem.

121 A **mobilidade física ou estrutural** (também chamada natural ou por essência), é a mais simples de ser compreendida, e pode fazer parte natural do bem, como no caso das canetas, mesas e cadeiras, ou estar vinculada de forma provisória a este, como nos tijolos, que conservarão a qualidade de móveis quando não aplicados a uma obra principal (CC, art. 84, primeira parte) ou quando desta forem destacados para compor material de demolição (CC, art. 84, segunda parte).

122 Já o critério **econômico-social**, está atrelado à função básica do bem, não podendo ser considerado o bem móvel **caso o deslocamento lhe retire a utilidade social ou econômica.** Diferentemente do critério físico, aqui um dos atributos do bem (sua utilidade) passa a ser o regulador da natureza móvel (ou não) do mesmo.

123 Tendo em vista, ainda, os bens móveis, estes podem o ser **por natureza ou por determinação legal.** Aos bens que podem ser movimentados por uma força externa, como o mobiliário, aplica-se a **denominação de bens propriamente ditos**, eis que são a base de conformação dos móveis, os mais simples em sua essência. Aos outros, os que se movimentam por força própria, aplica-se a denominação de **semoventes**, como os animais, estejam em uma criação ou sejam de estimação.

124 Por outro lado, são bens móveis por **determinação legal**:

I. as energias que tenham valor econômico;

II. os direitos reais sobre objetos móveis e as ações correspondentes;

III. os direitos pessoais de caráter patrimonial e respectivas ações.

125 Em contraponto aos bens móveis, **há os bens imóveis**. Seguindo o raciocínio esposado acima, **os bens que não satisfazem o critério físico ou o critério de utilidade não podem ser considerados móveis**, sendo agregados à classe dos imóveis por natureza.

126 O Código Civil, a seu tempo, **além de criar esta situação em que apresenta os bens imóveis como a regra do sistema**, exemplifica a estrutura destes, partindo do solo, **bem imóvel primordial**, e atribuindo tal qualidade a todos os bens que se lhe **incorporarem, quer seja de forma natural, quer seja artificial**.

127 Mesmo que **transitoriamente destacados de um bem imóvel maior**, os bens dele retirados para serem nele reempregados não perdem a qualidade de imóveis. Como no exemplo conhecido, em que não perdem a qualidade de imóveis os tijolos que jazem em uma pilha aguardando serem reempregados em uma obra, após terem sido dela retirados (CC, art. 81, II).

128 No mesmo sentido, conservam a qualidade de imóveis as edificações que forem destacadas do **solo para serem levadas a outro local**, como uma estátua ou mesmo uma casa, como as pré-moldadas ou modulares.

129 Os bens imóveis podem ser de duas naturezas, quanto à sua origem:

I. *Imóveis por acessão natural* – a vinculação de um bem, originalmente móvel, a um imóvel, **sendo este liame decorrente da ordem natural das coisas**, como as plantas e florestas.

II. *Imóveis por acessão artificial*– Como as construções. Aqui se deve destacar que uma vez realizadas em bens alheios estas obras passarão a se chamar **benfeitorias**, segundo critério seguido por estes escritos e mais à frente explicado.

Por fim, conforme art. 80, são imóveis por força de lei:

– os direitos reais sobre imóveis e as ações que os asseguram;

– o direito à sucessão aberta;

130 **Bens fungíveis e bens infungíveis** – fungíveis são os bens que podem ser **substituídos por outros**, de mesma qualidade e na mesma quantidade; a presente classificação aplica-se, **essencialmente, aos bens móveis**.

131 A seu tempo, os **infungíveis** seriam os bens que não poderiam ser substituídos, que gozariam de algum elemento especial que os individualizasse, os tornasse únicos, seja por sua condição natural ou histórica (o documento original da Lei Áurea) ou por vontade das partes.

132 **Bens consumíveis e bens inconsumíveis** – a **consuntibilidade pode ser física ou jurídica**, e afeta unicamente os móveis, não se podendo falar,

assim, em imóveis consumíveis. Em uma primeira visão, pode-se perceber que os bens cujo **uso implique em destruição imediata da coisa** (tendo-se o uso normal e adequado como parâmetro) são naturalmente (ou fisicamente) consumíveis.

133 Ao lado da consuntibilidade natural ou física (ou fática) há, também, a **consuntibilidade jurídica ou de direito**, que se define pela disponibilidade do bem para a alienação. Não se resume à qualidade de estar ou não no comércio (pois os bens no comércio podem ser alienados e os que estão fora do comércio – como uma rua ou uma praça – não podem), **mas envolve a colocação efetiva do bem para alienação**.

134 **Bens divisíveis e bens indivisíveis** – para que se considere um bem naturalmente divisível é necessário que o seu fracionamento não prejudique: **I)** a sua substância; **II)** o seu valor, de forma considerável; **III)** o destino ou o uso normal do mesmo. Desta forma, um relógio é naturalmente indivisível uma vez que o seu fracionamento **importará prejuízo à sua substância** (**pois cada parte não será um relógio**) **além de prejuízo ao seu uso normal** (cada parte não terá a mesma utilidade do todo). De outro lado, **o fracionamento não pode reduzir, de forma expressiva, o valor do bem** (tendo-se claro um fator de proporcionalidade entre parte e todo), o que leva à conclusão de ser indivisível um diamante, visto que sendo de grande tamanho o fracionamento levará à redução do seu valor, dada a raridade das grandes gemas.

135 Ao lado da indivisibilidade natural, podem os bens, que naturalmente seriam divisíveis, serem **legal ou voluntariamente transformados em indivisíveis**. Isto se dá porque a lei pode determinar que certos bens sejam indivisíveis (como faz em relação à fração mínima de parcelamento para os imóveis) ou quando as partes determinam que certo bem se tornará indivisível (por tudo, segunda parte do art. 88, CC).

136 **Bens singulares e bens coletivos** –existem bens que, ocupando ou não uma coletividade, **podem ser considerados de forma independente**, sendo objeto de relações jurídicas em apartado. Considere uma boiada, em que cada um dos elementos pode ser alienado de forma individual (**temos, assim, bens singulares**). De outro lado, podemos ter bens **que passam a compor uma coletividade e são negociáveis de tal forma unificada**, estabelecendo-se, assim, **relações jurídicas sobre eles de forma una**. São as universalidades de direito e as universalidades de fato.

137 As **universalidades de fato** são constituídas por bens que estão vinculados por pertencerem a uma mesma pessoa e esta lhes atribuir um destino unitário. Como exemplo, temos uma biblioteca, ou uma coleção de *cards*, que apesar de poderem ser objeto de relações de forma individual, são tratados de maneira coletiva por seu proprietário. O **patrimônio é uma universalidade**

CIVIL

de fato, composta de bens em separado e de outras universalidades (tanto de fato quanto de direito). De outro lado, as **universalidades de direito** são coletividades que reúnem relações jurídicas de uma mesma pessoa que possuam valor econômico sendo tratadas pela lei como um único bem, como a herança.

138 **Bens públicos e privados** – Seguindo as disposições do Código, tem-se que os bens públicos são os que estão no domínio das pessoas jurídicas de direito público, seja no espectro municipal, distrital, estadual ou federal. Todos os demais, que por lógica pertencem aos particulares, são bens privados.

139 Os bens públicos são classificados ainda em:

I. *os de uso comum do povo* – são bens cuja utilização não segue maiores exigências, sendo franqueadas sob as regras mínimas de convivência e pudor.

II. *os de uso especial* –estes bens, apesar de públicos, possuem uma utilização restrita, como forma de manter os serviços públicos em funcionamento. Os prédios públicos compõem esta classe, tendo seu acesso restrito a requisitos específicos de vestimentas, por exemplo.

III. *os dominicais ou dominiais* – são uma reserva patrimonial das pessoas jurídicas de direito público.

3.15. Dos bens reciprocamente considerados

140 Nesta classificação encontram-se os bens principais e os bens acessórios. Principais, **são os bens que existem de per si**, sem qualquer vinculação de necessidade em relação a outros bens. Um direito de crédito é um bem principal. Há, ainda, os bens acessórios, **aqueles cuja existência depende de da de outro**. Assim, seguirão os acessórios o destino dado aos bens principais (*acessorium sequitur principale*) e eventual relação jurídica estabelecida envolvendo os segundos, alcançará, salvo disposição em contrário, os primeiros.

141 São **benfeitorias** as alterações realizadas em um bem principal realizada pelo proprietário, possuidor ou detentor (art. 97, *c contrario sensu*) sem que se estabeleça algo independente do principal, podendo estas modificações ser de três espécies:

142 Benfeitorias necessárias – são obras de manutenção ou obras necessárias (correções, consertos etc.) realizadas no bem principal.

143 Benfeitorias úteis – as obras realizadas sob este signo, apesar de não serem essenciais, ampliam a utilidade do bem ou facilitam o seu uso.

144 Benfeitorias voluptuárias –voluptuária é a benfeitoria realizada para simples embelezamento ou luxo.

145 Se a obra realizada possuir independência estrutural em relação ao bem principal que, por geraram algo novo, são consideradas **acessões** (como as plantações e algumas construções).

146 **Frutos são oriundos de um bem principal, de forma renovável. Já os produtos são elementos não renováveis gerados a partir de um principal.** Com isto, vê-se que enquanto os juros são frutos (civis) a correção monetária é um produto (civil).

147 Merecem destaque, ainda:

Pertenças - são bens que se agregam a outro um bem, principal, **para lhe melhorar a utilidade, gerar aformoseamento ou ampliar a sua serventia**. Estes bens não seguem o destino do principal e eventual constituição de direitos sobre ele deverá mencionar expressamente o alcance das pertenças, pois, do contrário, não as afetará.

Partes integrantes – são bens que estão intimamente ligados a um que lhes seja principal. Tamanha é a ligação que as partes integrantes somente possuem sua natural funcionalidade ou utilidade quando ao principal vinculadas, podendo-se exemplificar com as velas de ignição de um motor.

3.16. Fatos jurídicos.

148 A expressão "fatos jurídicos" engloba todos os fatos que importam ao Direito.

149 Na esfera dos **fatos jurídicos em sentido estrito** (stricto sensu) estão os acontecimentos **que não possuam nenhuma intervenção humana**, como o nascimento de uma cria em um rebanho.

150 Já **os atos jurídicos em sentido amplo** reúnem os acontecimentos que dependem, **de forma direta**, da vontade humana.

151 Os atos jurídicos se dividirão em **atos jurídicos em sentido estrito e negócios jurídicos**.

152 Nos atos jurídicos em sentido estrito a vontade é elemento de formação, mas não alcança toda a extensão de efeitos do ato. Ela se faz necessária para dar início, para formar o ato, **mas não se fará sentir na escolha dos efeitos do mesmo**. Como exemplo, a perfilhação, ato jurídico que, voluntária e irrevogavelmente, se reconhece um filho, necessita da vontade do pai no momento do registro, mas o perfilhador não pode escolher quais espectros da paternidade deseja para si, pois os efeitos encontram-se predeterminados em lei.

CIVIL

153 Já nos **negócios jurídicos** a vontade vai se apresentar não apenas no início do ato como sua impulsionadora, **mas também como elemento de definição dos efeitos do ato** (com maior ou menor limitação). Tenha-se, em exemplo, um contrato de compra e venda.

154 Os negócios jurídicos se consubstanciam na **principal forma de circulação patrimonial** e, diante de tamanha importância, dedicou o Codificador de 2002 o Título I do Livro III à teoria geral desta categoria jurídica, determinando que tais elementos se aplicam, no que couber, aos atos jurídicos que não sejam negócios jurídicos (art. 185, CC).

155 De outro lado, os atos ilícitos são aqueles que lesam interesse de terceira pessoa em razão da inobservância de um dever objetivo de cuidado (art. 186, CC) ou por força do abuso do direito (art. 187, CC). O Código Civil previu, assim, duas possibilidades para o ato ilícito: **uma subjetiva**, estampada no art. 186 e baseada na imprudência, imperícia e negligência; e outra que tem fundamento **objetivo**, quando a pessoa, ao exercer um direito, excede manifestamente os limites impostos pelo fim econômico ou social, pela boa-fé ou pelos bons costumes (art. 187, CC).

3.17. Negócio jurídico

156 Negócio jurídico é o ato jurídico direcionado a produzir um fim lícito, sempre nascido da soma de duas vontades.

157 O negócio jurídico tem três planos necessários para que produza efeitos válidos. Um primeiro, denominado plano da existência, reúne **elementos básicos** para se afirmar que um negócio existe: a vontade, o objeto e o agente. Não há qualificação destes elementos, o que ocorrerá no próximo plano.

158 O segundo plano é o da **validade,** em que serão apurados os **requisitos** para que o sistema jurídico reconheça o negócio jurídico como apto a produzir efeitos. Os requisitos de validade estão no art. 104, CC e são: agente capaz; objeto lícito, possível, determinado ou, ao menos, determinável; e, forma prescrita ou não defesa em lei.

159 Se os **requisitos de validade** forem satisfeitos, o negócio jurídico **estará apto à produção de efeitos**. Estes efeitos, contudo, podem não ocorrer se houver um fator que interfira na eficácia, modulando os efeitos do negócio jurídico.

160 Vários são os fatores de eficácia, mas os principais são as modalidades (porque modulam efeitos) do negócio jurídico. Estas modalidades são, **as condições, os termos e os encargos**.

161 Condições são fatores de eficácia que podem suspender ou destruir os efeitos de um negócio jurídico em razão de evento futuro e incerto, não podendo ficar à simples vontade da parte ou de terceiro (potestativas puras). Note que a incerteza sempre recai sobre a existência do evento, não de quando irá ocorrer. Com os termos acontece o contrário, pois o termo deve ser de existência certa, mesmo que ocorra em momento incerto (o que a doutrina chama de **termo incerto** – o melhor exemplo é a morte).

3.18. Patologias do negócio jurídico

162 **Erro** (torna o negócio anulável - prazo de decadência de 4 anos a contar da celebração do negócio) – é a falsa compreensão da realidade (como achar que o carro é econômico). Deve ser escusável e essencial (recair sobre elementos fundamentais à realização do negócio jurídico – como características do objeto, das partes envolvidas ou desconhecimento/compreensão errônea da lei). O **falso motivo** somente vicia o ato se for declarado como determinante. Não gerará vício no negócio o erro que puder ser sanado através **dos termos e dados informados**, do mesmo modo não haverá prejuízo à validade do ato se a parte a quem se dirige a manifestação de vontade aceitar realizar o ato em conformidade com as perspectivas da parte em erro.

163 **Dolo** (torna o negócio anulável – prazo de decadência de 4 anos a contar da celebração do negócio) – é a indução de uma pessoa ao erro. É o erro provocado pela parte ou por terceiros. Para viciar o negócio jurídico, deve ser essencial, visto que o dolo acidental somente possibilita a solução da controvérsia em perdas e danos. Deve-se atentar que tanto é dolo induzir, quanto permanecer em silêncio diante do claro e evidente erro da outra parte (omissão dolosa). O **dolo de terceiro** somente macula o negócio jurídico (gerando sua anulabilidade) se a outra parte sabia ou devia saber da conduta alheia. Se não for anulado, o prejudicado terá ação de perdas e danos em face do **terceiro-agressor**. Em se tratando de **dolo do representante**, vale a regra simples: representante legal (o representado é subsidiariamente responsável até o limite do proveito que obteve) e do representante convencional (o representando é solidariamente responsável pelos prejuízos causados – responsabilidade *in eligendo*).

164 **Coação** (torna o negócio anulável – prazo decadencial de 4 anos a contar da cessação da coação) – é a imposição da vontade de uma pessoa sobre outra, em razão de esta estar sendo ameaçada de um mal iminente e considerável à sua pessoa, a seus familiares ou aos seus bens. Não caracterizam coação a **simples ameaça de exercício de um direito** ou se baseada no **temor reverencial** (casar-se para agradar pai e mãe). Se houver coação de terceiro, segue-se a mesma regra do dolo, inquinando de vício o negócio se a parte não coagida sabia ou devia saber da coação.

165 **Lesão** (torna o negócio anulável – prazo decadencial de 4 anos a contar da celebração do negócio) – é a quebra do equilíbrio econômico do contrato em razão de a parte estar passando por necessidade de natureza patrimonial ou por inexperiência. Se houver complementação de valores pela parte beneficiada com a lesão, não haverá anulação do negócio.

166 **Estado de necessidade** (torna o negócio anulável – prazo decadencial de 4 anos a contar da celebração do negócio) – a celebração do negócio se dá em razão de premente necessidade pessoal, uma vez que uma parte está premida da necessidade de salvar-se, ou a pessoa de sua família, de grave dano conhecido pela outra parte.

167 **Fraude contra credores** (torna o negócio anulável – prazo decadencial de 4 anos a contar da celebração do negócio) - ocorre quando a realização de um negócio visa prejudicar interesse de terceiros em receber seus créditos. A fraude é presumida em atos de disposição gratuita (tanto liberalidades, quanto perdões de dívidas), mas pode alcançar negócios onerosos desde que se trate de insolvência notória ou outro motivo de clara falta de higidez patrimonial. Somente o credor que não possuir garantia real ou pessoal específica sobre o patrimônio do devedor terá direito a manejar a **ação pauliana**, que tem por objetivo desconstituir os negócios fraudulentos realizados. Deve-se atentar que não tem este tipo de garantia o credor quirografário, como também o credor cuja garantia não for suficiente para assegurar a satisfação integral do crédito. O credor deve já o ser ao tempo da atuação em fraude, lembrando-se que somente o ato fraudulento é maculado (se foi dada uma garantia a um credor, em fraude ao demais, o negócio jurídico está mantido, sendo anulável apenas o acessório – garantia).

3.19. Invalidade do negócio jurídico

168 **Negócio jurídico nulo** - É o que agride de forma ampla o sistema jurídico, deixando de considerar o interesse social do ato. Vale frisar que cada negócio jurídico pode possuir causas específicas de nulidade, mas, em todos os casos elas deverão estar apresentadas na lei, uma vez que **não existe nulidade sem texto expresso**. A **simulação** é causa de nulidade e é a realização de um negócio para que produza efeitos diverso (ou nenhum efeito) daquele que lhe é natural, como a realização de doação para a amante através da transmissão do bem a um amigo.

169 **Negócio jurídico anulável** – Trata-se de um vício leve, apenas atingindo interesse pessoal, podendo o negócio ser confirmado pelas partes ou mesmo convalescer com o tempo.

170 Como recurso para memorização o quadro abaixo sintetiza o tema.

Nulidades - quadro resumo

Âmbito de alcance	Nulidade	Anulabilidade
Qual o interesse envolvido?	Público	Particular
Opera de pleno direito?	Sim	Não
Quem tem legitimidade para arguir?	Partes, terceiros, Ministério Público e o Juiz *(ex officio)*	Somente os interessados
Alcance temporal da sentença	*Ex tunc*	*Ex nunc*
Prazo para propositura da ação	Não há prazo. O negócio jurídico nulo não convalesce com o tempo.	Sujeita-se a prazo. 4 anos – erro, dolo, coação, fraude contra credores, lesão e estado de perigo.
Causas	Arts. 166 e ss. (além do que estiver disposto na parte especial).	Art. 171 (além do que estiver disposto na parte especial).
Pode ser ratificado (confirmado) pelas partes?	Não	Sim
Pode ser aproveitado como outro negócio – Teoria da conversão – art. 170 do CC?	Sim	Não

3.20. Da forma dos atos jurídicos e da sua prova.

171 O intuito do legislador civil foi fixar regras gerais para a prática de determinados atos e negócios jurídicos que dependam de forma especial para respectiva prova.

172 O Código Civil, portanto, define os 'meios de prova' e apresenta as primeiras linhas do regime a que se submeterá a comprovação do fato jurídico, natural ou voluntário, e especialmente a declaração de vontade.

173 Já o direito processual preocupa-se com os preceitos que orientam à apreciação da prova em Juízo e à técnica de trazê-la à consciência do julgador (PEREIRA, 2006, p. 589).

174 Enquanto o direito processual preocupa-se com a valoração probatória em Juízo, especialmente quanto à sua produção perante o julgador, o direito civil se atém ao valor intrínseco de cada prova apresentada, notadamente no contexto dos fatos jurídicos em sentido amplo.

175 Os atos jurídicos que dependam de formato solene para constituição ("ad substantiam" ou "ad solemnitatem") são regidos por comandos específicos. Assim, ao contrário dos atos jurídicos "ad probationem", nos "ad solemnitatem" a formalidade é essencial à existência e validade do negócio.

176 Além dos negócios "ad probationem" e "ad substantiam", há outros que dependem de forma especial de publicidade para se tornarem eficazes perante terceiros. Assim, inobservada a regra legal, o negócio jurídico será eficaz apenas em relação àqueles que dele participaram ou tomaram conhecimento formal, não atingindo terceiros estranhos à relação e desconhecedores do seu conteúdo.

177 O art. 107 do CC adota o princípio da **liberdade das formas**. Significa dizer que, em regra, inexiste forma para a prática dos atos e negócios jurídicos em geral. A regra é, portanto, a **liberdade**. Por outro lado, há certos atos e negócios que são regidos por exigências formais, como a escritura pública necessária à validade dos negócios jurídicos que visem à constituição, transferência, modificação ou renúncia de direitos reais sobre imóveis de valor superior a trinta vezes o maior salário mínimo vigente no País (art. 108 do CC).

3.21. Espécies de prova

178 Segundo o art. 212 do CC, o fato jurídico pode ser provado mediante: **confissão, documento, testemunha, presunção e perícia.** Tenha-se que tal rol é meramente exemplificativo.

179 **A confissão** pode ser judicial ou extrajudicial.

180 A confissão pode ser feita pelo próprio confitente ou por mandatário com poderes especiais. Essa prerrogativa deve ser expressa e específica para determinado negócio (art. 390, §1°, CPC). Caso o representante extrapole o estipulado no instrumento de mandato, sua declaração, naquilo que exceder, será considerada ineficaz (art. 213, CC).

181 O Código de Processo Civil cuida ainda da confissão ficta, decorrente de matéria fática não impugnada oportunamente (art. 341, CPC).

182 A confissão, como ato jurídico que é, sujeita-se à disciplina das invalidades dos negócios. Assim, em que pese o art. 214 do CC, ter feito menção expressa apenas ao erro de fato e à coação, qualquer outro vício, formal e do consentimento, pode ser alegado para invalidá-la (PEREIRA, 2006, p. 604). Caberá ao Magistrado, em cada caso, apreciar se o vício alegado foi capaz de influir na confissão.

183 **Prova documental** - O art. 219 do CC dispõe que as declarações constantes de documentos assinados **presumem-se verdadeiras** em relação aos signatários.

184 **Documento público** é aquele exarado por agente público no exercício de suas funções (art. 215 a 218, CC). São dotados de fé pública. Os demais documentos, por exclusão, são considerados **particulares.**

185 A veracidade e a autenticidade dos documentos particulares podem ser certificadas pela própria assinatura do declarante ou de seu representante. Contudo, só terá efeitos "erga omnes" depois de registrado no cartório de títulos e documentos (art. 221, "caput", CC).

186 O atual Código Civil aboliu a sistemática de duas testemunhas instrumentárias para provar o teor do documento particular.

187 A **autenticação de documento** diz respeito ao reconhecimento de firma ou da letra do subscritor, formalidade esta quase dispensada no atual regime de provas.

188 O **telegrama**, quando lhe for contestada a autenticidade, faz prova mediante conferência com o original assinado.

189 A **cópia fotográfica de documento**, conferida por tabelião de notas, valerá como prova de declaração da vontade, mas, impugnada sua autenticidade, deverá ser exibido o original.

190 A prova não supre a ausência do título de crédito, ou do original, nos casos em que a lei ou as circunstâncias condicionarem o exercício do direito à sua exibição.

191 Os documentos redigidos em língua estrangeira serão traduzidos para o português para ter efeitos legais no País.

192 As **reproduções fotográficas, cinematográficas, os registros fonográficos** e, em geral, quaisquer outras reproduções mecânicas ou eletrônicas de fatos ou de coisas fazem prova plena destes, se a parte, contra quem forem exibidos, não lhes impugnar a exatidão.

193 Os livros e fichas dos empresários e sociedades provam contra as pessoas a que pertencem, e, em seu favor, quando, escriturados sem vício extrínseco ou intrínseco, forem confirmados por outros subsídios.

194 A prova resultante dos livros e fichas não é bastante nos casos em que a lei exige escritura pública, ou escrito particular revestido de requisitos especiais, e pode ser ilidida pela comprovação da falsidade ou inexatidão dos lançamentos.

195 Sobre a escrita contábil-empresarial pende princípio do sigilo, só podendo haver exibição parcial por determinação judicial ou no interesse da fiscalização tributária. A exibição total é praticamente vedada, só sendo aplicável em casos especialmente declarados por lei. Ex.: liquidação de sociedade, falência, sucessão de sócio por morte, etc.

196 **A prova testemunhal** é de prova de natureza oral, aferida por meio dos sentidos da visão e da audição.

197 O sistema civil não admite como testemunha os menores de 16 anos. (art. 447, §1º, III, CPC).

198 O magistrado pode, em relação aos menos de 16 anos, colher sua manifestação como informantes do juízo (art. 447, §4º). Do mesmo modo, pode ouvir os impedidos e suspeitos, que serão tratados a seguir.

199 Por motivos de suspeição, também não pode depor o inimigo da parte ou o seu amigo íntimo ou o que tiver interesse no litígio.

200 Por fim, estão impedidos de depor (art. 447. §2º, CPC): **a)** o cônjuge, o companheiro, o ascendente e o descendente em qualquer grau e o colateral, até o terceiro grau, de alguma das partes, por consanguinidade ou afinidade, salvo se o exigir o interesse público ou, tratando-se de causa relativa ao estado da pessoa, não se puder obter de outro modo a prova que o juiz repute necessária ao julgamento do mérito; **b)** o que é parte na causa; e **c)** o que intervém em nome de uma parte, como o tutor, o representante legal da pessoa jurídica, o juiz, o advogado e outros que assistam ou tenham assistido as partes.

201 A pessoa com deficiência poderá testemunhar em igualdade de condições com as demais pessoas, sendo-lhe assegurados todos os recursos de tecnologia assistiva.

202 É certo que todos têm o dever de contribuir com a Justiça. Porém, em alguns casos admite-se que a pessoa **recuse-se a depor**.

O art. 448 do CPC dispõe que ninguém pode ser obrigado a depor sobre fatos:	
que lhe acarretem grave dano, bem como ao seu cônjuge ou companheiro e aos seus parentes consanguíneos ou afins, em linha reta ou colateral, até o terceiro grau.	a cujo respeito, por estado ou profissão, deva guardar sigilo.

203 Como se pode observar, a recusa é admitida quando o testemunho conflitar com outros interesses juridicamente relevantes. Esses interesses podem dizer respeito ao próprio depoente ou aos seus parentes próximos, ou mesmo quando a pessoa, por motivo de estado ou profissão, deva guardar segredo sobre determinado fato.

204 A presunção surge da determinação legal ou da observação do operador do direito.

205 A presunção comum, não prevista expressamente em lei e extraída do cotidiano, não se admite nos casos em que a lei exclui a prova testemunhal.

206 No campo legal, a presunção *juris et de jure* (ou absoluta) não pode ser afastada por prova em sentido contrário. Nestes casos, o legislador, a partir de determinados fatos, aponta uma situação jurídica como incontroversa.

207 Já a presunção *juris tantum* (ou relativa) traz regra de inversão de ônus *probandi*. Significa que a situação presume-se existente, ou inexistente a depender do caso concreto e da disposição legal, até prova em sentido contrário.

208 O Código Civil não obriga a pessoa a se submeter a exame médico-pericial, autorizando, assim, a recusa. Contudo, aquele que se nega a submeter-se a exame médico necessário não poderá aproveitar-se de sua recusa. (art. 231 do CC).

209 Além disso, a recusa à perícia médica ordenada pelo juiz poderá suprir a prova que se pretendia obter com o exame (art. 232 do CC).

210 Neste contexto, caso o pretenso pai, por exemplo, se recuse a coletar material para a perícia, o julgador geralmente inverte o ônus probante em favor do demandante.

211 Quando a observação do fato não puder ser efetivada por testemunha comum, recorre-se ao perito técnico, que goza da confiança do Juízo e dispõe de conhecimentos técnicos.

212 A perícia pode consistir em: **exame, vistoria ou avaliação**.

213 Vale lembrar que, apesar do manifesto valor probante da perícia, **o juiz não está adstrito ao laudo pericial**, podendo formar a sua convicção com outros elementos ou fatos provados nos autos.

214 O juiz pode, de ofício ou a requerimento da parte, **inspecionar pessoas ou coisas,** a fim de se esclarecer sobre fato, que interesse à decisão da causa.

215 Ao realizar a inspeção direta, o juiz poderá ser assistido de um ou mais peritos.

216 A inspeção judicial tem lugar quando:

- o juiz a julgar necessária para a melhor verificação ou interpretação dos fatos que deva observar;
- a coisa não puder ser apresentada em juízo, sem consideráveis despesas ou graves dificuldades;
- ou quando determinar a reconstituição dos fatos.

217 Em homenagem aos princípios do contraditório e da ampla defesa, as partes têm sempre direito a assistir à inspeção, prestando esclarecimentos e fazendo observações que reputem de interesse para a causa.

3.22. Prescrição e decadência

218 **A prescrição** atinge a **pretensão**, obstando a eficácia desta (**gera um contra-direito em favor do devedor**). Pode ser **interrompida** (despreza-se o tempo transcorrido e a contagem recomeça do início), **impedida** (o prazo não se inicia) **ou suspensa** (a contagem é paralisada e reinicia ao final da causa suspensiva – portanto não se perde o prazo já iniciado). **Pode haver renúncia** da prescrição, desde que **não prejudique terceiros** e **somente** após escoado o prazo prescricional. **Não podem os prazos de prescrição ser alterados pelas partes**. Pode a prescrição ser alegada, por quem aproveite, em qualquer grau de jurisdição, além de poder ser apontada *ex officio* **pelo magistrado** (art. 332. §1º, CPC), somente aplicável de forma direta quando da detecção liminar (resultante em indeferimento da exordial) da prescrição. Ao longo do processo deverá o magistrado, conforme determinação do art. 487, p.u., CPC, **ouvir as partes acerca da prescrição**, momento em que o réu poderá renunciar à prescrição ocorrida, na forma do art. 191, CC.

219 **A decadência** atinge o próprio **direito**. Não se aplicam, **salvo disposição legal**, as normas sobre interrupção, suspensão e impedimento existentes na prescrição (lembre-se que existem exceções legais, como a do absolutamente incapaz). **É nula a renúncia à decadência fixada em lei, mas é possível a renúncia à decadência convencional, como nos prazos de garantia contratuais.** Quando estabelecida em lei, o juiz deve reconhecer de ofício a decadência. Se for convencional, apenas a parte a quem aproveita pode alegá-la em qualquer grau de jurisdição; o juiz só pode reconhecer *ex officio* a decadência decorrente de lei.

4. OBRIGAÇÕES

4.1. Solidariedade

1 Na solidariedade passiva dois ou mais devedores são **obrigados à dívida toda**. Desta forma, A e B, devedores de 100 reais junto a C, se demandados ou cobrados individualmente devem quitar o valor em sua integralidade. Efeito da **relação externa da solidariedade**.

2 **Internamente**, contudo, cada um dos devedores é responsável junto aos demais por uma parte do débito ou mesmo, quando a dívida interessa a apenas um deles, os demais não serão responsáveis perante o que adimpliu. Para ilustrar, o devedor que paga a dívida não pode regressar, internamente, contra os fiadores, já que a dívida somente a ele interessava.

3 O leitor deve atentar para a diferença entre **renúncia da solidariedade e renúncia ao crédito** (remissão). Na renúncia ao crédito, os devedores (ou devedor) estarão(á) exonerados, não havendo mais débito. Já na renúncia à solidariedade, a parcela correspondente ao devedor excluído deverá ser abatida do valor total, mas ele permanecerá devendo, agora não mais entremeado na solidariedade, mas de forma apartada. Vide Enunciado CJF 349 (Jornadas de Direito Civil).

4 Mesmo o que fora exonerado da solidariedade deve arcar com o rateio da parte que tocava ao insolvente.

5 Da mesma forma, se houver pagamento parcial, o débito persistirá (devidamente abatido), restando íntegra a solidariedade.

6 Como os vínculos podem ser condicionais ou puros, eventual estipulação posterior (como a novação objetiva em relação aos juros – que lhes provoque o aumento) levada a cabo apenas entre um devedor e o credor, não pode prejudicar a condição dos demais devedores.

7 A impossibilidade culposa de cumprimento gera o mesmo efeito da mora no cumprimento da obrigação. Enquanto na impossibilidade culposa todos permanecerão obrigados pelo equivalente da obrigação e caberá ao culpado adimplir a eventual indenização por perdas e danos; na mora todos responderão pelos encargos acrescidos ao débito (juros moratórios, cláusula penal etc.).

8 Seja ativa ou passiva, a solidariedade **não pode ser presumida**. Ela decorrerá da vontade das partes ou de dispositivo legal. O art. 942, *caput*, *in fine*, por exemplo, determina a solidariedade entre os co-autores de um ato ilícito.

9 Mesmo havendo solidariedade, cada um dos devedores ou credores possui um vínculo próprio. Assim, enquanto um débito pode ser puro e simples, outros podem estar condicionados a certos eventos ou fixados a termo certo.

10 Na solidariedade ativa, cada credor pode exigir o cumprimento integral da obrigação. Contudo, havendo a demanda de um dos credores junto ao devedor, os demais estarão impedidos de o fazer.

11 O credor que recebe o pagamento torna-se devedor pela parte que toca a cada um dos outros credores. Isto é efeito direto das relações internas da solidariedade.

12 Não é possível a um dos devedores (ou ao devedor) opor a um dos credores solidários a exceção de natureza pessoal que tiver contra outro. As exceções e objeções de natureza objetiva, por se estruturarem sobre o vínculo em si, podem ser alegadas em face de qualquer um dos credores.

13 Ainda em tema de oposições, o julgamento contrário ao pedido de um dos credores não irá atingir os demais (acabando por se tornar uma exceção de natureza pessoal), mas a decisão favorável a qualquer um deles irá aproveitar a todos. Desta forma, o Código busca impedir que um credor, por manobra, ardil ou simples coincidência, receba a integralidade do débito e não mais tenha de ressarcir qualquer um dos outros credores.

4.2. Obrigações facultativas e alternativas

14 As obrigações alternativas estão previstas no Código Civil. Já as facultativas têm sua origem na construção doutrinária.

15 Na alternatividade há duas coisas no débito, sendo que o devedor se exonerará pagando uma delas. As partes criam a obrigação a partir de dois objetos, focando o adimplemento em apenas um deles. Em se tratando de obrigações periódicas, a cada novo período pode haver uma nova escolha. Isto não se confunde com a identidade do objeto, uma vez que não pode o devedor escolher entregar parte do pagamento em um objeto e parte em outro.

16 Desta forma, se uma das obrigações se tornar impossível ou vier a se perder, a obrigação irá se concentrar na outra.

17 Havendo impossibilidade de ambas as obrigações por culpa do devedor, se a este couber a escolha, deverá adimplir o valor equivalente da que por último se perdeu, com as devidas perdas e danos.

18 Por outro lado, cabendo a escolha ao credor, necessário diferenciar se houver perda de todas ou de algumas das possíveis prestações. Em se perdendo todas, o credor poderá escolher o equivalente de qualquer delas, acrescidas das perdas e danos. Havendo perda parcial, poderá o credor optar entre receber a que restou ou o equivalente da que se perdeu, com perdas e danos.

19 O fenômeno da facultatividade, por seu tempo, estabelece-se sobre uma única prestação devida, sendo possibilidade ao devedor adimplir através de outra prestação. Não há, assim, multiplicidade de débitos, mas somente um, se concentrando nele as questões.

20 Perdendo-se a obrigação facultada, nenhuma influência haverá na obrigação. Por outro lado, perdendo-se a obrigação devida, sem culpa do devedor, poderá ele considerar extinta a obrigação. Por fim, perdendo-se a obrigação devida por culpa do devedor, poderá ele cumprir a obrigação facultada, sem qualquer direito do credor em exigir a satisfação de perdas e danos.

CIVIL

4.3. Transmissão das obrigações

21 Tanto a posição de credor quanto a posição de devedor podem ser transmitidas.

22 A cessão de crédito deve ser notificada ao devedor para que este saiba a quem pagar. Enquanto isto não se der, será ineficaz perante o devedor a transmissão. A ausência da notificação não importa, assim, invalidade ou qualquer forma de nulidade para a cessão. Mas, mesmo sem tal notificação, pode o cessionário exercer atos de conservação do direito cedido.

23 A notificação do devedor não faz dele parte na cessão do crédito. Partes são o credor original (cedente) e o novo credor (cessionário).

24 Fundamental ter em mente as regras de apresentação de exceções por parte do devedor. Primeiramente, a ele toca objetar ao cessionário tudo que lhe for pessoal e também as exceções de natureza material. Mas pode também opor exceções que tinha em face do cedente, desde que originadas até o momento da notificação.

25 A transmissão do crédito não gera para o cedente, em regra, responsabilidade pela solvência do devedor, mas apenas pela existência do crédito ao tempo da cessão. Caso se responsabilize pela solvência do devedor, somente poderá ser acionado pelo valor recebido na cessão, acrescido de juros e do valor de despesas com a cessão e com a cobrança.

26 Uma vez penhorado o crédito e tendo o credor ciência de tal ato, não poderá mais ceder o direito a terceiro.

27 Ao lado da cessão de crédito, figura a assunção de dívidas.

28 Na assunção, a transmissão somente pode se dar por iniciativa ou com a aquiescência do credor. Isto provoca o surgimento de duas espécies: uma primeira, feita entre o credor e o novo devedor, denominada **expromissão**; e outra, realizada entre o antigo devedor e o novo devedor, denominada **delegação**.

29 Importante não confundir o **pagamento com sub-rogação e a assunção de dívida**. No primeiro, o ato do pagamento é realizado por terceiro interessado que recebe os direitos do credor em relação ao devedor, sub-rogando-se. Já na assunção de dívida, o novel devedor não atua apenas solvendo, mas integrando a relação até que chegue o momento do adimplemento, que pode, ou não, demorar.

30 As garantias especiais dadas pelo antigo devedor na assunção somente se estenderão à nova composição das partes se ele assim consentir.

31 Uma especial forma de assunção de dívida, único caso previsto no Código Civil em que o silêncio do credor importa em anuência da transmissão, é o do adquirente do imóvel hipotecado, que pode tomar para si o débito existente como forma de minorar eventuais prejuízos. Vale destacar que ele irá, também, sub-rogar-se nos direitos do credor, após o pagamento.

32 Em relação às exceções, não é dado ao novo credor opor ao credor as exceções pessoais que competiam ao antigo.

33 Por fim, importante frisar que a anulação da assunção provocará a ressurreição do débito com todas as suas garantias, exceto as prestadas por terceiros. Eventualmente podem tais garantias retornar em vigência se os envolvidos souberem do vício que inquinava a transmissão.

4.4. Obrigações *proter rem*

34 Estas formas obrigacionais, de natureza pessoal, envolvem não uma simples estrutura de débito e crédito, mas um complexo sistema obrigacional que tem como devedor a figura do titular do direito real de propriedade ou da posse. Torna-se devedor quem possua ou tenha propriedade do bem, como o que ocorre com débitos de condominiais e de IPTU.

4.5. Do pagamento em consignação

35 Pagar, adimplir, fato que envolve cumprir a parte que lhe toca em uma obrigação, não se conforma como um simples dever que se impinge sobre o devedor. Trata-se, também, de um direito que a ele é dado. Para viabilizar tal direito, o Código Civil concede ao devedor a possibilidade de consignar o pagamento, seja pela via judicial, seja pela extrajudicial (esta última em situações pontuais).

36 O depósito extrajudicial, efetivado em estabelecimento bancário, pode ser realizado somente se se tratar de dívida de dinheiro.

37 A consignação, quando voluntariamente realizada pelo devedor, tem por fundamento um dos seguintes motivos (5 no total): (1) se o credor se recusar ou não puder receber ou dar quitação; (2) quando o credor não providenciar a retirada da coisa no tempo e local ajustados; (3) pela incapacidade ou ausência do credor (como aquele que está em local incerto ou não sabido); (4) se houver dúvida acerca de quem seja o legítimo credor; e (5) quando o objeto do pagamento se tornar litigioso.

38 O credor, ou um deles, pode requerer que o devedor consigne em juízo, quando se instalar litígio sobre o crédito ou quando o credor tiver sobre si instalado concurso ou falência.

39 A consignação deve espelhar os requisitos de validade do pagamento. Neste sentido, deve-se ter especial atenção que se ao terceiro interessado é dado solver nos casos previstos em lei, logo, a ele também é dada a possibilidade de consignar.

40 Importante avaliar um efeito de destaque da consignação, qual seja, a condição de levantamento do depósito. Enquanto o credor não aceitar ou não impugnar o pedido, poderá o devedor levantar o valor, pagando para tanto as taxas e assumindo os efeitos da eventual mora. Contudo, julgado procedente o pedido, mesmo que o credor autorize, somente será dado ao devedor realizar o levantamento se os demais credores e fiadores consentirem, visto que a procedência terá por efeito recolher o depósito e solver a dívida. Isto porque, havendo o levantamento, a dívida se manteria, colocando em risco a condição dos demais co-obrigados.

41 E entre a eventual contestação da lide ou aceitação do depósito e a sentença? Caso concorde o credor com o levantamento do valor, perderá ele as preferências e garantias, além de tal ato liberar os demais co-devedores e fiadores que não assentirem na liberação.

CIVIL

4.6. Inadimplemento das obrigações

42 O inadimplemento absoluto, ou seja, o que não comporta purgação do atraso, faz incidir sobre o devedor a responsabilidade por perdas e danos, mais juros e atualização monetária segundo índices oficiais regularmente estabelecidos, e honorários de advogado.

43 O inadimplemento absoluto é a regra nas obrigações negativas, mas não se pode olvidar que certas obrigações de não-fazer comportam o desfazimento do que se realizou em descumprimento ao acordo (como a obrigação de não construir acima de certa altura), o que levaria à conclusão da possibilidade excepcional de mora em tais circunstâncias.

44 Importante destacar que o inadimplemento provoca a presunção de culpa, devendo aquele que tiver sobre si a imputação comprovar que tal se deu por causas que suplantam sua vontade (como o caso fortuito e a força maior, ou melhor, demonstrando a ocorrência do fortuito externo).

45 Nas liberalidades, como a doação (contratos benéficos), aquele que recebeu o benefício responde por simples culpa; já o que não é beneficiado, responderá mediante análise do dolo.

4.7. Mora

46 Mora é o atraso, a demora no cumprimento do que toca à parte na obrigação. Pode haver mora tanto do devedor quanto do credor.

47 A mora pode existir na forma *ex re* (mora *ex re*), partindo-se da regra de que uma vez assinalado o prazo de cumprimento, o termo final já é bastante para constituir a parte em mora (*dies interperllat pro homine*); e na forma *ex persona* (mora *ex persona*), aquele em que se faz necessário interpelar judicial ou extrajudicialmente a parte para que se possa consolidar sobre ela a mora (como a denúncia vazia na lei de locações, o prazo de retirada no comodato, a notificação para cobrança de honorários advocatícios contratados, e nos contratos garantidos por alienação fiduciária (Sumula 245 STJ).

48 A mora proveniente do ato ilícito corre desde a prática do ato (art. 398, CC), mas a jurisprudência construiu dois momentos distantes, a depender da forma do dano: para o dano material, os juros começam a contar do evento danoso (Enunciado 54 da Súmula do STJ), enquanto para o dano moral incidem os juros a contar do seu arbitramento (Enunciado 362 da Súmula do STJ).

49 A mora provoca vários efeitos, mas o mais importante é a extensão da responsabilidade pelo caso fortuito e a força maior sobre o moroso, gerando uma responsabilidade agravada. Ocorrendo dano à coisa, responderá o moroso mesmo que alegue fortuito externo (caso fortuito ou força maior), ressalvado o direito de demonstrar que o fato ocorreria mesmo que adimplisse no prazo.

50 O credor também pode incidir em mora quando, por exemplo, não busca o pagamento no local e hora ajustados (dívidas quesíveis), o que retira do devedor a obrigação de conservar a coisa, obriga o moroso ao pagamento das despesas de conservação, devendo ele ainda receber a coisa pela melhor estimativa da coisa entre a data do início da mora e de seu fim.

51 O fim da mora, ou seja, o adimplemento em atraso, é denominado **purgação da mora.** Ela se dá quando, ainda sendo possível adimplir (pois há situações – como a realização de um show em festa de aniversário – em que não existirá mais interesse do credor), trata o devedor de pagar o débito acrescido de juros e demais valores decorrentes do atraso (como multa, por exemplo). Já o credor purga a mora oferecendo-se para receber o pagamento e assumindo as eventuais responsabilidades até o momento (como a depreciação da coisa).

4.8. Resolução por onerosidade excessiva

52 O Código Civil adotou a **teoria da imprevisão** para justificar a revisão contratual, tendo como requisitos: i) ser a relação obrigacional de prazo ou de trato sucessivo; ii) ocorrência de excessiva onerosidade em razão de circunstância imprevisível, sem culpa da parte prejudicada; iii) vantagem da parte contrária.

53 A resolução é uma das alternativas possíveis, sendo que o caminho da revisão judicial pode reequalizar a justiça contratual, como quando a parte beneficiada oferece a modificação das prestações.

4.9. Promessa por fato de terceiro

54 Nesta formação obrigacional, a parte promitente irá se desonerar quando obtiver o assentimento do terceiro em se obrigar para com o credor. Uma vez ocorrendo tal assentimento e se obrigando o terceiro, terá o promitente cumprido sua parte na avença, fazendo jus ao valor combinado.

55 Na eventualidade de, após o terceiro se obrigar e se conformar enquanto parte da nova relação, vir ele a faltar com o cumprimento do obrigado, não há mais qualquer possibilidade de se alcançar o promitente.

56 O Código criou, no art. 439, parágrafo único, cláusula de salva guarda se o terceiro for cônjuge do que se obrigou e o fato a ser obtido dependia da anuência dele. Ainda é necessário que a responsabilidade pelo inadimplemento possa, de alguma forma, em razão do regime, alcançar os bens do cônjuge.

4.10. Da promessa de recompensa

57 A promessa de recompensa nasce de anúncios públicos em que alguém se compromete a pagar quem se vincule em razão de prestação de serviço ou outra atividade lícita. Ocorre, por exemplo, quando se faz promessa em cartazes de recompensa pela localização ou informações acerca de um certo animal.

58 É importante destacar que a eventual reserva mental do autor da promessa (art. 110, CC) somente terá efeito, não obrigando pelo cumprimento do prometido, se o terceiro soubesse da referida reserva.

59 A reserva mental, que se consubstancia no ato de não querer o que se manifestou, pode ser exemplificada pelo lanço falso em leilão.

5. RESPONSABILIDADE CIVIL

5.1. Generalidades

1 O dano é a base da responsabilidade civil, sendo seu **fundamento de reparação**. Quem sofre a injúria deve ser reparado, é a cláusula geral estampada no art. 186 do CC/02.

2 Para que se detecte o dever de responder é necessário avaliar três elementos: **conduta-nexo-dano**.

5.2. Conduta

3 Os atos de vontade são a base estrutural da **conduta.** A conduta **nasce da vontade direcionada (ou não) a um fim específico**, e pode se resumir em um fazer ou em um não fazer. Conduta, além de abarcar a ação e a omissão, necessita, sempre, de uma vontade direcionada a um resultado, seja este querido ou não.

4 Com isto, o **dolo e a culpa são diferentes, mas geram o mesmo dever de indenizar (que não quer dizer mesma quantidade de indenização)**.

Quanto menor a culpa, menor poderá ser a indenização (art. 944, parágrafo único, CC).

5 Cuidado, **não é a ação ilícita pressuposto da responsabilidade civil**, mas apenas de um de seus tipos, pois o Código Civil está farto de afirmações de responsabilidade em que se destaca a licitude do ato. Veja-se que o Código afirma não serem ilícitos atos praticados em estado de necessidade (art. 188, I), mas determina o dever de indenizar (arts. 929 e 930), como já analisado acima.

6 Contudo, um fato deve ser destacado: **a conduta culposa (ou dolosa) sempre é ilícita, sempre tem conteúdo antijurídico**, cause ou não dano, vez que este (somado àquela) dará início ao sistema de reparação civil.

7 Por vezes o Código Civil constrói o que se denomina de **nexo pessoal de imputação**, como se vê no art. 932, em que se afirma que, por exemplo, os patrões são responsáveis pelos danos causados por seus funcionários ocorridos em razão da função desempenhada. Neste caso ocorrem duas relações: o funcionário tem sua culpa avaliada (aqui, não se está discutindo responsabilidade advinda do Código de Defesa do Consumidor, mas danos civis comuns, como um abalroamento com o "carro da empresa") e depois, uma vez determinada a culpa, o patrão (comitente) responderá objetivamente. **Culpa do preposto, objetiva responsabilidade do comitente.**

5.3. Dano

8 Não há como se discutir o liame de indenização sem que haja dano. Sem o prejuízo, seja moral ou material ou estético, não há importância em se discutir a responsabilidade civil.

9 O **dano indenizável** surge da infração voluntária ou não a uma norma preexistente, decorrendo, sempre, de uma conduta, seja ilícita ou, em casos excepcionais, lícita.

10 Outro ponto de destaque é o fato de que não necessita ser o dano proveniente de uma agressão ao patrimônio, em sentido econômico, pois mesmo uma infração aos direitos da personalidade (arts. 11 a 21 do CC/02) gera o direito a se requerer reparação ou indenização civil, e ainda há que se destacar a existência de danos à imagem-retrato da pessoa, que são os **danos estéticos**.

11 Vale lembrar que a impossibilidade inicial de se mensurar o real alcance dos danos, não impede que se proponha a ação, devendo o autor, mesmo em casos de dano moral, apontar o valor desejado (art. 292, V, CPC).

O STJ definiu em 2012 um conjunto de situações em **que o dano moral é presumido**, sendo elas:
• Inscrição indevida em serviços de proteção ao crédito (cadastro de inadimplentes). • Inscrição em cadastro de inadimplentes em razão de cheque extraviado quando do envio pelo Banco (roubo de malote). • Atraso de voo. • Não reconhecimento de diploma. • Equívoco administrativo – quando a Administração Pública causa dano ao cidadão em razão de falha organizacional (como uma multa indevida). • Credibilidade desviada – quando alguém faz uso do nome alheio para atrair a credibilidade desta pessoa para seu empreendimento

12 Tem-se, por fim, que o dano deve existir, não importando o seu volume, pois mesmo o menor dos prejuízos importa no dever de indenizar. **São requisitos do dano:** o interesse jurídico legítimo e a subsistência do dano, que não pode haver sido reparado pelo autor.

13 O dano material é classicamente restrito à noção de perdas e danos. Termo célebre, que se especifica sobre dois pilares: (a) **dano emergente** - os danos efetivamente sofridos, demonstráveis por mera prestação de contas, os prejuízos que surgem, que flagram do ato; são também conhecidos como danos positivos; (b) **lucros cessantes** - apurados mediante técnicas periciais e de projeção, avaliando-se o que a vítima presumivelmente deixou de ganhar. Não se trata de dano eventual. São denominados danos negativos.

14 Em tema de dano, destaca-se, hoje, a teoria da perda de uma chance, cunhada por grandes expoentes do direito mundial, como François Chabas. Nestes casos, a indenização não recai sobre o dano total, mas sim sobre o percentual de chance perdido.

5.4. Nexo causal

15 Não basta, para a Teoria Geral da Responsabilidade Civil, contudo, avaliar apenas a existência de uma conduta e de um dano. **Necessário que se possa vincular a conduta ao dano**, ou seja, é necessário referenciar a conduta frente ao dano.

16 Havendo mais de um autor, todos responderão solidariamente pelo ato. Em casos como este, todos os corresponsáveis serão solidariamente chamados a ressarcir o dano, como está regulamentado no art. 942 e parágrafo único do CC/02. Isto faz com que o autor da ação de indenização não tenha de estabelecer o grau de concorrência de cada autor/partícipe no resultado danoso final,

podendo apenas requerer de quaisquer deles o montante estimado de danos. Entre si, os autores farão uso da *actio in rem verso*, para se reconstituírem ao estado anterior. Tem-se, aqui, um caso de **nexo causal plúrimo ou complexo**.

5.5. Concorrência de culpa ou participação da vítima

17 Trata-se de instrumento utilizado pelo réu, a quem incumbe ou se possibilita provar que a vítima teve coparticipação ou responsabilidade total pelo acontecimento. Vale destacar que no caso de participação exclusiva da vítima, o réu terá seu dever indenizatório completamente retirado, enquanto na participação parcial, apenas se terá uma redução no *quantum* indenizatório atribuído ao mesmo.

5.6. Responsabilidade Civil X Responsabilidade Penal

18 Como ressalta o art. 935 CC/02, as decisões no juízo criminal podem influenciar no juízo cível, caracterizando a *actio civile ex delicto*.

19 Logicamente, quando se fala em pessoalidade da pena está-se debatendo o **primário alcance sobre o agressor**. Não se pode impedir, sob o risco da mais profunda impunidade, alcance a pena, de forma indireta, outras pessoas (como a família que fica sem o provedor do sustento, recolhido que foi este à prisão ou a retirada de bem que poderia compor futura sucessão em razão necessidade de levantamento de valores para o pagamento de indenização). O que não se pode reconhecer é a imputação da responsabilidade, do pagamento da indenização, a terceiro não vinculado ao ato ilícito, uma vez que totalmente seria isto. De que valeria punir aquele que nada fez? Qual a função de tal reprimenda? **Não se pode confundir tais situações com a responsabilização de pais, empregadores e outros, como previsto pelo art. 932**, em razão de conduta de seus filhos e empregados, pois o que se tem em tal circunstância é o reconhecimento legal de que estas figuras são corresponsáveis pelos atos de seus subordinados. A isto nos dedicaremos mais à frente.

20 De outro lado, a tipicidade que norteia a formação do ilícito criminal não se apresenta necessária para a constatação do ilícito civil. Isto porque, o reconhecimento da existência de um ilícito na esfera cível parte dos conceitos estabelecidos nos artigos 186 e 187, CC, gerando o dever de responder pelo ocorrido, firmado no art. 927, CC.

21 Como um mesmo fato pode traz em si reflexos para os dois campos, inquire-se qual a influência de uma **decisão penal condenatória** sobre o processo civil?

22 Para responder a isso, devemos partir do art. 935, CC, *in verbis*:

> **Art. 935.** A responsabilidade civil é independente da criminal, não se podendo questionar mais sobre a existência do fato, ou sobre quem seja o seu autor, quando estas questões se acharem decididas no juízo criminal.

23 Como se pode notar a decisão no juízo penal produz parciais efeitos na esfera cível, vez que a efetiva prova da autoria e da materialidade que lastrearam a condenação no espectro penal dará à sentença natureza de título executivo judicial, conforme art. 515, VI, CPC, não sendo cabível nova discussão na esfera cível desses elementos.

24 Logo, caberá ao magistrado cível apurar os limites de pagamento, fixando o valor definitivo da indenização (ou reparação), **sem se olvidar que a sentença condenatória criminal trará em seu bojo** (salvo impossibilidade processual de apuração) **o valor mínimo de indenização** (art. 387, IV, CPP), o que facilita a atuação da vítima em busca de sua compensação, sem lhe impedir de promover, no juízo cível, análise de liquidação para a elevação do valor arbitrado (que serve de mínimo indenizatório), seguindo o procedimento comum, se se fizer necessário alegar e provar fato novo (art. 509,II, CPC). Vale destacar que tal entendimento não conflita com a restrição do art. 509, §4º ("na liquidação é vedado discutir de novo a lide ou modificar a sentença que a julgou"), **uma vez que a sentença penal condenatória estabelece apenas o valor mínimo indenizatório**, viabilizando que a esfera cível, com sua própria estrutura probatória, reconheça valores superiores.

25 E quanto à **decisão penal absolutória**? Aqui a diversificada estrutura dos processos penal e civil resulta em um sem-fim de possibilidades. À primeira vista, e como forma de já se ter por solucionada tal situação, a sentença que defina, de forma precisa, a não participação do réu para a ocorrência do fato (art. 386, IV, CPP) ou que tenha sido provada a inexistência do fato (art. 386, I, CPP). E, de conclusão simples, esta é a única situação em que estará vedada a nova discussão na esfera cível do que se decidiu no espectro penal.

26 Seja a absolvição por falta de provas, seja o reconhecimento de causas excludentes de ilicitude ou eximentes de culpabilidade, o dever de indenizar pode permanecer íntegro e merece a apreciação do juízo cível, como se pode notar nos artigos 929 e 930, ambos combinados com o art. 188, todos do Código Civil.

27 Desta forma, é possível realizar novas provas e valorar provas já realizadas; é possível reconhecer que, mesmo havendo a configuração do estado de necessidade, impõe-se o dever de indenizar, na forma do art. 929, CC.

28 Não se podem confundir essas situações com a da sentença penal que determina a imposição de medida de segurança. Como se trata de pessoa a qual se reconheceu incapaz, deve-se discutir em ação própria a eventual

responsabilidade, com base no art. 932, I, CC, o que, de plano reconhece-se complexo, uma vez que o sistema civil pauta-se pelas figuras do responsável legal (para os menores) e dos curadores (para os demais incapazes), e pode-se dar a sentença penal sem o prévio (anterior à demanda) reconhecimento judicial de incapacidade, **sendo a insanidade do autor do delito reconhecida no bojo do processo criminal**. E, impossível seria reconhecer que a pessoa nomeada como curadora, venha a responder por atos anteriores à sua nomeação.

5.7. Teoria da culpa e do risco

Teoria Subjetiva da Responsabilidade (teoria da culpa)

29 A culpa pode ser definida **como a inobservância de um dever objetivo de cuidado**. Aqui cabe ao que busca a indenização provar a culpa do suposto autor do dano, sendo que em certas situações (como na responsabilidade contratual) o sistema civil presume a culpa, devendo o acusado provar sua não-culpa.

30 Está fincada na noção de ato ilícito subjetivo, estabelecido no art. 186, do Código Civil.

31 A figura do abuso do direito, estampada no art. 187, CC, pode tanto refletir responsabilidade objetiva quanto subjetiva.

32 Por fim, ainda a responsabilidade subjetiva reconhece o dever de indenizar mesmo quando o ato é lícito, como nos arts. 188, II e 930, ambos do Código Civil.

Teoria Objetiva da Responsabilidade

33 Como reação para às concepções subjetivas da responsabilidade e a instabilidade criada pela incerteza da definição de culpa, surgem as ideias objetivas da responsabilidade, em que se parte de uma conduta que causa um dano, sem se perquirir culpa, tendo-se por variante a razão de imputação (risco, lucro etc.).

34 Duas teorias se destacam para justificar o dever de indenizar sem se analisar a culpa: o *risco-proveito* e o *risco-criado*.

35 O **risco-proveito** tem por base a noção de que quem se aproveita do lucro deve arcar com os custos e prejuízos que decorram de tal atividade. Bônus e ônus caminham, na visão da teoria, juntos, atribuindo-se ao titular do primeiro a responsabilidade pelo segundo. Falha esta teoria ao deixar em aberto o que seria o proveito, podendo-se tanto conceber uma visão mais restritiva (lucro efetivo) até uma noção mais ampla (simples proveito, sem necessidade de apuração de lucro). A incerteza gerada afastou as mais recentes codificações, que passaram, como veremos em nosso Código, a se alinhar pelo risco-criado.

36 De acordo com o **risco-criado**, adotado claramente pelo Código Reale no art. 927, p.u., cabe o dever de reparar o dano, *independentemente de culpa, nos casos especificados em lei, ou quando a atividade normalmente desenvolvida pelo autor do dano implicar, por sua natureza, risco para os direitos de outrem*. Nessa visão, não mais há que se perquirir se houve ou não proveito para o autor do ilícito (foco na vítima), mas sim o incremento do risco natural a que todos estão submetidos em razão da atividade lícita e legítima do autor do dano. Note-se que não exige a lei que o autor desenvolva atividade anormal, mas sim que dentro da normalidade por ele exercida há implícito risco, reconhecido e autorizado pelo sistema, mas que, uma vez tornado dano, imputa sobre o agente o dever de o reparar.

6. CONTRATOS

1 **Conceito de contrato:** convenção, **acordo** entre pelo menos duas partes, incluída entre os negócios jurídicos bilaterais e que visa constituir, modificar ou extinguir direitos. Um contrato é um **negócio jurídico** porque às partes é dada a possibilidade de buscar na lei os efeitos desejados para a efetiva satisfação dos envolvidos (as partes "negociam" com a lei, buscando os efeitos que desejam).

2 Os contratos possuem elementos subjetivos e objetivos:

Elemento subjetivo	Elemento objetivo
Toda relação contratual necessita, obrigatoriamente, de um mínimo de duas partes, daí se afirmar que todo contrato é bilateral em sua gênese – formação – (podendo ser bilateral ou unilateral em sua funcionalidade – efeitos).	O objeto imediato de um contrato, por ser este uma espécie de obrigação, envolve um dar, um fazer ou um não fazer. Mediatamente, os contratos terão por objeto os bens da vida (uma casa em uma compra e venda, um valor em dinheiro no contrato de seguro etc.).

6.1. Princípios contratuais

3 **Autonomia da vontade**: as partes são livres para contratar, podendo, dentro da lei, estabelecer o que melhor lhes aprouver. Esta liberdade abrange o "contratar", o "com quem contratar" e o "o que e como contratar".

4 **Princípio da força obrigatória do contrato (ou força vinculante)**: Este princípio está diretamente ligado ao da autonomia, visto que, para possibilitar que as partes exerçam com plenitude sua liberdade de contratar, é necessário que haja respeito às relações estabelecidas, com o devido cumprimento das avenças.

5 **Princípio da relatividade contratual**: o contrato vincula unicamente as partes nele envolvidas, não havendo em se falar de efeitos *erga omnes*. Assim, o credor só pode exigir o cumprimento ao devedor.

6 **Função social**: Este princípio determina que o contrato **passa a importar para a toda a sociedade**, de modo que os terceiros passam a influenciar e ser influenciados pela existência de um contrato.

A figura do terceiro e a função social
1. Todo acordo deve objetivar a produção de efeitos, não sendo aceitos acordos meramente figurativos ou os popularmente conhecidos "**acordos de gaveta**". Através da função social, pode-se destacar a importância do estudo do "**terceiro-vítima**" e do "**terceiro-agressor**".
2. Enquanto **agressor**, o terceiro pode ser responsabilizado sempre que a sua conduta vier a prejudicar a estrutura contratual já posta, como se dá com aquele que **aliciar pessoas que prestam serviços a outrem**, que são punidos com a obrigação de pagar o valor correspondente a dois anos de serviços do aliciado (art. 608, CC).
3. O **terceiro-vítima** está protegido por todo o sistema de indenização e reparação do Código Civil, mas merece um destaque especial quando o Código de Defesa do Consumidor, em seu art. 17, determina que toda vítima de um acidente de consumo deve ser tratada como consumidor.

7 **Boa-fé**: A boa-fé objetiva deve estar presente na relação contratual, **na formação, execução e mesmo após o adimplemento, ou seja, na fase pós-contratual**. A boa-fé objetiva determina a existência da responsabilidade pré-contratual e pós-contratual, em razão de uma expectativa frustrada ou de um dever (de sigilo, por exemplo) descumprido. Envolve deveres de conduta que recaem sobre os contratantes, como o dever de cuidado, informação, respeito, sigilo etc.

8 **Equilíbrio contratual**: também denominado de **Justiça Contratual**, determina que não pode haver desequilíbrio na **estrutura econômica contratual fora da previsão das partes**. Assim, se fatos futuros, supervenientes, determinam uma modificação do equilíbrio econômico do contrato, em que, por exemplo, uma parte está pagando mais do que está recebendo (e não se trata de um contrato aleatório), é necessário (re)equalizar a avença, dando aos envolvidos direito de permanecer no acordado, com a justiça reestabelecida.

6.2. Formas especiais contratuais

	Conceito	Características
Estipulação em favor de terceiro (art. 436, CC)	A estipulação em favor de terceiro é relação entre o estipulante e o promitente, em favor do beneficiário. Este somente passará a estar vinculado ao contrato quando aceitar a avença em sua integralidade.	1. o beneficiário ou o estipulante podem exigir o cumprimento; 2. ao aceitar a relação, o beneficiário torna-se parte dela.
Promessa por fato de terceiro (art. 439, CC)	Nesta avença o promitente compromete-se a obter a anuência de um terceiro para a realização de determinado fato. Veja que não há qualquer efeito em relação ao terceiro (que se vinculará a outra relação – a prometida). O promitente deverá obter a vinculação do terceiro e, uma vez conseguido isto, terá adimplido sua parte na avença, sendo, assim, uma obrigação de resultado.	1. o terceiro só ingressa na relação quando aceitar; 2. a inexecução (ou execução inadequada) por parte do terceiro não vincula o promitente.
Contrato com pessoa a declarar (467, CC)	Esta forma contratual se estabelecerá quando na formação do contrato, a parte estabelece a faculdade de se fazer substituir por outra pessoa.	1. cessão automática da posição contratual; 2. prazo legal de comunicação (pode ser modificado) – 5 dias da conclusão do contrato; 3. a aceitação da pessoa nomeada deverá revestir a forma do contrato; 4. a pessoa nomeada não for aceita, não for indicada ou for insolvente no momento da nomeação, ou mesmo incapaz, não haverá modificação das partes originárias.

6.3. Classificação dos contratos

9 **Unilaterais e bilaterais**: o contrato pode apresentar **direitos e deveres para ambas ou para apenas uma das partes.** Se apresentar direitos e deveres para

ambas as partes será **bilateral** (como o contrato de mandato); do contrário, será **unilateral** (como o mútuo comum).

- **bilateral imperfeito** é o contrato unilateral que, em razão de acontecimento extraordinário, torna-se bilateral, criando direitos e deveres para ambas as partes.

10 **Onerosos e gratuitos:** gratuitos são os contratos em que a carga de ônus recai sobre apenas uma das partes, ficando a outra com todos os benefícios. Assim, existe uma redução patrimonial para um, enquanto o outro apenas aproveita um incremento econômico.

11 **Comutativos e aleatórios**: comutativo é o contrato em que **há correspondência entre o que se paga e o que se recebe, sendo que desta correspondência as partes já têm ciência desde o momento em que celebram o acordo**. Aleatório é **o contrato em que pode ocorrer variação no que se paga e/ou no que se recebe**. Assim, no início da avença as partes não sabem quanto irão receber ou quanto irão desembolsar.

Formas de contratos aleatórios

Emptio spei **(compra da esperança)** art. 458, CC	Nesta forma de contrato aleatório, **a parte que compra a esperança aceita que o bem adquirido venha em qualquer quantidade, mesmo que nada venha.**
Emptio rei (spei) speratae **(compra da coisa esperada) art. 459, CC**	Já nesta forma há necessidade de que venha em favor do adquirente alguma quantidade (predeterminada) da coisa adquirida. Assim, haverá pagamento (e somente haverá) **se a coisa for entregue e, pelo menos, uma quantidade mínima estabelecida**. A álea recai sobre a quantidade da coisa adquirida.

12 **Contratos de execução imediata, de execução diferida e de trato sucessivo**: a normal execução de um contrato é **a imediata ou instantânea**. Uma vez ocorrido o acordo, é normal que ele se solucione no mesmo instante (ex.: você vai a uma lanchonete, pede uma bala e paga).

13 Existem contratos que **podem prolongar sua execução no tempo** porque envolvem **prestações que vão se repetir por determinado** (ou mesmo indeterminado) **prazo**, conhecidos como contratos de **trato continuado ou sucessivo**. Há ainda contratos que **serão quitados em parcelas ou em pagamento único**, mas cujo **adimplemento deverá ocorrer em tempo distante em relação à formação contratual** (o famoso, 30, 60 e 90, como exemplo). Estes são contratos **de execução diferida**. Os contratos de execução diferida estão sob termo inicial, aguardando o decurso do prazo para produzirem efeitos para uma ou para ambas as partes.

14 **Contratos consensuais, formais e reais**: a regra do Código é a consensualidade, ou seja, basta a simples vontade das partes para o contrato estar formado. Excepcionalmente, os contratos podem exigir uma forma específica, como a doação, art. 541 CC. Esta forma poderá ser de uma exigência mínima (apenas a forma escrita) ou de exigência ampliada (a forma escrita pública – por escritura pública – como no art. 108, CC). Por último, há contratos que para se formarem necessitam de um ato material de entrega da coisa, como o mútuo e o comodato, que só se aperfeiçoam com a entrega do bem fungível (mútuo) ou infungível (comodato).

6.4. Formação dos contratos

15 **Esquema de formação dos contratos – momento de formação**

Figuras	Aquele que faz a oferta é denominado policitante ou ofertante, já quem pode realizar a aceitação é chamado oblato ou aceitante.
Características da proposta	Uma proposta, para obrigar, deve reunir as seguintes características: seriedade, precisão e firmeza.
Momento exato da formação	Cada tipo contratual envolve um momento de formação, variando se o contrato é consensual (soma das vontades), formal (conclusão da forma exigida) ou real (entrega da coisa). Mas, não importando estas espécies, sempre será necessária a soma OFERTA + ACEITAÇÃO.
Oferta	A oferta, em regra, é vinculante a quem a policitou.
A oferta deixa de ser vinculante nos seguintes casos	1. **Entre presentes** (quem telefona está presente!!): se não foi aceita imediatamente. 2. **Entre ausentes:** a) sem prazo: já houve tempo razoável; b) se o prazo já se esgotou sem resposta; c) antes ou junto com a proposta chegou a retratação do proponente.

16 **A aceitação** pode ser expressa ou tácita. Expressa a que se manifesta, dependendo do caso concreto, por **palavras** (faladas ou escritas), **gestos** e **sinais**.

Tácita, a que decorre de um **comportamento concludente**, um comportamento que transmita a ideia de aceitação (a inicia a realização de sua parte na avença). Haverá ainda silêncio concludente, na forma do art. 432, pois se o negócio for de costume praticado sem necessidade de aceitação expressa ou o proponente houver dispensado a aceitação, o silêncio da outra parte importará anuência.

17 Para a aceitação, para fixação do momento em que deve ser dada a aceitação, existem diversas teorias. O Brasil adotou a teoria da Agnição (cuidado, agnição significa conhecimento. Existe em português a palavra agnação, que significa linha de parentesco masculina, não confunda) ou Declaração, na subteoria da Expedição. Assim, reputa-se formado o contrato quando o aceitante expede sua resposta.

18 A aceitação **fora do prazo** (ou com modificações) é uma **nova proposta**.

6.5. Vícios redibitórios

19 Os vícios redibitórios possibilitam à parte que venha a adquirir um bem com defeitos parciais ou totais, efetivar a redibição (desfazimento, anulação) do acordo.

20 *Possibilidades para a parte vítima dos vícios* - **redibição**, através da ação redibitória, ou pedir o **abatimento no valor pago** (e a consequente devolução do *quantum*) através da ação estimatória ou *quanti minoris*. As ações aqui citadas têm prazo de 30 dias para coisas móveis e de um ano para os imóveis (sendo que o prazo para a **redibitória** tem natureza **decadencial** e para a ***quanti minoris*** é **prescricional**).

21 Se já estava na posse do bem, os prazos se contam pela metade a partir da alienação. Se os vícios forem de difícil constatação (um equipamento complexo com vários comandos, por exemplo) o prazo será de 180 dias para bens móveis, mas para os imóveis continua sendo de 1 ano. Vale lembrar que estes prazos só começam a ser computados a partir da ciência do vício. A culpa do alienante **(em razão de conhecer o vício, por exemplo**) não interfere na existência da evicção, mas agrava a situação, gerando perdas e danos.

São requisitos para a caracterização dos vícios redibitórios	• Contrato comutativo; • Defeito oculto; • Desconhecimento do vício quando da alienação por parte do adquirente; • Pré-existência do vício em relação à alienação; • Redução ou extinção da eficiência.

6.6. Evicção

22 Sempre que alguém vier a perder a propriedade de um bem em razão de uma determinação judicial **cuja causa é anterior à aquisição**, o alienante deverá ressarcir os prejuízos advindos desta situação ao adquirente. A **alienação** é o ponto determinante para este instituto. Se a causa for a ela **posterior**, não haverá evicção, mas, mesmo sendo a sentença posterior à alienação, em sendo a causa **anterior**, haverá evicção. Explicando: o ponto fundamental da evicção é a causa da perda da propriedade, que será decidida na sentença. Se, por exemplo, o prazo de usucapião de terceiro sobre o bem já se completou antes da transmissão, a causa é anterior, não importando que a sentença seja proferida após a transmissão. Mas, se o terceiro completa o seu prazo de usucapião após a transmissão, não há que se falar em evicção, visto que a causa é posterior.

23 A evicção abrange, salvo disposição em contrário, a indenização integral do que pagou, a indenização dos frutos que tiver sido obrigado a restituir, a indenização pelas despesas dos contratos e pelos prejuízos que diretamente resultarem da evicção, bem como a indenização das custas judiciais e dos honorários do advogado por ele constituído.

São requisitos da evicção	• Contrato oneroso; • Perda por sentença; • Causa anterior.
Efeitos da evicção	• Se for perda total reclamar a o valor da coisa; • Se a perda for parcial poderá optar pelo desfazimento ou pelo abatimento.

6.7. Fim da relação contratual

24 A forma normal das relações contratuais é serem finalizadas, executadas, cumpridas pelo **o adimplemento ou execução**. Ocorre que é possível a sucessão de eventos que prejudiquem este adimplemento, gerando uma extinção anormal. São eles **as nulidades, a cláusula resolutiva tácita e a expressa, o direito de arrependimento, a resolução, a resilição e a morte**.

Nulidades	Sempre que ocorrer a nulidade (seja ela a anulabilidade ou nulidade absoluta) o contrato irá encontrar um fim não esperado, devendo as partes retornar ao *status quo ante*, excepcionando-se apenas a anulabilidade nos casos de convalescimento ou ratificação.
Cláusula resolutiva	Pode ser tácita ou expressa. A primordial diferença está na forma em que elas se manifestam, pois "a cláusula resolutiva expressa opera de pleno direito; a tácita depende de interpelação judicial" (art. 474, CC). Deve-se atentar que a parte lesada poderá optar pelo cumprimento do contrato, sendo a ela dado, em qualquer situação, direito de exigir perdas e danos.
Direito de arrependimento	Pode manifestar-se através da fixação de arras (art. 420, CC) ou na cláusula especial de compra e venda que crie uma venda a contento (art. 509, CC).
Resolução	Este termo, normalmente, é utilizado pelo Código Civil no sentido de impossibilidade de cumprimento.
Resilição	Nasce da vontade de uma (resilição unilateral – denúncia) ou de ambas as partes (resilição bilateral – distrato). Atente-se para a **aderência de forma do distrato**, que deve ser feito pela mesma forma do contrato se a lei não exigir uma forma especial.
Morte	Opera a extinção anormal nos contratos personalíssimos, devendo as partes retornar aos *status quo ante*. A parte não satisfeita deverá reaver o que pagou dos herdeiros do falecido, não havendo que se falar em perdas e danos.
Frustração do fim do contrato	Ocorre quando a finalidade útil do contrato se perde, não havendo mais uma razão ou causa para sua execução. Um exemplo que serve de bom recurso mnemônico é o cancelamento das festividades de carnaval em razão de falta de abastecimento de água, o que gera a frustração do fim dos contratos de locação por temporada celebrados para o evento.

6.8. Contratos em espécie

25 **Compra e venda:** Trata-se de avença em que uma parte deseja adquirir uma coisa (bem tangível, de existência concreta – a aquisição de direitos se regula pela cessão de crédito), denominada comprador, de outra, que deseja a obtenção de um valor, denominada vendedor. É contrato bilateral funcional, em regra comutativo (podendo, excepcionalmente, ser aleatório) e oneroso.

CIVIL

Cláusulas especiais da Compra e Venda	
Retrovenda	Esta cláusula dá ao vendedor de coisa imóvel o direito de recobrá-la (tendo a recompra efeito resolutivo sobre a anterior), dentro de um prazo máximo de 3 anos. O vendedor original tem direito de buscar judicialmente o bem, mesmo contra o terceiro adquirente, e o seu direito é cessível a terceiros e transmissível aos herdeiros. Sobre o fato narrado, pode-se afirmar que: A disposição incluída no contrato é uma cláusula de retrovenda, entendida como o ajuste por meio do qual o vendedor se reserva no direito de resolver o contrato de compra e venda mediante pagamento do preço recebido e das despesas, recuperando a coisa imóvel.
Preempção ou preferência	Esta cláusula dá direito ao vendedor original ter preferência no caso de o comprador original desejar vender a coisa. Perdura, para móveis, durante cento e oitenta dias e para imóveis, por dois anos. Este direito não pode ser cedido nem se transmite por herança.
Venda com reserva de domínio	Nesta modalidade, o comprador somente adquirirá a propriedade com o pagamento integral das parcelas, pois o vendedor, apesar de haver transferido a posse (entregou a coisa), reservou para si o domínio.
Venda sobre documentos	Aqui, apenas a tradição da coisa é simbolizada por um conjunto de documentos, o que se pode observar na entrega de um *ticket* que dê acesso à coisa depositada, por exemplo.

26 **Contrato estimatório:** Neste contrato, o consignatário recebe bens do consignante para vender, tendo a possibilidade de devolvê-los. Para facilitar a compreensão, é comum em festas de fundos de formaturas o recebimento de bens (bebidas, por exemplo) que, se não forem vendidos, são restituídos. É contrato bilateral, comutativo, oneroso.

27 **Locação de coisas:** (lembre-se, se for imóvel urbano, estará regulada a locação pela Lei de Locações Lei 8.245/91). Na locação, o locador obriga-se a ceder ao locatário, por tempo determinado ou indeterminado, o uso e a fruição de coisa infungível, de forma onerosa. É contrato oneroso, bilateral, consensual, de trato sucessivo.

28 **Empréstimos:** sob este signo reúnem-se duas formas contratuais: o comodato e o mútuo. **Comodato** é o empréstimo gratuito de coisa infungível. Quando um grupo de amigos obtém emprestada a casa de praia de um conhecido, sem pagamento de qualquer valor (exceto a manutenção do bem), tem-se um comodato. É contrato gratuito, unilateral, personalíssimo e real. Atente-se para o detalhe de que só há contrato depois da entrega da posse da coisa, pois é, como dito, um contrato real. **Mútuo** é o empréstimo de coisas fungíveis, em que pode o mutuário pagar pelo empréstimo, ou não, ao mutuante. Como um bom exemplo, tem-se o empréstimo de dinheiro. É contrato gratuito ou oneroso (chamado mútuo feneratício), unilateral, personalíssimo e real.

29 **Prestação de serviços:** O prestador de serviço compromete-se a realizar um fazer em favor do tomador de serviço, a preço certo. Não se confunde com contrato de trabalho, regulamentado pela CLT. É contrato bilateral, consensual e oneroso.

30 **Empreitada:** Pelo contrato de empreitada o se empreiteiro obriga a realizar certo trabalho, sem subordinação, para o dono da obra. O empreiteiro pode apenas realizar **serviços** ou prestar **serviços e materiais**. É contrato bilateral, comutativo (em regra, podendo ser aleatório se aceitar reajuste de preço conforme mercado), oneroso e consensual.

- Quando a empreitada é contratada pela obra inteira (mesmo que os pagamentos sejam parciais) leva o nome de empreitada a **preço global ou forfaitário.**

31 **Depósito:** O depositário assume a responsabilidade de guardar um objeto móvel do depositante até que este, *ad nutum*, requeira a devolução. É contrato real e gratuito (em regra, pois se as partes ajustarem ou o depósito se praticar por profissão ou mercancia, poderá remunerado).

32 **Mandato:** Por este contrato, uma parte (mandante) concede a outra (mandatário) poderes para realizar atos ou administrar interesses. Fisicamente, quem pratica o ato é o mandatário; juridicamente, o mandante. É contrato personalíssimo, consensual (deve-se atentar para a aderência de forma, pois a procuração – instrumento do contrato de mandato – deve ter a forma do contrato final que será realizado – para celebrar uma escritura pública, mandato por instrumento público), em regra gratuito (admitindo a forma onerosa) e bilateral.

33 **Comissão:** Por este contrato, o comissário contrata, em seu nome e por conta do comitente, a aquisição ou venda de bens. É contrato bilateral, oneroso e consensual.

34 **Agência e distribuição:** Pelo contrato de agência, o representante deverá, em nome e por conta de outro (agenciador ou representado), com habitualidade e sem subordinação, realizar negócios em determinada região geográfica. Se o representante também tiver à sua disposição os bens negociados, será um contrato de distribuição. É contrato bilateral, oneroso e consensual.

35 **Corretagem:** Trata-se de forma subsidiária aplicada sempre que não houver contrato de mandato, prestação de serviços ou qualquer outra relação de dependência e uma das partes se obrigar a obter um ou mais negócios para a outra, conforme instruções recebidas. É contrato bilateral, oneroso, aleatório e consensual.

CIVIL

36 **Transporte:** Neste contrato, uma parte (o transportador) se obriga a levar o passageiro ou coisa de um a outro determinado lugar. É contrato bilateral, oneroso e consensual.

37 **Seguro:** Pelo contrato de seguro, o segurador se obriga, mediante o pagamento do prêmio, a garantir interesse legítimo do segurado, relativo a pessoa ou a coisa, contra riscos predeterminados (art. 757 CC). É contrato bilateral, oneroso, aleatório e consensual.

- No caso de suicídio, o art. 798 CC, estabelece a obrigatoriedade de cobertura se o contrato já tiver mais 2 (dois) anos. Este artigo não pode ser interpretado sem se lembrar das súmulas 105 STF (Salvo se tiver havido premeditação, o suicídio do segurado no período contratual de carência não exime o segurador do pagamento do seguro) e 61 STJ (O seguro de vida cobre o suicídio não premeditado). Assim, mesmo em prazo inferior a dois anos, é necessário à seguradora provar a má-fé ou premeditação do segurado em caso de suicídio.

38 **Constituição de renda:** No sistema do Código de 1916 gerava um direito real, mas hoje está vinculado apenas ao universo dos contratos. Envolve uma liberalidade ou a entrega de bens de modo a que o devedor fique obrigado a dar certa renda ao credor por tempo determinado. Quanto às suas características, temos duas possibilidades:

a) se for gratuito, será unilateral e formal.

b) se for oneroso, será bilateral e real. Nas duas hipóteses, poderá ser comutativo (já é sabido o número de prestações) ou aleatório (será paga a renda durante a vida do credor).

39 **Jogo e aposta:** Esta forma contratual, baseada em sorte, é válida no Brasil, apesar de não possuir exigibilidade. Assim, um contrato de jogo e aposta existe, é válido e eficaz, mas não tem meios de exigência judicial (é um débito sem responsabilidade). É contrato oneroso, consensual, bilateral e aleatório.

40 **Fiança:** Neste contrato um terceiro se compromete a arcar com o pagamento de determinada obrigação contraída pelo devedor (assume uma responsabilidade sem débito). É contrato unilateral, em regra gratuito, formal (tem de ser escrito, sempre), personalíssimo e acessório (está vinculado a um mútuo ou outro contrato que necessite de uma garantia – como a locação). A interpretação desta forma contratual é restritiva, não fugindo ao que se encontra escrito.

41 **Transação:** As partes resolvem, por mútuo acordo, pôr fim ou prevenir um litígio. É contrato bilateral e formal.

42 **Compromisso:** Através da cláusula compromissória, as partes acordam levar ao juízo arbitral uma eventual disputa entre elas em determinado tema. É contrato bilateral.

6.9. Atos unilaterais

43 **Promessa de recompensa**: ocorre quando um sujeito se compromete, por anúncios direcionados ao público em geral, a efetivar pagamento de determinada quantia ou a gratificar sob qualquer forma, aquele que realizar determinada prestação ou preencher determinada condição. É situação comum que ocorre quando, por exemplo, perde-se um animal e colocam-se cartazes pelas ruas informando a existência de uma gratificação para aquele que localizar dito mascote.

44 A promessa feita ao público sem prazo pode ser a qualquer tempo retirada, desde que se faça pelo mesmo modo e publicidade da promessa. Esta situação é complexa, pois quem houver realizado despesas na intenção de corresponder ao pedido, poderá requerer indenização (art. 856, parágrafo único CC).

45 Interessante notar que se a promessa ao público for um concurso, as obras apresentadas somente serão de propriedade do promitente se isso estiver estipulado quando da promessa.

46 **Gestão de negócios**: nesta forma de ato unilateral, um terceiro, sem autorização do titular do interesse, gere negócio alheio. Tudo deve ser feito de acordo com a vontade presumível do titular do interesse (pois, do contrário, responderá o gestor pelo fortuito que ocorrer).

47 Sendo vários os gestores, haverá entre eles solidariedade. Deve-se observar que o gestor, ao assumir operações arriscadas (mesmo que sejam de comum realização por parte do gerido) responderá pelo fortuito. Assim também se colocar em primeiro lugar seus interesses, deixando em segundo plano os interesses do gerido.

48 O dono do negócio gerido, desejando se aproveitar da gestão, deverá indenizar completamente o gestor. Mesmo que o dono do negócio não ratifique, deverá reembolsar o gestor que pagou alimentos devidos por aquele a terceiros.

49 **Pagamento indevido**: ocorre esta forma especial de ato unilateral sempre que alguém efetiva um pagamento que não tem causa (dívida que já foi paga, a obrigação originária nula etc.). Observe-se que não haverá pagamento indevido quando a obrigação for ineficaz (exemplo, jogo e aposta, prescrição), pois nesse caso haverá débito (sem responsabilidade), dando causa ao pagamento. Havendo pagamento indevido, quem recebeu fica obrigado a restituir. Aplica-se a noção de pagamento indevido ao ato de quitar um débito ainda pendente de condição suspensiva, antes de ocorrida a condição. Não terá

direito a receber o que pagou se o adimplente indevido provocou (com seu ato) a prescrição da pretensão do credor, conforme art. 880, CC.

50 **Enriquecimento sem causa:** sempre que o aumento do patrimônio de uma pessoa **não tiver um suporte legal**, deve ela restituir ao legítimo credor/proprietário o valor indevidamente recebido. Aplica-se ao pagamento indevido e a todas as outras formas de enriquecimento sem fundamento. A mesma ideia se aplica aos casos de pagamentos sucessivos, quando a causa deixou de existir (imagine o caso do seguro, em que a seguradora sabe do fim do risco devendo restituir o prêmio indevidamente pago pelo outro contratante). **A ação de enriquecimento sem causa é subsidiária, somente podendo ser realizada se não couber outra ação.**

7. DIREITO DAS COISAS

7.1. Da posse

1 Duas teorias firmaram-se como expoentes para a definição da posse:

a) A **teoria subjetiva** de Friedrich von Savigny, que compreende que a posse nascerá da fusão do *corpus* (a apreensão física da coisa, ter a coisa consigo) e do *animus* (consubstanciado na vontade de ser dono – *animus domini*), tendo assim sua base constituída, fortemente, pela vontade do agente. Este conceito de animus domini de Savigny foi aproveitado pelo legislador brasileiro na figura da usucapião.

b) A **teoria objetiva** de Rudolf von Ihering – que também estrutura a posse a partir da fusão de corpus e animus, divergindo de Savigny quanto ao que significam estes elementos. Assim, para Ihering o corpus surge da exteriorização de conduta para com a coisa similar à do proprietário (como se dono fosse), enquanto o animus se embasaria na vontade refletida pela conduta, ou seja, uma objetivação da conduta do sujeito que age como se dono fosse.

2 Conforme redação do art. 1.196 do Código Civil, "Considera-se possuidor todo aquele que tem de fato o exercício, pleno ou não, de algum dos poderes inerentes à propriedade". Assim, uma vez adotada pelo Brasil a teoria objetiva da posse (formulada por Ihering), pode-se entender que **posse é a exteriorização do domínio**.

3 O *ius possessionis* (direito de posse) é o direito nascido do fato da posse, como o do possuidor não proprietário. Já o *ius possidendi* (direito de possuir) decorre do

direito à posse, oriundo de um título, como do proprietário que ainda não é possuidor ou do locatário que não ingressou na posse do bem.

4 A posse não se confunde com a **detenção**. A partir do sistema objetivo adotado, pode-se notar que a posse se apresenta como regra, não sendo possível a sua aquisição (ter posse) quando houver um obstáculo legal a tal fato. Nestas situações, haverá detenção. A figura do detentor nasce das seguintes situações: a) Fâmulo da posse – é aquele que guarda a posse alheia, o servo da posse; b) violento – o que está com o bem contra a vontade do legítimo possuidor – tornar-se-á possuidor se cessar o ato de violência; c) clandestino – é o que não exterioriza sua conduta, tendo o bem de forma oculta, longe dos olhos das outras pessoas; d) precário – é o que tinha direito à posse em razão de relação jurídica previamente estabelecida mas que perdeu tal condição (como o locatário que não renovou a locação); e) permitido e tolerado – quando o legítimo possuidor ou proprietário consentem que alguém apreenda fisicamente um bem seu ou realize atos neste (como a passagem pelo imóvel ou o uso exclusivo de um bem em condomínio) não há posse configurada, mas sim simples detenção.

7.2. Classificação, aquisição, efeitos e perda da posse.

5 **Posse direta e posse indireta**: esse desdobramento só é possível graças à Teoria de Ihering. Aquele que tem direito ao bem, mas cede seu uso direto a outrem, resguarda a posse indireta. Quem recebe o bem, terá posse direta. Este pode manejar os interditos contra aquele. Só é possível o desdobramento na teoria de Ihering.

6 **Posse justa e posse injusta**: posse justa é a que não for clandestina, precária ou violenta. Havendo qualquer um destes vícios, haverá posse injusta que não habilita o sujeito (mero detentor) a constituir prazo de usucapião ou usar a tutela possessória contra o legítimo possuidor.

7 **Posse de boa-fé e posse de má-fé**: a má-fé se caracteriza pelo conhecimento do vício que impede a aquisição da posse, sendo que o sujeito que ignora (desconhece tal vício) é tido por possuidor de boa-fé. Tal condição terá influência não apenas quanto à aquisição de frutos (o possuidor de boa-fé faz seus todos os frutos enquanto aquela durar) como também no regime de benfeitorias (o possuidor de boa-fé tem direito a ser indenizado pelas benfeitorias necessárias e úteis que fizer, tendo direito de reter a coisa enquanto não for indenizado. Por outro lado, pode levantar as benfeitorias voluptuárias – desde que sem prejuízo da coisa principal – quando não lhe forem indenizadas).

8 A posse pode ser adquirida por ato inter-vivos (sentença, contrato etc.) ou mortis causa (*saisine* – transmissão automática que se dá com a morte, testamento etc.).

9 Esta aquisição pode ser originária (quando pela primeira vez alguém vai se assenhorear do bem) ou derivada (quando a posse foi transferida de uma pessoa a outra).

10 Perde-se a posse pela inexistência de *corpus* ou de *animus*, lembrando-se que estes elementos recebem as qualificações dadas acima, com base em Ihering. Causas: pela destruição da coisa, pela perda da coisa, pela posse de outrem, pelo abandono, pela tradição, pelo constituto possessório e pela colocação da coisa fora do comércio (quando, por exemplo, a coisa deixa de ser de apropriação permitida – como um animal raro).

11 São efeitos da posse:

i) Usucapião;

ii) Presunção de propriedade

iii) Percepção de frutos se de boa-fé o possuidor - tem direito a todos enquanto durar a boa-fé

iv) Direito de retenção nas hipóteses contempladas pelo Código Civil – o possuidor de má-fé não tem direito de retenção.

v) Indenização pelas benfeitorias: (i) necessárias – despesas ou obras realizadas na coisa, com o fito de conservá-la, evitando o seu perecimento ou danificação; (ii) úteis – as que aumentam o cômodo da coisa; (iii) voluptuárias – mero aformoseamento.

Frutos e posse

Qualidade	Frutos/Produtos	Despesas
Má-fé	responde por todos os frutos colhidos e percebidos, bem como pelos que, por culpa sua, deixou de perceber, desde o momento em que se constituiu de má-fé	tem direito às despesas da produção e custeio.
Boa-fé	tem direito, enquanto ela durar, aos frutos percebidos	Os frutos pendentes ao tempo em que cessar a boa-fé devem ser restituídos, depois de deduzidas as despesas da produção e custeio; devem ser também restituídos os frutos colhidos com antecipação

vi) Autodefesa – é a "legítima defesa" da posse, em que o possuidor exerce a autotutela de seu patrimônio respeitados dois requisitos: **imediatismo** e **proporcionalidade**.

Quadro das principais ações possessórias

Manutenção de posse	É o *interdicto retinendae possessionis*, que possui típica finalidade defensiva. Combate qualquer embaraço ao bem usar a posse, desde que o seu titular ainda não a tenha perdido. Pode até mesmo ser usado contra o proprietário da coisa.
Reintegração de posse	É o *interdicto recuperandae possessionis*, em que se deseja obter de volta a posse perdida, tendo natureza repressiva (dá-se depois de ocorrido o dano).
Interdito proibitório	É defesa preventiva da posse, antes da efetivação da ameaça (desde que iminente e possível). É de se destacar a utilização da multa diária (astreintes), de modo a fazer cessar a ameaça.

7.3. Da propriedade

12 Propriedade é o mais importante dos direitos reais, apresentando-se como o centro do direito das coisas.

13 A propriedade é composta de quatro elementos, conforme o quadro a seguir

Faculdades inerentes ao proprietário

Usar **Gozar** **Dispor**	Elementos internos ou econômicos (conteúdo material da propriedade)
Reivindicar	Elemento jurídico interno

i) Direito de usar (*ius utendi*): o direito de utilizar-se da coisa ocorre de duas formas básicas: através do uso direto (o titular exerce o direito por si mesmo) ou através do uso indireto (quando o titular, ao invés de se valer diretamente do bem, cede este a terceiro, ficando com valores desta transação advindos). Esta forma indireta pode ser confundida com a fruição.

O uso pode, também, ser meramente potencial. Assim, o proprietário de uma casa de praia, que a utiliza durante um período determinado do ano (janeiro, por exemplo), mas que não deixa de ter o uso potencial no restante do ano.

ii) Direito de Gozar (ius fruendi): o direito de usar envolve o aproveitamento dos frutos e produtos do bem.

Frutos são energias renováveis produzidas pela coisa. Podem ser naturais (como as frutas) ou civis (os juros são exemplo).

Já os produtos são energias não renováveis produzidas pela coisa. Uma vez colhidos, o principal (a coisa) é parcialmente deteriorado, reduzido.

iii) Direito de Dispor (*ius abutendi*): o direito de dispor envolve a faculdade de transferir a terceiro a titularidade da coisa ou de abdicar de uma das demais faculdades inerentes à propriedade (o que se denomina "gravar de ônus real").

iv) Direito de reivindicar (tutela petitória): o direito de se valer das ações pautadas na propriedade para reivindicar a coisa que foi apropriada por terceiro.

7.4. Formas de aquisição da propriedade imóvel

14 Os direitos reais decorrem da lei e só do que consta da lei. São elas:

a) Registro - É sistema baseado em um órgão público ou privado sob coordenação pública (como no Brasil, em que os cartórios são privados vinculados às Corregedorias de Justiça).

b) Usucapião - É a mais complexa das formas de aquisição, sendo, na realidade, causa do nascimento de um novo título, de uma nova titularidade, daí aceitar-se, para os limites desta obra a usucapião como forma originária de aquisição (assim, não há qualquer vínculo ou vício entre o antigo e o novo proprietário). Requisitos gerais Subjetivos: a) Não podem existir, por força do art. 1244, as causas suspensivas do arts. 197 e 201, pois se houver tais causas não será possível usucapir. Assim entre marido e mulher, na constância da sociedade conjugal, não corre usucapião. b) Não correm prazos contra os absolutamente incapazes – art. 198. Requisitos objetivos: a) Só podem ser usucapidas as coisas *in commercium*. Está no comércio o bem que pode ser transferido legitimamente a terceiro. b) Não recai sobre bens públicos (arts. 183, § 3º e 191, parágrafo único da CF/88). Deve-se ter atenção para a celeuma doutrinária acerca dos bens dominicais (que, para alguns autores podem ser usucapidos), além de possibilidade de se discutir a inexistência de função social, o que descaracterizaria o bem como materialmente público. Acerca desta discussão dos bens dominicais e sua usucapibilidade, vale sempre lembrar o Enunciado 340 da súmula do STF, in verbis: "Desde a vigência do Código Civil, os bens dominicais, como os demais bens públicos, não podem ser adquiridos por usucapião". c) Terras devolutas podem ser usucapidas. Assim também as terras sem dono ou adéspotas, uma vez que não estando registradas não pertencem ao Estado, mas sim a ninguém. d) São usucapíveis os bens das Sociedades de Economia Mista e das Empresas Públicas, desde que estejam desempenhando atividades de mercado.

Espécies de usucapião

1. Extraordinário	a) Forma simples: requer apenas o tempo (15 anos) sem se discutir a boa-fé do requerente. b) Forma qualificada: encontra-se no parágrafo único do art. 1.238 CC e reduz o prazo temporal para 10 anos sempre que o requerente, mesmo estando de má-fé haja utilizado o imóvel para sua residência ou nele tenha realizado obras ou serviços de caráter produtivo.
2. Ordinário	a) Forma simples: requer prazo de 10 anos de posse contínua em que o requerente tenha justo título e esteja em boa-fé. Deve-se destacar que a boa-fé é presumida no sistema civil, devendo a parte interessada (que possa sofrer a perda do imóvel) provar a má-fé do usucapiente. b) Forma qualificada: o Código Civil inseriu sub forma da usucapião ordinária imóvel, ao determinar prazo de apenas cinco anos quando o requerente era proprietário e teve seu título de propriedade anulado. Esta forma especial requer: a) aquisição onerosa; b) devido registro em cartório; c) cancelamento posterior do registro; estabelecimento no imóvel da moradia do requerente ou realização de investimento de relevância social ou econômica.
3. Especiais ou Constitucionais	Estas formas encontram guarida tanto no Código Civil quanto na Constituição. *a) Urbano ou pro moradia:* pode ser requerido se satisfeitos os seguintes requisitos: 1. Imóvel com área de superfície de até 250 m^2, não importando a metragem de pisos (um sobrado de três andares, somente se computa a superfície do solo, e não de cada andar) – logo, conta-se a superfície do terreno e não a superfície construída; 2. Cinco anos ininterruptos de posse – não pode haver *acessio possessionis*, só *sucessio possessionis*, se o sucessor houver residido no imóvel junto com seus pais e, com o falecimento destes, ele continuou na posse; 3. O imóvel deve servir de moradia do requerente ou da família; 4. O requerente não pode ser proprietário de outro imóvel no período aquisitivo e só pode se valer deste pedido uma vez. *b) Rural ou pro labore:* 1. Imóvel localizado na zona rural com até 50 hectares; 2. Prazo de 5 anos; 3. Destinação do imóvel para trabalho e moradia pessoal ou da família.
4. Usucapião familiar	é o menor prazo de prescrição aquisitiva (2 anos), fincado no novel art. 1.240-A do CC: "Aquele que exercer, por 2 (dois) anos ininterruptamente e sem oposição, posse direta, com exclusividade, sobre imóvel urbano de até 250m^2 (duzentos e cinquenta metros quadrados) cuja propriedade divida com ex-cônjuge ou ex-companheiro que abandonou o lar, utilizando-o para sua moradia ou de sua família, adquirir-lhe-á o domínio integral, desde que não seja proprietário de outro imóvel urbano ou rural."

c) ACESSÃO: Esta forma se fragmenta em outras, que são a formação de ilhas, aluvião, avulsão, abandono de álveo e plantações ou construções. Esta última é considerada uma acessão de móvel a imóvel, as demais são acessões de imóvel a imóvel. Aluvião é o deslocamento lento e gradual de terra, provocado pelas águas de um rio, enquanto a avulsão é o deslocamento abrupto de grande massa de terra, também provocado pelas águas de um rio. É importante lembrar que tudo o que se incorpora ao solo é presumido de propriedade do dono do solo (**princípio da acessão**), mas pode ocorrer que a construção ou plantação supere consideravelmente o valor do solo. Nesta situação e estando de boa-fé o construtor ou plantador, adquirirá ele a propriedade do solo mediante justa indenização (**princípio da acessão inversa**).

7.5. Aquisição da propriedade móvel

15 A propriedade móvel possui formas especiais de aquisição, que envolvem a ocupação, o achado de tesouro, a especificação, comissão, confusão, adjunção, usucapião e tradição.

a) Achado de tesouro: esta forma ocorre pela localização de depósito antigo de bens de valor, pelo proprietário do terreno (ou equipe sob seu comando) ou por terceiro, sendo que, neste caso, deve se dar por forma acidental. Será dividido igualmente entre proprietário do terreno e o descobridor. Se ocorrer por ordem do proprietário ou por terceiro não autorizado, pertencerá integralmente ao proprietário do terreno.

b) Especificação: ocorre quando um especificador trabalha sobre matéria-prima alheia transformando-a em outro bem. Quando de boa-fé, será do especificador a matéria nova; se de má-fé, do proprietário da matéria-prima. Esta regra não se aplica quando a matéria nova exceder em muito o valor do bem modificado, pois nesta situação o resultado será sempre do especificador. Pagará indenização (é o equivalente) mais perdas e danos ao dono da matéria-prima.

c) Comissão, confusão e adjunção: trata-se de acessão de móvel a móvel, podendo ou não formar coisa nova. Surgirá um condomínio forçado, se não se puder considerar uma das coisas como principal (pois nesta hipótese o dono da principal será dono de tudo, mediante indenização aos demais). Se alguém procedeu de má-fé, deverá pagar as devidas perdas e danos aos prejudicados.

d) Usucapião: as regras são, basicamente as mesmas da usucapião de imóveis, atentando-se que aqui não há qualquer menção à função social. Assim, lembre-se, a letra da lei não menciona função social como redutor de prazo para a usucapião de coisas móveis, pois os prazos são fixos. O ordinário, requer justo título e boa-fé, necessita de prazo de 3 anos para se implementar. Já o extraordinário, que dispensa justo título e boa-fé, conta-se por, pelo menos, 5 anos.

e) Tradição: é a entrega da coisa efetiva pelo *tradens* (transmitente) ao *accipiens* (adquirente) com a intenção de transferir a propriedade móvel de um bem. Trata-se de ato complexo, reunindo um ato material (entrega) e um elemento anímico (intenção de transmissão da propriedade).

Modalidades de tradição

Real	Dá-se com a entrega efetiva do bem.
Simbólica	Ocorre mediante a entrega de um símbolo que substitui o bem, como a chave que simboliza o veículo.
Ficta ou consensual	Pode se dar pela brevi manu (quando o adquirente já está na posse do bem, sendo-lhe transferida a propriedade – como o locatário que compra o apartamento onde reside) ou longa manu (quando se demonstra o bem, sem que seja necessário exercer atos de posse sobre todo ele, como na compra de uma fazenda).
Constituto possessório	Em sua essência se aproxima da perda da propriedade, pois é o inverso da tradição brevi manu, uma vez que o proprietário aliena seu domínio sobre o bem, permanecendo na posse (vendo meu apartamento, mas continuo nele a título de locação).

f) Ocupação: trata-se de modo originário de aquisição da propriedade bens móveis que nunca foram apropriados (res nullius) ou que foram abandonados (*res derelictae*). Se a coisa foi perdida (*res desperdita*) não ocorrerá ocupação, mas sim descoberta (art. 1.233 CC), devendo o descobridor devolver o bem ao legítimo proprietário ou entregar às autoridades locais.

Perda da propriedade (aplica-se tanto à propriedade móvel quanto à imóvel): em regra a propriedade é perpétua, mas podem ocorrer situações de perda voluntária (alienação, abandono e renúncia) ou involuntária (perecimento e desapropriação).

CIVIL

Perda da propriedade

Alienação	É ato de disposição voluntário em que o proprietário legítimo transfere a outrem seu direito, mediante pagamento (alienação onerosa) ou por simples liberalidade (gratuita). Gera vínculo entre o antigo e o novo proprietário, sendo assim, um modo derivado de aquisição.
Renúncia	Trata-se de declaração não receptícia da vontade, unilateral, em que o proprietário explicita não mais desejar seu direito de propriedade sobre determinado bem. Pode-se citar como exemplo a renúncia à herança, visto que esta é bem imóvel, na forma do art. 80, II CC.
Abandono	O proprietário através deste ato complexo (conduta material somada ao desejo de não mais se dono) se desfaz do bem. Frise se tratar de um ato complexo, pois se não houver intenção, será mera coisa perdida, devendo ser restituída a seu legítimo proprietário. Em havendo o *animus* de se desfazer (abandonar), a coisa se converterá em *res derelictae.*
Perecimento	Surge da máxima "perecendo o objeto, perece o direito". Deve-se ter atenção, pois se a coisa estiver segura ocorre sub-rogação, o mesmo raciocínio que se deve aplicar se a perda se der por culpa de terceiro que deverá indenizar o proprietário.

7.6. Dos direitos reais

16 Características:

Absolutismo: denota uma relação imediata sobre a coisa (inflexão). Não necessitando de intervenção humana para seu exercício (veja, se quero a execução de uma obrigação necessito da conduta do devedor; se desejo usar coisa de minha propriedade, não preciso de ninguém). Os direitos reais, por outro lado, são oponíveis contra todos.

Sequela: pode-se buscar a coisa em si, sem necessidade de uma ação para se discutir qualquer fato, apenas se promove a ação de busca e apreensão. Desnecessidade de ação pauliana (que é necessária nas obrigações, art. 158 CC).

Preferência: estabelecida uma ordem prioritária em favor do credor com direito real sobre o valor da coisa dada em garantia.

Tipicidade: só existem direitos reais se previstos em lei. Não podem nascer da simples vontade das partes.

Classificação

Ius in re propria	São direitos reais que recaem sobre coisa do próprio titular do direito.	Propriedade e o novo direito de laje (Lei 13.465/17)
Ius in re aliena	Aqui o titular do direito real não é proprietário do bem sobre o qual recai o referido direito.	
	De gozo e fruição: Nesta classificação o titular da propriedade transfere ao titular do direito real a possibilita de usar e/ou gozar a coisa, de forma que possa se aproveitar dos frutos e produtos provenientes do bem.	Concessões de uso sobre bens públicos, direito especial de uso de bem público, usufruto, servidões, uso e habitação. E também, para a doutrina majoritária, o direito de superfície (propriedade superficiária).
	De garantia: Para esta classe de direitos reais, acessórios de uma relação que envolve débitos e créditos (locação, mútuo etc.), o proprietário ou alguém em favor dele, entrega ou resguarda um bem cujo valor poderá servir de pagamento, se necessário.	• Penhor; • Hipoteca; e • Anticrese.
	De aquisição: Trata-se de classificação especial, em que o titular do direito real tem a possibilidade de converter seu direito em propriedade.	Promessa irrevogável de compra e venda. Propriedade fiduciária, uma vez que a lei 13.043/14 pôs fim à discussão, atribuindo a tal propriedade natureza de direito real de aquisição.

O novo direito de laje

A partir de uma declarada perspectiva de regularização fundiária e implementação da proteção ao direito de moradia (garantia social reconhecida pelo art. 6º do Texto Constitucional), o direito da laje foi reconhecido como um direito real. A dicção do art. 1.225 foi alterada, passando a constar, expressamente, que é direito real: "XIII – a laje".

Prática comum em várias localidades brasileiras, era necessário que o legislador reconhecesse o direito da laje enquanto um direito real registrável, podendo recair sobre a superfície superior ou inferior do imóvel inicial, que passa a se chamar **construção-base**.

Anteriormente tratado como uma projeção do direito de superfície, um verdadeiro direito de sobrelevação ou de "infrapartição", o direito da laje, que já se constituía em direito (mesmo que não passível de registro), passa a figurar, pela Lei 13.465, de 11 de julho de 2017, convertida da LPV 759/16, como um direito real, fazendo corresponder sua existência no rol legal de tais direitos (art. 1.225, CC).

O novo direito de laje

Sanando qualquer dúvida acerca de tal independência, o novel art. 1.510-A, § 3º. Em razão de tal independência, não há que se falar em vinculação de finalidade, ressalvada restrição no ato de cessão (se que constituiria em limitação ao uso da propriedade), podendo a construção inferior ter finalidade comercial e a superior (devidamente calçada em sustentação física, vez que necessário o respeito às normas de postura – parágrafos 5º e 6º) pode ser destinada à habitação.

O direito de laje, além de poder abranger a superfície superior ou inferior (quando o conceito de laje se apresentaria um tanto quanto modificado), pode dar origem a outras sobrelevações, com a criação de propriedades sobrepostas à laje (sempre se respeitando os códigos de posturas e as regras de edificação), sendo necessário, contudo, o consentimento de todos os titulares de direitos da edificação (todos os proprietários e todos os *lajeários*). A exigência de tal autorização nos parece de duvidosa constitucionalidade, já que ou bem o legislador impediria a constituição de sobrelajes ou ele reconheceria a possibilidade de tal situação, em nada havendo se falar de consentimento de outrem. Isto envolve indevida intervenção de um particular na esfera de direitos de outro. Não se confunda com o direito de preferência, visto que este não impede o lajeário de transferir seu direito, mas sim de estabelecer que determinado proprietário/lajeário teria direito de aquisição em preferência a estranhos. No primeiro caso há castração de um direito, no segundo caso direcionamento da alienação.

De um lado, os condomínios edilícios, figuras que mesclam propriedade comum e propriedade exclusiva, e de outro, a laje, categoria de direito real sobre coisa alheia. Contudo, o Legislador, vislumbrando risco de um vazio normativo, estabeleceu que as regras pertinentes a esta forma condominial sirvam de substrato axiológico e normativas subsidiárias para eventuais conflitos decorrentes da Laje. Isto restou patente no presente artigo e no subsequente (art. 1.510-C). O respeito à linha arquitetônica impede que a edificação a se erguer na laje acabe por desarranjar o desenho da construção-base, o que poderia gerar uma quebra de padrão entre as construções. Ressalte-se que a análise da linha arquitetônica (e o arranjo estético) não se dá com base em suposições ou subjetivismos, mas sim a partir de visão técnica respeitando os ditames da práxis profissional. Por outro lado, a segurança tem como sustentáculo a estrutura, os materiais e a execução da obra na laje, pautando-se tanto nas regras básicas da engenharia quanto nas determinações específicas das legislações de posturas locais.

Em complementação ao art. 1.510-B, o presente artigo deixa clara a aplicação subsidiária das regras atinentes aos Condomínios edilícios para fins de rateio das despesas, determinando a concorrência de todos os proprietários e lajeários para a satisfação das dívidas oriundas da conservação e fruição das partes que sirvam a todo o edifício (destacando que melhor nome seria "complexo de propriedades") e também que são eles responsáveis pela satisfação de débitos originados de serviços de interesse comum. A lei, de forma sábia, evita valer-se da denominação "áreas comuns", visto que isto geraria a errônea compreensão de projeções da propriedade da laje sobre o terreno da construção-base (o que atentaria contra o disposto no art. 1.510-A, §4º, CC), mas sim toma por base a noção de partes que servem a todo o edifício, sem adentrar na problemática questão de a quem atribuir tais propriedades. Alguns pontos merecem destaque: a) os alicerces, colunas e pilares, além de paredes mestras, tanto podem ser da

O novo direito de laje

construção-base quanto da laje (em infrapartição), o que se conclui a partir da regra ao final do inciso II, que deve ser aplicada, por extensão ao inciso I; b) a conservação de telhado ou terraço, mesmo que apenas sirva à laje, não pode decorrer de formação de benfeitoria (como uma piscina) que venha a apresentar desgaste (como vazamento) – deve ser oriunda, unicamente, do processo de tapagem, proteção e impermeabilização da estrutura; c) qualquer das instalações do inciso III que tenha funcionalidade para um ou alguns pavimentos (propriedades) somente a estes serão atribuídos para custeio e manutenção. O parágrafo segundo traça mínimo interpretativo para se compreender que obras necessárias podem ser realizadas mesmo sem o prévio consentimento de todos os proprietários e lajeários, não apenas envolvendo reparações, como também obras que se fizerem emergenciais em razão de circunstâncias extraordinárias (como melhoria do sistema de captação de água diante de grave crise de abastecimento).

A laje que se pretender alienar onerosamente, gera preferência em favor do proprietário da construção-base e dos lajeários, em caso de alienação de uma das lajes sobrepostas (sobrelajes). Nota-se que o proprietário da construção-base tem preferência especial sobre todos os lajeários. Desta forma, desejando ele adquirir, não haverá licitação para que se detecte melhor lanço, mas sim, em igualdade de condições, deverá ele ser chamado à aquisição. A preferência é medida lógica que já se asseverava como necessária? "Assim, cada um dos titulares de direitos reais sobre as unidades independentes pode, a qualquer tempo, aliená-la onerosamente (vender) para terceiros, estranhos à relação jurídica originária que terminou por caracterizar a laje. Parece-nos, ao revés, que a solução mais apropriada seria a exigência, sim, do respeito à preferência recíproca. Isso porque se um dos titulares aliena onerosamente o seu direito sobre a coisa, deveria o outro ter preferência para consolidar a titularidade. Até mesmo para evitar que um terceiro, estranho, venha a adquirir a coisa. Ademais, muitos dos casos de laje, em nosso país, são constituídos entre pessoas de uma mesma família, o que contribui, ainda mais, para justificar a necessidade de garantia de preferência. O exercício da preferência, se desrespeitado, desencadeará possibilidade de pedido de adjudicação por parte do proprietário da construção-base ou *lajeário* que não for devidamente notificado (notificação esta que deve assinar prazo mínimo de 30 dias), desde que exerça tal direito no prazo de 180 dias a contar da alienação (prazo este de natureza decadencial, atente-se). Com base na preferência estabelecida, procedeu bem o legislador ao reconhecer o dever de o exequente requerer a intimação do titular da construção-base (e eventuais titulares das diversas lajes), se a penhora recair sobre o direito real de laje. Além disso, devem ser intimados os titulares das lajes, se a penhora se der sobre a construção-base (art. 799, X e XI,CPC, incluídos pela Lei 13.465/17)

A par da preferência especial do proprietário da construção-base, entre os lajeários o Código Civil estabelece uma regra própria de preferência. A leitura direta do parágrafo segundo leva-nos à conclusão de que: Primeiro, tomando-se por base a sobrelaje que se pretende alienar, têm preferência os lajeários ascendentes em relação aos lajeários descendentes. Havendo mais de um lajeário de mesma linha (ou ascendente ou descendente) terá preferência o que tiver laje mais próxima à unidade sobreposta a ser alienada. Contudo, chama atenção um detalhe: e se uma laje descendente for

CIVIL

O novo direito de laje

mais próxima do que a laje ascendente (ambas pretendentes da aquisição)? Entendemos que a prioridade deva ser dada sempre para a laje mais próxima, por se tratar de medida que possibilitará, em situação futura, a consolidação das propriedades. Desta forma, a prioridade estabelecida na parte final do parágrafo segundo deve se sobrepor à regra da linha, quando houver linhas diferentes com interesse sobre a aquisição.

A laje tem por natureza a sua perpetuidade. Assim sendo, tratou o Legislador de regular sua extinção. De lado falou mais do que necessitava (ao asseverar regra lógica de direito de indenização por parte do lajeários face à conduta do responsável pela ruína – parágrafo único). Por outro, contudo, disse menos do que deveria, ao não regular situações como, por exemplo, a eventual consolidação em caso de aquisição da laje pelo proprietário da construção-base. A prevalecer a natureza de direito real sobre coisa alheia, imperativo será reconhecer que consolidada estará propriedade em razão da confusão de propriedades (sendo o titular da construção-base o mesmo titular da laje). São pontos que ainda merecerão reconhecimento pela doutrina e, quiçá, pelo legislador.

7.7. Direitos reais sobre coisa alheia

17 **Servidão**: é direito real de fruição ou gozo, que vincula, excepcionalmente, um bem imóvel a outro bem imóvel (através de seus titulares). Há um bem dominante (que se serve da melhoria) e um serviente (que sofre o ônus).

18 Exige a servidão a diferença nas titularidades dos bens envolvidos, pois se o proprietário for o mesmo será uma serventia. Deve-se respeitar a ideia de menor prejuízo ao prédio serviente.

19 Alterações de local da servidão não podem agravar o prejuízo do prédio serviente e são custeadas por quem lhes der causa.

20 Podem ser extintas se forem canceladas no registro (o cancelamento é autorizado – pela via judicial – em três hipóteses: renúncia do dominante, término da utilidade da servidão ou resgate (resgatar um direito real é, em termos diretos, comprá-lo de volta) por parte do serviente; e pela simples via cartorial em mais três: conversão em serventia, não realização de obras necessárias e pelo não uso durante 10 anos) e pela desapropriação (pois não podem pender servidões sobre os prédios públicos).

21 **Propriedade superficiária**: Criado a partir da ficção jurídica, que estabelece uma lâmina de propriedade sobre o solo não utilizado. Existe a propriedade do solo, que remanesce no patrimônio do proprietário original, ao mesmo tempo em que a propriedade da superfície (e de tudo que se acomodar sobre ela) passa ao superficiário.

22 Deve ser concedido por tempo determinado. Pode ser oneroso (mediante o pagamento de uma prestação denominada solarium) ou gratuito.

23 **Usufruto**: é direito real de fruição ou gozo, em que o nu-proprietário transfere ao usufrutuário, pelo prazo máximo da vida deste, os proveitos de um determinado bem, móvel ou imóvel. Se concedido em favor de pessoa jurídica, durará, no máximo, 30 anos.

24 É direito de natureza personalíssima, logo, intransferível (onerosa ou gratuitamente). Atente-se, contudo, que o seu exercício é cessível, podendo, o seu titular, por exemplo, alugar o bem.

25 **Uso**: direito real de fruição ou gozo, que recai sobre bens móveis ou imóveis, em que o direito do usuário se limita a se valer do bem (direta ou indiretamente), limitado ao bem seu e/ou de sua família.

26 **Concessão do direito real de uso**: recai sobre imóveis públicos ou particulares, podendo ser onerosa ou gratuita, devendo atender a "fins específicos de regularização fundiária de interesse social, urbanização, industrialização, edificação, cultivo da terra, aproveitamento sustentável das várzeas, preservação das comunidades tradicionais e seus meios de subsistência ou outras modalidades de interesse social em áreas urbanas" (art. 7º do Decreto-Lei 271/67). Pode abarcar imóveis das forças armadas.

27 **Habitação**: direito real de fruição ou gozo extremamente limitado, em que seu titular somente pode se valer de um uso específico (habitar) um imóvel, não podendo transferir seu exercício a terceiro (logo, não pode ceder em comodato nem alugar).

28 **Concessão de uso especial para fins de moradia**: regulamentada pela Lei 11.481/07, possibilita que bens públicos não funcionais (como um imóvel dominical de um ente público não utilizado por uma repartição pública) sejam concedidos aos que já o estiverem ocupando, dede que não se tratem de prédios das forças armadas. Pode, inclusive, recair sobre terreno de marinha. Pode ser gratuita ou onerosa.

29 **Direito do promitente comprador**: é direito real de aquisição, pois concede ao seu titular (promitente comprador) adquirir a propriedade de bem imóvel, em face do promissário vendedor, desde que oriundo de promessa de compra e venda, sem direito de arrependimento, escrita e registrada no Cartório de Registro de Imóveis (o registro somente é necessário para que se faça valer tal direito contra terceiros).

30 **Hipoteca**: pode recair este direito de garantia sobre bens móveis ou imóveis, sendo necessário seu registro junto ao Cartório de Registro de Imóveis ou órgão específico de matrícula (como se dá no caso de aeronaves e navios). Atente-se que a MP 700/15 possibilitou a hipoteca sobre os direitos oriundos da imissão provisória na posse, quando concedida à União, aos Estados, ao Distrito

Federal, aos Municípios ou às suas entidades delegadas e respectiva cessão e promessa de cessão.

31 Três espécies: a voluntária ou convencional; a legal e a judicial, estabelecida na forma do art. 495, CPC, pois a sentença condenatória de pagamento de prestação serve como título para constituição de hipoteca.

32 Não pode o devedor ser proibido de vender o imóvel hipotecado (se houver esta cláusula será ela nula), sendo que o adquirente poderá quitar a dívida tendo direito a se sub-rogar nos direitos do credor. Deve-se, contudo, atentar que as partes podem estipular o vencimento antecipado da dívida garantida em caso de alienação do imóvel.

33 Extingue-se nas seguintes hipóteses: com a extinção da obrigação, pelo perecimento da coisa ou resolução da propriedade, pela renúncia do credor (que não importa perdão da dívida, apenas renúncia da garantia), pelo perdão da dívida e pela arrematação ou adjudicação judiciais.

34 **Penhor**: este direito real de garantia recai apenas sobre móveis. Todo penhor deve ser registrado, os comuns, no Cartório de Títulos e Documentos, os especiais, em sua maioria, no Cartório de Registro de Imóveis em que estiver assentado o imóvel vinculado aos bens dados em garantia.

35 Extingue-se nas seguintes hipóteses: com a extinção da dívida, com o perecimento da coisa, pela renúncia do credor à dívida ou à garantia, pela confusão entre credor e dono da coisa ou pela adjudicação judicial ou venda coisa autorizada pelo credor.

Espécies de Penhor

Penhor rural	Abrange o agrícola (plantações, máquinas e implementos) e o pecuário (sobre o rebanho, não importando a espécie). Não há tradição da coisa. Estas formas não podem ser convencionadas além do prazo da obrigação garantida,
Penhor industrial ou mercantil	Alcança os parques industriais com todo seu maquinário, e também abrange as coisas em armazéns gerais. Não há tradição da coisa.
Penhor de direitos e títulos de crédito	Deve ser notificada ao devedor, para contra ele ter eficácia. Será registrado no Cartório de Títulos e Documentos. O título deve ser entregue ao credor.
Penhor de veículos	Pode recair sobre um só veículo ou uma frota inteira. Será registrado no Cartório de Títulos e Documentos e anotado no certificado de propriedade. Não há tradição do bem.
Penhor legal	É dado aos que hospedam ou que alugam imóveis, em relação à bagagem e/ou móveis e utensílios dos hóspedes e locatários. Assim que o credor apreender os bens (tomar o penhor) deverá requerer, imediatamente, a homologação judicial.

36 **Anticrese**: trata-se da entrega dos frutos e rendimentos de um bem imóvel como forma de garantia e pagamento de uma dívida. O imóvel será entregue ao credor e a cada colheita dos frutos (sejam naturais ou civis), a dívida será reduzida mediante compensação. É a única forma de garantia que é também forma de pagamento.

8. DIREITO DAS FAMÍLIAS

1 O estado familiar (conjunto de qualificativos que se agregam ao titular em razão de sua inserção em uma família – casado, solteiro, pai, mãe, filho etc.) possui as seguintes características:

Intransmissibilidade	Não se pode transmitir a terceiro seu estado familiar, pois ele é personalíssimo.
Irrenunciabilidade	Não existe meio de se renunciar a um estado determinado, apenas podendo ocorrer sua modificação em outro (de solteiro a casado, por exemplo).
Imprescritibilidade	O não uso das atribuições inerentes ao estado familiar, ao longo do tempo, não provoca a perda ou a aquisição de determinada situação jurídica. Atente-se, contudo, que há possibilidade de nascimento fático de estado, como na união estável e na filiação sócio-afetiva.
Universalidade	O estado familiar estende-se a todos que preencham seus requisitos.
Indivisibilidade	O estado não pode ser fragmentado, não pode haver dupla figura de marido ou de pai.
Correlatividade	Cada figura tem um correspectivo, ao pai é dado um filho, ao marido, uma esposa.
Oponibilidade	Apesar de sua natureza pessoal (e não real) ele é dotado de oponibilidade *erga omnes*.

2 **Casamento** é contrato de direito de família (seguindo a conhecida lição de Silvio Rodrigues), que estabelece o estado de casado entre as partes (vínculo conjugal), instituindo a sociedade conjugal. O casamento é ato solene e dissolúvel.

3 A partir da ADIN 4277 e ADPF 132, com o reconhecimento da união estável homoafetiva, vem ocorrendo decisões que possibilitam a conversão desta em casamento, do que resulta, hoje, atenção ao se afirmar que a diversidade sexual perdura como característica do matrimônio.

4 No REsp 1.183.378, o STJ decidiu, por maioria, que é possível o casamento entre pessoas do mesmo sexo.

5 O matrimônio tem por fim (fim não é requisito, atente-se): a procriação e criação mútua da prole, ajuda entre os cônjuges (*affectio maritalis*) e a legitimação das relações sexuais.

6 Somente existe o **matrimônio civil**. Este, contudo, pode **ser civil puro** ou derivar de um **casamento religioso com efeitos civis**. No **casamento religioso** deve-se atentar que a habilitação (imprescindível para esta forma matrimonial) pode ser anterior ou posterior à celebração civil. As partes irão solicitar que se estendam os efeitos da cerimônia (que já ocorreu ou que vá ocorrer), para o âmbito civil. Pode ser celebrado em qualquer religião. Se houver habilitação prévia, deve ser celebrado em 90 dias, sob pena de nova habilitação.

7 **Procedimento:** o casamento é ato complexo, envolvendo a habilitação e a celebração.

8 **Capacidade para casar:** a capacidade para casar é especial e se dá a partir dos 16 anos (idade núbil). O nubente com tal idade deverá ter autorização dos pais ou do tutor, lembrando que esta não é considerada uma assistência, visto se tratar de ato personalíssimo. Antes da idade núbil o casamento, hoje, só pode ser autorizado em caso de gravidez. Atente-se que não é apenas a mulher grávida que pode ter menos de 16 anos, qualquer dos nubentes poderá se casar com menos de 16 anos, estando a mulher (no caso adolescente) grávida. Após a maioridade, podem os curadores autorizar o matrimônio, visto que não mais se apresenta como causa de nulidade se o nubente enfermo mental sem o necessário discernimento para os atos da vida civil. Com o EPD (Estatuto da Pessoa com Deficiência) passam tais pessoas a poderem casar, com ou sem autorização, visto que podem não ser curateladas.

9 A **autorização dos pais, tutores ou curadores** é revogável até a celebração do art. 1518. A expressão celebração deve ser compreendida até o início da mesma, visto transparecer absurdo e agressivo à dignidade aceitar que durante a celebração possam os pais/tutores/curadores revogar sua autorização. Se a revogação for injusta, aplicar-se-á o art. 1519. Se não houver concordância entre os pais ou se for injustamente negada a autorização, o caso será solucionado pelo juiz.

10 **Requerimento dos nubentes:** o casal de nubentes deverá firmar conjuntamente (de próprio punho ou mediante procurador) requerimento ao Cartório. A habilitação correrá perante Cartório de Registro Civil de Pessoas Naturais e será ouvido o Ministério Público. Desde a Lei 12.133/09 a participação do Judiciário só ocorrerá se houver impugnação.

11 O referido requerimento deve ser acompanhado por todos os documentos que estão listados no art. 1525.

12 **Proclamas (editais matrimoniais):** se tudo estiver correto com a documentação, o oficial afixará edital de proclamas por 15 dias nas circunscrições do

Registro Civil de ambos os nubentes e publicará na imprensa local. Esta publicação poderá, em caso de urgência, ser dispensada pelo oficial (mas a afixação não).

13 **Certidão de habilitação:** se não houver oposição de impedimentos e/ou causas suspensivas, o oficial irá entregar aos nubentes a certidão de habilitação que tem eficácia de 90 dias. Expirado o prazo sem celebração de casamento será necessária nova habilitação.

14 A habilitação, o registro e a primeira certidão são gratuitos para as pessoas que se declararem pobres, sob as penas da lei. (art. 1.512, parágrafo único CC)

15 **Celebração:** a celebração pode ocorrer fora do cartório, se assim possibilitar o Oficial. Deverá o local estar com as portas abertas, franqueado aos que ainda desejarem apresentar **causas impeditivas**. Se for celebrado no Cartório são necessárias **2 testemunhas**, mas se a celebração foi em outro local ou se ao menos um dos contraentes não souber ou não puder escrever, deverão ser **4 testemunhas**. **Elas podem ser parentes ou não dos nubentes**. Esta regra de 4 testemunhas não se aplica se um dos nubentes estiver doente, pois o celebrante poderá ir ao local e celebrar o casamento na presença de **2 testemunhas** (art. 1539).

16 Existe forma especial de matrimônio, o **nuncupativo** (esta palavra significa oral, oralizado, feito através da voz) que exige **6 testemunhas**. Esta forma especial possui **habilitação posterior**, que terá início com a participação das testemunhas.

17 A celebração somente se encerra, sendo perfeito o casamento, com a manifestação do oficial declarando que os contraentes estão casados (art. 1.514 CC).

18 **Causas suspensivas do matrimônio**: as situações delineadas pelo Código Civil não suspendem a cerimônia, o que ocorre é a imposição do regime da separação total (que passa a se chamar regime da separação obrigatória).

19 Envolve situações em que há risco de confusão patrimonial, sendo elas:

> "I – o viúvo ou a viúva que tiver filho do cônjuge falecido, enquanto não fizer inventário dos bens do casal e der partilha aos herdeiros;
>
> II – a viúva, ou a mulher cujo casamento se desfez por ser nulo ou ter sido anulado, até dez meses depois do começo da viuvez, ou da dissolução da sociedade conjugal;
>
> III – o divorciado, enquanto não houver sido homologada ou decidida a partilha dos bens do casal;
>
> IV – o tutor ou o curador e os seus descendentes, ascendentes, irmãos, cunhados ou sobrinhos, com a pessoa tutelada ou curatelada, enquanto não cessar a tutela ou curatela, e não estiverem saldadas as respectivas contas."

20 Estas hipóteses, contempladas pelo art. 1.521 podem ser afastadas se houver prova de que não há prejuízo a ninguém (nos casos dos incisos I, III e IV) ou que já nasceu filho ou não há gravidez, na situação do inciso II.

CIVIL

21 São causas de legitimidade para arguição restrita, somente podendo fazê-lo os parentes em linha reta dos nubentes ou os colaterais até o segundo grau.

22 **Causas impeditivas:** são situações especiais em que a agressão ao sistema civil e social é grave, sendo o casamento fulminado pela nulidade (art. 1.548, II). Envolve os incestos e relações de concupiscência familiar, em que o sexo aflora entre os componentes do núcleo básico do lar (pais e filhos, cônjuges de adotante e adotados, cônjuge de adotado e adotante, por exemplo). Além disso, também estão proibidas de casar as pessoas já casadas, demonstrando a aversão social quanto a bigamia. Os impedimentos podem ser opostos por qualquer pessoa capaz, mesmo no momento da celebração, ou ainda serem detectados *ex officio.*

23 Se houver oposição de impedimentos não haverá expedição de certidão de habilitação. Primeiramente o oficial deve esclarecer os nubentes acerca das causas que geram invalidade além dos diversos regimes (1528).

24 **Invalidade do Casamento:** a ação de **nulidade** pode ser promovida por **qualquer interessado** e pelo **Ministério Público**. Atente-se que o exemplo do **casamento homoafetivo** como causa de inexistência e não de nulidade (visto que só existe nulidade se houver texto expresso determinando-a), não mais é pacífico, dadas as decisões que reconhecem a **união homoafetiva** e sua conversão em casamento. Em tema de casamento, muitos dos preceitos da parte geral podem ser contrariados. Aprende-se que o ato nulo não pode ser ratificado, mas é possível a ratificação de casamento de menor que não completou idade núbil e como ele é menor de 16 anos, este ato é nulo (mas pode ser ratificado).

25 **A gravidez tem dupla aplicação em matéria de casamento**. Primeira, autoriza a união antes da idade núbil; segunda, veda a anulação de casamento realizado sem a devida autorização se já houver gravidez ao tempo em que se pleiteia a anulação.

26 A coabitação valida o casamento celebrado com erro ou coação, exceto no caso do art. 1557, III e IV. Somente quem sofreu coação ou agiu em erro pode requerer a anulação.

27 O casamento putativo é o casamento **nulo ou anulável** em que ao menos um dos cônjuges está de boa-fé (subjetiva). Se isto ocorrer, o casamento produz todos os seus efeitos (pessoais – v.g., emancipação – e patrimoniais – v.g., sucessão), em relação ao cônjuge que estiver de boa-fé.

28 O cônjuge responsável pela causa da anulação perderá todos os direitos que por acaso tiver sobre o patrimônio do inocente e ainda deverá cumprir tudo o que prometeu no pacto antenupcial. Os terceiros de boa-fé que adquirirem um bem que venha a ser questionado entre os nubentes estará protegido, visto se tratar de caso de propriedade revogável.

8.1. União Estável

29 Trata-se de relação necessariamente fática, que pode ser formada a partir de um contrato, **em que duas pessoas** (atente-se que não mais se exige a diversidade de sexos, a partir da ADIN 4277 e ADPF 132) estabelecem uma **comunhão de vida**. Tem como **requisito único a possibilidade de se casarem**, e vale recordar situação excepcional, pois que aquele que for casado poderá manter união estável, desde que **esteja separado de fato ou judicialmente**.

30 O regime subsidiário da união estável é o mesmo do casamento, ou seja, regime de comunhão parcial de bens. Os companheiros poderão, em contrato escrito, seja pela forma pública ou particular, estipular de forma diversa.

8.2. Direito Patrimonial das uniões

31 O sistema de **regimes patrimoniais nas uniões** (visto que se aplicam os regimes tanto ao casamento quanto à união estável) gira ao redor de um instrumento-chave denominado **pacto antenupcial** (**na união estável** será realizada a escolha **através do contrato que a criar**, ou será determinado o regime subsidiário se não houver contrato), que é realizado por **escrito público** tendo sua eficácia suspensa até a celebração do matrimônio. Se não for realizado em **escrito público** será **inválido** e se não ocorrer matrimônio será **ineficaz**.

32 Pode conter disposições de natureza **pessoal e patrimonial**, mas nenhuma delas pode contrapor-se a determinações de ordem pública (v.g., mínimo de vezes por semana em que se vai praticar sexo).

33 Apesar de ser um escrito público, sua eficácia está restrita, em regra, aos nubentes, para que **possa valer contra terceiros** será necessário que ocorra o seu registro no **Cartório de Registro de Imóveis**.

34 A **fixação** do regime pode se dar: a) Por **obrigação legal** – na forma do art. 1.641 CC (maior de 70 anos, casamento com necessidade de autorização judicial ou infração a qualquer das causas suspensivas); b) Por **omissão** ou **subsidiariedade** – uma vez que na ausência de manifestação será determinado o regime da comunhão parcial de bens (também chamado de **regime de comunhão de aquestos** ou **regime legal**); c) Por **vontade das partes** – através do pacto antenupcial (casamento) ou contrato escrito (união estável), sendo as partes livres para adotar qualquer regime preestabelecido na lei ou criar situações novas.

35 O regime de bens só começa a vigorar a partir da data do casamento (art. 1653). Interessante, pois com isto o pacto antenupcial (contrato pessoal, formal – sempre por escritura pública –, nominado e típico) se apresenta como o **único**

elemento de Direito de Família submetido às **modalidades (modalidades são fatores que alteram a eficácia do ato jurídico – modulando os efeitos – como o termo, o encargo e a condição).** Sabe-se que o Direito de Família, por ser ramo vinculado aos atos jurídicos, normalmente não reconhece a possibilidade de modalidades (modulação de efeitos), mas o pacto antenupcial já é modulado por sua essência.

36 O Código Civil contempla a possibilidade de alteração do regime de bens, desde que mediante pedido motivado ao juiz e ressalvados os direitos de terceiros (que não poderão, com a alteração, ser prejudicados). Há uma omissão quanto à possibilidade de pedido de alteração do regime da Separação Obrigatória de Bens, do que vem surgindo posicionamento a ela favorável, desde que cessada a causa da imposição.

37 A outorga uxória ou marital se aplica exclusivamente, para o Código Civil, **ao casamento**, não sendo **necessária no caso de adoção do regime da Separação Total de Bens**. Sempre que houver recusa injustificada (ou o cônjuge não puder autorizar), poderá a parte prejudicada requerer o suprimento judicial de autorização. Atente-se a Súmula 332 STJ: A fiança prestada sem autorização de um dos cônjuges implica a ineficácia total da garantia

38 **Regime da comunhão parcial:** é o regime subsidiário brasileiro, em que podem ser criados até três complexos patrimoniais – dois das partes e um comum, formado por bens onerosamente adquiridos após a união, que ficam em comunhão, sendo denominados aquestos. Sobre estes será extraída a eventual meação. O Código, após traçar a regra cria **duas exceções** uma de **exclusão** e uma de **comunhão.**

39 **O que é excluído da comunhão?**

a) bens provenientes de liberalidades/sucessão;

b) bens sub-rogados de bens particulares;

c) obrigações anteriores ao matrimônio que com ele não tenham vínculo;

d) obrigações de atos ilícitos – ressalvado proveito mútuo;

e) todos os bens da esfera íntima e profissional;

f) os proventos salariais ou de natureza previdenciária.

40 O que entra na comunhão de forma excepcional?

a) qualquer bem adquirido de forma onerosa, não importando se em nome de apenas um dos cônjuges;

b) bens provenientes de fato eventual – se uma das partes da união ganha na loteria, este prêmio entra na comunhão. Mas se a parte é vencedora de um concurso de monografias (em que as qualidades pessoais são importantes), não há comunhão;

c) bens provenientes de sucessão/liberalidade em favor de ambos os cônjuges/companheiro;
d) benfeitorias em bens particulares;
e) frutos de bens comuns ou particulares.

41 Se houver dúvida quanto ao momento de aquisição de um bem móvel, ele será presumido comum. Em relação ao **patrimônio comum**, a **administração compete a qualquer um dos cônjuges/companheiros**. Se dessa administração houver dívidas sobre o patrimônio do administrador recairão tais deveres. O patrimônio do outro somente será responsável se houver proveito de sua parte. As obrigações que se estabelecem em favor da família sempre são comuns, assim também as decorrentes de lei ou de gastos com os bens comuns.

42 O STJ, em julgado de março de 2016, reconheceu o direito à partilha dos valores constantes no Fundo de Garantia por Tempo de Serviço (FGTS) obtidos na constância do matrimônio, tenham sido sacados ou não, devem ser partilhados quando do divórcio. Cabe à Caixa Econômica Federal abrir conta específica no Fundo, em no do cônjuge, para acolher sua meação, que poderá ser sacada quando se suceder uma das hipóteses autorizativas legais.

Regime da Comunhão Universal	Regime da Participação Final nos Aquestos
Nele, em regra, tem-se um único complexo patrimonial, mas pode ocorrer a formação de até três complexos. De acordo com a regra geral comunicam-se todos os bens presentes e futuros. Deve-se atentar para as exceções, que aqui, são **efetivamente excepcionais.**	É regime inserido no sistema civil pelo Código de 2002, **funciona como separação total mitigada e se resolve como comunhão parcial**. Ao longo da união os bens estarão em patrimônios separados, sem comunhão. Quando da dissolução da união, serão apurados os aquestos e devidamente divididos.
O que é excluído da comunhão? 1. bens clausulados com incomunicabilidade 2. bens em fideicomisso 3. dívidas anteriores ao matrimônio 4. todos os bens da esfera íntima e profissional 5. os proventos salariais ou de natureza previdenciária **Os frutos dos bens incomunicáveis não possuem esta mesma característica**, logo, o aluguel de um imóvel clausulado com a incomunicabilidade será comum, apesar de o bem em si não ter esta característica.	**A mitigação citada vem da alienação dos imóveis**, pois só será livre **se houver disposição expressa no pacto antenupcial**, não havendo, necessária será a outorga. A Administração dos bens móveis é livre e sua alienação também. **O que é excluído da comunhão?** **As dívidas contraídas na constância do regime**, em regra, **não se comunicam**. Existe a possibilidade de prova em contrário, **determinando-se que o outro auferiu benefício com a referida dívida**. Qualquer pagamento em sub-rogação será resolvido quando da dissolução.

43 Na separação total não há comunhão, logo, não há meação. Mas na Separação Obrigatória, forma impositiva do regime em comento, por força do enunciado 377 da Súmula do STF há comunicação de aquestos, *in verbis*, "no regime de separação legal de bens, comunicam-se os adquiridos na constância do casamento".

8.3. Parentesco

44 É vínculo especial que pode gerar efeitos sucessórios e de alimentos. Podendo ser:

a) **Civil**: em decorrência, por exemplo, da adoção.

b) **Consanguíneo (ou natural)**: quando há vínculo de sangue (também chamado natural).

c) **Por afinidade**: decorrente do casamento ou da união estável, unindo o marido/companheiro aos parentes da esposa/companheiro. É ilimitado na linha reta (tanto ascendente quanto descendente), mas na linha colateral só vai até os irmãos (logo, somente há este tipo de parentes na linha colateral no cunhadio). Não gera efeitos sucessórios nem dever alimentar.

   Com o fim do matrimônio ou da união estável, cessa o parentesco por afinidade na linha colateral, permanecendo na linha reta (assim, não existe ex-sogra ou ex-enteada).

d) **Por socioafetividade**: esta forma de parentesco é de construção doutrinária e jurisprudencial, nascida de uma evolução da teoria da posse de estado, em que uma pessoa recebe o tratamento, o nome e a fama de ser parente de outra, sendo que não há vínculo civil ou natural entre elas.

8.4. Linhas de parentesco

a) **Reta**: quando as pessoas envolvidas pertencem a um mesmo tronco familiar **e** descendem umas das outras. Pode ser uma **linha reta ascendente** (pais, avós etc.) ou **descendente** (netos, bisnetos etc.). Na linha reta ascendente, tem-se a **linha reta materna** e a **linha reta paterna**. Na linha reta descendente tem-se a subdivisão em **estirpes**. Esta linha, para todos os efeitos, é **ilimitada.**

b) **Colateral**: é a linha que reúne entre indivíduos que, sem descenderem uns dos outros, têm todavia um ascendente comum. Esta linha sofre limitação para **o parentesco, para a sucessão e para o dever**

de alimentos. É a regra do **4-4-2**; a) são parentes colaterais até o **4º grau**; b) sucedem os colaterais até o **4º grau** e; c) são devidos alimentos entre os colaterais até o **2º grau.**

1. As linhas são preenchidas por **graus de parentesco**, que são o **número de gerações** que separam os parentes. A cada parente que se passa para chegar ao outro, tem-se um grau. Assim, entre netos e avós há dois graus, o pai e o avô. Logo, neto e avô são parentes em linha reta (porque um descende do outro) de 2º grau.
2. Entre colaterais, **aplica-se a mesma regra**. Para detectar o parentesco entre irmãos, conta-se o pai e o irmão, dois graus, logo, irmãos são colaterais (não descendem um do outro) de 2º grau.
3. Importante salientar que **companheiros e cônjuges não são, entre si, parentes, mas sim contratantes.**

8.5. Filiação

1. É forma especial de parentesco, pois reúne a mais próxima das relações sócio-jurídicas. Sobre ela pende a necessária igualdade constitucional dos filhos, estampada no art. 226, § 6º CF/88.
2. A filiação pode ser advinda da relação **biológica**, da **socioafetividade** (ainda em construção pelos Tribunais) e da **presunção legal**.
3. Quanto à **maternidade**, o parto faz presumi-la, já em relação à **paternidade**, necessário que se demonstre relações com a mãe da criança (denominada presunção *pater is est quem nuptiae desmontrat),* determinando o Código que se presumem "concebidos na constância do casamento os filhos: **I** – nascidos cento e oitenta dias, pelo menos, depois de estabelecida a convivência conjugal; **II** – nascidos nos trezentos dias subsequentes à dissolução da sociedade conjugal, por morte, separação judicial, nulidade e anulação do casamento; **III** – havidos por fecundação artificial homóloga, mesmo que falecido o marido; **IV** – havidos, a qualquer tempo, quando se tratar de embriões excedentários, decorrentes de concepção artificial homóloga; **V** – havidos por inseminação artificial heteróloga, desde que tenha prévia autorização do marido." (art. 1.597 CC). O STJ reconheceu no julgamento do REsp 1.194059/SP a aplicação da presunção de paternidade na união estável e o CNJ reconheceu tal possibilidade no art. 1º, §1º do Provimento 52/16
4. A **inseminação homóloga** é a feita com os gametas dos envolvidos, já na **heteróloga** um dos gametas não pertence ao par andrógino.

No Brasil não é aceita a adoção embrionária, em que o casal adota um embrião de outro par.

5. Já a **barriga de aluguel** (denominada **Gravidez em Substituição**) é permitida desde que mulher que empresta o ventre (o termo aluguel não se aplica, visto não poder ser onerosa a relação) seja parente colateral até o **segundo grau** da **mãe genética**.

8.6. Ações vinculadas à filiação

a) Negatória de paternidade e de maternidade: destina-se a excluir a presunção legal de paternidade. Só o presumido pai pode promover esta ação, sendo que uma vez encetada, podem os herdeiros nela continuar. O próprio filho também pode buscar a negatória, através do cancelamento do registro. É imprescritível. Esta ação também é dada à mãe, visto que podem ocorrer trocas de bebês, necessitando-se realinhar as maternidades.

b) Investigação de paternidade e de maternidade: trata-se de ação imprescritível, que retroage seus efeitos pessoais à data da concepção do filho. Mas os efeitos patrimoniais não são retroativos. O STJ reconheceu a legitimidade da viúva, mesmo não sendo herdeira, em contestar a ação de investigação de paternidade *post mortem* (AGREsp 114.794/SP)

c) Efeitos do reconhecimento de filhos: o reconhecimento voluntário de filhos é possível e se denomina **perfilhação** (ato jurídico estrito senso, formal, não passível de modulação – não pode sofrer encargo, termo ou condição –, personalíssimo e irretratável, ou seja, irrevogável). Tem como **efeitos**: (i) estabelecer a filiação; (ii) se menor, gerará o poder familiar em favor do(s) pai(s); (iii) cria o dever recíproco de alimentos e o direito de sucessão. O CNJ exarou o Provimento 52/2016, regulamentando o registro de filiação advinda de técnicas assistivas da reprodução (seja homóloga, seja heteróloga), igualando em condições casais homo e heteroafetivos. Nestes termos, o casal poderá realizar o registro, sem necessidade de autorização judicial, sendo possível a solicitação por apenas um deles se forem casados ou conviverem em união estável. E, por fim, distancia o direito fundamental de conhecimento da ascendência genética do reconhecimento jurídico da ascendência, uma vez que não atribui aos doadores de gametas a qualidade de pais/mães.

8.7. Adoção

45 Trata-se de **ato jurídico em sentido estrito** que cria o **vínculo da filiação. Mesmo a adoção bilateral é ato jurídico**, não se conformando como negócio jurídico, visto que os efeitos decorrentes dela estão já previstos e pré-fixados na lei.

- o adotante deve ser maior de 18 anos, se for um casal, ao menos um deles deve preencher este requisito;
- diferença de idade entre o adotando e ao menos um dos adotantes de, no mínimo, 16 anos;
- se o adotando tiver mais de 12 anos deverá consentir na adoção e se ainda estiver sob o poder familiar deverá haver consentimento dos pais naturais;
- se duas pessoas desejarem adotar uma mesma criança deverão ao menos iniciar o período de conhecimento (estágio de convivência) estando casadas ou em união estável;
- é ação constitutiva, que possui também efeitos desconstitutivos em relação à anterior família.

8.8. Poder familiar

46 Reúne um **conjunto de direitos e deveres dos pais** em relação aos filhos. Se os pais forem desconhecidos ou falecidos, os filhos menores serão entregues à tutela de alguém.

47 Tem como características ser **irrenunciável, intransferível, inalienável e imprescritível**. Gera obrigações de natureza personalíssima e não tem vínculo com o estado civil dos genitores.

48 **A guarda é um dos reflexos do poder familiar**. Ela é passível de ser destacada, sendo transferida para apenas um dos cônjuges ou para terceiros. Hoje o Código Civil reconhece, como regra, em seu art. 1.584, a guarda compartilhada. Nesta forma, os pais irão desenvolver um **regime de parceria** para guarda, somente sendo aplicável quando houver clara possibilidade de realização, levando-se em conta a distância das residências e mobilidade até à escola, dentre outros fatores. Com ela o menor terá um domicílio fixo, sendo que ao longo do dia terá convívio com os dois genitores (irá almoçar com o pai/mãe ou passará com este/esta o fim das tardes).

49 A guarda compartilhada tornou-se regra, não importando qualquer consenso entre os genitores e somente não se aplicando nas seguintes situações: (a) um dos genitores abrir mão da guarda do menor; (b) um deles não puder exercer a guarda por estar destituído do poder familiar. São ainda alterações trazidas pela referida lei:

Lei 13.058/14 (Lei da Guarda Compartilhada)	Livre acesso pelos pais às informações pertinentes aos filhos menores não emancipados, inclusive fixando multa (de 200 a 500 reais) para os órgãos, pessoas jurídicas ou físicas que negarem ou impedirem tal acesso;
	Dever de o genitor que não possua a guarda de zelar pelos interesses do filho;
	Possibilidade de concessão da guarda a terceiro, tendo em vista critérios de parentesco e afetividade, quando nenhum dos genitores apresentar condições de exercer tal função.
	Em sede de medida liminar ou antecipatória deve o magistrado, preferencialmente e dentro de um juízo de viabilidade, ouvir o outro genitor antes da concessão.

50 Atente-se que os avós, mesmo não possuindo poder familiar sobre seus netos, podem ter regulamentado o direito de visita (art. 1.589, p.u) ou o direito de guarda (lembrando que este – de guarda – pode ser concedido a terceiros), sempre no sentido de resguardar e proteger o melhor interesse da criança.

51 O poder familiar pode ser suspenso (como medida de proteção aos filhos) ou pode se extinguir, seja por acontecimento natural (morte e maioridade) ou jurídico (adoção, emancipação ou sentença de perda do poder familiar). A transmissão da guarda não extingue o poder familiar.

52 Fundamental que se perceba a alteração, ao menos na redação da lei, do conjunto de deveres e direitos que compõe, exemplificativamente, o poder familiar.

8.9. Dissolução do casamento

53 Enquanto a união estável pode ter uma dissolução judicial ou contratual simplificada, o matrimônio ainda sofre com a forte intervenção estatal, seja no âmbito judicial, seja através das formas cartorárias de separação e divórcio. Deve-se perceber que, segundo a atual redação da Resolução 35/07 CNJ e demais legislações aplicáveis, não é possível a opção pela via cartorária quando houver interesses de incapazes ou estando a mulher grávida. Recorde-se que é pressuposto da adoção de tal caminho o consenso entre as partes e a intervenção de advogado.

54 Vale destacar que mesmo com a Emenda Constitucional 66, que instituiu o **divórcio imediato**, passando a doutrina majoritária (e também os Tribunais, em sua maioria) a defender o fim do instituto da separação. Contudo, o STJ, em decisão de março de 2017, reconheceu a subsistência da separação denotando que esta tem por foco por fim à **sociedade conjugal**, enquanto o divórcio tem por objetivo a extinção do **vínculo conjugal**. Com isto, teriam os cônjuges tempo para avaliar o interesse em dissolver efetivamente o matrimônio, podendo recompor a sociedade conjugal a qualquer tempo, por simples peticionamento.

55 Atente-se **somente se pode casar novamente após o divórcio**. As outras formas extintivas do vínculo conjugal são a anulação e a morte.

Divórcio

Como visto, trata-se de forma de extinção do vínculo conjugal, existindo, hoje, apenas o divórcio imediato, sem requisito de tempo, sem necessidade de partilha ou discussão de culpa.	
Efeitos patrimoniais	• Extingue o regime matrimonial; • Faz cessar o direito sucessório.
Efeitos pessoais	• Extinção do vínculo conjugal → logo, pode ocorrer um novo casamento; • Põe fim aos deveres conjugais; • Põe fim ao parentesco por afinidade com os colaterais; • Não é possível reconciliação, apenas novo casamento.

56 Como o CPC/15 trouxe disposições acerca da separação judicial, alguns doutrinadores advogam a repristinação do instituto. A questão, contudo, ainda está em aberto.

8.10. Bem de família

57 O bem de família convencional é regulado pelo Código Civil e pode ser instituído pelo proprietário, a entidade familiar ou um terceiro (mediante testamento ou doação). Não precisa mais ser apenas imóvel, podendo recair sobre valores mobiliários que visem garantir a dignidade da família. Tem como **requisitos:**

a) **Vontade dos instituidores;**

b) **Titularidade dos bens** – os beneficiados devem ser ou se tornar (no caso de instituição por terceiro) proprietários do bem;

c) **Solvência ao tempo da instituição** – as dívidas pendentes não serão obstadas pela constituição do bem de família e deve a entidade familiar possuir higidez patrimonial quando da instituição;

d) **Limite legal de 1/3 (um terço) do patrimônio líquido da família;**

e) **Imutabilidade da destinação** – se o imóvel deixar de ser a residência da família, perderá a qualidade de bem de família – notam-se decisões no sentido de possibilitar a locação do bem de família como meio de ampliar ou criar renda para a família;

f) **Inalienabilidade** – deverá ser desafetado (mediante autorização do Ministério Público) para que se possa vender o bem;

g) **Publicidade** – deve ser levado a registro no Cartório de Imóveis.

8.11. Alimentos

58 São princípios que regem os alimentos:

Reciprocidade	Aquele que é credor de alimentos de outrem, é também dele devedor. A necessidade e a possibilidade irão definir quem ocupará qual lugar (art. 1.696 CC).
Preferência	Os parentes mais próximos têm preferência quando do pagamento dos alimentos; havendo uma classe, a de grau maior está excluída, exceto se aplicável o **princípio da complementaridade** – uma classe paga o pouco que pode, sendo complementada pela outra. (art. 1.697 CC).
Complementaridade	Se o primeiro que for convocado não puder arcar com a necessidade, parte-se para o próximo grau, pelo que faltar (art. 1.698 CC).
Mutabilidade	O binômio que sustenta o quantum dos alimentos (**necessidade** do alimentando e **possibilidade** do alimentante) se modificado, dá razão à revisão judicial. (art. 1.699 CC). Entre necessidade e possibilidade deve haver, por lógica, **proporcionalidade**. Importante frisar que o simples alcance da maioridade (18 anos) **não é causa automática para a cessação dos alimentos**, devendo o alimentante ingressar com a ação da a desoneração e comprovar o fim da necessidade do alimentando.
Transmissibilidade	Se o herdeiro puder ser chamado a pagar alimentos ele receberá a obrigação que cabia ao *de cujus*.
Alternatividade	Qualquer bem (desde que não atentatório contra a moral e os bons costumes) pode ser dado como alimentos.
Irrenunciabilidade	O credor pode deixar de exercer, mas não é possível abrir mão do direito a alimentos.

59 **Os alimentos podem ser: a) Voluntários**: podem ocorrer, por exemplo, em um acordo no divórcio ou através de disposição testamentária; **b) Parentesco**: são os comumente conhecidos, como os devidos entre pais e filhos. São limitados, na linha colateral ao 2º grau. Somente se pode passar a uma classe posterior se a anterior não houver ou se não tiverem seus componentes capacidade financeira para poder satisfazer a necessidade do requerente; **c) Casamento ou união estável**: observe-se que não são alimentos decorrentes de parentesco, visto não haver tal relação entre os companheiros e entre os cônjuges. Hoje os Tribunais constroem pensamento no sentido de que tendo o cônjuge requerente meios de se adaptar ao mercado (em razão de idade, qualificação etc.), serão determinados alimentos **transitórios** ou ***pro tempore***; **Indenizatórios**: uma vez que o juiz, ao determinar a indenização e as perdas e danos, pode mandar que o montante seja pago em parcelas periódicas, dotadas da qualidade de alimentos. Aqui também deve ser observada a necessidade do alimentando, uma vez que a morte do provedor da família (comprovado ou presumido) faz nascer tal obrigação para o autor do dano.

60 A **indignidade do alimentando** é **causa de exoneração**, assim como se **não houver pedido** de **alimentos** até o **divórcio**, não mais haverá razão para a fixação deles.

8.12. Tutela e curatela

61 São institutos protetivos que criam grave encargo para o tutor ou curador. Assim é, que o Código Civil prevê causas específicas de **escusa** (mulheres casadas, maiores de 70 anos, enfermos, os que tiverem mais de 3 filhos, os que morarem longe do local de exercício da tutela, os que já forem tutores ou curadores e os militares). Ao lado das escusas, existem os **impedidos** ao exercício da tutela: aqueles que não tiverem a livre administração de seus bens; aqueles que, no momento de lhes ser deferida a tutela, se acharem constituídos em obrigação para com o menor, ou tiverem que fazer valer direitos contra este, e aqueles cujos pais, filhos ou cônjuges tiverem demanda contra o menor; os inimigos do menor, ou de seus pais, ou que tiverem sido por estes expressamente excluídos da tutela; os condenados por crime de furto, roubo, estelionato, falsidade, contra a família ou os costumes, tenham ou não cumprido pena; as pessoas de mau procedimento, ou falhas em probidade, e as culpadas de abuso em tutorias anteriores; aqueles que exercerem função pública incompatível com a boa administração da tutela.

62 **Tutela:** tem por finalidades cuidar da pessoa menor, administrar seus bens e representá-lo/assisti-lo em seus atos da vida civil. Tem como espécies: **testamentária** (quando, na forma do art. 1729, os pais nomeiam um tutor); **legítima** (seguindo a ordem – primeiro os ascendentes e na falta destes, os colaterais até o terceiro grau e, em havendo mais de um no mesmo grau, os mais moços preferem aos mais velhos) e **dativa** (quando, na falta dos demais legitimados, um terceiro é nomeado tutor). O tutor deverá prestar contas da tutela a cada dois anos ou quando for deixar o seu exercício. Poderá o judiciário, ainda, determinar a prestação de contas sempre que necessário.

63 Sempre que o exercício da tutela **envolver capacidades especiais**, conhecimentos técnicos complexos, poderá o tutor, com **autorização do juiz,** transferir parte de seus deveres a um **tutor sub-rogado.**

64 O tutor está obrigado a prestar contas, mesmo que os pais do tutelado tenham autorizado o contrário, realizando balancete anual a ser informado ao juiz. O juiz ainda poderá nomear um fiscal dos atos do tutor, denominado **Protutor**.

65 A tutela pode cessar em razão da condição do tutor ou do tutelado. Cessará em razão do tutor se este for removido, se surgir causa de escusa ou terminar o prazo da tutela. Por outro lado, em relação ao tutelado cessará a tutela, por sua emancipação ou se ele voltar a estar submetido ao poder familiar (sendo, v.g., adotado).

66 **Curatela**: tem regulamentação similar à tutela, com algumas pontuais diferenças como: a) somente alcança os maiores de idade; b)a ação de pedido curatela deve ser promovida pelos pais, tutores, cônjuge, **qualquer parente, pelo Ministério Público** (este somente estará obrigado se se tratar de doença mental grave ou se as pessoas anteriormente listadas não promoverem ou não puderem promover o pedido de curatela) ou **pela própria pessoa**; c) **o cônjuge e o companheiro são curadores preferenciais** de seus respectivos parceiros, contudo, sempre se deve ter em mente que *para a escolha do curador, o juiz levará em conta a vontade e as preferências do interditando, a ausência de conflito de interesses e de influência indevida, a proporcionalidade e a adequação às circunstâncias da pessoa*. Sendo que, *na nomeação de curador para a pessoa com deficiência, o juiz poderá estabelecer curatela compartilhada a mais de uma pessoa*. d) não havendo parceiro, **serão os pais** (atente que o Código não fala ascendentes, mas apenas pais, o que restringe uma parte daquela classe) e, na falta destes os descendentes; e) apesar de ainda não nascido, **o nascituro terá curador e não tutor**, sempre que necessário à proteção de seus interesses; f) O magistrado, antes de tomar sua decisão, deve ouvir equipe multidisciplinar;

9. DIREITO DAS SUCESSÕES

1 **Sucessão** é a **continuação** de **direitos** e/ou **deveres** de uma determinada pessoa. Pode ocorrer por ato **intervivos** (como na compra e venda, o casamento com comunhão etc.) ou por **causa mortis** (em razão do falecimento de alguém).

2 Pode uma **sucessão** se dar por **título singular** (continuação da figuração jurídica em relação a um bem específico – compra de uma bicicleta, recebimento de uma casa em legado) ou por **título universal** (casamento com comunhão universal, ser herdeiro).

3 A sucessão *causa mortis*, interesse desta parte do Direito Civil, possui duas figuras primordiais: o **autor da herança** (*de cujus* ou falecido) e os **sucessores**. Estes últimos podem ser classificados da seguinte forma:

- **a) Herdeiro – sucessor** que recebe uma cota parte patrimonial. Não há especificação de bens para um herdeiro, ele sempre estará vinculado a um **percentual abstrato da herança**. Pode ser um **herdeiro legítimo** (decorrente da lei – art. 1.829 CC) ou **testamentário** (criado pela vontade do testador);
- **b) Legatário** – sucessor que recebe um bem específico ou a cota parte de um bem específico (20% da casa de praia, por exemplo);
- **c) Prelegatário** (ou **legatário precípuo**) – trata-se da conformação, em um mesmo sucessor das qualidades de **herdeiros** e **legatário**;
- **d) Estado** – trata-se de um sucessor que não tem qualquer qualidade de herdeiro ou legatário, não podendo renunciar, ser excluído da sucessão e recebe apenas a parte líquida da herança.

4 Os **herdeiros** e **legatários** recebem, no momento da **abertura da sucessão** (morte do autor da herança) a **propriedade** dos bens que compõe a **herança**. Esta transmissão imediata é decorrência do **princípio da *saisine***. A posse somente será dada aos herdeiros, pois os legatários buscarão a posse de seus bens quando do pagamento dos **legados** pelos **herdeiros**.

5 Importante observar que se houver entre o autor da herança e o suposto sucessor um caso de **comoriência** (morte em que não se pode precisar quem veio a falecer primeiro, sendo presumida simultânea), não haverá, entre eles, sucessão.

6 A **sucessão hereditária tem por objeto** todos os direitos e obrigações que não tenham natureza personalíssima.

7 A capacidade sucessória existirá se não se tratar de pessoa excluída da sucessão (**indignidade**, **deserdação** ou **renúncia**). Para suceder deverá o pretenso sucessor respeitar a regra da coexistência (estar vivo quando da abertura da sucessão). Caso não mais esteja vivo, poderá, em havendo quem possa e deseje **representar**, ser considerado **herdeiro pré-morto**.

8 Já a possibilidade de vocação sucessória está atrelada à ordem estabelecida pelo art. 1.829 do CC, sendo que dentro de uma mesma classe (**descendentes**, **ascendentes** ou **colaterais**) os de grau mais próximo serão chamados e, em havendo quem se **habilite**, serão afastados os demais graus.

9.1. Deserdação

9 Única forma voluntária e heterônoma de se afastar herdeiro necessário, tratando-se de disposição testamentária que exclui os herdeiros necessários (art. 1.845, CC) de sua legítima. Lembre-se que são **herdeiros necessários os ascendentes, os descendentes e o cônjuge sobrevivente (não importando o regime)**. Não pode ser utilizada em face de herdeiro meramente legítimo (não necessário), hoje, os colaterais, pois em relação a estes basta efetivar disposição integral do patrimônio para que não recebem qualquer bem do monte.

10 Deve haver promoção de ação específica para se detectar se está presente, ao menos, uma das causas autorizadas em lei (arts. 1.961, 1.962 e 1.814, CC). Em sendo o testamento nulo ou revogado, a deserdação seguirá o mesmo destino. O deserdado poderá ser **representado**.

9.2. Indignidade

11 Trata-se de forma de exclusão legal da sucessão, não sendo necessária qualquer manifestação por parte do autor da herança (quando em vida). Pode, no entanto, ocorrer o perdão pelo ato, através de testamento. É necessário, assim como na deserdação, que se proceda a ação específica para apuração da suposta causa legal, com prazo de decadência de 4 anos. **Esta ação não pode ser requerida pelos credores de quem se beneficia com a exclusão**.

12 As causas são, em síntese do que prevê o art. 1.814 do CC, atentado contra vida, contra a honra ou contra a liberdade de testar. Pode atingir tanto os herdeiros legítimos, quanto os testamentários. Assim como os legatários.

13 Quando ocorre a exclusão por indignidade, o que for assim reconhecido não poderá mais receber nestes bens, mesmo que em uma futura sucessão (imagine que a filha é excluída da sucessão de sua mãe, a neta – filha da filha – recebe os bens, na futura sucessão da neta não poderá a filha excluída receber os bens). Os bens não entregues aos excluídos ficam marcados e são chamados de **bens erepticios**. Mesmo a administração destes bens está vedada ao indigno.

14 O indigno pode, contudo, representar o auto da herança em que foi excluído em outra sucessão.

9.3. Renúncia

15 O herdeiro deve aceitar a herança para poder dela participar. A aceitação pode ser expressa ou tácita (comportamento concludente, como utilizar bens

deixados pelo *de cujus*). Uma vez aceita, a propriedade retroage seus efeitos ao momento da abertura da sucessão, em razão do princípio da saisine.

16 Pode ser fixado prazo para que ocorra a aceitação (tanto a pedido dos credores do possível herdeiro, quanto pelos demais herdeiros), neste caso, se não se manifestar em 30 dias, presume-se que o herdeiro aceitou. Se o herdeiro falecer antes de aceitar, este direito passa aos seus sucessores por direito de transmissão (art. 1.809, CC).

17 Já a renúncia é o ato jurídico consistente em repudiar a herança aberta, não possibilitando, também, aos seus próprios herdeiros direito de representação. Só existe **renúncia expressa**, por termo nos autos ou por escrito público. A doutrina estabelece **duas espécies de renúncia**, uma chamada **propriamente dita** (que é, efetivamente, renúncia) e outra, **renúncia translatícia** (que é misto de aceitação com cessão de direitos hereditários). A renúncia à herança de uma pessoa não impede que se represente tal pessoa em outra sucessão.

18 É necessária a outorga do cônjuge por cotejo entre os arts. 80, I e 1.647, I do CC. Caso a renúncia prejudique os credores do renunciante, podem estes solicitar ao juiz do inventário que lhes possibilite a aceitação em substituição (isto não faz deles herdeiros, tendo apenas direitos patrimoniais).

19 A transmissão dos direitos provenientes da partilha pode ocorrer depois de aberta a sucessão e antes da partilha, não sendo necessário aguardar-se a abertura do inventário. Esta cessão, feita por escritura pública, não transmite a qualidade de herdeiro para o terceiro, pois aquele continua vinculado à sucessão em matéria pessoal.

20 A vocação hereditária se dá em razão do direito (**título**) e a **forma de partilha**.

21 Os descendentes podem ser chamados a uma sucessão por direito próprio (em que irão partilhar por cabeça – cada um significando um sucessor) ou por direito de representação (em que irão partilhar por estirpe). Na partilha por estirpe o representante não vale um sucessor, pois serão reunidos todos os representantes de um mesmo representado para equivaler a um sucessor. Os três filhos representarão o pai e ocuparão o lugar deste na sucessão (não três lugares).

22 Os **ascendentes** somente sucedem por direito próprio (não existe representação na linha ascendente). Mas a herança será fragmentada por linhas (se houver herdeiros em um mesmo grau na linha materna e paterna). Se só houver herdeiros de um lado da sucessão (só o pai ou só a mãe), não haverá esta

CIVIL

divisão, tudo irá para a linha em que há herdeiros. Achando-se um sucessor de grau menor, não se procuram outros (não havendo pais, achado um avô, não se procuram bisavós).

23 O cônjuge sempre partilha por cabeça e sempre participa por direito próprio (não há representação de cônjuge).

24 Os colaterais (**limitados ao 4º grau**) podem ser chamados por direito próprio (quando partilharão por cabeça) ou por direito de representação (realizando partilha por estirpe). Na linha colateral a única hipótese de representação é para os filhos de irmãos. Um irmão falece, sendo que um de seus irmãos é pré-morto. Os filhos deste serão chamados a representá-lo na sucessão daquele.

Direitos e partilha na sucessão legítima

Classe	Título do direito que será convocado	Forma da partilha
Descendente	Direito próprio	Por cabeça
	Direito de representação	Por estirpe
Ascendente	Direito próprio (sempre)	Por linhas
Cônjuge	Direito próprio (sempre)	Por cabeça
Colaterais	Direito próprio	Por cabeça
	Direito de representação (**único caso** – filhos de irmãos)	Por estirpe

Percentuais de participação hereditária

Descendentes	Não pode haver diferença entre os descendentes em relação à legítima, sempre recebendo cada um deles o mesmo percentual. Pode, contudo, o testador retirar de sua parte disponível bens para contemplar os filhos de forma diferente.
Ascendentes	Cada ascendente recebe em igualdade de condições dentro de sua linha. Assim, ascendentes de linhas diferentes podem receber percentuais diferentes.
Cônjuge	Primeiramente, deve-se verificar se ele terá direito a herdar, pois não participará da vocação se for separado judicialmente ou separado de fato a mais de dois anos (nesta situação poderá ele provar ser inocente na separação, por meio de ação autônoma). Note-se que apesar de o posicionamento majoritário advogar o fim da separação, ainda há pessoas separadas judicialmente. Se for possível sua participação, poderá apresentar-se em três situações diversas:

Percentuais de participação hereditária

Cônjuge/ Companheiro	1. **Em concorrência com os descendentes**: não poderá herdar se for casado com o autor da herança no regime da comunhão universal, separação obrigatória de bens e no da comunhão parcial de bens se não houver bens particulares do autor da herança. Partilhará com os descendentes por cabeça, tendo direito a uma cota reserva de ¼ se for ascendente dos com quem concorrer. Se houver filhos comuns e filhos só do autor da herança não terá reserva, recebendo em igualdade de condições; O STJ, em julgado de 2015, definiu-se pela concorrência do cônjuge quando este for casado com o autor da herança no regime da separação voluntária, trazendo luz sobre a temática: CIVIL. DIREITO DAS SUCESSÕES. CÔNJUGE. HERDEIRO NECESSÁRIO. ART. 1.845 DO CC. REGIME DE SEPARAÇÃO CONVENCIONAL DE BENS. CONCORRÊNCIA COM DESCENDENTE. POSSIBILIDADE. ART. 1.829, I, DO CC. 1. O cônjuge, qualquer que seja o regime de bens adotado pelo casal, é herdeiro necessário (art. 1.845 do Código Civil). 2. No regime de separação convencional de bens, o cônjuge sobrevivente concorre com os descendentes do falecido. A lei afasta a concorrência apenas quanto ao regime da separação legal de bens prevista no art. 1.641 do Código Civil. Interpretação do art. 1.829, I, do Código Civil. 3. Recurso especial desprovido. (STJ - REsp: 1382170 SP 2013/0131197-7, Relator: Ministro MOURA RIBEIRO, Data de Julgamento: 22/04/2015, S2 - SEGUNDA SEÇÃO, Data de Publicação: DJe 26/05/2015) 2. **Em concorrência com os ascendentes**: nesta situação não importará o regime de bens, herdando o cônjuge em igualdade de condições quando concorrer com ascendentes de primeiro grau e tendo reserva de 50% em concorrência com ascendentes de grau superior; 3. **Sem concorrentes**: não havendo descendentes ou ascendentes, o cônjuge sobrevivente, em qualquer regime, herdará a integralidade dos bens.
Companheiro	DICA ESSENCIAL! O STF reconheceu, em maio de 2017, a inconstitucionalidade do art. 1.790, CC, passando a sucessão do companheiro a ser regulada pelos dispositivos que tratam da sucessão do cônjuge.

9.4. Herança jacente e vacante

25 Se não houver herdeiros ou legatários a se apresentarem (configurando herança jacente – porque jaz inerte sem ter quem lhe reclame), o juiz determinará que se arrecadem os bens e sejam eles entregues a um curador (após devida liquidação com o pagamento das dívidas do *de cujus*), até que apareça herdeiro para se habilitar.

26 Será **publicado edital** convocando que se apresentem os interessados e, **não havendo quem o faça no período de um ano após a publicação do primeiro edital**, será a herança **declarada vacante. Esta declaração retira qualquer possibilidade de apresentação posterior de colaterais.**

27 Após **cinco anos** da declaração de vacância os **bens passarão** (sem aplicação do **princípio da *saisine***) à propriedade do Município, do Distrito Federal ou da União, se se encontra em Território. Pode ocorrer declaração imediata de vacância, caso todos os herdeiros chamados renunciem (não havendo testamento).

28 Se tratar de reconhecimento de paternidade *post mortem*, o prazo da ação de petição de herança inicia-se do trânsito em julgado da decisão que afirmou a paternidade (REsp 1.475.759-DF).

9.5. Sucessão testamentária

29 **Testamento** é negócio jurídico personalíssimo, unilateral e gratuito em que uma pessoa realiza disposições de caráter patrimonial e pessoal para depois de sua vida. Não é declaração receptícia da vontade, sendo válida mesmo que o herdeiro ou legatário não aceite a deixa. Serve, além de disposições de natureza pessoal, para a disposição dos bens do testador quando da morte deste, sendo que, se existentes herdeiros necessários (art. 1.845, CC – cônjuge, descendentes e ascendentes) deverá respeitar o limite legal (50%) da legítima. Perceba que os colaterais (como os irmãos, sobrinhos, tios, primos, tios-avós e sobrinhos-netos) não são herdeiros necessários, mas apenas herdeiros legítimos.

30 Mesmo que contenha **apenas disposições de natureza pessoal**, será um testamento válido.

31 Existe uma **capacidade especial para testar**, se aproximando da noção de legitimidade, pois a pessoa que deseje testar deverá ter pleno discernimento para fazê-lo, não bastando ser capaz. **Podem testar, todavia, os maiores de 16 de menores de 18 anos**.

32 Deve-se atentar **que os cegos só podem testar pela forma pública** (art. 1.867, CC). Se a pessoa vier a perder a capacidade **após a confecção do testamento não haverá invalidade para o mesmo**, visto que a capacidade se apura no momento de realização do ato e não de sua eficácia.

33 Em relação aos vícios da vontade, a anulabilidade pode ser parcial ou total, enquanto a nulidade é sempre total.

34 **Capacidade para adquirir por testamento**: certas pessoas estão proibidas de receber por testamento, sendo que esta inaptidão pode alcançar a todos ou a apenas algumas pessoas, de forma específica.

Incapacidade para adquirir testamento

Casos genéricos	**Casos específicos** (art. 1801, CC)
Coisas e animais.	I. a pessoa que, a rogo, escreveu o testamento, nem o seu cônjuge ou companheiro, ou os seus ascendentes e irmãos.
Pessoas jurídicas não existentes, ressalvadas as fundações criadas pelo próprio testador.	II. as testemunhas do testamento.
Pessoas não concebidas, exceto se se tratar de filhos futuros de pessoas indicadas pelo testador, limitada a concepção a 2 anos após a abertura da sucessão.	III. o concubino do testador casado, salvo se este, sem culpa sua, estiver separado de fato do cônjuge há mais de cinco anos.
Seres indeterminados.	IV. o tabelião, civil ou militar, ou o comandante ou escrivão, perante quem se fizer, assim como o que fizer ou aprovar o testamento.

35 **Testemunhas testamentárias:** segue-se a regra do art. 228 (atentando com cuidado para os incisos IV e V) e art. 1801. Para que seja uma testemunha é necessário que goze dos sentidos necessários à compreensão do ato. As testemunhas, como visto, não podem ser contempladas com bens no testamento. O testamento particular contempla uma forma sem a presença de testemunhas, em que o testador assinala na cártula o motivo da urgência e a impossibilidade de fazer testar sua vontade sem a presença de qualquer pessoa.

36 **Formas de testamento:** não é permitida a criação de forma híbrida ou nova, somente sendo aceitas as previstas em lei. Existem formas ordinárias (art. 1.862 – Público, cerrado e particular) e especiais (art. 1886 – Marítimo, aeronáutico e militar).

37 É proibida a confecção de testamento conjuntivo (duas ou mais pessoas testam juntas), seja ele simultâneo (duas pessoas testam no mesmo momento, no mesmo termo, em favor de uma terceira), recíproco (uma pessoa testa em favor da outra, sob a condição de esta também teste em favor daquela) ou correspectivo (no mesmo termo um testador testa em favor do outro).

38 **Testamento público - Confeccionado** pelo oficial do Cartório de Notas, com a presença de **duas testemunhas,** sendo franqueado ao **mudo** e ao **surdo**

CIVIL

testarem. É a **única** forma aceita de testamento ordinário para o **cego** e para o **analfabeto.**

39 **Testamento cerrado - Redigido** pelo testador (que sempre deve assinar a cártula) ou por **outra pessoa a seu pedido,** levado para a aprovação do oficial cartorial, na presença de **duas testemunhas.** Só é permitido a **quem saiba ler, não sendo necessário que possa ler** (o **mudo** pode testar sob esta forma). O surdo-mudo pode testar de forma cerrada, desde que aponha, no momento da entrega e diante do notário e das duas testemunhas, que aquele é seu testamento para aprovação.

40 **Testamento particular** - Também denominado **holográfico,** é **redigido** à mão ou por processo mecânico, **sem apresentação ou aprovação cartorial,** pelo **próprio testador,** na presença de **3 testemunhas.** Pode ser redigido em língua estrangeira desde que as testemunhas a compreendam. Será levado a juízo após a morte do testador, para sua efetivação. Se restar ao menos uma das testemunhas e o juiz compreender que há provas bastantes, poderá confirmar o testamento. Nesta forma de testamento existe uma subforma, denominado **testamento *in extremis vitae*,** em que o testador assinala na cártula os motivos de sua urgência em testar, podendo fazê-lo sem a presença de testemunhas. O juiz irá apreciar se há motivos efetivos e se os detectar, irá confirmar o testamento

41 **Testamentos marítimo e aeronáutico** - São formas equivalentes do público e do cerrado, em que aquele que estiver em navio ou aeronave, pode testar perante o comandante (no caso das aeronaves, perante quem ele indicar), na presença de 2 testemunhas.

42 Se o navio, no momento de sua confecção, estava em porto por tempo suficiente para que o testador pudesse testar pelas formas ordinárias, **o testamento caducará** (perderá a eficácia). Da mesma forma se, com desembarque (navios ou aeronaves), o testador morreu **após noventa dias** sem testar pelas formas ordinárias (se o pudesse fazer).

43 **Testamento militar** - Aquele que se encontra em zona de guerra em serviço militar, poderá testar perante **2 testemunhas** ou **3 testemunhas** (se não puder ou não souber assinar). Se o militar souber escrever também poderá redigir o testamento e o entregar a **oficial de patente** com a presença de **2 testemunhas.** Em cessando a guerra ou estando o testador em local em que possa testar, **caducará** o testamento militar se não testar pela forma ordinária em noventa dias. Aqui tem-se uma subforma especial de testamento, denominada **testamento nuncupativo**, pois se as pessoas a **serviço militar estiverem em campo de batalha ou feridas** podem **testar oralmente**, na presença de **2 testemunhas.**

44 **Codicilo**: não é forma testamentária, mas sim forma de deixa *post mortem*. Por ele é possível realizar pequenas deixas, dispor sobre o próprio enterro ou

nomear e substituir inventariantes (nesta última hipótese um codicilo pode revogar um testamento, se lhe for posterior).

45 **Disposições testamentárias**: em matéria de conteúdo, vige a noção de "em dúvida, em favor da vontade presumida do testador". A **ineficácia** de uma disposição **não prejudica as que não lhe forem vinculadas**. É nula a disposição (art. 1.900, CC): "I – que institua herdeiro ou legatário sob a condição captatória de que este disponha, também por testamento, em benefício do testador, ou de terceiro; **II** – que se refira a pessoa incerta, cuja identidade não se possa averiguar; **III** – que favoreça a pessoa incerta, cometendo a determinação de sua identidade a terceiro; **IV** – que deixe a arbítrio do herdeiro, ou de outrem, fixar o valor do legado; **V** – que favoreça as pessoas a que se referem os arts. 1.801 e 1.802."

46 Qualquer disposição que **ultrapasse a parte disponível deverá ser reduzida**, perdendo eficácia apenas em relação ao seu ***quantum***.

47 Ter-se-á por **rompido** o testamento (em todas as suas disposições) se sobrevier ao momento da confecção do testamento, **herdeiro necessário do testador** (**que não o tinha ou não o conhecia**), sendo fundamental que o herdeiro posterior **sobreviva** ao testador.

48 **Legados**: trata-se de deixa de bem individualizado ou de percentual de bem individualizado, que pertença ao testador no tempo da abertura da sucessão, exceto se este determinar a um dos seus sucessores a aquisição de bem, sob a forma de encargo.

49 Perda da eficácia do legado: **a)** pela modificação da coisa; **b)** alienação da coisa; **c)** perecimento ou evicção da coisa; **d)** pela indignidade ou pela pré-morte do legatário (não há, portanto, direito de representação para legatários – existindo apenas as substituições, que serão vistas a seguir).

50 **Substituições testamentárias:** o testador pode prever substituição quando não puder ou não quiser o herdeiro ou legatário participar da sucessão.

- **a)** **Substituição vulgar:** Quando o herdeiro ou legatário é substituído por uma (singular) ou por várias pessoas (coletiva ou plural).
- **b)** **Substituição recíproca:** Os herdeiros são **substitutos uns dos outros**. Será geral se indeterminada, ou particular se cada herdeiro tiver seu correspondente.
- **c)** **Substituição fideicomissária:** Trata-se de uma substituição concomitante e sucessiva. O fideicomitente testa em favor do fiduciário que deverá entregar ao fideicomissário o bem, sob certa condição. No atual sistema civil só é possível em favor da prole eventual de alguém. Não pode haver fideicomisso de terceiro grau (só se pode fazer uma substituição).

51 **Sonegados**: tudo o que deveria ser levado à partilha, mas não o foi de forma consciente pelo sucessor ou inventariante, é configurado como **sonegado**, recebendo aquele que ocultou o bem a **pena de perdimento de direitos sobre o referido bem.** Caso o sonegador seja o inventariante, será removido.

52 **Colação**: é o ato de conferir todos os bens recebidos pelo sucessor durante a vida do *de cujus*, por liberalidade. Não necessitam ser colacionadas as doações recebidas do autor da herança se ele houver determinado que elas saíram de sua parte disponível e não houve excesso.

53 **Para se ter a obrigação de colacionar é necessário: 1)** Sucessão legítima; **2)** Coerdeiros descendentes; **3)** Liberalidade feita em vida, não retirada da parte disponível ou que o tenha sido com excesso sobre a legítima.

DIREITO PROCESSUAL CIVIL

♦ *Bethânia Pádua*

Sumário:

INCIDÊNCIA DOS TEMAS NAS PROVAS
(atualizada até o XXIV Exame da OAB)

Direito Processual Civil		
Procedimento especial de jurisdição voluntária	1	1%
Processo eletrônico	1	1%
Provas	2	1%
Tutela provisória	4	3%
Formação, suspensão e extinção do processo	4	3%
Procedimento sumaríssimo	4	3%
Legislação especial	5	4%
Atos processuais	5	4%
Sentença e coisa julgada	6	4%
Processo coletivo	6	4%
Do processo nos tribunais	7	5%
Dos órgãos judiciários e dos auxiliares da justiça	9	7%
Procedimento especial de jurisdição contenciosa	13	10%
Partes e procuradores	15	11%
Recursos	16	12%
Processo de execução	17	13%
Procedimento comum	19	14%
Total	134	100%

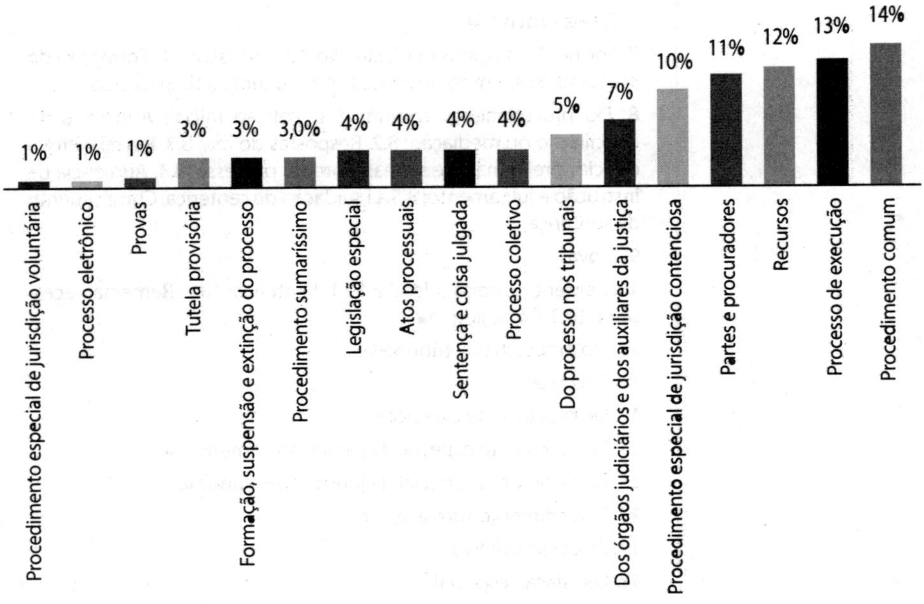

1. COMPETÊNCIA

1 Competência é a limitação do **exercício legítimo da jurisdição.**

2 **Princípio da efetividade**: a justiça brasileira só deve se considerar competente para julgar demandas cuja decisão gere efeitos em território nacional ou em Estado estrangeiro que reconheça tal decisão.

3 A competência, em princípio, divide-se em **competência internacional**, que traça os limites da jurisdição dos tribunais brasileiros, podendo ser **concorrente ou exclusiva**, e **competência interna**, que divide a função jurisdicional entre os vários órgãos da Justiça Nacional.

4 Hipóteses de **competência internacional concorrente** (arts. 21 e 22, CPC): compete à autoridade judiciária brasileira processar e julgar as ações:

(i) em que o réu, qualquer que seja a sua nacionalidade, estiver domiciliado no Brasil;

(ii) em que no Brasil tiver de ser cumprida a obrigação;

(iii) em que o fundamento seja fato ocorrido ou ato praticado no Brasil;

(iv) de alimentos, quando o credor tiver domicílio ou residência no Brasil; quando o réu mantiver vínculos no Brasil, tais como posse ou propriedade de bens, recebimento de renda ou obtenção de benefícios econômicos;

(v) decorrentes de relações de consumo, quando o consumidor tiver domicílio ou residência no Brasil;

(vi) em que as partes, expressa ou tacitamente, se submeterem à jurisdição nacional.

5 Hipóteses de **competência internacional exclusiva** (art. 23, CPC): compete à autoridade judiciária brasileira, com exclusão de qualquer outra:

(i) conhecer de ações relativas a imóveis situados no Brasil;

(ii) em matéria de sucessão hereditária, proceder à confirmação de testamento particular e ao inventário e à partilha de bens situados no Brasil, ainda que o autor da herança seja de nacionalidade estrangeira ou tenha domicílio fora do território nacional;

(iii) em divórcio, separação judicial ou dissolução de união estável, proceder à partilha de bens situados no Brasil, ainda que o titular seja de nacionalidade estrangeira ou tenha domicílio fora do território nacional.

6 A ação proposta perante tribunal estrangeiro **não induz litispendência** e não obsta a que a autoridade judiciária brasileira conheça da mesma causa e das que lhe são conexas, ressalvadas as disposições em contrário de tratados

PROCESSUAL CIVIL

internacionais e acordos bilaterais em vigor no Brasil. Porém, a pendência de causa perante a jurisdição brasileira **não impede a homologação de sentença judicial estrangeira** quando exigida para produzir efeitos no Brasil (art. 24, *caput* e parágrafo único, CPC).

7 Critérios de competência:

(i) **Critério objetivo**: é adotado quando a competência for determinada pelo **valor da causa ou pela matéria** que será discutida no processo.

(ii) **Critério funcional**: é a repartição das atividades jurisdicionais entre os diversos órgãos que devam atuar dentro de um mesmo processo.

(iii) **Critério territorial**: é atribuída aos diversos órgãos jurisdicionais levando em conta a divisão do território nacional em circunscrições judiciárias.

8 **Competência em razão do valor da causa**: a toda causa será atribuído um valor certo, ainda que não tenha conteúdo econômico imediatamente aferível (art. 291, CPC) e, com base nele, as normas de organização judiciária podem atribuir competência a um ou outro órgão judicante.

9 **Competência em razão da matéria**: o direito material controvertido pode servir, inicialmente, para determinar a competência civil na esfera constitucional, atribuindo à causa ou à Justiça Federal ou à Justiça Estadual. Mas, dentro do foro, é ainda possível a subdivisão do mesmo entre varas especializadas (varas de família, de falência etc).

10 A **competência funcional** classifica-se em:

(i) **fases do procedimento**: ocorre, por exemplo, quando a execução corre numa comarca, mas incide sobre bens situados em outra. Neste caso, a competência para os atos de penhora, avaliação e alienação será deslocado para o juízo da situação dos bens (art. 845, § 2º, CPC).

(ii) **grau de jurisdição**: ocorre nos casos de competência originária dos tribunais para algumas espécies de causa, como a ação rescisória, bem como a competência recursal (competência hierárquica).

(iii) **objeto do juízo**: ocorre, por exemplo, no julgamento dos Tribunais, quando é suscitada questão de inconstitucionalidade, havendo, neste caso, duas decisões por órgãos distintos: a Câmara decide o recurso e o Pleno decide o incidente.

11 Quanto à **competência territorial**, divide-se em:

(i) Foro comum ou geral: é o do **domicílio do réu**, para as ações fundadas em direito pessoal e direito real sobre bens móveis (art. 46, CPC).

(ii) Foros especiais: nas ações reais imobiliárias, é competente o **foro da situação da coisa.** Porém, o autor pode optar pelo foro de domicílio do réu ou pelo foro de eleição se o litígio não recair sobre direito de propriedade, vizinhança, servidão, divisão e demarcação de terras e de nunciação de obra nova (art. 47, CPC).

12 Outros foros especiais

(i) A ação possessória imobiliária será proposta no foro de situação da coisa, cujo juízo tem competência absoluta (art. 47, § 2º, CPC).

(ii) O foro de domicílio do autor da herança, no Brasil, é o competente para o inventário, a partilha, a arrecadação, o cumprimento de disposições de última vontade, a impugnação ou anulação de partilha extrajudicial e para todas as ações em que o espólio for réu, ainda que o óbito tenha ocorrido no estrangeiro. Porém, se o autor da herança não possuía domicílio certo, será competente o foro de situação dos bens imóveis; havendo bens imóveis em foros diferentes, qualquer destes; não havendo bens imóveis, o foro do local de qualquer dos bens do espólio (art. 48, CPC).

(iii) A ação em que o incapaz for réu será proposta no foro de domicílio de seu representante ou assistente (art. 50, CPC).

(iv) É competente o foro para a ação de divórcio, separação, anulação de casamento e reconhecimento ou dissolução de união estável de domicílio do guardião de filho incapaz; do último domicílio do casal, caso não haja filho incapaz; de domicílio do réu, se nenhuma das partes residir no antigo domicílio do casal (art. 53, I, CPC).

(v) É competente o foro de domicílio ou residência do alimentando, para a ação em que se pedem alimentos (art. 53, II, CPC).

(vi) É competente o foro do lugar de residência do idoso, para a causa que verse sobre direito previsto no respectivo estatuto (art. 53, III, e, CPC).

(vii) É competente o foro do lugar do ato ou fato para a ação de reparação de dano (art. 53, IV, a, CPC).

(viii) É competente o foro de domicílio do autor ou do local do fato, para a ação de reparação de dano sofrido em razão de delito ou acidente de veículos, inclusive aeronaves (art. 53, V, CPC).

13 **Competência da Justiça Federal**: aos juízes federais compete processar e julgar as causas em que a União, entidade autárquica ou empresa pública federal forem interessadas na condição de autoras, rés, assistentes ou oponentes, exceto as de falência, as de acidentes de trabalho e as sujeitas à Justiça Eleitoral e à Justiça do Trabalho (art. 109, I, CF). Apesar do texto não dizer expressamente, as **fundações públicas federais** também se incluem no rol, mas não as **sociedades de economia mista federais**.

14 As **causas de falência** serão julgadas no juízo universal da quebra. Se a Justiça Estadual decretou a falência de uma sociedade empresária, a habilitação

PROCESSUAL CIVIL

de crédito ou qualquer outra postulação a ser formulada contra a massa deve ser apresentada perante o juízo universal.

15 As ações envolvendo **acidente de trabalho** a que alude o art. 109, I, da CF são as ajuizadas pela **vítima em face do INSS**, para postular os benefícios a que faz jus. Não se trata de ação indenizatória movida pela vítima em face do patrão, que é de competência da Justiça do Trabalho.

16 As ações acidentárias envolvendo o INSS (autarquia federal) devem ser processadas e julgadas perante a **Justiça Estadual** (seja a comarca provida ou não de Justiça Federal).

17 A competência para as **ações previdenciárias** é, em regra, da **Justiça Federal**, sendo supletiva a competência da **Justiça Estadual**, ou seja, apenas se a comarca não for sede de juízo federal (art. 109, § 3º, CF). Por essa razão, os recursos contra as decisões do juiz estadual serão encaminhados para o **Tribunal Regional Federal**.

18 Se um processo corre na Justiça Estadual e é admitida a **intervenção da União, autarquias, fundações públicas e empresas públicas federais**, os autos serão remetidos à **Justiça Federal**. Neste sentido, importante a regra constante na súmula 150, STJ, segundo a qual "Compete à Justiça Federal decidir sobre a existência de interesse jurídico que justifique a presença, no processo, da União, suas autarquias ou empresas públicas."

19 **Princípio da *perpetuatiojurisdicionis*** (art. 43, CPC): determina-se a competência no momento do registro ou da distribuição da petição inicial, sendo irrelevantes as modificações do estado de fato ou de direito ocorridas posteriormente, salvo quando suprimirem órgão judiciário ou alterarem a competência absoluta.

20 Conforme a possibilidade de sofrer ou não alterações, a competência interna classifica-se em:

(i) **Absoluta** é a competência posta na garantia de **interesses públicos**, insuscetível de sofrer modificação, seja pela vontade das partes, seja pelos motivos legais de prorrogação.

(ii) **Relativa**, ao contrário, por estar ligada a **interesses particulares**, é a competência passível de modificação por vontade das partes ou por prorrogação oriunda de conexão ou continência de causas.

21 São relativas as competências que decorrem do **valor da causa** ou do **território** e absolutas a competência em **razão da matéria** e a **competência funcional**.

22 Prorrogação de competência ocorre quando se amplia a esfera de competência de um órgão judiciário para conhecer de certas causas que não estariam, ordinariamente, compreendidas em suas atribuições jurisdicionais. A **prorrogação de competência** pode ser:

(i) **Legal (ou necessária)**: quando decorre de imposição da própria lei, como nos casos de conexão e continência.

(ii) **Voluntária**: quando decorre de ato de vontade das partes, como no foro de eleição, ou na falta de oposição ao foro incompetente.

23 A **competência relativa** poderá modificar-se pela **conexão** ou pela **continência** (art. 54, CPC).

24 Conexão: reputam-se conexas 2 (duas) ou mais ações quando lhes for comum o pedido ou a causa de pedir (art. 55, CPC). Consequência disso é que as ações conexas serão reunidas para decisão conjunta, **salvo se uma delas já houver sido sentenciada.**

25 As hipóteses de conexão também se aplicam à execução de título extrajudicial e à ação de conhecimento relativa ao mesmo ato jurídico, bem como às execuções fundadas no mesmo título executivo.

26 Vale frisar, ainda, que serão reunidos para julgamento conjunto os processos que possam gerar **risco de prolação de decisões conflitantes ou contraditórias** caso decididos separadamente, mesmo **sem conexão** entre eles (art. 55, § 3º, CPC).

27 **Continência**: ocorre quando entre 2 (duas) ou mais ações houver identidade quanto às partes e à causa de pedir, mas o pedido de uma, por ser mais amplo, abrange o das demais.

28 Quando houver continência e a ação continente tiver sido proposta anteriormente, no processo relativo à ação contida será proferida sentença sem resolução de mérito, caso contrário, as ações serão necessariamente reunidas (art. 57, CPC).

29 **Prevenção**: o juízo que primeiro conheceu de uma das causas conexas tem, por isso, ampliada, por prevenção, sua competência para todas as ações interligadas que se lhe seguirem. A prevenção se divide em:

(i) **Prevenção originária**: é dada pela propositura da ação.

(ii) **Prevenção expansiva**: tem relação com as demandas conexas.

30 Prevenção originária: serão **distribuídas por dependência** as causas de qualquer natureza (art. 286, CPC):

(i) quando se relacionarem, por conexão ou continência, com outra já ajuizada;

(ii) quando, tendo sido extinto o processo sem resolução de mérito, for reiterado o pedido, ainda que em litisconsórcio com outros autores ou que sejam parcialmente alterados os réus da demanda;

PROCESSUAL CIVIL

(iii) quando houver ajuizamento de ações nos termos do art. 55, § 3º, ao juízo prevento, ou seja, quando houver risco de prolação de decisões conflitantes ou contraditórias caso os processos sejam decididos separadamente.

31 Prevenção expansiva: o **registro ou a distribuição** da petição inicial torna prevento o juízo (art. 59, CPC).

32 A prorrogação da competência pode ser voluntária, como ocorre no caso de cláusula de eleição de foro prevista contratualmente. Neste sentido, é importante frisar que a eleição de foro só produz efeito quando constar de **instrumento escrito** e aludir expressamente a determinado negócio jurídico (art. 63, § 1º, CPC).Lembre-se ainda que o foro contratual obriga os herdeiros e sucessores das partes.

33 **Antes da citação**, a cláusula de eleição de foro, **se abusiva**, pode ser reputada **ineficaz de ofício** pelo juiz, que determinará a remessa dos autos ao juízo do foro de domicílio do réu. Porém, **após a citação**, incumbe ao réu alegar a abusividade da cláusula de eleição de foro na contestação, sob pena de **preclusão** (art. 63, §§ 3º e 4º, CPC).

34 A incompetência, **absoluta ou relativa**, será alegada como **preliminar de mérito na contestação** (arts. 64 e 337, II, CPC).

35 A incompetência absoluta pode ser alegada em **qualquer tempo e grau de jurisdição** e deve ser declarada **de ofício**. Ao contrário, a incompetência relativa, se não for alegada pelo réu em preliminar de mérito na contestação**,** **preclui**, e o juízo que a princípio era relativamente incompetente para julgar a demanda se torna competente.

36 Acolhida a alegação de incompetência, não há que se falar em extinção do processo, mas sim em remessa dos autos ao juízo competente.

37 Serão mantidos **os efeitos de decisão proferida pelo juízo incompetente** até que outra seja proferida, se for o caso, pelo juízo competente, a menos que haja decisão judicial em sentido contrário (art. 64, § 4º, CPC).

38 Há **conflito de competência** quando (art. 66, CPC):

(i) 2 (dois) ou mais juízes se declaram competentes;

(ii) 2 (dois) ou mais juízes se consideram incompetentes, atribuindo um ao outro a competência;

(iii) entre 2 (dois) ou mais juízes surge controvérsia acerca da reunião ou separação de processos.

39 Competência para julgar o conflito:

(i) Em princípio, é do tribunal hierarquicamente superior aos juízes conflitantes.

(ii) Se, porém, a divergência for entre tribunais, bem como entre tribunal e juízes a ele não vinculados e entre juízes vinculados a tribunais diversos, a competência será do Superior Tribunal de Justiça (art. 105, inciso I, "d", CF).

(iii) A competência será do Supremo Tribunal Federal quando o conflito se instalar entre o STJ e qualquer outro tribunal, ou entre tribunais superiores (TST, TSE e STM), ou ainda entre tribunal superior e qualquer outro tribunal (art.102, inciso I, "o", CF).

2. DAS PARTES E DOS PROCURADORES

2.1. Das partes

1 As pessoas naturais e as pessoas jurídicas de direito público ou privado têm capacidade de ser parte, porque são titulares de direitos e obrigações na ordem civil.

2 A lei estende a capacidade de ser parte a alguns entes despersonalizados, como é o caso da massa falida, do espólio, do condomínio e da sociedade sem personalidade jurídica.

3 De acordo com o art. 75, incisos I, II e III do CPC, o Município pode ser representado ativa ou passivamente por seu prefeito ou procurador, ao passo que a União, o Estado e o Distrito Federal apenas por seus procuradores.

4 Capacidade processual é a aptidão de estar em juízo pessoalmente (art. 70, CPC).

5 O incapaz será representado ou assistido por seus pais, por tutor ou por curador (art. 71, CPC).

6 Se o incapaz não tiver representante legal, ou se os interesses deste colidirem com os do incapaz, a ele será nomeado curador especial, enquanto perdurar a incapacidade.

7 Ao réu revel preso, bem como ao réu revel citado por edital ou por hora certa, será nomeado curador especial, enquanto não constituir advogado. No caso do réu preso, o objetivo é garantir-lhe o exercício do contraditório, vez que a privação de sua liberdade, pode dificultar o exercício do direito de defesa. Do mesmo modo, no caso do réu revel citado por edital ou por hora certa, o curador especial é nomeado para assegurar a sua defesa, mas em virtude de ter sido a citação ficta ou presumida, podendo não ter se defendido apenas por não ter tomado conhecimento do feito.

8 Cabe à Defensoria Pública a função de atuar como curador especial.

9 Ao curador especial não se aplica o ônus da impugnação especificada dos fatos articulados pelo autor, podendo contestar por negativa geral.

10 A capacidade é um dos pressupostos processuais. Caso o magistrado verifique que uma das partes é incapaz ou que há irregularidade em sua representação, deverá suspender o processo e marcar prazo razoável para que o defeito seja sanado. Se não for sanado, cabendo ao autor a providência, o processo será extinto; cabendo ao réu, será considerado revel e, cabendo ao terceiro, será considerado revel, se ingressou no polo passivo, ou excluído do processo, se ingressou no polo ativo (art. 76, *caput* e § 1º, CPC).

2.2. Dos procuradores

11 A capacidade postulatória consiste na aptidão para realizar os atos do processo de maneira eficaz, pertencendo aos advogados e integrantes do Ministério Público.

12 Nos termos do art. 104, *caput* e § 1º, do CPC, o advogado não será admitido a postular em juízo sem procuração, salvo para evitar preclusão, decadência ou prescrição, ou para praticar ato considerado urgente, caso em que, independente de prestação de caução, deverá juntar a procuração aos autos do processo no prazo de 15 dias, prorrogável por igual período através de despacho judicial.

13 A procuração geral para o foro (cláusula *ad judicia*), outorgada por instrumento público ou particular assinado pela parte, habilita o advogado a praticar todos os atos do processo, exceto receber citação, confessar, reconhecer a procedência do pedido, transigir, desistir, renunciar ao direito sobre o qual se funda a ação, receber, dar quitação, firmar compromisso e assinar declaração de hipossuficiência econômica, que devem constar de cláusula específica, nos termos do art. 105 do CPC.

14 A procuração deverá conter o nome do advogado, seu número de inscrição na Ordem dos Advogados do Brasil e endereço completo. Além disso, se o outorgado integrar sociedade de advogados, a procuração também deverá conter o nome dessa, seu número de registro na Ordem dos Advogados do Brasil e endereço completo (art. 105, §§ 2º e 3º, CPC).

15 A procuração outorgada na fase de conhecimento é eficaz para todas as fases do processo, inclusive para o cumprimento de sentença, salvo se houver disposição em sentido contrário expressamente prevista no próprio instrumento (art. 105, § 4º, CPC).

16 O mandato judicial pode ser livremente revogado pelo outorgante, que deverá constituir, no mesmo ato, outro que assuma o patrocínio da causa (art. 111, CPC).

17 De igual modo, a renúncia ao mandato será possível no curso do processo, devendo o advogado provar que comunicou o mandante a fim de que nomeie sucessor. Para evitar-lhe prejuízo, a lei determina que nos 10 dias subsequentes o advogado continue representando os interesses do mandante. Referida comunicação será dispensada se a procuração tiver sido outorgada a vários advogados que continuarão representando os interesses da parte (art. 112, caput e §§ 1º e 2º, CPC).

18 A sentença condenará o vencido a pagar honorários ao advogado do vencedor. Estes são os chamados honorários de sucumbência, devidos também na reconvenção, no cumprimento de sentença, provisório ou definitivo, na execução, resistida ou não, e nos recursos interpostos, cumulativamente (art. 85, caput e § 1º, CPC).

19 Os honorários foram reconhecidos pelo CPC/15 como direito do advogado, tendo ainda natureza alimentar, o que lhe assegura os mesmos privilégios dos créditos oriundos da legislação do trabalho. Não bastasse isso, o Código veda expressamente a compensação em caso de sucumbência parcial (art. 85, § 14, CPC).

20 É possível que o advogado requeira que o pagamento dos honorários a que faz jus seja efetuado em favor da sociedade de advogados que integra na qualidade de sócio, não perdendo, com isso, a natureza alimentar (art. 85, § 15, CPC).

21 Sendo honorários fixados em quantia certa, determina o CPC que os juros moratórios incidirão a partir da data do trânsito em julgado da decisão. Além disso, se a decisão transitada em julgado for omissa quanto à fixação dos honorários, o advogado poderá se valer de ação autônoma para buscar sua definição e cobrança (art. 85, §§ 16 e 18, CPC).

22 O advogado terá direito aos honorários mesmo quando atuar em causa própria (art. 85, § 17, CPC).

2.3. Litisconsórcio e intervenção de terceiros

23 O litisconsórcio consiste na **reunião de duas ou mais pessoas** assumindo, simultaneamente, a **posição de autor ou de réu**.

24 O litisconsórcio pode ocorrer nas seguintes situações (art. 113, CPC):

PROCESSUAL CIVIL

(i) Quando houver comunhão de direitos ou de obrigações relativamente à lide;

(ii) Entre as causas houver conexão pelo pedido ou pela causa de pedir;

(iii) Ocorrer afinidade de questões por ponto comum de fato ou de direito.

25 Convém lembrar duas regras:

(i) Litisconsortes que tiverem diferentes procuradores, de escritórios de advocacia distintos, terão prazos contados em dobro para todas as suas manifestações, em qualquer juízo ou tribunal, independentemente de requerimento, desde que se trate de autos físicos. Ademais, cessa a contagem do prazo em dobro se, havendo apenas 2 (dois) réus, é oferecida defesa por apenas um deles (art. 229, CPC).

(ii) Não se conta em dobro o prazo para recorrer, quando só um dos litisconsortes haja sucumbido (súmula 641, STF).

26 O litisconsórcio se classifica em:

(i) Ativo, passivo e misto

(ii) Inicial e ulterior

(iii) Necessário e facultativo

(iv) Unitário e simples

27 Será ativo o litisconsórcio quando dois ou mais autores litigarem juntos no polo ativo da demanda. Em contrapartida, se dois ou mais réus litigarem juntos no polo passivo da demanda, diz-se que o litisconsórcio é passivo. Será misto quando ocorrer a um só tempo no polo ativo e passivo da demanda.

28 O litisconsórcio inicial é aquele que se forma desde a propositura da demanda, ao passo que o litisconsórcio ulterior (ou superveniente) ocorre no curso da demanda.

29 O litisconsórcio será necessário quando for obrigatório **por disposição de lei** ou quando a **natureza da relação jurídica de direito material for indivisível** (art. 114, CPC). Já o litisconsórcio facultativo, que não é obrigatório, será recusável quando se tratar de **litisconsórcio multitudinário**, ou seja, quando o número de litigantes na fase de conhecimento, na liquidação de sentença ou na execução puder comprometer a rápida solução do litígio ou dificultar a defesa ou o cumprimento da sentença (art. 113, § 1º, CPC).

30 O litisconsórcio será unitário quando, pela natureza da relação jurídica, o juiz tiver de decidir o mérito de modo **uniforme** para todos os litisconsortes (art. 116, CPC). Em contrapartida, o litisconsórcio será simples quando a decisão puder ser **diferente** para cada um dos litisconsortes.

31 Ausente um litisconsorte necessário, que não foi citado para integrar o contraditório, a consequência será a seguinte (art. 115, CPC):

(i) a **sentença de mérito será nula**, se a decisão deveria ser uniforme em relação a todos que deveriam ter integrado o processo, ou seja, em se tratando de **litisconsórcio necessário unitário**;

(ii) a **sentença de mérito será ineficaz** apenas para os que não foram citados, em se tratando de **litisconsórcio necessário simples**.

32 Nos casos de litisconsórcio passivo necessário, o juiz determinará ao autor que requeira a citação de todos que devam ser litisconsortes, dentro do prazo que assinar, sob pena de extinção do processo. Trata-se da chamada **intervenção *iussuiudicis*** (art. 115, parágrafo único, CPC).

33 Regime de tratamento dos litisconsortes (art. 117, CPC):

(i) A conduta determinante de um litisconsorte não pode prejudicar o outro, qualquer que seja o regime de litisconsórcio.

(ii) No litisconsórcio simples, a conduta alternativa de um litisconsorte não aproveita aos demais.

(iii) No litisconsórcio unitário, em razão da necessidade de tratamento uniforme, a conduta alternativa de um litisconsorte estende os seus efeitos aos demais.

34 Cada litisconsorte tem o direito de promover o andamento do processo, e todos devem ser intimados dos respectivos atos (art. 118, CPC).

35 A assistência é uma modalidade de intervenção de terceiros através da qual o **terceiro juridicamente interessado** poderá intervir no processo para auxiliar uma das partes a obter uma **sentença favorável** (art. 119, CPC).

36 A assistência pode ser arguida em qualquer tempo ou grau de jurisdição.

37 A assistência classifica-se em:

(i) **Assistência simples ou adesiva**: ocorre quando o assistente não é titular da relação jurídica discutida em juízo e nem possui relação jurídica com o adversário do assistido;

(ii) **Assistência litisconsorcial**: ocorre quando o assistente é titular da relação jurídica discutida em juízo e possui relação jurídica com o adversário do assistido.

38 Nos termos do art. 121 do CPC, o assistente simples atuará como auxiliar da parte principal, exercerá os mesmos poderes e se sujeitará aos mesmos ônus processuais que o assistido. Além disso, sendo revel ou, de qualquer outro modo, omisso o assistido, o assistente será considerado seu **substituto processual**.

39 Por não ser titular da relação jurídica discutida em juízo, o assistente simples não pode impedir o assistido de reconhecer a procedência do pedido, desistir da ação, renunciar ao direito sobre o que se funda a ação ou transigir sobre direitos controvertidos.

40 O assistente litisconsorcial nada mais é que um litisconsorte ulterior, ou seja, seguirá o regime de tratamento dado aos litisconsortes.

41 O **chamamento ao processo**, modalidade de intervenção de terceiros, é uma faculdade e não uma obrigação do devedor demandado. Lembre-se, ainda, que **somente o réu** pode promover o chamamento ao processo.

42 Hipóteses de cabimento do chamamento ao processo (art. 130, CPC):

(i) do afiançado, na ação em que o fiador for réu;

(ii) dos demais fiadores, na ação proposta contra um ou alguns deles;

(iii) dos demais devedores solidários, quando o credor exigir de um ou de alguns o pagamento da dívida comum.

43 O chamamento ao processo será requerido na contestação e deve ser promovido no prazo de 30 (trinta) dias, sob pena de ficar sem efeito. Porém, se o chamado residir em outra comarca, seção ou subseção judiciárias, ou em lugar incerto, o prazo será de 2 (dois) meses (art. 131, *caput* e parágrafo único, CPC).

44 No chamamento ao processo, a sentença de procedência valerá como **título executivo** em favor do réu que satisfizer a dívida.

45 A denunciação da lide é uma intervenção de terceiro provocada, podendo ser promovida pelo autor ou pelo réu. Trata-se de uma demanda incidente, regressiva, eventual e antecipada.

46 A denunciação da lide **não é obrigatória**. Se a parte não denunciar a lide, somente poderá exercer de forma autônoma seu eventual direito de regresso.

47 Em relação ao denunciante, o denunciado é réu da demanda incidental. Porém, quanto à posição do denunciado em face do adversário do denunciante, o CPC o trata como litisconsorte do denunciante (arts. 127 e 128, I, CPC).

48 Hipóteses de cabimento da denunciação da lide (art. 125, CPC):

(i) ao alienante imediato, no processo relativo à coisa cujo domínio foi transferido ao denunciante, a fim de que possa exercer os **direitos que da evicção lhe resultam**. Esta hipótese se aplica àquele que vem a perder em ação própria o domínio, a posse ou o uso da coisa adquirida a título oneroso.

(ii) àquele que estiver obrigado, **por lei ou pelo contrato**, a indenizar, em **ação regressiva**, o prejuízo de quem for vencido no processo.

49 Existem duas concepções doutrinárias acerca da interpretação do art. 125, II, CPC:

(i) **Concepção restritiva**: para Vicente Greco Filho "não é permitida, na denunciação, a intromissão de **fundamento jurídico novo**, ausente na demanda originária, que não seja responsabilidade direta, decorrente da lei e do contrato." Neste sentido, afirma Fredie Didier Jr., "É com base nesta linha de pensamento que **não se admite a denunciação da lide do servidor, pelo Estado, em demandas de responsabilidade civil** – como o Estado responde objetivamente pelos prejuízos causados, a denunciação da lide introduziria fundamento jurídico novo, que é a responsabilidade subjetiva do servidor (art. 37, § 6º, CF/1988)."

(ii) **Concepção ampliativa**: ação regressiva deve ser entendida de forma ampla, abrangendo **direito à indenização, reembolso, garantia** (própria ou imprópria, repetição de pagamento indevido etc). Ou seja, um só processo servirá para a solução de mais de um problema. Além disso, evitam-se decisões conflitantes, já que o mesmo juiz resolverá o conflito principal e o regressivo.

50 Se o pedido da ação principal for julgado procedente, pode o autor, se for o caso, requerer o cumprimento da sentença também **contra o denunciado**, nos limites da condenação deste na ação regressiva (art. 128, parágrafo único, CPC).

51 Admite-se uma única **denunciação sucessiva**, promovida pelo denunciado, contra seu antecessor imediato na cadeia dominial ou quem seja responsável por indenizá-lo, não podendo o denunciado sucessivo promover nova denunciação, hipótese em que eventual direito de regresso será exercido por ação autônoma (art. 125, § 2º, CPC).

52 O **incidente de desconsideração da personalidade jurídica** é uma modalidade de intervenção de terceiro através da qual se busca dirigir ao terceiro a responsabilidade patrimonial.

53 Se a desconsideração for requerida na petição inicial, o processo já é instaurado contra o sócio ou a pessoa jurídica, não havendo intervenção de terceiro (art. 134, § 2º, CPC).

54 No direito brasileiro, a desconsideração da personalidade jurídica é uma sanção à utilização abusiva da personalidade jurídica.

55 A desconsideração pode atingir o sócio ou outra pessoa jurídica do **mesmo grupo societário**. No caso da **desconsideração inversa**, atinge-se a pessoa jurídica.

56 "A **desconsideração inversa da personalidade jurídica** caracteriza-se pelo afastamento da autonomia patrimonial da sociedade para, contrariamente

PROCESSUAL CIVIL

do que ocorre na desconsideração da personalidade propriamente dita, **atingir o ente coletivo e seu patrimônio social**, de modo a responsabilizar a pessoa jurídica por obrigações do sócio controlador." (STJ. Resp 1.236.916/RS. Dje 28/10/13. Ministra relatora Nancy Andrighi).

57 Não é possível a instauração do incidente de desconsideração da personalidade jurídica de ofício pelo julgador, devendo ser instaurado a **requerimento da parte ou do Ministério Público**, quando lhe couber intervir no processo (art. 133, CPC).

58 O incidente de desconsideração da personalidade jurídica terá cabimento em todas as fases do processo de conhecimento, no cumprimento da sentença e na execução de título extrajudicial (art. 134, CPC). Além disso, pode ser instaurado originariamente perante o tribunal, caso em que seu julgamento incumbirá ao relator (art. 932, VI, CPC).

59 O incidente de desconsideração da personalidade jurídica **amplia o objeto litigioso e traz sujeito novo para o processo**, razão pela qual a instauração do incidente deve demonstrar o preenchimento dos pressupostos legais que autorizam a intervenção, **sob pena de inépcia**.

60 Instaurado o incidente de desconsideração da personalidade jurídica, o terceiro será citado para manifestar-se e requerer as provas cabíveis no prazo de 15 (quinze) dias (art. 135, CPC). Ademais, a instauração do incidente, salvo quando requerida na petição inicial, suspende o processo (art. 134, § 3º, CPC).

61 O incidente será resolvido por decisão interlocutória recorrível mediante agravo de instrumento (art. 1015, IV, CPC). Se, porém, a decisão for proferida por relator, cabe agravo interno (art. 136, parágrafo único, CPC). Agora, se, porventura, o incidente for resolvido em sentença, será caso de apelação (art. 1009, CPC).

62 A decisão que resolve o incidente de desconsideração da personalidade jurídica está apta à formação da **coisa julgada** e à **ação rescisória**.

63 A alienação em **fraude à execução**, feita após a instauração do incidente, será **ineficaz** em relação ao requerente.

64 O ***amicus curiae***, modalidade de intervenção de terceiro, ingressa no feito espontaneamente, a requerimento da parte ou por provocação do juiz ou relator, para fornecer subsídios que possam aprimorar a decisão judicial (art. 138, CPC).

65 O *amicus curiae* **atua como parte** e dá a sua opinião sobre a causa naquilo que diz respeito sobretudo a **questões técnico-jurídicas**. Não se submete às regras de impedimento e suspeição e **não faz jus a honorários**.

66 O *amicus curiae* pode ser pessoa física, jurídica, órgão ou entidade especializada. Deve, contudo, possuir **representatividade adequada**, ou seja, algum vínculo com a questão litigiosa, de forma que possa contribuir para a solução da controvérsia.

67 É possível que haja mais de um *amicus curiae* no processo, podendo inclusive apresentar teses opostas, o que só enriquece o debate.

68 "O *amicus curiae* somente pode demandar a sua intervenção até a data em que o Relator liberar o processo para pauta." (STF. ADI 4.071 AgR, Rel. Ministro Menezes Direito. Julgamento: 22/04/09).

69 **É irrecorrível** a decisão que admite ou solicita a intervenção do *amicus curiae*. Já **a decisão que a rejeita é recorrível.**

70 O *amicus curiae* terá o prazo de 15 dias para se manifestar contados da data da intimação da decisão que o admitiu. Essa manifestação pode ser apresentada junto com o próprio requerimento de ingresso que, se for inadmitido, leva à exclusão da manifestação dos autos.

71 A intervenção do *amicus curiae* **não implica alteração de competência.** Além disso, não tem o *amicus curiae* legitimidade recursal, salvo duas exceções:

(i) Oposição de embargos de declaração (art. 138, § 1º).

(ii) Recurso da decisão que julga o incidente de resolução de demandas repetitivas.

72 Caberá ao juiz ou ao relator, na decisão que solicitar ou admitir a intervenção, definir os poderes do *amicus curiae* (art. 138, § 2º, CPC). O juiz pode, por exemplo, autorizar a produção de provas e a sustentação oral de suas razões.

73 O **órgão julgador não fica vinculado à manifestação do *amicus curiae***, até mesmo porque ele participa do processo na condição de parte, ainda que de uma parte especial.

3. DOS ÓRGÃOS JUDICIÁRIOS E DOS AUXILIARES DA JUSTIÇA

3.1. Do órgão judiciário

1 Juízes são as pessoas que exercem, em nome do Estado, o poder jurisdicional. No primeiro grau de jurisdição, os juízos são singulares, ou seja, formados por um só juiz, ao passo que nos graus superiores os juízos são coletivos ou colegiados.

2 O CPC, no art. 139, ao determinar que incumbe ao juiz a direção do processo, confere a esta autoridade poderes, deveres e responsabilidades, quais sejam:

(i) assegurar às partes igualdade de tratamento;

(ii) velar pela duração razoável do processo;

(iii) prevenir ou reprimir qualquer ato contrário à dignidade da justiça e indeferir postulações meramente protelatórias;

(iv) determinar todas as medidas indutivas, coercitivas, mandamentais ou sub-rogatórias necessárias para assegurar o cumprimento de ordem judicial, inclusive nas ações que tenham por objeto prestação pecuniária;

(v) promover, a qualquer tempo, a autocomposição, preferencialmente com auxílio de conciliadores e mediadores judiciais;

(vi) dilatar os prazos processuais e alterar a ordem de produção dos meios de prova, adequando-os às necessidades do conflito de modo a conferir maior efetividade à tutela do direito, lembrando que essa dilação de prazos só pode ser determinada antes do encerramento do prazo regular;

(vii) exercer o poder de polícia, requisitando, quando necessário, força policial, além da segurança interna dos fóruns e tribunais;

(viii) determinar, a qualquer tempo, o comparecimento pessoal das partes, para inquiri-las sobre os fatos da causa, hipótese em que não incidirá a pena de confesso;

(ix) determinar o suprimento de pressupostos processuais e o saneamento de outros vícios processuais;

(x) quando se deparar com diversas demandas individuais repetitivas, oficiar o Ministério Público, a Defensoria Pública e, na medida do possível, outros legitimados elencados no CDC e na Lei de Ação Civil Pública, para, se for o caso, promover a propositura da ação coletiva respectiva.

3 Pelo princípio da inafastabilidade do controle jurisdicional, o juiz não pode se eximir de decidir sob a alegação de lacuna ou obscuridade do ordenamento jurídico (art. 140, CPC).

4 O juiz só poderá decidir por equidade nos casos expressamente previstos em lei.

5 O juiz decidirá o mérito nos limites propostos pelas partes, sendo-lhe vedado conhecer de questões não suscitadas a cujo respeito a lei exige iniciativa da parte (art. 141, CPC).

6 Hipóteses de **impedimento do juiz** (art. 144, CPC):

(i) se o juiz interveio como mandatário da parte, oficiou como perito, funcionou como membro do Ministério Público ou prestou depoimento como testemunha;

(ii) se o juiz conheceu do processo em outro grau de jurisdição, tendo proferido decisão;

(iii) quando no processo estiver postulando, como defensor público, advogado ou membro do Ministério Público, seu cônjuge ou companheiro, ou qualquer parente, consanguíneo ou afim, em linha reta ou colateral, até o terceiro grau, inclusive;

(iv) quando for parte no processo ele próprio, seu cônjuge ou companheiro, ou parente, consanguíneo ou afim, em linha reta ou colateral, até o terceiro grau, inclusive;

(v) quando o juiz for sócio ou membro de direção ou de administração de pessoa jurídica parte no processo;

(vi) quando o juiz for herdeiro presuntivo, donatário ou empregador de qualquer das partes;

(vii) em que figure como parte instituição de ensino com a qual o juiz tenha relação de emprego ou decorrente de contrato de prestação de serviços;

(viii) em que figure como parte cliente do escritório de advocacia de seu cônjuge, companheiro ou parente, consanguíneo ou afim, em linha reta ou colateral, até o terceiro grau, inclusive, mesmo que patrocinado por advogado de outro escritório;

(ix) quando o juiz promover ação contra a parte ou seu advogado.

7 Hipóteses de **suspeição do juiz** (art. 145, CPC):

(i) quando o juiz for amigo íntimo ou inimigo de qualquer das partes ou de seus advogados;

(ii) quando o juiz receber presentes de pessoas que tiverem interesse na causa antes ou depois de iniciado o processo, que aconselhar alguma das partes acerca do objeto da causa ou que subministrar meios para atender às despesas do litígio;

(iii) quando qualquer das partes for credora ou devedora do juiz, de seu cônjuge ou companheiro ou de parentes destes, em linha reta até o terceiro grau, inclusive;

(iv) quando o juiz for interessado no julgamento do processo em favor de qualquer das partes.

PROCESSUAL CIVIL

3.2. Dos auxiliares de justiça

8 O juiz, detentor do poder jurisdicional, para consecução de suas tarefas necessita da colaboração de órgãos auxiliares, que, em seu conjunto e sob a direção do magistrado, formam o *juízo.*

9 Os serventuários do juízo se classificam em **permanentes** (são os que atuam continuamente, prestando colaboração em todo e qualquer processo que tramite pelo juízo, como o escrivão, o oficial de justiça e o distribuidor) e **eventuais** (são os auxiliares que não integram habitualmente os quadros do juízo e só em alguns processos são convocados para tarefas especiais, como o que se passa com o intérprete e o perito).

10 São auxiliares da Justiça, além de outros cujas atribuições sejam determinadas pelas normas de organização judiciária, o escrivão, o chefe de secretaria, o oficial de justiça, o perito, o depositário, o administrador, o intérprete, o tradutor, o mediador, o conciliador judicial, o partidor, o distribuidor, o contabilista e o regulador de avarias (art. 149, CPC).

11 O escrivão é o encarregado de dar andamento ao processo e de documentar os atos que se praticam em seu curso. Entre as suas atribuições, destacam-se (arts. 152 e 153, CPC):

(i) redigir, na forma legal, os ofícios, os mandados, as cartas precatórias e os demais atos que pertençam ao seu ofício;

(ii) efetivar as ordens judiciais, realizar citações e intimações, bem como praticar todos os demais atos que lhe forem atribuídos pelas normas de organização judiciária;

(iii) comparecer às audiências ou, não podendo fazê-lo, designar servidor para substituí-lo;

(iv) manter sob sua guarda e responsabilidade os autos, não permitindo que saiam do cartório, exceto quando tenham de seguir à conclusão do juiz, com vista a procurador, à Defensoria Pública, ao Ministério Público ou à Fazenda Pública, quando devam ser remetidos ao contabilista ou ao partidor e quando forem remetidos a outro juízo em razão da modificação da competência;

(v) fornecer certidão de qualquer ato ou termo do processo, independentemente de despacho, observadas as disposições referentes ao segredo de justiça;

(vi) praticar, de ofício, os atos meramente ordinatórios.

12 Para publicação e efetivação dos pronunciamentos judiciais, o escrivão ou o chefe de secretaria deverá atender, preferencialmente, à **ordem cronológica**

de recebimento dos processos, estando os atos urgentes e as preferências legais excluídos desta regra (art. 153, *caput* e § 2º, CPC).

13 O oficial de justiça é o funcionário do juízo que se encarrega de cumprir os mandados relativos a diligências fora de cartório, como citações, intimações, notificações, penhoras, sequestros, arrestos etc. (art. 154, CPC).

14 O perito, por sua vez, é **um auxiliar eventual do juízo**, que assiste o juiz quando a prova do fato litigioso depender de conhecimento técnico ou científico (art. 156 a 158, CPC).

15 Para verificação de eventual impedimento ou motivo de suspeição, o órgão técnico ou científico nomeado para realização da perícia informará ao juiz os nomes e os dados de qualificação dos profissionais que participarão da atividade (art. 156, § 4º, CPC).

16 O depositário é o serventuário ou auxiliar da justiça que se encarrega da **guarda e conservação dos bens** colocados às ordens do juízo, por força de medidas constritivas, como a penhora, o arresto, o sequestro etc. Quando o depositário tem ainda poderes de gestão, é chamado de administrador (arts. 159 a 161, CPC).

17 O depositário ou o administrador tem direito a receber uma **remuneração** que o juiz fixará levando em conta a situação dos bens, ao tempo do serviço e às dificuldades de sua execução (art. 160, CPC), bem como será **ressarcido pelas despesas** que realizar para a manutenção do bem.

18 O depositário ou o administrador responde pelos prejuízos que, por dolo ou culpa, causar à parte, perdendo a remuneração que lhe foi arbitrada (art. 161, CPC). Além disso, o **depositário infiel** pode ser penalmente responsabilizado pelos seus atos e sofrer a imposição de sanção por ato atentatório à dignidade da justiça. Lembre-se, porém, que é ilícita a prisão civil do depositário infiel (súmula vinculante 25, STF).

19 O **intérprete e tradutor** é aquele a quem se atribui o encargo de traduzir para o português os atos ou documentos expressados em língua estrangeira ou em linguagem mímica dos surdos-mudos (arts. 162 a 164, CPC).

20 Nos termos do art. 162 do CPC, o juiz nomeará intérprete ou tradutor quando necessário para:

(i) traduzir documento redigido em língua estrangeira;

(ii) verter para o português as declarações das partes e das testemunhas que não conhecerem o idioma nacional;

(iii) realizar a interpretação simultânea dos depoimentos das partes e testemunhas com deficiência auditiva que se comuniquem por meio da Língua Brasileira de Sinais, ou equivalente, quando assim for solicitado.

21 O mediador é um **terceiro imparcial** e **sem poder de decisão**, que por meio de técnicas negociais, auxilia os envolvidos a encontrar uma solução pacífica e adequada para os problemas por eles enfrentados. Já o conciliador, na busca pela autocomposição, pode apresentar proposições e sugerir soluções para o conflito (arts. 165 a 175, CPC).

22 O CPC prevê, ainda, a atuação de outros auxiliares eventuais, que são chamados a atuar em circunstâncias especiais do procedimento, como, por exemplo, o serviço postal, o serviço telegráfico, a imprensa oficial etc.

4. DOS ATOS PROCESSUAIS

1 O processo se apresenta como uma relação jurídica que se dá entre as partes e o magistrado, desenvolvendo-se através de sucessivos atos processuais praticados por seus sujeitos até o provimento final a ser prestado.

2 Em regra, os atos processuais são expressos de **forma escrita**. Assim, mesmo havendo a expressão oral (depoimentos), impõe-se a documentação por escrito.

3 Os atos processuais não se apresentam de forma isolada, são ligados uns aos outros, formando uma unidade, sendo que a validade, finalidade e efeitos somente são atingidos quando realizados no processo, no momento próprio e, em regra, na forma exigida ou permitida por lei.

4 Os atos processuais estão ligados pela unidade de escopo, ou seja, os efeitos não são autônomos e existem apenas para que o processo chegue ao ato final, que é a sentença.

5 Os atos processuais classificam-se em atos dos órgãos judiciários (juiz e auxiliares) e atos das partes, bem como em atos simples e atos complexos.

(i) Quanto aos atos do juiz, podemos classificá-los como **atos de provimento** (são atos de pronunciamento do juiz no processo, tendo como espécies os despachos, as decisões interlocutórias e a sentença) e **atos reais ou materiais** (tais como atos de documentação, em que o juiz assina os despachos, as sentenças, e atos instrutórios, em que ouve as partes, instrui as audiências etc).

(ii) Os atos dos auxiliares da justiça classificam-se em **atos de movimentação** (feito precipuamente pelo escrivão e seus funcionários ao realizarem a conclusão dos autos ao juiz, concederem vista às partes, expedirem mandado), **atos de documentação** (como a lavratura dos termos referentes à movimentação, a feitura do termo de audiência, o lançamento de certidões etc), **atos de execução** (produzidos ordinariamente pelos oficiais de justiça, em cumprimento a mandado judicial) e **atos**

de comunicação processual (consistente em intimações ou citações, é realizado pelo escrivão, com o auxílio dos correios, ou pelo oficial de justiça, em cumprimento a mandados judiciais).

(iii) Quanto aos atos das partes, classificam-se em **atos postulatórios** (aquele mediante os quais a parte pleiteia dado provimento jurisdicional, tais como petição inicial, contestação e recurso), **atos dispositivos** (são aqueles através dos quais se abre mão, em prejuízo próprio, de determinada posição jurídica processual ativa, ou mesmo da própria tutela jurisdicional), **atos instrutórios** (são aqueles através dos quais as partes buscam convencer o juiz de sua pretensão) e **atos reais** (são atos materiais, como, por exemplo, o pagamento das custas processuais, a prestação de depoimentos etc).

(iv) **Atos simples** (são aqueles que praticamente se exaurem em uma só conduta, tais como petição inicial, citação, contestação e sentença) e **atos complexos** (apresentam-se como um conglomerado de vários atos unidos pela contemporaneidade e pela finalidade comum, como a audiência de instrução e julgamento).

6 Quanto à forma, ou seja, conjunto de solenidades que devem ser observadas para que o ato jurídico seja eficaz, os atos processuais se dividem em **solenes** (a lei prevê uma forma como condição de validade) e **não solenes** (não dependem de qualquer solenidade e se provam por quaisquer meios de convencimento admitidos em direito).

7 Os atos e os termos do processo, regra geral, não dependem de forma determinada, a menos que a lei a exija expressamente. Porém, ainda assim, consideram-se válidos os que, realizados de outro modo, lhe preencham a finalidade essencial (art. 188, CPC). Ou seja, a solenidade está ligada à instrumentalidade do processo, de forma que **só será invalidado o ato que não houver atingido a sua finalidade**.

8 Regra geral, os **atos processuais são públicos**. Porém, existem processos que tramitam em **segredo de justiça** (publicidade restrita) por exigência de interesse público ou social; por versarem sobre casamento, separação de corpos, divórcio, separação, união estável, filiação, alimentos e guarda de crianças e adolescentes; em virtude do direito constitucional à intimidade e por versarem sobre arbitragem, inclusive sobre cumprimento de carta arbitral, desde que a confidencialidade estipulada na arbitragem seja comprovada perante o juízo (art. 189, CPC).

9 Quando o processo tramita em segredo de justiça, o direito de consultar os autos e de pedir certidões de seus atos fica restrito às partes e aos seus procuradores. Apesar disso, o terceiro que demonstrar interesse jurídico pode requerer ao juiz certidão do dispositivo da sentença, bem como de inventário e de partilha resultantes de divórcio ou separação.

10 **O uso da língua portuguesa é obrigatório em todos os atos e termos do processo**. Por isso, se o documento estiver redigido em língua estrangeira deve ser juntado no processo acompanhado de versão em língua portuguesa firmada por tradutor juramentado, ou tramitada pela via diplomática ou pela autoridade central (art. 192, *caput* e parágrafo único, CPC).

11 **O CPC adotou a teoria dos negócios jurídicos processuais**, disciplinando, em certos casos, a **possibilidade de mudança procedimental**, convencionando sobre seus ônus, poderes, faculdades e deveres processuais, antes ou durante o processo. Para tanto, nos termos do art. 190 do CPC, é necessário:

(i) que o processo verse sobre direitos que admitam autocomposição;

(ii) que as partes sejam plenamente capazes.

12 O juiz deve, de ofício ou a requerimento das partes, controlar a validade dos negócios jurídicos processuais celebrados antes ou no curso do processo, recusando-lhes aplicação nos seguintes casos:

(i) nulidade ou inserção abusiva em contrato de adesão;

(ii) quando uma das partes se encontrar em manifesta situação de vulnerabilidade.

13 As partes e o juiz podem, de comum acordo, **fixar calendário** para a prática de atos processuais, ficando, a partir daí, vinculados aos prazos nele previstos, que só poderão ser modificados excepcionalmente, em casos justificados.

14 O calendário dispensa a intimação das partes para a prática de ato processual ou a realização de audiência.

15 Será considerado tempestivo o ato praticado antes do termo inicial do prazo (art. 218, 4º, CPC).

16 Na contagem de prazo em dias, estabelecido por lei ou pelo juiz, serão computados apenas os dias úteis. Tal regra aplica-se apenas aos atos processuais (art. 219, *caput* e parágrafo único, CPC).

17 O juiz proferirá os despachos no prazo de 5 dias; as decisões interlocutórias no prazo de 10 dias e as sentenças no prazo de 30 dias. Se houver motivo justificado, em qualquer grau de jurisdição, o juiz poderá exceder referidos prazos por tempo igual (arts. 226 e 227, CPC).

18 O Ministério Público, a Fazenda Pública, a Defensoria Pública e os escritórios de prática jurídica das faculdades de Direito têm **prazos em dobro** para manifestação nos autos. Lembre-se, porém, que quando a lei fixar prazo próprio para referidos entes, não se aplicará o prazo em dobro.

19 Os litisconsortes que tiverem **diferentes advogados, de escritórios de advocacia distintos**, terão prazos contados em dobro para todas as suas manifestações, em qualquer juízo ou tribunal, independentemente de requerimento, em se tratando de **autos físicos**. Esta regra não se aplica aos processos em autos eletrônicos (art. 229, CPC).

20 No Processo Judicial Eletrônico considera-se como data da publicação o primeiro dia útil seguinte ao da disponibilização da informação no Diário da Justiça eletrônico e os prazos processuais terão início no primeiro dia útil que seguir ao considerado como data da publicação (art. 4º, §§ 3º e 4º, Lei 11.419/06).

21 Considera-se realizada a intimação no dia em que o intimando efetivar a consulta eletrônica ao teor da mesma, o que deve ocorrer em até 10 dias corridos contados da data do envio da intimação, sob pena de se considerar automaticamente realizada na data do término desse prazo (art. 5º, §§ 1º e 3º, Lei 11.419/06).

22 A comunicação dos atos processuais surge da necessidade de cientificar as partes sobre os atos praticados a serem praticados, classificando-se em **real ou pessoal**, quando feita diretamente à pessoa do interessado, e **presumida ou ficta**, quando feita por um órgão ou um terceiro que se presume faça chegar a ocorrência ao conhecimento do interessado.

23 **Formas de comunicação dos atos processuais:**

(i) carta precatória: para outra comarca, dentro do território nacional;

(ii) carta rogatória: para outro país;

(iii) carta de ordem: de um tribunal para um juiz que lhe esteja subordinado;

(iv) citação: por correio, por mandado judicial, pelo escrivão ou chefe de secretaria, por edital, com hora certa e por meio eletrônico;

(v) intimação: para cientificação de atos e termos do processo.

24 Citação é o ato pelo qual são convocados o réu, o executado ou o interessado para integrar a relação processual(art. 238, CPC). **Sem a citação do réu, não se aperfeiçoa a relação processual** e torna-se inoperante a sentença. **O comparecimento espontâneo do réu supre, entretanto, a falta de citação.** Porém, comparecendo o réu apenas para argüir a nulidade e sendo esta decretada, considerar-se feita a citação na data em que ele ou seu advogado forem intimados da decisão (ver art. 239, CPC). Cabe ressaltar que a citação é garantia fundamental que está alicerçada no princípio constitucional do contraditório e da ampla defesa (art. 5º, LIV, CF).

25 A citação válida produz os seguintes efeitos (art. 240, CPC):

(i) litigiosidade do objeto discutido em juízo;

(ii) litispendência;

(iii) constituição do devedor em mora;

26 A **interrupção da prescrição**, que ocorre com o despacho que ordena a citação, ainda que proferido por juízo incompetente, retroagirá à data de propositura da ação.

27 **Regra geral, a pessoa física ou natural será citada pelo correio**, para qualquer comarca do país, com as seguintes exceções (art. 247, CPC):

(i) nas ações de estado, observado o disposto no art. 695, § 3º, que determina que a citação deve ser pessoal nas ações de família;

(ii) quando o citando for incapaz;

(iii) quando o citando for pessoa de direito público;

(iv) quando o citando residir em local não atendido pela entrega domiciliar de correspondência;

(v) quando o autor, justificadamente, a requerer de outra forma.

28 Como o carteiro não dispõe de fé-pública para certificar a entrega ou a recusa, se o destinatário se negar a assinar o recibo, a citação postal restará frustrada e só restará ao autor renovar a citação por mandado. Além disso a citação será feita por mandado/oficial de justiça nas hipóteses previstas em lei.

29 A **citação com hora certa** ocorrerá quando, por 2 (duas) vezes, o oficial de justiça houver procurado o citando em seu domicílio ou residência sem o encontrar e houver suspeita de ocultação. Neste caso, o oficial de justiça intimará qualquer pessoa da família ou, em sua falta, qualquer vizinho de que, no dia útil imediato, voltará a fim de efetuar a citação, na hora que designar. No dia e na hora designados, o oficial de justiça, independentemente de novo despacho, comparecerá ao domicílio ou à residência do citando a fim de realizar a diligência. Se o citando não estiver presente, o oficial de justiça procurará informar-se das razões da ausência, dando por feita a citação, ainda que o citando se tenha ocultado em outra comarca, seção ou subseção judiciárias. Da certidão da ocorrência, o oficial de justiça deixará contrafé com qualquer pessoa da família ou vizinho, conforme o caso, declarando-lhe o nome (arts. 252 e 253, CPC).

30 Se o réu citado com hora certa permanecer revel, a ele será nomeado um curador especial, com poderes para contestar por negativa geral (arts. 72, II, 253, § 4º e 341, parágrafo único, CPC).

31 A **citação por edital** é meio de citação ficta ou presumida e tem cabimento nas seguintes hipóteses:

(i) quando desconhecido ou incerto o citando;

(ii) quando ignorado, incerto ou inacessível o lugar em que se encontrar o citando;

(iii) nos casos expressos em lei.

32 Considera-se inacessível, para efeito de citação por edital, o país que recusar o cumprimento de carta rogatória (art. 256, § 1º, CPC).

33 A parte que requerer a citação por edital, alegando dolosamente a ocorrência das circunstâncias autorizadoras para sua realização, incorrerá em **multa de 5 (cinco) vezes o salário-mínimo**, que se reverterá **em proveito do citando** (art. 258, parágrafo único, CPC).

34 Preferencialmente, as **empresas públicas e privadas**, bem como a **Fazenda Pública** (União, Estados, Distrito Federal, Municípios e entidades da administração indireta) **serão citados e intimados por meio eletrônico**, sendo, por isso, obrigadas a manter cadastro nos sistemas de processo em autos eletrônicos.

35 Intimação é o ato pelo qual se dá ciência a alguém dos atos ou termos do processo (art. 269, CPC). Trata-se de ato de comunicação processual de grande importância, vez que é **da intimação que começam a fluir os prazos para que as partes exerçam os direitos e faculdades processuais.** Em razão do princípio do impulso oficial, as intimações não dependem de provocação das partes e são efetuadas, **de ofício**, no curso do processo, salvo disposição em contrário (art. 271, CPC).

36 A intimação da União, dos Estados, do Distrito Federal, dos Municípios e de suas respectivas autarquias e fundações de direito público será realizada **perante o órgão de Advocacia Pública responsável por sua representação judicial** (art. 269, § 3º, CPC).

37 Mesmo eivado de vício que determine a sua nulidade, o ato processual será considerado válido e eficaz, até que um pronunciamento judicial reconheça a sua irregularidade.

38 A anulação do ato processual obedece a alguns princípios gerais:

(i) Princípio da causalidade: impõe que a nulidade de um ato do procedimento atinja os posteriores que dele sejam dependentes, com a consequente anulação de todo o processo, a partir do ato celebrado com imperfeição (art. 281, CPC).

(ii) Princípio da instrumentalidade das formas: só serão anulados os atos imperfeitos se o seu objetivo não tiver sido atingido, de acordo com o brocardo "pas de nullitésansgrief".

(iii) Princípio do interesse: a parte que tiver dado causa à irregularidade não será legitimada a pleitear a anulação do ato (art. 276, CPC). Essa restrição, contudo, só se aplica nas hipóteses de nulidade relativa, quando a exigência de determinada forma é instituída no interesse particular e não da ordem pública.

(iv) Princípio da economia processual (ou da eficiência): está presente nas manifestações do princípio da instrumentalidade das formas, na determinação de que os atos posteriores ao ato nulo não se contaminam se não dependentes deste, no aproveitamento dos atos do processo inadequados à ação exercida etc.

39 A nulidade absoluta ocorre quando a exigência de determinada forma do ato processual visa preservar interesses de ordem pública no processo que por isso mesmo pode e deve ser decretada de ofício, independentemente de provocação da parte interessada. Em contrapartida, a nulidade relativa ocorre quando é exclusivamente da parte o interesse visado pela determinação legal da forma, razão pela qual o juiz não pode decretá-la de ofício, dependendo de provocação da parte interessada.

40 A inexistência jurídica do ato processual ocorre quando faltar ao ato jurídico elementos essenciais à sua constituição, a ponto de ser ele inexistente perante o direito. Exemplos: sentença que não contenha a parte dispositiva ou ainda qualquer ato do processo não assinado por seu autor.

41 Em caso de **nulidade relativa**, a não arguição da irregularidade pela parte interessada, quando esta pela primeira vez se manifesta nos autos, convalida o ato, salvo se a parte provar justo impedimento (art. 278, CPC).

42 Quanto à **nulidade absoluta**, na maioria dos casos, transitada em julgado a sentença de mérito, a irregularidade torna-se irrelevante e não se pode mais decretar a nulidade do ato viciado. Porém, há certos vícios que o legislador considera mais graves e que mesmo após o trânsito em julgado podem ser considerados para determinar a anulação, como ocorre, por exemplo, nas hipóteses que autorizam a ação rescisória.

43 Os atos inexistentes não podem convalescer, pelo simples fato de que não têm absolutamente condição de produzir efeito algum.

5. PROCESSO ELETRÔNICO

1 Os atos processuais podem ser total ou parcialmente digitais, de forma a permitir que sejam produzidos, comunicados, armazenados e validados por meio eletrônico, na forma da lei. Tais regras aplicam-se também à prática de atos notariais e de registro, no que for cabível (art. 193, parágrafo, CPC).

2 Nos atos praticados por meio eletrônico **é irrelevante a assinatura do advogado no documento físico.**

3 O titular do certificado digital utilizado para peticionamento eletrônico **deve ter procuração** nos autos, sendo irrelevante seu nome estar ou não grafado no documento (STJ, AgRg no REsp 1347278/RS, DJe 01/08/13).

4 Os sistemas de automação processual respeitarão a **publicidade dos atos**, o **acesso e a participação das partes e de seus procuradores**, inclusive nas audiências e sessões de julgamento, observadas as seguintes garantias (art. 194, CPC):

(i) disponibilidade;

(ii) independência da plataforma computacional;

(iii) acessibilidade e interoperabilidade dos sistemas, serviços, dados e informações que o Poder Judiciário administre no exercício de suas funções.

5 Exemplo prático do art. 194 do CPC pode ser retirado do art. 10, § 2º, Lei 11.419/06 ao prever que estando o sistema indisponível por motivo técnico o prazo automaticamente se prorroga para o primeiro dia útil subsequente à resolução do problema.

6 Requisitos do registro dos atos processuais eletrônicos:

(i) Autenticidade: identificação do ator do ato processual;

(ii) Integridade: impossibilidade de modificação do ato após ele ter sido praticado;

(iii) Temporalidade: identificação de dia e hora da prática do ato;

(iv) Não repúdio: de origem, protege o receptor da mensagem, indicando que a mesma se originou do declarante, e de envio, protege o declarante, de que a mensagem foi efetivamente recebida pelo destinatário;

(v) Conservação: preservação dos atos, mantendo-os íntegros pelo tempo que se fizer necessário.

(vi) Confidencialidade: nas hipóteses de segredo de justiça.

7 Compete ao CNJ e, supletivamente, aos tribunais, regulamentar a prática e a comunicação oficial de atos processuais por meio eletrônico e velar pela compatibilidade dos sistemas, disciplinando a incorporação progressiva de novos avanços tecnológicos e editando, para esse fim, os atos que forem necessários, nos termos do art. 196 do CPC.

8 As unidades do Poder Judiciário deverão manter **gratuitamente**, à disposição dos interessados, **equipamentos necessários à prática de atos processuais** e à **consulta e ao acesso ao sistema e aos documentos** dele constantes. Caso estes equipamentos não sejam disponibilizados, a parte poderá praticar o ato por **meio não eletrônico** (art. 198, parágrafo único, CPC).

9 De igual modo, as unidades do Poder Judiciário devem assegurar às **pessoas com deficiência acessibilidade aos seus sítios na rede mundial de computadores**, ao meio eletrônico de prática de atos judiciais, à comunicação eletrônica dos atos processuais e à assinatura eletrônica, nos termos do art. 199, CPC.

10 A prática eletrônica de ato processual pode ocorrer em qualquer horário **até as 24 horas do último dia do prazo**, lembrando que o horário vigente no juízo perante o qual o ato deve ser praticado será considerado para fins de atendimento do prazo (art. 213, *caput* e parágrafo único, CPC; art. 3º, parágrafo único, Lei 11.419/06).

11 O **prazo em dobro** para litisconsortes com advogados distintos de escritórios de advocacia distintos **não se aplica aos processos em autos eletrônicos** (art. 229, § 2º, CPC).

12 Com o CPC/15, a citação eletrônica passa a ser modalidade preferencial de citação das empresas públicas e privadas, bem como da Fazenda Pública, nos termos do art. 6º, Lei 11.419/06 e art. 246, V, §§ 1º e 2º, CPC.

13 Cartas precatórias, rogatórias ou de ordem devem ser feitas preferencialmente por meio eletrônico (art. 7º, Lei 11.419/06).

14 A audiência de conciliação ou de mediação pode realizar-se por meio eletrônico, nos termos da lei (art. 334, § 7º, CPC).

15 Os **documentos produzidos eletronicamente e juntados aos processos eletrônicos** com **garantia da origem e de seu signatário** serão considerados **originais** para todos os efeitos legais, salvo se for arguida a sua falsidade, caso em que deverá ser apresentado em juízo o documento original. Lembre-se, contudo, que o incidente de falsidade será processado eletronicamente, nos termos da lei (art. 11, caput e § 2º, Lei 11.419/06).

16 Em princípio, nos termos do art. 439 do CPC, a utilização de documentos eletrônicos no processo convencional dependerá de sua **conversão à forma impressa e da verificação de sua autenticidade**, na forma da lei. Porém, caso o documento eletrônica não seja convertido, o juiz apreciará o seu valor probante, devendo ainda assegurar às partes o acesso ao seu teor (art. 440, CPC).

17 No agravo de instrumento em **autos eletrônicos não há necessidade de juntar os documentos obrigatórios e facultativos**, podendo, contudo, o agravante anexar outros documentos que entender úteis para a compreensão da controvérsia (art. 1017, § 5º, CPC).

6. TUTELA PROVISÓRIA

1 A tutela provisória baseia-se em juízo de **cognição sumária ou superficial**. Por isso, podem ser modificadas ou revogadas a qualquer tempo pelo juiz.

2 A tutela provisória se divide em **tutela de urgência** (que pode ser **antecipada ou cautelar** e **antecedente ou incidental**) e **tutela de evidência** (que é sempre **satisfativa e incidental**).

3 A tutela provisória de urgência se funda na presença da **plausibilidade do direito** (*fumus boni iuris*) e do **perigo de dano ou risco ao resultado útil do processo** (*periculum in mora*), nos termos do art. 300, CPC.

4 A tutela provisória de evidência se funda apenas na demonstração de evidência do direito (art. 311, CPC). **Não há necessidade de demonstrar urgência.**

5 A **tutela de evidência é sempre satisfativa.** Já existia à época do CPC/73, só não possuía essa nomenclatura (ex.: liminar na possessória).

6 A tutela antecipada (ou satisfativa) antecipa à parte **o próprio direito material**, ao passo que a tutela cautelar (ou conservativa) confere à parte a possibilidade de obter, mediante provimento de urgência, **ferramentas para assegurar o direito material.**

7 A **tutela cautelar não pode se estabilizar**, fora ou independente da prestação jurisdicional definitiva, já que não compõe o litígio. Já **a tutela antecipada pode se estabilizar**, pois nela se obtém uma sumária composição da lide.

8 A tutela antecedente é aquela requerida **antes de se formular o pedido de tutela final**, ao passo que a tutela incidental é aquela requerida **conjuntamente com o pedido final** (na petição inicial) ou **após ter formulado o pedido final** (no curso do processo).

9 A tutela de urgência de natureza antecipada não será concedida quando houver perigo de **irreversibilidade** dos efeitos da decisão (art. 300, § 3º, CPC).

10 Aplica-se o princípio da **fungibilidade** entre a tutela cautelar e a tutela de natureza antecipada, nos termos do art. 305, parágrafo único, CPC.

11 A tutela de urgência pode ser concedida **liminarmente** ou após **justificação prévia** (art. 300, § 2º, CPC).

12 Para a concessão da tutela de urgência, o juiz pode, conforme o caso, exigir uma **contracautela**, ou seja, uma caução real ou fidejussória idônea para ressarcir os danos que a outra parte possa vir a sofrer. Porém, pode a contracautela ser dispensada se a parte economicamente hipossuficiente não puder oferecê-la (art. 300, § 1º, CPC).

13 A tutela de urgência de natureza cautelar pode ser efetivada mediante arresto, sequestro, arrolamento de bens, registro de protesto contra alienação de bem e qualquer outra medida idônea para asseguração do direito (art. 301, CPC).

PROCESSUAL CIVIL

7. FORMAÇÃO, SUSPENSÃO E EXTINÇÃO DO PROCESSO

7.1. Formação do processo

1 O processo é uma relação jurídica que produz uma nova situação para os que nele se envolvem, possuindo como elemento material o vínculo entre as partes (autor e réu) e o juiz e como elemento formal o fato de estar regulamentado pela norma jurídica.

2 Sobre a relação processual, três teorias tentam estabelecer suas características:

(i) **Teoria linear**: os direitos e deveres do processo se estabelecem entre autor e réu, sendo o juiz um estranho a ela. A relação processual seria a mesma relação de direito material tornada litigiosa.

(ii) **Teoria triangular**: a relação processual contém direitos não só entre as partes, mas também entre estas e o juiz.

(iii) **Teoria angular**: O vínculo das partes não é estabelecido entre si, mas entre elas e o juiz e se relacionam, com o impulso do processo rumo à composição do litígio.

3 A natureza jurídica do processo é de **relação processual** + **procedimento**, com a garantia de **contraditório**.

4 **Estabilização do processo**: ocorre na fase de saneamento e organização do processo, a partir da qual não mais se autoriza a modificação, seja quantitativa ou qualitativa, do pedido ou da causa de pedir, nem mesmo com a autorização do réu (art. 329, CPC).

Suspensão do processo

5 Consiste na suspensão do procedimento, a paralisação da marcha processual, com a vedação a que se pratiquem atos processuais.

6 A suspensão do processo classifica-se em:

(i) Suspensão própria: paralisação total e irrestrita do processo.

(ii) Suspensão imprópria: quando algo continua a mover-se no período de suspensão como, por exemplo, quando o incidente de suspeição é instaurado.

7 A suspensão do processo **depende de decisão judicial**.

8 A suspensão do processo é, ao lado da sua extinção sem resolução de mérito, o que se denomina de **crise do procedimento ou crise da instância**, pois são hipóteses em que não se atinge seu objetivo principal, que é a solução do objeto litigioso.

9 Salvo decisão judicial em contrário, a **tutela antecipada** conservará a **eficácia** durante a **suspensão do processo** (art. 296, parágrafo único, CPC).

10 Hipóteses de suspensão do processo (art. 313, CPC):

(i) pela morte ou pela perda da capacidade processual de qualquer das partes, de seu representante legal ou de seu procurador;

(ii) pela convenção das partes;

(iii) pela arguição de impedimento ou de suspeição;

(iv) pela admissão de incidente de resolução de demandas repetitivas;

(v) quando a sentença de mérito depender do julgamento de outra causa ou da declaração de existência ou de inexistência de relação jurídica que constitua o objeto principal de outro processo pendente;

(vi) quando a sentença de mérito tiver de ser proferida somente após a verificação de determinado fato ou a produção de certa prova, requisitada a outro juízo;

(vii) por motivo de força maior;

(viii) quando se discutir em juízo questão decorrente de acidentes e fatos da navegação de competência do Tribunal Marítimo;

(ix) pelo parto ou pela concessão de adoção, quando a advogada responsável pelo processo constituir a única patrona da causa;

(x) quando o advogado responsável pelo processo constituir o único patrono da causa e tornar-se pai;

(xi) em outras hipóteses previstas no CPC.

11 Na suspensão do processo, apesar da lei fazer menção à morte da parte, deve-se entender como fazendo menção também à **extinção da pessoa jurídica.** Além disso, a morte do autor pode dar ensejo à extinção do processo se o **direito for intransmissível** (art. 485, IX, CPC).

12 No caso de morte do procurador de qualquer das partes, ainda que iniciada a audiência de instrução e julgamento, o juiz determinará que a parte constitua novo mandatário, no prazo de 15 (quinze) dias, ao final do qual extinguirá o processo sem resolução de mérito, se o autor não nomear novo mandatário, ou ordenará o prosseguimento do processo à revelia do réu, se falecido o procurador deste (art. 313, § 3º, CPC).

13 Falecido o réu antes da citação, **não é caso de suspensão do processo**, devendo o autor promover a citação do espólio ou sucessores.

14 A convenção das partes para suspender o processo é um **negócio jurídico processual** que se submete à **aprovação do órgão jurisdicional** para que se produza o seu efeito.

15 Não há necessidade de motivação expressa no acordo de suspensão do processo por convenção das partes, razão pela qual o juiz não pode, em regra, recusar a homologação.

16 **Prejudicialidade ou preliminaridade externa** (art. 313, V, CPC): a relação de dependência entre causas pendentes pode ocorrer de duas formas:

(i) Uma causa é prejudicial a outra, ou seja, a solução que se der a uma causa pode interferir na solução que se der a outra.

(ii) Uma causa é preliminar a outra, ou seja, a solução que se der a uma pode impedir o exame da outra.

17 Somente haverá suspensão do processo se não for possível a reunião das causas pendentes em um mesmo juízo, já que o vínculo de dependência gera conexão.

18 A suspensão do processo nas hipóteses de prejudicialidade ou preliminaridade externa deve **durar no máximo um ano** (art. 313, § 4º, CPC).

19 Suspende-se o processo por motivo de força maior. Trata-se de um evento **imprevisto e insuperável**, estranho à vontade das partes. Uma vez verificada a força extraordinária, não há discricionariedade judicial.

20 Determinada a suspensão do processo por motivo de força maior, a eficácia da decisão **retroage à data da ocorrência do evento**, considerando-se suspenso o processo desde então.

21 Suspende-se o processo quando se discutir em juízo questão decorrente de acidentes e fatos da navegação de competência do Tribunal Marítimo (art. 313, VII, CPC). Trata-se de um **tribunal administrativo** cuja competência abrange as decisões sobre acidente e fatos da navegação (art. 1º da Lei 2.180/1954). Não se trata de órgão jurisdicional, ou seja, suas decisões constituem somente **elemento de prova em ação judicial**, com presunção relativa.

22 Lembre-se, porém, que o Tribunal Marítimo pode funcionar como **juízo arbitral** e, portanto, **possuir atribuição jurisdicional**, se assim for constituído pelos interessados em litígios patrimoniais decorrentes de acidentes ou fatos da navegação (art. 16, "f", Lei 2.180/1954).

23 Se o conhecimento do mérito depender de verificação da **existência de fato delituoso**, o juiz pode determinar a suspensão do processo até que se pronuncie a justiça criminal. Porém, se a ação penal não for proposta no prazo de 3 (três) meses, contado da intimação do ato de suspensão, cessará o efeito desse, incumbindo ao juiz cível examinar incidentemente a questão prévia. Proposta a ação penal, o processo ficará suspenso pelo prazo máximo de 1 (um) ano (art. 315, *caput* e §§ 1º e 2º, CPC).

24 O art. 313, VIII, prevê a suspensão do processo em outras hipóteses previstas no CPC, como, por exemplo, em razão da instauração de incidente de desconsideração da personalidade jurídica (art. 134, § 3º, CPC); em razão da impugnação ao cumprimento de sentença (art. 525, § 5º, CPC) ou de oposição de embargos à execução (art. 919, § 1º, CPC) etc.

25 Durante a suspensão é vedado praticar qualquer ato processual, podendo o juiz, todavia, determinar a realização de **atos urgentes** a fim de evitar dano irreparável, **salvo no caso de arguição de impedimento e de suspeição** (art. 314, CPC).

26 Na hipótese de suspensão do processo pelo **parto ou pela concessão de adoção**, quando a advogada responsável pelo processo constituir a **única patrona da causa**, o período de suspensão será de **30 (trinta) dias**, contado a partir da data do parto ou da concessão da adoção, mediante **apresentação de certidão de nascimento ou documento similar** que comprove a realização do parto, ou de **termo judicial que tenha concedido a adoção**, desde que haja **notificação ao cliente** (art. 313, § 6º, CPC).

27 Já na hipótese de suspensão do processo quando o **advogado responsável constituir o único patrono da causa e tornar-se pai**, o período de suspensão será de **8 (oito) dias**, também contado a partir da data do parto ou da concessão da adoção. Ademais, será necessário, ainda, a apresentação de certidão de nascimento ou documento similar que comprove a realização do parto, ou de termo judicial que tenha concedido a adoção, bem como que haja notificação ao cliente (art. 313, § 7º, CPC).

7.2. Extinção do processo

28 Os arts. 485 e 487 do CPC cuida das hipóteses de extinção do processo, sem e com resolução de mérito, respectivamente. Referidos artigos estão no capítulo do Código destinado à sentença. Porém, acórdãos, decisões monocráticas e até decisões interlocutórias podem fundar-se em referidos dispositivos legais. Com isso, pode-se dizer que é possível haver uma decisão que, não obstante se funde nesses artigos, não extinga o processo e nem encerre uma de suas fases.

29 A decisão interlocutória pode então, em certos casos, resolver parte do mérito da causa de modo definitivo, **apto à coisa julgada material**. Assim, pode ser rescindida por meio de ação rescisória (art. 966, CPC). Como **decisões interlocutórias**, são impugnáveis por **agravo de instrumento.**

30 Decisões que não examinam o mérito (art. 485, CPC): trata-se das chamadas decisões terminativas, decisões que não enfrentam o mérito da causa.

31 As hipóteses de extinção do processo sem resolução de mérito podem ser sistematizadas em quatro tipos:

(i) Extinção por inadmissibilidade: como nas hipóteses de indeferimento da Inicial ou em que se verifica a ausência de pressupostos processuais, por exemplo. Trata-se de sanção de invalidade do procedimento.

(ii) Extinção por morte: se o autor morrer e o direito for intransmissível.

(iii) Extinção por desistência (ou revogação): trata-se de um negócio jurídico processual unilateral.

(iv) Extinção por abandono: que decorre de um ato-fato processual que é o abandono da causa.

32 **Possibilidade de renovação da demanda**: trata-se da repropositura da demanda com os mesmos elementos, ou seja, as mesmas partes, pedido e causa de pedir. Nos termos do art. 486 do CPC, em regra, o pronunciamento judicial que não resolve o mérito não obsta a que a parte proponha de novo a ação.

33 Antes de proferir decisão sem resolução de mérito, o juiz deverá conceder à parte oportunidade para, se possível, corrigir o vício (art. 317, CPC).

34 A demanda, cujo processo anterior fora extinto sem resolução de mérito, uma vez renovada, deve tramitar perante o mesmo juízo que anteriormente a conheceu, pois ele se torna prevento. Trata-se de um caso de **prevenção decorrente de processo findo** (art. 286, II, CPC).

35 Interposta apelação contra sentença terminativa, nas hipóteses do art. 485 do CPC, o juiz terá 5 (cinco) dias parase retratar. Trata-se do **efeito regressivo da apelação**.

36 O juiz não resolverá o mérito quando (art. 485, CPC):

(i) indeferir a petição inicial;

(ii) o processo ficar parado durante mais de 1 (um) ano por negligência das partes;

(iii) por não promover os atos e as diligências que lhe incumbir, o autor abandonar a causa por mais de 30 (trinta) dias;

(iv) verificar a ausência de pressupostos de constituição e de desenvolvimento válido e regular do processo;

(v) reconhecer a existência de perempção, de litispendência ou de coisa julgada;

(vi) verificar ausência de legitimidade ou de interesse processual;

(vii) acolher a alegação de existência de convenção de arbitragem ou quando o juízo arbitral reconhecer sua competência;

(viii) homologar a desistência da ação;

(ix) em caso de morte da parte, a ação for considerada intransmissível por disposição legal; e

(x) em outras hipóteses previstas no CPC.

37 No caso de abandono do processo pelas partes, o fato gerador é a **simples paralisação do processo pelo lapso temporal de 1 (um) ano**, não havendo necessidade de demonstrar "culpa" ou qualquer elemento subjetivo nessa conduta.

38 O **abandono do processo pelo autor** também se trata de um ato-fato processual, não sendo necessário investigar um elemento subjetivo.

39 Depois de oferecida a contestação, a extinção do processo por abandono da causa pelo autor **depende de requerimento do réu** (art. 485, § 6º, CPC).

40 O **abandono é tácito e a desistência é expressa.** Ademais, sob certo ponto de vista, o abandono é mais grave que a desistência, já que, se reiterado, pode levar à **perempção** (art. 486, CPC).

41 Não há que se falar em abandono de causa nas hipóteses de inventário, falência, recuperação judicial ou insolvência civil, já que nesses casos a desídia do inventariante ou do administrador judicial tem como consequência a sua destituição e nomeação de um substituto.

42 O abandono de causa não impede o exame do mérito se o **incidente de resolução de demandas repetitivas** já tiver sido instaurado, por se tratar de um procedimento coletivo (art. 976, § 1º, CPC).

43 Se o autor der causa a três extinções do processo por abandono de causa haverá **perempção** (art. 486, § 3º, CPC).

44 Apenas na falta de alguns **pressupostos processuais** poderia se falar em extinção do processo e, mesmo assim, na prática, é difícil a sua falta implicar, automaticamente, na referida extinção, já que, se possível, o vício deve ser sanado.

45 Nem toda falta de pressuposto processual pode ser analisada **de ofício** pelo juiz, como ocorre com a incompetência relativa e a convenção de arbitragem, por exemplo.

PROCESSUAL CIVIL

46 É possível que haja perempção, litispendência ou coisa julgada em relação à parte da demanda, caso em que será proferida uma **decisão parcial**, que não levará à extinção do processo.

47 É possível cogitar litispendência ou coisa julgada mesmo sem a tríplice identidade nas ações coletivas, em que são vários os extraordinariamente legitimados a demandar no interesse do titular da relação substancial deduzida, bem como nas causas individuais, relacionadas à legitimação extraordinária.

48 É do juízo arbitral a competência para examinar a sua própria competência (regra da *kompetenz kompetenz* do juízo arbitral).

49 Há decisões que têm rejeitado a homologação da desistência sob o argumento de que a causa em comento não permite essa espécie de ato dispositivo (o STJ não admitiu a desistência numa ação de investigação de paternidade feita pelo representante do menor, autor da ação – REsp 472608 – AL, 4ª Turma).

50 **Desistência parcial**: nesse caso, não haverá extinção do processo, pois haverá prosseguimento da demanda para julgamento da parte não desistida.

51 Se houver litisconsórcio necessário, não pode o autor desistir do prosseguimento do processo apenas em relação a um dos corréus; no litisconsórcio facultativo ativo, apenas um dos autores pode desistir. Já no litisconsórcio facultativo passivo é possível que haja desistência em relação a apenas um dos réus.

52 A desistência da ação se difere da renúncia sobre o direito sobre o qual se funda a ação, pois aquela **não se refere ao direito litigioso**, mas apenas ao prosseguimento do processo.

53 Pode o autor, se ganhou a causa, renunciar ao direito de executar ou desistir da execução eventualmente interposta; se perdeu, pode renunciar ao direito de recorrer ou desistir do recurso já interposto.

54 A desistência da ação implica na extinção do processo sem resolução de mérito; a desistência do recurso pode implicar na extinção do processo com ou sem resolução de mérito ou pode nem sequer gerar a extinção do processo.

55 A desistência da ação depende do **consentimento do réu**, já oferecida a contestação (art. 485, § 4º, CPC), sendo dispensado na desistência do recurso (art. 998, CPC).

56 Uma vez oferecida a contestação, o autor não poderá, **sem o consentimento do réu**, desistir da ação (art. 485, § 4º, CPC). Porém, se houve revelia não há necessidade de consentimento do demandado.

57 A decisão que homologa a desistência tem um **efeito anexo**, qual seja, o juízo que a homologou fica prevento para julgar a demanda, se eventualmente for reproposta (art. 286, II, CPC).

58 Decisões que examinam o mérito ocorrem quando o juiz (art. 487, CPC):

(i) acolher ou rejeitar o pedido formulado na ação ou na reconvenção;

(ii) decidir, de ofício ou a requerimento, sobre a ocorrência de decadência ou prescrição;

(iii) homologar o reconhecimento da procedência do pedido formulado na ação ou na reconvenção; a transação ou a renúncia à pretensão formulada na ação ou na reconvenção.

59 A decisão judicial que resolve o mérito da causa, seja por julgamento (**heterocomposição**) ou por homologação de **autocomposição**, está apta a tornar-se indiscutível pela **coisa julgada**.

60 Permite-se também a **decisão parcial sobre o mérito da causa**, seja no julgamento antecipado parcial (art. 356, CPC), seja, por exemplo, o reconhecimento da prescrição de um dos pedidos cumulados (art. 354, parágrafo único, CPC).

61 Haverá decisão de procedência quando o juiz acolhe o pedido; de improcedência quando o pedido não puder ser acolhido. É possível, ainda, a procedência parcial do pedido.

62 **Decadência e prescrição** podem ser alegadas e examinadas a qualquer tempo e grau de jurisdição e, uma vez reconhecidas, levam à extinção do processo com resolução de mérito.

63 **Reconhecimento da procedência do pedido** é a conduta do demandado que admite a procedência do pedido que lhe foi dirigido (submissão). Em contrapartida, a **renúncia ao direito sobre que se funda a ação** é o ato pelo qual o demandante reconhece não possuir o direito alegado. Por fim, **transação** é negócio jurídico pelo qual as partes põem fim (ou previnem) consensualmente o litígio, após mútuas concessões.

64 É possível que a **autocomposição seja parcial**, hipótese em que a sua homologação judicial não implicará na extinção do processo, mas em solução parcial do mérito. Além disso, é também possível que a autocomposição verse sobre aspecto que esteja **fora dos limites do objeto litigioso** (art. 515, § 2º, CPC).

65 Para proceder à homologação, o juiz deve verificar se a autocomposição é possível, se não há colusão ou simulação das partes (art. 142, CPC) e se os advogados têm poder especial para tanto (art. 105, CPC).

8. DO PROCEDIMENTO COMUM

8.1. Petição Inicial

1 Atente-se para alguns requisitos da petição inicial alterados pelo CPC/15 (art. 319), quais sejam, necessidade de indicar a existência de união estável na qualificação das partes; endereço eletrônico; CPF ou CNPJ (é possível solicitar diligências para a obtenção dessas informações); Informar a opção do autor pela realização ou não da audiência de conciliação ou de mediação.

2 A omissão do autor quanto à opção pela designação da audiência de conciliação ou mediação implica na anuência em sua realização, ou seja, **a recusa do autor deve ser expressa.**

3 A **improcedência liminar do pedido** consiste na improcedência do pedido do autor antes mesmo da citação do réu e, nos termos do art. 332 do CPC, só poderá ocorrer se a causa dispensar a fase instrutória e o pedido do autor contrariar precedente obrigatório ou se o juiz reconhecer, de ofício, prescrição ou decadência.

4 No indeferimento da inicial (arts. 330 e 331, CPC), na improcedência liminar do pedido (art. 332, § 3º, CPC) e nas hipóteses do art. 485 do CPC (em que não haverá resolução de mérito), admite-se juízo de retratação se o autor apelar da decisão.

Audiência de conciliação ou mediação

5 O juiz designará audiência de conciliação ou de mediação com antecedência mínima de 30 dias, devendo ser citado o réu com pelo menos 20 dias de antecedência (art. 334, *caput*, CPC).

6 Nesta audiência, as partes devem estar acompanhadas por seus **advogados ou defensores** (art. 334, § 9º, CPC).

7 A audiência não será realizada se ambas as partes manifestarem desinteresse na autocomposição ou quando esta não for admitida. Além disso, havendo litisconsórcio, o desinteresse na realização da audiência deve ser manifestado por todos os litisconsortes (art. 334, §§4º e 6º, CPC).

8 Se qualquer das partes deixar de comparecer à audiência sem motivo justificado, restará caracterizado um **ato atentatório à dignidade da justiça** e a parte será sancionada com **multa de até 2% da vantagem econômica pretendida ou**

do valor da causa, multa esta que será revertida em favor da União ou do Estado, conforme a demanda tramite na Justiça Federal ou Estadual (art. 334, § 8º).

9 A parte poderá constituir representante, por meio de procuração específica, com poderes para negociar e transigir (art. 334, § 9º, CPC).

8.2. Respostas do réu

10 A incompetência relativa, incorreção do valor da causa e indevida concessão do benefício de gratuidade de justiça passaram a ser alegadas em **preliminar de mérito na contestação** com o CPC/15 (art. 337, II, III e XIII).

11 Incompetência relativa e convenção de arbitragem são as únicas preliminares de mérito que **não podem ser conhecidas de ofício pelo juiz** (art. 337, § 5º).

12 Quando o réu, em preliminar de mérito na contestação, alegar a sua ilegitimidade passiva, será conferido ao autor um prazo de 15 dias para, querendo, pedir a substituição do réu, alterando a petição inicial. Trata-se de uma hipótese de sucessão processual, que não depende da anuência do réu.

13 Porém, se pelas circunstâncias do caso concreto, o réu souber quem é o verdadeiro legitimado passivo, terá o dever de indicar, sob pena de arcar com as despesas processuais e indenizar o autor pelos prejuízos causados. Neste caso, o autor, aceitando a indicação, terá prazo de 15 dias para alterar a Inicial, substituindo o réu originário pelo legitimado passivo por ele indicado ou prosseguindo em face de ambos, caso em que se formará um litisconsórcio passivo.

14 Pela **regra da eventualidade ou concentração**, toda matéria de defesa deve ser apresentada na contestação, sob pena de preclusão. Existem, contudo, três exceções, ou seja, matérias que, por sua natureza, podem ser alegadas após a contestação, quais sejam: matéria que diga respeito a fato ou direito superveniente; que possa ser conhecida de ofício e em qualquer tempo ou grau de jurisdição (arts. 336 c/c 342, CPC).

15 De acordo com a **regra do ônus da impugnação especificada**, o réu deve impugnar cada um dos fatos alegados pelo autor na Inicial, sob pena dos fatos não impugnados serem considerados verdadeiros, salvo se a seu respeito não for admissível a confissão, a petição inicial não estiver acompanhada de instrumento que a lei considere da substância do ato ou se estiverem em contradição com a defesa, considerada em seu conjunto. Lembre-se, ainda, que esta regra não se aplica à Defensoria Pública, ao advogado dativo e ao curador especial, que podem contestar por negativa geral.

16 A **reconvenção** é a ação proposta pelo réu (reconvinte) em face do autor (reconvindo) dentro do mesmo processo em que está sendo demandado.

17 A reconvenção deve ser apresentada pelo réu na própria contestação, manifestando pretensão própria que pode ser conexa com a ação principal ou com o fundamento da defesa.

18 Se o réu não quiser oferecer contestação, poderá ele propor apenas a reconvenção.

19 Admite-se **ampliação subjetiva em reconvenção**, ou seja, o réu pode propor a reconvenção em face do autor e de terceiro, ou a reconvenção pode ser proposta pelo réu em litisconsórcio com terceiro.

20 A reconvenção sé será possível só houver uma demanda pendente. Porém, uma vez proposta a reconvenção, ainda que o autor desista da ação ou esta seja por qualquer motivo extinta sem resolução de mérito, o processo prosseguirá quanto à ação reconvencional.

21 O juízo da ação principal deve ser competente para julgar a reconvenção. Do contrário, a reconvenção será inadmitida.

8.3. Revelia

22 A revelia consiste na **ausência de contestação** ou na **contestação intempestiva**, ou seja, apresentada fora do prazo.

23 Se o réu for revel, regra geral, opera-se o efeito material ou substancial da revelia, segundo o qual serão presumidos verdadeiros os fatos alegados pelo autor na petição inicial. Porém, o CPC prevê quatro hipóteses em que a revelia não produzirá seu efeito material, quais sejam, se havendo pluralidade de réus, algum deles contestar a ação; se o litígio versar sobre direitos indisponíveis; se a petição inicial não estiver acompanhada de instrumento que a lei considere indispensável à prova do ato e se as alegações de fato formuladas pelo autor forem inverossímeis ou estiverem em contradição com prova constante dos autos.

24 O efeito processual da revelia determina que **se o réu não tiver advogado constituído nos autos**, os prazos contra ele fluirão da data de publicação do ato decisório no órgão oficial.

25 O réu revel poderá intervir a qualquer tempo no curso do processo, recebendo o feito no estado em que se encontrar.

26 O réu revel **poderá produzir contraprova**, desde que sua intervenção no processo se dê em tempo hábil para praticar os atos processuais necessários a sua produção.

Providências preliminares e saneamento do processo

27 A fase de saneamento se inicia após o fim do prazo para o oferecimento de resposta do réu.

28 São providências preliminares a especificação de provas, a réplica e a possibilidade de corrigir, por ordem do juiz, vícios sanáveis ou irregularidades em prazo não superior a 30 dias.

29 A **réplica**, que deve ser apresentada pelo autor no prazo de 15 dias, ocorrerá apenas se o réu, em sua contestação, aduzir fatos novos. Assim, se o réu tiver alegado qualquer das preliminares de mérito do art. 337 do CPC ou fato impeditivo, modificativo ou extintivo do direito do autor, haverá réplica.

30 Tomadas as **providências preliminares**, se necessário, o juiz proferirá o julgamento conforme o estado do processo, que pode levar à extinção do processo sem resolução de mérito (art. 485, CPC) ou com resolução de mérito (art. 487, II e III, CPC). Além disso, pode o juiz, nesta fase, proferir julgamento antecipado do mérito ou, não sendo o caso, decisão de saneamento e organização do processo.

31 O **julgamento antecipado do mérito** ocorrerá se não houver necessidade de produção de outras provas além das já produzidas até aquele momento nos autos do processo, ou se houver revelia e for produzido o seu efeito material.

32 Haverá ainda o **julgamento antecipado parcial do mérito**, se o juiz verificar que um ou mais dos pedidos formulados ou parcela deles se mostrar incontroverso ou se estiver em condições de imediato julgamento, seja porque não há necessidade de produção de outras provas, seja em virtude do efeito material da revelia.

33 Não sendo o caso de extinção do processo (art. 485 ou 487, II e III, CPC) ou de julgamento antecipado do mérito (art. 355, CPC), o juiz deverá proferir decisão de saneamento e organização do processo. Em referida decisão, o magistrado deve resolver as questões processuais pendentes, se houver; delimitar as questões de fato sobre as quais recairá a atividade probatória, especificando os meios de prova admitidos; definir a distribuição do ônus da prova; delimitar as questões de direito relevantes para a decisão do mérito e designar, se necessário, audiência de instrução e julgamento (art. 357, *caput*, CPC).

34 O juiz poderá designar **audiência de saneamento compartilhado**, se a causa apresentar complexidade em matéria de fato ou de direito, buscando a cooperação das partes, a fim de proferir a decisão de saneamento e organização do processo (art. 357, § 3º, CPC).

PROCESSUAL CIVIL

35 As partes têm o direito de pedir esclarecimentos ou solicitar ajustes, no prazo comum de 5 dias, após o saneamento do processo. Transcorrido este prazo, a decisão se tornará estável.

8.4. Audiência de instrução e julgamento

36 Na audiência de instrução e julgamento haverá a produção de prova oral e, a depender do caso concreto, o juiz proferirá sentença no próprio ato. As provas orais devem ser produzidas, preferencialmente, na seguinte ordem (art. 316, CPC): esclarecimento de perito e assistentes técnicos; depoimento pessoal do autor e do réu e testemunhas arroladas pelo autor e pelo réu.

37 A audiência de instrução e julgamento poderá ser adiada por convenção das partes, se qualquer pessoa que dela deva participar não puder comparecer por motivo justificado ou, ainda, por atraso injustificado de seu início em tempo superior a 30 minutos do horário marcado. (art. 362, CPC).

38 Havendo **antecipação ou adiamento da audiência**, o juiz, de ofício ou a requerimento da parte, determinará a intimação dos advogados ou da sociedade de advogados para ciência da nova designação (art. 363, CPC).

39 O debate oral poderá ser substituído por memoriais (razões finais escritas), se a causa apresentar complexidade de fato ou de direito. Neste caso, devem ser apresentadas pelo autor, réu e, se for o caso de sua intervenção, pelo Ministério Público, em prazos sucessivos de 15 dias, assegurada vista dos autos. (art. 364, § 2º, CPC).

40 A **audiência é una e contínua**, podendo ser excepcional e justificadamente cindida na ausência de perito ou de testemunha, desde que haja concordância das partes. (art. 365, *caput,* CPC).

8.5. Liquidação de sentença

41 Existem duas espécies de liquidação de sentença (art. 509, CPC):

(i) **Liquidação por arbitramento**: quando determinado pela sentença, convencionado pelas partes ou exigido pela natureza do objeto da liquidação.

(ii) **Liquidação pelo procedimento comum**: quando houver necessidade de alegar e provar fato novo.

42 Quando houver dois capítulos de sentença, um líquido e outro ilíquido, pode o credor promover, simultaneamente, a execução do primeiro e a liquidação do segundo (art. 509, § 1º, CPC).

43 Não é possível em sede de liquidação de sentença **discutir de novo a lide e as questões já decididas**. O objetivo é apenas a apuração do *quantum debeatur*, tornando possível a execução do julgado.

44 Admite-se a **liquidação provisória de sentença**, ou seja, a liquidação de sentença sujeita a recurso não dotado de efeito suspensivo.

Cumprimento de sentença

45 O cumprimento da sentença não poderá ser promovido em face do **fiador, do coobrigado ou do corresponsável** que não tiver participado da fase de conhecimento (art. 513, § 5º, CPC).

46 Os títulos executivos judiciais, previstos no art. 515 do CPC, são os pronunciamentos judiciais (sentença, acórdão e até mesmo decisão interlocutória). Lembre-se que a **sentença arbitral é título executivo judicial** e que a **autocomposição judicial** pode envolver sujeito estranho ao processo e versar sobre relação jurídica que não tenha sido deduzida em juízo.

47 A **decisão judicial transitada em julgado** poderá ser **levada a protesto** depois de transcorrido o prazo de 15 dias para pagamento voluntário da obrigação (art. 517, CPC).

48 No cumprimento de sentença que reconheça a exigibilidade de pagar quantia certa, será definitiva a execução da sentença transitada em julgado e provisória a execução da sentença sujeita a recurso não dotado de efeito suspensivo.

49 Na execução definitiva de sentença que reconheça a exigibilidade de pagar quantia certa, o executado será intimado para pagar a dívida em 15 dias, sob pena **de multa de 10%** e **honorários advocatícios de 10%** sobre o valor do débito. Efetuado o **pagamento parcial** neste prazo, a multa e os honorários incidirão sobre o restante (art. 523, §§1º e 2º).

50 A impugnação ao cumprimento de sentença **não depende de prévia segurança do juízo** (penhora, depósito ou caução) para ser oposta, mas ela se faz necessária para a concessão do efeito suspensivo.

51 Transcorrido o prazo de 15 dias sem o pagamento voluntário, inicia-se o prazo de 15 dias para que o executado**, independentemente de penhora ou nova intimação**, apresente, nos próprios autos, sua impugnação. (art. 525, *caput*, CPC).

52 A impugnação ao cumprimento de sentença, em regra, não possui efeito suspensivo, mas este pode ser concedido se o executado demonstrar a possibilidade do prosseguimento da execução acarretar-lhe grave dano de difícil ou incerta reparação e desde que haja prévia segurança do juízo (art. 525, §§6º ao 10).

53 Questões relativas a **fato superveniente** ao término do prazo para impugnar e **relativas à validade e à adequação da penhora, da avaliação e dos atos executivos subsequentes**, podem ser arguidas por simples petição, tendo o executado 15 dias, contado da comprovada ciência do fato ou da intimação do ato. (art. 525, § 11).

54 No cumprimento de sentença que reconheça a exigibilidade de obrigação de prestar alimentos, o executado será intimado pessoalmente para, em 3 (três) dias, pagar o débito, provar que o fez ou justificar a impossibilidade de efetuá-lo, sob pena do juiz determinar, entre outras medidas o **protesto do pronunciamento judicial** e a **prisão civil do devedor**, pelo prazo de 1 (um) a 3 (três) meses (art. 528, §§1º e 3º).

55 A prisão será cumprida em **regime fechado**, devendo o preso ficar separado dos presos comuns (art. 528, § 4º). Ademais, lembre-se que o débito alimentar que autoriza a prisão civil do alimentante é o que compreende até as 3 (três) prestações anteriores ao ajuizamento da execução e as que se vencerem no curso do processo (art. 528, § 7º).

56 A prestação alimentícia poderá ser fixada tomando por base o **salário-mínimo** (art. 533, § 4º).

57 No cumprimento de sentença que reconheça a exigibilidade de obrigação de pagar quantia certa pela Fazenda Pública **não se aplica a multa de 10%** prevista no art. 523, § 1º do CPC. Além disso, a **Fazenda Pública** será intimada na pessoa de seu representante judicial, por carga, remessa ou meio eletrônico, para, querendo, no prazo de **30 (trinta) dias** e nos próprios autos, impugnar a execução (art. 535, caput).

58 No cumprimento de sentença que reconheça a exigibilidade de obrigação de fazer, não fazer ou entregar coisa é possível a **fixação de *astreintes* (multa diária)** para forçar o cumprimento da obrigação *in natura*.

59 A multa diária pode ser fixada **de ofício ou a requerimento da parte** e se reverterá em proveito do exequente. Além disso, o juiz pode, de ofício ou a requerimento, modificar o valor ou a periodicidade da multa vincenda ou excluí-la se verificar que se tornou insuficiente ou excessiva ou que houve o cumprimento parcial superveniente da obrigação ou que houve justa causa para o descumprimento.

60 A decisão que fixa a multa é passível de **cumprimento provisório**, devendo ser depositada em juízo, permitido o levantamento do valor **após o trânsito em julgado da sentença** favorável à parte. Além disso, é revertida em proveito do exequente.

9. PROVAS

1 O juiz pode, **de ofício ou a requerimento das partes**, determinar a produção das provas necessárias ao julgamento do feito.

2 O juiz poderá admitir a utilização da **prova emprestada**, que é aquela produzida em outro processo, devendo, para tanto, observar o contraditório.

3 O CPC/15 prevê expressamente a teoria dinâmica da distribuição do ônus da prova, segundo a qual o juiz poderá distribuir o ônus da prova de modo diverso, por decisão fundamentada, se verificar a excessiva dificuldade de cumprir o encargo ou a maior facilidade de obtenção da prova do fato pela parte contrária. Neste caso, deverá o juiz dar à parte a oportunidade de se desincumbir do ônus que lhe foi atribuído (art. 373, § 1º, CPC).

4 Não se aplica a **teoria dinâmica do ônus da prova** se esta decisão gerar situação em que a desincumbência do encargo pela parte seja impossível ou excessivamente difícil.

5 A **produção antecipada da prova** será admitida nos casos em que haja fundado receio de que venha a tornar-se impossível ou muito difícil a verificação de certos fatos na pendência da ação; se a prova a ser produzida for suscetível de viabilizar a autocomposição ou outro meio adequado de solução de conflito ou, ainda, se o prévio conhecimento dos fatos puder justificar ou evitar o ajuizamento de ação (art. 381, CPC).

6 O CPC/15 prevê expressamente a **ata notarial** entre os meios de prova, podendo ser utilizada, a requerimento do interessado, para atestar ou documentar a existência e o modo de existir de algum fato, mediante ata lavrada por tabelião. Poderão constar da ata notarial, ainda, dados representados por imagem ou som gravados em arquivos eletrônicos.

7 O depoimento pessoal é um meio de prova previsto em lei cujo objetivo é realizar o interrogatório do autor e do réu, ocorrendo durante a audiência de instrução e julgamento. Cabe a uma parte requerer o depoimento pessoal da outra.

8 O juiz também poderá, **de ofício**, realizar o **interrogatório das partes**.

9 A parte que ainda não prestou o seu depoimento não poderá assistir ao interrogatório da outra.

10 Se a parte não comparecer para prestar depoimento ou comparecer e se recusar a depor, a ela será aplicada a pena de confesso.

11 O depoimento pessoal é ato personalíssimo, não podendo a parte se valer de escritos anteriormente preparados, permitindo-lhe o juiz, todavia, a consulta a notas breves, desde que objetivem completar esclarecimentos (art. 384, CPC).

PROCESSUAL CIVIL

12 A confissão pode ser **judicial** (espontânea ou provocada) ou **extrajudicial**.

13 A **confissão espontânea** pode ser feita pela parte ou por representante com poder especial para tanto.

14 A confissão judicial faz prova contra o confitente, não prejudicando, todavia, os litisconsortes.

15 Não vale como confissão a admissão, em juízo, de fatos relativos a **direitos indisponíveis**.

16 A confissão será **ineficaz** se feita por quem não for capaz de dispor do direito a que se referem os fatos confessados.

17 O juiz pode determinar que a parte ou terceiro exiba documento ou coisa que esteja em seu poder.

18 Quanto à prova documental, a sua falsidade deve ser arguida na contestação pelo réu, na réplica pelo autor ou no prazo de 15 dias contado a partir da intimação da juntada do documento aos autos.

19 Os documentos indispensáveis à propositura da ação devem ser juntados pelo autor na petição inicial, ao passo que o réu deve, em contestação, anexar os documentos que reputar necessários à prova de suas alegações. Podem as partes, porém, em qualquer tempo, juntar aos autos documentos novos, quando destinados a produzir contraprova ou demonstrar fato superveniente.

20 Admite-se também a juntada posterior de documentos formados após a petição inicial ou a contestação, bem como dos que se tornaram conhecidos, acessíveis ou disponíveis após esses atos, cabendo à parte que os produzir comprovar o motivo que a impediu de juntá-los anteriormente e incumbindo ao juiz, em qualquer caso, avaliar a conduta da parte de acordo com o princípio da boa-fé processual (art. 435, *caput* e parágrafo único, CPC).

21 Não poderão depor como testemunhas os **incapazes, impedidos ou suspeitos**. Porém, sendo necessário, pode o juiz admitir o depoimento das testemunhas menores, impedidas ou suspeitas (art. 447, §§ 1º, 2º, 3º e 4º, CPC).

22 O art. 455 do CPC inova ao determinar que, regra geral, cabe ao advogado da parte informar ou intimar a testemunha por ele arrolada do dia, da hora e do local da audiência designada, dispensando-se a intimação do juízo. Porém, a intimação será feita pela via judicial quando o advogado não obtiver êxito na intimação feita por carta com aviso de recebimento ou quando sua necessidade for demonstrada pela parte ao juiz. De igual modo, será feita pela via judicial a intimação da testemunha que houver sido arrolada pelo MP ou pela Defensoria Pública, se for testemunha servidor público ou militar, bem como aqueles que, nos termos do art. 454 do CPC, puderem ser inquiridos em sua residência ou onde exercerem suas funções.

23 A **contradita** consiste na possibilidade da parte arguir a incapacidade, o impedimento ou a suspeição da testemunha, devendo ocorrer entre a qualificação da testemunha e o início de seu depoimento, sob pena de preclusão.

24 O CPC/15 determina que **as perguntas serão formuladas pelas partes diretamente à testemunha**, começando pela que a arrolou, devendo o juiz indeferir as perguntas que puderem induzir a resposta, não tiverem relação com as questões de fato objeto da atividade probatória ou importarem repetição de outra já respondida (art. 459, CPC).

25 As partes podem, de comum acordo, **escolher o perito**, indicando-o mediante requerimento, desde que sejam plenamente capazes e a causa possa ser resolvida por autocomposição (art. 471, I e II, CPC). Trata-se de um negócio jurídico processual típico, já que expressamente previsto em lei.

26 A **perícia consensual** substitui, para todos os efeitos, a que seria realizada por perito nomeado pelo juiz. (art. 471, § 3º).

27 O juiz poderá dispensar prova pericial quando as partes, na inicial e na contestação, apresentarem, sobre as questões de fato, pareceres técnicos ou documentos elucidativos que considerar suficientes (art. 472, CPC).

28 O juiz, de ofício ou a requerimento da parte, pode, em qualquer fase do processo, **inspecionar pessoas ou coisas**, a fim de se esclarecer sobre fato que interesse à decisão da causa (art. 481). O juiz poderá ser assistido por um ou mais peritos. As partes têm sempre direito a assistir à inspeção e prestar esclarecimentos ao juiz (art. 482 e 483, parágrafo único, CPC).

10. SENTENÇA E COISA JULGADA

10.1. Sentença

1 Ressalvadas as disposições expressas dos procedimentos especiais, sentença é o pronunciamento por meio do qual o juiz, com fundamento nos arts. 485 e 487, põe fim à fase cognitiva do procedimento comum, bem como extingue a execução (art. 203, § 1º, CPC).

2 Diz-se que a sentença é terminativa quando não houver resolução de mérito (art. 485, CPC), ao passo que a sentença definitiva é aquela em que o mérito é apreciado (art. 487, CPC).

3 São requisitos essenciais da sentença:

(i) relatório,

(ii) fundamentação (motivação) e

(iii) dispositivo (conclusão).

4 A sentença pode ser classificada em:

(i) **declaratória**: declara a certeza da existência ou inexistência da relação jurídica.

(ii) **condenatória**: aprecia e declara o direito existente e prepara a execução.

(iii) **constitutiva**: cria, modifica ou extingue um estado ou relação jurídica, sem se limitar a declaração do direito e sem determinar a condenação do vencido.

(iv) **mandamental**: contém ordem para o réu, a ser atendida sob pena de ser-lhe imposta alguma medida coercitiva (multa, prisão civil) e mesmo de se caracterizar crime de desobediência.

(v) **executiva *lato sensu*:** distingue-se das mandamentais porque seu conteúdo principal não é uma ordem para o réu cumprir, mas a autorização para o órgão judicial executar, ou seja, satisfazer o direito independente da vontade do devedor, dentro do próprio processo que proferidas (ex.: ação de despejo e reintegração de posse).

5 Os efeitos da sentença dividem-se em efeitos principais e efeitos anexos (também chamados de secundários ou de fato da sentença):

(i) **Efeitos principais da sentença**: é todo efeito que decorre do conteúdo da sentença. O efeito principal numa sentença declaratória é a certeza jurídica em torno daquela situação. Na sentença constitutiva, é a situação jurídica nova. Já na sentença condenatória, o efeito principal é permitir o início da atividade executiva do Estado.

(ii) **Efeitos anexos da sentença**: não decorrem do conteúdo da sentença, mas da lei, ou seja, ocorrem independentemente de manifestação judicial, como, por exemplo, a dissolução da comunhão de bens, no caso de sentença que anula o casamento.

6 A decisão judicial deve ser sempre **fundamentada**, sob pena de **nulidade**. Nesse sentido, o art. 489, § 1º, CPC não considera fundamentada qualquer decisão judicial, seja ela interlocutória, sentença ou acórdão, que:

(i) se limitar à indicação, à reprodução ou à paráfrase de ato normativo, sem explicar sua relação com a causa ou a questão decidida;

(ii) empregar conceitos jurídicos indeterminados, sem explicar o motivo concreto de sua incidência no caso;

(iii) invocar motivos que se prestariam a justificar qualquer outra decisão;

(iv) não enfrentar todos os argumentos deduzidos no processo capazes de, em tese, infirmar a conclusão adotada pelo julgador;

(v) se limitar a invocar precedente ou enunciado de súmula, sem identificar seus fundamentos determinantes nem demonstrar que o caso sob julgamento se ajusta àqueles fundamentos;

(vi) deixar de seguir enunciado de súmula, jurisprudência ou precedente invocado pela parte, sem demonstrar a existência de distinção no caso em julgamento ou a superação do entendimento.

7 A decisão que condenar o réu ao pagamento de prestação consistente em dinheiro e a que determinar a conversão de prestação de fazer, de não fazer ou de dar coisa em prestação pecuniária valerão como título constitutivo de hipoteca judiciária (art. 495, CPC).

10.2. Remessa necessária

8 Está sujeita ao duplo grau de jurisdição, não produzindo efeito senão depois de confirmada pelo tribunal, a sentença (art. 496, CPC):

(i) proferida contra a União, os Estados, o Distrito Federal, os Municípios e suas respectivas autarquias e fundações de direito público;

(ii) que julgar procedentes, no todo ou em parte, os embargos à execução fiscal.

9 A remessa necessária não impede a interposição de **recurso de apelação**. Porém, não interposta a apelação no prazo legal, o juiz ordenará a remessa dos autos ao tribunal, e, se não o fizer, o presidente do respectivo tribunal poderá avocar os autos (art. 496, § 1º, CPC).

10 Hipóteses em que **não haverá remessa necessária** (art. 496, §§ 3º e 4º, CPC):

(i) Quando a condenação ou o proveito econômico obtido na causa for de valor certo e líquido inferior a1.000 (mil) salários-mínimos para a União e as respectivas autarquias e fundações de direito público;

(ii) Quando a condenação ou o proveito econômico obtido na causa for de valor certo e líquido inferior a 500 (quinhentos) salários-mínimos para os Estados, o Distrito Federal, as respectivas autarquias e fundações de direito público e os Municípios que constituam capitais dos Estados;

(iii) Quando a condenação ou o proveito econômico obtido na causa for de valor certo e líquido inferior a 100 (cem) salários-mínimos para todos os demais Municípios e respectivas autarquias e fundações de direito público.

(ii) Quando a sentença estiver fundada em súmula de tribunal superior; acórdão proferido pelo Supremo Tribunal Federal ou pelo Superior Tribunal de Justiça em julgamento de recursos repetitivos; entendimento firmado em incidente de resolução de demandas repetitivas ou de assunção de competência ou entendimento coincidente com orientação vinculante firmada no âmbito administrativo do próprio ente público, consolidada em manifestação, parecer ou súmula administrativa.

10.3. Coisa julgada

11 Denomina-se **coisa julgada material** a autoridade que torna imutável e indiscutível a decisão de mérito não mais sujeita a recurso (art. 502, CPC).

12 A **coisa julgada formal**, por sua vez, atua dentro do processo em que a sentença foi proferida, não impedindo, em princípio, que o objeto do julgamento volte a ser discutido em outro processo.

13 **Limite objetivo da coisa julgada**: a decisão que julgar total ou parcialmente o mérito tem força de lei nos limites da **questão principal** expressamente decidida (art. 503, CPC). A coisa julgada estende-se também à **resolução de questão prejudicial**, decidida expressa e incidentemente no processo, se forem preenchidos os seguintes requisitos cumulativamente:

(i) dessa resolução depender o julgamento do mérito;

(ii) a seu respeito tiver havido contraditório prévio e efetivo, não se aplicando no caso de revelia;

(iii) o juízo tiver competência em razão da matéria e da pessoa para resolvê-la como questão principal;

(iv) não tenha havido restrições probatórias ou limitações à cognição que impeçam o aprofundamento da análise da questão prejudicial.

14 **Limite subjetivo da coisa julgada**: a sentença faz coisa julgada às partes entre as quais é dada, não prejudicando terceiros (art. 506).

15 Não fazem coisa julgada (art. 504, CPC):

(i) os motivos, ainda que importantes para determinar o alcance da parte dispositiva da sentença;

(ii) a verdade dos fatos, estabelecida como fundamento da sentença.

16 **Coisa julgada material "rebus sic stantibus"**: nenhum juiz decidirá novamente as questões já decididas relativas à mesma lide, salvo se, tratando-se de relação jurídica de trato continuado, sobreveio modificação no estado de fato ou de direito, caso em que poderá a parte pedir a revisão do que foi estatuído na sentença ou nos demais casos prescritos em lei (art. 505). É o que ocorre, por exemplo, na ação revisional de alimentos.

17 É vedado à parte discutir no curso do processo as questões já decididas a cujo respeito se operou a preclusão (art. 507, CPC).

18 Transitada em julgado a decisão de mérito, considerar-se-ão deduzidas e repelidas todas as alegações e as defesas que a parte poderia opor tanto ao acolhimento quanto à rejeição do pedido (art. 508, CPC).

11. DO PROCESSO NOS TRIBUNAIS

1 Os tribunais devem uniformizar sua jurisprudência e mantê-la **estável, íntegra e coerente** (art. 926, CPC).

2 O julgamento de casos repetitivos, que tem por objeto questão de direito material ou processual, pode ser dar através de:

(i) incidente de resolução de demandas repetitivas;

(ii) recursos especial e extraordinário repetitivos.

3 São precedentes obrigatórios, a serem **observados pelos juízes e Tribunais** (art. 927, CPC):

(i) as decisões do Supremo Tribunal Federal em controle concentrado de constitucionalidade;

(ii) os enunciados de súmula vinculante;

(iii) os acórdãos em incidente de assunção de competência ou de resolução de demandas repetitivas e em julgamento de recursos extraordinário e especial repetitivos;

(iv) os enunciados das súmulas do Supremo Tribunal Federal em matéria constitucional e do Superior Tribunal de Justiça em matéria infraconstitucional;

(v) a orientação do plenário ou do órgão especial aos quais estiverem vinculados.

4 A alteração de tese jurídica adotada em enunciado de súmula ou em julgamento de casos repetitivos poderá ser precedida de **audiências públicas** e da **participação do *amicuscuriae***.

5 O relator, **antes de inadmitir o recurso**, deve intimar o recorrente para, em 5 (cinco) dias, sanar o vício ou complementar a documentação exigível.

6 Técnica da **complementação do julgamento da apelação** (art. 942, CPC): quando o resultado da apelação for não unânime (ou por maioria de votos), o julgamento terá prosseguimento em sessão a ser designada com a presença de outros julgadores, que serão convocados nos termos previamente definidos no regimento interno, **em número suficiente para garantir a possibilidade de inversão do resultado inicial**, assegurado às partes e a eventuais terceiros o direito de sustentar oralmente suas razões perante os novos julgadores. Importante frisar que os julgadores que já proferiram voto poderão rever o seu julgamento.

7 A técnica da complementação do julgamento aplica-se também à **ação rescisória**, desde que o resultado seja a **rescisão da sentença**, bem como no **agravo de instrumento** nas hipóteses em que houver **reforma da decisão** que julgar parcialmente **o mérito**.

8 É admissível a assunção de competência quando o julgamento de recurso, de remessa necessária ou de processo de competência originária envolver **relevante questão de direito**, com **grande repercussão social**, sem repetição em múltiplos processos (art. 947, CPC).

9 O acórdão proferido em assunção de competência vinculará todos os juízes e órgãos fracionários, exceto se houver revisão de tese (art. 947, § 3º, CPC).

10 A **arguição de inconstitucionalidade** não será submetida ao plenário ou ao órgão especial quando já houver pronunciamento destes ou do plenário do Supremo Tribunal Federal sobre a questão.

11 O **conflito de competência** pode ser suscitado, em princípio, por qualquer das partes, pelo Ministério Público ou pelo juiz. Porém, a parte que arguiu a incompetência relativa não poderá suscitar o conflito.

12 A **decisão interlocutória estrangeira** poderá ser executada no Brasil por meio de **carta rogatória** (art. 960, § 1º, CPC).

13 A decisão estrangeira somente terá eficácia no Brasil após a **homologação de sentença estrangeira** ou a **concessão do *exequatur* às cartas rogatórias**, salvo disposição em sentido contrário de lei ou tratado (art. 961, CPC).

14 A **sentença estrangeira de divórcio consensual** produz efeitos no Brasil, independentemente de homologação pelo Superior Tribunal de Justiça (art. 961, § 5º, CPC).

15 A **ação rescisória** é um meio de impugnação das decisões judiciais que tem por objetivo desconstituir **sentença de mérito transitada em julgado.** Ela será admissível apenas nas hipóteses taxativamente previstas no art. 966, CPC.

16 Têm legitimidade para propor a ação rescisória (art. 967, CPC):

(i) quem foi parte no processo ou o seu sucessor a título universal ou singular;

(ii) o terceiro juridicamente interessado;

(iii) o Ministério Público, se não foi ouvido no processo em que lhe era obrigatória a intervenção e quando a decisão rescindenda é o efeito de simulação ou de colusão das partes, a fim de fraudar a lei, bem como em outros casos em que se imponha sua atuação;

(iv) aquele que não foi ouvido no processo em que lhe era obrigatória a intervenção.

17 O direito à rescisão se extingue em **2 (dois) anos contados do trânsito em julgado da última decisão proferida no processo** (art. 975, CPC e súmula 401, STJ).

12. RECURSOS

1 Nas palavras de Barbosa Moreira, "recurso é o remédio voluntário idôneo a ensejar dentro do mesmo processo a reforma, a invalidação, o esclarecimento ou a integração da decisão judicial que se impugna".

2 Regra geral, os recursos não possuem **efeito suspensivo**, podendo o mesmo ser concedido por decisão judicial ou por determinação legal (art. 995, CPC). O relator poderá conceder o efeito suspensivo, impedindo a imediata execução do julgado, se verificar risco de dano grave, de difícil ou impossível reparação, bem como se ficar demonstrada a probabilidade de provimento do recurso.

3 O recurso de apelação, em regra, **será recebido em ambos os efeitos**, ou seja, no efeito devolutivo e no efeito suspensivo (por determinação legal – art. 1012, CPC). Porém, o próprio legislador elencou algumas hipóteses em que a apelação será recebida apenas no efeito devolutivo, permitindo a execução provisória da sentença. São elas (art. 1012, § 1º, CPC):

(i) apelação contra sentença que homologa divisão ou demarcação de terras;

(ii) que condena a pagar alimentos;

(iii) que extingue sem resolução do mérito ou julga improcedentes os embargos do executado;

(iv) que julga procedente o pedido de instituição de arbitragem;

(v) que confirma, concede ou revoga tutela provisória;

(vi) por fim, que decreta a interdição.

4 Mesmo nas hipóteses em que a apelação é, por determinação legal, recebida apenas no efeito devolutivo, o relator poderá conceder o efeito suspensivo se o apelante demonstrar a probabilidade de provimento do recurso ou se, sendo relevante a fundamentação, houver risco de dano grave ou de difícil reparação.

5 Tem **legitimidade para interpor recurso** a parte vencida, o terceiro prejudicado e o Ministério Público, como parte ou como fiscal da ordem jurídica (art. 996, CPC).

6 O **recurso adesivo** não é uma espécie recursal, mas sim uma modalidade de interposição da apelação, do recurso especial e do recurso extraordinário.

7 O recurso adesivo deve ser interposto no prazo de 15 (quinze) dias que o recorrido tem para contrarrazoar o recurso principal e o seu objetivo é economia processual.

8 São requisitos do recurso adesivo:

(i) a existência de sucumbência recíproca

(ii) a ausência de interposição de recurso principal pela parte que proporá o recurso adesivo.

9 O recurso adesivo fica subordinado ao recurso independente, sendo-lhe aplicáveis as mesmas regras quanto ao preenchimento dos requisitos de admissibilidade e julgamento no tribunal. Deve-se observar, no entanto, o seguinte:

(i) será dirigido ao órgão perante o qual o recurso independente fora interposto;

(ii) não será conhecido, se houver desistência do recurso principal ou se for ele considerado inadmissível.

10 Nos termos do art. 1001 do CPC, **dos despachos não cabe recurso**. Porém, a doutrina ressalva que se causar prejuízo à parte, o despacho se torna recorrível.

11 Excetuados os embargos de declaração, o prazo para interpor os recursos e para responder-lhes é de 15 dias (art. 1003, § 5º, CPC).

12 O **preparo** consiste no recolhimento prévio das custas processuais e, tramitando o processo em autos físicos, do porte de remessa e de retorno. Se o recorrente não comprovar o seu recolhimento no ato de interposição do recurso, será intimado, na pessoa de seu advogado, para realizar o recolhimento em dobro, sob pena de deserção (art. 1007, § 4º, CPC). Neste último caso, se o recolhimento for feito a menor, será vedada a complementação do preparo.

13 O equívoco no preenchimento da guia de custas não implicará a aplicação da pena de deserção, cabendo ao relator, na hipótese de dúvida quanto ao recolhimento, intimar o recorrente para sanar o vício no prazo de 5 dias, nos termos do art. 1007, § 7º, CPC.

14 A **desistência do recurso**, por ser ato unilateral de vontade, não depende da anuência do recorrido e nem mesmo dos litisconsortes. O mesmo se dá com a renúncia ao direito de recorrer.

15 Nos recursos em geral se procederá a um único juízo de admissibilidade, feito pelo órgão *ad quem*. Porém, no recurso especial e recurso extraordinário serão realizados, em regra, dois juízos de admissibilidade: o primeiro, provisório ou precário, será feito pelo Tribunal *a quo* e o segundo, definitivo, pelo órgão *ad quem*. Contra a decisão de inadmissibilidade proferida pelo presidente ou vice-presidente do tribunal recorrido caberá agravo ao tribunal superior, nos termos dos arts. 1030, V, § 1º e 1042, CPC.

16 As questões resolvidas na fase de conhecimento, se a decisão a seu respeito não comportar agravo de instrumento, não são cobertas pela preclusão e devem ser suscitadas em preliminar de apelação, eventualmente interposta contra a decisão final, ou nas contrarrazões (art. 1009, § 1º, CPC).

17 Nos processos que tramitam em autos físicos, o agravante deverá juntar perante o juízo de 1ª instância, no prazo de 3 (três) dias a contar do protocolo do agravo de instrumento perante o tribunal, o comprovante de sua interposição (art. 1018, CPC). Trata-se de requisito de admissibilidade que não é matéria de ordem pública, só podendo gerar a inadmissão do recurso se for alegado pelo agravado. Isso porque são tutelados apenas interesses das partes, quais sejam, o interesse do agravante no juízo de retratação e do agravado no acesso facilitado ao teor do recurso.

18 Os embargos de declaração têm por objetivo sanar omissão, contradição, obscuridade ou erro material e não está sujeito a preparo (arts. 1022 e 1023, CPC).

19 Os embargos de declaração não possuem efeito suspensivo e **interrompem o prazo** para a interposição de recurso (art. 1026, CPC).

20 Cabe agravo contra decisão do presidente ou do vice-presidente do tribunal recorrido que inadmitir recurso extraordinário ou recurso especial, salvo quando fundada na aplicação de entendimento firmado em regime de repercussão geral ou em julgamento de recursos repetitivos (art. 1042, caput, CPC).

21 Admite-se **embargos de divergência** contra acórdão de órgão fracionário que (art. 1043, CPC):

(i) em recurso extraordinário ou em recurso especial, divergir do julgamento de qualquer outro órgão do mesmo tribunal, sendo os acórdãos, embargado e paradigma, de mérito;

PROCESSUAL CIVIL

(ii) em recurso extraordinário ou em recurso especial, divergir do julgamento de qualquer outro órgão do mesmo tribunal, sendo um acórdão de mérito e outro que não tenha conhecido do recurso, embora tenha apreciado a controvérsia.

22 A divergência que autoriza a interposição de embargos de divergência pode verificar-se na aplicação do **direito material** ou do **direito processual** (art. 1043, § 2º, CPC).

13. DO PROCESSO DE EXECUÇÃO

1 A **cumulação objetiva de execuções** é possível, ainda que fundadas em títulos diferentes, desde que preenchidos os seguintes requisitos: o executado deve ser o mesmo, o mesmo juízo seja competente para todas elas e o procedimento seja idêntico (art. 780, CPC).

2 O juiz pode determinar a **inclusão do nome do executado em cadastros de inadimplentes** a requerimento das partes. Neste caso, a inscrição será cancelada imediatamente se for efetuado o pagamento, se for garantida a execução ou se a execução for extinta por qualquer outro motivo. Esta regra se aplica tanto à execução de título extrajudicial quanto à execução definitiva de título judicial.

3 A execução para cobrança de crédito fundar-se-á sempre em título de **obrigação certa, líquida e exigível** (art. 783, CPC).

4 Para exigir o cumprimento da obrigação pelo devedor, deverá o credor, se for o caso, comprovar que cumpriu com a sua parte, sob pena de extinção do processo (art. 787, CPC).

5 O inadimplemento total ou parcial da obrigação é requisito específico da execução, não podendo, por isso, o credor iniciar a execução ou nela prosseguir se o devedor tiver cumprido a obrigação.

6 A alienação em fraude à execução **é ineficaz** em relação ao credor.

7 O fiador que pagar a dívida poderá executar o afiançado nos autos do mesmo processo, assim como o sócio que pagar a dívida poderá executar a sociedade nos autos do mesmo processo.

8 Será nula a execução se o título executivo extrajudicial não corresponder a obrigação certa, líquida e exigível, se o executado não for regularmente citado ou se for instaurada antes de se verificar a condição ou de ocorrer o termo. Referida nulidade poderá ser conhecida de ofício pelo juiz ou a requerimento da parte, independentemente da oposição de embargos à execução (art. 803, parágrafo único, CPC). Admite-se, nestes casos, a chamada objeção de pré-executividade.

9 A expropriação de bens do executado pode se dar através de adjudicação, alienação por iniciativa particular ou em leilão, bem como pela apropriação de frutos e rendimentos de empresa ou de estabelecimentos e de outros bens.

10 Antes da expropriação de bens, poderá o executado remir a execução por meio do pagamento ou consignação do valor atualizado do débito, acrescido de juros, custas e honorários de advogado.

11 A adjudicação é **modalidade preferencial** de expropriação, já que nela o bem não pode ser adjudicado por preço inferior ao da avaliação.

12 Não havendo a adjudicação do bem penhorado, o exequente poderá requerer a alienação por iniciativa particular, que se dará por iniciativa do próprio credor ou por intermédio de corretor ou leiloeiro público credenciado perante o órgão judiciário.

13 Na execução contra a Fazenda Pública fundada em título extrajudicial, a executada será citada para opor embargos em 30 dias (art. 910, CPC).

14 Na execução de alimentos fundada em título executivo extrajudicial, o magistrado mandará citar o executado para, em 3 dias, efetuar o pagamento das parcelas anteriores ao início da execução e das que se vencerem no seu curso, provar que o fez ou justificar a impossibilidade de fazê-lo (art. 911, CPC). Porém, se o executado não pagar ou se a justificativa apresentada não for aceita, o juiz poderá determinar o protesto do pronunciamento judicial e decretar a prisão pelo prazo de 1 a 3 meses (art. 911, parágrafo único c/c art. 528, § 3º, CPC).

15 A **prisão civil** do devedor de alimentos será cumprida em **regime fechado**, devendo o preso ficar separado dos presos comuns. Ademais, lembre-se que a prisão, *in casu*, possui caráter coercitivo, razão pela qual o cumprimento da pena não exime o executado do pagamento das prestações vencidas e vincendas.

16 A prisão civil do devedor de alimentos só ocorrerá em relação ao débito alimentar que compreende até as 3 (três) prestações anteriores ao ajuizamento da execução e as que se vencerem no curso do processo (Súmula 309, STJ).

17 A **prévia segurança do juízo**, que consiste na penhora, depósito ou caução fornecidos pelo executado, não é exigida para a oposição de **embargos à execução**, mas apenas para a concessão do efeito suspensivo.

18 Os embargos à execução serão oferecidos no prazo de 15 dias, contado, conforme o caso, na forma do art. 231 do CPC, ou seja, da juntada aos autos do aviso de recebimento (se a citação for postal), do mandado (se for feita por oficial de justiça) etc.

19 Havendo mais de um executado, o prazo para cada um deles embargar conta-se a partir da juntada do respectivo comprovante da citação, salvo no

PROCESSUAL CIVIL

caso de cônjuges ou de companheiros, quando será contado a partir da juntada do último (art. 915, § 1º, CPC).

20 Ademais, ainda que haja mais de um executado, com advogados diferentes, de escritórios diferentes e tramitando o processo em autos físicos, não terão prazo em dobro para o oferecimento dos embargos à execução (art. 915, § 3º, CPC).

21 Na execução de obrigação de pagamento de quantia certa fundada em título extrajudicial admite-se a chamada **moratória legal**, que consiste no parcelamento do débito em execução, que ocorrerá da seguinte forma: no prazo para embargos, reconhecendo o crédito do exequente e comprovando o depósito de 30% do valor em execução, acrescido de custas e de honorários de advogado, o executado poderá requerer que lhe seja permitido pagar o restante em até 6 (seis) parcelas mensais, acrescidas de correção monetária e de juros de um por cento ao mês (art. 916, CPC).

22 No caso de parcelamento do débito, o não pagamento de qualquer das prestações acarretará cumulativamente no vencimento das prestações subsequentes e o prosseguimento do processo, com o imediato reinício dos atos executivos, bem como na imposição ao executado de multa de 10% sobre o valor das prestações não pagas (art. 916, § 5º, CPC).

23 Admite-se a **prescrição intercorrente no processo de execução**, que se dará da seguinte forma (art. 921, §§1º a 5º, CPC): não localizados bens do executado passíveis de penhora, a execução será suspensa pelo prazo de 1 ano, dentro do qual estará suspensa também a prescrição. No entanto, transcorrido referido prazo sem manifestação do exequente, começa a correr o prazo de prescrição intercorrente. Findo este prazo o juiz poderá, depois de ouvidas as partes, no prazo de 15 dias, de ofício, reconhecer a prescrição e extinguir o processo.

14. PROCEDIMENTO ESPECIAL DE JURISDIÇÃO CONTENCIOSA

1 O CPC, no art. 539, prevê a **consignação extrajudicial**, permitindo que, em casos de obrigação em dinheiro, o valor seja depositado em estabelecimento bancário, situado no lugar do pagamento, cientificando-se o credor por carta com A.R., assinado o prazo de 10 dias para a manifestação de recusa. Decorrido este prazo, contado do retorno do A.R. sem a manifestação de recusa, será o devedor liberado da obrigação e a quantia depositada ficará à disposição do credor.

2 Se o credor se recusar a levantar a quantia depositada, o que deve ser feito por escrito ao estabelecimento bancário, poderá ser proposta, dentro de um mês, a **ação de consignação**, instruindo-se a inicial com a **prova do depósito e da**

recusa. Não proposta a ação neste prazo, ficará sem efeito o depósito, podendo levantá-lo o depositante.

3 A ação de consignação em pagamento é procedimento especial de jurisdição contenciosa através do qual o autor visa obter uma sentença declaratória de extinção da obrigação que foi cumprida.

4 Na ação de consignação em pagamento, se o réu alegar a **insuficiência de depósito** em sua contestação, poderá o autor completá-lo, em 10 (dez) dias, salvo se corresponder a prestação cujo inadimplemento acarrete a **rescisão do contrato**. Ademais, permite-se que o réu, na condição de credor, levante desde logo a quantia ou a coisa depositada e prossiga no feito para discutir **a parcela controvertida**.

5 A consignação em pagamento tem **natureza dúplice**, podendo, ao final, julgar procedente o pedido do autor, com a sua consequente liberação, ou, reconhecendo a insuficiência do depósito, constituir **título executivo em favor do credor**, que poderá promover-lhe o cumprimento nos mesmos autos, após liquidação, se necessária.

6 Aplica-se o **princípio da fungibilidade** entre as ações possessórias típicas, quais sejam, reintegração de posse, manutenção de posse e interdito proibitório (art. 554, CPC).

7 Admite-se **pedido contraposto** para requerer indenização pelos prejuízos resultantes da turbação ou do esbulho cometido pelo autor (art. 556, CPC).

8 O possuidor tem direito a ser mantido na posse em caso de turbação e reintegrado em caso de esbulho (art. 560, CPC).

9 A oposição, no CPC/15, está inserida entre os procedimentos especiais de jurisdição contenciosa. Ela permite que aquele que pretender, no todo ou em parte, a coisa ou o direito sobre que controvertem autor e réu, ofereça, **até ser proferida a sentença**, oposição contra ambos.

10 Na oposição, em que pese os opostos terem advogados distintos de escritórios distintos, já que são *ex adversos* na demanda principal, possuirão prazo comum de 15 (quinze) dias para oferecer contestação, nos termos do art. 683, parágrafo único, CPC.

11 As ações de família aplicam-se aos processos contenciosos de divórcio, separação, reconhecimento e extinção de união estável, guarda, visitação e filiação (art. 693, CPC).

12 Nas ações de família a audiência de mediação e conciliação pode ser multidisciplinar, ou seja com a participação de profissionais de outras áreas. Além

PROCESSUAL CIVIL

disso, a requerimento das partes, o juiz pode inclusive determinar a suspensão do processo enquanto os litigantes se submetem a **mediação extrajudicial** ou a **atendimento multidisciplinar**.

13 Nas ações de família, o Ministério Público somente intervirá quando houver **interesse de incapaz** e deverá ser ouvido previamente à homologação de acordo (art. 698, CPC).

14 Quem, não sendo parte no processo, sofrer **constrição ou ameaça de constrição** sobre bens que possua ou sobre os quais tenha direito incompatível com o ato constritivo, poderá requerer seu desfazimento ou sua inibição por meio de **embargos de terceiro** (art. 674, CPC).

15 Os embargos podem ser opostos **a qualquer tempo no processo de conhecimento** enquanto não transitada em julgado a sentença e, no cumprimento de sentença ou no processo de execução, **até 5 (cinco) dias** depois da adjudicação, da alienação por iniciativa particular ou da arrematação, mas sempre antes da assinatura da respectiva carta (art. 675, CPC).

16 Ação monitória é o instrumento processual colocado à disposição do credor de quantia certa, de coisa fungível ou de coisa móvel determinada, com crédito comprovado por **documento escrito sem eficácia de título executivo**, para exigir do devedor o cumprimento da obrigação.

17 É admissível ação monitória em face da **Fazenda Pública** (art. 700, § 6º, CPC).

18 A prova escrita pode consistir em **prova oral documentada**, obtida através da produção antecipada de provas (art. 700, § 1º, c/c art. 381, CPC).

19 Na ação monitória admite-se a **reconvenção**, sendo vedado o oferecimento de reconvenção à reconvenção (art. 702, § 6º, CPC).

15. PROCEDIMENTO ESPECIAL DE JURISDIÇÃO VOLUNTÁRIA

1 Prevalece na doutrina a concepção de que a jurisdição voluntária (também chamada de jurisdição integrativa) não é jurisdição, mas **administração pública de interesses privados** feita pelo Poder Judiciário.

2 Corrente minoritária, contudo, confere à jurisdição voluntária natureza de **atividade jurisdicional**. Segundo este entendimento, não se pode dizer que não há lide em jurisdição voluntária: a lide só não precisa vir afirmada na petição inicial. Exemplos em que normalmente há controvérsias: interdição e retificação de registro.

3 A decisão proferida em sede de **jurisdição voluntária faz coisa julgada**, impedindo a rediscussão do que foi decidido.

4 Duas características da jurisdição em relação aos poderes processuais do magistrado:

(i) **Inquisitoriedade**: doutrinadores defendem que vige o princípio inquisitivo, podendo o juiz tomar decisões contra a vontade dos interessados.

(ii) **Possibilidade de decisão fundada em equidade**: a lei faculta ao juiz não observar a legalidade estrita na apreciação do pedido, decidindo por juízo de equidade, que se funda em critérios de conveniência e oportunidade (art. 723, parágrafo único, CPC).

5 O procedimento de jurisdição voluntária terá início por **provocação do interessado, do Ministério Público ou da Defensoria Pública**. O pedido deve ser devidamente instruído com os documentos necessários e com a indicação da providência judicial (art. 720, CPC).

6 Nos procedimentos de jurisdição voluntária, a Fazenda Pública será sempre ouvida nos casos em que tiver interesse (art. 722, CPC).

7 Nos procedimentos de jurisdição voluntária, o juiz decidirá no prazo de 10 (dez) dias e contra a sentença proferida caberá recurso de apelação (arts. 723 e 724, CPC).

8 Entre os pedidos que se processam pelo procedimento de jurisdição voluntária podemos citar, nos termos do art. 725 do CPC:

(i) emancipação,

(ii) sub-rogação,

(iii) alienação, arrendamento ou oneração de bens de crianças ou adolescentes, de órfãos e de interditos,

(iv) alienação, locação e administração da coisa comum,

(v) alienação de quinhão em coisa comum,

(vi) extinção de usufruto, quando não decorrer da morte do usufrutuário, do termo da sua duração ou da consolidação, e de fideicomisso, quando decorrer de renúncia ou quando ocorrer antes do evento que caracterizar a condição resolutória,

(vii) expedição de alvará judicial e

(viii) homologação de autocomposição extrajudicial, de qualquer natureza ou valor.

PROCESSUAL CIVIL

9 O divórcio consensual, a separação consensual e a extinção consensual de união estável poderão ser realizados por **escritura pública** se **não houver nascituro** ou **filhos incapazes** e desde que sejam observados os requisitos legais, devendo os cônjuges ou companheiros estarem assistidos por **advogado ou defensor público.** Importante destacar, ainda, que a escritura, além de **não depender de homologação judicial**, constitui título hábil para qualquer ato de registro ou levantamento de quantia depositada em instituições financeiras.

10 O pedido de **interdição** também se enquadra entre os procedimentos de jurisdição voluntária, tendo legitimidade ativa para requerê-lo o cônjuge ou companheiro, os parentes ou tutores, o representante da entidade em que se encontra abrigado o interditando e o Ministério Público.

11 Na sentença que decretar a interdição, o juiz deverá **nomear curador**, que poderá ser o requerente da interdição, e fixará **os limites da curatela**, segundo o estado e o desenvolvimento mental do interdito, devendo a curatela ser atribuída a quem melhor possa atender aos interesses do curatelado.

12 Da sentença que decreta a interdição cabe apelação, que será recebida **apenas no efeito devolutivo**, nos termos do art. 1012, § 1º, VI, CPC.

16. PROCEDIMENTO SUMARÍSSIMO

1 O procedimento sumaríssimo é adotado nos Juizados Especiais Cíveis (Lei 9.099/95), Federal (Lei 10.259/01) e da Fazenda Pública (Lei 12.153/09).

2 No procedimento sumaríssimo, **admite-se o litisconsórcio.** Não se admite, porém, nenhuma modalidade de intervenção de terceiros, **salvo o incidente de desconsideração da personalidade jurídica.**

3 É vedada a prolação de **sentença ilíquida** no âmbito dos Juizados Especiais.

4 Não se admite **ação rescisória** nos Juizados Especiais.

5 Cabem embargos de declaração quando, em sentença ou acórdão, houver omissão, obscuridade ou contradição (art. 83, *caput*, Lei 9.099/95, alterado pelo NCPC).

6 Os embargos de declaração interrompem o prazo para a interposição de recurso (art. 83, § 2º, Lei 9099/95, alterado pelo NCPC).

7 No Juizado Especial Estadual, há previsão legal vedando a citação por edital (art. 18, § 2º, Lei 9099/95).

8 **Não haverá remessa necessária** contra as sentenças proferidas no Juizado Especial Federal e no Juizado Especial da Fazenda Pública (art. 13, Lei 10.259/01 e art. 11, Lei 12.153/09).

9 A competência dos Juizados Especiais Federais e Juizados Especiais da Fazenda Pública **é absoluta** para as causas cujo valor seja de até 60 salários mínimos (art. 3º, § 3º, Lei 10.259/01 e art. 2º, § 4º, Lei 12.153/09).

10 Os **conciliadores e juízes leigos** são auxiliares da Justiça, recrutados, os primeiros, preferentemente, entre os bacharéis em Direito, e os segundos, entre advogados com mais de 2 (dois) anos de experiência (art. 15, § 1º, Lei 12.153/09).

17. PROCESSO COLETIVO

1 Nas ações coletivas, a sentença fará coisa julgada (art. 103, I, II e III, CDC):

(i) *erga omnes*, exceto se o pedido for julgado improcedente por insuficiência de provas, hipótese em que qualquer legitimado poderá intentar outra ação, com idêntico fundamento valendo-se de nova prova, na hipótese dos interesses ou direitos difusos;

(ii) *ultra partes*, mas limitadamente ao grupo, categoria ou classe, salvo improcedência por insuficiência de provas, nos termos do inciso anterior, quando se tratar da hipótese dos interesses ou direitos coletivos;

(iii) *erga omnes*, apenas no caso de procedência do pedido, para beneficiar todas as vítimas e seus sucessores, na hipótese dos interesses ou direitos individuais homogêneos.

2 No caso de improcedência do pedido, nas ações coletivas que tenham por objeto um direito individual homogêneo, os interessados poderão propor ação de indenização a título individual, se não tiverem ingressado no processo como litisconsortes (art. 103, § 2º, CDC).

3 Possui legitimidade para a propositura de ação civil pública (art. 5º, Lei 7.347/85):

(i) o Ministério Público;

(ii) a Defensoria Pública;

(iii) a União, os Estados, o Distrito Federal e os Municípios;

(iv) a autarquia, empresa pública, fundação ou sociedade de economia mista;

(v) a associação que, concomitantemente esteja constituída há pelo menos 1 (um) ano nos termos da lei civil e que inclua, entre suas finalidades institucionais, a proteção ao patrimônio público e social, ao meio ambiente, ao consumidor, à ordem econômica, à livre concorrência, aos direitos de grupos raciais, étnicos ou religiosos ou ao patrimônio artístico, estético, histórico, turístico e paisagístico.

4 O termo de ajustamento de conduta, que pode ser tomado dos interessados pelos órgãos públicos legitimados para a propositura da ação civil pública, tem eficácia de título executivo extrajudicial (art. 5º, § 6º, Lei 7.347/85).

5 O MP poderá instaurar, sob sua presidência, inquérito civil, ou requisitar, de qualquer organismo público ou particular, certidões, informações, exames ou perícias, no prazo que assinalar, o qual não poderá ser inferior a 10 dias úteis (art. 8º, § 1º, Lei 7.347/85).

6 A sentença civil fará coisa julgada *erga omnes*, nos limites da competência territorial do órgão prolator, **exceto se o pedido for julgado improcedente por insuficiência de provas**, hipótese em que qualquer legitimado poderá intentar outra ação com idêntico fundamento, valendo-se de nova prova. Trata-se da chamada **coisa julgada "secundum eventum probationis"** (art. 16, Lei 7347/85).

7 No mandado de segurança coletivo, a sentença fará coisa julgada limitadamente aos membros do grupo ou categoria substituídos pelo impetrante (art. 22, *caput*, Lei 12.106/09).

8 O mandado de segurança coletivo **não induz litispendência para as ações individuais**, mas os efeitos da coisa julgada não beneficiarão o impetrante a título individual se não requerer a desistência de seu mandado de segurança no prazo de 30 (trinta) dias a contar da ciência comprovada da impetração da segurança coletiva (art. 22, § 1º, Lei 12.016/09).

18. LEGISLAÇÃO ESPECIAL

1 A arbitragem pode ser utilizada pelas **pessoas capazes** de contratar, desde que o direito objeto do litígio seja **patrimonial e disponível**, estendendo-se essa regra à **administração pública direta e indireta**.

2 A arbitragem, a critério das partes, pode ser de **direito** ou de **equidade**. Porém, aquela que envolve a administração pública será **sempre de direito**. Além disso, as partes poderão escolher as regras de direito que vigorarão na arbitragem, desde que não viole os **bons costumes** e a **ordem pública**.

3 A convenção de arbitragem pode se dar:

(i) através da **cláusula compromissória**: deve ser expressamente prevista em contrato ou em documento apartado que a ele se refira e se dá antes mesmo do surgimento do conflito, ou seja, as partes optam por solucionar os conflitos que vierem a surgir decorrentes daquele contrato por meio da arbitragem;

(ii) ou do **compromisso arbitral**: é a convenção através da qual as partes submetem um litígio à arbitragem de uma ou mais pessoas, podendo ser judicial (celebrado por termo nos autos perante o juízo ou tribunal onde tem curso a demanda) ou extrajudicial (celebrado por escrito particular, assinado por duas testemunhas, ou por instrumento público).

4 Os árbitros serão nomeados pelas partes, sempre em número ímpar, podendo nomear, ainda, os seus suplentes. O árbitro deve ser qualquer **pessoa capaz** e que tenha a **confiança das partes**.

5 Na escolha de um ou mais árbitros, as partes podem se valer, de comum acordo, das regras de um órgão arbitral institucional ou entidade especializada.

6 A instituição da arbitragem **interrompe a prescrição**, retroagindo à data do requerimento de sua instauração, ainda que extinta a arbitragem por ausência de jurisdição (art. 19, § 2º, Lei 9.307/96).

7 Uma vez instituída a arbitragem, na primeira oportunidade para se manifestar, a parte deverá arguir questões relativas à competência, suspeição ou ao impedimento do árbitro ou dos árbitros, bem como nulidade, invalidade ou ineficácia da convenção de arbitragem.

8 Quanto ao procedimento, a arbitragem obedecerá ao estabelecido pelas partes na convenção de arbitragem, podendo optar por seguirem as **regras de um órgão arbitral institucional ou entidade especializada**. Ademais, o próprio árbitro pode regular o procedimento, a critério das partes ou se as mesmas forem omissas a este respeito.

9 É possível que a parte pleiteie ao órgão jurisdicional, antes de instituída a arbitragem, a concessão de **medida cautelar ou de urgência**. Neste caso, se deferida a medida, a parte terá 30 (trinta) dias, a contar da efetivação da respectiva decisão, para requerer a instituição de arbitragem, sob pena de cessar a eficácia da medida concedida. Uma vez instituída a arbitragem, tais medidas devem ser requeridas diretamente ao árbitro.

10 A **carta arbitral** pode ser expedida pelo árbitro ou pelo tribunal arbitral solicitando ao órgão jurisdicional nacional que pratique ou determine o cumprimento, na área de sua competência territorial, de ato solicitado pelo árbitro. Perceba, ainda, que no cumprimento da carta arbitral deverá ser observado o **segredo de justiça**, se restar comprovada a **confidencialidade** estipulada na arbitragem.

11 As partes estipularão o prazo para prolação da **sentença arbitral**. Se forem omissas a este respeito, o prazo para a apresentação da sentença será de seis meses, contado da instituição da arbitragem ou da substituição do árbitro.

12 Nos termos do art. 1º, parágrafo único, da Lei 13.140/15, considera-se mediação a atividade técnica exercida por **terceiro imparcial sem poder decisório**, que, escolhido ou aceito pelas partes, as auxilia e estimula a identificar ou desenvolver **soluções consensuais para a controvérsia**.

13 Os princípios que regem a mediação são os seguintes (art. 2º, Lei 13.140/15):

(i) imparcialidade do mediador;

(ii) isonomia entre as partes;

(iii) oralidade;

(iv) informalidade;

(v) autonomia da vontade das partes;

(vi) busca do consenso;

(vii) confidencialidade;

(viii) boa-fé.

14 A mediação pode ter como objeto **direitos disponíveis ou indisponíveis** que admitam **transação.** Neste último caso, o acordo deve ser homologado em juízo, exigida a oitiva do Ministério Público. Além disso, a mediação pode versar sobre todo o conflito ou apenas parte dele.

15 O mediador, que deve buscar facilitar a solução do conflito, pode ser escolhido pelas partes ou designado pelo Tribunal, sendo assegurada a **gratuidade da mediação aos necessitados.**

16 O mediador fica impedido, pelo prazo de um ano, contado do término da última audiência em que atuou, de assessorar, representar ou patrocinar qualquer das partes. Não bastasse isso, é vedado ao mediador atuar na condição de árbitro ou como testemunha em processos judiciais ou arbitrais atinentes a conflito em que tenha atuado como mediador (arts. 6º e 7º, Lei 13.140/15).

17 Independentemente de integrar qualquer tipo de conselho, entidade de classe ou associação, ou nele inscrever-se, pode atuar como **mediador extrajudicial** qualquer pessoa capaz que tenha a confiança das partes e seja capacitada para fazer mediação.

18 Na mediação extrajudicial, as partes poderão ser assistidas por advogados ou defensores públicos (art. 10, Lei 13.140/15). Se uma das partes estiver assistida e a outra não, o mediador deverá suspender a mediação até que ambas as partes estejam devidamente assessoradas.

19 Em contrapartida, para atuar como **mediador judicial**, a pessoa deve ser capaz, graduada há pelo menos dois anos em curso de ensino superior de instituição reconhecida pelo Ministério da Educação e que ter obtido capacitação em escola ou instituição de formação de mediadores, reconhecida pela Escola Nacional de Formação e Aperfeiçoamento de Magistrados - ENFAM ou pelos tribunais, observados os requisitos mínimos estabelecidos pelo Conselho Nacional de Justiça em conjunto com o Ministério da Justiça (art. 11, Lei 13.140/15).

20 Toda e qualquer informação relativa ao procedimento de mediação será **confidencial em relação a terceiros**, não podendo ser revelada sequer em processo arbitral ou judicial, salvo se as partes expressamente decidirem de forma diversa ou quando sua divulgação for exigida por lei ou necessária para cumprimento de acordo obtido pela mediação (art. 30, Lei 13.140/15).

21 Nos termos do art. 32 da Lei 13.140/15, a União, os Estados, o Distrito Federal e os Municípios poderão criar câmaras de prevenção e resolução administrativa de conflitos, no âmbito dos respectivos órgãos da Advocacia Pública, onde houver, com competência para:

(i) dirimir conflitos entre órgãos e entidades da administração pública;

(ii) avaliar a admissibilidade dos pedidos de resolução de conflitos, por meio de composição, no caso de controvérsia entre particular e pessoa jurídica de direito público;

(iii) promover, quando couber, a celebração de termo de ajustamento de conduta.

22 A instauração de **procedimento administrativo** para a resolução consensual de conflito no âmbito da administração pública **suspende a prescrição** (art. 34, Lei 13.140/15).

23 O **mandado de segurança** será concedido para a proteção de direito líquido e certo não amparado por *habeas corpus* ou *habeas data*, podendo ser **repressivo**, quando já tiver ocorrido a ilegalidade ou abuso de poder, ou **preventivo**, quando visa prevenir possíveis ilegalidades que ainda não ocorreram.

24 Em mandado de segurança, contra a decisão do juiz de primeiro grau que conceder ou denegar a liminar, caberá **agravo de instrumento**. Ademais, cumpre salientar que **não será concedida medida liminar** que tenha por objeto a compensação de créditos tributários, a entrega de mercadorias e bens provenientes do exterior, a reclassificação ou equiparação de servidores públicos e a concessão de aumento ou a extensão de vantagens ou pagamento de qualquer natureza (art. 7º, §§1º e 2º, Lei 12.016/09).

25 A sentença que concede ou denega o mandado está sujeita a recurso de **apelação**. Além disso, estará sujeita à **remessa necessária** a sentença que conceder a segurança.

26 O **prazo decadencial** para impetração do mandado de segurança é de **120 (cento e vinte) dias**, contados da ciência, pelo interessado, do ato impugnado (art. 23, Lei 12.016/09).

27 Em mandado de segurança, não cabe condenação ao pagamento de **honorários advocatícios** (art. 25, Lei 12.106/09).

DIREITO PENAL

♦ *Diogo Aguiar*

Sumário:

INCIDÊNCIA DOS TEMAS NAS PROVAS
(atualizada até o XXIV Exame da OAB)

Direito Penal

Ação Penal	1	1%
Escusas Absolutórias (Punibilidade)	1	1%
Reincidência	2	1%
Relação de Causalidade	2	1%
Juizados Especiais	2	1%
Princípios Fundamentais	5	4%
Concurso de Pessoas	6	4%
Concurso de Crimes	6	4%
Culpabilidade	6	4%
Teoria da Norma	7	5%
Extinção de Punibilidade	7	5%
Iter Criminis	7	5%
Teoria do Erro	13	9%
Teoria do Crime	14	10%
Teoria Geral da Pena	15	11%
Crimes em Espécie e Legislação Penal Extravagante	44	32%
Total	138	100%

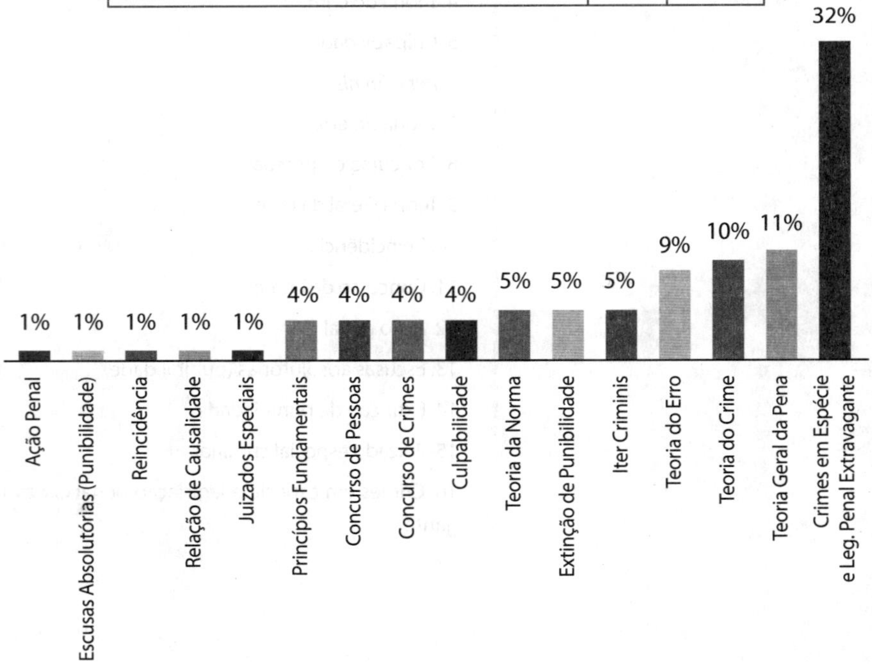

1. PRINCÍPIOS DE DIREITO PENAL

1 **Princípio da legalidade** ou reserva legal (art. 5º, XXXIX, da CF, e art. 1.º do Código Penal): Constitui o referido princípio real limitação ao poder punitivo estatal, exigindo que os tipos penais sejam ***criados de forma abstrata e por meio de lei.***

2 **Princípio da anterioridade** (art. 5º, XXXIX, da CF, e art. 1.º do Código Penal): Determina o princípio da anterioridade que a lei que incrimina determinada conduta como ilícito penal, deverá ser ***anterior à prática do crime***. É representado pelo brocardo *nulla poena sine praevia lege*. Assim, a lei penal somente pode ser aplicada a um fato concreto, caso tenha origem anterior à prática da conduta a qual pretende punir.

3 **Princípio da retroatividade da lei penal benéfica** (art. 5º, XL, da CF e art. 2º, do CP): Tratando-se de **lei penal benéfica**, será feita exceção à vedação à irretroatividade da lei penal. Neste caso, a lei penal benéfica ***retroagir*** no tempo para ***favorecer o agente***, ainda que o fato tenha sido decidido por sentença condenatória com trânsito em julgado.

4 **Princípio da humanidade** (art. 5º, XLIX, da CF e art. 5º, da Convenção Americana de Direitos Humanos): Por este princípio não serão impostas penas que desrespeitem os ***direitos fundamentais*** do agente, não permitindo pena indigna, cruel, desumana ou degradante.

5 **Princípio da Personalidade ou intranscendência** (art. 5º, XLV, da CF): Por este princípio, a pena imposta ***não ultrapassará a figura do condenado***. A obrigação derivada de reparação de danos e a decretação de perdimento de bens, poderão ser estendidas aos sucessores e contra eles executadas até o limite do valor do patrimônio transferido.

6 **Princípio da individualização da pena** (art. 5º, XLVI, da CF): A individualização deve ser observada em três momentos distintos:

- **Na elaboração do tipo penal e sua respectiva pena**: permitindo ao magistrado aplicar a lei ao caso concreto com a adequada proporção da pena, dentro do limite mínimo e máximo trazido pelo tipo penal;
- **Na imposição de pena pelo magistrado**: momento em que será a pena efetivamente individualizada, observando-se as circunstâncias do crime, os antecedentes do acusado, e demais nuances do crime;
- **Na execução da pena:** com a análise individual para progressão de regime, concessão de benefícios, etc.

7 **Princípio da intervenção mínima**: O Direito Penal é tido como a *utlima ratio*, ou seja, a última alternativa de nosso sistema jurídico, devendo ser acionado apenas quando não houver outro meio de solução. Do referido princípio, originam-se outros dois princípios:

- Princípio da subsidiariedade;
- Princípio da fragmentariedade.

8 **Princípio da subsidiariedade**: O Direito Penal é subsidiário em relação aos demais ramos do Direito, devendo ser acionado apenas em último caso, quando os demais se mostrarem insuficientes para a tutela de bens jurídicos.

9 **Princípio da fragmentariedade**: O Direito Penal possui caráter fragmentário, protegendo apenas os bens jurídicos com indiscutível relevância. Portanto, nem todos os bens jurídicos serão tutelados pelo Direito Penal, somente aqueles imprescindíveis para a sociedade.

10 **Princípio da ofensividade** (lesividade): Para que haja crime, a conduta praticada pelo agente deve atingir de forma relevante o bem jurídico penalmente tutelado.

11 **Princípio da taxatividade**: Os tipos penais devem ser claros e precisos, de modo a não deixar dúvida ao destinatário da norma, pois a construção de tipos penais incriminadores vagos ou imprecisos poderia gerar abuso por parte do Estado.

12 **Princípio da proporcionalidade:** Deverá a sanção aplicada ser suficiente para punir o autor do crime e para promover sua reeducação, além de proteger de forma adequada os bens jurídicos. Não objetiva, portanto, apenas coibir o excesso punitivo por parte do Estado, mas também assegurar a efetiva tutela dos bens jurídicos penalmente relevantes.

13 **Princípio da vedação da dupla punição pelo mesmo fato** (*ne bis in idem*): Por tal princípio, ninguém poderá ser processado e punido duas vezes pela prática do mesmo crime. Está implicitamente previsto na Convenção Americana sobre Direito Humanos (art. 8º, item 4).

14 **Princípio da culpabilidade**: Ninguém será penalmente responsabilizado sem que tenha agido com dolo ou culpa. Portanto, não haverá no Direito Penal responsabilização objetiva do agente, devendo ser apurada a existência de responsabilidade subjetiva. Sem que haja na conduta dolo ou culpa, o fato se torna atípico.

2. TEORIA DA NORMA

1 A **lei penal** é a ***fonte formal imediata*** do Direito Penal. Estruturalmente apresenta dois preceitos, um primário (conduta) e outro secundário (pena). Por exemplo: o crime de homicídio simples, previsto no art. 121 do CP, apresenta em

seu ***preceito primário*** (conduta) *"Matar alguém"* e, no ***preceito secundário*** (pena), *"reclusão, de 6 a 20 anos".*

2 As **leis penais *classificam-se*** em:

- **Incriminadoras:** criam crimes e cominam penas.
- **Não incriminadoras:** não criam crimes e não cominam penas. Subdividem-se em:
  - **Permissivas:** autorizam a prática de condutas típicas. Excluem a ilicitude;
  - **Exculpantes:** excluem a culpabilidade do agente;
  - **Interpretativas:** quando esclarecem o conteúdo e o significado de outras leis penais (ex.: 327 do CP – conceito de funcionário público para fins penais);
  - **De aplicação**: delimita a validade das leis incriminadoras;
  - **Diretivas:** estabelecem princípios de determinada matéria (ex.: art. 1º do CP);
  - **Integrativas:** complementam a tipicidade no tocante ao nexo causal nos crimes omissivos impróprios, à tentativa e à participação (ex.: art. 13, §2º, 14, II, e 29, *caput*, do CP);
  - **Completas:** apresentam todos os elementos da conduta criminosa;
  - **Incompletas:** necessitam de complementação para definição da conduta criminosa que se dá através de uma outra lei, ato da administração pública ou ao julgador. São os tipos penais em branco e os tipos penais abertos.

3 **Características da lei penal**

- **Exclusividade:** somente a lei pode criar delitos e cominar penas (art. 5º, XXXIX da CF e, art. 1º do CP);
- **Imperatividade:** a lei penal é obrigatória e, o seu desrespeito acarreta a imposição de pena ou medida de segurança;
- **Generalidade:** a lei penal destina-se a todas as pessoas, inclusive aos inimputáveis, que vivem sobre a jurisdição do Brasil, estejam dentro do território nacional ou no exterior;
- **Impessoalidade:** os efeitos da lei penal são voltados a fatos abstratos e futuros, para qualquer pessoa que venha a praticá-lo. ***Exceções***: leis que prevejam anistia e *abolitio criminis*, cujos efeitos são lançados a fatos concretos;
- **Anterioridade:** as leis penais incriminadoras somente podem ser aplicadas se vigoravam quando da prática da infração penal, salvo no caso da retroatividade da lei mais benéfica ao agente.

4 **Lei penal em branco** é aquela que necessita de ***complementação***. Divide-se em:

- **Homogênea**: o complemento tem a mesma natureza jurídica e provém do mesmo órgão que elaborou a lei penal incriminadora. Pode ser:
  - **Homovitelina**: quando a lei incriminadora e seu complemento encontram-se no mesmo diploma legal ou;
  - **Heterovitelina:** quando a lei incriminadora e seu complemento encontram-se em diplomas legais diversos.
- **Heterogênea:** o complemento tem natureza jurídica diversa e provém de órgão distinto daquele que elaborou a lei penal incriminadora.
- **Inversa:** quando o preceito secundário (pena) é que necessita de complementação.
- **Constitucional:** o complemento constitui-se em norma constitucional.

5 A **interpretação** da lei penal é o tema de estudo da *hermenêutica jurídica*. A atividade prática de interpretação da lei é chamada de ***exegese***. Nesta atividade a finalidade é sempre a busca pela *mens legis*, ou seja, a vontade da lei e, não a *mens legislatoris*, a vontade de quem fez a lei.

6 A **interpretaç**ão da lei ***classifica-se***, quanto ao **sujeito:**

- **Autêntica:** incumbe ao legislador quando edita uma lei com a finalidade de esclarecer o alcance e significado de outra lei.
- **Doutrinária:** é a interpretação exercida pelos doutrinadores, escritores e articulistas.
- **Judicial:** é a interpretação executada pelos membros do Poder Judiciário.

7 A **interpretação** da lei ***classifica-se***, quanto aos **meios ou métodos:**

- **Gramatical:** trata da análise literal das palavras contidas na lei.
- **Lógica ou teleológica:** busca a verdadeira vontade da lei. O intérprete utiliza todos os elementos disponíveis para a interpretação, tais como, histórico, sistemático, direito comparado, elementos extrajurídicos, etc.

8 A **interpretação** da lei penal ***classifica-se***, quanto ao **resultado**:

- **Declaratória:** resultado do texto da lei e a sua vontade. Nada precisa ser retirado ou adicionado.
- **Extensiva**: é a interpretação ampla de uma norma excessivamente restrita para amoldá-la à sua efetiva vontade. Já decidiu o STF que essa interpretação deve ser favorável ao réu tendo em vista o princípio da legalidade estrita.
- **Restritiva:** é a interpretação que diminui o alcance da lei.

9 **Interpretação progressiva** é aquela que busca adequar a lei à ***realidade atual.***

10 **Analogia** é uma maneira de ***integração do ordenamento jurídico***. Trata-se da aplicação, ao caso não previsto em lei, de lei reguladora de caso semelhante. Somente pode ser utilizada para normas não-incriminadoras, em razão do princípio da reserva legal.

11 **Espécies de analogia:**

- ***In malam partem:*** na omissão da lei, aplica-se uma lei que prejudica o réu, disciplinadora de caso semelhante. Não é admitida pelo nosso ordenamento.
- ***In bonam partem:*** aplica-se a um caso omisso lei que favorece o réu, reguladora de caso semelhante.
- **Legal:** aplica-se ao caso omisso uma lei que trata de caso semelhante;
- **Jurídica:** aplica-se ao caso omisso um princípio geral do direito.

12 A **lei penal** pode ser ***revogada*** (retirada da vigência da lei). A regra é de que uma lei somente é revogada por outra lei, salvo, as leis temporárias e excepcionais, que são ***autorrevogáveis***. A revogação pode ser total (ab-rogação) ou parcial (derrogação).

13 A **lei penal** pode ser ***revogada*** de modo:

- **Expresso:** quando a nova lei indica quais os dispositivos revogados;
- **Tácita:** quando a nova lei é incompatível com a anterior.

14 O **conflito de leis penais** no tempo resolve-se com o ***direito penal intertemporal***. A regra geral é a de prevalência da lei que se encontrava em vigor quando da prática do fato (*tempus regit actum*).

15 **Exceções** para a regra geral do ***direito penal intertemporal***:

- **Lei cria novo tipo penal** (*novatio legis* incriminadora): aplica-se apenas para fatos futuros;
- **Lei nova mais prejudicial do que a anterior** (*Lex gravior*): aplica-se apenas para fatos futuros;
- **Lei posterior extingue o crime** (*abolitio criminis):* retroage a fatos passados;
- **Lei posterior mais benéfica que a anterior** (*Lex mitior*): retroage a fatos passados. Também poderá ocorrer a chamada ***ultratividade da lei penal mais benéfica***, quando o crime restar praticado durante a vigência de uma norma e, posteriormente, esta for revogada por outra

PENAL

prejudicial ao autor do crime. Subsistirá, nesta hipótese, os efeitos da lei anterior benéfica ao réu;

- **Lei posterior em parte mais benéfica e, em parte mais gravosa que a anterior.**

16 **Conflito aparente de leis penais** ocorre quando a um fato é possível, em tese, a aplicação de ***dois ou mais tipos penais*** de igual hierarquia, fonte de produção e, também, em vigor ao mesmo tempo da prática da infração penal.

17 **Soluções** para o ***conflito aparente***:

- **Princípio da especialidade:** lei especial prevalece sobre a lei geral (ex.: homicídio e infanticídio).
- **Princípio da subsidiariedade:** lei primária prevalece sobre a lei subsidiária (ex.: art. 132 do CP).
- **Princípio da consunção**: quando o fato mais grave absorve os menos graves. A lei consuntiva prefere à lei consumida. Pode ocorrer diante de crimes complexos, progressivos, progressão criminosa, fatos impuníveis.

18 Para a apropriada aplicação da lei penal é necessário determinar o momento da ocorrência do crime. Referente ao **tempo do crime**, adotou o Código Penal a ***teoria da atividade*** (art. 4º), através da qual se considera praticado o crime no ***momento da ação ou da omissão***, ainda que seja outro o momento do resultado. São ***efeitos da teoria da atividade***:

- Em regra, será aplicada a lei penal que estava em vigor ao tempo da conduta do agente, salvo se a lei posterior for mais favorável (retroatividade benéfica);
- A imputabilidade do agente deverá ser analisada ao tempo da conduta (ação ou omissão).

19 No tocante ao lugar do crime, o Código Penal filiou-se à **teoria da ubiquidade** segundo a qual o **lugar do crime** é tanto aquele em que foi ***praticada a conduta (ação ou omissão)*** quanto aquele em que se ***produziu ou deveria produzir-se o resultado*** (art. 6º do CP).

20 A **teoria da ubiquidade** ***não se aplica***:

- **Aos crimes conexos:** pois, os diversos crimes não constituem unidade jurídica. Deve cada um deles, ser processado e julgado no país em que foi cometido.
- **Aos crimes plurilocais:** aqueles em que a conduta e o resultado ocorrem em comarcas diversas, mas no mesmo país. Aplica-se a regra do art. 70, *caput* do CPP, determinando-se a competência para o lugar em que se consumar a infração ou, no caso de tentativa, pelo local em que for cometido o último ato de execução.

- **No caso de crimes dolosos contra a vida:** aplica-se a teoria da atividade, segundo a qual o lugar do crime é aquele em que foi pratica a conduta (ação ou omissão).
- **Infrações penais de menor potencial ofensivo:** aplica-se a teoria da atividade (art. 63 da Lei 9.099/95).
- **Crimes falimentares:** em seu art. 183, a Lei 11.101/2.005 determinou como competente o foro do local em que foi decretada a falência, concedida a recuperação judicial ou homologado o plano de recuperação extrajudicial.
- **Atos infracionais:** a competência será do lugar da ação ou omissão (ECA, art. 147, §1º).

21 As **imunidades parlamentares** são ***prerrogativas*** ou ***garantias*** inerentes ao exercício do mandato parlamentar, preservando-se a instituição de ingerências externas. Existem duas espécies:

- **Imunidade absoluta, material, real, substantiva ou inviolabilidade** (art. 53, *caput*, da CF);
- **Imunidade processual, formal, adjetiva, ou imunidade propriamente dita** (art. 53, §§ 1º a 5º, da CF).

22 A **imunidade material** atinge os Deputados e Senadores, no âmbito penal e civil, por quaisquer opiniões, palavras e votos, relacionadas à sua função.

23 A **imunidade formal** atinge a prisão e o processo contra Deputados Federais e Senadores.

24 Dispõe o art. 10 do CP: "O dia do começo inclui-se no cômputo do prazo. Contam-se os dias, os meses e os anos pelo calendário comum". Os **prazos penais** são ***improrrogáveis***, mesmo que terminem em sábados, domingos e feriados. Existem causas que podem ***suspender*** ou ***interromper*** a contagem do prazo penal.

25 O **prazo** sempre terá ***natureza penal*** enquanto guardar relação com o ***direito de punir*** do Estado, ainda que esteja previsto no CPP. Tendo caráter híbrido ou misto, prevalecerá a natureza penal do prazo (ex.: art. 38 do CPP).

26 Dispõe o art. 798, §1º do CPP: "que não se computará no prazo o dia do começo, incluindo-se, porém, o do vencimento". O **prazo processual penal** é, portanto, mais amplo que o prazo penal.

27 **Serão desprezadas** as ***frações de dia*** nas penas privativas de liberdade e nas restritivas de direito, e as ***frações de moeda*** na pena de multa, conforme leciona o art. 11 do CP.

PENAL

3. RELAÇÃO DE CAUSALIDADE

1 **Relação de causalidade** é o ***vínculo*** formado entre a ***conduta praticada*** pelo agente e o ***resultado produzido***. Entende-se por resultado a modificação externa provocada pela conduta do agente.

2 O Código Penal adotou a **teoria da equivalência dos antecedentes,** pela qual causa é a ação ou omissão sem a qual o resultado não teria ocorrido.

3 ***Excepcionalmente***, o Código Penal adotou a **teoria da causalidade adequada** (no art. 13, §1º), que prevê como **causa** o antecedente não só necessário, mas ***adequado à produção do resultado***. Imperioso, portanto, que a pessoa além de praticar um antecedente indispensável, realize uma atividade adequada à sua concretização. Exclui-se, com efeito, acontecimentos extraordinários, fortuitos, excepcionais, anormais, sendo levadas em consideração apenas as condutas indispensáveis e idôneas à produção do resultado.

4 **Concausa** é a ocorrência de uma ***causa externa à vontade do agente*** e que influi na produção do resultado naturalístico por ele desejado.

5 As causas podem ser:

- **Causas dependentes** – São aquelas que dependem da conduta do agente para produzir o resultado.
- **Causas independentes** – São aquelas que independem da vontade do agente para produzir o resultado. O seu surgimento é inesperado e imprevisível.

6 As **causas dependentes** ***não rompem o nexo de causalidade***, pois demonstram dependência com os acontecimentos anteriores e posteriores. Assim, restará o resultado imputado ao agente.

7 As causas independentes podem ser:

- **Causas absolutamente independentes** – Classificam-se em: preexistentes, concomitantes e supervenientes.
- **Causas relativamente independentes** - Classificam-se em: preexistentes, concomitantes, supervenientes que ***não produziram*** por si sós o resultado e supervenientes que ***produziram*** por si sós o resultado.

8 Causa **preexistent**e é aquela que existente ***anteriormente*** à conduta do agente.

9 Causa **concomitante** é aquela que ocorre ***simultaneamente*** à conduta do agente.

10 Causa **superveniente** é aquela que ocorre ***posteriormente*** à conduta do agente.

11 As **causas *absolutamente* independentes** (preexistente, concomitante e superveniente) rompem o nexo causal em relação ao resultado, respondendo o agente apenas pelo resultado de seus atos até então praticados.

12 Nas **causas *relativamente* independentes *preexistente* ou *concomitante*** não haverá o rompimento do nexo causal, se imputando o resultado naturalístico produzido.

13 Na **causa *relativamente* independente superveniente** a consequência dependerá da análise se esta produziu, ou não, por si só o resultado:

- **Causa não produziu por si só o resultado**: Não haverá o rompimento do nexo causal, respondendo o agente pelo resultado naturalístico produzido;
- **Causa produziu por si só o resultado**: Será rompido o nexo de causalidade, respondendo o agente apenas pelos atos até então praticados.

PENAL

14 O Código Penal adotou em seu art. 13, §2º, a **teoria normativa** no tocante à natureza jurídica da omissão. Ou seja, somente tem importância para o direito penal a omissão quando presente o ***dever de agir*** (dever e poder agir). Trata-se das hipóteses previstas nas **alíneas do §2º do art. 13 do CP** (tenha por lei obrigação legal de cuidado, proteção ou vigilância; de outra forma assumiu a responsabilidade de impedir o resultado e; com seu comportamento anterior, criou o risco da ocorrência do resultado.)

4. TEORIA DO CRIME

1 Existem ***três aspectos*** para **conceituar crime**: material, legal e analítico.

2 Pelo **conceito material**, crime é toda ação ou omissão humana que lesa ou expõe a perigo de lesão ***bens jurídicos penalmente tutelados***. Trata-se de reconhecimento da **teoria dos bens jurídicos** que, em síntese, legitima o direito penal apenas quando a tipificação de uma infração penal visar proteger valores socialmente aceitos. É o complemento do princípio da reserva legal.

3 O **critério legal** foi fornecido pelo legislador no art. 1º, da Lei de Introdução ao Código Penal. Neste contexto, ***crime é a infração penal a que a lei comina pena de reclusão ou de detenção***, quer isoladamente, quer alternativa ou cumulativamente com a pena de multa.

4 O **critério legal** define, ainda, que a **contravenção penal** é a infração penal a que a lei comina, isoladamente, pena de prisão simples ou de multa, ou ambas, alternativa ou cumulativamente.

5 O **critério analítico** abrange a ***estrutura do crime.*** Existem autores que sustentam ser o crime um fato típico, ilícito, culpável e punível (teoria quadripartida); outros, sustentam ser **fato típico, ilícito e culpável (*teoria tripartida – corrente preponderante*)** e; por fim, outros sustentam ser fato típico e ilícito (teoria bipartida).

Crime (Teoria tripartida) = Fato Típico + Ilícito (Antijurídico) + Culpável

6 **Sujeito ativo do crime** é aquele que realiza **direta** (autor e coautor) ou **indiretamente** (partícipe e autor mediato) a ***conduta criminosa***, seja isoladamente, seja em concurso de pessoas.

7 A **pessoa jurídica** pode ser **sujeito ativo de crime** conforme previsto na Constituição Federal, nos crimes contra a ordem econômica e financeira, contra a economia popular e contra o meio ambiente.

8 **Sujeito passivo de crime** é aquele ***titular do bem jurídico*** protegido pela norma penal que foi violada pelo sujeito ativo. Subdivide-se em:

- **Mediato** (formal, geral, genérico ou indireto): é o Estado, o qual possui o direito de realizar a aplicação da lei penal.
- **Imediato** (material, particular, acidental ou direto): é o titular do bem jurídico protegido pela normal penal violada pelo sujeito ativo.

9 **Objeto do crime** é aquele que sofre a ***conduta criminosa***. Podendo ser:

- **Objeto jurídico:** é o valor protegido pela normal penal. Ex.: o art. 157 do CP (roubo) possui como bem jurídico protegido o patrimônio da vítima.
- **Objeto material:** é a pessoa ou coisa que suporta a conduta criminosa. Ex.: o art. 121 do CP (homicídio) possui como objeto material o ser humano que teve a sua vida ceifada.

10 **Crimes comuns** são aqueles que podem ser praticados ***por qualquer pessoa.***

11 **Crimes próprios** são aqueles em que o tipo penal exige uma ***situação fática*** ou ***jurídica diferenciada*** por parte do sujeito ativo. Ex.: o peculato (art. 312, CP) somente pode ser praticado por funcionário público.

Os crimes próprios admitem coautoria e participação. Dividem-se em:

- **Puros:** a ausência da condição especial do sujeito ativo tem como consequência a atipicidade do fato.
- **Impuros:** a ausência da condição especial do sujeito ativo leva à desclassificação para outro delito.

12 **Crimes de mão própria** são aqueles que somente podem ser praticados pela ***pessoa indicada pelo tipo penal*** (Ex.: falso testemunho - art. 342 do CP. Não admite coautoria. Admite participação).

13 **Crime simples** é aquele que resulta de um único tipo penal. Ex.: furto (art. 155 do CP).

14 **Crime complexo** é aquele que resulta da união de dois ou mais tipos penais. Ex.: roubo = furto + violência ou grave ameaça.

15 **Crimes materiais** são aqueles em que o tipo penal exige uma conduta e um resultado naturalístico, para que seja alcançada a consumação. Ex.: homicídio (art. 121 do CP).

16 **Crimes formais** são aqueles que o tipo penal exige a conduta, sendo dispensável o resultado naturalístico para fins de consumação. Ex.: extorsão mediante sequestro (art. 159 do CP).

17 **Crime de mera conduta** é aquele em que basta a ação ou omissão para constituir o objetivo do tipo penal. Ex.: ato obsceno (art. 233 do CP).

18 **Crime instantâneo** é aquele em que a consumação ocorre em um momento determinado.

19 **Crime permanente** é aquele cuja consumação se prolonga no tempo. Classificam-se em:

- ***Necessariamente* permanentes:** para a consumação é imprescindível que o crime dure tempo juridicamente relevante para o direito. Ex.: sequestro (art. 148 do CP).
- ***Eventualmente* permanente:** em regra são crimes instantâneos, mas, dependendo do caso, o crime é prorrogado. Ex.: furto de energia elétrica (art. 155, §3º do CP).

20 No **crime instantâneo de efeitos permanentes** seus efeitos subsistem após a consumação, independente da vontade do agente. Ex.: bigamia (art. 235 do CP).

21 **Crimes a prazo** são aqueles cuja consumação exige a fluência de determinado período. Ex.: lesão corporal grave (art. 129, §1º, I do CP).

22 **Crime unissubjetivo** é aquele praticado por um único agente. Admite concurso de pessoas.

23 **Crime plurissubjetivo** é aquele necessariamente praticado por mais de um agente, em coautoria ou participação. Os demais agentes podem ser imputáveis ou não, conhecidos ou desconhecidos. Subdividem-se em:

- **Bilaterais**: exige dois agentes. Ex.: bigamia (art. 235 do CP).
- **Coletivos:** necessita da existência de três ou mais agentes.

24 **Crimes de subjetividade passiva única** são aqueles em que o tipo penal exige apenas uma vítima.

25 **Crimes de dupla subjetividade** passiva são aqueles em que o tipo penal prevê a existência de duas ou mais vítimas. Ex.: violação de correspondência (art. 151 do CP).

26 **Crimes de danos** são aqueles em que o tipo penal exige a efetiva lesão ao bem jurídico tutelado para que ocorra a consumação.

27 **Crimes de perigo** são aqueles onde a mera exposição do bem jurídico tutelado a uma situação de perigo acarretam a consumação do crime, independente da efetiva lesão ao bem jurídico tutelado. Ex.: art. 132 do CP – crime de perigo para a vida ou saúde de outrem.

28 Os **crimes de perigo *subdividem-se*** em:

- **Crimes de perigo abstrato:** o crime consuma-se com a prática da conduta. Não se exige a comprovação da produção da situação de perigo.
- **Crimes de perigo concreto:** consuma-se com a efetiva comprovação, no caso concreto, da ocorrência da situação de perigo.
- **Crimes de perigo individual:** atingem a uma pessoa ou a um número determinado de pessoas.
- **Crimes de perigo comum ou coletivo:** atingem a um número indeterminado de pessoas.
- **Crimes de perigo atual:** o perigo está ocorrendo. Ex.: abandono de incapaz (art. 133 do CP).
- **Crimes de perigo iminente:** o perigo está prestes a ocorrer.
- **Crimes de perigo futuro:** a situação de perigo é projetada para o futuro. Ex.: arts. 14 e 16 da Lei 10.826/03.

29 **Crimes unissubsistentes** são aqueles cuja conduta se revela mediante um único ato de execução, capaz de consumar o crime. Não admite tentativa.

30 Nos **crimes plurissubsistentes** a conduta se exterioriza através de dois ou mais atos que, somados, levam à consumação. É possível a tentativa.

31 **Crimes comissivos** são os praticados através de uma conduta positiva.

32 **Crimes omissivos** são os praticados através de uma conduta negativa. ***Subdividem-se***:

- **Omissivo próprio (puro):** o próprio tipo penal prevê uma conduta negativa. Ex: omissão de socorro (art. 135 do CP).
- **Comissivo por omissão:** o tipo penal prevê uma conduta positiva, mas a omissão do agente, descumprindo o seu dever legal de agir, acarreta a produção do resultado naturalístico e a sua consequente responsabilização penal. As ***hipóteses de dever legal de agir*** estão previstas no art. 13, §2º do CP (dever legal; posição de garantidor; ingerência).

33 **Crimes de conduta mista** são aqueles em que inicialmente o tipo penal exige uma conduta positiva e, ao final, uma omissiva. Ex.: art. 169, parágrafo único, II do CP (apropriação de coisa achada).

34 Os **crimes de forma livre** admitem qualquer meio de execução.

35 Nos **crimes de forma vinculada** o tipo penal prevê as maneiras de execução do crime.

36 Os **crimes mono-ofensivos** ofendem um único bem jurídico.

37 **Crimes pluriofensivos** são aqueles que atingem dois ou mais bens jurídicos. Ex.: latrocínio (art. 157, §3º do CP).

38 **Crimes principais** são aqueles que prescindem da prática de um crime anterior.

39 Os **crimes acessórios** são aqueles dependem da prática de um crime anterior.

40 Os **crimes transeuntes** não deixam vestígios materiais.

41 **Crimes não transeuntes** deixam vestígios materiais.

42 Nos **crimes à distância** a conduta e o resultado ocorrem em países diversos.

43 Nos **crimes plurilocais** a conduta e resultado se desenvolvem em diversas comarcas de um mesmo país.

44 **Crimes independentes** não apresentam ligações com outros delitos.

45 **Crimes conexos** são crimes que estão conectados entre si.

46 **Crime gratuito** é aquele crime cometido sem qualquer motivação, não podendo ser equiparada esta ausência de motivação ao motivo fútil.

47 **Crime de ímpeto** é aquele cometido sem premeditação, como resposta a uma reação emocional repentina.

48 **Crime falho** corresponde à tentativa perfeita, ou seja, é aquela em que o agente esgota todos os meios executórios que tinha à sua disposição e, mesmo assim, o crime não se consuma por circunstâncias alheias à sua vontade.

49 **Crime progressivo** é aquele que para ocorrer o agente deve violar outra lei (menos grave). É chamado de crime de ação de passagem. Aplica-se o princípio da consunção.

50 **Progressão criminosa** caracteriza-se pela ocorrência de dois crimes, o primeiro menos grave que o segundo. Após a consumação do primeiro, o agente decide cometer outro crime mais grave, dentro de um mesmo contexto. Pelo princípio da consunção o agente responde apenas pelo delito mais grave.

51 **Crime liliputiano** é o crime anão ou, crime vagabundo. São expressões sinônimas para indicar as ***contravenções penais.***

52 São ***elementos*** do **fato típico**:

- Conduta;
- Resultado naturalístico;
- Relação de causalidade;
- Tipicidade.

53 **Teoria clássica (ou causalista) da conduta**: ***a vontade humana é a causa da conduta e, a conduta é a causa do resultado.*** Não há vontade no tocante à produção do resultado. A conduta humana independe da análise de dolo e culpa. Trata-se de uma relação de causa/efeito. Se a conduta (independente de dolo ou culpa) causou um resultado, estaríamos diante de uma conduta penalmente relevante.

54 **Teoria finalista da conduta**: para esta teoria, conduta ***é o comportamento humano, consciente e voluntário, dirigido a um fim***. O dolo e a culpa que, na teoria clássica eram analisados na culpabilidade, na teoria finalista passam a ser são analisados na conduta.

55 São causas que **excluem a conduta**:

- Caso fortuito ou força maior;
- Atos ou movimentos reflexos;
- Coação física irresistível;
- Sonambulismo e hipnose.

56 Com relação **ao nexo de causalidade**, o Código Penal adotou a **teoria da equivalência dos antecedentes.** Causa é todo comportamento humano, comissivo ou omissivo, que de ***qualquer modo contribuiu para o resultado naturalístico***. É indiferente a quantidade da contribuição.

57 Para constatar se algum acontecimento insere-se no conceito de causa, utiliza-se o chamado **processo hipotético de eliminação**, no qual retira-se mentalmente determinado fato que compõe o histórico do crime e, se o resultado naturalístico desaparecer, é porque era também sua causa. Ao contrário, se ao retirar determinado acontecimento e, ainda assim permanecer o resultado naturalístico, este acontecimento não contribui como causa para o resultado.

58 **Causas *absolutamente* independentes** podem ser ***preexistentes***, ***concomitantes*** ou ***supervenientes***. Nestas o nexo de causalidade é rompido e, portanto, o agente somente responde pelos atos até então praticados.

59 **Causas *relativamente* independentes** podem ser ***preexistentes***, ***concomitantes*** e ***supervenientes***. As preexistentes, concomitantes e supervenientes que não produziram por si sós o resultado, implicam na responsabilidade do agente pelo resultado naturalístico. Já a causa relativamente independente superveniente que produziu por si sós o resultado, rompe com o nexo causal, de modo que o agente somente responde pelos atos até então praticados.

60 **Tipicidade formal** é a subsunção entre a conduta praticada pelo agente e o modelo descrito no tipo penal. Já a **tipicidade material** é a lesão ou perigo de lesão ao bem jurídico penalmente tutelado.

61 **Tipos incriminadores** são os tipos penais propriamente ditos, onde consta a ***definição da conduta criminosa.***

62 **Tipos permissivos** são aqueles que contêm a descrição de uma ***conduta permitida***, em que a lei considera lícito o comportamento de um fato típico.

63 **Dolo** é composto por ***consciência*** e ***vontade***. São espécies de dolo:

- **Dolo direto:** a vontade do agente é voltada para um resultado.
- **Dolo indireto:** o agente não tem a vontade dirigida a um resultado determinado.
- **Dolo alternativo:** o agente deseja um ou outro resultado.
- **Dolo eventual:** o agente não deseja o resultado previsto, mas assume o risco de produzi-lo.
- **Dolo de dano:** o agente quer ou assume o risco de lesionar um bem jurídico penalmente tutelado.
- **Dolo de perigo:** o agente quer ou assume o risco de expor a perigo de lesão um bem jurídico penalmente tutelado.
- **Dolo de primeiro grau:** é a vontade do agente, direcionada a determinado resultado e efetivamente perseguido.

PENAL

- **Dolo de segundo grau:** é a vontade do agente dirigida a determinado resultado, efetivamente desejado, em que a utilização dos meios para alcançá-lo inclui, obrigatoriamente, efeitos colaterais de verificação praticamente certa.

64 São ***elementos*** do **crime culposo:**

- Conduta voluntária;
- Violação do dever objetivo de cuidado;
- Resultado naturalístico involuntário;
- Nexo causal;
- Tipicidade;
- Previsibilidade objetiva;
- Ausência de previsão.

65 São ***modalidades*** da **culpa**:

- Negligência;
- Imprudência;
- Imperícia.

66 **Culpa inconsciente** é aquela em que o agente ***não prevê o resultado***.

67 **Culpa consciente** é aquela em que o agente ***prevê o resultado***, porém, realiza a conduta imaginando que o ***resultado não ocorrerá***.

68 Prevê o art. 18, do Código Penal, o **caráter excepcional do crime culposo**, assegurando que a modalidade culposa de um crime deve ser ***expressamente prevista em lei.***

69 **Crime preterdoloso** é aquele em que a conduta dolosa acarreta um ***resultado mais gravoso do que o desejado pelo agente***. Há **dolo na conduta antecedente** e, **culpa no resultado consequente**.

70 **Erro de tipo** é a ***falsa percepção da realidade*** acerca dos elementos constitutivos do tipo penal. Está previsto no art. 20, *caput*, do CP. É o chamado ***erro de tipo essencial.***

71 O **erro de tipo essencial** pode ser:

- **Escusável**: não deriva da culpa do agente que, não conseguiria evitar a falsa percepção da realidade sobre os elementos constitutivos do tipo penal.
- **Inescusável:** provém da culpa do agente que, se tivesse empregado a cautela e prudência de praxe, poderia evitar o erro.

72 ***Efeitos*** **do erro de tipo:**

- **Escusável ou inescusável:** sempre exclui o dolo.
- **Escusável:** exclui o dolo e a culpa.
- **Inescusável:** exclui o dolo, mas permite a punição a título culposo, caso haja previsão desta modalidade de conduta.

73 As **discriminantes putativas** estão previstas no art. 20, §1º do CP e configuram ***causa de exclusão de ilicitude***. O agente supõe a existência de situação de fato que, se existisse, tornaria a ação legítima.

74 ***Espécies*** de **discriminantes putativas**:

- Erro relativo aos pressupostos de fato de uma causa de exclusão da ilicitude;
- Erro relativo à existência de uma causa de exclusão de ilicitude;
- Erro relativo aos limites de uma causa de exclusão de ilicitude.

75 **Erro determinado por terceiro** está previsto no art. 20, §2º do CP e, trata da conduta atinente a falsa percepção da realidade no que diz respeito aos **elementos constitutivos do tipo penal,** em decorrência da atuação de terceira pessoa. O agente ***não erra por conta própria***, e sim de maneira provocada.

76 **Erro de tipo acidental**, não afasta a responsabilidade penal pelo fato e recai sobre:

- Erro sobre a pessoa;
- Erro sobre o objeto;
- Erro sobre as qualificadoras;
- Erro sobre o nexo causal;
- Erro na execução;
- Resultado diverso do pretendido.

77 São ***espécies*** de **tentativa**:

- **Branca:** objeto material não é atingido pela conduta criminosa.
- **Cruenta:** o objeto material, é alcançado pela atuação do agente.
- **Perfeita:** o agente esgota todos os meios que estavam à sua disposição e, mesmo assim o crime não se consuma por circunstâncias alheias à sua vontade.
- **Imperfeita:** o agente não esgota todos os meios que estavam à sua disposição, mas, mesmo assim, o crime não se consuma por circunstâncias alheias à sua vontade.

PENAL

78 ***Não admitem*** **tentativa**:

- Crimes culposos;
- Crimes preterdolosos;
- Crimes unissubsistentes;
- Crimes omissivos próprios;
- Crimes de perigo abstrato;
- Contravenções penais;
- Crimes habituais;
- Crimes condicionados;
- Crimes subordinados a condição objetiva de punibilidade;
- Crimes de atentados;
- Crimes com tipo penal composto de condutas amplamente abrangentes.

79 Na **desistência voluntária**, o agente, ***por ato voluntário***, **interrompe** a execução do crime, **abandonando** a prática dos demais atos necessários para a consumação. O agente não quer continuar, ainda que seja possível. É necessário voluntariedade e eficácia.

80 No **arrependimento eficaz**, depois de praticar todos os atos necessários para a consumação do crime, o agente busca medidas para ***impedir a realização do resultado***. É necessário voluntariedade e eficácia.

81 O **arrependimento posterior** é causa obrigatória de ***diminuição de pena*** quando presentes os pressupostos previstos no art. 16 do CP.

- Crime sem violência ou grave ameaça à pessoa;
- Reparação do dano ou restituição da coisa;
- Limite temporal: até o recebimento da denúncia ou da queixa.

82 **Crime impossível** ocorre quando, por ***ineficácia absoluta do meio*** ou por ***absoluta impropriedade do objeto***, jamais ocorrerá sua consumação.

- **Por ineficácia absoluta do meio:** o meio de execução eleito é absolutamente ineficaz para produzir o resultado, por mais que seja reiterado seu uso (Ex.: A tenta matar B com arma de brinquedo).
- **Por impropriedade absoluta do objeto:** o objeto material é absolutamente impróprio de sofrer o resultado desejado (Ex.: A tenta matar B, que já está morto).

83 **Causas supralegais de exclusão de ilicitude**:

- Consentimento do ofendido;
- Princípio da adequação social;
- Princípio do balanço dos bens.

84 **Causas excludentes de ilicitude genéricas**:

- Estado de necessidade;
- Legítima defesa;
- Estrito cumprimento do dever legal;
- Exercício regular de direito.

85 **Causas excludentes de ilicitude específicas** (Exemplos):

- Art. 128 do CP – aborto;
- Art. 142 do CP – injúria e difamação;
- Art. 145, §3º, II do CP – constrangimento ilegal;
- Entre outras.

86 São ***requisitos*** para configuração do **estado de necessidade**:

- Situação de necessidade (perigo atual; perigo não provocado pelo agente; ameaça a direito próprio ou alheio; ausência do dever legal de enfrentar o perigo);
- Fato necessitado (inevitabilidade do perigo por outro modo; proporcionalidade).

87 No **estado de necessidade**, quando o agente visando proteger um bem jurídico e ***sacrifica outro de maior valor***. Previsto no art. 24, §2º do CP, é considerado **causa de diminuição de pena.**

88 São ***requisitos*** para a **legítima defesa:**

- Agressão (injusta; atual ou iminente; contra direito próprio ou alheio);
- Reação (emprego dos meios necessários; uso moderado de tais meios).

89 A **legítima defesa** pode ser:

- **Real:** quando presentes todos os requisitos do art. 25 do CP;
- **Putativa:** o agente, por erro, acredita existir uma agressão injusta, atual ou iminente, a direito seu ou de outrem;
- **Subjetiva:** o agente, por erro de tipo escusável, excede os limites da legítima defesa.

90 Trata-se o **estrito cumprimento do dever legal** de ***causa excludente de ilicitude*** e, consiste na prática de um fato típico, em razão do agente cumprir uma determinação legal, de natureza penal ou não. Por dever legal entende-se qualquer obrigação direta ou indireta resultante da lei.

91 **Exercício regular de direito** é causa ***excludente de ilicitude***, tendo em vista que um ato que seja lícito para qualquer área do direito não pode ser ilícito para o direito penal.

PENAL

92 **Imputabilidade penal** é um dos elementos da culpabilidade. Utiliza-se o critério cronológico para aferir a imputabilidade penal. Ao completar dezoito anos, presume-se imputável qualquer pessoa.

93 O momento para a **constatação da imputabilidade** é ao tempo da ação ou omissão, conforme previsto no art. 26, *caput* do CP.

94 São **causas de inimputabilidade**:

- Menoridade;
- Doença mental;
- Desenvolvimento mental incompleto;
- Desenvolvimento mental retardado;
- Embriaguez completa proveniente de caso fortuito ou força maior.

95 ***Espécies*** de **embriaguez:**

- **Não acidental:** pode ser voluntária ou culposa e, se completa ou incompleta, não exclui a imputabilidade.
- **Acidental:** pode ser completa ou incompleta. A completa exclui a imputabilidade. A incompleta não exclui a imputabilidade, mas, diminui a pena.
- **Patológica:** equipara-se à doença mental e o agente pode ser considerado inimputável ou semi-imputável.
- **Preordenada:** não exclui a responsabilidade e, pode agravar a pena.

96 A **potencial consciência da ilicitude** é afastada pelo erro de proibição previsto no art. 21, *caput* do CP.

97 O **erro de proibição**, também chamado de ***erro sobre a ilicitude do fato,*** varia sua natureza jurídica de acordo com a sua admissibilidade:

- Erro de proibição ***como excludente de culpabilidade,*** quando **escusável** (o agente, ainda que tivesse se esforçado, não conseguiria evitar o erro).
- Erro de proibição ***como causa de diminuição de pena***, quando **inescusável** (o erro poderia ser evitado com o emprego de diligências normais).

98 ***Diferenças*** entre **erro de tipo** e **erro de proibição**:

- No **erro de tipo** o agente desconhece a situação fática, o que lhe impede o conhecimento de um ou mais elementos do tipo penal, ou seja, não sabe o que faz. Já no **erro de proibição** o agente conhece a realidade fática, mas não compreende o caráter ilícito de sua conduta.

- O **erro de tipo**, se escusável, exclui dolo e a culpa; o **erro de proibição**, se escusável, exclui a culpabilidade;
- O **erro de tipo**, se inescusável, exclui o dolo, mas permite a punição por crime culposo, se previsto em lei; o **erro de proibição**, se inescusável, permite a diminuição da pena.

99 A **exigibilidade de conduta diversa** é ***elemento da culpabilidade*** que consiste na expectativa da sociedade da prática de uma conduta diversa da conduta criminosa. Desta forma, a inexigibilidade de conduta diversa é aceita como causa excludente de culpabilidade.

100 ***Requisitos*** da **coação moral irresistível**:

- Promessa de mal grave e iminente, o qual o coagido não é obrigado a suportar;
- Inevitabilidade do perigo na posição em que se encontra o coagido;
- Caráter irresistível da ameaça;
- Presença de, ao menos, três pessoas envolvidas.

101 A **coação moral irresistível** afasta a culpabilidade do agente coagido. Se a coação moral for resistível, a culpabilidade permanece.

102 Na **coação física**, o fato é atípico em razão da ausência de vontade e, via de consequência, o coagido não responde por nenhum crime.

103 **Obediência hierárquica** é causa de exclusão da culpabilidade e possui os seguintes ***requisitos***:

- Ordem não manifestamente ilegal;
- Ordem originária de autoridade competente;
- Relação de direito público entre a autoridade superior e o subalterno;
- Presença de três pessoas;
- Cumprimento estrito da ordem.

104 Com relação a **obediência hierárquica** e ***seus efeitos***:

- Se a **ordem for ilegal**, e o subalterno sabe disso, ele responde pelo crime praticado;
- Se a **ordem for ilegal**, porém, a ordem não é manifestamente ilegal e o subalterno desconhecia o vício, exclui-se a culpabilidade;
- Se a **ordem for legal**, exclui a ilicitude em razão do estrito cumprimento do dever legal.

PENAL

Excludentes de ilicitude	Excludentes de culpabilidade
Estado de necessidade (art. 24, CP)	Exclui a imputabilidade: – Doença mental (art. 26, CP); – Menoridade (art. 27, CP); – Embriaguez acidental completa (art. 28, II, CP).
Legitima defesa (art. 25, do CP)	
Estrito cumprimento do dever legal (art. 23, III, CP)	Exclui o potencial conhecimento da ilicitude: – Erro de proibição (art. 21, CP).
Exercício regular do direito (art. 23, III, CP)	
Consentimento do ofendido (causa supralegal de exclusão)	Exclui a exigibilidade de conduta diversa: – Coação moral irresistível (art. 22, CP); – Obediência hierárquica (art. 22, CP).

5. CULPABILIDADE

1 Partindo da concepção finalista, crime é fato típico e ilícito, praticado por agente culpável. Desta concepção finalista, surgem **duas correntes**: bipartida e tripartida.

2 Para a **teoria bipartida** o crime é ***fato típico*** e ***ilícito***, sendo a culpabilidade um pressuposto para a aplicação da pena. Desta forma, para a referida teoria a ***culpabilidade não integra o crime.***

3 Para a **teoria tripartida** o crime é ***fato típico*** e ***ilícito***, praticado por agente culpável. A culpabilidade, neste caso, é ***elemento do crime.***

4 **Culpabilidade** é o ***juízo de reprovabilidade*** que incide sobre o agente que pratica um fato típico e ilícito, com a finalidade de verificar a necessidade de imposição de pena.

5 A **culpabilidade** recai sobre o autor para analisar se ele deve ou não receber uma pena em razão do fato cometido. A punição se dá em razão do ***fato cometido*** e, não, pela condição do autor ser quem ele é. Trata-se da culpabilidade pelo fato, ou, em outros termos, direito penal do fato, ideia que se contrapõe ao direito penal do autor.

6 O Código Penal não é claro, mas, majoritariamente, entende-se que o CP adotou a **teoria limitada da culpabilidade**, através da interpretação dos arts. 20 e 21 do CP.

7 Na **teoria limitada**, a ***culpabilidade*** é composta por:

- Imputabilidade;
- Potencial consciência da ilicitude;
- Exigibilidade de conduta diversa.

8 Para a **teoria limitada**, as ***discriminantes putativas*** são divididas em: erro de tipo (art. 20, §1º do CP) e, erro de direito ou proibição (art. 21 do CP).

9 A **culpabilidade** divide-se ainda em ***formal*** e ***material***:

- **Formal:** ocorre no momento em que o legislador incrimina uma conduta cominando pena mínima e máxima à infração penal.
- **Material:** ocorre no momento da aplicação da pena pelo magistrado.

10 A **culpabilidade** influi na definição da ***quantidade da pena*** a ser aplicada por força do art. 59, *caput* do CP. A maior ou menor culpabilidade do autor do crime, constitui circunstância judicial a ser aferida pelo magistrado na quantificação da pena-base.

11 As **dirimentes de culpabilidade** são as ***causas de exclusão da culpabilidade***. Lembrando que a culpabilidade é formada pela imputabilidade, potencial consciência da ilicitude e exigibilidade de conduta diversa.

12 As **dirimentes de culpabilidade** podem excluir a ***imputabilidade***, o ***potencial conhecimento da ilicitude*** ou a ***exigibilidade de conduta diversa***.

13 Excluem a **imputabilidade:**

- Doença mental;
- Desenvolvimento mental retardado ou incompleto;
- Embriaguez acidental completa.

14 Excluem o **potencial conhecimento da ilicitude:**

- Erro de proibição inevitável (ou escusável);

15 Excluem a **exigibilidade de conduta diversa:**

- Coação moral irresistível;
- Obediência hierárquica à ordem não manifestamente ilegal.

6. *ITER CRIMINIS*

1 ***Iter criminis*** significa "caminho do crime", ou seja, corresponde às ***etapas*** que o agente deve percorrer até a prática de um crime.

2 A **primeira fase** do *iter criminis* é a **interna**, a qual compreende a cogitação da empreitada criminosa na mente do agente. Por se tratar de uma ideia, não

PENAL

ofende o bem jurídico protegido pela norma penal e, portanto, nesta fase, ***não há crime***.

3 A **fase interna** é representada pela cogitação que, por sua vez, é dividida em **três momentos**:

- **Idealização:** o agente tem a ideia de cometer o crime;
- **Deliberação:** mentalmente o agente avalia as vantagens e desvantagens de cometer o crime;
- **Resolução:** é a decisão de praticar o crime.

4 A **fase externa** é dividida em ***preparação***, ***execução*** e ***consumação***.

5 A **preparação** são os atos preparatórios que criam as condições adequadas para a realização do crime. É o próximo passo após a cogitação. **Em regra, *não são puníveis***, nem na forma tentada pois, o art. 14, II do CP vinculou a tentativa à pratica dos atos executórios. **Excepcionalmente, *pune-se os atos preparatórios*** quando o legislador optou por tipificá-los de forma autônoma, como por exemplo, os crimes previstos nos arts. 253, 286, 291 do CP.

6 A **execução** ou os **atos executórios** dão ***início à agressão ao bem jurídico***. Realiza-se o núcleo do tipo penal (verbo do tipo) ou, ainda, a conduta criminosa. **No mínimo, estará configurada a tentativa.** Os atos executórios devem ser idôneos e inequívocos. Idôneo, pois o ato deve ser capaz de lesar o bem jurídico protegido. Inequívoco, pois o ato deve ser direcionado à lesão do bem jurídico. Portanto, o ato executório deve ser, simultaneamente, inequívoco e idôneo.

7 A **consumação** ocorre quando todos os elementos do crime (preceito primário do tipo penal) estão reunidos (art. 14, I do CP).

8 O **exaurimento *não faz parte do iter criminis***. O crime exaurido é aquele em que, posteriormente à consumação, subsistem efeitos lesivos derivados da conduta do autor. Influi, no entanto, na aplicação da pena base, art. 59, *caput*, do CP ou, funciona como qualificadora, quando previsto (Ex.: art. 329, §1º do CP).

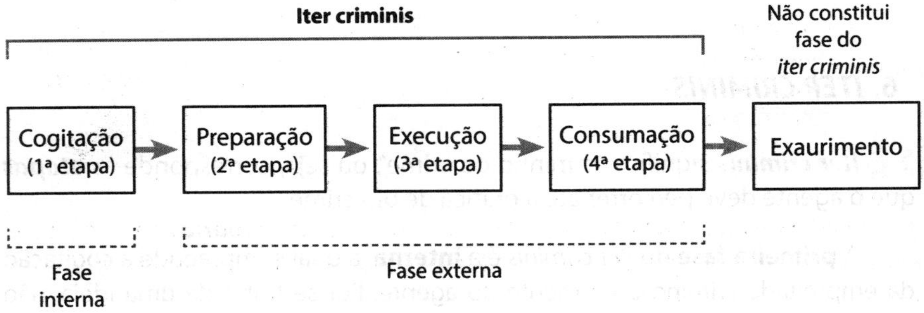

7. TEORIA DO ERRO

1 Para o Direito Penal o **erro** é aquele que ***vicia a vontade*** do agente, ocasionando a ***falsa percepção*** da realidade, podendo incidir sobre os **elementos estruturais do crime** (erro de tipo) e sobre a **ilicitude da ação** (erro de proibição).

2 No **erro de tipo** o agente ***ignora*** ou possui a ***falsa representação*** de qualquer dos **elementos constitutivos** do tipo penal. O erro de tipo pode ser dividido em duas espécies: o erro de tipo essencial e o erro de tipo acidental.

3 Na espécie **erro de tipo essencial**, o erro recai ***sobre elementares, circunstancias*** ou qualquer dos ***elementos constitutivos do tipo*** (ex. Um caçador atira em direção de um arbusto, ao ouvir sons da caça, ao se aproximar descobre que matou outro caçador, que buscando atrair a presa, reproduzindo o barulho do animal).

4 As **consequências** no **erro de tipo essencial** dependerão se inevitável ou evitável. Vejamos:

- **Inevitável (justificável, escusável ou invencível)** – Sendo o erro imprevisível, será excluído o dolo (pela ausência de consciência) e a culpa (pela ausência de previsibilidade), resultando em ***fato atípico***.
- **Evitável (injustificável, inescusável ou vencível)** – Considerando o erro previsível, será excluído apenas o dolo (pela ausência de consciência), mas será o ***agente punido a título de culpa*** (caso haja modalidade culposa do tipo penal).

Erro de tipo essencial		
Erro inevitável, justificável, escusável ou invencível	**Exclui o dolo** – ausência de consciência.	Fato atípico
	Exclui a culpa – ausência de previsibilidade.	
Erro evitável, injustificável, inescusável ou vencível	**Exclui o dolo** – ausência de consciência.	Permite a punição a título de culpa, ***caso haja a modalidade culposa da***
	Permite a **punição a título de culpa.**	

5 O **erro é acidental** quando incide sobre os ***dados secundários do tipo*** (qualidades dos elementos constitutivos do tipo), hipótese onde **não há a exclusão do dolo.**

6 O **erro de tipo acidental** pode ser dividido em cinco espécies:

- Erro sobre a pessoa;
- Erro sobre o objeto/coisa;
- Erro sobre o nexo causal (*aberratio causae);*
- Erro na execução (*aberratio ictus);*
- Resultado diverso do pretendido (*aberratio criminis);*

7 No **erro sobre a pessoa** o agente erra ao confundir a pessoa que queria atingir com pessoa diversa, gerando uma ***vítima virtual*** (pessoa que o agente desejava atingir) e uma ***vítima real*** (pessoa efetivamente atingida pelo agente). Não há exclusão do dolo e da culpa, restando o agente punido levando-se em consideração as ***qualidades*** ou ***condições*** da **vítima virtual.**

8 Não há previsão legal para o **erro de tipo acidental sobre o objeto**, porém tal modalidade é debatida pela doutrina. Ocorre tal hipótese quando o agente erra sobre o ***objeto material sobre o qual recai sua conduta***, atingindo outro diverso e não desejado (ex. Deseja o agente subtrair caixa onde estariam guardadas joias, mas acaba por subtrair caixa contendo dinheiro em espécie). **Não há exclusão do dolo e da culpa** nesta modalidade.

9 Na hipótese de **erro sobre o nexo causal**, o agente pratica determinada conduta e acredita ter alcançado o resultado almejado. Em seguida, pratica outra conduta, ***com outra finalidade***, mas é esta que produz a consumação do crime (ex. O agente atira na vítima, e acreditando que esta morreu, a lança em um rio buscando ocultar o corpo. Ocorre que se constata posteriormente que a vítima não faleceu em razão do disparo, mas sim do afogamento).

10 A chamada ***aberratio ictus*** trata-se de **erro ou acidente na execução do crime**, onde o agente atinge ***pessoa diversa da pretendia***, não por confundi-la, mas por **errar no momento da execução do crime**. Como consequência, serão ignoradas as características da vítima efetivamente atingida, restando o agente punido considerando as qualidades da vítima pretendida (ex. João pretende matar sua esposa, porém, por problema na mira de sua arma, acaba por acertar seu vizinho idoso. Responderá levando-se em conta as condições da vítima virtual [esposa] e não da vítima real [vizinho idoso]). Caso o agente atinja também a vítima pretendida, responderá pelos dois crimes, em concurso formal.

11 Teremos o **resultado diverso do pretendido (*aberratio criminis*)** quando o agente, por erro ou acidente no uso dos meios de execução do crime, ***atinge bem jurídico diverso do pretendido*** (ex. A deseja danificar a janela da casa de B, entretanto, ao arremessar um tijolo de concreto, acerta e mata B). Nesta espécie responderá o agente, caso haja previsão a título de culpa, pelo resultado diverso do pretendido atingido. Caso o agente atinja também o resultado pretendido, responderá pelos dois delitos, em concurso formal.

12 Sendo o resultado pretendido mais grave que o produzido, será afastada a aplicação do art. 74 do CP **(resultado diverso do pretendido – *aberratio criminis*).**

13 Quando o agente **erra sobre os elementos integrantes de um tipo penal permissivo** (excludente de ilicitude) estaremos diante das chamadas ***descriminantes putativas***. Com base na teoria limitada da culpabilidade adotada pelo Código Penal, no **erro de tipo permissivo**, as consequências serão as mesmas do erro de tipo comum.

14 Caso o **erro de tipo permissivo *fosse evitável***, o agente responderá, caso previsto, pela modalidade culposa do crime (culpa imprópria).

15 O **erro sobre a ilicitude do fato**, denominado pela doutrina de **erro de proibição**, ocorre quando o agente ***desconhece o caráter ilícito*** de seu comportamento.

16 O **erro sobre a ilicitude do fato** pode ser classificado em ***duas espécies***:

- **Erro de proibição direto** – Ocorre quando o agente acredita de forma direta que sua conduta não é proibida;
- **Erro de proibição indireto** – Se configura quando o agente sabe que sua conduta é típica, mas supõe erroneamente que existe uma norma permissiva autorizando sua conduta naquela situação.

17 Caso seja o **erro de proibição** seja **escusável**, restará afastada a culpabilidade e ficará o agente ***isento de pena***. Na hipótese de ser o **erro de proibição inescusável, *a pena poderá ser diminuída*** de 1/6 a 1/3.

Erro de proibição – art. 21, do CP	
Erro inevitável, justificável, escusável ou invencível	**Isento de pena.**
Erro evitável, injustificável, inescusável ou vencível	Pena poderá ser diminuída de 1/6 a 1/3.

8. CONCURSO DE PESSOAS

1 O **concurso de pessoas** é o instituto jurídico-penal em que ***duas ou mais pessoas*** colaboram para a prática de um crime ou de uma contravenção penal, que pode se dar pelas modalidades de **coautoria** ou **participação**.

2 São ***requisitos*** para que haja **concurso de pessoas**:

- Pluralidade de agentes culpáveis;
- Relevância das condutas para o nexo causal;
- Existência de vínculo subjetivo entre os agentes;
- Unidade de crime para todos os agentes;
- Existência de fato punível;

3 Para a caracterização do **concurso de pessoas**, adotou o art. 29, do CP, como regra, a ***teoria unitária (monista)***, determinando que todos os que concorrem para o crime, por ele respondem. Desta forma, coautores e partícipes restam submetidos a um único tipo penal.

4 Como **exceção, aplica-se ao concurso de pessoas** a ***teoria pluralista***, pela qual as condutas são separadas, imputando-se aos agentes tipos penais diversos, ainda que tenham buscado o mesmo resultado (ex. no aborto provocado por terceiro com o consentimento da gestante, esta última responderá pelo art. 124 do CP, enquanto o terceiro responderá pelo art. 126 do CP; nos crimes de corrupção passiva e ativa, ao funcionário público será imputada a conduta descrita no art. 317 do CP, e ao particular a conduta do art. 333 do CP).

5 No que tange à **autoria**, temos ***duas teorias principais:***

- **Teoria restritiva:** É tido como autor aquele que realiza o verbo núcleo do tipo penal, e partícipe quem de qualquer modo concorre para o crime, sem praticar o verbo núcleo do tipo.
- **Teoria do domínio do fato:** É autor quem detém o controle sobre o domínio final do fato, ou seja, aquele que possui ***controle sobre a condução do crime***, decidindo acerca de sua realização, com capacidade de permitir a continuidade da ação ou impedir sua ocorrência do crime. Para esta teoria, é partícipe aquele que concorre para o crime de qualquer forma, desde que não realize o verbo núcleo do tipo e não possua controle final do fato.

6 A **coautoria** resta configurada quando ***duas ou mais pessoas*** executam o núcleo do tipo ligados por um **liame subjetivo** (acordo de vontades). Em outras palavras, dois ou mais autores, ligados entre si, concorrem para a prática de determinada infração penal. A coautoria poderá ser:

- **Parcial (funcional):** quando os diversos autores do crime praticam atos de execução diversos, que unidos, produzem o resultado desejado (ex.: "A" arromba o cofre da residência, "B" recolhe os bens valiosos que estavam dentro do cofre).

- **Direta (material):** quando todos os autores praticam a mesma conduta delituosa (ex.: "A" e "B" desferem pauladas até a morte da vítima).

7 Os **crimes de mão própria *são incompatíveis com a coautoria***, podendo ser praticados apenas pela pessoa expressamente indicada no tipo penal (ex. Falso testemunho – art. 342 do CP). De outro lado, os **crimes próprios *podem ser praticados em coautoria***, ainda que a terceiro que não detenha a condição especial exigida pela lei (ex.: "A", funcionário público, juntamente com sua noiva "B", médica, decidem subtrair três notebooks da repartição pública em que "A" trabalha, dividindo para tanto a execução das tarefas. Neste caso, ambos responderão por peculato. A condição de funcionário público é elementar do crime, e nos termos do art. 30 do CP, comunica-se com os demais agentes, desde que estes tenham conhecimento dela).

8 A **coautoria colateral** é aquela onde ***duas ou mais*** pessoas atuam ao mesmo tempo, buscando igual resultado, **mas desconhecendo a existência do outro**. Diante da ***inexistência de liame subjetivo*** (vínculo subjetivo) entre os agentes, **não há concurso de crimes**, devendo cada agente responder pelo que deu causa. Caso não seja possível constatar qual conduta foi a responsável pelo resultado produzido, ambos agentes responderão pelo crime tentado.

9 Trata-se a **participação** de uma das modalidades de **concurso de pessoas**, em que o agente presta dolosamente qualquer tipo de colaboração, mas não realiza diretamente o núcleo do tipo penal. Temos as seguintes espécies de participação:

- **Participação moral**: É aquela que se limita a ideias, conselhos, não fornecendo qualquer colaboração com meios materiais. Limita-se a induzir (fazer surgir na mente de alguém a vontade criminosa) ou instigar (reforçar a vontade criminosa já existente) terceira pessoa a praticar a infração penal.
- **Participação material:** Esta apresenta caráter concreto, consistindo no auxílio ao autor da infração penal. O referido auxílio deve ser prestado durante os atos preparatórios ou durante os atos executórios.

10 Pela **teoria da acessoriedade limitada**, para que seja punível a conduta do partícipe, é necessário que o autor pratique um ***fato típico e ilícito***. Neste sentido, caso seja reconhecida causa excludente de ilicitude em favor do autor, restará também afastado o crime do partícipe.

11 A **participação de menor importância**, prevista no art. 29, §6º, do CP, ocorre quando a conduta contribui para a realização do resultado, porém com ***mitigada eficácia***. É causa de diminuição de pena (de um sexto a um terço) aplicável na terceira fase da dosimetria da penal.

PENAL

9. TEORIA GERAL DA PENA

1 **Pena** é a espécie de ***sanção penal***, aplicada pelo Estado, **consistente na privação ou restrição de determinados bens jurídicos do condenado**. Desta forma, poderá a restrição ou privação recair sobre sua ***liberdade*** (pena privativa de liberdade), seu ***patrimônio*** (multa), ***outro direito*** (penas restritivas de direitos), ou ***vida*** (pena de morte, em caso de guerra declarada e cometimento de crime militar).

2 Dentre as teorias da **finalidade da pena** temos a ***teoria absoluta***, para qual a pena possui ***finalidade retributiva***, funcionando como castigo imposto pelo Estado ao criminoso (caráter aflitivo/expiatório da pena). Ademais, para esta teoria não há na pena nenhuma finalidade prática, apenas a ideia de retribuir o mal praticado, e, consequentemente, não objetiva a recuperação do infrator.

Já para a ***teoria relativa*** a pena possui ***finalidade preventiva***, buscando evitar que novos delitos sejam cometidos. Esta se subdivide em:

- ***Prevenção geral*** – Objetiva que os demais membros da sociedade se abstenham de praticar crimes, podendo a prevenção geral ser:
  - **Negativa**: através da intimidação coletiva, oriunda da demonstração da punição imposta pelo Estado às pessoas que praticaram delitos. Busca o Estado se valer do condenado como instrumento de exemplo à sociedade.
  - **Positiva**: com a imposição da pena, há a reafirmação da vigência da lei penal, negada pelo agente que praticou o delito.
- ***Prevenção especial:*** Tem o infrator como destinatário, podendo se subdividir em:
  - **Negativa:** objetiva através da aplicação da pena evitar a reincidência do agente infrator.
  - **Positiva**: busca a ressocialização do condenado, para que este possa ser futuramente reinserido na sociedade.

3 O Código Penal Brasileiro (art. 59, *caput*, do CP) adotou como **finalidade da pena** a ***teoria mista***, possuindo a pena **tríplice finalidade**: retribuição, prevenção geral e prevenção especial.

4 Temos no ordenamento pátrio **três espécies de penas privativas de liberdade**:

- ***Reclusão*** – que admite como regime inicial de cumprimento da pena o fechado, semiaberto e aberto;
- ***Detenção*** – espécie que permite como regime inicial de cumprimento apenas o semiaberto e aberto;

- ***Prisão simples*** (aplicável apenas às contravenções penais) – nos moldes da espécie anterior, admite como regime inicial de cumprimento o semiaberto e aberto;

5 No **regime fechado** deverá o condenado cumprir a pena em **penitenciária**, sendo submetido no início do cumprimento da pena a ***exame criminológico***, para a individualização da execução. Durante o período diurno, ficará o condenado sujeito a ***trabalho dentro do próprio estabelecimento prisional***, que será executado preferencialmente em conformidade com suas aptidões e ocupações anteriores. **Excepcionalmente, *será admitido o trabalho externo*** em serviços ou obras públicas, desde que autorizado pelo juiz ou diretor da penitenciária.

6 Entre os regimes de cumprimento de pena, o **regime semiaberto** é o intermediário, cumprindo o condenado sua pena em ***colônia agrícola, industrial* ou *similar***, sujeito a trabalho em comum durante o dia. No período do repouso noturno não há previsão para o isolamento do condenado, permitindo sua acomodação em alojamento coletivo. Neste regime, ***é admitido o trabalho externo, a frequência a cursos supletivos profissionalizantes, de instrução de segundo grau ou superior.***

7 O **regime aberto** se baseia na autodisciplina e senso de responsabilidade do condenado, permanecendo este recolhido em ***casa de albergado ou estabelecimento adequado*** durante o repouso noturno e nos dias de folga. Deverá o condenado trabalhar, frequentar curso ou exercer outra atividade autorizada, fora do estabelecimento e sem vigilância.

Regime fechado (Art. 33, § 1º, *a, CP*)	**Regime semiaberto** (Art. 33, § 1º, *b, CP*)	**Regime aberto** (Art. 33, § 1º, *c*, CP)
Cumprimento da pena em **penitenciária.**	Cumprimento da pena em **colônia agrícola, industrial ou similar.**	Cumprimento da pena em **casa de albergado ou estabelecimento adequado.**
Pena superior a 8 (oito) anos, iniciará o cumprimento no regime fechado.	**Pena superior a 4 (quatro) anos e não excedendo 8 (oito) anos**, poderá iniciar o cumprimento no regime semiaberto.	**Pena igual ou inferior a 4 (quatro) anos,** poderá iniciar o cumprimento no regime aberto.

8 As **penas restritivas de direitos** são espécies de ***pena alternativa***, que possui como objetivo de eliminar a privação da liberdade de curta duração, tendo suas espécies arroladas no art. 43, do CP, a saber:

- Prestação pecuniária;
- Perda de bens e valores;
- Limitação de fim de semana;

PENAL

- Prestação de serviço à comunidade ou a entidades públicas;
- Interdição temporária de direitos;
- Limitação de fim de semana;

9 Nos termos do art. 44, do Código Penal, possuem as **penas restritivas de direitos** duas principais **características**:

- ***Autonomia*** – refere a impossibilidade de serem estas cumuladas com a pena privativa de liberdade;
- ***Substitutividade*** – as penas restritivas de direito não são previstas de forma originária para nenhum tipo penal, restando aplicadas apenas após a fixação da pena privativa de liberdade, em caráter substitutivo.

10 São requisitos para **substituição** da ***pena privativa de liberdade*** (PPL) por ***restritivas de direitos*** (PRD) - art. 44, do CP:

- **Nos crimes dolosos:**
  - Pena aplicada não superior a ***quatro anos***;
  - Crime cometido ***sem violência*** ou ***grave ameaça***;
  - ***Não ser o agente reincidente*** em crime doloso.

    OBS. A reincidência em crime doloso não impedirá a conversão na hipótese de o condenado não ser reincidente específico, desde que a medida seja socialmente recomendável (art. 44, §3º, do CP);
  - Seja indicada e suficiente a substituição.
- **Nos crimes culposos:**
  - Será admitida a substituição da pena privativa de liberdade em restritiva de direito, ***qualquer que seja a pena*** e o ***delito cometido***, **ainda que praticados com violência e grave ameaça.**

11 Após a substituição da pena privativa de liberdade pela pena restritiva de direitos, é possível que esta pena sofra a chamada **conversão**, ou seja, volte a ser privativa de liberdade, nas seguintes hipóteses:

- **Descumprimento injustificado da restrição:** a pena restritiva de direitos converte-se em privativa de liberdade ***quando ocorrer o descumprimento injustificado da restrição imposta***. No cálculo da pena privativa de liberdade a executar será deduzido o tempo cumprido da pena restritiva de direitos, respeitado o saldo mínimo de trinta dias de detenção ou reclusão (art. 44, §4º, do CP);
- **Superveniência de condenação por outro crime:** ***sobrevindo condenação a pena privativa de liberdade***, por outro crime, o juiz da execução penal decidirá sobre a conversão, podendo deixar de aplicá-la se for possível ao condenado cumprir a pena substitutiva anterior (art. 44, § 5º, do CP).

- **Outras hipóteses de conversão**: Hipóteses previstas no art. 181, da Lei de Execução Penal;

12 A **pena de multa**, prevista no art. 49 do CP, é a sanção penal consistente no pagamento de determinada quantidade de dinheiro ao Fundo Penitenciário Nacional. Sua aplicação seguirá as regras do seguinte sistema:

- **Primeira fase** - Fixação da quantidade de dias-multa (mínimo 10 dias e máximo 360 dias);
- **Segunda fase** – Fixação do valor de um dia-multa (mínimo 1/30 avos e máximo de 5 vezes o maior salário mínimo vigente à época do fato).

O **total da condenação** será determinado pela ***multiplicação da quantidade de dias-multa pelo valor fixado na segunda fase***.

> OBS. Caso o magistrado entenda que a multa, ainda que aplicada no máximo, é ineficaz em razão da situação econômica do réu, poderá esta ser **aumentada em até três vezes**.

13 Para fixação da pena **privativa de liberdade** adotou o Código Penal, em seu art. 68, o **sistema trifásico**, possibilitando ao réu compreender os parâmetros utilizados pelo magistrado sentenciante e viabilizando o exercício do direito de defesa. Podemos sintetizar o sistema trifásico da seguinte maneira:

- **1ª Fase** – Inicialmente será fixada a ***pena-base***, atendendo-se às circunstâncias judiciais dispostas no art. 59, do CP;
- **2ª Fase** – Serão apuradas as eventuais ***circunstâncias agravantes*** (arts. 61 e 62 do CP) e ***circunstancias atenuantes*** (arts. 65 a 66 do CP) aplicáveis ao caso, incidindo quando existentes sobre a pena-base fixada na fase anterior;
- **3ª Fase** – Nesta última fase, após fixada a quantidade de pena, serão consideradas as ***causas de aumento*** e ***causas de diminuição***, dispostas na Parte Geral ou Especial do Código Penal.

Sistema Trifásico

3ª Fase	2ª Fase	3ª Fase
Fixação da pena-base, com a necessária verificação das ***circunstâncias judiciais*** (art. 59, do CP)	Apuração das eventuais **circunstancias agravantes** (arts. 61 e 62 do CP) ou **atenuantes** (arts. 65 a 66 do CP), que, caso existentes, ***incidirão sobre a pena-base*** fixada na primeira fase.	Fixação da **pena definitiva**, aplicando-se as eventuais ***causas de aumento*** ou de ***diminuição*** existentes para o caso.

PENAL

14 Fixada a ***pena definitiva***, caberá ao magistrado determinar o **regime inicial de cumprimento da pena**, e verificar se estão presentes os requisitos para a ***substituição*** da pena privativa de liberdade por sanção alternativa, ou ainda, se possível, a suspensão condicional de execução da pena.

15 Trata-se a **suspensão condicional da pena (*sursis*)** de um instituto de política criminal, que objetiva ***evitar o encarceramento do condenado*** quando este preenche determinados requisitos legais e se submete às condições estabelecidas pela lei e pelo magistrado. Desta forma, será a execução da pena privativa de liberdade ***suspensa por determinado período***, sob determinadas condições, e, ao fim do lapso imposto, caso não tenha sido revogada a concessão, será a pena **considerada extinta**.

16 Apresenta o Código Penal, em seus arts. 77 e 78, ***quatro espécies de sursis:***

- *Sursis* simples;
- *Sursis* especial;
- *Sursis* etário;
- *Sursis* humanitário.

17 As espécies de *sursis* possuem os seguintes **requisitos *comuns:***

- Condenado não reincidente em crime doloso;
- Circunstâncias judiciais favoráveis;
- Não indicada ou cabível pena restritiva de direitos.

18 Nas hipóteses de ***sursis* simples e especial**, a pena imposta a ser suspensa ***não pode ser superior a 2 anos***, considerando o concurso de crimes caso existente, com período de prova de 2 a 4 anos. Já nos casos de ***sursis* etário e humanitário**, a pena imposta a ser suspensão ***não pode ser superior a 4 anos***, com período de prova de 4 a 6 anos.

19 Entre os **pressupostos *específicos***, elencamos:

- ***Sursis* especial** - a necessidade de reparação do dano ou comprovação da impossibilidade de fazê-lo, e a existência de condições favoráveis (circunstâncias do art. 59, do CP);
- ***Sursis* etário** - é exigido que o condenado seja maior de 70 anos, pouco importando sua condição física;
- ***Sursis* humanitário** - apresenta como pressuposto específico a existência de razões de saúde que justifiquem a suspensão da pena privativa de liberdade.

20 A **condenação anterior à pena de multa *não é fator impeditivo*** para concessão de qualquer das espécies de "*sursis*".

21 Será ***obrigatória* a revogação** da suspensão condicional da pena nas seguintes hipóteses:

- Quando o beneficiário é condenado, em sentença irrecorrível, por crime doloso;
- Não efetuar, sem motivo justificado, a reparação do dano;
- Descumprimento pelo beneficiário das obrigações de prestação de serviços à comunidade ou limitação de final de semana.

22 Será ***facultativa* a revogação** da suspensão condicional da pena nas seguintes hipóteses:

- Descumprimento pelo beneficiário de qualquer outra condição imposta (proibição de frequentar determinados lugares; proibição de ausentar-se da comarca onde reside, sem autorização do juiz; comparecimento pessoal e obrigatório a juízo, mensalmente, para informar e justificar suas atividades; ou qualquer outra especificada pelo magistrado na sentença);
- Quando o beneficiário é condenado de forma irrecorrível, por crime culposo ou por contravenção, a pena privativa de liberdade ou restritiva de direitos.

23 Dentro do sistema progressivo de cumprimento de pena, temos o **livramento condicional** como sua última etapa, consistindo este na ***liberdade antecipada do reeducando***, como fase preparatória para a liberdade plena.

24 São **requisitos objetivos** para a concessão do benefício do livramento condicional:

- Condenado a pena privativa de liberdade;
- Pena concreta imposta igual ou superior a 2 anos;
- Ter o condenado reparado o dano, salvo na impossibilidade de fazê-lo;
- Cumprimento de fração da pena: mais de 1/3 da pena, se não reincidente e portador de bons antecedentes; mais de 1/2 da pena, se reincidente; mais de 2/3 da pena, se condenado por crime hediondo ou equiparado, desde que não seja reincidente específico em crime hediondo (livramento condicional qualificado).

25 São **requisitos subjetivos** para a concessão do benefício do livramento condicional:

- Comportamento carcerário satisfatório durante a execução da pena;
- Aptidão para prover a própria subsistência mediante trabalho honesto;
- Bom desempenho no trabalho que lhe foi atribuído durante o cárcere;
- Na hipótese de crime doloso praticado com violência ou grave ameaça à pessoa, será exigida a constatação de condições pessoais que façam presumir que o liberado não voltará a delinquir;

PENAL

Livramento condicional – Requisitos

Requisitos objetivos	Requisitos subjetivos
Condenação à **pena privativa de liberdade.**	**Bom comportamento carcerário**, atestado pelo diretor ou responsável pelo estabelecimento prisional.
Pena concreta imposta **igual ou superior a 2 anos.**	**Capacidade de prover a própria subsistência** mediante trabalho honesto.
Reparação do dano, salvo na impossibilidade de fazê-lo.	**Bom desempenho no trabalho** que lhe foi atribuído durante o cárcere;
Cumprimento de fração da pena: a) mais de 1/3 da pena, se não reincidente e portador de bons antecedentes; b) mais de 1/2 da pena, se reincidente; c) mais de 2/3 da pena, se condenado por crime hediondo ou equiparado, desde que não seja reincidente específico em crime hediondo (livramento condicional qualificado);	**Crime doloso** praticado ***com violência ou grave ameaça à pessoa:*** É exigida a constatação de condições pessoais que façam presumir que o liberado não voltará a delinquir;

26 Na concessão do **livramento condicional**, ***especificará o juiz as condições*** a que fica subordinado o benefício, sendo estas divididas em **obrigatórias** e **facultativas:**

- **Obrigatórias:**
    a) obter ocupação lícita, dentro de prazo razoável se for apto para o trabalho;
    b) comunicar periodicamente ao Juiz sua ocupação;
    c) não mudar da comarca do Juízo da execução, sem prévia autorização do juízo.
- **Facultativas:**
    a) não mudar de residência sem comunicação ao Juiz e à autoridade incumbida da observação cautelar e de proteção;
    b) recolher-se à habitação em hora fixada;
    c) não frequentar determinados lugares.

27 Será o livramento condicional **obrigatoriamente** revogado caso o liberado seja ***condenado a pena privativa de liberdade***, em sentença irrecorrível, por crime cometido **durante a vigência** do benefício, ou crime **anterior vigência** do benefício.

28 Caso **revogado o livramento condicional** pela condenação por crime ocorrido durante sua a vigência, não será computado na pena o tempo que esteve solto, não poderá ser concedido novo livramento em relação à mesma pena, e não se admitirá a somatória da pena cominada inicialmente à nova pena, para concessão de novo livramento condicional.

29 Na hipótese de ***crime anterior à vigência*** do **livramento condicional**, o período de prova é computado como tempo de cumprimento de pena, sendo possível a concessão de novo livramento, desde que preenchidos novamente os requisitos, admitindo-se a somatória da pena dos dois crimes.

30 A **revogação do livramento condicional** será **facultativa** caso o liberado ***deixe de cumprir qualquer das obrigações*** constantes da sentença, ou for irrecorrivelmente condenado, por crime ou contravenção, a pena que não seja privativa de liberdade. Nestas hipóteses, poderá o magistrado revogar o livramento, alterar as condições anteriormente impostas, ou advertir o apenado.

PENAL

10. REINCIDÊNCIA

1 Trata-se a **reincidência** da prática de **novo crime** ***após a condenação definitiva*** por crime anterior, no Brasil ou no exterior. O plenário do STF decidiu pela constitucionalidade da reincidência.

2 A **condenação definitiva no exterior**, pela prática de ***contravenção penal***, não serve, no Brasil, para fins de reincidência.

3 O agente **condenado definitivamente no Brasil**, pela ***prática de contravenção penal***, que vier a cometer, no Brasil ou no estrangeiro, novo crime, não é considerado reincidente.

4 Trata-se a **reincidência** de agravante genérica que incide na segunda fase de dosimetria da pena.

5 A **reincidência genérica** é aquela em que os crimes praticados pelo agente encontram-se ***previstos em tipos penais diferentes***.

6 A **reincidência específica** é aquela em que os crimes praticados pelo agente encontram-se ***previstos no mesmo tipo penal.***

7 Para efeitos de **reincidência,** é necessário que o novo crime seja praticado em até ***5 (cinco) anos***, contados da data da extinção da pena do crime anterior (pelo seu cumprimento ou qualquer outro motivo). Portanto, leva-se em conta a data em que a pena do primeiro crime (transitado em julgado) foi efetivamente extinta e, a data da prática do novo crime.

8 Considera-se **tecnicamente primário** aquele que **possui condenação definitiva** e comete novo crime, ***após o período de 5 (cinco) anos***. Ou, ainda, considera-se **tecnicamente primário** o sujeito que possui **uma ou diversas condenações definitivas**, mas não praticou nenhum dos crimes ***após a primeira sentença condenatória transitada em julgado***.

9 São **efeitos da reincidência**:

- Agravante genérica;
- Na pena de reclusão, impede o início do cumprimento da pena privativa de liberdade em regime semiaberto ou aberto, e, na pena de detenção, obsta o início do cumprimento da pena privativa de liberdade em regime aberto (art. 33, *caput*, e §2º do CP);
- Quando em crime doloso, é capaz de impedir a substituição da pena privativa de liberdade por restritiva de direitos (art. 44, II do CP);
- É considerada preponderante no concurso entre agravantes e atenuantes (art. 67 do CP);
- Se em crime doloso, salvo quando imposta somente a pena de multa, impede a concessão do *sursis* (art. 77, I e §1º do CP);
- Autoriza a revogação do *sursis* (art. 81, I e §1º do CP);
- Autoriza a revogação do livramento condicional (art. 86, I e II e, art. 87, ambos do CP);
- Autoriza a revogação da reabilitação, se a condenação for a pena que não seja de multa (art. 95 do CP);
- Quando em crime doloso, aumenta o prazo para a concessão do livramento condicional (art. 83, II do CP);
- Impede o livramento condicional em crimes hediondos ou equiparados em casos de reincidência específica em crimes dessa natureza (art. 83, V do CP);
- Se antecedente à condenação, aumenta de um terço o prazo da prescrição da pretensão executória (art. 110, *caput*, do CP);
- Se posterior à condenação, interrompe a prescrição da pretensão executória (art. 117, VI do CP);
- Impede a obtenção do furto privilegiado (art. 155, §2º do CP);
- Impede a obtenção da apropriação indébita privilegiada (art. 170 do CP);
- Impede a obtenção do estelionato privilegiado (art. 171, §1º do CP);
- Impede a obtenção da receptação privilegiada (art. 180, §5º do CP);
- Impede os benefícios da transação penal e da suspensão condicional do processo (arts. 76, §2º, I e, 89, *caput*, ambos da Lei 9.099/95);
- Autoriza a prisão preventiva, quando o réu tiver sido condenado por crime doloso (art. 313, II do CPP).

11. CONCURSO DE CRIMES

1 Resta verificado o **concurso de crimes** quando o agente, mediante ***unidade ou pluralidade de condutas***, pratica **dois ou mais crimes** (pluralidade de crimes). O referido concurso poderá ocorrer entre crimes de qualquer espécie.

2 A existência do **concurso de crimes** resulta no concurso de penas, que depende dos sistemas de aplicação de pena. Adota nosso ordenamento os ***seguintes sistemas***:

- **Sistema do cúmulo material** (concurso material e concurso formal impróprio);
- **Sistema da exasperação** (concurso formal próprio e crime continuado).

3 No **sistema do cúmulo material**, o magistrado ***somará as penas dos crimes*** praticados pelo agente. Resta adotado tal sistema nas hipóteses de concurso material e concurso formal impróprio.

4 No **sistema da exasperação**, o magistrado ***aplicará apenas uma das penas, aumentando-a em determinado percentual*** em decorrência dos demais crimes praticados. Tal sistema foi adotado no concurso formal próprio e no crime continuado.

5 São espécies de **concurso de crimes**:

- Concurso material (art. 69, do CP);
- Concurso formal (art. 70, do CP);
- Crime continuado (art. 71, do CP).

6 O **concurso material** (art. 69, do CP), também denominado concurso real, é a regra no Direito Brasileiro. Ocorre quando o agente, **mediante duas ou mais condutas** (pluralidade de condutas), **pratica dois ou mais crimes** (pluralidade de crimes). Nesta hipótese o magistrado aplicará o sistema do cúmulo material, ou seja, ***efetuará a somatória das penas*** referentes aos crimes praticados.

7 Podemos dividir o **concurso material** em homogêneo e heterogêneo. Haverá **concurso material homogêneo** quando os ***crimes praticados pelo agente são idênticos*** (ex. dois furtos), de outro lado, será tido como **concurso material heterogêneo** quando ***os crimes praticados forem diferentes*** (ex. estupro e roubo).

8 No **sistema do cúmulo material**, aplicado ao concurso material, deverá o magistrado no momento da soma das penas respeitar o critério trifásico para o cálculo de cada crime. Assim, será primeiramente feita a dosimetria individual de cada delito, para a posterior somatória das penas.

9 A ***somatória das penas*** no **concurso material** poderá ocorrer em ***momentos distintos***, a depender da análise da situação fática. Em caso de crimes conexos, aqueles que de qualquer modo estão ligados entre si, diante da unidade processual, a soma das penas acontecerá na **sentença** ou **acórdão condenatório.** Na hipótese de crimes que não são conexos, a soma das penas será realizada pelo magistrado da **execução penal** (art. 66, da LEP).

10 Caso haja a **aplicação cumulativa** de penas de reclusão e detenção, primeiro será cumprida a pena mais grave (reclusão) e posteriormente a menos grave (detenção).

11 No **concurso material**, para a suspensão condicional do processo (art. 89, da Lei n. 9.099/95) seja possível, a somatória das penas mínimas dos crimes **não pode ultrapassar 1 ano.**

12 Ocorrerá o **concurso formal**, também denominado concurso ideal, quando o agente, mediante ***uma só ação ou omissão***, **pratica *dois ou mais crimes.***

13 Assim como no concurso material, o **concurso formal** poderá ser ***homogêneo*** (quando os crimes praticados pelo agente forem idênticos), ou ***heterogêneo*** (quando os crimes praticados foram diferentes).

14 Encontramos como espécies do **concurso formal**:

- Concurso formal perfeito (ou próprio);
- Concurso formal imperfeito (impróprio).

15 Teremos o **concurso formal perfeito** (art. 70, *caput*, 1ª parte, do CP) quando a ***pluralidade de resultados não deriva de desígnios autônomos***, ou seja, o agente não possui a intenção de praticar dois ou mais crimes. Assim, nesta espécie, não há dolo de praticar mais de um crime. Conforme leciona o Código Penal, nesta hipótese será adotado o ***sistema da exasperação***, através do qual o magistrado aplica a pena de qualquer dos crimes, se idênticas, ou então a mais grave, aumentada, em qualquer caso, de um sexto até metade.

16 Ocorrerá o chamado **concurso formal imperfeito** (art. 70, *caput*, parte final, do CP), quando verificada a ***existência de desígnios autônomos entre as condutas praticadas***. Nesta espécie deseja o agente a realização de mais de um crime, possuindo consciência e vontade acerca destes. Portanto, ainda que praticada apenas uma conduta, a pluralidade de resultados decorre de desígnios autônomos, aplicando-se o sistema do ***cúmulo material.***

17 O **crime continuado** é tido como uma ficção jurídica estabelecida por razões de política criminal. Ocorre quando o agente, mediante mais de uma ação ou omissão, pratica dois ou mais crimes da mesma espécie, que pelas condições de tempo, lugar, maneira de execução, ou outras semelhantes, serão tidos como continuação do primeiro.

18 Na hipótese de **crime continuado**, restará aplicada a pena de um só dos crimes, se idênticas, ou a mais grave, caso diversas, aumentada em qualquer das hipóteses de um sexto a dois terços.

19 São necessários os seguintes requisitos para que seja reconhecida a **continuidade delitiva** (crime continuado):

- Pluralidade de condutas;
- Pluralidade de crimes de mesma espécie;
- Conexão dos crimes pelas condições de tempo, lugar, maneira de execução e outras semelhantes;
- Unidade de desígnios.

12. AÇÃO PENAL

1 O Estado, única entidade dotada de poder soberano, é o **titular exclusivo do direito de punir** (*jus puniendi*), que será exercido exclusivamente por meio do processo. Desta forma, é através do **direito da ação** que se realiza o *jus puniendi,* quando o Estado-administração pede ao Estado-juiz a realização do direito penal objetivo no caso concreto.

2 É competência do Ministério Público promover, privativamente, a **ação penal pública** na forma da lei (art. 129, I, da CF). Entretanto, a ação penal pública ***poderá ser condicionada ou incondicionada***, nos termos do art. 100, §1º, do Código Penal.

3 São **princípios** regentes da **ação penal pública**:

- **Oficialidade:** Incumbe ao Estado, através dos órgãos públicos e oficiais a necessária autoridade e responsabilidade pela persecução penal.
- **Obrigatoriedade:** Presentes os requisitos necessários para propositura da ação penal, é dever do Ministério Público propor a ação penal, não havendo margem para discricionariedade.

OBS. O referido princípio é mitigado pelo instituto da transação penal (art. 76, *caput*, da Lei n. 9.099/95).

- **Indivisibilidade:** A ação penal deverá ser proposta contra todos os agentes que concorreram para a prática da conduta delituosa.
- **Indisponibilidade:** Uma vez instaurada a ação penal, o Ministério Público dela não poderá desistir (art. 42, do CP)

OBS. O referido princípio é mitigado pelo instituto da suspensão condicional do processo (art. 89, da Lei n. 9.099/95).

- **Intranscendência:** A ação penal deverá ser ajuizada apenas contra aqueles que concorreram para a conduta criminosa, sendo proibida a responsabilização de terceiros.
- **Oficiosidade:** Os órgãos competentes pela persecução penal devem agir de ofício, independentemente de provocação, com exceção da ação pública condicionada.

4 **Ação penal pública incondicionada**: É a espécie de ação, **iniciada pelo Ministério Público** através do ***oferecimento da denúncia***, que depende apenas da existência de prova da materialidade e de indícios de autoria de fato para ser proposta. Sua competência é residual, ou seja, caberá ao Ministério Público, quando presente os requisitos e independentemente de qualquer provocação, oferecer denúncia sempre que a lei não determinar necessária a representação do ofendido ou de quem tiver qualidade para representá-lo, a requisição do Ministro da Justiça, ou indicar o cabimento de ação penal privada.

5 **Ação penal pública condicionada**: É a espécie de ação onde a lei **condiciona o oferecimento da denúncia** à existência de ***representação do ofendido*** ou de quem tiver qualidade para representá-lo, ou de ***requisição do Ministro da Justiça***.

6 **Representação do ofendido** é a autorização e pedido para que se inicie a persecução penal nas hipóteses em que a lei exige.

7 São **legitimados** a ***oferecer a representação***:

- **Ofendido**, quando maior de 18 anos (art. 24, do CPP);
- **Procurador com poderes especiais** (art. 39, *caput*, do CPP);
- **Representante legal**, quando o ofendido for menor de 18 anos ou mentalmente enfermo (art. 24, *caput*, e art. 33, do CPP);
- **Curador especial**, quando o ofendido for menor de 18 anos ou mentalmente enfermo, e não tiver representante legal ou os interesses destes colidirem com os daquele (art. 33, do CPP).

8 O **direito de representação** decai no ***prazo de seis meses***, contado a partir do dia em que o ofendido ou seu representante legal teve ciência da autoria do crime. Após o decurso do prazo de seis meses, restará operada a **decadência**, com a consequente ***extinção da punibilidade***.

9 A **representação** somente será admitida ***antes do oferecimento da denúncia***. Uma vez oferecida a exordial acusatória, esta será irretratável.

10 Poderá ocorrer a **retratação tácita da representação**, quando praticado ato incompatível com a vontade de exercer o direito de queixa, de forma inequívoca (art. 104, parágrafo único, do CP).

11 A **requisição do Ministro da Justiça** é tida como uma ***condição de procedibilidade***, sendo ato discricionário de natureza administrativa e política. São hipóteses de ação penal pública condicionada à requisição do Ministro da Justiça:

- Crime cometido por estrangeiro contra brasileiro fora do território nacional (art. 7º, §3º, "b", do CP);
- Crimes contra a honra praticados contra o Presidente da República ou contra chefe de governo estrangeiro;
- Crimes contra a segurança nacional (art. 31, inciso IV, da Lei n. 7.170/1983).

12 **Ação penal privada** é aquela cuja legitimidade para intentar a ação pertence ao **ofendido** ou a quem tenha qualidade para representá-lo. A referida ação será iniciada através do ***oferecimento de queixa-crime***, que deverá preencher os mesmos requisitos da denúncia (art. 41, do CPP).

13 A **queixa-crime** deverá ser promovida no ***prazo decadencial de seis meses***, contado a partir da data em que o ofendido ou seu representante legal tomar conhecimento da autoria do crime.

14 São **princípios** regentes da ***ação penal privada***:

- **Oportunidade:** caberá à vítima decidir pela oportunidade da apresentação da ação penal, livremente decidindo se ingressará com a queixa ou não.
- **Disponibilidade:** poderá o ofendido ou seu representante legal desistir da ação penal ou de eventual recurso apresentado.
- **Indivisibilidade:** A ação penal deverá ser proposta contra todos os agentes que concorreram para a prática da conduta delituosa, não podendo a vítima escolher contra qual réu deseja promover a ação penal. O Ministério Público, nos termos do art. 48 do CPP, zelará pela indivisibilidade da ação penal privada.
- **Intranscendência:** A ação penal privada deverá ser proposta apenas contra aqueles que concorreram para a conduta criminosa, sendo vedado a responsabilização de terceiros.

15 Temos em nosso ordenamento **três espécies de ação de iniciativa privada**, quais sejam:

- Ação penal exclusivamente privada (ação penal privada propriamente dita);
- Ação penal privada personalíssima;
- Ação penal privada subsidiária da pública.

PENAL

16 São **legitimados** a oferecer a **queixa-crime** na ***ação penal exclusivamente privada:***

- **Ofendido:** quando maior de 18 anos (art. 30, do CPP);
- **Representante legal:** quando o ofendido for menor de 18 anos ou mentalmente enfermo (art. 30, do CPP);
- **Cônjuge, ascendente, descendente ou irmão:** no caso de morte do ofendido ou quando declarado ausente por decisão judicial, o direito de oferecer queixa ou prosseguir na ação passará ao cônjuge, ascendente, descendente ou irmão (art. 31, do CPP);
- **Curador especial:** quando o ofendido for menor de 18 anos ou mentalmente enfermo, e não tiver representante legal ou os interesses destes colidirem com os daquele (art. 33, do CPP).

17 Na **ação penal privada personalíssima**, o direito de agir é atribuído única e exclusivamente ao ofendido, não se admitindo a substituição da titularidade da ação em nenhuma circunstância. O crime de ***induzimento a erro essencial e ocultação de impedimento*** (art. 236 do CP) é o **único exemplo** de nosso ordenamento onde **a ação penal será privada personalíssima.**

18 A **ação penal privada subsidiária da pública** é aquela proposta pelo ofendido ou seu representante legal nos crimes de ação penal pública, quando esta por ***inércia do Ministério Público*** não for proposta no prazo legal. O ofendido ou seu representante legal terá o ***prazo decadencial de seis meses*** para ofertar a queixa subsidiária, contados do termo final do prazo para oferecimento da denúncia pelo *parquet.*

19 Somente caberá a **ação penal privada subsidiária da pública** no caso de ***inércia do Ministério Público***, não sendo possível quando restar solicitado o arquivamento do Inquérito Policial ou requisitadas novas diligências entendidas como essenciais para obtenção de indícios de autoria e materialidade delitiva. A **ação penal privada subsidiária da pública** é tida como direito fundamental, assegurado em nível constitucional pelo art. 5º, LIX, da CF.

20 Proposta a **ação penal privada subsidiária da pública**, poderá o Ministério Público aditar queixa, repudiá-la e oferecer denúncia substitutiva, intervir em todos os termos do processo, fornecer elementos de prova, interpor recurso e, a todo tempo, no caso de negligência do querelante, retomar a ação como parte principal, nos termos do art. 29, do CPP.

21 Tratando-se de lesões corporais, ainda que de natureza leve ou culposa, ***praticadas contra a mulher em âmbito doméstico***, a **ação penal será pública incondicionada**, conforme entendimento firmado pelo STF na **ADI 4.424/DF**.

13. ESCUSAS ABSOLUTÓRIAS (PUNIBILIDADE)

1 A doutrina denominou como **escusas absolutórias** ***as causas de isenção de pena***. Assim, um fato típico e antijurídico, nada obstante a culpabilidade do agente, pode não ser punido diante das causas de isenção de pena, que encontram seu fundamento nas razões de utilidade pública. Não é possível, portanto, a imposição de pena, porém, o crime permanece íntegro. Trata-se de circunstância pessoal e, portanto, **não se comunica aos demais agentes**.

2 As escusas absolutórias ***impedem a instauração da persecução penal***, pois restam provadas de imediato por questões objetivas.

3 O **rol de hipóteses** traçado pelo art. 181 do Código Penal ***é taxativo***, e aplica-se apenas aos crimes contra o patrimônio praticados contra:

- Cônjuge, na constância da sociedade conjugal;
- Ascendente ou descendente, seja o parentesco legítimo ou ilegítimo, seja civil ou natura.

4 É isento de pena o **crime patrimonial** cometido por ***cônjuge***, na ***constância da sociedade conjugal*** (inciso I do art. 181 do CP). Nesta hipótese, para que seja possível invocar a imunidade penal, necessário se demonstrar que o crime patrimonial restou cometido antes da separação judicial.

5 Para cabimento da escusa absolutória é necessário se **comprovar o casamento civil,** ***não sendo suficiente*** apenas o casamento religioso.

6 No que tange o casamento civil, **é irrelevante** o ***regime de bens*** adotada para configuração da escusa absolutória.

7 É isento de pena o **crime patrimonial** cometido em ***prejuízo de ascendente ou descendente***, seja o parentesco legítimo ou ilegítimo, seja civil ou natural (inciso II, do art. 181 do CP). Não existe a diferenciação entre filhos legítimos ou ilegítimos, civil ou natural, tendo em visto o art. 227, §6º da CF. A imunidade penal não alcança o parentesco por afinidade, nem o transversal.

8 Para aplicação da escusa absolutória é necessário a comprovação do parentesco, por meio de documento apto, não bastando a mera alegação.

9 O art. 183 do Código Penal indica as ***situações em que os responsáveis*** por crimes **patrimoniais não podem ser beneficiados pelas escusas absolutórias**. São elas:

- Se o crime é de roubo ou de extorsão, ou, em geral, quando haja emprego de grave ameaça ou violência à pessoa (inciso I);
- Ao estranho que participa do crime (inciso II);
- Se o crime é praticado contra pessoa com idade igual ou superior a 60 (sessenta) anos (inciso III).

PENAL

10 O Código Penal prevê, ainda, em seu art. 348, §2º, outra **escusa absolutória**, para o crime de favorecimento pessoal. Neste caso extingue-se a punibilidade se quem presta auxílio é ascendente, descendente, cônjuge ou irmão do criminoso.

14. EXTINÇÃO DE PUNIBILIDADE

1 Temos que a **punibilidade** é a possibilidade de o Estado aplicar determinada pena ao agente que praticou certa infração penal. A punibilidade ***não é elemento do crime***, mas sim ***efeito ou consequência deste.***

2 As **causas de extinção da punibilidade** que atingem a ***pretensão punitiva*** do Estado eliminam todos os efeitos penais de eventual sentença condenatória proferida. Já as **causas extintivas de punibilidade,** que afetam a ***pretensão executória*** do Estado, salvo nas hipóteses de *abolitio criminis* e anistia, apagam o efeito principal da condenação, qual seja, a pena. Subsistem os demais efeitos secundários da condenação (reincidência e constituição de título executivo judicial no campo civil).

3 O **rol de causas extintivas de punibilidade**, previsto no art. 107, do CP, é ***meramente exemplificativo***. Diversas outras causas extintivas de punibilidade estão previstas na **parte especial do Código Penal** (Ex.: art. 181 do CP) ou na **legislação extravagante** (art. 89, Lei 9099/95 – após a conclusão do período de prova na suspensão condicional do processo). Além disso, é possível a construção de **causas supralegais** (Ex.: súmula 554 do STF).

4 Com relação à **morte do agente** (art. 107, inciso I, do CP), se a morte ocorrer ***antes do trânsito em julgado*** da condenação, **extinguem-se todos os efeitos penais**; se a morte ocorrer ***após o trânsito em julgado*** de sentença penal condenatória, **subsistem os efeitos secundários da pena.**

5 **Anistia** (art. 107, inciso II, do CP) **é a exclusão, *por lei ordinária com efeitos retroativos*, de um ou mais fatos criminosos praticados**. A lei ordinária é editada pelo Congresso Nacional. Destina-se, em regra, a crimes políticos e, excepcionalmente, a crimes comuns. Além disso, destina-se a fatos e, não a indivíduos, embora possa impor condições específicas ao réu ou condenado. Tem efeito *ex tunc* (retroativo), atingindo situações passadas.

6 **Graça** (art. 107, inciso II, do CP) destina-se a crimes comuns, com sentença condenatória transitada em julgado, visando beneficiar pessoa determinada, através da **extinção da pena ou, da comutação**. Trata-se de ato privativo do Presidente da República, passível de delegação aos Ministros de Estado, ao Procurador Geral da República ou ao Advogado Geral da União.

7 **Indulto** (art. 107, inciso II, do CP) é o **perdão concedido pelo Presidente da República** a todo grupo de condenado que atender aos ***requisitos do decreto.***

8 ***Abolitio criminis*** (art. 107, inciso III, do CP) é a nova lei que **exclui do âmbito penal um fato** até então considerado criminoso.

9 **Prescrição** (art. 107, inciso IV, do CP) é a ***perda da pretensão punitiva*** ou da ***pretensão executória*** em face da inércia estatal durante determinado período de tempo.

10 São **imprescritíveis** os seguintes delitos:

- Racismo;
- Ação de grupos armados, civis ou militares, contra a ordem constitucional e o Estado democrático.

11 A **prescrição da pretensão punitiva (PPP)** ocorre ***antes do trânsito*** em julgado da condenação e, subdivide-se em:

- Prescrição da pretensão punitiva propriamente dita;
- Prescrição intercorrente;
- Prescrição retroativa;

12 A **prescrição da pretensão executória (PPE)** inicia-se ***após o trânsito em julgado*** da condenação e, não possui espécies.

13 Os **prazos prescricionais** são ***improrrogáveis***, não se suspendendo em finais de semana, feriados ou férias.

14 Na **prescrição da pretensão punitiva (PPP)**, utiliza-se o ***prazo máximo*** para o cálculo prescricional.

15 **Agravantes** e **atenuantes** genéricas ***não influenciam*** no cálculo prescricional, exceto o art. 65, I do CP (menor de 21 anos na data do fato ou, maior de 70 anos na data da sentença), quando os prazos prescricionais são reduzidos pela metade (art. 115 do CP).

16 Na **prescrição da pretensão punitiva propriamente dita**, a causa de aumento de pena influencia no cálculo prescricional, devendo ser aplicada a maior elevação para fins de cálculo da prescrição. Com relação à causa de diminuição de pena, deve-se aplicar a menor redução para fins de cálculo da prescrição.

- Causa de aumento de pena com quantidade variável = pena máxima em abstrato + maior aumento.
- Causa de diminuição de pena com quantidade variável = pena máxima em abstrato – menor diminuição.
- Causa de aumento e diminuição de pena, simultâneas, ambas em quantidade variável = pena máximo em abstrato + maior aumento – menor diminuição.

PENAL

17 Quanto ao **termo inicial da prescrição**, no caso de crimes permanentes, enquanto não encerrada a permanência (consumação), não se inicia o trâmite do prazo prescricional.

18 **Causas impeditivas e suspensivas da prescrição da pretensão punitiva** previstas fora do CP:

- **Art. 89, §6º, da Lei 9.099/95:** suspensão condicional do processo, nos crimes com pena mínima igual ou inferir a 1 ano, em que também se opera a suspensão da prescrição;
- **Art. 366 do CPP:** quando o réu, citado por edital, não comparecer ao interrogatório nem constituir defensor, suspende-se o processo e a prescrição.
- **Art. 368 do CPP:** estando o acusado no estrangeiro, em lugar sabido, será citado mediante carta rogatória, suspendendo-se o curso da prescrição até o seu cumprimento.
- **Art. 53, §5º, da CF:** a sustação pela Câmara dos Deputados ou pelo Senado Federal, dos processos criminais contra Deputado Federal ou Senador, suspende a prescrição, enquanto durar o mandato. O STF pode receber a denúncia sem licença prévia da Casa respectiva. No entanto, deve comunicá-la à Câmara dos Deputados ou ao Senado Federal, conforme o caso, podendo o Poder Legislativo, por iniciativa de partido político nele representado e pelo voto da maioria absoluta dos seus membros, sustar o andamento da ação, suspendendo-se, automaticamente, o curso da prescrição.
- **Acordo de leniência nos crimes contra a ordem econômica:** art. 35-C, *caput*, da Lei 8.884/94.
- **Crimes contra a ordem tributária:** Nesses delitos, a suspensão da prescrição pode ocorrer em diversas hipóteses, entre elas a do parcelamento do débito tributário, que importa na suspensão da prescrição da pretensão punitiva (art. 9º, da Lei 10.684/03.); O lançamento de tributo pendente de decisão definitiva do processo administrativo, importam em falta de justa causa para a ação penal, suspendendo-se, contudo, o curso da prescrição enquanto obstada a sua propositura pela falta do lançamento definitivo.

19 **Prescrição intercorrente** é uma modalidade de ***prescrição da pretensão punitiva*** que se verifica entre a publicação da sentença condenatória recorrível e o seu trânsito em julgado para a defesa. Esta prescrição ocorre, **após a sentença**. Necessita do **trânsito em julgado para a acusação** no tocante à pena imposta, pois, assim, é possível saber qual a pena máxima que poderia ser aplicada ao réu, utilizando como baliza, a pena aplicada na sentença condenatória recorrível.

20 A **prescrição intercorrente** é calculada com base na ***pena concreta*** aplicada na sentença condenatória recorrível. Seu termo inicial é a publicação da sentença condenatória recorrível, condicionado ao trânsito em julgado para a acusação.

21 **Prescrição retroativa** é espécie da ***prescrição da pretensão punitiva*** e, é calculada pela pena concreta. Depende do trânsito em julgado da sentença condenatória, para a acusação, no tocante à pena imposta. Esta prescrição retroage, pelo fato de ser contada da sentença ou acórdão condenatório para trás. Nos crimes comuns, ela pode ocorrer entre a publicação da sentença ou acórdão condenatórios e recebimento da denúncia ou queixa.

22 A **prescrição retroativa**, nos crimes de competência do Tribunal do Júri, pode ser verificada:

- Entre a publicação da sentença ou acórdão condenatório e a decisão confirmatória da pronúncia;
- Entre a decisão confirmatória da pronúncia e a pronúncia;
- Entre a pronúncia e o recebimento da denúncia ou queixa.

23 Não se pode reconhecer a **prescrição retroativa** no período compreendido entre a ***data do fato*** e o ***oferecimento da denúncia***, em razão do previsto no art. 110, §1º do CP.

24 **Prescrição da pretensão executória** é a perda do direito e do dever de executar uma ***sanção penal***, pelo Estado. É calculada com base na pena concretamente aplicada, sendo necessária existência de trânsito em julgado da sentença condenatória tanto para a acusação quanto para a defesa.

25 Na **prescrição da pretensão executória**, na hipótese de reincidência (reconhecida na sentença ou acórdão), o prazo prescricional aumenta-se de um terço.

26 No caso de evasão do condenado ou de revogação de seu benefício de livramento condicional, a **prescrição da pretensão executória** é calculada pelo ***restante da pena***.

27 A **prescrição virtual** (projetada, antecipada, prognostical ou em perspectiva) é resultante de construção doutrinária e jurisprudencial. Nesta prescrição, parte-se de um ***cálculo hipotético*** da pena a ser aplicada em caso de condenação. Esta pena hipotética substitui a pena máxima em abstrato, para que o cálculo prescrição seja feito.

28 O STF e STJ ***rejeitam*** a **prescrição virtual** por ausência de previsão legal, havendo, inclusive, súmula do STJ a respeito (Súmula nº 438).

PENAL

29 **Prescrição da pena restritiva de direitos** ocorre nos ***mesmos prazos*** previstos para as penas privativas de liberdade (art. 109, parágrafo único do CP).

30 No caso de **concurso formal perfeito** e, **crime continuado** (arts. 70, *caput* e, 71 *caput* e parágrafo único, do CP), utiliza-se a pena aplicada, retirando-se o aumento decorrente do concurso formal próprio ou da continuidade delitiva. Neste sentido é a súmula do STF nº 497.

31 É de dois anos o **prazo prescricional da pena de multa**, no caso da prescrição da pretensão punitiva, quando a multa for a única cominada ou aplicada.

32 É de 5 anos o **prazo prescricional da pena de multa**, no caso da prescrição da pretensão executória, por constituir dívida ativa da Fazenda Pública.

33 **Decadência** (art. 107, inciso IV, do CP) é a ***perda do direito de queixa ou de representação*** em face da inércia do seu titular durante o prazo legalmente previsto. Salvo disposição em contrário, o **prazo é de 6 (seis) meses**, contados a partir do conhecimento inequívoco da autoria. A contagem deste prezo observa o regramento previsto no art. 10 do CP. O prazo decadencial é preclusivo e improrrogável e, não se submete a causas de interrupção ou suspensão.

34 **Perempção** (art. 107, inciso IV, do CP) é a ***perda do direito de ação, provocada pela inércia processual do querelante***. Não se aplica nos casos de ação penal privada subsidiária da pública. As causas de perempção estão previstas no art. 60 do CP.

35 **Renúncia ao direito de queixa** nos crimes de ação privada (art. 107, inciso V, do CP), a renúncia ao direito de queixa ***é ato unilateral*** pelo qual se efetua a desistência do direito de ação pela vítima. Pode ocorrer somente na ação penal privada. Pode ser expressa ou tácita. Somente pode ocorrer antes do oferecimento da queixa.

36 O **perdão** aceito nos crimes de ação privada (art. 107, inciso V, do CP), é a ***desistência manifestada após o oferecimento da queixa***. Ocorre apenas nas ações penais privada. Pode acontecer a qualquer momento, depois do início da ação penal privada, até o seu trânsito em julgado da sentença penal condenatória. Pode ser expresso ou tácito. Necessária a aceitação do querelado, que pode recusar caso opte por provar a sua inocência. O perdão concedido a um dos querelados é aproveita aos demais, exceto, os que recusarem.

37 **Retratação do agente**, nos casos em que a lei a admite (art. 107, inciso VI, do CP), é o arrependimento do autor da infração penal (ex.: art. 143, do CP). Somente é válido quando a lei admitir.

38 **Perdão judicial** (art. 107, inciso IX, do CP) é o ***ato exclusivo do membro do Poder Judiciário*** que deixa de aplicar a pena ao réu. Ocorre no momento da sentença. Somente pode ser concedido nos casos previstos em lei. Trata-se de condição subjetiva (pessoal) do agente e, em razão disso, incomunicável aos demais réus. Trata-se de ação declaratória de extinção de punibilidade, não subsistindo qualquer efeito condenatório (súmula 18 do STJ).

15. JUIZADO ESPECIAL CRIMINAL

1 São tidas como infrações penais de menor potencial ofensivo os crimes e as contravenções penais a que a lei comine pena máxima **não superior a 2 (dois anos), cumulada ou não com multa.**

2 No caso de ação penal pública condicionada à representação e, havendo representação ou, no caso de ação penal pública incondicionada, não sendo caso de arquivamento, **o Ministério Público poderá propor a aplicação imediata da pena restritiva de direitos ou multas, a ser especificada na proposta (art. 76, da Lei n. 9.099/95 – transação penal).**

3 **Não se admite** a proposta de ***transação penal*** se ficar provado:

- Ter sido o autor da infração condenado, pela prática de crime, à pena privativa de liberdade, por sentença definitiva.
- Ter sido o autor beneficiado anteriormente, no ***prazo de cinco anos***, pela aplicação da pena restritiva de direitos ou multa, nos termos deste artigo;
- Não indicarem os antecedentes, a conduta social e a personalidade do agente, bem como os motivos e as circunstâncias, ser necessária e suficiente a adoção de outras medidas;

4 Nos crimes em que a **pena mínima cominada** ao tipo penal for ***igual ou inferior a um ano***, o Ministério Público poderá, ao oferecer a denúncia, propor a **suspensão condicional do processo**, por dois a quatro anos, desde que o acusado não esteja sendo processado ou não tenha sido condenado por outro crime, presentes os demais requisitos previstos no art. 77 do CP. Este benefício se aplica a qualquer crime, abrangido pela Lei 9099/95 ou não.

5 As ***condições*** para o benefício da **suspensão condicional do processo são**:

- Reparação do dano, salvo impossibilidade de fazê-lo;
- Proibição de frequentar determinados lugares;
- Proibição de ausentar-se da comarca onde reside, sem autorização do Juiz;
- Comparecimento pessoal e obrigatório a juízo, mensalmente, para informar e justificar suas atitudes;
- Outras que o juiz especificar.

PENAL

6 Na hipótese de **concurso de crimes de menor potencial ofensivo** não poderá a somatória das penas ultrapassar o ***limite de 2 (dois) anos***, caso ocorra o JECRIM deixará de ser competente.

7 Tratando-se de **concurso formal** ou **crime continuado**, para a verificação da aplicação das disposições do JECRIM, é necessário observar a pena máxima com o aumento máximo previsto para a modalidade:

- Concurso formal – aumento máximo: 1/2 (metade);
- Crime continuado simples – aumento máximo: 2/3 (dois terços);
- Crime continuado qualificado – aumento máximo: 3 vezes (o triplo).

16. CRIMES EM ESPÉCIE E LEGISLAÇÃO PENAL EXTRAVAGANTE

1 O crime tipificado no art. 122, do CP (induzimento, instigação ou auxílio a suicídio) pode ser praticado mediante ***participação moral*** (induzimento e instigação) ou ***participação material*** (auxílio).

- **Induzimento** – quando se incute na mente da vítima a ideia de suicidar-se, até então ***inexistente***.
- **Instigação** – ocorre quando se reforça a ideia suicida ***preexistente*** na vítima, ou seja, esta é estimulada pelo autor a praticar o ato que cogita.
- **Auxílio** – nesta hipótese o autor ***concorre materialmente*** para a prática do crime, prestando real assistência material à vítima (Ex. empréstimo de objetos, indicação de métodos, etc.), mas sem intervir nos atos executórios.

2 Define o Código Penal três crimes contra a honra: calúnia (art. 138), difamação (art. 139) e injúria (art. 140). Haverá ***calúnia*** quando o agente imputar falsamente a alguém a prática de **fato definido como crime.** De outro lado, restará configurado o crime de ***difamação*** quando o agente imputar à vítima **fato desonroso**, maculando sua reputação. Por fim, temos o crime de ***injúria***, onde não há imputação de fato, mas sim a ofensa à honra subjetiva da vítima (sua dignidade ou decoro), mediante a **atribuição de qualidade negativa ou xingamentos.**

Calúnia (art. 138, do CP)	**Difamação** (art. 139, do CP)	**Injúria** (art. 140, do CP)
Imputa o agente ***falsamente*** à vítima **fato definido como crime.**	**Imputa** o agente **fato desonroso à vítima.**	**Atribui** o agente **qualidade negativa** à vítima.
Atinge o autor a ***honra objetiva*** da vítima.	Atinge a conduta a ***honra objetiva*** da vítima.	Atinge a conduta a ***honra subjetiva*** da vítima.

3 Havendo **retratação total e incondicional** por parte do querelado (ofensor) nos crimes de calúnia e de difamação, em momento anterior à sentença, será **extinta a punibilidade do agente**. Por ser ato unilateral, ***independe da concordância do ofendido***.

4 O **furto de uso** resta caracterizado pela intenção do agente de **usar a coisa momentaneamente *sem dela se apropriar***, devolvendo-a em seguida ao proprietário. Importante notar que não há na conduta do agente a intenção de assenhoramento definitivo do objeto subtraído. Para sua configuração, são necessários os seguintes requisitos:

- Subtração de **coisa alheia móvel não fungível;**
- Intenção de **utilizar-se momentaneamente** da coisa subtraída;
- **Restituição imediata** após o uso ao proprietário da coisa;

5 Não se confunde o **furto mediante fraude** com o **estelionato**, ainda que ambos sejam crimes contra o patrimônio e possuam a fraude como meio de execução. De pronto, observamos que no furto a fraude opera como qualificadora (art. 155, § 4º, inciso II, do CP), enquanto no estelionato se apresenta como elementar (art. 171, *caput*, do CP), mas a distinção essencial está na finalidade com que a fraude é aplicada. No **furto qualificado**, a ***fraude objetiva diminuir a vigilância da vítima (ou terceiro) sobre o bem***, possibilitando a subtração, assim o bem é retirado da esfera de vigilância da vítima sem que esta perceba. De outro lado, no **estelionato *a fraude visa colocar a vítima (ou terceiro) em erro***, para que assim entregue espontaneamente o bem, diante da sua falsa percepção da realidade.

Furto mediante fraude (art. 155, § 4º, inciso II, do CP)	**Estelionato** (art. 171, *caput*, do CP)
A fraude opera como ***qualificadora*** do tipo penal furto.	A fraude se apresenta como ***elementar do tipo*** penal estelionato.
Tem a fraude ***finalidade*** de **diminuir a vigilância** da vítima ou de terceiro sobre o bem, para que assim seja subtraído.	Tem a fraude a ***finalidade*** de **colocar a vítima ou terceiro em erro**, e assim entregue espontaneamente o bem.

6 A interpretação *a contrario sensu* do enunciado da Súmula 554, do STF, permite afirmar que na **fraude no pagamento por meio de cheque** (art. 171, parágrafo 2º, inciso VI, do CP) a reparação do dano antes do recebimento da inicial acusatória ***impede a instauração da ação penal.***

7 Compete ao foro do ***local da recusa*** do **cheque emitido sem provisão de fundos**, processar e jugar o crime de **estelionato** (Súmulas 521 do STF e 244 do STJ).

8 Podemos classificar a **extorsão mediante sequestro**, prevista no art. 159 do CP, como ***crime complexo***, frente à sua composição ***dada pela união de dois crimes,*** a saber: extorsão (art. 158 do CP) e sequestro (art. 148, do CP). O dolo figura como elemento subjetivo do tipo penal, representado pela consciente **vontade de privar a vítima de sua liberdade**, exigindo-se a ainda para capitulação do delito ***específica finalidade de agir*** (elemento subjetivo específico), consistente no **desejo de obter, com a privação da liberdade, alguma vantagem como condição ou preço do resgate.**

Caso não reste comprovado o elemento subjetivo do específico, não será possível imputar o crime do art. 159 do CP, devendo ser imputar ao agente apenas o crime de sequestro ou cárcere privado, tipificado no art. 148 do CP. Urge lembrar que a extorsão mediante sequestro é crime formal, **consumando-se no momento da privação da liberdade, *independentemente da obtenção da vantagem econômica pelo agente*.** O recebimento do pagamento do resgate configura apenas o ***exaurimento do crime.***

9 Difere-se a **receptação** (art. 180 do CP), crime contra o patrimônio, do **delito de favorecimento real** (art. 349 do CP) que corresponde a crime contra a administração da justiça. No tipo penal da receptação encontramos o objetivo de lucro do agente, atuando este em benefício próprio ou de terceira pessoa, a qual deverá ser diversa do responsável pelo crime anterior. No favorecimento real não busca o agente qualquer finalidade de lucro para si ou para terceira pessoa, sendo o seu único objetivo auxiliar o autor do delito anterior a tornar seguro o proveito do crime.

Receptação (art. 180 do CP)	**Delito de favorecimento real** (art. 349 do CP)
Crime contra o **patrimônio;**	Crime contra a **administração da Justiça;**
Objetiva o agente **vantagem pessoal ou de terceiro** (diversa do responsável pelo crime anterior);	***Objetiva*** o agente **auxiliar** o autor do delito anterior a **tornar seguro o proveito do crime**. Assim, não busca qualquer vantagem pessoal para si, mas apenas assegurar a vantagem ao autor do crime anterior;

10 A **receptação culposa** (art. 180, §3º, do CP) é o único crime contra o patrimônio que ***permite a modalidade culposa***. Restará configurado o tipo penal quando o agente adquire ou recebe coisa que, por sua natureza, ou pela desproporção entre o valor e o preço, ou pela condição de quem a oferece, deva presumir-se obtida de origem criminosa. Os requisitos descritos no tipo não são cumulativos.

11 Temos na parte especial do Código Penal **seis espécies de peculato**, sendo cinco modalidades dolosas e uma culposa. Vejamos abaixo a indicação de cada tipo penal, com a correspondente conduta nuclear:

- **Peculato apropriação** (art. 312, *caput*, 1ª parte, do CP) – Núcleo do tipo: Apropriar-se;
- **Peculato desvio** (art. 312, *caput*, parte final, do CP) – Núcleo do tipo: Desviar;
- **Peculato furto** (art. 312, § 1º, do CP) – Núcleo do tipo: Subtrair ou concorrer para que seja subtraído;
- **Peculato culposo** (art. 312, §2º, do CP) – Núcleo do tipo: Concorrer culposamente;
- **Peculato estelionato** (peculato mediante erro de outrem – art. 313, do CP) – Núcleo do tipo: Apropriar-se após ter recebido por erro de outrem;
- **Peculato eletrônico** (crime de inserção de dados falsos em sistemas de informação – art. 313-A, do CP / crime de modificação ou alteração não autorizada de sistema de informações – art. 313-B, do CP) – Núcleo do tipo art. 313-A: Inserir ou facilitar a inserção; e alterar ou excluir dados; Núcleo do tipo art. 313-B: Modificar ou alterar sistema ou programa;

12 Na prática do crime de **concussão**, tipificado no art. 316 do CP, o funcionário público ***exige vantagem indevida***, intimidando a vítima pelo cargo ou função que exerce, já na **corrupção passiva**, prevista no art. 317 do CP, o funcionário público ***solicita ou recebe a vantagem, ou ainda aceita a promessa de sua entrega.*** Desta forma, essencialmente, notamos que na concussão existe ameaça, imposição ou intimidação para a obtenção da vantagem indevida, enquanto na corrupção passiva há pedido, recebimento ou concordância de que esta ocorra.

13 O crime de **contrabando** (art. 334-A do CP), consistente na conduta de ***importar ou exportar mercadoria absolutamente ou relativamente proibida***, possui natureza residual, somente se materializando quando a conduta não configurar algum crime específico. Como exemplo, temos a importação ou exportação de drogas, sem autorização ou em desacordo com determinação legal ou regulamentar, que pelo princípio da especialidade configurará o tipo penal previsto no art. 33, *caput*, da Lei 11.343/2006 (Lei de Drogas).

14 Parar reconhecimento da ***causa de diminuição*** de pena prevista ao **homicídio privilegiado** (art. 121, §1º, do CP) devem se fazer presentes uma das as seguintes hipóteses:

- **Motivo de relevante valor social** – Diz respeito aos ***interesses da coletividade*** (ex.: Matar um traidor da pátria).

PENAL

- **Motivo de relevante valor moral** – Diz respeito aos ***interesses individuais do agente***, como o sentimento de piedade, compaixão, não acarretando assim reprovação para a maior parte das pessoas (ex.: Homicídio praticado com objetivo de que um doente terminal não mais tenha que conviver com o sofrimento que o atormenta – eutanásia).
- **Sob domínio de violenta emoção, logo em seguida a injusta provocação da vítima** – Trata da situação onde o agente tem seu ***aspecto psicológico abalado***, possuindo os seguintes requisitos:
  - ***Domínio de violenta emoção***: a emoção não pode ser leve e passageira, deve o agente estar controlado por ela.
  - ***Reação imediata***: Não há indicação própria de tempo, apenas menção no dispositivo a "*logo em seguida*", gerando a interpretação que não pode haver intervalo temporal significativo entre a provocação e o revide.
  - ***Injusta provação da vítima***: É aquela que o agente não está obrigado a aceitar, como condutas incitantes, injuriosas, desafiadoras, podendo esta ser dirigida a um terceiro (ex.: Cuspir no rosto de um familiar do agente).

15 A **causa de diminuição de pena** prevista no art. 121, §1º, do CP **(homicídio privilegiado)** é ***circunstância incomunicável*** no concurso de pessoas, pois tem **natureza subjetiva.**

16 Quando o **homicídio** é cometido à **traição**, faz-se necessário demonstrar ***antecedente relação de confiança*** entre as partes, e que o agente ***se valeu desta para facilitar a execução do crime***. Assim, é possível notar que há, nesta hipótese, a quebra de confiança preexistente e que dificulta ou impossibilita a reação da vítima. Somente após verificado estes dois requisitos que será possível aplicar a qualificadora relativa à traição, prevista no art. 121, §2º, IV, do CP.

17 Não basta que a mulher figure como sujeito passivo no crime de homicídio para que o fato seja capitulado como **feminicídio** (homicídio qualificado – art. 121, §2º, VI, do CP). Para que possa ser imputada a referida qualificadora, ***deverá ser o crime praticado*** **por razões da condição de sexo feminino**, ou seja, quando o crime envolver:

- ***Violência doméstica ou familiar*** (ex. Marido mata esposa pois esta pediu o divórcio);
- ***Menosprezo ou discriminação à condição de mulher*** (ex. Autor do crime mata a vítima pois não admite que uma mulher ocupe a função de diretora de uma empresa).

18 Na hipótese de ocorrência do **feminicídio**, a pena será ***aumentada de 1/3 até metade*** quando o crime for praticado:

- Durante a gestação ou nos 3 (três) meses posteriores ao parto;
- Contra pessoa menor de 14 (catorze) anos, maior de 60 (sessenta) anos ou com deficiência;
- Na presença de descendente ou de ascendente da vítima.

19 É aplicável ao **homicídio** a qualificadora prevista no art. 121, §2º, inciso VII, do Código Penal, quando, no ***exercício da função*** ou ***em decorrência dela***, é cometido homicídio contra os seguintes sujeitos passivos:

- Integrante das Forças Armadas (Exército, Marinha e Aeronáutica) — art. 142 da Constituição Federal;
- Integrante da polícia federal, da polícia rodoviária federal, da polícia ferroviária federal, da polícia civil ou da polícia militar ou corpo de bombeiros militares — art. 144 da Constituição Federal;
- Integrante do sistema prisional;
- Integrante da Força Nacional de Segurança Pública;
- Cônjuge ou companheiro de qualquer das autoridades ou agentes acima mencionados, em decorrência da função que exercem;
- Parente consanguíneo até terceiro grau de qualquer das autoridades ou agentes acima mencionados, em decorrência da função que exercem;

20 Podemos dividir os **crimes praticados por funcionário público contra a administração** em crimes ***funcionais próprios*** e ***impróprios***.

Nos **crimes funcionais próprios**, caso não apresente a condição de funcionário público, a conduta do agente será atípica (ex.: No crime de prevaricação, previsto no art. 319 do CP, caso o agente não seja funcionário público, não se configurará nenhuma infração penal).

Porém, nos crimes **funcionais impróprios**, caso o agente não apresente a condição de funcionário público, sua conduta deixará de ser capitulada como crime funcional, desclassificando-se, para outro delito (ex.: No crime de peculato-furto, previsto no art. 312, §1º, do CP, caso falte ao agente a condição de funcionário público, este terá sua conduta desclassificada para o crime de furto, do art. 155, do CP).

21 A **denunciação caluniosa** (art. 339 do CP) objetiva tutelar a administração da justiça, e, subsidiariamente, a honra da pessoa ofendida. Resulta o referido tipo penal da união do crime de calúnia (art. 138 do CP) com a lícita conduta de noticiar à autoridade pública competente a ocorrência de crime ou contravenção penal, materializando-se **quando o agente provoca a instauração de *investigação policial*, *processo judicial*, *investigação administrativa*, *inquérito civil*** ou ***ação de improbidade administrativa*** contra alguém, **atribuindo-lhe crime ou contravenção de que o sabe inocente.**

PENAL

Cabe apontar que, caso o agente limite-se a imputar falsamente a prática de fato definido como crime a alguém, deverá responder pelo crime de calúnia.

22 As duas condutas contidas no crime previsto no art. 124, do CP (**aborto provocado pela gestante ou com seu consentimento**) apenas podem ser ***praticadas pela própria gestante***, assim, tratando-se de **crime de mão própria**, ***não é admitida coautoria***. De outro lado, os crimes descritos nos arts. 125 e 126 do CP (aborto provocado por terceiro) admitem como sujeito ativo qualquer pessoa, sendo classificados como crime comum.

23 No que tange ao **aborto legal ou permitido**, encontra-se no art. 128 do CP duas causas especiais de exclusão da ilicitude:

- ***Aborto necessário ou terapêutico (inciso I)*** – ocorre quando não há outro meio para salvar a vida da gestante, não dependendo de seu consentimento ou de autorização judicial, possuindo os seguintes **requisitos**:
  - Aborto praticado por médico;
  - Existência de perigo para a vida da gestante;
  - Impossibilidade de outro meio para salvar a vida da gestante;
- ***Aborto no caso de gravidez resultante de estupro (inciso II)*** – esta modalidade é também conhecida como aborto sentimental, humanitário ou ético, apresentando os seguintes **requisitos:**
  - Aborto praticado por médico;
  - Consentimento válido da gestante ou de seu representante legal (caso incapaz);
  - Gravidez resultante de estupro;

24 O art. 28 da **Lei de Drogas** (Lei 11.343/06) tipifica a **conduta do usuário de drogas**. Trata-se de ***normal penal em branco***, tendo em vista que a definição de drogas é feita pela ANVISA (Agência Nacional de Vigilância Sanitária). O objeto jurídico é a saúde pública, enquanto que o objeto material é a droga.

25 O art. 33 da Lei de Drogas (Lei 11.343/06) tipifica a **conduta do traficante**. Assim como o uso de drogas, o tráfico também é ***norma penal em branco*** pois, socorre-se da normatização da ANVISA para distinguir o que é e o que não é droga. O objeto material é a droga e o jurídico é a saúde pública.

26 No art. 33, §4º da Lei de Drogas (Lei 11.343/06) está prevista **causa de diminuição de pena**, cujos ***requisitos*** são os seguintes:

- Nos crimes de tráfico e condutas equiparadas (art. 33, §1º da Lei de Drogas)
- Primariedade

- Bons antecedentes
- Não se dedique a atividades criminosas
- Não integre organização criminosa

27 O **tráfico internacional de drogas *não é um crime autônomo*** e, sim, uma causa de aumento de pena, prevista no art. 40 da Lei de drogas, aplicável ao art. 33 do mesmo diploma normativo.

28 Constitui **causa de aumento de pena** prevista no art. 40, inciso III da Lei de Drogas, aplicável ao art. 33 da referida lei, o tráfico cometido nas ***proximidades de estabelecimentos prisionais, de ensino, hospitalares, sedes de entidade estudantil, etc.***

29 O **tráfico interestadual** de drogas também ***não é um crime autônomo*** e, sim, uma causa de aumento de pena prevista no art. 40, inciso V da Lei de Drogas, aplicável ao art. 33 da mesma Lei.

30 O art. 41 da Lei de Drogas prevê a possibilidade de **delação premiada**. Trata-se de ***causa de diminuição de pena.*** Pressupõe a condenação pois, é na sentença que será concedida a redução da pena.

31 O art. 42 da Lei de Drogas traz **circunstâncias preponderantes** para aplicação da pena. A fixação da pena base deverá levar em conta o art. 59 do CP, mas, preponderando sobre estas circunstâncias, estão: a ***natureza*** e a ***quantidade da substância*** ou do ***produto***, a ***personalidade*** e a ***conduta social do agente***.

32 Por **decisões do STF**, nada obstante o previsto no art. 44 da Lei de Drogas, ***são cabíveis nos crimes previstos nesta legislação***:

- A liberdade provisória sem fiança
- A conversão da pena privativa de liberdade em restritiva de direitos
- A fixação do regime inicial de cumprimento de pena de acordo com o previsto no art. 33 do CP.

33 O art. 45 da Lei de Drogas prevê uma **causa de isenção de pena**, aplicável a qualquer crime (e, não somente aos crimes da Lei de Drogas) quando o agente, em razão da dependência, ou sob seu efeito, proveniente de caso fortuito ou força maior, era ***inteiramente incapaz de entender o caráter ilícito dos fatos praticados.***

34 O art. 46 da Lei de Drogas, aplicável a qualquer crime, previsto na lei de drogas ou não, prevê uma **causa de diminuição de pena** para o ***agente que não possuía,*** ao tempo da ação ou omissão, a ***plena capacidade de entender o caráter ilícito do fato*** ou ***de determinar-se de acordo com esse entendimento.***

35 O **objeto jurídico protegido** pelo **Estatuto do Desarmamento** (Lei nº 10.826/03) é a ***incolumidade pública***.

36 O art. 12 do Estatuto do Desarmamento prevê a **conduta de posse irregular de arma de fogo de uso permitido.** O núcleo do tipo penal prevê as condutas de possuir e manter sob sua guarda, tendo como objeto da conduta a arma de fogo, acessório ou munição de uso permitido. ***Trata-se de crime de perigo abstrato***.

37 O art. 14 do Estatuto do Desarmamento prevê a **conduta do porte ilegal de arma de fogo de uso permitido.**

38 A **posse** consiste em manter **no interior** de ***residência*** ou no ***local de trabalho*** a arma de fogo. O **porte** pressupõe que a arma de fogo esteja **fora** da ***residência*** ou ***local de trabalho***.

39 No art. 10 da **Lei de interceptação telefônica** (Lei nº 9.296/96) está previsto como crime a conduta de realizar interceptação de comunicações telefônicas, de informática ou telemática, ou quebrar segredo de justiça, **sem autorização judicial** ou **com objetivos não autorizados em lei.**

40 O art. 10 da **Lei de interceptação telefônica** (Lei nº 9.296/96) destina-se ao interceptador ou a quem viola, diretamente, o sigilo imposto pela justiça.

DIREITO PROCESSUAL PENAL

♦ *Nestor Távora*

Sumário:

INCIDÊNCIA DOS TEMAS NAS PROVAS
(atualizada até o XXIV Exame da OAB)

Direito Processual Penal		
Teoria da Pena	1	1%
Ação Civil "ExDelicto"	1	1%
Medidas Assecuratórias	2	2%
Lei Maria da Penha	2	2%
Lei de Tráfico de Drogas	2	2%
Aplicação da lei no tempo e no espaço	2	2%
Execução Penal	3	2%
Lei nº 9.099/95	3	2%
Ações Autônomas de Impugnação	4	3%
Sentença	5	4%
Nulidades	6	5%
Prisão	6	5%
Questões e Processos Incidentes	8	6%
Tribunal do Júri	8	6%
Provas	9	7%
Inquérito Policial	9	7%
Procedimentos	10	8%
Ação Penal	13	10%
Jurisdição e Competência	14	11%
Recursos	16	13%
TOTAL	124	100%

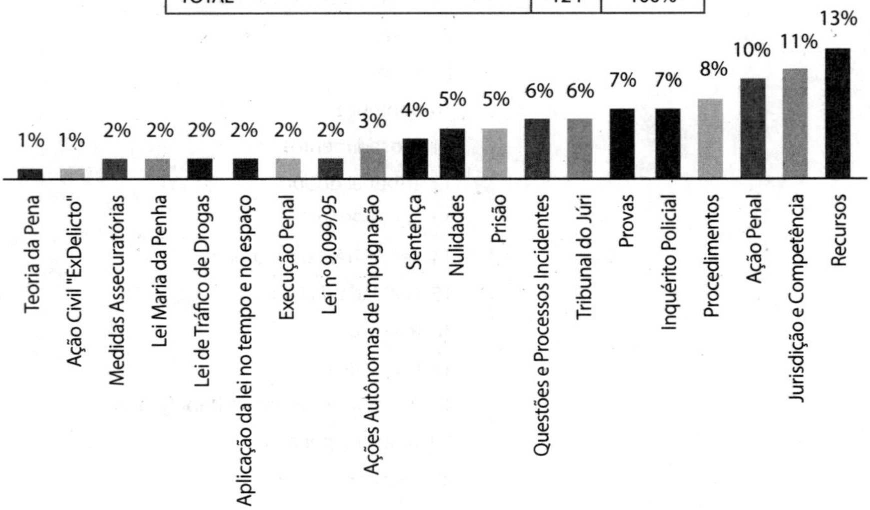

1. APLICAÇÃO DA LEI NO TEMPO E NO ESPAÇO

1 A lei processual penal é, em regra, aplicada **imediatamente**, inclusive nos processos já em curso.

2 Se a lei contiver dispositivos de direito processual penal e de direito penal, prevalece o aspecto penal, retroagindo se for benéfica e não retroagindo se for maléfica, pois não pode haver a **cisão da lei**.

3 A lei processual penal brasileira é aplicada em todos os processos em trâmite no **território nacional**.

4 Os chefes de Estado estrangeiro, embaixadores, agentes **diplomáticos** de Embaixadas acreditados no Brasil e funcionário de organizações internacionais em serviço (ONU, OEA, etc), bem como seus familiares e membros das comitivas, receberão a aplicação da lei penal do seu país de origem com a respectiva tramitação do processo em seu país.

5 Os **cônsules** apenas receberão a imunidade de não aplicação da lei brasileira se a conduta decorrer do desempenho de suas funções.

2. INQUÉRITO POLICIAL

1 A **Polícia** administrativa/ostensiva tem papel de prevenção (exemplos: polícia militar, polícia rodoviária, polícia ferroviária, polícia marítima). Já a Polícia judiciária/civil tem o papel de auxiliar o Poder Judiciário e presidir a investigação policial. A polícia judiciária é integrada por delegados de carreira, ou seja, concursados, bacharéis em direito e com tratamento protocolar similar ao dos juízes, promotores, defensores e advogados.

2 A **investigação preliminar** é realizada, em geral, por meio do inquérito policial, o qual é procedimento inquisitório e preparatório, presidido pela autoridade judiciária que, por meio das diligências realizadas, tem por fim colher elementos de informação quanto à autoria e materialidade delitiva, bem como identificar as fontes de prova, para que o titular da ação penal possa ajuizá-la.

3 Nos crimes de Sequestro e cárcere privado, redução à condição análoga de escravo, Extorsão e Extorsão mediante sequestro e no art. 239 do Estatuto da Criança e do Adolescente), o membro do Ministério Público ou o delegado de polícia poderá requisitar, de quaisquer órgãos do poder público ou de empresas da iniciativa privada, dados e informações cadastrais da vítima ou de suspeitos.

4 Os atos produzidos oralmente serão reduzidos a termo e as folhas da investigação serão rubricadas pela autoridade, podendo ser utilizadas novas ferramentas tecnológicas como a captação de som e imagem, assim como a estenotipia.

PROCESSUAL PENAL

5 Tem por natureza jurídica ser um **procedimento administrativo**, por não se tratar de processo judicial ou administrativo, pois dele não resulta a imposição de qualquer sanção, visto que ainda não há o exercício de uma pretensão acusatória. Ademais, por ser peça informativa, eventuais irregularidades não têm o condão de gerar nulidades em futura ação penal.

6 O objetivo do inquérito policial é a colheita de elementos de informação e não de provas, o Código de Processo Penal prevê expressamente que "O juiz formará sua convicção pela livre apreciação da prova produzida em contraditório judicial, não podendo fundamentar sua decisão exclusivamente nos elementos informativos colhidos na investigação, ressalvadas as provas cautelares, não repetíveis e antecipadas". Aceitar tais elementos como se provas fossem, seria evidente violação aos princípios do contraditório e ampla defesa.

7 A doutrina e jurisprudência consideram o inquérito policial **inquisitorial**, tendo em vista que a ele não se aplicam os princípios do contraditório e da ampla defesa, por se tratar de mero procedimento administrativo.

8 É considerado **discricionário** por não haver um procedimento específico para seu trâmite, ficando a critério da autoridade policial quais diligencias serão adotadas em cada caso concreto. O CPP apenas apresenta um rol de exemplificativo de diligências que o delegado poderá adotar quando receber a notícia de um crime.

9 O Inquérito Policial trata-se de um **procedimento oficial** pois é atribuição da Autoridade Policial a presidência do inquérito e é **oficioso** porque o delegado policial, independentemente de provocação e sendo a ação penal pública incondicionada, deverá instaurar o inquérito policial de ofício.

10 O inquérito policial é **indisponível** porque o delegado de polícia não poderá arquivá-lo de ofício, em nenhuma hipótese. O caderno inquisitivo apenas será arquivado a pedido do Ministério Público e após a homologação da autoridade judicial.

11 O inquérito policial é dispensável, pois a ação penal poderá ajuizada se o Ministério Público já tiver os elementos necessários para o oferecimento da denúncia.

12 É direito do defensor, no interesse do representado, ter acesso amplo aos elementos de prova que, já documentados em procedimento investigatório realizado por órgão com competência de polícia judiciária, digam respeito ao exercício do direito de defesa (súmula vinculante 14)

13 O **advogado** pode examinar, em qualquer instituição responsável por conduzir investigação, mesmo sem procuração, autos de flagrante e de investigações de qualquer natureza, findos ou em andamento, ainda que conclusos à autoridade, podendo copiar peças e tomar apontamentos, em meio físico ou digital, bem como assistir a seus clientes investigados durante a apuração de infrações, sob pena de nulidade absoluta do respectivo interrogatório ou depoimento e, subsequentemente, de todos os elementos investigatórios e probatórios dele decorrentes ou derivados, direta ou indiretamente.

14 **Elementos de migração** são aqueles prospectados na fase investigativa e que podem ser transportados para fase processual, admitindo valoração na sentença. Por exemplo: (i) provas irrepetíveis, aquelas de fácil perecimento e que dificilmente serão refeitas na fase processual (bafômetro); e (ii) provas cautelares, justificadas pelo binômio "necessidade e urgência" (interceptação telefônica). Quando as provas irrepetíveis e as cautelares migram para o processo, submetem-se ao contraditório e ao exercício da ampla defesa, diferidos ou postergados no tempo.

15 Quando o inquérito é conduzido de forma a violar as regras procedimentais e comprometer a eficiência, admite-se a **avocatória**, com a sua distribuição a uma outra autoridade policial, determinada pelo superior hierárquico do delegado, por despacho devidamente motivado. A avocatória ainda é justificada por força do interesse público, de forma que não falamos em princípio do delegado natural.

16 O **prazo** para conclusão do inquérito nos crimes processados e julgados pela Justiça Estadual é de 10 dias, improrrogáveis se o suspeito estiver preso. Todavia, se com o investigado estiver solto, é de 30 dias, prorrogáveis por autorização judicial, pelo tempo e vezes que se fizerem necessárias.

17 O **prazo** para conclusão do inquérito nos crimes processados e julgados pela Justiça Federal é de 15 dias com prorrogação por igual período se o suspeito estiver preso. Já com o suspeito solto é aplicável a mesma regra do delegado estadual. Nos crimes contra a economia popular o prazo é de 10 dias, independente da condição do suspeito.

18 O inquérito policial será concluído no prazo de 30 (trinta) dias, se o indiciado estiver preso, e de 90 (noventa) dias, quando solto.

19 O indiciamento é ato privativo do delegado de polícia, que mediante análise técnico-jurídica do fato, fundamentadamente deverá indicar a autoria, materialidade e suas circunstâncias da infração.

20 O **indiciamento** do funcionário público em crime de lavagem dinheiro, importa no afastamento das suas atividades.

PROCESSUAL PENAL

21 Em um inquérito policial, para verificar a possibilidade de haver a infração sido praticada de determinado modo, a autoridade policial poderá proceder à **reprodução simulada** dos fatos, desde que esta não contrarie a moralidade ou a ordem pública.

22 Quando o Ministério Público ao analisar o inquérito policial entender que embora a conduta praticada seja típica já estiver **prescrita**, deverá requerer o arquivamento do inquérito.

23 O inquérito policial poderá ser instaurado de **ofício** pela autoridade policial nos crimes de ação penal pública incondicionada.

24 Havendo negativa na instauração do inquérito, caberá **recurso administrativo** endereçado ao chefe de polícia.

25 Arquivado o inquérito policial, por despacho do juiz, a requerimento do promotor de justiça, não pode a ação penal ser iniciada, sem novas provas (súmula 524, STF).

26 Nos crimes de ação privada e de ação pública condicionada, a instauração do inquérito pressupõe a manifestação de vontade do legítimo interessado por meio de **representação do ofendido** ou **requisição** do Ministro da Justiça.

27 Há **inquérito não policial** que é presidido por autoridade distinta da polícia judiciária. Por exemplo, o inquérito parlamentar decorrente de Comissão Parlamentar de Inquérito e o inquérito militar presidido por oficial militar.

28 Com o recebimento do **Inquérito Policial**, o Ministério Público poderá (i) promover o seu arquivamento; (ii) requisitar diligências; (iii) oferecer denúncia.

29 Nos crimes de sequestro e cárcere privado, redução a condição análoga à de escravo, tráfico de pessoas, sequestro relâmpago (artigo 158, §3º, do CP), extorsão mediante sequestro, e no art. 239 do ECA (promover ou auxiliar a efetivação de ato destinado ao envio de criança ou adolescente para o exterior com inobservância das formalidades legais ou com o fito de obter lucro), o membro do Ministério Público ou o delegado de polícia poderá requisitar, de quaisquer órgãos do poder público ou de empresas da iniciativa privada, dados e informações cadastrais da vítima ou de suspeitos.

30 Se necessário à prevenção e à repressão dos crimes relacionados ao tráfico de pessoas, o membro do Ministério Público ou o delegado de polícia poderão requisitar, mediante autorização judicial, às empresas prestadoras de serviço de telecomunicações e/ou telemática que disponibilizem imediatamente os meios técnicos adequados – como sinais, informações e outros – que permitam a localização da vítima ou dos suspeitos do delito em curso.

3. AÇÃO PENAL

1 Ação Penal é o **direito público subjetivo de pedir ao Estado-Juiz a aplicação do direito penal objetivo ao caso concreto.**

2 São **condições genéricas** da ação penal: a possibilidade jurídica do pedido, interesse de agir e legitimidade das partes.

3 A **possibilidade jurídica do pedido** é a exigência de que a providência requerida pelo demandante seja admitida pelo direito objetivo.

4 O **interesse de agir** materializa-se no trinômio necessidade, adequação e utilidade.

5 A **legitimidade** da parte é certificada pelo juiz ao constatar no polo ativo o Ministério Público ou o ofendido – este pode ser substituído por outra pessoa (art. 31, CPP) – e, no polo passivo, o réu.

6 A pessoa jurídica pode figurar no polo passivo da demanda criminal, como por exemplo, em crime ambiental.

7 A ação só pode ser validamente exercida se a parte autora lastrear a inicial com um mínimo probatório que indique os indícios de autoria, da materialidade delitiva e da constatação da ocorrência da infração penal. É o que se denomina de justa causa.

8 No processo penal as ações podem ser classificadas em: I) de conhecimento ou de cognição; II) de execução; III) cautelar.

9 As ações penais podem ser classificadas em **públicas e privadas**. As ações privadas estarão expressas no tipo penal incriminador. Caso não haja previsão, a ação será púbica incondicionada.

10 **Ação penal pública incondicionada** é aquela titularizada privativamente pelo Ministério Público, nos termos do artigo 129, I, da CF e que prescinde de manifestação de vontade da vítima ou de terceiros para ser exercida.

11 A ação penal pública incondicionada observa o **princípio da obrigatoriedade**, segundo o qual o exercício do direito de ação é um dever funcional da atuação ministerial. Contudo esta obrigatoriedade fica mitigada, por exemplo, no caso da transação penal, prevista no artigo 76 da Lei n.º 9.099/95.

12 A ação penal pública incondicionada observa o **princípio da indisponibilidade**, segundo o qual o Ministério Público não poder desistir da ação penal por ele proposta. Nada impede que o Ministério Público requeira a absolvição do réu ou recorra em favor do imputado, o que não significa desistência. Tal

PROCESSUAL PENAL

princípio pode ser mitigado, sobretudo à luz do instituto da suspensão condicional do processo (*sursis* processuais).

13 Pelo **princípio da indivisibilidade**, o Ministério Público deve oferecer a denúncia contra todos os agentes, verificada a existência de indícios de autoria ou participação no crime.

14 Em **regra**, a ação penal será pública incondicionada, de maneira que a atividade persecutória acontecerá de ofício.

15 A **ação pública condicionada à representação** é aquela titularizada pelo Ministério Público que dependerá, contudo, da manifestação de vontade do legítimo interessado. Tal condicionamento pressupõe expressa disciplina legal.

16 A **representação** deve ser apresentada pela vítima ou pelo seu representante legal, caso ela não possua plena capacidade. Havendo morte ou declaração judicial de ausência, o direito de representar se transfere ao seguinte rol de legitimados: cônjuge (ou companheiro), ascendentes, descendentes e irmãos. Tal rol é preferencial e taxativo.

17 A representação é uma **condição de procedibilidade** para o exercício da ação penal pública condicionada. Deve ser exercida em até 6 meses contados da data do conhecimento da autoria da infração. Tal **prazo** é decadencial, não admitindo suspensão, interrupção ou prorrogação. Ademais, é contado na forma do artigo 10, do CP.

18 A vítima poderá retratar-se da representação até **antes** do oferecimento da denúncia. Mesmo com a **retratação**, a vítima poderá se arrepender e reapresentar a representação, desde que dentro do prazo de 06 meses que se iniciou do conhecimento da autoria do crime e que a vítima não esteja utilizando esse meio como forma de coação.

19 Nos crimes cometidos contra a honra do presidente da república ou chefe do poder e crimes praticados por estrangeiros contra brasileiros fora do território nacional, ação penal dependerá de **requisição do Ministro da Justiça**. Trata-se de ato discricionário e político do Ministro da Justiça.

20 A requisição do Ministro da Justiça **não possui prazo** previsto em lei. Desta forma, a doutrina estabelece que ela pode ocorrer até antes da prescrição do crime.

21 A **ação penal de iniciativa privada** é aquela titularizada pela vítima ou por quem a represente na condição de substituto processual, já que ela atua em nome próprio pleiteando a punição, que é exercida privativamente pelo Estado.

A ação penal de iniciativa privada observa o **princípio da oportunidade**, segundo o qual o ofendido apresentará queixa se lhe for conveniente.

22 A vítima dispõe do prazo de **seis meses** para ajuizar a ação privada, contado do conhecimento da autoria da infração. Não o fazendo, decai do direito, extinguindo-se a punibilidade do agente.

23 O ofendido poderá **renunciar** ao direito de ação, o que pode ocorrer de forma expressa ou tácita. A renúncia ocasiona a extinção da punibilidade.

24 A **renúncia** é ato voluntário, unilateral, pré-processual (extraprocessual) e irretratável, já que em razão dela o direito de ação não mais poderá ser exercido, tendo por consequência a extinção da punibilidade (art. 107, V, CP).

25 Se a renúncia for ofertada em benefício de apenas parcela dos infratores, se estenderá a todos. Renunciando a vítima em proveito de um ou alguns, a todos se aproveita (art. 49, CPP).

26 A ação penal de iniciativa privada observa o **princípio da disponibilidade**, segundo o qual o querelante poderá desistir da demanda ajuizada.

27 O perdão consiste em uma causa de extinção da punibilidade, contudo precisa ser aceito pelo imputado (ato bilateral). Havendo corréus, o perdão oferecido a apenas um aproveitará aos demais. O perdão pode ser ofertado até o trânsito em julgado da sentença final.

28 A **perempção** decorre do descaso da vítima na condução da ação privada, ocasionando a extinção da punibilidade.

29 A ação penal privada é **indivisível**, de maneira que o querelante, ao optar por ajuizar a demanda, deverá fazê-lo contra todos os infratores conhecidos.

30 São **espécies** de ação penal privada: I) Exclusivamente privada ou propriamente dita; II) Personalíssima e III) Subsidiária da pública ou supletiva ou acidentalmente privada.

31 Ação penal privada subsidiária da pública só poderá ser intentada no caso de completa **inércia** do Ministério Público, o qual deixa de oferecer a denúncia no prazo legal, ou, em sendo o caso, não se manifestando pelo arquivamento dos autos do inquérito policial, ou ainda, não requisitando novas diligências.

32 Nos crimes contra a dignidade sexual, em regra, a ação penal será pública condicionada à representação do ofendido, mesmo quando ocasionar lesão grave ou morte. Contudo, nos casos de a vítima ser menor de 18 anos ou pessoa vulnerável, a ação será pública incondicionada.

PROCESSUAL PENAL

4. AÇÃO CIVIL "*EX DELICTO*"

1 A sentença penal condenatória transitada em julgado torna certa a obrigação de reparar o dano, servindo de **título executivo judicial** perante o juízo cível.

2 A **legitimidade** para ação civil "ex delicto" é da vítima. Se for menor de 18 anos ou doente mental, caberá a seu representante legal. Se estiver morto ou ausente, caberá a seus herdeiros.

3 O Código Penal, em seu artigo 91, I, estabelece que é efeito da condenação "*tornar certa a obrigação de indenizar o dano causado pelo Crime*". Para satisfação desta pretensão, o Código de Processo Penal, por meio do artigo 63 e seguintes, prevê a reparação do dano por meio da ação civil *ex delicto*.

4 O arquivamento de inquérito policial por insuficiência de provas, naturalmente, **não** impede o debate da questão indenizatória em ação civil *ex delicto*.

5 A ação civil *ex delicto*, ao contrário da execução, pode ser proposta a qualquer tempo independentemente do oferecimento da peça acusatória em face do suposto autor do fato delituoso ou da fase em que se encontrar eventual processo penal.

6 Faz coisa julgada no cível a sentença penal que reconhecer ter sido o ato praticado em estado de necessidade, em legítima defesa, em estrito cumprimento de dever legal ou no exercício regular de direito.

7 Faz coisa julgada no cível a sentença penal que absolver o réu em razão da prova da inexistência do fato (art. 386, I, CPP) e estar provado que o réu não concorreu para a infração (art. 386, IV, CPP).

5. JURISDIÇÃO E COMPETÊNCIA

1 **Jurisdição**, que deriva *jurisdictio*, é o poder-dever pertinente ao Estado-Juiz de aplicar o direito ao caso concreto. Cabe ao Poder Judiciário o exercício da jurisdição de forma típica, já que a ela compete a atividade de julgar.

2 A **competência** é a "medida da jurisdição", ou seja, é a quantidade de poder conferido por lei a um Juiz ou Tribunal, delimitando o exercício da jurisdição.

3 A competência da **Justiça Comum Estadual** é residual, ou seja, aquilo que não for de competência da Justiça Comum Federal e Justiça Especial (Militar, Eleitoral, Trabalhista).

4 Compete à Justiça Estadual o processo e o julgamento das **contravenções penais** praticadas em detrimento de bens, serviços ou interesse da União ou de suas entidades (súmula 38, STJ). Do mesmo modo, os crimes praticados contra as **sociedades de economia mista** serão julgados pela Justiça Estadual (súmula 42, STJ).

5 A **Justiça Federal** é espécie do gênero Justiça Comum. Entretanto, a sua competência é decorrente do próprio texto constitucional, nos termos dos artigos 108 e 109 da Constituição Federal.

6 Os crimes constantes na **Lei Antiterrorismo** são de competência da Justiça Federal.

7 À **Justiça Eleitoral** compete julgar as infrações previstas na legislação eleitoral.

8 Se um crime eleitoral é conexo a um crime de competência da Justiça Federal, impõe-se a **separação de processos**, respeitando-se as regras de competência positivadas na Constituição Federal. Por outro lado, sendo a conexão entre crime eleitoral e infração comum estadual, as demandas são reunidas e processadas perante a Justiça Eleitoral, diante de sua força atrativa.

9 À **Justiça Militar** compete julgar tão somente as infrações militares, assim definidas pelos artigos 9º e 10 do Código Penal Militar.

10 Compete à Justiça Estadual Militar processar e julgar o policial militar pela prática do crime militar, e à Comum pela prática do crime comum simultâneo àquele (súmula 90, STJ).

11 Os crimes dolosos contra a vida praticados por militar contra civil, tentados ou consumados, é de competência da Justiça Comum (súmula 172, STJ).

12 O crime de **abuso de autoridade**, mesmo quando cometido por policial militar, ainda que praticado em situação de serviço, deve ser processado e julgado pela Justiça Comum Estadual, por se tratar de infração comum.

13 A tortura e a facilitação da fuga de preso também são **infrações comuns**, de forma que não se submetem à Justiça Militar, mesmo que praticadas por militar, ainda que em situação de serviço.

14 À **Justiça Militar Estadual** cabe julgar os policiais militares e os bombeiros militares e à **Justiça Militar Federal** cabe julgar os membros das forças armadas e as pessoas comuns, que eventualmente incorram em crime militar federal.

15 As infrações de **menor potencial ofensivo** (crimes com pena máxima de até dois anos e contravenções penais) são julgadas no Juizado Especial, com competência jurisdicional determinada pela natureza da infração (art. 61, Lei n.º 9.099/95).

16 Há três teorias para definição da **competência em razão do lugar**, vejamos: i) Teoria do Resultado: a competência territorial é definida pelo local da consumação do crime (é a regra); ii) Teoria da Ação: a competência territorial é estabelecida pelo local do último ato de execução, aplicável aos crimes tentados e nos Juizados Especiais; iii) Teoria da Ubiquidade: a competência territorial é fixada pelo local da ação ou do resultado, sendo aplicada aos crimes à distância.

17 **Crime à distância** é aquele cuja ação nasce no Brasil e o resultado ocorre no estrangeiro, ou vice-versa. Neste caso, a competência brasileira é definida pelo local no Brasil em que ocorreu a ação ou o resultado.

18 Se as **teorias territoriais** não servirem para definição da competência, utilizaremos como parâmetro o domicílio ou residência do Réu. Importante consignar que o **domicílio da vítima** não define competência territorial na esfera penal.

19 Em caso de não conhecimento do local do crime, a competência é determinada pelo domicílio ou residência do réu (art. 72, *caput*, CPP).

20 Nas ações exclusivamente privadas, o querelante pode, mesmo sabido o local da consumação, optar por propor a ação no domicílio ou residência do réu. Contudo, esta prerrogativa não se aplica à ação privada subsidiária da pública.

21 Se além de desconhecido o local da consumação, são também desconhecidos a residência e o paradeiro do réu, a competência será definida pela prevenção (§ 2º, art. 72, CPP).

22 Ocorrerá prevenção quando, concorrendo dois ou mais juízes, será competente o juiz que primeiro tomar conhecimento do fato, praticando os primeiros atos do processo ou medidas relativas ao futuro processo, ainda que antes do oferecimento da denúncia ou queixa.

23 Se a infração se consumar na **divisa** entre duas ou mais comarcas, a competência é firmada pela prevenção.

24 Nas hipóteses de crime permanente ou de continuidade delitiva que se estendam por **mais de uma comarca**, a competência é fixada pela prevenção.

25 Se o réu tiver **mais de um domicílio ou residência**, a competência é estabelecida pela prevenção.

26 Havendo conexão entre duas ou mais infrações e não ocorrendo a solução pelas regras do art. 78, II, "a" e "b", a competência é também firmada pela prevenção (art. 78, II, "c").

27 Considera-se **território nacional** os limites de nossas fronteiras, o espaço aéreo até a camada atmosférica e o mar territorial, compreendendo a faixa litorânea de 12 milhas náuticas contadas na baixa maré.

28 Considera-se **território nacional por equiparação** as embarcações e aeronaves: (i) de bandeira brasileira e de natureza pública onde quer que se encontrem; (ii) de bandeira brasileira e de natureza privada enquanto transitarem em nosso território ou em alto-mar; e (iii) de bandeira estrangeira e de natureza privada enquanto transitarem em nosso território.

29 Se uma embarcação estrangeira estiver margeando a costa brasileira quando o crime ocorrer no seu interior, o Brasil não se intrometerá na apuração, por força do **direito de passagem inocente**.

30 Nos casos de **embarcação ou aeronave**, a competência em razão do lugar para processamento e julgamento da demanda penal será do primeiro local em que ocorrer a atracagem ou o pouso, nas viagens nacionais. Nas viagens internacionais, a competência é fixada pelo local de saída, quando a embarcação ou aeronave estiverem se distanciando do país. Se estiverem se aproximando, a competência é fixada pelo local de chegada.

31 Há casos de competência brasileira para crimes consumados no estrangeiro, gozando o Código Penal Brasileiro de **extraterritorialidade**, razão pela qual é necessário identificar o juiz brasileiro territorialmente competente para julgar tais infrações. A primeira regra é que a competência será definida pela capital do Estado brasileiro onde o agente por último residiu. Se nunca residiu no Brasil, será julgado na Capital da República.

32 As normas processuais penais se aplicam apenas **no território brasileiro**. Uma carta rogatória para oitiva de testemunha ou interrogatório de réu em um país estrangeiro deverá ser executada observando-se a legislação processual penal do respectivo país estrangeiro.

33 Previsto na Constituição Federal e nas Constituições Estaduais, o foro por prerrogativa de função é aquele destinado a algumas pessoas em razão da função que elas desempenham, sendo estas julgadas por Tribunais de maior graduação.

34 A competência por prerrogativa de função não se estende no tempo para atingir a competência de processamento e julgamento de crimes cometidos posteriormente ao término do exercício funcional (súmula nº 451 do STF). Exemplo: O foro por prerrogativa de função de magistrados somente se aplica a membros ativos da magistratura. Dessa forma, com a **aposentadoria**, o ex-juiz não poderá valer-se do foro por prerrogativa de função.

PROCESSUAL PENAL

35 Segundo a regra da atualidade, se a infração penal tiver sido praticada antes do exercício de cargo ou função com prerrogativa de foro, o processo criminal deve ser remetido para o órgão competente para julgar o agente.

36 Compete ao Supremo Tribunal Federal julgar as ações penais pelos crimes comuns cometidos pelo: Presidente e Vice-Presidente da República, Ministros de Estado, Membros do Congresso Nacional, Membros dos Tribunais Superiores (STF, TST, TSE e STM), Membros do Tribunal de Contas da União, Advogado-Geral da União, Procurador-Geral da República e Presidente do Banco Central.

37 Compete ao Supremo Tribunal Federal julgar as ações penais pelos crimes comuns cometidos pelo: os Governadores dos Estados e do Distrito Federal, os desembargadores dos Tribunais de Justiça dos Estados e do Distrito Federal, os membros dos Tribunais de Contas dos Estados e do Distrito Federal, os dos Tribunais Regionais Federais, dos Tribunais Regionais Eleitorais e do Trabalho, os membros dos Conselhos ou Tribunais de Contas dos Municípios e os do Ministério Público da União que oficiem perante tribunais.

38 Compete aos Tribunais de Justiça dos Estados julgar o crime comum cometido por **Prefeitos** (art. 29, X, CF).

39 A competência do tribunal de justiça para julgar prefeitos restringe-se aos crimes de competência da justiça comum estadual; nos demais casos, a competência originária caberá ao respectivo tribunal de segundo grau (súmula 702, STF).

40 A competência para processar e julgar o crime de **contrabando** é da Justiça Federal do local onde ocorreu a apreensão dos bens (súmula 151, STJ).

41 Compete ao juiz federal do local da apreensão da droga remetida do exterior pela via postal processar e julgar o crime de tráfico internacional (súmula 528, STJ)

42 A competência para julgamento do crime de **extorsão** é do local da consumação do crime, ou seja, onde a vítima teve conhecimento da grave ameaça ou da violência praticada contra si ou contra terceiro.

43 Não há violação a direitos ou garantias fundamentais, quando o **cidadão comum** é julgado originariamente perante Tribunal, ao ter praticado crime com autoridade que goza de foro por prerrogativa de função.

44 Compete à Justiça Comum Estadual processar e julgar crime em que o indígena figure como autor ou vítima (súmula 140, STJ).

45 Os crimes dolosos contra a vida, previstos nos artigos 121 a 128 do Código Penal, em razão de sua natureza, são julgados pelo **Tribunal do Júri**.

46 As autoridades com foro por prerrogativa de função previsto na Constituição Federal não são julgadas pelo **Tribunal do Júri**. Quando a prerrogativa é outorgada apenas pela Constituição Estadual, a autoridade é levada ao Tribunal Popular (súmula vinculante 45).

47 Conexão é a interligação entre duas ou mais infrações, devendo ser apreciadas perante o mesmo órgão jurisdicional, em processo único, em prol da celeridade do feito e para evitar decisões contraditórias.

48 Continência É o vínculo que une vários infratores a uma única infração, ou a ligação de várias infrações por decorrerem de conduta única, ou seja, resultarem do concurso formal de crimes, ocasionando a reunião de todos os elementos em processo único.

49 Havendo conexão entre crimes de competência da Justiça Federal e da Justiça Estadual, o julgamento conjunto será na Justiça Federal (súmula 122, STJ).

50 A competência para processar e julgar o crime de uso de documento falso é firmada em razão da entidade ou órgão ao qual foi apresentado o documento público, não importando a qualificação do órgão expedidor. (Súmula 546, STJ)

6. QUESTÕES E PROCESSOS INCIDENTES

1 Questão **incidente** é um ponto concreto levantado no curso do processo penal e que deve ser decidido pelo juízo antes da análise do mérito. Dividem-se em questões prejudiciais e procedimentos incidentes

2 **Processos incidentais** são procedimentos independentes, ajuizados no mesmo juízo perante o qual tramita a ação penal condenatória principal. 3. Questões prejudiciais podem ser definidas como um fato meritório secundário que dependa de apreciação prévia ao julgamento do mérito da causa principal. Assim, são dotadas de existência autônoma, ligada à própria existência da infração penal.

4 As questões prejudiciais podem ser divididas em **homogêneas**, se puderem ser resolvidas na mesmo jurisdição ou no mesmo ramo do Direito; ou **heterogêneas**, ligada a outras áreas do direito, devendo ser decididas por outro juízo.

5 As questões prejudiciais podem ser divididas em **obrigatórias**, quando a sua gravidade e seu fundamento implicarem necessariamente na suspensão do processo até o seu deslinde. Referem-se ao estado civil das pessoas, obrigando o juiz a aguardar a solução da questão na órbita cível; ou **facultativas**, quando o reconhecimento do crime depende de solução de questão diversa do estado civil das pessoas e a suspensão não é obrigatória.

6 As questões prejudiciais podem ser divididas em **total**, quando pertinente à própria existência do crime; ou **parcial**, quando se referir a alguma circunstância do crime.

7 As questões prejudiciais podem ser divididas em **devolutivas**, quando são enviadas a outra esfera para decisão; ou **não devolutivas**, quando conhecidas e solucionadas pelo mesmo ramo do direito.

8 O juízo ao entender que a existência da infração penal depende da solução da controvérsia no juízo cível e que esta é **séria e fundada**, reconhecerá a questão prejudicial obrigatória, suspendendo o processo criminal e o prazo prescricional.

9 No crime de **bigamia**, o juízo criminal deverá aguardar o julgamento da ação de nulidade do casamento pois se trata de questão prejudicial obrigatória, suspendendo o processo criminal e o prazo prescricional.

10 Quando houver suspensão do feito para solução da controvérsia no juízo cível, poderão ser realizadas **providências urgentes** pelo juízo criminal.

11 Da decisão que determina a suspensão do processo cabe **recurso em sentido estrito** (581, XVI, CPP). Agora, do despacho que nega a suspensão do processo criminal para a solução da prejudicial na esfera extrapenal é irrecorrível, podendo a parte manejar *habeas corpus*, correição parcial ou mandado de segurança.

12 A questão prejudicial cuja resolução, em outro processo, faça depender o conhecimento da existência de crime é causa de suspensão do curso da prescrição.

13 Não existe questão prejudicial no **inquérito policial**.

14 Com a suspensão do processo por questão prejudicial, o juízo criminal ficará **vinculado à decisão** advinda do juízo cível, independente de se tratar de questão obrigatória ou facultativa.

15 As **exceções** serão processadas em autos apartados e não suspenderão, em regra, o andamento da ação penal.

16 A exceção de **suspeição** se refere a fatos ou circunstâncias que atentam contra a imparcialidade do juiz e poderá ser reconhecida de ofício ou mediante arguição da parte por meio de petição fundamentada.

17 A arguição de **suspeição** precederá a qualquer outra, salvo quando a suspeição for fundada em motivo superveniente.

18 A autoridade policial nunca assume a condição de excepto, nos termos do art. 107 do CPP. Mas ocorrendo algum motivo legal, as autoridades deverão declarar-se suspeitas.

19 A exceção de suspeição deverá ser oposta de forma escrita, vedada sua apresentação de forma oral, salvo no rito do Júri, nos termos do artigo 470 do Código de Processo Penal. Ademais, é exigível procuração com poderes especiais para que seja oposta exceção de suspeição.

20 As causas de impedimento fundam-se em razões de ordem objetivas, previstas no artigo 252 do Código de Processo Penal. Já as causas de suspensão estão previstas no artigo 254 do Código de Processo Penal.

21 A exceção de **incompetência** envolve matéria de ordem pública, mesmo a relativa, devendo ser reconhecida de ofício. Sem o reconhecimento de ofício, as partes poderão apresentar exceção verbalmente ou por escrito, sendo autuada em apartado, devendo ser arguida na primeira oportunidade que a parte possa se manifestar nos autos. Reconhecida a incompetência, os autos serão remetidos ao juízo competente.

22 A exceção de **litispendência** ocorre quando há duas ações simultaneamente em curso tratando da mesma causa de pedir e figurando a mesma pessoa como acusada.

23 Não se pode utilizar a exceção de litispendência para impedir o trâmite de um inquérito, que tenha por base exatamente o mesmo fato e idêntico réu, já denunciado.

24 A exceção de **ilegitimidade de parte** poderá ser apresentar quando configurada a ilegitimidade *ad* causam – pertinência subjetiva da demanda – ou ilegitimidade *ad processum*– capacidade de estar em juízo. Poderá ser oposta a qualquer tempo verbalmente ou por escrito.

25 A exceção de **coisa julgada** ocorre quando o processo tiver por objeto os mesmos fatos já julgados em decisão transitada em julgado, não importando eventual mudança da qualificação jurídica ou do acusado.

26 O conflito de jurisdição ou de competência caracteriza-se quando dois ou mais juízes se consideram, contemporaneamente, competentes ou incompetentes para tomar conhecimento do fato delituoso.

27 Compete ao Tribunal Regional Federal decidir os conflitos de competência entre juizado especial federal e juízo federal da mesma seção judiciária. (Súmula 428 STJ)

28 A competência para dirimir o conflito de atribuição entre o Ministério Público Federal e os Ministérios Públicos dos Estados é do Procurador-Geral da República e não do STF.

29 O incidente de **falsidade** ocorre quando houver dúvida sobre a idoneidade de determinado documento juntado. Reconhecida a falsidade por decisão

PROCESSUAL PENAL

irrecorrível, será determinado o desentranhamento do documento e sua remessa, acompanhado dos autos do processo incidente, ao Ministério Público.

30 O incidente de **insanidade mental** ocorre quando houver dúvida sobre a higidez mental do acusado. Tal incidente também pode ocorrer no curso do inquérito policial. Se o perito concluir que o acusado era inimputável ao tempo da infração, o processo prosseguirá, mas se a insanidade surgiu após o ato criminoso imputado, o processo ficará suspenso, paralisado sem ser extinto, até futura sanidade do acusado.

31 A ação civil de **confisco** não se confunde com ação civil "ex delicto" nem com ação civil pública, tendo por objetivo viabilizar o perdimento de bens, havendo sua previsão nos casos de bens envolvidos com tráfico ilícito de entorpecentes ou propriedade onde for verificada a exploração de trabalho escravo (artigo 234, da CF).

32 Não havendo mais interesse em coisa apreendido no curso de persecução penal e havendo dúvida sobre o seu **verdadeiro dono**, não superada no incidente, o juiz remeterá as partes para o juízo cível, ordenando o depósito das coisas.

33 A restituição de coisa apreendida trata-se de incidente no qual as partes ou terceiros prejudicados podem requerer a devolução de objetos ou coisas apreendidas durante o inquérito policial, processo ou na execução penal, quando não mais interessar ao processo.

7. MEDIDAS ASSECURATÓRIAS

1 As **medidas assecuratórias** são medidas cautelares de natureza patrimonial, instrumental ou real e têm por objetivo a garantia do ressarcimento pecuniário da vítima e do pagamento de eventuais custas e multas, bem como óbice ao locupletamento ilícito do infrator.

2 O sequestro de bem imóvel e móvel, nos termos do artigo 125 do Código de Processo Penal, será determinado quando o bem for adquirido pelo indiciado com os proventos da infração, ainda que já tenham sido transferidos a terceiro, desde que haja a existência de indícios veementes da proveniência ilícita dos bens.

3 O sequestro de bem deve ser **levantado** quando não intentada a ação penal nos 60 dias posteriores à conclusão da diligência.

4 A hipoteca legal cuida de constrição de bens de origem lícita do acusado, opondo-se ao sequestro que recai sobre os bens provenientes de origem ilícita.

5 O arresto prévio de bens imóveis, previsto no artigo 136 do Código de Processo Penal trata-se de medida preparatória da hipoteca.

8. PROVAS

1 **Prova** é o conjunto de elementos produzidos e levado aos autos na expectativa de convencer o juiz quanto a realidade fática ou de um ato persecutório.

2 Como o vocábulo prova é um conceito muito amplo, a doutrina costuma distingui-lo em meios de prova, meios de obtenção de prova e fontes de provas. Os meios de prova são os instrumentos processuais disponíveis para a produção da prova em procedimento contraditório. Já os meios de obtenção de prova são, em regra, extraprocessuais, e referem-se a certos procedimentos utilizados para encontrar elementos materiais de prova ou fonte de prova. Por fim, a fonte de prova é utilizada para designar as pessoas ou coisas das quais emana a prova.

3 O **direito federal** não precisa ser provado. Já direito estadual, municipal, estrangeiro e o consuetudinário, demandam prova quanto à existência e vigência.

4 Não precisam ser provados os fatos notórios (sabido pela população em geral), intuitivos (auto demonstráveis tal como a morte de pessoa com sua ossada) e inúteis (irrelevantes). Já as presunções legais, sendo conclusões extraídas da própria lei, dispensam a produção de prova,

5 A **prova direta** é aquela que incide diretamente no objeto da prova, sem a necessidade de utilizarmos qualquer artifício interpretativo (exemplo: testemunha ocular). Já a **prova indireta** é aquela que demonstra um outro fato que, por ilação, nos leva ao fato principal, (exemplo: álibi).

6 A **prova plena** é aquela que autoriza o exercício de um juízo de certeza quanto ao fato discutido no processo. A prova plena é exigida para a absolvição sumária ou para a condenação do réu ao final da instrução. Já a **prova não plena** ou "indiciária" é a prova limitada quanto à profundidade. Servirá, por exemplo, para adoção de medidas cautelares, para oferta da inicial acusatória e para absolvição ao final da instrução, revelando um juízo de verossimilhança.

7 A **prova real** é aquela que decorre do próprio fato probatório, instituindo a sua evidência ou seu objeto (exemplo: fotografia). Já **a prova pessoal** é aquela que dependerá do conhecimento ou apreciação sensorial de determinada pessoa (exemplo: depoimento do ofendido).

8 As **provas nominadas** são aquelas cujos meios de produção estão contemplados na legislação vigente. Já as **provas inominadas** são aquelas cujos meios de produção não encontram disciplina legal. Trata-se de prova que não é vedada por lei ou pelos bons costumes.

PROCESSUAL PENAL

9 Provas ilegais são as provas produzidas em violação a lei ou a princípios de direito material ou processual. São suas espécies: i) provas ilícitas e si) provas ilegítimas.

10 **Prova ilícita** é aquela que ofende o direito material, ou seja, o Código Penal, a Legislação Penal Especial, os princípios constitucionais penais (exemplo: confissão mediante tortura). Prova ilegítima é aquela ofensiva ao direito processual, ou seja, ao Código de Processo Penal, à legislação processual especial ou aos princípios constitucionais processuais (exemplo: laudo pericial subscrito por apenas um perito não oficial).

11 A lei processual penal prevê expressamente a inadmissibilidade da prova ilícita por derivação, adotando "**teoria dos frutos da árvore envenenada**" para as provas ilícitas.

12 A realização da busca e apreensão derivada de uma interceptação telefônica ilícita é inadmissível, na medida em que se aplica a **teoria dos frutos da árvore envenenada.**

13 Já a teoria **da descoberta inevitável** determina que mesmo se a prova decorrer de uma prova ilícita não necessariamente estará contaminada, se ficar demonstrado que ela inevitavelmente seria descoberta por uma outra fonte autônoma.

14 A prova produzida que não tenha relação com a prova ilícita não se macula pela ilegalidade existente em outra prova, se decorrente de fonte independente.

15 Há, também, a **teoria da contaminação expurgada ou teoria da conexão atenuada** segundo a qual se o nexo existente entre a prova ilícita e a prova derivada é frágil, o juiz poderá rompê-lo valorando a prova derivada.

16 A serendipidade é o encontro fortuito de provas relativas a fato delituoso diverso daquele que é o objeto das investigações. Como regra, eles serão levados em consideração, pressupondo o atendimento da norma e a inexistência do desvio de finalidade.

17 Reconhecida a ilicitude da prova, a mesma deverá ser desentranhada do processo, através de decisão judicial. Preclusa a decisão ou transitada em julgado a sentença, poderá ser instaurado incidente de inutilização da prova ilícita.

18 Prova emprestada é a prova produzida em um processo e transportada para um outro processo. São requisitos: I) mesmas partes; II) mesmo fato probando; III) respeito ao contraditório no processo em que a prova será extraída; IV) observância dos requisitos da produção da prova.

19 A prova da alegação é incumbida a quem a fizer. Entretanto, é possível falar em inversão do ônus da prova, por exemplo, nos pedidos destinados a combater a decisão que decretou medidas cautelares assecuratórias regradas pela Lei de Lavagem de Dinheiro (Lei nº 9.613/1998).

20 O Código de Processo Penal adota o sistema do livre convencimento motivado ou persuasão racional, estando o juiz livre para decidir e apreciar as provas que lhe são apresentadas, desde que o faça de forma motivada.

21 O interrogatório do acusado além de ser considerado um ato individual, também é um ato bifásico. Isto porque, inicialmente o juiz ouve o acusado sobre a sua pessoa e posteriormente sobre os fatos que lhe são imputados, conforme determina o artigo 187 do Código de Processo Penal.

22 O interrogatório por **videoconferência** pode ser considerado válido se fundamentado, pelo magistrado, no risco concreto de fuga durante o deslocamento, na viabilização concreta da participação do réu diante de relevante dificuldade, no impedimento de influência do réu em testemunha ou em questão de ordem pública.

23 A **confissão** é apenas um meio de prova, não havendo qualquer hierarquia entre os diversos meios de prova.

24 A confissão do acusado não poderá ser utilizada para supressão da ausência do laudo pericial, nos termos do artigo 158, do Código de Processo Penal.

25 Admite a lei a possibilidade de divisibilidade da confissão (art. 200 do CPP). Ademais, é permitida a possibilidade de o réu retratar-se, a qualquer momento, narrando a verdade sobre os fatos.

26 No caso de a **testemunha** calar-se, negar a verdade ou fizer afirmação falsa, cabe ao juiz, constatando a ocorrência, remeter cópia do depoimento à autoridade policial para instauração de inquérito, podendo o Ministério Público, se quiser, propor a ação penal, dispensando o inquérito policial.

27 A **busca pessoal** é aquela realizada nas vestes e nos objetos em poder do revistado, sendo dispensado o mandado quando da realização da prisão, houver fundados suspeitas de o indivíduo portar arma ou objeto de corpo de delito e no transcurso da busca domiciliar.

28 Podem recusar a depor o ascendente ou descendente, o afim em linha reta, o cônjuge, ainda que desquitado, o irmão e o pai, a mãe, ou o filho adotivo do acusado, salvo quando não for possível, por outro modo, obter-se ou integrar-se a prova do fato e de suas circunstâncias.

29 No procedimento comum ordinário poderão ser arroladas até 8 (oito) testemunhas. No procedimento sumário, até 5 (cinco) testemunhas; na segunda fase

PROCESSUAL PENAL

do júri até 5 (cinco) e no procedimento previsto na Lei ° 11.343/06, até 5 (cinco) testemunhas.

30 São **pressupostos** para a interceptação telefônica: ordem judicial devidamente fundamentada; que seja realizada nas hipóteses e na forma que a lei estabelecer e desde que sejam para fins de investigação criminal (medida cautelar preparatória) ou instrução processual penal (medida cautelar incidental).

31 Não é admissível a **interceptação telefônica** quando o crime investigado for punível com detenção.

32 A expedição da carta precatória não suspenderá a instrução criminal e encerrado o prazo fixado para cumprimento da carta precatória, poderá ser realizado o julgamento, mas a qualquer tempo que a precatória for devolvida deverá ser juntada aos autos.

9. PRISÃO

1 **Prisão** é a privação da liberdade de locomoção, com o encarceramento da pessoa, decorrente de flagrante ou decisão judicial.

2 A prisão poderá ser efetuada em qualquer dia e a qualquer hora, respeitadas as restrições relativas à inviolabilidade do domicílio.

3 Poderá haver prisão **em perseguição** quando o capturando empreender fuga para evitar a prisão por mandado ou por flagrante, iniciando-se perseguição, motivo pelo qual permite-se a prisão em outro município ou estado. No caso de flagrante, a autoridade do local da prisão lavrará o auto e o submeterá ao juízo local. Somente após esta apreciação judicial é que os autos e o preso serão encaminhados à comarca originária.

4 Em razão da função desempenhada, pessoas gozam do benefício de serem recolhidas em quartéis ou estabelecimentos prisionais **especiais**, enquanto estiverem em prisão provisória.

5 O **jurado** não tem a prerrogativa de prisão especial.

6 Só é lícito o uso de algemas em casos de resistência e de fundado receio de fuga ou de perigo à integridade física própria ou alheia, por parte do preso ou de terceiros, justificada a excepcionalidade por escrito, sob pena de responsabilidade disciplinar, civil e penal do agente ou da autoridade e de nulidade da prisão ou do ato processual a que se refere, sem prejuízo da responsabilidade civil do Estado (**súmula vinculante 11**).

7 É vedado o uso de algemas em mulheres grávidas durante os atos médico-hospitalares preparatórios para a realização do parto e durante o trabalho de parto, bem como em mulheres durante o período de puerpério imediato.

8 **Flagrante própria** ocorre durante o cometimento da infração ou imediatamente após, sem transcurso de intervalo.

9 **Flagrante imprópria** ocorre quando o agente é perseguido, logo após o delito, pela autoridade, pelo ofendido ou por qualquer pessoa, em situação que faça presumir ser o perseguido autor da infração.

10 **Flagrante presumido** ocorrerá quando realizada logo após o cometimento da infração, com o agente portando os instrumentos e objetos que presumam ser ele o autor.

11 **Flagrante esperado** ocorre quando a autoridade policial antecede o início da execução delitiva, tendo conhecimento prévio sobre o cometimento da infração, antecipando-se ao criminoso mediante tocaia.

12 **Flagrante preparado**, ou seja, quando o agente por instigado ou induzido a cometer a infração penal mediante preparação da autoridade implica na impossibilidade de consumação, afastando a própria existência do crime (súmula 145, STF)

13 A prisão pode ser **compulsória** ou obrigatória, quando houver hipótese de prisão na presença de autoridade policial em serviço; ou **facultativa**, quando decorrente do exercício da prerrogativa de qualquer do povo de efetuar a prisão em flagrante.

14 A prisão **temporária** tem natureza cautelar e prazo preestabelecido de duração. É cabível apenas no inquérito policial ou procedimento investigativo equivalente; (i) quando for imprescindível para as investigações; (ii) quando o indiciado não tiver residência fixa ou não esclarecer sua identidade; ou (iii) quando houver fundadas razões, de acordo com qualquer prova admitida na legislação penal, de autoria ou participação do indiciado em homicídio doloso, sequestro ou cárcere privado, roubo, extorsão, extorsão mediante sequestro, estupro, atentado violento ao pudor, rapto violento, epidemia com resultado de morte, envenenamento de água potável ou substância alimentícia ou medicinal qualificado pela morte, quadrilha ou bando, genocídio, tráfico de drogas, crimes contra o sistema financeiro ou crimes previstos na Lei de Terrorismo.

15 O prazo de **duração** da prisão temporária é de cinco dias, prorrogável por mais cinco em caso de extrema e comprovada necessidade. Em se tratando, todavia, de crime hediondo, a prisão temporária poderá ser decretada pelo prazo de trinta dias, prorrogável por igual período. Findo o prazo da prisão temporária

PROCESSUAL PENAL

sem prorrogação, o preso deve ser imediatamente solto. A contagem é realizada de acordo com o artigo 10 do Código Penal.

16 A prisão **preventiva** tem natureza cautelar mais ampla e é cabível tanto na fase inquérito quanto na fase processual. A prisão preventiva tem como pressupostos a prova da existência do crime e a existência de indícios suficientes de autoria. É cabível para (i) garantia da ordem pública; (ii) conveniência da instrução criminal; (iii) garantia da aplicação da lei penal; (iv) garantia da ordem econômica; bem como (v) em razão do descumprimento de qualquer das obrigações impostas por força de medidas cautelares. Também é admitida a prisão preventiva quando o agente não oferece elementos para esclarecer sua identidade.

17 A prisão **domiciliar** pode ser decretada substituindo a prisão preventiva, confinando-se o indiciado ou acusado em sua residência quando o mesmo (i) contar com mais de oitenta anos; (ii) estiver debilitado por doença grave; (iii) for imprescindível para o cuidado de pessoa menor de seis anos de idade ou com deficiência; ou (iv) for gestante de alto risco ou a partir do sétimo mês gestacional.

18 A **prisão internacional**, inclusive a decorrente de "difusões vermelhas" da Interpol, pressupõe a existência de processo de extradição perante o Supremo Tribunal Federal para seu cumprimento do Brasil.

19 O juiz, ao receber o auto de prisão em flagrante, deverá fundamentadamente relaxar a prisão ilegal; converter a prisão em flagrante em preventiva, quando presentes os requisitos constantes do art. 312 do CPP e se revelarem inadequadas ou insuficientes as medidas cautelares diversas da prisão; ou conceder liberdade provisória, com ou sem fiança.

20 Por expressa previsão legal (artigo 310, §único, CPP), no caso de ser verificado que o agente praticou o fato em legítima defesa, em estado de necessidade e em estrito cumprimento do dever legal, poderá o juiz conceder ao acusado liberdade provisória, mediante termo de comparecimento a todos os atos processuais, sob pena de revogação.

21 A autoridade policial somente poderá conceder **fiança** nos casos de infração cuja pena privativa de liberdade máxima não seja superior a 4 (quatro) anos. Nos demais casos, a fiança será requerida ao juiz, que decidirá em 48 (quarenta e oito) horas.

22 Em qualquer fase da investigação policial ou do processo penal, caberá a **prisão preventiva** decretada pelo juiz, de ofício, se no curso da ação penal, ou a requerimento do Ministério Público, do querelante ou do assistente, ou por representação da autoridade policial.

23 A prisão preventiva em nenhum caso será decretada se o juiz verificar pelas provas constantes dos autos ter o agente praticado o fato em legítima defesa, em estado de necessidade e em estrito cumprimento do dever legal.

24 A prisão em flagrante ou preventiva que não preencha os requisitos legais é ilegal e deve ser imediatamente relaxada (art. 5º, LXV, CF)

25 Admite-se liberdade provisória nos crimes hediondos e equiparados.

26 A decisão que decretar a prisão preventiva deverá ser sempre motivada.

27 O juiz **poderá** revogar a prisão preventiva se, no correr do processo, verificar a falta de motivo para que subsista, bem como de novo decretá-la, se sobrevierem razões que a justifiquem.

28 A prisão preventiva será determinada quando **não** for cabível a sua substituição por outra medida cautelar.

29 É vedado o uso de algemas em mulheres grávidas durante os atos médico-hospitalares preparatórios para a realização do parto e durante o trabalho de parto, bem como em mulheres durante o período de puerpério imediato.

10. SENTENÇA

1 A **sentença condenatória** acolhe a pretensão punitiva e de seus termos devem constar: (i) as circunstâncias agravantes ou atenuantes definidas no Código Penal, e cuja existência reconhecer; (ii) as outras circunstâncias apuradas e tudo o mais que deva ser levado em conta na aplicação da pena; (iii) a aplicação das penas de acordo com essas conclusões; (iv) a fixação valor mínimo para reparação dos danos causados pela infração, considerando os prejuízos sofridos pelo ofendido; e (v) decisão fundamentada quanto à manutenção ou, se for o caso, a imposição de prisão preventiva ou de outra medida cautelar, sem prejuízo do conhecimento de apelação que vier a ser interposta.

2 A sentença penal condenatória torna certa a obrigação de **indenizar** o dano causado pelo crime.

3 A ***reformatio in pejus*** (ou efeito prodrômico da sentença) implica na impossibilidade de reforma de sentença em prejuízo do acusado quando somente ele tiver recorrido. Tal impossibilidade ocorre de maneira direta, quando decorrente da própria reforma da sentença; ou indireta, quando o recurso tornar nula a sentença e a restrição se aplicar à nova futura sentença a ser prolatada.

4 A **fundamentação** da sentença deve apreciar inicialmente as questões preliminares e ou prejudiciais, para depois adentrar o mérito da causa.

5 Quando houver mais de um acusado ou mais de um crime, a sentença deverá se referir ao conjunto de atos praticados por acusado ou a cada fato delituoso, tornando clara a **fundamentação**.

6 A sentença conterá determinadas **providências finais**, quais sejam: (i) determinação para lançar o nome do acusado no rol dos culpados após o trânsito em julgado; (ii) fixação de custas; e (iii) a determinação de perda de instrumentos do crime, observando-se as exigências legais.

7 A **sentença absolutória** rejeita a pretensão punitiva do Estado em razão de (i) prova de inexistência do fato; (ii) falta de prova de existência do fato; (iii) o fato não constituir infração penal; (iv) prova de que o acusado não concorreu para infração penal; (v) falta de prova de que o acusado concorreu para infração penal; (vi) existência de circunstância que exclua o crime ou isente o acusado de pena; e (vii) insuficiência de provas para a condenação.

8 A **sentença declaratória de extinção de punibilidade** é uma decisão que encerra a relação processual definitivamente, julgando o mérito sem absolver ou condenar.

9 A sentença concessiva do perdão judicial é declaratória da extinção da punibilidade, não subsistindo qualquer efeito condenatório (súmula 18, STJ).

10 A **intimação** da sentença para o acusado deve ser realizada: (i) pessoalmente, quando preso; (ii) pessoalmente ou por meio do defensor, se estiver solto; e (iii) por edital, se nenhum dos dois for encontrado.

11 O querelante, o ofendido e o assistente deverão ser **intimados** da sentença pessoalmente ou na pessoa de seu advogado.

12 A sentença absolutória imprópria – fundada no reconhecimento da inimputabilidade por doença mental ou desenvolvimento mental incompleto ou retardado que implique na incapacidade de entendimento do fato ou de determinação de acordo com esse entendimento – é aquela que impõe a medida de segurança ao réu.

13 Na *emendatio libelli* "o juiz, sem modificar a descrição do fato contida na denúncia ou queixa, poderá atribuir-lhe definição jurídica diversa, ainda que, em consequência, tenha de aplicar pena mais grave". Pode ser aplicada na fase recursal.

14 Na *mutatio libelli* "encerrada a instrução probatória, se entender cabível nova definição jurídica do fato, em consequência de prova existente nos autos de elemento ou circunstância da infração penal não contida na acusação, o Ministério Público deverá aditar a denúncia ou queixa", pelo lapso de cinco dias, "se em virtude desta houver sido instaurado o processo em crime de ação pública, reduzindo a termo o aditamento, quando feito oralmente".

15 A *mutatio libelli* só tem cabimento nas ações públicas ou privada subsidiária, não podendo, ademais, ser invocadanafase recursal, pois haveria supressão de instância (súmula nº 453, STF).

16 Importante consignar, nos termos do art. 617 do CPP, que a *emendatio libelli* pode ser aplicada até mesmo na fase recursal, desde que não implique *reformatio in pejus*.

11. PROCEDIMENTOS

1 O **procedimento comum** pode assumir três ritos diferentes: (i) ordinário; (ii) sumário; e (ii) sumaríssimo.

2 O procedimento comum **ordinário** será observando quando o processo tiver por objeto crime com pena privativa de liberdade igual ou superior a quatro anos.

3 O procedimento comum **sumário** será observado quando o processo tiver por objeto crime com pena privativa de liberdade inferior a quatro anos.

4 Já o procedimento comum **sumaríssimo** somente será observado quando o processo tiver por objeto infração penal de menor potencial ofensivo, ou seja, com pena abstrata igual ou inferior a dois anos e contravenções penais.

5 O juiz rejeitará a denúncia ou queixa quando for manifestamente inepta; faltar pressuposto processual ou condição para o exercício da ação penal; ou faltar justa causa para o exercício da ação penal.

6 A denúncia será inepta quando não contiver a exposição do fato criminoso, com todas as suas circunstâncias, a qualificação do acusado ou esclarecimentos pelos quais se possa identificá-lo, a classificação do crime e, quando necessário, o rol das testemunhas.

7 Da decisão que receber a denúncia ou queixa não cabe recurso. Porém, a parte poderá impetrar *habeas corpus* para trancamento da ação penal.

8 No processo penal, contam-se os prazos da data da intimação, e não da juntada aos autos do mandado ou da carta precatória ou de ordem. (Súmula 710, STF)

9 No rito comum ordinário ou sumário, após o recebimento da denúncia ou queixa, o juiz determinará a citação do acusado para que apresente **resposta à acusação**, no prazo de 10 dias.

10 No rito sumário, as partes poderão arrolar até cinco testemunhas para cada fato delituoso. Já no rito ordinário, poderão ser arroladas até oito testemunhas.

PROCESSUAL PENAL

11 A **citação** é o instrumento por meio do qual o réu toma ciência dos termos da acusação formulada, sendo chamado a responder. Em regra, deve ser realizada por mandado a ser cumprido por oficial de justiça.

12 Se o réu estiver preso, será pessoalmente citado. É nula a citação por edital de réu preso na mesma unidade da federação em que o juiz exerce a sua jurisdição (súmula 351, STF).

13 O réu preso deve ser citado **pessoalmente**, e não por intermédio do Diretor do estabelecimento prisional.

14 Caso o réu se oculte para que não seja citado, é possível a citação por hora certa na forma estabelecida pelo Código de Processo Civil.

15 Caso o réu citado por edital não compareça ou constitua advogado, ficarão suspensos o processo e o curso do prazo prescricional. Neste caso, pode o juiz determinar a produção antecipada das provas consideradas urgentes e, se for o caso, decretar prisão preventiva.

16 Se o acusado citado pessoalmente ou por hora certa não apresentar resposta à acusação, o juiz nomeará defensor para fazê-lo.

17 O juiz poderá **absolver sumariamente** o acusado quando verificar a existência manifesta de causa excludente da ilicitude do fato, de causa excludente da culpabilidade do agente, de causa extintiva da punibilidade ou quando o fato narrado evidentemente não constituir crime.

18 No procedimento comum ordinário, os atos processuais serão realizados na audiência de instrução e julgamento, serão na seguinte ordem: declarações do ofendido, inquirição das testemunhas arroladas pela acusação e pela defesa, nesta ordem, os esclarecimentos dos peritos, as acareações e o reconhecimento de pessoas e coisas, interrogando-se, ao final, o acusado.

19 Ao término da instrução criminal, serão oferecidas alegações finais orais por 20 (vinte) minutos, respectivamente, pela acusação e pela defesa, prorrogáveis por mais 10 (dez), proferindo o juiz, a seguir, sentença.

20 Se o caso for complexo ou houver um número considerável de acusados, o juiz poderá conceder às partes o prazo de **5 (cinco)** dias sucessivamente para a apresentação de **memoriais**.

21 No caso de apresentação de memoriais pelas partes, o juiz deverá proferir **a sentença em 10 dias**.

22 No procedimento comum, o **interrogatório** deve ser o último momento da instrução, prestigiando-se o princípio da ampla defesa.

23 No procedimento comum **sumário** serão realizados os seguintes atos processuais, nesta ordem: (i) declaração do ofendido; (ii) inquirição das testemunhas arroladas pela acusação e pela defesa; (iii) esclarecimentos dos peritos; (iv) acareações; (v) reconhecimento de pessoas ou coisas; (vi) interrogatório do acusado; (vii) alegações finais orais (debates); e (viii) sentença.

24 Os processos que apurem a prática de crime hediondo terão prioridade de tramitação em todas as instâncias.

25 No processo e julgamento dos **crimes praticados por funcionários públicos** contra a administração em geral (arts. 312 a 326 do CP), antes do recebimento da denúncia, o juiz notificará o acusado, para apresentar **defesa preliminar** dentro do **prazo de quinze dias**.

26 No processo por crime de calúnia ou injúria, para o qual não haja outra forma estabelecida em lei especial, antes de receber a queixa, o juiz oferecerá às partes oportunidade para se reconciliarem, fazendo-as comparecer em juízo e ouvindo-as, separadamente, sem a presença dos seus advogados, não se lavrando termo.

27 Nos crimes contra a honra, recebida a inicial acusatória, será determinada a citação do querelado (em audiência, se estiver presente, ou por mandado) para responder à acusação em dez dias, nos termos do art. 396, CPP.

28 Quando oferecida a exceção da verdade ou da notoriedade do fato imputado, será dada oportunidade para o **querelante apresentar contestação em dois dias**, com a possibilidade de inquirição de testemunhas. Apresentada ou não a exceção, o procedimento seguirá o rito comum ordinário.

29 Nos crimes de ação penal pública de competência do Supremo Tribunal Federal ou do Superior Tribunal de Justiça, o relator poderá **convocar** desembargadores ou magistrados, pelo período de 6 meses e prorrogáveis por até 2 anos, para realização de interrogatório e de outros atos da instrução.

30 Nos crimes de ação penal de competência do **Supremo Tribunal Federal ou do Superior Tribunal de Justiça**, oferecida a denúncia ou queixa, será notificado o acusado para oferecer resposta no prazo de 15 dias. Após o relator submeterá ao Tribunal deliberação sobre o recebimento, a rejeição ou a improcedência, se for possível sem necessidade de outras provas.

31 O processo de **restauração** de autos extraviados ou destruídos será realizado em primeira instância, mesmo que o extravio tenha ocorrido na segunda instância.

32 Intimada a defesa da expedição da carta precatória, torna-se desnecessária a intimação das partes da data da audiência no juízo deprecado (súmula 273, STJ).

PROCESSUAL PENAL

33 O pedido de explicações em juízo é uma faculdade do ofendido, o qual poderá ajuizar a queixa-crime se tiver todos os elementos que entender suficientes, ou seja, o conteúdo das explicações dadas não vincula o ingresso da ação penal correspondente.

34 Aplicam-se subsidiariamente aos procedimentos especial, sumário e sumaríssimo as disposições do procedimento ordinário.

35 Em razão do princípio do juiz natural, o juiz que presidiu a instrução deverá proferir a sentença.

12. TRIBUNAL DO JÚRI

1 A plenitude de defesa garante à defesa técnica e à autodefesa, durante o trâmite do processo no Tribunal do Júri, absoluta liberdade de argumentação, que pode, portanto, não se limitar a questões jurídicas. Nos processos não relacionados ao Tribunal do Júri, por seu turno, o juiz tem o poder de recusar questões levantadas pelas partes quando as considerar irrelevantes, impertinentes ou protelatórias, sem que, com isso, haja ofensa ao princípio da ampla defesa.

2 O procedimento especial do Tribunal do Júri é **bifásico**, com duas fases bem distintas. A primeira é o juízo de admissibilidade, também chamada de sumário da culpa ou juízo de acusação. Caso o processo não termine nessa primeira fase, haverá uma segunda fase chamada de juízo de mérito.

3 O juízo de **admissibilidade** é iniciado com a apresentação da denúncia ou queixa subsidiária que pode ser recebida ou rejeitada.

4 Recebida a denúncia ou a queixa subsidiária será citado o acusado para responder no prazo de 10 dias. Caso a **resposta preliminar escrita** não seja apresentada, o juiz nomeará defensor para apresentá-la no prazo de 10 dias, abrindo-lhe vista dos autos.

5 Com a apresentação da defesa, serão **ouvidos** o Ministério Público ou o querelante sobre as eventuais preliminares arguidas e sobre os documentos juntados.

6 Após, será realizada audiência de **instrução** para inquirição das testemunhas, sendo permitido o máximo de 8 testemunhas para cada fato delituoso, tanto para a defesa quanto para a acusação, já arroladas na peça acusatória e na peça de resposta preliminar escrita, bem como para a realização das diligências requeridas pelas partes.

7 Após, ocorrerão os **debates orais**, com tempo de 20 (vinte) minutos tanto para acusação quanto para a defesa, prorrogáveis por mais 10 (dez) minutos.

8 Encerrados os debates, o juiz poderá **decidir** imediatamente ou no prazo de dez dias, ficando os autos conclusos. O juiz poderá decidir de quatro formas: (i) pela pronúncia do acusado; (ii) pela impronúncia do acusado; (iii) pela absolvição sumária; e (iv) pela desclassificação da infração como dolosa contra a vida.

9 A decisão de **impronúncia** encerra o processo sem julgamento de mérito, por ausência de lastro probatório que permita a remessa do réu aos jurados.

10 A impronúncia não tem aptidão à imutabilidade pela coisa julgada material. Logo, surgindo novas provas enquanto não extinta a punibilidade, admite-se uma nova denúncia.

11 A decisão de impronúncia desafia o recurso de apelação.

12 A sentença de **absolvição sumária** também encerra o processo sem inauguração da segunda fase e deve ser prolatada em casos excepcionais na ocorrência de excludente de ilicitude ou culpabilidade.

13 A decisão de **desclassificação** da infração como dolosa contra a vida consiste em uma decisão interlocutória modificadora de competência por meio da qual o juízo ao entender que os fatos não se traduzem como um crime doloso contra a vida, conclui pela incompetência do Tribunal do Júri.

14 A **pronúncia** fixa os limites da imputação e deflagra a segunda fase do procedimento. Tal decisão tem a natureza de uma decisão interlocutória mista não terminativa e deve conter um relatório e uma fundamentação, apreciando provas, mas sem efetuar qualquer juízo de condenação.

15 A natureza jurídica da sentença de pronúncia (em que o magistrado se convence da existência material do fato criminoso e de indícios suficientes de autoria) é de decisão interlocutória mista não terminativa.

16 **Desaforamento** é quando ocorre o deslocamento da competência do crime doloso contra a vida para comarca próxima, tendo em vista a existência de risco para o julgamento, seja em razão de imparcialidade dos jurados, seja no tocante à segurança do acusado.

17 Com a segunda fase, o juiz-presidente cuidará dos **preparativos** para a sessão do Tribunal do Júri, como o alistamento dos jurados, a organização da pauta e o sorteio e convocação dos jurados.

18 A **recusa ao serviço do júri** sem justificativa acarretará multa no montante de 1 a 10 salários mínimos, observada a condição econômica do recusante.

19 A recusa ao serviço do júri fundada em convicção religiosa, filosófica ou política importará no dever de prestar serviço alternativo, sob pena de suspensão dos direitos políticos, enquanto não prestar o serviço imposto.

PROCESSUAL PENAL

20 São **isentos do serviço do júri**: (i) o Presidente da República e seus Ministros; (ii) os Governadores e seus Secretários; (iii) os parlamentares federais, estaduais, distritais e municipais; (iv) os membros do Poder Judiciário, do Ministério Público e da Defensoria Pública e seus servidores; (v) os servidores da segurança pública; (vi) os militares ativos; e (vii) os cidadãos com mais de 70 anos ou que demonstrem justo impedido que requerem dispensa.

21 No sorteio dos jurados, à medida que as cédulas forem retiradas da urna, o juiz-presidente as lerá, e a defesa e, depois dela, o Ministério Público poderão **recusar** os jurados sorteados, até 3 cada, sem motivar a recusa.

22 Prestado o compromisso pelos **jurados**, será iniciada a instrução plenária momento no qual o juiz-presidente, o Ministério Público, o assistente, o querelante e o defensor do acusado tomarão, sucessiva e diretamente, as declarações do ofendido, se possível, e inquirirão as testemunhas arroladas pela acusação.

23 Encerrada a instrução, será concedida a palavra ao Ministério Público, que fará a **acusação**, nos limites da pronúncia ou das decisões posteriores que julgaram admissível a acusação, sustentando, se for o caso, a existência de circunstância agravante.

24 Nos **debates** orais perante os jurados, o Ministério Público não poderá sustentar qualificadora rejeitada na pronúncia, porém, a defesa poderá sustentar qualquer tese, independentemente de sua rejeição em sede de negativa de absolvição sumária.

25 As partes não poderão fazer **referência**, em plenário, à decisão de pronúncia, às decisões posteriores que julgaram admissível a acusação ou à determinação do uso de algemas como argumento de autoridade que beneficiem ou prejudiquem o acusado.

26 Durante o julgamento, não será permitida a **leitura** de documento ou a **exibição** de objeto que não tiver sido juntado aos autos com a antecedência mínima de três dias úteis, dando-se ciência à outra parte.

27 Durante os **debates** em Plenário, os jurados poderão solicitar ao orador, por intermédio do juiz-presidente do júri, que esclareça algum fato por ele alegado em sua tese.

28 Na segunda fase do procedimento do júri, durante o julgamento em plenário não será permitida a leitura de documento ou a exibição de objeto que não tiver sido juntado aos autos com a antecedência mínima de 3 (três) dias úteis, dando-se ciência à outra parte, salvo jornais ou revistas.

29 Se a verificação de qualquer fato, reconhecida como essencial para o julgamento da causa, não puder ser realizada imediatamente, juiz presidente

dissolverá o Conselho, ordenando a realização das diligências entendidas necessárias.

30 A realização de **novo júri** não prejudicará o réu, não podendo agravar sua condição majorando sua pena.

31 O julgamento pelo Tribunal do Júri não será **adiado** pelo não comparecimento de acusado solto que tiver sido regularmente intimado.

13. LEI 9.099/1995

1 O procedimento comum **sumaríssimo** em trâmite perante os juizados especiais criminais observa a lei nº 9.099/95.

2 Há uma fase preliminar que se inicia com a lavratura do termo circunstanciado da ocorrência pela autoridade policial e seu encaminhamento para o juizado especial criminal, dando-se vista ao Ministério Público.

3 Na **audiência** preliminar, presentes o acusado, a vítima, seus advogados e o órgão do Ministério Público, o juízo sugerirá a composição mediante acordo. Se não houver acordo e for oferecida denúncia ou queixa, será designada nova audiência para instrução e julgamento.

4 A **transação penal** consiste na aplicação imediata de pena restritiva de direitos ou multas àquele a quem se imputa uma infração de menor potencial ofensivo.

5 A composição dos danos civis será reduzida a escrito e, homologada pelo Juiz mediante sentença irrecorrível, terá eficácia de título a ser executado no juízo civil competente.

6 Em caso de delito persequível por ação penal pública condicionada à representação, havendo a representação do ofendido, o Ministério Público está legitimado para oferecer **transação penal**, mesmo que o ofendido se oponha e deseje a continuação do processo.

7 Ao final da audiência preliminar inexitosa, será entregue ao acusado cópia da denúncia ou queixa, sendo **citado** e ficando ciente da audiência de instrução e julgamento. Não comparecendo o acusado na audiência preliminar, deverá ser citado pessoalmente.

8 Não encontrado o acusado para ser citado, o Juiz encaminhará as peças existentes ao Juízo comum para adoção do procedimento previsto em lei. Neste caso deverá ser observado o procedimento sumário.

9 Aberta a **audiência de instrução e julgamento**, será dada a palavra ao defensor para responder à acusação, após o juízo receberá ou não a denúncia ou queixa. Havendo recebimento, serão ouvidas a vítima e as testemunhas de acusação e defesa, interrogando-se a seguir o acusado, se presente, passando-se imediatamente aos debates orais e à prolação da sentença, que poderá ser realizada naquele momento ou posteriormente, se necessário.

10 A sentença poderá ser **atacada** por meio de apelação no prazo dez dias contado da ciência do Ministério Público ou da ciência do réu e de seu defensor.

11 A intimação para **julgamento do recurso** será realizada pela imprensa, com exceção do Ministério Público e da Defensoria Pública que gozam da prerrogativa de intimação pessoal.

12 A homologação da transação penal prevista no artigo 76 da Lei 9.099/1995 não faz coisa julgada material e, descumpridas suas cláusulas, retoma-se a situação anterior, possibilitando-se ao Ministério Público a continuidade da persecução penal mediante oferecimento de denúncia ou requisição de inquérito policial (súmula vinculante 35).

13 Os **institutos benéficos** dos Juizados Especiais **não** se aplicam à Justiça Militar (art. 90-A, Lei 9.099/95).

14 Nos crimes em que a pena mínima cominada for igual ou inferior a um ano, abrangidas ou não por esta Lei, o Ministério Público, ao oferecer a denúncia, poderá propor a suspensão do processo, por dois a quatro anos, desde que o acusado não esteja sendo processado ou não tenha sido condenado por outro crime, presentes os demais requisitos que autorizariam a suspensão condicional da pena.

14. LEI DE TRÁFICO DE DROGAS

1 Nos crimes previstos na Lei de Tráfico de Drogas, o Inquérito Policial será encerrado com **relatório** contendo sumariamente as circunstâncias do fato, justificando as razões que a levaram à classificação do delito, indicando a quantidade e natureza da substância ou do produto apreendido, o local e as condições em que se desenvolveu a ação criminosa, as circunstâncias da prisão, a conduta, a qualificação e os antecedentes do agente.

2 O Ministério Público terá 10 dias do recebimento do Inquérito Policial para o oferecimento da **denúncia**, que deverá arrolar até 5 testemunhas e requerer as diligências que entender necessárias.

3 Após o oferecimento da denúncia, o juiz ordenará a notificação do acusado para oferecer defesa prévia, por escrito, no prazo de 10 (dez) dias.

4 Na **Audiência de Instrução e Julgamento** o juiz interrogará o acusado, promoverá a inquirição das testemunhas (acusação e defesa), dando a palavra, sucessivamente, para a acusação e para a defesa, para sustentação oral, proferindo a sentença em audiência ou em 10 dias.

5 O chamado tráfico privilegiado, previsto no § 4º do art. 33 da Lei nº 11.343/2006 (Lei de Drogas) não deve ser considerado crime de natureza hedionda.

15. LEI MARIA DA PENHA

1 As **medidas protetivas de urgência** poderão ser concedidas pelo juízo, a requerimento do Ministério Público ou da ofendida, independente de audiência das partes. Podem ser aplicadas isolada ou cumulativamente, e poderão ser substituídas a qualquer tempo por outras de maior eficácia, bem como concedidas novas medidas protetivas de urgência requeridas ou revistas aquelas já concedidas, se entender necessário à proteção da ofendida, de seus familiares e de seu patrimônio, ouvido o Ministério Público.

2 No que tange à lesão corporal leve, quando praticada em ambiente doméstico contra a mulher, a ação será pública incondicionada, aplicando-se o disposto na Súmula 542 do STJ: "A ação penal relativa ao crime de lesão corporal resultante de violência doméstica contra a mulher é pública incondicionada."

3 Nos crimes de **lesão corporal leve**, a ação penal é pública incondicionada, sendo impossível interromper as investigações e obstar o prosseguimento da ação penal.

4 Em qualquer fase do inquérito policial ou da instrução criminal, caberá a decretação da **prisão preventiva do agressor**, de ofício, a requerimento do Ministério Público ou mediante representação da autoridade policial.

5 Não se admite a aplicação do princípio da insignificância no que se refere aos crimes praticados com violência ou grave ameaça, inclusive no âmbito da violência doméstica.

6 Para a **proteção patrimonial** dos bens da sociedade conjugal ou daqueles de propriedade particular da mulher, poderá ser concedida liminar determinando (i) a restituição de bens indevidamente subtraídos pelo agressor à ofendida; (ii) a proibição temporária para a celebração de atos e contratos de compra, venda e locação de propriedade em comum, salvo expressa autorização judicial;

PROCESSUAL PENAL

(iii) a suspensão das procurações conferidas pela ofendida ao agressor; e (iv) a prestação de caução provisória, mediante depósito judicial, por perdas e danos materiais decorrentes da prática de violência doméstica e familiar contra a ofendida.

7 A ofendida deverá ser notificada dos **atos processuais** relativos ao agressor, especialmente dos pertinentes ao ingresso e à saída da prisão, sem prejuízo da intimação do seu defensor.

8 Aos crimes praticados com violência doméstica e familiar contra a mulher, independentemente da pena prevista, não se aplica a Lei dos Juizados Especiais.

16. RECURSOS

1 O **recurso** é o instrumento por meio do qual se busca impugnar decisões, a fim de reformar, invalidar, integrar ou esclarecer o provimento jurisdicional, de modo voluntário e dentro de uma mesma relação jurídica processual já estabelecida.

2 Os recursos observam o princípio da **voluntariedade**, na medida em que é um ato processual realizado mediante manifestação da vontade de reformar, esclarecer, integrar ou anular a decisão. É um ônus processual, não estando a parte obrigada a fazê-lo, mas devendo suportar as consequências de sua inércia.

3 Há o chamado **recurso de ofício**, impropriamente denominado recurso e também chamado de "remessa necessária" ou "reexame necessário". Não se trata de um recurso e, sim, de uma condição estabelecida por lei para o trânsito em julgado da decisão (súmula 423, STF).

4 Segundo o princípio da **taxatividade**, o recurso precisa estar expressamente previsto na legislação, não havendo recursos inominados ou de improviso.

5 O recurso deve ser interposto antes da consumação da preclusão ou da coisa julgada.

6 Segundo o princípio da **unirrecorribilidade** (também chamado de singularidade ou unicidade), para cada espécie de decisão judicial há, em regra, um único recurso.

7 Pelo princípio da **fungibilidade** recursal, por meio do qual o Juízo ou órgão jurisdicional poderá receber recurso equivocado e processá-lo como se fosse o recurso correto, desde que não haja erro grosseiro ou má-fé.

8 O princípio da convolação consiste na possibilidade de que um recurso interposto corretamente seja mudado para outro em virtude de se revelar mais útil ao recorrente, com viabilidade de maiores vantagens.

9 A convolação se diferencia da fungibilidade porque para a aplicação deste princípio é necessário que o recurso tenha sido interposto erroneamente, enquanto a incidência da convolação pressupõe acerto na oferta da impugnação.

10 Segundo o princípio da **conversão**, a parte não será prejudicada se endereçar seu recurso de maneira equivocada, cabendo ao órgão incompetente que recebeu o recurso remeter ao órgão jurisdicional competente.

11 O princípio da vedação da *reformatio in pejus* direta refere-se à proibição de o Tribunal agravar a situação do réu, quando somente ele houver recorrido.

12 O princípio da vedação da *reformatio in pejus* indireta é aquele que, em razão de recurso exclusivo da defesa, o Tribunal anule a decisão anterior e, o órgão *a quo*, recebendo os autos para proferir nova decisão, não poderá piorar a situação do acusado, pois se pudesse fazê-lo, indiretamente estaria exasperando a situação do réu.

13 Princípio da **colegialidade** segundo o qual, em regra, a apreciação do mérito do recurso ocorrerá por um órgão colegiado, minimizando a possibilidade de erro.

14 É nula a decisão do Tribunal que acolhe, contra o réu, nulidade não arguida no recurso da acusação, ressalvados os casos de recurso de ofício. (súmula 160, STF).

15 **Ministério Público** não pode desistir do recurso por ele interposto (art. 576, CPP). Porém, em razão de sua independência funcional, poderá não recorrer, se entender estratégico, afinal, os recursos são essencialmente voluntários.

16 Diante da **divergência** entre o réu e o defensor quanto ao interesse recursal, deve prevalecer a vontade de quem pretende recorrer. Desta forma, a "renúncia do réu ao direito de apelação, manifestada sem a assistência do defensor, não impede o conhecimento da apelação por este interposta" (súmula 705, STF).

17 São pressupostos objetivos de admissibilidade recursal: cabimento (previsão legal), adequação (observância da forma prescrita em lei), tempestividade, fato impeditivo (preclusão e renúncia) e inexistência de fato extintivo (desistência e deserção) e irregularidade formal

18 A **deserção** é um fator que obsta o recebimento ou a tramitação de um recurso em ação penal exclusivamente privada e ocorre quando o recorrente deixar de recolher as custas devidas.

19 Tempestividade é a interposição do recurso observado o prazo legalmente previsto, sob pena de não ser ele conhecido.

20 A **renúncia**, consistente na manifestação de vontade da parte que não deseja recorrer, antes mesmo da interposição de qualquer recurso cabível.

21 A desistência, consistente na manifestação devidamente assistido por defensor de não persistir com o recurso interposto, requerendo a interrupção de sua tramitação.

22 São pressupostos subjetivos: a legitimidade para recorrer e o interesse recursal.

23 O efeito **devolutivo** consiste na "devolução" da matéria impugnada para uma nova apreciação pelo Poder Judiciário. O recorrente pode impugnar toda a decisão (devolutividade ampla), ou apenas parte dela (devolutividade limitada).

24 Os recursos podem ter efeito **suspensivo**, que consiste na impossibilidade de a decisão recorrida produzir seus efeitos, enquanto não houver a análise do recurso interposto.

25 Não aplicamos o efeito **suspensivo** aos recursos interpostos contra decisões: (i) absolutória própria; (ii) que ordenar soltura de acusado; ou (iii) decretar medida cautelar.

26 O recurso poderá ter efeito **regressivo** (**iterativo ou diferido**) quando for possível ao órgão que proferiu a decisão recorrida exercer o juízo de retratação. Os principais recursos que oportunizam o juízo de retratação são: recurso em sentido estrito; agravo em execução; carta testemunhável.

27 O efeito **extensivo** permite que o réu que não recorreu seja beneficiado por recurso interposto pelo corréu. Para tanto, é necessário que o fundamento não seja de ordem exclusivamente pessoal. É importante consignar que o efeito extensivo é também aplicável às ações autônomas de impugnação, notadamente o *habeas corpus* e a revisão criminal.

28 Caberá a interposição de **apelação**, em cinco dias, contra sentença condenatória ou absolutória prolatada por juiz singular, assim como contra decisão definitiva ou com força de definitiva proferida em primeiro grau, quando não for cabível recurso em sentido estrito.

29 No âmbito dos juizados especiais criminais, o recurso de **apelação** deverá ser interposto no prazo de 10 dias, com as inclusas razões. É admitido nas seguintes hipóteses: i) da decisão de rejeição da inicial acusatória (denúncia ou queixa crime); ii) da sentença absolutória ou condenatória; iii) da homologação da transação penal.

30 Na primeira do rito de júri, caberá **apelação** contra sentença de impronúncia e contra sentença que absolver sumariamente o réu, no prazo de cinco dias.

31 Na segunda fase do procedimento do júri, o recurso de apelação tem fundamentação vinculada (súmula 713, STF), sendo admissível quando: (i) houver nulidade após a pronúncia; (ii) a sentença do juiz-presidente contrariar expressa disposição legal ou a decisão dos jurados; (iii) houver equívoco ou injustiça no tocante a aplicação da pena ou da medida de segurança; ou (iv) manifesta contrariedade da decisão dos jurados em relação às provas constantes dos autos.

32 Será apresentado no prazo de 8 dias, as contrarrazões do recurso de apelação.

33 Caberá a oposição de embargos de declaração da decisão que for omissa, obscura, contraditória e ambígua. Porém, no Juizado Especial Criminal só é cabível a oposição de embargos de declaração da decisão omissa, obscura e contraditória

34 Nos juizados especiais, os **embargos de declaração** deverão ser opostos no prazo de 5 dias. Já no Código de Processo Penal, os embargos declaratórios têm prazo de 2 dias. A oposição de embargos de declaração interrompe o prazo para a interposição dos demais recursos.

35 Do julgamento por maioria de votos, proferido pelo Tribunal de Justiça ou pelo Tribunal Regional Federal, denegando apelação, recurso em sentido estrito ou agravo em execução, em decisão desfavorável à defesa, cabem **embargos infringentes ou de nulidade**, no prazo de 10 dias.

36 Os embargos infringentes e de nulidade devem obrigatoriamente restringir-se à matéria objeto da divergência. Assim, a tese a ser defendida em embargos é exatamente aquela já exarada pelo voto vencido.

37 É cabível **recurso em sentido estrito** contra a decisão que concluir pela incompetência do juízo, que julgar procedente as exceções (salvo a de suspeição) e que conceder, negar, arbitrar, cassar ou julgar inidônea a fiança, ou até mesmo, quando decretada a quebrada ou perdido o seu valor.

38 É cabível **recurso em sentido estrito** contra a decisão que não receber a denúncia ou a queixa, bem como daquela que extinguir a punibilidade do agente.

39 Caberá recurso em sentido estrito da decisão que conceder ou negar a ordem de habeas corpus proferida pelo juízo de 1º grau.

40 Da decisão que pronunciar o réu ou desclassificar a crime, caberá recurso em sentido estrito.

41 A decisão que pronunciar o réu pode ser atacada com a interposição de **recurso em sentido estrito**. Enquanto o recurso não for definitivamente julgado (efeito suspensivo), o réu não será submetido a julgamento pelos jurados.

PROCESSUAL PENAL

42 O prazo para interposição do recurso em sentido estrito é de cinco dias; ao passo que o prazo para apresentar razões ou contrarrazões é de dois dias.

43 Cabe **Agravo em Execução** (art. 197, LEP) das decisões proferidas pelo juízo da Execução Penal, no prazo de cinco dias (súmula 700, STF), cujo processamento será o mesmo do recurso em sentido estrito.

44 Das decisões denegatórias de *Habeas Corpus*, proferidas pelos Tribunais Regionais Federais ou pelos Tribunais dos Estados e do Distrito é cabível a interposição de Recurso Ordinário Constitucional para o Superior Tribunal de Justiça, com base no artigo 105, inciso II, alínea "a", da Constituição Federal e artigo 30, da Lei 8.038/90, no prazo de cinco dias. **Importante ressaltar o não cabimento do Recurso em Sentido Estrito, considerando que este tem por fim combater decisão de primeira instância (artigo 581, inciso X do CPP)**

45 Das decisões denegatórias de Mandado de Segurança, proferidas em única instância pelos Tribunais Regionais Federais ou pelos Tribunais de Estados e do Distrito Federal, é cabível a interposição de Recurso Ordinário Constitucional para o Superior Tribunal de Justiça, com base no artigo 105, inciso II, alínea "a", da Constituição Federal e artigo 30, da Lei 8.038/90, no prazo de quinze dias.

46 O recurso extraordinário tem por fim impugnar qualquer decisão de única ou última instância que importe em violação à Constituição Federal. Objetiva garantir o prevalecimento da ordem constitucional, evitando-se decisões ofensivas aos direitos e garantias insculpidos na Constituição.

47 O recurso especial tem por fim submeter às decisões proferidas pelos Tribunais dos Estados e dos Tribunais Regionais Federais que tenham violado lei federal ou lhe dado interpretação diversa da que foi dada por outro Tribunal. O pressuposto máximo do Recurso Especial é uniformizar a interpretação da lei federal no território nacional

48 O recurso extraordinário (RE) e o recurso especial (Resp) são apontados como exemplos de recursos de fundamentação vinculada. Afinal, a fundamentação de tais recursos encontra-se delimitada pela própria Constituição Federal: art. 102, III, no caso do RE, e art. 105, III, na hipótese do Resp.

17. NULIDADES

1 **Nulidade** é a sanção aplicada pelo juiz em razão da verificação de um ato processual defeituoso

2 O princípio da **causalidade** ou consequencialidade implica na possibilidade do defeito do ato se estender aos demais que lhes são subsequentes e que deles dependam.

3 O princípio da transcendência ou do **prejuízo** disciplina que não há nulidade sem prejuízo.

4 O princípio do **interesse** implica que somente a parte beneficiada pela declaração de nulidade possa argui-la.

5 O princípio da **instrumentalidade** das formas implica na impossibilidade de declaração de nulidade quando o ato, praticado sob outra forma, tiver atingido seu objetivo ou não tenha influído na apuração da verdade real ou no convencimento.

6 O princípio da **convalidação** dos atos processuais permite o saneamento do ato processual, em razão do ato ter atingido sua finalidade, do vício não ter sido suscitado oportunamente ou de anuência da parte interessada.

7 As nulidades processuais podem ser classificadas como "absolutas" ou "relativas".

8 Nulidade absoluta é a que pode ser decretada de ofício, independentemente de manifestação das partes, não convalesce e, para adoutrina majoritária, não necessita demonstrar prejuízo.

9 Nulidade relativa é aquela que somente é decretada se houver prejuízo e, se não arguida no momento oportuno, haverá a preclusão, portanto, há prazo para ser declarada.

10 É nula a decisão do Tribunal que acolhe, contra o réu, nulidade não arguida no recurso da acusação, ressalvados os casos de recurso de ofício (súmula 160, STF).

11 Sentença prolatada por juiz criminal da justiça comum em processo cuja **competência** era da justiça militar padece de nulidade absoluta.

12 A sentença é nula quando prolatada por juiz que **não presidiu a instrução** do feito, em razão da inobservância do princípio da identidade física do juiz.

13 A **falta de defesa** implica em nulidade absoluta e sua deficiência implica em nulidade na medida em que prejudicar o acusado (súmula 523, STF).

14 Há nulidade absoluta quando o **Ministério Público** não intervir nos feitos que tratem de crime de ação penal pública. Já nos crimes de ação penal privada, a ausência do Ministério Público poderá ser sanada nas hipóteses de convalidação.

15 A falta de oportunidade de produção de **prova testemunhal** e seu óbice implicam em nulidade absoluta.

16 O descumprimento de **quórum** legal de julgamento nos tribunais implica em nulidade absoluta.

17 Constitui nulidade a falta de intimação do denunciado para oferecer contrarrazões ao recurso interposto da rejeição da denúncia, não a suprindo a nomeação de defensor dativo (súmula 707, STF).

18 É nulo o julgamento da apelação se, após a manifestação nos autos da renúncia do único defensor, o réu não foi previamente intimado para constituir outro (súmula 708, STF).

19 É relativa a nulidade do processo criminal por falta de intimação da expedição de carta precatória para inquirição de testemunha (súmula 155, STF).

20 É absoluta a nulidade do julgamento, pelo júri, por falta de quesito obrigatório (súmula 156, STF).

18. AÇÕES AUTÔNOMAS DE IMPUGNAÇÃO

1 Ações autônomas de impugnação são formas previstas no ordenamento jurídico para interferir em prestação jurisdicional emanada de demanda processual penal distinta ou para atacar situação fática que afete ou possa afetar a liberdade de locomoção garantida constitucionalmente ou interesses atinentes à matéria criminal.

2 As ações de impugnação podem ter o objetivo de rever decisão criminal condenatória transitada em julgado ou de servir de sucedâneo recursal nas hipóteses em que não houver recurso específico para o reexame de decisão judicial que cause gravame a uma das partes do processo penal.

3 O habeas corpus, o mandado de segurança e a revisão criminal são as ações autônomas de impugnação que têm fundamento constitucional e que são manejáveis em razão de questões penais.

4 O **"habeas corpus"** é um remédio constitucional impetrado contra constrangimento atual ou iminente da liberdade de locomoção em razão de ilegalidade ou abuso de poder resultante de uma ordem judicial. Pode ser utilizado como sucedâneo recursal para, por exemplo, trancamento de inquérito policial.

5 O **mandado de segurança** em matéria penal tem por objetivo corrigir ato coator de autoridade pública ou que lhe faça as vezes não passível de impugnação por *habeas corpus*, sendo manejado, por exemplo, para trancamento de inquérito por indiciamento de pessoa jurídica.

6 A **revisão criminal** tem por objetivo o reexame de decisão condenatória ou absolutória imprópria transitada em julgado.

7 **Nova prova** inconteste de inocência pode ser apresentada por meio de revisão criminal, bem como provas que de circunstância que determine ou autorize diminuição de pena.

8 A revisão criminal poderá ter por objeto decisão condenatória quando seus termos forem **contrários ao texto expresso** da lei penal ou à prova constante dos autos.

9 Com a comprovação de **falsidade** de documentos, exames ou depoimentos nas quais se fundou a decisão condenatória, a mesma poderá ser revista por meio de revisão criminal.

10 A revisão criminal deve ser proposta perante o **órgão jurisdicional** da qual emanou a decisão condenatória transitada em julgado. Com a absolvição em primeiro grau e a condenação em segundo, a revisão criminal deverá ser proposta perante o Tribunal.

11 A decisão da revisão criminal poderá ser atacada por meio de **embargos de declaração**, nas hipóteses cabíveis, porém não poderá ser objeto de recurso de apelação.

12 A sentença absolutória própria não pode ser objeto de **revisão criminal**, nem contra sentença condenatória quando ajuizada "pro societate".

13 Julgando procedente a revisão, o tribunal poderá alterar a classificação da infração, absolver o réu, modificar a pena ou anular o processo.

14 O tribunal, se o interessado o requerer, poderá reconhecer o direito a uma indenização pelos prejuízos sofridos. Por essa indenização, que será liquidada no juízo cível, responderá a União, se a condenação tiver sido proferida pela justiça do Distrito Federal ou de Território, ou o Estado, se o tiver sido pela respectiva justiça.

15 No mandado de segurança impetrado pelo Ministério Público contra decisão proferida em processo penal, é obrigatória a citação do réu como litisconsorte passivo. (súmula 701, STF)

16 Não cabe *habeas corpus* quando já extinta a pena privativa de liberdade. (súmula 696, STF).

19. TEORIA DA PENA

1 A **dosimetria** da pena deverá observar o critério trifásico: (i) com base nas balizas legais de fixação de pena, deverá estabelecer a pena base do crime; após (ii) considerará as agravantes e atenuantes, majorando, mitigando ou mantendo a pena; e ato contínuo (iii) aplicará as causas de aumento e de diminuição para estabelecer a pena definitiva.

2 Juízo deverá computar o **tempo de prisão provisória** para fins de determinação do regime inicial de pena privativa de liberdade, bem como no cômputo do cumprimento de sua pena ou medida de segurança, em verdadeiro regime de compensação.

3 É vedada a utilização de inquéritos policiais e ações penais em curso para agravar a pena-base (súmula 444, STJ).

20. EXECUÇÃO PENAL

1 A **execução penal** é o procedimento por meio do qual é executada a pena ou a medida de segurança determinada por sentença. Possui natureza híbrida na medida em que prepondera sua atividade jurisdicional, porém há evidente natureza administrativa dado o caráter não decisório de determinadas atividades do procedimento.

2 Nos crimes apenados com reclusão, a pena poderá ser cumprida inicialmente nos regimes fechado, semiaberto e aberto.

3 Nos crimes apenados com detenção, a pena poderá ser cumprida inicialmente nos regimes semiaberto e aberto, salvo excepcionalidade que imponha o regime fechado.

4 A **medida de segurança** é aplicada quando reconhecida a inimputabilidade ou a semi-imputabilidade do agente. 5 - O tempo de duração da medida de segurança não deve ultrapassar o limite máximo da pena abstratamente cominada ao delito praticado (súmula 527, STJ).

5 Não havendo disponibilidade de casa do albergado para cumprimento de pena em regime aberto e de pena de limitação de fim de semana, poderá ser deferida a prisão albergue **domiciliar**.

6 Em caso de falta grave, o juiz poderá revogar até 1/3 (um terço) do tempo remido, recomeçando a contagem a partir da data da infração disciplinar.

7 As decisões proferidas pelo juízo da execução poderão ser atacadas por meio de agravo em execução, no prazo de cinco dias.

8 Para apreciação de pedido de progressão de regime, poderá o juízo requerer exame **criminológico** em razão de peculiaridades do caso, desde que em decisão motivada (súmula 439, STJ).

9 Há o **regime disciplinar diferenciado** aplicável para presos provisórios e definitivos quando houver crime doloso constituindo falta grave e acarretando a subversão da ordem ou da disciplina do estabelecimento, bem como quando houver alto risco para a segurança do estabelecimento e suspeita de envolvimento em organização criminosa. Tal regime implica em limitação de visita semanal a duas pessoas, com duração de duas horas, banho de sol de duas horas diárias e confinamento em cela individual.

10 A falta de estabelecimento penal adequado não autoriza a manutenção do condenado em regime prisional mais gravoso, devendo-se observar, nessa hipótese, os parâmetros fixados no RE 641.320/RS (Súmula Vinculante 56). Segundo o entendimento firmado em referido recurso "Havendo déficit de vagas, deverão ser determinados: (i) a saída antecipada de sentenciado no regime com falta de vagas; (ii) a liberdade eletronicamente monitorada ao sentenciado que sai antecipadamente ou é posto em prisão domiciliar por falta de vagas; (iii) o cumprimento de penas restritivas de direito e/ou estudo ao sentenciado que progride ao regime aberto. Até que sejam estruturadas as medidas alternativas propostas, poderá ser deferida a prisão domiciliar ao sentenciado".

11 Para efeito de progressão de regime no cumprimento de pena por crime hediondo, ou equiparado, o juízo da execução observará a inconstitucionalidade do art. 2º da Lei n. 8.072, de 25 de julho de 1990, sem prejuízo de avaliar se o condenado preenche, ou não, os requisitos objetivos e subjetivos do benefício, podendo determinar, para tal fim, de modo fundamentado, a realização de exame criminológico.

12 É possível a remição de parte do tempo de execução da pena quando o condenado, em regime fechado ou semiaberto, desempenha atividade laborativa, ainda que extramuros. (Súmula 562, STJ).

13 O benefício de saída temporária no âmbito da execução penal é ato jurisdicional insuscetível de delegação à autoridade administrativa do estabelecimento prisional. (Súmula 520, STJ)

14 Transitada em julgado a sentença condenatória, compete ao Juízo das execuções a aplicação de lei mais benigna (súmula 611, STJ).

15 Compete ao Juízo das Execuções Penais do Estado a execução das penas impostas a sentenciados pela Justiça Federal, Militar ou Eleitoral, quando recolhidos a estabelecimentos sujeitos a Administração Estadual. (Súmula 192, STJ)

16 A pena unificada para atender ao limite de trinta anos de cumprimento, determinado pelo art. 75 do Código Penal, não é considerada para a concessão de outros benefícios, como o livramento condicional ou regime mais favorável de execução (súmula 715, STF).

17 Caberá livramento condicional cumpridos mais de dois terços da pena, nos casos de condenação por crime hediondo, prática de tortura, tráfico ilícito de entorpecentes e drogas afins, tráfico de pessoas e terrorismo, se o apenado não for reincidente específico em crimes dessa natureza.

18 A execução em estabelecimento prisional federal é uma exceção, sendo somente para os presos que representam risco à segurança e ordem da sociedade, ou para sua própria segurança, e também para aqueles que são considerados de alta periculosidade.

19 O Agravo em Execução, embora previsto na LEP, não possui previsão legal para seu processamento, de modo que é usado, por analogia, o rito previsto para o Recurso em Sentido Estrito. Por esta razão, é cabível o juízo de retratação.

20 O artigo 112 da Lei n.º 7.210/84 traz os requisitos para que o condenado progrida de um regime para outro. São dois os requisitos para progressão: (a) ter cumprido, em regra, ao menos 1/6 da pena (requisito objetivo) e (b) bom comportamento carcerário (requisito subjetivo).

21 O juiz poderá definir a fiscalização por meio da monitoração eletrônica quando: autorizar a saída temporária no regime semiaberto ou determinar a prisão domiciliar.

22 O abatimento do tempo da pena em razão de trabalho, estudo ou leitura se denomina **remição**. A remição ocorre na seguinte proporção: (i) 1 dia de pena a cada 12 horas de frequência escolar dividida no mínimo em 3 dias; (ii) 1 dia de pena a cada 3 dias de trabalho; e (iii) 4 dias de pena a cada obra literária, clássica, científica ou filosófica, lida no prazo de 21 a 30 dias, somando até 48 dias no ano.

DIREITO INTERNACIONAL

♦ *Emerson Malheiro*

Sumário:

INCIDÊNCIA DOS TEMAS NAS PROVAS
(atualizada até o XXIV Exame da OAB)

Direito Internacional		
História do Direito Internacional	1	4%
Teoria do Direito Internacional	1	4%
Carta das Nações Unidas	1	4%
Arbitragem	1	4%
Solução Internacional de Controvérsias	2	7%
Contratos Internacionais	2	7%
Direito Diplomático	2	7%
Jurisdição a bordo de navios e aeronaves	2	7%
Nacionalidade	3	11%
Tratamento Jurídico dos Estrangeiros	4	15%
Elementos de Conexão	8	30%
Total	27	100%

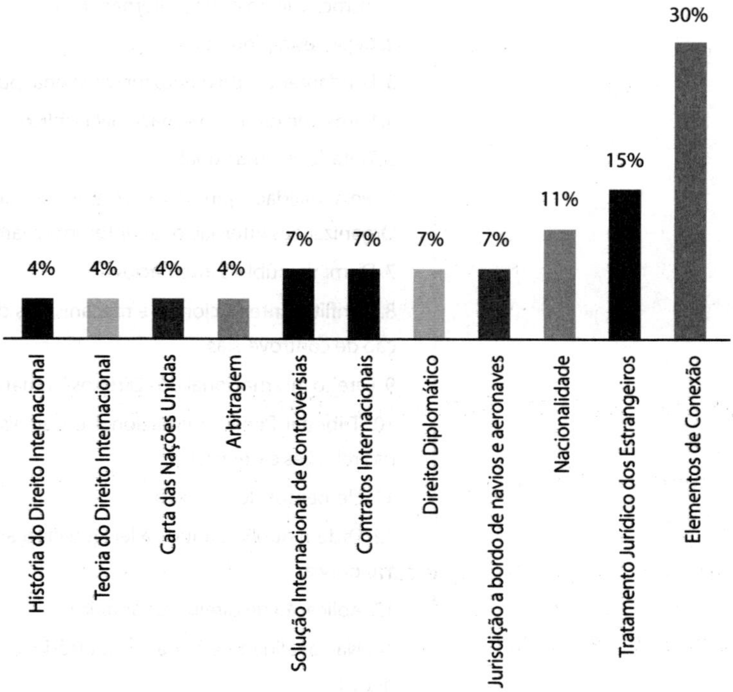

1. INTRODUÇÃO AO DIREITO INTERNACIONAL

1 **Direito Internacional Público** é a especialidade do direito que regula e estuda regras consuetudinárias e convencionais, mediante tratados, protocolos e ajustes entre pessoas jurídicas no cenário internacional e cuida das ligações entre Estados, Organizações Internacionais Intergovernamentais, Santa Sé, pessoas, Organizações Não-Governamentais e outros sujeitos nas relações exteriores.

2 **Direito Internacional Privado** é a especialidade do direito que regula e estimula o estudo de um bloco de normas que estabelece a lei e/ou jurisdição aplicável às relações jurídicas particulares exteriores.

3 São **características** da ordem jurídica internacional: falta de autoridade superior, inexistência de hierarquia entre as normas, manifestação do consentimento, descentralização, multiplicidade de Estados soberanos e um sistema de aplicação de sanções frágil.

2. RELAÇÕES DIPLOMÁTICAS

1 Os locais onde se estabelece a missão diplomática em hipótese **nenhuma** poderão ser violados.

2 O agente diplomático goza de isenção de impostos e taxas, havendo **exceções** a esse respeito.

3 A embaixada de um estado estrangeiro localizada no Brasil **não** pode ter objetos penhorados, pois o Estado estrangeiro, no que diz respeito à execução, possui imunidade, e seus bens são invioláveis.

3. FUNDAMENTOS DO DIREITO INTERNACIONAL PÚBLICO

1 São **fundamentos** do direito internacional público a soberania estatal, a manifestação do consentimento e a *pacta sunt servanda*.

2 **Soberania** é a qualidade que caracteriza o poder político supremo de um Estado, como afirmação de sua personalidade independente, autoridade plena e governo próprio, dentro do território nacional e nas relações exteriores.

3 Como regra, os Estados e as Organizações Internacionais Intergovernamentais (ex.: ONU, OEA, FMI etc.) devem manifestar seu consentimento em relação aos tratados para se submeter às suas regras.

INTERNACIONAL

4 No Direito Internacional, a *pacta sunt servanda* significa que compromissos livremente constituídos devem ser fielmente cumpridos.

4. FONTES DE DIREITO INTERNACIONAL PÚBLICO

1 Em razão de sua **natureza descentralizada**, o direito internacional público desenvolveu-se no sentido de admitir fontes de direito diferentes daquelas admitidas no direito interno. São fontes primárias os tratados internacionais, o costume internacional e os princípios gerais do direito. São fontes secundárias a doutrina internacional, a jurisprudência internacional e a equidade, além das decisões das organizações internacionais intergovernamentais e os atos unilaterais normativos dos Estados.

2 O **tratado internacional** é um ajustamento, carta, estatuto, pacto solene entre pessoas jurídicas de direito internacional público que estabelecem uma obrigação de obediência e submissão às normas escritas, com o objetivo de gerar eficácia jurídica, instituindo mandamentos de direito positivo, em conformidade com as regras nas relações exteriores.

3 O **costume internacional**, quando reconhecido nas relações exteriores, vinculam as partes como uma norma não escrita.

4 Os princípios gerais do direito se caracterizam como valores que apontam um caminho a seguir e que servem de base para as decisões internacionais.

5 Só forma a **jurisprudência** para o direito internacional público as decisões que forem proferidas por tribunais internacionais (ex.: Tribunal Penal Internacional, Corte Internacional de Justiça etc.). As decisões proferidas pelos tribunais constitucionais dos Estados (ex.: no Brasil, o Supremo Tribunal Federal, Superior Tribunal de Justiça) tem relevância apenas para o direito internacional privado.

6 A **equidade** é a perfeita unidade de estabilidade entre duas ou mais partes divergentes.

7 As **resoluções da Organização das Nações Unidas** são exemplos de decisões de Organizações Internacionais Intergovernamentais.

8 Os **atos unilaterais dos Estados** são condutas praticadas pelas pessoas jurídicas de direito internacional público, sem pedido de autorização a quem quer que seja, mas que se tornam regras nas relações exteriores. O melhor exemplo é a delimitação do mar territorial de um Estado.

5. TRATADO INTERNACIONAL

1 No Brasil, podem negociar e assinar tratados internacionais o Presidente da República, o Plenipotenciário (pessoa escolhida pelo Presidente da República com a confirmação do Ministro das Relações Exteriores), a Delegação Nacional (grupo em missão especial, sendo seus integrantes escolhidos da mesma forma que o Plenipotenciário) e o Ministro das Relações Exteriores.

2 Para negociar e assinar tratados internacionais, o Plenipotenciário e o Chefe da Delegação Nacional precisam da carta de "plenos poderes".

3 "Plenos poderes" significa um documento expedido pela autoridade competente de um Estado e pelo qual são designadas uma ou várias pessoas para representar o Estado na negociação, adoção ou autenticação do texto de um tratado, para manifestar o consentimento do Estado em obrigar-se por um tratado ou para praticar qualquer outro ato relativo a um tratado.

4 Uma parte **não** pode invocar as disposições de seu direito interno para justificar o inadimplemento de um tratado.

5 **"Reserva"** significa uma declaração unilateral, qualquer que seja a sua redação ou denominação, feita por um Estado ao assinar, ratificar, aceitar ou aprovar um tratado, ou a ele aderir, com o objetivo de excluir ou modificar o efeito jurídico de certas disposições do tratado em sua aplicação a esse Estado.

6 O **rompimento** das relações diplomáticas ou consulares, por ser indispensável à aplicação de um tratado, acarreta, quando do rompimento dessas relações, em um mesmo tratado, um prejuízo às relações jurídicas estabelecidas entre as partes.

7 Tratados são, por excelência, **normas de direito internacional público**. No modelo jurídico brasileiro, como nas demais democracias modernas, tratados passam a integrar o direito interno estatal, após a verificação de seu *iter* de incorporação.

8 No Brasil, uma vez assinado o tratado pelo legítimo representante (Presidente da República, Plenipotenciário, Delegação Nacional, Ministro das Relações Exteriores), o Presidente da República envia o acordo acompanhado de uma carta ao Congresso Nacional requerendo a aprovação. A Câmara dos Deputados recebe e vota. Aprovando-o, será encaminhado ao Senado, que realiza o mesmo procedimento. Em caso de aprovação, o Presidente do Congresso Nacional elabora Decreto Legislativo, autorizando o Presidente da República a ratificar. Uma vez ratificado, por Decreto Presidencial, haverá promulgação e publicação. Assim, o tratado estará em condições de operar validade, vigência e obrigatoriedade em território nacional.

9 São **requisitos de validade** dos tratados internacionais a capacidade das partes, a habilitação dos agentes signatários, o objeto lícito e possível e o consentimento mútuo.

10 Os tratados internacionais sobre direitos humanos firmados pela República Federativa do Brasil serão **equivalentes às emendas constitucionais**, se forem aprovados, em cada Casa do Congresso nacional, em dois turnos, por três quintos dos votos dos respectivos membros.

6. PERSONALIDADE JURÍDICA INTERNACIONAL: ESTADOS E ORGANIZAÇÕES INTERNACIONAIS INTERGOVERNAMENTAIS

1 Os Estados e as Organizações Internacionais Intergovernamentais (ex.: ONU, OMC, OEA, Mercosul, União Europeia etc.) são sujeitos que possuem **personalidade jurídica de direito internacional público**.

2 Constitui **objetivo** da Organização Mundial do Comércio solucionar controvérsias sobre tarifas do comércio internacional.

3 A **Conferência de Bretton Woods** (1944), realizada no ocaso da Segunda Guerra Mundial, é considerada um marco na história do Direito Internacional no século XX porque estabeleceu as bases do sistema econômico e financeiro internacional, por meio da criação do Banco Mundial - BIRD, do Fundo Monetário Internacional - FMI e do Acordo Geral de Tarifas Aduaneiras e Comércio - GATT.

4 O Mercosul compõe o direito de integração e possui natureza jurídica de organização internacional intergovernamental de integração, possuindo personalidade jurídica de direito internacional.

7. DOMÍNIO PÚBLICO INTERNACIONAL

1 Em sentido jurídico, o território nacional é mais amplo que o território considerado pela geografia política, pois abrange áreas físicas que vão além dos limites e das fronteiras ditadas por esta.

2 O território nacional, em sentido jurídico, pode incluir navios e aeronaves militares, independentemente dos locais em que estejam. Assim sendo, poderão sê-lo **NÃO APENAS** em espaço internacional, MAS TAMBÉM em espaço jurisdicional de outro Estado.

3 O **território nacional**, em sentido jurídico, pode possuir contornos inexatos, conforme ocorre na delimitação da projeção vertical do espaço aéreo. Por isso mesmo, a área territorial pode ser mais ou menos abrangente, a depender de manifestações unilaterais dos Estados soberanos.

4 O **mar territorial brasileiro** compreende uma faixa de 12 milhas marítimas de largura, medidas a partir da linha de base.

5 A **zona contígua brasileira** compreende uma faixa que se estende de 12 a 24 milhas marítimas, contadas a partir das linhas de base que servem para medir a largura do mar territorial.

6 Em sua **zona econômica exclusiva**, que compreende uma faixa de 200 milhas marítimas, contadas a partir da linha de base, o Brasil tem o direito exclusivo de regular a investigação científica e exploração econômica marinha.

7 É reconhecido aos navios de todas as nacionalidades o direito de **passagem inocente** no mar territorial brasileiro.

8. CONFLITOS INTERNACIONAIS E MECANISMOS DE SOLUÇÃO DE CONTROVÉRSIAS

1 Existe conflito internacional na hipótese em que há uma colisão impetuosa de interesses entre as partes no cenário das relações exteriores, com uma quizília sobre um determinado aspecto jurídico ou fático.

2 Para a **solução dos conflitos internacionais** são empregados os mecanismos de solução de controvérsias, que poderão ser diplomáticos, políticos, jurisdicionais e coercitivos.

3 Os **mecanismos diplomáticos de solução de controvérsias** são compostos pela negociação direta, sistema de consultas, bons ofícios, mediação, conciliação e inquérito.

4 Os **mecanismos políticos de solução de controvérsias** surgem sempre que existe a atuação de uma Organização Internacional Intergovernamental (ex.: ONU, OMC, OMS, FMI etc.).

5 Os **mecanismos jurisdicionais de solução de controvérsias** são compostos pela arbitragem internacional pública e a solução judicial.

6 Os **mecanismos coercitivos de solução de controvérsias** são compostos pelas represálias (bloqueio pacífico, boicotagem e embargo), retorsão, ruptura das relações diplomáticas e exclusão de Organização Internacional Intergovernamental.

9. DIREITO INTERNACIONAL DOS DIREITOS HUMANOS

1 A **prevalência dos direitos humanos** é um dos princípios básicos de regimento das relações exteriores brasileiras.

2 São **características** do direito internacional dos direitos humanos: complementaridade, congenialidade, efetividade, essencialidade, historicidade, imprescritibilidade, inalienabilidade, indivisibilidade, inexauribilidade, interdependência, inviolabilidade, irrenunciabilidade, proibição do regresso e universalidade.

10. TRIBUNAL PENAL INTERNACIONAL E DEMAIS CORTES NAS RELAÇÕES EXTERIORES

1 O **Estatuto de Roma**, que criou o Tribunal Penal Internacional, **não** permite reservas, mas admite a retirada dos Estados-membros do tratado.

2 O Estatuto de Roma, que criou o Tribunal Penal Internacional, estabelece uma **diferença entre entrega e extradição**, operando a primeira entre um Estado e o mencionado tribunal e a segunda, entre Estados.

3 O Tribunal Penal Internacional prevê a possibilidade excepcional de aplicação de prisão perpétua, apenas nos casos mais graves e que será objeto de revisão após 25 anos.

4 O § 4º do art. 5º da Constituição Federal brasileira prevê a **submissão do Brasil à jurisdição de tribunal penal internacional a que tenha manifestado a sua adesão.**

5 Comparando-se as instituições do direito internacional público com as típicas do direito inteno de determinado país, percebe-se que, no direito internacional, há **cortes judiciais com jurisdição transnacional**.

6 Os **crimes** de competência do Tribunal Penal Internacional são: crimes contra a humanidade, crimes de guerra, genocídio e agressão. Eles são imprescritíveis.

7 O **Tribunal Penal Internacional** é regido pelos princípios da complementaridade, legalidade, anterioridade, juiz natural e igualdade.

8 O **princípio da complementaridade** significa que a competência originária para o julgamento dos crimes previstos no Estatuto de Roma é do Estado signatário. No entanto, se ele se mantiver inerte, silente ou for leniente, o Tribunal Penal Internacional deverá julgá-los.

9 O **princípio da legalidade** significa que os crimes e as regras do Tribunal Penal Internacional se encontram no Estatuto de Roma.

10 O **princípio da anterioridade** no Tribunal Penal Internacional estabelece que a Corte apenas poderá julgar crimes que ocorreram após a entrada em vigor do Estatuto de Roma, em 1º de julho de 2002.

11 O **princípio do juiz natural** no Tribunal Penal Internacional significa que os magistrados já compõem previamente a Corte para o julgamento de casos de sua competência.

12 O **princípio da igualdade** estabelece que o Estatuto de Roma deverá ser aplicado a todos os indivíduos de maneira idêntica, independentemente de qualquer diferenciação lastreada por função oficial.

13 A sentença proferida no âmbito do Tribunal Penal Internacional **não** precisa de homologação pelo Superior Tribunal de Justiça no Brasil, pois o art. 105, I, "i", CF exige a homologação de sentença estrangeira e não de sentença internacional.

11. ELEMENTOS DE CONEXÃO

1 **Elementos de conexão** são regras determinadas pelo direito internacional privado que apontam o direito aplicável a uma ou várias situações jurídicas unidas a mais de um sistema legal.

2 **Caso hipotético:** jogador de futebol de um importante time espanhol e titular da seleção brasileira é filmado por um celular em uma casa noturna na Espanha, em avançado estado de embriaguez. O vídeo é veiculado na internet e tem grande repercussão no Brasil. Temeroso de ser cortado da seleção brasileira, o jogador ajuíza uma ação no Brasil contra o portal de vídeos, cuja sede é na Califórnia, Estados Unidos. O juiz brasileiro terá competência porque os danos à imagem ocorreram no Brasil.

3 No casamento, o regime de bens é regido pela ***lex domicilli*** dos nubentes e, se ao tempo do casamento, ambos eram domiciliados no Brasil, aplicar-se-á a norma brasileira para a solução de eventual lide entre os cônjuges.

12. ORDEM PÚBLICA, FRAUDE À LEI, QUALIFICAÇÃO, QUESTÃO PRÉVIA

1 Ordem pública é o revérbero da filosofia sociopolítico-jurídica da totalidade de leis de um Estado, tutelando suas necessidades e que reproduz a moral

INTERNACIONAL

elementar de uma nação, assim como os interesses básicos dos sujeitos de direito, configurando-se como preceito que jamais deve ser desconsiderado na aplicação de norma alienígena.

2 São **características da ordem pública**: relatividade, instabilidade, contemporaneidade e fator exógeno.

3 Existe fraude à lei no direito internacional privado quando uma pessoa, empregando artifícios, modifica o fundamento de um elemento de conexão para se favorecer de norma que lhe é mais benéfica, em prejuízo daquela que seria efetivamente aplicável.

4 **Qualificação** no direito internacional privado é o processo por meio do qual se realiza uma adequação de um caso concreto a um ramo do direito que lhe é concernente, classificando a matéria jurídica e demarcando questões principais e prévias. Identifica-se um fato perante o direito e se determina a maneira pela qual ela se adapta ao sistema jurídico de determinado Estado.

5 Questão prévia é a regra empregada pelo juiz, no direito internacional privado, perante a análise de uma questão jurídica principal, em que ele deve examinar previamente sobre outra proemial.

13. APLICAÇÃO DE DIREITO ESTRANGEIRO

1 **É possível** a aplicação de lei estrangeira no Brasil, com a obediência a determinadas regras.

2 A lei estrangeira a ser aplicada no Brasil deve orientar-se pela exata adequação entre a regra jurídica abstrata e o caso concreto.

3 O juiz brasileiro pode aplicar de ofício a lei estrangeira, tendo em observação o que ela dispõe, desconsiderando qualquer remição por ela feita a outra norma alienígena.

4 O juiz brasileiro, ao aplicar direito alienígena, deve se atentar ao sentido que lhe é conferido no Estado de origem, respeitando a exegese doutrinária e jurisprudencial que se produz no país do qual provém a regra a ser empregada.

5 A **sentença estrangeira**, para produzir efeitos em território nacional, deve ser homologada pelo Superior Tribunal de Justiça. É importante distinguir sentença estrangeira de sentença internacional. Aquela é proferida no âmbito estatal e essa por tribunais internacionais. Assim sendo, a sentença internacional não precisa de homologação.

14. NACIONALIDADE E SAÍDA COMPULSÓRIA DE ESTRANGEIROS

1 São **critérios originários de atribuição de nacionalidade** o *ius solis* e o *ius sanguinis*. O *ius solis* se estabelece pelo local de nascimento, independentemente da nacionalidade dos pais. O *ius sanguinis* observa um critério de filiação, pois a nacionalidade originária é atribuída em consonância com a nacionalidade dos pais, independentemente do lugar de nascimento.

2 São **critérios** derivados de atribuição de nacionalidade o *ius domicilii*, o *ius laboris* e o *ius commuicatio*. Pelo *ius domicilii*, a nacionalidade é atribuída a alguém de acordo com o lugar em que ela está definitivamente estabelecida para efeitos legais. Pelo *ius laboris*, a atribuição da nacionalidade se procede por meio da prestação de serviço por uma pessoa em favor do Estado. Pelo *ius communicatio*, a atribuição da nacionalidade se dá pelo casamento.

3 Eventual **pedido de reaquisição de nacionalidade** feito por brasileiro naturalizado será processado no Ministério da Justiça, sendo facultada a partição do Ministério das Relações Exteriores.

4 O brasileiro nato poderá **perder** a nacionalidade brasileira se adquirir outra, salvo se houver o reconhecimento de nacionalidade originária por lei estrangeira, ou se existir a imposição de naturalização pela norma alienígena, ao brasileiro residente em Estado estrangeiro, como condição de permanência em seu território ou para o exercício de direitos civis.

5 **Brasileiro naturalizado** que, em virtude de atividade nociva ao Estado, tier sua naturalização cancelada por sentença judicial só poderá readquirí-la mediante ação rescisória.

6 **Nacionalidade** é o intrínseco vínculo político-jurídico que conecta uma pessoa ao território do Estado, capacitando-a a exigir sua proteção e a cumprir os deveres inerentes ao nacional.

7 São **formas de saída compulsória** de estrangeiro do território nacional: expulsão, extradição e deportação.

8 A **expulsão** é um ato estatal que obriga o estrangeiro a sair do território nacional, em face da prática de conduta atentatória aos interesses nacionais, ao qual não poderá mais retornar.

9 A **extradição** é uma forma de entrega do estrangeiro refugiado, criminoso ou acusado, a pedido de outro Estado, para naquele território ser julgado ou nele cumprir pena.

10 A **deportação** é uma forma de devolução de estrangeiro ao território de origem, ou outro que o receba, em face de se encontrar irregular em território nacional.

15. CONTRATOS INTERNACIONAIS

1 São **princípios contratuais internacionais** a *pacta sunt servanda*, o respeito à ordem pública e a autonomia da vontade.

2 São **elementos contratuais internacionais** a capacidade das partes, o objeto lícito, possível e suscetível de apreciação econômica; e a forma prevista ou não defesa em lei.

3 São **particularidades dos contratos internacionais** o alcance, a submissão, a arbitragem, o idioma empregado e o registro para validade, quando exigível pela norma interna do Estado.

4 O contrato internacional tem **alcance extraterritorial**, pois estabelece conexão com o território de outro(s) Estado(s).

5 O contrato internacional **se submete**, necessariamente, **a mais de uma legislação e/ou jurisdição**.

6 A **arbitragem** se encontra presente na maior parte dos contratos internacionais, seja por meio de cláusula arbitral (inserida no próprio contrato) ou compromisso arbitral (contrato acessório específico apenas para cuidar da arbitragem).

7 Nos contratos internacionais, o **idioma** a ser empregado pode ser escolhido pelos pactuantes. Pode ser um idioma comum aos envolvidos, nada impedindo a opção de mais de um.

8 São **componentes de formação do contrato internacional** a proposta, o memorando de entendimentos, a aceitação, a diligência de apuração, o parecer do(s) advogado(s) e a assinatura.

9 Nos contratos internacionais, a **proposta** é uma declaração volitiva de um dos pactuantes em que se demonstra o interesse na realização do acordo. Ela vincula o proponente.

10 Nos contratos internacionais, o **memorando de entendimentos** serve para a determinação dos elementos de negociação, como os documentos a serem apresentados e os objetivos da relação jurídica.

11 A **aceitação** da proposta realizada previamente determina o vínculo de todos os pactuantes ao contrato internacional.

12 A diligência de apuração, igualmente denominada ***due diligence***, serve para que os pactuantes examinem reciprocamente a documentação envolvida na negociação do contrato internacional.

13 O parecer do(s) advogado(s), também chamado ***legal opinion***, serve para estabelecer segurança jurídica aos pactuantes no contrato internacional e é o momento final em que é possível a inserção de novos elementos antes da assinatura.

14 No contrato internacional, a **assinatura** se mostra como um prenunciativo da expressão da vontade das partes em estabelecer um vínculo jurídico.

15 **Caso hipotético:** no curso de um processo no qual se discute o cumprimento de obrigação firmada entre brasileiro e estrangeiro domiciliado em seu país natal, e cuja execução teria de ocorrer em território nacional, o réu noticiou, nos autos, a existência de ação intentada no exterior com o mesmo objetivo. Em face dessa situação hipotética, a existência de ação idêntica em trâmite perante órgão judiciário não interfere no processamento do feito, no Brasil, podendo a autoridade judiciária local, inclusive, julgar causas que a ele sejam conexas. Isso ocorre porque a autoridade judiciária brasileira será competente quando o réu for domiciliado no Brasil, ou aqui tiver de ser cumprida a obrigação.

16 **Caso hipotético:** um contrato internacional entre um exportador brasileiro de laranjar e o comprador americano, previu que em caso de litígio fosse utilizada a arbitragem, realizada pela Câmara de Comércio Internacional. O exportador brasileiro fez a remessa das laranjas, mas estas não atingiram a qualidade estabelecida no contrato. O comprador entrou com uma ação no Brasil para discutir o cumprimento do contrato. Nesse caso hipotético, o juiz decidiu extinguir o feito sem julgamento do mérito, em face da cláusula arbitral.

17 **Caso hipotético**: em junho de 2009, uma construtora brasileira assina, na Cidade do Cabo, África do Sul, contrato de empreitada com uma empresa local, tendo por objeto a duplicação de um trecho da rodovia que liga a Cidade do Cabo à capital do país, Pretória. As contratantes elegem o foro da comarca de São Paulo para dirimir eventuais dúvidas. Um ano depois, as partes se desentendem quanto aos critérios técnicos de medição das obras e não conseguem chegar a uma solução amigável. A construtora brasileira decide, então, ajuizar, na justiça paulista, uma ação rescisória com o objetivo de colocar termo ao contrato. Nesse caso, o juiz brasileiro poderá conhecer e julgar a lide, mas deverá basear sua decisão na legislação sul-africana, pois os contratos se regem pela lei do local de sua assinatura. Isso ocorre porque para qualificar e reger as obrigações, aplicar-se-á a lei do país em que ela foi constituída.

16. DIREITO INTERNACIONAL E GLOBALIZAÇÃO

1 A **globalização** é um método de integração por meio do qual se estabelece uma interdependência de conexões sociais, econômicas, jurídicas, políticas e culturais nos diferentes Estados, em razão da evolução de uma sociedade da informação que fomenta uma diminuição de distâncias de espaço e tempo, com o objetivo de repudiar providências protecionistas comerciais a fim de romper com quaisquer restrições mercadológicas.

DIREITO TRIBUTÁRIO

♦ *Alessandro Spilborghs*

Sumário:

9. Capacidade tributária passiva.

10. Responsabilidade: 10.1 Introdução; 10.2 Responsabilidade por sucessão; 10.3 Responsabilidade de Terceiros; 10.4 Responsabilidade por Infrações; 10.5 Solidariedade.

11. Lançamento: 11.1 Conceito e características; 11.2 Modalidades.

12. Crédito tributário: 12.1 Introdução; 12.2 Suspensão da exigibilidade; 12.3 Moratória; 12.4 Depósito; 12.5 Recurso ou Reclamação administrativos; 12.6 Concessão de liminar ou tutela; 12.7 Parcelamento; 12.8 Extinção do crédito tributário; 12.9 Pagamento; 12.10 Compensação; 12.11 Transação; 12.12 Remissão; 12.13 Decadência; 12.14 Prescrição; 12.15 Conversão do depósito em renda; 12.16 Pagamento antecipado e a homologação do lançamento; 12.17 Consignação em pagamento; 12.18 Decisão administrativa irreformável e decisão judicial passada em julgado; 12.19 Dação em pagamento em bens imóveis.

13. Exclusão do crédito tributário: 13.1 Introdução; 13.2 Isenção; 13.3 Anistia.

14. Garantias e privilégios do crédito tributário; 14.1 Cláusula de impenhorabilidade; 14.2 Presunção de fraude; 14.3 Penhora online; 14.4 Preferências do crédito tributário; 14.5 Supremacia do executivo fiscal; 14.6 Concurso de preferência em relação ao crédito tributário.

15. Administração tributária: 15.1 Fiscalização; 15.2 Dívida Ativa

16. Execução fiscal.

17. Modalidades de defesa.

INCIDÊNCIA DOS TEMAS NAS PROVAS
atualizada até o XXIV Exame da OAB)

Direito Tributário		
Poder de Tributar e Competência tributária	4	4%
Tributos em espécie	6	6%
Dívida ativa e Processo Judicial Tributário	7	7%
Legislação Tributária	9	9%
Garantias e Privilégios do Crédito Tributário	10	10%
Lançamento e Crédito tributário	11	11%
Obrigação tributária e Responsabilidade	13	13%
Princípios e Imunidades	17	17%
Impostos em espécie	24	24%
Total	101	100%

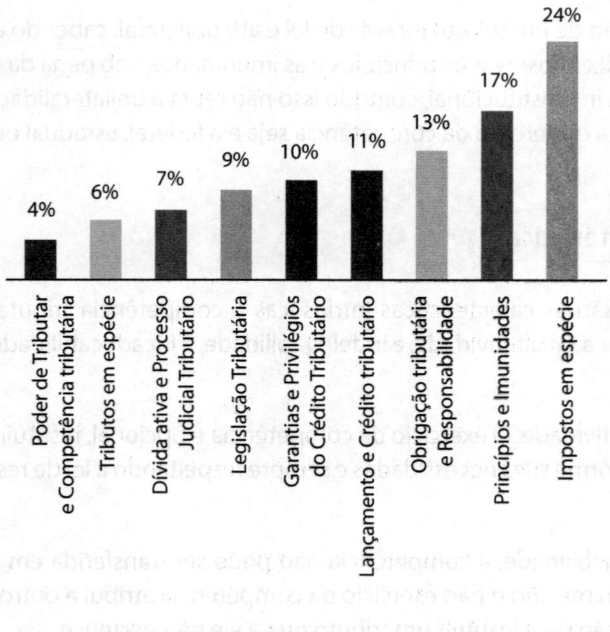

1. COMPETÊNCIA TRIBUTÁRIA

1.1 Conceito

1 O texto constitucional utiliza a expressão "Poder de Tributar", o qual por sua vez denota um sentido de poder absoluto, no entanto não é assim que você deve compreender o assunto em matéria tributária, uma vez que existem regras limitadoras ao exercício desse poder.

2 Invariavelmente o tema "Poder de Tributar" aparece em questões envolvendo "Competência Tributária", uma expressão mais adequada para o assunto. É possível afirmar que coube à Constituição Federal repartir a "Competência Tributária" entre cada um dos entes políticos (União, Estados, Distrito Federal e Municípios), sendo certo que caberá a eles o seu exercício.

3 Assim, é equivocado afirmar que cabe à Constituição Federal instituir tributos. A instituição de tributos é reflexo do exercício da competência tributária, de modo que isso acontece através dos entes federados que, por meio de lei, se valem da competência que lhes foi atribuída.

4 A criação de um tributo através de lei é ato unilateral, cabendo ao ente federado que o fizer observar os princípios e as imunidades, sob pena da exigência ser considerada inconstitucional, contudo isso não retira a unilateralidade da criação, apenas limita o exercício da competência seja ela federal, estadual ou municipal.

1.2 Características

5 Várias são as características intrínsecas à competência tributária, contudo vale destacar a facultatividade, a indelegabilidade, a incaducabilidade e a irrenunciabilidade.

6 Facultatividade: O exercício da competência é opcional, instituindo ou não o tributo conforme suas necessidades e sempre respeitando a lei de responsabilidade fiscal.

7 Indelegabilidade: a competência não pode ser transferida em hipótese nenhuma. Nem mesmo o não exercício da competência atribui a outro ente federado autorização para instituir um tributo que a ele não pertence.

8 Incaducabilidade: pode-se dizer que o exercício da competência é imprescritível. Além do ente federado não ser obrigado a instituir todo o tributo que recebe (em razão da facultatividade), também não possui prazo para instituir o tributo.

Desde o advento da CF/88 o Imposto sobre Grandes Fortunas (IGF) faz parte da competência federal, porém até hoje ainda não foi instituído. Isso não importa em nenhum prejuízo à União justamente em razão de a competência ser incaducável.

9 Irrenunciabilidade: importante não confundir com a facultatividade, pois nessa última o ente poderá tem a oportunidade de instituir ou não o tributo. Já a irrenunciabilidade implica numa vedação ao ente (mesmo que através de lei) abrir mão da competência tributária, afinal a outorga desse poder é realizada pela Constituição Federal, portanto, independentemente do aceite da pessoa jurídica de direito público.

> **ATENÇÃO!** Competência tributária não se confude com capacidade tributária ativa.

Competência tributária	Capacidade tributária ativa
Predomina a atividade legislativa	Predomina a atividade executiva
Natureza constitucional	Natureza inconstitucional
Indelegável	Delegável
Compreende 3 atividades: legislativa, fiscalizatória e arrecadatória	Compreende 2 atividades: fiscalizatória e arrecadatória

TRIBUTÁRIO

1.3 Modalidades

10 A competência tributária pode ser observada através de 05 modalidades distintas: privativa, comum, especial, residual e extraordinária.

11 Privativa: compreende os impostos. Todos os entes federados são competentes para instituir impostos, porém isso não significa que poderão instituir quaisquer impostos, mas sim apenas aqueles atribuídos privativamente a eles pela Constituição Federal.

12 Impostos privativos da União: Imposto de Importação (II); Imposto de Exportação (IE), Imposto sobre a Renda (IR), Imposto sobre Produtos Industrializados (IPI), Imposto sobre Operações Financeiras (IOF), Imposto Territorial Rural (ITR) e Imposto sobre Grandes Fortunas (IGF).

13 Impostos privativos dos Estados e Distrito Federal: Imposto sobre transmissão Causa Mortis e Doações (ITCMD), Imposto sobre Circulação de Mercadorias e Serviços (ICMS) e Imposto sobre a Propriedade de Veículo Automotor (IPVA).

14 Impostos privativos dos Municípios: Imposto Predial e Territorial Urbano (IPTU), Imposto sobre a Transmissão de Bens Imóveis (ITBI) e Imposto Sobre Serviços (ISS).

15 Comum: compreende as taxas e contribuições de melhoria. Para não haver conflito de competência entre os entes federados, uma vez que todos eles possuem aptidão para instituir taxas e contribuições de melhoria, resta necessário descobrir a quem cabe prestar o serviço (ex.: serviço de coleta de lixo residencial será remunerada por taxa municipal, serviço de emissão de passaportes será remunerada por taxa federal) ou quem for o realizador da obra pública que implicou valorização imobiliária (ex.: obra pública federal autoriza contribuição de melhoria da União, obra pública estadual autoriza contribuição de Melhoria do Estado Membro).

16 Especial: compreende os empréstimos compulsórios e as contribuições especiais. Esses tributos fazem parte da competência da União, conforme observado nos artigos 148 e 149 da Constituição Federal.

Contribuições sociais

Regra	Exceção
Competência da União	Competência dos E/DF/M
	CUIDADO! (149, § 1º, CF) quando cobrada dos seus servidores públicos para custear seu próprio regime previdênciário

17 Residual: trata da possibilidade de a União (e de nenhum outro ente federado) instituir novos impostos e novas contribuições sociais. Para que tal competência seja exercida será necessário observar os requisitos descritos pela Carta Magna. São três requisitos para novos impostos e outros três requisitos para novas contribuições sociais. Observe:

Novos impostos	Novas contribuições
Art. 154, I, CF	Art. 195, § 4º, CF
Lei Complementar	Lei Complementar
Não cumulativo	Não cumulativo
Não pode ter FG/BC próprios de outros impostos	Não pode ter FG/BC próprios de outras contribuições

18 Extraordinária: A última modalidade de competência também é de exclusividade da União e a autoriza a instituir nos casos de guerra externa ou iminência de guerra externa o imposto extraordinário de guerra (IEG). Diferentemente da modalidade de competência anterior (Residual), nesse caso o imposto poderá ser instituído por lei ordinária ou até mesmo por medida provisória.

2. PRINCÍPIOS

2.1. Introdução

1 Princípios são considerados regras limitadoras ao poder de tributar tais quais as imunidades, porém se diferenciam delas em relação ao funcionamento. Isso ocorre porque os princípios orientam a cobrança tributária, enquanto as imunidades, ao contrário, afastam a incidência de tributos sobre determinadas pessoas, bens ou situações.

2.2. Princípio da Legalidade

2 A regra desse princípio implica em afirmar que todos e quaisquer tributos devem ser instituídos ou majorados através de lei.

3 A rigor lei ordinária é o bastante, porém há alguns tributos que dependem de lei complementar. São eles: Empréstimos Compulsórios, Imposto sobre Grandes Fortunas, Impostos Residuais e Contribuições Sociais Residuais.

4 Assim, é possível afirmar também, que tributos dependentes de lei complementar não admitem sua instituição ou majoração por medida provisória (art. 62, § 1º, III, CF), enquanto os demais tributos que são instituídos por lei ordinária, igualmente poderão ser veiculados por medida provisória.

5 São exceções expressas ao princípio da legalidade: imposto de importação (II); imposto de exportação (IE), imposto sobre produtos industrializados (IPI) e o imposto sobre operações financeiras (IOF). Para esses impostos suas alíquotas poderão ser alteradas através de ato do Poder Executivo (ex.: decreto, portaria).

6 Além deles, também são ressalvadas à regra da legalidade estabelecida no art. 150, I, CF, a CIDE combustível e o ICMS combustível. Para o primeiro caso (CIDE combustível) suas alíquotas poderão ser alteradas por ato do Poder Executivo, enquanto para o ICMS combustível suas alíquotas serão definidas por um convênio firmado entre representantes dos Estados e Distrito Federal, nos termos da LC 24/75 (Confaz – Conselho Nacional de Política Fazendária).

7 Há que se considerar ainda outros casos excepcionais à legalidade, tais como: a atualização monetária do tributo (Súmula 160 do STJ); o estabelecimento de obrigação acessória (art. 113, § 2º, CTN) e até mesmo a fixação do prazo de pagamento do tributo (art. 160, CTN).

2.3. Princípio da Igualdade

8 O princípio da igualdade tem como objetivo buscar a justiça fiscal, de modo que os iguais deverão ser tratados igualmente e os desiguais, desigualmente, na medida das suas desigualdades.

9 Intrínseco a esse princípio existe outro denominado como capacidade contributiva, segundo o qual, sempre que possível os impostos serão pessoais e suas alíquotas deverão variar conforme a capacidade econômica de cada indivíduo (art. 145, § 1º, CF). Através deste é que reconhecemos a autorização da Constituição Federal para a progressividade das alíquotas.

10 Por fim, cumpre também a igualdade afastar qualquer distinção tributária em razão de ocupação profissional ou função dos contribuintes, independentemente da denominação jurídica dos rendimentos, títulos ou direitos.

11 Naturalmente, a igualdade não comporta hipóteses excepcionais.

2.4 Princípio da Irretroatividade

12 A regra estampada no art. 150, III, a, CF é uma ferramenta que assegura o princípio da segurança jurídica, na medida que impede que a lei possa alcançar e modificar situações pretéritas. Ou seja, lei publicada na data de hoje vigorará sobre fatos geradores praticados de hoje em diante. Fatos geradores anteriores à entrada em vigor da nova lei não poderão ser alcançados.

13 Existem situações, porém, nas quais a lei poderá retroagir: quando a lei for expressamente interpretativa ou para alcançar atos ainda não definitivamente julgados contrários à lei (art. 106, I e II, CTN).

14 Lei expressamente interpretativa: lei nova que esclarece conteúdo legal anterior poderá retroagir, porém é proibida a aplicada de multas sobre os dispositivos interpretados.

15 Lei nova mais benéfica em relação às infrações cometidas no passado: de acordo com o Código Tributário Nacional aplica-se, em relação às infrações ainda não definitivamente julgados, os dispositivos da lei que for mais benéfica em

matéria de penalidade. Exemplo: em 2016 contribuinte deixa de pagar o tributo (multa prevista de R$ 50), porém a autuação só acontece em 2017 (com multa prevista de R$ 30). Nesse caso apesar de a infração ter ocorrido em 2016, aplica-se a multa vigente em 2017(menos severa).

2.5 Princípio da Anterioridade

16 Atualmente existem duas anterioridades: anual e a noventena (também chamada de anterioridade mínima ou nonagesimal).

17 De acordo com a anterioridade anual o tributo não poderá ser exigido no mesmo exercício financeiro no qual a lei o majorou (ex.: se a lei majora o tributo em 2017, então apenas a partir de 01/01/2018 a nova carga tributária poderá ser cobrada).

18 Conforme a noventena o tributo não poderá ser exigido antes de decorridos 90 dias contados da data da lei que o majorou (ex.: se a lei majora o tributo em 01/09/2017, então só depois de 90 dias o aumento poderá ser cobrado).

19 As anterioridades são diferentes, porém devem ser aplicadas concomitantemente. Assim, sempre acaba por prevalecer aquela anterioridade que assegurar ao contribuinte um prazo maior para que este se prepare para pagar o tributo majorado, observe:

Exemplo

Lei em 01/09/2017		Lei em 01/12/2017	
Anterioridade anual	Anterioridade nonagesimal	Anterioridade anual	Anterioridade nonagesimal
01/01/2018	01/12/2017	01/01/2018	01/03/2018
PREVALECE	a anual assegura prazo maior	a nonagesimal assegura prazo maior	PREVALECE

20 Conhecer as exceções ao princípio é fundamental. Facilita a memorização se as dividirmos em três grupos: (a) Tributos que não observam nenhuma das 2 anterioridades – II, IE, IOF, IEG e Empréstimos Compulsórios instituídos no caso de calamidade pública ou guerra. (b) Tributos que não precisam aguardar pelo exercício financeiro seguinte, porém só podem ser cobrados após 90 dias – IPI, Contribuições Sociais, CIDE combustível e ICMS combustível. (c) Tributos que não precisam aguardar pelo prazo mínimo de 90 dias, porém só podem ser cobrados no exercício financeiro seguinte à majoração – IR, IPVA e IPTU (estes dois últimos apenas na hipótese de alteração de sua base de cálculo).

2.6 Princípio do Não Confisco

21 Corresponde o princípio a uma vedação a todos os entes federados no sentido de eles não poderem cobrar tributos com efeito confiscatório.

22 Como a Constituição Federal (art. 150, IV) limita-se a simplesmente estabelecer a regra acima indicada, o que significa efeito confiscatório? Resumidamente consiste na apropriação da Administração Pública de uma parcela do patrimônio do contribuinte decorrente de uma cobrança tributária desproporcional a sua capacidade econômica. Trata-se, por tanto, de uma situação subjetiva que deverá ser analisada caso a caso.

23 Em resumo, o Supremo Tribunal Federal (ADI 2010) estabelece que é reconhecido o efeito confiscatório quando houver comprometimento à dignidade da pessoa humana, à prática profissional ou à livre iniciativa.

24 Vale ainda lembrar que embora seja um princípio constitucional tributário, a jurisprudência (RE 523.471) têm reconhecido que sanções (multas) exageradas também ofendem à vedação ao confisco.

2.7 Princípio da Liberdade de Tráfego

25 Outro princípio que restringe as ações de todos os entes federados (art. 150, V, CF). Aqui, União, Estados, Distrito Federal e Municípios estão proibidos de limitar o tráfego de pessoas ou bens através da exigência de tributos interestaduais ou intermunicipais.

26 O objetivo do princípio é assegurar a liberdade de locomoção do cidadão, afastando a possibilidade de um ente cobrar tributo sobre o pretexto de alguém querer entrar ou sair de um determinado território.

27 Há, contudo, expressa ressalva à vedação imposta: a cobrança de pedágio nas vias conservadas pelo Poder Pública. Tal exigência, portanto, pode acontecer sem o risco de se violar a liberdade de tráfego.

2.8 Princípio da Uniformidade Geográfica

28 Importante destacar logo de início que diferentemente de todos os demais princípios observados anteriormente, este aqui constitui uma regra limitadora aplicável somente à União. Assim, Estados, Distrito Federal e Municípios não estão sujeitos à uniformidade geográfica.

29 Conforme descrito no art. 151, I, CF é vedado à União exigir tributos que não sejam uniformes em todo o território nacional. Isso significa dizer que se a alíquota do IOF incidente sobre operações financeiras realizadas na região Sudeste for de 10%, por exemplo, então em todas as demais regiões do País a tributação será a mesma, independentemente do local onde ocorram.

30 No entanto não representa ofensa ao princípio a concessão de incentivos fiscais naquelas regiões onde seja necessária a interferência federal para dirimir eventuais desigualdades socioeconômicas, como acontece na Zona Franca de Manaus.

2.9 Princípio da Não Diferenciação Tributária

31 Trata-se de princípio que vincula a atuação dos Estados, Distrito Federal e Municípios. A União, portanto, não está sujeita ao princípio da não diferenciação tributária (também conhecido como não discriminação tributária).

32 A regra fixada pelo art. 152 da CF proíbe que Estados, Distrito Federal e Municípios estabeleçam diferença tributária para seus bens ou serviços em razão da sua origem ou destino. Ou seja, o fato de um serviço ser prestado por uma empresa situada no Município "X" não pode servir de critério para exigir uma alíquota diferente sobre um mesmo serviço prestado por uma empresa localizada no Município "Y".

33 Outro exemplo interessante diz respeito ao IPVA, uma vez que a alíquota desse imposto não poderá ser maior ou menor só porque um veículo é nacional ou importado (lembre-se: não pode haver diferença tributária em razão da origem do bem!).

3. IMUNIDADES

3.1 Introdução

1 Imunidades são regras de não incidência qualificadas pela Constituição Federal. Desta forma se diferenciam das isenções, pois essas últimas constituem benefícios fiscais estabelecidos pela legislação infraconstitucionais.

2 Existem várias imunidades espalhadas na Carta Magna, seja afastando impostos (todas as hipóteses do art. 150, VI, CF), seja afastando taxas (ex.: art. 5º, XXXIV, a, CF - são a todos assegurados, independentemente do pagamento de taxas: o direito de petição aos Poderes Públicos em defesa de direitos ou contra ilegalidade ou abuso de poder) e até mesmo afastando contribuições (art. 149, § 2º, I, CF - as contribuições sociais e de intervenção no domínio econômico de que trata o *caput* deste artigo: não incidirão sobre as receitas decorrentes de exportação).

3 Como frisado anteriormente, a maioria das imunidades afasta a incidência de impostos. As hipóteses mais conhecidas (e justamente por isso mais intensamente exigidas nas provas) são aquelas descritas nas alíneas do art. 150, VI da Constituição Federal e denominadas como imunidades genéricas (uma vez que asseguram o afastamento de todos e quaisquer impostos, sejam os federais, os estaduais ou municipais).

3.2 Imunidade Recíproca

4 Imunidade Recíproca (art. 150, VI, a, CF). Veda a cobrança de impostos entre os entes federados sobre seus bens, suas rendas ou serviços. Também protege as autarquias e fundações públicas, porém aqui, a imunidade abarcará apenas seu patrimônio, renda ou serviços vinculados a suas finalidades essenciais ou às delas decorrentes.

5 Segundo o Supremo Tribunal Federal (RE 399.307) até mesmo empresas públicas e sociedades de economia mista gozarão da proteção, contudo apenas para serviços exclusivamente estatais e prestados sem fins lucrativos (ex.: Empresa de Correios e Telégrafos, Casa da Moeda, Infraero).

3.3 Imunidade Religiosa

6 Imunidade discriminada no art. 150, VI, b da CF possui como principal objetivo assegurar a liberdade de crença, a partir do momento que veda a cobrança de impostos sobre templos de qualquer culto.

7 Essa regra não só afasta impostos sobre o imóvel onde é realizada a cerimônia religiosa, mas também protege o patrimônio, rendas e serviços da entidade religiosa relacionados com suas finalidades essenciais. É o caso do imóvel de um templo destinado apenas ao estacionamento dos veículos dos fiéis que comparecem à celebração religiosa. Ainda que o estacionamento seja cobrado, se os valores arrecadados se destinarem à manutenção da entidade religiosa, então não há que se falar na cobrança de impostos.

3.4 Imunidade Condicional

8 A imunidade que protege os partidos políticos, os sindicatos, bem como as entidades assistenciais e educacionais da incidência de impostos é esta prevista do art. 150, VI, c, CF.

9 Importante frisar que quaisquer partidos políticos estão imunes, independentemente de sua ideologia ou se declaram a favor ou contrários ao governo.

Todos os partidos políticos, bem como as fundações por eles mantidas gozam de imunidade.

10 Já não se pode trazer a mesma afirmação para os sindicatos, uma vez que o texto constitucional assegura a proteção fiscal tão somente para os sindicatos dos trabalhadores. Logo, conclui-se, que os sindicatos patronais não possuem a mesma guarida.

11 Entidades assistenciais e educacionais são imunes também, contudo apenas aquelas que se revelam sem fins lucrativos.

12 Vale lembrar ainda que a grande razão para denominar essa imunidade como condicional está no fato dessas pessoas apenas gozarem do benefício desde que observados os requisitos (condições) estabelecidos em lei (art. 14 do CTN). Tais requisitos são de cumprimento obrigatório para qualquer uma das pessoas relacionadas no art. 150, VI, c da CF, sob pena de terem sua imunidade suspensa.

Requisitos	
✓	Não possuir finalidade lucrativa
✓	Aplicar integralmente os recursos no País
✓	Manter livros contábeis regulares

13 Uma situação extremamente interessante diz respeito ao imóvel que uma dessas pessoas alugar a um terceiro totalmente desvinculado das ações partidárias, sindicais, assistenciais ou educacionais. Ainda assim esse imóvel manter-se-á imune ao IPTU desde que o dinheiro auferido com os aluguéis seja revertido às finalidades essenciais das pessoas imunizadas (Súmula Vinculante nº 52).

3.5 Imunidade de Imprensa

14 Com o objetivo de garantir o direito ao acesso à informação, a imunidade de imprensa (art. 150, VI, d, CF) proíbe a cobrança de impostos sobre os livros, jornais, periódicos e sobre o papel destinado a sua impressão.

15 Vale frisar que essa regra protege o veículo que conduz o conhecimento e não quem o produz. Assim, a editora ou a gráfica, responsáveis pela comercialização dos produtos não estão imunes a impostos.

16 Cabe apontar que a imunidade recai sobre quaisquer livros, jornais ou periódicos independentemente da qualidade da informação veiculada, inclusive até álbum de figurinhas (já decidiu o STF – RE 221.239) goza de proteção.

17 É importante, por fim, relembrar que o livro eletrônico foi considerado tema de repercussão geral (RE 330.817) e nela concluiu o Supremo Tribunal Federal que os e-books gozam de imunidade, proteção esta que alcança também os equipamentos eletrônicos exclusivos para sua leitura (smartphones e tablets que tenham outras funções não foram imunizados).

3.6 Imunidade Musical

18 A imunidade mais recente do texto constitucional resulta da aprovação da EC nº 75/13, conhecida como PEC da Música. Entre seus principais objetivos estão o combate à contrafação (pirataria), revigoramento do mercado fonográfico e, claro, a difusão da cultura.

19 O disposto no art. 150, VI, e, CF afasta impostos federais, estaduais ou municipais sobre os fonogramas e videofonogramas musicais produzidos no Brasil contendo obras musicais ou literomusicais de autores brasileiros e ou obras em geral interpretadas por artistas brasileiros bem como os suportes materiais ou arquivos digitais que os contenham.

20 Aqui, portanto, diferentemente da imunidade de imprensa, o legislador é enfático ao afirmar que está imune também os suportes materiais ou arquivos digitais que contenham músicas.

21 Resta destacar uma operação na produção musical que não foi abarcada pela imunidade. Trata-se da etapa de replicação industrial de mídias ópticas de leitura a laser. Ou seja, aquela etapa onde a indústria fonográfica replica em milhares de cópias a produção de um CD ou DVD, por exemplo. Isso se explica porque se a imunidade também alcançasse essa situação o incentivo fiscal oferecido às indústrias fonográficas instaladas na Zona Franca de Manaus tornar-se-ia esvaziado.

4. REPARTIÇÃO DE RECEITAS

1 Delineadas entre os artigos 157 a 162 da Constituição Federal, as regras sobre repartição de receitas tributárias consistem em verdadeiras transferências obrigatórias de receitas que devem ser realizadas entre os entes federados.

2 Assim, a União deve repartir o produto da arrecadação de alguns dos seus impostos para com os Estados, o Distrito Federal e os Municípios. Ex.: 25% da arrecadação do Imposto residual federal pertencerá aos Estados e Distrito Federal. 50% da arrecadação do ITR pertencerá aos Municípios.

3 Estados também devem repartir a receita de alguns dos seus impostos para com os Municípios. Ex.: 50% da arrecadação do IPVA pertencerá aos Municípios.

4 Observe, portanto, que nem o Distrito Federal, nem os Municípios repartem a arrecadação dos seus impostos.

5 Embora esse tema não seja tão recorrente nas provas, é importante conhecer os únicos impostos que não tem sua arrecadação sujeita à repartição: impostos municipais (nenhum), impostos do Distrito Federal (nenhum), ITCMD (ICMS e IPVA são repartidos) e Imposto de Importação, Imposto de Exportação, Imposto sobre Grandes Fortunas e Imposto Extraordinário de Guerra (os demais impostos federais sujeitam-se à repartição).

5. TRIBUTOS EM ESPÉCIE

5.1 Introdução

1 "Tributo" é uma expressão que representa um gênero e tem por significado toda prestação pecuniária compulsória, em moeda ou cujo valor nela se possa exprimir, que não constitua sanção de ato ilícito, instituída em lei e cobrada mediante atividade administrativa plenamente vinculada.

2 Deste gênero é possível identificar 05 espécies distintas: impostos, taxas, contribuições de melhoria, empréstimos compulsórios e contribuições especiais.

3 Segundo o Código Tributário Nacional (art. 4º) a natureza jurídica específica do tributo é determinada pelo fato gerador da obrigação, logo é irrelevante para fins de classificação de um tributo a denominação dada à cobrança ou mesmo a destinação legal do produto da sua arrecadação.

TRIBUTÁRIO

5.2 Impostos

4 A primeira das espécies tributárias deve ser lembrada como o principal tributo cobrado pelos entes federados, como também por ter um fato gerador não vinculado a nenhuma contraprestação estatal e ainda por expressão vedação constitucional na vinculação do produto de sua arrecadação a qualquer fundo, órgão ou despesa. Ou seja, imposto é tributo que não depende de nenhuma atuação da Administração Pública para ser exigido e uma vez arrecadado, tais valores não poderão estar ligados a nenhuma finalidade específica, ressalvadas situações previstas pela Constituição Federal. Observe:

Não ofende a proibição da Constituição à vinculação do produto da areecadação dos impostos (art. 167, IV), quando:				
obrigatoriamente repartida entre os entres	destinada à saúde	destinada ao ensino	destinada à administração tributária	servir de garantia às operações de crédito por antecipação de receita

5 Outro ponto comum a todos e quaisquer impostos está relacionada a três características: fato gerador, base de cálculo e contribuintes. Conforme art. 146, III, a, CF essas informações, para impostos, devem ser necessariamente veiculadas por lei complementar.

Taxas

6 Taxas são tributos vinculados a uma contraprestação estatal, possuindo, como fato gerador: (I) o exercício regular do poder de polícia; e (II) a prestação, efetiva ou potencial, de serviços públicos específicos e divisíveis, prestados ao contribuinte ou postos à sua disposição.

7 Dividem-se as taxas, então, em duas modalidades: as taxas de polícia e as taxas de serviço.

8 Taxas de polícia são taxas que podem ser cobradas quando houver o exercício regular do poder de polícia. Ex.: Atividade de fiscalização que efetivamente acontece ou quando simplesmente existe departamento hábil para realizá-la.

9 Taxas de serviço são aquelas cobradas quando houver a utilização efetiva ou potencial de um serviço público específico e divisível. Ex.: serviço de poda árvore ou serviço de coleta de lixo residencial.

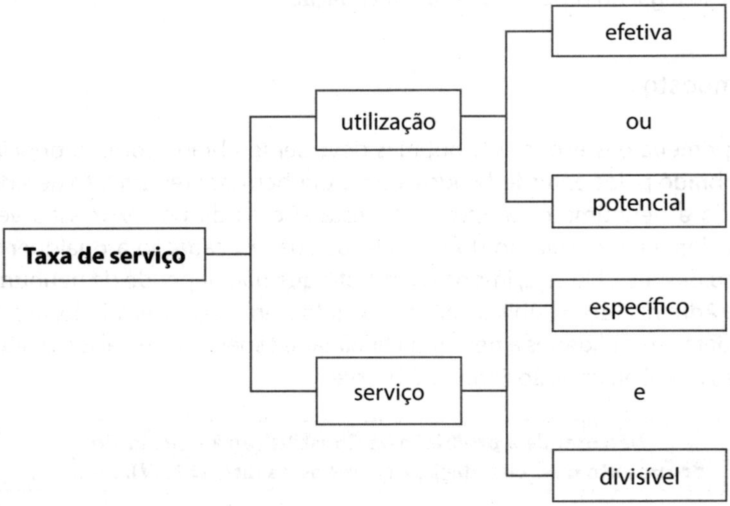

10 Um dos pontos mais importantes sobre taxas está no fato de estas não poderem ter fato gerador, nem base de cálculo idênticas aos dos impostos (ex.: a taxa do lixo não pode ser calculada conforme o valor venal do imóvel). Porém, segundo o Supremo Tribunal Federal (Súmula Vinculante 29) não há ofensa à Constituição se uma taxa for calculada utilizando algum elemento da base de cálculo de imposto, desde que não haja integral identidade entre uma base e outra (ex.: taxa do lixo calculada de acordo com a área do imóvel).

11 Importante ainda conhecer que as custas processuais (remuneram os serviços prestados pelos serventuários a Justiça, dando andamento aos processos) e os emolumentos públicos (remuneram serviços notariais (testamento/ reconhecimento/ firma) e de registro público (contrato/ título propriedade)) previstos no art. 98, §2º, da CF possuem natureza jurídica de taxa, conforme posicionamento firmado pelo Supremo Tribunal Federal (ADI 2059).

5.3 Contribuições de Melhoria

12 A espécie contribuição de melhoria é um tributo considerado indiretamente vinculado, isso ocorre porque embora dependente de obra pública, não basta a sua realização para realizar a cobrança. É fundamental que aconteça a valorização imobiliária decorrente da obra pública.

13 Outro equívoco comum está em se afirmar que a contribuição de melhoria tem por finalidade custear a obra pública. Isso não é verdade. O tributo só é cobrado após a realização da obra e seu objetivo é impedir o enriquecimento sem causa daqueles que tiverem seus imóveis valorizados por causa da obra pública.

14 Como todo e qualquer tributo, a contribuição de melhoria também depende de lei (federal, estadual ou municipal), porém esta lei deve vir acompanhada de requisitos mínimos, conforme apontado pelo art. 82 do CTN. Em resumo deve trazer: publicação prévia de informações correspondentes à obra, fixação de prazo não inferior a 30 (trinta) dias, para impugnação pelos interessados, de qualquer dos elementos referentes à obra e regulamentação do processo administrativo de instrução e julgamento da citada impugnação.

15 E, por fim, um dos pontos mais questionados pertinentes à contribuição de melhoria diz respeito ao montante de sua cobrança. Existem dois limites que devem ser observados (art. 81, CTN): o limite individual (segundo o qual o montante da contribuição não pode superar a valorização do imóvel) e o limite total (segundo o qual o valor arrecadado em contribuições de melhoria não superará ao custo total da obra).

5.4 Empréstimos Compulsórios

16 Os empréstimos compulsórios representam tributo outorgado exclusivamente à competência da União. Não existe hipótese nenhuma para Estados, Distrito Federal ou Municípios instituírem esse tributo.

17 Somente lei complementar poderá ser utilizada para veicular um empréstimo compulsório, logo, resta lembrar, portanto, que é impossível institui-lo por medida provisória, ainda que numa situação de relevância e urgência.

18 Para a União exercer sua competência referente ao tributo será necessária uma de duas hipóteses: despesas extraordinárias decorrentes de calamidade pública, guerra externa ou iminência de guerra externa e investimento público de caráter urgente e relevante interesse nacional.

19 Atualmente, segundo a Constituição Federal (art. 148) inexiste qualquer outra hipótese autorizadora da instituição dos empréstimos compulsórios.

20 Atenção especial deve ser dada à relação dos empréstimos compulsórios com o princípio da anterioridade. Lembre-se: empréstimo compulsório duas possibilidades (calamidade pública / guerra ou investimento público de caráter urgente) e anterioridade duas regras (anual e noventena). Observe:

Empréstimo compulsório

Calamidade/guerra		**Investimento público de caráter urgente**	
Anterioridade anual	Anterioridade noventena	Anterioridade anual	Anterioridade noventena
Não observa	Não observa	Observa	Observa

5.5 Contribuições Especiais

21 Contribuições especiais são aquelas descritas no art. 149 da Constituição Federal: contribuições sociais, contribuições de intervenção no domínio econômico (CIDE) e contribuições corporativas.

22 A contribuição para o custeio do serviço de iluminação pública (COSIP ou CIP) é considerada uma contribuição sui generis e está fundamentada no art. 149-A, CF.

23 Por regra qualquer uma das 04 contribuições será instituída por lei ordinária, ressalvada as novas contribuições sociais (art. 195, § 4º c/c art. 154, I, CF) que dependem de lei complementar.

24 Em relação à competência exercida sobre elas temos que contribuições sociais, CIDE e contribuições corporativas pertencem à União. Já a COSIP foi entregue à competência dos Municípios e do Distrito Federal.

25 Existe, contudo, uma hipótese na qual Estados, Distrito Federal e Municípios poderão instituir, cobrar e arrecadar contribuições sociais. Trata-se da cobrança desse tributo sobre os servidores públicos estaduais, distritais ou municipais que visa custear seu próprio regime previdenciário (art. 149, § 1º, CF).

26 A CIDE é a contribuição de intervenção no domínio econômico destinada a custear a ordem econômica.

27 A lei que instituir contribuição de intervenção no domínio econômico relativa às atividades de importação ou comercialização de petróleo e seus derivados, gás natural e seus derivados e álcool combustível deverá atender aos seguintes requisitos: as alíquotas podem ser variadas (em razão do tipo/uso) ou reduzidas / restabelecidas (por decreto) e o destino da arrecadação será o subsídio ao preço, projetos ambientais e a infraestrutura de transportes (art. 177, §4º, CF). Trata-se de características específicas para a CIDE combustível.

28 Aliás, a CIDE combustível é a única contribuição que tem sua receita repartida entre os demais entes federados (art. 159, III e §4º, CF). Do produto da arrecadação da União, 29% é entregue para os Estados e desses 29%, 25% será distribuído para os Municípios.

29 Por fim, as contribuições corporativas (também chamadas de contribuições parafiscais) são arrecadadas no interesse das categorias profissionais ou econômicas.

30 Embora as contribuições corporativas sejam de competência da União, elas costumam ser arrecadadas pelos conselhos de fiscalização profissional (ex.: conselho de medicina, conselho de engenharia e arquitetura).

TRIBUTÁRIO

6. IMPOSTOS EM ESPÉCIE

6.1 Impostos Municipais

(A) IPTU

1 O imposto sobre a propriedade predial e territorial urbana (IPTU) possui como fato gerador a propriedade, o domínio útil ou a posse de um imóvel localizado na zona urbana (art. 32, CTN).

2 Para que haja a incidência do IPTU, a área urbana, por regra, deve ser aquela definida por lei municipal e ainda deve ser acompanhada de pelo menos 2 (dois) melhoramentos urbanos, segundo dispõe o art. 32, §1º, do CTN. Como exceção, encontramos a disposição do art. 32, §2º do CTN que também considera como urbana a área localizada fora do perímetro urbano, desde que exista loteamentos aprovados por lei para fins de habitação, indústria ou comércio (são as chamadas áreas urbanizáveis).

3 O sujeito passivo do IPTU (quem deve pagar) será o proprietário, o titular do domínio útil ou o possuidor a qualquer título (art. 34, CTN).

4 O locatário de imóvel é um possuidor direto, porém não é contribuinte do IPTU, porque não possui "*animus domini*" definitivo. O fisco cobrará o IPTU sempre do proprietário do imóvel, mesmo que em razão do contrato de locação essa responsabilidade seja transferida ao locatário.

5 A base de cálculo do IPTU é o valor venal do imóvel, nos termos do art. 33 do CTN.

6 As alíquotas do IPTU podem ser progressivas, em razão do valor venal (art. 156, §1º, CF) ou em razão da função social da propriedade (art. 182, §4º, II, CF).

7 Há também a possibilidade de as alíquotas do IPTU serem diferenciadas em razão do uso (residencial ou não residencial) e da localização do bem (bairro, região), consoante prevê o art. 156, §1º, II, CF.

8 O lançamento do IPTU é direto ou de ofício (art. 149, I, CTN).

9 O contribuinte do IPTU é notificado do lançamento pelo envio do carnê ao seu endereço, conforme súmula 397 do STJ.

(B) ITBI

10 O ITBI incide sobre a transmissão "*inter vivos*" onerosa de bens imóveis (e cessão de direitos), nos termos do art. 156, II, da CF combinado com o art. 35, CTN, mas não incide sobre a transmissão de direitos reais de garantia (penhor, hipoteca e anticrese) nem sobre a transmissão de imóvel que ocorreu para integralizar o capital social da empresa ou em razão de uma cisão, fusão, incorporação ou extinção da empresa.

11 O Município competente para exigir o ITBI será aquele do local da situação do imóvel, nos termos do art. 156, §2º, II, CF.

12 O sujeito passivo do ITBI poderá ser qualquer uma das partes da operação, porém normalmente é o adquirente do bem que deve recolher o tributo (art. 42, CTN).

13 Quando um imóvel pertence à União e é vendido para um particular, incide ITBI (que deverá ser pago pelo adquirente). Já quando um imóvel pertence a um particular e é vendido à União, não incide ITBI, em razão da imunidade, porque o adquirente é a União (art. 150, §3º, CF combinado com a súmula 75, STF).

14 A base de cálculo do ITBI será o valor venal do imóvel, nos termos do art. 38 do CTN. Porém, na hipótese de um imóvel arrematado em hasta pública, a base de cálculo será o montante da arrematação (REsp 1.188.655).

(C) ISS

15 O campo de incidência do ISS compreende os serviços de qualquer natureza, desde que, primeiramente, não sujeitos ao ICMS, além do mais os serviços devem encontrar-se descritos na lista anexa à LC 116/03, e ainda tais serviços devem corresponder a uma prestação de fazer (art. 156, III, CF combinado com o art. 1º, LC 116/03).

serviços não tributados pelo ICMS	+	previstos na LC 116/03	+	corresponder a uma prestação de fazer	=	**incidência do ISS**

16 O ISS não incide sobre transporte intermunicipal, transporte interestadual, serviços de comunicação, serviços destinados ao exterior, serviços prestados em relação de empregado, operações de crédito, serviços gratuitos, serviços públicos e serviços prestados em benefício próprio (art. 155, II, CF combinado com o art. 156, III, CF e art. 2º, LC 116/03).

17 O ISS deve ser recolhido ao local do estabelecimento (art. 3º, LC 116/03) ou ao local da prestação do serviço (art. 4º, LC 116/03).

18 O contribuinte do ISS poderá ser o prestador de serviço (art. 5º, LC 116/03) e o tomador do serviço poderá ser indicado como responsável pelo pagamento (art. 6º, LC 116/03).

19 A base de cálculo do ISS é o preço do serviço, nos termos do art. 7º, LC 116/03.

20 Segundo dispõe o art. 156, §3º, I, da CF, cabe à lei complementar (LC 116/03) fixar os limites para as alíquotas do ISS (máxima de 5% - art. 8º, II, LC 116/03 e mínima de 2% - art. 88, I, ADCT).

6.2 Impostos Estaduais

(A) ITCMD

21 O ITCMD incide sobre a transmissão "causa mortis" ou doação de quaisquer bens e direitos (móveis ou imóveis) - art. 155, I, CF c/c art. 35, CTN.

22 O ITCMD deve ser pago sob a alíquota vigente à época do fato gerador (súmula 112, STF).

23 No caso de transmissão "causa mortis" de bens móveis, o ITCMD deve ser recolhido ao local do processamento do inventário. No caso de bens imóveis, ao Estado local da situação do bem.

24 O contribuinte do ITCMD poderá ser qualquer uma das partes da operação. Na doação, o doador ou o donatário (normalmente o donatário). E no caso da transmissão "causa mortis", naturalmente os herdeiros.

25 A base de cálculo do ITCMD será o valor venal dos bens transmitidos (móveis ou imóveis), nos termos do art. 38, CTN, mas será aquela definida no ano em que os bens foram avaliados (súmula 113, STF).

26 Segundo o art. 155, §1º, IV, CF, o ITCMD terá suas alíquotas máximas fixadas pelo Senado Federal (conforme resolução nº 9/92 será de 8%).

(B) ICMS

27 O ICMS incide sobre operações de circulação de mercadorias e prestação de serviços de transporte interestadual, intermunicipal e de comunicação (art. 155, II, CF c/c art. 155, §3º, CF e art. 2º, LC 87/96).

28 Para que haja a incidência no ICMS no caso da operação de circulação de mercadoria, deve ocorrer uma circulação jurídica, ou seja, aquela que impõe uma transferência de titularidade (não pode ser uma transferência fática).

29 Ocorre o fato gerador do ICMS na saída da mercadoria de estabelecimento de contribuinte, nos termos do art. 12, LC 87/96.

30 Conforme dispõe o art. 155, §3º, da CF, os únicos impostos que poderão ser cobrados sobre operações relativas a energia elétrica, serviços de telecomunicações, derivados de petróleo, combustíveis e minerais são o imposto de importação, o imposto de exportação ou o ICMS.

31 Consoante disposto no art. 155, §2º, X, da CF, não incide o ICMS sobre exportação; operações interestaduais que envolvam combustível derivado de petróleo e energia elétrica; ouro como ativo financeiro ou instrumento cambial; e nas prestações de serviço de comunicação nas modalidades de radiodifusão sonora e de sons e imagens de recepção livre e gratuita.

32 Outro ponto bastante interessante acerca do ICMS e que foi mais recentemente alterado no texto da Constituição Federal (EC 87/15) encontra-se discriminado no art. 155, §2º, VII: onde nas operações e prestações que destinem bens e serviços a consumidor final, contribuinte ou não do imposto, localizado em outro Estado, adotar-se-á a alíquota interestadual e caberá ao Estado de localização do destinatário o imposto correspondente à diferença entre a alíquota interna do Estado destinatário e a alíquota interestadual.

33 Contribuinte do ICMS é qualquer pessoa, física ou jurídica, que realize, com habitualidade ou em volume que caracterize intuito comercial, operações de circulação de mercadoria ou prestações de serviços de transporte interestadual e intermunicipal e de comunicação, ainda que as operações e as prestações se iniciem no exterior, nos termos do art. 4º, da LC 87/96.

34 Vale ainda lembrar que nos termos do parágrafo único do art. 4º da LC 87/96, é também contribuinte do ICMS, a pessoa física ou jurídica que, mesmo sem habitualidade ou intuito comercial: importe mercadorias ou bens do exterior; seja destinatária de serviço prestado no exterior ou cuja prestação se tenha iniciado no exterior; adquira em licitação mercadorias ou bens apreendidos ou abandonados; adquira lubrificantes e combustíveis líquidos e gasosos derivados de petróleo e energia elétrica oriundos de outro Estado, quando não destinados à comercialização ou à industrialização.

35 A base de cálculo do ICMS será o valor da operação, nos termos do art. 13 da LC 87/96.

36 O ICMS será não-cumulativo, compensando-se o que for devido em cada operação relativa à circulação de mercadorias ou prestação de serviços com o montante cobrado nas anteriores pelo mesmo ou outro Estado ou pelo Distrito Federal, nos termos do art. 155, §2º, I, CF. A não cumulatividade não altera as alíquotas mas reduz o impacto do ICMS sobre o consumidor final.

37 O lançamento do ICMS é efetuado por homologação (art. 150, CTN).

38 Se o ICMS for pago indevidamente, o contribuinte terá 5 (cinco) anos para requerer a devolução do pagamento, contados da data do pagamento indevido, (art. 165 c/c art. 168, CTN). Quem terá legitimidade para requerer a devolução do ICMS será o contribuinte "de direito", ou seja, aquele quem pratica o fato gerador (art. 166 do CTN e súmula 546 do STF).

(C) IPVA

39 O IPVA incide sobre a propriedade de veículo automotor (art. 155, III, CF), ou seja, não incide sobre embarcações (RE 134.509) nem mesmo sobre aeronaves (RE 255.111).

40 Segundo a interpretação do art. 150, §1º, CF, quando houver alteração no valor venal do IPVA implicando em majoração do imposto, observa-se apenas a

TRIBUTÁRIO

anterioridade anual (não se observa, portanto nesse caso, o princípio da anterioridade nonagesimal).

41 O artigo 155, §6º, da CF dispõe que cabe ao Senado Federal fixar a alíquota mínima do IPVA e que suas alíquotas poderão ser diferenciadas em razão do tipo (veículo sedã ou hatch) e do uso (veículo de passeio ou utilizado como táxi).

42 O art. 146, III, "a", da CF exige que a lei complementar veicule as características de fato gerador, base de cálculo e contribuintes dos impostos, no entanto, no caso do IPVA não existe essa lei complementar. Pelo fato de inexistir essa lei, os Estados se valerão da competência legislativa plena, com base no art.24, §3º, da CF. Ou seja, caberá a eles dispor sobre tais informações.

6.3 Impostos Federais

(A) Introdução

43 A União poderá instituir, por lei complementar, os impostos residuais (ou também chamados de novos impostos), desde que sejam não-cumulativos e não tenham fato gerador ou base de cálculo próprios dos impostos já existentes, nos termos do art. 154, I, da CF.

44 A União poderá instituir também imposto extraordinário de guerra, por lei ordinária ou por medida provisória, na iminência ou no caso de guerra externa, consoante disposto no art. 154, II, da CF.

(B) Imposto de Importação e Exportação (II e IE)

45 O imposto de importação incide sobre a importação de produtos estrangeiros na entrada do território nacional, nos termos do art. 153, I da CF e do art. 19 do CTN.

46 O imposto de exportação incide na exportação de produtos nacionais (de origem nacional) ou nacionalizados (de origem estrangeira) no momento da saída do território nacional, nos termos do art. 153, II, da CF e do art. 23 do CTN.

47 O contribuinte do imposto de importação será o importador ou quem a lei a ele equiparar e o arrematante de produto apreendido/abandonado (art. 22, CTN).

48 A base de cálculo do imposto de importação e de exportação será a unidade de medida quando a alíquota for específica (cobrança acontece levando em consideração a valores atribuídos a unidades de medidas como o quilo, o metro cúbico, o barril, etc.) ou o preço normal do produto quando a alíquota for "ad valorem" (o clássico caso da aplicação de uma porcentagem sobre o preço do produto).

(C) Imposto sobre a Renda (IR)

49 Conforme art. 153, III, da CF e art. 43 do CTN, o imposto de renda incide sobre rendas (tudo o que for fruto do trabalho, capital ou da combinação de ambos) e proventos de qualquer natureza (tudo o que não for resultado do trabalho nem do capital – ex.: prêmio de loteria).

50 O imposto de renda recai sobre o acréscimo patrimonial. No caso de recebimento em dinheiro que corresponda a uma recomposição patrimonial não haverá a incidência do imposto de renda (súmulas 125, 136, 215, 386 e 498 do STJ).

51 Nos termos do art. 45 do CTN, os sujeitos passivos do imposto sobre a renda serão: o contribuinte (aquele que obtém o acréscimo patrimonial) ou o responsável (aquele que é obrigado a reter o imposto de renda por força de lei).

52 A base de cálculo do imposto sobre a renda (pessoa jurídica) será o montante, real, arbitrado ou presumido, da renda ou dos proventos tributáveis (art. 44, CTN). Já a base de cálculo do imposto de renda (pessoa física) será o rendimento bruto (art. 3º, Lei nº 7.713/88).

53 O imposto sobre a renda será informado pelos critérios da generalidade (imposto poderá recair sobre quaisquer pessoas), da universalidade (imposto poderá recair sobre quaisquer rendas) e da progressividade (graduação das alíquotas de acordo com o montante da renda), na forma da lei (art. 153, §2º, I, CF).

(D) Imposto sobre produtos industrializados (IPI)

54 O campo de incidência do IPI abrange operações com produtos industrializados (art. 153, IV, CF c/c art. 46 do CTN). A industrialização pode ser entendida como aquela que altera a natureza, a finalidade ou aperfeiçoa um produto para o consumo. Ex.: brinquedo que é exposto numa embalagem.

55 Segundo o art. 47 do CTN, a base de cálculo do IPI será, na industrialização: o valor da operação; na importação, o preço normal do produto + imposto de importação + taxas alfandegárias + encargos cambiais, isto é, a soma de todos esses elementos; e, no leilão, o valor da arrematação.

56 O IPI possui alíquotas seletivas, de acordo com a essencialidade do produto, ou seja, quanto mais essencial for um produto, menor será a sua alíquota, bem como, quanto menos essencial for um produto, maior será a alíquota aplicada (art. 153, §3º, I, CF).

(E) Imposto sobre operações financeiras (IOF)

57 Conforme dispõe o art. 153, V, da CF, o IOF incide sobre operações de crédito (ex: empréstimo, financiamento), câmbio (ex: troca de moeda) e seguro (ex: seguro de vida, carro, casa), ou relativas a títulos ou valores mobiliários (ex: compra e venda de ações).

58 O IOF não observa o princípio da legalidade (art. 153, §1º, CF) e não observa o princípio da anterioridade (art. 150, §1º, CF). Logo suas alíquotas poderão ser alteradas por decreto e o aumento do imposto poderá ser exigido no dia seguinte à majoração.

59 Não existe nenhuma imunidade específica que afasta somente o IOF, porém existem imunidades genéricas (art. 150, VI, CF) que afastam todos os impostos, inclusive o IOF.

60 O ouro, quando definido em lei como ativo financeiro ou instrumento cambial, sujeita-se exclusivamente à incidência do IOF (art. 153, §5º, CF). Trata-se do ouro encontrado por um garimpeiro que o leva para uma instituição financeira e o troca pelo valor correspondente em dinheiro.

61 Embora o art. 67 do CTN disponha que a receita líquida do IOF se destina a formação de reservas monetárias, não se pode usar a receita desse imposto para abastecer os fundos monetários, em razão do que preceitua o art. 167, IV, da CF, no qual veda a vinculação de receita de impostos a órgão, fundo ou despesa. Portanto é possível afirmar que o art. 67 do CTN não foi recepcionado pela CF/88.

(F) Imposto sobre a propriedade territorial rural (ITR)

62 O campo de incidência do ITR compreende a propriedade, o domínio útil e a posse de um imóvel localizado fora da zona urbana (art. 153, VI, CF c/c art. 29, CTN).

63 Consoante o art. 153, §4º, III, da CF, o ITR, embora corresponda a um imposto regulado pela lei federal, por outro lado, pode ser administrado pelos Municípios e não pela União. Entenda "administrado" como fiscalizado e arrecadado. Essa arrecadação pelos Municípios é opcional. Trata-se da parafiscalidade (quando um tributo passa a ser arrecadado por uma pessoa diversa daquela que possui competência – art. 7º, CTN).

64 A base de cálculo do ITR é o valor fundiário, nos termos do art. 30 do CTN. Significa dizer que o ITR considera apenas o valor do terreno, sendo irrelevante para ele a área construída.

(G) Imposto sobre grandes fortunas (IGF)

65 O imposto sobre grandes fortunas, previsto no art. 153, VI, da CF ainda não foi instituído, mas precisa observar os seguintes requisitos: depende de lei complementar, observa todos os princípios e não pode copiar fato gerador ou base de cálculo de outros impostos, sob pena de bitributação.

7. LEGISLAÇÃO TRIBUTÁRIA

1 Legislação tributária compreende um conjunto de veículos normativos que versam sobre tributos ou obrigações tributárias. Não é necessário que todos os dispositivos da norma estejam voltados às questões tributárias, basta apenas que parte da norma disponha sobre tributos e será suficiente para qualificá-la como integrante da legislação tributária (art. 96, CTN).

2 A legislação tributária é composta por leis, tratados e convenções internacionais, decretos, bem como normas complementares.

3 Em relação à lei é preciso ter atenção para um trocadilho bastante comum em provas: lei faz parte da legislação tributária, mas a legislação tributária não se resume a apenas a lei.

4 O art. 97 do CTN estabelece todos os assuntos tributários que dependem de lei (o que vai além da instituição dos tributos). O dispositivo é conhecido como o responsável por comportar o princípio da reserva legal.

Atenção:

Majoração	Atualização
implica em efetivo aumento do tributo	comporta apenas as perdas inflacionárias
depende de lei	independe de lei

5 Conforme o art. 98 do CTN os tratados e as convenções internacionais revogam ou modificam a legislação tributária interna, e serão observados pela que lhes sobrevenha.

6 Entretanto firmou-se na jurisprudência o entendimento que na realidade os tratados ou convenções internacionais não revogam a legislação interna, mas sim,

TRIBUTÁRIO

suspendem sua eficácia quando confrontados com ela. Ex.: tratado internacional que impede a bitributação do IR. A rigor qualquer renda está sujeita ao IR, mesmo que originária do exterior, mas se existe um tratado entre os países envolvidos, a legislação interna do Brasil (país de destino) ficará suspensa como forma de impedir a bitributação caso os valores já tenham sido tributados na origem.

7 Ademais é de entendimento consagrada no âmbito dos Superiores Tribunais que não ofende a disposição do art. 151, III, CF quando um tratado internacional estabelece isenção de tributos estaduais ou municipais. Isso ocorre porque, aqui, a União (através do Presidente da República) está agindo como representante do País no cenário internacional e não atuando como ente federado.

8 A legislação tributária não é composta apenas por veículos legais. Os decretos também a integram, embora não sejam equiparados à lei. Muito pelo contrário, os decretos regulamentam as leis, jamais podendo contrariá-las ou negar-lhes sua validade.

9 A ação dos decretos em matéria tributária é bastante difundida em relação à alteração de alíquotas de alguns tributos (e.: II, IE, IPI e IOF – art. 153, § 1º, CF). Porém sua atuação deve se limitar aos limites e condições legais.

10 A legislação tributária também comporta as normas complementares cuja função é complementar as leis, os tratados e os decretos. São exemplos de normas complementares (art. 100, CTN): os atos normativos (portarias ou instruções normativas), decisões administrativas (desde que a lei atribua a elas eficácia normativa), os convênios (geralmente firmados entre os entes federados para mútua assistência na fiscalização tributária), bem como as práticas reiteradas da autoridade administrativa que nada mais são que os costumes.

11 A legislação tributária aplica-se aos fatos praticados a partir de sua entrada em vigor. É vedada sua aplicação a fatos acontecidos antes da vigência da lei, salvo quando o Código Tributário Nacional dispuser de forma contrária (quando a lei for expressamente interpretativa ou quando surgir nova lei que torna a penalidade menos severa – art. 106, CTN).

12 Em casos de lacunas na legislação (ou seja, quando não houver legislação expressa) devem ser utilizadas quatro formas para promover a integração: analogia, princípios gerais de direito tributário, princípios gerais de direito público e equidade. Essas modalidades são aplicadas na sequência apresentada, ou seja:

1º	Analogia
2º	Princípios gerais do D. Tributário
3º	Princípios gerais do D. Público
4º	Equidade

13 Importante também lembrar que a analogia não cria tributo (pois tributo só pode ser criado através de lei), bem como a equidade não dispensa o pagamento de tributo (pois tributo só pode ser dispensado através de lei).

14 Vale considerar ainda a respeito da legislação tributária duas formas de interpretação indicadas pelo Código Tributário Nacional: literal e benéfica (arts. 111 e 112).

15 Literalmente devem ser interpretadas as modalidades de suspensão ou exclusão do crédito tributário, a outorga de isenção e a dispensa do cumprimento de obrigações tributárias acessórias. O objetivo aqui é impedir que se aplique a analogia para atribuir benefícios a hipóteses não contempladas na lei.

16 Já a interpretação benéfica vale para dúvidas relacionadas a infrações. Compara-se ao conhecido *in dubio pro reo*. Assim, em relação às infrações tributárias, havendo dúvida quanto ao enquadramento, por exemplo, deve ser aplicada a hipótese mais branda ao infrator.

8. FATO GERADOR E OBRIGAÇÃO TRIBUTÁRIA

1 A obrigação tributária é identificada como um vínculo jurídico decorrente de lei, envolvendo um credor (Fisco) e um devedor (contribuinte).

2 Assim temos fato gerador da obrigação principal que tem por objeto o pagamento de tributo ou penalidade pecuniária. Cuidado! Multa não pode ser confundida com tributo, mas o pagamento da multa corresponde a uma obrigação tributária principal.

3 Há também o fato gerador da obrigação acessória (a qual pode ser prevista através de atos legais ou infralegais) que tem por objeto as prestações, positivas ou negativas, nela previstas no interesse da arrecadação ou da fiscalização dos tributos. Ex.: declarar o imposto de renda ou emitir uma nota fiscal.

9. CAPACIDADE TRIBUTÁRIA PASSIVA

1 A capacidade tributária passiva está relacionada com aquele que está sujeito à tributação, aquele quem poderá figurar como contribuinte. O Código Tributário Nacional deixa claro que a capacidade tributária passiva independe da capacidade civil. Logo, um menor de idade pode não ter capacidade civil, porém possui capacidade tributária passiva.

2 Ademais, a capacidade tributária passiva também independe de a pessoa natural sujeitar-se a medidas que importem privação ou limitação do exercício de

TRIBUTÁRIO

atividades civis, comerciais ou profissionais, ou da administração direta de seus bens ou negócios.

3 Conquanto à pessoa jurídica é indiferente se esta se mostra regularmente constituída, uma vez que o simples fato de representar uma unidade econômica ou profissional já bastar para ser obrigada a recolher os tributos pertinentes.

4 O polo passivo tributário é ocupado por duas pessoas: o contribuinte e o responsável.

5 Contribuinte é a pessoa que está diretamente ligada ao fato gerador, ou seja, é aquele quem pratica o fato gerador. Ex.: quem aufere renda, quem compra um imóvel, quem circula mercadoria, etc.

6 Já, responsável é a pessoa quem não pratica o fato gerador, porém, mesmo assim, é, por força legal, obrigado a recolher o tributo. Ex.: o adquirente de um imóvel com dívidas de IPTU.

10. RESPONSABILIDADE

10.1 Introdução

1 O capítulo pertinente à responsabilidade tributária comporta uma divisão do tema em três modalidades: responsabilidade por sucessão (art. 129 a 133, CTN), responsabilidade de terceiros (art. 134 e 135, CTN) e responsabilidade por infrações (art. 136 a 138, CTN). Contudo existem também dispositivos que versam sobre solidariedade (art. 124 e 125, CTN).

10.2 Responsabilidade por sucessão

2 A responsabilidade por sucessão pode ser subdividida em negócios jurídicos que envolvem a transferência de bens (móveis ou imóveis) ou a transferência de empresas (sucessão empresarial).

3 Na transferência de bens *inter vivos*, é o adquirente quem responderá pelas dívidas tributárias. Ex.: o comprador de um imóvel com dívidas de IPTU responde pessoalmente pelas dívidas do imóvel que adquiriu.

Cuidado!

imóvel adquirido em hasta pública	imóvel para o qual consta título de quitação
adquirente **não tem responsabilidade**	adquirente **não tem responsabilidade**

4 Se a causa da transmissão dos bens móveis ou imóveis for a morte do proprietário, então caberá ao espólio responder pelas dívidas tributárias existentes até a abertura da sucessão e, as dívidas que persistirem até a partilha serão de responsabilidade dos herdeiros (na medida do seu quinhão).

5 Na sucessão empresarial decorrente de cisão, incorporação, fusão ou transformação, as empresas resultantes dessas operações serão as responsáveis pelos débitos tributários existentes até a data da realização de tais operações societárias.

6 Já na sucessão empresarial por meio do trespasse (alienação do estabelecimento empresarial) a responsabilidade tributária não é diferente, uma vez que caberá pessoalmente ao adquirente responder pelas dívidas da empresa que comprou.

7 Se, contudo, o alienante da empresa voltar a exercer, dentro de 6 meses contados da alienação, qualquer atividade profissional ou empresarial (ainda que diferente daquela que anteriormente realizava), então caberá a ele, primeiramente responder pelos débitos enquanto o adquirente responderá, nesse caso, apenas de forma subsidiária (art. 133, II, CTN). Ex.: Dono de uma lanchonete a vende e dentro de 6 meses abre uma papelaria. Caberá a ele responder pelas dívidas fiscais da lanchonete que vendeu e se não quitá-las, o adquirente da lanchonete responderá subsidiariamente pelo saldo devedor.

10.3 Responsabilidade de Terceiros

8 Nessa modalidade de responsabilidade o Código Tributário Nacional elenca uma série de pessoas que responderão solidariamente com o contribuinte na impossibilidade de exigência do cumprimento da obrigação principal pelo contribuinte nos atos em que intervierem ou pelas omissões de que forem responsáveis. Interessante é notar que na redação do disposto no art. 134 do CTN consta uma responsabilidade solidária, contudo o mesmo artigo descreve que ela só existirá na hipótese de o cumprimento da obrigação principal for impossível de ser realizado pelo contribuinte em razão da omissão de terceiros. Ou seja, tem-se, verdadeiramente, um caso de subsidiariedade e não de solidariedade.

9 Avançando sobre o art. 135 do CTN há outra regra acerca da responsabilidade de terceiros, porém esta se diferencia da anterior pelo fato de que, aqui, os terceiros responderão pelas dívidas haja vista sua ação dolosa em burlar a legislação tributária. Não basta, portanto, o sócio de uma empresa ser seu administrador, é necessário que ele tenha agido com excesso de poder, infração à lei ou contra o contrato social. Somadas essas 02 condições (sócio administrador + ação dolosa) certamente responderá pelos débitos tributários.

TRIBUTÁRIO

Cuidado!
(REsp 1.455.490)

Atos que impliquem infração à lei	
empresa	sócio
responde solidariamente	responde solidariamente

10.4 Responsabilidade por Infrações

10 A última modalidade difundida pelo Código Tributário Nacional sobre responsabilidade é esta relacionada às infrações. Aqui, portanto, o objetivo é identificar aquele que responderá pelas multas decorrentes das infrações praticadas.

11 Por regra, a responsabilidade por infrações independe da intenção do agente. Assim, é irrelevante se um contribuinte age dolosa ou culposamente, pois independentemente de sua intenção, o rigor da penalidade sobre ele aplicada será o mesmo. Trata-se de nítida situação na qual a responsabilidade é objetiva.

12 Embora encerrando o tópico da responsabilidade, há ainda a necessidade extrema de se conhecer o comando do art. 138 do CTN, uma vez que nele está retratado o instituto da denúncia espontânea e fortemente exigido em qualquer prova.

13 O benefício da denúncia espontânea afasta a obrigação pelo pagamento das penalidades pecuniárias (punitivas ou moratórias), porém exige em contrapartida do contribuinte que sua ação seja realizada anteriormente ao início de qualquer procedimento fiscal, bem como acompanhada do pagamento do tributo, acrescido de juros e correção monetária.

14 Segundo o Superior Tribunal de Justiça (súmula 360), se o pagamento extemporâneo acontecer após reconhecida a dívida pelo contribuinte através de declaração enviada ao Fisco, mesmo que antecedente a qualquer procedimento de cobrança do tributo, não caberá a denúncia espontânea.

10.5 Solidariedade

15 A solidariedade tributária pode ser decorrente de lei ou quando as pessoas envolvidas tenham interesse comum na situação que constitua o fato gerador da obrigação principal (como no exemplo de vários proprietários de um mesmo imóvel).

16 A responsabilidade não comparta o benefício de ordem, o que autoriza ao credor (Fisco) exigir o pagamento da dívida de qualquer um dos codevedores.

17 Conforme o art. 125 do CTN são três os efeitos da responsabilidade solidária:

- o pagamento efetuado por um dos obrigados aproveita aos demais, ou seja, o pagamento realizado por um dos devedores será integral, logo, extinguirá o crédito tributário, cabendo a este devedor, por consequência, ingressar com ação de regresso em relação aos demais.
- a isenção ou remissão de crédito exonera todos os obrigados, salvo se outorgada pessoalmente a um deles, subsistindo, nesse caso, a solidariedade quanto aos demais pelo saldo, ou seja, se a isenção referir-se ao tributo então todos os devedores estarão dispensados do pagamento, por outro lado se a isenção referir-se apenas a algum dos codevedores, então tão somente este estará dispensado, permanecendo a solidariedade dos demais codevedores conquanto ao saldo.
- a interrupção da prescrição, em favor ou contra um dos obrigados, favorece ou prejudica aos demais, ou seja, a Fazenda Pública possui prazo de 05 anos para ajuizar a execução dos créditos tributários, logo, se ao localizar um dos codevedores dentro desse quinquênio, a prescrição estará igualmente interrompida para os demais.

11. LANÇAMENTO

11.1 Conceito e características

1 Lançamento é considerado pelo Código Tributário Nacional como um procedimento administrativo tendente a verificar a ocorrência do fato gerador da obrigação correspondente, bem como responsável pela constituição do crédito tributário e, além disso, a ele caberá: determinar a matéria tributável; calcular o montante do tributo devido; identificar o sujeito passivo; e, se for o caso, propor a aplicação da penalidade cabível. Portanto o lançamento é realizador de dupla função: constitui o crédito tributário ao mesmo tempo que confirma a obrigação decorrente do fato gerador.

Obrigação tributária	Lançamento	Crédito tributário
declarada	atividade adm	constituído

2 Como procedimento administrativo que é o lançamento está sujeito a vícios que se apresentam por diversas razões. Por isso é possível a revisão do lançamento,

TRIBUTÁRIO

a qual, segundo o Código Tributário Nacional pode acontecer: (I) por impugnação do sujeito passivo; (II) através de recurso de ofício; ou (III) por iniciativa da autoridade administrativa.

3 Essa última hipótese de alteração do lançamento (por iniciativa da própria autoridade administrativa) só pode acontecer nos casos descritos pelo art. 149 do CTN, o qual, resumidamente, relaciona: quando previsto em lei, quando o contribuinte dolosamente ou culposamente leva o Fisco a erro, ou, por fim, quando ocorre fraude ou falta funcional da autoridade administrativa que o efetuou.

11.2 Modalidades

4 Tecnicamente existem três modalidades de lançamento descritos no Código Tributário Nacional: direito ou de ofício; misto ou por declaração; e o autolançamento ou por homologação.

5 O lançamento direto ou de ofício é aquela modalidade onde todas as atividades relacionadas à cobrança são realizadas pelo Fisco. Daí se dizer que o contribuinte não tem nenhuma interferência nele. Ex.: IPTU, IPVA, taxas e contribuições de melhoria.

6 O lançamento misto ou por declaração (art. 147, CTN) é modalidade pouco utilizada, algo que se explica, talvez, porque o Fisco só promoverá a cobrança do tributo após recebidas as informações que deverão ser prestadas pelo contribuinte. Ex.: ITBI e ITCMD.

7 A terceira modalidade é o autolançamento ou lançamento por homologação (art. 150, CTN). Trata-se do tipo de lançamento mais difundido entre os entes federados, até porque a cobrança que por ele acontece depende basicamente de atividades preparatórias do contribuinte. Cabe ao sujeito passivo informar sobre a ocorrência do fato gerador, prestar a informações correspondentes acompanhadas do pagamento antecipado do tributo. O papel do Fisco se limita a homologar o pagamento. Ex.: ISS, ICMS e IR.

12. CRÉDITO TRIBUTÁRIO

12.1 Introdução

1 A formalização do crédito tributário ocorre após a realização do lançamento (independentemente da modalidade utilizada) e deve acontecer dentro do prazo de 05 anos, sob pena da perda do direito da administração pública em constitui-lo (decadência).

2 O crédito tributário regularmente constituído somente se modifica ou extingue, ou tem sua exigibilidade suspensa ou excluída, nos casos previstos no Código Tributário Nacional, o que significa afirmar que as listas das hipóteses de suspensão, extinção e exclusão do crédito são, *a priori*, taxativas.

12.2 Suspensão da exigibilidade

3 Cumpre ao art. 151 do CTN registrar as 06 formas de suspensão da exigibilidade do crédito tributário. São elas:

- Moratória
- Depósito
- Recurso ou reclamação administrativa
- Concessão de liminar
- Concessão de tutela antecipada
- Parcelamento

4 As formas de suspensão da exigibilidade do crédito tributário não desobrigam o contribuinte de observar as obrigações acessórias, como também não impedem a constituição do crédito tributário através do lançamento, muito menos interferem no prazo decadencial.

5 Suspender a exigibilidade do crédito significa retirar da administração pública (ainda que provisoriamente) a possibilidade de promover os demais atos de cobrança. Assim, enquanto suspensa a exigibilidade o Fisco estará impedido de autuar o contribuinte, de realizar a inscrição em dívida ativa e, por consequência, impedido também de promover a execução fiscal.

6 Importante destacar outro efeito que é conquistado através de qualquer uma das hipóteses suspensivas: assegura ao contribuinte a obtenção de certidão positiva com efeitos de negativa (art. 206, CTN). Observe que assegura uma certidão positiva (com efeitos de negativa) e não uma certidão negativa (que só é expedida quando não há cobrança tributária em curso).

12.3 Moratória

7 Corresponde a um benefício fiscal concedido por lei que adia o vencimento do tributo. Pode ser concedido por qualquer um dos entes federados.

8 A moratória possui duas classificações: geral ou individual e autônoma ou heterônoma (art. 152, CTN).

9 Moratória geral é aquela concedida a todos os contribuintes indiscriminadamente, enquanto a individual é aquela concedida apenas para pessoas que atendam determinados requisitos estipulados na lei.

TRIBUTÁRIO

10 Moratória autônoma representa o benefício que é concedido pelo ente federado para os tributos sob sua competência. Ex.: Município concede moratória para o pagamento do IPTU. Já a moratória heterônoma é aquela concedida pela União para tributos estaduais ou municipais (conforme o art. 152, I, b, CTN) isso só poderá acontecer desde que simultaneamente o benefício também abrace os tributos federais.

11 Em resumo pode-se afirmar que a moratória geral pode ser autônoma ou heterônoma e atribui direito adquirido. Por outro lado, a moratória individual só pode ser autônoma e não gera direito adquirido.

12.4 Depósito

12 O depósito administrativo ou judicial é capaz de suspender a exigibilidade do crédito tributário, porém, em ambas as hipóteses, deve ele ser integral e em dinheiro (súmula 112, STJ).

13 Consagrada nos Superiores Tribunais está a lição de que o depósito constitui modalidade facultativa (jamais obrigatória), sob pena de revelar um verdadeiro obstáculo ao exercício da ampla defesa ou do livre acesso ao judiciário (vale a leitura das súmulas vinculantes de nº 21 e nº 28).

12.5 Recurso ou Reclamação administrativos

14 Diferentemente das ações judiciais, um recurso administrativo suspenderá a exigibilidade do crédito tributário ao partir do momento em que for apresentado. Independe, portanto, da avaliação do julgador para assegurar a suspensão pretendida.

15 Embora os prazos possam variar nos âmbitos federal, estadual e municipal, a rigor será tempestivo um recurso administrativo quando apresentado dentro de 30 dias contados da data da notificação ao contribuinte.

16 Ao final do julgamento do recurso administrativo ou extinto estará o crédito tributário (quando a decisão for favorável ao contribuinte) ou a cobrança se restabelecerá (quando a decisão for favorável ao Fisco).

12.6 Concessão de liminar ou tutela

17 Apesar das alterações trazidas pelo Código de Processo Civil de 2015, no âmbito tributário as condições para que essas medidas repercutam na suspensão da exigibilidade do crédito não foram modificadas.

18 Quer-se dizer, então, que não basta o pedido de liminar em mandado de segurança ou o pedido de antecipação dos efeitos da tutela, como medida emergencial, em sede de uma ação ordinária para suspender a exigibilidade do crédito tributário. Em qualquer um dos casos é imprescindível a concessão da liminar ou da tutela para assegurar a suspensão.

19 Com as novas disposições processuais resta claro que o juiz poderá exigir uma contracautela para conceder uma tutela, por exemplo. Geralmente essa contracautela representa o depósito de um valor em dinheiro. No entanto, no Direito Tributário, a suspensão se dará ou com o depósito ou com a concessão da tutela / liminar. Não é necessária a contracautela para garantir esse direito.

12.7 Parcelamento

20 Semelhante ao ensinado nas medidas anteriores, também aqui o mero pedido de parcelamento da dívida por parte do contribuinte não suspende a exigibilidade do crédito, sendo necessário que a administração tributária concorde com o pedido. Ou seja, não é o requerimento do parcelamento que suspende, mas sim o seu deferimento.

21 O parcelamento é um benefício fiscal importante porque assegura ao contribuinte a possiblidade deste regularizar sua situação fiscal, contudo, por regra, embora através dele seja possível recolher a dívida ao longa de intermináveis parcelas mensais, não se afasta desse montante a cobrança de multa, juros e correção monetária (art. 155, § 1º, CTN).

22 Ponto que ensejou muitos debates na jurisprudência, porém hoje comporta situação pacificada é o entendimento de que o parcelamento não é modalidade capaz de assegurar os efeitos da denúncia espontânea. Isso porque o parcelamento, como regra, inclui multas e, caso acolhida a espontaneidade da denúncia, estas seriam afastadas (REsp. 1.102.577).

12.8 Extinção do crédito tributário

23 As hipóteses de extinção do crédito tributário perfazem um grupo de 11 modalidades e todas encontram-se reunidas no art. 156 do Código Tributário Nacional. Cabe frisar que embora sejam apenas elas capazes de extinguir o crédito tributário, há manifestações na jurisprudência prevendo a extinção através de modalidades não descritas pelo Código Tributário Nacional (STJ no AgRg no Ag 117.895). Ex.: imóvel sobre o qual pairam dívidas de IPTU. O Município se vê obrigado a expropriar o bem pela falta de pagamento da dívida. Haverá a figura da confusão pois se confundirão na pessoa do Município as qualidades de credor e devedor.

12.9 Pagamento

24 O pagamento não é só a primeira, mas também a mais comum modalidade de extinção do crédito tributário (art. 156, I, CTN). Na pendência de consulta formulada à administração tributária dentro do prazo de pagamento, afasta-se a responsabilidade do contribuinte pelo pagamento da multa e dos juros moratórios.

25 Existindo simultaneamente dois ou mais débitos vencidos do mesmo sujeito passivo para com a mesma pessoa jurídica de direito público, relativos ao mesmo ou a diferentes tributos, o Código Tributário Nacional (art. 163) indica quais são os critérios que devem ser observados para identificarmos qual débito é pago antecedentemente ao outro. Observe:

Simultaneidade de débitos vencidos	
1	1º Débitos de obrigação própria 2º Débitos decorrentes de responsabilidade
2	1º Contribuições de melhoria 2º Taxas 3º Impostos
3	Ordem crescente dos prazos de prescrição
4	Ordem decrecente dos montantes

26 O pagamento integral não presume a quitação de débitos anteriores. Ex.: o pagamento do IR 2017 não significa que o contribuinte pagou o IR 2016.

27 Já, o pagamento parcial não presume a quitação de outras prestações. Ex.: o pagamento da 3ª parcela do IPVA não significa que o contribuinte tenha igualmente liquidado as duas primeiras parcelas.

12.10 Compensação

28 Quando duas pessoas forem credoras e devedoras uma da outra poderão abater suas dívidas até o limite onde elas se encontrarem.

29 A compensação na esfera tributária pode acontecer no âmbito federal, estadual ou municipal. Porém só é possível compensar um tributo federal com outro federal, por exemplo. Não se admite a compensação de tributos pertencentes a entes políticos diferentes.

30 **Conforme o Código Tributário Nacional compensa-se não só tributos vencidos, mas também tributos que ainda estão por vencer.**

31 **Enquanto pendente o tributo de discussão judicial é vedado sua compensação até o trânsito em julgado da respectiva decisão.**

12.11 Transação

32 Dependente de lei, a transação poderá ser oferecida ao contribuinte como alternativa à terminação de um litígio envolvendo a administração tributária. Como forma de extinção que é a transação compreende um acordo entre credor e devedor, buscando a extinção do crédito tributário (e não a mera redução da dívida).

12.12 Remissão

33 A remissão representa verdadeiro perdão legal da dívida e não se confunde com a anistia, pois esta última, embora também possa ser enquadrada como perdão, apenas dispensa o contribuinte do pagamento das multas.

34 Segundo o Código Tributário Nacional (art. 172) a remissão pode ser total ou parcial e é oferecida para os casos em que o crédito tributário já se encontra constituído.

12.13 Decadência

35 Como medida fundamental para se impedir a perpetuação da possibilidade de o Fisco constituir o crédito tributário existe o instituto da decadência que ocorre quando o lançamento não é realizado dentro do período de 05 anos.

36 Por regra o prazo decadencial é contado a partir do primeiro dia do exercício seguinte àquele em que o lançamento deveria ter sido realizado. Ex.: se o contribuinte praticou o fato gerador em 2015, porém sem prestar informações ao Fisco, a administração tributária terá 05 anos para realizar o lançamento do débito fiscal contados a partir de 01.01.2016.

37 Quando se tratar de tributos sujeitos ao lançamento por homologação (aquele no qual cabe ao contribuinte não só prestar as informações, como também antecipar o pagamento), se o valor recolhido for inferior ao verdadeiramente devido, então o Fisco terá 05 anos contados da data do fato gerador para lançar a diferença. Atente-se:

Súmula 555 do STJ

Quando não houver declaração do débito, o prazo decadencial quinquenal para o Fisco constituir o crédito tributário conta-se exclusivamente na forma do art. 173, I, do CTN, nos casos em que a legislação atribui ao sujeito passivo o dever de antecipar o pagamento sem prévio exame da autoridade administrativa.

38 Outro ponto que merece destaque e que costuma causar dúvidas está relacionado ao tributo lançado por homologação, porém no qual o contribuinte agiu de forma dolosa, simulada ou fraudulenta para recolher um tributo mais baixo que o devido. Nessa hipótese o Fisco terá 05 anos contados do primeiro dia do exercício seguinte para exigir a diferença, aplicando-se, portanto, a disposição do art. 173, I, CTN.

12.14 Prescrição

39 Enquanto a decadência indica o prazo para se promover o lançamento, a prescrição representa o prazo que a Fazenda Pública possui para exigir judicialmente um crédito tributário constituído que deixou de ser pago. O gráfico abaixo reproduz com mais clareza esse ensinamento:

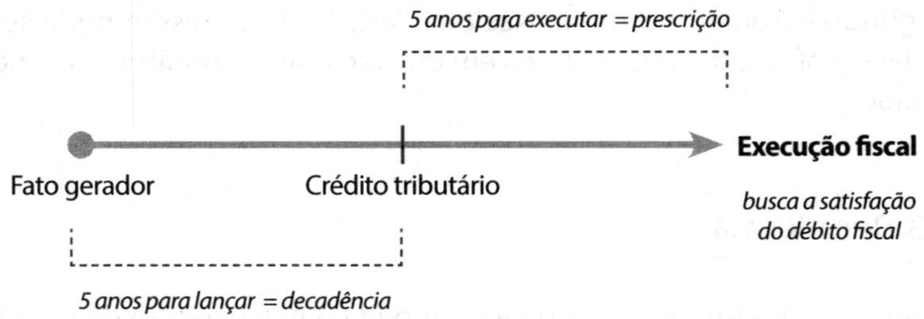

40 Outro aspecto que diferencia a prescrição da decadência está na possibilidade de a primeira ter seu prazo suspenso (não existe possibilidade de suspensão da decadência). Temos a suspensão da contagem prescricional, enquanto suspensa estiver a exigibilidade do crédito tributário através daquelas hipóteses do art. 151 do CTN.

41 Até mesmo interrompida pode ser a prescrição, o que acontece somente através das situações enumeradas no parágrafo único do art. 174 do CTN: pelo despacho do juiz que ordenar a citação em execução fiscal; pelo protesto judicial; por qualquer ato judicial que constitua em mora o devedor; ou mesmo por qualquer ato inequívoco ainda que extrajudicial, que importe em reconhecimento do débito pelo devedor.

12.15 Conversão do depósito em renda

42 A conversão do depósito em renda é resultado da decisão favorável ao Fisco que confirmou o débito fiscal. Assim, o depósito que se encontra no bojo da ação, assegurando o pagamento da dívida, será convertido em renda em favor do ente federado vencedor da demanda.

43 Não se pode confundir a conversão do depósito em renda (modalidade de extinção do crédito tributário) com o depósito no montante integral (modalidade de suspensão da exigibilidade do crédito tributário).

12.16 Pagamento antecipado e a homologação do lançamento

44 Duas hipóteses registradas num mesmo inciso do art. 156 do CTN. Aqui, a extinção acontece desde o pagamento antecipado, conforme alteração legislativa ocorrida com a LC 118/05 e não mais apenas quando da sua homologação (como era compreendido no passado).

12.17 Consignação em pagamento

45 A consignação em pagamento é alternativa disponibilizada ao contribuinte que se vê diante de algum obstáculo para liquidar o tributo, obrigando-o a buscar a via judicial para extinguir o crédito tributário definitivamente.

46 Nos termos do Código Tributário Nacional, cabe a medida consignatória quando:

47 Entre as hipóteses demonstradas é inegável a influência da bitributação em grande parte das provas. O que se entende por bitributação? Ocorre quando existem dois entes federados diversos, cobrando tributos idênticos sobre um mesmo fato gerador. Ex.: Dois Municípios cobrando ISS sobre uma mesma prestação de serviço.

48 A bitributação (que não é permitida) não se confunde com o instituto do bis in idem (esse sim reconhecido pela Constituição Federal). Nesse caso temos um ente federado apenas, cobrando tributos diversos sobre um mesmo fato gerador. Ex.: União exigindo II e IPI sobre a importação de um produto estrangeiro.

12.18 Decisão administrativa irreformável e decisão judicial passada em julgado

49 As decisões finais nas esferas judicial ou administrativa correspondem duas outras modalidades de extinção do crédito tributário. Porém é importante destacar as qualidades que as duas devem apresentar:

- Devem ser decisões finais (sobre as quais não cabem mais recursos); e
- São decisões favoráveis ao contribuinte (pois, ao contrário, confirmam a dívida).

50 O contribuinte sempre terá à disposição as duas vias para impugnar uma cobrança tributária. A ele é optativo recorrer pela via administrativa ou através da via judicial.

51 Se optar pela via administrativa ainda manterá a possibilidade de utilizar, findo esse caminho, a esfera judicial. Contudo isso não significa dizer que é preciso esgotar a esfera administrativa para se valer da judicial.

52 Se, por outro lado, optar pela via judicial de plano, não haverá mais a oportunidade de retornar à esfera administrativa, como medida necessária para se garantir a segurança jurídica.

12.19 Dação em pagamento em bens imóveis

53 A dação em pagamento compreende uma hipótese excepcionalmente admitida como forma de extinção do crédito tributário. Isso porque o tributo deve corresponder a uma prestação pecuniária (pagamento em dinheiro) e, nesse caso, a prestação ocorre através da entrega de bens imóveis (LC 104/01).

54 Observe que tão somente a dação em bens imóveis pode ensejar a extinção do crédito tributário. Não vale, portanto, para a dação em pagamento em bens móveis. Inclusive, segundo o Supremo Tribunal Federal (ADI 1917) essa hipótese violaria o princípio da licitação (art. 37, XXI, CF).

13. EXCLUSÃO DO CRÉDITO TRIBUTÁRIO

13.1 Introdução

1 Duas são as modalidades de exclusão: anistia e isenção. Ambas estão condicionadas à veiculação legal (princípio da reserva legal – art. 97, VI, CTN) e da mesma forma se apenas por lei podem ser concedidas, apenas por lei podem ser revogadas ou reduzidas.

2 Ainda existe outras características equivalentes para a anistia e também para a isenção. Sua interpretação deve ser literal (ou seja, o benefício só pode alcançar as hipóteses expressamente descritas na lei, afastando a aplicação de analogia como medida para se ampliar o benefício).

3 Anistia e isenção atuam no crédito tributário, dispensando o cumprimento da obrigação principal (relacionado à multa ou ao tributo), entretanto, nenhuma delas dispensará a observância das obrigações acessórias (art. 175, parágrafo único, CTN), mesmo que relacionadas ao crédito excluído.

13.2 Isenção

4 Trata-se da dispensa legal do pagamento do tributo. Através dessa modalidade, segundo texto do Código Tributário Nacional, o contribuinte pratica o fato gerador, surge a obrigação tributária, porém o crédito tributário é excluído.

5 Existem para a isenção duas classificações interessantes e que habitualmente são cobradas em provas. A isenção pode ser discriminada entre geral ou individual, como também pode ser onerosa ou não onerosa.

6 Isenção geral é aquela concedida a todos os contribuintes de um determinado tributo indiscriminadamente. Já a isenção individual é aquela oferecida apenas aos contribuintes que atenderem a determinados requisitos.

7 Isenção onerosa é aquela concedida sob prazo certo somado a determinadas condições. Ex.: isenção de IPVA por 3 anos para o proprietário de veículo aprovado em vistoria antipoluente.

8 Isenção onerosa não pode ser revogada a qualquer tempo, justamente porque concede ao contribuinte direito adquirido (súmula 544 do STF).

9 Isenção não onerosa, portanto, é aquela concedida independente de prazo ou condições impostas ao contribuinte beneficiário. Ex.: Isenção ao IPVA para veículos com mais de 20 anos de fabricação.

TRIBUTÁRIO

10 A isenção não onerosa pode ser revogada a qualquer tempo, pois ela não gera direito adquirido. Inclusive, caso revogada, o tributo só poderá voltar a ser cobrado quando atendidas as regras da anterioridade (art. 178 c/c 104, III, CTN). Ex.: isenção revogada em 01.02.2017 – o tributo só poderá ser cobrado sobre aqueles que tinham a isenção a partir de 01.01.2018.

13.3 Anistia

11 O benefício da anistia não dispensa por completo o pagamento da dívida (o que dispensa o pagamento da dívida é a remissão). Na anistia o perdão legal recai sobre a penalidade pecuniária.

12 Conforme previsto no Código Tributário Nacional (art. 180) A anistia abrange exclusivamente as infrações cometidas anteriormente à vigência da lei que a concede, não se aplicando:

- aos atos qualificados em lei como crimes ou contravenções e aos que, mesmo sem essa qualificação, sejam praticados com dolo, fraude ou simulação pelo sujeito passivo ou por terceiro em benefício daquele;
- salvo disposição em contrário, às infrações resultantes de conluio entre duas ou mais pessoas naturais ou jurídicas.

13 Lembre-se: conluio é um crime. Trata-se do ajuste doloso entre duas ou mais pessoas físicas ou jurídicas com o objetivo de fraude ou sonegação fiscal.

14. GARANTIAS E PRIVILÉGIOS DO CRÉDITO TRIBUTÁRIO

1 As garantias e privilégios do crédito tributário perfazem uma série de regras cujo principal objetivo é facilitar a cobrança da dívida fiscal, oferecendo prerrogativas também ao credor tributário que outros credores não possuem.

14.1 Cláusula de impenhorabilidade

1 Um dos mais interessantes privilégios previstos para o crédito tributário está registrado no art. 184 do CTN. Através dele observamos que a totalidade dos bens e rendas do contribuinte responderá pela dívida fiscal, ainda que gravados com cláusulas de impenhorabilidade e inalienabilidade.

2 Conforme o mesmo dispositivo os únicos bens que não respondem pela dívida tributária são aqueles considerados como absolutamente impenhoráveis (art. 833 do NCPC).

14.2 Presunção de fraude

3 Outra vantagem atribuída ao crédito tributário encontra-se regulada no art. 185 do CTN. Trata-se da presunção de fraude. Na hipótese de um contribuinte alienar bens ou onerar rendas após ter um crédito tributário inscrito em dívida ativa, tal operação é considerada como fraude à execução fiscal.

4 A única maneira de o contribuinte não sofrer os efeitos dessa presunção é comprovando possuir outros bens ou rendas suficientes o bastante para garantir o pagamento do crédito tributário inscrito em dívida ativa.

14.3 Penhora online

5 Na hipótese de o devedor tributário, devidamente citado, não pagar nem apresentar bens à penhora no prazo legal e não forem encontrados bens penhoráveis, o juiz determinará a indisponibilidade de seus bens e direitos, comunicando a decisão, preferencialmente por meio eletrônico, aos órgãos e entidades que promovem registros de transferência de bens, especialmente ao registro público de imóveis e às autoridades supervisoras do mercado bancário e do mercado de capitais, a fim de que, no âmbito de suas atribuições, façam cumprir a ordem judicial (art. 185-A, CTN).

6 A determinação judicial delineada pelo dispositivo indicado impõe a indisponibilidade total de bens e rendas do devedor tributário e, segundo o Superior Tribunal de Justiça, para que isso ocorra é necessário o esgotamento das vias processuais em busca dos bens penhoráveis.

Súmula 560 do STJ

A decretação da indisponibilidade de bens e direitos, na forma do art. 185-A do CTN, pressupõe o exaurimento das diligências na busca por bens penhoráveis, o qual fica caracterizado quando infrutíferos o pedido de constrição sobre ativos financeiros e a expedição de ofícios aos registros públicos do domicílio do executado, ao Denatran ou Detran.

14.4 Preferências do crédito tributário

7 O crédito tributário prefere a qualquer outro, seja qual for sua natureza ou o tempo de sua constituição, ressalvados os créditos decorrentes da legislação do trabalho ou do acidente de trabalho (art. 186, CTN).

TRIBUTÁRIO

8 Na falência o crédito tributário "perde" inúmeras posições na ordem dos credores que receberão o pagamento. Observe:

- O crédito tributário não prefere aos créditos extraconcursais ou às importâncias passíveis de restituição.
- O crédito tributário não prefere aos créditos com garantia real, no limite do valor do bem gravado.
- O crédito tributário não prefere aos créditos trabalhistas (até o limite de 150 salários mínimos por empregado), nem os decorrentes de acidente do trabalho (sem limitação).

9 Vale lembrar ainda que tanto o Código Tributário Nacional, como também a Lei de Falências e Recuperação discriminam o crédito tributário das multas tributárias, tanto assim o é que a multa tributária prefere apenas aos créditos subordinados (art. 83, VII da LFR).

14.5 Supremacia do executivo fiscal

10 A cobrança judicial do crédito tributário não é sujeita a concurso de credores ou habilitação em falência, recuperação judicial, concordata, inventário ou arrolamento.

14.6 Concurso de preferência em relação ao crédito tributário

11 Quando um contribuinte é devedor de tributos para entes federados diversos qual dos credores deverá ser primeiramente atendido? A resposta a essa pergunta está regulada no art. 187, parágrafo único, CTN.

12 Existe concurso de preferência entre os credores tributários e, diante dessa situação, primeiro devem ser pagos os créditos federais, a seguir os pertencentes aos Estados, Distrito Federal e Territórios e, por fim, os pertencentes aos Municípios.

13 A hipótese aqui retratada é diversa daquela estampada pelo art. 163 do CTN, na qual existem dívidas diversas em relação ao mesmo credor. Observe:

Cuidado!

Quando existem 2 ou mais débitos do mesmo devedor para com o mesmo credor	Quando existem 2 ou mais débitos do mesmo devedor para com credores diferentes
Aplica-se a regra do art. 163, CTN	Aplica-se a regra do art. 187, parágrafo único, CTN

14 O concurso de preferência entre os credores tributários também é descrito pelo art. 29, parágrafo único da Lei de Execuções Fiscais (Lei 6.830/80), contudo nesse dispositivo existe um apontamento que não se encontra previsto no Código Tributário Nacional, qual seja, a inclusão das autarquias.

15 Analisando a conjunção dos dispositivos (art. 187, parágrafo único, CTN e art. 29, parágrafo único da LEF), o Superior Tribunal de Justiça editou a seguinte súmula (nº 497): "Os créditos das autarquias federais preferem aos créditos da Fazenda estadual desde que coexistam penhoras sobre o mesmo bem".

16 Dessa forma temos como orientação prevalecente a seguinte ordem para o pagamento das dívidas tributárias: 1º União; 2º Autarquias Federais; 3º Estados, Distrito Federal, Territórios e suas autarquias e; 4º Municípios e suas autarquias.

15. ADMINISTRAÇÃO TRIBUTÁRIA

15.1 Fiscalização

1 A Administração tributária possui amplos poderes para fiscalizar a arrecadação dos tributos, mesmo sobre aqueles que não são contribuintes, que estão isentos ou imunes ao pagamento de tributos. Portanto, independentemente de uma pessoa (física ou jurídica) ser contribuinte ela estará sujeita às ações fiscalizatórias.

2 Para os efeitos da legislação tributária, não têm aplicação quaisquer disposições legais excludentes ou limitativas do direito de examinar mercadorias, livros, arquivos, documentos pertencentes a pessoas físicas ou jurídicas ou da obrigação destes de exibi-los.

3 Entretanto, conforme a jurisprudência (súmula 493 do STJ), a fiscalização não pode ser irrestrita, pois ela deve estar limitada aos pontos objeto da investigação.

4 O sigilo bancário não é absoluto, pois deve prevalecer o interesse público em detrimento ao individual. Contudo, essa "quebra" do sigilo somente poderá ocorrer mediante a observância de um procedimento legal e mesmo assim, atentando-se à proporcionalidade do ato da quebra em razão do objetivo que pretende alcançar.

5 Já o sigilo fiscal, que não se confunde com o sigilo bancário, obriga os servidores públicos a manterem sob sua proteção os dados a que tem acesso sobre a vida econômica, financeira e fiscal dos cidadãos. Excepcionalmente podem ser divulgadas as informações fiscais:

TRIBUTÁRIO

- Em razão de fiscalização tributária realizada entre os entes federados;
- Requisição de autoridade judiciária no interesse da justiça; e
- Solicitações de autoridade administrativa no interesse da Administração Pública.

15.2 Dívida Ativa

6 A dívida ativa dependerá de ato de inscrição, o qual corresponde a um ato de controle administrativo da legalidade, cumprindo à Procuradoria da Fazenda Pública promovê-lo a fim de se apurar a certeza e a liquidez do crédito.

7 Existem, portanto, dois tipos de dívida ativa: (I) Tributária – referente a quaisquer das espécies tributárias e (II) Não tributária – referente a cobranças relacionadas a multas, preços públicos, cobrança de aluguéis, etc. Qualquer uma das duas será exigida através de execução fiscal.

8 A inscrição do crédito tributário em dívida ativa assegura a presunção de liquidez e certeza da dívida (embora seja uma presunção relativa), bem como estabelece prova pré-constituída, invertendo o ônus da prova, outorgando ao contribuinte provar que não é devedor da exação (art. 204, CTN).

9 O termo de inscrição em dívida ativa deve trazer uma série de requisitos obrigatórios (todos previstos no art. 202, CTN), de modo que a falta de algum desses requisitos pode causar nulidade da inscrição e do processo de cobrança dela decorrente.

Atenção!

A nulidade da inscrição	
requisitos:	
tem que sanar até a sentença dos embargos ou da execução fiscal	deve devolver o prazo para o sujeito passivo se defender

10 Conforme entendimento firmado no âmbito do Superior Tribunal de Justiça (súmula 392) se o erro no termo de inscrição for a indicação de sujeito passivo equivocado, não caberá a mera substituição da certidão, devendo o Fisco reiniciar todo o procedimento de cobrança desde a notificação de lançamento.

11 A certidão de dívida ativa pode surgir sob 03 modalidades distintas:

- Certidão negativa
- Certidão positiva
- Certidão positiva com efeitos de negativa

12 Muito importante memorizar as hipóteses que asseguram a obtenção da certidão positiva com efeitos de negativa (art. 206, CTN):

- Tributos lançados e não vencidos
- Tributos com exigibilidade suspensa (art. 151, CTN)
- Tributos objeto de execução fiscal garantida por penhora

16. EXECUÇÃO FISCAL

1 A execução fiscal é regulada pela lei ordinária federal nº 6.830/80, legitimando como sujeitos ativos a União, os Estados, o Distrito Federal, os Municípios e suas correspondentes autarquias, bem como fundações públicas.

2 Poderão ser alvo da execução fiscal qualquer pessoa sujeita a dívidas tributárias ou não tributárias relacionadas no art. 4º da LEF:

- O devedor;
- O fiador;
- O espólio;
- A massa;
- O responsável; e
- Os sucessores a qualquer título.

3 No processo executivo fiscal o devedor é citado, para num prazo de 05 dias, pagar ou garantir o juízo. Caso nesse prazo o devedor permaneça inerte será expedido um mandado tríplice de intimação, avaliação e penhora livre para que o oficial de justiça encontre bens ou rendas suficientes para assegurar a dívida.

4 Pode também a Fazenda Pública requisitar a penhora online de ativos financeiros (depósitos bancários ou investimentos financeiros) em nome do executado. Essa solicitação, atualmente, independe do esgotamento das vias extrajudiciais em busca da garantia do juízo (Resp. 1.159.807).

5 Acaso a penhora online requisitada não tenha êxito (porque não encontrados ativos em nome do executado), a Fazenda Pública poderá requerer a indisponibilidade total do patrimônio do devedor nos termos do art. 185-A, CTN.

6 Entretanto, essa indisponibilidade só poderá ser requisitada quando comprovado o esgotamento das vias em busca de bens e rendas em nome do devedor. Segundo o STJ (súmula 560) esse esgotamento é comprovado quando infrutíferos o pedido de constrição sobre ativos financeiros e a expedição de ofícios aos registros públicos do domicílio do executado, ao departamento nacional e estadual de trânsito.

17. MODALIDADES DE DEFESA

1 Impugnar uma cobrança realizada por execução fiscal é, por regra, realizada através da oposição dos embargos. Medida que, segundo o art. 16 da LEF, depende da garantia do juízo e deve ser apresentada em 30 dias.

2 Paralelamente aos embargos existe também a alternativa da exceção de pré-executividade. Nesse caso uma medida apresentada no próprio processo executivo que independe da garantia e, acima de tudo, cabível apenas para matérias que independem de dilação probatória (súmula 393 do STJ).

3 Assim, podemos diferenciar os embargos da exceção de pré-executividade da seguinte forma:

Defesa na EF

Embargos	EPE
depende de garantia	independe de garantia
prazo de 30 dias	não há prazo fixado
comporta dilação probatória	incabível dilação probatória

DIREITO EMPRESARIAL

♦ *Estefânia Rossignoli*

Sumário:

INCIDÊNCIA DOS TEMAS NAS PROVAS
(atualizada até o XXIV Exame da OAB)

Direito Empresarial		
Arbitragem	1	1%
Eireli	3	3%
Teoria Geral	6	6%
Locação e Propriedade Industrial	7	6%
Recuperação	10	9%
Contratos	10	9%
Falências	11	10%
Sociedades Anônimas	12	11%
Títulos de Crédito	20	19%
Sociedades no C.C	28	26%
Total	108	100%

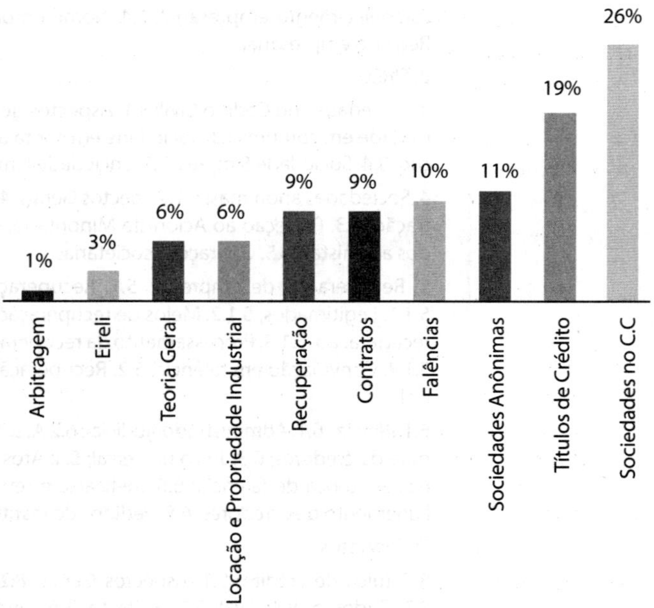

1. TEORIA GERAL

1.1. Teoria da Empresa

1 Num momento remoto, mais precisamente na Idade Média, com o surgimento das feiras mercantis, o mundo viu crescer uma nova atividade profissional, a do comerciante. Com o passar do tempo tais profissionais começaram a sentir a necessidade de se organizarem e o fizeram através de corporações dos mercadores. Foi aí que se falou pela primeira vez em um Direito Comercial cuja preocupação era regulamentar o direito dos comerciantes. Ficou conhecida como **fase subjetiva** do Direito Comercial.

2 Porém, principalmente em virtude dos estudiosos franceses, começou-se a perceber que o direito não poderia preocupar-se apenas com a figura do comerciante e sim com a **atividade comercial**. Surgiu então a **Teoria dos Atos de Comércio** na França, que dizia que o objeto de estudo do ainda chamado Direito Comercial era apenas os atos de comercializar, ou seja, comprar e vender. Com isso a preocupação não era apenas com o comerciante, mas sim com a sua atividade.

3 Com a evolução dos meios de produção, essa regulamentação somente do comércio começou a ficar insuficiente e o Direito Comercial não conseguia mais abarcar todas as situações que necessitavam de regulamentação.

4 Surge então no direito italiano a teoria da empresa para suprir as lacunas no direito comercial e ampliou significativamente o objeto de estudo desse ramo jurídico. Agora o estudo será focado em toda a atividade empresarial, toda a organização dos meios de produção, dos serviços e também do ato de comercializar.

5 Se pensarmos de maneira bem simples, conseguiremos vislumbrar que quando se pensa em atividade de comércio logo se lembra de lojas, shoppings centers, mercados, etc.; ao passo que, quando se pensa em atividade empresária normalmente liga-se a indústrias, a fábricas, a grandes conglomerados e também às lojas e aos mercados. Isto demonstra que a ideia de empresa é mais abrangente e conseguiu se adaptar melhor às novas realidades mercadológicas.

6 Percebe-se que a primeira noção de empresa possui um caráter econômico, ligado tão somente à complexidade da organização dos fatores de produção, mas a doutrina jurídica, principalmente através do autor italiano **Alberto Asquini**, criou contornos jurídicos a tal conceito e revolucionou o Direito Comercial, como ainda era conhecido.

7 A primeira legislação que se filiou a esta nova Teoria foi o Código Civil italiano de 1942, considerado o grande marco da transformação desse ramo do direito que, aliás, passa a receber uma nova denominação: Direito Empresarial.

8 **No Brasil**, o Código Comercial de 1850 filiava-se claramente a teoria dos atos de comércio. A mudança começa com algumas legislações extravagantes como a Lei de Sociedades Anônimas (Lei nº 6404/76) e se concretizou com o Código Civil de 2002, que revogou quase todo o Código Comercial, seguindo o modelo italiano, com a unificação da estrutura legislativa do Direito Civil e do Direito Empresarial. No decorrer deste nosso estudo, cada um dos novos conceitos introduzidos pelo atual Código Civil será delineado.

9 Divide-se basicamente em três fazes como mostra o quadro a seguir:

Fases do Direito Empresarial	
1ª	Estudo focado apenas na figura do comerciante. Conhecida como era subjetiva.
2ª	Surgimento da Teoria dos Atos de Comércio que passa a focar o estudo nos atos que eram praticados pelos comerciantes e não apenas na sua figura. Conhecida como era objetiva.
3ª	Surgimento da Teoria da Empresa. Muda completamente a linha de pensamento, ampliando o estudo para a empresa e não apenas o comércio. Muda-se inclusive a nomenclatura do ramo jurídico.

1.2. Empresário

10 De acordo com o art. 966 do Código Civil, o empresário é aquele que pratica a atividade empresária, de forma profissional e organizada. **Não se pode esquecer que o Código Civil de 2002 implementou no ordenamento jurídico brasileiro a Teoria da Empresa** e mudou o objeto de estudos no nosso ramo jurídico que até mesmo teve sua nomenclatura alterada para Direito Empresarial.

11 Há quem diga que o empresário só será considerado desta forma se organizar os fatores de produção, ou seja, mão de obra, capital, insumos, etc. Uma pessoa que atua de forma autônoma, fazendo toda a atividade sozinha, não seria considerada empresária. Esta visão tem sofrido críticas e é possível que venha a ser alterada pela doutrina.

12 É importante lembrar que se fala em empresário e não mais em comerciante pela evolução do Direito Empresarial, que começou como Direito Comercial e evoluiu até a forma atual.

13 Para se compreender os requisitos para ser empresário **é preciso conjugar dois artigos do Código Civil, que são o 972 e o 974.** Através deles percebe-se que para ser empresário a pessoa não pode ter impedimento legal e estar em pleno gozo da capacidade civil.

14 Em vários dispositivos legais é possível encontrar **impedimentos legais** para que alguém exerça a atividade empresária. Esses impedimentos estão ligados à atividade ou o cargo ocupado pela pessoa, por exemplo, os magistrados, os servidores públicos federais.

15 Quanto à questão da capacidade, **há que se atentar para o fato de que o incapaz não pode se inscrever como empresário**, mas poderá continuar como empresário nas hipóteses taxativas do art. 974, quais sejam, incapacidade superveniente ou o recebimento da empresa por herança.

16 Cuidado: muito comum a pegadinha em prova de se afirmar que o incapaz nunca irá exercer a atividade empresária, levando-se em conta somente o art. 972 e não observando o art. 974.

17 No caso de o incapaz continuar a atividade empresária como empresário individual, **esta será a única hipótese em que os bens particulares que ele possua e que não foram conquistados com o exercício da empresa ficarão resguardados.** (art. 974,§2º)

1.3. Estabelecimento empresarial

18 Quando se fala na atividade empresária não há como deixar de pensar no **investimento** que é realizado para a sua prática. Isto porque o próprio conceito fala em organização dos meios de produção de bens ou de serviços. Sendo assim, ainda que minimamente, esse investimento necessário irá se transformar no patrimônio da empresa, constituindo o estabelecimento empresarial.

19 **O estabelecimento é o complexo organizado de bens, estruturado para o exercício da empresa, por empresário ou sociedade empresária.** É uma universalidade de bens que possui uma única destinação: a realização de atividade empresária.

20 Modernamente o estabelecimento não é conceituado apenas no seu aspecto estático, mas também no seu **elemento dinâmico**, isto principalmente no que diz respeito à sua valoração.

21 Se pensarmos numa visão mais antiga, quando da apuração de valores do estabelecimento, seria feito um cálculo simples, levando-se em consideração o somatório do complexo de bens, conforme descrito no art. 1142 do Código

Civil; porém não se pode mais fechar os olhos para a forma como estes bens são estruturados pelo empresário e como esta organização dos bens influencia na conceituação do estabelecimento.

22 O contrato que tem "por objeto a alienação, o usufruto ou arrendamento do estabelecimento" vai receber um tratamento diferenciado pela lei, já que desperta o interesse de terceiros. **Isto porque se o estabelecimento é o ativo da atividade empresária, será deste ativo que os credores irão se utilizar para receberem seus créditos.** Caso este ativo possa ser vendido sem qualquer consequência, o direito estaria permitindo uma verdadeira fraude contra credores.

1.4. Nome empresarial

23 Para ser reconhecido no meio empresarial e poder exercer sua atividade de forma regular, **o titular da empresa precisará se identificar e para isso precisará registrar o seu nome empresarial.** É uma decorrência lógica da necessidade de os seres se individualizarem, marcando, na sociedade, sua identidade.

24 **Não se pode confundir o nome empresarial com o que se denomina de "nome fantasia".** Às vezes, o nome empresarial que é criado pelo empresário ou pelos sócios da sociedade empresária não é comercialmente interessante e assim é criado um nome para servir de título do estabelecimento ou de nome do produto, mas este não é registrado. Desta feita, no momento de realização dos atos oficiais, deverá ser usado o nome empresarial e este é que terá proteção jurídica, ao menos no âmbito do direito empresarial. Como será mais bem delimitado à frente, o "nome fantasia" poderá ser protegido pelas regras do direito da concorrência.

25 De acordo com a escolha do elemento de formação, o nome empresarial poderá ser de duas espécies, vejamos:

Espécies de nome empresarial

Firma ou razão social	Denominação
Forma-se pelo nome do empresário civil do empresário ou sobrenome dos sócios	Forma-se pela escolha livre de um elemento de composição que são não pode estar nas proibições legais.

26 **Importante:** como se vê, razão social é uma espécie de nome empresarial, apesar de no meio leigo serem usados os conceitos como sinônimos.

1.5. Registro empresarial

27 A atividade empresária desempenha um papel importante dentro do contexto econômico do país e em virtude disso, quem a pratica passa a ter determinadas obrigações que servem para que se possa observar sua regularidade.

28 A organização do registro público das empresas é dividida entre dois órgãos (DNRC e Juntas Comerciais) e é regida pela Lei 8934/94.

29 O DNRC – Departamento Nacional de Registro do Comércio – integra o Ministério do Desenvolvimento, Indústria e Comércio e é **responsável pelo gerenciamento** nacional do registro de empresas e para isso estabelece procedimentos e julga os recursos administrativos.

30 Já a Junta Comercial é um órgão existente nos Estados e Distrito Federal, sendo que está submetida ao DNRC e **faz o registro**, os arquivamentos, autenticações das escriturações e emite certidões. Quem efetiva os registros, portanto, são as Juntas Comerciais.

2. EIRELI

1 Após diversas discussões doutrinárias e projetos de lei que não foram aprovados para se introduzir no ordenamento jurídico brasileiro alguma hipótese de constituição de pessoa jurídica por uma única pessoa natural, a Lei 12.441/2011 foi publicada no Diário Oficial da União (DJU), de 12/07/2011, e trata da Empresa Individual de Responsabilidade Limitada, "EIRELI".

2 A possibilidade jurídica que autoriza determinada pessoa natural a constituir pessoa jurídica para a exploração de empresa, sem a necessidade de se juntar a algum sócio, é razoável e há muito tempo aguardada pelos empresarialistas e principalmente pelos empresários.

3 Antes da Lei 12.441/2011 o empresário individual não tinha escolha: se quisesse explorar determinada empresa, sem a colaboração de sócios, estaria arriscando todo o seu patrimônio pessoal penhorável. Isto porque a sistemática do empresário individual não o possibilita limitar sua responsabilidade.

4 Com a EIRELI haverá uma **criação de um novo ente**, que irá assumir os direitos e obrigações da atividade empresária. Importante ressaltar que a EIRELI não tem natureza jurídica de sociedade empresária, ao contrário do que muitos podem imaginar, mas trata-se de uma **nova categoria de pessoa jurídica de direito privado**, que também se destina ao exercício da empresa. Tanto que a Lei

12.441/2011 incluiu "as empresas individuais de responsabilidade limitada" no rol de pessoas jurídicas de direito privado do art. 44 do Código Civil.

5 Além disso, a Lei 12.441/2011, ao inserir no Código Civil o art. 980-A, teve o cuidado de também criar um novo título (Título I-A: "Da Empresa Individual de Responsabilidade Limitada"), situado entre os Títulos I e II, que tratam, respectivamente, do empresário individual e das sociedades empresárias.

6 Isso significa dizer que a criação da EIRELI não acabou com a figura do empresário individual que continuará a existir normalmente e as pessoas poderão, em alguns casos, fazer a escolha de um tipo ou outro.

7 Nem toda pessoa poderá constituir uma EIRELI, haja vista que o *caput* do art. 980-A do Código Civil exige que, no ato de constituição, no mínimo, seja estabelecido **um capital não inferior a 100 (cem) salários mínimos.**

8 Vejamos quais são as principais diferenças entre o empresário individual e a EIRELI:

Empresário Individual	EIRELI
Não forma pessoa jurídica, sendo que a personalidade jurídica é única.	Cria uma pessoa jurídica que terá personalidade jurídica distinta daquele que a forma.
Pode ter qualquer valor de investimento.	Precisa de um investimento mínimo de 100 salários mínimos.
Empresário assume os riscos do negócio e terá seu patrimônio particular penhorado em caso de dívida da atividade.	Há separação das responsabilidades patrimoniais e o empresário, regra geral, não arrisca seu patrimônio particular.

3. SOCIEDADES NO CÓDIGO CIVIL

3.1. Aspectos gerais

1 Os conceitos de pessoa jurídica e de sociedade são diferentes, portanto, pode-se ter sociedade sem que seja constituída uma pessoa jurídica.

2 **O direito brasileiro segue o conceito tradicional de sociedade** que é o de união de duas ou mais pessoas, físicas ou jurídicas, para praticarem uma atividade econômica, que busque precipuamente o lucro e que esse resultado auferido seja partilhado entre os sócios.

3 Questão relevante do direito societário é a classificação das sociedades que hoje segue a tabela a seguir:

Classificação das Sociedades	
Quanto à natureza do ato constitutivo	Sociedade contratual
	Sociedade estatutária
Quanto à natureza da atividade praticada	Sociedade empresária
	Sociedade simples
Quanto à importância dos sócios ou do capital	Sociedade de pessoas
	Sociedade de capitais
Quanto à responsabilidade dos sócios pelas dívidas da sociedade	Sociedade limitada
	Sociedade ilimitada
Quanto à aquisição de personalidade jurídica	Sociedade personificada
	Sociedade não personificada

3.2. Sociedade em comum

4 A sociedade em comum se caracteriza por ser uma união de duas ou mais pessoas praticando uma atividade econômica e partilhando os resultados, **sem que haja ato constitutivo devidamente registrado.**

5 É muito comum as pessoas confundirem a questão tributária com a empresarial e acreditarem que esta sociedade é ilícita. Pela situação tributária isto até pode acontecer, mas o Direito Empresarial regula a relação entre sócios e dos sócios com terceiros para evitar injustiças na existência deste tipo societário.

6 Como não há pessoa jurídica, as obrigações serão colocadas em nome dos sócios, mas todos irão responder solidariamente pelas obrigações.

3.3. Sociedade em conta de participação

7 Já a sociedade em conta de participação se caracteriza por ser uma sociedade com duas categorias de sócio: **sócio ostensivo e sócio participante** (ou também chamado de sócio oculto). **A atividade da sociedade é desenvolvida apenas pelo sócio ostensivo**, em seu nome e sob sua exclusiva responsabilidade, cabendo aos **sócios ocultos a participação nos resultados correspondentes**.

EMPRESARIAL

8 **Importante:** a inexistência da personalidade jurídica se dá pela natureza da sociedade e não pela falta de registro. Ainda que se tenha qualquer tipo de registro do contrato, a sociedade continuará sem personalidade jurídica.

9 Este tema da falta de personalidade jurídica da sociedade em conta de participação é tema recorrente em provas. É comum vermos questões cuja pergunta é: são sociedades que obtém personalidade jurídica com o registro dos seus atos constitutivos exceto: a resposta é a sociedade em conta de participação.

3.4. Sociedade Simples

10 Foi criada pelo Código Civil de 2002 para substituir as antigas Sociedades Civis que existiam no Código de 1916.

11 A sociedade simples é aquela em que a atividade desenvolvida é uma atividade não empresária, conforme parágrafo único do art. 966, ou seja, as atividades intelectuais de natureza artística, científica ou literária.

12 Apesar de ser alguma interpretação diversa, entende-se que **a responsabilidade dos sócios pelas dívidas sócias na sociedade simples é ilimitada**, ou seja, se o patrimônio social não for suficiente para arcar com as obrigações poder-se-á buscar o patrimônio particular dos sócios.

13 Ponto importante da sociedade simples que também será muito utilizado para a sociedade limitada é a questão da responsabilidade do administrador sobre os atos praticados fora dos seus poderes. Apesar de a doutrina e a jurisprudência sempre terem tido entendimento em sentido diverso, o Código Civil, no parágrafo único do art. 1015, optou pela filiação à **Teoria do Ato Ultra Vires.** Assim, se o administrador extrapolar seus poderes, responderá pessoalmente perante terceiros e a sociedade poderá se eximir de qualquer responsabilidade.

3.5. Sociedade Limitada

14 É o tipo societário de maior utilidade prática no Brasil, portanto, não se pode deixar de estudá-lo, pois sempre há uma possibilidade de ser cobrado.

15 Está entre os tipos de **sociedade empresária** e foi criada para oferecer menos burocracia, mas com o benefício da limitação de responsabilidade.

16 Cada sócio terá que integralizar sua parte no capital social de acordo com o contrato e na ltda. **não é possível a integralização com serviços.** (art. 1055, § 2º do Código Civil)

17 O sócio que não integraliza sua parte no capital social também é chamado de **sócio remisso.**

18 O art. 1058 diz que as hipóteses do art. 1004 também são aplicadas às limitadas, mas cria uma quarta possibilidade, de os sócios **tomarem para si ou transferirem a terceiros as quotas do sócio remisso.** Estabelece uma espécie de alienação compulsória. Assim, por disposição expressa, as hipóteses de sócio remisso da sociedade simples também podem ser aplicadas na limitada.

19 Ainda sobre as quotas, uma questão de grande importância é a possibilidade de **penhora de quotas por dívidas particulares de sócios**.

20 As quotas são bens patrimoniais e, por isso, têm possibilidade de serem utilizadas para atender aos interesses dos credores particulares dos sócios, porém, se foram penhoradas, as quotas irão à hasta pública e ao serem arrematadas passarão para a propriedade do arrematante que adquirirá a condição de sócio da sociedade. **E este é o ponto que gera polêmica, pois nem sempre uma sociedade limitada permite a entrada livre de um novo sócio na sociedade.**

21 A conclusão a que se chega é que se a sociedade limitada for caracterizada como sendo sociedade de pessoas, a penhora de quotas não será possível, mas se ela for caracterizada como sociedade de capitais, será possível a penhora.

22 Tema de extrema relevância, é a responsabilidade dos sócios pelas obrigações sociais, pois é o que mais atrai as pessoas escolherem este tipo societário. O art. 1052 do Código Civil trata do assunto e se separa em duas partes.

23 A primeira dispõe sobre a autonomia patrimonial da sociedade, isto é, **os sócios somente têm responsabilidade sobre a integralização do capital social**. Uma vez realizada tal integralização, a sociedade passa a ter o seu próprio patrimônio que é sobre o que recairão as obrigações. Somente em situações excepcionais, como a desconsideração da personalidade jurídica é que os sócios terão seu patrimônio particular atingido por dívidas da sociedade.

24 A segunda parte trata da solidariedade pela integralização, ou seja, **caso um sócio não faça a integralização, esta poderá ser cobrada dos demais solidariamente.**

25 O Código Civil foi reformado recentemente no que diz respeito à administração da sociedade limitada ser feita por não sócio. A Lei 12375/2010 alterou o art. 1061 e retirou a necessidade do contrato ter que permitir a presença de administrador não sócio, permitindo agora que tal nomeação seja possível independente de previsão contratual.

26 **No que diz respeito à responsabilidade do administrador, há que se observar a regra de regência supletiva do art. 1053** para saber se seguirá os

EMPRESARIAL

ditames da sociedade simples (art. 1015, parágrafo único do Código Civil), ou da sociedade anônima (art. 158 da Lei 6404/76).

27 As decisões a serem tomadas na Ltda., via de regra, são de duas espécies: aquelas relativas ao dia a dia operacional da empresa, a exemplo de comprar, vender, receber, admitir funcionários, são tomadas pela diretoria ou gerência no âmbito da administração da sociedade; as outras decisões de cunho mais estrutural que refletem de forma mais expressiva nos destinos da empresa, tais como, ingresso de novos sócios, exclusão ou saída de sócios, incorporação, aumento de capital, são tomadas por deliberação dos sócios.

28 **As decisões de natureza deliberativa são tomadas somente pelos sócios ou pelos seus representantes legais com poderes específicos para tal fim.** Na deliberação sobre matérias específicas, estas são votadas, obedecido o que dispõe o código quanto ao quorum e à contagem de votos.

29 Quando, por lei ou pelo contrato social, competir aos sócios decidir sobre os negócios da sociedade, as deliberações serão tomadas por maioria de votos, contados segundo o valor das quotas de cada um.

30 Observemos que **o importante não é a quantidade de sócios, mas o peso de sua participação no capital social.** Desta forma, um único sócio poderá ter poder de deliberação que prevalecerá sobre os demais, sendo suficiente para a decisão o percentual ou a fração do capital estabelecido para cada caso concreto.

31 As matérias que dependem de deliberação de sócios encontram-se no art. 1071 do Código Civil, mas o contrato poderá estabelecer outras hipóteses.

32 Uma inovação do Código Civil de 2002 foi o estabelecimento de **diversos quóruns diferentes** para aprovação das deliberações de sócios. O art. 1076 traz uma boa parte desses quóruns que também estarão espalhados pelo capítulo das sociedades limitadas.

4. SOCIEDADES ANÔNIMAS

4.1. Aspectos Gerais

1 A S.A tem como uma das características principais ser uma **sociedade empresária,** independente da atividade que pratique (artigo 2°, § 1° da Lei de S.A e artigo 982, parágrafo único do Código Civil). Além disso, ela é considerada sempre uma sociedade de capitais, o que faz com que haja liberdade total para os acionistas alienarem sua participação, vender suas ações.

2 Sociedade anônima é a que possui o capital dividido em partes iguais chamadas ações, e tem **a responsabilidade de seus sócios ou acionistas limitada ao preço de emissão das ações subscritas ou adquiridas.** Isto é o que se depreende do art. 1º da Lei das SA.

3 De acordo com o art. 4º da Lei de S.A., **esta pode ser fechada** se não negociar seus valores mobiliários no mercado de capitais **ou ser aberta,** caso faça a venda de suas ações, debêntures, partes beneficiárias e bônus de subscrição (valores mobiliários) no mercado.

4 O mercado de capitais é o local onde se negocia os valores mobiliários das sociedades anônimas de capital aberto. Pode ser composto por duas instituições diferentes, a bolsa de valores ou o mercado de balcão, que se diferenciam conforme tabela a seguir:

Bolsa de Valores	Mercado de Balcão
– Deve ser constituída como associação civil, sem fins lucrativos.	– Pode ser constituída sob a forma de sociedade e, portanto, com fins lucrativos.
– As negociações são realizadas publicamente.	– São negociações realizadas privadamente.
– As operações são realizadas por intermédio de corretores.	– Envolvem a presença física de um vendedor e comprador.
– Os preços são justos, vez que são ditados pelo mercado.	– Falta de transparência na formação de preços.
– Diversos sistemas de garantias.	– Riscos devem ser assumidos pelas partes envolvidas no negócio.

4.2. Administração

5 A companhia se desdobra em vários órgãos, vezes por exigência jurídica, vezes por objetivos administrativos.

6 A diretoria, o conselho fiscal e a assembleia geral são órgãos presentes em todas as sociedades. Já o conselho de administração somente é obrigatório nas sociedades de capital aberto e capital autorizado. Nas demais sua existência é facultativa.

7 A diretoria é o órgão responsável pela gestão da sociedade anônima que, por sua complexidade, exige-se que seja feita por no mínimo duas pessoas.

8 Não é preciso ser sócio para ser diretor, mas é preciso se atentar para as responsabilidades que a nomeação acarreta. A lei de S.A. irá falar no dever de diligência, lealdade e de informação.

9 O administrador responde pelos prejuízos que vier a causar à sociedade, mas aqui na S.A. há uma diferença bem importante para o que foi visto na sociedade simples. Lá, o Código Civil de 2002 optou por filiar-se à Teoria dos Atos Ultra Vires e permitiu que a sociedade se exima da responsabilidade dos atos do seu administrador, quando ele agir fora dos seus poderes. Para a S.A. há que ser observado o art. 158 da lei especial.

4.3. Proteção ao Acionista Minoritário

10 Uma vez que na sociedade anônima se tem a figura do acionista controlador, que é aquele que tem o poder majoritário do voto e pode decidir sozinho, ou por acordo de acionistas os rumos da companhia, foi preciso estabelecer mecanismos de proteção ao minoritário.

11 Pode-se enumerar os seguintes direitos previstos da Lei de S.A. que servem de proteção ao acionista minoritário:

12 **Ações preferenciais: proporção, preferências e vantagens.** A disciplina desse assunto está prevista nos artigos 15 e 17 da Lei das S.A. Esses dispositivos legais procuram conferir equilíbrio às ações com e sem direito a voto, determinando que o número de ações preferenciais sem direito a voto, ou sujeitas à restrição no exercício desse direito, não ultrapasse 50% do total das ações emitidas.

13 **Direito de recesso.** O assunto está tratado nos artigos 136 e 137 da Lei das S.A. É um dos instrumentos de maior proteção do acionista minoritário, consistente na faculdade de o acionista retirar-se da sociedade em circunstâncias legalmente previstas, recebendo o valor de suas ações. A perda de patrimônio pela retirada pode fazer com que o minoritário pressione o majoritário a mudar sua posição.

14 **Proteção do minoritário no caso de fechamento do capital de companhia aberta.** Proteção prevista nos artigos 4º e 4º A da Lei. O fechamento de capital da companhia aberta somente poderá se dar caso o controlador, a própria companhia ou aquela que a controle formule oferta pública para adquirir a totalidade das ações em circulação.

15 **Direito ao "tag along" no caso de alienação do controle.** Previsto no artigo 254-A da Lei. Obrigatoriamente, o adquirente do controle acionário de companhia aberta deverá pagar aos acionistas minoritários valor no mínimo igual a 80% da importância paga por ação do bloco integrante do controle. Os destinatários da oferta são unicamente os titulares de ações com direito de voto. Porém, os preferencialistas sem direito a voto, ou com voto restrito, terão o direito de ser

incluídos na oferta pública legalmente prevista nos casos em que o estatuto da companhia for omisso sobre a fixação do dividendo prioritário, ou do dividendo 10% maior do que o atribuído à ação ordinária.

16 **Participação dos acionistas minoritários e preferencialistas na composição do conselho de administração e do conselho fiscal.** Disposições legais específicas contidas nos artigos 141, 161, 163, 164 e 165 da Lei. Os acionistas minoritários, bem como os titulares de ações preferenciais, terão a faculdade de participar na composição do conselho de administração da companhia por meio de eleição de um conselheiro.

17 **Acordo de acionistas.** Previsto no artigo 118 da Lei. O acordo de acionistas poderá servir como valioso meio para proteger os interesses dos minoritários, estabelecendo prévias condições no relacionamento com os controladores, assim como permitindo que os minoritários se congreguem para atingir determinados percentuais necessários para fazer valer certos direitos.

4.4. Direitos dos acionistas

18 A Lei de S.A., **em seu artigo 109 enumera os direitos fundamentais dos acionistas**, que são aqueles que não podem ser supridos nem pelo estatuto nem pela assembleia geral.

19 A participação dos lucros é direito essencial em todas as sociedades. Isso não significa dizer que é obrigatória a distribuição de lucros sempre, mas que um sócio não pode ser privado, discriminadamente desta distribuição. Se não houver distribuição em um dado exercício social, isto irá valer para todos os acionistas.

20 Também terá o acionista o direito sobre o patrimônio da sociedade, pois ao integralizar ele contribuiu para a sua formação e se a sociedade for liquidada ele receberá sua proporção.

21 O direito de preferência se refere a todas as formas de criação de novos investimentos na sociedade, pois o acionista deve ter o direito de buscar manter a porcentagem no capital caso sejam aumentadas as ações.

22 Seja a Sociedade Anônima aberta ou fechada, o acionista tem liberdade para vender suas ações seja para terceiro sócio ou mesmo não sócio, sem nenhuma necessidade de consultar os acionistas remanescentes. Isto porque, a Sociedade Anônima é um tipo societário classificado como sociedade de capitais. Neste tipo de sociedade, o dinheiro investido pelos sócios é mais importante do que a própria pessoa deles. Assim, não importa se o sócio deixe a sociedade, porque o mais importante foi o investimento que ele realizou. Como na venda de ações não há influência no capital da sociedade, pois o negócio envolve apenas o sócio que está vendendo e a pessoa que está comprando as ações, a alienação das ações é livre. Existe apenas uma troca do quadro societário.

23 **Sendo assim, em contrapartida o direito de retirada será bastante restrito**, já que o direito constitucional de liberdade de associar-se ou manter-se associado está garantido pela possibilidade de alienação da participação societária. As hipóteses em que o acionista terá o direito de retirada limitam-se às elencadas no art. 137 da Lei 6.404/76.

4.5. Operações societárias

24 Ao se constituir uma sociedade não se tem como prever como será o seu desenvolvimento e como ela irá atuar no mercado. Por isso a estrutura societária nem sempre irá se manter intacta, sendo que por vezes os sócios se vêm na necessidade de alterar o formato da sociedade, unindo-se a outra, alterando o tipo societário, dentre outras situações.

25 A lei de S.A. trata das operações societárias no âmbito das sociedades por ações e o Código Civil regulamenta a dos tipos societários que estão sob sua égide, porém, cumpre ressaltar que ambas as legislações possuem textos muito parecidos sobre o assunto.

26 **A transformação se caracteriza pela alteração do tipo societário, a troca de um tipo pelo outro.**

27 Por se tratar de uma mudança de grande profundidade na sociedade, tanto o art. 221 da Lei de S.A. quanto o art. 1114 do Código Civil, exigem o consentimento unânime dos sócios para que a transformação societária seja aprovada.

28 Os terceiros não podem ser prejudicados pela transformação, assim, se a sociedade sai de um tipo em que os sócios tinham responsabilidade ilimitada pelas obrigações para um tipo em que a responsabilidade é limitada, as obrigações anteriores à transformação permanecerão regidas pelo que era no tipo societário anterior.

29 **A fusão irá ocorrer quando uma ou mais sociedades unem-se, criando uma nova sociedade e extinguindo as anteriores.** Essa nova sociedade irá suceder as anteriores em todos seus direitos e obrigações.

30 A incorporação segue uma ideia parecida com a da fusão que é a união de sociedades, porém, aqui, **uma sociedade será mantida e as demais serão absorvidas e irão desaparecer.**

31 A sociedade incorporadora passará a abarcar tudo que pertencia a ou as sociedades incorporadas que desaparecerão. Não terá uma sociedade nova, mas a incorporadora irá ser profundamente alterada para absorver as demais. Os sócios das incorporadas passarão a ser sócios da incorporadora.

32 Ao contrário das duas operações anteriores, **a cisão tem o objetivo de diminuir o porte de uma sociedade.**

33 A cisão das sociedades é uma forma de reorganização societária que normalmente tem por objetivo maior organização administrativa, otimizando assim diversas funções da sociedade, tornando-as mais competitiva no mercado através da transferência de capital de uma sociedade para outra ou outras, sendo que, a sociedade que absorve tal capital sucede a cindida nos direitos e obrigações correspondentes à parcela absorvida, dependendo de se estar tratando de cisão total ou cisão parcial.

5. RECUPERAÇÃO DE EMPRESAS

5.1. Recuperação Judicial

5.1.1. Legitimados

1 Além dos requisitos gerais para utilização da 11.101/05 já analisados, **o art. 48 traz requisitos específicos** para que este empresário ou sociedade empresária possa pedir a recuperação judicial.

2 O devedor deve exercer regularmente suas atividades há mais de 2 (dois) anos, não pode ter sido declarado falido e, se tiver sido, suas responsabilidades têm que ter sido extintas. Não poderá ter, há menos de 5 (cinco) anos, obtido concessão de recuperação judicial. Não poderá ter, há menos de 8 (oito) anos, obtido concessão de recuperação judicial com base no plano especial das microempresas e não pode ter sido condenado ou não pode ter, como administrador ou sócio controlador, pessoa condenada por qualquer dos crimes falimentares. Estes requisitos são cumulativos, assim só pode pedir a recuperação quem atender a todos eles.

3 Tais requisitos específicos estão previstos no art. 48 da Lei 11.101/05.

4 O parágrafo único desse mesmo dispositivo legitima ainda para requerer a recuperação o "cônjuge sobrevivente, herdeiros do devedor, inventariante ou sócio remanescente".

5.1.2. Meios de recuperação e plano de recuperação

5 **Parte mais importante da recuperação é o plano de recuperação** que tem que ser apresentado no **prazo de 60 dias da decisão que deferir** o processamento da recuperação e vai conter a demonstração de como a empresa pretende ser recuperada.

EMPRESARIAL

6 Como será mais bem analisado à frente, esse prazo da apresentação do plano deve ser observado atentamente, pois se não for apresentado o plano, a recuperação será convolada em falência.

7 **O plano deverá passar pelo crivo da Assembleia de credores e será aprovado quando obtiver o quórum deliberativo qualificado.** Quando não atingir esse quórum, mas algo próximo a ele, o plano pode ser adotado. No primeiro caso, o plano aprovado pelos credores é simplesmente homologado pelo juiz. Já no segundo caso o juiz irá decidir se o plano será aprovado ou não.

8 A concessão da recuperação judicial obriga todos os credores anteriores ao pedido, mesmo os que não tenham aprovado o plano.

9 A parte fundamental do plano de recuperação é **o requerente provar que tem meios para sair do momento de crise** econômico-financeira.

10 O art. 50 trará exemplos de quais são esses meios que o empresário ou a sociedade poderão utilizar-se para que possam sanar seus problemas.

5.1.3. Processamento da recuperação judicial

11 A recuperação se passa toda no âmbito judicial (Desde o pedido inicial até a sentença de encerramento) e seguirá o rito conforme esquema a seguir:

Quadro da evolução do procedimento da recuperação judicial:

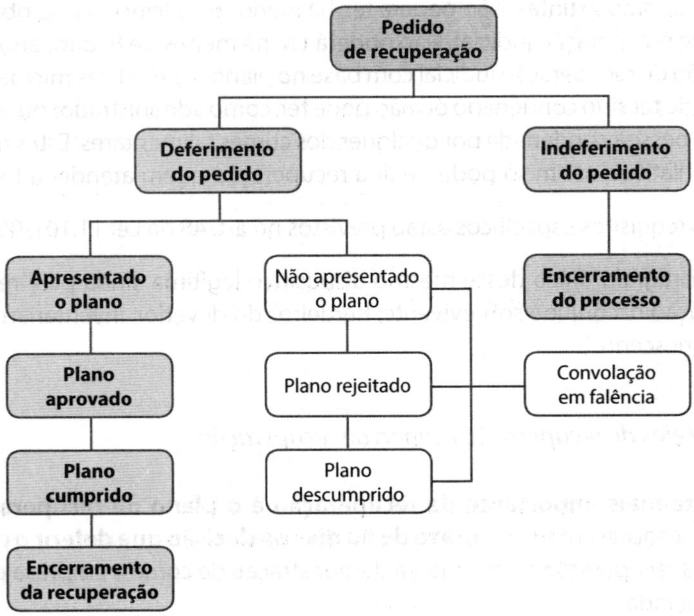

5.1.4. Convolação em falência

12 Convolar significa que a recuperação será transformada diretamente na decretação da falência. Como se verá mais adiante, se a falência seguir seu procedimento normal, haverá a fase de contestação do pedido em que o devedor poderá comprovar que não se encontra em situação de falência, mas aqui já é decretada a falência, sem mais poder ter qualquer tipo de contestação.

13 O legislador foi rigoroso com essas situações para **evitar que a recuperação seja usada apenas para retardar o adimplemento das obrigações.** Se não houvesse uma sanção grave, que é a decretação da falência, a recuperação poderia ser usada de maneira irresponsável e causaria prejuízo aos credores, se desvirtuando do seu objetivo.

14 A recuperação judicial, principalmente nos casos em que o devedor descumpre o plano, poderá ser transformada em falência nos casos previstos no art. 73.

5.2. Recuperação extrajudicial

15 Irá ocorrer quando o empresário ou a sociedade empresária em crise procura seus credores (ou parte deles) e os consegue convencer de que a renegociação de suas obrigações.

16 Assim como na recuperação judicial, na extrajudicial também será feito um plano de recuperação.

17 Tal plano poderá ser levado a homologação judicial, mas é facultativo. Se o plano não tiver a aprovação de 100% de credores, mas tiver aprovação de 3/5 dos credores, deverá ser levado à homologação, para vincular todos os credores.

18 Na prática o processo de recuperação extrajudicial representa a primeira tentativa de solução amigável das dívidas do empresário, sendo que de acordo como art. 162 supra, não será necessário que todos os credores concordem com a negociação e se não for o caso do art. 163 o plano vinculará somente os que a ele aderirem.

6. FALÊNCIA

1 A Lei 11.101/2005 reformulou todo o procedimento de falência, que continuou tratando das situações de crise insuperável, mas com contornos diferentes e foi criado o procedimento da recuperação de empresas (que poderá ser judicial ou extrajudicial) para as crises sanáveis, acabando com a tão criticada concordata.

2 Nem todas as atividades econômicas poderão se valer da atual Lei de Falência para os seus momentos de crise. De acordo com o art. 1º desta lei, ela **é aplicada ao empresário individual e às sociedades empresárias, o que exclui deste procedimento as sociedades simples e as cooperativas.**

3 Além disso, existem determinadas **atividades empresárias que foram excluídas do uso da lei**, conforme vai dispor o art. 2º da Lei.

4 Há princípio, quando for decretada uma falência ou uma recuperação judicial, as ações serão suspensas e processadas no juízo da falência para que se possa buscar a solução igualitária para os litígios. É o que está no art. 6º da Lei de Falência.

5 A regra do caput do art. 6º não é, porém, absoluta, sendo que os parágrafos desse mesmo dispositivo irão trazer as exceções, tratando das ações que não serão suspensas e continuarão pelo seu próprio rito.

6 O falido, não necessariamente, agiu culposamente para que a atividade tenha falido. Porém, haverá algumas situações que se consegue comprovar que alguns atos praticados por ele em período próximo à decretação de falência podem sim ter sido praticados de maneira intencional, com intuito de prejudicar aos credores e tendo relação com a infelicidade da quebra.

6.1. Administrador judicial

7 Os procedimentos da falência e da recuperação judicial necessitam de atos de fiscalização, acompanhamento e até mesmo de gestão. Para isso, a Lei 11.101/05 constituiu a figura do administrador judicial que terá diferentes funções na falência e na recuperação, mas que pode ser conceituado como aquele que irá auxiliar o magistrado na condução dos procedimentos.

8 Como o administrador é auxiliar do magistrado, **é ele quem irá escolhê-lo e nomeá-lo** e o art. 21 preconiza que preferencialmente ele deve ser advogado, economista, administrador de empresas ou contador, mas não impede que o administrador judicial tenha outra formação.

6.2 Assembleia e comitê de credores

9 Caso se entenda necessário, a assembleia geral de credores (que será estudada no próximo item), **poderá** votar pela constituição do comitê de credores tanto na falência quanto na recuperação judicial, que será composto por representantes de cada classe de credores do devedor submetidos ao processo. **A principal**

finalidade da criação de tal comitê é zelar pelo bom andamento do procedimento judicial, seja da falência ou da recuperação.

10 Diferente do órgão anterior que é de existência facultativa, o terceiro elemento do sistema de administração da falência e recuperação de empresa é de **existência obrigatória e é a assembleia geral de credores, que como o próprio nome indica, é o órgão máximo de representação dos credores,** possuindo funções notadamente deliberativas a respeito de qualquer matéria que possa afetar os interesses dos credores.

11 Entre as funções da assembleia, está a de eleger e constituir o comitê de credores, o que outorga ainda mais, legitimidade para o segundo órgão.

6.3. Juízo universal

12 Prevê o §8º do art. 6º que: "A distribuição do **pedido de falência ou de recuperação judicial previne a jurisdição** para qualquer outro pedido de recuperação judicial ou de falência, relativo ao mesmo devedor".

13 Há apenas que se observar que somente haverá prevenção se a primeira ação foi corretamente distribuída, de acordo com a regra de competência do art. 3º, que é o local do principal estabelecimento do devedor.

6.4. Atos de falência

14 Para que os legitimados ativos possam requerer a falência de algum devedor, **eles terão que basear o seu pedido, demonstrando o estado de falência do requerido** e a lei, no art. 94 busca especificar quais são os fatos que demonstrarão tal estado.

15 Os dois primeiros incisos vão tratar de situações pontuais em que o ato do devedor significa que ele não está conseguindo cumprir com suas obrigações.

16 Já o inciso III vai trazer uma lista dos atos de falência propriamente ditos. Como existem muitas questões que exigem memorização, é importante conhecer tais atos.

6.5. Sentença de falência

17 Na sentença que decreta a falência, preconiza o art. 99 da lei que o juiz deverá estipular o termo legal, "sem poder retrotraí-lo por mais de 90 (noventa)

EMPRESARIAL

dias contados do pedido de falência". Esse termo é a data a partir da qual serão investigados os atos e em se provando que são atos prejudiciais, poderão ser revogados.

18 Na sentença declaratória de falência o juiz efetivamente irá decretar a falência. Possui natureza declaratória e constitutiva. Apesar de ser uma sentença, ela não encerra o procedimento da falência e sim dá início a outra fase ainda no mesmo processo de falência.

19 Quanto a sentença que decreta a falência do empresário individual, da sociedade empresária ou da EIRELI, **é importante analisar os efeitos de tal decisão.**

Quanto à pessoa do falido	– Restrições à capacidade processual – Restrições à liberdade de locomoção – art. 104, III – Deverá assinar termo de compromisso – Proibição para o exercício de atividade empresarial – art. 102 – Continuação do negócio – art. 99, XI
Quanto aos direitos dos credores	– Antecipação do vencimento das dívidas – art. 77 da LF – Suspensão da fluência de juros – art. 124 da LF – Suspensão das ações e execuções movidas contra o falido – Suspensão da prescrição
Quanto aos bens do falido	– Perda da administração e disposição dos seus bens – art. 103 da LF – Nulidade dos atos praticados pelo falido com relação aos seus bens

6.6. Ineficácia e revogação

20 O falido, não necessariamente, agiu culposamente para que a atividade tenha falido. Porém, **haverá algumas situações que se consegue comprovar que alguns atos praticados por ele em período próximo à decretação de falência podem sim ter sido praticados de maneira intencional**, com intuito de prejudicar aos credores e tendo relação com a infelicidade da quebra.

21 Na sentença que decreta a falência, preconiza o art. 99 da lei que o juiz deverá estipular o termo legal, "sem poder retrotraí-lo por mais de 90 (noventa) dias contados do pedido de falência". Esse termo é a data a partir da qual serão investigados os atos e em se provando que são atos prejudiciais, poderão ser revogados.

22 A revogação irá exigir uma investigação no contexto subjetivo das partes envolvidas no negócio que apresenta características fraudulentas. Assim, terá que ficar comprovado o requisito subjetivo que é o *concilium fraudis*, a intenção de fraudar e o requisito objetivo que é o efetivo prejuízo para a massa falida, causando prejuízo consequente aos credores.

23 **Para se realizar tal investigação deverá ser proposta uma ação própria**, que recebe o nome de ação revocatória, que terá como legitimados ativos o administrador judicial, qualquer credor ou o Ministério Público. A previsão de tais legitimados encontra-se no art. 132 da Lei 11.101/05 que também estipula um prazo de 3 anos a contar da decretação da falência para que a ação seja proposta.

6.7. Pagamento dos credores

24 O objetivo principal da decretação da falência é que o pagamento aos credores do falido siga os ditames legais que levam em consideração a importância e a natureza de cada crédito.

25 Nesta etapa **é importante diferenciar os credores extraconcursais (que irão receber primeiros) dos credores concursais.**

Credores extraconcursais – credores da massa falida	Credores concursais – credores do falido
Créditos que surgem em virtude do processo de falência, após a sua decretação.	Créditos anteriores à decretação da falência que foram devidamente habilitados em momento oportuno.

26 A ordem de pagamento dos credores concursais está estabelecida no art. 83 da Lei de Falência e é comum encontrarmos questões que cobram o conhecimento de tal ordem. Assim, é importante decorá-la.

6.8. Pedidos de restituição

27 Como na arrecadação de bens do devedor no processo de falência, serão arrecadados todos os bens que estiverem na posse do falido, inclusive bens que não lhe pertence, para definir o ativo, **deverá ser feita a restituição aos proprietários.**

28 São exemplos de bens que são restituíveis os bens que o falido era locatário, depositário ou comodatário. Se o bem estiver na posse do falido por alienação fiduciária ou arrendamento mercantil, também caberá restituição, pois os credores têm a posse indireta do bem e a propriedade resolúvel no primeiro caso e a propriedade direta no segundo caso.

29 A lei irá tratar do pedido de restituição que os verdadeiros proprietários dos bens que foram arrecadados deverão fazer. O art. 85 preconiza que: "O proprietário de bem arrecadado no processo de falência ou que se encontre em poder do devedor na data da decretação da falência poderá pedir sua restituição."

30 O art. 86 dispõe de situações em que a restituição deverá ser feita em dinheiro se a coisa não mais existir, se se tratar de adiantamento de contrato de câmbio ou se se referir a valores entregues ao devedor pelo contratante de boa-fé na hipótese de revogação ou ineficácia do contrato.

7. CONTRATOS

1 O Código Civil de 2002 criou a unificação legislativa do Direito Civil e do Direito Empresarial, mas como foi já apresentado, as doutrinas continuam separadas e devem assim continuar, pois os campos de estudo são diferentes. Há, claro, pontos que se encontram, mas possuem as suas reservas.

2 De acordo com o art. 710 do Código Civil, "pelo contrato de agência, uma pessoa assume, em caráter não eventual e sem vínculos de dependência, a obrigação de promover, à conta de outra, mediante retribuição, a realização de certos negócios, em zona determinada, caracterizando-se a distribuição quando o agente tiver à sua disposição a coisa a ser negociada."

3 O proponente não pode constituir, ao mesmo tempo, mais de um agente, na mesma zona, com idêntica incumbência; nem pode o agente assumir o encargo de nela tratar de negócios do mesmo gênero, à conta de outros proponentes. Importante fazer a leitura dos artigos do Código Civil referentes a este contrato.

4 Pelo disposto do art. 693 do Código Civil, "o contrato de comissão tem por objeto a aquisição ou a venda de bens pelo comissário, em seu próprio nome, à conta do comitente."

5 O assunto mais relevante desse contrato é a possibilidade de estipulação de cláusula "del credere", que fará com que comissário responda solidariamente com as pessoas com que houver tratado em nome do comitente, caso em que, salvo estipulação em contrário, o comissário tem direito a remuneração mais elevada, para compensar o ônus assumido.

6 O contrato de alienação fiduciária **consiste no meio pelo qual uma parte aliena à outra um determinado bem**, com o dever de devolvê-lo quando da ocorrência de um determinado fato, que via de regra, é o pagamento.

7 Nesse sentido, verifica-se que é um **contrato instrumental, na medida em que constitui meio para que outro contrato principal se concretize**. Observa-se também que há associação com o contrato de mútuo.

8 O maior exemplo de contrato de alienação fiduciária é verificado nas aquisições de veículos. Quando alguém deseja adquirir um veículo, mas não possui valor suficiente para tanto, se vale de uma instituição como intermediária do negócio, que empresta o valor necessário para a aquisição (aqui temos o contrato de mútuo). O bem então é transferido para a propriedade do banco como garantia do empréstimo, mas o devedor terá a posse. Com o pagamento total do valor do empréstimo o bem passa a ser de propriedade do antigo devedor.

9 Quando o objeto for bem imóvel, se o pagamento não for realizado, a propriedade antes resolúvel se consolida e o fiduciário (credor) realizará hasta pública ou leilão para a venda do bem e o levantamento do valor, que será utilizado para cobrir o montante ainda devido. Caso o valor seja superior à dívida, este será devolvido ao devedor (arts. 26 e 27, Lei 9514/97). Se móvel, o credor poderá realizar busca e apreensão do bem e repassar o crédito a um terceiro independentemente de leilão ou hasta pública. O valor que exceder à dívida será também devolvido ao devedor. Caso não encontre o bem, o credor poderá converter a busca e apreensão em ação executiva.

10 O tratamento legislativo do contrato de alienação fiduciária de bens móveis, previsto no Decreto 911/60 foi bastante alterado pela Lei nº 12.043/2014 que reformulou a constituição em mora, a venda do bem a apreendido e principalmente a consequência principal da perda do bem alienado por parte do devedor.

11 A respeito da ação de busca e apreensão do bem gravado com a alienação, devem ser ressaltadas algumas novidades importantes. A primeira delas é a que passou a constar do caput do art. 3º do Decreto que, além de prever que o proprietário fiduciário ou credor poderá, desde que comprovada a mora ou o inadimplemento, requerer contra o devedor ou terceiro a busca e apreensão do bem alienado fiduciariamente, a qual será concedida liminarmente, passou a prever expressamente que a liminar poderá ser apreciada em plantão judiciário, possibilitando maior celeridade na decisão judicial e menor prejuízo do credor.

12 A Lei nº 12.043/2014 acabou com a possibilidade de purga da mora no contrato de alienação fiduciária, alterando a redação dos §§ 1º e 2º do art. 3º.

13 O contrato de faturização, também conhecido como ***factoring*** **ou fomento mercantil, é aquele em que um empresário cede a outro créditos advindos de vendas mercantis, mediante pagamento**, ou seja, é a venda de um faturamento de uma sociedade a outra, quando realizadas vendas a prazo.

EMPRESARIAL

14 O adquirente dessas faturas, o faturizador, assume os riscos de insolvência do consumidor, sem que tenha direito de regresso contra o faturizado, visto que o faturizador garante ao faturizado o recebimento do valor.

15 Tem-se assim, 3 sujeitos na relação contratual, o **faturizador**, o **faturizado** e o **comprador**. O primeiro pode ser pessoa física ou jurídica, mas deve ser um comerciante, enquanto o segundo é o cedente, pessoa física ou jurídica titular dos créditos. Já o comprador da mercadoria ou adquirente do serviço é o devedor, o gerador do crédito, que deve ser notificado quando da realização do contrato de faturização.

16 O comprador será cobrado diretamente pelo faturizador e o faturizado terá responsabilidade apenas em garantir a existência do crédito, não respondendo pela insolvência do comprador, o que consiste em risco para o faturizador.

17 No contrato de franquia, **o comerciante que possui uma marca ou um produto permite que outro a utilize, mediante remuneração e prestação de serviços.**

18 De acordo com as disposições da Lei 8.955 de 1994, para que se tenha um contrato de franquia são necessários basicamente dois elementos, a licença de utilização da marca e a prestação de serviços conforme estabelecido, uma vez que se trata de um contrato em que se tem a autorização de utilização de um nome mediante prestação de serviços. Além disso, temos as figuras do franqueado, do franqueador e da marca objeto da franquia.

19 O franqueador é quem possui a marca ou o produto e ainda detém a exclusividade de exploração daquela determinada marca, fornecendo aos franqueados assistência, administração e gerenciamento. Já o franqueado é quem vai utilizar a marca ou o produto e que paga uma remuneração inicial.

20 Essa remuneração é tida como inicial porque consiste apenas na filiação, cabendo ainda o repasse de um valor periódico sobre os lucros obtidos, de acordo com a estipulação contratual.

21 O franqueado deve ainda adquirir os produtos ou os serviços do franqueador, seguir suas determinações e ainda atuar com exclusividade.

22 Para a realização do contrato de franquia, faz-se necessário que seja previamente elaborada uma circular de oferta de franquia (COF), que está prevista na Lei nº 8955/94.

23 A locação comercial é tratada na Lei nº 8245/90 e sua principal preocupação é regulamentar o direito de renovação compulsória, que vai existir quando se atender aos requisitos presentes no art. 51.

8. TÍTULOS DE CRÉDITO

8.1. Aspectos Gerais

1 O título de crédito por ser conceituado como um **documento abstrato e autônomo através do qual se representa um crédito líquido e certo**, que será cobrado nas condições estipuladas no documento.

2 A principal legislação dos Títulos de Crédito continua sendo a Lei Uniforme de Genebra, decreto 57.663/66, apesar de o Código Civil de 2002 ter trazido uma Teoria Geral para os títulos.

3 Questão importante é quando estas duas leis tratam de forma antagônica o mesmo assunto. **Pelo princípio da especialidade das leis, a lei especial valerá sobre a lei geral**, ou seja, a Lei Uniforme irá prevalecer sobre o código Civil.

4 Dois são os casos mais importantes em que este conflito acontece. No caso da responsabilidade do endossante que a Código diz que depende de clausula expressa (art. 914), já a LUG diz que o simples fato de endossar torna o endossante corresponsável pelo pagamento (art. 15). A outra situação é na possibilidade do aval parcial. O Código Civil proíbe, enquanto a LUG permite. Para ambos os casos deverá se observar que para os títulos típicos (letra de câmbio, nota promissória, duplicata e cheque) prevalecerá a LUG e para os títulos atípicos o Código Civil.

8.2. Princípios

5 O primeiro princípio a ser analisado é o de maior relevância prática para os títulos de crédito.

6 De acordo com o **Princípio da Abstração,** o título de crédito se **desvincula do negócio jurídico que o originou a partir do momento em que for colocado em circulação** através de endosso. Assim, se um título é endossado, o negócio original não pode ser invocado para opor o pagamento a este endossatário.

7 O segundo princípio, apesar de guardar certa semelhança com o primeiro, não é idêntico a ele e possui consequências de extrema relevância.

8 De acordo com o **Princípio da Autonomia** das relações cambiárias, **cada relação jurídica existente no título é autônoma uma da outra.** Isto quer dizer que o possível vício em uma relação não contamina as demais. Cada relação, portanto, será vista separadamente, como se formassem obrigações e direitos separados.

9 O terceiro princípio tem uma relevância prática grande.

10 De acordo com o **princípio da incorporação ou carturalidade,** para ser título de crédito, **a obrigação deve estar representada por um documento cartular, ou seja, um papel em que se especifica a obrigação.** Destarte, resume-se o crédito a termo. Tal cártula deve ser independente de qualquer outro documento, não pode estar, por exemplo, escrita no meio de um contrato. Deve ter a mobilidade necessária para a circulação do crédito.

11 Por fim, chega-se ao nosso último princípio norteador dos títulos de crédito.

12 Trata-se do **princípio da literalidade** que preconiza que para **qualquer obrigação ou direito ser válido tem que estar escrito na cártula.**

8.3. Endosso

13 Pode-se conceituar o endosso como sendo um ato unilateral, solidário e autônomo, pelo qual se transfere um, alguns ou todos os direitos emergentes de um título.

14 O endosso é prestado pela **simples assinatura do endossante.** Isto porque, o título de crédito é feito para circular, por isto tal circulação deve ocorrer de forma mais fácil possível.

15 Questão importante é sobre a responsabilidade decorrente do endosso. A Lei Uniforme de Genebra, no seu art. 15, **diz que o endossante, se não colocar uma cláusula em contrário, se torna garantidor do pagamento e do aceite do título.** Sendo assim, quando o endossante não faz nenhuma ressalva, ele se torna coobrigado pelo pagamento do título. Claro que ele não é devedor principal e se for demandado terá direito de regresso, tanto em relação ao devedor principal, quanto em relação aos endossantes anteriores.

16 Porém o Código Civil, no seu art. 914, diz que o endossante somente se tornará garantidor se colocar expressamente.

17 O tratamento trazido pelo Código Civil é, portanto, o oposto da LUG. De acordo com a lei Civil, somente se colocar expressamente é que o endossante se responsabiliza pelo pagamento do título.

18 Esta questão será resolvida pelo **princípio da especialidade das leis.** A LUG trata especificamente da letra de câmbio e da nota promissória. Além disso, temos o art. 23 da Lei do cheque que traz tratamento igual ao da LUG, bem como o fato de as duplicatas serem regidas supletivamente por esta Lei.

19 Sendo assim, para a letra de câmbio, nota promissória, cheque e duplicata (títulos chamados de típicos) vale o art. 15 da LUG. Para os demais (título atípicos) valerá o Código Civil.

8.4. Aval

20 Está dentro das espécies de garantias pessoas existentes no direito obrigacional.

21 **Só existe aval nos títulos de crédito.** Nenhuma obrigação que não seja decorrente de um título poderá ser garantida por aval.

22 É preciso outorga conjugal para um avalista casado prestar corretamente a garantia.

23 Importante: por se tratar de **obrigação decorrente de título de crédito, o aval é uma obrigação autônoma**, isto é, ainda que tenha um vício ou uma exceção na obrigação do avalizado, a obrigação do avalista permanece, não podendo ele se valer de exceções que não sejam pessoais.

8.5. Protesto

24 Às vezes, para que se possam exercer os direitos inerentes ao título de crédito, será preciso que se comprove o descumprimento de certas e determinadas obrigações.

25 **O protesto é o ato através do qual o credor faz prova**, através da fé pública do Cartório de Protesto de Títulos e Documentos **da inadimplência de algum das obrigações cambiais**, como, por exemplo, o pagamento do título e o aceite.

26 São dois os principais tipos de protesto que têm utilização no direito brasileiro e cada um deles irá possuir efeitos diferentes.

27 O mais comum é o protesto por falta de pagamento que é realizado quando, após o vencimento não há o cumprimento espontâneo da obrigação. Neste caso todos os que tiverem obrigação de pagamento (devedor principal, endossantes e avalistas) serão apontados no protesto que irá justamente garantir o direito do credor executar os devedores indiretos. Para a maior parte da doutrina, os devedores indiretos são os endossantes e os avalistas dos endossantes. O avalista do devedor principal (a lei diz que o avalista se equipara à pessoa que garante) é considerado um devedor direto e para este não será necessária a realização do protesto para que ele possa ser executado.

EMPRESARIAL

28 O outro tipo de protesto é o realizado por falta de aceite. Existem títulos que não é o próprio devedor quem o emite, sendo assim, não há manifestação de vontade dele na cártula. Essa manifestação de vontade vai ser buscada através da apresentação para aceite. Quando o devedor se recusa a dar o aceite, a prova dessa recusa deverá ser feita através do protesto. Esses títulos são a letra de câmbio e a duplicata.

8.6. Duplicatas

29 É título formal, causal, à ordem, extraído por vendedor ou prestador de serviços, que **visa documentar o saque fundado sobre o crédito decorrente de compra e venda mercantil ou prestação de serviços, que tem como pressuposto a emissão de fatura.**

30 Dentre os quatro títulos principais, **é o único causal**, ou seja, precisa de um negócio de compra e venda ou de prestação de serviços para ser emitido, sendo que a emissão de uma duplicata sem este negócio é considerado crime.

31 É regida pela Lei 5474/68 (Lei de Duplicatas – LD).

32 **Quem emite a duplicata é o credor**, por isto, aqui nós também teremos a figura do aceite. Porém, o aceite na duplicata é diferente da letra de câmbio já que na duplicata, desde que as mercadorias tenham sido entregues ou os serviços prestados, o devedor não pode recusar a dar o aceite.

8.7. Cheque

33 É título cambiário abstrato, formal, resultante de mera declaração unilateral de vontade, pelo qual **uma pessoa, designada emitente ou sacador**, com base em prévia e disponível provisão de fundos em poder de banco ou instituição financeira a ele assemelhada por lei, denominado sacado, **dá contra o banco, em decorrência de convenção expressa ou tácita, uma ordem incondicional de pagamento à vista, nas condições estabelecidas no título.** O cheque também representa uma ordem de pagamento.

34 O cheque é uma ordem de pagamento à vista. Isto, aliás, é o que diz a Lei do Cheque (Lei nº 7357/85) em seu art. 32, ordenando inclusive que qualquer menção em contrário deve ser considerada como não escrita.

35 Porém todos sabem da utilização no comércio do cheque conhecido popularmente como "pré-datado" que segundo os especialistas em português deveria ser chamado de pós-datado. Este é aquele em que se coloca uma data

posterior de vencimento, sendo muito utilizada a expressão "bom para" demonstrando que o cheque não deve ser pago à vista.

36 Sendo assim, a princípio, há certa incongruência entre o que diz a lei e o que é feito na prática. Para se explicar tal fato é importante que expliquemos que o direito é muito influenciado pelos costumes e vice-versa. Assim, uma prática que não possui amparo legal, poderá ganhar contornos jurídicos se for reiteradamente utilizada.

8.8. Nota Promissória

37 É título abstrato, pelo qual **uma pessoa, denominada emitente, faz a outra pessoa, denominada beneficiário, uma promessa pura e simples de pagamento** em seu favor ou à sua ordem, nas condições constantes no título. Significa uma promessa de pagamento.

38 É um dos títulos menos formais que se tem, já que para existir basta atender aos requisitos do art. 75 da LUG, sendo que pode ser confeccionada em qualquer tipo ou tamanho de papel.

39 Segundo a jurisprudência, quando a nota promissória estiver vinculada a contrato, ou seja, tiver sido emitida para o pagamento deste e contiver esta menção na cártula, ela pode perder a sua abstração.

8.9. Letra de Câmbio

40 É o título de crédito por meio do qual **uma pessoa (denominada sacador) declara que certa pessoa (denominada sacado) pagará a certa pessoa (denominada tomador ou beneficiário) uma quantia certa**, num determinado local e data. Representa uma ordem de pagamento, ou seja, quem realiza o saque (emissão do título) a princípio não é quem se responsabiliza pelo pagamento.

41 Vamos imaginar uma situação prática. Luciano tem uma dívida a quitar com Francisco no valor de R$10.000,00 e pede um prazo. Ocorre que Luciano tem um crédito a receber de Marina em valor superior ao que ele deve a Francisco. Tentando resolver as duas situações Luciano emite uma letra de câmbio para Francisco, dizendo que no dia do vencimento será Marina quem realizará o pagamento.

42 Quem emite não é inicialmente quem está assumindo a obrigação.

43 É o título mais antigo da história, mas que **hoje em dia tem pouca utilidade prática.**

44 Para ser letra de câmbio deve atender aos requisitos do art. 1º da LUG.

45 Como quem recebe a ordem de pagamento não é quem emite o título este deve ser apresentado ao mesmo para dizer se concorda com a ordem. Esta concordância é dada através da aceite.

46 **Se o sacado aceitar ele se torna o devedor principal do título**, o sacador se torna corresponsável e não ocorrerá vencimento antecipado.

47 Mas no caso da letra de câmbio, **o sacado não é obrigado a dar o aceite**, já que não existe nenhum vínculo anterior à emissão do título e se recusar a fazê-lo ele não assume a obrigação. As consequências principais dessa recusa é que ocorrerá o vencimento antecipado e sacador se torna devedor principal. Para que sejam observadas tais consequências será preciso realizar o protesto por falta de aceite.

8.10. Cédulas de crédito

48 Mesmo antes do Código Civil de 2002, começaram a ser criadas outras espécies de títulos de crédito além dos que tinham leis específicas e os que ganharam força, sem dúvidas, foram as **cédulas de crédito**.

49 Pode-se afirmar que as cédulas de crédito são promessas de pagamento emitidas pelo devedor em razão de financiamento dado pelo credor, caracterizadas pela descrição dos bens dados em garantia que se **tornam impenhoráveis após a emissão da cédula.** Esta garantia é constituída no próprio título, independentemente de qualquer outro instrumento jurídico. Tais títulos de financiamento são, também, importantes meios de incremento de atividades econômicas, sendo bastante utilizados para o financiamento, por exemplo, da aquisição da casa própria.

50 São considerados títulos de crédito, pois atendem aos requisitos gerais trazidos hoje pelo Código Civil de 2002, sendo que cada tipo de cédula de crédito conta com algum regulamento específico.

9. PROPRIEDADE INDUSTRIAL

1 A propriedade industrial é ramo do direito intelectual e **visa proteger as ideias criativas humanas empregadas na prática da atividade empresária.**

2 A lei que protege a propriedade industrial é a 9279/96 que protege quatro diferentes bens: invenção, modelo de utilidade, desenho industrial e a marca.

3 A invenção e o modelo de utilidade são protegidos pela patente, ou seja, utilizam-se deste procedimento para terem o reconhecimento oficial do direito. Já o desenho industrial e a marca são protegidos pelo procedimento do registro.

9.1. Invenções e modelos de utilidade

4 Para que uma invenção ou um modelo de utilidade possam ser efetivamente protegidos pela propriedade industrial, eles têm que ser patenteáveis, ou seja, atenderem às condições impostas pela lei que são:

5 **Novidade:** a invenção tem que ser desconhecida dos cientistas ou pesquisadores especializados (art. 11 da LPI)

6 **Atividade inventiva:** não decorre de modo óbvio (arts. 13 e 14 da LPI)

7 **Industriabilidade:** possibilidade de utilização ou produção do invento por qualquer tipo de indústria (art. 15 da LPI)

8 **Desimpedimento:** por razões de ordem pública, a invenção não pode ser patenteada. São 3 impedimentos atuais: invenções contrárias à moral, produtos resultantes da transformação do núcleo atômico e seres vivos (art. 18 da LPI)

EMPRESARIAL

9.2. Marca

9 A marca é um dos quatro bens da propriedade industrial e por ser o de maior utilidade prática costuma ser o assunto mais cobrado em provas.

10 No Brasil não há marca sonora, sendo caracterizada **apenas como o sinal visualmente distintivo.**

11 Importante observar os impedimentos para registro de marca do art. 124 da Lei de Propriedade Industrial.

10. ARBITRAGEM

1 A arbitragem no Brasil é tratada pela Lei nº 9307/96. Apesar de ser matéria mais voltada ao Direito Processual, ela já foi alvo de cobrança no Direito Empresarial.

2 De acordo com a doutrina, a arbitragem pode ser conceituada como mecanismo particular de solução de litígios. Ela é um meio alternativo, ou modernamente chamado de "adequado" de solução de controvérsias através da intervenção de uma ou de mais pessoas que recebem seus poderes de uma convenção privada, em decorrência do principio da autonomia das partes, para exercer sua função, decidindo com base em tal convenção, sem intervenção estatal, tendo a decisão idêntica eficácia de sentença proferida pelo Poder Judiciário. Tem como objeto do litígio direito patrimonial disponível.

3 Em 2015 o art. 1º da referida lei, ganhou dois parágrafos, sendo que o §1º passou a prever que: "A administração pública direta e indireta poderá utilizar-se da arbitragem para dirimir conflitos relativos a direitos patrimoniais disponíveis." Desta feita, poderá sim a autarquia utilizar-se da arbitragem para solucionar o conflito que possui com a sociedade empresária.

4 Além disso, também foi incluído pela Lei nº 13.129/2015 um § 2º no art. 19 que dispõe que: "A instituição da arbitragem interrompe a prescrição, retroagindo à data do requerimento de sua instauração, ainda que extinta a arbitragem por ausência de jurisdição."

FILOSOFIA DO DIREITO

♦ *Wallace Magri*

Sumário:

INCIDÊNCIA DOS TEMAS NAS PROVAS
(atualizada até o XXIV Exame da OAB)

Filosofia do Direito		
Retórica e Argumentação Jurídica	1	3%
Pós-Positivismo	2	7%
Utilitarismo	2	7%
Moral e Direito	2	7%
Conceito de Direito	2	7%
Teoria Geral do Ordenamento Jurídico	3	10%
Racionalismo	5	17%
Justiça	5	17%
Hermenêutica e Interpretação	8	27%
Total	30	100%

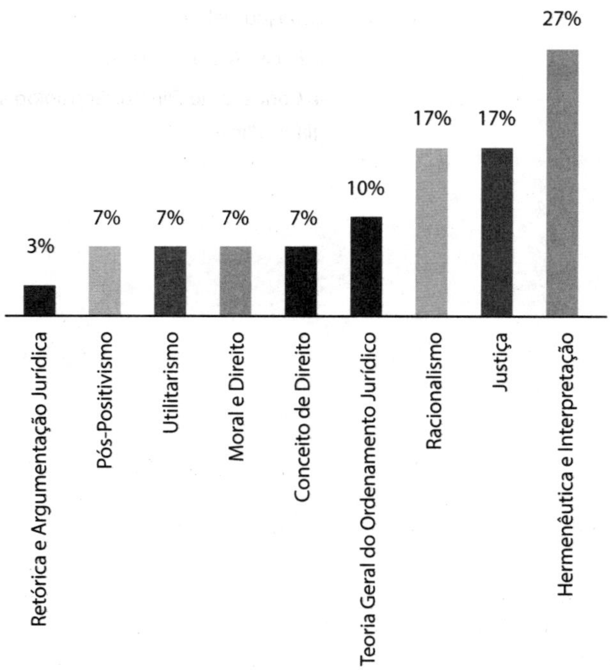

1. INTRODUÇÃO – FILOSOFIA E FILOSOFIA DO DIREITO

1 O estudo das correntes filosóficas e seus pensamentos centrais moldaram o mundo da cultura como o conhecemos hoje em dia. Conceitos como jusnaturalismo, positivismo, capitalismo, comunismo, socialismo, imputação, regras, princípios, estado social, justiça, igualdade, equidade etc. são construções intelectuais desenvolvidas nas obras dos grandes filósofos e aplicadas diretamente na área jurídica, razão pela qual não podem ser ignoradas pelo profissional do Direito.

2 A Filosofia nos dá as ferramentas para que possamos pensar com *liberdade* em busca do que é *essencial* para o Direito (a *justiça*), sendo certo que somente quem tem liberdade de pensamento é capaz de *libertar* aos demais, razão de ser da Ciência Jurídica.

3 Filosofia está diretamente relacionada com a consciência do homem de que é portador de *razão*, a qual o pode levar a descobertas contemplando o Mundo que o cerca, mantendo contato direto com o real, em busca da causa primeira de todas as coisas que nos cercam (questões morais, físicas, metafísicas, cosmológicas etc.).

4 O conhecimento científico, em sua busca por explicações tecnicamente mais eficientes para alcançar determinados resultados, faz com que, a cada nova conquista, uma teoria se sobreponha à outra – tornando-a obsoleta – como aconteceu quando a teoria da relatividade de Einsten superou os pressupostos teóricos das lições de seu antecessor, Newton.

5 Na área da Filosofia, pelo contrário, um pensamento filosófico não invalida outros, quer seja anterior ou posterior a ele, isto porque, através da Filosofia não se busca uma resposta definitiva (dogmatismo), mas sim explorar os caminhos do pensamento (zetética) que levam a conclusões mais ricas e consistentes. Desta maneira, a concepção de justiça metafísica de Platão não é desmascarada pela concepção realista de justiça de Aristóteles, seu sucessor. Ambas convivem como possibilidades de explicação da verdade, do real. Antes de seguirmos numa viagem panorâmica dos temas de Filosofia e dos pensamentos dos principais autores e correntes filosóficas, cabe um esclarecimento: o termo correto seria /Filosofia do Direito/ ou /Filosofia Jurídica/?

6 Os termos são praticamente sinônimos, sendo que a diferença está no contexto em que são utilizados: /Filosofia do Direito/ significa que a Filosofia, por se preocupar com *valores universais*, preocupa-se também com o tema da *justiça* e da importância do *Direito* na vida social. Portanto, a /Filosofia do Direito/ seria apenas uma especialização baseada em Filosofia Geral. Já /Filosofia Jurídica/ afirma a existência de um campo autônomo do conhecimento dedicado especificamente com as questões do *direito* e que surgem diretamente da observação do fenômeno jurídico e de seus elementos dogmáticos, propondo *crítica valorativa* desses dogmas.

7 Além da significação dos termos em debate, a maioria dos autores estabelece uma diferenciação histórica entre o que seria uma ou outra, colocando na Grécia Antiga o início dos estudos filosóficos sobre o direito e cravando em Hegel o surgimento de uma Filosofia propriamente Jurídica, com o lançamento da obra "Princípios da Filosofia do Direito", havendo notáveis pensadores deste ramo que não têm formação em Filosofia (Savigny, Puchta, Kelsen etc.).

2. HERMENÊUTICA, TEORIA DO DIREITO E TEORIA DA DECISÃO JUDICIAL

1 Os termos /hermenêutica/ e /interpretação/ não se confundem, embora mantenham relação próxima de sentido. Basicamente, interpretar é atividade em que se delimita o sentido e alcance de determinada norma jurídica e, para desenvolver esta arte, o intérprete deve se socorrer de modelos de análise oferecidos pela doutrina ocupada justamente em teorizar sobre a técnica necessária para empreender a atividade interpretativa.

2 No Direito, chamamos hermenêutica o campo do conhecimento que se preocupa em descrever as diversas formas (Escolas) de interpretação da norma jurídica, cada uma delas relacionada a um particular modo de se tomar contato com o discurso legal.

3 Ao longo do desenvolvimento dos conceitos e instituições fundamentais de Direito durante a *Modernidade*, algumas correntes hermenêuticas foram se consolidando, tanto nos sistemas jurídicos embasados na *civil law* (países da Europa Continental e suas colônias) como aqueles filiados à *common law* (Reino Unido e colônias).

4 Importante apreender que ambos os sistemas jurídicos surgem com a finalidade de conferir unidade e consistência às suas leis, a fim de se tornarem força centrípeta das relações sociais com relevância jurídica: no modelo da *civil law*, por meio da elaboração de Legislações para ordenar as atividades do Estado (Constituição, Códigos de Processo) e para regular as relações entre os particulares entre si (Código Civil, CLT), bem como a tipologia das condutas que configuram ilícito penal (Código Penal); na *common law*, a criação de Estatutos e um rigoroso sistema de precedentes de Corte aptos a orientar as decisões judiciais de primeira instância.

5 Em virtude da proximidade com o momento de edificação dos dois grandes sistemas jurídicos da Humanidade, as primeiras escolas hermenêuticas do Direito surgiram a partir do estudo profundo das legislações e precedentes de Corte, a fim de compreender o Direito por meio das disposições normativas.

6 Começando pela linha hermenêutica que segue a leitura atenta do Código Civil de Napoleão (1804), a **Escola da Exegese**, com os pés fincados nas teorias contratualistas e jusnaturalistas racionais, toma ao pé da letra o conceito de igualdade formal entre os cidadãos que se daria por meio da elaboração de leis gerais e abstratas, cuja aplicação ao caso em concreto se daria por mera *subsunção do fato à norma (Se A é, então B deve ser)*.

7 Assim, de acordo com a escola da exegese, as previsões legais devem ser aplicadas pelo magistrado *ipse literis*, ou seja, a interpretação deve ser embasada apenas na literalidade do texto legal (interpretação lógico-gramatical), desenvolvendo, então, raciocínio lógico-dedutiva para concluir se a norma se aplica ou não à espécie.

8 Na *common law*, a escola hermenêutica que surge durante a consolidação de *texts reports* - inventário de decisões judiciais anteriormente tomadas em casos análogos que solidificavam seu sistema de precedentes de Corte (*case law, rule of the law*) – é conhecida como **teoria analítica** e tem por base justamente a interpretação dos precedentes de Corte de maneira literal, a fim de estabilizar a lei criada pelos Tribunais (*case law*).

9 Ambas escolas seguem com tanto afinco estas diretrizes de concentração do sistema em suas leis que chegam ao ponto de, na França, ser instituída a Corte de Cassação, que revisava as decisões judiciais que não aplicavam o método lógico--gramatical em sua fundamentação e dispositivo; enquanto isso, no Reino Unido, decisões judiciais deveriam aplicar mera analogia entre o caso em análise e os roteiros de precedentes de Corte aplicáveis à espécie.

10 Claro que sistemas tão concêntricos tendem a criar reações contrárias de mesma intensidade. Além disso, o projeto de igualdade por meio de normas foi ruindo à medida que a igualdade formal não redundava em efetiva igualdade social – o que se acentua ainda mais com a Revolução Industrial e com as Grandes Guerras Mundiais.

11 São do início do século XX as teorias hermenêuticas de linhagem sociológica, histórica, realistas etc. que procuram aproximar as normas jurídicas da realidade que pretendem regulamentar. Veja a seguir alguns destaques destas escolas que surgiram em reação às escolas da exegese e analítica, mas ainda tendo o Código Civil como vetor de suas lições:

12 **Escola da Livre interpretação científica do Direito** - O precursor da Escola da Livre Interpretação Científica do Direito foi François Geny, citado por diversos autores como o responsável pela ruptura com o modelo tradicional, embora não ignorasse a presença e a necessidade do sistema legal. Ocorre que, à medida que as Codificações se afastam da realidade social – cada vez mais complexas e plurais a partir das transformações do século XX – o sistema que, para a escola da exegese, era considerado completo e harmônico, passa a apresentar lacunas e conflitos (reais e aparentes) de norma, o que implica a necessidade do Magistrado suprir estas lacunas, ou por meio de integração do ordenamento (colmatação de lacunas), ou solucionando antinomias, partindo dos dados extraídos dos fatos, analisados sob enfoque científico.

13 **Escola Sociológica do Direito** que, de postura mais radical, vai buscar diretamente nos fatos sociais a fonte direta do direito aplicável ao caso, uma vez que entende ser o ordenamento jurídico positivo insuficiente para a solução dos litígios levados ao Judiciário. Na *common law*, destaca-se a atuação de Oliver Wendell Homes que, muito em razão de sua atividade como juiz, entende que, para além do raciocínio silogístico, é preciso buscar na experiência em si, nas aspirações políticas e ideológicas de uma sociedade, o fundamento para a aplicação do direito, embora não negue a importância do direito positivo.

14 **Escola do Direito Livre** – De acordo com um de seus principais pensadores, Herman Kantorowicz, o direito surgiria diretamente das fontes materiais, ou seja, dos fatos sociais ocorridos em sociedade e das valorações axiológicas de determinado grupo social. Seria deste universo axiológico que as ações ideológicas surgiriam, cabendo ao intérprete da norma manifestar ato de vontade em consonância com o sentimento prevalecente na comunidade em sua decisão judicial. Segundo o autor, a interpretação jurídica deve seguir o seguinte critério: (a) se o texto de lei é unívoco e sua aplicação não fere sentimentos da comunidade, deve-se aplicá-lo; (b) se o texto legal não oferece solução pacífica, ou se conduz a uma decisão injusta, o magistrado deverá ditar a sentença que, segundo sua convicção, o legislador ditaria se tivesse pensado no caso; (c) se o magistrado não puder formar convicção sobre como o legislador resolveria o caso concreto, então deve inspirar-se no direito livre, ou seja, no sentimento da coletividade; e (d) se ainda não encontrar inspiração nesse sentimento, deverá, então, resolver discricionariamente.É na hipótese prevista no item *c* que o magistrado encontraria respaldo para decidir conforme um costume *contra legem*, o que continua sendo afastado pelos seguidores das escolas tradicionais de aplicação do direito, em virtude de desconsiderar o ordenamento jurídico e colocar em perigo a pretensa segurança jurídica conferida por este.

15 **A Escola hermenêutica alemã (pandectismo, jurisprudência dos conceitos, jurisprudência dos interesses)** – Enquanto a França, a partir do Código de Napoleão, forjava os alicerces da Escola da Exegese por meio do *racionalismo*, na Alemanha desenvolvia-se uma disciplina jurídica fortemente influenciada pela prática dos glosadores da Idade Média, cuja atividade fundamental era realizar uma análise atenta das disposições legais que organizavam a vida social na Roma Antiga. A esses autores chamamos *pandectistas* ou *glosadores*, em virtude das partes que compunham o maior monumento jurídico da Roma Antiga realizado no período de Justiniano: *Corpus Juris Civile*, que era dividido em *Digestos* ou *Pandectas*, *Institutas*, *Codex* e *Novelas*.

16 **Pandectistas** – O autor mais conhecido a escola pandectista foi Windscheid, responsável pela idealização do Código Civil alemão de 1896, que passa a viger em 1900.

17 **Historicistas** – Os autores da chamada Escola Histórica do Direito estavam contrários à ideia de codificação das relações civis alemãs, colocando em destaque os pensamentos de Friedrich Carl von Savigny e George Friedrich Puchta.

18 **Savigny** era contrário à concepção meramente racional do direito, capaz de criar prescrições do modo de agir em sociedade *a priori*, defendendo que o verdadeiro Direito somente poderia ser aquele que é compreendido na evolução histórica dentro do seio social. Assim, a História do Direito seria a disciplina fundamental desta área do conhecimento, negando relevância ao papel da análise gramatical dos textos e na aplicação lógica do direito fundamentada no jusnaturalismo racionalista, isto porque o autor entendia que a sintaxe do direito estaria no processo histórico e não em relações sintáticas e semânticas estanques.

19 **Puchta** – Seguindo as ideias de Savigny, no entanto, e caminhando para uma concepção mais próxima ao dogmatismo jurídico, destacam-se os estudos de Puchta, responsável pela criação do que denominamos em hermenêutica de *jurisprudência dos conceitos*.

20 **Jurisprudência dos conceitos** – Assim, ao procurar a sistematização do direito como processo histórico, acabou por torná-lo dogmático, como sói aconteceria com tal tipo de atitude, fazendo surgir a jurisprudência dos conceitos, movimento amplamente adotado pelo juízes na aplicação da norma, detidos na análise dos conceitos trazidos pela dogmática a serem aplicados na solução dos casos em concreto (tal como aprendemos a estudar Direito Civil, partindo da Teoria Geral, para Obrigações, Contratos, assim por diante).

21 **Subjetivismo Jurídico** – De acordo com as noções da escola da jurisprudência dos conceitos, o que se busca é a vontade do legislador (subjetivo) e não o interesse legislado (objetivo), ou seja, o sentido da norma jurídica produzida.

22 **Rudolf von Ihering** – É criador da chamada *escola teleológica do direito*, segundo a qual, para se chegar ao espírito da lei seria necessário buscar a finalidade do legislador ao editar determinada norma jurídica, através da análise do sentido da própria norma jurídica.

23 **Objetivismo Jurídico** – Portanto, considerando que a interpretação histórica não seria capaz de intuir a vontade do legislador, a *mens legis*, caberia ao intérprete a tarefa fundamental de extrair o que pretendia de fato o legislador ao criar a norma em busca do preceito de *justiça* depreendido do texto da norma.

24 **Veja um exemplo** – No caso de uma norma que proíbe a entrada de cães em estação de metrô, como deveria proceder o intérprete quando um indivíduo pretende ingressar naquele local levando consigo um urso de estimação? E no

caso de um portador de deficiência visual pretender ingressar na estação com um cão-guia? Ora, seguindo os ditames da escola teleológica, não seria possível apenas declarar o sentido literal da norma nesses casos, sendo necessário conferir-lhe alcance extensivo na primeira hipótese e impedir o ingresso do urso de estimação, no segundo caso, restringindo o alcance da norma. Além disso, deveria permitir a entrada do cão-guia, uma vez que este é necessário para a locomoção do portador de deficiência visual.

25 **Jurisprudência dos Interesses** – Com base nas lições de Ihering autores como Philipp Heck desenvolveram aquilo que chamamos *jurisprudência dos interesses*, que, com base na teoria finalista (*teleológica*) de Ihering entende como finalidade da ciência do direito não apenas o oferecimento de modelos lógicos de pensamento, mas de mecanismo de solução dos problemas que lhe são afeitos.

26 **Qual a diferença entre a jurisprudência dos conceitos e a jurisprudência dos interesses?** Ora, a Jurisprudência dos Conceitos fundamenta-se num *saber jurídico*, capaz de produzir as soluções de aplicação do direito pelo juiz, confiando, para tanto, num esquema lógico-sistemático desenvolvido por meio de inferências; já a jurisprudência dos interesses fundamenta-se num *fazer jurídico* a auxiliar ao magistrado a colaborar com a legislador de forma cognitiva e valorativa na aplicação do direito ao caso em concreto, fundado no método do interesse e da finalidade.

27 **A Escola do realismo jurídico** – As escolas hermenêuticas ditas *realistas* rechaçam qualquer tipo de pensamento *metafísico* aplicado ao Direito (*racionalismo jurídico*) e partem do pressuposto de que o Direito deve ser aplicado de acordo com o que ele é na realidade cotidiana dos indivíduos, o que pode ser apreendido por meio da análise das *decisões judiciais* sem considerações *axiológicas (= conjunto de valores)* ou *psicológicas* que envolvem o proferimento de sentenças, apenas analisando suas *proposições* e a *lógica* implicada nessas proposições. O *realismo jurídico* possui duas escolas distintas:

28 **Realismo Jurídico Norte-Americano** – Opondo-se à tradição clássica de interpretação e aplicação da norma previsto no sistema da *common law* (Austin), que ditava o dever do Magistrado em seguir tecnicamente os precedentes de Corte, acredita que o juiz, ao tomar contato direito com os *cases* tem acesso ao *direito real* e cria o Direito à medida que soluciona a lide – quer seja classificando o escopo das decisões judiciais (*analytical jurisprudence*), quer seja considerando a faceta social do Direito (*sociological jurisprudence*).

29 **Realismo Jurídico Escandinavo** - Esta modalidade de *racionalismo*, desenvolvido pelos países escandinavos, adeptos da *civil law* (Olivercrona, Alf Ross), com base nas então emergentes teorias da linguagem, conceitua que os conceitos jurídicos fundamentais devem ser interpretados como concepções de

realidade social, tratando de como os homens se comportam e não de como *deveriam (dever-ser)* se comportar

30 **Alf Ross** – De acordo com este pensador, o Direito vigente corresponde a um conjunto de normas que operam no espírito do órgão judicante, que as aplica, porque as vivencia socialmente como obrigatórias e por isso as obedece de forma desinteressada. O conhecimento da ciência empírica do Direito deve, pois, se concentrar no fato externo da *efetividade*, objetivando o conhecimento da *conduta humana*. ("Dicionário de Filosofia do Direito". Vicente de Paulo Barreto [coordenador], Ed. Unisinos, 2009, p. 702).

31 **Teoria do Direito e espécies de interpretação consolidadas** – Com base nas lições das escolas hermenêuticas acima apresentadas, os autores de Teoria do Direito consolidaram as seguintes modalidades e métodos de interpretação da norma:

32 **Interpretação quanto à origem** – quanto ao agente de quem emana a interpretação, esta pode ser: a) Autêntica; b) Judicial; c) Doutrinária.

(A) **Interpretação Autêntica.** É aquela realizada pelo legislador, que expõe os motivos para a elaboração da norma jurídica, bem como os aspectos que levou em consideração para a elaboração desta. É o modelo seguido pelos adeptos da *escola da exegese* que somente admitem a criação do direito pelo *Poder Legislativo*.

(B) **Interpretação Judicial**. A todo o momento, os magistrados realizam a tarefa de aplicar a norma ao caso concreto. Proferir uma decisão judicial significa tornar o comando legal, geral e abstrato, em norma particular, considerando os aspectos do caso em concreto. Neste momento, o magistrado deve se valer de todo o seu conhecimento para extrair da lei o seu real significado, quando confrontado com a demanda em análise. É o modelo seguido pelos autores das *escolas realistas do direito*.

(C) **Interpretação Doutrinária**. Diz respeito ao parecer dos renomados juristas a respeito de determinado texto legal. Todos nós sabemos que, toda vez que nova lei passa a integrar o ordenamento jurídico, surgem diversas dificuldades em se determinar o seu real alcance e sentido. Muitas vezes, é graças aos estudos de doutrinadores que se torna possível a criação de um novo instituto no âmbito jurídico. Caso exemplar é o instituto da união estável que, de construção doutrinária, por meio de textos forenses, tornou-se jurisprudências (Súmula 385 do STF) e, desde o advento do atual Código Civil, tornou-se instituto reconhecido por nossa legislação.

33 Interpretação quanto ao método – Levando-se em consideração o método utilizado para a aplicação da norma, podemos classificá-los em:

(A) Método gramatical – A interpretação gramatical seria a primeira forma de se ter contato com a norma jurídica. O legislador, para traduzir seu pensamento e fazê-lo circular em sociedade, deve expressá-lo por meio de intermediário linguístico.

(B) Método lógico-sistemático – A tarefa do intérprete da lei, iniciada gramaticalmente, ganha realce com o confronto de seus ditames de acordo com os preceitos da lógica formal, além de considerar aquele artigo de lei, aquele parágrafo, inciso ou alínea, não isoladamente, mas como parte integrante de um todo legislativo, quando ganha maior significação.

(C) Método Histórico – É preciso que o intérprete faça uma *análise diacrônica* (histórica) da norma jurídica, ou seja, de seus antecedentes históricos, as motivações de determinado legislador em determinado tempo para a elaboração de um texto legal. Seria por este mecanismo que se aproximaria a vontade da lei, expressa pelo legislador, dos anseios de determinada sociedade. Havendo discrepância entre ambos, dever-se-ia operar a revogação da norma pela conduta social consolidada em um costume.

(D) Método Sociológico. Além de uma análise diacrônica, muitas vezes é necessário fazer um recorte de determinado momento histórico para depreender, agora sob o método *sincrônico* (recorte no tempo), as causas sociais que influenciaram na aplicação de determinada norma. Ora, os valores sociais compartilhados em determinado tempo e espaço só podem ser diversos daqueles que permeiam a sociedade em outro tempo e espaço. É aí que a análise sociológica das normas jurídicas ganha maior relevo.

(E) Método Teleológico. Neste caso, o que se busca é a *mens legis* no que concerne à sua finalidade, baseado nos estudos das escolas alemãs que dão especial relevo à finalidade da lei quando foi elaborada, para além da sucinta análise de seus elementos meramente formais e gramaticais.

34 Interpretação quanto ao alcance – A fim de determinar o que pretendia o legislador na elaboração da norma, com vistas a adequar sua aplicação à análise dos casos em concreto, propõem-se as seguintes possíveis interpretações quanto ao alcance:

(A) Interpretação Declarativa. O intérprete, diante da clareza do texto legal, deveria apenas declarar seu sentido e alcance, aplicando-o exatamente do modo como foi publicado, sem estendê-lo ou restringi-lo com vistas a conformar a vontade da lei ao caso em concreto.

No caso, por exemplo, da determinação legal de que a menoridade penal cessa aos 18 anos, não caberia ao intérprete reconhecer a aplicação de pena a um rapaz que conta com 17 anos, 11 meses e 29 dias, por entender que já teria discernimento suficiente para compreender a conduta ilícita de seu ato. Ora, se o legislador disse 18 anos, não quis dizer nem mais nem menos, tampouco atribuiu este juízo ao arbítrio do intérprete.

(B) **Interpretação Extensiva**. Neste caso, o intérprete amplia o alcance da norma, procedendo a uma análise extensiva de seus ditames a fim de aproximá-lo do caso em concreto.

É sempre bem-vindo o exemplo de Bobbio, no qual se aplicaria norma que prevê a proibição de circulação de textos pornográficos em determinada região na hipótese de haver um *Compact Disc* (CD) com conteúdo pornográfico, com vistas a cumprir o comando legal. Nestes casos, sempre quanto mais abrangente a definição legal do objeto, menor a necessidade da aplicação de interpretação desta natureza.

(C) **Interpretação Restritiva.** Nesta hipótese, à luz do caso em concreto, o intérprete limita o alcance da norma a fim de ajustar à vontade da lei. Seria o caso, por exemplo, de dar interpretação adequada à norma que proíbe a circulação de animais nas estações de trem de determinado local.

Este episódio, inclusive, ocorreu na cidade de São Paulo, onde uma advogada com deficiência visual foi sistematicamente proibida de ingressar no Metrô com o auxílio de um cão-guia, diante do impeditivo legal. Ora, coube ao Judiciário dar interpretação restritiva à proibição para torná-la conforme aos anseios previstos na Constituição (liberdade de locomoção do cidadão e dignidade da pessoa humana), uma vez que impedir a entrada de animais, nesse caso, impediria a gozo de um bem colocado, pelo Estado, à disposição de todas as pessoas, portadoras de deficiência ou não.

35 **Quadro Sinóptico** – Modalidades e Formas de Interpretação da norma.

Modalidades de interpretação	Formas de interpretação
Quanto à origem	– autêntica (o próprio legislador) – judicial (o magistrado) – doutrinária (autores e pensadores)
Quanto ao método	– gramatical (significação do texto) – lógico-sistemática (norma dentro do sistema a que pertence) – histórica (evolução histórica do instituto jurídico) – sociológica (efetividade social da aplicação da norma) – teleológica (busca atingir a finalidade da norma)
Quanto ao alcance	– restritiva (restringe o âmbito de aplicação da norma) – declarativa (aplica-se a norma em seus exatos termos) – extensiva (amplia-se o âmbito de aplicação da norma)

FILOSOFIA DO DIREITO

36 Teoria do Direito, solução de conflito aparente de normas e integração do ordenamento jurídico – Também com base nas concepções *modernas* (relacionado ao período da *Modernidade*), os autores propõem teorias de solução de conflitos aparentes de normas (*antinomias*) e de preenchimento (ou *colmatação*) de lacunas do ordenamento jurídico. Aqui, seguiremos de perto as lições de *Norberto Bobbio*, uma vez que é o autor que vem mais sendo utilizado a este respeito em questões de Filosofia do Direito em Exame de Ordem.

37 Solução de Antinomias. *Antinomia* é o conflito (aparente ou real) entre duas normas em sua aplicação ao caso particular, cabendo ao aplicador do direito solucioná-lo ou amparado por critérios previamente dados, ou observando a coerência do sistema de normas. Para que haja antinomia é necessário que: duas normas sejam do mesmo *ordenamento jurídico* e que ambas tenham o mesmo âmbito de validade que pode ser temporal, espacial, pessoal ou material.

38 Critérios para solução de antinomias – para solucionar as antinomias representadas por *conflitos aparentes de normas*, utilizam-se os critérios: a) cronológico; b) hierárquico; c) especialidade:

(A) *cronológico: Lex posteriori derogat priori.* A lei posterior prevalece sobre a lei anterior total (ab-rogação) ou parcialmente (derrogação), pois a revogação da norma serve para atualizar o sistema, não fazendo sentido permanecer válida a norma anterior;

(B) *hierárquico: Lex superior derogat inferiori.* A lei hierarquicamente superior prevalece sobre a lei hierarquicamente inferior, pois a lei inferior possui menor poder normativo do que a norma superior;

(C) *especialidade: Lex specialis derogat generali.* A lei especial prevalece sobre a lei geral, pois corresponde a uma exigência fundamental de Justiça, dando igual tratamento a pessoas que pertencem à mesma categoria.

39 Antinomias insolúveis. A aplicação dos critérios cronológico, hierárquico e de especialidade não serve para solucionar as antinomias quando:

a) *as normas são contemporâneas*;

b) as normas estão no mesmo nível hierárquico;

c) as duas normas são gerais.

Nesses casos, o aplicador da norma é abandonado à sua própria sorte, podendo optar por:

c.1) eliminar uma das normas: para a solução da antinomia, o aplicador dá decisão que ab-roga uma das normas;

c.2) eliminar as duas normas: para a solução da antinomia, o aplicador decide por não utilizar nenhuma das normas, havendo dupla ab-rogação, gerando uma lacuna de norma;

c.3) *conservar as duas normas*: é a aplicação mais comum, quando o aplicador não elimina as normas aplicáveis, mas apenas elimina a incompatibilidade entre elas.

c.4) A questão também pode ser solucionada pelo legislador, editando norma derrogatória, determinando qual delas deve ser aplicada.

40 **Antinomias de segundo grau.** Ocorrem quando há conflito entre os critérios para solucionar as antinomias entre as normas jurídicas (que são antinomias de primeiro grau). Sempre que isso ocorrer, deve prevalecer o critério mais forte:

a) *conflito entre o critério hierárquico e o critério cronológico:* quando uma norma anterior superior conflitar com uma norma posterior inferior, prevalece o critério hierárquico;

b) *conflito entre o critério de especialidade e o critério cronológico:* quando uma norma especial anterior conflitar com uma norma geral posterior, geralmente, prevalece o critério da especialidade;

c) *conflito entre o critério hierárquico e da especialidade:* os dois critérios são fortes, não havendo prevalência necessária de um critério sobre o outro.

41 **Integração do Ordenamento Jurídico** – Com a finalidade de manter a desejada *completude* do sistema de normas jurídicas, deve o aplicador do Direito atentar-se às *lacunas* do ordenamento e proceder de modo a colmatá-las.

42 **Identificação de lacunas.** Uma vez admitida a existência de lacunas, a primeira medida é identificá-las, o que pode ser entendido como momento do processo de aplicação da norma, concomitante à colmatação das lacunas, cuja tarefa cumpre ao juiz realizar.

43 **Espécies de lacunas.** As lacunas podem ser de várias espécies, das quais destacamos:

a) *próprias e impróprias:* a lacuna própria é aquela que se verifica da análise do sistema jurídico considerado em si mesmo e é colmatada pela atuação do intérprete. A lacuna imprópria é verificada quando se confronta o sistema de normas com um ordenamento do tipo ideal, como aquele fornecido pelo Direito Natural e é resolvida com a edição de norma pelo Legislativo.

b) *subjetivas e objetivas:* a lacuna subjetiva se dá por motivo atribuível ao legislador, ao passo que as objetivas ocorrem em virtude da evolução da sociedade, das tecnologias ao longo do tempo, que não poderiam ser previstas pelo legislador no momento da produção de normas.

c) *voluntárias e involuntárias:* as lacunas subjetivas podem dar-se por descuido do legislador (involuntárias), ou por omissão deliberada, em virtude da complexidade do tema, optando o editor da lei por entregar ao juiz a solução da lacuna ao aplicar a norma ao caso concreto (voluntárias).

44 **Mecanismos de colmatação das lacunas.** De acordo com o nosso ordenamento jurídico, havendo lacuna, deve-se colmatá-la por meio de analogia, costume e princípios gerais de direito (art. 4º da LINDB).

45 **Heteointegração e autointegração.** Dependendo do lugar de onde surgem os mecanismos de preenchimento das lacunas do ordenamento, dizemos que há heterointegração ou autointegração.

a) *heterointegração:* quando o aplicador do direito socorre-se de mecanismos que estão fora do sistema de normas para eliminar a lacuna. Tanto pode se dar apelando-se ao Direito Natural e seus princípios, como utilizando-se de fontes consideradas secundárias pelo ordenamento jurídico (costume, por exemplo).

b) *autointegração:* utiliza-se de meios fornecidos pelo próprio sistema em que se encontra a lacuna para a integração da norma. São a analogia e os princípios gerais de direito.

46 **Analogia.** É a aplicação de uma norma existente no ordenamento jurídico para disciplinar caso semelhante para o qual não há norma prevista. Pode ser dividida em:

a) **Analogia *legis*** – A analogia *legis* vale-se do método indutivo para a integração do ordenamento jurídico

b) **Analogia *juris*** – A analogia *juris* extrai nova regra para caso imprevisto a partir de análise de todo o sistema ou parte dele. É o que chamamos de aplicação dos princípios gerais de Direito para colmatação das lacunas.

47 **Princípios Gerais de Direito.** É célebre e repetida em todos manuais de Teoria do Direito a definição de Miguel Reale, que afirma que os princípios gerais de direito seriam enunciações normativas de valor genérico que condicionam e orientam a compreensão do ordenamento jurídico, tanto na sua aplicação e integração, como na criação de novas normas. (*Lições Preliminares de Direito, 304:2007*). princípios gerais de direito podem ser:

a) **Princípios Gerais de Direito expressos.** São aqueles que se apresentam sob a forma de norma no sistema jurídico, como é o caso da isonomia, do princípio da anterioridade, previstos na Constituição Federal.

b) **Princípios Gerais de Direito implícitos.** São aqueles que se depreendem da análise do ordenamento jurídico vigente, embora não tomem forma de lei escrita. São aplicados para a integração da norma, como aqueles princípios que enunciam que:

- *ninguém pode transferir ou transmitir mais direito do que tem;*

- *a boa-fé é presumida e a má-fé deve ser provada;*
- *deve-se favorecer mais aquele que procura evitar um dano do que aquele que busca realizar ganhos.*

48 **Equidade.** É modo de correção na aplicação do Direito, com vistas à realização da Justiça, a fim de dar a cada um o que é seu. No nosso ordenamento jurídico só pode ser aplicada quando expressamente previsto por lei (*equidade judicial*).

49 **Teorias Hermenêuticas Contemporâneas** – A concepção e aplicação do Direito conforme os cânones da Modernidade, baseados na supremacia da lei do Parlamento e dos precedentes de Corte a fim de conferir igualdade formal aos cidadãos e segurança jurídica às relações intersubjetivas tuteladas pelo Estado vinham se enfraquecendo cada vez mais, passando a serem constantemente questionadas após a Segunda Guerra Mundial e os horrores do Holocausto – uma vez que, com os Estados totalitaristas da Europa, descobriu-se que o Estado pode ser o assassino – avalizando seus atos odiosos por meio de sistemas jurídicos moldados à moda da *Teoria Pura do Direito* de Hans Kelsen.

50 **Interpretação Jurídica em Kelsen** – fazendo justiça ao autor, em que pese a precisão de sua *Teoria Pura do Direito*, repousada nos conceitos fundamentais de *estática e dinâmica jurídica*, no que tangue à aplicação do Direito, o autor entendia que havia certa liberdade ao julgador na tomada das decisões, sendo que o sistema de norma e os conceitos da ciência do Direito tratavam-se de molduras dentro das quais caberia dizer o juiz o Direito aplicável ao caso em concreto, por meio de ato *cogniscitivo* (racional) e também de vontade na escolha do opção normativa que entende mais adequada ao caso em análise. A atividade interpretativa do juiz é considerada *autêntica*, tanto quanto a do legislador e do administrador público.

51 **Interpretação Jurídica em Hart** – As lições de Hart (Herbert Lionel Adolphus, 1907-1992, Inglaterra), estão para a *common law* assim como Hans Kelsen estão para a *civil law*, ou seja, filia-se a noções de positivismo jurídico. São conhecidos os estudos do autor sobre normas primárias e secundárias, sobre as quais repousa o ordenamento jurídico. As normas primárias seriam regras de obrigação, já as secundárias seriam dirigidas aos aplicadores das normas. Ensina que, no que concerne à aplicação das normas, o Direito possuiria textura aberta, o que permitiria a adequação da norma ao caso em concreto pela autoridade competente. Confere, assim, maior autonomia ao magistrado na solução de casos. Na Teoria de Hart, o que está em foco é a possibilidade do juiz interpretar a norma adequando-a ao caso em concreto, em virtude da textura aberta do discurso jurídico.

52 **Direito dos princípios e modelos de decidibilidade** – Paulatinamente os princípios de Direito passaram a ocupar espaço de destaque nos debates jurídicos, havendo uma série de autores que compreendem os princípios como verdadeiros vetores hermenêuticos para a aplicação da norma ao caso em concreto.

53 **Dworkin e sopesamento dos princípios** - Obtemperando as tendências ultralibertárias das Escolas de Livre Interpretação, o autor propõe um método para que a interpretação judicial leve em consideração o texto legal. À discricionariedade judicial opõe-se a teoria alternativa da adjudicação. O autor filia-se ao sistema da *common law* e à análise de *hard cases* que desafiam a aplicação da norma pelo intérprete. Para tanto, o autor destaca a importância central dos princípios em detrimento das normas. Os princípios são exigências de Justiça, equidade ou outra dimensão de moralidade, considerados não alicerces, mas bases flutuantes do sistema jurídico.

54 **Construtivismo jurídico** – Como bem observa Rodolfo Luiz Vigo, em busca do equilíbrio reflexivo, a teoria hercúlea da adjudicação aduz que a tarefa de interpretar a norma é construtiva, buscando os princípios adjacentes aos casos concretos (construtivismo jurídico). Dworkin compara a tarefa do juiz com a de um novelista que é contratado para terminar uma novela já anteriormente iniciada, de modo que consiga captar as ideias originárias que norteiam o trabalho, dando-lhe o rumo para uma conclusão adequada àquelas ideias.

55 **Sopesamento dos princípios** – No ato de interpretação (dos casos difíceis), deve o juiz decidir sobre qual princípio deverá ser aplicado, operando para tanto o *sopesamento* dos princípios em jogo. Observe que quando há conflito entre regras, pode-se utilizar uma cláusula de exceção para se decidir sobre o direito aplicável ao caso em concreto, bem como aos critérios de solução de antinomia. Seja por qual dos caminhos que se segue, o resultado é considerar uma das regras em jogo como *válida* e a outra como *inválida*. Ora, com os princípios, o mesmo raciocínio não pode ser aplicado (pois um princípio não pode ser invalidado), cabendo ao juiz sopesar os princípios em jogo e, com isso, determinar qual deles tem *precedência* no caso em concreto. Observe que a precedência de um princípio em um caso em concreto não implica o reconhecimento desta precedência em demais casos em que tais princípios estejam em jogo (o sopesamento deflui da análise do caso em concreto).

56 **Alexy e ponderação dos princípios** - Este autor alemão também percorre o caminho da análise dos casos difíceis e a insuficiência dos modelos epistemológicos do Direito (*Kelsen, Hart*) para explicarem como deve ser conduzida a decisão judicial quando o ordenamento não trata da questão ou apresenta certa vagueza de sentido (textura aberta da norma em **Hart**).

57 **Princípios constitucionais e ponderação** - Diferentemente de *Dworkin*, o autor considera como princípios de possível utilização apenas aqueles recepcionados pelos textos constitucionais dos Estados democráticos em geral (liberdade, dignidade, igualdade etc.), devendo o intérprete *ponderar* sobre qual princípio deve ser aplicado, de onde surge sua teoria da argumentação (por meio de princípios). De acordo com o autor, para se evitar o subjetivismo na decisão de casos difíceis, o magistrado, para optar por um dos princípios deve *ponderar* orientado pela seguinte premissa: *quanto mais alto é o grau de não realização ou prejuízo de um princípio, tanto maior deve ser a importância do outro*. Dentre as principais obras do autor estão "Conceito de Direito", em que o autor trata da correlação entre direito e moral por meio de três teses: "tese da incorporação"; "tese da moral", "tese da correção"; também destaca-se "Teoria dos Direitos Fundamentais", em que conceitua os princípios como comandos de otimização.

58 **MacCormick e consequencialismo** - Das breves linhas dedicadas a Dworkin e Alexy, nota-se, em que pese as diferenças conceituais, o consenso de que a Teoria do Direito clássica negligenciara em oferecer ao jurista prático o caminho a trilhar naquilo que podemos chamar de *direito não-acadêmico* (a razão teórica sempre foi destacada, em detrimento à razão prática).

59 **Teoria da Decisão Judicial** - MacCormick, em parte de seus estudos, vai ocupar-se da questão da ideologia e da forma como os juízes devem agir para julgar os casos em concreto (em especial os casos difíceis). O autor procura conciliar as teses centrais do positivismo jurídico com a elaboração de uma teoria do raciocínio jurídico. Para o autor, a questão da *justificação* da decisão é o que ocupa o jurista prático, acreditando que o modelo deducionista dá conta de justificar diversas situações, mas outras não.

60 **Raciocínio jurídico e textura aberta das normas** - Um exemplo disso é ponderar a respeito de quais devem ser as premissas que devem ser adotadas para o desenvolvimento do raciocínio dedutivo; outro reside justamente na vagueza semântica das línguas naturais em geral e, em especial, das normas jurídicas (o que remete à noção de *texturas abertas* tratada por **Hart**). Nestes casos (de texturas abertas), o julgador deve seguir os requisitos de *consistência* e *coerência*, além de certas formas de argumentos consequencialistas para justificar esta ou aquela escolha, o que, sem dúvidas, invoca o raciocínio por princípios (que vimos em Dworkin e Alexy linhas acima). Por fim, podemos dizer que MacCormick, em sua obra "Legal reasoning and legal theory" expõe via intermediária entre o exercício racional hercúleo proposto por Dworkin e o voluntarismo exagerado das teorias positivistas que, por falta de uma teoria da razão prática, abusam da tributação de discricionariedade aos magistrados.

61 **Chaim Perelman e argumentação jurídica** - A preocupação central dos estudos do autor está no campo da lógica jurídica. Rompendo com a tradição da Escola Clássica, Perelman refuta ser a aplicação do Direito um mero silogismo. No entanto, não ignora por completo o raciocínio dedutivo, mas pensa o Direito para além desse raciocínio, por meio de uma *lógica argumentativa*.

62 **Lógica Argumentativa** – Caberia ao juiz, ao tornar a norma geral e abstrata em particular e concreta, levar em consideração os argumentos das partes

FILOSOFIA DO DIREITO

litigantes, bem como as provas que lhe são apresentadas para, argumentativamente, chegar à aplicação mais razoável da norma, agindo com prudência. Dessa forma, o que se busca não é a efetivação de uma justiça metafisicamente considerada, mas sim discursivamente erigida, dentro da prática jurídica, da argumentação forense. É daí que surge a lógica judiciária, de acordo com o autor. Portanto, embora não ignore o silogismo como método para pensar o Direito, Perelman acrescenta a argumentação como elemento integrante da interpretação da norma, pois é por meio do discurso que será concebida a validade das premissas, observada a ética discursiva nos julgamentos com vistas a fazer o Direito progredir.

63 **Direito e Nova Retórica** – Importante em Perelman o conceito de "auditório", que pode variar desde as partes envolvidas na demanda em análise, passando para os Tribunais de Segunda Instância e a comunidade jurídica, chegando até mesmo à opinião popular sobre o caso. Enquanto os advogados procuram convencer o juiz da validade de seus argumentos, este juiz preocupa-se em convencer o Tribunal da validade de sua decisão e, conforme o caso, este Tribunal volta seus argumentos à comunidade jurídica e à opinião pública em geral.

64 **Jurisprudência dos Valores** - Além da *jurisprudência dos conceitos* e da *jurisprudência dos interesses*, surgiu também na Alemanha a chamada jurisprudência dos valores, sendo um de seus grandes expoentes *Gustav Radbruch*. Na esteira dos estudos acima alinhados e apoiada nas lições de Kant, entende esta doutrina que a questão valorativo-axiológica deve ser inserida no debate jurídico, tornando monismo jurídico (Direito Estatal) em pluralismo jurídico e de sistema fechado em sistema aberto. Tal forma de pensamento é fortemente enraizado em uma concepção *utilitarista** da conduta humana, louvando tudo aquilo que causa a maior quantidade de prazer para o maior número de pessoas possível.

65 **Metodologia da Ciência do Direito** - Obra fundamental de *Karl Larenz*, autor que compreende que a tarefa do intérprete da lei é a busca pela Justiça inerente às normas jurídicas e, nesta busca, deve se valer dos seguintes critérios, variáveis na análise dos casos em concreto: **o sentido literal** – tanto no que se refere à significação corrente de uma palavra quanto à sua significação jurídica; **o contexto significativo da lei** – que amplia o conceito anterior ao da significação de frases e períodos conforme o sentido do texto como um todo (*contextual*); **a intenção reguladora, fins e ideias do legislador histórico** – aqui entra em jogo a *teoria subjetiva* de Savigny; **teleológicos-objetivos** – aqui entra em jogo a *teoria objetiva* de Ihering; **o preceito da interpretação conforme à Constituição** – entre normas potencialmente aplicáveis, deve-se optar por aquela que mantém relação de identidade com os preceitos constitucionais.

3. ÉTICA – MORAL E DIREITO

1 O termo /Ética/ pode ser utilizado tanto como um adjetivo que qualifica com *boa, correta* determinada ação (O Presidente agiu de forma *ética* ao recusar propina), analisando-a sob determinado prisma de valor; o outro significado de /Ética/ é considerá-la como ramo da filosofia que estuda as ações dos homens consideradas em si mesmas, com a finalidade de atingir objetivos voltados para o *bem*.

2 Utilizamos o termo /Ética/ justamente como área do conhecimento humano voltado a estudar a ação humana, como filosofia e ciência da conduta humana. Embora caminhem proximamente em muitas situações, direito e moral não se confundem.

3 A norma moral e a norma jurídica têm em comum o fato de serem deônticas (dever de observância de determinada ação), no entanto, ao contrário da moral, a norma jurídica se ocupa daquilo que é externalizado pelo sujeito por meio da sua ação (heterônima), pressupõe relação entre dois sujeitos de direito (intersubjetividade) e é compulsória, haja vista a possibilidade de o Estado lançar mecanismos de coerção para sua observância.

Espécie	Dever-ser	Heterônoma	Intersubjetiva	Coercibilidade
Norma moral	SIM	NÃO	NÃO	NÃO
Norma jurídica	SIM	SIM	SIM	SIM

4 Diversas escolas do pensamento filosófico dedicaram-se ao estudo da Ética, determinando a finalidade da ação humana em sua busca de valores do bem. A conceituação desses *valores do bem* é o que diferencia cada uma dessas escolas: umas consideram a felicidade com o fim último da ação humana; outros como um imperativo de conduta movida pelo simples dever; e outros ainda, consideram a utilidade da ação em busca daquilo que lhe traz prazer e diminui o sofrimento.

5 **Ética eudemonista** – professa que a finalidade do homem ao agir é a busca da felicidade (*eudemonia*, em Grego), tornando o estudo da ética a compreensão dos vícios (paixões) e virtudes envolvidos nas condutas humanas. O principal autor desta linha de pensamento foi Aristóteles**, para quem a virtude é considerada um justo meio (*mesótes*) equidistante de dois vícios, um deles por falta e outro deles por excesso. Em "Ética a Nicômaco", Aristóteles trata deste tema e classifica as diversas espécies de justiça, valendo destacar a noção de *justo distributivo* e *justo corretivo*:

FILOSOFIA DO DIREITO

(a) *justo distributivo x justo corretivo:* Com base na noção de *equilíbrio (meio termo)* que Aristóteles desenvolve as noções de justo distributivo e justo corretivo:

- *Justo distributivo* trata das relações entre o Governo e os Cidadãos, visando uma igualdade geométrica, distribuindo prêmios (*salário família)* e castigos (*imposto sobre grandes riquezas*) aos jurisdicionados com vistas à isonomia (dar a cada um o seu);
- *Justo corretivo* trata das relações entre cidadãos em pé de igualdade, visando uma igualdade aritmética, tirando de quem ficou com mais para devolver a quem ficou com menos, por exemplo, em relações bilaterais (*contrato de venda e compra de imóvel desrespeitado*).

6 **Kant e imperativo categórico** - Kant pratica o que se denomina *ética racional*, desenvolvida com base nas lições de Teoria do Conhecimento do autor, onde trata das noções de razão pura e razão prática. Ao contrário do Direito, que é inserido nas lições da razão prática, a moral é estudada em Kant inserida na noção de razão pura, dirigindo a ação por meio de um imperativo categórico, que poderia ser descrito de acordo com a seguinte fórmula: *age só, segundo uma máxima tal, que possas querer ao mesmo tempo que se torne lei universal*. Assim, a ação deve ter como princípio o simples *dever* de agir conforme os ditames da reta razão, de modo que a ação individual possa se tornar norma universal.

7 **Ética Deontológica e Contrato Social** – A noção de contrato social foi fartamente desenvolvida no âmbito dos autores que se debruçaram na questão do Direito Natural na Modernidade, notadamente nas lições *Hobbes*, *Locke* e *Rousseau* e *Rawls* (atualmente) para os quais a passagem do home do *estado de natureza* ao *estado social* se dava por meio de um *pacto*, a que denominaram *contrato social*. Este contrato social sugere que os homens devem obedecer a leis naturais, as quais determinam a obrigação de observância dos pactos que celebram (*fundamentalismo* e *convencionalismo*).

8 **Utilitarismo de Jeremy Bentham e Stuart Mills** – Concepção bem diferente daquela formulada por Kant, eis que os utilitaristas rechaçam qualquer tipo de concepção metafísica regendo as relações humanas, que são explicitamente convencionais, conjunto de ações que entram em contato com vista a atingirem determinado fim, que é a busca do prazer e diminuição da dor. Aqui é o Princípio da Utilidade que vai reger as ações humanas, ao invés do Imperativo Categórico proposto por Immanuel Kant. Importante apreender que referido princípio da utilidade deve estar presente tanto na constituição de normas sociais de conduta, bem como de normas jurídicas, sendo que este princípio também alcança os juízes no momento de decidir as demandas.

4. CONCEITO DE DIREITO. GNOSIOLOGIA E EPISTEMOLOGIA JURÍDICAS

1 A definição de Direito pode levar em consideração aspectos meramente semânticos e etimológicos, que informam as origens de seu uso na Roma antiga, relacionada à noção de /ordem/, /regra/ de vida em sociedade, afastando o conceito de Direito de elementos que caracterizam as normas morais (que são individuais e internalizadas). Como se sabe, os Romanos foram a civilização que estrearam a concepção do Direito como um sistema de normas de conduta, legando para a posteridade uma série de modelos de legislação (*Corpus Juris Civilis*).

2 Dizemos que o berço do Direito foi Roma e, da mesma forma, o berço da Filosofia foi a Grécia. A Etimologia nos ensina que o termo Direito que utilizamos não tem qualquer relação com as terminologias utilizadas na Grécia Antiga ao tratarem de regras de conduta. Lá, o Direito era concebido inserindo-o nos estudos de ética e política, por isso, tratado como ação prática dos homens em busca de justiça.

3 *Diké*, que é a expressão mais aproxima de Direito, significa *apontar, indicar uma direção*, dando a entender que a Justiça é obtida por meio de análise prudente e capacidade de percepção sensível ao desenvolver essa análise (*phronesis*). Veja que esta abordagem do fenômeno jurídico é o que difere a aplicação da norma ao caso em concreto de maneira meramente técnica (*techne*), fruto de análise e percepção parcial dos eventos, pois os enxerga apenas sob o viés normativo.

4 Sob o enfoque social e filosófico, o Direito assume outra perspectiva de análise, uma vez que é colocada em relação direta com a sociedade na qual é aplicado; esta sociedade molda suas regras de conduta de acordo com certos preceitos de valoração da ação humana, estabelecendo, assim, determinado padrão de conduta, de *normalidade* da vida em sociedade.

5 Com base nas lições de Norberto Bobbio, especialmente de sua obra "Teoria Geral do Direito" traçaremos as correntes do pensamento jurídico mais recorrentes nas definições de Direito:

(i) **Kant** – "O conjunto das condições, por meio das quais o arbítrio de um pode conciliar-se com o arbítrio de um outro, segunda uma lei universal da liberdade". Esta definição está na obra "Metafísica dos Costumes", que inclui o direito na *razão prática***, ou seja, atividade deliberativa do sujeito. Assim, para o autor, o conceito de Direito é constituído dos seguintes elementos: (a) diz respeito apenas a ações externalizadas e precisamente prática de uma pessoa para com a outra em vista da influência de uma liberdade de ação sobre a outra; (b) intersubjetiva, pois pressupõe a coexistência de dois arbítrios, o que não é possível na relação dos homens com semoventes e objetos. É a partir dessas lições que se concebe apenas o homem como SUJEITO DE DIREITOS na esfera jurídica, sendo certo que mesmo quando a legislação protege o meio ambiente o faz em nome do interesse que o homem tem em preservar a natureza para seu próprio uso contínuo.

(ii) **Ihering – Inspirado** nas lições de Savigny e Puchta, que compreendiam o Direito como fruto do consenso das forças sociais e não uma expressão de comunhão de vontades racionais, a-históricas. Para Savigny, o Direito derivaria do *Volkgeist*, que é o reflexo de todas as realizações de determinado povo que definem seu modo de ser, inclusive no âmbito jurídico. Para Ihering, a própria realização do Direito depende da luta dos homens, de cada homem, pelo seu direito ("A luta pelo direito"), buscando determinados fins e interesses (teleologia).

(iii) **Jeremy Bentham** – Este autor inglês fez parte de corrente de pensamento tipicamente inglês, conhecido como utilitarismo (ao lado de James Mill e o filho deste, John Stuart Mill), que, afastando-se das noções de Direito natural, coloca justamente na utilidade prática da ação, em busca daquilo que causa prazer a afastar a dor, como fundamento da Moral e do Direito. Portanto, as leis devem ser elaboradas de modo a afastar o sofrimento e aumentar a satisfação da sociedade.

(iv) **Hans Kelsen** - O autor foi o responsável por conceber o direito como um sistema fechado de normas deônticas (dever-ser), que se relacionam sob critérios de hierarquia e subordinação e que ganham legitimidade à medida que são recebidas no sistema de normas, a partir de sua vigência, vinculando as ações dos indivíduos à norma por meio da imputação (MODELO DE RACIOCÍNIO *"Se A é, então B deve ser"*). Nesta concepção normativista, o conceito de Direito torna-se absolutamente positivado (positivismo jurídico), pois só leva em consideração as normas que integram determinado sistema de normas.

(v) **Norberto Bobbio**- Na mesma linha de Hans Kelsen, segue a linha aberta pelo seu preceptor, levando-a adiante sob uma ótica pós-positivista,também destaca o ponto de vista normativo para a compreensão do Direito, no entanto concebendo-o como um sistema aberto, que se relaciona com os demais sub-sistemas que existem em sociedade (econômico, político, social etc.).O Direito é observado pelo todo que compõe, ou seja, pelo Ordenamento Jurídico (sistema de normas) estruturalmente fechado (organizado de acordo com as normas em vigência – direito positivo) e funcionalmente aberto para dialogar com os fatores sociais aos quais é aplicado.

(vi) **Herbert Lionel Adolphus Hart** - Este autor está para a *common law* assim como Hans Kelsen está para a *civil law*, ou seja, é essencialmente pós-positivista, sendo certo que a grande diferença entre ambos – afora as lições de Kelsen estarem mais afeitas à *civil law*– reside no fato de Hart não ignorar que as normas de uma Nação são oriundas do Poder Político, ao contrário de Kelsen, que sustenta sua teoria na noção de Norma Hipotética Fundamental.

(vii) **Miguel Reale** – Conhecido por sua teoria do Direito que relaciona, numa relação dialética de polaridade e implicações recíprocas, fato, valor e norma (Teoria Tridimensional do Direito), de onde surgiria o fenômeno jurídico e, consequentemente, o conceito de Direito. Esta percepção de Direito alinha Miguel Reale ao culturalismo jurídico, que considera o Direito dentro da realidade histórico-social de um povo.

DIREITO AMBIENTAL

♦ *Fabiano Melo Gonçalves de Oliveira*

Sumário:

INCIDÊNCIA DOS TEMAS NAS PROVAS
(atualizada até o XXIV Exame da OAB)

Direito Ambiental		
Mata Atlântica	1	2%
Ordem Urbanística	1	2%
Tutela Processual	1	2%
Indígenas	1	2%
Saneamento Básico	1	2%
Política Nacional de Resíduos Sólidos	2	4%
Estatuto da Cidade	2	4%
Código Florestal	2	4%
Licenciamento/Fiscalização	3	6%
Penal Ambiental	3	6%
Competências Constitucionais	6	13%
EIA-RIMA/Informação Ambiental	6	13%
Responsabilidade Civil/Ambiental	7	15%
Unidade de Conservação	11	23%
TOTAL	47	100%

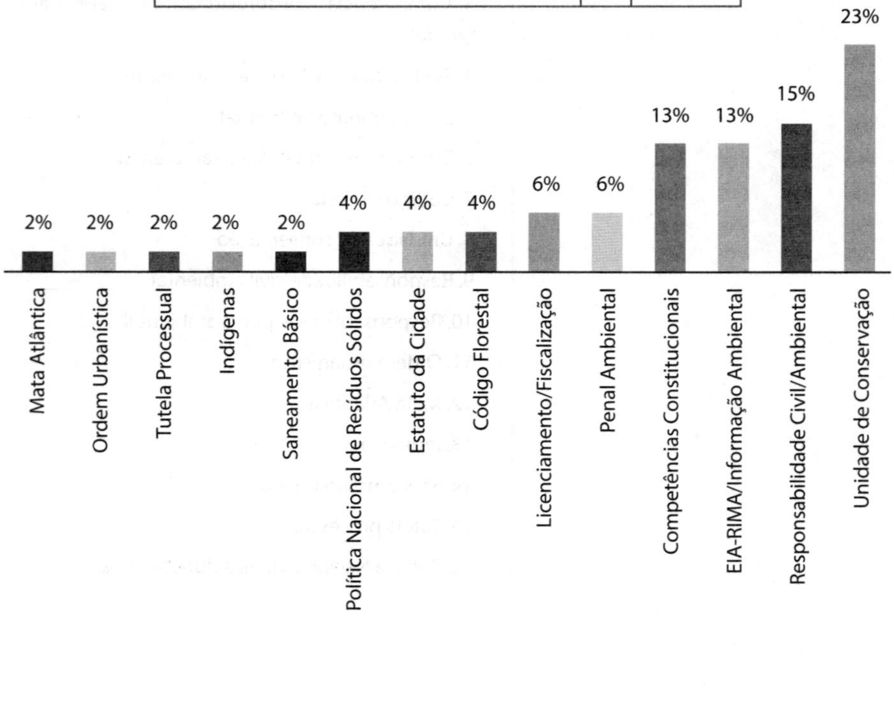

1. CONCEITOS FUNDAMENTAIS DE DIREITO AMBIENTAL

1 **Conceito legal de Meio Ambiente:** o conjunto de condições, leis, influências e interações de ordem física, química e biológica, que permite, abriga e rege a vida em todas as suas formas.

2 **Conceito de Poluição:** poluição, a degradação da qualidade ambiental resultante de atividades que direta ou indiretamente: a) prejudiquem a saúde, a segurança e o bem-estar da população; b) criem condições adversas às atividades sociais e econômicas; c) afetem desfavoravelmente a biota; d) afetem as condições estéticas ou sanitárias do meio ambiente; e) lancem matérias ou energia em desacordo com os padrões ambientais estabelecidos.

3 **Conceito de Poluidor:** a pessoa física ou jurídica, de direito público ou privado, responsável, direta ou indiretamente, por atividade causadora de degradação ambiental;

4 **Recursos Ambientais:** a atmosfera, as águas interiores, superficiais e subterrâneas, os estuários, o mar territorial, o solo, o subsolo, os elementos da biosfera, a fauna e a flora.

2. DIREITO AMBIENTAL CONSTITUCIONAL

1 Todos têm direito ao meio ambiente ecologicamente equilibrado, bem de uso comum do povo e essencial à sadia qualidade de vida, impondo-se ao Poder Público e à coletividade o dever de defendê-lo e preservá-lo para as presentes e futuras gerações. O direito ao meio ambiente ecologicamente equilibrado é um direito fundamental de terceira dimensão.

2 Para assegurar a efetividade do direito ao meio ambiente ecologicamente equilibrado, **incumbe ao Poder Público:** (a) preservar e restaurar os processos ecológicos essenciais e prover o manejo ecológico das espécies e ecossistemas; (b) - preservar a diversidade e a integridade do patrimônio genético do País e fiscalizar as entidades dedicadas à pesquisa e manipulação de material genético; (c) definir, em todas as unidades da Federação, espaços territoriais e seus componentes a serem especialmente protegidos, sendo a alteração e a supressão permitidas somente através de lei, vedada qualquer utilização que comprometa a integridade dos atributos que justifiquem sua proteção; (d) exigir, na forma da lei, para instalação de obra ou atividade potencialmente causadora de significativa degradação do meio ambiente, estudo prévio de impacto ambiental, a que se dará publicidade; (e) controlar a produção, a comercialização e o emprego de

AMBIENTAL

técnicas, métodos e substâncias que comportem risco para a vida, a qualidade de vida e o meio ambiente; (f) promover a educação ambiental em todos os níveis de ensino e a conscientização pública para a preservação do meio ambiente; (g) proteger a fauna e a flora, vedadas, na forma da lei, as práticas que coloquem em risco sua função ecológica, provoquem a extinção de espécies ou submetam os animais a crueldade.

3 **Macrorregiões consideradas patrimônio nacional:** a Floresta Amazônica brasileira, a Mata Atlântica, a Serra do Mar, o Pantanal Mato-Grossense e a Zona Costeira são patrimônio nacional, e sua utilização far-se-á, na forma da lei, dentro de condições que assegurem a preservação do meio ambiente, inclusive quanto ao uso dos recursos naturais.

4 **Responsabilidade em matéria ambiental:** As condutas e atividades consideradas lesivas ao meio ambiente sujeitarão os infratores, pessoas físicas ou jurídicas, a sanções penais e administrativas, independentemente da obrigação de reparar os danos causados.

5 As usinas que operem com reator nuclear deverão ter sua localização definida em lei federal, sem o que não poderão ser instaladas.

3. COMPETÊNCIAS CONSTITUCIONAIS EM MATÉRIA AMBIENTAL

1 Esse é um tema comum com a disciplina de Direito Constitucional. Com efeito, as competências constitucionais estão relacionadas entre os arts. 21 a 2. e no art. 30 da Constituição Federal. Para o Direito Ambiental, as competências mais importantes são as do art. 23 (competência administrativa *comum*) e 24 da Constituição (competência legislativa *concorrente*).

3 No sistema de repartição de competências constitucionais, duas são as divisões fundamentais: (i) **competência administrativa** e ii) **competência legislativa**.

4 A competência **administrativa** do art. 23 da CF é **comum** entre a União, os Estados, o Distrito Federal e os Municípios para: (...) (III) proteger os documentos, as obras e outros bens de valor histórico, artístico e cultural, os monumentos, as paisagens naturais notáveis e os sítios arqueológicos; (IV) impedir a evasão, a destruição e a descaracterização de obras de arte e de outros bens de valor histórico, artístico ou cultural; (VI) proteger o meio ambiente e combater a poluição em qualquer de suas formas; (VII) preservar as florestas, a fauna e a flora; (XI) registrar, acompanhar e fiscalizar as concessões de direitos de pesquisa e exploração de recursos hídricos e minerais em seus territórios.

5 O parágrafo único do art. 23 da CF dispõe que "leis complementares fixarão normas para a cooperação entre a União e os Estados, o Distrito Federal e os Municípios, tendo em vista o equilíbrio do desenvolvimento e do bem-estar em âmbito nacional". A primeira das leis complementares foi editada com a LC nº 140/2011, que regulamentou o parágrafo único e os incisos III, VI e VII do art. 23 da CF.

6 A competência legislativa do art. 24 da CF é **concorrente** entre União, Estados e Distrito Federal. Destaca-se que os municípios não estão incluídos no art. 24 da CF, segundo o qual "compete à União, aos Estados e ao Distrito Federal legislar concorrentemente sobre: (...) VI) florestas, caça, pesca, fauna, conservação da natureza, defesa do solo e dos recursos naturais, proteção do meio ambiente e controle da poluição; VII) proteção ao patrimônio histórico, cultural, artístico, turístico e paisagístico; VIII) responsabilidade por dano ao meio ambiente, ao consumidor, a bens e direitos de valor artístico, estético, histórico, turístico e paisagístico".

7 No âmbito da legislação concorrente, **a competência da União limitar-se-á a estabelecer normas gerais** e não exclui a competência suplementar dos Estados (art. 24, § 1º, CF).

8 Inexistindo lei federal sobre normas gerais, os Estados exercerão a competência legislativa plena para atender a suas peculiaridades. A superveniência de lei federal sobre normas gerais **suspende** a eficácia da lei estadual, no que lhe for contrário (art. 24, §§ 2º e 3º, CF).

9 É necessário relacionar que os municípios possuem competência legislativa em matéria ambiental pelo art. 30, II, da CF, uma vez que podem suplementar a legislação federal e a estadual no que couber.

4. POLÍTICA NACIONAL DO MEIO AMBIENTE

1 **Política Nacional do Meio Ambiente:** tem por objetivo geral a preservação, melhoria e recuperação da qualidade ambiental propícia à vida, visando assegurar, no País, condições ao desenvolvimento socioeconômico, aos interesses da segurança nacional e à proteção da dignidade da vida humana.

2 **Instrumentos da Política Nacional do Meio Ambiente:** são os mecanismos legais e institucionais postos à disposição da Administração Pública para a implementação dos objetivos do PNMA.

Instrumentos da Política Nacional do Meio Ambiente

I. o estabelecimento de padrões de qualidade ambiental;
II. o zoneamento ambiental;
III. a avaliação de impactos ambientais;
IV. o licenciamento e a revisão de atividades efetiva ou potencialmente poluidoras;
V. os incentivos à produção e instalação de equipamentos e a criação ou absorção de tecnologia, voltados para a melhoria da qualidade ambiental;
VI. a criação de espaços territoriais especialmente protegidos pelo Poder Público federal, estadual e municipal, tais como áreas de proteção ambiental, de relevante interesse ecológico e reservas extrativistas;
VII. o sistema nacional de informações sobre o meio ambiente;
VIII. o Cadastro Técnico Federal de Atividades e Instrumento de Defesa Ambiental;
IX. as penalidades disciplinares ou compensatórias ao não cumprimento das medidas necessárias à preservação ou correção da degradação ambiental.
X. a instituição do Relatório de Qualidade do Meio Ambiente, a ser divulgado anualmente pelo Instituto Brasileiro do Meio Ambiente e Recursos Naturais Renováveis - IBAMA;
XI. a garantia da prestação de informações relativas ao Meio Ambiente, obrigando-se o Poder Público a produzi-las, quando inexistentes;
XII. o Cadastro Técnico Federal de atividades potencialmente poluidoras e/ou utilizadoras dos recursos ambientais.
XIII. instrumentos econômicos, como concessão florestal, servidão ambiental, seguro ambiental e outros.

3 **Zoneamento ambiental:** por meio do zoneamento regulamentam-se o uso e a ocupação territorial, incluindo a utilização dos recursos ambientais. Como instrumento da PNMA, o zoneamento ambiental foi regulamentado pelo Decreto nº 4.297/2002, que estabelece o zoneamento ecológico-econômico como mecanismo de organização do território, a ser obrigatoriamente seguido na implantação de planos, obras e atividades públicas e privadas.

4 **Sistema Nacional de Informações sobre o Meio Ambiente (Sinima):** é o sistema responsável por organizar, sistematizar e divulgar as informações ambientais dos órgãos e entes integrantes do Sisnama, nos três níveis de governo.

5 **Cadastro Técnico Federal de Atividades e Instrumentos de Defesa Ambiental:** é o cadastro que contém a identificação obrigatória de pessoas físicas e jurídicas que se dedicam à consultoria técnica sobre problemas ecológicos e ambientais e à indústria e comércio de equipamentos, aparelhos e instrumentos destinados ao controle de atividades efetiva ou potencialmente poluidoras. É obrigatório, sob pena de multa.

6 **Cadastro Técnico Federal de Atividades Potencialmente Poluidoras ou Utilizadoras de Recursos Ambientais:** tem como objetivo o registro obrigatório de pessoas físicas ou jurídicas que se dedicam a atividades potencialmente poluidoras e/ou à extração, produção, transporte e comercialização de produtos potencialmente perigosos ao meio ambiente, assim como de produtos e subprodutos da fauna e da flora.

7 **Taxa de Fiscalização e Controle Ambiental (TCFA):** possui como fato gerador o exercício regular do poder de polícia, conferido ao Ibama para controle e fiscalização das atividades potencialmente poluidoras e as que se utilizem de recursos naturais.

8 **Servidão ambiental:** o proprietário ou possuidor de imóvel, pessoa natural ou jurídica, pode, por instrumento público ou particular ou por termo administrativo firmado perante órgão integrante do Sisnama, limitar o uso de toda a sua propriedade ou de parte dela para preservar, conservar ou recuperar os recursos ambientais existentes, instituindo servidão ambiental. Não é possível instituir a servidão ambiental sobre área de preservação ambiental e reserva legal florestal. O percentual da servidão ambiental sobre a propriedade deve ser, no mínimo, o mesmo da reserva legal.

9 **Concessão florestal:** delegação onerosa, feita pelo poder concedente, do direito de praticar manejo florestal sustentável para exploração de produtos e serviços numa unidade de manejo, mediante licitação, à pessoa jurídica, em consórcio ou não, que atenda às exigências do respectivo edital de licitação e demonstre capacidade para seu desempenho, por sua conta e risco e por prazo determinado.

5. LICENCIAMENTO AMBIENTAL

AMBIENTAL

1 O **licenciamento ambiental** é exigível para as atividades efetiva ou potencialmente poluidoras. É um dos **principais instrumentos da Política Nacional do Meio Ambiente**, de índole preventiva, e tem como objetivo compatibilizar as atividades econômicas com a proteção ao meio ambiente.

2 **Licenciamento ambiental** pode ser definido como "o procedimento administrativo destinado a licenciar atividades ou empreendimentos utilizadores de recursos ambientais, efetiva ou potencialmente poluidores ou capazes, sob qualquer forma, de causar degradação ambiental".

3 O licenciamento ambiental é um procedimento que visa à obtenção sequencial de **três licenças:** (a) licença prévia; (b) licença de instalação; (c) licença de operação.

4 **Licença prévia:** aprova a localização e a concepção do empreendimento e atesta a sua viabilidade ambiental. Estabelece os condicionantes ambientais a serem observados pelo empreendedor para a licença seguinte.

5 **Licença de instalação:** aprova a instalação do projeto e autoriza construir, edificar, cortar árvores (desde que se tenha autorização para tal) e todas as obras necessárias para o empreendimento. Estabelece os condicionantes ambientais para a licença seguinte.

6 **Licença de operação:** autoriza a operação da atividade ou empreendimento, após a verificação do efetivo cumprimento das medidas e condicionantes que constam das licenças anteriores. Além disso, determinará as medidas de controle ambiental e condicionantes de observância necessária após o efetivo funcionamento do empreendimento.

7 O **prazo de análise da licença** pelo órgão ambiental responsável, com o deferimento ou indeferimento, é de no máximo seis meses, a contar do seu protocolo. Na hipótese de realização de EIA/Rima ou de audiência pública, o prazo é de um ano (Res. Conama nº 237/1997).

8 A **renovação de licenças ambientais** deve ser requerida com antecedência mínima de 120 (cento e vinte) dias da expiração de seu prazo de validade, fixado na respectiva licença, ficando esta automaticamente prorrogado até a manifestação definitiva do órgão ambiental competente.

9 Os empreendimentos e atividades são licenciados ou autorizados, ambientalmente, **por um único ente federativo**, em conformidade com as atribuições estabelecidas na Lei Complementar nº 140/2011. Os demais entes federativos interessados podem manifestar-se ao órgão responsável pela licença ou autorização, **de maneira não vinculante**, respeitados os prazos e procedimentos do licenciamento ambiental.

10 A supressão de vegetação decorrente de licenciamentos ambientais é autorizada pelo ente federativo licenciador.

11 **Atuação supletiva:** ação do ente da Federação que se substitui ao ente federativo originariamente detentor das atribuições, nas hipóteses definidas da Lei Complementar nº 140/2001. Os entes federativos devem atuar em caráter supletivo nas ações administrativas de licenciamento e na autorização ambiental, nas seguintes hipóteses: (I) inexistindo órgão ambiental capacitado ou conselho de meio ambiente no Estado ou no Distrito Federal, a União deve desempenhar as ações administrativas estaduais ou distritais até a sua criação; (II) inexistindo órgão ambiental capacitado ou conselho de meio ambiente no Município, o Estado deve desempenhar as ações administrativas municipais até a sua criação; e, (III) inexistindo órgão ambiental capacitado ou conselho de meio ambiente no Estado e no Município, a União deve desempenhar as ações administrativas até a sua criação em um daqueles entes federativos (art. 15, LC 140/2011).

12 **Atuação subsidiária:** a ação administrativa subsidiária dos entes federativos dar-se-á por meio de apoio técnico, científico, administrativo ou financeiro, sem prejuízo de outras formas de cooperação. A ação subsidiária deve ser solicitada pelo ente originariamente detentor da atribuição nos termos da Lei Complementar 140/2001 (art. 16).

6. ESTUDO PRÉVIO DE IMPACTO AMBIENTAL

1 O Estudo Prévio de Impacto Ambiental, conhecido pela sigla EIA/Rima, é um estudo com previsão constitucional, obrigatório para empreendimentos e atividades potencialmente causadores de **significativa degradação** do meio ambiente. Dessa forma, não são todos os empreendimentos e atividades que se submetem ao EIA/Rima, mas somente aqueles potencialmente causadores de significativa degradação ambiental.

2 Diz o art. 225, § 1º, IV, da CF, que incumbe ao Poder Público "exigir, na forma da lei, para instalação de obra ou atividade potencialmente causadora de significativa degradação do meio ambiente, estudo prévio de impacto ambiental, a que se dará publicidade".

3 É preciso caracterizar o Estudo Prévio de Impacto Ambiental (EIA) e o Relatório de Impacto Ambiental (Rima). O EIA é o documento técnico, enquanto o Rima é o documento gerencial que traduz os resultados do EIA e deve ser compreensível para a população. Só há Rima com a existência de EIA.

4 O EIA/Rima é elaborado por uma equipe multidisciplinar composta por profissionais legalmente habilitados (engenheiro, biólogo, geólogo, sociólogo, advogado), que são responsáveis civil, penal e administrativamente pelo seu conteúdo e pelas informações prestadas no estudo.

5 Todas as despesas de elaboração do EIA/Rima são de **responsabilidade do empreendedor**, que deve entregar ao órgão ambiental 05 (cinco) cópias do Rima, no mínimo.

6 A **audiência pública** tem por finalidade expor aos interessados o conteúdo do produto em análise e do seu referido Rima, dirimindo dúvidas e recolhendo dos presentes as críticas e sugestões a respeito. Deve ser realizada em local de fácil acesso aos interessados. De acordo com a complexidade e a localização geográfica dos participantes, pode ser realizada mais de uma audiência pública.

7 Podem requerer a realização de audiência pública: (a) o órgão ambiental competente; (b) o Ministério Público; (c) a entidade da sociedade civil; (d) 50 ou mais cidadãos.

8 A audiência pública é requisito formal essencial: requerida pelos legitimados e não realizada pelo órgão ambiental, a licença concedida não terá validade.

9 A audiência pública será presidida pelo órgão ambiental licenciador, que ao final lavrará ata sucinta, e anexará todos os documentos escritos e assinados endereçados ao presidente dos trabalhos.

7. CÓDIGO FLORESTAL

1 O Código Florestal (Lei nº 12.651/2012) estabelece **normas gerais** sobre a proteção da vegetação, Áreas de Preservação Permanente e as áreas de Reserva Legal.

2 As **florestas existentes no território nacional e as demais formas de vegetação nativa**, reconhecidas de utilidade às terras que revestem, **são bens de interesse comum a todos os habitantes do País**, exercendo-se os **direitos de propriedade com as limitações** da legislação em geral e especialmente do Código Florestal.

3 As obrigações previstas na Lei nº 12.651/2012 têm **natureza real** e são transmitidas ao sucessor, de qualquer natureza, no caso de transferência de domínio ou posse do imóvel rural.

4 **Área de Preservação Permanente** (APP) a "área protegida, coberta ou não por vegetação nativa, com a função ambiental de preservar os recursos hídricos, a paisagem, a estabilidade geológica e a biodiversidade, facilitar o fluxo gênico de fauna e flora, proteger o solo e assegurar o bem-estar das populações humanas".

5 Existem **duas modalidades** de **Áreas de Preservação Permanente**:

a) APP por força de lei, do art. 4º do Código Florestal; e

b) APP declarada de interesse social por ato de Poder Público, também conhecida como administrativa, do art. 6º do Código Florestal.

6 A *intervenção* ou a *supressão* de vegetação nativa em Área de Preservação Permanente **somente ocorrerá nas hipóteses de utilidade pública, de interesse social ou de baixo impacto ambiental**, previstas no Código Florestal.

7 A *supressão* de vegetação nativa protetora de **nascentes, dunas** e **restingas** somente poderá ser autorizada **em caso de utilidade pública.**

8 É permitido o acesso de pessoas e animais às Áreas de Preservação Permanente para obtenção de água e para realização de atividades de baixo impacto ambiental.

9 **Reserva Legal** é a área localizada no interior de uma **propriedade ou posse rural,** delimitada nos termos da Lei nº 12.651/2012, com a função de assegurar o uso econômico de modo sustentável dos recursos naturais do imóvel rural, auxiliar a conservação e a reabilitação dos processos ecológicos e promover a conservação da biodiversidade, bem como o abrigo e a proteção de fauna silvestre e da flora nativa.

> ATENÇÃO: A reserva legal tem incidência em uma propriedade ou posse RURAL; enquanto as Áreas de Preservação Permanente em imóveis urbanos e rurais.

10 A **Reserva Legal** deve ser **conservada** com cobertura de vegetação nativa pelo proprietário do imóvel rural, possuidor ou ocupante a qualquer título, pessoa física ou jurídica, de direito público ou privado.

11 Todo imóvel rural deve manter área com cobertura de vegetação nativa, a título de Reserva Legal, sem prejuízo da aplicação das normas sobre as Áreas de Preservação Permanente, observados os seguintes percentuais mínimos em relação à área do imóvel:

(I) localizado na Amazônia Legal: (a) 80%, no imóvel situado em área de florestas; (b) 35%, no imóvel situado em área de cerrado; (c) 20%, no imóvel situado em área de campos gerais.

(II) localizado nas demais regiões do País: 20%.

12 **Não será obrigatória** a Reserva Legal nos seguintes casos: (a) os empreendimentos de abastecimento público de água e tratamento de esgoto não estão sujeitos à constituição de Reserva Legal; (b) não será exigida Reserva Legal relativa às áreas adquiridas ou desapropriadas por detentor de concessão, permissão ou autorização para exploração de potencial de energia hidráulica, nas quais funcionem empreendimentos de geração de energia elétrica, subestações ou sejam instaladas linhas de transmissão e de distribuição de energia elétrica; (c) não será exigida Reserva Legal relativa às áreas adquiridas ou desapropriadas com o objetivo de implantação e ampliação de capacidade de rodovias e ferrovias.

13 A **localização da área de Reserva Legal** no imóvel rural deverá levar em consideração os seguintes estudos e critérios: (a) o plano de bacia hidrográfica; (b) o Zoneamento Ecológico-Econômico; (c) a formação de corredores ecológicos com outra Reserva Legal, com Área de Preservação Permanente, com Unidade de Conservação ou com outra área legalmente protegida; (d) as áreas de maior importância para a conservação da biodiversidade; e (e) as áreas de maior fragilidade ambiental.

14 O órgão estadual integrante do Sisnama ou instituição por ele habilitada deverá aprovar a localização da Reserva Legal após a inclusão do imóvel no Cadastro Ambiental Rural (CAR).

15 Será admitido o **cômputo** das Áreas de Preservação Permanente no cálculo do percentual da Reserva Legal do imóvel, desde que: (a) o benefício previsto não implique a conversão de novas áreas para o uso alternativo do solo; (b) a área a ser computada esteja conservada ou em processo de recuperação, conforme comprovação do proprietário ao órgão estadual integrante do Sisnama; e (c) o proprietário ou possuidor tenha requerido inclusão do imóvel no Cadastro Ambiental Rural (CAR).

16 O Código Florestal criou o **Cadastro Ambiental Rural** (CAR), no âmbito do Sistema Nacional de Informação sobre Meio Ambiente (Sinima), registro público eletrônico de âmbito nacional, obrigatório para todos os imóveis rurais, com a finalidade de integrar as informações ambientais das propriedades e posses rurais, compondo base de dados para controle, monitoramento, planejamento ambiental e econômico e combate ao desmatamento.

8. UNIDADES DE CONSERVAÇÃO

17 A Lei nº 9.985/2000 instituiu o **Sistema Nacional de Unidades de Conservação (SNUC)** e regulamentou os incisos I, II, III e VII do § 1º do art. 225 da Constituição Federal. Por sua vez, o art. 225, § 1º, III, da CF, dispõe que compete ao Poder Público "definir, em todas as unidades da Federação, espaços territoriais e seus componentes a serem especialmente protegidos, sendo a alteração e a supressão permitidas somente através de lei, vedada qualquer utilização que comprometa a integridade dos atributos que justifiquem sua proteção".

18 O *Sistema Nacional de Unidades de Conservação da Natureza - SNUC* é constituído pelo conjunto das **unidades de conservação federais, estaduais e municipais.**

19 **Conceito de Unidade de Conservação:**espaço territorial e seus recursos ambientais, incluindo as águas jurisdicionais, com características naturais relevantes, legalmente instituído pelo Poder Público, com objetivos de conservação e limites definidos, sob regime especial de administração, ao qual se aplicam garantias adequadas de proteção.

20 O *SNUC* será gerido pelos seguintes órgãos, com as respectivas atribuições:

I – **Órgão consultivo e deliberativo:** o Conselho Nacional do Meio Ambiente - Conama, com as atribuições de acompanhar a implementação do Sistema;

II – **Órgão central**: o Ministério do Meio Ambiente, com a finalidade de coordenar o Sistema; e

III – **Órgãos executores**: o Instituto Chico Mendes e o Ibama, em caráter supletivo, os órgãos estaduais e municipais, com a função de implementar o SNUC, subsidiar as propostas de criação e administrar as unidades de conservação federais, estaduais e municipais, nas respectivas esferas de atuação.

21 As unidades de conservação integrantes do SNUC dividem-se em **dois grupos**, com características específicas:

I – Unidades de Proteção Integral;

II – Unidades de Uso Sustentável.

22 O **objetivo básico das Unidades de Proteção Integral** é preservar a natureza, sendo admitido apenas o uso indireto dos seus recursos naturais, com exceção dos casos previstos na Lei 9.985/2000. Já o **objetivo básico das Unidades de Uso Sustentável** é compatibilizar a conservação da natureza com o uso sustentável de parcela dos seus recursos naturais.

23 Um aspecto importante para o exame da OAB é identificar em qual grupo se insere cada categoria de unidade de conservação, como se vê no quadro abaixo.

Grupo das Unidades de Proteção Integral	I - Estação Ecológica; II - Reserva Biológica; III - Parque Nacional; IV - Monumento Natural; V - Refúgio de Vida Silvestre.
Grupo das Unidades de Uso Sustentável	I - Área de Proteção Ambiental; II - Área de Relevante Interesse Ecológico; III - Floresta Nacional; IV - Reserva Extrativista; V - Reserva de Fauna; VI – Reserva de Desenvolvimento Sustentável; e VII - Reserva Particular do Patrimônio Natural.

24 **Criação de uma unidade de conservação**: as unidades de conservação são criadas por ato do Poder Público, que pode ser, por exemplo, um decreto ou através de lei. A **criação** de uma unidade de conservação deve ser precedida de *estudos técnicos* e de *consulta pública* que permitam identificar a localização, a dimensão e os limites mais adequados para a unidade, conforme se dispuser em regulamento.

25 Na **criação** de Estação Ecológica ou Reserva Biológica **não é obrigatória a consulta pública**, somente os estudos técnicos.

26 **Transformação de uma unidade de conservação:** as unidades de conservação do grupo de Uso Sustentável podem ser transformadas total ou parcialmente em unidades do grupo de Proteção Integral, por instrumento normativo

AMBIENTAL

do mesmo nível hierárquico do que criou a unidade, desde que obedecidos os procedimentos de consulta pública.

27 A **ampliação dos limites de uma unidade de conservação**, sem modificação dos seus limites originais, exceto pelo acréscimo proposto, pode ser feita por instrumento normativo do mesmo nível hierárquico do que criou a unidade, desde que obedecidos os procedimentos de consulta pública.

28 A **desafetação** ou **redução dos limites** de uma unidade de conservação só pode ser feita **mediante lei específica.**

29 O Poder Público poderá, ressalvadas as atividades agropecuárias e outras atividades econômicas em andamento e obras públicas licenciadas, na forma da lei, decretar limitações administrativas provisórias ao exercício de atividades e empreendimentos efetiva ou potencialmente causadores de degradação ambiental, para a realização de estudos com vistas na criação de Unidade de Conservação, quando, a critério do órgão ambiental competente, houver risco de dano grave aos recursos naturais ali existentes. A destinação final da área submetida à limitação administrativa será definida no prazo de 7 (sete) meses, improrrogáveis, findo o qual fica extinta.

30 As unidades de conservação devem dispor de um **Plano de Manejo**, que é um documento técnico mediante o qual, com fundamento nos objetivos gerais de uma unidade de conservação, se estabelece o seu zoneamento e as normas que devem presidir o uso da área e o manejo dos recursos naturais, inclusive a implantação das estruturas físicas necessárias à gestão da unidade. O Plano de Manejo de uma unidade de **conservação deve ser elaborado no prazo de 05 (cinco) anos a partir da data de sua criação.**

31 **Conteúdo do Plano de Manejo:** deve abranger a área da unidade de conservação, sua zona de amortecimento e os corredores ecológicos, incluindo medidas com o fim de promover sua integração à vida econômica e social das comunidades vizinhas.

32 Atenção para o **conceito de zona de amortecimento**: o entorno de uma unidade de conservação, onde as atividades humanas estão sujeitas a normas e restrições específicas, com o propósito de minimizar os impactos negativos sobre a unidade. As unidades de conservação, **exceto Área de Proteção Ambiental e Reserva Particular do Patrimônio Natural**, devem possuir uma zona de amortecimento e, quando conveniente, corredores ecológicos.

33 O Plano de Manejo poderá dispor sobre as atividades de liberação planejada e cultivo de *organismos geneticamente modificados* nas **Áreas de Proteção Ambiental e nas zonas de amortecimento das demais categorias de unidade de conservação**, observadas as informações contidas na decisão técnica da Comissão Técnica Nacional de Biossegurança – CTNBio

34 **Compensação Ambiental:** nos casos de licenciamento ambiental *de empreendimentos de significativo impacto ambiental,* assim considerado pelo órgão ambiental competente, com fundamento em estudo de impacto ambiental e respectivo relatório - EIA/RIMA, **o empreendedor é obrigado a apoiar a implantação e manutenção de unidade de conservação do Grupo de Proteção Integral**, de acordo com o disposto na Lei do SNUC e em seu regulamento. Ao órgão ambiental licenciador compete definir as unidades de conservação a serem beneficiadas, considerando as propostas apresentadas no EIA/RIMA e ouvido o empreendedor, podendo inclusive ser contemplada a criação de novas unidades de conservação. Quando **o empreendimento afetar unidade de conservação específica ou sua zona de amortecimento**, o licenciamento só poderá ser concedido mediante autorização do órgão responsável por sua administração, e a unidade afetada, mesmo que não pertencente ao Grupo de Proteção Integral, deverá ser uma das beneficiárias da compensação.

UNIDADES DE PROTEÇÃO INTEGRAL – Aspectos Básicos

Unidade de Conservação	Objetivo(s)	Domínio	Características (básicas)
Estação Ecológica	Preservação da natureza e a realização de pesquisas científicas.	Posse e domínio público. Áreas privadas devem ser desapropriadas.	• Permite-se a realização de pesquisas científicas em no máximo 3% da extensão, desde que não ultrapasse o limite de 1500 hectares. • Na Estação Ecológica só podem ser permitidas alterações dos ecossistemas no caso de: (I) medidas que visem a restauração de ecossistemas modificados; (II) manejo de espécies com o fim de preservar a diversidade biológica; (III) coleta de componentes dos ecossistemas com finalidades científicas; (IV) pesquisas científicas cujo impacto sobre o ambiente seja maior do que aquele causado pela simples observação ou pela coleta controlada de componentes dos ecossistemas, em uma área correspondente a no máximo três por cento da extensão total da unidade e até o limite de um mil e quinhentos hectares.

AMBIENTAL

UNIDADES DE PROTEÇÃO INTEGRAL – Aspectos Básicos

Unidade de Conservação	Objetivo(s)	Domínio	Características (básicas)
Reserva Biológica	Preservação integral da biota e dos demais elementos naturais em seus limites, sem interferência humana direta ou modificações ambientais, excetuando-se as medidas de recuperação de seus ecossistemas alterados e as ações de manejo necessárias para recuperar e preservar o equilíbrio natural, a diversidade biológica e os processos ecológicos naturais.	Posse e domínio público. Áreas privadas devem ser desapropriadas.	A pesquisa científica depende de autorização prévia do órgão responsável pela administração da unidade e está sujeita às condições e restrições por este estabelecidas, bem como àquelas previstas em regulamento.
Parque Nacional	Preservação de ecossistemas naturais de grande relevância ecológica e beleza cênica.	Posse e domínio público. Áreas privadas devem ser desapropriadas.	Permite a realização de pesquisas científicas, atividades de educação e interpretação ambiental, recreação e turismo ecológico.
Monumento Natural	Preservar ambientes naturais raros, singulares e de grande beleza cênica.	Pode ser constituído por áreas particulares, desde que seja possível compatibilizar os objetivos da unidade com a utilização da terra e dos recursos naturais do local pelos proprietários.	Havendo incompatibilidade entre os objetivos da área e as atividades privadas ou não havendo aquiescência do proprietário às condições propostas pelo órgão responsável pela administração da unidade para a coexistência do Monumento Natural com o uso da propriedade, a área deve ser desapropriada
Refúgio de Vida Silvestre	Proteger ambientes naturais em que se assegurem condições para a existência e reprodução de exemplares e populações.	Pode ser constituído por áreas particulares, desde que seja possível compatibilizar os objetivos da unidade com a utilização da terra e dos recursos naturais do local pelos proprietários.	Havendo incompatibilidade entre os objetivos da área e as atividades privadas ou não havendo aquiescência do proprietário às condições propostas pelo órgão responsável pela administração da unidade para a coexistência do Monumento Natural com o uso da propriedade, a área deve ser desapropriada.

UNIDADES DE USO SUSTENTÁVEL – Aspectos Básicos

Unidade de Conservação	Objetivo	Dominialidade	Características principais
Área de Proteção Ambiental	Disciplinar o processo de ocupação da unidade, assegurar a sustentabilidade do uso dos recursos naturais e proteger a diversidade biológica.	Terras públicas e privadas.	– Área de grande extensão, com certo grau de ocupação humana, dotada de atributos abióticos, bióticos, estéticos e culturais importante para o bem estar e a qualidade de vida. – Respeitados os limites constitucionais, podem ser estabelecidas normas e restrições para a utilização de uma propriedade privada localizada em uma Área de Proteção Ambiental.
Área de Relevante Interesse Ecológico	Manter os ecossistemas naturais de importância regional ou local e regular o uso admissível dessas áreas, de modo a compatibilizá-los com os objetivos de conservação da natureza.	Terras públicas ou privadas.	– É uma área em geral de pequena extensão, com pouca ou nenhuma ocupação humana, com características naturais extraordinárias ou que abriga exemplares raros da biota regional; – Respeitados os limites constitucionais, podem ser estabelecidas normas e restrições para a utilização de uma propriedade privada localizada em uma Área de Relevante Interesse Ecológico.
Floresta Nacional	Área com cobertura florestal de espécies predominantemente nativas e tem como objetivo básico o uso múltiplo sustentável dos recursos florestais e a pesquisa científica, com ênfase em métodos para exploração sustentável de florestas nativas.	Posse e domínio públicos, sendo que as áreas particulares incluídas em seus limites devem ser desapropriadas de acordo com o que dispõe a lei.	– É admitida a permanência de populações tradicionais que a habitam quando de sua criação, em conformidade com o disposto em regulamento e no Plano de Manejo da unidade; – A pesquisa é permitida e incentivada.

UNIDADES DE USO SUSTENTÁVEL – Aspectos Básicos

Unidade de Conservação	Objetivo	Dominialidade	Características principais
Reserva Extrativista	Proteger os meios de vida e a cultura das populações extrativistas, e assegurar o uso sustentável dos recursos naturais da unidade.	Domínio Público, sendo que as áreas particulares incluídas em seus limites devem ser desapropriadas. A posse das populações tradicionais é regulada por contrato de concessão de direito real de uso.	– São proibidas a exploração de recursos minerais e a caça amadorística ou profissional; – A pesquisa científica é permitida e incentivada.
Reserva de Fauna	Área natural com populações animais de espécies nativas, terrestres ou aquáticas, residentes ou migratórias, adequadas para estudos técnico-científicos sobre o manejo econômico sustentável de recursos faunísticos.	Posse e domínio públicos, sendo que as áreas particulares incluídas em seus limites devem ser desapropriadas.	É proibido o exercício da caça amadorística ou profissional.
Reserva de Desenvolvimento Sustentável	Preservar a natureza e, ao mesmo tempo, assegurar as condições e os meios necessários para a reprodução e a melhoria dos modos e da qualidade de vida e exploração dos recursos naturais das populações tradicionais, bem como valorizar, conservar e aperfeiçoar o conhecimento e as técnicas de manejo do ambiente, desenvolvido por estas populações.	Domínio Público. A posse das populações tradicionais é disciplinada através de contrato de concessão de direito real de uso. O Plano de Manejo da Reserva de Desenvolvimento Sustentável definirá as zonas de proteção integral, de uso sustentável e de amortecimento e corredores ecológicos, e será aprovado pelo Conselho Deliberativo da unidade.	As atividades desenvolvidas na Reserva de Desenvolvimento Sustentável obedecerão às seguintes condições: I) é permitida e incentivada a visitação pública, desde que compatível com os interesses locais e de acordo com o disposto no Plano de Manejo da área; II) é permitida e incentivada a pesquisa científica voltada à conservação da natureza, à melhor relação das populações residentes com seu meio e à educação ambiental, sujeitando-se à prévia autorização do órgão responsável pela administração da unidade, às condições e restrições por este estabelecidas e às normas previstas em regulamento;

UNIDADES DE USO SUSTENTÁVEL – Aspectos Básicos

Unidade de Conservação	Objetivo	Dominialidade	Características principais
			(III) deve ser sempre considerado o equilíbrio dinâmico entre o tamanho da população e a conservação; e (IV) é admitida a exploração de componentes dos ecossistemas naturais em regime de manejo sustentável e a substituição da cobertura vegetal por espécies cultiváveis, desde que sujeitas ao zoneamento, às limitações legais e ao Plano de Manejo da área.
Reserva Particular do Patrimônio Natural	Conservar a diversidade biológica	Área Privada, gravada com perpetuidade através de Termo de Compromisso averbado à margem da inscrição no Registro Público de Imóveis	Só se admitem a pesquisa científica e a visitação com objetivos turísticos, recreativos e educacionais

9. RESPONSABILIDADE CIVIL AMBIENTAL

1 Em matéria ambiental, a responsabilidade por danos ao meio ambiente é tríplice: penal, administrativa e civil. É o que dispõe o art. 225, § 3º, da CF/88: "As condutas e atividades consideradas lesivas ao meio ambiente sujeitarão os infratores, pessoas físicas ou jurídicas, a sanções penais e administrativas, independentemente da obrigação de reparar os danos causados".

2 A responsabilidade civil ambiental é **objetiva**, isto é, basta o nexo de causalidade entre a conduta e o dano ambiental. A responsabilidade civil objetiva é adotada desde a edição da Lei 6.938/81, que instituiu a Política Nacional do Meio Ambiente que, por sua vez, foi recepcionada pela Constituição Federal.

3 Não existe no direito brasileiro conceito legal de dano ambiental. Assim, para a doutrina, considera-se dano ambiental a lesão causada por qualquer ação humana (culposa ou não) que afete o equilíbrio ecológico e a sadia qualidade de vida.

4 Para a legislação brasileira, considera-se **poluidor** "a pessoa física ou jurídica, de direito público ou privado, responsável, direta ou indiretamente por atividade causadora de degradação ambiental". Isto é, o poluidor poder ser **direto** ou **indireto**.

5 **Responsabilidade do Estado por danos ambientais:** quando o dano ambiental é provocado pelo próprio Poder Público ou por meio de concessionária de serviço público, a responsabilidade civil é objetiva.

6 **Reparação do dano ambiental:** ocorre com: (a) reparação *in natura (*especifica*)*; (b) compensação ecológica; (c) indenização pecuniária. **Reparação *in natura*:** é a reparação da lesão específica causada pelo dano ambiental. **Compensação ecológica:** é a substituição do bem lesado por outro equivalente (em que é possível efetuar a reparação). **Indenização pecuniária:** o pagamento em espécie pelo dano causado.

7 **Prescrição da reparação pelo dano ambiental:** as ações para a reparação do dano ambiental difuso são imprescritíveis.

10. RESPONSABILIDADE PENAL AMBIENTAL

1 A responsabilidade penal das pessoas físicas e jurídicas que cometem crimes ambientais está disciplinada na Lei nº 9.605/98, também conhecida como Lei dos Crimes Ambientais.

2 Quem, de qualquer forma, concorre para a prática dos crimes na Lei nº 9.605/98, incide nas penas a estes cominadas, na medida da sua culpabilidade, bem como o diretor, o administrador, o membro de conselho e de órgão técnico, o auditor, o gerente, o preposto ou mandatário de pessoa jurídica, que, sabendo da conduta criminosa de outrem, deixar de impedir a sua prática, quando podia agir para evitá-la.

3 **Responsabilidade penal da pessoa jurídica**: a pessoa jurídica poderá ser responsabilizada quando a infração for cometida por decisão de seu representante legal ou contratual, ou de seu órgão colegiado, no interesse ou benefício de sua entidade.

4 As **penas aplicáveis** (isolada, cumulativa ou alternativamente) às pessoas jurídicas são: (a) multa; (b) restritivas de direitos; e (c) prestação de serviços à comunidade. A pena privativa de liberdade é a única não cabível à pessoa jurídica, por ser incompatível com a natureza do ente moral.

5 **Multa à pessoa jurídica:** segue a sistemática do Código Penal.

6 **Penas restritivas de direito às pessoas jurídicas**: (a) suspensão parcial ou total das atividades; (b) interdição temporária de estabelecimento, obra ou atividade; (c) proibição de contratar com o Poder Público e dele obter subsídios, subvenções ou doações. A **suspensão de atividades** será aplicada quando estas não estiverem obedecendo às disposições legais ou regulamentares, relativas à proteção do meio ambiente. A **interdição** será aplicada quando o estabelecimento, obra ou atividade estiver funcionando sem a devida autorização, ou em desacordo com a concedida, ou com violação de disposição legal ou regulamentar. A **proibição de contratar com o Poder Público** e dele obter subsídios, subvenções ou doações não poderá exceder o prazo de dez anos. **Prestação de serviços à comunidade:** (a) custeio de programas e de projetos ambientais; (b) execução de obras de recuperação de áreas degradadas; (c) manutenção de espaços públicos; (d) contribuições a entidades ambientais ou culturais públicas.

7 **Liquidação forçada da pessoa jurídica**: essa sanção somente poderá ser aplicada quando a empresa tiver como finalidade preponderante (ou exclusiva) permitir, facilitar ou ocultar a prática de crime definido na Lei nº 9.605/1998.

8 Poderá ser desconsiderada a pessoa jurídica sempre que sua personalidade for obstáculo ao ressarcimento de prejuízos causados à qualidade do meio ambiente.

9 As **pessoas físicas** estão sujeitas às seguintes penas: (a) privativas de liberdade; (b) multa; e (c) restritivas de direito. As *penas privativas de liberdade* aplicam-se dentro dos limites cominados nos respectivos tipos penais elencados nos arts. 29 a 69-A da Lei nº 9.605/1998 e podem ser de detenção ou reclusão. *Multa*: o montante das multas será calculado conforme as regras do Código Penal (art. 18 da Lei nº 9.605/1998 c/c o art. 49, *caput* e § 1º, do CP); *Penas restritivas de direitos*: (a) prestação de serviços à comunidade; (b) interdição temporária de direitos; (c) suspensão parcial ou total de atividades; (d) prestação pecuniária; (e) recolhimento domiciliar.

10 A **suspensão condicional da pena** pode ser aplicada nos casos de condenação a pena privativa de liberdade não superior a 3 (três) anos.

11 **Ação penal nos crimes ambientais:** é pública incondicionada, o que significa que a autoridade policial e o Ministério Público devem agir de ofício diante da notícia de um delito ambiental.

12 **Transação penal:** é permitida a transação nos casos de crimes ambientais de menor potencial ofensivo, aqueles cuja pena máxima cominada não seja superior a dois anos. O infrator só terá direito a transação penal se tiver realizado a prévia composição do dano ambiental, salvo em caso de comprovada impossibilidade.

AMBIENTAL

11. ORDEM URBANÍSTICA

1 **A Política urbana** está disciplinada nos arts. 182 e 183 da Constituição Federal. O art. 182 dispõe que a política de desenvolvimento urbano deve ser executada pelo Poder Público municipal e tem como objetivo ordenar o pleno desenvolvimento das funções sociais da cidade e garantir o bem-estar de seus habitantes. No art. 183 a usucapião especial.

2 O principal documento da política urbana é o **Plano Diretor**, que é o instrumento básico da política de desenvolvimento e expansão urbana, com aprovação pela Câmara Municipal e que obrigatoriamente deve ser instituído pelas cidades com mais de 20.000 habitantes (art. 182, § 1º, CF). O Estatuto da Cidade (Lei nº 10.257/2001) ampliou o rol de cidades em que o plano diretor é obrigatório, a saber: (i) com mais de 20 mil habitantes; (ii) integrantes de regiões metropolitanas e aglomerações urbanas; (iii) onde o Poder Público municipal pretenda utilizar os instrumentos previstos no § 4º do art. 182 da Constituição Federal; (iv) integrantes de áreas de especial interesse turístico; (v) inseridas na área de influência de empreendimentos ou atividades com significativo impacto ambiental de âmbito regional ou nacional; (vi) incluídas no cadastro nacional de Municípios com áreas suscetíveis à ocorrência de deslizamentos de grande impacto, inundações bruscas ou processos geológicos ou hidrológicos correlatos.

3 **Função social da propriedade urbana:** é cumprida quando a propriedade atende às exigências fundamentais da cidade expressas no plano diretor (art. 182, § 2º, CF).

4 **Instrumentos constitucionais de conformação do solo urbano não edificado, subutilizado ou não utilizado:** é facultado ao Poder Público municipal, mediante lei específica para área incluída no plano diretor, exigir, nos termos da lei federal, do proprietário do solo urbano não edificado, subutilizado ou não utilizado, que promova seu adequado aproveitamento, sob pena, sucessivamente, de: (a) parcelamento ou edificação compulsórios; (b) imposto sobre a propriedade predial e territorial urbana progressivo no tempo; (c) desapropriação com pagamento mediante títulos da dívida pública de emissão previamente aprovada pelo Senado Federal, com prazo de resgate de até dez anos, em parcelas anuais, iguais e sucessivas, assegurados o valor real da indenização e os juros legais.

5 **Usucapião especial (art. 183 da CF):** aquele que possuir como sua área urbana de até 250 m2, por cinco anos, ininterruptamente e sem oposição, utilizando-a para sua moradia ou de sua família, adquirir-lhe-á o domínio, desde que não seja proprietário de outro imóvel urbano ou rural. O título de domínio e a concessão de uso serão conferidos ao homem ou à mulher, ou a ambos, independentemente do estado civil. Esse direito não será reconhecido ao mesmo possuidor mais de uma vez. Contudo, os imóveis públicos não serão adquiridos por usucapião.

6 **Estatuto da Cidade** (Lei nº 10.257/2001): estabelece normas de ordem pública e interesse social que regulam o uso da propriedade urbana em prol do bem coletivo, da segurança e do bem-estar dos cidadãos, bem como do equilíbrio ambiental. O objetivo da política urbana é ordenar o pleno desenvolvimento das funções sociais da cidade e da propriedade urbana.

7 **IPTU progressivo:** na inobservância da obrigação de parcelamento, edificação e utilização nos prazos assinalados pelo Poder Executivo municipal, o Município procederá à aplicação do imposto sobre a propriedade predial e territorial urbana (IPTU) progressivo no tempo, mediante a majoração da alíquota pelo prazo de cinco anos consecutivos, que não excederá a duas vezes o valor referente ao ano anterior, respeitada a alíquota máxima de 15%. Com o não atendimento da obrigação de parcelar, edificar ou utilizar no prazo de cinco anos, o Município manterá a cobrança pela alíquota máxima, até que se cumpra a referida obrigação.

8 **Desapropriação:** passados 05 (cinco) anos de cobrança do IPTU progressivosem que o proprietário tenha cumprido a obrigação de parcelamento, edificação ou utilização, o Município poderá proceder à desapropriação do imóvel, com pagamento em títulos da dívida pública, que terão prévia aprovação pelo Senado Federal e serão resgatados no prazo de até dez anos, em prestações anuais, iguais e sucessivas, assegurados o valor real da indenização e os juros legais de 6% ao ano.

9 **Usucapião especial coletiva:** as áreas urbanas com mais de 250 m2, ocupadas por população de baixa renda para sua moradia, por 05 (cinco) anos, ininterruptamente e sem oposição, onde não for possível identificar os terrenos ocupados por cada possuidor, são susceptíveis de ser usucapidas coletivamente, desde que os possuidores não sejam proprietários de outro imóvel urbano ou rural.

10 **Direito de superfície:** "É um instrumento que separa a propriedade do lote do direito de usá-lo. Estabelece que o direito de construir na superfície, espaço aéreo ou subsolo de um lote pode ser concedido, comprado ou vendido independentemente da propriedade do lote. Pode ser oneroso ou gratuito, temporário ou permanente" (Instituto Pólis).

11 **Direito de preempção:** é uma garantia de que o Município exerça a preferência na compra de determinado imóvel em uma eventual alienação. Em outras palavras, ao alienar um imóvel, o proprietário particular deverá oferecê-lo ao Poder Executivo Municipal, desde que o seu imóvel se encontre em área predefinida em lei municipal. O direito de preempção confere ao Poder Público municipal preferência para aquisição de imóvel urbano objeto de alienação onerosa entre particulares. Assim, lei municipal, baseada no plano diretor, delimitará as áreas em que incidirá o direito de preempção e fixará prazo de vigência, não superior a cinco anos, renovável a partir de um ano após o decurso do prazo inicial de vigência. O direito de preempção fica assegurado durante o prazo de vigência, independentemente do número de alienações referentes ao mesmo imóvel. O direito de preempção será exercido sempre que o Poder Público necessitar de áreas para: I – regularização fundiária; II – execução de programas e projetos habitacionais de interesse social; III – constituição de reserva fundiária; IV – ordenamento e direcionamento da expansão urbana; V – implantação de equipamentos urbanos e comunitários; VI – criação de espaços públicos de lazer e áreas verdes; VII – criação de unidades de conservação ou proteção de outras áreas de interesse ambiental; VIII – proteção de áreas de interesse histórico, cultural ou paisagístico.

12 Outorga onerosa do direito de construir: também conhecido como *solo criado*, é a possibilidade de o proprietário de imóvel urbano construir acima dos limites estabelecidos pela legislação urbanística.

13 Operação urbana consorciada: é o conjunto de intervenções e medidas coordenadas pelo Poder Público municipal, com a participação dos proprietários, moradores, usuários permanentes e investidores privados, com o objetivode alcançar em uma área transformações urbanísticas estruturais, melhorias sociais e a valorização ambiental.

14 Transferência do direito de construir: "Permite que o proprietário venda ou passe para outra propriedade dele, ou de outro proprietário, o direito de construção que não pode mais exercer no terreno original. Pode ser usada com o objetivo de preservar imóveis com valores históricos, paisagísticos ou áreas frágeis do ponto de vista ambiental" (Instituto Pólis). Nesse sentido, lei municipal, baseada no plano diretor, poderá autorizar o proprietário de imóvel urbano, privado ou público, a exercer em outro local, ou alienar, mediante escritura pública, o direito de construir previsto no plano diretor ou em legislação urbanística dele decorrente, quando o referido imóvel for considerado necessário para fins de: (I) implantação de equipamentos urbanos e comunitários; (II) preservação, quando o imóvel for considerado de interesse histórico, ambiental, paisagístico, social ou cultural; (III) servir a programas de regularização fundiária, urbanização de áreas ocupadas por população de baixa renda e habitação de interesse social.

15 Estudo de impacto de vizinhança (EIV): lei municipal definirá os empreendimentos e atividades privados ou públicos em área urbana que dependerão de elaboração de EIV para obter as licenças ou autorizações de construção, ampliação ou funcionamento a cargo do Poder Público municipal. O EIV será executado de forma a contemplar os efeitos positivos e negativos do empreendimento ou atividade quanto à qualidade de vida da população residente na área e suas proximidades. A elaboração do EIV não substitui a elaboração e a aprovação de estudo prévio de impacto ambiental (EIA), requeridas nos termos da legislação ambiental.

12. MATA ATLÂNTICA

1 A Mata Atlântica é uma das macrorregiões consideradas patrimônio nacional, consoante o art. 225, § 4º, da Constituição Federal.

2 A conservação, a proteção, a regeneração e a utilização do Bioma Mata Atlântica, patrimônio nacional, observarão o que estabelece a Lei 11.428/2006, bem como a legislação ambiental.

3 Objetivo geral e específicos da Lei da Mata Atlântica: o desenvolvimento sustentável e por objetivos específicos, a salvaguarda da biodiversidade, da saúde humana, dos valores paisagísticos, estéticos e turísticos, do regime hídrico e da estabilidade social.

4 Para os efeitos da Lei 11.428/2006, consideram-se integrantes do Bioma Mata Atlântica as seguintes formações florestais nativas e ecossistemas associados, com as respectivas delimitações estabelecidas em mapa do Instituto Brasileiro de Geografia e Estatística - IBGE, conforme regulamento: Floresta Ombrófila Densa; Floresta Ombrófila Mista, também denominada de Mata de Araucárias; Floresta Ombrófila Aberta; Floresta Estacional Semidecidual; e Floresta Estacional Decidual, bem como os manguezais, as vegetações de restingas, campos de altitude, brejos interioranos e encraves florestais do Nordeste.

5 **Regime jurídico do Bioma Mata Atlântica:** a definição do Bioma Mata Atlântica para fins de corte, supressão ou exploração assenta-se na divisão entre *vegetação primária e vegetação secundária.* Vegetação primária é aquela que não sofreu intervenção antrópica (intervenção humana). A vegetação secundária, por sua vez, é aquela que sofreu alguma espécie de intervenção humana (corte, supressão etc.). Na *vegetação secundária* analisa-se o seu estágio de regeneração. Classifica-se em: (a) vegetação secundária em estágio avançado de regeneração; (b) vegetação secundária em estágio médio de regeneração; (c) vegetação secundária em estágio inicial de regeneração.

6 **Proteção da vegetação primária:** o corte e a supressão *somente serão autorizados em caráter excepcional*, quando necessários às seguintes hipóteses: (a) realização de obras, projetos ou atividades de utilidade pública; (b) pesquisas científicas; (c) práticas preservacionistas.

7 **Proteção da vegetação secundária em estágio avançado de regeneração:** somente serão autorizados em caráter excepcional, quando necessários às seguintes hipóteses: (a) realização de obras, projetos ou atividades de utilidade pública; (b) pesquisas científicas; (c) práticas preservacionistas.

8 **Proteção da vegetação secundária em estágio médio de regeneração:** somente serão autorizados quandonecessários às seguintes hipóteses: (a) à execução de obras, atividades ou projetos de utilidade pública ou de interesse social; (b) pesquisas científicas; (c) práticas preservacionistas; (d) quando necessários ao pequeno produtor rural e populações tradicionais para o exercício de atividades ou usos agrícolas, pecuários ou silviculturais imprescindíveis à sua subsistência e de sua família, ressalvadas as áreas de preservação permanente e, quando for o caso, após averbação da reserva legal.

9 **Proteção da vegetação secundária em estágio inicial de regeneração:** o corte, a supressão e a exploração, nos Estados em que a vegetação primária e secundária remanescente do Bioma Mata Atlântica for inferior a 5% da área original, submeter-se-ão ao regime jurídico aplicável à vegetação secundária em estágio médio de regeneração, ressalvadas as áreas urbanas e regiões metropolitanas.

10 **Proteção da vegetação primária em área urbana:** vedados o corte e a supressão.

11 **Proteção da vegetação secundária em estágio avançado de regeneração em área urbana:** (a) nos perímetros urbanos aprovados até a data de início de vigência da Lei do Bioma Mata Atlântica (22.12.2006), dependerá de prévia autorização do órgão estadual competente e somente será admitida, para fins de loteamento ou edificação, no caso de empreendimentos que garantam a preservação de vegetação nativa em estágio avançado de regeneração em, no mínimo, 50% da área total coberta por essa vegetação; (b) nos perímetros urbanos aprovados após o início de vigência da Lei (22.12.2006), *é vedada a supressão de vegetação secundária em estágio avançado de regeneração do Bioma Mata Atlântica para fins de loteamento ou edificação.*

12 **Proteção da vegetação secundária em estágio médio de regeneração em área urbana:** (a) supressão antes da vigência da Lei: somente será admitida, para fins de loteamento ou edificação, no caso de empreendimentos que garantam a preservação de vegetação nativa em, no mínimo, 30% da área total coberta por essa vegetação; (b) supressão após a vigência da lei: fica condicionada à manutenção de vegetação em estágio médio de regeneração em, no mínimo, 50% da área total coberta por essa vegetação.

13. INDÍGENAS

13 Não obstante a proteção aos índios estar presente em vários dispositivos, a Constituição de 1988 conferiu um capítulo especial, composto pelos artigos

231 e 232. Essa proteção aos índios foi denominada pelo então Ministro Carlos Ayres Brito, do STF, como um capítulo avançado do constitucionalismo fraternal ou solidário.

14 Compete à União legislar privativamente sobre populações indígenas (art. 22, XIV, da CF/88). Além de legislar, cabe à União a proteção e a tutela dos índios. Para tanto, foi criado a Fundação Nacional do Índio (FUNAI), órgão oficial da política indigenista brasileira, ligado ao Ministério da Justiça.

15 A Constituição de 1988 reconheceu aos índios sua organização social, costumes, línguas, crenças e tradições, e os direitos originários sobre as terras que tradicionalmente ocupam, competindo à União demarcá-las, proteger e fazer respeitar todos os seus bens (art. 231, *caput*, CF/88).

16 A Constituição de 1988 delimita as terras tradicionalmente ocupadas pelos índios aquelas "por eles habitadas em caráter permanente, as utilizadas para suas atividades produtivas, as imprescindíveis à preservação dos recursos ambientais necessários a seu bem-estar e as necessárias a sua reprodução física e cultural, segundo seus usos, costumes e tradições (art. 231, § 1º)".

17 As terras tradicionalmente ocupadas pelos índios destinam-se a sua posse permanente, cabendo-lhes o usufruto exclusivo das riquezas do solo, dos rios e dos lagos nelas existentes (art. 231, § 2º). Ademais, são inalienáveis e indisponíveis, e os direitos sobre elas, imprescritíveis (art. 231, § 4º). Ressalta-se que essas terras são bens da União (art. 20, IX, CF/88) e são consideradas bens de uso especial.

18 Em regra, é vedada a remoção dos grupos indígenas de suas terras (art. 231, § 5º). Contudo, *ad referendum* do Congresso Nacional, será autorizada em caso de (i) catástrofe ou (ii) epidemia que ponha em risco sua população, ou (iii) no interesse da soberania do País, após deliberação do Congresso Nacional. Em qualquer dessas hipóteses, é garantido o retorno imediato dos grupos indígenas logo que cesse o risco que ensejou a remoção temporária.

19 Conforme o art. 231, § 3º, da CF/88, "O aproveitamento dos recursos hídricos, incluídos os potenciais energéticos, a pesquisa e a lavra das riquezas minerais em terras indígenas só podem ser efetivados com autorização do Congresso Nacional, ouvidas as comunidades afetadas, ficando-lhes assegurada participação nos resultados da lavra, na forma da lei".

20 Consoante o art. 232 da Constituição, "Os índios, suas comunidades e organizações são partes legítimas para ingressar em juízo em defesa de seus direitos e interesses, intervindo o Ministério Público em todos os atos do processo".

AMBIENTAL

14. SANEAMENTO BÁSICO

1 A Lei nº 11.445/2007 estabelece as diretrizes nacionais para o saneamento básico e para a política federal de saneamento básico.

2 Considera-se saneamento básico o conjunto de serviços, infraestruturas e instalações operacionais de: (a) Abastecimento de água potável; (b) Esgotamento sanitário; (c) Limpeza urbana e manejo de resíduos sólidos; (d)Drenagem e manejo das águas pluviais, limpeza e fiscalização preventiva das respectivas redes urbanas.

3 O abastecimento de água potável é constituído pelas atividades, infra-estruturas e instalações necessárias ao abastecimento público de água potável, desde a captação até as ligações prediais e respectivos instrumentos de medição.

4 O esgotamento sanitário é constituído pelas atividades, infra-estruturas e instalações operacionais de coleta, transporte, tratamento e disposição final adequados dos esgotos sanitários, desde as ligações prediais até o seu lançamento final no meio ambiente.

5 A limpeza urbana e manejo de resíduos sólidos é o conjunto de atividades, infra-estruturas e instalações operacionais de coleta, transporte, transbordo, tratamento e destino final do lixo doméstico e do lixo originário da varrição e limpeza de logradouros e vias públicas.

6 A drenagem e manejo das águas pluviais, limpeza e fiscalização preventiva das respectivas redes urbanas é o conjunto de atividades, infraestruturas e instalações operacionais de drenagem urbana de águas pluviais, de transporte, detenção ou retenção para o amortecimento de vazões de cheias, tratamento e disposição final das águas pluviais drenadas nas áreas urbanas.

7 **Não integram os serviços públicos de saneamento básico:** (a) os recursos hídricos (art. 4º); (b) a ação de saneamento executada por meio de soluções individuais, desde que o usuário não dependa de terceiros para operar os serviços (art. 5º); (c) as ações e serviços de saneamento básico de responsabilidade privada, incluindo o manejo de resíduos de responsabilidade do gerador (art. 5º).

8 No que tange à utilização de recursos hídricos na prestação de serviços públicos de saneamento básico, inclusive para disposição ou diluição de esgotos e outros resíduos líquidos, é sujeita a outorga de direito de uso, nos termos da Lei nº 9.433/1997, de seus regulamentos e das legislações estaduais.

9 Quanto ao lixo originário de atividades comerciais, industriais e de serviços cuja responsabilidade pelo manejo não seja atribuída ao gerador pode, por decisão do poder público, ser considerado resíduo sólido urbano.

15. TUTELA PROCESSUAL

1 Com a ocorrência do dano ambiental, será necessário a sua reparação. Para tanto, poderá ocorrer no âmbito extrajudicial, com a celebração de *termo de compromisso de ajustamento de conduta* com o Ministério Público. A reparação poderá ser ainda judicialmente, pela propositura da ação competente para a defesa do meio ambiente.

2 São ações especialmente relevantes para a proteção e defesa do meio ambiente: (a) **ação civil pública** (Lei 7.347/1985) e (b) a **ação popular** (art. 5º, LXXIII, CF e Lei 4.717/1965).

3 A ação civil pública poderá ter por objeto a condenação em dinheiro ou o cumprimento de obrigação de fazer ou não fazer.

4 Tem legitimidade para a proposição da ação civil pública: (a) Ministério Público; (b) Defensoria Pública; (c) União, os Estados, o Distrito Federal e os Municípios; (d) autarquia, empresa pública, fundação ou sociedade de economia mista; (e) ou por associações constituídas há pelo menos um ano, que tenham por objetivo a defesa do meio ambiente.

5 Possui legitimidade para a propositura de uma *ação popular* para a defesa do meio ambiente qualquer cidadão.

6 Também são cabíveis em matéria ambiental o **mandado de segurança** (art. 5º, LXIX e LXX, da CF e Lei 12.016/2009); o **mandado de injunção** (art. 5º, LXXI, da CF), as **ações de inconstitucionalidade** (arts. 102 e 103 da CF); e a **ação civil de responsabilidade por ato de improbidade administrativa** em matéria ambiental (art. 37, § 4º, da CF, Lei 8.429/1992 e art. 52 da Lei 10.257/2001).

AMBIENTAL

16. POLÍTICA NACIONAL DE RESÍDUOS SÓLIDOS

1 A Lei 12.305/2012 institui a **Política Nacional de Resíduos Sólidos**, dispondo sobre seus princípios, objetivos e instrumentos, bem como sobre as diretrizes relativas à gestão integrada e ao gerenciamento de resíduos sólidos, incluídos os perigosos, às responsabilidades dos geradores e do poder público e aos instrumentos econômicos aplicáveis.

2 O **objeto** da Política Nacional de Resíduos Sólidos (PNRS) ***é a gestão integrada* e o *gerenciamento* de resíduos sólidos.**

3 Entende-se por **resíduos sólidos** o "material, substância, objeto ou bem descartado resultante de atividades humanas em sociedade, a cuja destinação final se procede, se propõe proceder ou se está obrigado a proceder, nos estados sólido ou semissólido, bem como gases contidos em recipientes e líquidos cujas particularidades tornem inviável o seu lançamento na rede pública de esgotos ou em corpos d'água, ou exijam para isso soluções técnica ou economicamente inviáveis em face da melhor tecnologia disponível".

4 **Rejeitos,** por sua vez, são "resíduos sólidos que, depois de esgotadas todas as possibilidades de tratamento e recuperação por processos tecnológicos disponíveis e economicamente viáveis, não apresentem outra possibilidade que não a disposição final ambientalmente adequada".

DICA: As expressões *Resíduos Sólidos* e *Rejeitos* demandam atenção.

- **RESÍDUOS SÓLIDOS:** é um conceito mais amplo e incluiu os rejeitos.
- **REJEITOS:** resíduos sólidos que, depois de esgotadas todas as possibilidades de tratamento e recuperação, não apresentem outra possibilidade que não a *disposição final ambientalmente adequada*. Ou seja, são inviáveis o seu tratamento e recuperação.

PRINCÍPIOS DA POLÍTICA NACIONAL DE RESÍDUOS SÓLIDOS
• A prevenção e a precaução;
• O poluidor-pagador e o protetor-recebedor;
• A visão sistêmica, na gestão dos resíduos sólidos, que considere as variáveis ambiental, social, cultural, econômica, tecnológica e de saúde pública;
• O desenvolvimento sustentável;
• A ecoeficiência;
• A cooperação entre as diferentes esferas do poder público, o setor empresarial e demais segmentos da sociedade;
• A responsabilidade compartilhada pelo ciclo de vida dos produtos;
• O reconhecimento do resíduo sólido reutilizável e reciclável como um bem econômico e de valor social, gerador de trabalho e renda e promotor de cidadania;
• O respeito às diversidades locais e regionais;
• O direito da sociedade à informação e ao controle social;
• A razoabilidade e a proporcionalidade.

5 **Ordem de Prioridade na Gestão e Gerenciamento de Resíduos Sólidos:** na gestão e gerenciamento de resíduos sólidos, deve ser observada a seguinte

ordem de prioridade: não geração, redução, reutilização, reciclagem, tratamento dos resíduos sólidos e disposição final ambientalmente adequada dos rejeitos.

6 Considera-se **responsabilidade compartilhada pelo ciclo de vida dos produtos** o conjunto de atribuições individualizadas e encadeadas dos fabricantes, importadores, distribuidores e comerciantes, dos consumidores e dos titulares dos serviços públicos de limpeza urbana e de manejo dos resíduos sólidos, para minimizar o volume de resíduos sólidos e rejeitos gerados, bem como para reduzir os impactos causados à saúde humana e à qualidade ambiental decorrentes do ciclo de vida dos produtos, nos termos da Lei da PNRS.

7 Conforme o art. 30 da PNRS, "é instituída a responsabilidade compartilhada pelo ciclo de vida dos produtos, a ser implementada de forma individualizada e encadeada, abrangendo os fabricantes, importadores, distribuidores e comerciantes, os consumidores e os titulares dos serviços públicos de limpeza urbana e de manejo de resíduos sólidos, consoante as atribuições e procedimentos previstos nesta Seção".

8 Entende-se por **logística reversa** o "instrumento de desenvolvimento econômico e social caracterizado por um conjunto de ações, procedimentos e meios destinados a viabilizar a coleta e a restituição dos resíduos sólidos ao setor empresarial, para reaproveitamento, em seu ciclo ou em outros ciclos produtivos, ou outra destinação final ambientalmente adequada".

9 Após o uso pelo consumidor, o produto (resíduo sólido) deve retornar para o setor empresarial para o reaproveitamento ou outra destinação final ambientalmente adequada.

10 Segundo o art. 33, da PNRS, são **obrigados** a estruturar e implementar sistemas de logística reversa, mediante retorno dos produtos após o uso pelo consumidor, de forma independente do serviço público de limpeza urbana e de manejo dos resíduos sólidos, **os fabricantes, importadores, distribuidores e comerciantes** de:

11 Agrotóxicos, seus resíduos e embalagens, assim como outros produtos cuja embalagem, após o uso, constitua resíduo perigoso, observadas as regras de gerenciamento de resíduos perigosos previstas em lei ou regulamento, em normas estabelecidas pelos órgãos do Sisnama, do SNVS e do Suasa, ou em normas técnicas;

- pilhas e baterias;
- pneus;
- óleos lubrificantes, seus resíduos e embalagens;
- lâmpadas fluorescentes, de vapor de sódio e mercúrio e de luz mista;
- produtos eletroeletrônicos e seus componentes.

Produtos obrigados à logística reversa – art. 33 da PNRS
• Agrotóxicos, seus resíduos e embalagens, assim como outros produtos cuja embalagem, após o uso, constitua resíduo perigoso;
• Pilhas e baterias;
• Pneus;
• Óleos lubrificantes, seus resíduos e embalagens;
• Lâmpadas fluorescentes, de vapor de sódio e mercúrio e de luz mista;
• Produtos eletroeletrônicos e seus componentes.

12 Além da obrigatoriedade para os produtos elencados no art. 33, *caput*, da PNRS, como se viu, é possível ampliar a logística reserva para outros produtos, como por exemplo aqueles comercializados em embalagens plásticas, metálicas ou de vidro. Nesse sentido o § 1° do art. 33 da Lei da PNRS, *in verbis*: "na forma do disposto em regulamento ou em acordos setoriais e termos de compromisso firmados entre o poder público e o setor empresarial, os sistemas previstos no caput **serão estendidos a produtos comercializados em embalagens plásticas, metálicas ou de vidro, e aos demais produtos e embalagens**, considerando, prioritariamente, o grau e a extensão do impacto à saúde pública e ao meio ambiente dos resíduos gerados". Para tanto, a definição dos produtos e embalagens relacionados considerará a viabilidade técnica e econômica da logística reversa, bem como o grau e a extensão do impacto à saúde pública e ao meio ambiente dos resíduos gerados.

DIREITOS HUMANOS

♦ *Fabiano Melo Gonçalves de Oliveira*

Sumário:

INCIDÊNCIA DOS TEMAS NAS PROVAS
(atualizada até o XXIV Exame da OAB)

Direitos Humanos

Direitos Humanos		
Convenção Internacional sobre os Direitos das Crianças	1	2%
Protocolo de San Salvador	1	2%
Princípios	1	2%
Tribunal Penal Internacional	1	2%
Convenção Internacional sobre a Eliminação de Todas as Formas de Discriminação Racial	1	2%
Direitos do Idoso	2	3%
Convenção Internacional contra a Tortura	2	3%
Indígenas & a Convenção 169 da OIT	2	3%
Convenção Internacional Para a Proteção de Todas as Pessoas Contra o Desaparecimento Forçado	2	3%
Pactos da ONU de Direitos Civis e Políticos e, de Direitos Sociais, Econômicos e culturais	2	3%
Convenção Internacional sobre a Eliminação de Todas as Formas de Discriminação contra a Mulher	2	3%
O Brasil e a proteção aos Direitos Humanos	3	5%
Convenção Internacional sobre o Direito das Pessoas com Deficiência	3	5%
Proteção Internacional dos Direitos humanos	4	7%
Teoria Geral dos Direitos Humanos	4	7%
Constituição de 1988 e os Direitos Humanos	12	20%
Pacto de San José de Costa Rica	18	30%
Total	61	100%

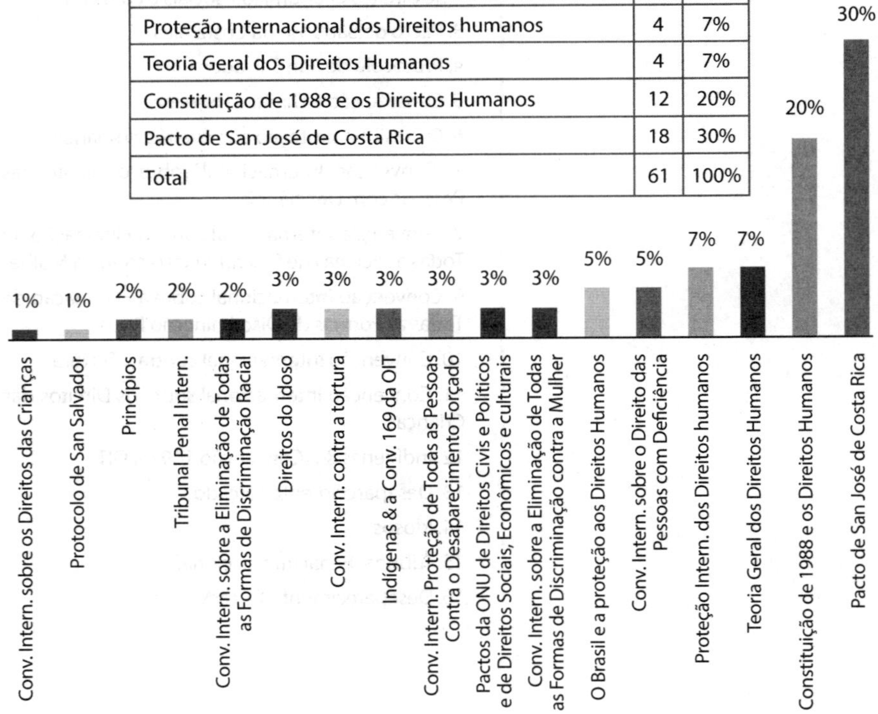

1. TEORIA GERAL E PROTEÇÃO INTERNACIONAL DOS DIREITOS HUMANOS

1 Pela expressão ***direitos humanos*** entende-se os direitos consignados nos documentos internacionais adotados na estrutura do sistema global de direitos humanos das Nações Unidas e nos sistemas regionais de direitos humanos (interamericano, europeu, africano). Trata-se de expressão afeta ao âmbito internacional e que relaciona os direitos suprapositivados ou supranacionais. Já a expressão *direitos fundamentais* são aqueles positivados e reconhecidos na ordem constitucional estatal, em um determinado tempo e espaço (MELO, 2016).

2 Consoante as Nações Unidas, *direitos humanos* são "garantias jurídicas universais que protegem indivíduos e grupos contra ações ou omissões dos governos que atentem contra a dignidade humana". Nas definições de direitos humanos, dois aspectos estão sempre presentes: (i) são direitos que se assentam na dignidade da pessoa humana, (ii) a sua afirmação histórica deu-se em face do poder estatal, não obstante se reconhecer atualmente a sua proteção em todas as esferas, pública ou privada (MELO, 2016).

3 O ***fundamento*** dos direitos humanos é a *dignidade da pessoa humana.*

4 **Principais características** dos Direitos Humanos: universalidade, indivisibilidade, historicidade, inalienabilidade e irrenunciabilidade.

Principais características dos Direitos Humanos	
Universalidade	A *universalidade* é o reconhecimento que a dignidade e a capacidade para o exercício de direitos são inerentes a todos que compõem a família humana, sem distinções que possam convergir em discriminações, limitações, reducionismos ou perseguições por elementos como sexo, raça, origem nacional, procedência ética, religiosa ou qualquer outra condição.
Indivisibilidade	A *indivisibilidade* pressupõe a compreensão integral dos direitos humanos, não podendo dissociar os direitos civis e políticos dos direitos econômicos, sociais e culturais.
Historicidade	A *historicidade* reconhece que os direitos humanos não nascem todos em um determinado momento, mas são fruto de um longo processo histórico de avanços e retrocessos em seu reconhecimento e proteção. Nas palavras de Norberto Bobbio, "os direitos do homem, por mais fundamentais que sejam, são direitos históricos, ou seja, nascidos em certas circunstâncias, caracterizadas por lutas em defesa de novas liberdades contra velhos poderes, e nascidos de modo gradual, não todos de uma vez e nem de uma vez por todas".

DIREITOS HUMANOS

Principais características dos Direitos Humanos	
Inalienabilidade	A *inalienabilidade* é a impossibilidade de transacionar ou comercializar direitos (humano, fundamental) a outrem, uma vez que não possuem conteúdo econômico.
Irrenunciabilidade	Direitos humanos são *irrenunciáveis*, não podendo ser abdicados, recusados ou rejeitados.

5 A Teoria das Gerações de Direitos Humanos é uma das principais classificações sobre os direitos humanos, que divide esses direitos em gerações:

a) ***Direitos humanos de primeira geração***: são os direitos de liberdade (direitos de defesa), consistente nos direitos civis e políticos.

b) ***Direitos humanos de segunda geração***: são os direitos de igualdade (direitos de prestação), compreendidos os direitos econômicos, sociais e culturais.

c) ***Direitos humanos de terceira geração:*** são os direitos da solidariedade, como o direito ao meio ambiente, direito à paz, à autodeterminação dos povos, ao desenvolvimento etc.

6 Diante das críticas à classificação de direitos em gerações, uma parcela considerável da doutrina optou pelo uso da expressão **"dimensões"** de direitos humanos. Ao se utilizar **"dimensão de direitos humanos"** evita-se a falsa impressão de substituição gradativa de uma geração de direitos por outra. Uma geração não substitui outra geração, ao reverso, são gerações complementares (MELO, 2016).

7 **Precedentes no processo de internacionalização dos direitos humanos:** apesar da internacionalização dos direitos humanos ter ocorrido após a Segunda Guerra Mundial, três são os precedentes que anteciparam a generalização desses direitos no contexto internacional:

(i) Direito Internacional Humanitário (século XIX);

(ii) Sociedade ou Liga das Nações (1919);

(iii) Organização Internacional do Trabalho (1919).

8 A ***Carta Internacional dos Direitos Humanos* ou *Internacional Bill of Rights*** é composta por três documentos:

(i) A Declaração Universal dos Direitos Humanos (1948);

(ii) O Pacto Internacional sobre Direitos Civis e Políticos (1966); e

(iii) O Pacto Internacional sobre Direitos Econômicos, Sociais e Culturais (1966).

9 A ***Declaração Universal dos Direitos do Homem*** foi aprovada pela Resolução 217-A (III), da Assembleia Geral das Nações Unidas, em 10 dezembro de 1948, em Paris, na França. Inobstante a aprovação unânime, com 48 votos favoráveis, a

Declaração Universal registrou 08 abstenções, notadamente dos países do antigo bloco comunista (União Soviética, Bielo-Rússia, Polônia, Checoslováquia, Iugoslávia e Ucrânia) e de países como a Arábia Saudita e a África do Sul. Outros 2 países estavam ausentes.

10 A *Declaração Universal dos Direitos Humanos*, composta por 30 (trinta) artigos, abrange em **seu conteúdo**: (i) os direitos civis e políticos (art. 3º ao art. 21); e (ii) os direitos econômicos, sociais e culturais (art. 22 ao art. 27), consagrando os elementos da universalidade, da indivisibilidade e da interdependência dos direitos humanos.

2. PACTOS INTERNACIONAIS: DE DIREITOS CIVIS E POLÍTICOS E DE DIREITOS ECONÔMICOS, SOCIAIS E CULTURAIS

1 O **Pacto internacional de Direitos Civis e Políticos** foi aprovado pela XXI Sessão da Assembleia Geral das Nações Unidas (ONU), em 16 de dezembro de 1966 e com vigência internacional em 1976. Como o próprio nome indica, o Pacto Internacional relaciona *os direitos civis e políticos endereçados aos indivíduos dos Estados-partes*. Isto é, os signatários devem consagrar, assegurar e proteger o exercício dos direitos civis e políticos daqueles que se encontrem em seu território e sob sua jurisdição.

2 O *Pacto Internacional sobre Direitos Civis e Políticos* possui dois protocolos: (i) **Primeiro Protocolo Facultativo**, que dispõe sobre comunicações (petições) Individuais; (ii) **Segundo Protocolo Facultativo**, que dispõe sobre a Abolição da Pena de Morte.

3 É possível, em situações excepcionais que ameacem a existência da nação e sejam proclamadas oficialmente, a ***suspensão dos direitos consignados no Pacto Internacional sobre Direitos Civis e Políticos***, desde que em consonância com as regras de Direito Internacional e não acarretem discriminação de nenhuma espécie. Contudo, alguns direitos não estão sujeitos à suspensão. Trata-se do *núcleo inderrogável de direitos* do Pacto Internacional. São direitos que em nenhuma hipótese ou circunstância podem ser suspensos pelo Estado-parte, pela essencialidade no contexto de proteção aos direitos civis e políticos. São eles: direito à vida; proibição de tortura, penas ou tratamento cruéis, desumanos ou degradantes; proibição de escravidão e servidão; que ninguém poderá ser preso apenas por não poder cumprir com uma obrigação contratual; que ninguém poderá ser condenado por atos omissões que não constituam delito de acordo com o direito nacional ou internacional, no momento em que foram cometidos e que tampouco poder-se-á impor pena mais grave do que a aplicável no momento da ocorrência do delito; reconhecimento de sua personalidade jurídica; o direito à liberdade de pensamento, de consciência e de religião.

4 O ***Comitê de Direitos Humanos*** *é o órgão criado pelo Pacto Internacional* para efetuar o monitoramento e fiscalização dos direitos nele consignados, com os seguintes sistemas de controle: (i) Relatórios Periódicos; (ii) Comunicações Interestatais; (iii) Comunicações (petições) Individuais. As *comunicações interestatais* estão dispostas em cláusula facultativa. Já o sistema de comunicações (petições) individuais consiste na possibilidade de particulares de um Estado-parte apresentar uma petição junto ao Comitê de Direitos Humanos para responsabilizar o seu Estado pelo descumprimento de direitos civis e políticos. Esse procedimento está regulamentado no Primeiro Protocolo Facultativo do Pacto Internacional sobre Direitos Civis e Políticos.

5 Já o *Segundo Protocolo Facultativo ao Pacto Internacional sobre Direitos Civis e Políticos* tem como objetivo a abolição da pena de morte e não admite reservas, exceto aquela formulada no momento da ratificação ou adesão que preveja a aplicação da pena de morte em tempo de guerra em virtude de condenação por infração penal de natureza militar de gravidade extrema cometida em tempo de guerra.

6 O ***Pacto Internacional de Direitos Econômicos, Sociais e Culturais*** foi adotado pela Resolução 2.200-A, na XXI Sessão da Assembleia Geral das Nações Unidas (ONU), em 19 de dezembro de 1966 e entrou em vigor internacional em 03 de janeiro de 1976. Esse Pacto Internacional é endereçado ao reconhecimento dos direitos econômicos, sociais e culturais pelos Estados. São direitos que demandam a ação estatal para a sua efetivação. Por isso, o Pacto Internacional prevê a ***cláusula de progressiva realização ou de progressividade***, isto é, trata-se do compromisso do Estado de realizar progressivamente, por esforço próprio ou por cooperação internacional, até o máximo de seus recursos disponíveis, a efetivação dos direitos econômicos, sociais e culturais.

7 O monitoramento e supervisão do Pacto Internacional ocorre por meio do sistema de relatórios periódicos. O *Pacto Internacional de Direitos Econômicos, Sociais e Culturais* possui um *Protocolo Adicional*, adotado pela Assembleia Geral das Nações Unidas a 10 de dezembro de 2008 através da Resolução A/RES/63/117 e entrou em vigor na ordem internacional em 5 de maio de 2013. O Brasil ainda não incorporou o Protocolo em seu ordenamento jurídico.

3. PACTO DE SÃO JOSÉ DA COSTA RICA

DICA: Esse é o tema mais cobrado no Exame da OAB, representando quase um terço das questões já exigidas!

1 A Convenção Americana sobre Direitos Humanos, também conhecida como ***Pacto de São José da Costa Rica***, foi aprovada em 22 de novembro de 1969 e entrou em vigor em 18 julho de 1978. O Pacto de São José insere-se no sistema interamericano de direitos humanos, sistema regional no âmbito da Organização dos Estados Americanos (OEA).

2 O *Pacto de São José da Costa Rica* tem como *objeto* a previsão e proteção aos ***direitos civis e políticos.*** Há uma única menção aos direitos econômicos, sociais e culturais no art. 26 do Pacto de São José da Costa Rica, sobre a progressividade desses direitos, mas de forma genérica. A previsão e disciplina desses direitos encontra-se *no Protocolo de San Salvador em Matéria de Direitos Econômicos, Sociais e Culturais*.

3 O *Pacto de São José da Costa Rica* possui ***dois protocolos adicionais***: (a) Protocolo Adicional à Convenção Americana sobre Direitos Humanos em Matéria de Direitos Econômicos, Sociais e Culturais (*Protocolo de San Salvador*); (b) Protocolo à Convenção Americana sobre Direitos Humanos referente à Abolição da Pena de Morte.

4 A Convenção Americana consagra os seguintes direitos de natureza *civil* e *política*:

- Direito à personalidade jurídica;
- Direito à vida;
- Direito à integridade pessoal, incluindo a proibição da tortura e das penas ou tratamentos cruéis, desumanos ou degradantes;
- Proibição da escravatura, da servidão e do trabalho forçado ou obrigatório;
- Direito à liberdade e à segurança pessoais, incluindo a proibição da prisão ou detenção arbitrárias;
- Garantias judiciais;
- Direito à indenização em caso de erro judiciário
- Direito à privacidade;
- Liberdade de consciência e de religião;
- Liberdade de pensamento e expressão;
- Direito de resposta em caso de difusão de informações inexatas ou ofensivas;
- Direito de reunião;
- Direito à liberdade de associação;
- Proteção da família;
- Direito a um nome;
- Direitos da criança;
- Direito à nacionalidade;
- Direito de propriedade;
- Liberdade de circulação e de residência;
- Direitos políticos e de participar na direção dos assuntos públicos;

- Direito à igualdade perante a lei;
- Direito à proteção judicial.

5 É ***possível a suspensão de garantias previstas no Pacto de São José da Costa Rica***, nas seguintes situações: "em caso de guerra, de perigo público, ou de outra emergência que ameace a independência ou segurança do Estado-parte, este poderá adotar as disposições que, na medida e pelo tempo estritamente limitados às exigências da situação, suspendam as obrigações contraídas em virtude desta Convenção, desde que tais disposições não sejam incompatíveis com as demais obrigações que lhe impõe o Direito Internacional e não encerrem discriminação alguma fundada em motivos de raça, cor, sexo, idioma, religião ou origem social" (art. 27, inciso 1). Todavia, há um *núcleo inderrogável de direitos*. Isto é, direitos que mesmo em caso de guerra, perigo público ou outra emergência não estão sujeitos a suspensão. Segundo o art. 27, inciso 2, do Pacto de São José, relaciona os artigos (e respectivos direitos) que *não estão sujeitos à suspensão*.

Direitos que não estão sujeitos à suspensão, conforme o Pacto de São José da Costa Rica	
Art. 3º	direito ao reconhecimento da personalidade jurídica;
Art. 4º	direito à vida;
Art. 5º	direito à integridade pessoal;
Art. 6º	proibição da escravidão e da servidão;
Art. 9º	princípio da legalidade e da retroatividade;
Art. 12	liberdade de consciência e religião;
Art. 17	proteção da família;
Art. 18	direito ao nome;
Art. 19	direitos da criança;
Art. 20	direito à nacionalidade;
Art. 23	direitos políticos; e
	Garantias indispensáveis para a proteção de tais direitos.

6 Para *a* ***proteção dos direitos*** consignados no Pacto de São José da Costa Rica e em seus protocolos, ***dois são os órgãos protetivos***: (i) Comissão Interamericana de Direitos Humanos; (ii) Corte Interamericana de Direitos Humanos.

7 A *Comissão Interamericana de Direitos Humanos* tem como **função principal** promover a observância e a defesa dos direitos humanos no hemisfério americano. Como órgão do sistema interamericano para conhecer de assuntos relacionados com o cumprimento dos compromissos assumidos pelos Estados-partes, a

Comissão Interamericana *recebe petições com denúncias ou queixas por possíveis violações de direitos humanos.*

8 A ***legitimidade* para apresentar uma petição** que contenha denúncias ou queixas de violação do Pacto de São José da Costa Rica por um Estado-parte é de qualquer pessoa ou grupo de pessoas, ou entidade não governamental legalmente reconhecida em um ou mais Estados-membros da OEA (art. 44, do Pacto de São José da Costa Rica).

Podem peticionar à Comissão Interamericana
Qualquer pessoa
Grupos de Pessoas
Entidade não-governamental legalmente reconhecida em um ou mais Estados-membros da OEA.

9 É imprescindível que esses legitimados observem os seguintes **requisitos para o encaminhamento de uma petição com denúncia ou queixas** de forma regular (art. 46, do Pacto de São José da Costa Rica):

10 Que hajam sido *interpostos e esgotados os recursos da jurisdição interna*, de acordo com os princípios de direito internacional geralmente reconhecidos;

11 Que seja apresentada dentro do *prazo de 06 meses*, a partir da data em que o presumido prejudicado em seus direitos tenha sido notificado da decisão definitiva;

12 Que a matéria da petição ou comunicação não esteja pendente de outro processo de solução internacional; e

13 Que a petição contenha o nome, a nacionalidade, a profissão, o domicílio e a assinatura da pessoa ou pessoas ou do representante legal da entidade que submeter a petição.

14 As disposições concernentes ao (i) esgotamento dos recursos da jurisdição interna e de que (ii) a petição seja apresentada dentro do prazo de 15 - meses, a partir da data em que o presumido prejudicado em seus direitos tenha sido notificado da decisão definitiva, *podem ser flexibilizadas*. Dessa forma, *não se faz obrigatório a observância desses requisitos* nas seguintes hipóteses:

15 Não existir, na legislação interna do Estado de que se tratar, o devido processo legal para a proteção do direito ou direitos que se alegue tenham sido violados;

16 Não se houver permitido ao presumido prejudicado em seus direitos o acesso aos recursos da jurisdição interna, ou houver sido ele impedido de esgotá-los; e

17 Houver demora injustificada na decisão sobre os mencionados recursos.

Requisitos para petições com denúncias ou queixas à Comissão Interamericana de Direitos Humanos
- Esgotamento da jurisdição interna; - Prazo de 06 meses da notificação da decisão definitiva; - Ausência de litispendência internacional; - Cumprimento dos requisitos formais (nome, a nacionalidade, a profissão, o domicílio e a assinatura da pessoa ou pessoas ou do representante legal da entidade).

Situações que ensejam a flexibilização do esgotamento da jurisdição interna e do prazo de 06 meses
- Não existir, na legislação interna do Estado de que se tratar, o devido processo legal para a proteção do direito ou direitos que se alegue tenham sido violados; - Não se houver permitido ao presumido prejudicado em seus direitos o acesso aos recursos da jurisdição interna, ou houver sido ele impedido de esgotá-los; e - Houver demora injustificada na decisão sobre os mencionados recursos.

18 A **Corte Interamericana de Direitos Humanos** é o *órgão jurisdicional autônomo* do sistema interamericano de direitos humanos. Possui *função contenciosa e consultiva.*

19 A ***função contenciosa*** é somente para os Estados que reconhecem a jurisdição da Corte Interamericana, como do Brasil, que promulgou a Declaração de Reconhecimento da Competência Obrigatória da Corte Interamericana de Direitos Humanos, *sob reserva de reciprocidade e para fatos posteriores a 10 de dezembro de 1998*, mediante o Decreto 4.463, de 08 de novembro de 2002.

20 A Corte Interamericana julga casos que envolvem a violação de direitos humanos pelos Estados-partes e profere a sua sentença de responsabilização internacional. *A **Corte Interamericana não julga pessoas, somente os Estados-membros que reconhecem a sua competência.***

21 Já a ***função consultiva*** é uma atribuição que pode ser suscitada por todos os Estados-membros da OEA, para que a Corte Interamericana emita uma opinião consultiva sobre a interpretação de dispositivos do Pacto de São José da Costa Rica.

22 No que se refere ao acesso à Corte Interamericana, a **legitimidade para acessar e submeter um caso** à decisão da Corte Interamericana de Direitos Humanos está restrita aos *Estados-partes* e à *Comissão Interamericana de Direitos Humanos* (art. 61, inciso 1, do Pacto de São José da Costa Rica).

23 *Não se reconhece a possibilidade de indivíduos postularem* diretamente junto à Corte Interamericana de Direitos Humanos, ou seja, o *jus standi* (o acesso direto aos tribunais internacionais). Se o caso se encontre em análise na Corte Interamericana de Direitos Humanos, é possível o *locus standi*, que consiste na participação autonomamente nos procedimentos do caso em tramitação (diretamente pela vítima ou por seus representantes legais). Essa hipótese não é prevista na Convenção Americana, mas no Regulamento da Corte Interamericana de Direitos Humanos (MELO, 2016).

24 A ***sentença* da Corte Interamericana** deve ser *fundamentada* e é *definitiva e inapelável*.

25 A Corte Interamericana de Direitos Humanos, **quando decidir que houve violação de um direito ou liberdade protegidos** no Pacto de São José da Costa Rica, em sua *sentença*:

26 Determinará que se assegure ao prejudicado o gozo do seu direito ou liberdade violados;

27 Poderá determinar, igualmente, se procedente, que sejam reparadas as consequências da medida ou situação que haja configurado a violação desses direitos;

28 Poderá determinar, se procedente, o pagamento de indenização justa à parte lesada.

29 Por fim, ***em caso de divergência sobre o sentido ou alcance da sentença***, a Corte interpretá-la-á, a pedido de qualquer das partes, desde que o pedido seja apresentado dentro de noventa dias a partir da data da notificação da sentença.

Sentenças de condenação do Brasil por violações de direitos humanos pela Corte Interamericana de Direitos Humanos
O Brasil foi condenado por violações de direitos humanos pela Corte Interamericana de Direitos Humanos nos seguintes casos: 1. **Caso Ximenes Lopes vs. Brasil**, sentença de 4 de julho de 2006; 2. **Caso Escher e outros vs. Brasil**, sentença de 6 de julho de 2009; 3. **Caso Garibaldi vs. Brasil**, sentença de 23 de setembro de 2009; e 4. **Caso Gomes Lund e outros (Guerrilha do Araguaia) vs. Brasil**, sentença de 24 de novembro de 2010. 5. **Caso Fazenda Brasil Verde vs. Brasil**, sentença de 20 de outubro de 2016. 6. **Caso Favela Nova Brasília vs. Brasil,** sentença de 16 de fevereiro de 2017.

DIREITOS HUMANOS

30 No âmbito do Sistema Interamericano de direitos humanos existem as chamadas ***medidas provisórias***, que "são uma espécie de tutela preventiva, de urgência, outorgadas pela Corte Interamericana de Direitos Humanos em casos submetidos ou não à sua análise" (MELO, 2016). Nos termos do art. 63, inciso 2 do Pacto de São José da Costa Rica, "em casos de extrema gravidade e urgência, e quando se fizer necessário evitar danos irreparáveis às pessoas, a Corte, nos assuntos de que estiver conhecendo, poderá tomar as medidas provisórias que considerar pertinentes. Se se tratar de assuntos que ainda não estiverem submetidos ao seu conhecimento, poderá atuar a pedido da Comissão". Para a concessão de medida provisória é necessária a observância dos seguintes requisitos: (i) extrema gravidade; (ii) urgência; e (iii) para evitar danos irreparáveis às pessoas.

31 As *medidas provisórias* **são suscitadas** pela própria Corte Interamericana, de ofício; ou pela Comissão Interamericana de Direitos Humanos.Se o *caso está em análise na Corte Interamericana*, ela própria determinará as medidas provisórias pertinentes, de ofício, em qualquer fase do processo. Por seu turno, *se o caso ainda não está em análise na Corte Interamericana*, poderá a Comissão Interamericana suscitar a medida provisória.

32 Além das hipóteses elencadas Pacto de São José da Costa Rica, o Regulamento da Corte Interamericana de Direitos Humanos dispõe acerca de *uma outra possibilidade de suscitar uma medida provisória*: "nos casos contenciosos que se encontrem em conhecimento da Corte, as vítimas ou as supostas vítimas, ou seus representantes, poderão apresentar diretamente àquela uma petição de medidas provisórias, as quais deverão ter relação com o objeto do caso" (art. 27, inciso 3). Em síntese, "se o caso está em análise na Corte, ela poderá decretar as medidas provisórias *ex officio* ou a pedido das vítimas, ou de seus representantes. Se não estiver em análise, poderão ser decretadas medidas provisórias a partir de solicitação da Comissão Interamericana de Direitos Humanos" (MELO, 2016).

Medidas provisórias (MELO, 2016).

Quem emite:	Corte Interamericana de Direitos Humanos
Quem requer:	- **Se o caso está em análise na Corte:** a própria, de ofício, em qualquer fase do processo ou as vítimas ou as supostas vítimas, ou seus representantes. - **Se o caso ainda não está em análise na Corte Interamericana**: a Comissão Interamericana de Direitos Humanos.
Requisitos para a concessão:	- Extrema gravidade; - Urgência; e - Para evitar danos irreparáveis às pessoas.

4. PROTOCOLO DE SAN SALVADOR

1 Um dos complementos do Pacto de São José da Costa Rica é o ***Protocolo de San Salvador***, aprovado em 1988 e com vigência internacional em 1999, e possui como conteúdo os ***direitos econômicos, sociais e culturais***.

2 Aplica-se ao *Protocolo de San Salvador**a cláusula de progressiva realização dos direitos dos direitos econômicos, sociais e culturais***, pelo qual os Estados-partes "comprometem-se a adotar as medidas necessárias, tanto de ordem interna como por meio da cooperação entre os Estados, especialmente econômica e técnica, até o máximo dos recursos disponíveis e levando em conta seu grau de desenvolvimento, a fim de conseguir, progressivamente e de acordo com a legislação interna, a plena efetividade dos direitos reconhecidos neste Protocolo".

3 No âmbito do sistema interamericano de direitos humanos, o *Protocolo de San Salvador* é o primeiro instrumento a consagrar, de forma vinculante, o direito ao meio ambiente sadio.

4 O Protocolo de San Salvador prevê a possibilidade de **petições individuais** pela violação dos direitos sindicais (art. 8, alínea "a") e dos direitos à educação (art. 13), quando perpetrados por ação imputável diretamente a um Estado-parte signatário do Protocolo de San Salvador. A violação desses direitos enseja a possibilidade da suposta vítima apresentar uma petição individual perante a Comissão Interamericana de Direitos Humanos.

5. CONSTITUIÇÃO E DIREITOS HUMANOS

1 A proteção aos direitos humanos está presente em importantes dispositivos da Constituição Federal de 1988, sendo que um dos ***fundamentos*** da República Federativa do Brasil é justamente a *dignidade da pessoa humana*.

2 ***Prevalência dos direitos humanos nas relações internacionais:*** consoante o art. 4º da Constituição de 1988, entre os princípios que norteiam a ação da República Federativa do Brasil em suas *relações internacionais*, entre eles está a *prevalência dos direitos humanos*.

3 Um dos principais instrumentos de proteção aos direitos humanos é o ***Incidente de Deslocamento de Competência (IDC),*** conhecido como *federalização dos crimes de direitos humanos*, introduzido através da Emenda Constitucional 45/2004. Trata-se de um instrumento político-jurídico para assegurar o cumprimento das obrigações internacionais que o Estado brasileiro assume na proteção e garantia dos direitos humanos.

4 O *IDC* encontra-se previsto no art. 109, § 5º, da Constituição de 1988, *in verbis:* "Nas hipóteses de grave violação de direitos humanos, o Procurador-Geral da República, com a finalidade de assegurar o cumprimento de obrigações decorrentes de tratados internacionais de direitos humanos dos quais o Brasil seja parte, poderá suscitar, perante o Superior Tribunal de Justiça, em qualquer fase do inquérito ou processo, incidente de deslocamento de competência para a Justiça Federal".

5 Até o início do ano de 2017, o STJ analisou a proposição de cinco IDC`s:(i) IDC 01, versou sobre o assassinato da freira católica norte-americana Dorothy Stang; (ii) IDC 02, analisou o instituto em face do assassinato do advogado e vereador Manoel Bezerra de Mattos Neto; (iii) IDC 03, relacionado às práticas de violência policial e atuação de grupos de extermínio no Estado de Goiás desde o ano de 2000; (iv) IDC 04, suscitado por terceiro em face de ato do Tribunal de Contas do Estado de Pernambuco, sendo negado sua apreciação por não ter sido proposto pelo Procurador-Geral da República; (v) IDC 05, acerca do assassinato do promotor de justiça Tiago Faria Soares. Somente os IDC`s 02 e 05 foram procedentes e o IDC 03 parcialmente procedente.

6 Outro tema fundamental é a ***Hierarquia dos Tratados e Convenções Internacionais de Direitos Humanos.*** São quatro as principais correntes para definir a hierarquia dos tratados de direitos humanos: (a) *supraconstitucional:* que defende que os tratados de direitos humanos estão em posição acima da Constituição; (b) *constitucional:* pela qual os tratados de direitos humanos são equivalente às normas constitucionais; (c) *supralegal:* em que os tratados de direitos humanos estão acima da lei mas abaixo da Constituição; (d) *legal:* os tratados de direitos humanos são equivalentes às leis ordinárias federais (MELO, 2016).Exceto pela tese supraconstitucional, que o Brasil nunca adotou, as demais se inserem na evolução jurisprudencial do *status* dos tratados de direitos humanos. Antes do advento da EC 45, de 2004, o entendimento do STF, expresso no RE 80.004, do ano de 1977, era que os tratados internacionais, incluindo os de direitos humanos, tinham equivalência à lei ordinária federal.

7 Com a adesão do Brasil ao Pacto de São José da Costa Rica, em 1992, novas discussões foram suscitadas sobre o *status* dos tratados de direitos humanos. Isso porque a Constituição Brasileira estabelece a possibilidade da prisão do depositário infiel (art. 5º, LXVII, da CF/1988), ao passo que o Pacto de São José da Costa Rica restringe a prisão civil somente para o descumprimento das obrigações alimentares (art. 7, inciso 7, do Pacto de São José da Costa Rica). A questão da prisão do depositário infiel suscitou intensos debates doutrinários e jurisprudenciais.

8 **Com a promulgação da EC nº 45/2004 foi introduzido o § 3º no art. 5º da Constituição de 1988**, a saber: "Os tratados e convenções internacionais sobre direitos humanos que forem aprovados, em cada Casa do Congresso Nacional, em

dois turnos, por três quintos dos votos dos respectivos membros, serão equivalentes às emendas constitucionais".

9 Ao se reconhecer que os tratados aprovados na sistemática do § 3º do art. 5º são equivalentes às ***emendas constitucionais*** (possuem *status* constitucional), surgiu a necessidade de se perquirir sobre o *status* dos tratados de direitos humanos aprovados antes e mesmo aqueles que forem aprovados após a promulgação da EC nº 45/2004 sem a observância desse rito especial. Essa discussão foi objeto do RE 466.343/SP, de 2008, em uma decisão que teve como objeto a possibilidade de prisão do depositário infiel, em que o STF conferiu uma nova interpretação e adotou a *teoria do duplo status* dos tratados e convenções internacionais de direitos humanos, a saber: (a) *status* constitucional; (b) *status* supralegal.

10 *O* ***status constitucional*** é aplicável aos tratados de direitos humanos que se submetem ao rito do § 3º do art. 5º, da CF/1988. Já o ***status supralegal*** significa que os tratados de direitos humanos aprovados antes da EC 45 e mesmos os posteriores que não observarem o rito do § 3º do art. 5º da CF/1988, estão abaixo da Constituição, porém acima da legislação interna.

Tratado aprovado com o quórum de emenda constitucional	*Status* constitucional	Art. 5º, § 3º, CF/88
Tratados e convenções anteriores à EC nº 45/04	*Status* supralegal	*RE 349.703-RS* / STF
Tratados comuns, de outras temáticas	Lei ordinária	RE 80.004 / STF

11 Quanto ao depositário infiel, o STF editou a **Súmula Vinculante nº 25**, *in verbis*: "É ilícita a prisão civil de depositário infiel, qualquer que seja a modalidade de depósito".

12 Por fim, a questão dos quilombos. Segundo a CF, "aos remanescentes das comunidades dos quilombos que estejam ocupando suas terras é reconhecida a propriedade definitiva, devendo o Estado emitir-lhes os títulos respectivos".

6. O BRASIL E A PROTEÇÃO AOS DIREITOS HUMANOS

Comissão Nacional da Verdade

1 A Lei 12.528/2011 criou a **Comissão Nacional da Verdade**, com a finalidade de examinar e esclarecer as graves violações de direitos humanos praticadas no período fixado no art. 8º do Ato das Disposições Constitucionais Transitórias

DIREITOS HUMANOS

(período de 18 de setembro de 1946 até a data da promulgação da Constituição – 05 de outubro de 1988), a fim de efetivar o direito à memória e à verdade histórica e promover a reconciliação nacional. A Comissão Nacional da Verdade teve prazo até 16 de dezembro de 2014, para a conclusão dos trabalhos e apresentou, ao final, relatório circunstanciado contendo as atividades realizadas, os fatos examinados, as conclusões e as recomendações.

Conselho Nacional dos Direitos Humanos

2 A Lei 12.986/2014 transformou o antigo Conselho de Defesa dos Direitos da Pessoa Humana em **Conselho Nacional dos Direitos Humanos (CNDH)**, com finalidade, composição, competência, prerrogativas e estrutura organizacional definidas por essa lei.

3 O **CNDH** tem por finalidade a promoção e a defesa dos direitos humanos, mediante ações preventivas, protetivas, reparadoras e sancionadoras das condutas e situações de ameaça ou violação desses direitos.

4 Constituem direitos humanos sob a proteção do **CNDH** os direitos e garantias fundamentais, individuais, coletivos ou sociais previstos na Constituição Federal ou nos tratados e atos internacionais celebrados pela República Federativa do Brasil. A defesa dos direitos humanos pelo **CNDH** independe de provocação das pessoas ou das coletividades ofendidas.

Programa Nacional de Direitos Humanos

5 Outro aspecto da atuação do Brasil na proteção dos direitos humanos foi a edição de programas nacionais. O governo federal lançou em 1996 o Programa Nacional de Direitos Humanos (PNDH) e em 2002 o Programa Nacional de Direitos Humanos 2 (PNDH - 2). Por fim, por meio do Decreto nº 7.037 de 21 de dezembro de 2009 e alterado pelo decreto nº 7.177 de 12 de maio de 2010, o Programa Nacional de Direitos Humanos 3 (PNDH - 3).

7. CONVENÇÃO INTERNACIONAL SOBRE O DIREITO DAS PESSOAS COM DEFICIÊNCIA

1 A ***Convenção sobre os Direitos das Pessoas com Deficiência e seu Protocolo Facultativo*** foram aprovados em Nova York em 2007 no âmbito do sistema global de direitos humanos (ONU). A incorporação no ordenamento jurídico brasileiro deu-se em consonância com o procedimento do § 3º do art. 5º, da Constituição de 1988, isto é, **com *status* de emenda constitucional**.

2 *A Convenção sobre os Direitos das Pessoas com Deficiência tem como* ***propósito***: "promover, proteger e assegurar o exercício pleno e equitativo de todos os direitos humanos e liberdades fundamentais por todas as pessoas com deficiência e promover o respeito pela sua dignidade inerente".

3 Para a *Convenção Internacional*, considera-se ***pessoas com deficiência***: "aquelas que têm impedimentos de longo prazo de natureza física, mental, intelectual ou sensorial, os quais, em interação com diversas barreiras, podem obstruir sua participação plena e efetiva na sociedade em igualdades de condições com as demais pessoas".

4 Entende-se como ***discriminação por motivo de deficiência***: "qualquer diferenciação, exclusão ou restrição baseada em deficiência, com o propósito ou efeito de impedir ou impossibilitar o reconhecimento, o desfrute ou o exercício, em igualdade de oportunidades com as demais pessoas, de todos os direitos humanos e liberdades fundamentais nos âmbitos político, econômico, social, cultural, civil ou qualquer outro. Abrange todas as formas de discriminação, inclusive a recusa de adaptação razoável". A *recusa de adaptação razoável*, por sua vez, "significa as modificações e os ajustes necessários e adequados que não acarretem ônus desproporcional ou indevido, quando requeridos em cada caso, a fim de assegurar que as pessoas com deficiência possam gozar ou exercer, em igualdade de oportunidades com as demais pessoas, todos os direitos humanos e liberdades fundamentais".

5 Um conceito fundamental para a Convenção Internacional é o de ***desenho universal***, que "significa a concepção de produtos, ambientes, programas e serviços a serem usados, na maior medida possível, por todas as pessoas, sem necessidade de adaptação ou projeto específico. O desenho universal não excluirá as ajudas técnicas para grupos específicos de pessoas com deficiência, quando necessárias".

6 O conceito de ***acessibilidade***: "A fim de possibilitar às pessoas com deficiência viver de forma independente e participar plenamente de todos os aspectos da vida, os Estados-partes tomarão as medidas apropriadas para assegurar às pessoas com deficiência o acesso, em igualdade de oportunidades com as demais pessoas, ao meio físico, ao transporte, à informação e comunicação, inclusive aos sistemas e tecnologias da informação e comunicação, bem como a outros serviços e instalações abertos ao público ou de uso público, tanto na zona urbana como na rural. Para tanto, serão adotadas as medidas necessárias para a identificação e a eliminação de obstáculos e barreiras à acessibilidade e serão aplicadas, entre outros, nos seguintes aspectos: (a) Edifícios, rodovias, meios de transporte e outras instalações internas e externas, inclusive escolas, residências, instalações médicas e local de trabalho; (b) Informações, comunicações e outros serviços, inclusive serviços eletrônicos e serviços de emergência".

8. CONVENÇÃO INTERNACIONAL SOBRE A ELIMINAÇÃO DE TODAS AS FORMAS DE DISCRIMINAÇÃO CONTRA A MULHER

1 ***A Convenção sobre a Eliminação de Todas as Formas de Discriminação contra a Mulher*** *foi* aprovada pela Resolução 34/180 da Assembleia Geral das Nações Unidas (ONU), em 18 de dezembro de 1979.

2 Para a *Convenção Internacional*, considera-se ***discriminação contra a mulher*** "toda a distinção, exclusão ou restrição baseada no sexo e que tenha por objeto ou resultado prejudicar ou anular o reconhecimento, gozo ou exercício pela mulher, independentemente de seu estado civil, com base na igualdade do homem e da mulher, dos direitos humanos e liberdades fundamentais nos campos político, econômico, social, cultural e civil ou em qualquer outro campo".

3 Para assegurar a igualdade de gênero, a *Convenção Internacional* prevê a adoção de ***medidas afirmativas*** nos seguintes termos: "a adoção pelos Estados-partes de medidas especiais de caráter temporário destinadas a acelerar a igualdade de fato entre o homem e a mulher não se considerará discriminação na forma definida nesta Convenção, mas de nenhuma maneira implicará, como consequência, a manutenção de normas desiguais ou separadas; essas medidas cessarão quando os objetivos de igualdade de oportunidade e tratamento houverem sido alcançados".

4 A *Convenção Internacional* proíbe o tráfico de mulheres e a prostituição, a saber: "os Estados-partes tomarão as medidas apropriadas, inclusive de caráter legislativo, para suprimir todas as formas de tráfico de mulheres e exploração de prostituição da mulher".

9. CONVENÇÃO INTERNACIONAL SOBRE A ELIMINAÇÃO DE TODAS AS FORMAS DE DISCRIMINAÇÃO RACIAL

1 A ***Convenção Internacional sobre a Eliminação de Todas as Formas de Discriminação Racial*** *foi* aprovada na cidade de Nova York em 21 de dezembro de 1965, pela Assembleia Geral das Nações Unidas (ONU).

2 **Conceito de discriminação racial.** Para a *Convenção Internacional*, "a expressão discriminação racial significará qualquer distinção, exclusão, restrição ou preferência baseada em raça, cor, descendência ou origem nacional ou étnica que tem por objetivo ou efeito anular ou restringir o reconhecimento, gozo ou exercício num mesmo plano (em igualdade de condição) de direitos humanos e liberdades fundamentais no domínio político econômico, social, cultural ou em qualquer outro domínio de sua vida".

3 Um dos *objetivos* da *Convenção Internacional* é a adoção de ***ações afirmativas***, a saber: "não serão consideradas discriminações racial as medidas especiais tomadas com o único objetivo de assegurar progresso adequado de certos grupos raciais ou étnicos ou indivíduos que necessitem da proteção que possa ser necessária para proporcionar a tais grupos ou indivíduos igual gozo ou exercício de direitos humanos e liberdades fundamentais, contanto que tais medidas não conduzam, em consequência, à manutenção de direitos separados para diferentes grupos raciais e não prossigam após terem sidos alcançados os seus objetivos".

4 A *Convenção Internacional* pretende **combater as práticas de *segregação racial* e do *apartheid***, as quais os Estados-partes comprometem-se a proibir e a eliminar nos territórios sob sua jurisdição. Ademais, a *proibição de propagandas de superioridade racial,* ao impor aos signatários o dever de proibir que instituições, grupos ou indivíduos divulguem e propaguem ideias racistas, como a de superioridade racial.

10. CONVENÇÃO INTERNACIONAL CONTRA A TORTURA

1 A ***Convenção Contra a Tortura e Outros Tratamentos ou Penas Cruéis, Desumanos ou Degradantes*** foi adotada pela Assembleia Geral das Nações Unidas (ONU) em 10 de dezembro de 1984.

2 **Conceito de tortura**. Para a *Convenção Internacional*, "o termo *tortura* designa qualquer ato pelo qual dores ou sofrimentos agudos, físicos ou mentais, são infligidos intencionalmente a uma pessoa a fim de obter, dela ou de uma terceira pessoa, informações ou confissões; de castigá-la por ato que ela ou uma terceira pessoa tenha cometido ou seja suspeita de ter cometido; de intimidar ou coagir esta pessoa ou outras pessoas; ou por qualquer motivo baseado em discriminação de qualquer natureza; quando tais dores ou sofrimentos são infligidos por um funcionário público ou outra pessoa no exercício de funções públicas, ou por sua instigação, ou com o seu consentimento ou aquiescência".

3 Enquanto para a Convenção Internacional a tortura é crime próprio, a legislação brasileira consigna a tortura como crime comum (Lei 9.455/1997).

4 É necessário relacionar que **não é possível derrogar a proibição da tortura**. Conforme a *Convenção Internacional*, "em nenhum caso poderão invocar-se circunstâncias excepcionais, como ameaça ou estado de guerra, instabilidade política interna ou qualquer outra emergência pública, como justificação para a tortura".

5 Aspecto de relevância na *Convenção contra a Tortura* é a ***vedação do uso da prova obtida mediante tortura***, nos seguintes termos: "nenhuma declaração que se demonstre ter sido prestada como resultado de tortura possa ser invocada como prova em qualquer processo, salvo contra uma pessoa acusada de tortura como prova de que a declaração foi prestada".

6 A *Convenção contra a Tortura* relaciona que cada Estado-parte deve adotar medidas eficazes de caráter legislativo, administrativo, judicial ou de outra natureza, a fim de impedir a prática de atos de tortura em qualquer território sob sua jurisdição. Cabe ao Estado-parte assegurar sejam considerados crimes segundo a sua legislação penal: (i)a prática da tortura; (ii)a tentativa de tortura; (iii) todo ato de qualquer pessoa que constitua cumplicidade ou participação na tortura.

7 *Protocolo Facultativo à Convenção contra a Tortura e Outros Tratamentos ou Penas Cruéis, Desumanos ou Degradantes:* adotado em Nova York em 18 de dezembro de 2002. O Brasil o promulgou mediante o Decreto 6.085/2002. Em 02 de agosto de 2013 o Brasil aprovou a Lei 12.847, que institui o Sistema Nacional de Prevenção e Combate à Tortura e criou (i) o Comitê Nacional de Prevenção e Combate à Tortura e (ii) o Mecanismo Nacional de Prevenção e Combate à Tortura.

11. CONVENÇÃO INTERNACIONAL SOBRE OS DIREITOS DAS CRIANÇAS

1 ***Convenção Internacional sobre os Direitos das Crianças*** foi aprovada pela Nações Unidas (ONU) em 1989.Paraa *Convenção Internacional*, "considera-se *criança* todo ser humano com menos de 18 anos de idade, a não ser que, em conformidade com a lei aplicável à criança, a maioridade seja alcançada antes". É dizer, criança é aquele que possui até 18 anos, sem prejuízo de leis com redução da maioridade nos países signatários da *Convenção Internacional*.

2 No Brasil, consoante o Estatuto da Criança e do Adolescente (Lei 8.069/1990), a infância é dividida em dois períodos: (i) infância, até 12 anos incompletos; (ii) adolescência, de 12 anos a 18 anos incompletos.

3 Um dos objetivos da *Convenção Internacional* é a não discriminação e, para tanto, cabe aos Estados-partes o respeito aos direitos enunciados na *Convenção Internacional da Criança* e assegurar "a sua aplicação a cada criança sujeita à sua jurisdição, sem distinção alguma, independentemente de raça, cor, sexo, idioma, crença, opinião política ou de outra índole, origem nacional, étnica ou social, posição econômica, deficiências físicas, nascimento ou qualquer outra condição da criança, de seus pais ou de seus representantes legais".

4 Destaca-se ainda, no âmbito da *Convenção Internacional, o Protocolo Facultativo à Convenção sobre os Direitos da Criança referente à venda de crianças, à prostituição infantil e à pornografia infantil.* Seus propósitos são a proibição da venda de crianças; a proibição da prostituição infantil; a proibição da pornografia infantil.

12. INDÍGENAS & A CONVENÇÃO 169 DA OIT

1 Dois documentos internacionais são importantes para a proteção dos índios: (i) da Declaração das Nações Unidas sobre os Direitos dos Povos Indígenas; (ii) Convenção 169 da OIT.

2 A Declaração das Nações Unidas sobre os Direitos dos Povos Indígenas foi aprovada pela Assembléia Geral da ONU em 07 de setembro de 2007. Não possui força jurídica vinculante.

3 A Convenção 169 foi adotada em Genebra, Suíça, em 27 de junho de 1989, na 76ª Conferência Internacional do Trabalho da (OIT) e dispõe sobre as Populações Indígenas e Tribais, sendo que a promulgação no Brasil ocorreu com a edição do Decreto nº 5.051, de 19 de abril de 2004.

4 A Convenção 169 da OIT aplica-se aos povos tribais e indígenas, nesses termos: (a) Aos povos tribais em países independentes, cujas condições sociais, culturais e econômicas os distingam de outros setores da coletividade nacional, e que estejam regidos, total ou parcialmente, por seus próprios costumes ou tradições ou por legislação especial; (b) Aos povos em países independentes, considerados indígenas pelo fato de descenderem de populações que habitavam o país ou uma região geográfica pertencente ao país na época da conquista ou da colonização ou do estabelecimento das atuais fronteiras estatais e que, seja qual for sua situação jurídica, conservam todas as suas próprias instituições sociais, econômicas, culturais e políticas, ou parte delas.

5 O termo "povos" na Convenção 169 "não deverá ser interpretada no sentido de ter implicação alguma no que se refere aos direitos que possam ser conferidos a esse termo no direito internacional".

6 A Convenção 169 prevê que os povos indígenas e tribais devem gozar plenamente dos direitos humanos e liberdades fundamentais, sem obstáculos nem discriminação, inclusive entre homens e mulheres desses povos. Para tanto, "não deverá ser empregada nenhuma forma de força ou de coerção que viole os direitos humanos e as liberdades fundamentais dos povos interessados, inclusive os direitos contidos na presente Convenção".

7 A Constituição de 1988 conferiu um capítulo especial para a proteção aos índios, composto pelos artigos 231 e 232. Essa proteção foi denominada pelo então Ministro Carlos Ayres Brito, do STF, como um capítulo avançado do constitucionalismo fraternal ou solidário.

8 Compete à União legislar privativamente sobre populações indígenas (art. 22, XIV, da CF/88). Além de legislar, cabe à União a proteção e a tutela dos índios. Para tanto, foi criado a Fundação Nacional do Índio (FUNAI), órgão oficial da política indigenista brasileira, ligado ao Ministério da Justiça.

9 A Constituição de 1988 reconheceu aos índios sua organização social, costumes, línguas, crenças e tradições, e os direitos originários sobre as terras que tradicionalmente ocupam, competindo à União demarcá-las, proteger e fazer respeitar todos os seus bens (art. 231, *caput*, CF/88).

10 A Constituição de 1988 delimita as terras tradicionalmente ocupadas pelos índios aquelas "por eles habitadas em caráter permanente, as utilizadas para suas atividades produtivas, as imprescindíveis à preservação dos recursos ambientais necessários a seu bem-estar e as necessárias a sua reprodução física e cultural, segundo seus usos, costumes e tradições (art. 231, § 1º)".

11 As terras tradicionalmente ocupadas pelos índios destinam-se a sua posse permanente, cabendo-lhes o usufruto exclusivo das riquezas do solo, dos rios e dos lagos nelas existentes (art. 231, § 2º). Ademais, são inalienáveis e indisponíveis, e os direitos sobre elas, imprescritíveis (art. 231, § 4º). Ressalta-se que essas terras são bens da União (art. 20, IX, CF/88) e são consideradas bens de uso especial.

12 Em regra, é vedada a remoção dos grupos indígenas de suas terras (art. 231, § 5º). Contudo, "*ad referendum*" do Congresso Nacional, será autorizada em caso de (i) catástrofe ou (ii) epidemia que ponha em risco sua população, ou (iii) no interesse da soberania do País, após deliberação do Congresso Nacional. Em qualquer dessas hipóteses, é garantido o retorno imediato dos grupos indígenas logo que cesse o risco que ensejou a remoção temporária.

13 Conforme o art. 231, § 3º, da CF/88, "O aproveitamento dos recursos hídricos, incluídos os potenciais energéticos, a pesquisa e a lavra das riquezas minerais em terras indígenas só podem ser efetivados com autorização do Congresso Nacional, ouvidas as comunidades afetadas, ficando-lhes assegurada participação nos resultados da lavra, na forma da lei".

14 Consoante o art. 232 da Constituição, "Os índios, suas comunidades e organizações são partes legítimas para ingressar em juízo em defesa de seus direitos e interesses, intervindo o Ministério Público em todos os atos do processo".

13. DESAPARECIMENTO FORÇADO

1 A Convenção Internacional para a Proteção de Todas as Pessoas contra o Desaparecimento Forçado foi editada pela ONU e promulgada pelo Brasil através do Decreto nº 8.767, de 11 de maio de 2016. Para os efeitos desta Convenção, entende-se por "**desaparecimento forçado**" a prisão, a detenção, o seqüestro ou qualquer outra forma de privação de liberdade que seja perpetrada por agentes do Estado ou por pessoas ou grupos de pessoas agindo com a autorização, apoio ou aquiescência do Estado, e a subseqüente recusa em admitir a privação de liberdade ou a ocultação do destino ou do paradeiro da pessoa desaparecida, privando-a assim da proteção da lei.

2 Nenhuma pessoa será submetida a desaparecimento forçado. No mesmo sentido, nenhuma circunstância excepcional, seja estado de guerra ou ameaça de guerra, instabilidade política interna ou qualquer outra emergência pública, poderá ser invocada como justificativa para o desaparecimento forçado.

3 Cada Estado Parte adotará as medidas apropriadas para investigar os atos definidos por "desparecimento forçado", cometidos por pessoas ou grupos de pessoas que atuem sem a autorização, o apoio ou a aquiescência do Estado, e levar os responsáveis à justiça.

4 Cada Estado Parte tomará as medidas necessárias para assegurar que o desaparecimento forçado constitua crime em conformidade com o seu direito penal.

5 A prática generalizada ou sistemática de desaparecimento forçado constitui crime contra a humanidade, tal como define o direito internacional aplicável, e estará sujeito às conseqüências previstas no direito internacional aplicável. Dessa forma, cada Estado Parte tomará as medidas necessárias para responsabilizar penalmente, ao menos: (a) Toda pessoa que cometa, ordene, solicite ou induza a prática de um desaparecimento forçado, tente praticá-lo, seja cúmplice ou partícipe do ato; (b) O superior que: (i) Tiver conhecimento de que os subordinados sob sua autoridade e controle efetivos estavam cometendo ou se preparavam para cometer um crime de desaparecimento forçado, ou que tiver conscientemente omitido informação que o indicasse claramente; (ii) Tiver exercido sua responsabilidade e controle efetivos sobre as atividades relacionadas com o crime de desaparecimento forçado; e (iii) Tiver deixado de tomar todas as medidas necessárias e razoáveis a seu alcance para prevenir ou reprimir a prática de um desaparecimento forçado, ou de levar o assunto ao conhecimento das autoridades competentes para fins de investigação e julgamento. (c) O inciso *"b"* acima não deve ser entendido de maneira a prejudicar normas superiores de responsabilidade aplicáveis em conformidade com o direito internacional a um comandante militar ou a pessoa que efetivamente atue como um comandante militar.

6 Nenhuma ordem ou instrução de uma autoridade pública, seja ela civil, militar ou de outra natureza, poderá ser invocada para justificar um crime de desaparecimento forçado.

7 Nenhum Estado Parte expulsará, devolverá, entregará ou extraditará uma pessoa a outro Estado onde haja razões fundadas para crer que a pessoa correria o risco de ser vítima de desaparecimento forçado. Para fins de determinar se essas razões existem, as autoridades competentes levarão em conta todas as considerações pertinentes, inclusive, se couber, a existência no Estado em questão de um padrão de violações sistemáticas, graves, flagrantes e maciças dos direitos humanos ou graves violações do direito internacional humanitário.

14. IDOSOS

1 O Estatuto do Idoso (Lei 10.741/2003) destina-se a regular os direitos assegurados às pessoas com *idade igual ou superior a 60 (sessenta) anos.*

2 O idoso goza de todos os direitos fundamentais inerentes à pessoa humana, sem prejuízo da proteção integral de que trata o Estatuto, assegurando-se-lhe, por lei ou por outros meios, todas as oportunidades e facilidades, para preservação de sua saúde física e mental e seu aperfeiçoamento moral, intelectual, espiritual e social, em condições de liberdade e dignidade.

3 É obrigação da família, da comunidade, da sociedade e do Poder Público assegurar ao idoso, com absoluta prioridade, a efetivação do direito à vida, à saúde, à alimentação, à educação, à cultura, ao esporte, ao lazer, ao trabalho, à cidadania, à liberdade, à dignidade, ao respeito e à convivência familiar e comunitária.

4 A *garantia de prioridade* para os idosos compreende: (i) atendimento preferencial imediato e individualizado junto aos órgãos públicos e privados prestadores de serviços à população; (ii) preferência na formulação e na execução de políticas sociais públicas específicas; (iii) destinação privilegiada de recursos públicos nas áreas relacionadas com a proteção ao idoso; (iv) viabilização de formas alternativas de participação, ocupação e convívio do idoso com as demais gerações; (v) priorização do atendimento do idoso por sua própria família, em detrimento do atendimento asilar, exceto dos que não a possuam ou careçam de condições de manutenção da própria sobrevivência; (vi) capacitação e reciclagem dos recursos humanos nas áreas de geriatria e gerontologia e na prestação de serviços aos idosos; (vii) estabelecimento de mecanismos que favoreçam a divulgação de informações de caráter educativo sobre os aspectos biopsicossociais de envelhecimento; (viii) garantia de acesso à rede de serviços de saúde e de assistência social locais; (xi)prioridade no recebimento da restituição do Imposto de Renda.

5 Nenhum idoso será objeto de qualquer tipo de negligência, discriminação, violência, crueldade ou opressão, e todo atentado aos seus direitos, por ação ou omissão, será punido na forma da lei. Portanto, é dever de todos prevenir a ameaça ou violação aos direitos do idoso. Além disso, todo cidadão tem o dever de comunicar à autoridade competente qualquer forma de violação do Estatuto que tenha testemunhado ou de que tenha conhecimento.

15. TRIBUNAL PENAL INTERNACIONAL

1 O Tribunal Penal Internacional (TPI) é uma instituição permanente, com jurisdição sobre as pessoas responsáveis pelos crimes de maior gravidade com alcance internacional, com sede em Haia, Países Baixos. Suas disposições são regidas pelo Estatuto de Roma, que o Brasil promulgou por meio do Decreto 4.388/2002.

2 O Tribunal terá personalidade jurídica internacional. Possui, igualmente, a capacidade jurídica necessária ao desempenho das suas funções e à prossecução dos seus objetivos.

3 O TPI não se vincula à Organização das Nações Unidas ou ao seu Conselho de Segurança, o que há entre eles é cooperação.

4 *Princípio da complementariedade:* o TPI será complementar às jurisdições penais nacionais.

5 A competência do Tribunal restringir-se-á aos crimes mais graves, que afetam a comunidade internacional no seu conjunto e terá competência para julgar os seguintes crimes: (a) O crime de genocídio; (b) Crimes contra a humanidade; (c) Crimes de guerra; (d) O crime de agressão.

6 No que tange à competência *ratione temporis,* a jurisdição do TPI incide apenas em relação aos fatos praticados após a vigência do Estatuto de Roma (art. 11). Obs.: os Estados que ratificarem o tratado após a entrada em vigor do Estatuto (1º/7/2002), somente estarão submetidos à jurisdição do TPI após a data da assinatura, salvo declaração expressa em contrário.

16. DESAPARECIMENTO FORÇADO

1 Duas são as convenções internacionais sobre o Desaparecimento Forçado: (i) Convenção Internacional para a Proteção de Todas as Pessoas contra o Desaparecimento Forçado; (ii) Convenção Interamericana sobre o Desaparecimento Forçado de Pessoas.

2 A Convenção Internacional para a Proteção de Todas as Pessoas contra o Desaparecimento Forçado, das Nações Unidas, foi promulgada pelo Decreto 8.767/2016.

3 Para a Convenção Internacional, nenhuma pessoa será submetida a desaparecimento forçado. Para os efeitos desta Convenção, entende-se por "desaparecimento forçado" a prisão, a detenção, o seqüestro ou qualquer outra forma de privação de liberdade que seja perpetrada por agentes do Estado ou por pessoas ou grupos de pessoas agindo com a autorização, apoio ou aquiescência do Estado, e a subseqüente recusa em admitir a privação de liberdade ou a ocultação do destino ou do paradeiro da pessoa desaparecida, privando-a assim da proteção da lei.

4 Nenhuma circunstância excepcional, seja estado de guerra ou ameaça de guerra, instabilidade política interna ou qualquer outra emergência pública, poderá ser invocada como justificativa para o desaparecimento forçado.

5 Cada Estado Parte adotará as medidas apropriadas para investigar os atos definidos como desaparecimento forçado, cometidos por pessoas ou grupos de pessoas que atuem sem a autorização, o apoio ou a aquiescência do Estado, e levar os responsáveis à justiça.

6 Cada Estado Parte tomará as medidas necessárias para assegurar que o desaparecimento forçado constitua crime em conformidade com o seu direito penal.

7 A prática generalizada ou sistemática de desaparecimento forçado constitui crime contra a humanidade, tal como define o direito internacional aplicável, e estará sujeito às conseqüências previstas no direito internacional aplicável.

8 A Convenção Interamericana sobre o Desaparecimento Forçado de Pessoas foi promulgada 8.766/2016.

9 Para os efeitos desta Convenção, entende-se por desaparecimento forçado a privação de liberdade de uma pessoa ou mais pessoas (seja de que forma for), praticada por agentes do Estado ou por pessoas ou grupos de pessoas que atuem com autorização, apoio ou consentimento do Estado, seguida de falta de informação ou da recusa a reconhecer a privação de liberdade ou a informar sobre o paradeiro da pessoa, impedindo assim o exercício dos recursos legais e das garantias processuais pertinentes.

10 Os Estados Partes nesta Convenção comprometem-se a (a) não praticar, nem permitir, nem tolerar o desaparecimento forçado de pessoas, nem mesmo em estado de emergência, exceção ou suspensão de garantias individuais; (b) punir, no âmbito de sua jurisdição, os autores, cúmplices e encobridores do delito do desaparecimento forçado de pessoas, bem como da tentativa de prática do mesmo; (c) cooperar entre si a fim de contribuir para a prevenção, punição e erradicação do desaparecimento forçado de pessoas; e (d) tomar as medidas de caráter legislativo, administrativo, judicial ou de qualquer outra natureza que sejam necessárias para cumprir os compromissos assumidos nesta Convenção.

11 Os Estados Partes comprometem-se a adotar, de acordo com seus procedimentos constitucionais, as medidas legislativas que forem necessárias para tipificar como delito o desaparecimento forçado de pessoas e a impor-lhe a pena apropriada que leve em conta sua extrema gravidade. Esse delito será considerado continuado ou permanente, enquanto não se estabelecer o destino ou paradeiro da vítima.

12 Os Estados Partes poderão estabelecer circunstâncias atenuantes para aqueles que tiverem participado de atos que constituam desaparecimento forçado, quando contribuam para o aparecimento com vida da vítima ou forneçam informações que permitam esclarecer o desaparecimento forçado de uma pessoa.

DIREITO DO CONSUMIDOR

♦ *Fabrício Bolzan*

Sumário

INCIDÊNCIA DOS TEMAS NAS PROVAS
(atualizada até o XXIV Exame da OAB)

Direito do Consumidor

Infrações Penais	1	2%
Desconsideração da Personalidade Jurídica	1	2%
Contrato de Adesão	1	2%
Cobrança Indevida e Cadastros Consumidores	2	4%
Ações Coletivas	2	4%
Decadência e Prescrição	2	4%
Direito de Arrependimento	2	4%
Cláusulas Abusivas	2	4%
Oferta e Publicidade	3	6%
Elementos da Relação de Consumo	3	6%
Direitos Básicos do Consumidor	3	6%
Proteção Contratual	4	9%
Princípios do CDC	4	9%
Práticas Abusivas e Orçamento	5	11%
Responsabilidade pelo Vício do Produto e do Serviço	6	13%
Responsabilidade pelo Fato do Produto e do Serviço	6	13%
Total	47	100%

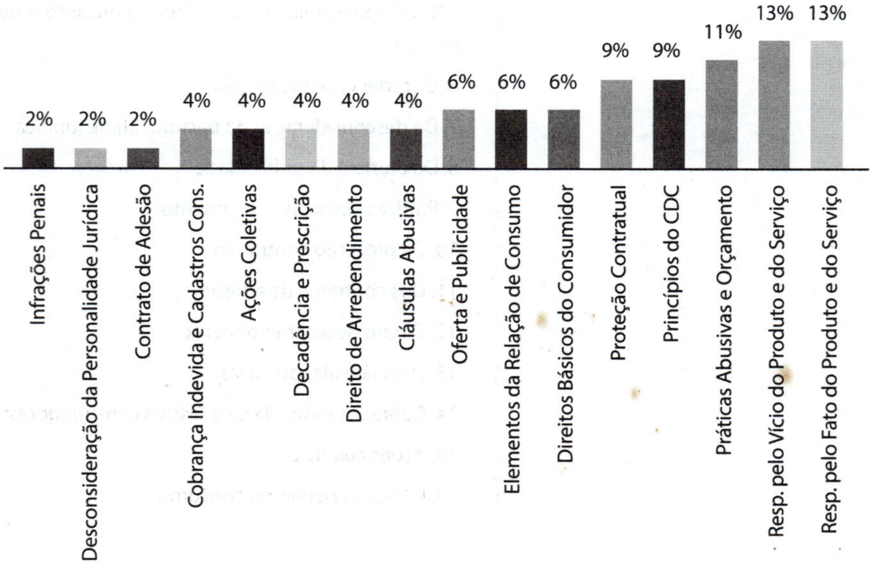

1. ELEMENTOS DA RELAÇÃO DE CONSUMO

1 **Consumidor** é toda pessoa física ou jurídica que adquire ou utiliza produto ou serviço como destinatário final. Esta é a definição de consumidor em sentido estrito, ou seja, daquele que, por exemplo, vai até uma loja e compra uma televisão.

2 Por outro lado, o CDC trouxe três espécies de **consumidor por equiparação**: (i) a coletividade de pessoas, ainda que indetermináveis, que haja intervindo nas relações de consumo; (ii) as vítimas do evento danoso; (iii) todas as pessoas determináveis ou não, expostas às práticas comerciais e contratuais abusivas.

3 **Fornecedor** é toda pessoa física ou jurídica, pública ou privada, nacional ou estrangeira, bem como os entes despersonalizados, que desenvolvem atividade de produção, montagem, criação, construção, transformação, importação, exportação, distribuição ou comercialização de produtos ou prestação de serviços.

4 Apresentados os elementos subjetivos das relações de consumo (consumidor e fornecedor), cabe analisarmos brevemente os elementos objetivos da citada relação, quais sejam: (i) produto; e (ii) serviço.

5 **Produto** é qualquer bem, móvel ou imóvel, material ou imaterial. **Serviço** é qualquer atividade fornecida no mercado de consumo, mediante remuneração, inclusive as de natureza bancária, financeira, de crédito e securitária, salvo as decorrentes das relações de caráter trabalhista. Nota-se que o serviço exclusivamente gratuito, aquele despido de qualquer tipo de remuneração direta ou indireta, não será considerado objeto da relação jurídica de consumo.

6 **Súmulas do Superior Tribunal de Justiça afetas ao tema:**

- Súmula 297: "O Código de Defesa do Consumidor é aplicável às instituições financeiras".
- Súmula 563: "O Código de Defesa do Consumidor é aplicável às entidades abertas de previdência complementar, não incidindo nos contratos previdenciários celebrados com entidades fechadas".
- Súmula 566: "Nos contratos bancários posteriores ao início da vigência da Resolução-CMN n. 3.518/2007, em 30/4/2008, pode ser cobrada a tarifa de cadastro no início do relacionamento entre o consumidor e a instituição financeira."
- Súmula 565: A pactuação das tarifas de abertura de crédito (TAC) e de emissão de carnê (TEC), ou outra denominação para o mesmo fato gerador, é válida apenas nos contratos bancários anteriores ao início da vigência da Resolução-CMN n. 3.518/2007, em 30/4/2008.

2. PRINCÍPIOS DAS RELAÇÕES DE CONSUMO

1 A Política Nacional das Relações de Consumo tem por objetivo o atendimento das necessidades dos consumidores, o respeito à sua dignidade, saúde e segurança, a proteção de seus interesses econômicos, a melhoria da sua qualidade de vida, bem como a transparência e harmonia das relações de consumo.

2 O Código de Defesa do Consumidor estabelece uma série de princípios com o objetivo de conferir direitos à parte mais fraca (o consumidor) e de impor deveres à parte mais forte (o fornecedor). O assunto é tão relevante que uma das características do CDC é que este é uma lei principiológica. As outras duas características do Código do Consumidor são:

I. Diploma Multidisciplinar (por tratar em seu conteúdo de várias disciplinas como Direito Civil, Processo Civil, Direito Penal...);
II. Norma de Ordem Pública e de Interesse Social.

3 Sobre os **Princípios** do CDC, destacamos:

(i) **Princípio da Vulnerabilidade** - Por esse princípio, há o reconhecimento da vulnerabilidade do consumidor no mercado de consumo, ou seja, trata-se da parte mais fraca se comparada com o fornecedor. A vulnerabilidade pode ser:

1. técnica;
2. econômica;
3. jurídica; ou,
4. informacional.

(ii) **Princípio da Intervenção Estatal** - A ação governamental no sentido de proteger efetivamente o consumidor dar-se-á:

1. por iniciativa direta;
2. por incentivos à criação e desenvolvimento de associações representativas;
3. pela presença do Estado no mercado de consumo;
4. pela garantia dos produtos e serviços com padrões adequados de qualidade, segurança, durabilidade e desempenho.

(iii) **Princípio da Boa-fé Objetiva** - A harmonização dos interesses dos participantes das relações de consumo e compatibilização da proteção do consumidor com a necessidade de desenvolvimento econômico e tecnológico, de modo a viabilizar os princípios nos quais se funda a ordem econômica, sempre com base na boa-fé e equilíbrio nas relações entre consumidores e fornecedores. A boa-fé nas relações de consumo é a objetiva em que serão analisadas as regras de conduta como o dever de proteção e de informação para com o consumidor.

(iv) Princípio da Responsabilidade Solidária - Tendo a ofensa mais de um autor, todos responderão solidariamente pela reparação dos danos previstos nas normas de consumo. Esse princípio é fundamental para que o consumidor não fique procurando contra quem entrar com a ação judicial. Todos os fornecedores responderão em igualdade de condições podendo o vulnerável acionar qualquer um deles. Ademais, cumpre ressaltar que o fornecedor do produto ou serviço é solidariamente responsável pelos atos de seus prepostos ou representantes autônomos.

(v) Princípio da Informação - A educação e a informação de fornecedores e consumidores quanto aos seus direitos e deveres, com vistas à melhoria do mercado de consumo, bem caracteriza o aludido princípio.

(vi) Princípio da Segurança - O CDC disciplina o incentivo à criação pelos fornecedores de meios eficientes de controle de qualidade e segurança de produtos e serviços, assim como de mecanismos alternativos de solução de conflitos de consumo. São vários os dispositivos no Código de Defesa do Consumidor sobre o assunto. Dentre os quais, destacamos:

- Art. 8º Os produtos e serviços colocados no mercado de consumo não acarretarão riscos à saúde ou segurança dos consumidores, exceto os considerados normais e previsíveis em decorrência de sua natureza e fruição, obrigando-se os fornecedores, em qualquer hipótese, a dar as informações necessárias e adequadas a seu respeito.
- Art. 8º, § 1º Em se tratando de produto industrial, ao fabricante cabe prestar as informações a que se refere este artigo, através de impressos apropriados que devam acompanhar o produto.
- Art. 8º, § 2º O fornecedor deverá higienizar os equipamentos e utensílios utilizados no fornecimento de produtos ou serviços, ou colocados à disposição do consumidor, e informar, de maneira ostensiva e adequada, quando for o caso, sobre o risco de contaminação.
- Art. 9º O fornecedor de produtos e serviços potencialmente nocivos ou perigosos à saúde ou segurança deverá informar, de maneira ostensiva e adequada, a respeito da sua nocividade ou periculosidade, sem prejuízo da adoção de outras medidas cabíveis em cada caso concreto.
- Art. 10º O fornecedor não poderá colocar no mercado de consumo produto ou serviço que sabe ou deveria saber apresentar alto grau de nocividade ou periculosidade à saúde ou segurança.
- Art. 10º, § 1º O fornecedor de produtos e serviços que, posteriormente à sua introdução no mercado de consumo, tiver conhecimento

da periculosidade que apresentem, deverá comunicar o fato imediatamente às autoridades competentes e aos consumidores, mediante anúncios publicitários.

- Art. 10º, § 2° Os anúncios publicitários a que se refere o parágrafo anterior serão veiculados na imprensa, rádio e televisão, às expensas do fornecedor do produto ou serviço.
- Art. 10º, § 3° Sempre que tiverem conhecimento de periculosidade de produtos ou serviços à saúde ou segurança dos consumidores, a União, os Estados, o Distrito Federal e os Municípios deverão informá-los a respeito.

(vii) **Princípio da Vedação ao Abuso** - Estabelece o CDC a "coibição e repressão eficientes de todos os abusos praticados no mercado de consumo, inclusive a concorrência desleal e utilização indevida de inventos e criações industriais das marcas e nomes comerciais e signos distintivos, que possam causar prejuízos aos consumidores".

(viii) **Princípio da Melhoria dos Serviços Públicos** - O Código do Consumidor determina a racionalização e melhoria dos Serviços Públicos.

3. DOS DIREITOS BÁSICOS DO CONSUMIDOR

1 Na mesma linha de ser o CDC uma lei principiológica, foram definidos importantes **direitos básicos** do consumidor evitando que este ocupe posição de desigualdade com o fornecedor.

(i) **Direito à vida, saúde e segurança** - A proteção da vida, saúde e segurança contra os riscos provocados por práticas no fornecimento de produtos e serviços considerados perigosos ou nocivos, representam direitos básicos do consumidor.

(ii) **Direito à informação** - O consumidor tem direito a saber a informação adequada e clara sobre os diferentes produtos e serviços, com especificação correta de quantidade, características, composição, qualidade, tributos incidentes e preço, bem como sobre os riscos que apresentem. A informação deve ser acessível à pessoa com deficiência. Exemplo bastante comum de informação acessível aos portadores de necessidades especiais é aquela presente nos caixas eletrônicos, como o teclado em braile para os deficientes visuais e as informações em áudio para os deficientes auditivos.

(iii) **Direito à inversão do ônus da prova** - A inversão do ônus da prova poderá ser deferida pelo juiz, a seu critério, desde que presente um de dois requisitos: I - verossimilhança das alegações do consumidor (plausibilidade de verdade nas suas palavras); ou, II - quando for ele hipossuficiente, segundo as regras ordinárias de experiências. Cuidado se o assunto envolver publicidade, pois neste caso o ônus da prova da veracidade e correção da informação ou comunicação publicitária cabe a quem as patrocina.

(iv) **Direito à Liberdade de Escolha** - O CDC determina a educação e divulgação sobre o consumo adequado dos produtos e serviços, asseguradas a liberdade de escolha e a igualdade nas contratações.

(v) **Direito à não Abusividade** - O Código do Consumidor estabelece a proteção contra a publicidade enganosa e abusiva, métodos comerciais coercitivos ou desleais, bem como contra práticas e cláusulas abusivas ou impostas no fornecimento de produtos e serviços.

(vi) **Direito à Modificação e Revisão do Contrato** - É direito do consumidor a modificação das cláusulas contratuais que estabeleçam prestações desproporcionais ou sua revisão em razão de fatos supervenientes que as tornem excessivamente onerosas.

(vii) **Direito à reparação de danos** - Segundo o CDC, a efetiva prevenção e reparação de danos patrimoniais e morais, individuais, coletivos e difusos constitui direito básico do consumidor.

(viii) **Direito à Justiça** - É direito do consumidor o acesso aos órgãos judiciários e administrativos com vistas à prevenção ou reparação de danos patrimoniais e morais, individuais, coletivos ou difusos, assegurada a proteção jurídica, administrativa e técnica aos necessitados.

4. DA RESPONSABILIDADE PELO FATO DO PRODUTO E DO SERVIÇO

1 A **responsabilidade do fornecedor** nas relações de consumo é, em regra, **objetiva**. Isto representa dizer que para o consumidor receber indenização basta comprovar a conduta do fornecedor e que esta lhe causou um dano. Percebam que na responsabilidade objetiva não há necessidade de se comprovar a existência do elemento subjetivo dolo (intenção de causar o dano) ou culpa (dano oriundo da negligência, imprudência ou imperícia).

2 **Fato do produto ou do serviço representa acidente de consumo** em razão de produto ou de serviço defeituoso. Segundo o CDC, considera-se produto ou serviço defeituoso aquele que não oferece a segurança que dele legitimamente se espera. Portanto, defeito está relacionado com a ausência de segurança (definição diferente de vício, conforme analisaremos a seguir).

3 Nenhum produto ou serviço será considerado defeituoso pelo fato de outro de melhor qualidade ter sido colocado no mercado.

CONSUMIDOR

4 No tocante à responsabilidade pelo fato do produto, o fabricante, o construtor, o produtor ou importador só não será responsabilizado quando provar **(causas excludentes de responsabilidade)**:

I. que não colocou o produto no mercado (exemplo: produto furtado);

II. que, embora haja colocado o produto no mercado, o defeito inexiste (fornecedor prova por meio de perícia, por exemplo);

III. a culpa exclusiva do consumidor ou de terceiro (exemplo do consumidor que não leu adequadamente as instruções no manual).

5 O **comerciante** também responderá de forma objetiva, quando:

I. o fabricante, o construtor, o produtor ou o importador não puderem ser identificados (comum em produtos como frutas e verduras);

II. o produto for fornecido sem identificação clara do seu fabricante, produtor, construtor ou importador;

III. não conservar adequadamente os produtos perecíveis.

6 Já o fornecedor de serviços só não será responsabilizado quando provar **(causas excludentes de responsabilidade)**:

I. que, tendo prestado o serviço, o defeito inexiste;

II. a culpa exclusiva do consumidor ou de terceiro.

7 Por mais que a responsabilidade objetiva – que independe da comprovação de dolo ou de culpa – seja a regra nas relações de consumo, vale ressaltar que a responsabilidade pessoal dos profissionais liberais será apurada mediante a verificação de culpa. Assim, médicos, dentistas, dentre outros profissionais liberais, somente responderão mediante a comprovação de dolo ou culpa **(responsabilidade subjetiva do profissional liberal)**.

8 **Súmulas do Superior Tribunal de Justiça afetas ao tema:**

> Súmula 479: "As instituições financeiras respondem objetivamente pelos danos gerados por fortuito interno relativo a fraudes e delitos praticados por terceiros no âmbito de operações bancárias".

5. DA RESPONSABILIDADE POR VÍCIO DO PRODUTO E DO SERVIÇO

1 A **responsabilidade pelo vício** do produto ou do serviço decorre da inadequação destes para os fins a que se destinam. Assim, considera-se hipótese de vício o caso do celular que não funciona e defeito quando o celular explode na mão do consumidor ocasionando um acidente de consumo.

2 Sobre o vício, vale ressaltar que não sendo o problema sanado no prazo máximo de trinta dias, **pode o consumidor exigir**, alternativamente e à sua escolha:

I. a substituição do produto por outro da mesma espécie, em perfeitas condições de uso;

II. a restituição imediata da quantia paga, monetariamente atualizada, sem prejuízo de eventuais perdas e danos;

III. o abatimento proporcional do preço.

3 Poderão as partes convencionar a redução ou ampliação do prazo de 30 dias previsto para sanar o vício, não podendo ser inferior a sete nem superior a cento e oitenta dias.

4 Nos contratos de adesão, a cláusula de prazo deverá ser convencionada em separado, por meio de manifestação expressa do consumidor. Essa ressalva final é bastante importante, pois, no momento oportuno, concluiremos que nos contratos de adesão é o fornecedor quem elabora integralmente as cláusulas contratuais. Logo, nada mais justo que uma convenção de prazo como esta venha em separado e com aprovação expressa do consumidor.

5 Por outro lado, existem **situações em que não dá para esperar os 30 dias** para sanar o vício do produto, muito menos aguardar o prazo que poderá ser convencionado pelas partes (que pode chegar a até 180 dias). Em casos como estes, o consumidor poderá fazer uso imediato das alternativas acima enumeradas sempre que, em razão da extensão do vício, a substituição das partes viciadas puder:

(i) comprometer a qualidade ou as características do produto;

(ii) diminuir-lhe o valor; ou,

(iii) se tratar de produto essencial (como é o carro para um taxista).

6 Tendo o consumidor optado pela alternativa de substituição do produto por outro da mesma espécie, e não sendo possível a substituição do bem, poderá haver substituição por outro de espécie, marca ou modelo diversos, mediante complementação do preço se o novo for mais caro ou restituição de eventual diferença em sendo o produto escolhido na substituição mais barato.

7 Os **produtos *in natura*** são aqueles que, como o próprio nome sugere, vem diretamente da natureza e não são industrializados, como as frutas e as verduras. Em casos como este será responsável perante o consumidor o fornecedor imediato, como o feirante, por exemplo. Essa responsabilidade do fornecedor imediato somente não será possível quando identificado claramente seu produtor.

8 O **vício do produto** pode ser ainda **de quantidade** sempre que, respeitadas as variações decorrentes de sua natureza, seu conteúdo líquido for inferior às

CONSUMIDOR

indicações constantes do recipiente, da embalagem, rotulagem ou de mensagem publicitária, **podendo o consumidor exigir**, alternativamente e à sua escolha:

I. o abatimento proporcional do preço;

II. complementação do peso ou medida;

III. a substituição do produto por outro da mesma espécie, marca ou modelo, sem os aludidos vícios;

IV. a restituição imediata da quantia paga, monetariamente atualizada, sem prejuízo de eventuais perdas e danos.

9 O fornecedor imediato será responsável quando fizer a pesagem ou a medição e o instrumento utilizado não estiver aferido segundo os padrões oficiais. Infelizmente, bons e maus profissionais existem em todos os ramos de atividade e o CDC quer aqui responsabilizar o comerciante que, por exemplo, adultera a balança de pesar a carne para enganar o consumidor.

10 O fornecedor de serviços também responderá pelos vícios de qualidade que os tornem impróprios ao consumo ou lhes diminuam o valor, assim como por aqueles decorrentes da disparidade com as indicações constantes da oferta ou mensagem publicitária, **podendo o consumidor exigir**, alternativamente e à sua escolha:

I. a reexecução dos serviços, sem custo adicional e quando cabível;

II. a restituição imediata da quantia paga, monetariamente atualizada, sem prejuízo de eventuais perdas e danos;

III. o abatimento proporcional do preço.

11 A reexecução dos serviços não precisa ser com o mesmo fornecedor que causou prejuízo ao consumidor e sim ser confiada a terceiros devidamente capacitados, por conta e risco do fornecedor. Isto significa dizer que este deverá pagar a conta da reexecução do serviço quando ela for realizada por alguém de confiança do consumidor.

12 No fornecimento de serviços que tenham por objetivo a reparação de qualquer produto considerar-se-á implícita a obrigação do fornecedor de empregar componentes de reposição originais adequados e novos, ou que mantenham as especificações técnicas do fabricante, salvo, quanto a estes últimos, autorização em contrário do consumidor. Em resumo, quando não for empregar peças de reposição originais, obrigatória a autorização do consumidor.

13 Os **serviços públicos** remunerados por tarifas, como telefonia, água, luz, dentre outros, deverão se enquadrar nas regras do Código de Defesa do Consumidor. Assim, os órgãos públicos, por si ou suas empresas, concessionárias, permissionárias ou sob qualquer outra forma de empreendimento, são obrigados a fornecer serviços adequados, eficientes, seguros e, quanto aos essenciais, contínuos.

14 Trata-se do **Princípio da Continuidade** do Serviço Público, segundo o qual serviço público não poderá ser interrompido, salvo nas hipóteses legais. A lei que traz as hipóteses de interrupção do serviço público é a Lei nº 8.987/95 que estabelece sobre o assunto em seu art. 6º, parágrafo 3º: "Não se caracteriza como descontinuidade do serviço a sua interrupção em situação de emergência ou após prévio aviso, quando: I - motivada por razões de ordem técnica ou de segurança das instalações; e, II - por inadimplemento do usuário, considerado o interesse da coletividade."

15 Seguindo a linha de raciocínio de que a responsabilidade do fornecedor é, em regra, objetiva, vale ressaltar que a alegação de ignorância do fornecedor sobre os vícios de qualidade por inadequação dos produtos e serviços não o exime de responsabilidade.

6. DECADÊNCIA E PRESCRIÇÃO

1 Todo produto e serviço colocado no mercado de consumo possui a **garantia legal** de adequação para os fins a que se destinam independe de termo expresso, vedada a exoneração contratual do fornecedor.

2 O **direito de reclamar** pelos vícios aparentes ou de fácil constatação caduca em:

(i) trinta dias, tratando-se de fornecimento de serviço e de produtos não duráveis;

(II) noventa dias, tratando-se de fornecimento de serviço e de produtos duráveis.

3 Inicia-se a contagem dos prazos decadenciais acima citados a partir da entrega efetiva do produto ou do término da execução dos serviços.

4 **Obstam a decadência**:

(i) a reclamação comprovadamente formulada pelo consumidor perante o fornecedor de produtos e serviços até a resposta negativa correspondente, que deve ser transmitida de forma inequívoca;

(II) a instauração de inquérito civil, até seu encerramento.

5 Tratando-se de **vício oculto**, o prazo decadencial inicia-se no momento em que ficar evidenciado o defeito.

6 Não é possível confundir os prazos decadenciais apresentados e relacionados com o período para reclamar vício no produto ou no serviço, com a **prescrição** que se refere ao prazo para postular indenização em razão de acidente de consumo. Sobre o tema, prescreve em cinco anos a pretensão à reparação pelos danos causados por fato do produto ou do serviço, iniciando-se a contagem do prazo a partir do conhecimento do dano e de sua autoria.

7 Além da garantia legal supracitada, prevê o Código do Consumidor a garantia contratual que é complementar à legal e será conferida mediante termo escrito.

8 O termo de garantia ou equivalente deve ser padronizado e esclarecer, de maneira adequada, em que consiste a mesma garantia, bem como a forma, o prazo e o lugar em que pode ser exercitada e os ônus a cargo do consumidor, devendo ser-lhe entregue, devidamente preenchido pelo fornecedor, no ato do fornecimento, acompanhado de manual de instrução, de instalação e uso do produto em linguagem didática, com ilustrações.

9 **Súmulas do Superior Tribunal de Justiça afetas ao tema:**

> **Súmula 477:** "A decadência do art. 26 do CDC não é aplicável à prestação de contas para obter esclarecimentos sobre cobrança de taxas, tarifas e encargos bancários".

7. DA DESCONSIDERAÇÃO DA PERSONALIDADE JURÍDICA

1 O juiz poderá **desconsiderar a personalidade jurídica** da sociedade quando, em detrimento do consumidor, houver:

(i) abuso de direito;
(ii) excesso de poder;
(iii) infração da lei;
(iv) fato ou ato ilícito; ou
(v) violação dos estatutos ou contrato social.

2 A **desconsideração também será efetivada** quando houver:

(i) falência;
(ii) estado de insolvência;
(iii) encerramento ou inatividade da pessoa jurídica provocados por má administração.

3 Existe ainda uma **última hipótese de desconsideração** da personalidade jurídica no CDC. Trata-se da desconsideração quando a personalidade for, de alguma forma, obstáculo ao ressarcimento de prejuízos causados aos consumidores.

4 Tema bastante corrente em provas de concurso envolve os **vários modelos de responsabilidades** a depender do **tipo de sociedade**:

(i) As sociedades integrantes dos grupos societários e as sociedades controladas, são subsidiariamente responsáveis pelas obrigações decorrentes do Código de Defesa do Consumidor;
(ii) As sociedades consorciadas são solidariamente responsáveis pelas obrigações decorrentes do Código de Defesa do Consumidor;
(iii) As sociedades coligadas só responderão por culpa.

8. DA OFERTA E DA PUBLICIDADE

1 A **oferta** envolve toda informação ou publicidade suficientemente precisa, veiculada por qualquer forma ou meio de comunicação com relação a produtos e serviços oferecidos ou apresentados no mercado de consumo.

2 Vale lembrar ainda que a oferta obriga o fornecedor que a fizer veicular ou dela se utilizar **(princípio da vinculação da oferta)** e integra o contrato que vier a ser celebrado.

3 As **informações na oferta** devem ser:
(i) corretas;
(ii) claras;
(iii) precisas;
(iv) ostensivas; e,
(V) em língua portuguesa sobre suas características, qualidades, quantidade, composição, preço, garantia, prazos de validade e origem, entre outros dados, bem como sobre os riscos que apresentam à saúde e segurança dos consumidores.

4 Nos produtos refrigerados oferecidos ao consumidor, as informações serão gravadas de forma indelével, ou seja, de modo que não se apaga.

5 Os fabricantes e importadores deverão assegurar a oferta de componentes e **peças de reposição** enquanto não cessar a fabricação ou importação do produto. Cessadas a produção ou importação, a oferta deverá ser mantida por período razoável de tempo, na forma da lei.

6 Em caso de oferta ou venda por telefone ou reembolso postal, deve constar o nome do fabricante e endereço na embalagem, publicidade e em todos os impressos utilizados na transação comercial. Essa regra vale também para as ofertas veiculadas via internet.

7 É proibida a publicidade de bens e serviços por telefone, quando a chamada for onerosa ao consumidor que a origina. Nada mais justo, pois além de esperar para ser atendido o consumidor escuta, muitas vezes, publicidade de produtos ou serviços que não são do seu agrado.

8 Em caso de **recusa do cumprimento da oferta**, o consumidor poderá, alternativamente e à sua livre escolha:

(i) exigir o cumprimento forçado da obrigação, nos termos da oferta, apresentação ou publicidade;

(II) aceitar outro produto ou prestação de serviço equivalente;

(III) rescindir o contrato, com direito à restituição de quantia eventualmente antecipada, monetariamente atualizada, e a perdas e danos.

9 A **publicidade** é manifestação da oferta deve ser veiculada de tal forma que o consumidor, fácil e imediatamente, a identifique como tal. Ademais, o fornecedor manterá em seu poder, para informação dos legítimos interessados, os dados fáticos, técnicos e científicos que dão sustentação à mensagem.

10 O CDC proíbe toda publicidade enganosa ou abusiva. É **enganosa** qualquer modalidade de informação ou comunicação de caráter publicitário, inteira ou parcialmente falsa, ou, por qualquer outro modo, mesmo por omissão, capaz de induzir em erro o consumidor a respeito da natureza, características, qualidade, quantidade, propriedades, origem, preço e quaisquer outros dados sobre produtos e serviços. Será enganosa por omissão a publicidade que deixar de informar sobre dado essencial do produto ou do serviço.

11 **Publicidade abusiva** é, dentre outras:

(i) a mensagem discriminatória de qualquer natureza;

(ii) a que incite a violência, explore o medo ou a superstição;

(iii) se aproveite da deficiência de julgamento e experiência da criança;

(iv) desrespeita valores ambientais; ou,

(v) que seja capaz de induzir o consumidor a se comportar de forma prejudicial ou perigosa à sua saúde ou segurança.

9. PRÁTICAS ABUSIVAS E ORÇAMENTO

1 São exemplos de **práticas abusivas** no Código de Defesa do Consumidor:

(i) condicionar o fornecimento de produto ou de serviço ao fornecimento de outro produto ou serviço, bem como, sem justa causa, a limites quantitativos (trata-se da **venda casada**);

(II) recusar atendimento às demandas dos consumidores, na exata medida de suas disponibilidades de estoque, e, ainda, de conformidade com os usos e costumes;

(III) enviar ou entregar ao consumidor, sem solicitação prévia, qualquer produto, ou fornecer qualquer serviço;

(IV) prevalecer-se da fraqueza ou ignorância do consumidor, tendo em vista sua idade, saúde, conhecimento ou condição social, para impingir-lhe seus produtos ou serviços;

(V) exigir do consumidor vantagem manifestamente excessiva;

(VI) executar serviços sem a prévia elaboração de orçamento e autorização expressa do consumidor, ressalvadas as decorrentes de práticas anteriores entre as partes;

(VII) repassar informação depreciativa, referente a ato praticado pelo consumidor no exercício de seus direitos;

(VIII) colocar, no mercado de consumo, qualquer produto ou serviço em desacordo com as normas expedidas pelos órgãos oficiais competentes ou, se normas específicas não existirem, pela Associação Brasileira de Normas Técnicas ou outra entidade credenciada pelo Conselho Nacional de Metrologia, Normalização e Qualidade Industrial (Conmetro);

(IX) recusar a venda de bens ou a prestação de serviços, diretamente a quem se disponha a adquiri-los mediante pronto pagamento, ressalvados os casos de intermediação regulados em leis especiais;

(X) elevar sem justa causa o preço de produtos ou serviços;

(XII) deixar de estipular prazo para o cumprimento de sua obrigação ou deixar a fixação de seu termo inicial a seu exclusivo critério;

(XIII) aplicar fórmula ou índice de reajuste diverso do legal ou contratualmente estabelecido;

(XIV) permitir o ingresso em estabelecimentos comerciais ou de serviços de um número maior de consumidores que o fixado pela autoridade administrativa como máximo.

2 Os serviços prestados e os produtos remetidos ou entregues ao consumidor sem solicitação prévia equiparam-se às amostras grátis, inexistindo obrigação de pagamento.

3 O fornecedor de serviço será obrigado a entregar ao consumidor **orçamento** prévio discriminando:

(i) o valor da mão-de-obra, dos materiais e equipamentos a serem empregados;

(ii) as condições de pagamento; e,

(iii) as datas de início e término dos serviços.

4 O **prazo de validade** do orçamento será, em regra, de dez dias, contado de seu recebimento pelo consumidor. As partes podem convencionar prazo diverso.

5 Uma vez aprovado o orçamento pelo consumidor, obrigados estarão os contraentes e somente pode ser alterado mediante livre negociação das partes. O consumidor não responde por quaisquer ônus ou acréscimos decorrentes da contratação de serviços de terceiros não previstos no orçamento prévio.

6 **Súmulas do Superior Tribunal de Justiça afetas ao tema:**

Súmula 302: "É abusiva a cláusula contratual de plano de saúde que limita no tempo a internação hospitalar do segurado".

Súmula 356: "É legítima a cobrança da tarifa básica pelo uso dos serviços de telefonia fixa".

Súmula 469: "Aplica-se o Código de Defesa do Consumidor aos contratos de plano de saúde".

Súmula 473: "O mutuário do SFH não pode ser compelido a contratar o seguro habitacional obrigatório com a instituição financeira mutuante ou com a seguradora por ela indicada".

Súmula 532: "Constitui prática comercial abusiva o envio de cartão de crédito sem prévia e expressa solicitação do consumidor, configurando-se ato ilícito indenizável e sujeito à aplicação de multa administrativa".

10. DA PROTEÇÃO CONTRATUAL

1 Os contratos que regulam as relações de consumo não obrigarão os consumidores se não lhes for dada a oportunidade de tomar conhecimento prévio de seu conteúdo, ou se os respectivos instrumentos forem redigidos de modo a dificultar a compreensão de seu sentido e alcance. Trata-se do **Princípio da Transparência Contratual.**

2 Outro princípio importante no tocante à proteção contratual é o da **interpretação mais favorável ao consumidor**, segundo o qual as cláusulas contratuais serão interpretadas de maneira mais benéfica ao consumidor.

3 Nessa linha principiológica e introdutória do assunto, lembramos que o **princípio da vinculação** é uma constante no Código de Defesa do Consumidor. Vinculam-se as informações da oferta, dos contratos e até dos pré-contratos. Em relação à vinculação pré-contratual, vale destacar que as declarações de vontade constantes de escritos particulares, recibos e pré-contratos relativos às relações de consumo vinculam o fornecedor. Assim, um compromisso de compra e venda já é considerado um instrumento válido para vincular o cumprimento das obrigações nele constantes.

4 No fornecimento de produtos ou serviços que envolva **outorga de crédito ou concessão de financiamento** ao consumidor, o fornecedor deverá, entre outros requisitos, informá-lo prévia e adequadamente sobre:

I. preço do produto ou serviço em moeda corrente nacional;

II. montante dos juros de mora e da taxa efetiva anual de juros;

III. acréscimos legalmente previstos;

IV. número e periodicidade das prestações;

V. soma total a pagar, com e sem financiamento.

5 As **multas de mora** por atraso no cumprimento de obrigações não poderão ser superiores a dois por cento do valor da prestação.

6 Com efeito, é assegurado ao consumidor a **liquidação antecipada do débito**, total ou parcialmente, mediante redução proporcional dos juros e demais acréscimos. Questão muito comum de prova envolve esse tema e não esqueça que a quitação antecipada da dívida não precisa ser total, podendo ser realizada parcialmente com amparo no CDC.

7 Nos contratos de **compra e venda** de bens móveis ou imóveis mediante pagamento em prestações, bem como nas alienações fiduciárias em garantia, consideram-se nulas de pleno direito as cláusulas que estabeleçam a perda total das prestações pagas em benefício do credor que, em razão do inadimplemento, pleitear a resolução do contrato e a retomada do produto alienado. É a **vedação da cláusula de decaimento**, não sendo permitida a perda integral do valor pago pelo consumidor nas contratações pagas em prestações.

8 De fato, nos **contratos do sistema de consórcio** de produtos duráveis, a compensação ou a restituição das parcelas quitadas, na forma acima mencionada, terá descontada, além da vantagem econômica auferida com a fruição, os prejuízos que o desistente ou inadimplente causar ao grupo. O que não é permitida é a perda total dos valores pagos pelo consumidor. Porém, descontos como aqui ressaltados não violam as regras do Código do Consumidor.

9 **Sobre o tema, vale lembrar ainda que os contratos serão expressos em moeda corrente nacional:**

Súmulas do Superior Tribunal de Justiça afetas ao tema:

> **Súmula 543:** "Na hipótese de resolução de contrato de promessa de compra e venda de imóvel submetido ao Código de Defesa do Consumidor, deve ocorrer a imediata restituição das parcelas pagas pelo promitente comprador – integralmente, em caso de culpa exclusiva do promitente vendedor/construtor, ou parcialmente, caso tenha sido o comprador quem deu causa ao desfazimento".
>
> **Súmula 538:** "As administradoras de consórcio têm liberdade para estabelecer a respectiva taxa de administração, ainda que fixada em percentual superior a dez por cento".

CONSUMIDOR

11. DOS CONTRATOS DE ADESÃO

1 **Contrato de adesão** é aquele cujas cláusulas tenham sido aprovadas pela autoridade competente ou estabelecidas unilateralmente pelo fornecedor de produtos ou serviços, sem que o consumidor possa discutir ou modificar substancialmente seu conteúdo. Por isso o nome contrato de adesão, uma vez que cabe ao consumidor aderir ou não ao contrato que já está pronto. Porém, a inserção de cláusula no formulário não desfigura a natureza de adesão do contrato.

2 Importante lembrar ainda que nos contratos de adesão admite-se cláusula resolutória, desde que a alternativa esteja expressamente prevista, cabendo a escolha ao consumidor.

3 Algumas características deverão estar presentes nos contratos de adesão:

(i) redigidos em termos claros;

(II) caracteres ostensivos e legíveis;

(III) tamanho da fonte não será inferior ao corpo doze (tudo para facilitar a compreensão de seu conteúdo pelo consumidor).

4 Ademais, as cláusulas que implicarem limitação de direito do consumidor deverão ser redigidas com destaque, permitindo sua imediata e fácil compreensão. Exemplo de destaque pode ser o negrito, com fonte maior e uso de itálico.

12. DIREITO DE ARREPENDIMENTO

1 Prevê o CDC que o **consumidor pode desistir** do contrato no prazo de 7 dias a contar de sua assinatura ou do ato de recebimento do produto ou serviço, sempre que a contratação de fornecimento de produtos e serviços ocorrer fora do estabelecimento comercial, especialmente por telefone ou a domicílio. As compras pela internet também admitem o arrependimento dentro desse prazo de reflexão de sete dias.

2 Se o consumidor exercitar o direito de arrependimento durante o prazo de reflexão, os valores eventualmente pagos a qualquer título serão devolvidos, de imediato, monetariamente atualizados.

13. DAS CLÁUSULAS ABUSIVAS

1 São **nulas de pleno direito**, caracterizando verdadeiras hipóteses de nulidade absoluta, entre outras, as cláusulas contratuais relativas ao fornecimento de produtos e serviços que:

I. impossibilitem, exonerem ou atenuem a responsabilidade do fornecedor por vícios de qualquer natureza dos produtos e serviços ou impliquem renúncia ou disposição de direitos. Nas relações de consumo entre o fornecedor e o consumidor pessoa jurídica, a indenização poderá ser limitada, em situações justificáveis;
II. subtraiam ao consumidor a opção de reembolso da quantia já paga, nos casos previstos no CDC;
III. transfiram responsabilidades a terceiros;
IV. estabeleçam obrigações consideradas iníquas, abusivas, que coloquem o consumidor em desvantagem exagerada, ou sejam incompatíveis com a boa-fé ou a equidade;
V. estabeleçam inversão do ônus da prova em prejuízo do consumidor;
VI. determinem a utilização compulsória de arbitragem;
VII. imponham representante para concluir ou realizar outro negócio jurídico pelo consumidor;
VIII. deixem ao fornecedor a opção de concluir ou não o contrato, embora obrigando o consumidor;
IX. permitam ao fornecedor, direta ou indiretamente, variação do preço de maneira unilateral;
X. autorizem o fornecedor a cancelar o contrato unilateralmente, sem que igual direito seja conferido ao consumidor;
XI. obriguem o consumidor a ressarcir os custos de cobrança de sua obrigação, sem que igual direito lhe seja conferido contra o fornecedor;
XII. autorizem o fornecedor a modificar unilateralmente o conteúdo ou a qualidade do contrato, após sua celebração;
XIII. infrinjam ou possibilitem a violação de normas ambientais;
XIV. estejam em desacordo com o sistema de proteção ao consumidor;
XV. possibilitem a renúncia do direito de indenização por benfeitorias necessárias.

2 A nulidade de uma cláusula contratual abusiva não invalida o contrato, exceto quando de sua ausência, apesar dos esforços de integração, decorrer ônus excessivo a qualquer das partes. Trata-se do **Princípio da Preservação do Contrato de Consumo**.

3 **Súmulas do Superior Tribunal de Justiça afetas ao tema:**

Súmula 379: "Nos contratos bancários não regidos por legislação específica, os juros moratórios poderão ser convencionados até o limite de 1% ao mês".

Súmula 381: "Nos contratos bancários, é vedado ao julgador conhecer, de ofício, da abusividade das cláusulas".

Súmula 382: "A estipulação de juros remuneratórios superiores a 12% ao ano, por si só, não indica abusividade".

Súmula 530: "Nos contratos bancários, na impossibilidade de comprovar a taxa de juros efetivamente contratada – por ausência de pactuação ou pela falta de juntada do instrumento aos autos –, aplica-se a taxa média de mercado, divulgada pelo Bacen, praticada nas operações da mesma espécie, salvo se a taxa cobrada for mais vantajosa para o devedor".

14. COBRANÇA INDEVIDA E CADASTROS CONSUMIDORES

1 Na **cobrança de dívidas**, o consumidor inadimplente não será exposto a ridículo, nem será submetido a qualquer tipo de constrangimento ou ameaça.

2 O consumidor cobrado em quantia indevida tem direito à **repetição do indébito**, por valor igual ao **dobro** do que pagou em excesso, acrescido de correção monetária e juros legais, salvo hipótese de engano justificável.

3 Em todos os documentos de cobrança de débitos apresentados ao consumidor, deverão constar:

(i) o nome;

(ii) o endereço; e,

(iii) o número de inscrição no Cadastro de Pessoas Físicas – CPF ou no Cadastro Nacional de Pessoa Jurídica – CNPJ do fornecedor do produto ou serviço correspondente.

4 No tocante aos **cadastros de consumidores**, o vulnerável terá acesso às informações existentes em cadastros, fichas, registros e dados pessoais e de consumo arquivados sobre ele, bem como sobre as suas respectivas fontes.

5 Os **cadastros** e dados de consumidores **devem ser**:

(i) objetivos;

(ii) claros;

(iii) verdadeiros; e,

(iv) em linguagem de fácil compreensão, não podendo conter informações negativas referentes a período superior a cinco anos.

6 Desta forma, o **máximo que o nome do consumidor poderá ficar num cadastro** de inadimplentes será cinco anos. Se a ação de cobrança prescrever em prazo menor que cinco anos, o prazo mais benéfico deverá prevalecer no tocante à negativação do nome do consumidor.

7 A abertura de cadastro, ficha, registro e dados pessoais e de consumo deverá ser comunicada por escrito ao consumidor, quando não solicitada por ele.

8 O consumidor, sempre que encontrar inexatidão nos seus dados e cadastros, poderá exigir sua imediata correção, devendo o arquivista, no prazo de cinco dias úteis, comunicar a alteração aos eventuais destinatários das informações incorretas.

9 Os **bancos de dados e cadastros** relativos a consumidores, os serviços de proteção ao crédito e congêneres são considerados **entidades de caráter público**. Portanto, mesmo que os cadastros de inadimplentes possuam personalidade jurídica de direito privado, em razão de suas informações terem caráter público, caberá a impetração de *habeas data* quando a informação da pessoa do impetrante não for fornecida pelo administrador do cadastro ou se tratar de informação equivocada.

10 Todas as informações referentes a bancos de dados e cadastros de inadimplentes devem ser disponibilizadas em formatos acessíveis, inclusive para a pessoa com deficiência, mediante solicitação do consumidor.

11 Além dos cadastros de consumidores inadimplentes o CDC prevê ainda que os órgãos públicos de defesa do consumidor manterão cadastros atualizados de reclamações fundamentadas contra fornecedores de produtos e serviços, devendo divulgá-lo pública e anualmente. A divulgação indicará se a reclamação foi atendida ou não pelo fornecedor. É facultado o acesso às informações lá constantes para orientação e consulta por qualquer interessado.

12 **Súmulas do Superior Tribunal de Justiça afetas ao tema:**

> **Súmula 323:** "A inscrição do nome do devedor pode ser mantida nos serviços de proteção ao crédito até o prazo máximo de cinco anos, independentemente da prescrição da execução".
>
> **Súmula 359:** "Cabe ao órgão mantenedor do Cadastro de Proteção ao Crédito a notificação do devedor antes de proceder à inscrição".
>
> **Súmula 380:** "A simples propositura da ação de revisão de contrato não inibe a caracterização da mora do autor".
>
> **Súmula 385:** "Da anotação irregular em cadastro de proteção ao crédito, não cabe indenização por dano moral, quando preexistente legítima inscrição, ressalvado o direito ao cancelamento".
>
> **Súmula 404:** "É dispensável o aviso de recebimento (AR) na carta de comunicação ao consumidor sobre a negativação de seu nome em bancos de dados e cadastros".
>
> **Súmula 412:** "A ação de repetição de indébito de tarifas de água e esgoto sujeita-se ao prazo prescricional estabelecido no Código Civil".

> **Súmula 548:** "Incumbe ao credor a exclusão do registro da dívida em nome do devedor no cadastro de inadimplentes no prazo de cinco dias úteis, a partir do integral e efetivo pagamento do débito".
>
> **Súmula 572:** O Banco do Brasil, na condição de gestor do Cadastro de Emitentes de Cheques sem Fundos (CCF), não tem a responsabilidade de notificar previamente o devedor acerca da sua inscrição no aludido cadastro, tampouco legitimidade passiva para as ações de reparação de danos fundadas na ausência de prévia comunicação.

15. AÇÕES COLETIVAS

1 A defesa dos interesses e direitos dos consumidores e das vítimas poderá ser exercida em juízo individualmente, ou a título coletivo.

2 A **defesa coletiva** será exercida quando se tratar de:

I. interesses ou direitos **difusos**, assim entendidos, os transindividuais, de natureza indivisível, de que sejam titulares pessoas indeterminadas e ligadas por circunstâncias de fato;

II. interesses ou direitos **coletivos**, assim entendidos, os transindividuais, de natureza indivisível de que seja titular grupo, categoria ou classe de pessoas ligadas entre si ou com a parte contrária por uma relação jurídica base;

III. interesses ou direitos **individuais homogêneos**, assim entendidos os decorrentes de origem comum.

3 São **legitimados** concorrentemente, ou seja, em igualdade de condições:

I. o Ministério Público,

II. a União, os Estados, os Municípios e o Distrito Federal;

III. as entidades e órgãos da Administração Pública, direta ou indireta, ainda que sem personalidade jurídica, especificamente destinados à defesa dos interesses e direitos protegidos do Código de Defesa do Consumidor;

IV. as associações legalmente constituídas há pelo menos um ano e que incluam entre seus fins institucionais a defesa dos interesses e direitos protegidos pelo Código de Defesa do Consumidor, dispensada a autorização assembleia.

4 O requisito da pré-constituição pode ser dispensado pelo juiz, na ação civil coletiva de responsabilidade, quando haja manifesto interesse social evidenciado pela dimensão ou característica do dano, ou pela relevância do bem jurídico a ser protegido.

5 Para a defesa dos direitos e interesses protegidos pelo Código de Defesa do Consumidor são admissíveis todas as espécies de ações capazes de propiciar sua adequada e efetiva tutela. Apesar de se tratar de disposição presente no CDC, temos aí um **microssistema de processo coletivo**.

6 Na ação que tenha por objeto o cumprimento da obrigação de fazer ou não fazer, o juiz concederá a **tutela específica** da obrigação ou determinará providências que assegurem o resultado prático equivalente ao do adimplemento.

7 A conversão da obrigação em **perdas e danos** somente será admissível se por elas optar o autor ou se impossível a tutela específica ou a obtenção do resultado prático correspondente.

8 A indenização por perdas e danos se fará sem prejuízo da **multa**. A dupla penação, neste caso, não caracteriza *bis in idem*, pois são sanções com naturezas distintas.

9 Sendo relevante o fundamento da demanda e havendo justificado receio de ineficácia do provimento final, é lícito ao juiz conceder a **tutela liminarmente** ou após justificação prévia, citado o réu.

10 O juiz poderá, na concessão de tutela liminar ou na sentença, impor **multa diária** ao réu, independentemente de pedido do autor, se for suficiente ou compatível com a obrigação, fixando prazo razoável para o cumprimento do preceito.

11 Para a tutela específica ou para a obtenção do resultado prático equivalente, poderá o juiz determinar as **medidas necessárias**, tais como:

(i) busca e apreensão;

(ii) remoção de coisas e pessoas;

(iii) desfazimento de obra;

(iv) impedimento de atividade nociva;

(v) requisição de força policial.

12 Nas ações coletivas **não haverá adiantamento de custas**, emolumentos, honorários periciais e quaisquer outras despesas, nem condenação da associação autora, salvo comprovada má-fé, em honorários de advogados, custas e despesas processuais.

13 Em caso de **litigância de má-fé**, a associação autora e os diretores responsáveis pela propositura da ação serão solidariamente condenados em honorários advocatícios e ao décuplo das custas, sem prejuízo da responsabilidade por perdas e danos.

14 Na hipótese de existir mais de um responsável pela causação de um dano ao consumidor, aquele que efetivar o pagamento ao prejudicado poderá exercer o **direito de regresso** contra os demais responsáveis, segundo sua participação na efetivação do evento danoso. Nessa hipótese, a ação de regresso poderá ser ajuizada em processo autônomo, facultada a possibilidade de prosseguir-se nos mesmos autos, **vedada a denunciação da lide**.

15 Os legitimados acima mencionados (Ministério Público, União, Estados, Municípios e Distrito Federal, entidades e órgãos da Administração Pública e associações) poderão propor, em nome próprio e no interesse das vítimas ou seus sucessores, **ação civil coletiva de responsabilidade** pelos danos individualmente sofridos. Em outras palavras, o CDC admite a ação coletiva na defesa de interesses individuais homogêneos.

16 O **Ministério Público**, se não ajuizar a ação, atuará sempre como fiscal da lei.

17 Ressalvada a **competência** da Justiça Federal, é competente para a causa a justiça local:

I. no foro do lugar onde ocorreu ou deva ocorrer o dano, quando de âmbito local;

II. no foro da Capital do Estado ou no do Distrito Federal, para os danos de âmbito nacional ou regional, aplicando-se as regras do Código de Processo Civil aos casos de competência concorrente.

18 Proposta a ação, será publicado edital no órgão oficial, a fim de que os interessados possam intervir no processo como **litisconsortes**, sem prejuízo de ampla divulgação pelos meios de comunicação social por parte dos órgãos de defesa do consumidor.

19 Em caso de procedência do pedido, a **condenação será genérica**, fixando a responsabilidade do réu pelos danos causados.

20 A **liquidação e a execução de sentença** poderão ser promovidas pela vítima e seus sucessores, assim como pelos legitimados supracitados.

21 A **execução poderá ser coletiva**, sendo promovida pelo Ministério Público, União, Estados, Municípios e Distrito Federal, entidades e órgãos da Administração Pública e associações, abrangendo as vítimas cujas indenizações já tiverem sido fixadas em sentença de liquidação, sem prejuízo do ajuizamento de outras execuções.

22 A execução coletiva far-se-á com base em certidão das sentenças de liquidação, da qual deverá constar a ocorrência ou não do trânsito em julgado.

23 É **competente para a execução o juízo**:

I. da liquidação da sentença ou da ação condenatória, no caso de execução individual;

II. da ação condenatória, quando coletiva a execução.

24 A **destinação da importância** auferida em decorrência das ações coletivas será recolhida a um **fundo** criado pela Lei de Ação Civil Pública e ficará sustada enquanto pendentes de decisão de segundo grau as ações de indenização pelos danos individuais, salvo na hipótese de o patrimônio do devedor ser manifestamente suficiente para responder pela integralidade das dívidas.

25 **Decorrido o prazo de um ano sem habilitação** de interessados em número compatível com a gravidade do dano, poderão os legitimados acima mencionados (Ministério Público, União, Estados, Municípios e Distrito Federal, entidades e órgãos da Administração Pública e associações) promover a liquidação e execução da indenização devida. O produto da indenização será revertido para o fundo criado pela Lei de Ação Civil Pública.

26 Na **ação de responsabilidade civil** do fornecedor de produtos e serviços, serão observadas as seguintes normas:

I. a ação pode ser proposta no domicílio do autor;

II. o réu que houver contratado seguro de responsabilidade poderá chamar ao processo o segurador, vedada a integração do contraditório pelo Instituto de Resseguros do Brasil. Se o réu houver sido declarado falido, o síndico será intimado a informar a existência de seguro de responsabilidade, facultando-se, em caso afirmativo, o ajuizamento de ação de indenização diretamente contra o segurador, vedada a denunciação da lide ao Instituto de Resseguros do Brasil e dispensado o litisconsórcio obrigatório com este.

27 Os legitimados a agir na forma do CDC poderão propor ação visando compelir o Poder Público competente a proibir, em todo o território nacional, a produção, divulgação distribuição ou venda, ou a determinar a alteração na composição, estrutura, fórmula ou acondicionamento de produto, cujo uso ou consumo regular se revele nocivo ou perigoso à saúde pública e à incolumidade pessoal.

28 Nas ações coletivas de que trata o Código do Consumidor, a sentença fará coisa julgada:

I. *erga omnes*, exceto se o pedido for julgado improcedente por insuficiência de provas, hipótese em que qualquer legitimado poderá intentar outra ação, com idêntico fundamento valendo-se de nova prova, na hipótese de interesses difusos;

II. *ultra partes*, mas limitadamente ao grupo, categoria ou classe, salvo improcedência por insuficiência de provas, nos termos do inciso anterior, quando se tratar da hipótese de interesses coletivos;

III. *erga omnes*, apenas no caso de procedência do pedido, para beneficiar todas as vítimas e seus sucessores, na hipótese dos interesses individuais homogêneos.

29 Os efeitos da coisa julgada previstos nos itens I e II acima não prejudicarão interesses e direitos individuais dos integrantes da coletividade, do grupo, categoria ou classe.

30 Na hipótese prevista no item III, em caso de improcedência do pedido, os interessados que não tiverem intervindo no processo como litisconsortes poderão propor ação de indenização a título individual.

31 As ações coletivas não induzem litispendência para as ações individuais, mas os efeitos da coisa julgada *erga omnes* ou *ultra partes* não beneficiarão os autores das ações individuais, se não for requerida sua suspensão no prazo de trinta dias, a contar da ciência nos autos do ajuizamento da ação coletiva.

16. INFRAÇÕES PENAIS DE CONSUMO

1 Constituem crimes contra as relações de consumo, sem prejuízo do disposto no Código Penal e leis especiais, as condutas tipificadas no Código de Defesa do Consumidor. Conforme dito no início do capítulo, o CDC é um microssistema multidisciplinar e, dentre as disciplinas insertas em seu conteúdo, encontramos o Direito Penal.

2 Dentre os **tipos penais** existentes no Código do Consumidor, destacamos:

(i) Omitir dizeres ou sinais ostensivos sobre a nocividade ou periculosidade de produtos, nas embalagens, nos invólucros, recipientes ou publicidade: Pena - Detenção de seis meses a dois anos e multa.

Incorrerá nas mesmas penas quem deixar de alertar, mediante recomendações escritas ostensivas, sobre a periculosidade do serviço a ser prestado.

Se o crime for culposo: Pena Detenção de um a seis meses ou multa.

(ii) Deixar de comunicar à autoridade competente e aos consumidores a nocividade ou periculosidade de produtos cujo conhecimento seja posterior à sua colocação no mercado: Pena - Detenção de seis meses a dois anos e multa.

Incorrerá nas mesmas penas quem deixar de retirar do mercado, imediatamente quando determinado pela autoridade competente, os produtos nocivos ou perigosos, na forma acima mencionada.

(iii) Executar serviço de alto grau de periculosidade, contrariando determinação de autoridade competente: Pena Detenção de seis meses a dois anos e multa.

Tais penas serão aplicáveis sem prejuízo das correspondentes à lesão corporal e à morte. A prática abusiva de permitir o ingresso em estabelecimentos comerciais ou de serviços de um número maior de consumidores que o fixado pela autoridade administrativa como máximo, prevista no inciso XIV do art. 39 do CDC, também caracteriza o crime previsto nesse item.

(iv) Fazer afirmação falsa ou enganosa, ou omitir informação relevante sobre a natureza, característica, qualidade, quantidade, segurança, desempenho, durabilidade, preço ou garantia de produtos ou serviços: Pena - Detenção de três meses a um ano e multa.

Incorrerá nas mesmas penas quem patrocinar a oferta.

Se o crime for culposo: Pena Detenção de um a seis meses ou multa.

(v) Fazer ou promover publicidade que sabe ou deveria saber ser enganosa ou abusiva: Pena Detenção de três meses a um ano e multa.

(vi) Fazer ou promover publicidade que sabe ou deveria saber ser capaz de induzir o consumidor a se comportar de forma prejudicial ou perigosa a sua saúde ou segurança: Pena - Detenção de seis meses a dois anos e multa.

(v) Deixar de organizar dados fáticos, técnicos e científicos que dão base à publicidade: Pena Detenção de um a seis meses ou multa.

(vi) Empregar na reparação de produtos, peça ou componentes de reposição usados, sem autorização do consumidor: Pena Detenção de três meses a um ano e multa.

(vii) Utilizar, na cobrança de dívidas, de ameaça, coação, constrangimento físico ou moral, afirmações falsas incorretas ou enganosas ou de qualquer outro procedimento que exponha o consumidor, injustificadamente, a ridículo ou interfira com seu trabalho, descanso ou lazer: Pena Detenção de três meses a um ano e multa.

(viii) Impedir ou dificultar o acesso do consumidor às informações que sobre ele constem em cadastros, banco de dados, fichas e registros: Pena Detenção de seis meses a um ano ou multa.

(ix) Deixar de corrigir imediatamente informação sobre consumidor constante de cadastro, banco de dados, fichas ou registros que sabe ou deveria saber ser inexata: Pena Detenção de um a seis meses ou multa.

(x) Deixar de entregar ao consumidor o termo de garantia adequadamente preenchido e com especificação clara de seu conteúdo: Pena Detenção de um a seis meses ou multa.

3 Quem, de qualquer forma, **concorrer para os crimes** acima referidos, incide as penas a esses cominadas na medida de sua culpabilidade, bem como o diretor, administrador ou gerente da pessoa jurídica que promover, permitir ou por qualquer modo aprovar o fornecimento, oferta, exposição à venda ou manutenção em depósito de produtos ou a oferta e prestação de serviços nas condições por ele proibidas.

4 São **circunstâncias agravantes** dos crimes tipificados no CDC:

I. serem cometidos em época de grave crise econômica ou por ocasião de calamidade;

II. ocasionarem grave dano individual ou coletivo;

III. dissimular-se a natureza ilícita do procedimento;

IV. quando cometidos: a) por servidor público, ou por pessoa cuja condição econômico-social seja manifestamente superior à da vítima; b) em detrimento de operário ou rurícola, de menor de dezoito ou maior de sessenta anos ou de pessoas portadoras de deficiência mental interditadas ou não;

V. serem praticados em operações que envolvam alimentos, medicamentos ou quaisquer outros produtos ou serviços essenciais.

ESTATUTO DA CRIANÇA E DO ADOLESCENTE – ECA

♦ *Antonio Carlos Freitas Jr.*

Sumário:

INCIDÊNCIA DOS TEMAS NAS PROVAS
(atualizada até o XXIV Exame da OAB)

Estatuto da Criança e do Adolescente - ECA		
Direito à Educação, à Cultura, ao Esporte e ao Lazer	1	2%
Direito à Vida e à Saúde	1	2%
Direitos à Profissionalização e proteção no trabalho	1	2%
Incidência do ECA	1	2%
Medidas de proteção	1	2%
Direito à Liberdade, ao Respeito e à Dignidade	2	4%
Conselho tutelar	2	4%
Entidades de Atendimento	3	6%
Infrações Penais e Administrativas	4	8%
Prevenção Especial	4	8%
Acesso à Justiça	5	10%
Prática de Ato Infracional	7	14%
Direito à Convivência Familiar e Comunitária	18	36%
Total	50	100%

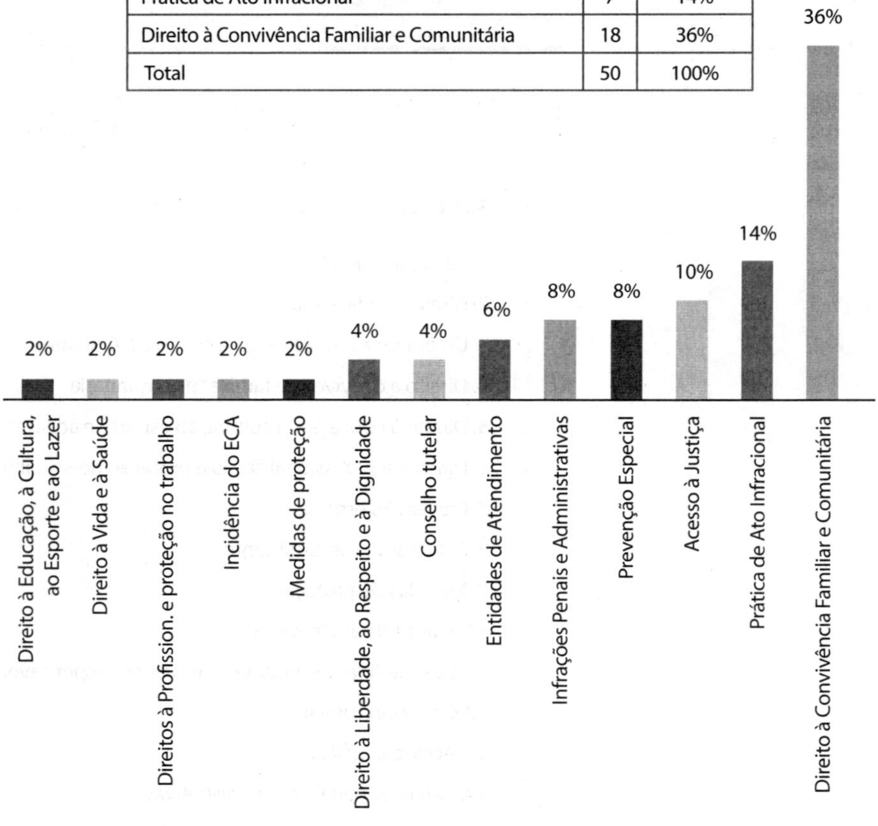

1. INCIDÊNCIA DO ECA

1 Os Estatuto da Criança e do Adolescente dispõe sobre a proteção integral à criança e ao adolescente, considerando criança a pessoa até doze anos de idade incompletos e o adolescente aquele entre doze e dezoito anos de idade incompletos.

2 Com o advento do Código Civil de 2002, não se aplica mais a excepcionalidade do Estatuto às pessoas entre dezoito e vinte e um anos de idade, em razão da maioridade civil dar-se aos dezoito anos.

3 Alguns doutrinadores indicam como resquício de aplicação do Estatuto para pessoas maiores de 18 (dezoito) anos a situação de cumprimento de medida socioeducativa até os 21 (vinte e um) anos, bem como a tutela coletiva pertinente e o procedimento de adoção após 18 (dezoito) anos.

2. DIREITO À VIDA E À SAÚDE

1 O **atendimento pré-natal** à gestante inclui o dever do poder público de propiciar apoio alimentar à gestante, como forma de assegurar o direito à vida e à saúde do nascituro.

2 À **gestante** em seu último trimestre de gestação será assegurada sua vinculação ao estabelecimento onde será feito o parto, respeitada sua opção. O poder público deverá prover atendimento psicológico à gestante e à mãe no período pré e pós-natal, inclusive como forma de prevenir ou minorar as consequências do estado puerperal. Ademais, as gestantes ou mães que manifestem interesse em entregar seus filhos para adoção serão obrigatoriamente encaminhadas à Justiça da Infância e da Juventude, sem constrangimento.

3 Todos os **estabelecimentos de atendimento à saúde**, inclusive as unidades neonatais, de terapia intensiva e de cuidados intermediários, deverão proporcionar condições para a permanência em tempo integral de um dos pais ou responsável, nos casos de internação de criança ou adolescente. Além disso, em caso de suspeita ou confirmação de castigo físico, de tratamento cruel ou degradante e de maus-tratos contra criança ou adolescente, deverão ser obrigatoriamente comunicados ao Conselho Tutelar.

ECA

3. DO DIREITO À LIBERDADE, AO RESPEITO E À DIGNIDADE

1 A criança e o adolescente têm o direito de participar da **vida política**, na forma da lei, incluindo nesse escopo a capacidade eleitoral ativa facultativa aos dezesseis anos, bem como a realização de conferências lúdicas de direitos ou programas de parlamentos mirins ou jovens.

2 É dever de todos proteger a criança e o adolescente de qualquer tratamento vexatório ou constrangedor, sendo vedado, portanto, a veiculação de **imagem** com cenas de violência de qualquer ordem contra criança, por afronta à imagem da criança ou adolescente exposto.

3 A criança e o adolescente têm o direito de **ir, vir e estar** nos logradouros públicos e espaços comunitários, salvo as circunstâncias de restrição legal, bem como sua liberdade de **crença e culto religioso** e participação familiar e comunitária.

4 Os estabelecimentos de ensino, os clubes e as agremiações recreativas deverão assegurar medidas de conscientização, prevenção, diagnose e combate à violência e à intimidação sistemática (**bullying**).

5 A criança e o adolescente têm o direito de receber educação e cuidados **sem** o uso de **castigo físico** (ação de natureza disciplinar ou punitiva aplicada com o uso da força física sobre a criança ou o adolescente que resulte em sofrimento físico ou lesão) ou de **tratamento cruel ou degradante** (conduta ou forma cruel de tratamento em relação à criança ou ao adolescente que humilhe, ameace gravemente ou ridicularize), como formas de correção, disciplina, educação ou qualquer outro pretexto, pelos pais, pelos familiares, responsáveis, agentes públicos executores de medidas socioeducativas ou qualquer pessoa encarregada de cuidar deles.

6 A **ocorrência** de castigo físico ou tratamento cruel ou degradante **implicará**, de acordo com a gravidade e sem prejuízo de outras sanções, nas seguintes medidas a serem aplicadas pelo Conselho Tutelar: (i) encaminhamento a programa oficial ou comunitário de proteção à família; (ii) encaminhamento a tratamento psicológico ou psiquiátrico; (iii) encaminhamento a cursos ou programas de orientação; (iv) obrigação de encaminhar a criança a tratamento especializado; e (v) advertência.

4. DIREITO À CONVIVÊNCIA FAMILIAR E COMUNITÁRIA

1 A criança (até 12 anos incompletos) e o adolescente (de 12 anos até 18 anos incompletos) têm o direito fundamental à **convivência familiar e comunitária**, sendo criado no seio de sua família ou, excepcionalmente, em uma família substituta, em ambiente que garante seu desenvolvimento integral.

2 Há três tipos de famílias: (i) **natural**, formada pelos pais ou qualquer deles e seus descendentes; (ii) **extensa ou ampliada**, formada por parentes próximos com os quais a criança ou adolescente convive e mantém vínculos de afinidade e afetividade; e (iii) **substituta**, formada mediante guarda, tutela ou adoção.

3 Os **filhos** não poderão ser tratados diferentemente em razão de sua origem, sendo proibido qualquer tratamento discriminatório. Dessa forma, os filhos havidos em casamento, fora de casamento, por adoção ou qualquer outra forma de filiação têm os mesmos direitos, prerrogativas e qualificações.

4 O **poder familiar** será exercido pelo pai e pela mãe em igualdade de condições, assegurado o direito de recorrer à autoridade judiciária competente em caso de alguma discordância para a solução da divergência.

5 Aos **pais** incumbe o dever de sustento, guarda e educação dos filhos menores, cabendo-lhes ainda, no interesse destes, a obrigação de cumprir e fazer cumprir as determinações judiciais. Ambos, inclusive responsáveis, têm direitos iguais e deveres e responsabilidades compartilhados no cuidado e na educação da criança, resguardado o direito de transmissão familiar de suas crenças e culturas.

6 A falta ou a **carência de recursos materiais** não constitui motivo suficiente para a perda ou a suspensão do poder familiar. Não havendo outro motivo que legitime a decretação da medida, a criança ou o adolescente será mantido em sua família, devendo a mesma ser incluída em serviços e programas oficiais de proteção, apoio e promoção.

7 A **reintegração à família natural** deve ser sempre priorizada em relação a qualquer outra providência, e apenas excepcionalmente e com justo motivo, nas hipóteses legais e observados os procedimentos prescritos, deve se valer de colocação em família substituta ou destituição do poder familiar.

8 A **condenação criminal de pai ou mãe** não implica na destituição do poder familiar, exceto na hipótese de condenação por crime doloso, com pena de reclusão, contra o próprio filho ou filha. No caso de pai ou mãe privado de liberdade, será garantida a convivência da criança e do adolescente por meio de visitas periódicas promovidas pelo responsável ou, nas hipóteses de acolhimento institucional, pela entidade responsável, independentemente de autorização judicial.

9 A **perda e a suspensão do poder familiar** somente serão decretadas pelo juízo e em procedimento que observe o contraditório, nas hipóteses prescritas em lei e no caso de descumprimento injustificado dos deveres e obrigações.

10 Os filhos havidos fora do casamento podem ser **reconhecidos** pelos pais, conjunta ou separadamente, no próprio termo de nascimento, por testamento, mediante escritura ou outro documento público, qualquer que seja a origem da filiação, podendo o reconhecimento preceder o nascimento do filho ou suceder-lhe ao falecimento, se deixar descendentes.

11 A **colocação em família substituta** (guarda, tutela e adoção) deve ser precedida de preparação gradativa e observar posterior acompanhamento, realizados pela equipe interprofissional a serviço do Juízo da Infância e da Juventude, preferencialmente com o apoio dos técnicos responsáveis pela execução da política municipal de garantia do direito à convivência familiar

12 Para a colocação em família substituta (guarda, tutela e adoção), a criança deve ser previamente **ouvida** por equipe interprofissional sempre que possível, respeitado seu estágio de desenvolvimento e grau de compreensão, e terá sua opinião devidamente considerada. Já o adolescente deve **consentir** com a medida e sua manifestação será colhida em audiência.

13 A colocação em família substituta de **grupo de irmãos** deve ser feita conjuntamente em uma mesma família, salvo comprovada existência de risco de abuso ou outra situação que justifique a excepcionalidade de solução diversa, procurando-se sempre evitar o rompimento definitivo dos vínculos fraternais.

14 Toda criança ou adolescente em programa de acolhimento familiar ou institucional deve ter sua **situação reavaliada**, no máximo, a cada 6 (seis) meses, oportunidade na qual o juízo decidirá de forma fundamentada pela possibilidade de reintegração ou colocação em família substituta, com base em relatório produzido por equipe interprofissional.

15 A colocação em família substituta de criança ou adolescente **indígena ou proveniente de quilombo** deverá considerar e respeitar obrigatoriamente sua identidade social e cultural, os seus costumes e tradições, bem como suas instituições, desde que compatíveis com a legislação vigente. Deverá ocorrer prioritariamente no seio de sua comunidade ou junto a membros da mesma etnia e atuação da equipe interprofissional observará a intervenção e oitiva de representantes do órgão federal responsável pela política indigenista, no caso de indígenas, e de antropólogos.

16 A **guarda** obriga a prestação de assistência material, moral e educacional à criança ou adolescente, conferindo a seu detentor o direito de opor-se a terceiros, inclusive aos pais, destinando-se a regularizar a posse de fato. A guarda pode ser deferida, liminar ou incidentalmente, nos procedimentos de tutela e adoção, exceto no de adoção por estrangeiros, podendo ser revogada a qualquer tempo, mediante ato judicial fundamentado e ouvido o Ministério Público.

17 A **guarda** pode ser deferida fora de casos de tutela e adoção, de modo excepcional para atender a situações peculiares ou suprir a falta eventual dos pais ou responsável, podendo ser deferido o direito de representação para a prática de atos determinados, como a celebração de um contrato, inclusive o de trabalho ou aprendizagem.

18 O deferimento da **guarda** de criança ou adolescente a terceiros não impede o exercício do direito de visitas pelos pais, nem seu dever de prestar alimentos, salvo expressa e fundamentada determinação em contrário da autoridade judiciária competente ou quando a medida for aplicada em preparação para adoção.

19 Conferida a **guarda**, a criança ou adolescente assume a condição de dependente de seu guardião, para todos os fins e efeitos, inclusive previdenciários.

20 O poder público deve estimular por meio de incentivos fiscais, da concessão de subsídios e da atuação da assistência judiciária o acolhimento mediante **guarda** de criança ou adolescente afastado do convívio familiar. Esse acolhimento familiar terá preferência a acolhimento institucional, observando-se, em todos os casos, o caráter temporário e excepcional da medida.

21 A **tutela** poderá ser deferida quanto à pessoa de até 18 (dezoito) anos incompletos e pressupõe a prévia decretação da perda ou suspensão do poder familiar, bem como implica necessariamente no dever de guarda.

22 O **tutor nomeado por testamento** ou qualquer documento autêntico deverá, no prazo de 30 (trinta) dias após a abertura da sucessão, ingressar com pedido destinado ao controle judicial do ato e a apreciação de sua postulação observará todas as restrições pertinentes à colocação em família substituta e só será deferida se restar comprovado que a medida é vantajosa ao tutelando e que não existe outra pessoa em melhores condições de assumi-la.

23 A **destituição da tutela** deve observar os mesmos requisitos da destituição do poder familiar, ou seja, mediante processo judicial observado o contraditório.

24 A **adoção** é medida excepcional e irrevogável, não podendo ser feita por procuração e aplicável apenas quando esgotados todos os recursos de manutenção da criança ou adolescente na família natural ou extensa.

25 O **adotando não pode** ter mais que 18 (dezoito) anos à data do pedido, exceto se já estiver sob a guarda ou tutela dos adotantes.

26 Para **adoção conjunta**, os adotantes precisam ser casados civilmente ou conviverem em união estável, comprovada a estabilidade da família.

27 **Casal** que divorcia, separa judicialmente ou rompe união estável no período de estágio de convivência poderá ter a adoção deferida, desde que os mesmos acordem sobre a guarda, regime de visitas e desde que o estágio de convivência tenha sido iniciado na constância do período de convivência e que seja comprovada a existência de vínculo de afinidade e afetividade com aquele que não seja o detentor da guarda que justifique a excepcionalidade da concessão.

28 **Não podem adotar** os ascendentes e os irmãos do adotando.

29 O **adotante** precisa ser, no mínimo, 16 (dezesseis) anos mais velho do que o adotando.

30 A **morte dos adotantes** não restabelece o poder familiar dos pais biológicos.

31 A **adoção** depende do consentimento dos pais ou do representante legal do adotando, exceto quando forem desconhecidos ou tenham sido destituídos do poder familiar. A adoção de adolescente também dependerá do consentimento do adotando.

32 A **adoção** poderá ser deferida ao adotante que vier a falecer no curso do procedimento, desde que existente inequívoca manifestação de sua vontade.

33 A **adoção internacional** é aquela na qual a pessoa ou casal postulante é residente ou domiciliado fora do Brasil, sendo medida excepcional só ocorrerá se não houver casal de brasileiros, residente no Brasil, habilitado para a adoção, mesmo se houver consentimento dos genitores.

34 No entanto, o **consentimento** dos genitores dará **prioridade** a casal residente no exterior na ausência de interessado em adoção nacional.

35 Na adoção internacional, brasileiros têm **preferência** em relação a estrangeiros.

36 O **período do estágio de convivência** prévio a adoção internacional deverá ser cumprido no Brasil e terá prazo mínimo 30 dias. Já para a adoção nacional não existe prazo mínimo, podendo, inclusive, ser dispensado no caso de prévia convivência familiar em decorrência da guarda legal ou da tutela.

37 Apenas a simples guarda de fato não autoriza a dispensa da realização do **estágio de convivência**.

38 O **estágio de convivência** será acompanhado pela equipe interprofissional a serviço do Juízo da Infância e da Juventude, preferencialmente com apoio dos técnicos responsáveis pela execução da política de garantia do direito à convivência familiar, com apresentação de relatório minucioso sobre a conveniência da medida.

39 A **adoção** produz os seus efeitos a partir do trânsito em julgado da sentença constitutiva, salvo se houver o falecimento do adotante antes de sua prolação caso em que seus efeitos retroagirão à data do óbito.

40 A sentença de **adoção** conferirá ao adotado o nome do adotante e, a pedido de qualquer deles, poderá determinar a modificação do prenome, sendo

indispensável a oitiva do adotando caso a modificação seja requerida pela adotante.

41 Haverá um **registro** de crianças e adolescentes em condições de serem adotados e outro de pessoas interessadas na adoção, em cada comarca ou foro regional, mantido pela autoridade judiciária.

42 A **inscrição de postulantes** à adoção será precedida de um período de preparação psicossocial e jurídica, orientado pela equipe técnica da Justiça da Infância e da Juventude, preferencialmente com apoio dos técnicos responsáveis pela execução da política municipal de garantia do direito à convivência familiar, incluindo, sempre que possível e recomendável, o contato com crianças e adolescentes em acolhimento familiar ou institucional em condições de serem adotados, sob a orientação, supervisão e avaliação da equipe técnica da Justiça da Infância e da Juventude.

43 Haverá **cadastros estaduais e nacional** de crianças e adolescentes em condições de serem adotados e de pessoas ou casais habilitados à adoção e as autoridades estaduais e federais em matéria de adoção terão acesso integral aos cadastros, incumbindo-lhes a troca de informações e a cooperação mútua, para melhoria do sistema.

44 Haverá **cadastros distintos** para pessoas ou casais **residentes no exterior**, que somente serão consultados na inexistência de postulantes nacionais habilitados.

45 **Casal domiciliado no exterior** que deseja adotar criança já disponível nos cadastros de habilitação para adoção nacional e internacional deve ingressar com pedido de habilitação junto à Autoridade Central do país de acolhida, para que esta, após a habilitação do casal, envie um relatório para a Autoridade Central Estadual e para a Autoridade Central Federal Brasileira, a fim de que obtenham o laudo de habilitação à adoção internacional.

46 Se houver autorização na legislação do país de acolhida, admite-se a **intermediação por organismos credenciados** dos pedidos de habilitação à adoção internacional, incumbindo à Autoridade Central Federal Brasileira o credenciamento desses organismos, com posterior comunicação às Autoridades Centrais Estaduais e publicação nos órgãos oficiais de imprensa e em sítio próprio da internet.

47 O **credenciamento** de organismos intermediadores de pedidos de habilitação à adoção internacional só será possível se os mesmo forem (i) oriundos de países que ratificaram a Convenção de Haia e estejam devidamente credenciados pela Autoridade Central do país onde estiverem sediados e no país de acolhida do adotando para atuar em adoção internacional no Brasil; (ii) satisfizerem as condições de integridade moral, competência profissional, experiência e responsabilidade exigidas pelos países respectivos e pela Autoridade Central Federal Brasileira; (iii) forem qualificados por seus padrões éticos e sua formação e experiência para atuar na área de adoção internacional; e (iv) cumprirem os requisitos exigidos pelo ordenamento jurídico brasileiro e pelas normas estabelecidas pela Autoridade Central Federal Brasileira.

48 O **credenciamento** de organismo intermediador de pedidos de habilitação à adoção internacional terá validade de 2 (dois) anos.

49 A **Autoridade Central Federal Brasileira** poderá, a qualquer momento, solicitar informações sobre a situação das crianças e adolescentes adotados.

50 Os organismos intermediadores de pedidos de habilitação à adoção internacional que cobrarem valores considerados abusivos pela Autoridade Central Federal Brasileira serão **descredenciados**.

51 A concessão de **novos credenciamentos** poderá ser suspensa ou limitar a qualquer tempo, sempre que apela Autoridade Central Federal Brasileira julgar necessário, por meio ato administrativo fundamentado.

52 Não será permitida a **saída do adotando** do território nacional antes de transitada em julgado a decisão que conceder a adoção internacional.

53 Terá prioridade de tramitação o processo de adoção em que o adotando for pessoa com **deficiência** ou com **doença crônica**.

54 O adotado após completar 18 (dezoito) anos tem direito de conhecer sua **origem biológica**, bem como ter acesso irrestrito ao respectivo processo de adoção e seus eventuais incidentes.

5. DIREITO À EDUCAÇÃO, À CULTURA, AO ESPORTE E AO LAZER

1 A criança e o adolescente têm **direito à educação**, visando ao pleno desenvolvimento de sua pessoa, preparo para o exercício da cidadania e qualificação para o trabalho, observados: (i) igualdade de condições para o acesso e permanência na escola; (ii) direito de ser respeitado por seus educadores; (iii) direito de contestar critérios avaliativos, podendo recorrer às instâncias escolares superiores; (iv) direito de organização e participação em entidades estudantis; e (v) acesso à escola pública e gratuita próxima de sua residência.

2 O **acesso ao ensino obrigatório** e gratuito é direito público subjetivo e o seu não oferecimento ou sua oferta irregular importa responsabilidade da autoridade competente, ficando também os pais ou responsável obrigados a matriculares seus filhos ou pupilos na rede regular de ensino.

3 Os **dirigentes de estabelecimentos de ensino fundamental** comunicarão ao Conselho Tutelar os casos de maus-tratos envolvendo seus alunos, a reiteração de faltas injustificadas e a evasão escolar, esgotados os recursos escolares, assim como os elevados níveis de repetência.

6. DIREITOS À PROFISSIONALIZAÇÃO E PROTEÇÃO NO TRABALHO

1 Para menores de quatorze anos de idade somente é permitido o trabalho na condição de **aprendiz**, considerada como formação técnico-profissional ministrada segundo as diretrizes e bases da legislação de educação em vigor e obedecendo aos seguintes princípios: (i) garantia de acesso e frequência obrigatória ao ensino regular; (ii) atividade compatível com o desenvolvimento do adolescente; (iii) horário especial para o exercício das atividades.

2 Ao aprendiz de até quatorze anos de idade é **assegurada bolsa de aprendizagem**. Já ao aprendiz maior de quatorze anos são assegurados os **direitos trabalhistas e previdenciários**.

3 Ao adolescente empregado na condição de aprendiz, em regime familiar de trabalho, aluno de escola técnica, assistido em entidade governamental ou não-governamental, é **vedado trabalho**: (i) noturno, realizado entre as vinte e duas horas de um dia e as cinco horas do dia seguinte; (ii) perigoso, insalubre ou penoso; (iii) realizado em locais prejudiciais à sua formação e ao seu desenvolvimento físico, psíquico, moral e social; (iv) realizado em horários e locais que não permitam a frequência à escola.

7. PREVENÇÃO ESPECIAL

1 O poder público, por meio de seu órgão competente, qual seja, o Ministério da Justiça, regulará as diversões e espetáculos públicos, **indicando as faixas etárias** a que não se recomendem, bem como locais e horários em que sua apresentação se mostre inadequada.

2 É responsabilidade dos organizadores de diversões e espetáculos públicos **afixar**, em lugar visível e de fácil acesso, à entrada do local de exibição, **informação** destacada sobre a natureza do espetáculo e a faixa etária especificada no certificado de classificação.

3 As revistas e publicações contendo **material impróprio ou inadequado** a crianças e adolescentes deverão ser comercializadas somente em embalagem lacrada e com a advertência de seu conteúdo, cuidando-se as Editoras para que as capas que contenham mensagens pornográficas ou obscenas sejam protegidas com embalagem opaca.

4 Não é permitida a **venda** à criança ou ao adolescente de: (i) armas, munições e explosivos; (ii) bebidas alcoólicas; (iii) produtos cujos componentes possam causar dependência física ou psíquica ainda que por utilização indevida; (iv) fogos de estampido e de artifício, exceto aqueles que pelo seu reduzido potencial sejam incapazes de provocar qualquer dano físico em caso de utilização indevida; (v) revistas e publicações contendo material impróprio ou inadequado; e (vi) bilhetes lotéricos e equivalentes.

5 Não é permitida a **hospedagem** de criança ou adolescente em hotel, motel, pensão, pousada ou estabelecimento congênere, exceto se autorizado ou acompanhado pelos pais ou responsável.

6 O titular de hotel, motel, pousada ou congênere, ou um de seus prepostos, podenegar-se a promover a **hospedagem**de criança ou adolescente não acompanhada de pais ou responsável ou de autorização escrita, mesmo que esteja acompanhada por adultos.

7 Toda criança ou adolescente terá livre acesso a**diversões e espetáculos** públicos classificados como adequados à sua faixa etária, exceto as menores de dez anos que somente poderão ingressar e permanecer nos locais de apresentação ou exibição quando acompanhadas dos pais ou responsável.

8 Não é permitida a **viagem** para fora da comarca onde resida de criança desacompanhada dos pais ou responsável, sem expressa autorização judicial.

9 É dispensável **autorização judicial para viagem** nacional fora da comarca onde reside quando o destino tratar-se de comarca contígua à da residência da criança, se na mesma unidade da Federação, ou incluída na mesma região metropolitana; ou quando a criança estiver acompanhada de ascendente ou colateral maior, até o terceiro grau, comprovado documentalmente o parentesco; ou de pessoa maior, expressamente autorizada pelo pai, mãe ou responsável.

10 A autoridade judiciária competente poderá conceder **autorização para viagem** válida por dois anos mediante pedido dos pais ou responsável.

11 Para **viagens ao exterior**, a autorização judicial somente é dispensável quando a criança ou o adolescente estiver acompanhado de ambos os pais ou responsável ou na companhia de um dos deles, desde que autorizado expressamente pelo outro por meio de documento com firma reconhecida.

12 Nenhuma criança ou adolescente nascido em território nacional poderá **sair do país** em companhia de estrangeiro residente ou domiciliado no exterior, salvo mediante prévia e expressa autorização judicial.

8. ENTIDADES DE ATENDIMENTO

1 As **entidades de atendimento** são responsáveis pela manutenção das próprias unidades, assim como pelo planejamento e execução de programas de proteção e socioeducativos destinados a crianças e adolescentes, em regime de: orientação e apoio sócio familiar; apoio socioeducativo em meio aberto; colocação familiar; acolhimento institucional; prestação de serviços à comunidade; liberdade assistida; semiliberdade; e internação.

2 As **entidades de acolhimento familiar ou institucional** observam os princípios: (i) preservação dos vínculos familiares e promoção da reintegração familiar; (ii) integração em família substituta, quando esgotados os recursos de manutenção na família natural ou extensa; (iii) atendimento personalizado e em pequenos grupos; (iv) desenvolvimento de atividades em regime de coeducação; (v) não desmembramento de grupos de irmãos; (vi) evitar, sempre que possível, a transferência para outras entidades de crianças e adolescentes abrigados; (vii) participação na vida da comunidade local; (viii) preparação gradativa para o desligamento; e (ix) participação de pessoas da comunidade no processo educativo.

3 Mesmo inserida em programa de acolhimento institucional ou familiar, a criança ou o adolescente deve ser estimulado a manter **contato com seus pais ou responsável**, exceto apenas se houver determinação judicial em sentido contrário.

4 Em caso de urgência e em caráter excepcional, a entidade de acolhimento institucional poderá acolher crianças e **adolescentes sem prévia determinação** da autoridade competente, fazendo comunicação do fato em até 24 horas ao Juiz da Infância e da Juventude.

5 A criança de **0 a 3 anos**, quando em acolhimento institucional, receberá cuidados de educadores de referência estáveis com atuação qualitativamente significativa, com rotinas específicas e atendimento das necessidades básicas, incluindo as de afeto como prioritárias.

6 O dirigente da entidade de acolhimento institucional é equiparado para todos os efeitos a um **guardião**.

7 As entidades não-governamentais de acolhimento deverão manter **registro** perante o **Conselho Municipal dos Direitos da Criança e do Adolescente**, o qual comunicará o registro ao Conselho Tutelar e à autoridade judiciária da respectiva localidade.

8 O registro acima referido terá validade máxima de quatro anos, cabendo em sua concessão ou renovação a avaliação pelo Conselho Municipal da Criança e do Adolescente que **poderá negar o registro** se a entidade: (i) não oferecer instalações físicas em condições adequadas de habitabilidade, higiene, salubridade e segurança; (ii) não apresentar plano de trabalho compatível com os princípios desta Lei; (iii) não estiver regularmente constituída; (iv) contiver em seus quadros pessoas inidôneas; ou (v) estiver inobservando as resoluções e deliberações relativas à modalidade de atendimento prestado expedidas pelos Conselhos de Direitos da Criança e do Adolescente, em todos os níveis.

9 As entidades de atendimento devem ter em seus quadros **profissionais** aptos e capacitados a **reconhecer** suspeitas de **maus-tratos**, bem como a reportar a ocorrência ao Conselho Tutelar.

9. MEDIDAS DE PROTEÇÃO

1 As **medidas de proteção** à criança e ao adolescente são aplicáveis sempre que os direitos da criança e do adolescente forem ameaçados ou violados (i) por ação ou omissão da sociedade ou do Estado; (ii) por falta, omissão ou abuso dos pais ou responsável; e (iii) em razão de sua conduta. A aplicação pode se dar cumulativamente, devendo a autoridade competente escolher a mais adequada diante das necessidades específicas do destinatário.

2 As medidas de proteção devem observar o princípio **da intervenção precoce**, segundo o qual a intervenção das autoridades competentes deve ser efetuada logo que a situação de perigo seja conhecida e o princípio da **intervenção mínima**, segundo o qual a intervenção deve ser exercida exclusivamente pelas autoridades e instituições cuja ação seja indispensável à efetiva promoção dos direitos e à proteção da criança e do adolescente.

3 Verificada a ameaça ou violação, a autoridade competente poderá determinar, dentre outras, as seguintes **medidas de proteção**: (i) encaminhamento aos pais ou responsável, mediante termo de responsabilidade; (ii) orientação, apoio e acompanhamento temporários; (iii) matrícula e frequência obrigatórias em estabelecimento oficial de ensino fundamental; (iv) inclusão em serviços e programas oficiais ou comunitários de proteção, apoio e promoção da família, da criança e do adolescente; (v) requisição de tratamento médico, psicológico ou psiquiátrico, em regime hospitalar ou ambulatorial; (vi) inclusão em programa oficial ou comunitário de auxílio, orientação e tratamento a alcoólatras e toxicômanos; (vii) acolhimento institucional; (viii) inclusão em programa de acolhimento familiar; e (ix) colocação em família substituta.

10. PRÁTICA DE ATO INFRACIONAL

1 Considera-se **ato infracional** a conduta descrita como crime ou contravenção penal. Indisciplina não é ato infracional, mesmo que ocorra em ambiente escolar ou externo.

2 Nenhum adolescente poderá ser privado de sua liberdade sem o **devido processo legal,** sendo-lhe assegurado: (i) o pleno e formal conhecimento da atribuição de ato infracional, mediante citação ou meio equivalente; (ii) a igualdade na relação processual, podendo confrontar-se com vítimas e testemunhas e produzir todas as provas necessárias à sua defesa; (iii) a defesa técnica por advogado; (iv) a assistência judiciária gratuita e integral aos necessitados, na forma da lei; (v) o direito de ser ouvido pessoalmente pela autoridade competente; e (vi)o direito de solicitar a presença de seus pais ou responsável em qualquer fase do procedimento.

3 Em **flagrante de ato infracional**, as crianças devem ser encaminhadas ao Conselho Tutelar competente e os adolescentes à autoridade policial para apreensão.

4 A apreensão de qualquer adolescente e o local onde se encontra recolhido devem ser imediatamente **comunicados à autoridade judiciária** competente e à família do apreendido ou à pessoa por ele indicada, examinando-se, desde logo, a possibilidade de liberação imediata.

5 A autoridade competente ao verificar a **prática de ato infracional** poderá aplicar ao adolescente as seguintes **medidas**: (i) advertência; (ii) obrigação de reparar o dano; (iii) prestação de serviços à comunidade; (iv) liberdade assistida; (v) inserção em regime de semiliberdade; (vi) internação em estabelecimento educacional; e (vii) as seguintes medidas de proteção (a) encaminhamento aos pais ou responsável, mediante termo de responsabilidade; (b) orientação, apoio e acompanhamento temporários; (c) matrícula e frequência obrigatórias em estabelecimento oficial de ensino fundamental; (c) inclusão em serviços e programas oficiais ou comunitários de proteção, apoio e promoção da família, da criança e do adolescente; (d) requisição de tratamento médico, psicológico ou psiquiátrico, em regime hospitalar ou ambulatorial; e (e) inclusão em programa oficial ou comunitário de auxílio, orientação e tratamento a alcoólatras e toxicômanos.

6 No caso de **ato infracional com reflexos patrimoniais**, a autoridade competente poderá determinar que o adolescente restitua a coisa, promova o ressarcimento do dano, ou, por outra forma, compense o prejuízo da vítima.

7 A **advertência** consiste em admoestação verbal (reprimenda pública), que será reduzida a termo e assinada.

ECA

8 A **prestação de serviços comunitários** consiste na realização de tarefas gratuitas de interesse gera, conforme aptidão do adolescente, junto a entidades assistenciais, hospitais, escolas e outros estabelecimentos congêneres, bem como em programas comunitários ou governamentais. Tal medida pode ser aplicada por período não excedente a seis meses e será cumprida durante jornada máxima de oito horas semanais, aos sábados, domingos e feriados ou em dias úteis, de modo a não prejudicar a frequência à escola ou à jornada normal de trabalho.

9 A **liberdade assistida** terá o fim de acompanhar, auxiliar e orientar o adolescente, com designação de pessoa capacitada para acompanhar o caso, a qual poderá ser recomendada por entidade ou programa de atendimento, incumbindo-lhe: (i)promover socialmente o adolescente e sua família, fornecendo-lhes orientação e inserindo-os, se necessário, em programa oficial ou comunitário de auxílio e assistência social; (ii) supervisionar a frequência e o aproveitamento escolar do adolescente, promovendo, inclusive, sua matrícula; (iii) diligenciar no sentido da profissionalização do adolescente e de sua inserção no mercado de trabalho; e (iv) apresentar relatório do caso. A liberdade assistida será aplicada no prazo mínimo de seis meses, podendo a qualquer tempo ser prorrogada, revogada ou substituída por outra medida, ouvido o orientador, o Ministério Público e o defensor.

10 O regime de **semiliberdade** é aplicado como medida ou como forma de transição para o meio aberto, não comportando prazo determinado e aplicando-se, no que for possível, as disposições pertinentes à internação. Nesta medida são obrigatórias a escolarização e a profissionalização, devendo, sempre que possível, ser utilizados os recursos existentes na comunidade.

11 A medida de **internação** é aplicada em razão do descumprimento reiterado e injustificável da medida anteriormente imposta ao adolescente infrator, não podendo ser superior a três meses.

12 A medida de **internação** é aplicado nos casos de ato infracional praticado com ameaça e violência contra pessoa, mesmo que não havendo reincidência.

13 A medida de **internação** é aplicada em razão de reiteração no cometimento de outras infrações graves.

14 A **internação** não comporta período determinado e não pode ultrapassar o máximo de três anos, independente do emprego ou não de violência no ato infracional praticado.

15 A **internação**, antes da sentença, pode ser determinada pelo prazo máximo de quarenta e cinco dias.

16 Com 21 (vinte e um) anos de idade, há a **liberação compulsória** da internação.

17 O adolescente **internado tem o direito** de (i) falar pessoalmente com o representante do Ministério Público e com seu defensor; (ii) peticionar a qualquer autoridade; (iii) ser informado de sua situação processual; (iv) ser tratado com respeito e dignidade; (v) ser internado na mesma localidade ou naquela mais próxima ao domicílio de seus pais ou responsável; (vi) enviar e receber correspondência, bem como ter acesso a meios de comunicação social; (vii) receber visitas, no mínimo, semanalmente; (viii) habitar instalações em condições de higiene e salubridade, bem como ter acesso a objetos necessários à sua higiene pessoal; (ix) receber escolarização e profissionalização; (x) realizar atividades culturais, esportivas e de lazer; (xi) receber assistência religiosa, segundo a sua crença; (xii) manter a posse de seus objetos pessoais e dispor de local seguro para guardá-los, recebendo comprovante daqueles porventura depositados; e (xiii) receber os documentos pessoais indispensáveis à vida em sociedade quando de sua desinternação.

18 A autoridade judiciária poderá **suspender temporariamente a visita**, inclusive de pais ou responsável, se existirem motivos sérios e fundados de sua prejudicialidade aos interesses do adolescente, mas em tal situação permanece o seu direito de continuar internada na mesma localidade ou naquela mais próxima ao domicílio de seus pais ou responsável.

19 O adolescente internado jamais poderá ficar em **incomunicabilidade**.

20 A **remissão** consiste em exclusão do processo de apuração de ato infracional antes de sua deflagração e poderá ser concedida pelo representante do Ministério Público atendendo às circunstâncias e consequências do fato, ao contexto social, bem como à personalidade do adolescente e sua maior ou menor participação no ato infracional. Com a remissão não há o reconhecimento ou comprovação da responsabilidade, nem prevalece para efeito de antecedentes e pode incluir eventual aplicação de qualquer das medidas previstas em lei, exceto a colocação em regime de semiliberdade e a internação.

21 A **remissão** também poderá ser concedida pela autoridade judiciária após o início do procedimento judicial, o que acarretará a suspensão ou extinção do processo. Em qualquer dos casos, a medida aplicada por força da remissão poderá ser revista judicialmente, a qualquer tempo, mediante pedido expresso do adolescente ou de seu representante legal, ou do Ministério Público.

11. DAS MEDIDAS PERTINENTES AOS PAIS OU RESPONSÁVEL

1 As **medidas aplicáveis aos pais ou responsáveis** são: (i) encaminhamento a serviços e programas oficiais ou comunitários de proteção, apoio e promoção da família; (ii) inclusão em programa oficial ou comunitário de auxílio, orientação e tratamento a alcoólatras e toxicômanos; (iii) encaminhamento a tratamento psicológico ou psiquiátrico; (iv) encaminhamento a cursos ou programas de orientação; (v) obrigação de matricular o filho ou pupilo e acompanhar sua frequência e aproveitamento escolar; (vi) obrigação de encaminhar a criança ou adolescente a tratamento especializado; (vii) advertência; (viii) perda da guarda; (ix) destituição da tutela; e (x) suspensão ou destituição do poder familiar. Havendo maus-tratos, opressão ou abuso sexual impostos pelos pais ou responsável, a autoridade judiciária competente poderá determinar cautelarmente o afastamento do agressor da moradia comum, hipótese na qual constará, ainda, a fixação provisória dos alimentos de que necessitem a criança ou o adolescente dependente do agressor.

12. CONSELHO TUTELAR

1 O **Conselho Tutelar**, considerando sua natureza não jurisdicional, destaca-se no aconselhamento e na orientação à família ou responsável pela criança ou adolescente, inclusive na hipótese de inclusão em programa oficial ou comunitário de auxilio, orientação e tratamento a alcoólatras e toxicômanos.

2 Os **requisitos para candidatura** a membro do Conselho Tutelar são (i) reconhecida idoneidade moral; (ii) idade superior a vinte e um anos; e (iii) residir no município. Poderá a legislação local fixar outras condições como escolaridade ou experiência na defesa dos direitos da criança e do adolescente.

3 O **processo de eleição** dos membros do Conselho Tutelar será estabelecido em lei municipal e realizado sob a responsabilidade do Conselho Municipal dos Direitos da Criança e do Adolescente e a fiscalização do Ministério Público, ocorrendo em data unificada em todo o território nacional a cada 4 (quatro) anos, no primeiro domingo do mês de outubro do ano subsequente ao da eleição presidencial. No processo de escolha dos membros do Conselho Tutelar, é vedado ao candidato doar, oferecer, prometer ou entregar ao eleitor bem ou vantagem pessoal de qualquer natureza, inclusive brindes de pequeno valor. A posse dos conselheiros tutelares ocorrerá no dia 10 de janeiro do ano subsequente ao processo de escolha.

4 O conselheiro tutelar ao **presenciar ameaça ou violação de direitos** da criança ou do adolescente por ação, omissão ou abuso dos pais ou responsáveis deverá orientá-los e analisar a conveniência de aplicação de alguma medida de proteção.

5 São **impedidos** de servir no mesmo Conselho Tutelar marido e mulher, ascendentes e descendentes, sogro e genro ou nora, irmãos, cunhados, durante o cunhadio, tio e sobrinho, padrasto ou madrasta e enteado. Estende-se o impedimento do conselheiro em relação à autoridade judiciária e ao representante do

Ministério Público com atuação na Justiça da Infância e da Juventude, em exercício na comarca, foro regional ou distrital.

6 É **atribuição do Conselho Tutelar** assessorar o Poder Executivo local na elaboração da proposta orçamentária para planos e programas de atendimento dos direitos da criança e do adolescente e representar ao Ministério Público para efeito das ações de perda ou suspensão do poder familiar, após esgotadas as possibilidades de manutenção da criança ou do adolescente junto à família natural, dentre outras várias atribuições. As decisões do Conselho Tutelar somente poderão ser revistas pela autoridade judiciária a pedido de quem tenha legítimo interesse.

13. ACESSO À JUSTIÇA

1 À criança e ao adolescente e garantido o **acesso à Justiça**, por meio da Defensoria Pública, do Ministério Público e do Poder Judiciário, por qualquer de seus órgãos. A assistência judiciária gratuita será prestada aos que dela necessitarem por meio de defensor público ou advogado nomeado.

2 Os atos judiciais, policiais e administrativos pertinentes a crianças e adolescentes a que se atribua autoria de ato infracional **não poderão ser divulgados**, sendo que suas notícias não poderão identificar a criança ou adolescente, vedada a exibição de fotografia, a referência a nome, apelido, filiação, parentesco, residência e, inclusive, iniciais de nome e sobrenome. Até as certidões ou expedições de cópias somente serão deferidas pela autoridade judiciária competente se demonstrado o interesse e justificada a finalidade.

3 Na hipótese de **colisão de interesses** entre a criança ou adolescente e seus pais ou responsável, a autoridade judiciária lhes dará curador especial, o mesmo ocorrendo nas hipóteses de carência de representação ou assistência legal, ainda que eventual.

4 Terão **prioridade de tramitação**, em qualquer juízo ou tribunal, os procedimentos judiciais previstos no Estatuto da Criança e do Adolescente.

5 As ações judiciais de competência da Justiça da Infância e da Juventude são **isentas de custas e emolumentos**, independentemente de qualquer concessão de justiça gratuita, ressalvada a hipótese de litigância de má-fé.

6 No que se refere aos procedimentos da Justiça da Infância e da Juventude, inclusive os relativos à execução das medidas socioeducativas, será adotado o **sistema recursal** do Código de Processo Civil.

7 A **competência territorial** da Justiça da Infância e da Juventude será determinada pelo domicílio dos pais ou responsável ou pelo lugar onde se encontre a criança ou adolescente, à falta dos pais ou responsável, exceto nos casos de ato infracional, quando se dará pelo lugar da ação ou omissão, observadas as regras de conexão, continência e prevenção.

8 O procedimento para a **perda ou a suspensão do poder familiar** terá início por provocação do Ministério Público ou de quem tenha legítimo interesse, incluindo-se qualquer parente. Sendo que a petição inicial deverá conter: (i) a autoridade judiciária a que for dirigida; (ii) o nome, o estado civil, a profissão e a residência do requerente e do requerido, dispensada a qualificação em se tratando de pedido formulado por representante do Ministério Público; (iii) a exposição sumária do fato e o pedido; e (iv) as provas que serão produzidas, oferecendo, desde logo, o rol de testemunhas e documentos. A sentença que decretar a perda ou a suspensão do poder familiar será averbada à margem do registro de nascimento da criança ou do adolescente.

9 Os requisitos para a concessão de **pedido de colocação em família** substituta são (i) qualificação completa do requerente e de seu eventual cônjuge, ou companheiro, com expressa anuência deste; (ii) indicação de eventual parentesco do requerente e de seu cônjuge, ou companheiro, com a criança ou adolescente, especificando se tem ou não parente vivo;(iii) qualificação completa da criança ou adolescente e de seus pais, se conhecidos; (iv) indicação do cartório onde foi inscrito nascimento, anexando, se possível, uma cópia da respectiva certidão; e (v) declaração sobre a existência de bens, direitos ou rendimentos relativos à criança ou ao adolescente.

10 No procedimento de **apuração de ato infracional** atribuído a adolescente, a autoridade judiciária não aplicará qualquer medida e determinará a imediata liberação se o adolescente estiver internado quando reconhecer na sentença: (i) estar provada a inexistência do fato; (ii) não haver prova da existência do fato; (iii) não constituir o fato ato infracional; e (iv) não existir prova de ter o adolescente concorrido para o ato infracional. Não se admitindo nesse processo a habilitação de assistente de acusação.

11 O procedimento de **apuração de irregularidades em entidade governamental e não-governamental** terá início mediante portaria da autoridade judiciária ou representação do Ministério Público ou do Conselho Tutelar, onde conste, necessariamente, resumo dos fatos, podendo ser decretado liminarmente o afastamento provisório do dirigente da entidade mediante decisão fundamentada, existindo motivo grave e ouvido o Ministério Público.

12 É competência do **Ministério Público**: conceder a remissão como forma de exclusão do processo; promover e acompanhar os procedimentos relativos às infrações atribuídas a adolescentes; promover e acompanhar as ações de alimentos e os procedimentos de suspensão e destituição do poder familiar, nomeação e remoção de tutores, curadores e guardiães, bem como oficiar em todos os demais procedimentos da competência da Justiça da Infância e da Juventude; dentre outras.

13 Compete ao **Ministério Público** promover o inquérito civil e a ação civil pública para a proteção dos interesses relativos à infância e à adolescência sejam eles coletivos, difuso e até individuais, podendo, inclusive, além das ações civis, impetrar mandados de segurança, de injunção e habeas corpus em favor de crianças e adolescentes.

14 A **investigação do desaparecimento de crianças ou adolescentes** será realizada imediatamente após notificação aos órgãos competentes, que deverão comunicar o fato aos portos, aeroportos, Polícia Rodoviária e companhias de transporte interestaduais e internacionais, fornecendo-lhes todos os dados necessários à identificação do desaparecido.

15 São legitimados para propor **ações civis fundadas em interesses coletivos ou difusos**: (i) o Ministério Público (Podendo haver litisconsórcio entre os Ministérios Públicos Federal e Estadual); (ii) a União, os estados, os municípios, o Distrito Federal e os territórios; (iii) as associações legalmente constituídas há pelo menos um ano e que incluam entre seus fins institucionais a defesa dos interesses e direitos protegidos por esta Lei, dispensada a autorização da assembleia, se houver prévia autorização estatutária. Em caso de desistência ou abandono da ação por associação legitimada, o Ministério Público ou outro legitimado poderá assumir a titularidade ativa.

14. INFRAÇÕES PENAIS E ADMINISTRATIVAS

1 É infração administrativa, sujeita à aplicação de pena de multa, a **hospedagem** de adolescente desacompanhado dos pais, responsáveis, ou sem autorização escrita desses ou da autoridade judiciária.

2 É crime, sob pena de reclusão de 1 (um) a 4 (quatro) anos e **multa, prometer ou efetivar** a entrega de filho ou pupilo a terceiro, mediante pagamento ou recompensa. Como se vê o crime já se consuma com a mera promessa de entrega do menor. Também incorre na mesma pena quem oferece ou entrega o pagamento ou a recompensa.

3 É crime, sob pena de reclusão de 1 (um) a 4 (quatro) anos, **corromper ou facilitar a corrupção de menor**, com ele praticando infração penal ou induzindo-o a praticá-la, inclusive por meio de qualquer meio eletrônico, como, por exemplo, salas de bate-papo da internet.

4 O fato da criança ou do adolescente já ter sofrido medida socioeducativa é irrelevante para efeitos a configuração do crime de **corrupção de menores**.

5 Conforme decisão do Supremo Tribunal Federal, é **inconstitucional** a previsão de infração administrativa em razão de transmitir, por meio de rádio ou televisão, espetáculo em **horário diverso do autorizado** ou**sem aviso de sua classificação**, não podendo ser aplicada multa ou determinação de suspensão da emissora ou qualquer outra sanção administração em relação à emissora.

6 É crime, sob pena de reclusão de 3 (três) a 6 (seis) anos e multa, oferecer, trocar, disponibilizar, transmitir, distribuir, publicar ou divulgar por qualquer meio, inclusive por meio de sistema de informática ou telemático, fotografia, vídeo ou outro registro que contenha **cena de sexo explícito ou pornográfica envolvendo criança ou adolescente**. Incorrem na mesma pena aqueles que asseguram os meios ou os serviços para o armazenamento das imagens e seu acesso virtual ou, em sendo o responsável legal pelo serviço, deixa de desabilitar o acesso ao conteúdo ilícito após oficial notificado.

7 É crime, sob pena de reclusão de 1 (um) a 4 (quatro) anos e multa, adquirir, possuir ou armazenar, por qualquer meio, fotografia, vídeo ou outra forma de registro que contenha **cena de sexo explícito ou pornográfica envolvendo criança ou adolescente**. Não ocorre este crime quando a finalidade for comunicar às autoridades competentes quando a comunicação for feita por (i) agente público no exercício de suas funções; (ii) membro de entidade, legalmente constituída, que inclua, entre suas finalidades institucionais, o recebimento, o processamento e o encaminhamento de notícia desse tipo de crime; e (iii) representante legal e funcionários responsáveis de provedor de acesso ou serviço prestado por meio de rede de computadores, até o recebimento do material relativo à notícia feita à autoridade policial, ao Ministério Público ou ao Poder Judiciário. Tais pessoas devem manter sob sigilo o material ilícito colhido.

8 Para fins do Estatuto da Criança e do Adolescente, a expressão **"cena de sexo explícito ou pornográfica"** significa qualquer situação que envolva criança ou adolescente em atividades sexuais explícitas, reais ou simuladas, ou exibição dos órgãos genitais de uma criança ou adolescente para fins primordialmente sexuais

9 É infração administrativa, sob pena de multa detrês a vinte salários de referência, aplicando-se o dobro em caso de reincidência, **descumprir, dolosa ou culposamente, os deveres** inerentes ao poder familiar ou decorrente de tutela ou guarda, bem assim determinação da autoridade judiciária ou Conselho Tutelar.

10 É infração administrativa, sob multa de três a vinte salários de referência, aplicando-se o dobro em caso de reincidência, **deixar** o médico, professor ou responsável por estabelecimento de atenção à saúde e de ensino fundamental, pré-escola ou creche, de **comunicar** à autoridade competente os casos de que tenha conhecimento, envolvendo **suspeita ou confirmação de maus-tratos** contra criança ou adolescente.

11 É crime, sob pena de reclusão de 4 a 10 anos, submeter, induzir ou atrair à **prostituição** ou outra forma de exploração sexual alguém menor de 18 anos. Se o crime é praticado com o fim de obter vantagem econômica, aplica-se também multa. Incorre nas mesmas penas quem pratica conjunção carnal ou outro ato libidinoso com alguém menor de 18 e maior de 14 anos na situação de prostituição, bem como o proprietário, o gerente ou o responsável pelo local em que se verifiquem tais práticas sendo efeito obrigatório da condenação a cassação da licença de localização e de funcionamento do estabelecimento.

12 É infração administrativa **divulgar**, total ou parcialmente, sem autorização devida e por qualquer meio de comunicação, nome, ato ou documento de procedimento (policial, administrativo ou judicial) relativo a criança ou adolescente a que se atribuía **ato infracional**. Para configuração da infração é necessária a comprovação de dolo.

DIREITO DO TRABALHO

♦ Thais Mendonça

Sumário:

INCIDÊNCIA DOS TEMAS NAS PROVAS
(atualizada até o XXIV Exame da OAB)

Direito do Trabalho

Empregador	2	1%
Avulso	1	1%
Prescrição	1	1%
Transporte	1	1%
Conflito entre CCT e ACT	1	1%
Doméstico	1	1%
Dono da obra	1	1%
Força maior	1	1%
Justa Causa	1	1%
PDV – Programa de demissão voluntária	1	1%
Terceirização	1	1%
Reintegração	1	1%
Férias	1	1%
Empregado	2	1%
Descontos	2	1%
Acordo Coletivo	2	1%
Adicional de transferência	2	1%

Licença-Maternidade	2	1%
Culpa recíproca	2	1%
Discriminação	2	1%
Insalubridade	2	1%
Aprendizagem	3	2%
Intervalo intrajornada	3	2%
Punições do Empregado	3	2%
Periculosidade	4	3%
Direito Coletivo	5	4%
Equiparação Salarial	6	4%
Aviso prévio	7	5%
FGTS	7	5%
Rescisão do Contrato	8	6%
Estabilidades	13	9%
Jornada	15	11%
Remuneração	17	12%
Contrato de Trabalho	20	14%
Total	141	100%

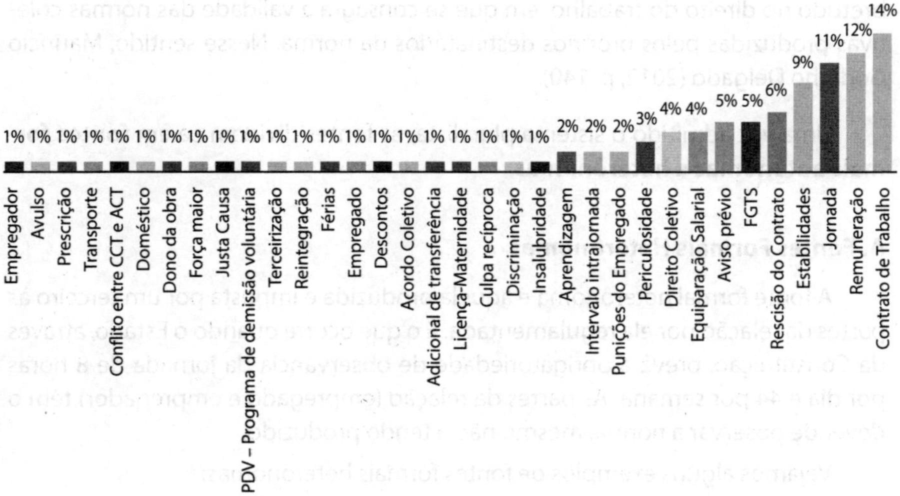

1. FONTES DO DIREITO DO TRABALHO

1.1. Conceito

1 Considera-se fonte do direito a origem, o nascedouro do direito. A fonte é o que determina de onde se origina um determinado direito. Assim, define-se tanto a origem do direito, quanto a obrigatoriedade do seu cumprimento.

2 Nessa esteira, as fontes podem ser **materiais** ou **formais**.

3 Considera-se fonte **material** o **acontecimento fático da vida que, por sua importância,** dá ensejo à criação de um direito. Nesses termos, são fatores do cotidiano que influenciam o **legislador para a elaboração de leis**.

4 Exatamente por esse motivo, as fontes materiais se encontram em um **momento pré-jurídico**, de forma que não contam com força vinculante. A fonte material precede à fonte formal; o fato da vida precede a criação de lei que o regulamente (por exemplo, a revolução industrial, com a reunião dos trabalhadores nas indústrias, foi o fato da vida que gerou a criação de diversos direitos trabalhistas posteriores).

5 A fonte formal, por outro lado, é a dimensão normativa dos direitos, que se exteriorizam de forma positivada por meio das normas jurídicas. Por esse motivo, é o momento de positivação do direito que já conta com a necessidade de observância obrigatória e imperativa.

6 Prevalece, no direito brasileiro, o sistema pluralista, segundo o qual existem vários centros produtores de normas, não se limitando, assim, à matriz estatal, sobretudo no direito do trabalho, em que se consagra a validade das normas coletivas produzidas pelos próprios destinatários da norma. Nesse sentido, Mauricio Godinho Delgado (2012, p. 140).

7 Uma vez admitido o sistema pluralista, as fontes dividem-se em **fontes formais autônomas e heterônomas.**

A. Fontes Formais Heterônomas

A fonte formal heterônoma é aquela produzida e imposta por um terceiro às partes da relação por ela regulamentada. É o que ocorre quando o Estado, através da Constituição, prevê a obrigatoriedade de observância da jornada de 8 horas por dia e 44 por semana. As partes da relação (empregado e empregador) têm o dever de observar a norma, mesmo não a tendo produzido.

Vejamos alguns exemplos de fontes formais heterônomas:

- **Constituição:** É a **norma fundamental responsável por prever os direitos mínimos de observância obrigatória no direito do trabalho**. Destarte, consoante preceitua o *caput* do art. 7º, a Constituição enumera o núcleo mínimo de direitos que poderá ser ampliado por outras normas - "além de outros que visem à melhoria de sua condição social". Modernamente, entende-se que as normas constitucionais são sempre eficazes. Desta forma, podem ser sempre aplicadas, tendo níveis diferentes de aplicação:
- **Convenções internacionais:** São normas internacionais incorporadas ao ordenamento jurídico brasileiro. No direito do trabalho, destacam-se as normas expedidas pela OIT – Organização Internacional do Trabalho, ramo da ONU com a finalidade de **organizar o Direito do Trabalho internacionalmente para promoção e melhoria das condições de trabalho.** As normas da OIT podem ser a convenção internacional (que é uma norma aprovada em assembleia, como uma espécie de tratado multilateral), recomendações (que, apesar de não terem força vinculante, contém os valores a serem adotados pelo direito do trabalho de cada país) e as declarações (que também não contam com força vinculante, mas são esclarecimentos sobre questões trabalhistas que afetam todo o mundo).
- **Leis:** Emanam do Poder Legislativo e, por isso, são de observância obrigatória. Têm conteúdo geral e abstrato, de forma que se aplicam a uma multiplicidade de relações.
- **Decretos do poder executivo:** São normas que visam regulamentar outras normas preexistentes e, por ser assim, estão limitados ao conteúdo da norma que lhes dá existência. São exemplos: instruções normativas, portarias e normas regulamentares.
- **Sentença Normativa:** Há uma forte tendência no direito do trabalho à autorregulamentação; é dizer, busca-se que os próprios destinatários das normas (empregados e empregadores) estabeleçam as regras para regerem as suas relações. Por isso, prioriza-se a elaboração de normas coletivas, como o acordo e a convenção coletiva de trabalho. Quando, entretanto, as partes não logram êxito na autorregulamentação (porque não conseguem, em comum acordo, formar a norma coletiva), é necessário o ajuizamento do dissídio coletivo para a solução pelo Poder Judiciário. Ocorre, nesse caso, **heterorregulamentação**, sendo o dissídio julgado mediante uma **sentença normativa.** A sentença normativa substitui a norma coletiva decorrente da autorregulamentação. Trata-se, portanto, de uma sentença decorrente de uma função anômala do Poder Judiciário, dado que esta sentença possui **características de abstração, generalidade, imperatividade**. Ou seja, a sentença, em tal caso, é uma verdadeira norma, com direitos que irão reger a relação de trabalho.

B. Fontes Formais Autônomas

Consistem nas fontes do direito **produzidas pelos próprios destinatários da norma;** é dizer, por aqueles a quem a norma se destina.

- **Convenções e Acordos Coletivos:** Até 1967, a CLT utilizava nomenclatura única, denominando-os contrato coletivo de trabalho. Em 1967, fora reformado o art. 611 da CLT, cujo **§ 1°**, trouxe a distinção entre os institutos. Antes de aludirmos às distinções, importa mencionar as semelhanças. Ambos consistem em negócios jurídicos, por meio dos quais o sindicato dos empregados firma, diretamente com uma empresa ou com o sindicato da categoria dos empregadores, uma norma geral e abstrata que irá reger as relações dos envolvidos. A distinção, por sua vez, está no fato de que, no acordo coletivo, a norma é firmada entre o sindicato dos empregados diretamente com uma empresa; na convenção coletiva, o sindicato dos empregados firma norma coletiva com o sindicato dos empregadores, de forma que irá reger toda a categoria.

De acordo com o art. 7°, XXVI, da CF/88, são normas de observância obrigatória.

Apesar de serem normas gerais e abstratas, têm prazo máximo de 2 anos de vigência – inteligência do art. 614, § 3° da CLT.

- **Usos e Costumes:** O uso consiste numa prática habitual relacionada a uma relação jurídica específica. Por tal motivo, **uso não é considerado fonte formal** de direito do trabalho, uma vez que não conta com as características de abstração e generalidade, por se referir unicamente a um contrato, uma relação jurídica específica. O **costume**, por outro lado, **é abstrato e generalizado**, sendo uma **conduta reiterada**, porque admite-se como correta para a relação. Apesar disso, o ordenamento brasileiro, por ser pautado na ideia de norma, não confere muito valor aos costumes, de forma que a sua aplicação fica restrita às hipóteses em que há expressa remissão na lei ou quando ausente lei para a situação.

C. Figuras controvertidas

- **Jurisprudência:** A jurisprudência consiste na interpretação dada à norma pelos tribunais. Por isso mesmo, não é fonte do direito, mas fonte de interpretação sobre o direito, ainda que se trate de interpretação obrigatória, como ocorre com a súmula vinculante e com os precedentes – na forma como estabelecidos no Novo Código de Processo Civil. Por isso, foi conferida força vinculante a algumas súmulas e também aos precedentes, art. 103-A da CF/88. Nesse caso, o seu conteúdo é de observância obrigatória e vincula todo o Poder Judiciário.

- ***Precedentes Normativos:*** Consiste na **consolidação de entendimento reiterado do TST** no exercício de poder normativo, ou seja, no julgamento de dissídio coletivo. Não é aceito como fonte formal do direito, dado que, apesar de ser a compilação da criação do direito pelo TST, destina-se unicamente a uma categoria, faltando-lhes a abstração e generalidade necessárias às fontes.
- ***Princípios:*** O entendimento dos princípios enquanto fonte formal do direito depende da visão adotada acerca da sua aplicação no caso concreto. ***O entendimento tradicional*** considera **duas funções principais dos princípios**. Segundo eles, a primeira função é ser um valor **do ordenamento**. Nessa função, o princípio é **fonte MATERIAL do direito**, uma vez que influencia o modo de criação e aplicação das demais normas do ordenamento. A segunda função dos princípios é a **interpretativa**. Portanto, **não é considerado fonte formal**, e sim, **fonte integrativa**, pois serve para suprir lacunas. ***O entendimento mais moderno*** considera que o princípio **é fonte formal do direito**. Segundo esse pensamento, os princípios gozam de densidade normativa (baixa) dada a característica abstrata da sua previsão e o seu conteúdo aberto.
- ***Doutrina:*** **Não é fonte formal de Direito do Trabalho**. É **interpretação dos pensadores** do direito acerca do conteúdo das normas.
- ***Regulamento de empresa:*** No Brasil, o regulamento de empresa é **editado unilateralmente pelo empregador**, sem negociação com os empregados. O seu conteúdo tem a finalidade principal de tratar da **organização interna da empresa**, mas não se nega a possibilidade de, a partir daí, surgirem direitos para os empregados. Apesar de unilateralmente produzidos, integram os contratos de trabalho. Delgado (2012, p. 171), entende não se tratar de fonte do direito, considerada a sua edição de forma unilateral pelo empregador. **Majoritariamente, entretanto,** entende-se que **é fonte do direito do trabalho**, por criar direitos gerais e abstratos para todos os componentes daquele empregador. Nesse sentido, Orlando Gomes (2012, p. 64). É também o entendimento que se pode extrair da **súmula 51 do TST**, segundo a qual o regulamento de empresa integra, para todos os fins, o contrato de trabalho daqueles empregados admitidos na sua vigência. Exatamente por isso, consoante o entendimento em tela, advindo novo regulamento, este se aplica apenas aos empregados após a sua vigência, o que o torna uma norma de aplicação geral e, portanto, fonte do direito.
- ***Analogia:*** É uma **forma de aplicação do direito**, portanto, não é fonte do direito, mas sim método de integração de lacunas.

TRABALHO

- **Laudo arbitral:** A arbitragem é uma **forma de solução dos conflitos**, na qual as partes buscam um terceiro, estranho à relação, chamado de árbitro. É regido pela Lei 9.307/96, cujo art. 1º prevê expressamente ser cabível em relação a direitos patrimoniais disponíveis. O entendimento prevalecente é no sentido de que não é possível sua aplicação no direito individual do trabalho, uma vez que este é regido por normas imperativas que são consideradas, por esta razão, direitos indisponíveis. A aplicação da arbitragem, assim, estaria adstrita **apenas às relações coletivas de trabalho** (art. 114, § 2º da CF/88), o que torna o laudo arbitral **fonte formal heterônoma do direito do trabalho**.
- **Contrato:** Por **ausência de abstração e generalidade**, entende-se que o contrato **não é fonte de direito do trabalho**. É norma aplicável à situação concreta, às partes do contrato.
- **Equidade**: No seu contexto jurídico, a palavra equidade significa **justiça, igualdade**. Assim, trata-se de um critério para a aplicação da lei.

2. PRINCÍPIOS DO DIREITO DO TRABALHO

1 Os princípios são as espécies normativas que contemplam e positivam os direitos fundamentais, informando todo o ordenamento jurídico, bem assim a interpretação das demais regras, já postas em vigência.

- Da proteção ao trabalhador e prevalência da condição mais favorável (art. 7º, *caput*);
- Da proteção contra a despedida arbitrária (art. 7º, I)
- Garantia do salário mínimo (digno) capaz de atender às necessidades básicas e vitais do trabalhador e de sua família (art. 7º, IV);
- Periodicidade de reajuste do salário mínimo (art. 7º, IV);
- Irredutibilidade salarial (art. 7º, VI);
- Proteção do mercado de trabalho da mulher (art. 7º, XX);
- Reconhecimento dos convênios coletivos (art. 7º, XXVI);
- Proteção ao trabalhador em face da automação (art. 7º, XXVII);
- Isonomia salarial e de tratamento (art. 7º, XXX);
- Não discriminação (art. 7º, XXX, XXXI e XXXII);
- Proibição do trabalho infantil e proteção do trabalho noturno, perigoso e insalubre ao adolescente (art. 7º, XXXIII);
- Redução dos riscos inerentes ao trabalho (art. 7º, XXII);
- Seguro contra acidentes do trabalho a cargo do empregador (art. 7º, XXVIII).

2.1. Princípio da proteção

2 A relação de emprego contempla, **de um lado**, o **empregador** na condição de detentor (monopólio) dos **meios de produção;** do outro lado, está o **empregado**, que, de seu turno, detém apenas a **força de trabalho** para ofertar. Em virtude disso, conclui-se que há uma desigualdade natural na relação de emprego, que faz o empregado hipossuficiente em razão da sua dependência econômica do empregador (de nada adianta a sua força de trabalho, se não tiver onde exercê-la).

3 O princípio da proteção tem, assim, a finalidade de equalizar essa desigualdade, garantindo ao empregado um complexo de direitos mínimos.

4 Américo Plá Rodrigues (1978, p. 41) apresenta entendimento no sentido de que, desse princípio, decorrem **3 subprincípios**:

(1) Condição mais benéfica

Havendo **duas ou mais condições** de trabalho possíveis ao empregado, **prevalece** aquela que lhe seja **mais favorável**. Assim, são requisitos para aplicação desse subprincípio:

- **situação anterior** válida e vigente para o empregado que a pleiteia e **situação posterior** válida e vigente, sendo que uma é mais benéfica que a outra.
- a escolha da situação mais benéfica será feita desde que **não haja infração a preceito legal**, e desde que a condição seja **melhor que a condição da lei ou norma coletiva.**
- tem que ter **habitualidade na concessão** da benesse.
- A concessão deve ser **voluntária e incondicionada**.

5 Esse tema guarda relação com a súmula 51 do TST, se não vejamos:

> ***Súmula nº 51 do TST***
>
> NORMA REGULAMENTAR. VANTAGENS E OPÇÃO PELO NOVO REGULAMENTO. ART. 468 DA CLT (incorporada a Orientação Jurisprudencial nº 163 da SBDI-1) – Res. 129/2005, DJ 20, 22 e 25.04.2005
>
> I – As cláusulas regulamentares, que revoguem ou alterem vantagens deferidas anteriormente, só atingirão os trabalhadores admitidos após a revogação ou alteração do regulamento. (ex-Súmula nº 51 – RA 41/1973, DJ 14.06.1973)
>
> II – Havendo a coexistência de dois regulamentos da empresa, a opção do empregado por um deles tem efeito jurídico de renúncia às regras do sistema do outro. (ex-OJ nº 163 da SBDI-1 – inserida em 26.03.1999)

6 A súmula em questão trata de **duas hipóteses específicas**:

1. Havendo **revogação ou alteração**, a nova norma apenas se aplica às **novas admissões**. Assim, aqueles admitidos na vigência da norma anterior, permanecerão tendo direito à aplicação da norma então vigente ao tempo da sua admissão;
2. Havendo **vigência de dois regulamentos**, o **empregado fará a opção** por um deles. Ao realizar essa **opção**, terá como consequência imediata a **renúncia** ao outro – não é possível ter "o melhor de dois mundos".

> OBSERVAÇÃO! Em algumas situações, o TST admite exceções ao princípio da condição menos benéfica para o empregado:
>
> **OJ 159 da SDI 1 do TST** (alteração da data de pagamento feita pelo empregador, é válida, desde que: i. Ausente previsão expressa em contrato ou instrumento coletivo e, ii. Seja observada a periodicidade máxima mensal.)
>
> **OJ 308 da SDI 1 do TST** (alteração da jornada de trabalho do servidor público, a fim de que retorne à jornada inicialmente contratada. É possível.)
>
> **OJ 325 da SDI 1 do TST** (possibilidade de diminuição de salário – ganho real – a todos os empregados de uma empresa, desde que com participação de sindicato.)

(2) Norma mais favorável

Tem-se que, havendo **mais de uma norma aplicável ao caso**, deve-se **optar por aquela que seja mais favorável ao trabalhador**. Ou seja, parte-se da premissa de que há mais de uma norma igualmente válida e aplicável àquele empregado.

> ATENÇÃO! Há **entendimentos** no sentido de que esse subprincípio **cede à flexibilização** realizada em norma coletiva (autocomposição), de forma que, se a norma coletiva piorou a situação do empregado, ainda assim, ela será aplicada. Nesse sentido, o entendimento constante da OJ 413 da SDI 1 do TST (auxílio alimentação) e súmula 423 TST (turno ininterrupto de revezamento).

(3) *In dubio pro operario* ou *pro misero*

De acordo com esse subprincípio, o **intérprete**, diante de **duas possíveis e plausíveis interpretações** acerca de **uma norma**, deve adotar aquela que seja **mais benéfica ao empregado**.

7 Prevalece o entendimento de que esse **princípio não se aplica ao processo do trabalho**. Para os defensores dessa corrente de pensamento, este princípio serve apenas para a **inspiração do legislador processual trabalhista**. Ou seja: o legislador, ao criar normas de processo do trabalho, irá buscar normatizar em busca da proteção do empregado na relação processual. Quanto ao juiz, este se coloca em posição de imparcialidade, garantindo tratamento igualitário entre elas.

8 Há entendimento diverso no sentido de que, em que pese não se aplique exatamente no processo, se aplicaria para a interpretação da norma de processo. Outros, por sua vez, consideram que é possível aplicar, inclusive para a apreciação das provas no processo, mas, os dois últimos entendimentos são minoritários.

2.2. Princípio da primazia da realidade

9 Por esse princípio temos que, no direito do trabalho, **prevalecem os acontecimentos fáticos provados** no processo, sobre a forma ou documento produzido pelas partes. Exatamente por isso, pode-se dizer que prevalece o que ocorreu efetivamente – o que aumenta a importância da testemunha no processo do trabalho –, independentemente do que consta dos documentos.

10 Todavia, a realidade não poderá infringir/violar preceito legal, caso em que não prevalecerá. É o que ocorre, por exemplo, quando o empregado, no plano fático, exerce uma determinada função para a qual é exigida formação profissional. Nesse sentido:

> **OJ 296 da SDI1.** EQUIPARAÇÃO SALARIAL. ATENDENTE E AUXILIAR DE ENFERMAGEM. IMPOSSIBILIDADE (DJ 11.08.2003)
>
> Sendo regulamentada a profissão de auxiliar de enfermagem, cujo exercício pressupõe habilitação técnica, realizada pelo Conselho Regional de Enfermagem, impossível a equiparação salarial do simples atendente com o auxiliar de enfermagem.

11 Por outro lado, caso não haja violação legal expressa, será possível o reconhecimento, como ocorre com o exercício de função de auxiliar de laboratório, mesmo para aquele que não porta diploma – inteligência da súmula 301 do TST:

> **Súmula nº 301 do TST** – AUXILIAR DE LABORATÓRIO. AUSÊNCIA DE DIPLOMA. EFEITOS (mantida) – Res. 121/2003, DJ 19, 20 e 21.11.2003
>
> O fato de o empregado não possuir diploma de profissionalização de auxiliar de laboratório não afasta a observância das normas da Lei nº 3.999, de 15.12.1961, uma vez comprovada a prestação de serviços na atividade.

2.3. Princípio da intangibilidade salarial ou irredutibilidade salarial

12 No **art. 7º, VI**, da CF/88, encontra-se previsto o valor da **irredutibilidade salarial**. Ou seja: por esse preceito, é vedada a redução dos salários dos empregados, **salvo** disposição diversa em **acordo ou convenção coletiva**.

13 O princípio, entretanto, não se exaure aí, porque não contempla, unicamente, a impossibilidade de reduzir o valor do salário. Em verdade, **impede que o empregador pratique atos atentatórios à percepção do salário** pelo empregado. Nesse sentido, o **art. 462 da CLT** menciona a **impossibilidade** de realização de **descontos** no salário do empregado, à exceção daqueles que tenham previsão em lei, em norma coletiva ou sejam referentes a adiantamentos salariais.

14 Este princípio, por sua vez, impede apenas a redução nominal do salário, não havendo qualquer proteção contra a redução real do salário (perda de capacidade aquisitiva do empregado porque, por exemplo, o seu reajuste salarial foi inferior ao índice inflacionário).

15 A finalidade deste princípio é atingir a **estabilidade financeira do empregado**.

2.4. Princípio da continuidade

16 O princípio da continuidade parte da premissa de que, ao firmar um contrato de trabalho, empregado e empregador têm objetivo de permanência, já que o ser humano firma as suas relações interpessoais com laços contínuos.

17 Assim, a previsão inicial do direito do trabalho era a estabilidade decenal, que foi relativizada pela CF/88, que trouxe o regime de FGTS, e a possibilidade de finalização do contrato de trabalho a qualquer tempo.

18 Exatamente por esse motivo, o art. 7º, I, da CF/88, previu que lei complementar disporia sobre a impossibilidade de dispensa arbitrária, lei que, até o presente momento, não foi editada. Exatamente por isso, até o advento de regulamentação, o empregador pode finalizar o contrato de trabalho a qualquer tempo (observadas as hipóteses de estabilidade), com ou sem justo motivo.

19 Ainda assim, pode-se afirmar pela subsistência desse princípio na **criação de presunções** favoráveis aos empregados nos contratos de trabalho, quais sejam:

(1) Presume-se que o contrato de trabalho é por **prazo indeterminado,** de forma que o **prazo determinado é exceção**, e, como tal, deverá ser

sempre expresso, cabendo ao empregador comprovar a sua existência. Além disso, contratações desse tipo somente poderão ocorrer em situações que contenham expressa previsão legal.

(2) Presume-se que o **contrato se finalizou da forma menos onerosa para o empregado,** haja vista a ideia de que ele pretende continuar com a relação de emprego.

(3) Se é contínuo, o ônus de **prova sobre o final do contrato é do empregador** – súmula 212 do TST.

> **Súmula nº 212 do TST** – DESPEDIMENTO. ÔNUS DA PROVA (mantida) – Res. 121/2003, DJ 19, 20 e 21.11.2003
>
> O ônus de provar o término do contrato de trabalho, quando negados a prestação de serviço e o despedimento, é do empregador, pois o princípio da continuidade da relação de emprego constitui presunção favorável ao empregado.

2.5. Princípio da inalterabilidade contratual lesiva

20 O contrato de trabalho também exige que as partes cumpram o quanto nele ajustado. Todavia, essa previsão deve observar a ideia de que a situação do empregado deve melhorar.

21 A conclusão, portanto, é que, no contrato de trabalho, a **regra** é pela **inalterabilidade do contrato.** Entretanto, **a alteração será admitida**, desde que para **melhorar a situação do empregado e com a sua anuência. São, assim, dois requisitos: a concordância do empregado e a melhoria da sua situação contratual.**

22 A inalterabilidade contratual, contudo, comporta **exceções**, ou seja, hipóteses nas quais este princípio se amoldou, de acordo com as especificidades do contrato de trabalho. Temos as seguintes exceções, nas quais a **alteração prejudicial ao empregado será admitida**:

- alterações que decorrem do *jus variandi*, ou seja, dos poderes do empregador.
- alteração que decorre de norma coletiva (quando ele terá, somente, efeitos *ex nunc*. Exemplos: OJ 413 da SDI 1 do TST e OJ 420 da SDI 1 do TST);
- alterações que decorrem de lei – no particular, a MP 808/17 esclareceu que as normas decorrentes da Lei 13.467/17 são aplicáveis aos contratos em curso. Sendo assim, mesmo aquelas disposições desta lei que sejam desfavoráveis ao empregado aplicam-se de imediato aos contratos de trabalho e não apenas às novas contratações;

- na hipótese de empregado hiperssuficiente (assim considerado aquele que tem nível superior e recebe salário não inferior a duas vezes o limite máximo dos benefícios da Previdência Social), a previsão do contrato poderá se sobrepor ao conteúdo de norma coletiva.

2.6. Princípio da irrenunciabilidade, intransacionabilidade ou indisponibilidade

23 De nada adiantaria pensar-se um complexo de normas protetivas se, no ato da contratação, o empregado estivesse autorizado a, simplesmente, abrir mão destes direitos ou negociá-los através de renúncias ou transações.

24 Por este princípio, portanto, o **empregado não pode nem renunciar, nem dispor (transacionar ou negociar)** dos seus direitos trabalhistas.

25 Sendo assim, os direitos trabalhistas são **imperativos e de observância obrigatória**, salvo nas situações em que a própria lei assim admitir.

26 **Exemplos na jurisprudência** em que se admite a renúncia de direitos trabalhistas:

> **Súmula 276 do TST** (admite a renúncia ao aviso prévio, pelo empregado, quando ele comprovadamente adquiriu outro emprego).
>
> **Súmula 51 do TST** (admite que o empregado faça uma escolha entre os regulamentos de empresa vigentes, escolha essa que implicará renúncia a outro regulamento).
>
> **Lei 9958/2000** – Comissão de Conciliação Prévia: é possível transacionar e renunciar na comissão de conciliação prévia, após findo o contrato de trabalho.

3. RELAÇÃO DE EMPREGO

3.1. Introdução

1 A relação de emprego é a relação jurídica entre o empregado do art. 3º e o empregador do art. 2º da CLT. Assim, ao conceituar o empregado de forma detalhada, tem-se que a CLT esclareceu que **quem caracteriza a relação de emprego é o empregado**, de forma que, presente o empregado – uma pessoa que reúne as características do empregado celetista – estar-se-á diante de uma relação de emprego regida pela CLT.

2 Daí pode ser extraída a conclusão de que a **relação de trabalho** é aquela em que há prestação de força humana de um em favor de outrem (ainda que se

trate de trabalho intelectual); ao passo que a relação de emprego é uma espécie na qual o prestador dos serviços é o empregado que reúna todas as características do art. 3º da CLT.

3.2. Características do empregado

I. Pessoa física

3 A relação de emprego é *intuito personae*, de forma que é firmada com uma pessoa física, o empregado. Isso, decerto, não afasta a possibilidade de, diante de uma **contratação fraudulenta** com pessoa jurídica, declarar-se **nulo o ato de contratação** e reconhecer que, em verdade, a relação era com a pessoa física, configurando-se uma **relação de emprego** (art. 9º da CLT).

II. Pessoalidade

4 O contrato de trabalho é firmado com o empregado para que ele, e apenas ele, preste **o serviço para o empregador**, o que significa dizer que não poderá se fazer substituir livremente. Isso não quer dizer que o empregador não poderá substituí-lo, mas somente que o empregado não pode transferir a prestação do serviço para terceiro, cabendo a ele o cumprimento do objeto do contrato. Destarte, empregador pode substituí-lo em uma necessidade (férias ou licenças, por exemplo).

III. Subordinação

5 É o **principal requisito da relação de emprego**, sendo aquele que a caracteriza por excelência. De acordo com esse requisito, o empregado está, por força do contrato, sujeito e subordinado às ordens porventura emanadas do seu empregador. Caracteriza-se pela **sujeição de uma das partes do contrato à outra**, como resultado da relação contratual por elas ajustada.

6 Por isso, afirma-se que esse estado de sujeição **decorre da natureza da relação jurídica** havida entre as partes, o que nos permite concluir que a subordinação é **jurídica** porque decorre do próprio contrato de trabalho, da relação jurídica contratual de emprego. Assim, ao firmar o contrato, as partes ajustam que o empregado estará sujeito às ordens do empregador (desde que não sejam excessivas ou ilegais), devendo-lhe obediência.

7 Esse dever de obediência, por sua vez, origina para o empregador o **poder de direção**, que pode ser organizado da seguinte forma:

a) **poder diretivo:** é o poder do empregador de **ditar diretrizes genéricas e normas específicas** sobre o cumprimento do trabalho.

b) **poder de organização ou estrutural**: é a possibilidade do empregador **ditar as normas específicas de cumprimento do contrato**, diretamente para um ou para um grupo de empregados de uma mesma empresa.

c) **poder de fiscalização ou controle**: é o poder que permite ao empregador **fiscalizar o efetivo cumprimento das suas determinações**.

d) **poder disciplinar:** consiste no poder que possui o empregador de **aplicar punições** aos empregados quando não observarem as normas por ele impostas ao contrato.

> OBSERVAÇÃO! A subordinação do empregado é decorrente do contrato, por isso, trata-se de uma **subordinação jurídica**, sendo um dever do empregado pelo fato de ter firmado o contrato de trabalho com o seu empregador. **Não há**, portanto, qualquer relação com **subordinação técnica**, ou seja, o empregador não precisa, necessariamente, ser tecnicamente superior ao empregado, podendo, inclusive, sequer entender sobre o serviço prestado nas suas peculiaridades (nem todo dono de hospital é médico, nem todo dono de construtora é engenheiro). Do mesmo modo, **não há subordinação econômica**; ou seja, o que torna o empregado subordinado não é a dependência econômica dele em relação ao empregador, mas simplesmente o fato de ter com ele firmado um contrato de trabalho com o seu empregador, de tal sorte que, ainda que o empregado tenha uma condição financeira melhor do que aquela do seu empregador, deverá obedecer às suas ordens.

IV. Onerosidade

8 O contrato de trabalho é contraprestativo, de forma que o empregado trabalha com o **objetivo** de **receber alguma coisa em troca**: a contraprestação. A onerosidade decorre dessa contraprestação, seja ela ajustada em pecúnia ou em utilidades.

9 Desta forma, não obstante a natureza, se *in natura* (utilidades) ou em dinheiro, o que importa é haver contraprestação, criando no empregado a expectativa de "receber algo em troca" do serviço prestado.

10 Questão interessante se mostra pertinente nesse tema. O problema gravita em torno do **reconhecimento da atividade espiritual** (igreja, padre, pastor etc.) enquanto vínculo empregatício.

11 A prestação de serviços, nessas hipóteses, atende a uma crença do prestador, que a faz em busca de uma **contraprestação divina**, um retorno que se configura majoritariamente como espiritual. Trata-se, portanto, de uma contraprestação que não pode ser avaliada economicamente. Ainda que haja o pagamento de alguma quantia, essa quantia não implicará preenchimento do requisito de contraprestação, visto que, na verdade, visa possibilitar a sobrevivência e subsistência para propagação da fé.

12 Há de se notar que a **formação de um contrato** depende de **interesses antagônicos** entre as partes do contrato. Assim, no caso do contrato de trabalho, o interesse do empregador é antagônico àquele do empregado. Na prestação de serviços religiosos, esse antagonismo não pode ser encontrado, na medida em que ambas as partes da relação **– e não contrato –** têm o interesse comum de promoção do ideal espiritual. Essas características que envolvem essa relação impedem o reconhecimento de vínculo empregatício.

13 A jurisprudência, nesse ponto, apresenta prevalência no sentido de que, mesmo **quando há pagamento** e mesmo quando a **atividade é administrativa, não há vínculo de emprego**. Há, decerto, entendimento em sentido oposto, haja vista não ser possível se afastar da ideia de que qualquer igreja tem que se submeter à lei.

> OBSERVAÇÃO! **O preso não tem vínculo empregatício por expressa disposição legal**. A situação regulada aqui é aquela do preso que trabalha no estabelecimento prisional. (art. 28, § 2º, Lei 7.210/84).

V. Habitualidade ou não eventualidade

14 Considera-se **habitual** o trabalho em que há uma **certeza na sua prestação**, de tal sorte que **a habitualidade ou não eventualidade** são observadas a partir **ótica do empregador**. Por isso, o serviço não eventual (de empregado) é aquele que não é acidental porque relacionado com a finalidade do negócio. Em outras palavras, o que será permanente ou intermitente é a necessidade do empregador em relação àquele serviço. Consequentemente, tratando-se de **necessidade meramente acidental**, o trabalho será considerado **eventual**; se esta necessidade se mostrar **permanente**, o trabalho é **habitual**.

> OBSERVAÇÃO 1! Não é possível sejam estabelecidas distinções relativas à espécie de emprego e à condição de trabalhador, nem entre o trabalho intelectual, técnico e manual (art. 3º, parágrafo único, da CLT).

> OBSERVAÇÃO 2! A habitualidade é excepcionalmente afastada nos contratos de trabalho intermitente. Entretanto, trata-se de figura especial, com regulamentação própria na CLT e, por isso, forma-se o vínculo empregatício mesmo quando ausente esse requisito.

3.3. Riscos pelo empregador/Alteridade/Alheiabilidade

15 O contraponto da subordinação é a alteridade. Ora, se o empregado se submete às ordens do empregador, o empregador assume, na integralidade, a responsabilidade e os riscos da prestação dos serviços. Assim, os **riscos** decorrentes da prestação de serviço são **assumidos pelo empregador** integralmente (inteligência do art. 2º da CLT).

16 Entendemos tratar-se de requisito caracterizador da relação de emprego pois, mesmo quando presente os requisitos anteriores, o empregado apenas assumirá essa condição se a prestação dos seus serviços ocorrer por conta e risco de outrem.

> OBSERVAÇÃO!!! A doutrina não é uníssona quanto a ser requisito da relação de emprego, havendo forte prevalência de que é requisito da relação empregatícia.

17 Não interessa se houve ou não lucro. Sendo a **relação de emprego**, será **garantido** ao empregado o **pagamento** de seu **salário**.

18 Ainda que se trate de empregado que recebe por produção (a quem será sempre garantido o pagamento do salário mínimo), da possibilidade de desconto por danos culposos (para os quais o empregado não concorreu dolosamente e, ainda assim, arcará com o prejuízo), a hipótese é de alteridade da relação de emprego, apenas menos acentuada, em tais casos.

> OBSERVAÇÃO: A **exclusividade não é requisito** da relação de emprego. O que é requisito é o dever de não concorrência, sob pena de justa causa (art. 482, "c", CLT).

> CONCLUSÃO!!! Para a caracterização do contrato de trabalho regido pela CLT, é **necessária a reunião de TODOS os requisitos** acima declinados. Para tanto, fique de olho no **processo mnemônico de memorização:**

O empregado é uma pessoa legal, é, assim, FINE PERSON.

FI	→	pessoa **FÍ**sica
NE	→	**N**ão **E**ventualidade
PE	→	**PE**ssoalidade
R	→	**R**iscos pelo empregador
S	→	**S**ubordinação
ON	→	**O**nerosidade

19 Por fim, de acordo com o **art. 442-A da CLT**, é **vedado ao empregador** exigir, do candidato ao emprego, experiência prévia superior a 6 meses. Reunidos os requisitos acima estudados, ocorrerá o reconhecimento do vínculo empregatício. No caso do policial militar, o vínculo será reconhecido, mesmo não podendo ele firmar vínculo empregatício privado, conforme se depreende da súmula 386 do TST:

> **Súmula nº 386 do TST** – POLICIAL MILITAR. RECONHECIMENTO DE VÍNCULO EMPREGATÍCIO COM EMPRESA PRIVADA (conversão da Orientação Jurisprudencial nº 167 da SBDI-1) - Res. 129/2005, DJ 20, 22 e 25.04.2005
>
> Preenchidos os requisitos do art. 3º da CLT, é legítimo o reconhecimento de relação de emprego entre policial militar e empresa privada, independentemente do eventual cabimento de penalidade disciplinar prevista no Estatuto do Policial Militar.

4. RELAÇÕES ESPECIAIS DE EMPREGO

4.1. Trabalhador rural

I. Introdução

1 A **Lei 5.889/73** é a responsável por disciplinar o trabalho rural, tendo revogado todas **as legislações a ela anteriores**. A equiparação de direitos entre o trabalhador urbano e o rural, entretanto, surgiu com a CF/88, ressalvadas as suas peculiaridades relativas ao cumprimento desses direitos.

2 De acordo com a **Convenção 141 da OIT**, aprovada pelo Decreto 1.703, de 17 de novembro de 1995, conceitua-se o trabalhador rural como *aquele que presta serviço rural ou que tem ocupação similar ou conexa em região rural em tarefas campesinas, artesanais, agrícolas, pastoris e pecuárias.*

3 O **art. 17 da Lei 5.889/63** determina que *é rural aquele que trabalha para empregador rural ainda que não seja compreendido pelo conceito de trabalhador rural do art. 2º da lei.*

4 O que se pode notar, portanto, é que houve **extensão do conceito de trabalhador rural** pelo diploma internacional ratificado, de forma que passou a ser enquadrado como tal não apenas os empregados, mas também os trabalhadores não-empregados.

II. Conceito

5 É doutrinariamente incontroverso que, no trabalho rural, há **elementos** que deverão estar sempre presentes: **subordinação, onerosidade, pessoalidade, habitualidade e alteridade.**

6 O **traço distintivo** da **relação rural** (e responsável por cindir os entendimentos doutrinários) é, portanto, **o empregador**, pois é o **elemento diferenciador** do trabalhador previsto na CLT, daquele que é protegido pela lei do rural **ou da prestação do serviço**.

7 O conceito foi estabelecido no **art. 2º da Lei 5.889/73**, com a seguinte redação:

> **Art. 2º** Empregado rural é toda pessoa física que, **em propriedade rural ou prédio rústico**, presta serviços de natureza não eventual **a empregador rural**, sob a dependência deste e mediante salário.

8 O texto da lei especial trouxe um elemento inovador: o **local de trabalho**, que deve ser uma propriedade rural ou prédio rústico. Prevalece o entendimento de que **o que distingue a relação rural é o empregador ser rural e não o local de trabalho**, desconsiderando-se a menção ao local de trabalho constante da lei. Baseia-se na resolução 795/82, segundo a qual os empregados de usinas de cana de açúcar, que exerçam serviço de plantio, cultura ou colheita, são rurais. Observe-se que, para esses trabalhadores, não impediu a caracterização do rural o fato de trabalharem em usinas.

III. Empregador rural

9 O conceito de empregador está no **art. 3º da Lei 5889/73**:

> "Considera-se empregador, rural, para os efeitos desta Lei, a pessoa física ou jurídica, proprietário ou não, que explore atividade agro-econômica, em caráter permanente ou temporário, diretamente ou através de prepostos e com auxílio de empregados."

10 Da leitura do dispositivo em referência temos que o empregador rural é a **pessoa que desenvolve atividade agroeconômica**. Por assim ser, importa definir o conceito de atividade agroeconômica, insculpido no **art. 2º, § 4º do Decreto 73.626/74**.

> "Consideram-se como exploração industrial em estabelecimento agrário, para os fins do parágrafo anterior, as atividades que compreendem o primeiro tratamento dos produtos agrários in natura sem transformá-los em sua natureza."

11 Considera-se, portanto, **indústria rural** aquela que mantém o **aspecto *in natura*** da matéria prima.

IV. Grupo Econômico rural

12 À semelhança do grupo de empregadores urbanos, deve reunir **três características**:

(1) **Pluralidade de empregadores**: só forma grupo se há mais de um empregador.

(2) **Não tem forma:** o grupo não exige uma forma específica. A única ressalva é a de que todos devem ser empregadores rurais.

(3) **Relação de coordenação:** segundo a lei rural, o grupo se forma por uma relação de **coordenação**. Os empregadores estão coordenados entre si. A **responsabilidade é solidária** entre os empregadores.

> ATENÇÃO!!! A lei do rural, além disso, criou a figura do **consórcio de empregadores rurais.** O consórcio de empregadores rurais nasce da **reunião de empregadores**, pessoas físicas, com a finalidade de contratar um empregado (Portaria n. 1.964/99 GM/MTe). Esse consórcio deve **eleger um representante** que vai representar o grupo e assinar a carteira de trabalho do empregado. Entretanto, **todos são solidariamente responsáveis** por todos os créditos trabalhistas.

V. Empregados rurais

13 O vínculo do empregado rural poderá ser por prazo **indeterminado** (empregado rural) **ou** por prazo **determinado** (safrista). A contratação do trabalhador rural por **pequeno prazo** é chamada de "safrista". Trata-se de contrato de trabalho por prazo determinado, previsto no **art. 14-A da Lei 5.889/73**, com a seguinte redação:

> **Art. 14-A.** O produtor rural pessoa física poderá realizar contratação de trabalhador rural por pequeno prazo para o exercício de atividades de natureza temporária.

14 Por curto período de tempo entende-se aquele de duração de **até 2 meses**, para cada ano, sob pena de considerar-se por prazo indeterminado.

> § 1º: A contratação de trabalhador rural por pequeno prazo que, dentro do período de 1 (um) ano, superar 2 (dois) meses fica convertida em contrato de trabalho por prazo indeterminado, observando-se os termos da legislação aplicável.

15 Na hipótese do contrato por pequeno prazo, a **inscrição no INSS** poderá ser feita por **simples inclusão do nome do empregado na GFIP** do empregador e o órgão previdenciário se organizará para obter os dados dessa inscrição.

16 A **formalização** desse contrato poderá ocorrer de **duas formas**:

(1) com a assinatura da carteira de trabalho;

(2) mediante contrato escrito em duas vias. Pode haver a dispensa da assinatura da carteira de trabalho, mas o empregado não deixa de ter nenhum direito, só não haverá o ato formal de preencher a carteira. Essa última opção é possível desde que:

TRABALHO

(2.1) haja autorização na norma coletiva;

(2.2) conste do instrumento a qualificação do empregador e do imóvel rural fazendo constar inclusive a matrícula do imóvel;

(2.3) conste do instrumento a qualificação do empregado;

(2.4) o empregador explore diretamente a atividade agroeconômica (art. 4º).

OBSERVAÇÃO! É possível que um **mesmo trabalhador rural reúna dois contratos diversos**, ou seja, o mesmo trabalhador pode ser empregado e parceiro do seu empregador, trabalhando, por exemplo, na propriedade do empregador como empregado e, concomitantemente, sendo o seu parceiro em parte da propriedade na qual mora. Trata-se da hipótese de contrato misto. Nesta hipótese, os contratos serão totalmente autônomos e dissociados entre si. Consequentemente, é vedado desconto de salário por conta do outro contrato, **art. 12 da Lei 5.889/73 e art. 25 do Decreto 73.626/74**.

VI. Direitos diferenciados dos rurais

17 Com a Constituição Federal de 1988, os **trabalhadores urbanos e rurais foram equiparados.** Os rurais possuem os mesmos direitos dos urbanos, mas o exercício desses direitos pode ser diferente, consideradas as suas peculiaridades.

a) ***aviso prévio:*** o trabalhador urbano, quando o aviso prévio for trabalhado, poderá reduzir 7 dias corridos ou 2 horas a cada dia de trabalho; o rural tem direito à **liberação de 1 dia para cada semana** de aviso prévio.

b) ***Intervalo intrajornada:*** Para o trabalhador rural, a lei **não previu a concessão de intervalo** quando a jornada fosse igual ou **inferior a 6 horas**; por outro lado, para as **jornadas superiores**, o legislador mencionou que seguirá os **usos e costumes da região.** No particular, o TST consolidou posicionamento no sentido de que, ainda assim, terá direito à concessão de, no **mínimo, 1 hora** (súmula 437 do TST). Destarte, concedido menos tempo, será devido o pagamento pela supressão da hora, acrescido de 50%.

c) ***Intervalo de 5 horas no mínimo nos serviços intermitentes*** (art. 6º da Lei 5.889/73 e art. 10 do Decreto 73.626/74). Serviço intermitente é aquele **realizado em 2 ou mais etapas.** Essa condição de serviço intermitente deve estar **anotada na carteira de trabalho** do empregado rural. Anotada a condição, o empregador deverá, entre uma etapa e outra, conceder um **intervalo mínimo de 5 horas. Entendimento do TST**

d) ***Adicional noturno e hora noturna:*** o trabalhador rural tem adicional noturno de **25%** e não tem direito à redução ficta da hora noturna.

e) ***Utilidades:*** a **moradia e os bens destinados à produção rural não são salário**, desde que essa **exclusão conste de contrato escrito**, subscrito por testemunha e precedido de notificação obrigatória do sindicato. É **possível o desconto** com essas utilidades, sendo que o desconto com a **alimentação** poderá equivaler a até **25% do salário mínimo** e a **moradia** até **20%** dependendo de previa anuência do trabalhador. Especificamente quanto à **moradia**, o **art. 9º, § 3º, da Lei 5.889/73**, esclarece que, uma vez rescindido o contrato, o empregado terá o dever de **desocupar a casa no prazo de 30 dias**. Tratando-se de **moradia coletiva**, o **desconto** com o salário utilidade será **proporcional ao número de empregados** incluídos na moradia.

ATENÇÃO! Em qualquer hipótese, é **vedada** a **moradia coletiva de famílias.**

4.2. Trabalhador doméstico

I. Conceito

18 O empregado doméstico era regido apenas pela **Lei 5.859/72**. Após esta lei, os direitos foram ampliados pelo parágrafo único, do art. 7º, da Constituição Federal de 1988. Em seguida, adveio a **Lei 11.324/2006**, responsável por prosseguir com o intuito ampliativo, trazendo outros direitos aos trabalhadores domésticos.

19 Após a **EC 72/13**, responsável por alterar significativamente o parágrafo único do art. 7º da CF/88, o rol de direitos dos empregados domésticos foi ainda mais estendido, tendo sido inseridos direitos de aplicação imediata e, outros, que, à época, foram apresentados como carentes de regulamentação. A regulamentação de tais direitos adveio com a Lei Complementar 150/2015, responsável por elucidar muitas das dúvidas envolvendo os direitos dos empregados domésticos.

20 À semelhança do trabalhador rural, a **caracterização de um empregado enquanto doméstico** ocorre **a partir da figura do empregador**. Ou seja: não há distinção substancial entre o empregado doméstico e o empregado celetista regular, sendo que a diferença entre eles está na figura do seu empregador.

21 O **conceito legal** encontra-se no **artigo 1º da Lei 5859/72**:

> **Art. 1º** Ao empregado doméstico, assim considerado aquele que presta serviços de natureza contínua e de finalidade não lucrativa à pessoa ou à família no âmbito residencial destas, aplica-se o disposto nesta lei.

TRABALHO

II. Características do emprego doméstico

A) Pessoa física

22 Tanto o **empregado** quanto o **empregador** doméstico deverão ser **pessoas físicas**. **Não se admite**, portanto, que o **empregador** seja uma **pessoa jurídica**, nem mesmo que seja um **profissional liberal ou pessoa sem personalidade**. A jurisprudência majoritária é no sentido de que, empregados em repúblicas estudantis são empregados domésticos.

B) Pessoalidade

23 A pessoalidade no emprego doméstico é a mesma exigida para o emprego celetista (art. 3º da CLT). A característica é, apenas, um **fortalecimento da pessoalidade**, pois o depósito de confiança feito no empregado é ainda maior, dada a proximidade da relação.

C) Subordinação

24 Não se distingue daquela dos demais empregados celetistas. Será empregado doméstico aquele que estiver diretamente **sujeito às ordens emanadas do seu empregador**, como consequência direta do contrato de trabalho firmado entre as partes.

D) Onerosidade

25 Como visto para os demais empregados, também o empregado doméstico presta serviços em busca de uma **contraprestação**, que, como visto, poderá ou não ser pecuniária. Do mesmo modo, o ajuste do pagamento poderá ser feito com **periodicidade máxima mensal**.

E) Continuidade

26 A Lei 5.859/72 previu expressamente que o trabalho do doméstico é de *"natureza contínua"*. Nesse contexto, o requisito constante da lei do trabalho doméstico se valeu de expressão diversa daquela utilizada pela CLT (art. 3º, "prestar serviços de natureza não eventual"). A questão repousa, então, em definir o que seria "**continuidade**". Prevaleceu o entendimento de que haverá continuidade sempre que houve prestação de serviços por três dias ou mais (art. 1º, LC 150/2015).

F) Que o empregador não explore atividade lucrativa

27 Prevalece que o empregador não poderá se valer da mão-de-obra do empregado em atividade lucrativa. Se o fizer, três teorias tratam da solução a ser encontrada:

- **Teoria da preponderância:** segundo este entendimento, havendo concomitância da prestação das duas formas, **observar-se-á aquela que prevalece**. Assim, define-se a caracterização do empregado a partir da que prevalecer, a qual será responsável por indicar a norma que irá reger.
- **Teoria da norma mais favorável ou do contágio**: Segundo esse entendimento, **havendo lucro com a atividade, o empregado passa a ser celetista**, haja vista a necessidade de aplicar-se a **norma mais favorável** que, no caso, é a CLT.
- **Teoria dos dois contratos:** segundo esse entendimento, são **2 contratos distintos**: um de emprego celetista, outro de emprego doméstico. É o entendimento minoritário. A **súmula 129 do TST** contém o entendimento diametralmente oposto a essa corrente, esclarecendo que não será reconhecida a existência de dois contratos.

G) Prestação do serviço a uma pessoa ou família

28 Não basta que o empregador seja uma pessoa física, como ventilado anteriormente. É ainda importante que seja uma **pessoa ou uma entidade familiar**.

H) Âmbito residencial

29 A prestação do serviço deve ocorrer no âmbito residencial. É possível que o empregado preste serviços fora do âmbito residencial, mas, ainda assim, será doméstico, a exemplo do que ocorre com o motorista ou com empregados em viagem. Com isso, o empregado deverá trabalhar **para a família** – como visto – mas não há necessidade de que seja **no** âmbito residencial.

III. Direitos dos empregados domésticos

30 Os direitos estendidos aos empregados domésticos encontram-se no **art. 7º, parágrafo único da CF/88**, acrescidos de previsões constantes da Lei 5.859/72, da Lei 11.324/06 e, finalmente, da LC 150/2015.

> **Art. 7º.** (...) Parágrafo único. São assegurados à categoria dos trabalhadores domésticos os direitos previstos nos incisos IV, VI, VII, VIII, X, XIII, XV, XVI, XVII, XVIII, XIX, XXI, XXII, XXIV, XXVI, XXX, XXXI e XXXIII e, atendidas as condições estabelecidas em lei e observada a simplificação do cumprimento das obrigações tributárias, principais e acessórias, decorrentes da relação de trabalho e suas peculiaridades, os previstos nos incisos I, II, III, IX, XII, XXV e XXVIII, bem como a sua integração à previdência social.

IV. Direitos constitucionais de aplicação imediata

a) Salário Mínimo (IV): este direito foi garantido com a edição da CF/88. Como consequência dessa previsão, o doméstico tem direito a que seja

TRABALHO

observado o pagamento do salário mínimo de forma proporcional ao seu tempo de serviço, o qual pode ser ajustado pelo número de horas trabalhadas (após a EC 72/13, que trouxe o direito à observância da jornada diária). Assim, valendo-se do conteúdo da **OJ 358 da SDI 1 do TST**, é possível ao empregador fazer o ajuste proporcional do salário. A possibilidade de contrato a tempo parcial, com o pagamento proporcional também para o doméstico, foi prevista no art. 3º da LC 150/2015, cujo conteúdo consiste em repetição do quanto consta do art. 58-A da CLT, a ser estudado a seguir. Consequentemente a esse direito, há também o direito à observância da **periodicidade máxima mensal, até o quinto dia útil subsequente ao mês da prestação, com a realização de pagamento mediante recibo** (arts. 464 e 459 da CLT).

Quanto às utilidades, não havia previsão de restrições para descontos no salário, de tal forma que, até 20/07/2006, o empregador estava autorizado a realizar tais descontos. Com a edição da Lei 11.324/06, alguns descontos passaram a ser vedados. De acordo com o art. 2º-A, **não são permitidos os descontos com alimentação, vestuário, higiene ou moradia.**

Essas utilidades foram definitivamente regulamentadas na LC 150/2015, com a seguinte redação:

> Art. 18. É vedado ao empregador doméstico efetuar descontos no salário do empregado por fornecimento de alimentação, vestuário, higiene ou moradia, bem como por despesas com transporte, hospedagem e alimentação em caso de acompanhamento em viagem.
>
> § 1º É facultado ao empregador efetuar descontos no salário do empregado em caso de adiantamento salarial e, mediante acordo escrito entre as partes, para a inclusão do empregado em planos de assistência médico-hospitalar e odontológica, de seguro e de previdência privada, não podendo a dedução ultrapassar 20% (vinte por cento) do salário.
>
> § 2º Poderão ser descontadas as despesas com moradia de que trata o caput deste artigo quando essa se referir a local diverso da residência em que ocorrer a prestação de serviço, desde que essa possibilidade tenha sido expressamente acordada entre as partes.
>
> § 3º As despesas referidas no caput deste artigo não têm natureza salarial nem se incorporam à remuneração para quaisquer efeitos.
>
> § 4º O fornecimento de moradia ao empregado doméstico na própria residência ou em morada anexa, de qualquer natureza, não gera ao empregado qualquer direito de posse ou de propriedade sobre a referida moradia.

A via é de mão dupla: não pode o empregador efetivar descontos no salário do empregado e, de igual sorte, os valores gastos com tais utilidades, pelo empregador, não serão considerados salário (§ 3º).

No caso de viagens do empregado, para acompanhar o empregador, é previsto o pagamento de um adicional de 25% sobre a hora-normal, que poderá ser convertido em horas para o banco de horas – art. 11, §§ 2º e 3º da LC 150/2015.

b) Irredutibilidade salarial (VI): Consiste na **garantia do empregado de que o valor do seu salário não será reduzido**, nem o seu empregador poderá praticar qualquer ato atentatório à percepção do salário. São autorizados alguns descontos:

> **Art. 18.** É vedado ao empregador doméstico efetuar descontos no salário do empregado por fornecimento de alimentação, vestuário, higiene ou moradia, bem como por despesas com transporte, hospedagem e alimentação em caso de acompanhamento em viagem.
>
> § 1º É facultado ao empregador efetuar descontos no salário do empregado em caso de adiantamento salarial e, mediante acordo escrito entre as partes, para a inclusão do empregado em planos de assistência médico-hospitalar e odontológica, de seguro e de previdência privada, não podendo a dedução ultrapassar 20% (vinte por cento) do salário.

c) 13º salário (VIII): A garantia ao doméstico à percepção do 13º salário atrai, para o empregador, o dever de observância do regramento constante das Leis 4.090/62 e 4.749/65 – art. 19 da LC 150/2015. Sendo assim, o empregador tem o **dever de realizar o pagamento em duas parcelas**: a primeira delas entre os meses de fevereiro e novembro, e a segunda até o dia 20 de dezembro de cada ano. O valor obedecerá ao valor da remuneração no mês de dezembro.

d) Proteção ao salário na forma da lei, sendo vedada a sua retenção dolosa (X).

e) Duração do trabalho normal não superior a oito horas diárias e quarenta e quatro semanais, facultada a compensação de horários e redução da jornada, mediante acordo ou convenção coletiva de trabalho (XIII): trata-se de **inovação marcante da EC 72/13** que garantiu a jornada máxima aos domésticos, anteriormente alijados desse direito. Esse foi, sem dúvidas, um dos direitos mais bem explicitado na LC 150/2015.

Da sua leitura, infere-se claramente algumas possibilidades marcantes.

A um, a jornada contratual observará os limites constitucionais, de oito horas diárias e 44 horas semanais. A compensação de jornada, entretanto, fora autorizada mediante acordo escrito e individual. Há de ser escrito, porém, poderá ser individual.

Nesse caso, a compensação observará duas regras previstas no art. 2º, §§ 4º e 5º:

Sendo a compensação dentro do mesmo mês, não será devido o pagamento da hora extra.

TRABALHO

Todavia, sendo a compensação realizada em outro mês, as primeiras 40 horas de trabalho serão imediatamente pagas. As horas que sucederem serão enviadas para um banco de horas, cabendo ao empregador a concessão do descanso equivalente no prazo de até um ano. Advindo a rescisão contratual antes da compensação, o empregador pagará as horas, acrescidas de adicional (hora extra), no pagamento da rescisão, considerado o valor da remuneração naquele momento.

A dois, a lei autorizou a realização de contrato a tempo parcial para o qual será aplicada, integralmente, a legislação celetista que será estudada a seguir, devidamente reproduzida na LC 150/2015.

A três, as partes poderão firmar o regime de compensação de 12 horas de trabalho por 36 de descanso individualmente, por escrito, hipótese na qual não será devida a dobra, caso o plantão do empregado recaia em dia de feriado.

> OBSERVAÇÃO: Não serão computados na jornada os tempos e repouso, as horas não trabalhadas, os feriados e os domingos livres em que o empregado que mora no local de trabalho nele permaneça – art. 2, § 7º, LC 150/2015.

f) Repouso semanal remunerado, preferencialmente aos domingos (XV): a regulamentação do direito ao repouso semanal segue o quanto disposto na lei 605/49 (art. 19, da LC 150/2015). Assim, o repouso deverá ocorrer, no máximo, após seis dias consecutivos de trabalho, devendo recair, de forma preferencial, em dias de domingo.

A **não concessão de repouso em feriado ou do repouso semanal remunerado**, importarão no **pagamento da dobra** correspondente àquele dia (art. 2º, § 8º, e art. 16, LC 150/2015).

g) Remuneração do serviço extraordinário superior, no mínimo, em 50% à do normal (XVI): a previsão da jornada máxima de trabalho não teria qualquer eficácia se não viesse acompanhada da previsão de pagamento de horas extraordinárias, acrescidas do adicional devido. Nesses termos, **ultrapassada a jornada legal** atualmente prevista, o empregador deverá **pagar ao doméstico o valor de cada hora excedida, acrescida de 50%.**

h) Férias anuais remuneradas acrescidas de 1/3 (XVII): O art. 17 da LC 150/2015 sanou a controvérsia acerca do direito às férias anuais de 30 dias, adquiridas após 12 meses de trabalho. As férias serão remuneradas acrescidas de 1/3, sendo devido o seu pagamento proporcional em caso de rescisão do contrato que não ocorra por justa causa. É possível o fracionamento das férias em até dois períodos. Todavia, diferentemente dos empregados celetistas regulares, um dos períodos não poderá ser inferior a 14 dias.

O doméstico tem, também, direito de **conversão de até 1/3 do seu período de férias** em abono pecuniário. Para tanto, o requerimento deverá ser formulado ao empregador **até 30 dias antes** do final do período aquisitivo.

Para o empregado que possui residência no local de trabalho, poderá lá permanecer durante o período de férias.

i) Licença Maternidade, com duração de 120 dias (XVIII): trata-se do direito concedido à empregada doméstica de se licenciar por **120 dias**, contados a partir do parto – **admitido o afastamento até 28 dias antes**, a critério de determinação médica. O direito deve ser usufruído na forma da CLT, art. 25, LC 150/2015. Durante o período de licença, a empregada tem direito à manutenção do seu emprego, sendo o valor do **salário desse período pago diretamente pelo INSS** (art. 73, I, da Lei 8.213/91). Consequência direta desse direito, a ser usufruído na forma da CLT, é o **direito à licença também em caso de adoção**, na forma do art. 392-A da CLT, e o **direito à licença em caso de aborto**, art. 395 da CLT, assim considerado o evento ocorrido até a 23ª semana de gestação.

O direito à **estabilidade gestante**, por outro lado, apenas foi inserido com a **Lei 11.324/06** (art. 4º-A). Atualmente, encontra-se previsto, a partir da reprodução do texto aplicável às empregadas celetistas, no parágrafo único do art. 25 da LC 150/2015.

j) Licença Paternidade (XIX): trata-se de benefício que autoriza o empregado doméstico, pai biológico, a se **afastar pelo período previsto em lei (5 dias)**.

k) Aviso prévio proporcional ao tempo de serviço, sendo de no mínimo 30 dias, na forma da lei (XXI): a atração do aviso prévio para o contrato de trabalho doméstico significa a **atração de toda a regulamentação atinente a este instituto**, residente na CLT. Nessa esteira, a primeira conclusão que nos salta aos olhos é que o empregado terá esse direito, mas, assim como consta da CLT, será **também devido para o empregador em caso de pedido de demissão**.

> **Art. 23.** Não havendo prazo estipulado no contrato, a parte que, sem justo motivo, quiser rescindi-lo deverá avisar a outra de sua intenção.
>
> § 1º O aviso prévio será concedido na proporção de 30 (trinta) dias ao empregado que conte com até 1 (um) ano de serviço para o mesmo empregador.
>
> § 2º Ao aviso prévio previsto neste artigo, devido ao empregado, serão acrescidos 3 (três) dias por ano de serviço prestado para o mesmo empregador, até o máximo de 60 (sessenta) dias, perfazendo um total de até 90 (noventa) dias.
>
> § 3º A falta de aviso prévio por parte do empregador dá ao empregado o direito aos salários correspondentes ao prazo do aviso, garantida sempre a integração desse período ao seu tempo de serviço.

§ 4º A falta de aviso prévio por parte do empregado dá ao empregador o direito de descontar os salários correspondentes ao prazo respectivo.

§ 5º O valor das horas extraordinárias habituais integra o aviso prévio indenizado.

Art. 24. O horário normal de trabalho do empregado durante o aviso prévio, quando a rescisão tiver sido promovida pelo empregador, será reduzido de 2 (duas) horas diárias, sem prejuízo do salário integral.

Parágrafo único. É facultado ao empregado trabalhar sem a redução das 2 (duas) horas diárias previstas no caput deste artigo, caso em que poderá faltar ao serviço, sem prejuízo do salário integral, por 7 (sete) dias corridos, na hipótese dos §§ 1º e 2º do art. 23.

De igual sorte, a importação da CLT naquilo que se refere ao aviso prévio implicará **adoção dos conceitos de despedida justa e injusta**. Observe-se: só se fala em aviso prévio no caso de despedida injusta, donde se infere que haverá a possibilidade de ocorrência da despedida justificada, em que não será devido o aviso prévio.

Na LC 150/2015, as hipóteses de justa causa foram especificadas à situação concreta da relação de emprego, tanto no que se refere à falta do empregado, quanto no que concerne à falta grave do empregador:

Art. 27. Considera-se justa causa para os efeitos desta Lei:

I - submissão a maus tratos de idoso, de enfermo, de pessoa com deficiência ou de criança sob cuidado direto ou indireto do empregado;

II - prática de ato de improbidade;

III - incontinência de conduta ou mau procedimento;

IV - condenação criminal do empregado transitada em julgado, caso não tenha havido suspensão da execução da pena;

V - desídia no desempenho das respectivas funções;

VI - embriaguez habitual ou em serviço;

VII - (VETADO);

VIII - ato de indisciplina ou de insubordinação;

IX - abandono de emprego, assim considerada a ausência injustificada ao serviço por, pelo menos, 30 (trinta) dias corridos;

X - ato lesivo à honra ou à boa fama ou ofensas físicas praticadas em serviço contra qualquer pessoa, salvo em caso de legítima defesa, própria ou de outrem;

XI - ato lesivo à honra ou à boa fama ou ofensas físicas praticadas contra o empregador doméstico ou sua família, salvo em caso de legítima defesa, própria ou de outrem;

XII - prática constante de jogos de azar.

Parágrafo único. O contrato de trabalho poderá ser rescindido por culpa do empregador quando:

I - o empregador exigir serviços superiores às forças do empregado doméstico, defesos por lei, contrários aos bons costumes ou alheios ao contrato;

II - o empregado doméstico for tratado pelo empregador ou por sua família com rigor excessivo ou de forma degradante;

III - o empregado doméstico correr perigo manifesto de mal considerável;

IV - o empregador não cumprir as obrigações do contrato;

V - o empregador ou sua família praticar, contra o empregado doméstico ou pessoas de sua família, ato lesivo à honra e à boa fama;

VI - o empregador ou sua família ofender o empregado doméstico ou sua família fisicamente, salvo em caso de legítima defesa, própria ou de outrem;

VII - o empregador praticar qualquer das formas de violência doméstica ou familiar contra mulheres de que trata o art. 5º da Lei no 11.340, de 7 de agosto de 2006.

Outra consequência direta da previsão do direito ao aviso prévio é a aceitação de que **poderá haver contrato com e sem prazo determinado**. No particular, também com o objetivo de adaptar à realidade que envolve esse contrato especial de emprego, o legislador dispôs especificamente sobre o contrato por prazo determinado, trazendo à baila nova possibilidade de contratação:

Art. 4º É facultada a contratação, por prazo determinado, do empregado doméstico:

I - mediante contrato de experiência;

II - para atender necessidades familiares de natureza transitória e para substituição temporária de empregado doméstico com contrato de trabalho interrompido ou suspenso.

Parágrafo único. No caso do inciso II deste artigo, a duração do contrato de trabalho é limitada ao término do evento que motivou a contratação, obedecido o limite máximo de 2 (dois) anos.

Art. 5º O contrato de experiência não poderá exceder 90 (noventa) dias.

§ 1º O contrato de experiência poderá ser prorrogado 1 (uma) vez, desde que a soma dos 2 (dois) períodos não ultrapasse 90 (noventa) dias.

§ 2º O contrato de experiência que, havendo continuidade do serviço, não for prorrogado após o decurso de seu prazo previamente estabelecido ou que ultrapassar o período de 90 (noventa) dias passará a vigorar como contrato de trabalho por prazo indeterminado.

Art. 6º Durante a vigência dos contratos previstos nos incisos I e II do art. 4º, o empregador que, sem justa causa, despedir o empregado é obrigado a pagar-lhe, a título de indenização, metade da remuneração a que teria direito até o termo do contrato.

> **Art. 7º** Durante a vigência dos contratos previstos nos incisos I e II do art. 4º, o empregado não poderá se desligar do contrato sem justa causa, sob pena de ser obrigado a indenizar o empregador dos prejuízos que desse fato lhe resultarem.
>
> Parágrafo único. A indenização não poderá exceder aquela a que teria direito o empregado em idênticas condições.
>
> Art. 8º Durante a vigência dos contratos previstos nos incisos I e II do art. 4º, não será exigido aviso prévio.

Note-se que a regulamentação não se afasta do contrato por prazo determinado da CLT, consistindo em mera repetição das regras já previstas. Por outro lado, há a ampliação da hipótese de cabimento/utilização desse tipo de contratação.

l) Redução dos riscos inerentes ao trabalho, por meio de normas de saúde, higiene e segurança (XXII).

m) Aposentadoria (XXIV): Na condição de **segurado obrigatório da Previdência Social**, o doméstico recolhe, mensalmente, a sua parcela de contribuição (8 a 11%), bem assim o seu empregador (8%) - art. 20 da Lei 8.212/91 e art. 34 da LC 150/2015.

n) Reconhecimento das convenções e acordos coletivos de trabalho (XXVI).

o) Proibição de diferença de salários, de exercício de funções e de critério de admissão por motivo de sexo, idade, cor ou estado civil (XXX): Trata-se de **importação do princípio da igualdade** – inclusive quanto aos salários – também na relação doméstica.

p) Proibição de qualquer discriminação no tocante a salário e critérios de admissão do trabalhador portador de deficiência (XXXI).

q) Proibição de trabalho noturno, perigoso ou insalubre a menores de dezoito e de qualquer trabalho a menores de dezesseis anos, salvo na condição de aprendiz, a partir de quatorze anos (XXXIII). No particular, a norma constitucional pareceu contradizer o quanto consta do **Decreto 6.481/08**, responsável por ratificar a **Convenção 182 da OIT**. Corrigindo o defeito constitucional, o parágrafo único do art. 1º da LC 150/2015, previu expressamente a impossibilidade do trabalho doméstico do menor de 18 anos, adotando-se o conteúdo do diploma internacional, devidamente ratificado, segundo o qual **o trabalho do menor de 18 anos está proibido no âmbito doméstico**.

V. Direitos constitucionais dependentes de regulamentação

O legislador, no mesmo parágrafo único do art. 7º, da CF/88, ao ampliar os direitos dos empregados domésticos após a edição da EC 72/13, separou um complexo de direitos que, para a sua aplicação, careciam de regulamentação.

Os direitos já foram devidamente regulamentados na LC 150/2015. Todavia, para alguns deles, a obrigação efetiva do empregador apenas surgiu com a regulamentação da Lei, expedida pelo Poder Executivo, art. 21, parágrafo único, da LC 150/2015.

a) relação de emprego protegida contra despedida arbitrária ou sem justa causa, nos termos de lei complementar, que preverá indenização compensatória, dentre outros direitos (I). A LC 150/2015 previu, expressamente, o direito à estabilidade gestante, o que significa a previsão de um direito que evita a dispensa arbitrária ou sem justa causa.

b) Seguro desemprego, em caso de desemprego involuntário (II): até o advento de regulamentação própria, o seguro-desemprego somente será devido aos domésticos **na forma da legislação atual**. De acordo com a lei, tendo o **empregador optado pelo recolhimento do FGTS**, passa o empregado a ter **direito ao seguro desemprego**, desde que reúna **três requisitos** cumulativos (art. 26, da LC 150/2015):

- Mínimo de **24 meses de contrato de trabalho** com aquele empregador;
- Mínimo de **15 parcelas de FGTS** recolhidas;
- Empregado **dispensado sem justa causa.**

Presentes os três requisitos, o empregado terá direito ao seguro desemprego, a ser custeado pelo FAT (Fundo de Amparo ao Trabalhador), na razão de três parcelas equivalentes ao salário mínimo.

c) Fundo de Garantia do Tempo de Serviço – FGTS (III): **antes da implementação do e-social**, a legislação deixava a cargo do **empregador a escolha**, ou não, pelo recolhimento do FGTS dos seus empregados. Desta forma, era opcional o recolhimento, até o advento de norma que o regulamentou. Com o advento da regulamentação, o FGTS passou a ser direito do empregado e dever do empregador, que fará o recolhimento do equivalente a 8% e, além disso, 3,2% ao mês a título de adiantamento da indenização rescisória. Assim, ocorrendo justa causa ou pedido de demissão, o valor da indenização será devolvido ao empregador. Por outro lado, no caso de culpa recíproca, cada parte do contrato ficará com metade do valor depositado.

d) Adicional noturno (IX): Quando da edição da EC 72/13, muitos surgiram com a resposta imediata de que não poderia se tratar de direito carente de regulamentação, na medida em que esta regulamentação estaria presente no texto atual da CLT. A regulamentação adveio, em verdade, com a recente edição da LC 150/2015, segundo a qual considera-se horário noturno aquele compreendido entre 22 horas de um dia e 5 horas do dia subsequente. Há, igualmente, o direito à observância da redução ficta da hora noturna.

TRABALHO

> **Art. 14.** Considera-se noturno, para os efeitos desta Lei, o trabalho executado entre as 22 horas de um dia e as 5 horas do dia seguinte.
>
> § 1° A hora de trabalho noturno terá duração de 52 (cinquenta e dois) minutos e 30 (trinta) segundos.
>
> § 2° A remuneração do trabalho noturno deve ter acréscimo de, no mínimo, 20% (vinte por cento) sobre o valor da hora diurna.
>
> § 3° Em caso de contratação, pelo empregador, de empregado exclusivamente para desempenhar trabalho noturno, o acréscimo será calculado sobre o salário anotado na Carteira de Trabalho e Previdência Social.
>
> § 4° Nos horários mistos, assim entendidos os que abrangem períodos diurnos e noturnos, aplica-se às horas de trabalho noturno o disposto neste artigo e seus parágrafos.

e) Salário-família pago em razão do dependente do trabalhador de baixa renda (XII).

f) Assistência gratuita aos filhos e dependentes desde o nascimento até 5 (cinco) anos de idade em creches e pré-escolas (XXV).

g) Seguro contra acidentes de trabalho (SAT), a cargo do empregador, sem excluir a indenização a que este está obrigado, quando incorrer em dolo ou culpa (XXVIII).

4.3. Do empregado menor

31 Considera-se **empregado menor** aquele que, contratado nos moldes da CLT, possui **menos de 18 anos.** Nesse contexto, é possível que o **menor** firme **três tipos de contrato com o seu tomador**: a. **Contrato nulo**: porque firmado em idade inferior àquela permitida pelo texto constitucional (16 anos); b. **Contrato de Aprendizagem** (cuja validade estará adstrita àqueles firmados com maiores de 14 anos); c. **Contrato de trabalho**: firmado entre o maior de 16 anos e o seu empregador.

a. Contratação Nula

32 Ocorre o **contrato de trabalho nulo** com o menor, quando firmado entre o seu **empregador** e uma **pessoa de idade inferior a 16 anos.** A nulidade repousa na violação da regra constitucional de vedação ao contrato de trabalho com pessoa menor de 16 anos, salvo na condição de aprendiz, a partir dos 14 anos. Trata-se de **norma de ordem pública**, proibitiva, que tem por **finalidade evitar o trabalho de menores**, garantindo o seu direito ao lazer e à integridade do seu desenvolvimento.

33 Em virtude disso, o **art. 104 do CC/02** exige, para a validade do contrato, a presença de **requisitos**, dentre os quais está a **capacidade do agente**. De acordo com o art. 166, I do CC/02, esse requisito é indispensável para a validade do contrato, sem o qual, se torna nulo. O que ocorre, então, nesse caso de nulidade?

34 Dois entendimentos dividem a maioria dos juristas, em que pese haja, ainda, outros entendimentos possíveis:

- ***1ª corrente*** (Arnaldo Süssekind e Pontes de Miranda): Para os defensores deste entendimento, **o contrato é nulo**; entretanto, o **art. 182 do CC/02**, determina o pagamento de **indenização suficiente ao restabelecimento do *status inicial da contratação***. Assim, dado que não é possível desfazer a prestação concedida pelo empregado ("destrabalhar"), o contrato é nulo, mas **deve ser pago o salário e, para alguns autores, também é devido o FGTS**. É a teoria adotada pelo TST, na súmula 363.
- ***2ª corrente*** *(Délio Maranhão, Vólia Bonfim, José Augusto Rodrigues Pinto):* Os defensores desse entendimento partem da **teoria das nulidades**. Dividem, inicialmente, as nulidades em absolutas e relativas.

Absolutas	Relativas
Referem-se à violação de norma de interesse público	Referem-se à violação de norma de interesse privado.
Não se prorrogam nem convalidam.	Admitem prorrogação e convalidação.
Podem ser reconhecidas de ofício.	Não podem ser reconhecidas de ofício.
O reconhecimento gera efeitos *ex tunc*.	O reconhecimento gera efeitos *ex nunc*.

35 Percebe-se, portanto, que a **norma de incapacidade** (que impede o trabalho do menor de 16 anos) visa **proteger o incapaz**. Se é assim, o valor que deu ensejo à proibição do trabalho do incapaz foi a não exploração do seu trabalho. Dessa forma, declarar a nulidade absoluta do contrato de trabalho do incapaz seria aplicar a norma ao caso concreto contra aquele que a própria norma visou proteger. A conclusão é, então, de que a **nulidade é absoluta, mas com efeito de relativa, ou seja, o juiz declara a nulidade do contrato para frente** (*ex nunc*) e **reconhece a validade integral pelo tempo em que ele vigorou**.

b. Contrato de Aprendizagem

36 O contrato de aprendizagem é um **contrato de trabalho especial**, ajustado por **escrito** e por **prazo determinado, não superior a dois anos**, em que o empregador se compromete a assegurar ao aprendiz, inscrito em programa de aprendizagem, formação técnico-profissional metódica compatível com o seu desenvolvimento físico, moral e psicológico (art. 428 da CLT). O **aprendiz**, por outro lado, se compromete a **executar com zelo e diligência as tarefas necessárias** a essa formação.

37 O art. 431 da CLT retira a possibilidade de reconhecimento de vínculo empregatício no caso de contratação do aprendiz pela empresa onde será absorvido o aprendizado ou entidades sem fins lucrativos, que tenham por objetivo a assistência ao adolescente e a sua educação profissional, registradas no Conselho Municipal dos Direitos da Criança e do Adolescente. Não gerará o vínculo ainda que o aprendiz seja contratado diretamente pela empresa onde será efetivada a aprendizagem:

> **Art. 431.** A contratação do aprendiz poderá ser efetivada pela empresa onde se realizará a aprendizagem ou pelas entidades mencionadas nos incisos II e III do art. 430, caso em que não gera vínculo de emprego com a empresa tomadora dos serviços. (com redação dada pela Lei 13.420/17)

38 A formação técnico-profissional do aprendiz será informada pelos seguintes **princípios** (art. 7º do Decreto 5.598/05):

> I - garantia de acesso e frequência obrigatória ao ensino fundamental;
>
> II - horário especial para o exercício das atividades; e
>
> III - capacitação profissional adequada ao mercado de trabalho.

• *Requisitos de validade*

39 O aprendiz deverá ter entre 14 e 24 anos de idade para a validade da contratação. Acresce-se, ainda, que a validade do contrato de aprendizagem pressupõe **anotação na Carteira de Trabalho e Previdência Social, matrícula e frequência do aprendiz à escola**, caso não haja concluído o ensino fundamental, e inscrição em programa de aprendizagem desenvolvido sob a orientação de entidade qualificada em formação técnico-profissional metódica (artigo 8º do Decreto 5.598/05).

> **Art. 8º** Consideram-se entidades qualificadas em formação técnico-profissional metódica:
>
> I - os Serviços Nacionais de Aprendizagem, assim identificados:
>
> a) Serviço Nacional de Aprendizagem Industrial - SENAI;
>
> b) Serviço Nacional de Aprendizagem Comercial - SENAC;
>
> c) Serviço Nacional de Aprendizagem Rural - SENAR;
>
> d) Serviço Nacional de Aprendizagem do Transporte - SENAT; e
>
> e) Serviço Nacional de Aprendizagem do Cooperativismo - SESCOOP;
>
> II - as escolas técnicas de educação, inclusive as agrotécnicas; e

III - as entidades sem fins lucrativos, que tenham por objetivos a assistência ao adolescente e à educação profissional, registradas no Conselho Municipal dos Direitos da Criança e do Adolescente.

40 Qualquer **descumprimento** das disposições legais e regulamentares importará a **nulidade** do contrato de aprendizagem, nos termos do **art. 9º da CLT**, estabelecendo-se o vínculo empregatício diretamente com o tomador – à exceção de quando se tratar de pessoa jurídica de direito público.

- *Da obrigatoriedade da contratação de aprendizes*

41 A lei obriga os estabelecimentos de qualquer natureza a empregar e matricular nos cursos dos Serviços Nacionais de Aprendizagem número de aprendizes equivalente a **5%, no mínimo, e 15%, no máximo,** dos trabalhadores existentes em cada estabelecimento, cujas funções demandem formação profissional – aplicando-se essa regra às empresas públicas e sociedades de economia mista. Não se aplica, entretanto, para a administração pública direta, autárquica e fundacional, submetidas ao Decreto nº 5598/05.

42 As microempresas, empresas de pequeno porte e entidades sem fins lucrativos, que tenham por objetivo a educação profissional, não são obrigadas a contratar aprendizes.

OBSERVAÇÃO!!! O **percentual** será calculado **por estabelecimento** e não pelo conjunto dos trabalhadores na empresa. As frações de unidade, no cálculo da percentagem, darão lugar à admissão de um aprendiz.

- *Das espécies de contratação do aprendiz*

43 A **contratação do aprendiz** deverá ser realizada diretamente pelo **estabelecimento que se obrigue ao cumprimento da cota de aprendizagem** ou, supletivamente, pelas entidades sem fins lucrativos mencionadas no inciso II, do art. 430, CLT. Tratando-se de contratação de aprendiz diretamente pelo estabelecimento que possui a obrigação no cumprimento da cota de aprendizagem, este não assumirá a condição de empregador, devendo inscrever o aprendiz em programa de aprendizagem a ser ministrado pelas entidades indicadas no art. 430, CLT.

- *Dos direitos trabalhistas e obrigações acessórias*

A) Remuneração

Ao aprendiz, salvo condição mais favorável, será **garantido o salário mínimo hora – art. 428, §2º, CLT**.

B) Jornada

44 A duração do trabalho do aprendiz não excederá **6 horas diárias**. O limite previsto poderá ser de até 8 horas diárias para os aprendizes que já tenham concluído o ensino fundamental.

> OBSERVAÇÃO! O aprendiz não pode realizar horas extras, também não sendo admitida a compensação de jornada. De igual sorte, o aprendiz não poderá firmar contrato a tempo parcial.

C) FGTS

45 O depósito do FGTS será somente no **percentual de 2% da remuneração** paga ou devida em cada mês (Lei n. 8.036/90, art. 15, § 7º).

E) Férias

46 As férias do aprendiz **devem coincidir, preferencialmente, com as férias escolares**, sendo vedado fixar período diverso daquele definido no programa de aprendizagem.

F) 13º salário

47 Embora não haja expressa previsão legal, aplica-se, em relação ao 13º salário, a regra genérica do art. 65 do Estatuto da Criança e do Adolescente, que assegura ao aprendiz todos os direitos trabalhistas.

G) Vale-Transporte

48 É assegurado ao aprendiz o direito ao benefício do vale transporte (**Lei nº 7.418/85**).

- *Extinção e Rescisão do contrato de aprendizagem*

49 O contrato de aprendizagem **extinguir-se-á no seu termo** (máximo de 2 anos de duração) **ou quando o aprendiz completar 24 anos, exceto** na hipótese de aprendiz **deficiente**. Antes do prazo, entretanto, poderá ser extinto nas estritas hipóteses legais, quais sejam:

> I - desempenho insuficiente ou inadaptação do aprendiz;
>
> II - falta disciplinar grave (justa causa – artigo 482, CLT);
>
> III - ausência injustificada à escola que implique perda do ano letivo; e
>
> IV - a pedido do aprendiz.

50 Não se aplica às hipóteses de extinção do contrato de aprendizagem a indenização do contrato a termo, prevista nos artigos 479 e 480 da CLT.

c. Contrato de Trabalho regular

51 As normas trabalhistas (CF/88, CLT e ECA), em que pese autorizem o trabalho do menor de 18 anos, trazem um complexo de proteções ao menor, a fim de que o início do trabalho prematuro não prejudique o seu regular desenvolvimento.

– Quanto ao local de trabalho

52 Ao menor é **vedado** o trabalho em local **insalubre ou perigoso**.

> **Art. 7º, XXXIII. CF/88** – proibição de trabalho noturno, perigoso ou insalubre a menores de dezoito e de qualquer trabalho a menores de dezesseis anos, salvo na condição de aprendiz, a partir de quatorze anos.
>
> **Art. 405. CLT.** Ao menor não será permitido o trabalho:
>
> I – nos locais e serviços perigosos ou insalubres, constantes de quadro para esse fim aprovado pelo Diretor-geral do Departamento de Segurança e Higiene do Trabalho; (...)
>
> **Art. 67. ECA.** Ao adolescente empregado, aprendiz, em regime familiar de trabalho, aluno de escola técnica, assistido em entidade governamental ou não-governamental, é vedado trabalho:
>
> (...)
>
> II – perigoso, insalubre ou penoso; (...)

53 É **proibido** o trabalho do menor em locais que sejam **prejudiciais à sua moralidade** (art. 405 da CLT). Nessa esteira, explica o legislador celetista que é prejudicial à moralidade do menor o trabalho:

> "a) prestado de qualquer modo em teatros de revista, cinemas, boates, cassinos, cabarés, dancings e estabelecimentos análogos;
>
> b) em empresas circenses, em funções de acrobata, saltimbanco, ginasta e outras semelhantes;
>
> c) de produção, composição, entrega ou venda de escritos, impressos, cartazes, desenhos, gravuras, pinturas, emblemas, imagens e quaisquer outros objetos que possam, a juízo da autoridade competente, prejudicar sua formação moral;
>
> d) consistente na venda, a varejo, de bebidas alcoólicas."

54 Nas hipóteses da alínea "a" e "b", o legislador admitiu o trabalho do menor, excepcionalmente, desde que, **não causando nenhum prejuízo a sua formação moral**, incida em uma das duas exceções a seguir (art. 406):

1. a representação tenha fim educativo;
2. a ocupação do menor seja indispensável à própria subsistência ou à de seus pais, avós ou irmãos.

55 Especificamente quanto à previsão constante da alínea "c", nos locais onde houver instituição de amparo aos menores jornaleiros, será permitido o trabalho de distribuição de jornais por menores, o qual somente poderá ser realizado mediante o patrocínio dessas entidades.

56 O local de trabalho do menor, ainda, **não poderá prejudicar a sua frequência à escola.**

57 O trabalho exercido em **locais públicos**, assim compreendidas ruas, praças e afins, depende de **prévia autorização do juiz de menor**. Ao juiz incumbirá analisar se o trabalho realizado é indispensável à subsistência do menor, dos seus pais, avós ou irmãos. Em qualquer caso, esse trabalho apenas será admitido quando não causar prejuízo à formação moral do menor.

– *Quanto ao horário de trabalho*

58 O menor **não poderá trabalhar em horário noturno** ou em horário que **impossibilite a sua frequência à escola.**

59 Além disso, o menor somente poderá ter a sua jornada prorrogada por **até duas horas**, para efeito de **compensação de jornada**, se houver previsão em acordo ou convenção coletiva. Note-se que, de acordo com o **art. 413, I da CLT**, mesmo quando ajustado de forma coletiva, **não poderá ultrapassar o limite máximo de 48 horas semanais.**

60 É possível a extensão da jornada em até quatro horas na hipótese de força maior, desde que comprovado que o trabalho do menor era indispensável.

61 De acordo com o **art. 414 da CLT**, determina-se que o trabalho do menor, prestado a instituições diferentes, seja totalizado nos limites da jornada acima declinada. Nessa esteira, mesmo tratando-se de empregadores distintos, a **soma de cada contrato** de trabalho do menor **não poderá ultrapassar o seu limite diário de trabalho.**

62 Com idêntico objetivo, o empregado **menor estudante** terá direito a que suas **férias coincidam com as férias escolares – art. 136 da CLT.**

– *Quanto ao uso de força muscular*

63 Aplica-se ao trabalho do menor a previsão constante do **art. 390 da CLT**, inicialmente destinada à mulher, segundo o qual resta **vedado o trabalho que implique força superior a 20 quilos** – nos serviços **contínuos** – **ou 25**

quilos – nos serviços **descontínuos**. Essa vedação não será aplicada quando o objeto for movido por meio de tração ou aparelhagem mecânica.

– *Quanto à formalização dos documentos*

64 De acordo com o **art. 439 da CLT**, ao menor é **lícito firmar recibo de quitação** pelo pagamento dos salários. Todavia, exige-se a assistência de seus responsáveis legais no ato de quitação da rescisão contratual.

65 O **art. 408 da CLT** permite ao representante legal terminar o contrato de trabalho do menor em razão das condições de trabalho a que esteja submetido o menor.

> **Art. 408.** Ao responsável legal do menor é facultado pleitear a extinção do contrato de trabalho, desde que o serviço possa acarretar para ele prejuízos de ordem física ou moral.

66 A ele acresce-se o conteúdo do art. 407 da CLT. Veja-se:

> **Art. 407.** Verificado pela **autoridade competente** que o trabalho executado pelo menor é **prejudicial à sua saúde**, ao seu **desenvolvimento físico** ou a sua **moralidade**, poderá ela obrigá-lo a abandonar o serviço, devendo a respectiva empresa, quando for o caso, proporcionar ao menor todas as facilidades para mudar de funções.

– *Quanto à prescrição incidente*

67 Quanto à prescrição incidente, o **art. 440 da CLT** prevê que **não corre prescrição contra o menor de 18 anos.**

5. DA PROTEÇÃO À EMPREGADA MULHER

1 A CLT contemplou um complexo de dispositivos voltados à proteção do trabalho da mulher, consideradas as distinções naturais entre o homem e a mulher, tratando-se de aplicação concreta do princípio da igualdade.

- **Proteção à maternidade**

2 **Durante a gestação**, a empregada tem direito ao afastamento, sem prejuízo do salário, para a **realização de, no mínimo, seis consultas médicas** e, também, demais **exames complementares que se mostram necessários.**

3 Ainda, é garantido o **direito à transferência de função**, sempre que assim exigirem as condições de saúde. **Após o nascimento**, fica assegurado à então gestante o **retorno ao seu cargo de origem.**

TRABALHO

4 De acordo com o **art. 394 da CLT**, desde que apresentando atestado médico com essa finalidade, a gestante poderá **romper compromisso resultante do contrato de trabalho que lhe seja prejudicial**. O artigo 394-A impede o trabalho da gestante em locais insalubres, devendo ser transferida para o exercício da sua atividade em local salubre. Nesse caso, a gestante perderá o direito ao pagamento do adicional. A empregada poderá, entretanto, solicitar voluntariamente a sua manutenção nas atividades insalubres de grau mínimo e médio, desde que apresente atestado médico permitindo a prestação do serviço (§ 2º, art. 394-A).

5 **Após a gestação** e até que o seu filho complete seis meses de vida, a mulher terá direito a **dois intervalos de trinta minutos** para amamentação, podendo o horário desse descanso ser ajustado direta e individualmente com o seu empregador. A lactente que apresente atestado de médico de sua confiança poderá ser afastada das atividades insalubres de qualquer grau.

6 Nos **estabelecimentos** que possuam **mais de 30 empregadas** com **idade superior a 16 anos**, o empregador estará obrigado a manter **local apropriado para a guarda de seus filhos**, sob vigilância e assistência, durante o período da amamentação. O empregador poderá eximir-se dessa obrigação se mantiver convênios ou prestar diretamente o serviço de creche.

7 Além das regras protetivas referenciadas, a empregada também terá direito à licença maternidade e à estabilidade gestante, temas que serão avaliados nos capítulos próprios.

- **Proteção em relação ao objeto do contrato**

8 É vedado o trabalho com força superior a 20 Kg no trabalho contínuo, e 25Kg no trabalho descontínuo (art. 390 da CLT).

- **Proteção contra a discriminação**

9 A CLT previu, expressamente, condutas proibidas aos empregadores visando à proteção da mulher no mercado de trabalho.

> Art. 373-A. Ressalvadas as disposições legais destinadas a corrigir as distorções que afetam o acesso da mulher ao mercado de trabalho e certas especificidades estabelecidas nos acordos trabalhistas, é vedado: (Incluído pela Lei nº 9.799, de 26.5.1999)
>
> I – publicar ou fazer publicar anúncio de emprego no qual haja referência ao sexo, à idade, à cor ou situação familiar, salvo quando a natureza da atividade a ser exercida, pública e notoriamente, assim o exigir; (Incluído pela Lei nº 9.799, de 26.5.1999)

> II – recusar emprego, promoção ou motivar a dispensa do trabalho em razão de sexo, idade, cor, situação familiar ou estado de gravidez, salvo quando a natureza da atividade seja notória e publicamente incompatível; (Incluído pela Lei nº 9.799, de 26.5.1999)
>
> III – considerar o sexo, a idade, a cor ou situação familiar como variável determinante para fins de remuneração, formação profissional e oportunidades de ascensão profissional; (Incluído pela Lei nº 9.799, de 26.5.1999)
>
> IV – exigir atestado ou exame, de qualquer natureza, para comprovação de esterilidade ou gravidez, na admissão ou permanência no emprego; (Incluído pela Lei nº 9.799, de 26.5.1999)
>
> V – impedir o acesso ou adotar critérios subjetivos para deferimento de inscrição ou aprovação em concursos, em empresas privadas, em razão de sexo, idade, cor, situação familiar ou estado de gravidez; (Incluído pela Lei nº 9.799, de 26.5.1999)
>
> VI – proceder o empregador ou preposto a revistas íntimas nas empregadas ou funcionárias. (Incluído pela Lei nº 9.799, de 26.5.1999)
>
> Parágrafo único. O disposto neste artigo **não obsta a adoção de medidas temporárias** que visem ao estabelecimento das políticas de igualdade entre homens e mulheres, em particular as que se destinam a corrigir as distorções que afetam a formação profissional, o acesso ao emprego e as condições gerais de trabalho da mulher. (Incluído pela Lei nº 9.799, de 26.5.1999)

6. RELAÇÕES ESPECIAIS DE TRABALHO

6.1. Trabalhador avulso

1 **Conceito:** Trata-se de trabalho intermediado pelo **órgão gestor de mão de obra** (OGMO) **ou pelo sindicato da categoria**. Cabe ao intermediador a oferta da mão-de-obra do trabalhador a tomadores diversos, sem pessoalidade e em um sistema de rodízio. A definição do trabalhador avulso encontra-se no inciso VI, art. 9º, do Decreto 3.048/99:

> ...aquele que, sindicalizado ou não, presta serviço de natureza urbana ou rural, a diversas empresas, sem vínculo empregatício, com a intermediação obrigatória do órgão gestor de mão-de-obra, nos termos da Lei nº 8.630, de 25 de fevereiro de 1993, ou do sindicato da categoria (...).

2 A atividade está regulamentada pelas Leis **8.630/93** e **12.815/13** que preveem a possibilidade do trabalho nos portos ser prestado por empregado ou não. Permite-se a **contratação direta**, com vínculo empregatício e sem prazo determinado, dos prestadores de serviços de capatazia, bloco, estiva, conferência de carga, conserto de carga e vigilância de embarcações (art. 40).

3 O trabalho **avulso** é aquele realizado nos portos e que não possui **vínculo empregatício.**

4 A **União** tem a **exclusividade da operação portuária**, podendo fazê-la de forma direta ou de forma indireta, mediante concessões.

5 O trabalho do avulso, portanto, é aquele que é **prestado sem fixação jurídica** a um único tomador, mas que põe a sua mão-de-obra no mercado, para que preste serviços intermediado pelo sindicato ou pelo OGMO.

6 Em resumo:

a) Pode ser sindicalizado ou não;
b) Presta serviço de natureza urbana ou rural;
c) Há diversos tomadores escolhidos indistintamente;
d) Não há vínculo empregatício (em que pese sejam equiparados a empregados);
e) Há intermediação da mão de obra pelo OGMO ou pelo sindicato.

7 Existem dois tipos de trabalhador avulso, conforme previsão legal:

a) **Avulso Portuário**: É aquele que presta **serviço de capatazia, estiva, conferência de carga, concerto de carga, bloco e vigilância de embarcação.** Ocorre necessariamente em **portos organizados** nas instalações portuárias. O único intermediário é o OGMO, podendo ele ser empregado ou não. Para ser considerado empregado deverá ser contratado **com vínculo empregatício** e a **prazo indeterminado**. O **avulso** pode ser **registrado ou cadastrado** (DL 1.596/95). Os **registrados** têm **prioridade na convocação**. São convocados em regime contínuo de **rodízio**. Já os **cadastrados** compõem uma **reserva de mão de obra**, por isso, somente serão convocados quando não houver um avulso registrado disponível.

b) **Avulso Não Portuário**: É aquele que presta **serviço de natureza diversa do portuário.** Presta serviço de carga e descarga de mercadoria de qualquer natureza e, por tal motivo, pode ser intermediado pelo OGMO ou pelo sindicato (**art. 2º da Lei 12.023/09**).

6.2. Trabalhador autônomo

8 Constitui uma relação de trabalho *lato sensu*, que não se confunde, por isso mesmo, com a relação de emprego, uma vez que o trabalhador exerce suas atividades sem subordinação e assume a integralidade dos riscos da prestação. Não obstante, possui previsão no artigo 442-B da CLT, que impede que seja exigida exclusividade nesse tipo de contrato.

9 Dada a ausência de subordinação, o autônomo poderá recusar um serviço que lhe seja demandado, sendo possível a aplicação de eventual penalidade prevista no contrato entre eles. Presente a subordinação, descaracteriza-se o trabalho autônomo e fica reconhecido o vínculo empregatício.

6.3. Contrato de estágio

10 O **conceito de estágio** encontra-se expressamente previsto na Lei 11.788/08, art. 1º:

> **Art. 1º** Estágio é ato educativo escolar supervisionado, desenvolvido no ambiente de trabalho, que visa à preparação para o trabalho produtivo de educandos que estejam frequentando o ensino regular em instituições de educação superior, de educação profissional, de ensino médio, da educação especial e dos anos finais do ensino fundamental, na modalidade profissional da educação de jovens e adultos.

11 O **estágio**, segundo a lei, poderá ser **obrigatório ou facultativo**; será **obrigatório** aquele que **compõe o projeto de um curso**, como requisito de obtenção de diploma, ao passo que será facultativo quando, em que pese servir para a formação do estudante, é desenvolvido como uma atividade opcional de aperfeiçoamento.

12 A relação é intermediada pela **instituição de ensino**, que tem por função avaliar as condições do estágio. Caberá à **instituição de ensino indicar um professor orientador para o estágio**, cuja responsabilidade será acompanhar e avaliar o estágio a partir da apresentação de **relatórios com periodicidade máxima de seis meses.**

13 Chama-se **parte concedente aquela responsável por prover o estágio,** ou seja, é o tomador do serviço de estágio, podendo ser uma pessoa jurídica de direito privado, órgãos da administração pública direta, autárquica e fundacional, da União, Estado, Distrito Federal e Municípios, e, ainda, profissionais liberais de nível superior, devidamente inscritos nos conselhos de fiscalização da profissão.

14 Exige-se a celebração de um **termo de compromisso** com o estagiário, o qual terá também a **participação da instituição de ensino**, devendo, além disso, contratar um **seguro contra acidentes pessoais em favor do estagiário**. Cada **empregado** apenas poderá **supervisionar** o **máximo de dez estagiários.**

> OBSERVAÇÃO! A lei trouxe a figura dos **agentes de integração**, art. 5º da Lei 11.788/08, com função de identificar as oportunidades de estágio, oferecer o acompanhamento administrativo e ofertar o cadastro de estudantes. A intervenção desses agentes é opcional.

Direitos dos estagiários

1) **Jornada de trabalho**: o ajuste da jornada deverá, inicialmente, estar adequado ao horário de estudo do estagiário. A) Estudantes de educação especial e nos anos finais do ensino fundamental - 4 horas/dia e 20 horas/semana. B) Estudantes do ensino profissional, superior e médio - 6 horas/dia e 30 horas/semana. No período de **avaliações escolares**, o estagiário tem direito à redução da **carga horária pela metade**.
2) **Férias:** Ao **final de um ano** o estagiário terá direito a um **recesso** equivalente a **trinta dias**.
3) **Remuneração**: será **opcional** quando o **estágio for obrigatório**, ao passo que será **obrigatória** quando o **estágio for facultativo**.

OBSERVAÇÕES IMPORTANTES! Para a validade do contrato, o **estudante** deverá estar devidamente **matriculado e frequentando um curso**, que poderá ser: a) educação superior; b) educação profissional; c) ensino médio; d) educação especial; e, e) anos finais do ensino fundamental. Há um limite ao número de estagiários por estabelecimento, ressalvados os estudantes de nível superior e médio profissional (art. 17 da Lei 11.788/08). Além disso, deve-se observar o mínimo de **10% das vagas para portadores de necessidades especiais**.

6.4. Cooperativas de mão-de-obra

15 Trata-se de relação de trabalho *lato sensu*, sem a formação nem reconhecimento de vínculo empregatício, haja vista estar inspirado no espírito de associação que envolve os trabalhadores. Nessa relação, não há subordinação, pelo que não há relação de emprego.

16 No plano internacional, está regulamentado o trabalho cooperado pela **Convenção 127 da OIT**, que propõe o seguinte conceito: "uma associação de pessoas que se agrupam voluntariamente, para alcançar um objetivo comum mediante a formação de uma empresa controlada democraticamente; que contribuem com uma cota equitativa do capital que se requer, assumem uma justa parte nos lucros e benefício; em cujo funcionamento sócios participam ativamente".

17 No plano nacional, a **Lei n. 12.690/12** é responsável por definir a política do cooperativismo, com previsão dos seguintes direitos:

> **Art. 7º** A Cooperativa de Trabalho deve garantir aos sócios os seguintes direitos, além de outros que a Assembléia Geral venha a instituir:
>
> I – retiradas não inferiores ao piso da categoria profissional e, na ausência deste, não inferiores ao salário mínimo, calculadas de forma proporcional às horas trabalhadas ou às atividades desenvolvidas;

II – duração do trabalho normal não superior a 8 (oito) horas diárias e 44 (quarenta e quatro) horas semanais, exceto quando a atividade, por sua natureza, demandar a prestação de trabalho por meio de plantões ou escalas, facultada a compensação de horários;

III – repouso semanal remunerado, preferencialmente aos domingos;

IV – repouso anual remunerado;

V – retirada para o trabalho noturno superior à do diurno;

VI – adicional sobre a retirada para as atividades insalubres ou perigosas;

VII – seguro de acidente de trabalho.

§ 1º Não se aplica o disposto nos incisos III e IV do caput deste artigo nos casos em que as operações entre o sócio e a cooperativa sejam eventuais, salvo decisão assemblear em contrário.

§ 2º A Cooperativa de Trabalho buscará meios, inclusive mediante provisionamento de recursos, com base em critérios que devem ser aprovados em Assembleia Geral, para assegurar os direitos previstos nos incisos I, III, IV, V, VI e VII do caput deste artigo e outros que a Assembleia Geral venha a instituir.

§ 3º A Cooperativa de Trabalho, além dos fundos obrigatórios previstos em lei, poderá criar, em Assembleia Geral, outros fundos, inclusive rotativos, com recursos destinados a fins específicos, fixando o modo de formação, custeio, aplicação e liquidação.

6.5. Trabalho voluntário

18 Está disciplinado na **Lei 9.608/98** que o conceitua no art. 1º nos seguintes termos: "Considera-se serviço voluntário, para fins desta Lei, a **atividade não remunerada**, prestada por pessoa física à entidade pública de qualquer natureza, ou à instituição privada de fins não lucrativos, que tenha objetivos cívicos, culturais, educacionais, científicos, recreativos ou de assistência social, inclusive mutualidade".

19 As partes firmam um **termo de adesão**, segundo o qual não há retribuição, podendo ocorrer o ressarcimento dos custos com a prestação do serviço, sem natureza salarial.

6.6. Médico-residente

20 A residência médica é uma **modalidade de ensino de pós-graduação** que se encontra regulamentada pelo **Decreto 80.281/77** e pela **Lei 6.932/81**. São assegurados aos médicos residentes os seguintes direitos:

a) uma bolsa mensal;
b) inscrição no sistema de previdência na qualidade de autônomo;
c) licença-maternidade;
d) jornada semanal de sessenta horas, nas quais encontra-se incluso um plantão de 24 horas;
e) trinta dias de férias;
f) repouso semanal remunerado.

7. EMPREGADOR

1 O **conceito de empregador** é legal e encontra-se no art. 2º da CLT.

> **Art. 2º.** Considera-se empregador a empresa, individual ou coletiva, que, assumindo os riscos da atividade econômica, admite, assalaria e dirige a prestação pessoal de serviço.

2 Como o conceito englobava apenas a "empresa", foi preciso criar o conceito do **empregador por equiparação**, a fim de abranger as outras possibilidades:

> § 1º – Equiparam-se ao empregador, para os efeitos exclusivos da relação de emprego, os profissionais liberais, as instituições de beneficência, as associações recreativas ou outras instituições sem fins lucrativos, que admitirem trabalhadores como empregados.

3 Assim, o que se pode dizer é que o **empregador é o tomador dos serviços do empregado**, seja ele, ou não, empresa.

7.1. Sucessão de empregadores

4 Na **sucessão de empregadores** há a **transferência, traslado, traspasse, entrega da empresa (atividade) de uma pessoa para outra**, que assume a prestação da atividade e, consequentemente, a integralidade da responsabilidade sobre os contratos de trabalho. Sendo assim, **sucessão** é a entrega da empresa, ou seja, não é a venda simples do estabelecimento e nem do maquinário, é a entrega do negócio, do comércio, da empresa.

5 O **sucessor** passa a ser **integralmente responsável**, ao passo que o **sucedido** fica **irresponsável**.

> **Art. 10** Qualquer alteração na estrutura jurídica da empresa não afetará os direitos adquiridos por seus empregados.
>
> **Art. 448**. A mudança na propriedade ou na estrutura jurídica da empresa não afetará os contratos de trabalhos dos respectivos empregados.

6 Prevalece o entendimento de que, para a caracterização da sucessão de empregadores, bastará a transferência do negócio, não havendo necessidade do empregado (reclamante no processo) ter prestado qualquer tipo de serviço para a sucessora, quando haja a **ausência de saúde financeira da empresa sucedida e no caso de fraude**.

7 Desta forma, como **regra geral**, o **sucessor irá responder pela integralidade da dívida**, mesmo em relação às obrigações trabalhistas contraídas à época em que os empregados trabalhavam para o sucedido, **salvo** na hipótese de **fraude** (art. 9º da CLT e 942 CC/02), quando o sucedido permanecerá **solidariamente responsável - art. 448-A da CLT**.

OBSERVAÇÕES!!! 1) A existência de cláusula de não responsabilização na sucessão, possível no contrato civil de transferência do negócio, **não tem efeitos perante os contratos de trabalho**. Essa cláusula apenas tem efeito perante aqueles que a firmaram, não atingindo, assim, os trabalhadores e os seus direitos. É a cláusula que pode ser aposta no contrato civil de transmissão do negócio. 2) No caso de aquisição de empresa falida, não há sucessão por expressa previsão legal (art. 141, II, da Lei 11.101/05).

7.2. Grupo empresarial

§ 2º do art. 2º da CLT: Sempre que uma ou mais empresas, tendo, embora, cada uma delas, personalidade jurídica própria, estiverem sob a direção, controle ou administração de outra, ou ainda quando, mesmo guardando cada uma sua autonomia, integrem grupo econômico, serão responsáveis solidariamente pelas obrigações decorrentes da relação de emprego.

8 O **empregador pode reunir-se em um grupo** (art. 2º, § 2º da CLT). O grupo, segundo a CLT, é um grupo de empresa.

9 Conclui-se que o grupo é a **pluralidade de empresas.** Quem não é empresa, não faz grupo de empresa.

10 O **segundo aspecto** a ser considerado é que **não há formalidade para a formação do grupo**, ou seja, não há necessidade de preenchimento de uma característica formal para que se possa concluir pela existência de grupo de empregadores, da mesma forma que não precisam ser empresas do mesmo ramo, ter sócio comum ou similar. É a relação entre as empresas que caracteriza a formação do grupo. Essa conclusão é uma via de mão dupla: da mesma forma que não se exige a formalidade para o reconhecimento do grupo, não se poderá concluir pela existência do grupo simplesmente pela existência de sócios comuns ou formalidades afins:

> § 3º Não caracteriza grupo econômico a mera identidade de sócios, sendo necessárias, para a configuração do grupo, a demonstração do interesse integrado, a efetiva comunhão de interesses e a atuação conjunta das empresas dele integrantes.

11 Este é o **terceiro aspecto** a ser avaliado: as empresas devem relacionar-se entre si, estando sob o controle ou administração de uma outra empresa ou, ainda, mesmo que não haja a subordinação, que tenham uma relação financeira comum, em coordenação.

12 Configurado o grupo de empresas, há a **responsabilidade solidária entre todas as empresas do grupo** reconhecido.

13 A responsabilidade solidária, decorre de lei, de forma que **todas as empresas do grupo respondem pelos créditos dos empregados umas das outras, sem qualquer benefício de ordem**.

14 Há uma polêmica se, do mesmo modo que qualquer uma delas pode pagar, qualquer uma delas pode exigir trabalho do empregado umas das outras. Prevalece no TST que sim, ao que se dá o nome de **empregador único:**

> **Súmula 129 do TST**: "A prestação de serviços a mais de uma empresa do mesmo grupo econômico, durante a mesma jornada de trabalho, não caracteriza a coexistência de mais de um contrato de trabalho, salvo ajuste em contrário".

15 Resta esclarecido que um mesmo empregado pode, numa mesma jornada, prestar serviço a mais de um empregador. Tratando-se de grupo de empresas, será o mesmo contrato de trabalho.

8. TERCEIRIZAÇÃO

8.1. Conceito

1 A **terceirização** consiste na **transferência de parte da atividade da empresa para outra empresa**. Transfere-se, assim, para uma outra empresa, atividades que não compõem o foco daquela primeira, retirando de si a preocupação com serviços que são meramente intermediários.

8.2. Tipos

I. Terceirização stricto sensu

2 Consiste em **transferir para outra empresa a responsabilidade sobre alguma tarefa**. É possível ao tomador a transferência de qualquer de suas atividades, inclusive a atividade principal.

3 Assim, há a **transferência integral** de um serviço, de maneira que, entre tomador e empregado, não poderá haver qualquer vínculo de subordinação. Havendo subordinação, a terceirização será ilícita e reconhece-se o vínculo direto com o tomador.

4 Ocorrendo a terceirização, o **inadimplemento dos direitos trabalhistas implicará reconhecimento de responsabilidade subsidiária** do tomador dos serviços.

5 Note-se que o empregado terceirizado é, em relação à empresa prestadora, um empregado regular, estando submetido à CLT e a todos os direitos nela existentes.

> OBSERVAÇÃO! A lei 13.467/17 alterou o art. 4º-A na Lei 6.019/74, no qual ficou expresso que entre o empregado da empresa prestadora e a tomadora não se forma vínculo empregatício direto. O art. 4º-C garante ao empregado da prestadora a observância das mesmas condições de trabalho daqueles da tomadora.

II. Terceirização do Estado

6 A terceirização na administração pública poderá ser legal ou ilegal. Tratando-se de **terceirização ilegal, não** é possível o **reconhecimento de vínculo com o poder público**, haja vista a inexistência de submissão ao concurso público – é o que se encontra previsto na súmula 331, II do TST.

7 No caso de **terceirização lícita**, a matéria encontra-se, atualmente, pacificada na **ADC 16**, cujo julgamento, em 2010, foi no sentido de **negar a responsabilidade da administração pública, mesmo que subsidiária**. Somente é possível responsabilizar os entes públicos quando incidirem em **culpa *in vigilando***, ou seja, quando a administração pública não desempenhar esforços para averiguar o efetivo cumprimento do contrato pela pessoa jurídica contratada. No julgamento do RE 760931, com repercussão geral reconhecida, o STF confirmou o entendimento constante do julgamento da ADC 16, em 30/03/2017. O voto do ministro Alexandre de Moraes foi exatamente no sentido de vedar o reconhecimento de responsabilização automática da administração pública, só cabendo sua condenação se houver prova inequívoca de sua conduta omissiva ou comissiva na fiscalização dos contratos.

III. Contrato Temporário de Trabalho

8 O contrato temporário de trabalho é aquele prestado por pessoa física a uma empresa, pela via da intermediação de mão-de-obra, para atender à necessidade transitória de *substituição de seu pessoal regular e permanente* ou *acréscimo extraordinário de serviços* (art. 2º da Lei 6.019/74). É vedada a contratação de mão-de-obra para substituição de trabalhadores em greve. Nesse contexto, considera-se demanda de serviços complementar tanto aquela que seja decorrente de fatores imprevisíveis, como aquela que decorre de fatores previsíveis, todavia, sazonais, intermitentes ou periódicos.

9 Esse contrato é intermediado pela empresa de trabalho temporário, que é pessoa física ou jurídica **urbana**, cuja atividade consiste em colocar à disposição de outras empresas, temporariamente, trabalhadores, devidamente qualificados, por elas remunerados e assistidos (art. 3º da Lei 6.019/74).

10 A **empresa tomadora** realiza um **contrato de natureza civil** com a empresa prestadora, contrato necessariamente **escrito**, do qual constará um dos dois requisitos: substituição de seu pessoal regular e permanente e/ou acréscimo extraordinário de serviço.

11 Neste caso, o empregado é inserido na atividade do empregador que tenha necessidade de substituição de pessoal regular ou o acréscimo extraordinário de serviços, podendo ser atividade-fim ou atividade-meio.

12 O **contrato** entre a **empresa de trabalho temporário e a empresa tomadora ou cliente**, será escrito e, com relação a um mesmo empregado, **não poderá exceder de 180 dias, salvo quando mantidas as condições que ensejaram a contratação, hipótese em que poderá ser prorrogado por mais 90 dias**. É vedada a utilização do contrato de experiência da CLT para esse tipo de contratação.

Uma vez firmado um contrato com o mesmo trabalhador, pelo prazo de 180 dias, prorrogado por mais 90 dias, a contratação desse empregado pelo mesmo tomador somente poderá ocorrer após ultrapasso o período de 90 dias. A contratação antes desse interstício implicará reconhecimento de vínculo empregatício com o tomador - §§ 5º e 6º do art. 10 da Lei 6.019/74

13 A empresa tomadora deverá ser devidamente registrada no Ministério do Trabalho e Emprego.

14 Em resumo, essa terceirização:

1. Deve partir de uma relação terceirizada;
2. O contrato deverá ser escrito;
3. O contrato deve ter uma das fundamentações expressamente previstas na lei;
4. O contrato terá prazo determinado.

15 A responsabilidade da contratante será, em regra, **subsidiária**.

IV. Subempreitada – art. 455 da CLT

> **Art. 455.** Nos contratos de subempreitada responderá o subempreiteiro pelas obrigações derivadas do contrato de trabalho que celebrar, cabendo, todavia, aos empregados, o direito de reclamação contra o empreiteiro principal pelo inadimplemento daquelas obrigações por parte do primeiro.

Parágrafo único – Ao empreiteiro principal fica ressalvada, nos termos da lei civil, ação regressiva contra o subempreiteiro e a retenção de importâncias a este devidas, para a garantia das obrigações previstas neste artigo.

16 Na subempreitada, o empreiteiro **delega parte da sua atividade-fim**. É uma distribuição de atividades, sendo que a empreiteira é a responsável principal pela obra. A **responsabilidade é solidária** entre tomadora e prestadora.

> OBSERVAÇÃO!!! **OJ 191 da SDI 1 do TST.** Quando o tomador final do serviço ou contratante for o dono da obra – figura que se assemelha a um consumidor da obra – ele não será atingido por essa regra de responsabilização. Assim, o **dono da obra**, em regra, é **irresponsável** em relação aos contratos de trabalho daqueles que prestaram o serviço, salvo se o dono da obra for empresa construtora ou incorporadora.

9. CONTRATO DE TRABALHO

1 O conceito do contrato de trabalho está no **artigo 442 da CLT**, e este artigo dispõe que o contrato é o **ajuste que trata da relação de um empregado do artigo 3º da CLT, com o empregador do artigo 2º da CLT**.

9.1. Características

A) Bilateral.

B) Consensual: é um ajuste de vontades, pois as partes têm vontade de firmar um contrato entre si.

C) Oneroso: o empregado trabalha para receber algo em troca.

D) Equipolência: existe uma desigualdade natural entre as prestações das partes do contrato, pois o valor do trabalho humano é imensurável.

E) Comutativo: a parte conhece previamente sua obrigação e o que receberá em troca.

9.2. Requisitos do contrato de trabalho

1 **Requisitos intrínsecos (art. 104, CC/02)**

A) ***Forma prescrita ou não defesa em lei:*** em regra, o contrato de trabalho **não possui forma**, podendo, inclusive, ser **expresso ou tácito**. A forma é exceção, devendo ser expressamente exigida em lei.

B) ***Agente capaz:*** o art. 7º, XXXIII, da CF/88, prevê que é capaz para celebrar contrato de trabalho o **maior de 16 anos**.

TRABALHO

C) **Objeto *Lícito:*** O objeto será lícito quando for **conforme a lei, a moral e os costumes**. O trabalho em si mesmo é sempre lícito. A **ilicitude**, quando presente, estará na **finalidade da prestação** do serviço.

> **OJ 199 da SDI 1 do TST:** É nulo o contrato de trabalho celebrado para o desempenho de atividade inerente à prática do jogo do bicho, ante a ilicitude de seu objeto, o que subtrai o requisito de validade para a formação do ato jurídico.

OBS.: Existe uma **distinção entre objeto ilícito e cláusula de proibição especial**. É possível que cláusula do contrato de trabalho viole a lei ou viole algum ajuste (norma coletiva, por exemplo) e, nesse caso, o contrato será válido, sendo ilícita apenas a cláusula.

9.3. Contrato de trabalho por prazo determinado

2 Conforme o princípio da continuidade, a **regra geral** é que o contrato de trabalho seja por **prazo indeterminado**. Em virtude disso, a determinação de prazo para o contrato de trabalho é excepcional, devendo ser autorizada por lei. Assim, cabe à lei prever expressamente qual o motivo do contrato ter determinação de prazo, bem como todas as características desse contrato.

3 Por ser exceção, o contrato por prazo determinado deverá ser sempre **expresso**, devendo o empregado ter ciência inequívoca de que se trata de contrato com determinação do prazo.

OBSERVAÇÃO!!! O **§ 2º do art. 475** da CLT prevê que diante da **aposentadoria por invalidez** de um empregado, o empregador poderá **contratar um substituto diretamente para o seu lugar**. Nesse caso, **desde que esclareça** expressamente para o substituto a **precariedade da sua contratação – que tem duração** até o retorno do substituído (ou seja, caso deixe claro que a sua contratação é **em caráter precário**, porque terá duração apenas enquanto o outro empregado estiver afastado) –, o contrato se **extinguirá sem indenização e sem aviso prévio**. Isso quer dizer que se extingue como um contrato a termo, apenas com a distinção de se tratar de termo incerto – haja vista ser desconhecido o momento em que haverá essa extinção contratual. Em outras palavras, esse contrato se extinguirá com os mesmos direitos dos contratos de trabalho por prazo determinado, sendo que o seu prazo é desconhecido, dado não se saber quando o empregado irá retornar. Em resumo, para que seja extinto dessa forma, é necessário:

a) que seja para substituição de empregado aposentado por invalidez;

b) que o empregador dê ciência desse fato, inequivocamente, ao substituto.

9.4. Duração do contrato

4 **Regra geral,** o **prazo máximo** do contrato por prazo determinado é de **2 anos**. Dentro desse prazo, em regra, é admitida **uma única prorrogação**.

OBSERVAÇÃO!!! A **súmula 195 do STF** parece afirmar que o prazo máximo seria de 4 anos (2 anos, prorrogáveis por mais dois). Ocorre que, ao tempo da edição da súmula, em 1963, a redação do art. 445 da CLT previa o prazo máximo dos contratos por prazo determinado de 4 anos. Assim, atualmente, o prazo máximo do art. 445 é de 2 anos, sendo que a súmula deve ser compreendida como a admissão da prorrogação uma única vez, observado o "prazo máximo da CLT".

> **STF Súmula nº 195** – 13/12/1963. Contrato de Trabalho para Obra Certa ou por Prazo Determinado – Transformação em Prazo Indeterminado – Prorrogação.
>
> Contrato de trabalho para obra certa, ou de prazo determinado, transforma-se em contrato de prazo indeterminado, quando prorrogado por mais de quatro anos.

5 Existem, entretanto, **exceções à regra geral de dois anos**:

- Contrato temporário de trabalho: 3 meses (Lei 6.019/74)
- Contrato de experiência: 90 dias.
- Atleta profissional: 5 anos
- Substituto do aposentado por invalidez: até o advento do termo (súmula 160 do TST).

9.5. Prorrogação do contrato por prazo determinado

6 A prorrogação do contrato por prazo determinado está disciplinada no **art. 451 da CLT**.

> "O contrato de trabalho por prazo determinado que, tácita ou expressamente, for prorrogado mais de uma vez passará a vigorar sem determinação de prazo."

7 Para a validade da prorrogação, ela deverá ser expressa, sendo inválida a prorrogação tácita. Prorrogação tácita é **diferente de prorrogação automática**, esta é válida e admitida, enquanto aquela é vedada. A **prorrogação automática** ocorre por uma **cláusula que prevê, desde a contratação, que o silêncio das partes no final do prazo significará a prorrogação automática do contrato**. Nesse caso, as partes ajustaram a prorrogação desde a contratação, de tal sorte

TRABALHO

que a prorrogação é aceita, assim como a prorrogação que seja feita em outro momento do contrato.

8 Para a prorrogação ser **válida**, ela deverá ser **ajustada dentro da vigência do contrato**, pois, se a prorrogação ocorre depois da sua vigência, deixa de ser prorrogação e o contrato passa a ser por prazo indeterminado. Nessa prorrogação deverá constar, inclusive, o novo prazo final do contrato. Além disso, admite-se apenas **uma única prorrogação**. De acordo com o art. 451 da CLT, havendo mais de uma prorrogação, ele passa a vigorar sem determinação de prazo.

9.6. Extinção do contrato por prazo determinado

9 A **extinção normal** do contrato por prazo determinado ocorre pelo advento do seu prazo final, o **advento do termo.** Sendo assim, podemos concluir que **não houve** para o empregado qualquer **surpresa** com a finalização do contrato, de tal sorte que são devidas as **verbas decorrentes do tempo trabalhado**: saldo de salário, férias proporcionais acrescidas de 1/3, 13º salário proporcional e liberação do FGTS do período.

10 A **extinção anormal**, por outro lado, ocorre pela sua finalização **antes do advento do termo** contratual. É a sua rescisão antecipada.

11 Deve-se observar, no contrato, se há ou não uma **cláusula assecuratória do direito recíproco de rescisão antecipada** (**art. 481 da CLT)** que assegura a ambas as partes o direito de rescindir o contrato antes do advento do termo ajustado. Nesse caso, ter-se-á criado no empregado uma expectativa de que o contrato pode terminar antes do prazo firmado pelas partes.

- Se o **contrato possui cláusula** assecuratória do direito recíproco de rescisão antecipada, ocorrendo a sua finalização prematura e injustificada, serão aplicados os princípios que regem a terminação dos **contratos por prazo indeterminado** – inteligência **do art. 481 da CLT e súmula 163 do TST**. Sendo assim, esse empregado terá direito, inicialmente, ao aviso prévio – e sua integração ao tempo de serviço – acrescido do saldo de salário, férias proporcionais acrescidas de 1/3, 13° salário proporcional, liberação do FGTS e pagamento da multa de 40%.
- Se o **contrato não possui cláusula** assecuratória do direito de rescisão antecipada pelas partes, nasce o direito à **percepção da indenização do art. 479 da CLT**. Nesse caso, note-se, o empregado tem uma expectativa maior de que o contrato chegará ao seu termo. Por isso, o valor pago é maior.

Daí que, nesse caso, **o empregado receberá pelo tempo trabalhado e, além disso, será indenizado na forma do art. 479 da CLT**: o pagamento das remunerações do tempo restante, pela metade (apesar da lei mencionar remuneração, o direito será calculado com base nos salários do empregado). Por conta da natureza indenizatória da parcela, há uma **discussão** na doutrina sobre o **dever de pagar, ou não, a multa de 40% do FGTS** para o empregado.

Encontra-se na doutrina, a exemplo de Vólia Bomfim e Amauri Mascaro, o posicionamento no sentido de ser devido o pagamento da parcela, com base no **art. 14, do Dec. 99.684/90.**

Em sentido diverso, é possível encontrar o fundamento de não ser devida a indenização em virtude de ter sido criado por **decreto** que, *in casu*, **ultrapassou os limites da lei**, implicando ***bis in idem***, dado que a lei já teria previsto uma indenização pelo mesmo fato (art. 479 da CLT).

Acaso o **rompimento antecipado** do contrato tenha ocorrido por **vontade do empregado, sem justo motivo e sem previsão de cláusula assecuratória** do direito recíproco de rescisão antecipada, ele deverá **pagar ao empregador os danos que lhe causar (art. 480 da CLT)**.

9.7. Sucessão de contratos por prazo determinado

12 É possível a sucessão de contratos por prazo determinado, desde que, entre estes contratos, haja um interstício de 06 meses ou se a expiração do primeiro dependeu de execução de serviços especializados ou de algum acontecimento específico.

> **Art. 452** – Considera-se por prazo indeterminado todo contrato que suceder, dentro de 6 (seis) meses, a outro contrato por prazo determinado, salvo se a expiração deste dependeu da execução de serviços especializados ou da realização de certos acontecimentos.

13 Desrespeitado o interstício, o segundo contrato será, necessariamente, por prazo indeterminado.

9.8. Hipóteses de contrato de trabalho por prazo determinado

(1) Art. 443, § 2º, "a" da CLT: **Serviços cuja natureza ou transitoriedade justifiquem a predeterminação do prazo**. Aqui nesse contrato, o foco do legislador está voltado para a atividade a ser desenvolvida pelo empregado.

Tem prazo máximo de 2 anos, apenas podendo ser prorrogado uma única vez, dentro dos 2 anos.

(2) Art. 443, § 2º, "b" da CLT: **Atividades empresariais de caráter transitório**. O foco é a atividade do empregador. A atividade que deve ser

transitória para o empregador, ficando paralisada no restante do tempo.

Tem prazo máximo de 2 anos, apenas podendo ser prorrogado uma única vez, dentro dos 2 anos.

(3) Art. 443, § 2º, "c" da CLT: **Contrato por experiência**. Tem por finalidade uma **avaliação mútua** do empregado e do empregador, que avaliam a vontade de permanecer contratados. O critério é, portanto, subjetivo.

Tem prazo máximo de 90 dias, dentro dos quais apenas poderá ser prorrogado uma única vez.

(4) Contrato da lei 9.601/98 – **Política de criação ou incentivo ao novo emprego**. Por essa lei, o empregador pode contratar o empregado por prazo determinado para qualquer função, desde que essa contratação implique **aumento do número de empregados no seu quadro regular efetivo**. Para que seja atendido o requisito legal, a contratação sob essa modalidade deve ser **precedida de autorização em norma coletiva**.

O **prazo máximo** desse contrato é de **2 anos**, todavia, dentro dos 2 anos, ele **pode ser renovado mais de uma vez**.

Durante os **60 primeiros meses de vigência** dessa lei – já há muito expirados –, admitia-se o recolhimento do **FGTS com alíquota de apenas 2%** ao mês e as contribuições para o SESI eram realizadas no percentual de 50%.

Havendo rescisão antecipada, será devida a indenização prevista em norma coletiva, afastando-se aquela do art. 479 da CLT.

9.10. Contrato de trabalho intermitente

14 Consiste no contrato de trabalho no qual a prestação de serviços não é contínua, alternando períodos de prestação de serviços com períodos de inatividade. Este contrato deve ser celebrado por escrito e conter, expressamente, o valor da hora de trabalho do empregado - art. 452-A da CLT.

15 O valor do salário-hora observará a proporcionalidade com o salário mínimo ou com o salário dos empregados que exerçam a mesma função em tempo integral.

16 O empregador convocará o empregado para o trabalho com antecedência mínima de 3 dias, por qualquer meio de comunicação eficaz. Diante do convite, o empregado possui o prazo de vinte e quatro horas para ofertar a sua resposta, sob pena do silêncio ser considerado como recusa.

17 Na data ajustada pelas partes, o empregado receberá valor concernente à remuneração pelo serviço, acrescido do equivalente às férias proporcionais acrescidas de 1/3, 13º salário proporcional, repouso semanal remunerado e eventuais adicionais cabíveis, devendo o pagamento ser discriminado no recibo. Ao empregador caberá, ainda, o recolhimento do valor relativo ao INSS e o depósito do FGTS.

18 O pagamento não poderá ser ajustado com periodicidade superior a um mês.

19 O empregado terá direito a benefícios previdenciários. No caso de auxílio-doença, opera-se a suspensão do contrato desde o primeiro dia de afastamento, cabendo ao INSS o pagamento. Tratando-se de salário-maternidade, o pagamento será feito diretamente pelo INSS, sem repasse pelo empregador.

20 Denomina-se período de inatividade aquele no qual o empregado não esteja cumprindo convocação pelo empregador. Nesse período, o empregado poderá prestar serviços de qualquer natureza para quaisquer outros tomadores.

21 O empregado poderá usufruir das férias, a serem fracionadas em até três períodos, nos quais não receberá qualquer convocação. Não há outro pagamento, dado que o empregado já recebeu a proporcionalidade ao final de cada prestação de serviço.

OBSERVAÇÃO! Nesse contrato, o aviso prévio será necessariamente indenizado.

10. DURAÇÃO DO TRABALHO

10.1. Jornada e horário de trabalho

I. Introdução

1 O nome jornada, etimologicamente vem do francês *jour* e do italiano *giorno* que significam dia. Por isso, a jornada de trabalho tem o seu conceito relacionado ao dia de trabalho. No direito brasileiro, entretanto, a legislação mencionou jornada diária e jornada semanal, pelo que a jornada não é relacionada ao dia de trabalho, mas ao tempo de trabalho, que pode ser em dia, semana ou mês.

> **Art. 235-C.** A **jornada diária** de trabalho do motorista profissional será a estabelecida na Constituição Federal ou mediante instrumentos de acordos ou convenção coletiva de trabalho
>
> **Art. 59.** (Omissis)
>
> (...)

TRABALHO

> **§ 2º** – Poderá ser dispensado o acréscimo de salário se, por força de acordo ou convenção coletiva de trabalho, o excesso de horas em um dia for compensado pela correspondente diminuição em outro dia, de maneira que não exceda, no período máximo de um ano, à soma das **jornadas semanais** de trabalho previstas, nem seja ultrapassado o limite máximo de dez horas diárias.

2 Já o **horário de trabalho** é o registro cronológico no qual o empregado presta serviço, vale dizer, o horário mesmo de entrada e saída.

3 De acordo com o **art. 74 da CLT**, o **horário de trabalho** dos empregados de uma empresa deverá constar de **quadro visível do empregador e de acesso de todos os empregados.**

> **Art. 74** – O horário do trabalho constará de **quadro, organizado** conforme modelo expedido pelo Ministro do Trabalho, Industria e Comercio, e **afixado em lugar bem visível.** Esse quadro será **discriminativo no caso de não ser o horário único** para todos os empregados de uma mesma seção ou turma.

4 Além disso, o art. 74, o § 2º prevê que é **dever do empregador**, que tenha **mais de 10 (dez) empregados POR ESTABELECIMENTO manter o controle da jornada** dos seus empregados, respeitadas as normas do Ministério do Trabalho e Emprego.

5 A regra celetista encontra-se interpretada na súmula 338 do TST, haja vista ser importante a análise dos seus efeitos processuais. Segundo o entendimento sumulado, **se não há obrigação de manutenção do controle de ponto, o ônus é do empregado; se há obrigação de manutenção de controle de ponto, o ônus é do empregador.**

Em suma:

a) Os **empregadores com até 10 empregados por estabelecimento não possuem obrigação de manutenção do controle de ponto.** Por outro lado, os empregadores que tenham **mais de 10 empregados por estabelecimento têm a obrigação de manutenção do controle de jornada**, conforme as normas do Ministério do Trabalho.

b) **Se o empregador, com mais de 10 empregados no estabelecimento, não juntar o documento que deveria possuir**, ele confessará *fictamente* a jornada descrita na petição inicial, ou seja, incidirá em confissão ficta acerca da jornada indicada pelo empregado. Mas, isso não impede a produção de prova em contrário – inteligência do item II da Súmula 338 do TST.

c) **Se o empregador, com mais de 10 empregados no estabelecimento, juntar cartão de ponto contendo registro invariável/uniforme**

de jornada (apelidado de "cartão de ponto britânico") o **ônus será invertido, passando a ser do empregador.**

d) Se, d'outra quadra, o **empregador com mais de 10 empregados no estabelecimento colacionar controles de jornada que se mostrem aparentemente válidos** – porque atendem às exigências legais e contêm registros variáveis de jornada – terá em seu favor **presunção relativa de veracidade acerca do conteúdo de tais documentos**. Mais uma vez, trata-se de **presunção relativa** e, assim, o empregado poderá produzir prova em contrário.

6 A **regra geral** da jornada de trabalho está insculpida no **artigo 7º, XIII da CF/88**:

> Duração do trabalho normal não superior a oito horas diárias e quarenta e quatro semanais, facultada a compensação de horários e a redução da jornada, mediante acordo ou convenção coletiva de trabalho.

7 O legislador optou por insculpir **dois limites cumulativos**: o limite **diário (8 horas)** e o limite **semanal (44 horas)**, de forma que a extrapolação de qualquer um deles implicará violação da jornada normal de trabalho.

10.2. Contrato por tempo parcial

8 O ajuste da **relação de emprego por tempo inferior ao legal** é possível, desde que **observado o pagamento equivalente ao salário mínimo, proporcionalmente.** Em outras palavras, deve-se observar a proporcionalidade entre o tempo trabalhado e o salário equivalente ao exercício da função em tempo integral (observado o salário mínimo) (**OJ 358 da SDI1 do TST**).

9 O contrato a tempo parcial é, portanto, um ajuste que contém a característica de contratação por período inferior ao constitucional. Somente é possível o ajuste por meio desse contrato para o trabalho por até 26 horas semanais - hipótese na qual é admitida a prestação de horas extras - ou por até trinta horas semanais - hipótese na qual não se admite a prestação de horas extras.

10 Esse contrato deve observar algumas **peculiaridades:**

É possível o **pagamento de valor nominal inferior ao salário mínimo.** Entretanto, o **valor pago** deverá ser proporcional ao salário mínimo ou a quanto ganha um empregado em idêntica função em horário integral – art. 58-A, § 1º da CLT;

Na hipótese de transferência do empregado de tempo integral para parcial, é necessária a autorização em norma coletiva e concordância do empregado por escrito;

As férias serão de 30 dias, não obstante o número de horas contratadas;

Está autorizada a conversão de até um terço do período de férias em abono pecuniário;

Apenas no contrato de até 26 horas semanais, admite-se a prestação de horas extras. Nesse caso, as horas extras são no máximo de seis por semana;

No contrato de mais de 26 horas até 30 horas semanais não se admite a prestação de horas extras;

As horas extras serão pagas acrescidas do adicional legal, ainda que o contrato tenha sido para carga horária inferior a 26 horas, sempre limitadas a seis horas semanais;

É possível a compensação de horas extras com descanso, desde que o descanso seja concedido na semana imediatamente posterior;

10.3. Trabalho compensado – compensação de jornada

11 Ocorre a **compensação** de jornada quando o **excesso de trabalho em um dia é compensado com descanso, a ser usufruído em outro dia**. Ou seja: na compensação, houve violação dos limites legais de jornada que, todavia, foi compensada com mais descanso do que o costumeiro. Desta forma, quando há compensação, não há pagamento de hora extra. A hora extraordinária, nesse caso, não é retribuída com dinheiro, e sim, com descanso.

12 A compensação de jornada pode ser ajustada de forma **fixa ou aleatória**. Vejamos os conceitos.

- **Compensação fixa:** é fixa porque permite ao empregado conhecer, previamente, quando haverá o trabalho excessivo e quando haverá o descanso correspondente. Por exemplo: em uma determinada categoria já se encontra estabelecido na norma coletiva que os empregados trabalharão em jornada de nove horas de segunda a quinta-feira, e oito horas nas sextas-feiras; totalizando as quarenta e quatro horas semanais, seguidas de descanso no sábado e no domingo. É ajustada por meio do ***acordo de compensação de jornada***.

Esse acordo poderá ser escrito ou tácito, na segunda hipótese apenas quando a compensação ocorrer no mesmo mês. Admite-se, portanto, seja **individual ou coletivo (art. 59, da CLT)**. Quando for **individual**, **não** poderá **contrariar a norma coletiva**, de maneira que a norma coletiva deve autorizar a compensação ou nada falar a respeito do tema. Nesse sentido, o TST guarda os seguintes entendimentos:

> **OJ 323 da SDI 1 do TST.** ACORDO DE COMPENSAÇÃO DE JORNADA. "SEMANA ESPANHOLA". VALIDADE (DJ 09.12.2003) É válido o sistema de compensação de horário quando a jornada adotada é a

> denominada "semana espanhola", que alterna a prestação de 48 horas em uma semana e 40 horas em outra, não violando os arts. 59, § 2º, da CLT e 7º, XIII, da CF/88 o seu ajuste mediante acordo ou convenção coletiva de trabalho.

No que concerne à compensação de 12 horas de trabalho por 36 horas de descanso, o entendimento da jurisprudência sempre foi no sentido de não admitir essa forma de compensação, senão por norma coletiva:

> **Súmula nº 444 do TST.** JORNADA DE TRABALHO. NORMA COLETIVA. LEI. ESCALA DE 12 POR 36. VALIDADE. – Res. 185/2012, DEJT divulgado em 25, 26 e 27.09.2012 - republicada em decorrência do despacho proferido no processo TST-PA-504.280/2012.2 – DEJT divulgado em 26.11.2012.
>
> É valida, em caráter excepcional, a jornada de doze horas de trabalho por trinta e seis de descanso, prevista em lei ou ajustada exclusivamente mediante acordo coletivo de trabalho ou convenção coletiva de trabalho, assegurada a remuneração em dobro dos feriados trabalhados. O empregado não tem direito ao pagamento de adicional referente ao labor prestado na décima primeira e décima segunda horas.

O entendimento do TST foi inserido na redação dada pelo art. 59-A, da CLT, com redação da MP 808/17. Assim, por expressa previsão legal, somente será possível o revezamento de 12x36 mediante previsão em norma coletiva. Nesse sistema de compensação, a remuneração mensal do empregado já contempla o repouso semanal remunerado e, acaso o trabalho recaia em feriados, não será devida a dobra.

> OBSERVAÇÃO! Apenas para as entidades atuantes no setor de saúde, admite-se o ajuste por meio de acordo individual das partes, além da forma coletiva.

Invalidado o acordo de compensação, não será paga a hora destinada à compensação, uma vez que já paga no salário. Quanto a ela, paga-se apenas o adicional – art. 59-B, da CLT e súmula 85, IV, do TST. A prestação habitual de horas extras não invalida o acordo de compensação de jornada - parágrafo único, art. 59-B, da CLT.

- **Compensação variável ou aleatória:** Ocorre por meio do "**banco de horas**", segundo o qual, de acordo com a necessidade e disponibilidade do empregador, é solicitado o trabalho extra e concedido o descanso. Trata-se, portanto, de um instituto de **flexibilização** do direito do trabalho, porque instituído **em favor do empregador**.

O banco de horas encontra **limites**:

(i) apenas **até a 10ª hora** trabalhada poderá ser compensada (art. 59, § 2º da CLT). A hora extra prestada a partir da 10ª hora deverá ser paga ao empregado, não podendo ser destinada à compensação;

TRABALHO

(ii) O empregador terá até **um ano para ofertar o descanso** equivalente. Se, antes da compensação, advier o **final do contrato**, o empregador terá que pagar todas as horas extras (no momento da rescisão).

OBSERVE-SE: no ato da rescisão, a **hora será paga como extra** (hora acrescida de 50%), considerando o valor da remuneração do empregado no momento da rescisão (art. 59, § 2º, da CLT).

(iii) O banco de horas somente será admitido se **firmado por norma coletiva**, salvo quando a compensação ocorrer no prazo de seis meses, hipótese na qual poderá ser firmado por acordo individual.

OBSERVAÇÃO!!! O **art. 60 da CLT** prevê que a prestação de **hora extra** em **atividade insalubre** depende de **prévia autorização do Ministério do Trabalho**. Como compensar significa prestar trabalho extraordinário seguido do descanso equivalente, somente será possível a compensação, nessas atividades, com autorização do MTE. Essa exigência é dispensada quando se tratar de compensação de 12 x 36.

10.4. Tempo de trabalho – jornada de trabalho

13 Tempo de trabalho efetivo ou a disposição do empregador – art. 4º CLT

Considera-se como de serviço efetivo o período em que o empregado esteja à disposição do empregador, aguardando ou executando ordens, salvo disposição especial expressamente consignada.

14 O tempo de serviço a ser computado na jornada de trabalho é o tempo de prestação efetiva de trabalho ou o período em que o empregado encontre-se à disposição do empregador aguardando suas ordens.

15 De acordo com o § 2º do art. 4º, da CLT, não será considerado tempo de trabalho o período em que o empregado esteja no seu empregador por sua própria escolha, ou seja, não esteja aguardando qualquer ordem. Nesse contexto, não é tempo de trabalho quando o empregado se mantém nas dependências do empregador para a sua proteção pessoal (motivo de segurança ou mau tempo) ou, ainda, quando utiliza o tempo para atividades particulares (práticas religiosas, descanso, lazer, estudo, alimentação, atividades de relacionamento social, higiene pessoal, troca de roupa ou uniforme, quando não houver obrigatoriedade de realizar a troca na empresa).

10.5. Sobreaviso e prontidão

16 O **sobreaviso** foi previsto na CLT apenas para os trabalhadores ferroviários (art. 244 da CLT). É a hora em que o empregado encontra-se aguardando o chamado do empregador para o trabalho, mas na qual, entretanto, não tem a sua liberdade tolhida – podendo estar na sua casa ou em outro local onde possa ser encontrado, havendo necessidade. Assim, a hora de sobreaviso/prontidão não é a hora de trabalho, mas a hora de espera da chamada para o trabalho. Sendo o empregado chamado e prestando o serviço, haverá hora efetiva de trabalho.

17 A hora de sobreaviso é remunerada em 1/3 da hora normal. Havendo chamado para o trabalho, o tempo trabalhado será remunerado regularmente, sendo a hora acrescida de todos os adicionais cabíveis, conforme o caso.

> OBSERVAÇÃO! A lei previu também o tempo de **prontidão, para o caso em que o ferroviário aguardava o chamado na linha do trem**; a hora de prontidão equivale a **2/3 da hora normal.**

18 A jurisprudência estendeu o direito em exame para os eletricitários e, em seguida, para todos os demais trabalhadores:

> **Súmula 229 do TST:** Por aplicação analógica do art. 244, § 2º, da CLT, as horas de sobreaviso dos eletricitários são remuneradas à base de 1/3 sobre a totalidade das parcelas de natureza salarial.
>
> **Súmula nº 428 do TST** – SOBREAVISO APLICAÇÃO ANALÓGICA DO ART. 244, § 2º DA CLT
>
> I - O uso de instrumentos telemáticos ou informatizados fornecidos pela empresa ao empregado, por si só, não caracteriza o regime de sobreaviso.
>
> II - Considera-se em sobreaviso o empregado que, à distância e submetido a controle patronal por instrumentos telemáticos ou informatizados, permanecer em regime de plantão ou equivalente, aguardando a qualquer momento o chamado para o serviço durante o período de descanso.

19 De acordo com o entendimento cristalizado pelo TST, a caracterização de sobreaviso dependerá do preenchimento dos seguintes **requisitos**:

a) o empregado esteja à **distância**: o empregado esteja fora das dependências do seu empregador, haja vista a presença nas dependências consistir em hora de trabalho efetivo, na forma do art. 4º da CLT;

b) submissão do empregado ao **controle patronal** por meios telemáticos ou informatizados: observando-se que não basta concessão, pelo empregador, desses instrumentos, sendo necessário que os utilize para efetivo controle do empregado;

c) inclusão do empregado em **regime de plantão**;

d) **possibilidade efetiva de que o empregado venha a ser convocado**, ou seja, expectativa no empregado de que, a qualquer tempo, possa ser convocado para o trabalho.

TRABALHO

20 Nessa esteira, merece destaque o art. 6º da CLT, segundo o qual o controle do empregador feito por meios telemáticos e informatizados se equipara ao controle direto.

> OBSERVAÇÃO!!! Durante a hora de sobreaviso o empregado está aguardando livremente o chamado para o trabalho. Sendo assim, sobre essa hora não incide adicional de periculosidade (Súmula 132 do TST).

10.6. Trabalho desconsiderado

21 De acordo com o **art. 58, § 1º da CLT,** não será computada na jornada de trabalho – e, portanto, será desconsiderada – a variação de horário equivalente aos **5 minutos que antecedem e sucedem** o registro de jornada, **até o limite de 10 minutos por dia**. São limites cumulativos.

22 Respeitados esses limites, os minutos serão desconsiderados no cômputo da jornada, de forma que não serão utilizados para o pagamento de minutos extras, bem assim não poderão ser motivo para descontos salariais por atrasos.

23 Importa observar, ainda que, de acordo com o entendimento sumulado do TST, esses limites de 5 e 10 minutos não podem ser alterados por norma coletiva:

> **Súmula nº 449 do TST** – MINUTOS QUE ANTECEDEM E SUCEDEM A JORNADA DE TRABALHO. LEI Nº 10.243, DE 19.06.2001. NORMA COLETIVA. FLEXIBILIZAÇÃO. IMPOSSIBILIDADE. (conversão da Orientação Jurisprudencial nº 372 da SBDI-1) – Res. 194/2014, DEJT divulgado em 21, 22 e 23.05.2014
>
> A partir da vigência da Lei nº 10.243, de 19.06.2001, que acrescentou o § 1º ao art. 58 da CLT, não mais prevalece cláusula prevista em convenção ou acordo coletivo que elastece o limite de 5 minutos que antecedem e sucedem a jornada de trabalho para fins de apuração das horas extras.

10.7. Trabalho efetivamente extraordinário

24 O trabalho efetivamente extraordinário ocorre pela extrapolação dos limites legais, considerado o tempo que integra a jornada de trabalho, na forma do art. 4º da CLT, horas *in itinere* ou horas de sobreaviso/prontidão.

25 A prestação de hora extra, de acordo com o **art. 59 da CLT**, deve ser **precedida de acordo de prorrogação de jornada**, no qual o empregado consente em prestar labor extraordinário.

26 Há hipóteses previstas no **art. 61 da CLT**, em que esse **acordo é dispensado e o empregado tem o dever de colaborar:**

- **Força maior**: ocorrendo fato que implique necessária prestação de hora extra.
- **Serviços inadiáveis:** são aqueles em que a paralisação gera significativo prejuízo para o empregador.

27 Nessas duas hipóteses, não é necessário o acordo de prorrogação. Entretanto, o **empregador** tem a **obrigação de comunicar o fato e a prestação das horas extras em até 10 dias para a autoridade de fiscalização do trabalho.**

10.8. Supressão de horas extras

> **Súmula 291 do TST:** A supressão total ou parcial, pelo empregador, de serviço suplementar prestado com habitualidade, durante pelo menos 1 (um) ano, assegura ao empregado o direito à indenização correspondente ao valor de 1 (um) mês das horas suprimidas, total ou parcialmente, para cada ano ou fração igual ou superior a seis meses de prestação de serviço acima da jornada normal. O cálculo observará a média das horas suplementares nos últimos 12 (doze) meses anteriores à mudança, multiplicada pelo valor da hora extra do dia da supressão.

28 De um lado, considera-se que a **prestação de hora extra é nociva à saúde do empregado**. De outro lado, há o princípio da estabilidade salarial, tendo em vista que o pagamento de hora extra tem natureza alimentar e deve-se buscar uma estabilidade no patamar salarial do empregado, cuja expectativa de ganho é gerada quando da prestação do trabalho extraordinário.

29 Consideradas essas premissas, **é possível suprimir a hora extra habitual do empregado?**

30 Para o TST, dada à nocividade da hora extra, **é possível e legal a supressão da hora extra *a qualquer tempo***, observado o seguinte:

a. É **possível a supressão** de horas extras, a qualquer tempo;

b. Consideram-se **horas extras habituais aquelas que superem um ano** de labor;

c. Realizada a supressão, deve haver a manutenção do pagamento das horas extras, que ocorrerá na razão de **um mês para cada ano ou fração superior a seis meses** trabalhados

d. A supressão de horas extras implicará **manutenção do pagamento da média de horas extras dos doze meses** que antecedem à supressão. Note-se que a média é sobre a quantidade de horas extras, sendo o valor pago de acordo com o salário atual do empregado.

TRABALHO

10.9. Jornadas especiais de trabalho

I. Turnos ininterruptos de revezamento

31 A jornada especial desses empregados deve-se ao fato de que, em virtude da atividade desempenhada pelo próprio empregado, ele encontra-se inserido em regime de revezamento de turnos, de tal sorte que, a cada semana, quinzena ou mês, tem a sua jornada alternada entre os turnos diurno e noturno.

32 Por isso, a CF/88 lhe garantiu a jornada de 6 horas consecutivas (art. 7º, XIV).

33 Note-se que o entendimento atual não exige que haja ininterruptividade na atividade empresarial, haja vista não ser esse o cerne do prejuízo:

> **OJ 360 da SDI 1 do TST.** TURNO ININTERRUPTO DE REVEZAMENTO. DOIS TURNOS. HORÁRIO DIURNO E NOTURNO. CARACTERIZAÇÃO
>
> Faz jus à jornada especial prevista no art. 7º, XIV, da CF/1988 o trabalhador que exerce suas atividades em sistema de alternância de turnos, ainda que em dois turnos de trabalho, que compreendam, no todo ou em parte, o horário diurno e o noturno, pois submetido à alternância de horário prejudicial à saúde, sendo irrelevante que a atividade da empresa se desenvolva de forma ininterrupta.

34 Na mesma esteira de pensamento, o que é nocivo para o empregado é a alternância de turnos à qual está submetido. Exatamente por isso, a concessão de intervalo para o empregado não é capaz de afastar o seu direito à jornada especial:

> **Súmula 360 do TST**. A interrupção do trabalho destinada a repouso e alimentação, dentro de cada turno, ou o intervalo para repouso semanal, não descaracteriza o turno de revezamento com jornada de 6 (seis) horas previsto no art. 7º, XIV, da CF/1988.

35 A redação da súmula do órgão trabalhista se assemelha àquela da súmula 675 do STF.

36 O art. 7º, XIV, da CF/88, previu expressamente a possibilidade de alteração da jornada por norma coletiva ("jornada de seis horas para o trabalho realizado em turnos ininterruptos de revezamento, **salvo negociação coletiva**"). Por essa razão, o TST admite que a norma coletiva amplie a jornada para **8 horas** diárias em turnos ininterruptos de revezamento e, nesse caso, a **7ª e a 8ª horas não serão pagas como extra (súmula 423 do TST)**. Todavia, essa previsão da norma coletiva não poderá ter efeito retroativo e apenas regerá as jornadas posteriores à previsão (OJ 420 da SDI 1 do TST).

37 Por fim, válido ressaltar o conteúdo da **OJ 395 da SDI-I do TST** que esclarece que, quando o empregado, submetido a turnos ininterruptos de revezamento, estiver em jornada de **horário noturno**, assim concebido por lei, ele tem **direito à hora noturna reduzida e, ainda, ao pagamento de adicional noturno.**

II. Bancário

38 O bancário, em regra, é o **empregado de instituição financeira** – bancos e casas bancárias. Assim, **todo** empregado de banco é bancário (não interessando qual atividade específica desempenha no banco).

39 Para o **bancário**, o art. 224 da CLT prevê a **jornada de 6 horas diárias e 30 horas semanais.** Essa mesma jornada especial da CLT é **estendida aos chamados financistas** (empregado de instituição financeira).

> **Súmula 55 do TST:** As empresas de crédito, financiamento ou investimento, também denominadas financeiras, equiparam-se aos estabelecimentos bancários para os efeitos do art. 224 da CLT.

40 Esse **benefício não se aplica** aos **empregados de cooperativa de crédito – OJ 379 da SDI-I**. Também em sentido diverso ao dos empregados de financeira, os **empregados de empresas distribuidoras e corretoras de títulos imobiliários** não têm direito à jornada especial dos bancários – inteligência da **súmula 119 do TST**.

41 Note-se que, ultrapassada a jornada legal do bancário, será devido o pagamento das horas extras, cuja base de cálculo será integrada pela gratificação por tempo de serviço **(Súmula 226 do TST)**.

42 O art. 224, § 2º da CLT prevê que essa jornada especial não se aplica ao gerente de banco que, para tanto, deve reunir dois requisitos cumulativamente, a saber:

- ***Requisito subjetivo:*** ser uma **autoridade na agência**. Não é a autoridade máxima, mas é suficiente para determinar a própria jornada, porque tem poderes, mas são poderes restritos, limitados a alguma determinada alçada.
- ***Requisito objetivo:*** que receba **gratificação não inferior a 1/3 do salário do cargo efetivo.**

43 Caracterizada a função de confiança bancária, o bancário perde apenas o direito à jornada especial (6h), estando inserido no regime legal de 8 horas diárias.

> OBSERVAÇÃO!!! A súmula 109 do TST prevê que, descaracterizada a função de confiança bancária, o empregado terá direito ao pagamento das horas extraordinárias a partir da 6ª, sem possibilidade de compensação com a gratificação que lhe houver sido paga. A gratificação será admitida como benesse do empregador e comporá a base de cálculo das horas extras.

III. Telefonista

44 É o **empregado de empresa de telefonia** ou o empregado de empresa de ramo diverso, mas que **opera em mesa de telefonia**. Terá direito a jornada de 6 horas por dia – art. 227 da CLT.

45 A **norma regulamentar 17/2007 do MTE**, que rege o **trabalho em *call center***, conferiu a **jornada de 6 horas** para os operadores de telemarketing. Sendo assim, por conta de previsão própria, os operadores de telemarketing têm a jornada de 6h.

> OBSERVAÇÃO!!! **OJ 213 da SDI 1 do TST**: o **operador de Telex não se beneficia** dessa jornada reduzida.

IV. Professor

46 O art. 318 da CLT prevê que o professor, num mesmo estabelecimento de ensino, não poderá lecionar, por dia, mais de quatro aulas consecutivas ou seis aulas intercaladas.

47 Essa regra **não se aplica a professor de ensino livre**, ou seja, fora do currículo escolar, a exemplo do professor de balé, de natação, de ginástica.

10.10. Trabalhadores excluídos do regime de jornada

48 O *caput* do **art. 62 da CLT** exclui alguns trabalhadores do regime de jornada, o que significa que a previsão constitucional e legal de jornada não será aplicada a eles.

49 São **os tipos de empregados** não abrangidos pelo regime de duração do trabalho previsto na CLT:

I. Trabalhador externo – art. 62, I da CLT.

> I – os empregados que exercem atividade externa incompatível com a fixação de horário de trabalho, devendo tal condição ser anotada na Carteira de Trabalho e Previdência Social e no registro de empregados.

50 É aquele que **presta serviço fora do estabelecimento do empregador**. E cuja atividade é incompatível com o controle, pelo empregador, do tempo efetivamente gasto com trabalho.

51 Deve reunir **dois requisitos cumulativamente**: trabalhar fora do estabelecimento e não ter possibilidade de controle do tempo gasto efetivamente com o trabalho.

52 É necessário, ainda, o preenchimento de requisito formal, qual seja, a **anotação de tal condição na CTPS do empregado**.

> OBSERVAÇÃO!! **Tacógrafo (OJ 332 da SDI-1 do TST)**: é um instrumento colocado no veículo utilizado pelo trabalhador que, em regra, afere tempo e distância (km/h, portanto, velocidade). É possível que esse instrumento tenha relógio podendo, então, contar hora. Em qualquer dos casos, a OJ 332 esclarece que **o tacógrafo, *por si só*, não é suficiente para a prova da jornada do externo**. O "por si só" quer dizer que o tacógrafo aliado a outros meios de prova poderá servir como meio de prova do externo. Hoje em dia é comum ele vir aliado ao GPS.

II. Função de confiança – art. 62, II da CLT.

> II – os gerentes, assim considerados os exercentes de cargos de gestão, aos quais se equiparam, para efeito do disposto neste artigo, os diretores e chefes de departamento ou filial. (Incluído pela Lei nº 8.966, de 27.12.1994)
>
> Parágrafo único – O regime previsto neste capítulo será aplicável aos empregados mencionados no inciso II deste artigo, quando o salário do cargo de confiança, compreendendo a gratificação de função, se houver, for inferior ao valor do respectivo salário efetivo acrescido de 40% (quarenta por cento)

53 São **dois os requisitos** a serem preenchidos:

1) **Subjetivo:** O empregado de confiança é uma **extensão do seu empregador** (*longa manus*). Assim, esse empregado é aquele que **tem poder de mando e gestão**. Ocorre uma **descentralização**, uma transferência da responsabilidade da atividade para o empregado, que não se confunde com delegação, onde o empregador transfere alguns atos, porém a responsabilidade da atividade continua com ele.

2) **Objetivo:** O empregado tem que receber **gratificação de 40%.** Ela pode estar inserida no salário ou ser paga em apartado.

54 **Consequências do reconhecimento das funções de confiança**: 1º) exclusão do regime de jornada; 2º) o empregado pode ser transferido sem a sua anuência; 3º) o empregado não tem estabilidade neste cargo, podendo ser revertido a qualquer tempo, não sendo tal alteração considerada ilícita (art. 468, parágrafo único da CLT).

III. Teletrabalho - art. 62, III da CLT.

55 Considera-se em teletrabalho aquele que presta serviços preponderantemente fora das dependências do seu empregador, com o uso de tecnologia da informação e de comunicação, não se inserindo no conceito de trabalho externo - art. 75-B da CLT.

56 O comparecimento às dependências do empregador para realização de trabalhos específicos, não descaracteriza o teletrabalho. Essa condição deverá ser anotada na CTPS do empregado.

57 Por mútuo acordo das partes, admite-se a mudança do regime de trabalho interno para o teletrabalho. A transição reversa, entretanto, poderá ser determinada pelo empregador, garantindo-se ao empregado o prazo de 15 dias para a transição.

11. HORÁRIO NOTURNO

1 Considera-se horário noturno aquele assim **definido por lei**.

Para o trabalhador urbano:

> **Art. 73, § 2º da CLT:** Considera-se noturno, para os efeitos deste artigo, o trabalho executado entre as 22 horas de um dia e as 5 horas do dia seguinte

Para o trabalhador rural:

> **Art. 7º da Lei 5889/73:** Para os efeitos desta Lei, considera-se trabalho noturno o executado entre as vinte e uma horas de um dia e as cinco horas do dia seguinte, na lavoura, e entre as vinte horas de um dia e as quatro horas do dia seguinte, na atividade pecuária.

2 Além da distinção quanto ao próprio conceito do horário noturno, há mais uma diferença digna de nota: **apenas para os empregados urbanos** previu a lei a **redução ficta da hora noturna.** Segundo essa redução, **uma hora de trabalho noturno do urbano é equivalente a 52 minutos e 30 segundos de tempo real** (1ht = 52'30"). **É direito exclusivo dos** empregados urbanos.

11.1. Adicional noturno

3 Outra diferença entre esses trabalhadores é que o adicional noturno do rural é maior do que aquele que se aplica ao urbano.

4 O adicional noturno do **urbano** é de **20%** e do **rural** é **25%.**

5 Veremos mais detalhadamente adiante que o **adicional** é um valor **pago em virtude de um prejuízo** sofrido pelo empregado. No caso específico do adicional noturno, o prejuízo por ele experimentado consiste em **trabalhar em turno oposto ao seu relógio biológico**, além dos prejuízos sociais e econômicos já tratados. Esse prejuízo biológico faz com que o empregado tenha um cansaço maior por exercer atividade nesse horário. Assim, no caso daquele empregado cuja jornada se estendia para além das 05h00, o TST percebeu que as horas de trabalho mais prejudiciais eram aquelas diurnas, que seguiam à exaustiva jornada noturna já trabalhada.

6 Visando corrigir esse problema, considera o TST que, mesmo tratando-se de jornada diurna, nos termos da lei, a hora que segue à jornada cumprida **integralmente** noturna deverá ser remunerada acrescida do adicional:

> **Súmula 60 do TST, II** - Cumprida integralmente a jornada no período noturno e prorrogada esta, devido é também o adicional quanto às horas prorrogadas.

7 Veja-se que existem **dois requisitos** que devem ser **cumulativos**:

- jornada **integralmente** em horário noturno;
- a jornada tem que ser prorrogada: significa apenas que a jornada **estendeu-se do horário noturno e entrou no diurno**, não significa necessariamente que é hora extra. Assim, aplica-se esse entendimento ainda que se trate de revezamento de 12x36:

> **OJ 388 da SDI 1 do TST:** O empregado submetido à jornada de 12 horas de trabalho por 36 de descanso, que compreenda a totalidade do período noturno, tem direito ao adicional noturno, relativo às horas trabalhadas após as 5 horas da manhã.

8 **Alteração da jornada e adicional noturno:** É possível, por se considerar **benéfico ao empregado**, alterar a sua jornada de **horário noturno para o horário diurno**. Realizada essa alteração, cessa o prejuízo que dá causa ao pagamento do adicional. Com isso, não havendo mais prejuízo, **não há razão para subsistir o pagamento do adicional,** que poderá ser retirado pelo empregador, sem qualquer violação ao direito adquirido:

> **Súmula 265 do TST.** ADICIONAL NOTURNO. ALTERAÇÃO DE TURNO DE TRABALHO. POSSIBILIDADE DE SUPRESSÃO (mantida) – Res. 121/2003, DJ 19, 20 e 21.11.2003
>
> A transferência para o período diurno de trabalho implica a perda do direito ao adicional noturno.

12. INTERVALOS E PERÍODOS DE DESCANSO

12.1. Intervalo intrajornada

1 Intervalo **intrajornada** é aquele que ocorre entre o início e o fim de uma **jornada de trabalho** e, em regra, não integra a jornada.

12.2. Duração

> **Art. 71 da CLT** – Em qualquer trabalho contínuo, cuja duração exceda de 6 (seis) horas, é obrigatória a concessão de um intervalo para repouso ou alimentação, o qual será, no mínimo, de 1 (uma) hora e, salvo acordo escrito ou contrato coletivo em contrário, não poderá exceder de 2 (duas) horas.
>
> § 1º – Não excedendo de 6 (seis) horas o trabalho, será, entretanto, obrigatório um intervalo de 15 (quinze) minutos quando a duração ultrapassar 4 (quatro) horas.
>
> § 2º – Os intervalos de descanso não serão computados na duração do trabalho.

Da leitura do dispositivo em referência, temos que:

Até 4 horas	Não há previsão de intervalo
A partir de 4 até 6 horas	15 minutos
Superior a 6 horas	Mín.: 1 hora – Máx.: 2 horas

OBSERVAÇÃO!!! As normas que preveem os intervalos, são normas de saúde do trabalhador. Sendo assim, não admitem a alteração simplesmente pela vontade das partes. Por tal razão, o TST considera que a concessão de intervalo sem previsão em lei ou norma coletiva significa tempo à disposição do empregador e irá integrar a jornada de trabalho. **Súmula 118 do TST:** Os intervalos não previstos em lei concedidos pelo empregador na jornada de trabalho representam tempo à disposição da empresa, remunerados como serviço extraordinário, se acrescidos ao final da jornada.

12.3. Alteração dos limites legais do intervalo intrajornada.

2 O **intervalo máximo legal** poderá ser **majorado** por **acordo individual ou norma coletiva**. A redução do intervalo mínimo é que gera controvérsia.

3 O entendimento do TST, consubstanciado na **súmula 437, II do TST**, é de que **não é possível negociar a redução do intervalo mínimo**, ainda que por norma coletiva.

> II – É inválida cláusula de acordo ou convenção coletiva de trabalho contemplando a supressão ou redução do intervalo intrajornada porque este constitui medida de higiene, saúde e segurança do trabalho, garantido por norma de ordem pública (art. 71 da CLT e art. 7º, XXII, da CF/1988), infenso à negociação coletiva.

OBSERVAÇÃO! Há na lei, entretanto, hipóteses expressas em que a supressão do intervalo foi admitida, a exemplo da compensação de 12 x 36.

4 O **art. 71, § 3º, da CLT**, com redação original (anterior à CF/88), prevê que o **intervalo intrajornada poderá ser reduzido conforme norma do Ministério do Trabalho e Emprego**.

> § 3º O limite mínimo de uma hora para repouso ou refeição poderá ser reduzido por ato do Ministro do Trabalho, Indústria e Comércio, quando ouvido o Serviço de Alimentação de Previdência Social, se verificar que o estabelecimento atende integralmente às exigências concernentes à organização dos refeitórios, e quando os respectivos empregados não estiverem sob regime de trabalho prorrogado a horas suplementares.

5 A questão concerne ao fato de ter sido ou não o referido artigo integralmente recepcionado pela CF/88, pois a Constituição garante o direito ao intervalo intrajornada sem qualquer exceção. Veja bem, este **artigo foi parcialmente recepcionado**, pois ele serve tão somente para **definir o intervalo mínimo, não sendo possível a redução**, na medida em que tal parte não foi recepcionada (Súmula 437, II, TST), pois é norma de saúde, medicina e segurança do trabalho que não se submete à flexibilização.

6 Assim, o entendimento do TST é no sentido de não admitir a redução ou supressão do intervalo, ainda que por norma coletiva. Esse entendimento, entretanto, não foi recepcionado pelo legislador que, ao alterar a CLT, com a Lei 13.467/17, inseriu no art. 611-A, III, a possibilidade da negociação coletiva reduzir o intervalo intrajornada, desde que respeitado o intervalo mínimo de 30 minutos. Acaso não seja respeitado o intervalo mínimo, aí sim a cláusula coletiva será considerada inválida.

12.4. Jornada contratual de seis horas e horas extras

7 Contratado um empregado para trabalhar 6 horas por dia, o dever do empregador é a concessão de intervalo de 15 minutos. Todavia, concedido o intervalo de 15 minutos, se houver prestação de horas extras, a jornada de 6 horas é ultrapassada, e, assim, seria devido o intervalo de 1 hora, no mínimo.

8 Não se pode afastar da premissa, entretanto, de que o empregador não teria como prever, necessariamente, o futuro e a prestação de horas extras. De igual sorte, não há como se exigir que o empregador, ao final do dia, volte no tempo e conceda o intervalo de uma hora. Trata-se, portanto, de situação delicada e digna de interpretação.

9 A solução encontrada pelo TST se mostrou valiosa. No conteúdo do **item IV, da Sumula 437** (antiga OJ 380 da SDI 1 do TST), entendeu a Corte que, sendo a **jornada contratual de 6 horas** e havendo prorrogação **habitual**, o **intervalo concedido deverá ser de 1 hora**, que, acaso violado – ainda que parcialmente, pela concessão apenas dos 15 minutos –, implicará pagamento da hora inteira, acrescida de 50%.

10 Note-se que o TST atraiu, para que seja dever do empregador a **previsibilidade** da prestação de horas extras, na medida em que apenas considera existir a obrigação quando a hora extra for **habitual.**

11 *A contrario senso*, quando a prestação for eventual, pode-se entender que o empregador cumpriu com sua obrigação legal e, consequentemente, não terá que pagar pela violação do intervalo.

12.5. Intervalos intrajornadas especiais

I. Intervalo do rodoviário

12 De acordo com o **§ 5º no art. 71 da CLT**, é possível o fracionamento do intervalo intrajornada dos rodoviários, nos seguintes termos.

13 Da leitura do dispositivo em exame, tem-se que o fracionamento do intervalo será admitido nessa categoria, observado o seguinte:

1. Tem que haver previsão em norma coletiva;
2. O intervalo tem que ser concedido de forma fracionada, entre a primeira e a última hora de trabalho.
3. Tem que haver intervalos fracionários ao final de cada viagem.
4. Esse intervalo ***integra*** a jornada sem diminuição da remuneração.

14 Para os rodoviários do **serviço interestadual e intermunicipal**, foi previsto um **intervalo de 30 minutos após 4 horas consecutivas.** Ele só pode dirigir 4h consecutivas.

II. Intervalo do digitador

> **Art. 72** – Nos serviços permanentes de mecanografia (datilografia, escrituração ou cálculo), a cada período de 90 (noventa) minutos de trabalho consecutivo corresponderá um repouso de 10 (dez) minutos não deduzidos da duração normal de trabalho.

15 Trata-se daquele que exerce **atividade permanente de mecanografia, ou seja, que não seja intercalado com outros serviços**. Esse intervalo também se estende ao digitador.

Súmula 346 do TST: Os digitadores, por aplicação analógica do art. 72 da CLT, equiparam-se aos trabalhadores nos serviços de mecanografia (datilografia, escrituração ou cálculo), razão pela qual têm direito a intervalos de descanso de 10 (dez) minutos a cada 90 (noventa) de trabalho consecutivo.

III. Intervalo para recuperação térmica

16 Os empregados que trabalham no interior de câmaras frigoríficas e para aqueles que movimentam mercadorias do ambiente quente ou normal para o frio e vice-versa, têm direito ao intervalo do **art. 253 da CLT**, que é de **20 minutos para cada 1h40min de trabalho**. Tal intervalo é computado como de efetivo exercício.

17 De acordo com a súmula 438 do TST, esse intervalo estende-se aos empregados que, em que pesem não trabalhem em câmaras frigoríficas, trabalham em ambientes artificialmente frios, na forma do parágrafo único do art. 253 da CLT.

IV. Empregados com atividade em minas de subsolo

18 Para os que trabalham em **minas de subsolo**, para cada período de 3 horas consecutivas de trabalho, será obrigatória uma pausa de 15 minutos para repouso, a qual será computada na duração normal de trabalho **(art. 298 da CLT)**.

Art. 298. Em cada período de três horas consecutivas de trabalho, será obrigatório uma pausa de quinze minutos para repouso, a qual será computada na duração normal de trabalho efetivo. (O artigo em referência encontra-se inserido na seção X, do Título I, Capítulo III da CLT, cujo título é "Do trabalho em minas de subsolo")

12.6. Não concessão ou concessão parcial do intervalo intrajornada

19 De acordo com o §4º do art. 71 da CLT, a concessão parcial do intervalo intrajornada e a sua supressão implicarão o pagamento do período não concedido, acrescido de 50%.

20 Esse pagamento tem natureza indenizatória.

12.7. Intervalo interjornada

21 É aquele que ocorre **entre o final de uma jornada de trabalho e o início da jornada subsequente**. Será de, no **mínimo, 11 horas consecutivas**:

TRABALHO

> **Art. 66 da CLT**. Entre 2 (duas) jornadas de trabalho haverá um período mínimo de 11 (onze) horas consecutivas para descanso.

22 Assim, entre a última jornada de uma semana e a primeira da semana subsequente, esse intervalo deve somar-se ao repouso semanal remunerado de 24 horas e, pelo menos uma vez por semana, o intervalo entre as jornadas será de 35 horas consecutivas:

> ***Súmula nº 110 do TST***
>
> **JORNADA DE TRABALHO. INTERVALO (mantida) – Res. 121/2003, DJ 19, 20 e 21.11.2003**
>
> No regime de revezamento, as horas trabalhadas em seguida ao repouso semanal de 24 horas, com prejuízo do intervalo mínimo de 11 horas consecutivas para descanso entre jornadas, devem ser remuneradas como extraordinárias, inclusive com o respectivo adicional.

23 A **violação desse intervalo** gera a obrigação de **pagar cada hora suprimida também acrescida de, no mínimo, 50%**. Esse entendimento está previsto na OJ 355 da SDI-1 do TST:

> O desrespeito ao intervalo mínimo interjornadas previsto no art. 66 da CLT acarreta, por analogia, os mesmos efeitos previstos no § 4º do art. 71 da CLT e na Súmula nº 110 do TST, devendo-se pagar a integralidade das horas que foram subtraídas do intervalo, acrescidas do respectivo adicional.

12.8. Intervalo intersemanal ou repouso semanal remunerado

24 Ao final de, no máximo, seis dias consecutivos de trabalho, o empregado tem direito a 24 horas consecutivas de repouso. É o chamado repouso semanal remunerado, que recairá preferencialmente aos domingos:

> **Art. 7,** XV – repouso semanal remunerado, preferencialmente aos domingos.

25 É um **direito irrenunciável** do empregado e constitui **interrupção do contrato de trabalho** (o empregado recebe para não trabalhar). Sendo hipótese de trabalho no domingo, o empregador poderá compensar com descanso em outro dia da semana. Nesse caso, deverá haver uma escala de revezamento dos domingos, formulada a critério do empregador, que **tem o dever de dar publicidade prévia aos seus empregados**, bem como ficando passível de fiscalização (art. 6º, § 2º, Decreto n. 27.048/49).

26 Para o empregado adquirir o direito ao repouso semanal remunerado deverá o empregado cumprir dois requisitos:

(1) **Frequência:** O empregado que **falta INJUSTIFICADAMENTE** na semana que antecede ao repouso, **perde o direito à remuneração do repouso**. Não se perde o direito ao repouso, que é direito de saúde, segurança e medicina do trabalho; mas perde-se o direito à remuneração equivalente àquele dia. Em termos práticos, serão descontados dois dias: aquele concernente à falta do empregado e aquele concernente ao repouso semanal.

(2) **Pontualidade:** se, na semana que antecede o repouso, o **empregado atrasa INJUSTIFICADAMENTE, perde o direito à remuneração do repouso**, igualmente.

> **Art. 6º da lei 605/49:** Não será devida a remuneração quando, **sem motivo justificado**, o empregado não tiver trabalhado durante toda a semana anterior, **cumprindo integralmente o seu horário de trabalho.**

27 **Caso o empregador tenha autorização de funcionamento aos domingos**, os seus empregados estarão submetidos a um **regime de escala**. Nesse caso, é possível que o repouso recaia após o sétimo dia.

28 **Caso o empregador não tenha autorização para funcionar aos domingos** e, ainda assim, proceda à concessão do intervalo após o 7º dia, deverá ser efetuado o **pagamento em dobro.**

> **OJ 410 da SDI 1 do TST.** REPOUSO SEMANAL REMUNERADO. CONCESSÃO APÓS O SÉTIMO DIA CONSECUTIVO DE TRABALHO. ART. 7º, XV, DA CF. VIOLAÇÃO. (DEJT divulgado em 22, 25 e 26.10.2010)
>
> Viola o art. 7º, XV, da CF a concessão de repouso semanal remunerado após o sétimo dia consecutivo de trabalho, importando no seu pagamento em dobro.

29 Não havendo compensação, entretanto, aplica-se, à espécie, o entendimento constante da súmula 146 do TST:

> **Súmula 146 do TST:** O trabalho prestado em domingos e feriados, não compensado, deve ser pago em dobro, sem prejuízo da remuneração relativa ao repouso semanal.

OBSERVAÇÃO! No **regime de 12 por 36**, o trabalho em **feriado será remunerado em dobro**, ou seja, hora + 100% (inteligência da **súmula 444 do TST**). Todavia, há de se notar que o trabalho em domingos – quando assim determinar a escala de compensação – não é devido, na medida em que a compensação dos dias de repouso é automática, **ou seja,** a média de repousos do empregado já foi considerada para a formação da compensação de 12x36. Exatamente por isso, o novo art. 59-A prevê expressamente que, nesse caso, não haverá pagamento da dobra pelo trabalho em feriados nem dias de repouso, contrariando o entendimento do TST.

OBSERVAÇÃO! Os **empregados excluídos do capítulo de jornada** (art. 62 da CLT) não são afetados no que se refere ao repouso semanal remunerado, de maneira que, em que pese não tenham direito às horas extras, têm direito à observância do repouso semanal remunerado.

TRABALHO

13. FÉRIAS

1 Constituem as férias no **repouso anual do empregado**. As férias têm previsão expressa na Constituição Federal (**art. 7º, XVII**), bem assim na **Convenção 132 da OIT**, ratificada pelo Brasil e incorporada ao ordenamento jurídico brasileiro.

13.1. Aquisição e Concessão do direito às férias

2 As férias são **adquiridas pelo empregado a cada 12 meses** consecutivos de trabalho (art. 130 da CLT). Esse período é chamado de ***aquisitivo.***

3 Serão **concedidas**, por ato do **empregador**, **nos 12 meses subsequentes.** Esse é o chamado período ***concessivo***. Concomitantemente com o período concessivo, estará em curso outro período aquisitivo.

4 As férias concedidas no período próprio – na vigência do período concessivo – são chamadas **férias simples: constituem interrupção do contrato e, por isso, o empregado receberá salário, sem trabalhar, com o acréscimo de 1/3**.

> Art. 134 da CLT – As férias serão concedidas por ato do empregador, em um só período, nos 12 (doze) meses subseqüentes à data em que o empregado tiver adquirido o direito.

5 A CLT é clara em mencionar que as férias são concedidas **por ato do empregador**. Compõe o poder diretivo do empregador escolher o melhor momento para que seu empregado se ausente. Não há dúvida, pela leitura dos dispositivos da CLT, que é **o empregador que escolhe a data que será concedida as férias.**

> Art. 136 da CLT – A época da concessão das férias será a que melhor consulte os interesses do empregador.

6 É possível que o empregador consulte o seu empregado. Entretanto, essa consulta não o vincula.

7 **Exceções:**

A. Os **membros da mesma família** (que trabalham para o mesmo empregador) têm direito a tirar **férias em conjunto**. O período, nesse caso, é escolhido pelo empregador (art. 136, § 1º da CLT). O empregador apenas estará obrigado a assim agir se "não resultar prejuízo ao serviço". Há ainda que se ressaltar que essa concessão somente será em conjunto, obrigatoriamente, se assim desejarem os empregados, conforme expressa previsão da CLT.

B. O **estudante, menor de 18 anos**, tem direito a gozar **férias junto com as férias escolares** (seja ele emancipado ou não) (art. 136, § 2º da CLT).

8 Por ser o empregador quem escolhe o período de férias a ser gozado pelo empregado, este **tem o dever de avisar ao empregado da época da concessão das férias**, por escrito, com antecedência mínima de **30 dias** (art. 135 da CLT). A este documento dá-se o nome de "aviso de férias". É vedado o início do gozo das férias no período de dois dias que antecede o feriado ou o repouso semanal remunerado (§3º do art. 134 da CLT)

9 Acresce-se que a concessão de férias deve ser devidamente anotada na Carteira de Trabalho e Previdência Social e no livro de registro de empregados. Nesse último caso, as micro e pequenas empresas não precisam realizar o registro (art. 51, LC 123).

10 Depois de expirado o período concessivo, as **férias** são devidas em **dobro,** inclusive no que se refere ao pagamento do terço constitucional (art. 137 da CLT). A imposição da penalidade em face do empregado **não afasta a penalidade administrativa** a que ficará sujeito o empregador (art. 137, § 3º da CLT).

11 Se o empregado ainda **não completou o período aquisitivo** (12 meses), mas advém a **finalização do seu contrato** de trabalho, as férias são devidas de forma **proporcional,** salvo na hipótese de justa causa, em que não são devidas, e na culpa recíproca, quando é devido apenas 50% do valor (Súmula 14 do TST). Note-se que no **pedido de demissão**, ainda que o empregado não tenha completado um ano de vínculo, será **devido o pagamento das férias proporcionais** ao tempo trabalhado – inteligência da súmula 261 do TST. Advindo a rescisão do contrato, cada **fração de tempo superior a 14 dias** será computado como **um mês** de férias proporcionais a serem pagas (1/12), conforme preceitua o art. 146, parágrafo único da CLT.

12 O **período de usufruto** das férias é chamado período de ***gozo***. As férias são **hipótese de interrupção do contrato de trabalho** e, por assim ser, o período de gozo compõe integralmente a contagem do período aquisitivo que esteja em curso, no momento da sua concessão.

13 Se as férias não forem concedidas no período próprio, o empregado poderá ingressar com reclamação trabalhista, na qual pleiteará ao juiz que fixe o período de gozo das férias, sob pena de multa diária equivalente a 5% do salário mínimo, até que advenha a cumprimento pelo empregador (art. 137, §§ 1º e 2º da CLT).

14 O direito a férias é **indisponível**. A quantidade de dias de férias a serem gozados é que admite transação, nos estritos limites da lei.

> **Art. 143** – É facultado ao empregado converter 1/3 (um terço) do período de férias a que tiver direito em abono pecuniário, no valor da remuneração que lhe seria devida nos dias correspondentes.

> § 1º – O abono de férias deverá ser requerido até 15 (quinze) dias antes do término do período aquisitivo.

15 Por outro lado, é **direito do empregador** que **o empregado descanse nas férias** para que retorne na sua máxima capacidade produtiva. Por isso, o **art. 138 da CLT** prevê que o **empregado não poderá trabalhar nas férias**, nem mesmo para outro empregador, salvo quando o ajuste é pretérito ao contrato de trabalho.

> **Art. 138** – Durante as férias, o empregado não poderá prestar serviços a outro empregador, salvo se estiver obrigado a fazê-lo em virtude de contrato de trabalho regularmente mantido com aquele.

OBSERVAÇÃO!!! A **contagem das férias seguirá** a **data de admissão** do empregado!

13.2. Férias e ausências injustificadas

16 As **férias** têm o seu **gozo** diretamente **prejudicado** pelo **número de dias de faltas injustificadas** do empregado durante o **período aquisitivo**. O número de dias de férias é proporcional à frequência do empregado durante o período aquisitivo.

> **Súmula 89 do TST:** Se as faltas já são justificadas pela lei, consideram-se como ausências legais e não serão descontadas para o cálculo do período de férias.

Nº dias de férias	Nº de faltas
30	Até 5
24	6-14
18	15-23
12	24-32
0	33

13.3. Perda do direito a férias

17 O **art. 133 da CLT** trouxe um rol de **hipóteses nas quais o empregado deixará de gozar as férias**:

> **Art. 133 da CLT** – Não terá direito a férias o empregado que, no curso do período aquisitivo:

> **I – deixar o emprego e não for readmitido dentro de 60 (sessenta) dias subseqüentes à sua saída;**
>
> **II – permanecer em gozo de licença, com percepção de salários, por mais de 30 (trinta) dias;**
>
> **III – deixar de trabalhar, com percepção do salário, por mais de 30 (trinta) dias, em virtude de paralisação parcial ou total dos serviços da empresa; e**
>
> **IV – tiver percebido da Previdência Social prestações de acidente de trabalho ou de auxílio-doença por mais de 6 (seis) meses, embora descontínuos.**

18 Caso ocorra qualquer das hipóteses dos incisos acima, inicia-se um novo período aquisitivo a partir da volta do empregado aos serviços (art. 133 da CLT).

19 A Súmula 46 do TST esclarece que as faltas ou ausências decorrentes de acidente de trabalho não serão consideradas para efeito do cômputo do desconto de férias do empregado. Essa súmula não se refere à hipótese excepcional acima tratada, mas às demais faltas do empregado e os seus efeitos na contagem das férias.

13.4. Fracionamento das férias

20 **Preferencialmente**, as férias serão concedidas em **ato único** do empregador; poderão, entretanto, ser fracionadas em até três períodos, um dos quais não inferior a 14 dias corridos e os demais não poderão ser inferiores a 5 dias corridos:

> **Art. 134.** As férias serão concedidas por ato do empregador, em um só período, nos 12 (doze) meses subseqüentes à data em que o empregado tiver adquirido o direito.
>
> § 1º Desde que haja concordância do empregado, as férias poderão ser usufruídas em até três períodos, sendo que um deles não poderá ser inferior a quatorze dias corridos e os demais não poderão ser inferiores a cinco dias corridos, cada um.

13.5. Conversão em abono pecuniário

21 O empregado **poderá converter até 1/3 do seu período de férias em abono pecuniário** (é o que, na prática, chama-se de "vender férias"). Esse terço deverá ser calculado sobre o número de dias de férias a que tem direito o empregado – considerando-se as reduções a que está submetido em virtude das faltas injustificadas, constantes do art. 130 da CLT.

22 Nesse caso, o empregado receberá em dinheiro o montante equivalente ao tempo de férias que solicitou conversão, e trabalhará regularmente.

23 A **conversão em abono pecuniário** é um **direito potestativo** do empregado, que deverá **ser exercido** até **15 dias antes do final do período aquisitivo** (art. 143, § 1° da CLT).

> OBSERVAÇÃO!!! De acordo com o art. 144 da CLT, *o* ***abono de férias*** *de que trata o artigo anterior, bem como o concedido em virtude de cláusula do contrato de trabalho, do regulamento da empresa, de convenção ou acordo coletivo, desde que não excedente de vinte dias do salário,* ***não integrarão a remuneração do empregado para os efeitos da legislação do trabalho.*** Sendo assim, prevalece no TST o entendimento de que este abono não tem natureza salarial. Apesar disso, a jurisprudência tem se consolidado no sentido de que, em que pese a natureza indenizatória, sobre ele incidirá o terço constitucional, que deverá ser igualmente pago ao empregado.

13.6. Pagamento das férias

24 O empregado, durante as férias, perceberá a **remuneração que lhe for devida na data de sua concessão** (art. 142 da CLT). O valor do salário a ser considerado é aquele da data da concessão das férias. Entretanto, os demais **valores de natureza salarial** que são percebidos durante o período aquisitivo serão levados em consideração para o **cálculo desse valor** (art. 142 da CLT).

25 A **súmula 07 do TST**, interpretando esse dispositivo, esclarece que, em caso de **não concessão das férias**, a **indenização** a ser paga ao empregado levará em consideração o **valor da remuneração na data da propositura da reclamação ou na data da extinção do contrato**, a depender do caso.

26 Para os empregados que recebem **salário variável**, o pagamento das férias seguirá os seguintes parâmetros:

1. Para os trabalhadores **remunerados por hora trabalhada** e que sofrem variação de jornada: considera-se a média das horas trabalhadas em quantidade durante o período aquisitivo. O cálculo, entretanto, será feito considerando o valor do salário-hora na data da concessão (art. 142, § 1° da CLT);
2. Para os trabalhadores que recebem **por peça ou tarefa**, da mesma forma, considera-se a média de produção durante o período aquisitivo, aplicando-se o valor da peça ou tarefa do momento da concessão (art. 142, § 2° da CLT);

3. Para os trabalhadores que recebem **por percentagem ou comissão**, considera-se a média dos doze meses que antecedem à concessão das férias. Note-se que, diversamente dos anteriores, nesse caso, não se considera a média do período aquisitivo, mas a média dos doze meses imediatamente anteriores à concessão das férias, devendo o cálculo ser realizado considerando a média de valores devidamente atualizada (art. 142, § 3º da CLT e OJ 181 da SDI 1 do TST).

27 Os **adicionais por trabalho extraordinário, noturno, insalubre ou perigoso serão computados** no salário que servirá de base para o cálculo da remuneração das férias (art. 142, § 5º da CLT). Assim, será feita a média dos valores pagos a esse título durante o período aquisitivo e, em seguida, esse valor será somado ao valor do salário ao tempo da concessão.

28 As férias devem ser pagas **até 2 dias antes da sua concessão,** podendo, a critério do empregado, ocorrer, ou não, a antecipação do salário. Esse prazo não se confunde com o prazo para o aviso das férias (30 dias – art. 135 da CLT).

29 O **pagamento fora do prazo**, ainda que a concessão ocorra dentro do prazo, implica **pagamento em dobro das férias, inclusive quanto ao terço** (Súmula 450 do TST).

13.7. Férias coletivas

30 É possível que o empregador conceda férias a **toda a empresa ou a um setor especifico** (art. 139 da CLT). Nesse caso, tem o dever de **comunicar ao Ministério do Trabalho** com **antecedência mínima de 15 dias.** No mesmo prazo, o empregador deve enviar cópia do comunicado feito ao Ministério do Trabalho aos sindicatos representativos da respectiva categoria profissional, e providenciará a afixação de aviso nos locais de trabalho (art. 139, § 2º e 3º da CLT).

31 As férias coletivas **elidem os direitos de fracionamento individual e conversão em abono** pecuniário.

32 Diferentemente das férias individuais as férias coletivas poderão ser **fracionadas em dois períodos**, desde que **nenhum deles** seja **inferior a 10 dias corridos** (art. 139, § 1º da CLT).

14. ALTERAÇÃO DO CONTRATO DE TRABALHO

1 O contrato de trabalho, assim como o contrato civil, é regido pelo ***pacta sunt servanda*** (servir ao quanto pactuado). Entretanto a legislação trabalhista e a jurisprudência se consolidaram no sentido de que são admitidas as alterações benéficas ao empregado – **princípio da inalterabilidade contratual lesiva**.

2 **Alterar o contrato de trabalho** significa levar em consideração **3 pilares** dessa relação:

a. Inalterabilidade contratual lesiva;

b. *Jus variandi* (poder de direção do contrato pelo empregador);

c. *Jus resistentiae* (poder de resistir às ordens ilegais do empregador).

3 A CLT disciplina a alteração do contrato de trabalho, especificamente, no **art. 468**, tendo direta inspiração no princípio da inalterabilidade contratual lesiva.

> **Art. 468** – Nos contratos individuais de trabalho só é lícita a alteração das respectivas condições por **mútuo consentimento**, e ainda assim **desde que não resultem, direta ou indiretamente, prejuízos ao empregado**, sob pena de nulidade da cláusula infringente desta garantia.

4 A regra contida no dispositivo consolidado é de que o contrato **não poderá ser alterado unilateralmente** (a exceção está no parágrafo único do mesmo artigo), **nem pode gerar qualquer prejuízo ao empregado** (alteração contratual *in pejus*) – princípio da proteção. Daí são extraídos **dois requisitos cumulativos** para a **validade das alterações contratuais**:

(1) Mútuo consentimento.

(2) Ausência de prejuízos diretos ou indiretos para o empregado.

5 Assim, tem-se que são ilícitas as alterações unilaterais, ainda que não prejudiciais, bem assim as bilaterais que causem dano, salvo aquelas decorrentes de lei, de norma coletiva ou do *jus variandi* do empregador.

14.1. Tipos de alteração do contrato do trabalho

I. Alteração do horário de trabalho

a) **Alteração dentro do mesmo padrão de horário** (do noturno para noturno e diurno para diurno): essa alteração é **império do poder diretivo**, não podendo o empregado se opor. A determinação dos horários de trabalho dos seus empregados está inserida no poder de comando do empregador.

b) ***Alteração do diurno para o noturno***: presume-se lesiva e, por isso, o empregado pode resistir. Poderá, inclusive, alegar rescisão indireta do contrato (art. 483, "d" da CLT).

c) ***Alteração de noturno para diurno:*** **presume-se benéfica** e retira o direito de resistência. É lícita a conduta do empregador que altera o horário de trabalho do empregado, do turno noturno para o diurno, haja vista afigurar-se social e biologicamente mais benéfico ao empregado. Essa alteração **implica perda do direito ao adicional noturno**, sem qualquer direito adquirido:

> **Súmula nº 265 do TST**
>
> ADICIONAL NOTURNO. ALTERAÇÃO DE TURNO DE TRABALHO. POSSIBILIDADE DE SUPRESSÃO (mantida) – Res. 121/2003, DJ 19, 20 e 21.11.2003
>
> A transferência para o período diurno de trabalho implica a perda do direito ao adicional noturno.

6 Todas essas **presunções são relativas**, admitindo prova em contrário. Assim, ainda que seguindo a ordem das presunções, restar comprovado o prejuízo, a alteração será considerada lesiva.

II. Alteração do local de trabalho – transferência do empregado

> **Art. 469** – Ao empregador é vedado transferir o empregado, sem a sua anuência, para localidade diversa da que resultar do contrato, não se considerando transferência a que não acarretar necessariamente a mudança do seu domicílio.

7 A CLT considera transferência do empregado apenas aquela que implica mudança de domicílio. Portanto, **sem mudança de domicílio**, a modificação do local de trabalho está integralmente **inserida no poder de direção** do empregador e o empregado deverá se submeter (não terá poder de resistência).

8 Em que pese o empregado não possa resistir, o eventual acréscimo com transporte decorrente da modificação do local de trabalho será arcado pelo empregador (Súmula 29 do TST).

> **Súmula nº 29 do TST** - TRANSFERÊNCIA (mantida) – Res. 121/2003, DJ 19, 20 e 21.11.2003
>
> Empregado transferido, por ato unilateral do empregador, para local mais distante de sua residência, tem direito a suplemento salarial correspondente ao acréscimo da despesa de transporte.

9 Por outro lado, **havendo alteração de domicílio**, ocorre o fenômeno da **transferência do empregado**. A CLT estabelece **dois requisitos** cumulativos para a regularidade da transferência do empregado:

(1) ***anuência do empregado:*** dada a gravidade da transferência, em virtude da alteração do domicilio, o **empregado deve concordar com a transferência** para que ela seja válida. Assim, é possível a **reversão da transferência** em juízo, por meio de **pedido liminar**, quando esta for

TRABALHO

abusiva, conforme **art. 659, IX da CLT**. Entretanto, há **cinco hipóteses** em que o empregado não precisará concordar, ou seja, ele **não poderá resistir** à ordem de transferência e deverá aceitar a mudança do local de trabalho, sob pena de configurar-se pedido de demissão:

a) **Empregado cujo contrato preveja a possibilidade de transferência;**

b) **Empregado que exerce função de confiança:** Ele é uma extensão do empregador. Portanto, ele tem o dever de colaboração acentuado;

c) **Quando houver extinção do estabelecimento**: Nesse caso, o que mais importa é a manutenção do emprego. Equipara-se à extinção de estabelecimento o final de uma obra para empregados da construção civil. No caso de extinção de estabelecimento, mesmo os empregados intransferíveis perdem esse benefício (art. 469, § 2º da CLT);

d) **Quando a transferência decorre da própria prestação do serviço;**

e) **Necessidade imperiosa do empregador:** quando a empresa não tem como funcionar sem aquele empregado. Essa transferência somente será possível de forma provisória.

(2) ***Real necessidade do serviço:*** deve haver efetiva necessidade de que o empregado seja transferido (**súmula 43 do TST**), ainda que preenchido o requisito anterior.

10 Os **requisitos são cumulativos** e, ainda, presume-se abusiva a transferência que não os preencha.

Espécies de Transferência

11 A transferência pode ser definitiva ou provisória, conforme a intenção das partes com a transferência. Assim, é subjetivo e será definida caso a caso.

> **Art. 469** – Ao empregador é vedado transferir o empregado, sem a sua anuência, para localidade diversa da que resultar do contrato, não se considerando transferência a que não acarretar necessariamente a mudança do seu domicílio.
>
> (...)
>
> § 3º – Em caso de necessidade de serviço o empregador poderá transferir o empregado para localidade diversa da que resultar do contrato, não obstante as restrições do artigo anterior, mas, nesse caso, ficará obrigado a um pagamento suplementar, nunca inferior a 25% (vinte e cinco por cento) dos salários que o empregado percebia naquela localidade, enquanto durar essa situação.

12 Apenas na **transferência provisória** o empregado tem direito ao **adicional de transferência**. O entendimento pacificado através da **OJ 113 da SDI-1/TST** é de que o adicional de transferência é devido nas transferências provisórias (em qualquer caso), uma vez que a redação do art. 469, § 3º, da CLT, indica que tal adicional será devido "*enquanto durar essa situação*", donde se infere o ânimo de provisoriedade da transferência.

13 O **adicional de transferência** equivale a **25% do salário básico** do empregado.

14 Em qualquer hipótese (transferência provisória ou definitiva) as **despesas com deslocamento** são **integralmente** arcadas pelo **empregador** (art. 470, CLT).

15 A CLT disciplina as transferências dentro do Brasil, pois a **transferência para o exterior** está disciplinada nas **Leis 7.064/82 e 11.962/09**. De acordo com essa lei, a transferência do empregado para o exterior será realizada através de "***ajuste escrito***".

III. Alteração da função – promoção e rebaixamento

16 Entender sobre promoção e rebaixamento importa conceituar, antes de tudo, o que é função.

17 **Função** é o conjunto de atividades/tarefas que o empregado executa para o empregador. A função, portanto, é composta pelo **conjunto de tarefas.**

> "Função é o conjunto sistemático de atividades, atribuições e poderes laborativos, integrados entre si, formando um todo unitário no contexto da divisão do trabalho estruturada no estabelecimento ou na empresa. (...) Já a tarefa, consiste em uma atividade laborativa específica, estrita e delimitada, existente na divisão do trabalho estruturada no estabelecimento ou na empresa. É uma atribuição ou ato singular no contexto da prestação laboral.
>
> A reunião coordenada e integrada de um conjunto de tarefas dá origem a uma função (...) é possível, teoricamente, que uma função englobe, é claro, uma única tarefa. Tal situação é pouco comum, entretanto. Em geral, a função engloba um conjunto de tarefas, isto é, de atribuições, poderes e atos materiais concretos. Por outro lado, uma mesma tarefa pode comparecer à composição de mais de uma função, sem que com isso venha necessariamente a comprometer a identidade própria e distintiva de cada uma das funções comparadas". *(Maurício Godinho Delgado, 2010, p. 1012/1013)*

18 O estabelecimento da função do empregado, assim, segue **três regras**:

A. A função **não necessariamente corresponde à qualificação profissional do empregado**. A formação pessoal do empregado não se sobrepõe à função exercida no plano da realidade. Exceção: quando a atividade por ele exercida exige uma qualificação profissional específica. Ex.: médico.

> **OJ 296 da SDI 1 do TST.** EQUIPARAÇÃO SALARIAL. ATENDENTE E AUXILIAR DE ENFERMAGEM. IMPOSSIBILIDADE. Sendo regulamentada a profissão de auxiliar de enfermagem, cujo exercício pressupõe habilitação técnica, realizada pelo Conselho Regional de Enfermagem, impossível a equiparação salarial do simples atendente com o auxiliar de enfermagem.

B. A função será **aferida a partir da realidade**, independentemente do nome que lhe tenha atribuído o empregador – considerado o princípio da primazia da realidade. É essa concepção que autoriza a equiparação salarial:

> **Súmula nº 6 do TST.** EQUIPARAÇÃO SALARIAL. ART. 461 DA CLT. (...) III – A equiparação salarial só é possível se o empregado e o paradigma exercerem a mesma função, desempenhando as mesmas tarefas, não importando se os cargos têm, ou não, a mesma denominação.

C. **Ausente descrição contratual, legal ou normativa** sobre quais tarefas compõem a função do empregado, presume-se que o **empregado, ao ser contratado, obrigou-se com todas as tarefas que o empregador lhe determinou, dentro da sua capacidade**.

19 Já a **promoção** do empregado pode ou não significar alteração hierárquica do contrato. Isso se deve ao fato de poder ser uma **promoção horizontal ou vertical**.

20 Havendo **plano de cargos e salários** devidamente homologado pelo Ministério do Trabalho, é um **direito do empregado a promoção**, desde que preenchidos os requisitos estabelecidos no plano. Por outro lado, é seu **dever atender à promoção**, ou seja, o empregado não poderá recusar-se à promoção. Inexistente o plano, não há nada que impeça que o empregado se negue a exercer a função ofertada, mesmo porque se trata de alteração do contrato de trabalho.

IV. Hipóteses de alteração da função

(A) Situações de substituição emergencial ou excepcional:

21 Ocorre quando, **de forma emergencial**, um empregado se ausenta e, consequentemente, o empregador solicita que outro empregado supra a sua necessidade transitória. O empregado **deve substituir** o colega de trabalho, ainda que isso signifique trabalhar em função hierarquicamente inferior. Acaso a função seja hierarquicamente superior, **não é garantida a diferença salarial**, conforme depreende-se da leitura, *a contrario sensu,* da súmula 159 do TST:

> **Súmula nº 159 do TST** - SUBSTITUIÇÃO DE CARÁTER NÃO EVENTUAL E VACÂNCIA DO CARGO (incorporada a Orientação Jurisprudencial nº 112 da SBDI-1) – Res. 129/2005, DJ 20, 22 e 25.04.2005
>
> I – Enquanto perdurar a **substituição que não tenha caráter meramente eventual**, inclusive nas férias, o empregado **substituto fará jus ao salário contratual do substituído**. (ex-Súmula nº 159 – alterada pela Res. 121/2003, DJ 21.11.2003) (...)

(B) Substituição temporária

22 A substituição temporária ocorre por um **tempo considerável**, tendo em vista tratar-se de situação que **compõe as necessidades normais de um empreendimento**. Nesse caso **a substituição é devida;** mas, se houver **diferença entre o patamar salarial do substituído e aquele do substituto** (diferença positiva), o pagamento dessa diferença será devido ao substituto – súmula 159 do TST.

> OBSERVAÇÃO!!! Essa situação **não se confunde com a situação de vacância de cargo**. Na vacância de cargo, ocorrendo a promoção de algum empregado do quadro efetivo, **não há garantia de manutenção do patamar salarial daquele que o ocupava anteriormente**.

(C) Destituição de cargo ou função de confiança

23 Representa o **retorno do empregado que exerce função de confiança ao cargo efetivo – reversão.**

24 O empregador **poderá reverter** o empregado ao cargo efetivo a **qualquer tempo**, sempre que, ao seu modo, considerar inadequado mantê-lo na função de confiança (art. 468, §1º da CLT).

25 Essa reversão não garante a manutenção do direito à gratificação.

(D) Readaptação por causa previdenciária

26 Ocorre quando o empregado tem **alta de benefício previdenciário**, nesse caso, com restrição de atividades. Observada a restrição imposta pelo INSS, **poderá haver perda hierárquica** pela necessidade de mudança da função a ser exercida conforme a norma previdenciária.

27 De acordo com o art. 461, § 4º da CLT, segundo o qual ninguém poderá se equiparar ao empregado readaptado, deverá ser mantido o salário, ainda que a readaptação coloque o empregado em trabalho de hierarquia inferior. Com isso, a CLT transforma o **salário do empregado readaptado em condição**

personalíssima, deixando evidente que, mesmo quando estiver em função hierarquicamente inferior, **permanecerá percebendo o salário anterior**, vedada a equiparação a esse empregado.

15. SUSPENSÃO E INTERRUPÇÃO DO CONTRATO DE TRABALHO

15.1. Suspensão do contrato

1 Na ***suspensão*** ocorre uma **sustação temporária de prestação de serviços e, ainda, a sustação do pagamento de salário**. Em consequência disso, em regra, não há computo do tempo de serviço. O **contrato está vigente**, só que suspenso. Com isso, durante a suspensão, o empregador **não poderá rescindir injustificadamente** o contrato. Isso não impede que o contrato venha a ser **finalizado por força maior, extinção da empresa ou justa causa**.

2 A suspensão do contrato pode ser **ajustada pelas partes** (suspensão convencional) ou pode ser **imposta por lei** (suspensão legal). A **imposição da suspensão do contrato pelo empregador é ilegal**, somente podendo se cogitar dessa hipótese quando houver interesse do empregado, sendo por ele solicitado em razão de benefício próprio.

3 **Cessada** a causa de **suspensão**, o empregado deverá se reapresentar no trabalho no prazo de **30 dias**, após o que o empregador poderá considerar rescindido o contrato de trabalho por justa causa – abandono de emprego. É o que se pode inferir do conteúdo da **súmula 32 do TST**, com a seguinte redação:

> **Súmula 32 do TST:** Presume-se o abandono de emprego se o trabalhador não retornar ao serviço no prazo de 30 (trinta) dias após a cessação do benefício previdenciário nem justificar o motivo de não o fazer.

4 Se o empregado retornar ao emprego no prazo correto, **recebe de volta o seu cargo no estado em que se encontre**, ficando **assegurados todos os direitos auferidos pela sua categoria durante o prazo de suspensão** (art. 471 da CLT). A garantia dos direitos auferidos durante a suspensão é *ex nunc*, de tal forma que receberá todos os direitos a partir do seu retorno, sem receber o retroativo – do retorno em diante.

5 Suspenso o contrato, suspendem-se todas as cláusulas, em regra. Consoante se verá a seguir, em alguns casos é mantido o pagamento de FGTS, assim como o dever de concessão do plano de saúde (súmula 440 do TST). Apesar disso, não há qualquer suspensão do prazo prescricional relativo a direitos do contrato de trabalho (OJ 375 da SDI 1 do TST).

15.2. Hipóteses legais de suspensão

a) **Serviço militar obrigatório ou outro encargo público** – art. 472 da CLT e Leis 4.072/64 e 4.375/64.

O **encargo público** aqui é o **eletivo ou de designação**. Já o **serviço militar** é necessariamente o serviço militar **obrigatório.** O serviço militar facultativo é assunção de novo emprego, ou seja, nova profissão. Por isso, não suspende o contrato, representando um pedido de demissão do empregado.

No caso de serviço militar obrigatório, por suas características, **é mantida a obrigação de recolhimento do FGTS** pelo empregador no montante pago ao empregado na ativa e na mesma função, ou seja, no equivalente a 8% da remuneração que seria devida acaso o empregado estivesse trabalhando (art. 28, I, do Decreto 99.684/90).

O art. 4º da CLT, parágrafo único, prevê ainda que esse período será considerado para efeito de cômputo do tempo de serviço.

O **art. 472 da CLT** prevê que, em regra, o serviço militar é hipótese de suspensão. Apenas **excepcionalmente**, será **interrupção** quando o empregado for convocado para **manobra, manutenção da ordem interna ou guerra**, hipótese na qual é mantido o dever pelo empregador do pagamento equivalente a **2/3 do salário** devido ao empregado. O empregado deverá **retornar após 30 dias da baixa do serviço**, sob pena de justa causa, devendo comunicar ao empregador a sua intenção no prazo de 30 dias. Nos contratos por prazo determinado é possível o ajuste pela suspensão da contagem do prazo (art. 472, § 2º da CLT).

b) **Prisão preventiva**

Preso preventivamente o empregado, suspende-se imediatamente o contrato de trabalho. Cessada a prisão preventiva, o empregado deve voltar a trabalhar. Todavia, advindo a condenação criminal que imponha cumprimento de pena incompatível com a prestação do serviço, haverá justa causa, na forma do art. 482, "d" da CLT.

c) **Mandato sindical** – art. 543, § 2º CLT.

Em regra, durante o exercício do mandato sindical, o contrato do empregado é suspenso, **desde que o exercício da atividade sindical seja incompatível com a prestação do serviço**. A lei **admite a suspensão parcial** do contrato, quando assim o exigir o exercício da atividade sindical. Ex.: suspende apenas um turno.

Suspenso o contrato, o empregado receberá honorários sindicais durante a suspensão, desde que ajustados no estatuto do sindicato. Todavia, nada impede que as partes conciliem por transformar em interrupção.

> EXCEÇÃO: no caso do empregado que representa sindicato em reunião de organismo internacional, no qual o Brasil tenha assento, terá, no período da reunião, o contrato de trabalho interrompido, não suspenso (**art. 473, IX, da CLT**).

TRABALHO

d) **Greve**

A greve é hipótese de suspensão do contrato de trabalho. Deflagrada a greve, suspendem-se os contratos de trabalho (art. 7º da Lei 7783/89).

A greve deve ser **anunciada** com antecedência mínima de 48h. Se for serviço essencial, deve ser com antecedência de 72h. Os serviços essenciais estão discriminados na lei (art. 10). Se, **voluntariamente ou em virtude de norma coletiva, o empregador proceder ao pagamento dos salários** durante o período de greve**, irá transformar a greve em interrupção** do contrato de trabalho.

e) **Suspensão disciplinar**

A suspensão disciplinar é uma **forma de punição do empregado** pelo empregador (art. 474 da CLT).

A lei não determina qual é o prazo para suspensão disciplinar. Isso significa que é o empregador que irá dosar o prazo da suspensão, de acordo com a gravidade do ato praticado, diante do caso concreto, sempre utilizando da razoabilidade e proporcionalidade.

f) **Suspensão para responder inquérito judicial para apuração de falta grave**

É a **suspensão do empregado estável**, cujo cometimento de falta grave, há de ser apurado pelo judiciário.

Cometida a falta grave pelo empregado estável com essa prerrogativa, o empregador pode suspendê-lo. **A partir da data da suspensão, o empregador tem o prazo decadencial de 30 dias para ingressar com o inquérito judicial** para apuração de falta grave (art. 494 CLT e súmula 403 do STF).

Se o **empregador não atender ao prazo decadencial**, ele perde o direito de dispensar aquele empregado em virtude daquela falta grave. Nesse caso, o empregado retornará às atividades e deverá receber o pagamento dos salários do período em que esteve suspenso.

g) **Suspensão por motivo de doença ou invalidez**

O contrato de trabalho é **suspenso após o 16º dia de afastamento do empregado por incapacidade**. Isso porque até o 15º dia é obrigação do empregador arcar com o pagamento dos dias de falta em razão de doença, tratando-se, portanto, de interrupção do contrato de trabalho.

Após o 16º dia, o empregado será **direcionado ao INSS** para se habilitar à percepção do benefício (auxílio-doença ou aposentadoria por invalidez). Na comprovação da invalidez, o empregado tem o dever de **obedecer à ordem preferencial de atestado médico prevista em lei** (súmulas 15 e 282 do TST e art. 60, § 4º da Lei 8.213/91).

A aposentadoria por invalidez é precária, ou seja, readquirida a aptidão, o empregado volta a trabalhar. A hipótese é, portanto de suspensão do contrato de trabalho. Readquirida a capacidade, o empregado volta a trabalhar (súmula 160 do TST).

No caso de suspensão do contrato para gozo de auxílio-doença acidentário (ou seja, especificamente aquele que decorre de doença ocupacional ou acidente de trabalho), é mantida a obrigação do empregador de recolhimento do FGTS do empregado afastado, no valor equivalente àquele recolhido para empregado em atividade que exerça as mesmas funções (art. 15, § 5º, da Lei 8.036/90). Esse tempo, de acordo com o parágrafo único, do art. 4º da CLT, será considerado para o cômputo do tempo de serviço.

h) **Cargo eletivo de diretoria de sociedade**

A hipótese é de cargo eletivo de diretoria em sociedade anônima (**súmula 269 do TST)**. Trata-se exclusivamente do diretor não subordinado e, por esse motivo, ele não pode ser considerado empregado. A partir de sua eleição, suspende-se o contrato. Finalizado o mandato de diretoria, ele volta ao contrato normalmente, na condição de empregado subordinado.

Não ocorrerá a suspensão se for um diretor que, em embora eleito, seja subordinado.

i) **Suspensão negociada do contrato individual**

O **art. 476-A CLT** estabelece a possibilidade do ajuste da suspensão do contrato para que o empregado atenda a **curso ou programa de formação ou qualificação profissional, autorizado em norma coletiva e oferecido pelo empregador, com duração de 2 a 5 meses, não podendo se repetir no prazo de 16 meses**. São necessários os seguintes **requisitos**:

1) previsão em norma coletiva;
2) anuência expressa do empregado;
3) anuência para participação no curso ofertado pelo empregador;
4) que o curso tenha duração de 2 a 5 meses;
5) que o empregado não tenha participado desse programa nos últimos 16 meses.

Durante o período de suspensão, o empregado receberá uma bolsa do **FAT** (art. 2º da lei 7.998/90).

O **empregador** pode acrescer à bolsa do FAT uma **ajuda financeira**. Essa ajuda pode constar da própria norma coletiva que institui a suspensão do contrato e **não terá**, em NENHUMA hipótese, **natureza salarial** (art. 476-A, § 3º da CLT).

O § 5º do art. 476-A prevê uma espécie de indenização no caso de dispensa desse empregado. É uma **indenização adicional** para a **dispensa**, quando ela ocorrer durante o período da formação e qualificação, até 3 meses depois. Essa indenização é **fixada na norma coletiva** e **nunca será inferior ao valor da última remuneração** do empregado.

Na hipótese de fraude, o empregador deverá pagar todos os salários devidos do período retroativamente (art. 476-A, § 6º, da CLT).

O art. 476-A, § 7º, prevê a possibilidade da a norma coletiva autorizar uma **extensão ao prazo do FAT** (máximo de 5 meses). Nesse caso, o **empregado tem que anuir** com a extensão do prazo e o **empregador arcará com o pagamento dos valores**. O FAT só sustenta até os 5 meses. A **extensão permanece como suspensão** do contrato e o **pagamento não tem natureza salarial.**

j) **Lei Maria da Penha – Lei 11.340/2006**

O art. 9º da Lei 11.340/2006 (Lei Maria da Penha) contém a possibilidade de que, a empregada que esteja em **situação de violência doméstica ou familiar**, seja **afastada por até 6 meses das suas atividades**, assim determinando a autoridade competente.

15.3. Hipótese controversa – A licença maternidade

6 A licença maternidade é o **afastamento da mulher pelo prazo de 120 dias** contados **do parto ou até 28 dias antes do parto**, a critério do médico.

7 Durante esse prazo, a empregada encontra-se em gozo de licença maternidade – em relação ao contrato de trabalho – e recebe pagamento em virtude do salário-maternidade – que é um benefício previdenciário. Entretanto, discute a doutrina se a hipótese é de interrupção ou suspensão.

8 Os argumentos favoráveis à **suspensão** pautam-se no fato de que, **durante o prazo da licença, o empregador faz o repasse do benefício da empregada**, de sorte que, em que pese seja o pagamento feito pelo empregador, ele desconta o valor daquele a ser recolhido em favor da previdência (art. 73, I da Lei 8.213/92). Apenas no caso da empregada doméstica, esta deve se dirigir diretamente ao INSS para perceber o benefício.

9 Durante o período da **licença maternidade**, é mantida para o empregador a **obrigação de recolhimento do FGTS** (art. 28, IV do DL 99.684/90).

10 É garantida à empregada a percepção integral do valor do seu salário, independentemente de carência. Ou seja, **o salário maternidade não tem teto**, uma vez que a Constituição (art. 7º, XVIII) garantiu o pagamento dos salários do período de vigência.

11 Com base nesses 2 fatores (FGTS e ausência de teto) é que se defende que a hipótese seria de interrupção, e não de suspensão do contrato de trabalho.

12 Nos termos do § 3º da art. 294 da Instrução Normativa INSS/PRES n.º 45/10, para fins de concessão do salário-maternidade, **considera-se parto o evento**

ocorrido a partir da 23ª semana (6º mês) de gestação, inclusive em caso de natimorto.

13 Sendo assim, **até a 23ª semana** haverá **aborto não criminoso** e a mulher terá direito a **2 semanas de afastamento** (art. 395 da CLT). Essas duas semanas, nesse caso, são interrupção do contrato de trabalho.

14 Quando se trata de **adoção**, a Lei 12.010/09 revogou o artigo 392-A da CLT pacificando o entendimento de que, quando da adoção, haverá direito à **licença de 120 dias, independentemente da idade do adotando**. Note-se que, tanto a mãe que entrega o filho para adoção, quanto a mãe adotante, farão jus ao recebimento do benefício.

15 Acaso a mãe mantenha dois vínculos empregatícios, a mesma criança irá gerar 2 benefícios, um relativo a cada emprego. Por outro lado, o nascimento de gêmeos não garante a duplicação do benefício (bem como a adoção concomitante de duas crianças).

16 Tem igualmente direito a essa licença aquele que possui guarda judicial de criança (art. 392-A, com redação conferida pela Lei 12.873/13). Havendo adoção conjunta, apenas um dos adotantes ou guardiães terá direito à licença (§ 5º, art. 392-A). Esses efeitos incidem sendo o adotante homem ou mulher (art. 392-C da CLT).

17 Ocorrendo a morte da mãe, fica assegurado ao esposo ou companheiro o direito à licença maternidade, salvo em se tratando de abandono ou de morte do filho (art. 392-B, da CLT).

18 A **Lei 11.770/08** possibilitou a **extensão da licença maternidade por mais 60 dias**. Trata-se de uma hipótese específica, na qual a empresa (empresa cidadã) prorroga o benefício da sua empregada, contra o desconto do valor dos salários no imposto a ser pago em virtude de lucro real.

Para tanto, faz-se necessária a reunião dos seguintes **requisitos**:

1) A empresa tenha, voluntariamente, se filiado a um programa do governo (Programa Empresa Cidadã). Uma vez filiada, não mais poderá se desligar.

2) A empregada requeira a extensão do benefício junto ao seu empregador até o final do primeiro mês posterior ao parto.

19 A conclusão que se pode extrair é que **a prorrogação é hipótese de interrupção,** sendo mantidos os pagamentos de encargos regularmente. O valor do salário será pago pelo empregador diretamente, que o descontará do imposto de renda. Durante esse período, a empregada não poderá prestar atividade remunerada, salvo ajuste pretérito.

16. INTERRUPÇÃO DO CONTRATO

1 Na interrupção existe a **sustação da prestação do serviço**, apenas. Assim, **permanece o pagamento de salário e o cômputo do tempo de serviço**. Ou seja: o empregado não trabalha e recebe o pagamento.

2 **Hipóteses de interrupção**

a) **Ausências legais e licenças remuneradas**

> **Art. 473** – O empregado poderá deixar de comparecer ao serviço sem prejuízo do salário:
>
> I – até 2 (dois) dias consecutivos, em caso de falecimento do cônjuge, ascendente, descendente, irmão ou pessoa que, declarada em sua carteira de trabalho e previdência social, viva sob sua dependência econômica;
>
> II – até 3 (três) dias consecutivos, em virtude de casamento;
>
> III – por um dia, em caso de nascimento de filho no decorrer da primeira semana;
>
> IV – por um dia, em cada 12 (doze) meses de trabalho, em caso de doação voluntária de sangue devidamente comprovada;
>
> V – até 2 (dois) dias consecutivos ou não, para o fim de se alistar eleitor, nos têrmos da lei respectiva.
>
> VI – no período de tempo em que tiver de cumprir as exigências do Serviço Militar referidas na **letra "c" do art. 65 da Lei nº 4.375, de 17 de agosto de 1964** (Lei do Serviço Militar).
>
> VII – nos dias em que estiver comprovadamente realizando provas de exame vestibular para ingresso em estabelecimento de ensino superior.
>
> **VIII – pelo tempo que se fizer necessário, quando tiver que comparecer a juízo.**
>
> IX – pelo tempo que se fizer necessário, quando, na qualidade de representante de entidade sindical, estiver participando de reunião oficial de organismo internacional do qual o Brasil seja membro.
>
> X - até 2 (dois) dias para acompanhar consultas médicas e exames complementares durante o período de gravidez de sua esposa ou companheira;
>
> XI - por 1 (um) dia por ano para acompanhar filho de até 6 (seis) anos em consulta médica.

Em todas as faltas referenciadas neste artigo, o empregado está autorizado a se ausentar das suas atividades, sendo remunerado por tais dias de trabalho.

b) **Incapacidade laborativa até o 15º dia:** Não precisam ser 15 dias corridos, uma vez que serão observados os afastamentos ocorridos no interstício de 60 dias que contenham o mesmo CID.

c) **Resolução 18.019/92 do TSE:** O servidor público celetista tem o seu contrato interrompido 3 meses antes do pleito, quando figurar como candidato. Serve para que não seja utilizado o cargo público com finalidade eleitoral.

d) **Empregado que atua na Comissão de Conciliação Prévia – art. 625-B da CLT:** Essa comissão será composta de no mínimo 2 e, no máximo, 10 membros. O **art. 625-B da CLT** prevê que todo o tempo em que o empregado estiver na CCP, haverá **percepção de salário**, seja ele representante do empregado ou empregador.

e) ***Lock out***: É a **greve do empregador**. Este instituto é **vedado** no ordenamento jurídico brasileiro (art. 17, da Lei 7.783/89) e, por isso, se ocorrer, será hipótese de interrupção do contrato de trabalho do empregado.

17. REMUNERAÇÃO E SALÁRIO

1 Salário é a **contraprestação** fornecida pelo **empregador** ao empregado, **em virtude do contrato** de trabalho, com **habitualidade**, podendo consistir em **dinheiro ou utilidade.**

2 Podemos dizer, então, que **salário** é **tudo aquilo** (B) que **vem do empregador** (A), para o empregado, **em virtude do contrato de trabalho** (C), de forma **habitual** e **contraprestativa** (D).

3 O que torna uma parcela salário é: i) ser **contraprestativo**; ii) **decorrer do contrato de trabalho**; iii) ser pago com **habitualidade**; iv) ser **pago pelo empregador.**

(A) Salário é aquilo que vem do empregador – Salário x Remuneração

> Art. 457 – Compreendem-se na remuneração do empregado, para todos os efeitos legais, **além do salário devido e pago diretamente pelo empregador**, como contraprestação do serviço, as gorjetas que receber.

4 Da leitura do dispositivo supra depreende-se, facilmente, que somente é considerado salário aquilo que for ofertado ao empregado **pelo empregador**.

5 Entretanto, não se podia afastar da premissa básica de que o empregado, ao trabalhar, não recebia contraprestação vinda unicamente do empregador, recebendo regularmente parcelas de terceiros, capazes de gerar uma expectativa de ganho para o empregado.

6 Surge, então, o **conceito de remuneração**. A **remuneração** engloba, assim, tanto o **pagamento decorrente do empregador** (salário), como os **valores** que, habitualmente, o empregado receba **de terceiros** em decorrência do contrato de trabalho (gorjetas, pagamentos indiretos ou pagamentos de terceiros).

REMUNERAÇÃO = SALÁRIO + PAGAMENTOS INDIRETOS

7 **Gorjeta ou pagamento indireto** é todo o **pagamento de terceiro, habitualmente** prestado, **em virtude do contrato** de trabalho, **espontaneamente** fornecido **ou cobrado** na nota de serviço, a qualquer título.

*(B) Salário é **tudo aquilo** que vem do empregador*

8 Dessa afirmação é possível extrair duas conclusões: (i) engloba todos os pagamentos habituais feitos pelo empregador e, (ii) engloba tanto os valores pagos em dinheiro, quanto os bens e utilidades fornecidos pelo empregador ao empregado, pelo serviço prestado. São os conceitos de complexo salarial e salário *in natura*.

(i) Complexo salarial

9 O salário do empregado é formado **não apenas pelo seu salário básico**, mas também por **todas as demais parcelas habituais pagas pelo empregador** que gravitam em torno do salário básico, formando o **sobressalário** (são os adicionais, prêmios, gratificações...).

10 Com isso, o **complexo salarial (formado pelo salário básico e sobressalário)** deve ser minuciosamente **descrito** no recibo de pagamento, de forma que o empregado conheça, especificamente, quais parcelas estão sendo pagas a ele. A inserção do pagamento de todas as parcelas sob um único título constitui o que se denomina de **salário complessivo**. O salário complessivo é vedado em nosso ordenamento e, se o empregador assim agir, será considerado pago apenas os salário básico e devido o pagamento de todas as demais parcelas.

> **Súmula 91, TST:** Nula é a cláusula contratual que fixa determinada importância ou percentagem para atender englobadamente vários direitos legais ou contratuais do trabalhador.

(ii) Salário *in natura* ou salário utilidade

11 Se salário é **tudo aquilo** que vem do empregador para o empregado em virtude do contrato de trabalho, de forma contraprestativa e com habitualidade, considera-se salário **não apenas o pagamento em dinheiro, mas também outros bens ou serviços que integrem esse conceito.** Nesse contexto, salário utilidade ou *in natura* consiste em bens, serviços ou produtos, suscetíveis de apreciação econômica, fornecidos pelo empregador para o empregado, em virtude do contrato de trabalho, de forma contraprestativa e com habitualidade.

12 Assim, é aquilo que seja fornecido **PELO** trabalho e **não PARA** o trabalho. Se for concedida a utilidade para o trabalho (computador, celular etc.), é ferramenta de trabalho, e não constitui salário.

13 O salário do empregado poderá ser pago parte em utilidade e parte em dinheiro. **Salário utilidade é salário.** Contudo, **não é possível pagar o empregado exclusivamente em utilidade**, porque o empregador tem o dever de observância de pagamento de **30% do salário mínimo em dinheiro**.

> **Art. 82** – Quando o empregador fornecer, in natura, uma ou mais das parcelas do salário mínimo, o salário em dinheiro será determinado pela fórmula Sd = Sm – P, em que Sd representa o salário em dinheiro, Sm o salário mínimo e P a soma dos valores daquelas parcelas na região, zona ou subzona.
>
> Parágrafo único – O salário mínimo pago em dinheiro não será inferior a 30% (trinta por cento) do salário mínimo fixado para a região, zona ou subzona.
>
> **OJ 18, SDC, TST**: Os descontos efetuados com base em cláusula de acordo firmado entre as partes não podem ser superiores a 70% do salário base percebido pelo empregado, pois deve-se assegurar um mínimo de salário em espécie ao trabalhador.

14 As parcelas fornecidas sob a forma de utilidade são salário, conforme visto, e, assim, poderão ser descontadas do salário do empregado. A CLT estabelece que devem ser respeitados os percentuais de **20% para alimentação e 25% para moradia**, do salário contratual do empregado, para os trabalhadores urbanos.

> **Art. 458, § 3º** – A habitação e a alimentação fornecidas como salário-utilidade deverão atender aos fins a que se destinam e não poderão exceder, respectivamente, a 25% (vinte e cinco por cento) e 20% (vinte por cento) do salário-contratual.

15 Apesar de ter natureza salarial, em regra, a alimentação poderá não ter natureza salarial na hipótese de o empregador ser filiado ao PAT (Programa de Alimentação do Trabalhador) ou no caso da alimentação ter sido instituída por norma coletiva que retire a natureza salarial da parcela. Em ambos os casos, se o empregador já fornecia a parcela e se filia ao PAT posteriormente, ou a norma coletiva prevê a retirada da natureza salarial depois de já constantemente fornecida a parcela, não será possível retirar-se a natureza salarial **e a alimentação não passará a ser indenizatória. Nesses casos, a parcela já tinha natureza salarial, não sendo possível retirar essa natureza posteriormente, sob pena de significar redução de salário.**

> **OJ 133 SDI-1 do TST:** A ajuda alimentação fornecida por empresa participante do programa de alimentação ao trabalhador, instituído

pela Lei nº 6.321/76, não tem caráter salarial. Portanto, não integra o salário para nenhum efeito legal.

OJ 413 SDI-I do TST: A pactuação em norma coletiva conferindo caráter indenizatório à verba "auxílio-alimentação" ou a adesão posterior do empregador ao Programa de Alimentação do Trabalhador - PAT - não altera a natureza salarial da parcela, instituída anteriormente, para aqueles empregados que, habitualmente, já percebiam o benefício, a teor das Súmulas n.os 51, I, e 241 do TST.

OBSERVAÇÃO! O auxílio alimentação, concedido após a vigência da Lei 13.467/17, não terá natureza salarial, não podendo, entretanto, ser concedido em dinheiro, ainda que se trate de parcela habitual.

16 A utilidade, em regra, integra o salário do empregado pelo seu valor de mercado, ressalvadas as hipóteses em que o empregado é remunerado com o valor do salário mínimo nacional, hipótese na qual deverão ser observados os percentuais de lei.

Art. 458. § 1º Os valores atribuídos às prestações "in natura" deverão ser justos e razoáveis, não podendo exceder, em cada caso, os dos percentuais das parcelas componentes do salário-mínimo (arts. 81 e 82).

Súmula 248, TST: Os percentuais fixados em lei relativos ao salário "in natura" apenas se referem às hipóteses em que o empregado percebe salário mínimo, apurando-se, nas demais, o real valor da utilidade.

OBSERVAÇÃO!! *Existem parcelas que não são salário utilidade ou "in natura"*

17 Algumas parcelas, em que pese preencham integralmente o conceito de salário utilidade, não serão consideradas salário.

- **Pela sua nocividade**: *Em caso algum será permitido o pagamento com **bebidas alcoólicas ou drogas nocivas*** (art. 458 da CLT); assim como *o **cigarro** não se considera salário utilidade em face de sua nocividade à saúde* (súmula 367, II, do TST).
- **Pela finalidade principal do bem ou serviço:** A **habitação**, a **energia elétrica** e o **veículo** fornecidos pelo empregador ao empregado, quando **indispensáveis para a realização do trabalho** (ou seja, são fornecidos PARA o trabalho), não têm natureza salarial, ainda que, no caso de veículo, seja ele utilizado pelo empregado também em atividades particulares (Súmula 367, I do TST).
- **Por determinação legal:** o legislador quis incentivar a concessão de determinadas utilidades pelo empregador. O art. 458, § 2º, da CLT retira a natureza salarial dessas parcelas.

São elas:

<table>
<tr><td colspan="2">1. Valor correspondente ao vale-cultura – Lei 12.761/12 (regulamentada pelo Dec. 8.084/13).
Pode ser obrigatório ou facultativo. Será de concessão obrigatória pelo empregador para os empregados que recebem até 5 salários mínimos. Para os empregados que recebem valor superior, o empregador fornecerá se quiser.
A concessão será feita na forma determinada por lei, sendo vedado ao empregador o pagamento em dinheiro. Para os obrigatórios, o empregador poderá descontar até 10% do valor do vale do seu salário. Para os demais, o desconto poderá ser de 20-90% do valor do vale. Em virtude da possibilidade de desconto, o empregado deve concordar com a concessão do vale.</td></tr>
<tr><td>2. Vestuários, equipamentos e outros acessórios. O vestuário é toda peça de vestimenta destinada ao empregado. Se é concedido PARA o trabalho, não interessa o tipo de vestuário, não será salário.</td><td rowspan="6">Art. 458, § 2º</td></tr>
<tr><td>3. Educação, compreendendo os valores relativos à matrícula, mensalidade, anuidade, livros e material didático;</td></tr>
<tr><td>4. Transporte destinado ao deslocamento para o trabalho. A lei n.º 7.418/85 permite que o empregador desconte até 6% do salário do empregado para o custeio do vale transporte.</td></tr>
<tr><td>5. Assistência médica, hospitalar e odontológica; pode ser fornecida diretamente pelo empregador (aquele empregador que possui serviço médico próprio) ou prestada através da concessão de plano de saúde privado. Estão aqui incluídos os reembolsos com despesas de medicamentos, óculos, aparelhos ortopédicos, próteses, órteses e demais despesas médico-hospitalares.</td></tr>
<tr><td>6. Seguros de vida e de acidentes pessoais;</td></tr>
<tr><td>7. Previdência privada;</td></tr>
<tr><td colspan="2">8. Participação nos Lucros e Resultados – Lei 10.101/2000 e art. 7, XI da CF. A participação nos lucros e resultados é direito trabalhista que depende de regulamentação em lei. Isso não impede, entretanto, que a norma coletiva proceda à regulamentação, obrigando os empregadores a efetuarem essa distribuição. Nesse caso, de acordo com a súmula 451 do TST, o contrato de trabalho não precisa estar vigente no momento da distribuição para que o empregado tenha direito à indigitada parcela.</td></tr>
</table>

(C) Em virtude do contrato de trabalho

18 Somente pode ser considerado salário a parcela cujo objetivo seja **contraprestar o serviço**, de sorte que a concessão deve ter **nexo de causalidade com o trabalho do empregado**.

(D) Parcela com natureza contraprestativa.

19 O salário é pago em virtude do serviço prestado pelo empregado, de forma que, em regra, é pago após já realizada a prestação do serviço (pós-numerado). Assim, primeiro há a prestação do serviço para, só então, ocorrer o pagamento.

20 O salário pode ser **ajustado livremente** entre empregado e empregador, desde que respeitado, no mínimo, o pagamento do salário mínimo ou piso salarial da categoria. De igual sorte, a data do pagamento, observado o prazo máximo do quinto dia útil subsequente à prestação do serviço.

21 Diante disso, o ajuste pode implicar pagamento de **salário fixo ou variável;** bem assim relacionar-se com o pagamento de parcelas salariais, e, ainda, envolver o pagamento de parcelas indenizatórias.

22 Nesse contexto, as importâncias pagas a título de ajuda de custo (limitadas a 50% do salário mensal do empregado), diárias de viagem e prêmios não integram a remuneração do empregado e não se incorporam ao contrato de trabalho, ainda que habituais.

23 Consideram-se prêmios as liberalidades concedidas pelo empregador, em espécie ou *in natura*, como forma de valorizar serviço prestado com desempenho superior ao esperado.

24 Nesse contexto, é possível que o empregador pague parcelas salariais de forma dissimuladamente indenizatória, como a **ajuda de custo.**

25 É possível que as ajudas de custo sejam parcelas fornecidas PARA o trabalho e não PELO trabalho; em virtude disso, o art. 457, § 2º da CLT previu que, por tal motivo, quando não ultrapassarem 50% do valor do salário do empregado, elas seriam parcelas indenizatórias e, portanto, não integrariam ao salário. É o raciocínio que se tinha, antes da lei 13.467/17, em relação às diárias de viagem, na antiga redação do art. 457, §2º. Na redação atual, são as ajudas de custo que não podem superar 50% do salário do empregado

26 Esta previsão implica uma **regra de presunção**: se as ajudas de custo são **menores ou iguais** a **50%** do valor do **salário mensal** do empregado, presumem-se **indenizatórias**. Por outro lado, se **superam 50%** do salário mensal do empregado, presumem-se **salariais.**

> OBSERVAÇÃO!!! Essa regra constitui **presunção relativa**, ou seja, admite prova em contrário, considerada a realidade do caso concreto.

27 Declarada a **natureza salarial** da parcela, ela **integrará o salário** do empregado pelo seu **valor integral**, e não apenas o montante que superar os 50% do valor do salário mensal do empregado.

17.1. Gorjeta

> **Art. 457** – Compreendem-se na **remuneração** do empregado, para todos os efeitos legais, **além do salário devido e pago diretamente pelo empregador**, como contraprestação do serviço, **as gorjetas** que receber. (...)
>
> § 3º Considera-se gorjeta não só a importância espontaneamente dada pelo cliente ao empregado, como também o valor cobrado pela empresa, como serviço ou adicional, a qualquer título, e destinado à distribuição aos empregados.

28 **A gorjeta consiste no pagamento realizado por terceiros** em virtude do contrato de trabalho. A gorjeta **integra a remuneração para todos os fins.** Entretanto, nem todas as parcelas trabalhistas possuem a remuneração como base de cálculo e, por isso, o TST, na súmula 354, esclareceu que a gorjeta não integra a base de cálculo dos seguintes direitos:

Hora extra
Aviso prévio
Repouso semanal remunerado
Adicional noturno

29 A gorjeta é paga por terceiro. Sendo assim, a obrigação do empregador é de pagamento, no mínimo, do salário mínimo (ou mínimo da categoria), ao qual a gorjeta poderá acrescer. Não é possível, portanto, que um empregado seja remunerado exclusivamente por gorjetas. De igual sorte, o empregador não pode reter para si nenhum valor concernente à gorjeta. É possível, entretanto, a organização do rateio desse valor pelos critérios definidos em acordo ou convenção coletiva. Inexistindo a norma coletiva, os critérios serão definidos em assembleia de trabalhadores (§§ 5º e 6º do art. 457, CLT). A média de gorjetas pagas deve ser anotada na CTPS do empregado. Uma vez cessada a cobrança de gorjeta após 12 meses, o valor integrará o salário do empregado, ressalvada previsão expressa em contrário em convenção ou acordo coletivo.

30 Note-se, por fim, que o art. 457 da CLT considerou gorjeta tanto o valor pago espontaneamente, quanto o valor que conste de nota de serviço.

17.2. Complexo salarial – o sobressalário

I. Gratificações

31 São **instituídas por lei, norma coletiva ou** pelo próprio **empregador**, visando compensar algo de positivo realizado pelo empregado.

TRABALHO

32 O art. 457, § 1º, da CLT prevê que *integram o salário não só a importância fixa estipulada, como também as gratificações ajustadas*. De acordo com a súmula 207 do STF, o ajuste tácito da gratificação também é admitido, e ela integrará o salário desde que habitual. No mesmo sentido, súmula 152 do TST.

II. Gratificação Natalina ou 13º salário

33 O 13º salário foi instituído no nosso ordenamento jurídico através da **Lei 4.090/62** e regulamentada pelo **Decreto 57.155/65**. Por ser gratificação de fonte legal, seu pagamento é **compulsório, consistindo em direito irrenunciável do empregado.**

34 O seu pagamento é realizado em duas parcelas: a **1ª parcela** deve ser paga **entre os meses de fevereiro e novembro** de um ano, ao passo que a **2ª parcela** deve ser paga **até 20 de dezembro**. O empregador **não tem obrigação de pagar a todos os empregados no mesmo momento** (art. 2º, § 1º da lei 4.749/65). Ele pode organizar o pagamento da forma que quiser.

> **Art. 1º** – *A gratificação salarial instituída pela Lei número 4.090, de 13 de julho de 1962, será paga pelo empregador até o dia 20 de dezembro de cada ano, compensada a importância que, a título de adiantamento, o empregado houver recebido na forma do artigo seguinte.*
>
> **Art. 2º** – Entre os meses de fevereiro e novembro de cada ano, o empregador pagará, como adiantamento da gratificação referida no artigo precedente, de uma só vez, metade do salário recebido pelo respectivo empregado no mês anterior.

35 O empregado poderá receber o adiantamento do **13º salário junto com as férias**, desde que o empregado assim o **requeira no mês de janeiro** (art. 2º, § 2º da lei 4.749/65).

36 A fração igual ou superior a 15 (quinze) dias de trabalho será considerada como mês integral para os efeitos do pagamento proporcional ao tempo trabalhado (art.1º, § 2º da Lei 4.090/62). Na hipótese de **adiantamento** do pagamento do 13º salário e, após, ocorra a **rescisão contratual** do empregado, é possível o **desconto do valor excessivamente pago**.

37 No caso do **comissionista** – aquele que recebe de **forma variável**, por tarefa ou por produção –, a **remuneração** a ser observada é aquela do mês de **dezembro**, descontado o adiantamento pago anteriormente (1ª parcela). **Todavia, há de se notar que a segunda parcela é paga no dia 20/12, e desconsideraria a produção do período posterior (natal), tão importante para o comércio.**

38 Por tal razão, o pagamento do **13º salário do comissionista** será feito baseado em **dois cálculos**:

- **Cálculo 1**: até o dia 20/12 o empregador fará a média dos onze meses trabalhados (soma-se a média de comissões de janeiro a novembro e divide por 11, o resultado é 1/11). Faz-se, nesta data, o pagamento da média encontrada.
- **Cálculo 2**: no momento do pagamento do salário de janeiro, a conta é refeita, nesta oportunidade para encontrar a média duodecimal que é o resultado da soma das comissões de janeiro até dezembro dividido por 12. Tem como resultado 1/12.

  Refeita a conta, há duas situações que podem acontecer:
  (1) se 1/11 for menor que 1/12, vai pagar a diferença em janeiro;
  (2) se 1/11 for maior que 1/12, vai descontar a diferença no pagamento de janeiro.

> OBS. 1: **OJ 181 da SDI-I do TST:** o cálculo da média das comissões deverá ser feito com os valores devidamente corrigidos monetariamente.

> OBS. 2: **Súmula 45 do TST**: a média de horas extras e as gratificações habituais integram o cálculo do 13º.

III. Adicionais

39 Ao contrário das gratificações, os **adicionais** são pagos em virtude de algum **prejuízo que o empregado experimenta** na execução dos serviços.

IV. Adicional de hora extra

40 O adicional de horas extras visa compensar o **trabalho acima do limite legal**, sendo uma hora mais cansativa de trabalho e, portanto, que deverá ser acrescida de, **pelo menos, 50% sobre a hora normal** do trabalhador – art. 7º, XVI, da Constituição.

41 Para o comissionista, entretanto, o valor da hora trabalhada é encontrado através das horas efetivamente trabalhadas – não se usam os divisores 220 (jornada de 44 horas semanais), 200 (jornadas de 40 horas semanais, súmula 431 do TST), 180 (jornada de 36 horas semanais) ou 150 (jornada de 30 horas semanais). Deve-se obter a quantidade de horas a partir do tempo efetivamente trabalhado, dado que o valor da hora é composto pela sua produção, no caso do comissionista.

42 Por isso, quando do pagamento da hora extra, paga-se apenas o adicional da hora, pois a sua produção já remunerou a hora trabalhada – súmula 340 do TST.

TRABALHO

V. Adicional Noturno

43 A **remuneração do trabalho noturno** deverá ser **superior ao diurno** – art. 7º, IX, da Constituição Federal de 1988. Esse adicional é pago pelo **trabalho em horário noturno**, sendo este definido em lei, cujo prejuízo está em trabalhar em horário contrário ao biológico,

- **Urbanos: 20%** sobre a hora diurna.
- **Rurais: 25%** sobre a remuneração normal.

44 A alteração do horário noturno para o diurno faz cessar o pagamento do adicional, sem qualquer direito adquirido (Súmulas 265 e 60 do TST). Uma vez cumprida a jornada **integralmente** em horário noturno, a hora diurna que segue ao horário noturno será remunerada acrescida do adicional, ainda que se trate de regime de compensação de 12x36.

45 O pagamento de adicional noturno **não sofre interferência da hora ficta noturna**. O empregado tem direito à redução da hora ficta noturna e ao adicional noturno. Aquele empregado que trabalhar à noite e que o empregador não observou a redução ficta da hora noturna terá direito ao pagamento da **hora extra pela inobservância da redução ficta**, acrescido de adicional noturno (súmula 214 do STF).

VI. Adicional de Insalubridade

46 É pago ao empregado que trabalha em **condições insalubres**, pelo **contato com agentes químicos, físicos e biológicos**, definidos como insalubres em norma do Ministério do Trabalho e Emprego. **Somente** poderá ser reputado **insalubre** um trabalho se o agente estiver considerado como tal na **norma regulamentar do Ministério do Trabalho e Emprego (NR 15)**.

47 Cumpre também à NR 15 classificar os agentes em **graus de insalubridade**: leve, médio ou máximo. Tal classificação implica variação do percentual do adicional: **10% (leve); 20% (médio)e 40% (máximo)** (art. 192 da CLT).

48 Observe-se que, fornecido o **equipamento de proteção individual**, devidamente **aprovado pelo Ministério do Trabalho** e que ***elimine* o caráter insalubre**, implica **eliminação do pagamento** do adicional (**Súmula 80 do TST**). Todavia, não basta a concessão, sendo necessária a fiscalização do seu efetivo uso (Súmula 289 do TST).

49 O **art. 192 da CLT** estatui como base de cálculo do adicional de insalubridade o **salário mínimo**. Em virtude da previsão constante da súmula vinculante n.º 4 (que veda indexação ao salário mínimo), foi ajuizada a **reclamação constitucional 6.266** junto ao Supremo Tribunal Federal, pela Confederação Nacional da Indústria, em desfavor da nova redação da Súmula nº 228 do TST (que

utilizava o salário base como base de cálculo do adicional). Nesse julgamento, foi utilizada a **técnica decisória alemã**, conhecida como **"Declaração de Inconstitucionalidade sem Pronúncia de Nulidade"**, com a qual a **norma** declarada **inconstitucional continua a ser aplicada** nas relações obrigacionais, já que o Poder Judiciário não pode substituir o legislador na regulamentação da matéria. Assim, até o advento de nova lei, o salário mínimo permanecerá sendo utilizado como base de cálculo do adicional de insalubridade.

50 Por ser adicional, o adicional de insalubridade tem **natureza jurídica salarial** (Súmula 139 do TST).

51 Ora, se cumpre ao MTE definir o que seja ou não insalubre e qual o grau, a **reclassificação ou desclassificação de um agente enquanto insalubre**, **retira ou modifica o pagamento do adicional** pelo seu empregador, sem qualquer direito adquirido a esse respeito (**súmula 248 do TST**).

OJ 47 SDI-1: A base de cálculo da hora extra é o resultado da soma do salário contratual mais o adicional de insalubridade.

OJ 103 SDI-1: O adicional de insalubridade já remunera os dias de repouso semanal e feriados.

Súmula 448 do TST: ATIVIDADE INSALUBRE. CARACTERIZAÇÃO. PREVISÃO NA NORMA REGULAMENTADORA Nº 15 DA PORTARIA DO MINISTÉRIO DO TRABALHO Nº 3.214/78. INSTALAÇÕES SANITÁRIAS. (conversão da Orientação Jurisprudencial nº 4 da SBDI-1 com nova redação do item II) – Res. 194/2014, DEJT divulgado em 21, 22 e 23.05.2014.

I – Não basta a constatação da insalubridade por meio de laudo pericial para que o empregado tenha direito ao respectivo adicional, sendo necessária a classificação da atividade insalubre na relação oficial elaborada pelo Ministério do Trabalho.

II – A higienização de instalações sanitárias de uso público ou coletivo de grande circulação, e a respectiva coleta de lixo, por não se equiparar à limpeza em residências e escritórios, enseja o pagamento de adicional de insalubridade em grau máximo, incidindo o disposto no anexo 14 da NR-15 da Portaria do MTE nº 3.214/78 quanto à coleta e industrialização de lixo urbano.

OJ 173 SDI-1: I – Ausente previsão legal, indevido o adicional de insalubridade ao trabalhador em atividade a céu aberto, por sujeição à radiação solar (art. 195 da CLT e Anexo 7 da NR 15 da Portaria Nº 3214/78 do MTE).

II – Tem direito ao adicional de insalubridade o trabalhador que exerce atividade exposto ao calor acima dos limites de tolerância, inclusive em ambiente externo com carga solar, nas condições previstas no Anexo 3 da NR 15 da Portaria Nº 3214/78 do MTE.

Súmula 47 do TST: O trabalho executado em condições insalubres, em caráter intermitente, não afasta, só por essa circunstância, o direito à percepção do respectivo adicional.

TRABALHO

VII. Adicional de Periculosidade

52 O adicional de periculosidade é devido pelo trabalho permanente em ambientes perigosos, assim definidos pelo MTE em razão:

a. do contato com **agentes inflamáveis, explosivos, radioativos, ionizantes e sistema elétrico de potência**;

> **OJ 345 da SDI 1 do TST.** ADICIONAL DE PERICULOSIDADE. RADIAÇÃO IONIZANTE OU SUBSTÂNCIA RADIOATIVA. DEVIDO (DJ 22.06.2005)
>
> A exposição do empregado à radiação ionizante ou à substância radioativa enseja a percepção do adicional de periculosidade, pois a regulamentação ministerial (Portarias do Ministério do Trabalho nºs 3.393, de 17.12.1987, e 518, de 07.04.2003), ao reputar perigosa a atividade, reveste-se de plena eficácia, porquanto expedida por força de delegação legislativa contida no art. 200, "caput", e inciso VI, da CLT. No período de 12.12.2002 a 06.04.2003, enquanto vigeu a Portaria nº 496 do Ministério do Trabalho, o empregado faz jus ao adicional de insalubridade.

b. da exposição a **roubos ou outras espécies de violência física**, na realização de segurança pessoal ou patrimonial;

c. da atividade de trabalhador em motocicleta (Lei 12.997/14).

53 Novamente, para a caracterização, exige-se que a **atividade esteja inserida na norma do MTE** e, nessa esteira, as atividades perigosas estão inseridas na NR 16 do MTE, alterada em dezembro de 2013 – a fim de definir quais atividades geram o direito ao pagamento do referido adicional, com base na alínea "b" do art. 193 (anexo 3).

> OBSERVAÇÃO!!! Os empregados que trabalham com bomba de gasolina ou similares (frentistas) têm direito a adicional de periculosidade (súmula 39 do TST). Por outro lado, aqueles que trabalham no **serviço aéreo não têm direito ao adicional de periculosidade** pelo fato de permanecerem **a bordo durante o abastecimento** da aeronave.

> **Súmula nº 447.** ADICIONAL DE PERICULOSIDADE. PERMANÊNCIA A BORDO DURANTE O ABASTECIMENTO DA AERONAVE. INDEVIDO.
>
> Os tripulantes e demais empregados em serviços auxiliares de transporte aéreo que, no momento do abastecimento da aeronave, permanecem a bordo não têm direito ao adicional de periculosidade a que aludem o art. 193 da CLT e o Anexo 2, item 1, "c", da NR 16 do MTE.

54 O adicional é de **30% sobre o salário básico. Tem direito ao** adicional o empregado exposto **permanentemente** (art. 193 da CLT) ou que, de forma **intermitente**, exponha-se a condições de risco. **Indevido,** somente, quando o contato ocorrer de **forma eventual**, assim considerado o contato fortuito, ou o que, sendo habitual, ocorra por tempo extremamente reduzido (**Súmula 364 do TST**).

Relação entre adicional de periculosidade e adicional de insalubridade

55 Na hipótese do empregado fazer jus aos dois adicionais, ele fará a **opção entre qual deles irá receber** (art. 193, § 2º da CLT). O **item 15.3 da NR 15 – Portaria 3214/78** – estabelece que, mesmo sendo **agentes diversos, não é possível o acúmulo de adicionais.**

> OBSERVAÇÃO!!! Serão descontados ou compensados do adicional outros da mesma natureza eventualmente já concedidos ao vigilante por meio de acordo coletivo (art. 193, § 3º da CLT).

Aspectos processuais

56 Para o deferimento desses adicionais (periculosidade/insalubridade), o **art. 193 da CLT** exige a **realização de perícia** por um *expert* para que seja aferido a presença, ou não, de agentes insalubres ou perigosos, na forma como estabelecido pela norma do MTE, de forma que, por mais que o perito considere prejudicial, ele não poderá classificar como insalubre/perigoso um agente que não está na norma regulamentar do MTE (**súmula 448 do TST**).

57 Esse perito pode ser **médico ou engenheiro do trabalho** (art. 195 da CLT e OJ 165 da SDI-1 do TST).

58 Pago espontaneamente o adicional de periculosidade, não será necessária a realização de perícia no processo:

> **Súmula nº 453 do TST** – ADICIONAL DE PERICULOSIDADE. PAGAMENTO ESPONTÂNEO. CARACTERIZAÇÃO DE FATO INCONTROVERSO. DESNECESSÁRIA A PERÍCIA DE QUE TRATA O ART. 195 DA CLT. (conversão da Orientação Jurisprudencial nº 406 da SBDI-1) – Res. 194/2014, DEJT divulgado em 21, 22 e 23.05.2014
>
> O pagamento de adicional de periculosidade efetuado por mera liberalidade da empresa, ainda que de forma proporcional ao tempo de exposição ao risco ou em percentual inferior ao máximo legalmente previsto, dispensa a realização da prova técnica exigida pelo art. 195 da CLT, pois torna incontroversa a existência do trabalho em condições perigosas.

VIII. Adicional de Transferência

59 O adicional de transferência é devido ao empregado em razão da transferência **provisória** para outro local, desde que importe **mudança de domicilio**

TRABALHO

(art. 469, § 3º da CLT) ainda que o empregado tenha essa possibilidade prevista em contrato ou seja função de confiança. Nas **transferências definitivas não é devido** o adicional.

> **OJ 113 SDI-1 TST:** O fato de o empregado exercer cargo de confiança ou a existência de previsão de transferência no contrato de trabalho não exclui o direito ao adicional. O pressuposto legal apto a legitimar a percepção do mencionado adicional é a transferência provisória.

60 O adicional será de **25% sobre o salário básico** do empregado e deverá ser pago **enquanto perdurar** a situação de **transferência** do empregado.

IX. Adicional de Penosidade

61 O adicional de penosidade encontra-se previsto no artigo **7º**, inciso **XXIII**, da **Constituição**, o qual foi inserido juntamente com o adicional de insalubridade e periculosidade e ainda é carente de regulamentação, razão pela qual se trata de norma constitucional que não é autoaplicável.

> **Art. 7º, XXIII:** Adicional de remuneração para as atividades penosas, insalubres ou perigosas, na forma da lei.

X. Comissões

62 A CLT permite que o **pagamento do salário** do empregado seja feito de forma **fixa ou variável**. A comissão, consiste, assim, no pagamento do empregado ajustado a partir da sua produção. Portanto, **comissão é salário**, apenas ajustado de forma variável.

> **Art. 466** – O pagamento de comissões e percentagens só é exigível depois de ultimada a transação a que se referem.
>
> **§ 1º** – Nas transações realizadas por prestações sucessivas, é exigível o pagamento das percentagens e comissões que lhes disserem respeito proporcionalmente à respectiva liquidação.
>
> **§ 2º** – A cessação das relações de trabalho não prejudica a percepção das comissões e percentagens devidas na forma estabelecida por este artigo

OBSERVAÇÃO!! É possível o ajuste misto e, nesse caso**, é garantido o salário mínimo mensal ou piso salarial da categoria**, se houver, observando sempre o valor da **soma da parte fixa e da parte variável** (art.78, parágrafo único da CLT e Lei 8.716/93). Isso significa que a parte fixa poderá ser inferior ao salário mínimo, mas a soma das parcelas (fixa e variável) não poderá sê-lo.

63 A comissão é uma **exceção à periodicidade** de pagamento do salário, tendo em vista que poderá ser ajustada por trimestre:

> **Art. 459 da CLT**- O pagamento do salário, qualquer que seja a modalidade do trabalho, não deve ser estipulado por período superior a 1 (um) mês, salvo no que concerne a comissões, percentagens e gratificações.

64 A Lei 3.207/57, que regula as atividades dos empregados vendedores, viajantes ou pracistas, prevê a periodicidade das comissões:

> **Art. 4º:** O pagamento de comissões e percentagem deverá ser feito mensalmente, expedindo a empresa, no fim de cada mês, a conta respectiva com as cópias das faturas correspondentes aos negócios concluídos.
>
> **Parágrafo único.** Ressalva-se às partes interessadas fixar outra época para o pagamento de comissões e percentagens, o que, no entanto, não poderá exceder a um trimestre, contado da aceitação do negócio, sendo sempre obrigatória a expedição, pela empresa, da conta referida neste artigo.

65 Na hipótese de salário misto ou integralmente variável, o empregador terá que pagar, no mínimo, um salário mínimo ao empregado por mês, ainda que ele não tenha produzido essa quantidade. Acaso o **empregado não tenha produzido o suficiente**, o **empregador deverá complementar**, sendo vedado o desconto do complemento em meses subsequentes (art. 3º da Lei 8.716/93).

17.3. Pagamento do salário

I. Periodicidade

66 O salário tem **periodicidade máxima mensal**, o que significa que o ajuste pode ser livre pelas partes, apenas não podendo exceder cada mês de trabalho, observadas as comissões, que admitem ajuste de pagamento trimestral.

II. Modo de pagamento do salário

> **Art. 465.** O pagamento dos salários será efetuado em dia útil e no local do trabalho, dentro do horário do serviço ou imediatamente após o encerramento deste, salvo quando efetuado por depósito em conta bancária, observado o disposto no artigo anterior.

67 O salário deve ser pago **pessoalmente** ao empregado **ou** através de **depósito bancário, até o quinto dia útil do mês subsequente à prestação do serviço.**

> **Art. 459 § 1º** Quando o pagamento houver sido estipulado por mês, deverá ser efetuado, o mais tardar, até o quinto dia útil do mês subsequente ao vencido.

TRABALHO

17.4. Da igualdade salarial

68 A igualdade salarial, **princípio de proteção contra a discriminação** entre empregados, tem previsão constitucional no art.7º, XXX e XXXI.

A todo trabalho igual deve corresponder um salário igual.

69 Essa frase é o pilar da equiparação salarial. Dela extraímos a importância de definir o que significa "trabalho igual".

> **Art. 461** – Sendo idêntica a função, a todo trabalho de igual valor, prestado ao mesmo empregador, no mesmo estabelecimento empresarial, corresponderá igual salário, sem distinção de sexo, etnia, nacionalidade ou idade.

I. Requisitos

A) **Concomitância na prestação do serviço – contemporaneidade**: Os empregados devem ter exercido as **funções idênticas no mesmo período** e **conjuntamente**. Lembre-se que, se a hipótese é de vacância de cargo, não há direito à equiparação, nem qualquer garantia de recebimento do patamar salarial daquele que ocupava o cargo anteriormente (**súmula 159 do TST**). **Não se exige, entretanto, que ao tempo da reclamação, os empregados ainda estejam trabalhando conjuntamente**. O fato gerador da equiparação e relatado no processo pode ser pretérito. Comprovado no processo, o empregado adquire, desde aquele momento em que houve a prova, o direito à equiparação.

> **Súmula 6, IV** - É desnecessário que, ao tempo da reclamação sobre equiparação salarial, reclamante e paradigma estejam a serviço do estabelecimento, desde que o pedido se relacione com situação pretérita.

B) **Identidade de função**: É a identidade de função de acordo com o **princípio da primazia da realidade**. Isso quer dizer que o empregado e o paradigma devem exercer, no plano da realidade, as mesmas atividades, **não interessando** se o empregador deu **nome diverso às funções exercidas.**

> **Súmula 6, III** - A equiparação salarial só é possível se o empregado e o paradigma exercerem a mesma função, desempenhando as mesmas tarefas, não importando se os cargos têm, ou não, a mesma denominação.

C) **Mesmo estabelecimento empresarial:** Em modificação completa ao quanto disposto anteriormente, o legislador autorizou que o empregador diferencie salários de empregados que, embora exerçam a mesma função, estejam lotados em estabelecimentos distintos.

D) **Mesmo empregador:** O empregado e o paradigma devem ter o mesmo empregador.

E) **Mesma perfeição técnica e produtividade:** é um critério de **qualidade e quantidade**, respectivamente.

F) **Diferença de menos de 2 anos na *função* e 4 anos para o mesmo empregador (art. 461, §1º da CLT):** Veja que a diferença de 2 anos é **na função e não na empresa,** cuja diferença exigida é inferior a 4 anos. O modelo não pode executar aquela função há mais de dois anos quando do ingresso do empregado que a ele pretende se equiparar, nem pode ter sido admitido há mais de 4 anos.

> **Súmula 6, II** - Para efeito de equiparação de salários em caso de trabalho igual, conta-se o tempo de serviço na função e não no emprego.

G) **Ausência de quadro de carreira organizado**, ou, ainda, adotar planos de cargos e salários por meio de norma coletiva: Se houver o quadro de carreira nesses moldes, a hipótese é de reenquadramento por desvio de função e não de equiparação. A validade do quadro de carreira e do plano de cargos e salários está desvinculada de qualquer exigência de registros em órgãos públicos. De igual sorte, o empregador está livre para estabelecer os critérios de promoção na norma, podendo ser a antiguidade ou o merecimento - art. 461, §§2º e 3º da CLT.

Observações

1. É **possível equiparação de trabalho intelectual** desde que sejam estabelecidos critérios objetivos.

> **Súmula 6, VII** - Desde que atendidos os requisitos do art. 461 da CLT, é possível a equiparação salarial de trabalho intelectual, que pode ser avaliado por sua perfeição técnica, cuja aferição terá critérios objetivos.

2. **Não é possível equiparação a empregado que alcançou o patamar por via judicial**, ficando vedada a indicação de paradigmas remotos - art. 461, §5º da CLT.

> VI - Presentes os pressupostos do art. 461 da CLT, é irrelevante a circunstância de que o desnível salarial tenha origem em decisão judicial que beneficiou o paradigma, exceto: a) se decorrente de vantagem pessoal ou de tese jurídica superada pela jurisprudência de Corte Superior; b) na hipótese de equiparação salarial em cadeia, suscitada em defesa, se o empregador produzir prova do alegado fato modificativo, impeditivo ou extintivo do direito à equiparação salarial em relação ao paradigma remoto, considerada irrelevante, para esse efeito, a existência de diferença de tempo de serviço na função superior a dois anos entre o reclamante e os empregados paradigmas componentes da cadeia equiparatória, à exceção do paradigma imediato.

TRABALHO

3. O **art. 460 da CLT** prevê a possibilidade de **equiparação por equivalência**. De acordo com esse dispositivo:

   Art. 460. Na falta de estipulação do salário ou não havendo prova sobre a importância ajustada, o empregado terá direito a perceber salário igual ao daquele que, na mesma empresa, fizer serviço equivalente, ou do que for habitualmente pago para serviço semelhante.

4. **Não é possível** a equiparação de **servidores públicos** (OJ 297 da SDI 1 do TST), ao passo que **é admitida** a equiparação entre empregados de **empresa pública e sociedade de economia mista** (OJ 353 da SDI 1 do TST):

   OJ 297 da SDI 1. EQUIPARAÇÃO SALARIAL. SERVIDOR PÚBLICO DA ADMINISTRAÇÃO DIRETA, AUTÁRQUICA E FUNDACIONAL. ART. 37, XIII, DA CF/1988 (DJ 11.08.2003)

   O art. 37, inciso XIII, da CF/1988, veda a equiparação de qualquer natureza para o efeito de remuneração do pessoal do serviço público, sendo juridicamente impossível a aplicação da norma infraconstitucional prevista no art. 461 da CLT quando se pleiteia equiparação salarial entre servidores públicos, independentemente de terem sido contratados pela CLT.

   Súmula nº 455 do TST- EQUIPARAÇÃO SALARIAL. SOCIEDADE DE ECONOMIA MISTA. ART. 37, XIII, DA CF/1988. POSSIBILIDADE. (conversão da Orientação Jurisprudencial nº 353 da SBDI-1 com nova redação) – Res. 194/2014, DEJT divulgado em 21, 22 e 23.05.2014

   À sociedade de economia mista não se aplica a vedação à equiparação prevista no art. 37, XIII, da CF/1988, pois, ao admitir empregados sob o regime da CLT, equipara-se a empregador privado, conforme disposto no art. 173, § 1º, II, da CF/1988.

5. No caso de comprovação da discriminação por sexo e etnia como fator determinante para a distinção salarial, será devido, ainda, o pagamento de uma multa no valor de 50% do l imite máximo dos benefícios do Regime Geral da Previdência Social.

18. ESTABILIDADE E GARANTIA DE EMPREGO

1 Antes do advento da Constituição Federal de 1988, vigiam dois sistemas no ordenamento: o **sistema da estabilidade decenal** e, para aqueles que assim optassem, o **sistema de FGTS**.

2 Pelo sistema da estabilidade decenal, após dez anos consecutivos de trabalho para o empregador, o empregado não mais poderia ser dispensado, salvo se cometesse falta grave, devidamente apurada em inquérito judicial.

> **Art. 492** – O empregado que contar mais de dez anos de serviço na mesma empresa não poderá ser despedido senão por motivo de falta grave ou circunstância de força maior, devidamente comprovadas.

3 **Dispensado** após 10 anos de serviço e sem justa causa, o estável decenal tinha **direito à indenização** de uma **remuneração para cada ano de serviço prestado, paga em dobro**.

4 Com a CF/88, o FGTS passou a ser obrigatório e, então, o direito à estabilidade limitou-se àqueles que, no dia 05/10/88, já contassem com 10 anos de atividade e fossem não optantes.

5 Por conta disso, o legislador percebeu a necessidade de proteger alguns empregados contra o direito potestativo de dispensa do empregador, prevendo **situações nas quais é garantido ao empregado** o seu emprego, sendo todas elas situações que se referem a hipóteses específicas da lei, por um prazo específico.

6 O **poder potestativo de dispensa** do empregador é **retirado** pela norma de garantia. Para ultrapassar a norma de garantia, só se houver justa causa ou causa justa – como se verá, a seguir, para as dispensas não arbitrárias. Em algumas hipóteses, será exigida a apuração por meio do inquérito judicial para apuração de falta grave.

19. TIPOS DE ESTABILIDADE – GARANTIAS DE EMPREGO

19.1. Dirigente sindical

1 A garantia de emprego do **dirigente sindical** tem sede constitucional – **art. 8º, VIII CF/88**:

> **Art. 8, VIII** – é vedada a dispensa do empregado sindicalizado a partir do registro da candidatura a cargo de direção ou representação sindical e, se eleito, ainda que suplente, até um ano após o final do mandato, salvo se cometer falta grave nos termos da lei.

2 O dirigente sindical protegido pela norma constitucional é aquele que **tem poder de representação da vontade da categoria** e, por tal motivo, se coloca em constante debate com o empregador, na busca pela ampliação dos direitos trabalhistas da categoria.

3 O **art. 522 da CLT** prevê que o sindicato terá **7 dirigentes sindicais e 7 suplentes**. Esse artigo é considerado constitucional pelo TST, que esclarece que apenas esses serão estáveis (súmula 369, II do TST). Apenas **7 dirigentes sindicais e 7 suplentes gozarão desta estabilidade**.

4 Para ser credor da estabilidade, assim, dever ser o dirigente sindical com poder de representação da categoria do seu empregador. Daí é possível a extração de **três conclusões**:

(1) **OJ 365 da SDI-1 do TST:** Membro de conselho fiscal de sindicato não tem direito à estabilidade prevista nos arts. 543, § 3º, da CLT e 8º, VIII, da CF/1988, porquanto não representa ou atua na defesa de direitos da categoria respectiva, tendo sua atuação limitada à fiscalização da gestão financeira do sindicato (art. 522, § 2º, da CLT). Seu embate, portanto, é interno, diretamente com os componentes do sindicato, na fiscalização das contas.

(2) **OJ 369 da SDI-1 do TST:** O delegado sindical não é beneficiário da estabilidade provisória prevista no art. 8º, VIII, da CF/1988, a qual é dirigida, exclusivamente, àqueles que exerçam ou ocupem cargos de direção nos sindicatos, submetidos a processo eletivo.

(3) **Súmula 369, III da SDI 1 do TST**: O dirigente de sindicato de categoria profissional diferenciada somente será estável se ele exerce a profissão diferenciada na empresa para qual foi eleito dirigente – Súmula 369, III do TST. Assim é que, em regra, é estável aquele que representa a categoria econômica do empregador, ou que, exercendo categoria diferenciada junto ao empregador, seja dirigente dessa categoria.

Prazo

5 Esta estabilidade é a garantia do dirigente sindical eleito com duração **desde o registro da candidatura até um ano após o término do seu mandato**, observado o seguinte:

6 O **art. 543, § 5º da CLT**, prevê que o **sindicato deve comunicar a candidatura e/ou a eleição do empregado no prazo de 24h**. O TST entende, todavia, que ainda que desrespeitado esse prazo, o empregado adquire a estabilidade, desde que a comunicação seja feita durante a vigência do contrato (Súmula 369, I).

7 Acresce-se que *o **registro da candidatura** do empregado a cargo de dirigente sindical, durante o período de **aviso prévio**, ainda que indenizado, **não lhe assegura a estabilidade**, visto que inaplicável a regra do § 3º do art. 543 da Consolidação das Leis do Trabalho* (súmula 369, V, do TST).

8 Essa estabilidade **não sobrevive no caso de extinção da atividade empresarial na base territorial do sindicato** (Súmula 369, IV do TST), força maior, fato do príncipe e na morte do empregador.

9 O dirigente sindical somente pode ser dispensado por falta grave devidamente apurada em **inquérito judicial para apuração de falta grave** (art. 543, § 3º da CLT e súmula 379 do TST):

Súmula nº 379 do TST

DIRIGENTE SINDICAL. DESPEDIDA. FALTA GRAVE. INQUÉRITO JUDICIAL. NECESSIDADE (conversão da Orientação Jurisprudencial nº 114 da SBDI-1) – Res. 129/2005, DJ 20, 22 e 25.04.2005

O dirigente sindical somente poderá ser dispensado por falta grave mediante a apuração em inquérito judicial, inteligência dos arts. 494 e 543, § 3º, da CLT.

19.2. Estabilidade do membro da CIPA

10 A previsão dessa estabilidade do cipeiro está no art. 10, II, "a" do ADCT e no art.165 da CLT.

> **Art. 10** – Até que seja promulgada a lei complementar a que se refere o Art. 7º, I, da Constituição:
>
> (...)
>
> **II** – fica vedada a dispensa arbitrária ou sem justa causa:
>
> **a)** do empregado eleito para cargo de direção de comissões internas de prevenção de acidentes, desde o registro de sua candidatura até um ano após o final de seu mandato (...).

11 O cipista é o **membro eleito da CIPA** – Comissão Interna de Prevenção de Acidentes. A CIPA tem uma **formação híbrida**. São **2 membros** principais da CIPA:

(1) **Presidente da CIPA:** que é **indicado pelo empregador** e, por isso, **não** possui **estabilidade**.

(2) **Vice-Presidente:** que é **eleito pelo empregado** e, portanto, **possui estabilidade**. Seu **suplente também** possui estabilidade.

Prazo

12 O prazo da estabilidade é **desde o registro da candidatura até um ano após o mandato.**

13 Observe-se que, **extinto o estabelecimento, extingue-se a estabilidade**, ainda que o empregador tenha outro estabelecimento (**Súmula 339, II do TST**).

14 O **mandato** do cipista tem duração de **um ano**, permitida **uma reeleição**.

15 **Prevalece o entendimento** de que o **inquérito não é necessário** – por ausência de previsão legal expressa que traga essa garantia ao cipista (art. 5º, II da CF/88). O **conceito de dispensa arbitrária** encontra-se no **art. 165 da CLT**:

> "entendendo-se como tal a que não se fundar em motivo disciplinar, técnico, econômico ou financeiro"

TRABALHO

16 Da leitura desse dispositivo, tem-se que a **garantia da estabilidade** do cipista não autoriza a conclusão de que somente pode ser dispensado por falta grave, mas sim que **não pode sofrer dispensa arbitrária**. Assim, a **dispensa fundada** em qualquer dos motivos referenciados no **art. 165 da CLT**, mostra-se **possível**.

19.3. Estabilidade da gestante

17 Prevista no art. 10, II, "b" do ADCT, com a seguinte redação:

> **Art. 10** – Até que seja promulgada a lei complementar a que se refere o Art. 7º, I, da Constituição:
>
> **II** – fica vedada a dispensa arbitrária ou sem justa causa:
>
> **b)** da empregada gestante, desde a confirmação da gravidez até cinco meses após o parto.

18 O entendimento prevalecente é no sentido de que o desconhecimento **pela mãe não afasta o direito à estabilidade**, mesmo a lei tendo se referido à confirmação da gravidez.

> OBSERVAÇÃO Mesmo sendo esse o entendimento prevalecente, em questões objetivas deve-se marcar conforme o texto constitucional: "confirmação da gravidez". Destarte, mesmo que a jurisprudência se posicione pela possibilidade de retroagir à data da concepção, a resposta em questões objetivas deve contemplar o texto de lei.

19 Na mesma linha de raciocínio, trata-se de direito da empregada, de forma que a norma coletiva não poderá dispor sobre renúncia a esse direito:

> **OJ 30 da SDC.** ESTABILIDADE DA GESTANTE. RENÚNCIA OU TRANSAÇÃO DE DIREITOS CONSTITUCIONAIS. IMPOSSIBILIDADE. (republicada em decorrência de erro material) – DEJT divulgado em 19, 20 e 21.09.2011
>
> Nos termos do art. 10, II, "b", do ADCT, a proteção à maternidade foi erigida à hierarquia constitucional, pois retirou do âmbito do direito potestativo do empregador a possibilidade de despedir arbitrariamente a empregada em estado gravídico. Portanto, a teor do artigo 9º, da CLT, torna-se nula de pleno direito a cláusula que estabelece a possibilidade de renúncia ou transação, pela gestante, das garantias referentes à manutenção do emprego e salário.

20 Não sendo exigido o conhecimento pela empregada para aquisição da estabilidade, no mesmo sentido, não se exige o conhecimento pelo empregador. Assim, ainda que o empregador não saiba do estado gravídico da empregada ao dispensar (dispensa de boa-fé), ela terá direito à estabilidade.

Súmula nº 244 do TST - GESTANTE. ESTABILIDADE PROVISÓRIA (redação do item III alterada na sessão do Tribunal Pleno realizada em 14.09.2012) – Res. 185/2012, DEJT divulgado em 25, 26 e 27.09.2012

I – O desconhecimento do estado gravídico pelo empregador não afasta o direito ao pagamento da indenização decorrente da estabilidade (art. 10, II, "b" do ADCT).

É possível requerer exame gestacional na dispensa?

21 O **exame demissional**, em regra, é um exame que **não autoriza aferir o estado gestacional da empregada**, dado tratar-se de exame clínico simples, que não inclui exames de sangue ou urina. Sendo assim, não é possível requerer o exame demissional de gestação, inclusive observando-se a vedação expressa constante do **art. 373-A da CLT**.

Estabilidade gestante e aviso prévio

22 De acordo com a **Lei nº 12.812**, de 16 de maio de 2013, adquire-se o direito à estabilidade pela **confirmação da gravidez,** tanto no **aviso prévio trabalhado**, quanto no **aviso prévio indenizado**.

19.4. Direitos decorrentes da estabilidade

23 Se a **dispensa já ocorreu**, a empregada terá **direito à reintegração no emprego durante o prazo** estabilitário; terá **direito à indenização** do período, acaso o **prazo da estabilidade já tenha se exaurido, ou** se, ainda durante o período, o **juiz considerar desaconselhável o seu retorno** (súmula 244, II e art. 496 da CLT – o que ficará a cargo da avaliação subjetiva do juiz, conforme o caso).

24 Caso a empregada aguarde o fim do período de estabilidade para ingressar com ação, não terá oportunizado ao seu empregador o direito de lhe requerer o trabalho, e receberá a indenização equivalente. Ainda assim, não há má-fé e o seu direito permanece intacto:

OJ 399 da SDI 1 do TST. ESTABILIDADE PROVISÓRIA. AÇÃO TRABALHISTA AJUIZADA APÓS O TÉRMINO DO PERÍODO DE GARANTIA NO EMPREGO. ABUSO DO EXERCÍCIO DO DIREITO DE AÇÃO. NÃO CONFIGURAÇÃO. INDENIZAÇÃO DEVIDA. (DEJT divulgado em 02, 03 e 04.08.2010)

O ajuizamento de ação trabalhista após decorrido o período de garantia de emprego não configura abuso do exercício do direito de ação, pois este está submetido apenas ao prazo prescricional inscrito no art. 7º, XXIX, da CF/1988, sendo devida a indenização desde a dispensa até a data do término do período estabilitário.

OBSERVAÇÃO!!! A gestante adquire esta estabilidade se a confirmação da gravidez ocorrer no contrato a termo ou por prazo determinado (súmula 244, III, do TST).

> III – A empregada gestante tem direito à estabilidade provisória prevista no art. 10, inciso II, alínea "b", do Ato das Disposições Constitucionais Transitórias, mesmo na hipótese de admissão mediante contrato por tempo determinado.

19.5. Diretor de cooperativa de empregados

25 Os empregados eleitos diretores de cooperativas não podem ser dispensados **desde o registro da candidatura até um ano após o término do seu mandado.** Eles gozam da mesma garantia do dirigente sindical (art. 55 da Lei 5.764/71). O mandato do diretor **não poderá ser superior a 4 anos.**

26 A estabilidade é apenas do diretor e não se estende ao suplente (OJ 253 da SDI 1 do TST).

27 É necessário inquérito judicial para apuração da falta grave e efetivação da dispensa.

19.6. Membro do Conselho Nacional da Previdência Social

28 Os representantes dos empregados no Conselho, titulares e suplentes, não poderão ser dispensados, desde a sua nomeação até um ano após o final do mandato (art. 3º, § 7º da Lei 8.213/91) sendo o mandato não superior a dois anos (permitida uma recondução).

29 É necessário o **inquérito para apuração da falta grave.**

19.7. Membros da Comissão de Conciliação Prévia

30 A Comissão de Conciliação Prévia é de **composição paritária**, com representantes dos empregados e dos empregadores (mínimo de 2 e máximo de 10 membros). A instituição da referida comissão é facultativa.

31 É **vedada a dispensa dos representantes dos empregados, titulares e suplentes, até um ano após** o final do mandato (art. 625-B, § 1º da CLT). A estabilidade tem duração durante o mandato (até um ano depois), o qual **nunca será superior a 1 ano.** É permitida apenas **uma recondução.**

19.8. Membro do Conselho Curador do FGTS

32 Os representantes dos trabalhadores, titulares e suplentes, não poderão ser dispensados **desde a sua nomeação até um ano após o fim do mandato** (art. 3º, § 9º da Lei 8036/90). Exercem mandato de **2 anos, permitida uma recondução.**

33 A justa causa deverá ser apurada em **processo sindical**, não judicial.

19.9. Estabilidade do egresso do auxílio-doença acidentário

34 É benefício que se estende apenas ao empregado que se afasta em virtude de auxílio-doença acidentário, ou seja, decorrente de doença ocupacional ou acidente de trabalho, código B-91, (art.19/21 da Lei 8.213/91).

35 O empregado, para gozar da estabilidade do art. 118 da Lei 8.213/91, deverá reunir **2 requisitos**:

(1) **Afastamento superior a 15 dias**. Significa que ele terá que ter o contrato interrompido por 15 dias e suspenso no 16º dia para gozo do benefício.

(2) O **benefício** deve ser o **auxílio-doença acidentário** (B91).

36 A **estabilidade é de 12 meses após o retorno do empregado do afastamento previdenciário.**

> **Súmula nº 378 do TST** - ESTABILIDADE PROVISÓRIA. ACIDENTE DO TRABALHO. ART. 118 DA LEI Nº 8.213/1991. (inserido item III) – Res. 185/2012, DEJT divulgado em 25, 26 e 27.09.2012
>
> I – É constitucional o artigo 118 da Lei nº 8.213/1991 que assegura o direito à estabilidade provisória por período de 12 meses após a cessação do auxílio-doença ao empregado acidentado. (ex-OJ nº 105 da SBDI-1 – inserida em 01.10.1997)
>
> II – São pressupostos para a concessão da estabilidade o afastamento superior a 15 dias e a conseqüente percepção do auxílio-doença acidentário, salvo se constatada, após a despedida, doença profissional que guarde relação de causalidade com a execução do contrato de emprego. (primeira parte – ex-OJ nº 230 da SBDI-1 – inserida em 20.06.2001)
>
> III – O empregado submetido a contrato de trabalho por tempo determinado goza da garantia provisória de emprego decorrente de acidente de trabalho prevista no art. 118 da Lei nº 8.213/91.
>
> **Súmula 443 do TST** – Dispensa discriminatória.
>
> Presume-se discriminatória a despedida de empregado portador do vírus HIV ou de outra doença grave que suscite estigma ou preconceito. Inválido o ato, o empregado tem direito à reintegração no emprego.

37 Perceba que a dispensa discriminatória deveria dar direito à indenização e à não estabilidade, já que não há hipótese legal nenhuma que garanta o emprego sem prazo determinado. Todas as hipóteses de estabilidade previstas na legislação trabalhista são provisórias.

20. FGTS

1 O FGTS surgiu inicialmente com a **Lei 5.107/66**, que trouxe a figura da **"opção simples"**. Esse sistema não foi recepcionado pela Constituição, uma vez que, realizada a *opção simples*, o empregado poderia manter os dois sistemas (estabilidade e FGTS). Ou seja: da opção em diante, ingressaria no sistema de FGTS e não mais seria estável. Todavia, quando fosse dispensado, o período anterior à opção era regido pelo sistema antigo, sendo indenizado pelas bases do art. 478 da CLT. Da opção pelo FGTS em diante, o empregado receberia FGTS acrescido da multa de 10%, que era a multa rescisória à época.

2 Havia, ainda, na lei 5.107/66, a **opção com transação**, na qual o empregado que **optava** pelo regime de FGTS **tinha apenas um sistema: do FGTS.** Em contrapartida, transacionava o período anterior à opção, por valor nunca inferior a 60% da indenização a que teria direito (a do art. 478 da CLT).

3 Em seguida, veio a **Lei 5.958/73** que trouxe a ***opção retroativa***. Na opção retroativa, o empregado passaria a compor **apenas um sistema,** que era o **de FGTS.** O empregado passaria a compor o sistema do FGTS da opção em diante e, também, para trás – a opção retroagia à data da admissão do empregado. A escolha implicava **renúncia ao art. 478 da CLT**, ou seja, renúncia ao sistema da estabilidade. Para ser possível esta opção, a **admissão do empregado deveria ser posterior à edição da Lei 5.107/66.** A opção retroativa feita pelo empregado deveria ser **aceita pelo empregador**. A **OJ transitória nº 39** esclarecia que seria **presumida a aceitação** pelo empregador, se ele **não declinasse no prazo de 48h.**

20.1. Cabimento e pagamento do FGTS

4 Têm direito ao FGTS todos os **empregados urbanos e rurais**, aí também inclusos os trabalhadores **avulsos.** O **art. 15, § 2º da Lei 8.036/90 exclui** do regime de FGTS os trabalhadores **eventuais, autônomos e os servidores públicos civis e militares**, sujeitos a regime jurídico próprio.

5 O depósito de FGTS deverá ser feito **até o dia 7 do mês subsequente à prestação** de serviço, na **conta vinculada do empregado**, que é uma conta de

guarda exclusiva da **Caixa Econômica Federal**, que tem essa custódia desde 1991. A importância a ser depositada corresponde a **8% sobre a remuneração** do empregado (art. 15 da Lei 8.036/90).

6 A **conta** do FGTS será **corrigida monetariamente** e sobre os valores capitalizarão **juros anuais de 3%**. Não é cobrada nenhuma taxa de administração por parte da CEF.

20.2. Hipóteses de saque do FGTS

7 As hipóteses de saque estão previstas no **art. 20 da lei 8.036/90**.

I. FGTS rescisório

8 Como já visto, na hipótese de **dispensa injustificada e rescisão indireta** será devido um **acréscimo de 40%** sobre a totalidade dos depósitos (art. 18, § 1º da lei 8.036/90). Todavia, quando a rescisão se der por **culpa recíproca ou força maior**, o percentual será de **20%** (art. 18, § 2º da lei do FGTS).

9 O **cálculo da multa rescisória** considerará o **valor atual corrigido**, inclusive observando os valores que tenham sido eventualmente sacados pelo empregado, desde que no período do contrato de trabalho com aquele empregador (**OJ 42, I da SDI-1 do TST)**.

10 O **art. 22 da Lei 8.036/90** prevê o pagamento de uma multa na hipótese de o empregador não realizar os depósitos ou fazê-los em atraso. Todavia, trata-se de multa administrativa, que não é revertida em favor do empregado.

II. Prescrição do FGTS

11 O art. 23, § 5º, da Lei 8036/90 prevê a prescrição trintenária para o FGTS. Todavia, a previsão legal contradiz o quanto consta do art. 7º, XXIX, da CF/88.

12 O TST sempre adotou a ideia de que a prescrição do FGTS era especial e, assim, era uma exceção à regra geral, da prescrição quinquenal.

13 Tratando-se de questionamento constitucional, coube a STF a análise da questão, no RE 709.212. No julgamento, o STF pacificou o entendimento de que também o FGTS se submete à prescrição quinquenal geral, prevista no inciso XXIX, do art. 7º. A decisão foi proferida com repercussão geral, o que implicou reforma do entendimento sumulado do TST, atualmente com a seguinte redação:

Súmula nº 362 do TST - FGTS. PRESCRIÇÃO (nova redação) - Res. 198/2015, republicada em razão de erro material – DEJT divulgado em 12, 15 e 16.06.2015

I – Para os casos em que a ciência da lesão ocorreu a partir de 13.11.2014, é quinquenal a prescrição do direito de reclamar contra o não-recolhimento de contribuição para o FGTS, observado o prazo de dois anos após o término do contrato;

II – Para os casos em que o prazo prescricional já estava em curso em 13.11.2014, aplica-se o prazo prescricional que se consumar primeiro: trinta anos, contados do termo inicial, ou cinco anos, a partir de 13.11.2014 (STF-ARE-709212/DF).

21. AVISO PRÉVIO

1 O aviso prévio é o **lapso temporal necessário para a concretização do fim do contrato**. O ato que dá início à contagem do prazo referente ao aviso é o ato de dispensa ou demissão. Ou seja, ocorre a denúncia do contrato (que é o ato de finalização do contrato pelo interessado), à qual se segue um período para que seja efetivada essa finalização do contrato.

2 Portanto, **durante o lapso do aviso prévio, o contrato já está rescindido**. O aviso funciona como o tempo necessário para a efetivação dessa rescisão.

3 O aviso prévio proporcional, conforme disposto na Constituição Federal, art. 7º, XXI, foi regulamentado pela Lei 12.506/11, segundo a qual, **o direito ao aviso é de 30 dias e o aviso proporcional é de 3 dias para cada ano COMPLETO** de serviço.

4 A súmula 441 do TST esclarece que, **até 13.10.11**, o **aviso prévio é simples em qualquer hipótese**. Ou seja: até o início da entrada em vigor da Lei 12.506/11, os empregados apenas têm direito ao aviso prévio de 30 dias – ressalvadas, por óbvio, situações em que a convenção ou o acordo coletivo já garantissem a proporcionalidade do aviso prévio.

Art. 1º O aviso prévio, de que trata o **Capítulo VI do Título IV da Consolidação das Leis do Trabalho – CLT, aprovada pelo Decreto-Lei nº 5.452, de 1º de maio de 1943, será concedido na proporção de 30 (trinta) dias aos empregados que contem até 1 (um) ano de serviço na mesma empresa.**

Parágrafo único. Ao aviso prévio previsto neste artigo serão **acrescidos 3 (três) dias por ano de serviço** prestado na mesma empresa, até o **máximo de 60 (sessenta) dias**, perfazendo um **total de até 90 (noventa) dias**.

5 De acordo com a lei, o prazo do aviso prévio será de 30 dias para qualquer tempo de serviço. Ou seja, **independentemente do tempo de contrato, há o**

direito ao aviso prévio de 30 dias. A esse aviso prévio, **quando o empregado conta com mais de um ano de serviço, somam-se 3 dias para cada ano trabalhado** até o **limite de 60 dias, que somados com os 30 dias do aviso prévio geral, totalizam o máximo de 90 dias.**

6 Os dias serão somados na forma da **Nota Técnica 184/2012**, segundo a qual **deve ser incluído o primeiro ano na contagem do aviso prévio proporcional**:

Tempo de Serviço (anos completos)	Aviso Prévio Proporcional ao Tempo de Serviço (nº de dias)
0	30
1	33
2	36
3	39
4	42
5	45
6	48
7	51
8	54
9	57
10	60
11	63
12	66
13	69
14	72
15	75
16	78
17	81
18	84
19	87
20	90

OBSERVAÇÃO!!! Pelo **item "2" da nota técnica 184/2012**, o aviso prévio proporcional é aplicado somente em **benefício do trabalhador**. O fundamento principal está no dispositivo da Lei 12.506/2011 que estabelece:

> "O aviso prévio, de que trata o **Capítulo VI do Título IV da Consolidação das Leis do Trabalho – CLT, aprovada pelo Decreto-Lei no 5.452, de 1º de maio de 1943, será concedido** na proporção de 30 (trinta) dias **aos empregados** que contem até 1 (um) ano de serviço na mesma empresa." (grifos e negritos aditados).

21.1. Direito ao aviso prévio

7 O aviso prévio **é direito do empregado** nas hipóteses de:

a. Dispensa sem justa causa;

b. Rescisão Indireta (art. 487, § 4º da CLT);

c. Cessação da atividade empresarial (súmula 44 do TST);

d. Falência;

e. Finalização antecipada do contrato de trabalho por prazo determinado que tenha cláusula assecuratória do direito recíproco de rescisão antecipada;

f. 50% na hipótese de culpa recíproca – súmula 14 do TST.

8 Sendo direito do empregado, **é direito irrenunciável**.

> O direito ao aviso prévio é irrenunciável pelo empregado. O pedido de dispensa de cumprimento não exime o empregador de pagar o respectivo valor, salvo comprovação de haver o prestador dos serviços obtido novo emprego.

9 Note-se que, da mesma forma que o empregador tem que dar o aviso prévio ao empregado ou pagar o valor na forma indenizada, o **empregado deverá dar aviso prévio ao empregador na hipótese de pedido de demissão**. Mas, para o empregador, esse direito é renunciável – de acordo com a sua vontade. Por isso, concedido o aviso prévio e não havendo renúncia e nem aquisição de novo emprego, é dever do empregado cumprir o aviso prévio. O não cumprimento do aviso implicará concluir que ele foi concedido na forma indenizada.

10 O aviso, seja do empregado, seja do empregador, poderá ser concedido de **duas formas**:

1. **trabalhado**: nesse caso, entre a denúncia do contrato e a sua efetivação, o empregado permanecerá prestando serviços para o empregador;
2. **indenizado**: a denúncia do contrato e a sua efetivação ocorrem no mesmo momento. Isso implica projetar-se fictamente o tempo do aviso, a fim de que seja calculada a indenização a ser paga à parte contrária.

11 No caso de aviso prévio **indenizado** pelo empregador, ele efetuará, de uma só vez, o **pagamento** de todo o **período do aviso fictamente projetado**, dispensando o empregado da prestação do serviço. Nesse caso, o empregador tem **10 dias para pagar as verbas rescisórias** (art. 477, § 6º, da CLT).

12 Já no caso de aviso prévio **trabalhado** pelo empregado, ocorre a prestação do serviço durante todo o prazo do aviso prévio e, da mesma forma, o empregador deverá realizar o **pagamento das parcelas rescisórias no prazo de 10 dias** (art. 477, § 6º, da CLT).

13 No caso do aviso prévio **concedido pelo empregado** ao empregador, a **recusa do empregado a trabalhar** permitirá o **desconto de todo o período** na rescisão (**art. 487, § 2º da CLT**).

> OBSERVAÇÃO!!! Conforme o entendimento cristalizado na **súmula 253 do TST**, a **gratificação semestral não repercute** no cálculo do aviso prévio.

21.2. Efeitos do aviso prévio

1º) **Integração do tempo de aviso no contrato de trabalho para todos os fins**. No caso do aviso prévio indenizado, é feita uma projeção ficta no tempo e mesmo a data de dispensa da CTPS será projetada.

> **OJ 82, SDI-1 do TST.** A data de saída a ser anotada na CTPS deve corresponder à do término do prazo do aviso prévio, ainda que indenizado.
>
> **OJ 83, SDI-1 do TST.** A prescrição começa a fluir no final da data do término do aviso prévio. Art. 487, § 1º, da CLT.

2º) **Redução do tempo de trabalho.** Varia conforme o tipo de contrato de trabalho:

1. ***Empregados Urbanos:*** haverá **redução de 2 horas diárias de trabalho ou de 7 dias consecutivos (art. 488 da CLT)**. É do empregado a escolha por um ou outro sistema de redução. Fato é que a redução do tempo tem a finalidade de proporcionar a busca por um novo emprego. Quando o aviso prévio for **direito do empregador** – no caso de pedido de demissão do empregado – **não há qualquer redução** de jornada garantida ao empregado (art. 488 da CLT). A **nota técnica do MTE 184/12, item "4"**, esclarece que não houve alteração da redução de jornada pelo aviso prévio proporcional.

> **Súmula 230 do TST:** É ilegal substituir o período que se reduz da jornada de trabalho, no aviso prévio, pelo pagamento das horas correspondentes.

2. ***Empregados Rurais:*** o art. 15 da Lei 5.889/73, prevê a **redução de um dia de trabalho para cada semana de aviso.**

21.3. Justa causa no aviso prévio

14 A **concessão de aviso prévio presume** que a finalização do contrato se deu **sem justa causa**. Entretanto, é possível que o **avisado**, durante o lapso temporal de aviso prévio, cometa **falta grave**, provocando a **conversão** da finalização do contrato sem justa causa em rescisão indireta – hipóteses do art. 483 da CLT – ou dispensa por justa causa – hipóteses do art. 482 da CLT. A **exceção** fica por conta do abandono de emprego, tendo em vista que a **Súmula 73 do TST** não admite a ocorrência dessa justa causa durante o aviso prévio.

21.4. Retratação do aviso prévio

15 A **retratação** do aviso prévio, para ter validade, **depende de aceitação expressa do avisado**, que aceita se quiser (**art. 489 da CLT**).

22. FINALIZAÇÃO DO CONTRATO DE TRABALHO

1 O tema da finalização do contrato de trabalho refere-se à extinção do contrato por prazo determinado e do contrato por prazo indeterminado.

Hipóteses de resilição do contrato de trabalho

22.1. Despedida do empregado

2 O ato de despedir o empregado consiste em **exercício de poder potestativo do empregador**. Não há forma prevista em lei, podendo ser verbal ou escrito. Caberá ao empregador comunicar aos órgãos competentes a finalização do contrato, para a habilitação nos benefícios cabíveis, devendo o empregado simplesmente apresentar a anotação de baixa da sua CTPS para a liberação dos benefícios. O pagamento das parcelas rescisórias poderá ser realizado em dinheiro, depósito bancário ou cheque visado, salvo quando analfabeto o empregado, quando não se permite o pagamento por meio de cheque visado.

3 O empregado terá direito de receber pelo tempo trabalhado: **saldo de salário, aviso prévio, férias proporcionais + 1/3, férias vencidas + 1/3 (se houver),**

13º salário proporcional, liberação do FGTS, multa de 40% sobre o FGTS, aviso prévio e liberação do seguro desemprego.

22.2. Pedido de demissão

4 Opostamente ao anterior, consiste em **poder potestativo** do empregado de pôr fim ao contrato de trabalho, também através de uma **declaração de vontade unilateral e receptícia.**

5 Nessa hipótese, quem é surpreendido com o final do contrato é o empregador, a quem o empregado deverá dar **aviso prévio.**

6 Sendo direito lícito do empregado, será credor de todo o tempo que trabalhou e o empregador não poderá negar o pedido, quando formulado. Assim, recebe os proporcionais, sendo que, quanto às férias, as receberá ainda que **não tenha completado doze meses de trabalho (súmula 261 do TST).**

7 O empregado terá o dever de conceder o aviso prévio (que admite renúncia pelo empregador) e terá direito a receber do empregador: **saldo de salário; férias proporcionais +1/3; férias vencidas + 1/3 (se houver) e 13º salário proporcional.**

8 **Não há direito de movimentar a conta do FGTS.**

22.3. Justa causa do empregado

9 É a modalidade de finalização do contrato de trabalho pelo **cometimento de falta grave por parte do empregado.**

10 Ocorrendo a justa causa, o empregado terá direito a receber apenas as parcelas já vencidas: o **saldo de salário e as férias vencidas acrescidas de 1/3, esta última, se houver direito.**

11 A aplicação da justa causa deve observar o preenchimento de **cinco requisitos**:

(1) **Tipicidade:** só é falta grave se o **fato** cometido pelo empregado for **tipicamente previsto em lei**. O empregado que cometa um fato que o empregador repute grave, mas que não se encaixa em nenhuma das hipóteses de lei, não poderá ser dispensado por justa causa.

(2) **Autoria e materialidade:** o empregador deve verificar a **autoria do empregado** que está cometendo a justa causa.

(3) **Nexo de causalidade:** é necessário que haja **nexo de causalidade** da **falta** cometida com a **relação de emprego**.

TRABALHO

(4) **Imediatidade:** a **reação do empregador** deve ser imediatamente **posterior à apuração dos 3 requisitos anteriores** e não é posterior ao fato. Isto porque, o empregador pode precisar de um tempo para apurar a falta grave, o que por si só não acarreta a perda da imediatidade. A **falta de imediatidade** configurará **perdão tácito** e o empregador não mais poderá punir aquele fato.

(5) **Proporcionalidade:** a **reação do empregador** ao fato típico deve ser **proporcional à falta** cometida. Essa proporcionalidade é **aferida subjetivamente** pelo empregador, mas segue o critério de razoabilidade do homem médio.

> OBSERVAÇÃO: **Para cada falta grave, deve corresponder apenas uma reação do empregador.** Uma premissa é inafastável: é **vedado o *bis in idem***, ou seja, a dupla punição pelo mesmo descumprimento. Assim, observada a falta, o empregador deverá optar por qual punição aplicar (advertência, suspensão ou justa causa), valendo-se do critério da razoabilidade. Aplicada mais de uma penalidade para a mesma falta, reputa-se válida aquela que seja menos grave para o empregado.

Hipóteses de justa causa

12 Vejamos as hipóteses contidas no art. 482 da CLT. Note-se, entretanto, que há outras hipóteses espalhadas na legislação, de forma que esse é o rol geral – os domésticos, por exemplo, possuem hipótese específica LC 150/15 – que não exclui as demais.

A) **Ato de improbidade:** é ato de **desonestidade** para com o empregador, atentando contra o seu patrimônio ou de terceiros.

B) **Incontinência de conduta:** relaciona-se a **questões sexuais.**

C) **Mau procedimento:** é a conduta **desrespeitosa, sem educação**, com palavras de baixo calão. Engloba, portanto, a quebra das regras de convivência em sociedade, o decoro e o respeito.

D) **Negociação habitual:** Está ligada aos **atos de comércio**. São **três tipos** que geram a justa causa:

- negociação **proibida pelo empregador**: Nesse caso, o empregador, com o poder diretivo, não autoriza a negociação pelo empregado no ambiente de trabalho, o que deverá ser por ele observado;
- negociação que **institui ato de concorrência para o empregador:** essa hipótese quebra a lealdade do contrato de trabalho e, por isso, gera a justa causa. Note-se que o empregado, nesse caso, pode negociar fora do ambiente de trabalho e, ainda assim, ocorrerá a justa causa;

– negociação que **prejudica o desempenho da atividade:** o empregado não pode praticar atos que perturbem o ambiente de trabalho e a prestação do serviço.

E) **Condenação criminal:** é a condenação que se mostre **incompatível com a prestação do serviço,** já possuindo trânsito em julgado.

F) **Desídia:** é o **ato de negligência, descaso, omissão** que tem por consequência a inobservância dos procedimentos do empregador.

G) **Embriaguez:** a CLT menciona embriaguez "*habitual*" ou "*em serviço*". A **embriaguez habitual**, entende-se como aquela que gera o consumo frequente de bebidas alcoólicas. Refere-se **não apenas à bebida**, mas a todas as substâncias químicas inebriantes, que viciam o empregado, tornando-o um sujeito que **perde a plenitude da faculdade mental**, sendo uma pessoa de julgamento condenado. Há entendimento doutrinário e jurisprudencial no sentido de que a embriaguez habitual não mais gera justa causa. É uma **patologia** e, por isso, hipótese de **suspensão do contrato de trabalho** para que o empregado realize tratamento. Entretanto, **para se cogitar da suspensão** do contrato de trabalho, o **empregado deverá estar internado** para tratamento, o que somente é possível por **vontade própria**. Já a **embriaguez *em serviço*** é hipótese pontual de embriaguez, sendo aquele empregado que comparece para **trabalhar após a ingestão de substância química tóxica.**

H) **Violação de segredo:** Trata-se de justa causa pautada na **quebra de confiança** que rege o contrato de trabalho.

I) **Indisciplina e insubordinação:** A **indisciplina** refere-se ao **desatendimento às normas gerais**, ao passo que a **insubordinação** é a **desobediência a normas específicas/pessoais.**

J) **Abandono de emprego:** É a **ausência reiterada** do empregado ao serviço, **sem** promover qualquer **justificativa**, ou sem promover justificativa razoável para tanto. Somente será configurado **após 30 dias de ausência.**

K) **Ofensas físicas:** Configuram justa causa tanto as ofensas físicas perpetradas **contra o empregador, colegas de trabalho ou terceiros**. Constitui qualquer forma de agressão física. A CLT menciona que seria o ato "praticado no serviço", mas esse conceito há de ser ampliado para atingir também os **atos praticados durante a prestação do serviço**, ainda que fora do estabelecimento. Essa justa causa **não poderá ser aplicada** quando restar comprovado que a atitude do empregado, ao agredir, foi em **legítima defesa** própria ou de terceiro.

L) **Ato lesivo à honra ou à boa fama contra qualquer pessoa e ato lesivo à honra ou à boa fama contra o empregador:** É o ato de **ofensa a outrem**.

M) **Prática constante de jogo de azar:** Considera-se jogo de azar aquele que tem por **finalidade o ganho de alguma coisa**, a partir da aposta na própria sorte.

N) **Perda da habilitação ou dos requisitos previstos em lei para o exercício da profissão, em decorrência de conduta dolosa do empregado.**

22.4. Rescisão Indireta do contrato – Justa causa do empregador

13 Consiste na possibilidade dada ao **empregado de considerar rescindido** o seu contrato de trabalho, em decorrência de **falta grave cometida pelo seu empregador.**

14 Devem ser observados os seguintes requisitos:

(1) **Tipicidade:** O fato cometido pelo empregador deverá ser típico e, assim, estar **previsto em lei.**

(2) **Imediatidade:** A reação do empregado para requerer a rescisão indireta do contrato deve ser imediatamente posterior à apuração do cometimento da falta pelo seu empregador. A **ausência de reação imediata** irá significar o **perdão tácito** do empregado.

(3) **Nexo de causalidade**: A falta praticada pelo empregador deve ser a **causa real do rompimento** do contrato pelo empregado, cumprindo a ele comunicar ao empregador o motivo do seu afastamento. Essa **comunicação formaliza a finalização por rescisão indireta.**

> OBSERVAÇÃO! O empregado pode **postular a rescisão indireta e continuar trabalhando** nas seguintes hipóteses:
>
> i) **Não cumprir** o empregador as **obrigações do contrato**;
>
> ii) O empregador **reduzir o seu trabalho**, sendo este por peça ou tarefa, de forma a afetar sensivelmente a importância dos salários.

Hipóteses de Rescisão Indireta

A) **Forem exigidos serviços superiores às suas forças, defesos por lei, contrários aos bons costumes, ou alheios ao contrato;**

B) **For tratado pelo empregador ou por seus superiores hierárquicos com rigor excessivo:** É a **atuação intransigente** do empregador, tratando o empregado sem educação ou respeito devidos.

C) **Correr perigo manifesto de mal considerável:** É a exposição do empregado a **situações de perigo**.

D) **Não cumprir o empregador as obrigações do contrato:** Trata-se de descumprimento que se mostre **grave o suficiente para significar o rompimento** do contrato de trabalho.

> OBSERVAÇÃO! No caso de **não pagamento dos salários**, o seu **pagamento em audiência não ilide** a ocorrência da falta grave do empregador (súmula 13 do TST). Além disso, de acordo com **Decreto-Lei 368/68**, o **descumprimento de pagar salários** capaz de ensejar a rescisão indireta deve se repetir por, no **mínimo, três meses**.

E) **Praticar o empregador ou seus prepostos, contra ele ou pessoas de sua família, ato lesivo da honra e boa fama;**

F) **O empregador ou seus prepostos ofenderem-no fisicamente, salvo em caso de legítima defesa, própria ou de outrem;**

G) **O empregador reduzir o seu trabalho, sendo este por peça ou tarefa, de forma a afetar sensivelmente a importância dos salários:** É a redução da produção que implica a redução de salário, de forma que, quando o salário não for por produção, também poderá o empregado considerar rescindido o seu contrato. Note-se que, somente haverá rescisão indireta se a causa da redução é atribuída ao empregador – o que não ocorre, por exemplo, se for por crise do mercado ou similar.

> **OJ 244 da SDI 1 do TST. PROFESSOR. REDUÇÃO DA CARGA HORÁRIA. POSSIBILIDADE (inserida em 20.06.2001)** A redução da carga horária do professor, em virtude da diminuição do número de alunos, não constitui alteração contratual, uma vez que não implica redução do valor da hora-aula.

22.5. Culpa recíproca

15 Ocorre a culpa recíproca quando, na finalização do contrato de trabalho, empregado e empregador, praticam faltas graves, de forma que sejam atos devidamente tipificados na lei. Dessa forma, os atos devem ser concomitantes, pois ambos devem ter nexo de causalidade com o trabalho. Além disso, é necessário que haja imediatidade, sob pena de, em relação a um deles, ter ocorrido perdão tácito.

16 Para tanto, deve ter uma **relação de causa e efeito**, e vice-versa. Deve haver um **nexo de causalidade entre as faltas** praticadas. Acresça-se que a gravidade das faltas deve ser proporcional.

17 Reconhecida a culpa recíproca, o empregado terá **direito à metade das verbas rescisórias**, inclusive no que se refere ao pagamento da multa rescisória do FGTS, que será de 20%.

18 **Não há direito** à liberação do **seguro desemprego**, dado que o empregado deu causa à finalização do contrato.

> **OJ Nº 14 da SDI 1** - CULPA RECÍPROCA Reconhecida a culpa recíproca na rescisão do contrato de trabalho (art. 484 da CLT), o empregado tem direito a 50% (cinqüenta por cento) do valor do aviso prévio, do décimo terceiro salário e das férias proporcionais.

22.6. Aposentadorias

A) **Aposentadoria por invalidez:** não extingue o contrato de trabalho, dado que fica apenas **suspenso** no período – **Súmula 160 do TST**.

B) **Aposentadoria espontânea:** ao se aposentar o empregado pode tomar duas atitudes: parar de trabalhar ou não. Se **parar de trabalhar** terá direito a **saldo de salários; férias proporcionais + 1/3; 13º proporcional e liberação do FGTS**. Se decidir **continuar trabalhando**, não haverá extinção do contrato de trabalho (**OJ 361 da SDI-1 do TST**).

C) **Aposentadoria compulsória:** quando o empregado completar **70 anos**, se **homem**, e **65 anos**, se **mulher**, poderá o seu empregador solicitar junto ao INSS a sua aposentadoria compulsória. Nesse caso, considerar-se-á **rescindido o contrato injustificadamente** no dia imediatamente anterior à concessão do benefício (**art. 51 da Lei 8.213/91**).

22.7. Força maior

> **Art. 501** – Entende-se como força maior todo acontecimento inevitável, em relação à vontade do empregador, e para a realização do qual este não concorreu, direta ou indiretamente.
>
> **§ 1º** – A imprevidência do empregador exclui a razão de força maior.
>
> **§ 2º** – À ocorrência do motivo de força maior que não afetar substancialmente, nem for suscetível de afetar, em tais condições, a situação econômica e financeira da empresa não se aplicam as restrições desta Lei referentes ao disposto neste Capítulo.

19 O contrato se finaliza por força maior quando, por motivos inevitáveis, como eventos **da natureza, advenham consequências que impossibilitam a continuação da empresa ou atividade.** Observe-se que, conforme a CLT, o motivo deve ser alheio ao empregador, caso contrário, não será extinção por força maior.

20 Nesse caso, o empregador pagará a **indenização pela metade, de forma que é devido:** metade da multa rescisória de 40% do FGTS, ou metade da antiga indenização do art. 478 da CLT, ou, ainda, metade da indenização do art. 479 da CLT, para os contratos por prazo determinado. Terá direito ainda ao **saldo**

de salários; férias proporcionais+ 1/3; 13º proporcional; liberação do FGTS; multa de 20%, seguro desemprego.

22.8. Falência

21 A falência é um problema exclusivo do empregador. De forma que, a finalização do contrato de trabalho equivalerá à dispensa sem justa causa.

Fato do príncipe ou factum principis

22 É a finalização do contrato em virtude de **ato de autoridade que implica extinção da atividade empresarial, do estabelecimento ou do setor da empresa.**

> **Art. 486 da CLT** - No caso de paralisação temporária ou definitiva do trabalho, motivada por ato de autoridade municipal, estadual ou federal, ou pela promulgação de lei ou resolução que impossibilite a continuação da atividade, prevalecerá o pagamento da indenização, que ficará a cargo do governo responsável.

23 Nesse caso, o empregado terá todos os direitos, entretanto, o pagamento da indenização ficará a cargo da autoridade, devendo o juiz, **notificar a autoridade** identificada para que ela, querendo, se **defenda no prazo de 30 dias** (art. 486, § 1º da CLT).

22.9. Morte do empregado

24 Na morte do empregado, os seus **dependentes** têm direito a receber tudo o que já foi adquirido e o pagamento das verbas proporcionais. Eles terão direito a: **saldo de salário, férias proporcionais + 1/3, 13º salário proporcionais e a liberação do FGTS**.

Distrato

25 No distrato, por vontade de ambas as partes, o contrato é finalizado - art. 484-A da CLT. Nessa hipótese, o aviso prévio indenizado e a multa rescisória do FGTS serão pagas pela metade. As demais verbas serão pagas integralmente.

26 O empregado poderá sacar o FGTS, ficando o saque limitado a 80% do valor que houver sido depositado. Esta hipótese, entretanto, não autoriza a habilitação do empregado no seguro-desemprego.

DIREITO PROCESSUAL DO TRABALHO

♦ *Thais Mendonça*

Sumário:

11. Procedimento sumário ou de alçada

12. Petição inicial: 12.1. Conceito e previsão legal

13. Defesas do réu

14. Efeitos da revelia

15. Defesas em espécies; 15.1. Contestação: 15.2. Reconvenção

16. Audiência: 16.1. Noções introdutórias; 16.2. Características; 16.3. Presença das partes em audiência; 16.4. Audiência no procedimento ordinário; 16.5. Audiência no procedimento sumaríssimo

17. Conciliação: 17.1. Homologação do Acordo; 17.2. Termo de conciliação; 17.3. Contribuição Previdenciária em acordo judicial; 17.4. Conciliação na execução.

18. Teoria geral da prova: 18.1. Conceito de prova; 18.2. Objeto da prova ; 18.3. Princípios sobre provas; 18.4. Prova emprestada no processo do trabalho; 18.5. Ônus da prova no processo do trabalho; 18.6. Dinâmica de distribuição do ônus da prova: 18.6.1. Estática; 18.6.2. Dinâmica.

19. Provas em espécie: 19.1. Prova testemunhal; 19.2. Contradita; 19.3. Comparecimento da testemunha

20. Prova pericial: 20.1. Tipos de perícia; 20.2. Indeferimento da prova pericial; 20.3. Honorários do perito; 20.4. Honorários do assistente técnico

21. Prova documental: 21.1. Documentos trabalhista importantes; 21.2. Momento para produção da prova documental

22. Interrogatório e depoimento pessoal

23. Teoria geral dos recursos trabalhistas: 23.1. Conceito; 23.2. Classificação; 23.3. Princípios: 23.3.1. Duplo grau de jurisdição; 23.3.2. Taxatividade; 23.3.3. Unirrecorribilidade ou singularidade; 23.3.4. Consumação; 23.3.5. Fungibilidade; 23.3.6. Dialeticidade; 23.3.7. Voluntariedade; 23.3.8. Não *Reformatio In Pejus*; 23.3.9. Irrecorribilidade imediata das decisões interlocutórias; 23.4. Efeitos recursais: 23.4.1. Devolutivo; 23.4.2. Suspensivo; 23.4.3. Translativo; 23.4.4. Regressivo; 23.4.5. Expansivo; 23.4.6. Substitutivo; 23.5. Atos processuais sujeitos a recursos; 23.6. Pressupostos recursais; 23.6.1. Juízo de admissibilidade; 23.6.2. Pressupostos intrínsecos ou subjetivos; 23.6.3. Pressupostos extrínsecos ou objetivos; 23.6.4. Depósito Recursal; 23.7. Deserção; 23.8. Depósito recursal no litisconsórcio passivo; 23.9. Depósito recursal na execução

24. Recursos trabalhistas em espécie

25. Embargos declaratórios: 25.1. Prazo; 25.2. Hipóteses de cabimento. Natureza vinculada; 25.3. Efeitos; 25.4. Processamento; 25.5. Embargos contra decisão monocrática do relator; 25.6. Embargos e prequestionamento

26. Recurso ordinário: 26.1. Prazo; 26.2. Procedimento; 26.3. Efeitos; 26.4. Prescrição; 26.5. Recurso ordinário no rito sumaríssimo

27. Agravo de petição: 27.1. Prazo; 27.2. Requisitos de admissibilidade

28. Agravo de instrumento: 28.1. Hipóteses de cabimento; 28.2. Processamento; 28.3. Pressupostos recursais específicos

29. Recurso de revista: 29.1. Competência; 29.2. Requisitos específicos; 29.3. Hipóteses de cabimento; 29.4. Processamento; 29.5. Observações finais

30. Embargos no TST

31. Embargos de divergência: 31.1. Hipótese de Cabimento; 31.2. Processamento

32. Embargos infringentes

33. Agravo regimental e agravo interno: 33.1. Prazo; 33.2. Embargos declaratórios, agravo e princípio da fungibilidade; 33.3. Multa

34. Pedido de revisão

35. Procedimento

36. Recurso extraordinário: 36.1. Pressupostos recursais

37. Execução trabalhista: 37.1. Aplicação subsidiária do processo civil na execução trabalhista; 37.2. Título executivo; 37.3. Títulos executivos judiciais trabalhistas; 37.4. Títulos executivos extrajudiciais trabalhistas; 37.5. Competência para a execução; 37.6. Liquidação; 37.7. Execução provisória no processo do trabalho; 37.8. Execução definitiva; 37.9. Execução por quantia certa contra devedor solvente; 37.10. Meios de defesa na execução trabalhista: 37.10.1. Embargos à execução

38. Incidente de desconsideração da personalidade jurídica

39. Procedimentos especiais: 39.1. Inquérito judicial para apuração de falta grave; 39.2. Hipóteses de cabimento; 39.3. Prazo; 39.4. Procedimento

40. Dissídio coletivo ou processo coletivo: 40.1. Sentença normativa

41. Ação de cumprimento: 41.1. Cabimento; 41.2. Competência; 41.3. Legitimidade; 41.4. Procedimento.

INCIDÊNCIA DOS TEMAS NAS PROVAS
(atualizada até o XXIV Exame da OAB)

Direito Processual do Trabalho

Monitória	1	1%
Responsabilidade subsidiária/Solidaria	1	1%
Ação Civil Pública	1	1%
Carta Precatória	1	1%
Compensação e Retenção	1	1%
Inquérito Judicial	1	1%
Liminar Decisão Interlocutória	1	1%
Mandato Tácito ou *Apud Acta*	1	1%
Nulidades	1	1%
Compensação e Retenção	1	1%
Prazos	1	1%
Acordo Coletivo	1	1%
Rito Ordinário	1	1%
Prescrição	2	2%
Petição Inicial	2	2%
Gratuidade de Justiça	2	2%

Reconvenção	2	2%
Preposto	2	2%
Revelia	2	2%
Sentença	2	2%
Homologação de Acordo	3	2%
Perempção Trabalhista	3	2%
Mandado de Segurança	3	2%
Honorários Periciais	4	3%
Testemunha	4	3%
Rito Sumaríssimo	5	4%
Audiência	5	4%
Custas	6	5%
Competência	10	8%
Provas	11	9%
Execução	15	12%
Recursos	26	21%
TOTAL	122	100%

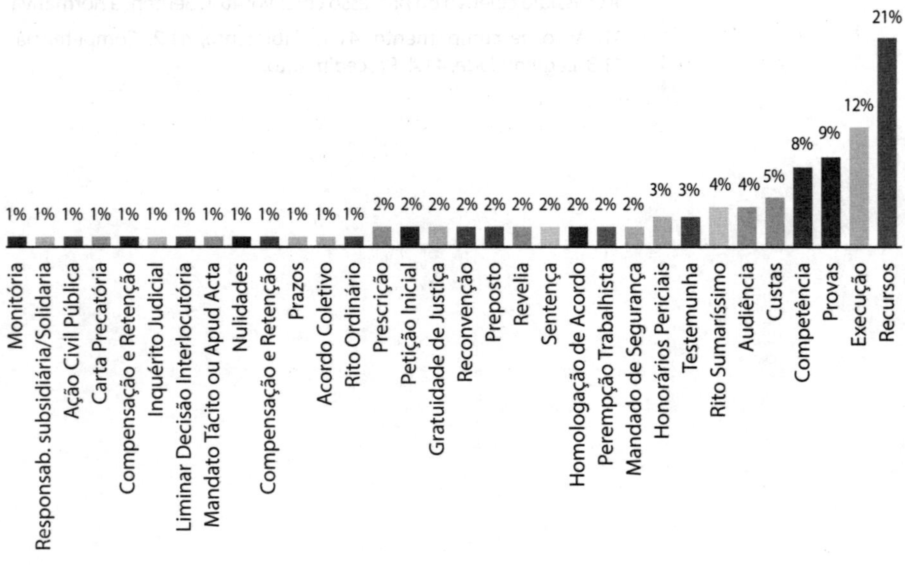

1. ORGANIZAÇÃO DA JUSTIÇA DO TRABALHO

1 A Justiça do Trabalho é composta pelo conjunto de órgãos jurisdicionais que exercem a atividade do Estado (jurisdição) na solução dos interesses em matéria trabalhista.

2 De acordo com o art. 111 da Constituição Federal são **órgãos da Justiça do Trabalho**:

I. Tribunal Superior do Trabalho;

II. Tribunal regional do Trabalho;

III. Juízes do Trabalho.

> ATENÇÃO!!! Cumpre à lei dispor sobre organização, constituição, investidura e competência do exercício dos órgãos da Justiça do Trabalho. Assim, o regimento interno dos tribunais é uma LEI.

1.1. Do Tribunal Superior do Trabalho (TST)

3 É o órgão de cúpula da Justiça do Trabalho. Ele tem **jurisdição** em todo o **território nacional** e **sede** em **Brasília**. Sua principal função é a uniformização jurisprudência, tratando-se, pois, de um órgão de natureza extraordinária. Tem atribuição jurídica e também administrativa, sendo dele a competência para resolver definitivamente questões administrativas. Encontra-se previsto no art. 111-A da CF/88.

4 É composto por **27 Ministros**, brasileiros, com mais de 35 anos e menos de 65 anos, nomeados pelo Presidente da República após aprovação do Senado Federal, por maioria absoluta.

> ATENÇÃO!!! **Não se exige** que sejam brasileiros **natos**.

5 Composição do TST:

→ 1/5 dentre advogados com mais de 10 anos de efetiva atividade profissional e membros do Ministério Público do Trabalho com mais de 10 anos de efetivo exercício e,

→ Os demais serão escolhidos dentre juízes de carreira dos Tribunais Regionais do Trabalho.

6 OBSERVAÇÃO! A ascensão ao TST **não é natural** da carreira, de forma que nem todos os juízes serão ministros um dia. O juiz que ascende ao TST é o juiz de

PROCESSUAL DO TRABALHO

carreira, de forma que deve ter chegado ao TRT por promoção na carreira da magistratura. Aquele que ingressou no TRT pelo quinto constitucional não é juiz de carreira e, portanto, não tem como ascender à condição de ministro do TST. O juiz será selecionado pelo próprio TST, que envia uma lista tríplice para a Presidência da República, a quem incumbe a nomeação do ministro.

7 Com o advento da **EC 45/04** passaram a funcionar **junto ao TST**:

I. **A Escola Nacional de Formação e Aperfeiçoamento de Magistrados do Trabalho**, cabendo-lhe, dentre outras funções, regulamentar os cursos oficiais para o ingresso e promoção na carreira;

II. **Conselho Superior da Justiça do Trabalho**, cabendo-lhe exercer, na forma da lei, a supervisão administrativa, orçamentária, financeira e patrimonial da Justiça do Trabalho de primeiro e segundo graus, como órgão central do sistema, cujas decisões terão efeito vinculante. Ele é composto por Presidente, Vice-Presidente e Corregedor-Geral do TST, 3 Ministros do TST e 3 Presidentes de Regionais. Eles se reúnem ordinariamente a cada trimestre, podendo se reunir excepcionalmente sempre que necessário.

8 Por fim, o TST, através do seu regimento interno, estabeleceu os **órgãos que fazem parte de sua estrutura interna**. Esses órgãos são:

I. Órgão Especial;

II. Tribunal Pleno;

III. Seção Administrativa;

IV. Seção Especializada em Dissídios Coletivos (SDC);

V. Seção Especializada em Dissídios Individuais (SDI), dividida em Subseção 1 e Subseção 2;

VI. Turmas.

Observações Importantes!!!

I. Os cargos de direção do TST são: presidência, vice-presidência e corregedoria-geral. O preenchimento destes cargos ocorre mediante eleição, na qual podem concorrer os Ministros mais antigos do TST, considerado o número dos cargos. Os **mandatos são de 2 anos** e é **vedada a reeleição**.

II. **Súmula: Corresponde à** jurisprudência dominante e pacificada no TST, ou seja, à interpretação da lei dada pelos Ministros da Corte. A sua aprovação depende de aprovação do Tribunal Pleno, após proposição ou apreciação da Comissão de Jurisprudência e Precedentes Normativos, nos termos do Regimento Interno do TST.

1.2. Dos Tribunais Regionais do Trabalho (TRT)

9 São órgãos de segundo grau de jurisdição. Gozam de autonomia administrativa e financeira, conforme art. 96 da CF/88.

10 Compõem-se de **no mínimo 7 juízes recrutados, na medida do possível, na própria região.** São nomeados pelo Presidente da República dentre brasileiros com mais de **30** e menos de **65** anos, sendo sua composição:

- → 1/5 dentre advogados com mais de 10 anos de efetiva atividade profissional e membros do Ministério Público do Trabalho com mais de 10 anos de efetivo exercício e,
- → Os demais, mediante promoção de juízes do trabalho por antiguidade e merecimento, alternadamente.

11 Hoje, no Brasil, existem **24 Tribunais Regionais do Trabalho**, sendo que o Estado de São Paulo é o único que abriga dois TRTs (TRT 2ª região e TRT 15ª região). De outro lado, os estados do Amapá, Acre, Roraima e Tocantins são os únicos que não têm TRT em seus domínios.

12 A EC 45/04 possibilitou que os Tribunais Regionais do Trabalho instalem a **justiça itinerante** para a realização de audiências e demais funções de atividade jurisdicional, nos limites territoriais da respectiva jurisdição, servindo-se de equipamentos públicos e comunitários. Estabeleceu também que os TRTs poderão funcionar descentralizadamente, constituindo **Câmaras regionais**, a fim de assegurar o pleno acesso do jurisdicionado à justiça em todas as fases do processo.

13 Registre-se que é **possível a criação de um Órgão Especial** para julgamento de determinados processos administrativos e jurisdicionais, desde que o TRT possua **mais de 25 membros** (art. 93, XI da CF/88).

1.3. Juízes do Trabalho

14 Os juízes do trabalho, titulares, auxiliares ou substitutos, fazem parte do primeiro grau de jurisdição e exercem suas atividades nas Varas do Trabalho. Bom lembrar que a EC 24/99 extinguiu a representação classista e, como consequência, as "Juntas de Conciliação e Julgamento" passaram a ser chamadas de "Vara do Trabalho".

15 O ingresso na carreira ocorre mediante aprovação em concurso público de provas e títulos para o cargo inicial de Juiz do Trabalho Substituto. A nomeação do Juiz do trabalho substituto é feita pelo Presidente do TRT.

16 É juiz substituto aquele que não é titular, sendo que sua ascensão à condição de titular depende da existência de vaga, através de promoção por critérios de antiguidade e merecimento, alternadamente.

17 Detém o juiz substituto, por óbvio, as garantias dos magistrados, asseguradas pelo art. 95 da CF/88.

> **Art. 95** - Os juízes gozam das seguintes garantias:
>
> **I** - vitaliciedade, que, no primeiro grau, só será adquirida após dois anos de exercício, dependendo a perda do cargo, nesse período, de deliberação do tribunal a que o juiz estiver vinculado, e, nos demais casos, de sentença judicial transitada em julgado;
>
> **II** - inamovibilidade, salvo por motivo de interesse público, na forma do Art. 93, VIII;
>
> **III** - irredutibilidade de subsídio, ressalvado o disposto nos arts. 37, X e XI, 39, § 4º, 150, II, 153, III, e 153, § 2º, I.

18 Existe a possibilidade de **competência por delegação,** naquelas localidades não abrangidas por Vara do Trabalho:

> **Art. 112 da CF/88.** A lei criará varas da Justiça do Trabalho, podendo, nas comarcas não abrangidas por sua jurisdição, atribuí-la aos juízes de direito, com recurso para o respectivo Tribunal Regional do Trabalho.

19 Desse artigo podem ser extraídas algumas conclusões.

20 Inicialmente, registre-se que as Varas do Trabalho são criadas por lei. Os juízes singulares do trabalho exercem a competência trabalhista que lhes for conferida. Contudo, em determinados locais que não exista **abrangência** de Vara do Trabalho, a competência trabalhista será exercida pelo juiz de direito. Note-se que nem toda cidade possui Vara do Trabalho, pois uma mesma Vara poderá ter abrangência de várias cidades onde exercerá a sua competência (por exemplo, no TRT 5ª Região – Bahia, a Vara do Trabalho da cidade de Ilhéus tem competência que abrange também os municípios de Una, Uruçuca, Canavieiras e Itacaré, de forma que todas essas cidades estão abrangidas – e não cabe competência por delegação – ainda que a sede da Vara do Trabalho esteja em outra cidade).

ATENÇÃO! Uma vez instalada a Vara do Trabalho na localidade abrangida pela competência por delegação, todas as ações que se encontrem na justiça comum devem ser encaminhadas para a Vara do Trabalho, inclusive para a execução das sentenças por ele proferidas – inteligência da Súmula 10 do STJ. É interessante registrar também que, havendo recurso contra as sentenças dos processos em competência delegada, ele será encaminhado ao TRT.

OBSERVAÇÕES IMPORTANTES!!

I. **Lei 10.770/2003**: em contraponto à literalidade do art. 650 da CLT, estabelece que **cabe a cada TRT**, no âmbito de sua região, mediante ato próprio, *alterar e estabelecer a jurisdição das Varas do Trabalho*, bem como **transferir-lhe a sede de um Município para outro**, de acordo com a necessidade de agilização da prestação jurisdicional trabalhista.

II. **Lei 6.947/1981:** a competência da Vara do Trabalho estende-se aos Municípios próximos num raio máximo de 100 km da sua sede, desde que existam meios de acesso e de comunicação regulares com os referidos locais.

2. COMPETÊNCIA DA JUSTIÇA DO TRABALHO

2.1. Da competência do art.114, CF/88 – a competência material da Justiça do Trabalho

1 A competência material é aquela que determina qual relação jurídica poderá ser analisada por aquele órgão jurisdicional. No caso da Justiça do Trabalho, a competência material encontra-se delimitada no art. 114 da CF/88. Antes da EC 45/04, cumpria à Justiça do Trabalho *conciliar e julgar*. Essa menção foi alterada para: *Compete à Justiça do Trabalho processar e julgar*".

I - As ações oriundas da relação de trabalho (1), abrangidos os entes de direito público externo (2) e da administração pública direta e indireta da União, dos Estados, do Distrito Federal e dos Municípios (3);

2 *"As ações oriundas da relação de trabalho"*: Essa alteração foi a mais ampliativa. Aqui, a redação da Constituição deixa de exigir que o reclamante seja empregado ou pretenda sê-lo, como na previsão anterior.

Pode haver julgamento da ação de **cobrança de honorários advocatícios? Súmula 363, STJ**: defende que não é da competência da Justiça do Trabalho a ação que visa cobrança de honorários de **profissional liberal**. Aqui, parte-se da premissa que se trata de relação de consumo e que, por conta disso, não há competência trabalhista.

> **STJ Súmula nº 363.** Competência - Processo e Julgamento - Ação de Cobrança - Profissional Liberal Contra Cliente. Compete à Justiça estadual processar e julgar a ação de cobrança ajuizada por profissional liberal contra cliente.

E as **ações criminais**? O Procurador Geral da República ingressou com a **ADIN 3684,** cuja liminar do Min. Antonio Cezar Peluso foi no sentido de **excluir**

PROCESSUAL DO TRABALHO

qualquer interpretação visando conceder competência criminal para a Justiça do Trabalho.

3 (...) *"abrangidos os entes de direito público externo" (...)*: Inegável, portanto, que entes de direito público externo podem acionar e ser acionados na Justiça do Trabalho.

4 Quanto aos Estados Nacionais, o STF decidiu que estes entes não gozam de imunidade de jurisdição e, em ações trabalhistas, a Justiça do Trabalho é competente. O **fundamento** parte da divisão dos atos do ente externo pela sua natureza: em atos de império (que são atos de Estado, imunes à jurisdição brasileira – e, assim, são atos que não podem ser questionados na justiça do Brasil) e atos de gestão (que são atos próprios da atividade consular, sem decisão de estado). A partir dessa divisão, tem-se que a contratação de trabalhadores consubstancia **ato de gestão e não de império**, porque não envolve a sua função consular, razão pela qual não goza de imunidade o ente externo, podendo acionar e ser acionado no Brasil, especificamente na Justiça do Trabalho. **O STF decidiu que há, por outro lado, imunidade de execução**.

5 Quanto aos organismos internacionais, o entendimento do TST caminhou em sentido diverso. De acordo com o quanto consta da OJ 416 da SDI 1 do TST, esses órgãos gozam de imunidade absoluta, **sempre que amparados em norma internacional incorporada ao ordenamento jurídico brasileiro**. Nesse caso, sendo absoluta a imunidade, em regra, não se encontram sujeitos à justiça brasileira, onde não poderão acionar nem ser acionados, independentemente da natureza dos atos praticados. Somente poderão sofrer ação no Brasil se renunciarem, expressamente, a essa imunidade.

> **OJ 416 SDI 1 do TST. Imunidade de jurisdição. Organização ou organismo internacional.**
>
> As organizações ou organismos internacionais gozam de imunidade absoluta de jurisdição quando amparados por norma internacional incorporada ao ordenamento jurídico brasileiro, não se lhes aplicando a regra do Direito Consuetudinário relativa à natureza dos atos praticados. Excepcionalmente, prevalecerá a jurisdição brasileira na hipótese de renúncia expressa à cláusula de imunidade jurisdicional.

6 *"(...) e da administração pública direta e indireta da União, dos Estados, do Distrito Federal e dos Municípios"*. A questão consistiu em saber se, em virtude dessa previsão, estavam abrangidos na competência da Justiça do Trabalho também os servidores públicos estatutários, uma vez que não há dúvida de que os servidores públicos celetistas são da competência da Justiça do Trabalho.

7 A controvérsia foi sanada por meio da ADIN 3395-6, cujo julgamento do **STF foi no sentido de que apenas os servidores públicos celetistas**

estavam inseridos na competência da Justiça do Trabalho, excluindo qualquer interpretação que pretendesse a inclusão dos estatutários. Considerou o órgão maior que a relação entre o servidor público estatutário e a administração pública é uma relação de natureza administrativa (decorre de lei) e não trabalhista (contratual).

Esse entendimento culminou com o cancelamento, pelo TST da OJ 205, SDI-I, que continha redação em sentido contrário.

II - as ações que envolvam exercício do direito de greve.

8 O exercício do direito de greve e o dissídio de greve sempre foram de competência da Justiça do Trabalho.

> **Súmula nº 189 do TST**
>
> GREVE. COMPETÊNCIA DA JUSTIÇA DO TRABALHO. ABUSIVIDADE (nova redação) - Res. 121/2003, DJ 19, 20 e 21.11.2003
>
> A Justiça do Trabalho é competente para declarar a abusividade, ou não, da greve.

9 Dissídio coletivo de Greve: é ação de competência funcional de tribunal, nos seguintes moldes:

- Será de TRT quando a abrangência territorial do sindicato for menor ou igual à competência territorial de um TRT;
- Será do TST quando a abrangência territorial do sindicato for nacional ou maior do que a competência territorial de um TRT.

10 ATENÇÃO!!! Quando a abrangência do sindicato for todo o Estado de São Paulo, ou abranger a competência territorial dos TRTs da 2ª e 15ª regiões, a **competência será do TRT da 2ª região** e **não do TST** – art. 12 da Lei 7.250/86.

11 Ações possessórias decorrentes do exercício do direito de greve: Não são ações que visam discutir a greve ou sua legalidade, mas apenas o direito de posse do legítimo possuidor. O "interdito proibitório" **decorrente do exercício do direito de greve** é da competência da Justiça do Trabalho, sendo da competência da Vara do Trabalho da localidade da posse.

> **Súmula Vinculante nº 23** - Competência - Processo e Julgamento - Ação Possessória - Exercício do Direito de Greve - Trabalhadores da Iniciativa Privada.
>
> A Justiça do Trabalho é competente para processar e julgar ação possessória ajuizada em decorrência do exercício do direito de greve pelos trabalhadores da iniciativa privada.

PROCESSUAL DO TRABALHO

III - as ações sobre representação sindical entre sindicatos, entre sindicatos e trabalhadores, e entre sindicatos e empregadores;

12 Refere-se a qualquer entidade da estrutura sindical (confederações, federações e sindicatos). O conflito pode ser intersindical ou intrassindical.

IV - os mandados de segurança, habeas corpus e habeas data, quando o ato questionado envolver matéria sujeita à sua jurisdição;

V - os conflitos de competência entre órgãos com jurisdição trabalhista, ressalvado o disposto no art. 102, I, o;

13 O conflito pode ser positivo, quando ambos afirmam a própria competência; ou negativo, quando ambos negam a competência. O conflito poderá ser suscitado por juízes e tribunais do trabalho, pelas partes ou seus representantes e pelo MPT (art. 805 da CLT).

14 O conflito de competência entre varas do trabalho submetidas a um mesmo tribunal será por ele solucionado (art. 808, "a", da CLT).

15 Já o conflito entre varas do trabalho submetidas a tribunais distintos ou entre TRTs será resolvido pelo TST (art. 808, "b", da CLT).

ATENÇÃO! Em resumo:

1. Vara do trabalho x vara do trabalho (dentro de um mesmo TRT) = TRT
2. Vara do trabalho x vara do trabalho (vinculadas a TRT distinto) = TST
3. Vara do trabalho x vara da justiça comum com jurisdição trabalhista (dentro de um mesmo TRT) = TRT
4. Vara do trabalho x vara da justiça comum com jurisdição trabalhista (vinculados a TRT distinto) = TRT
5. TRT x TRT = TST

FIQUE LIGADO! Quando a vara comum estiver em exercício de competência delegada, por força do art. 112 da CF/88, será considerada como Vara do Trabalho, para efeito de solução de eventual conflito de Competência (súmula 180 do STJ).

16 Importante lembrar que **não há conflito de competência entre TRT e vara do trabalho a ele vinculada**. Nesse sentido é a súmula 420 do TST:

> **COMPETÊNCIA FUNCIONAL. CONFLITO NEGATIVO. TRT E VARA DO TRABALHO DE IDÊNTICA REGIÃO. NÃO CONFIGURAÇÃO.**
>
> Não se configura conflito de competência entre Tribunal Regional do Trabalho e Vara do Trabalho a ele vinculada.

17 O conflito de competência entre a jurisdição comum de 1° e 2° graus e a jurisdição trabalhista será de competência do **STJ** (art.105, I, "d", da CF).

> **Art. 105**. Compete ao Superior Tribunal de Justiça:
>
> I - processar e julgar, originariamente:
>
> d) os conflitos de competência entre quaisquer tribunais, ressalvado o disposto no art. 102, I, "o", bem como entre tribunal e juízes a ele não vinculados e entre juízes vinculados a tribunais diversos;

18 O conflito de competência entre tribunais superiores é de competência do STF, conforme dispõe o art. 102, I, "o", CF/88. Ou seja, se algum tribunal superior estiver no conflito (STF, STJ, TST, TSE e STM) a competência será do Supremo Tribunal Federal.

> **Art. 102**. Compete ao Supremo Tribunal Federal, precipuamente, a guarda da Constituição, cabendo-lhe:
>
> I - processar e julgar, originariamente:
>
> o) os conflitos de competência entre o Superior Tribunal de Justiça e quaisquer tribunais, entre Tribunais Superiores, ou entre estes e qualquer outro tribunal;

OBSERVAÇÕES IMPORTANTES!!!

1. Há conflito de competência quando dois ou mais juízes divergem acerca da reunião ou separação de processos – art. 66, III, do CPC.
2. A parte que apresentar exceção de incompetência não poderá suscitar o conflito, em virtude de preclusão lógica (art. 806 da CLT).
3. O conflito de competência entre TRTs, em processos de dissídio coletivo, será julgado pela SDC do TST (art. 2°, I, e, da Lei 7.701/88). No caso de dissídios individuais, a competência será da SDI do TST (art. 3°, II, "b", da Lei 7.701/88).
4. Aquele que suscitar o dissídio deverá apresentar as provas necessárias (art. 807 da CLT).

VI - as ações de indenização por dano moral ou patrimonial, decorrentes da relação de trabalho;

19 Considera-se **dano material** aquele que atinge o patrimônio da pessoa e que é ressarcido em pecúnia, calculando-se o valor perdido, medindo o dano emergente e o lucro cessante. Já o **dano moral** não atinge o patrimônio apreciável em dinheiro, mas se vincula à violação dos direitos da personalidade e da dignidade da pessoa humana.

> **STJ Súmula n.° 387 - Licitude - Cumulação - Indenizações de Dano Estético e Dano Moral.**
>
> É lícita a cumulação das indenizações de dano estético e dano moral.

20 Tanto a pessoa física, quanto a pessoa jurídica podem pleitear indenização decorrente de um dano moral. Quando esse dano decorrer da relação de trabalho, será da competência da Justiça do Trabalho a apreciação do pedido de pagamento de indenização.

21 **Dano moral por acidente de trabalho.** Dado um acidente de trabalho, o contrato de trabalho fica interrompido por 15 dias e, no 16º dia, o empregado é encaminhado para o INSS, para gozo de benefício previdenciário. Nesse contexto, o empregado pode ter pretensões diversas: a) de acionar o seu empregador, para obter alguma indenização por dano moral ou material decorrente do acidente de trabalho; b) de acionar o INSS, que pode ter cometido equívoco na concessão ou cálculo do benefício previdenciário. O INSS é uma autarquia federal e, assim, a ação contra o INSS, em geral, é proposta na Justiça Federal, nos termos do art. 109, CF/88.

22 Todavia, quando essa ação tiver por intento benefício relativo a acidente de trabalho, a competência será da justiça comum estadual, o que justifica a exceção contida no art. 109, I, da Constituição.

23 D'outra banda, quando a ação envolvendo acidente de trabalho tiver como acionado o empregador – contra quem se pretende o pagamento de indenização – a competência será da Justiça do Trabalho:

> **Súmula Vinculante 22:** A Justiça do Trabalho é competente para processar e julgar as ações de indenização por danos morais e patrimoniais decorrentes de acidente de trabalho propostas por empregado contra empregador, inclusive aquelas que ainda não possuíam sentença de mérito em primeiro grau quando da promulgação da Emenda Constitucional no 45/04.

24 **Dano moral *"in ricochette"*.** Trata-se de dano moral reflexo, ou seja, a pessoa que pleiteia é diversa da pessoa que foi atingida diretamente com o ato. Aqui, há dano, nexo de causalidade e uma conduta em relação a pessoa diversa daquela que manteve a relação de trabalho. O exemplo clássico é a ação proposta por familiares que pretendam o pagamento de indenização por danos morais em virtude de morte decorrente de acidente de trabalho. O entendimento dominante é no sentido de que, mesmo não havendo relação de emprego/trabalho entre o familiar e o acionado (que é o empregador), o dano decorreu de uma relação de emprego/trabalho e a competência é da Justiça do Trabalho. Esse entendimento jurisprudencial culminou com o cancelamento, pelo STJ, da súmula 366[1] que tinha redação em sentido contrário.

1. **STJ Súmula nº 366 - Competência - Processo e Julgamento - Ação Indenizatória Proposta por Viúva e Filhos de Empregado Falecido em Acidente de Trabalho** -Compete à Justiça estadual processar e julgar ação indenizatória proposta por viúva e filhos de empregado falecido em acidente de trabalho.

25 No mesmo sentido, é possível encontrar a súmula 392 do TST, que resume todo o entendimento acerca do tema:

> **Súmula nº 392 do TST** – DANO MORAL E MATERIAL. RELAÇÃO DE TRABALHO. COMPETÊNCIA DA JUSTIÇA DO TRABALHO (redação alterada em sessão do Tribunal Pleno realizada em 27.10.2015) - Res. 200/2015, DEJT divulgado em 29.10.2015 e 03 e 04.11.2015
>
> *Nos termos do art. 114, inc. VI, da Constituição da República, a Justiça do Trabalho é competente para processar e julgar ações de indenização por dano moral e material, decorrentes da relação de trabalho, inclusive as oriundas de acidente de trabalho e doenças a ele equiparadas,* ***ainda que propostas pelos dependentes ou sucessores do trabalhador falecido.***

VII - as ações relativas às penalidades administrativas impostas aos empregadores pelos órgãos de fiscalização das relações de trabalho;

26 São penalidades que constam do texto da CLT nos arts. 626 a 653. Essas penalidades, uma vez aplicadas, serão inscritas na dívida ativa, formando um título executivo **extrajudicial** e vai ser executado na Justiça do Trabalho.

VIII - a execução, de ofício, das contribuições sociais previstas no art. 195, I, a , e II, e seus acréscimos legais, decorrentes das sentenças que proferir.

27 Não é possível executar a parte declaratórias das decisões ou acordos, mas apenas o valor da condenação ou o valor do acordo homologado. O posicionamento é o de que a justiça trabalhista não é um órgão de fiscalização, mas sim um órgão de julgamento. Essa é a redação constante do parágrafo único do art. 876 e é o entendimento constante na jurisprudência do TST e da súmula vinculante 53 do STF.

> **Súmula nº 368 do TST** - DESCONTOS PREVIDENCIÁRIOS E FISCAIS. COMPETÊNCIA. RESPONSABILIDADE PELO PAGAMENTO. FORMA DE CÁLCULO.
>
> I - A Justiça do Trabalho é competente para determinar o recolhimento das contribuições fiscais. A competência da Justiça do Trabalho, quanto à execução das contribuições previdenciárias, limita-se às sentenças condenatórias em pecúnia que proferir e aos valores, objeto de acordo homologado, que integrem o salário de contribuição. [...]

28 De acordo com o entendimento do TST, está incluída nesta competência também a execução das contribuições do SAT:

> **Súmula 454 do TST.** COMPETÊNCIA DA JUSTIÇA DO TRABALHO. EXECUÇÃO DE OFÍCIO. CONTRIBUIÇÃO SOCIAL REFERENTE AO SEGURO DE ACIDENTE DE TRABALHO (SAT). ARTS. 114, VIII, E 195, I, "A", DA CONSTITUIÇÃO DA REPÚBLICA. (conversão da Orientação

> Jurisprudencial nº 414 da SBDI-1) – Res. 194/2014, DEJT divulgado em 21, 22 e 23.05.2014
>
> Compete à Justiça do Trabalho a execução, de ofício, da contribuição referente ao Seguro de Acidente de Trabalho (SAT), que tem natureza de contribuição para a seguridade social (arts. 114, VIII, e 195, I, "a", da CF), pois se destina ao financiamento de benefícios relativos à incapacidade do empregado decorrente de infortúnio no trabalho (arts. 11 e 22 da Lei nº 8.212/1991).

2.2. Da competência territorial

29 É definida pelo limite geográfico ou limite territorial no qual o juiz pode exercer o seu poder. Trata-se de uma hipótese de **competência relativa**, uma vez que é estabelecida no interesse da parte. A referida competência está definida no art. 651, CLT.

30 O *caput* do artigo 651 traz a **regra geral** de competência: **local da prestação de serviço.**

A finalidade dessa regra geral foi em favor da parte, porque visa facilitar o acesso às provas, uma vez que o empregado estará mais próximo das suas testemunhas e do local onde se processou o contrato de trabalho. O segundo fundamento foi facilitar o acesso do empregado à justiça, visto que a CLT pensou no trabalhador que quer ingressar com a ação durante o vínculo e, após o vínculo, acredita-se que ele já se estabeleceu naquele local de trabalho.

31 No caso de transferência durante o vínculo empregatício, a competência será do **último local de prestação de serviço.**

> EXCEÇÕES: O art. 651, §§ 1º, 2º e 3º, trazem hipóteses excepcionais à regra geral, nas quais ela não será aplicada, e sim, outras competências territoriais.
>
> i. §1º: vendedor pracista ou do caixeiro viajante.
>
> > **Art. 651, § 1º** - Quando for parte de dissídio agente ou viajante comercial, a competência será da Junta da localidade em que a empresa tenha agência ou filial e a esta o empregado esteja subordinado e, na falta, será competente a Junta da localização em que o empregado tenha domicílio ou a localidade mais próxima.
>
> O vendedor pracista ou caixeiro viajante é aquele que executa as suas atividades indiscriminadamente em vários municípios, sem fixação a um deles. Ele não tem permanência em nenhum lugar.
>
> Nesse caso, a solução da CLT foi estabelecer a regra de competência do **local da agência ou filial a qual ele se reporta.**

Todavia, inexistindo a agência ou filial, ele poderá ingressar com a ação no seu domicílio. Note-se que, de acordo com o texto consolidado, a ação somente poderá ser proposta em seu domicílio se não existir a agência ou filial à qual ele se reporte – exemplo de quando o empregado se reporta diretamente à matriz. Apenas nessa hipótese ele poderá acionar no seu domicílio, não sendo opção do empregado.

ii. §3°: empresa promove atividades fora do local da contratação.

> **Art. 651, § 3º** - Em se tratando de empregador que promova realização de atividades fora do lugar do contrato de trabalho, é assegurado ao empregado apresentar reclamação no foro da celebração do contrato ou no da prestação dos respectivos serviços.

Observa-se a empresa e, nesse caso, ela não executa atividades no local da contratação, o que permite ao empregado realizar uma opção entre o local da contratação ou o local da prestação dos serviços.

iii. §2°: competência internacional.

> **Art. 651, § 2º** - A competência das Juntas de Conciliação e Julgamento, estabelecida neste artigo, estende-se aos dissídios ocorridos em agência ou filial no estrangeiro, desde que o empregado seja brasileiro e não haja convenção internacional dispondo em contrário.

De acordo com o referido dispositivo, o empregado brasileiro, contratado para prestar serviços no exterior, poderá ingressar com a sua reclamação trabalhista no Brasil, desde que não haja convenção ou tratado internacional em sentido contrário.

Requisitos:

1. O empregado deve ser brasileiro;
2. Não haja tratado ou convenção internacional em sentido contrário;
3. A empresa precisa ter agência ou filial no Brasil.

OBSERVAÇÃO 1!!! No tocante ao direito material, para o empregado que trabalha no exterior, aplica-se a lei do país mais favorável – o da contratação ou o da prestação dos serviços (é o que se depreende das leis 7.064/82 e 11.962.09, que implicaram cancelamento da Súmula 207, TST[2]).

OBSERVAÇÃO 2!!! Foro de eleição. O foro de eleição está previsto no art. 63, CPC e traz uma hipótese de convenção das partes para ajustar o local competente para a propositura de demandas. De acordo com a IN 39/16 (art. 2º, I), esse artigo não se aplica ao processo do trabalho.

2. Redação da súmula 207 do TST **(cancelada):** A relação jurídica trabalhista é regida pelas leis vigentes no país da prestação de serviço e não por aquelas do local da contratação.

2.3. Da competência funcional

32 Denomina-se competência funcional, hierárquica ou interna, a competência determinada pelo poder que cada órgão jurisdicional, em suas atribuições, pode exercer. Ela pode ser ORIGINÁRIA, quando se referir ao conhecimento do processo em primeiro plano; DERIVADA/RECURSAL, quando se referir ao julgamento de recursos e EXECUTÓRIA, para a execução das decisões ou de títulos extrajudiciais.

34 A competência das varas do trabalho está prevista nos arts. 652, 653 e 659 da CLT. Por sua vez, a competência dos TRTs, que poderão, ou não, ser divididos em turmas, está entre os arts. 678 a 680 da CLT. Na competência das Varas está inserida a competência para processar e decidir sobre a homologação de acordo extrajudicial, quando a matéria for atinente à Justiça do Trabalho.

35 Já a competência do TST, está disciplinada no Regimento Interno, Resolução Administrativa 1.295/08.

> **ATENÇÃO!** Ao TST cabe a elaboração da jurisprudência consolidada, com a edição de súmulas. O estabelecimento ou alteração de súmulas compete ao tribunal pleno. Tal ocorre pelo voto de 2/3 dos seus membros. Para tanto, entretanto, a matéria deve ter sido decidida de forma idêntica e por unanimidade em 2/3 das turmas, em 10 sessões em cada uma delas.

2.4. Observações procedimentais após a EC 45

36 A modificação da competência da Justiça do Trabalho, de forma drástica, como ocorreu com a edição da EC 45/04, gerou dois questionamentos importantes.

37 O primeiro deles se referiu a quais ações deveriam ser remetidas para a Justiça do Trabalho. A conclusão foi no sentido de que, com a modificação da competência, apenas os processos que não tivessem sido sentenciados seriam encaminhados para a Justiça do Trabalho:

> **STJ Súmula nº 367** - 19/11/2008 - DJe 26/11/2008
>
> Competência Vinculante - Processos já Sentenciados
>
> A competência estabelecida pela EC n. 45/2004 não alcança os processos já sentenciados.

> **OBSERVAÇÃO!!!** O art. 112 da CF/88 prevê que nas localidades não abrangidas por Vara do Trabalho, a competência será delegada ao juiz de direito da localidade. Essa hipótese é de delegação de competência, ou seja, de

transferência apenas da atividade de primeiro grau para o juiz de direito, considerada a inexistência de Vara do Trabalho abrangendo esta localidade (o recurso, inclusive, será direcionado ao TRT). Sendo assim, quando instalada Vara do Trabalho na localidade, todos os processos, independentemente da fase em que se encontrem, deverão ser remetidos para a vara do trabalho (súmula 10 do STJ):

> **STJ Súmula nº 10** - 26/09/1990 - DJ 01.10.1990
> Varas do Trabalho - Competência - Juiz de Direito
> Instalada a Junta de Conciliação e Julgamento, cessa a competência do Juiz de Direito em matéria trabalhista, inclusive para a execução das sentenças por ele proferidas.

38 Definidos quais processos seriam encaminhados à Justiça do Trabalho, mais um questionamento surgiu: encaminhados os processos, qual o procedimento que as demandas deveriam seguir? A resposta foi firmada na Instrução Normativa 27/05 do TST, segundo a qual todos os processos seguirão o rito ordinário ou sumaríssimo, à exceção das ações que seguem rito especial, tais quais: Mandado de segurança, *Habeas Corpus*, *Habeas Data*, Ação Cautelar (que não mais subsiste em face do novo Código de Processo Civil), Ação Rescisória e Ação de Consignação em Pagamento.

3. ATOS, TERMOS E PRAZOS PROCESSUAIS

3.1. Ato processual

1 Os atos processuais serão **públicos,** salvo quando o contrário determinar o interesse social, e realizar-se-ão nos dias úteis das **06 às 20 horas** (art. 770 da CLT). Importante ressaltar que a garantia da publicidade processual não é absoluta, uma vez que admite exceção: o segredo de justiça. Outra informação é que o **sábado é dia útil para efeito processual**, o que permite a prática de ato processual independentemente de autorização do juiz. Domingos e feriados são dias não úteis e, portanto, a prática de atos nestes dias depende de autorização do juiz.

> **Art. 770, parágrafo único** - A penhora poderá realizar-se em domingo ou dia feriado, mediante autorização expressa do juiz ou presidente.

2 O art. 779 da CLT dá ampla liberdade às partes e seus procuradores para acessar os autos do processo.

3 Os atos processuais devem ser documentados e juntados no processo.

> **Art. 772 da CLT**- Os atos e termos processuais, que devam ser assinados pelas partes interessadas, quando estas, por motivo justificado,

PROCESSUAL DO TRABALHO

não possam fazê-lo, serão firmados a rogo, na presença de 2 (duas) testemunhas, sempre que não houver procurador legalmente constituído.

Art. 773 da CLT - Os termos relativos ao movimento dos processos constarão de simples notas, datadas e rubricadas pelos secretários ou escrivães.

4 A Lei 9.800/99 possibilitou a prática de atos processuais que serão enviados para o órgão jurisdicional por meio de *fax*. A própria lei traz a ressalva de que a instituição dessa lei não implica dever do órgão jurisdicional de ter o fax. Todavia, se o órgão possuir o aparelho de fax funcionando regularmente, é possível a produção do ato. O TST disciplinou o assunto através da Súmula 387. Veja-se:

Súmula nº 387 do TST

RECURSO. FAC-SÍMILE. LEI Nº 9.800/1999 (atualizada em decorrência do CPC de 2015) – Res. 208/2016, DEJT divulgado em 22, 25 e 26.04.2016

I - A Lei nº 9.800, de 26.05.1999, é aplicável somente a recursos interpostos após o início de sua vigência. (ex-OJ nº 194 da SBDI-1 - inserida em 08.11.2000)

II - A contagem do quinquídio para apresentação dos originais de recurso interposto por intermédio de fac-símile começa a fluir do dia subsequente ao término do prazo recursal, nos termos do art. 2º da Lei nº 9.800, de 26.05.1999, e não do dia seguinte à interposição do recurso, se esta se deu antes do termo final do prazo. (ex-OJ nº 337 da SBDI-1 - primeira parte - DJ 04.05.2004)

III - Não se tratando a juntada dos originais de ato que dependa de notificação, pois a parte, ao interpor o recurso, já tem ciência de seu ônus processual, não se aplica a regra do art. 224 do CPC de 2015 (art. 184 do CPC de 1973) quanto ao "dies a quo", podendo coincidir com sábado, domingo ou feriado. (ex-OJ nº 337 da SBDI-1 - "in fine" - DJ 04.05.2004)

IV – A autorização para utilização do fac-símile, constante do art. 1º da Lei n.º 9.800, de 26.05.1999, somente alcança as hipóteses em que o documento é dirigido diretamente ao órgão jurisdicional, não se aplicando à transmissão ocorrida entre particulares.

5 Importante lembrar que o **prazo de 5 dias para a juntada de originais** só se inicia a partir do último dia do prazo do recurso.

6 A autorização para utilização de fax é para que o documento seja direcionado exclusivamente para a máquina do órgão jurisdicional e não necessariamente a da vara.

7 A **Lei 11.419/06** possibilitou o peticionamento por meio eletrônico. Para esse novo sistema, os Tribunais exigem cadastro prévio do advogado, com certificado digital de assinatura para a realização do ato pela *internet*.

Art. 2º O envio de petições, de recursos e a prática de atos processuais em geral por meio eletrônico serão admitidos mediante uso de assinatura eletrônica, na forma do art. 1º desta Lei, sendo obrigatório o credenciamento prévio no Poder Judiciário, conforme disciplinado pelos órgãos respectivos.

8 Em suma, salvo para os atos que exigem a presença da parte em juízo, todos os demais podem ser praticados através da *internet*.

Art. 10. A distribuição da petição inicial e a juntada da contestação, dos recursos e das petições em geral, todos em formato digital, nos autos de processo eletrônico, podem ser feitas diretamente pelos advogados públicos e privados, sem necessidade da intervenção do cartório ou secretaria judicial, situação em que a autuação deverá se dar de forma automática, fornecendo-se recibo eletrônico de protocolo.

9 Frise-se que os documentos produzidos eletronicamente e juntados aos processos eletrônicos serão considerados originais para todos os efeitos legais, desde que possuam a devida garantia da origem e de seu signatário. Inclusive, para a realização de intimações, poderão ser criados Diários de Justiças Eletrônicos, os quais substituem qualquer outro meio e publicação oficial (art. 5º da Lei 11.419/06).

10 No processo eletrônico, todas as citações, intimações e notificações, inclusive da Fazenda Pública, serão feitas por meio eletrônico, na forma da referida Lei. Registre-se que as citações, intimações, notificações e remessas que viabilizem o acesso à íntegra do processo correspondente serão consideradas vista pessoal do interessado para todos os efeitos legais (art. 9º da Lei 11.419/06).

11 Com relação ao cumprimento de **prazo,** o art. 10, §§1º e 2º, dispõem que serão considerados tempestivos os atos efetivados até as **24 (vinte e quatro) horas do último dia.** Se o Sistema do Poder Judiciário se tornar indisponível por motivo técnico, o prazo fica automaticamente **prorrogado para o primeiro dia útil seguinte** à resolução do problema.

12 No caso da Justiça do Trabalho, criou-se Sistema de Processo Judicial Eletrônico da Justiça do Trabalho - PJe-JT, instituído pela **Resolução nº 94 do CSJT**, de 23/3/2012, o qual atende à **Instrução Normativa 30/07 do TST**, que regulamenta, no âmbito da Justiça do Trabalho, a Lei 11.419/06, que dispõe sobre a informatização do processo judicial.

3.2. Prazo processual

13 É o lapso temporal para a prática de um ato processual ou para a abstinência deste ato.

14 A regra geral é de que a **contagem do prazo** considerará apenas os dias úteis – art. 775 da CLT.

15 Iniciada a contagem do prazo, não haverá interrupção, observando-se apenas os dias úteis.

16 Ocorre a suspensão quando a contagem do prazo é sustada e, passada a causa de suspensão, **retoma-se a contagem de onde parou**.

17 As principais causas de suspensão são (arts. 220 e 221 do CPC):

A. Superveniência de férias. Nessa hipótese, é importante ressaltar que suspendem-se os prazos no período compreendido entre 20 de dezembro e 20 de janeiro. Até o dia 6 de janeiro, ocorre o recesso judiciário. A partir do dia 07/01, retoma-se funcionamento da justiça, todavia, até o dia 20/01, os prazos serão mantidos suspensos e não serão realizadas audiências;

B. Oposição de exceção de incompetência ou suspeição (art. 799 do CLT);

C. Morte ou perda da capacidade processual;

D. Em decorrência de obstáculo apresentado pela parte.

> **Súmula nº 262 do TST**
>
> PRAZO JUDICIAL. NOTIFICAÇÃO OU INTIMAÇÃO EM SÁBADO. RECESSO FORENSE. (redação do item II alterada na sessão do Tribunal Pleno realizada em 19.05.2014) – Res. 194/2014, DEJT divulgado em 21, 22 e 23.05.2014
>
> (...)
>
> II - O recesso forense e as férias coletivas dos Ministros do Tribunal Superior do Trabalho suspendem os prazos recursais. (ex-OJ nº 209 da SBDI-1 - inserida em 08.11.2000)

18 Na interrupção, é sustada a contagem do prazo e, uma vez cessada a causa de interrupção, vai ser reiniciada essa contagem. Ou seja: cessado o motivo que deu causa à interrupção, retoma-se a contagem desde o início.

19 A contagem do prazo observará as seguintes regras:

- O início do prazo ocorre com a publicação ou notificação pessoal, ou com a publicação do edital afixado na Justiça.
- A contagem dos prazos ocorre com a exclusão do dia do começo e a inclusão do dia do final art. 775 da CLT.
- A contagem dos prazos é ocorre apenas em dias úteis, de maneira que excluídos os sábados, domingos e feriados.

20 Contagem de prazo para ato praticado no sábado (TST, Súmula 262) ou publicação no diário eletrônico: Nesse caso, considera-se praticado o ato no primeiro dia útil subsequente, e o início da contagem será no segundo dia útil subsequente.

21 Presume-se recebida a notificação 48h após a sua postagem. Trata-se de presunção relativa que admite prova em contrário, podendo o destinatário provar que não a recebeu (Súmula 16 do TST).

22 A notificação pode ser recebida por qualquer preposto ou pessoa com poderes para receber correspondência. Vale ressaltar que os Correios não possuem fé pública para atestar a recusa.

23 Os atos processuais, em regra, deverão ser praticados na sede do juízo. Havendo necessidade de praticar em outro local, as partes serão informadas com antecedência mínima de 24 horas mediante edital afixado no prédio das varas.

24 Tempestivo é o ato praticado dentro do prazo; intempestivo é o ato praticado depois do fim do prazo.

25 O ato praticado antes da publicação/notificação implica ciência voluntária, sendo considerado tempestivo, conforme art. 218, § 4º do CPC/2015. A Súmula 434 do TST que o considerava extemporâneo foi cancelada.

26 De acordo com o art. 229 do CPC/2015, litisconsortes com procuradores distintos têm prazo em dobro para manifestação nos autos. Essa regra é contrária à celeridade trabalhista e, por isso, não se aplica ao processo do trabalho (SDI-I, OJ 310).

27 É possível a prorrogação do prazo quando o juiz entender necessário ou em virtude de força maior, desde que devidamente comprovada. O juiz tem o poder de dilatar os prazos processuais e de alterar a ordem de produção dos meios de prova, com o objetivo de proporcionar maior tutela ao direito (art. 775 da CLT).

4. NULIDADE DOS ATOS PROCESSUAIS

1 A nulidade é um vício que atinge o ato processual no plano da validade. **Ou seja**, o ato existe, mas lhe falta algum requisito essencial para que ele tenha validade. Para Pontes de Miranda, o ato foi feito, mas contém um defeito que demanda que seja refeito para que seja perfeito, ou seja desfeito.

2 Princípios das nulidades:

a) Transcendência (art. 794, CLT): não há nulidade se não houver prejuízo (processual).

b) Convalidação ou Preclusão (art. 795, CLT): a nulidade somente será declarada se arguida na primeira oportunidade para falar em audiência, ou se manifestar nos autos, devendo ser renovada em razões finais, sob pena de preclusão; ou seja, perda da possibilidade suscitar essa nulidade no futuro.

PROCESSUAL DO TRABALHO

OBSERVAÇÃO!!! Em audiência, criou-se na prática a figura do "protesto" que consiste numa interjeição para arguição da nulidade processual.

c) Economia processual (art. 796, "a" e art. 797, CLT): não será declarada a nulidade quando for possível suprir-se a falta ou repetir-se o ato. O juiz que declarar a nulidade, declarará também os atos a que ela se estende.

d) Princípio da Utilidade (art. 798, CLT): a nulidade somente afetará os atos a ela posteriores e dela consequentes.

e) Princípio do Interesse (art. 796, "b", CLT): a nulidade não será declarada por quem lhe deu causa.

5. PARTES, PROCURADORES E SUJEITOS PROCESSUAIS

1 Considera-se sujeito processual todo aquele que atua no processo. Esses sujeitos processuais podem ser imparciais (juiz, perito, servidor) ou parciais (partes da relação jurídica).

2 O conceito de parte deve restringir-se àquele que participa (ao menos potencialmente) do processo com parcialidade, tendo interesse em determinado resultado do julgamento. *(...) Parte é quem postula ou contra quem se postula ao longo do processo, e que age, assim passionalmente.* (DIDIER Jr. Fredie. *Curso de Direito Processual Civil*. Vol. 1. 12ª edição. Salvador: JusPodivm, 2010, p. 344).

3 Parte, portanto, é todo aquele que formula pretensão ou contra quem a pretensão é deduzida, agindo com parcialidade e podendo sofrer as consequências do processo. Na reclamação trabalhista, a parte ativa é chamada de Reclamante e a parte passiva é chamada de Reclamada. No dissídio coletivo, a parte ativa é o Suscitante e a parte passiva é o Suscitado.

5.1. Capacidade de ser parte e capacidade processual

1 Capacidade de ser parte: de acordo com o art. 1º do CC/02, é capaz de direitos e obrigações aquele que possui personalidade jurídica, a qual se adquire a partir do nascimento com vida, resguardados os direitos do nascituro (art. 2º, CC/02). A capacidade de direito confunde-se com a capacidade de ser parte.

2 Capacidade processual: também chamada de "capacidade de estar em juízo", confunde com a capacidade de exercício. O sujeito, então, pode ser plenamente capaz, ou relativamente/absolutamente incapaz – quando necessitará de representação ou assistência para ir a juízo.

3 **Os absolutamente incapazes são representados, e o representante manifesta a sua vontade integralmente.**

4 **Os relativamente incapazes são assistidos e manifestam a própria vontade, cabendo ao assistente apenas chancelar tal vontade.**

5 **A emancipação, instituto que garante capacidade plena, está prevista no Código Civil, que no art. 5º traz, em seus incisos, quais suas hipóteses. A emancipação pode ser:**

- **Judicial, quando determinada por um juiz;**
- **Convencional, quando conferida por vontade dos responsáveis legais;**
- **Legal.**

6 O art. 5º, V, CC/02 prevê que será emancipado aquele que tem contrato de trabalho com economia própria. A doutrina concluiu, portanto, que será emancipado aquele que tenha CTPS assinada e receba um salário mínimo, pois, de acordo com a CF/88, é o valor para a sobrevivência.

7 "Representação" do empregado na CLT. O empregado deve comparecer à audiência pessoalmente. O art. 843, § 2º da CLT, entretanto, prevê que, quando por motivo de **doença ou qualquer outro motivo poderoso**, o empregado não puder comparecer à audiência, ele poderá se fazer "representar" por outro colega de profissão ou pelo seu sindicato. Apesar de a CLT ter utilizado o termo "representação", na verdade, se trata de ato *sui generis*, pois o "representante" não pode praticar ato algum em nome do empregado (não pode depor, transigir, confessar, desistir, renunciar, receber etc.); o seu comparecimento é exclusivamente para provocar o adiamento da audiência e evitar a aplicação de penalidade por ausência.

8 "Assistência" por advogado na CLT. Apesar de o art. 791, § 2º da CLT, falar em "assistência", na verdade, trata-se de representação, pois o advogado manifesta a vontade do cliente.

9 "Representação" na reclamatória plúrima e na ação de cumprimento (art. 842, CLT): na reclamatória plúrima, o que pode ocorrer é que o sindicato preste "assistência" sindical. Na prática forense, se admite em tais ações a eleição de um conselho de representantes. Quanto à ação de cumprimento, trata-se de ação coletiva que visa dar cumprimento a preceitos de norma coletiva, tratando-se, portanto, de substituição processual – conforme o entendimento doutrinário dominante – em que alguém pleiteia em nome próprio, direito alheio.

10 "Representação" do adolescente. Conforme art. 793 da CLT, o menor de 18 anos será "representado" na Justiça do Trabalho. Todavia, essa regra desafia dois contrapontos: a emancipação, na forma do art. 5º, V do CC/02; e o art. 4º do

CC/02, segundo o qual, aquele que tem entre 16 e 18 anos será assistido. Diante do conflito, prevalece o entendimento de aplicação do Código Civil, pois a capacidade processual é a capacidade de exercício de direitos, de forma que cabe ao diploma civil dar ao cidadão a plenitude ou não desse exercício.

11 "Substituição" da pessoa jurídica: segundo o art. 843, §1°, CLT, o empregador pode se fazer "substituir" pelo gerente, ou qualquer outro preposto que tenha conhecimento do fato. A pessoa jurídica é uma ficção do direito; para realizar atos da vida, ela precisa se materializar fisicamente, de forma que deve ser **representada**. Por isso, "não saber" dos fatos implica em confissão ficta. As pessoas jurídicas se fazem representar da seguinte forma:

A. Na forma do art. 75 do CPC/2015: União, Estados, Distrito Federal e Municípios se fazem representar pelos seus procuradores. No caso dos Municípios (somente dos Municípios), também pelo prefeito. TST, Súmula 436:

> **Súmula nº 436 do TST**
>
> REPRESENTAÇÃO PROCESSUAL. PROCURADOR DA UNIÃO, ESTADOS, MUNICÍPIOS E DISTRITO FEDERAL, SUAS AUTARQUIAS E FUNDAÇÕES PÚBLICAS. JUNTADA DE INSTRUMENTO DE MANDATO (conversão da Orientação Jurisprudencial nº 52 da SBDI-I e inserção do item II à redação) - Res. 185/2012, DEJT divulgado em 25, 26 e 27.09.2012
>
> I - A União, Estados, Municípios e Distrito Federal, suas autarquias e fundações públicas, quando representadas em juízo, ativa e passivamente, por seus procuradores, estão dispensadas da juntada de instrumento de mandato e de comprovação do ato de nomeação.
>
> II - Para os efeitos do item anterior, é essencial que o signatário ao menos declare-se exercente do cargo de procurador, não bastando a indicação do número de inscrição na Ordem dos Advogados do Brasil.

B. Na forma do art. 843, §1°, CLT: por seus gerentes, sócios ou prepostos. O preposto e o gerente devem ter conhecimento dos fatos, e suas declarações obrigam o empregador. Na condição de representantes do empregador, devem ter conhecimento de todos os fatos que o empregador deveria conhecer. Não se exige do preposto a condição de empregado (art. 843, §3° da CLT).

12 Capacidade postulatória: é a capacidade de postular em juízo, correspondente ao *jus postulandi*. De acordo com o art. 791 da CLT, o *jus postulandi* é conferido aos empregados e empregadores para que acompanhem as suas reclamações até o final.

13 O art. 133 da CRFB elevou o advogado à condição de essencial à justiça e, por isso, foi questionada a recepção da CLT, no particular. A Súmula 329 do TST, entretanto, afirmou tal recepção à época, ao considerar o art. 791 como cláusula excepcional que atende a toda principiologia da Constituição.

14 O art. 1º da Lei 8.906/94 (Estatuto da OAB), por sua vez, previu que a postulação em juízo seria ato **privativo** de advogado, o que levou à ADIn 1.127-8, onde o STF considerou conforme a Constituição o *jus postulandi* nos seguintes casos:

- Juizados Especiais;
- Justiça de Paz;
- Justiça do Trabalho.

Portanto, nos termos do art. 791 da CLT, o *jus postulandi* é constitucional na Justiça do Trabalho.

15 É cabível somente nas relações de emprego (Súmula 219 do TST e IN 27/2005). Nos processos que não versem sobre relação de emprego, a parte deve ter advogado.

16 É cabível apenas para reclamações. Não é possível, portanto, na Ação Rescisória, Ação Cautelar e Mandado de Segurança (Súmula 425 do TST).

17 Não cabe no TST, nem em recursos para o TST (Súmula 425 do TST).

18 Sobre esse tema, a consequência direta para a parte foi o regramento dos honorários advocatícios na Justiça do Trabalho. Regra geral, em virtude do art. 791 da CLT, a contratação de advogado é facultativa e, por isso, o entendimento era de que não havia condenação em honorários sucumbenciais. Haviam exceções:

- Lei 5.584/70 e TST, Súmula 219, I: quando o empregado estiver acompanhado do sindicato **e** for beneficiário da gratuidade de justiça, haverá condenação em honorários.
- TST, Súmula 219, III: quando o sindicato atuar como substituto processual, haverá condenação em honorários.
- TST, Súmula 219, II e IV: na Ação Rescisória, na forma do CPC.
- TST, Súmula 219, III e IN 27/2005: nas ações que não versem sobre relação de emprego, sendo os honorários pagos na forma do CPC.
- SDI-I, OJ 421: nas ações de acidente de trabalho, propostas na Justiça Comum e remetidas para a Justiça do Trabalho por força da EC 45, os honorários são pagos pela mera sucumbência na forma do CPC.

19 Entretanto, com o advento da Lei 13.467/17, a concepção acerca do *jus postulandi* mudou. A parte que fizer a faculdade de utilizá-lo abrirá mão da possibilidade de condenação em honorários advocatícios. Nessa esteira, são devidos honorários advocatícios de sucumbência no processo do trabalho, mesmo em causas que o advogado atue em causa própria, como naquelas em que a Fazenda Públicas seja parte.

20 Os honorários serão fixados pelo juiz, observando-se os limites de 5-15% do valor da condenação, do proveito econômico ou, ainda, do valor arbitrado à causa. Essa fixação seguirá os critérios do §2º do art, 791-A, da CLT.

21 No caso de procedência parcial, o juiz arbitrará os honorários de sucumbência recíproca, sendo vedada a compensação entre honorários, dado que o crédito não é da parte, mas do seu advogado. Sendo o condenado ao pagamento dos honorários sucumbenciais beneficiário da justiça gratuita, o crédito do processo servirá para o pagamento; não havendo crédito, as obrigações ficarão sob condição suspensiva de exigibilidade por dois anos, prazo no qual o credor (o advogado) poderá comprovar a mudança no estado financeiro da parte e proceder à execução do montante.

22 É possível a condenação em honorários na reconvenção.

23 Mandato: realizada a contratação de advogado, incumbe à parte conferir-lhe mandato, que é o documento pelo qual ela confere poderes ao advogado para atuar em seu nome. Na Justiça do Trabalho, admite-se o mandato tácito ou expresso.

24 Mandato tácito é extraído da prática conjunta do ato processual pela parte e seu advogado. Por conseguinte, ele apenas possui a cláusula *ad judítia*, ou seja, poderes gerais para o foro, já que os poderes especiais devem ser expressos. Dentro da cláusula geral, o TST confere plena validade ao mandato tácito (súmula 383 do TST). Entretanto, o TST considera que esse mandato é personalíssimo e não admite substabelecimento – SDI1, OJ 200.

25 O art. 791, § 3º da CLT trouxe a figura do mandato *apud acta*, que é um "misto" de tácito e expresso. De acordo com a norma, a requerimento verbal do advogado, é possível a concessão de poderes em geral mediante simples registro em ata.

26 Expresso: de acordo com a TST, Súmula 383, considera-se inexistente o ato processual praticado por advogado cuja procuração não atenda aos requisitos de lei, salvo se tiver também mandato tácito.

27 O mandato deve conter a qualificação do outorgante, sob pena de invalidade (Súmula 456 do TST). Por outro lado, é desnecessária a juntada de contrato social/ato social/estatuto como condição de validade do mandato, salvo se impugnado pela parte contrária – SDI-I, OJ 255.

28 São regras de validade do mandato, de acordo com o TST, Súmula 395:

- É válido o mandato que contenha prazo de validade e cláusula de prevalência de poderes até o final da demanda.
- É inválido o ato praticado quando o mandato tinha prazo para juntada e foi juntado fora do prazo.

- É válido o ato praticado pelo substabelecido, ainda que não haja no mandato poder expresso para substabelecer.
- É inválido o ato praticado pelo substabelecido quando o substabelecimento é anterior à outorga passada ao substabelecente.

29 O substabelecimento não exige data para validade – SDI-I, OJ 75.

30 OBSERVAÇÃO!!! Acaso o estagiário figure no processo nessa condição – juntando substabelecimento para que pratique os atos possíveis ao estagiário – e, em seguida, alcance a habilitação como advogado, ele poderá atuar no processo na condição de advogado, com poderes gerais para o foro.

> **OJ 319 da SDI 1 do TST.** REPRESENTAÇÃO REGULAR. ESTAGIÁRIO. HABILITAÇÃO POSTERIOR (DJ 11.08.2003)
>
> Válidos são os atos praticados por estagiário se, entre o substabelecimento e a interposição do recurso, sobreveio a habilitação, do então estagiário, para atuar como advogado.

6. SUBSTITUIÇÃO PROCESSUAL

1 Há **legitimação ordinária** quando o titular do direito material é o titular exclusivo do direito processual – a própria parte, detentora do direito, é exclusivamente quem pode pleiteá-lo em juízo. Ocorre a **legitimação extraordinária** quando essa coincidência não acontece necessariamente – ou seja: alguém ingressa em juízo em nome próprio para pleitear direito alheio.

2 No processo do trabalho, a CF/88, em seu art. 8º, III, previu que o sindicato poderá proceder à defesa dos direitos coletivos ou individuais da categoria, em processos judiciais ou administrativos.

> **Art. 8º, III** - ao sindicato cabe a defesa dos direitos e interesses coletivos ou individuais da categoria, inclusive em questões judiciais ou administrativas;

3 O STF entendeu que a redação do art. 8º, III, da CF/88 é resultado de um fortalecimento de movimento sindical no Brasil, devendo ser interpretado teleologicamente (busca a finalidade da norma), a fim de dar amplitude ao seu conteúdo. Assim, o entendimento atual é de que o sindicato tem **substituição processual AMPLA**; ou seja, poderá atuar como substituto dos empregados, em processo judicial, atuando em nome próprio, na defesa de direitos alheios, tanto na defesa de direitos individuais, como também os coletivos.

4 O sindicato atua em nome próprio, de forma que o substituído poderá nem saber da ação, não havendo que se falar em autorização. Essa ação do substituto interrompe o **prazo prescricional** para a ação do substituído, **OJ 359, SDI-I:**

OJ 359. SUBSTITUIÇÃO PROCESSUAL. SINDICATO. LEGITIMIDADE. PRESCRIÇÃO. INTERRUPÇÃO

A ação movida por sindicato, na qualidade de substituto processual, interrompe a prescrição, ainda que tenha sido considerado parte ilegítima "ad causam".

7. SUCESSÃO PROCESSUAL

1 Ocorre sucessão processual quando uma parte assume o lugar de outra no processo. Os casos clássicos trabalhistas são: sucessão de empregadores e morte.

2 De acordo com a Lei 6.858/80, a sucessão do empregado por morte poderá ser feita com a certidão de habilitação junto ao INSS que comprove a condição de dependente do sucessor. Assim, não necessariamente virá o espólio, mas sim a pessoa física do dependente, com a respectiva certidão de dependente junto ao órgão previdenciário.

8. AÇÃO, PROCESSO E PROCEDIMENTO

1 **Ação** é o direito fundamental do indivíduo de obter a prestação jurisdicional do Estado. Em outras palavras, é o direito fundamental de bater às portas do Poder Judiciário, pedindo-lhe que entregue a tutela jurisdicional, sempre que sofrer lesão ou ameaça de lesão a direito (art. 5º, XXXV da CF/88).

2 **Processo** é a materialização do direito de ação. É o complexo de atos destinados à obtenção de um pronunciamento da tutela. Trata-se da materialização do direito de ação. Não bastaria ao cidadão a previsão abstrata de um direito de acionar o judiciário se não lhe fosse concedido o instrumento para o exercício desse direito.

3 O **procedimento** é o modo e a forma como os atos processuais se organizam e serão praticados, de acordo com a natureza do processo. É o procedimento que determina, por exemplo, se um dado ato poderá ser praticado oralmente ou por escrito, bem assim é ele quem determina a ordem de prática dos atos processuais no processo.

4 A CLT previu, para o processo de conhecimento, alguns procedimentos: a reclamação trabalhista, o inquérito judicial para apuração de falta grave, o dissídio coletivo e a ação de cumprimento. A reclamação trabalhista é a ação de conhecimento principal, tendo em vista que as demais têm cabimento específico nas situações expressas previstas em lei.

5 A reclamação poderá se processar de três formas:

a) **Procedimento Comum ou Ordinário**, destinado às causas cujo valor supere a 40 salários mínimos.

b) **Procedimento Sumaríssimo (Lei 9.957/00)**, englobando as causas cujo valor não ultrapasse 40 salários mínimos.

c) **Procedimento Sumário ou de Alçada (Lei 5.584/70),** destinados às causas cujo valor não seja superior a 02 salários mínimos.

9. PROCEDIMENTO ORDINÁRIO

1 O processo começa com a **petição inicial** que pode ser **verbal ou escrita, à escolha do reclamante**. Quando **verbal**, o reclamante deve comparecer ao setor de distribuição (ou Secretaria da Vara, tratando-se de Vara única) para demonstrar o seu intento de reclamar. Feito isso, inicia-se um **prazo de 05 dias** para que compareça à secretaria da Vara do Trabalho para **reduzir a termo**. Esse prazo não é absoluto, tendo em vista que, na hipótese de força maior, poderá ser elastecido pelo juiz.

2 Comparecendo, o reclamante irá realizar o seu relato, sendo a petição reduzida a termo pelo servidor, seguindo-se a notificação do reclamado.

3 Não comparecendo no prazo, a reclamação vai ser arquivada e o reclamante sofrerá a penalidade de "perempção temporária ou trabalhista", de forma que passará **06 meses sem poder litigar**.

> **Art. 731** - Aquele que, tendo apresentado ao distribuidor reclamação verbal, não se apresentar, no prazo estabelecido no parágrafo único do art. 786, à Junta ou Juízo para fazê-lo tomar por termo, incorrerá na pena de perda, pelo prazo de 6 (seis) meses, do direito de reclamar perante a Justiça do Trabalho.

4 Quando a petição for escrita, os seus requisitos serão aqueles previstos na própria CLT. A CLT exige que o reclamante apresente pedidos líquidos e, assim, que indique o valor da causa.

5 Protocolizada a petição inicial, o reclamado vai ser **notificado** (postal, oficial de justiça ou edital) (art. 841 da CLT). A notificação será automaticamente expedida pela Secretaria da Vara, no prazo de 48 horas.

6 A parte é notificada para comparecer em **audiência** (chamada de audiência inaugural). Essa primeira audiência deve ser marcada em, no **mínimo, 05 dias**, observando-se que não há previsão de prazo máximo, dado que seguirá a liberdade da pauta.

7 Este prazo de cinco dias é o interstício mínimo para a designação de audiência, e, doutrinariamente, é considerado o prazo mínimo para formulação de defesa. Todavia, deve se ter em mente que **o prazo de defesa, no processo do trabalho, é a audiência, após devidamente notificado o réu**.

8 Para os privilegiados, esse prazo será em dobro e, assim, o interstício a ser observado é de, no mínimo, 10 dias.

> **Art. 841** - Recebida e protocolada a reclamação, o escrivão ou secretário, dentro de 48 (quarenta e oito) horas, remeterá a segunda via da petição, ou do termo, ao reclamado, notificando-o ao mesmo tempo, para comparecer à audiência do julgamento, que será a primeira desimpedida, depois de 5 (cinco) dias.

9 Há de se observar que, não sendo observado esse prazo, o réu poderá requerer ao juiz a devolução do prazo de defesa.

> OBSERVAÇÃO!!! Presume-se que a notificação foi recebida 48 horas após a sua postagem.

> **Súmula 16, TST** – NOTIFICAÇÃO.
>
> Presume-se recebida a notificação 48 (quarenta e oito) horas depois de sua *postagem*. O seu não-recebimento ou a entrega após o decurso desse prazo constitui ônus de prova do destinatário.

10 No **rito ordinário**, caso o reclamado crie embaraços ao recebimento da notificação ou não seja encontrado, esta **será feita por edital**, inserto no jornal oficial ou no que publicar o expediente forense, ou na falta, afixado na sede do Juízo.

> **Art. 841 § 1º** - A notificação será feita em registro postal com franquia. Se o reclamado criar embaraços ao seu recebimento ou não for encontrado, far-se-á a notificação por edital, inserto no jornal oficial ou no que publicar o expediente forense, ou, na falta, afixado na sede da Junta ou Juízo.

9.1. Audiências

11 No processo do trabalho, o reclamado é notificado para comparecer à audiência, que terá as seguintes características:

- Deve ser designada entre as **08 e 18 horas de dias úteis**. Ressalte-se que as sessões nos tribunais são das 14h às 17h.

> **Art. 813** - As audiências dos órgãos da Justiça do Trabalho serão públicas e realizar-se-ão na sede do Juízo ou Tribunal em dias úteis previamente fixados, entre 8 (oito) e 18 (dezoito) horas, não podendo ultrapassar 5 (cinco) horas seguidas, salvo quando houver matéria urgente.

> **§ 1º** - Em casos especiais, poderá ser designado outro local para a realização das audiências, mediante edital afixado na sede do Juízo ou Tribunal, com a antecedência mínima de 24 (vinte e quatro) horas.

- Após 05 horas de pauta, o juiz pode adiar todas as audiências. Trata-se de uma regra de saúde e segurança e medicina do trabalho.
- A **pauta** deve ter início com tolerância máxima de atraso de 15 minutos (a pauta e não a audiência). Após esse período, partes e advogados poderão constar a presença e se retirar, sem sofrer qualquer penalidade.

> **Art. 815** - À hora marcada, o juiz ou presidente declarará aberta a audiência, sendo feita pelo secretário ou escrivão a chamada das partes, testemunhas e demais pessoas que devam comparecer.
>
> **Parágrafo único** - Se, até 15 (quinze) minutos após a hora marcada, o juiz ou presidente não houver comparecido, os presentes poderão retirar-se, devendo o ocorrido constar do livro de registro das audiências.

Lembre-se que esse atraso de 15 minutos não se aplica às partes.

> **OJ 245 da SDI 1 do TST.** REVELIA. ATRASO. AUDIÊNCIA.
>
> Inexiste previsão legal tolerando atraso no horário de comparecimento da parte na audiência.

- Em regra, as audiências devem ser realizadas na sede do juízo ou tribunal. Havendo necessidade de realização em local diverso, as partes devem ser notificadas com antecedência mínima de 24 horas, mediante edital afixado no prédio das varas.
- A ata de audiência será um reflexo dos acontecimentos em audiência na sua integralidade.
- Havendo necessidade de interrupção da sessão para prosseguimento em outro dia, é possível a designação segundo a disponibilidade de pauta, não havendo prazo previsto em lei para tal fim.
- São presenças obrigatórias em audiência: juiz e secretário de audiência. Sendo assim, a audiência pode realizar-se sem a presença das partes.

> **Art. 814** - Às audiências deverão estar presentes, comparecendo com a necessária antecedência os escrivães ou secretários.

9.2. Comparecimento das partes na audiência inaugural

13 Conforme analisado anteriormente, as partes se fazem presentes pessoalmente ou se fazem representar, na forma do art. 843 da CLT. Se as presenças obrigatórias para a realização da audiência são, exclusivamente, juiz e secretário de audiência, o que ocorre no caso de ausência das partes nessa **PRIMEIRA**

AUDIÊNCIA? A ausência das partes na audiência é regulada no art. 844 da CLT. Vejamos:

Ausente o Reclamante

> **Art. 844** - O não-comparecimento do reclamante à audiência importa o arquivamento da reclamação [...].

Determina o art. 844 da CLT que, ausente o autor, deve ocorrer o arquivamento da reclamação trabalhista - extinção do processo sem resolução do mérito.

Vale registrar que, se o reclamante der causa a **02 arquivamentos seguidos**, em decorrência de ausência injustificada à audiência, ele sofrerá o "duplo arquivamento" e sofrerá a penalidade de 06 meses sem poder litigar - **perempção trabalhista/temporária.**

> OBSERVE! Apenas incorrerá nessa pena aquele que, injustificadamente, não comparecer. Ela não será aplicada se, presente, o reclamante desistir da reclamação. Em ambos os casos, ocorrerá a extinção do processo sem resolução do mérito. Todavia, na segunda hipótese (desistência), o comparecimento do reclamante afasta a aplicação de qualquer penalidade.

Na hipótese de arquivamento, o reclamante será condenado ao pagamento das custas processuais, ainda que beneficiário da justiça gratuita. O juiz poderá dispensar esse pagamento quando, comprovando o reclamante, a ausência ocorrer por motivo legalmente justificável. Não sendo dispensadas as custas, o seu pagamento será condição para a propositura de nova demanda.

> **Art. 732** - Na mesma pena do artigo anterior incorrerá o reclamante que, por 2 (duas) vezes seguidas, der causa ao arquivamento de que trata o art. 844.

> ATENÇÃO! O ajuizamento da reclamação interrompe a prescrição, ainda que arquivada, mas apenas quanto aos pedidos idênticos - art. 11, §3º, da CLT.

Ausente o Reclamado

> **Art. 844** – (...) o não-comparecimento do reclamado importa revelia, além de confissão quanto à matéria de fato.

A ausência do reclamado, nos termos da CLT, implica decretação da revelia, aliada à confissão quanto à matéria de fato.

> **Súmula 122, TST.** REVELIA. ATESTADO MÉDICO.
>
> A reclamada, ausente à audiência em que deveria apresentar defesa, é revel, ainda que presente seu advogado munido de procuração, podendo ser ilidida a revelia mediante a apresentação de atestado médico, que deverá declarar, expressamente, a impossibilidade de locomoção do empregador ou do seu preposto no dia da audiência.

Conforme o entendimento transcrito, a revelia vai ser decretada ainda que o advogado esteja presente, munido de procuração e defesa. A revelia só vai ser elidida mediante atestado médico que indique a impossibilidade de comparecimento.

OBSERVAÇÃO!!! Registre-se o que dispõe a OJ 152 da SDI-1, *in verbis:*

> **OJ 152.** REVELIA. PESSOA JURÍDICA DE DIREITO PÚBLICO. APLICÁVEL. (ART. 844 DA CLT).
>
> Pessoa jurídica de direito público sujeita-se à revelia prevista no artigo 844 da CLT.

Havendo motivo relevante, o juiz poderá deixar de aplicar essas penalidades e suspender a audiência, remarcando a sessão para outro dia:

> Art. 844 – (…)
>
> §1º Ocorrendo motivo relevante, poderá o juiz suspender o julgamento, designando nova audiência.

9.3. Procedimento de audiência

14 Presentes as partes, o juiz fará a primeira proposta obrigatória de **conciliação**. As partes, nesse momento, poderão conciliar ou não.

(a) Se as partes conciliarem, o acordo terá efeito de decisão **irrecorrível** para as partes, passível apenas de **ação rescisória**.

> **Súmula 100, TST** - AÇÃO RESCISÓRIA. DECADÊNCIA
>
> [...] V - O acordo homologado judicialmente tem força de decisão irrecorrível, na forma do art. 831 da CLT. Assim sendo, o termo conciliatório transita em julgado na data da sua homologação judicial.
>
> **Súmula 259, TST** - TERMO DE CONCILIAÇÃO. AÇÃO RESCISÓRIA.
>
> Só por ação rescisória é impugnável o termo de conciliação previsto no parágrafo único do art. 831 da CLT

Esse efeito de irrecorribilidade ocorre a partir do ato de homologação do acordo, e não do ato de publicação da decisão homologatória. **Atenção!!!** Em relação ao **INSS,** o acordo é **recorrível**, ou seja, caberá Recurso Ordinário.

(b) Não havendo acordo, o juiz procederá à leitura da petição inicial, salvo quando dispensada pelas partes. Abre-se, então, o momento para que o reclamado apresente **a defesa**, que pode ser oral, em 20 minutos, ou escrita.

> **Art. 847** - Não havendo acordo, o reclamado terá vinte minutos para aduzir sua defesa, após a leitura da reclamação, quando esta não for dispensada por ambas as partes.

PROCESSUAL DO TRABALHO

15 Em sua defesa, o réu poderá apresentar: **contestação** ou **reconvenção**.

9.4. Procedimento da contestação

16 Apresentada a contestação, deve haver a manifestação da parte contrária (respeito ao princípio do contraditório). Não há previsão legal para "réplica", entretanto, a juntada da defesa demanda a aplicação do princípio do contraditório e vistas à parte contrária.

- Essa manifestação poderá ser feita na própria audiência (audiência una), seguindo-se a instrução e conclusão do processo.
- O juiz poderá conceder prazo para manifestação (fracionamento da instrução), suspendendo a audiência e designando nova data para a continuidade.

17 Havendo concessão de prazo e fracionamento da instrução, o juiz designará nova audiência para fazer a instrução do feito, mediante colheita da prova oral. A essa audiência, realizada após a apresentação da defesa, dá-se o nome de audiência de instrução.

> ATENÇÃO!!! O juiz pode, ou não, conceder prazo ou fracionar a audiência, quando se trata de rito ordinário.

9.5. Comparecimento das partes na audiência de instrução

18 Também nessa audiência, as partes comparecem na forma do art. 843 da CLT. Sendo uma audiência, realiza-se com a presença do juiz e do secretário de audiência, de forma que a audiência ocorrerá com ou sem as partes.

19 Diferentemente da anterior, a ausência das partes nessa audiência não gera consequências diversas. **Ausente qualquer das partes** no momento da instrução, será aplicada a **pena de confissão à parte ausente,**

> **Súmula nº 74 do TST.** CONFISSÃO. (atualizada em decorrência do CPC de 2015) – Res. 208/2016, DEJT divulgado em 22, 25 e 26.04.2016
>
> I - Aplica-se a confissão à parte que, expressamente intimada com aquela cominação, não comparecer à audiência em prosseguimento, na qual deveria depor. (ex-Súmula nº 74 - RA 69/1978, DJ 26.09.1978)
>
> II - A prova pré-constituída nos autos pode ser levada em conta para confronto com a confissão ficta (arts. 442 e 443, do CPC de 2015 - art. 400, I, do CPC de 1973), não implicando cerceamento de defesa o

indeferimento de provas posteriores. (ex-OJ nº 184 da SBDI-1 - inserida em 08.11.2000)

III- A vedação à produção de prova posterior pela parte confessa somente a ela se aplica, não afetando o exercício, pelo magistrado, do poder/dever de conduzir o processo.

Súmula nº 9 do TST - AUSÊNCIA DO RECLAMANTE

A ausência do reclamante, quando adiada a instrução após contestada a ação em audiência, não importa arquivamento do processo.

20 Disso é possível concluir que:

1. Ausente o réu, ele vai ser confesso;
2. Ausente o autor, ele também vai ser confesso;
3. Ausentes ambas as partes, ambas serão confessas (o juiz vai julgar quanto às regras de ônus de prova).

OBSERVAÇÕES IMPORTANTES!!!

1. Para que o juiz aplique a pena de confissão é imprescindível que ela tenha sido cominada no ato que convoca a parte para a audiência. Assim, tendo sido remarcada em uma audiência anterior, na ata dessa audiência deverá constar que as partes deverão comparecer à próxima audiência "sob pena de confissão"; tendo sido enviada notificação designando e convocando para audiência, esta cominação deverá, igualmente, constar da notificação.
2. A aplicação da pena de confissão não impede que o juiz julgue o processo com base nas provas pré-constituídas dos autos, o que implica concluir que poderá julgar a favor do confesso. Note-se que a confissão incide exclusivamente sobre a matéria de fato e é ficta, podendo ser contraposta em face das demais provas do processo. Ainda, como gestor do processo, o juiz poderá, querendo, determinar diligências probatórias.

9.6. Instrução processual

21 O art. 845 da CLT preceitua que as partes comparecerão à audiência munidas das provas que pretenderem produzir. Para a compreensão acerca dos procedimentos, entretanto, cumpre realizar os seguintes destaques:

- Prova testemunhal: no rito ordinário, cada parte terá direito à oitiva de **03 testemunhas**, que serão apresentadas na própria audiência, independentemente de notificação. O parágrafo único, do art. 825 da CLT, entretanto, limita-se a informar que aquelas que não comparecerem serão notificadas, ficando sujeitas à condução coercitiva e às penalidades do art. 730, na hipótese de comparecimento injustificado.

- Prova pericial: Requerida a prova pericial, o juiz vai indicar o perito e designar prazo para a entrega do laudo (Lei 5.584/70). **Note-se**: Diferentemente do processo civil, o eventual assistente técnico indicado pela parte deverá entregar o seu parecer no mesmo prazo assinalado para o perito entregar o laudo, sob pena de desentranhamento dos autos.

22 Encerrada a instrução, as partes apresentarão razões finais. As razões finais podem ser orais, devendo ser apresentadas em 10 minutos, ou escritas (memoriais).

23 Após as razões finais, será feita a **segunda proposta obrigatória de conciliação**. Por fim, os autos serão enviados para sentença.

24 A sentença deverá conter todos os requisitos: relatório, fundamentação e dispositivo.

Contra essa sentença, caberá embargos de declaração, em 5 dias, ou recurso ordinário, em 8 dias, conforme o caso – os recursos e o seu cabimento serão detalhadamente estudados.

10. PROCEDIMENTO SUMARÍSSIMO

1 Em primeiro plano, estão submetidos ao procedimento sumaríssimo os **dissídios individuais** cujo valor não exceda a **quarenta** vezes o salário mínimo, **vigente na data do ajuizamento da reclamação**.

2 Por expressa vedação legal (art. 852-A, parágrafo único, da CLT), o **procedimento sumaríssimo não é aplicável** para as demandas em que seja **parte a Administração Pública direta, autárquica e fundacional**. Sendo ela parte, portanto, não obstante o valor da causa, a ação seguirá o rito ordinário.

3 A petição inicial verbal, por não ter previsão alguma, segue a disciplina do procedimento ordinário. Quanto à petição inicial escrita, a lei impôs dois requisitos ao autor da ação (art. 852-B da CLT):

a. O pedido deverá ser certo ou determinado e indicará o valor correspondente;

b. O autor fará a indicação precisa do nome e endereço do reclamado.

4 Assim, diversamente do que ocorre no rito ordinário, será exigido não apenas o valor da causa, mas a liquidação de cada um dos pedidos da peça de ingresso.

5 O **desatendimento**, pelo autor, de qualquer um desses requisitos implicará **extinção do processo sem resolução do mérito (arquivamento) e condenação do autor no pagamento de custas.**

> **Art. 852-B, § 1º** O não atendimento, pelo reclamante, do disposto nos incisos I e II deste artigo importará no arquivamento da reclamação e condenação ao pagamento de custas sobre o valor da causa.

6 Aceita a petição inicial, o juiz procederá à notificação do reclamado. Neste procedimento, **a notificação não pode ser feita por edital**.

7 No caso da notificação postal, o art. 852-B, §2º, da CLT, prevê expressamente que é dever das partes e seus advogados a indicação precisa de seus endereços e, ainda, a manutenção destes devidamente atualizados nos autos. Frustrada a notificação por desatualização de endereço – e, consequentemente, pelo desatendimento da parte a essa previsão legal – reputa-se realizada no endereço dos autos.

8 A notificação é para o comparecimento da parte em audiência que, nesse procedimento, ganha algumas características próprias.

- A primeira audiência deve ser designada no prazo mínimo de 5 dias e no prazo máximo de 15 dias.

Assim como no rito ordinário, considera-se 5 dias o interstício mínimo para a defesa. No rito sumaríssimo, o art. 852-B, III, da CLT, prevê que o juiz apreciará a demanda no prazo de 15 dias. Como o primeiro contato do juiz com o processo é em audiência, a ser realizada em sessão única, interpreta-se o dispositivo como um prazo máximo para a designação da primeira audiência.

- Caso a audiência seja adiada, este adiamento será por prazo não superior a 30 dias, salvo motivo relevante.

> **Art. 852-H, § 7º.** Interrompida a audiência, o seu prosseguimento e a solução do processo dar-se-ão no prazo máximo de trinta dias, salvo motivo relevante justificado nos autos pelo juiz da causa.

- A audiência será realizada em sessão única, na qual ocorrerá a instrução e o julgamento do feito.
- Com vistas a atender à unicidade da audiência e aos interstícios máximos previstos em lei, o juiz poderá designar pautas especiais para processos de rito sumaríssimo.
- Na realização da audiência, o titular poderá convocar o substituto para que atuem simultaneamente no feito (art. 852-C da CLT).
- No procedimento ordinário, a ata é um reflexo dos atos praticados em audiência. Por outro lado, o art. 852-F da CLT prevê que, da ata de audiência no procedimento sumaríssimo, constarão apenas os atos essenciais, as informações úteis e as afirmações fundamentais.

10.1. Procedimento na audiência

9 No rito sumaríssimo, não há previsão de duas propostas conciliatórias. A previsão legal foi no sentido de que o juiz fará a proposta inicial, expondo às partes as vantagens da solução conciliada. Após, tentará a conciliação a todo tempo no processo.

> **Art. 852-E.** Aberta a sessão, o juiz esclarecerá as partes presentes sobre as vantagens da conciliação e usará os meios adequados de persuasão para a solução conciliatória do litígio, em qualquer fase da audiência.

10 A **manifestação sobre a defesa** deverá ser feita em audiência. O art. 852-C da CLT determina que a audiência será realizada em sessão única, salvo impossibilidade. Alia-se esse dispositivo ao art. 852-H, § 1°, segundo o qual a manifestação sobre os documentos juntados pela parte contrária ocorrerá na própria audiência, que não será interrompida, salvo absoluta impossibilidade, a critério do juiz.

11 Destarte, em regra, juntada a defesa acompanhada por documentos, a parte contrária irá se manifestar na própria audiência, ressalvada a hipótese de, a critério do magistrado, reputar-se absoluta impossibilidade, como poderia ocorrer no caso de juntada de muitos documentos.

10.2. Instrução processual

12 Realizada a juntada da defesa, inicia-se a instrução do processo. O juiz dirigirá a instrução do processo com ampla liberdade, podendo limitar as provas ou excluir aquelas que considerar excessivas, impertinentes ou protelatórias.

13 Há duas peculiaridades acerca das provas que são dignas de destaque:

- Prova testemunhal: cada parte poderá indicar, no máximo, **2 testemunhas.** Para que as testemunhas sejam notificadas pelo juízo, deve haver comprovação de que foram devidamente convidadas e não compareceram.

Se, ainda que notificadas pelo juízo, as testemunhas não comparecerem, será determinada a sua imediata condução coercitiva (art. 852-H, § 3°, da CLT).

- Prova pericial: Somente quando a prova do fato o exigir ou for legalmente imposta será deferida a produção da prova técnica (pericial). Em havendo prova pericial, as partes devem se manifestar sobre o laudo pericial no **prazo comum de 05 dias**.

> OBSERVAÇÃO!!! Serão decididos de plano todos os incidentes processuais, decidindo-se em sentença todas as demais questões.

10.3. Sentença no rito sumaríssimo

14 Encerrada a instrução, o juiz proferirá sentença. O art. 852-I, CLT determina que a **sentença poderá dispensar o relatório**.

15 O juiz adotará a decisão mais justa e equânime, considerado o bem comum e os fins sociais da lei.

16 Proferida a sentença em audiência, as partes serão intimadas na própria audiência em que prolatada.

10.4. Recursos no rito sumaríssimo

17 Da sentença cabem embargos de declaração (5 dias) e recurso ordinário (8 dias).

ATENÇÃO!!! O rito sumaríssimo não altera qualquer prazo recursal.

18 O processamento do recurso ordinário sofre alterações no processo deste rito:

a. A primeira peculiaridade é que, na hipótese de sua interposição, a manifestação do Ministério Público, se necessária, será realizada na própria sessão do tribunal, oralmente (art. 895, §1°, III, CLT).

b. O art. 895 possibilita que a própria certidão de julgamento funcione como decisão, de modo que não necessariamente haverá acórdão. Para tanto, a certidão deverá conter a indicação suficiente do processo, a parte dispositiva e as razões de decidir do voto prevalente. Se a decisão confirmar a sentença por seus próprios fundamentos, ela fará constar tal circunstância na certidão.

c. O art. 895, §1°, II, da CLT, prevê mais uma mudança. O relator deverá apreciar o recurso e enviá-lo para a secretaria da Turma no prazo de 10 dias, cabendo a esta a sua imediata inclusão em pauta. É permitido aos tribunais a formação de turmas especializadas para o julgamento de recursos em processos de rito sumaríssimo.

19 Da decisão o recurso ordinário – que poderá ser acórdão ou certidão de julgamento (se não necessariamente houve acórdão) –, caberá recurso de revista. O cabimento do recurso de revista, entretanto, somente será possível por três fundamentos (art. 896, § 9° da CLT):

- Violação direta à CF/88;
- Contrariedade à súmula do TST (não inclui OJ – súmula 442 do TST)
- Contrariedade à súmula vinculante.

PROCESSUAL DO TRABALHO

11. PROCEDIMENTO SUMÁRIO OU DE ALÇADA

1 Fruto de uma alteração legislativa de 1970 (Lei 5.584), o rito sumário ou de alçada, em que pese pretendesse a aceleração de causas de baixo valor, foi tímido quando da previsão das mudanças.

2 Por tal razão, após o advento do rito sumaríssimo, prevalece o entendimento de que as modificações do rito sumário serão aplicadas sobre o rito sumaríssimo. Em outras palavras, o rito sumaríssimo é o procedimento subsidiário a ser aplicado.

> **Art. 2º, § 3º** Quando o valor fixado para a causa, na forma dêste artigo, não exceder de 2 (duas) vêzes o salário-mínimo vigente na sede do Juízo, será dispensável o resumo dos depoimentos, devendo constar da Ata a conclusão da Junta quanto à matéria de fato.

3 Conforme já mencionado, o rito sumário ou de alçada tem cabimento para causas cujo valor não exceda 2 salários mínimos vigentes na data e no local da propositura da demanda.

4 Ora, diante da possibilidade de pisos regionais diferenciados de salário mínimo, a lei foi minuciosa ao esclarecer que será considerado não apenas o salário mínimo vigente no tempo (data da propositura da reclamação), como também no espaço (o valor regional, caso adotado).

5 Conforme expressa previsão legal, a **ata de audiência** é ainda mais simplificada do que aquela do rito sumaríssimo. Exige-se, apenas, que conste a conclusão do juiz sobre a matéria de fato, sem necessidade de constar o resumo dos depoimentos das partes ou testemunha.

6 Também restou previsto em lei que o processo se desenvolverá por impulso oficial. Assim, proposta a demanda, o juiz deve diligenciar para que o feito se processe rapidamente (é um dever dele). Nos idos de 1970, essa previsão tinha um valor maior do que atualmente, uma vez que o impulso oficial, enquanto um dever do juiz de entregar a tutela jurisdicional em prazo razoável, é um verdadeiro princípio de processo.

> **Art. 4º da Lei:** Nos dissídios de alçada exclusiva das Juntas e naqueles em que os empregados ou empregadores reclamarem pessoalmente, o processo poderá ser impulsionado de ofício pelo Juiz.

7 A diferença derradeira toca ao fato de que, da decisão somente caberá recurso por violação direta e literal à CF/88.

> **§ 4º** - Salvo se versarem sobre matéria constitucional, nenhum recurso caberá das sentenças proferidas nos dissídios da alçada a que se refere o parágrafo anterior, considerado, para esse fim, o valor do salário mínimo à data do ajuizamento da ação

12. PETIÇÃO INICIAL

12.1. Conceito e previsão legal

1 A petição inicial, tanto no processo do trabalho quanto no processo civil, é a peça que dá início à demanda.

2 No processo do trabalho, ela está regulada no art. 840 da CLT. O referido artigo disciplina a petição inicial trabalhista **verbal** ou **escrita**, prevendo um procedimento para cada.

> **Art. 840**. A reclamação poderá ser escrita ou verbal.
>
> § 2º Se verbal, a reclamação será reduzida a termo, em 2 (duas) vias datadas e assinadas pelo escrivão ou chefe de secretaria, observado, no que couber, o disposto no §1º deste artigo.
>
> **Art. 786**. A reclamação verbal será distribuída antes de sua redução a termo.
>
> Parágrafo único. Distribuída a reclamação verbal, a reclamação verbal, o reclamante deverá, salvo motivo de força maior, apresentar-se no prazo de 5 (cinco) dias, ao cartório ou à secretaria, para reduzi-la a termo, sob a pena estabelecida no Art. 731.
>
> **Art. 731**. Aquele que, tendo apresentado ao distribuidor reclamação verbal, não se apresentar, no prazo estabelecido no parágrafo único do Art. 786, à Junta ou Juízo para fazê-lo tomar por termo, incorrerá na pena de perda, pelo prazo de 6 (seis) meses, do direito de reclamar perante a Justiça do Trabalho.

3 De acordo com a redação dos dispositivos transcritos, o trabalhador comparece à Justiça do Trabalho, oportunidade em que menciona a sua intenção de propor uma reclamação trabalhista. Nesse momento, são qualificadas as partes e o processo vai ser distribuído.

4 Uma vez realizada a distribuição, o empregado tem o prazo de 5 dias para comparecer à secretaria da vara para fazer a redução a termo. Ressalte-se que esse prazo de 5 dias NÃO é absoluto, uma vez que o juiz poderá, na hipótese de motivo imperioso, ampliar esse prazo.

> ATENÇÃO!!! Registre-se que, como visto, **primeiro é feita a distribuição da reclamação e, apenas em seguida, feita a redução a termo.**

5 Se o reclamante comparecer, será feita a redução a termo da sua manifestação, a entrega de eventuais documentos e a notificação da parte contrária.

6 Se o reclamante não comparecer, o processo será arquivado e ocorrerá a **perempção trabalhista** ou a perempção provisória, que implica no impedimento de litigar pelo prazo de 6 meses.

> **Art. 840** - A reclamação poderá ser escrita ou verbal.
>
> § 1º - Sendo escrita, a reclamação deverá conter a designação do Presidente da Junta, ou do juiz de direito a quem for dirigida, a qualificação do reclamante e do reclamado, uma breve exposição dos fatos de que resulte o dissídio, o pedido, a data e a assinatura do reclamante ou de seu representante.

OBSERVAÇÃO!!! No Inquérito judicial para apuração de falta grave e no dissídio coletivo a petição inicial **deverá ser escrita**.

> **Art. 787 da CLT**. A reclamação escrita deverá ser formulada em 2 (duas) vias e desde logo acompanhada dos documentos em que se fundar.

7 Da leitura do art. 840 da CLT é possível destacar os seguintes requisitos:

- O endereçamento;
- A qualificação do reclamante e do reclamado;
- Breve exposição dos fatos de que resulte o dissídio;
- Pedido - que deverá ser certo, determinado e **líquido**;
- Data e assinatura;

Observe-se que, condizente com a previsão do *jus postulandi*, a CLT permite que a peça inaugural seja assinada pelo próprio demandante.

8 A apresentação de pedidos ilíquidos implicará a extinção do pedido sem resolução do mérito.

9 Emendar a petição inicial significa corrigir algum vício sanável constante da peça de ataque. A compatibilidade do artigo 321 do CPC, com o processo do trabalho, é aceita pelo TST na Súmula 263 e na Súmula 299, II. De acordo com os referidos entendimentos consolidados, o indeferimento da petição inicial deve, necessariamente, ser precedido de prazo para emenda e, apenas após o descumprimento da parte, é que haverá indeferimento.

> **Súmula nº 263 do TST.** PETIÇÃO INICIAL. INDEFERIMENTO. INSTRUÇÃO OBRIGATÓRIA DEFICIENTE (nova redação em decorrência do CPC de 2015) – Res. 208/2016, DEJT divulgado em 22, 25 e 26.04. 2016
>
> Salvo nas hipóteses do art. 330 do CPC de 2015 (art. 295 do CPC de 1973), o indeferimento da petição inicial, por encontrar-se desacompanhada de documento indispensável à propositura da ação ou não preencher outro requisito legal, somente é cabível se, após intimada para suprir a irregularidade em 15 (quinze) dias, mediante indicação precisa do que deve ser corrigido ou completado, a parte não o fizer (art. 321 do CPC de 2015).

> **Súmula nº 299 do TST.** AÇÃO RESCISÓRIA. DECISÃO RESCINDENDA. TRÂNSITO EM JULGADO. COMPROVAÇÃO. EFEITOS. I – (...)
>
> II - Verificando o relator que a parte interessada não juntou à inicial o documento comprobatório, abrirá prazo de 15 (quinze) dias para que o faça (art. 321 do CPC de 2015), sob pena de indeferimento (ex-Súmula nº 299 - Res 8/1989, DJ 14, 18 e 19.04.1989)

OBSERVAÇÃO!!! O art. 852-B, II, § 1°, da CLT exige que a petição inicial do rito sumaríssimo apresente pedidos líquidos e certos. Desatendida essa regra, o processo será arquivado (extinção do processo sem resolução do mérito). Em virtude do rigor preclusivo constante do referido artigo, afirma-se que não é possível o aditamento, uma vez que a penalidade pela inobservância veio expressamente prevista na CLT, sem qualquer tolerância.

FIQUE ATENTO!!!! Na prova objetiva, a resposta a ser assinalada é aquela que prevê o conteúdo da CLT, ou seja, ausente a liquidação dos pedidos (ainda que seja a liquidação de apenas um deles), o juiz deve proceder à extinção do processo sem resolução do mérito e o consequente arquivamento da reclamação, com a condenação do autor ao pagamento das custas processuais.

10 O indeferimento da petição inicial implica extinção do processo sem resolução do mérito (art. 485, I, do CPC). Nesse sentido, trata-se de sentença terminativa.

11 Observe-se que, nessa hipótese, tal decisão desafia recurso ordinário com efeito regressivo (possibilidade de retratação pelo juiz, que irá "voltar atrás" da decisão proferida). Inteligência da IN 39/16, que prevê a aplicação do art. 485, § 7º, CPC, ao processo do trabalho.

13. DEFESAS DO RÉU

1 Aberta a audiência, o juiz apresentará a proposta de conciliação às partes. Frustrada a conciliação, será realizada a leitura da petição inicial, salvo se dispensada pelas partes. Em seguida, passa-se ao momento de oferecimento da defesa.

> **Art. 847 da CLT** - Não havendo acordo, o reclamado terá vinte minutos para aduzir sua defesa, após a leitura da reclamação, quando esta não for dispensada por ambas as partes.

2 A defesa poderá ser ORAL (com duração máxima de 20 minutos) ou ESCRITA.

3 O réu pode apresentar todas as defesas que entender pertinentes. A CLT previu expressamente a contestação e as exceções. Apesar de não estar expressamente prevista na CLT, a reconvenção é compatível com os princípios justrabalhistas da economia e da celeridade processual – aplicando-se, no particular, integralmente, as previsões do CPC de forma subsidiária. A exceção de incompetência territorial, entretanto, apesar de prevista na CLT, não será apresentada em audiência, guardando procedimento próprio, conforme se verá em seguida.

4 As consequências da não apresentação da defesa estão relacionadas com a ausência de impugnação das alegações constantes da petição inicial.

> ATENÇÃO!!! Essas consequências não se relacionam com a revelia necessariamente. A revelia decorre da ausência do reclamado em audiência e tem, como um dos efeitos, a confissão. Presente o reclamado em audiência, se este não apresentar defesa, ele não será revel, entretanto, por não ter impugnado os fatos narrados na petição inicial – uma vez que não apresentou defesa –, estes presumem-se verdadeiros.

5 A palavra revelia decorre do latim *rebellius*. A revelia é o ato de "rebeldia" da parte. No processo do trabalho, o art. 844 da CLT elegeu como ato capaz de ensejar a revelia a ausência do reclamado em audiência.

> **Art. 844 da CLT** – [...] o não-comparecimento do reclamado importa revelia, além de confissão quanto à matéria de fato.

6 Assim, o conceito de revelia no processo do trabalho não tem relação com o ânimo de defesa do reclamado, mas sim com a sua ausência em audiência, consistindo em conceito expresso em lei. É esse o entendimento do TST (súmula 122).

7 Por isso, ainda que presente o advogado munido de procuração e defesa, o reclamado, devidamente notificado que não comparecer à audiência será revel. A revelia o tornará **confesso fictamente apenas quanto à matéria de fato**.

8 Saliente-se que a própria súmula prevê que a revelia pode ser elidida, desde que a parte comprove, mediante atestado médico, impossibilidade de locomoção, que deverá **constar expressamente** do atestado.

14. EFEITOS DA REVELIA

A. Confissão sobre a matéria de fato

1 O primeiro efeito da revelia consiste em considerar o revel fictamente confesso sobre toda a matéria de fato alegada na petição inicial.

2 Esse efeito da revelia, contudo, não se aplica nas seguintes hipóteses (§4º do art. 844 da CLT):

a. Quando houver litisconsórcio passivo e um dos réus apresentar defesa: A lei dá a entender que é qualquer litisconsórcio passivo. Todavia, em verdade, é apenas na hipótese de litisconsórcio passivo unitário.

b. Se o litígio versar sobre direitos indisponíveis.

c. Se a petição inicial não estiver acompanhada de documento essencial e indispensável à prova do direito.

d. As alegações de fato formuladas pelo autor forem inverossímeis ou estiverem em contradição com prova constante dos autos.

B. Possibilidade de julgamento antecipado da lide

> **Art. 355.** O juiz julgará antecipadamente o pedido, proferindo sentença com resolução de mérito, quando:
>
> I - não houver necessidade de produção de outras provas;
>
> II - o réu for revel, ocorrer o efeito previsto no art. 344 e não houver requerimento de prova, na forma do art. 349.

1 Note-se, entretanto, que essa possibilidade não implica deferimento de todos os pedidos. O juiz estará adstrito à realidade e, ainda, aos fatos concretos que envolvem o processo.

2 Ainda que o réu seja revel e confesso, o juiz receberá a sua defesa e documentos, desde que presente o seu advogado munido de procuração e defesa na audiência.

C. Os prazos processuais fluirão independentemente de intimação do revel

> **Art. 346.** Os prazos contra o revel que não tenha patrono nos autos fluirão da data de publicação do ato decisório no órgão oficial.
>
> Parágrafo único. O revel poderá intervir no processo em qualquer fase, recebendo-o no estado em que se encontrar.

1 Ao réu revel é permitido intervir no processo a qualquer momento, recebendo-o no estado em que se encontra. Todavia, não será notificado das eventuais publicações que ocorram do processo, porque este fluirá independentemente da sua notificação.

2 Há duas exceções. A um, o art. 852 da CLT exige que o réu, mesmo sendo revel, seja notificado da sentença.

> **Art. 852** - Da decisão serão os litigantes notificados, pessoalmente, ou por seu representante, na própria audiência. No caso de revelia, a notificação far-se-á pela forma estabelecida no § 1º do art. 841.

3 Ou seja: o revel não será notificado de nenhum outro ato processual, salvo da sentença, que exigirá a sua notificação.

4 A dois, esse efeito não se aplica ao revel que possua patrono (advogado) constituído nos autos. Tendo advogado, o seu cliente será intimado de todo o andamento processual, através do seu constituído.

> OBSERVAÇÃO!!! No caso de pedido de adicional de insalubridade ou periculosidade, o art. 195 da CLT elegeu, como prova essencial, a prova pericial. Destarte, mesmo ocorrendo a revelia e sendo aplicada a pena de confissão, é imperiosa a realização da prova pericial para o deferimento do pedido. A confissão não supre a necessidade da prova, de maneira que o juiz somente poderá deferir o pedido se a perícia for realizada.

15. DEFESAS EM ESPÉCIES

15.1. Contestação

1 É a principal peça de defesa do réu, onde deverão estar apostos todos os seus argumentos. É informada por dois princípios.

A. Princípio da eventualidade e concentração da defesa.

2 De acordo com esse princípio, o réu deve reunir toda a matéria de defesa que considera necessária argumentar na sua peça de contestação, sem que isso implique em contradição. Não é possível a realização de defesa por etapas. Cumpre ao réu concentrar, na mesma peça, todos os argumentos em seu favor, ainda que aparentemente possam parecer contraditórios.

3 Nessa ideia de concentração, a matéria não apresentada pelo réu em sua contestação, não mais poderá ser apresentada nos autos. Depois de apresentada a contestação, só será possível argumentar novos fatos em três hipóteses:

(1) Em caso de direito superveniente;

(2) Em caso de objeção processual: matérias de ordem pública (podem ser arguidas a qualquer tempo).

(3) por expressa autorização legal, puderem ser formuladas em qualquer tempo e grau de jurisdição.

4 Mas quais seriam todas essas matérias de defesa que devem ser arguidas na contestação? Tanto a defesa de processo, quanto a defesa de mérito.

5 Na **defesa de processo,** o réu ataca o processo, argumentando haver defeito processual a ser corrigido ou defeito processual que implica extinção do processo. Daí que a defesa de processo pode se classificar em defesa DILATÓRIA, quando a sua finalidade for estender o processo no tempo para correção do defeito, ou PEREMPTÓRIA, aquela que visa a extinção do processo ou mesmo a extinção de um pedido.

6 Já a **defesa de mérito**, pode ser DIRETA ou INDIRETA.

7 Considera-se **defesa direta de mérito** aquela que implica negativa do fato constitutivo. Na **defesa indireta de mérito**, o réu até admite o fato constitutivo, mas ele empresta a esse fato um fato modificativo, extintivo ou impeditivo do direito do autor.

B. Princípio da impugnação específica ou do ônus da impugnação especificada.

> **Art. 341.** Incumbe também ao réu manifestar-se precisamente sobre as alegações de fato constantes da petição inicial, presumindo-se verdadeiras as não impugnadas, salvo se:
>
> I - não for admissível, a seu respeito, a confissão;
>
> II - a petição inicial não estiver acompanhada de instrumento que a lei considerar da substância do ato;
>
> III - estiverem em contradição com a defesa, considerada em seu conjunto.

8 Por este princípio, ao réu incumbe impugnar especificadamente todas as alegações do autor, sendo consideradas incontroversas aquelas sobre as quais não haja impugnação.

9 É desse princípio que decorre a impossibilidade de defesa chamada de defesa por negativa geral.

10 A defesa por negativa geral somente é possível nas hipóteses de lei, como ocorre com a Defensoria Pública, advogado dativo e curador especial (art. 341, parágrafo único, do CPC).

OBSERVAÇÃO! Compensação e Retenção

> **Art. 767, CLT** - A compensação, ou retenção, só poderá ser arguida como matéria de defesa.

11 De acordo com o art. 767 da CLT, a compensação e a retenção devem ser arguidas em contestação, uma vez que consistem em exceções substanciais do réu – o réu exerce um direito dele contra o autor na própria defesa.

A. Compensação

12 Se duas pessoas forem ao mesmo tempo credoras e devedoras uma da outra, extinguir-se-á a obrigação pela compensação.

Requisitos (Art. 368/369 do CC/02):

- Duas pessoas, ao mesmo tempo, credoras e devedoras entre si;
- Dívidas líquidas, vencidas e sobre coisas fungíveis;

  Súmula 18, TST - COMPENSAÇÃO.

  A compensação, na Justiça do Trabalho, está restrita a dívidas de natureza trabalhista.
- Requerimento do reclamado em defesa.

  Súmula 48, TST - COMPENSAÇÃO.

  A compensação só poderá ser argüida com a contestação

13 O art. 477, § 5°, da CLT prevê que o valor de compensação no momento da rescisão do contrato de trabalho não pode exceder o montante de 1 mês de remuneração do empregado.

> **Art. 477, § 5º** - Qualquer compensação no pagamento de que trata o parágrafo anterior não poderá exceder o equivalente a um mês de remuneração do empregado.

14 Esse artigo refere-se à finalização extrajudicial do contrato, realizada junto ao sindicato de classe do empregado, e não possui relação com a ação judicial. Em ação judicial, não há limite para a compensação.

> ATENÇÃO!!! Não confundir **compensação** com **dedução**. Na dedução, o réu requer seja deduzido um valor eventualmente já quitado da parcela. Exemplo: já foi pago parte das horas extras, o réu, então, requer seja deduzido o valor já pago. A dedução visa evitar o enriquecimento sem causa e, por isso, pode ser determinada de ofício, já que o juiz pode, diante dos documentos, observar o pagamento parcial.

B. Retenção

15 Consiste em não devolver coisa que se retém legitimamente, para compelir o proprietário a um pagamento a que está obrigado.

> OBSERVAÇÃO!!! Matérias que podem ser arguidas depois da apresentação da Contestação.
>
> (1) Hipótese de fato superveniente: A ciência do fato deve ser posterior à apresentação da contestação para que seja possível aludir-se a essa hipótese. Fato superveniente é aquele que acontece antes ou depois da contestação, mas do qual a parte só teve ciência após a sua

apresentação. Esse fato pode ser, inclusive, conhecido de ofício pelo juiz.

Súmula nº 394 do TST - FATO SUPERVENIENTE. ART. 493 DO CPC DE 2015. ART. 462 DO CPC DE 1973. (atualizada em decorrência do CPC de 2015) – Res. 208/2016, DEJT divulgado em 22, 25 e 26.04.2016

O art. 493 do CPC de 2015 (art. 462 do CPC de 1973), que admite a invocação de fato constitutivo, modificativo ou extintivo do direito, superveniente à propositura da ação, é aplicável de ofício aos processos em curso em qualquer instância trabalhista. Cumpre ao juiz ou tribunal ouvir as partes sobre o fato novo antes de decidir.

(2) Matérias de ordem pública previstas no art. 337 do CPC, à exceção da convenção de arbitragem.

(3) Matérias que, por expressa previsão legal, poderão ser arguidas a qualquer tempo e juízo. Exemplo: prescrição – súmula 153 do TST.

Exceções:

Art. 799 da CLT - Nas causas da jurisdição da Justiça do Trabalho, somente podem ser opostas, com suspensão do feito, as exceções de suspeição ou incompetência.

16 Cumpre salientar que, em que pese o CPC tenha abolido as duas figuras enquanto exceções – a incompetência relativa passou a ser arguida por preliminar de defesa (art. 337) e a arguição de suspeição ou impedimento foi tratada corretamente de forma apartada da defesa (já que pode ser suscitada por qualquer das partes) – a CLT não é afetada por tais mudanças tendo em vista que, de acordo com a redação do art.800, faz-se imprescindível a apresentação da exceção de incompetência em peça apartada. No que concerne à suspeição, a mudança para o termo "arguição" e a sua mudança para tópico diverso no CPC, conquanto se aplique ao processo do trabalho, não implica mudança prática digna de nota.

17 A palavra "exceção", em sentido amplo, significa defesa. A doutrina faz uma diferença entre exceção e objeção, de modo que esta seria a defesa que versa sobre matéria de ordem pública e a exceção seria toda e qualquer matéria de defesa, que não a objeção. Em sentido estrito, a exceção é uma defesa processual dilatória, que é aquela que visa dilatar e estender o processo no tempo sem dar fim a ele, com o objetivo de corrigir um defeito processual.

18 Na CLT, temos a previsão de duas exceções. São elas:

1. Exceção de suspeição: aqui, visa-se afastar o juiz da causa.
2. Exceção de incompetência: aqui, visa-se afastar a causa do juízo.

19 De acordo com o artigo 799 da CLT, a oposição de exceção suspende imediatamente o andamento do processo até o julgamento final da exceção.

A. Suspeição e impedimento

20 O que separa a suspeição do impedimento é que este veicula causas objetivas e aquele veicula causas subjetivas.

> **Art. 801 da CLT** - O juiz, presidente ou vogal, é obrigado a dar-se por suspeito, e pode ser recusado, por algum dos seguintes motivos, em relação à pessoa dos litigantes:
>
> a) inimizade pessoal;
>
> b) amizade íntima;
>
> c) parentesco por consangüinidade ou afinidade até o terceiro grau civil;
>
> d) interesse particular na causa.

21 **Registre-se que o juiz pode, a qualquer tempo, declarar-se suspeito por motivo de foro íntimo.**

22 O texto celetista tratou apenas do tema sob o nome de suspeição, não tendo tratado do impedimento. Isso porque o CPC de 1939, que inspirou a CLT, também não tinha previsão de impedimento. Contudo, o CPC de 1973 passou a tratar do impedimento, separando as causas que maculam a imparcialidade do juiz em suspeição e impedimento. Assim, conforme mencionado, separou para a suspeição as causas subjetivas, ao passo que deixou para o impedimento as causas subjetivas (arts.134 e 135). O padrão é o mesmo do CPC atual, de 2015, que, inclusive, ampliou as possibilidades de suspeição e impedimento.

23 Prevalece o entendimento de que se aplica subsidiariamente o CPC, uma vez que todas as hipóteses que maculam o direito fundamental à imparcialidade do juiz, implicam um defeito processual insanável e, por conta disso, podem ser arguidas pela parte.

24 Na prática, poderá ser manejada uma arguição de impedimento no processo do trabalho.

> OBSERVAÇÃO!! Cumpre salientar que NÃO existe previsão de arguição de impedimento na CLT, de forma expressa.

Procedimento das "exceções" de suspeição/impedimento:

> **Art. 802 da CLT**- Apresentada a exceção de suspeição, o juiz ou Tribunal designará audiência dentro de 48 (quarenta e oito) horas, para instrução e julgamento da exceção.
>
> § 1º - Nas Juntas de Conciliação e Julgamento e nos Tribunais Regionais, julgada procedente a exceção de suspeição, será logo convocado para a mesma audiência ou sessão, ou para a seguinte, o suplente do membro suspeito, o qual continuará a funcionar no feito até decisão final. Proceder-se-á da mesma maneira quando algum dos membros se declarar suspeito.

§ 2º - Se se tratar de suspeição de Juiz de Direito, será este substituído na forma da organização judiciária local.

25 Da leitura do texto retro, tem-se que, apresentada a exceção de suspeição, o juiz designará audiência no **prazo de 48 horas,** para instrução e julgamento da exceção (daí se conclui que o julgamento também deve ser feito em 48 horas). Na suspeição, o excepto, ou seja, a parte do incidente, é o próprio juiz. O dispositivo dá a entender, portanto, que o próprio juiz – excepto no incidente – seria o responsável pela instrução e julgamento da exceção na qual é parte.

26 Essa aparente contradição tem uma explicação histórica. O artigo foi previsto no período em que a vara do trabalho era Junta de Conciliação e Julgamento, formada por 03 juízes – um juiz togado e dois juízes classistas. Assim, arguida a exceção de um deles, os outros se encarregariam de julgar.

27 Com a extinção da representação classista, com a EC24, a previsão legal se mostrou inaplicável, pela previsão de que o próprio juiz ficaria responsável pelo julgamento do incidente do qual é parte.

28 Por tal razão, o Ato GCGJT 004/2009, previu que será aplicado o procedimento previsto no CPC, para a exceção de suspeição/impedimento.

29 Destarte, se o juiz reconhece a suspeição/impedimento, determina, de logo, a remessa dos autos para o seu substituto.

30 Não reconhecendo o fato narrado, apresentará as suas razões de contrariedade às alegações da parte, a qual será acompanhada das provas que entender pertinentes (documentos e rol de testemunhas). Feito isso, encaminhará os autos à instância superior.

OBSERVAÇÃO!! A suspeição/impedimento do juiz pode ser arguida por qualquer das partes.

31 A CLT prevê, expressamente, que a parte que a arguir deverá fazê-lo na primeira oportunidade que tiver para se manifestar nos autos, logo após o conhecimento do fato que gera a suspeição (art. 795, CLT). Nesse caso, se não arguida na primeira oportunidade de falar nos autos, estará preclusa a possibilidade de arguição (art. 801, parágrafo único, da CLT).

32 De acordo com a CLT, não será declarada a suspeição quando (parágrafo único, art. 801):

a) ficar comprovado que o recusante praticou ato anterior de aceitação da pessoa do juiz, salvo se sobreveio novo motivo;

b) se do processo constar que o recusante deixou de alegá-la anteriormente, mesmo tendo conhecimento do fato;

c) se restar comprovado que o recusante procurou, propositadamente, o motivo que dei ensejo à suspeição.

33 Da decisão de exceção de suspeição/impedimento, não caberá recurso imediato. A parte que se sentir prejudicada deve, na primeira oportunidade, alegar nulidade processual, a fim de resguardar o seu direito à apresentação de recurso sobre essa matéria juntamente com o recurso da decisão final.

B. Incompetência

34 A exceção de incompetência parte da premissa de que há uma **incompetência relativa** no processo, que será corrigida por meio dessa exceção, uma vez que a incompetência absoluta é arguida por meio de preliminar.

35 De acordo com o art. 800 da CLT, essa exceção deverá ser apresentada antes da audiência inaugural, no prazo de 5 dias contados da notificação do reclamado. Exige-se, ainda, que ele a apresente por escrito - sendo, pois, exceção à defesa oral - em peça própria da qual conste a identificação da exceção.

36 Essa exceção deve ser arguida no prazo de 5 dias contados da notificação do reclamado, sob pena de preclusão e de **prorrogação da competência** já instalada. Ou seja: se a parte não a suscitar antes da contestação, o juízo, inicialmente incompetente territorial para o processo, terá a sua competência prorrogada e será competente para aquele processo.

37 O art. 795, §1° da CLT aduz que a **incompetência de foro** poderá ser declarada *ex officio*. Aqui, o artigo se refere à **incompetência do foro trabalhista** (incompetência **material** e, portanto, **absoluta**).

38 Apresentada a exceção de incompetência (art. 800 da CLT), suspende-se o feito e não se realizará a audiência do art. 843 da CLT até o seu julgamento.

39 De imediato, faz-se a conclusão do feito para o juiz, que intimará o(s) reclamante(s), para manifestação em prazo comum de 5 dias. Sendo necessário, o juiz designará audiência de instrução da exceção, assegurado ao excipiente e suas testemunhas serem ouvidos por carta precatória no juízo por eles considerado competente.

40 No julgamento da exceção de incompetência, o juiz pode rejeitar ou acolher as alegações. Fica assegurada a apresentação da contestação quando da audiência após estabelecido o juízo competente.

41 As decisões que julgam as exceções de incompetência territorial ou de suspeição são sempre **interlocutórias**[3]. Diante dessa natureza, **as decisões que apreciam exceções não sofrem recurso de imediato, em regra**, somente podendo ser impugnadas quando do Recurso Ordinário em face da sentença (art. 893, §1º, da CLT).

> **Art. 799, §2º da CLT:** Das decisões sobre exceções de suspeição e incompetência, salvo, quanto a estas, se terminativas do feito, não caberá recurso, podendo, no entanto, as partes alegá-las novamente no recurso que couber da decisão final.

42 Em resumo, se o juiz rejeita ou acolhe a exceção, estará proferindo uma decisão interlocutória, que, de acordo com o art. 799, §2º da CLT, é irrecorrível de imediato, **salvo se terminativa do feito. A hipótese excepcional tratada na CLT foi delimitada na Súmula 214, "c", TST**.

> **Súmula 214, TST** - DECISÃO INTERLOCUTÓRIA. IRRECORRIBILIDADE
> Na Justiça do Trabalho, nos termos do art. 893, § 1º, da CLT, as decisões interlocutórias não ensejam recurso imediato, salvo nas hipóteses de decisão:
>
> [...]
>
> c) que acolhe exceção de incompetência territorial, com a remessa dos autos para Tribunal Regional distinto daquele a que se vincula o juízo excepcionado, consoante o disposto no art. 799, § 2º, da CLT.

43 Da leitura do entendimento sumulado, acrescido da previsão celetista transcrita acima, é possível formular as seguintes conclusões:

1. da decisão que rejeita exceção de incompetência, não cabe recurso imediato;
2. da decisão que acolhe a exceção de competência, e determina a remessa dos autos para Vara do Trabalho vinculado ao mesmo TRT, não cabe recurso imediato;
3. da decisão que acolhe a exceção de incompetência, e determina a remessa dos autos para Vara do Trabalho vinculada a TRT distinto, cabe recurso imediato. **O recurso cabível é o Recurso Ordinário, direcionado para o TRT de onde o processo está saindo, ou seja, o TRT ao qual está vinculada a Vara do Trabalho que proferiu a decisão de acolhimento da incompetência**.

44 Há de se ressaltar que, aqui, está-se falando de incompetência relativa. Isso porque, quando se alega incompetência absoluta, deve-se fazer em sede de preliminar de contestação e não através de exceção.

3. Art.162, § 2º do CPC: Decisão interlocutória é o ato pelo qual o juiz, no curso do processo, resolve questão incidente.

45 Registre-se que é requisito essencial para acolhimento da exceção, que a parte decline o foro que entende ser o competente.

15.2. Reconvenção

46 A reconvenção é a ação do réu contra o autor no mesmo processo. Por meio da reconvenção, o réu formula pedido contra o autor naquele processo por ele proposto (o réu demanda). Para que o réu possa se valer deste instrumento, é necessário que haja identidade de ritos ou que ambas as demandas possam se processar pelo procedimento ordinário.

2 A reconvenção, em que pesa não tenha previsão na CLT, mostra-se perfeitamente compatível com o processo do trabalho, sobretudo com os princípios da economia e da celeridade processual. Assim, aplica-se integralmente o processo civil, de forma subsidiária. Por tal motivo, os requisitos da reconvenção, no processo do trabalho, são os mesmos do processo civil, quais sejam:

A. Que ambos os juízos sejam competentes;

B. Que haja compatibilidade de ritos ou que ambas as demandas possam se processar pelo rito ordinário;

C. Que haja conexão entre a reconvenção e ação principal;

D. Que haja ação pendente – na qual o réu poderá apresentar o seu pedido.

47 A reconvenção é própria do processo de conhecimento. Caberá em qualquer tipo de processo, desde que preenchidos os requisitos.

> **STF Súmula nº 258.** Admissibilidade - Reconvenção em Ação Declaratória
>
> É admissível reconvenção em ação declaratória.

48 Apresentada a reconvenção, deve ser concedido o prazo para a defesa da reconvenção, que não poderá ser inferior a 05 dias (art. 841 da CLT).

49 A **ausência de contestação à reconvenção implica confissão do autor em relação aos fatos narrados na reconvenção**, mas JAMAIS em revelia.

ATENÇÃO!!! A **reconvenção é independente** da ação principal.

> **Art. 343.** Na contestação, é lícito ao réu propor reconvenção para manifestar pretensão própria, conexa com a ação principal ou com o fundamento da defesa.
>
> § 1º Proposta a reconvenção, o autor será intimado, na pessoa de seu advogado, para apresentar resposta no prazo de 15 (quinze) dias.

> § 2º A desistência da ação ou a ocorrência de causa extintiva que impeça o exame de seu mérito não obsta ao prosseguimento do processo quanto à reconvenção.

50 Tal artigo se justifica pelo fato da reconvenção ser uma nova ação. Portanto, a desistência da ação principal não é obstáculo para o prosseguimento da reconvenção.

16. AUDIÊNCIA

16.1. Noções introdutórias

1 Audiência é um ato processual complexo, que atende a múltiplas finalidades. No processo do Trabalho tem particular importância, pois é na audiência que ocorre a tentativa de conciliação, entrega de defesa, depoimento das partes, oitivas de testemunhas e peritos, apresentação de razões finais e sentença.

16.2. Características

2 São características das audiências:

- **Publicidade:** As audiências serão públicas, salvo quando o interesse social demandar o sigilo.

> **Art. 93, IX da CF:** todos os julgamentos dos órgãos do Poder Judiciário serão públicos, e fundamentadas todas as decisões, sob pena de nulidade, podendo a lei limitar a presença, em determinados atos, às próprias partes e a seus advogados, ou somente a estes, em casos nos quais a preservação do direito à intimidade do interessado no sigilo não prejudique o interesse público à informação.
>
> **Art. 5º, LX, CF:** A lei ó poderá restringir a publicidade dos atos processuais quando a **defesa da intimidade** ou o **interesse social** o exigirem.

- **Local:** Quanto ao local, as audiências serão realizadas, em **dias úteis**, na **sede do juízo ou tribunal**. Excepcionalmente, poderão realizar-se em outro local. Nesse caso, deverá ser afixado edital na sede do juízo, com **antecedência mínima de 24 horas** (art. 813 da CLT). Sempre que for necessário, poderão ser convocadas **audiências extraordinárias**, observado o prazo de 24 horas.
- **Horário:** as audiências serão designadas entre **08h00 e 18h00**, dos dias úteis. Esse horário é para a designação, de maneira que poderão ocorrer depois das 18h00, mas apenas em decorrência de atraso da pauta. Vale registrar que as **sessões nos tribunais serão das 14h00 às 17h00** (art. 701 da CLT).

- **Duração:** A audiência tem duração máxima de **5 horas contínuas**. A regra é para a conservação da saúde do juiz e do Secretário de audiências. Todavia, quando houver matéria urgente, poderá ultrapassar esse limite (art.813 da CLT).
- **nício da pauta:** A CLT prevê uma tolerância de **atraso** para o início da pauta de até **15 minutos**. Após, passado esse tempo, se o juiz não se apresentar, as partes e seus advogados poderão fazer constar a sua presença no livro de registro de audiência e se retirar, sem sofrer penalidade pena ausência (art. 815, parágrafo único, da CLT). Não há previsão de tolerância com o atraso das partes.

> **OJ 245, SDI-I, TST.** Inexiste previsão legal tolerando atraso no horário de comparecimento da parte à audiência.

Note-se que o atraso que não se tolera é o da pauta. O atraso de uma audiência, em razão do andamento da pauta, não dá direito às partes de se ausentarem.

- **Direção da audiência:** Ao juiz ou presidente incumbe o dever de manutenção da ordem em audiência. Para tanto, pode determinar que se retirem da sala de audiência todos aqueles que perturbarem a tranquilidade do ato. É o poder de polícia do juiz.

> **Art. 816 da CLT**- O juiz ou presidente manterá a ordem nas audiências, podendo mandar retirar do recinto os assistentes que a perturbarem.

OBSERVAÇÃO!!! No rito sumaríssimo, a audiência poderá ser presidida pelo juiz titular, acompanhado do substituto – art. 852-C da CLT.

- **Registro dos atos:** Os atos processuais ocorridos em audiência deverão ser registrados em ata. Todos os fatos relevantes, como as ausências, atrasos, requerimentos, protestos, providências determinadas pelo juiz, dentre outros. A ata será assinada pelo juiz, que deverá juntá-la aos autos em 48 horas.

> **Art. 817 da CLT** - O registro das audiências será feito em livro próprio, constando de cada registro os processos apreciados e a respectiva solução, bem como as ocorrências eventuais.
>
> Parágrafo único - Do registro das audiências poderão ser fornecidas certidões às pessoas que o requererem.
>
> **Art. 851 da CLT** - Os trâmites de instrução e julgamento da reclamação serão resumidos em ata, de que contará, na íntegra, a decisão.
>
> § 1º Nos processos de exclusiva alçada da Juntas, será dispensável, a juízo do presidente, o resumo dos depoimentos, devendo constar da ata a conclusão do Tribunal quanto à matéria de fato.

§ 2º A ata será, pelo presidente ou juiz, junta ao processo, devidamente assinada, no prazo improrrogável de 48 (quarenta e oito) horas, contado da audiência de julgamento, e assinada pelos Juízes classistas presentes à mesma audiência.

Lei 5584/70, art. 2º, § 3º Quando o valor fixado para a causa, na forma dêste artigo, não exceder de 2 (duas) vêzes o salário-mínimo vigente na sede do Juízo, será dispensável o resumo dos depoimentos, devendo constar da Ata a conclusão da Junta quanto à matéria de fato.

16.3. Presença das partes em audiência

Audiência inaugural

Partes	Como se faz presente	Consequência
Reclamante	Pessoalmente	Ausente o reclamante → "Arquivamento" (extinção do processo sem resolução do mérito).
	Quando não puder comparecer Por doença ou motivo poderoso → Nesse caso, faz-se "representar" pelo seu sindicato ou por outro colega de profissão (art. 843, §2º, da CLT).	O "representante" limita-se a constar a presença. Não poderá depor, confessar, transigir, renunciar ou desistir. A presença limita-se a evitar o arquivamento ou aplicação da pena de confissão.
Reclamado	Sócio, gerente ou preposto (art. 843, §1º, da CLT). Súmula 377, do TST: O preposto deve ser empregado da empresa, salvo nas seguintes hipóteses: • Emprego Doméstico • Microempresário • Pequeno empresário	O preposto "representa" o reclamado. Assim, todas as suas declarações vinculam o reclamado – por isso, o preposto deve ter conhecimento dos fatos. Ausente o reclamado → revelia + confissão ficta sobre matéria de fato.
	Quando não puder comparecer A reclamada poderá ilidir a revelia quando apresentar atestado médico que declare, expressamente, a impossibilidade de locomoção do empregador ou do seu preposto no dia da audiência.	Se o atestado for apresentado em audiência, implicará o seu adiamento.

OBSERVAÇÃO!!! A presença do advogado, ainda que munido de procuração e defesa, não é suficiente para afastar a revelia. (Súmula 122 do TST).

Fracionamento da audiência

3 A ordem dos atos da audiência é a seguinte:

Audiência inaugural → Proposta de Conciliação → Rejeitada → Leitura da Petição Inicial (quando não dispensada pelas partes) → Apresentação de defesa → Concessão de prazo para manifestação sobre a defesa → Remarcação (adiamento) da audiência para instrução → Audiência de Instrução.

4 Esse é o procedimento que implica fracionamento da audiência, com o início da sessão, onde é feita a proposta conciliatória e a apresentação da defesa, à qual segue-se a sessão em outro dia, com a produção da prova oral – oitiva das partes, das testemunhas e, sendo o caso, dos peritos.

5 Existe a possibilidade, entretanto, da ocorrência da audiência una – que é aquela em que todos os atos ocorrem em uma mesma sessão, que se inicia com a proposta de conciliação e pode se finalizar, inclusive, com a prolação da sentença (audiência contínua).

6 A adoção do primeiro procedimento (fracionamento da audiência em sessões), implicará designação de nova data para a sessão em que serão colhidas as provas; ou seja, a audiência será adiada e remarcada para outro dia.

7 Consequência da ausência das partes na audiência em prosseguimento:

Parte	Consequência
Ausente o reclamante	Aplica-se a pena de confissão (Súmula 09 do TST)
Ausente o reclamado	Aplica-se a pena de confissão
Ausentes ambos	Aplica-se a pena de confissão a ambos, e o juiz julgará o processo conforme as regras de ônus de prova.

8 Contudo, a **aplicação da pena de confissão** segue as seguintes **regras – súmula 74 do TST:**

- A pena de confissão deverá ter sido **cominada,** no ato que convoca a parte para a audiência (exemplo: constar da ata da primeira sessão que as partes devem comparecer à audiência no dia xx/xx/xx, às xxhxx, para depor **sob pena de confissão**).
- A aplicação é de pena de confissão ficta/fictícia/presumida. Sendo assim, o juiz poderá se vale das provas pré-constituídas no processo para julgar.
- O juiz persegue na condução do processo e poderá, após a confissão, determinar a produção de provas que entender necessárias.

Súmula nº 74 do TST - CONFISSÃO. (atualizada em decorrência do CPC de 2015) – Res. 208/2016, DEJT divulgado em 22, 25 e 26.04.2016

I - Aplica-se a confissão à parte que, expressamente intimada com aquela cominação, não comparecer à audiência em prosseguimento, na qual deveria depor. (ex-Súmula nº 74 - RA 69/1978, DJ 26.09.1978)

II - A prova pré-constituída nos autos pode ser levada em conta para confronto com a confissão ficta (arts. 442 e 443, do CPC de 2015 - art. 400, I, do CPC de 1973), não implicando cerceamento de defesa o indeferimento de provas posteriores. (ex-OJ nº 184 da SBDI-1 - inserida em 08.11.2000)

III - A vedação à produção de prova posterior pela parte confessa somente a ela se aplica, não afetando o exercício, pelo magistrado, do poder/dever de conduzir o processo.

Súmula 9, TST. Ausência do reclamante.

A ausência do reclamante, quando adiada a instrução após contestada a ação em audiência, não importa arquivamento do processo.

16.4. Audiência no procedimento ordinário

9 É uma audiência **contínua.** A pretensão do legislador era de que a audiência fosse una, porém pode ser dividida (fracionada) em sessões, a fim de facilitar e preservar os direitos fundamentais processuais. A praxe indica que a divisão das audiências ocorre da seguinte forma: audiência inicial, audiência de instrução e audiência de julgamento.

Art. 849, CLT. A audiência de julgamento será **contínua**; mas, se não for possível, por motivo de força maior, concluí-la no mesmo dia, o juiz ou presidente marcará a sua continuação para a primeira desimpedida, independentemente de nova notificação.

16.5. Audiência no procedimento sumaríssimo

10 A audiência é **una**. Isso significa que todos os atos serão praticados em uma única audiência (apresentação de defesa, manifestação sobre os documentos, instrução processual, razões finais, dentre outros incidentes que possa ocorrer).

Art. 852-C. As demandas sujeitas a rito sumaríssimo serão instruídas e julgadas em audiência única, sob a direção de juiz presidente ou substituto, que poderá ser convocado para atuar simultaneamente com o titular.

17. CONCILIAÇÃO

1 O processo do trabalho é regido pelo princípio da conciliabilidade – conforme estudado no primeiro capítulo. A fim de preservar a observância desse princípio, a CLT previu, em cada um dos procedimentos, momentos nos quais será exigido do juiz que realize a tentativa de conciliação, obrigatoriamente. Isso não impede, entretanto, que, durante todo o curso do processo, o juiz proponha novamente a possibilidade da solução harmônica dos conflitos.

- **Procedimento ordinário** – São exigidas duas tentativas obrigatórias de conciliação:

  1ª) quando da abertura da audiência;

  > **Art. 846** - Aberta a audiência, o juiz ou presidente proporá a conciliação.

  2ª) depois de oferecidas as razões finais.

  > **Art. 850** - Terminada a instrução, poderão as partes aduzir razões finais, em prazo não excedente de 10 (dez) minutos para cada uma. Em seguida, o juiz ou presidente renovará a proposta de conciliação, e não se realizando esta, será proferida a decisão.

- **Procedimento sumaríssimo** – exige apenas uma tentativa conciliatória obrigatória, quando da abertura da audiência, mas esclarece o dispositivo celetista que o juiz poderá tentar conciliar a qualquer tempo.

  > **Art. 852-E.** Aberta a sessão, o juiz esclarecerá as partes presentes sobre as vantagens da conciliação e usará os meios adequados de persuasão para a solução conciliatória do litígio, em qualquer fase da audiência.

17.1. Homologação do Acordo

2 A homologação de acordo é faculdade do juiz. Assim, o juiz irá analisar a proposta realizada pelas partes, quando poderá, ou não, proceder à homologação. Esclarece-se, desta forma, que não há direito líquido e certo à homologação; é dizer, não é porque as partes atingiram uma composição que o juiz irá, necessariamente, homologar a proposta.

3 Por tal razão, contra a decisão do juiz, que se nega à homologação, não cabe recurso imediato, nem tampouco mandado de segurança. Havendo cabimento, pelo preenchimento do quanto previsto no art. 709, II, §§ 1º e 2º, da CLT, poderá ser hipótese de propositura de reclamação correicional.

Súmula nº 418 do TST - MANDADO DE SEGURANÇA VISANDO À HOMOLOGAÇÃO DE ACORDO (nova redação em decorrência do CPC de 2015) - Res. 217/2017 - DEJT divulgado em 20, 24 e 25.04.2017

A homologação de acordo constitui faculdade do juiz, inexistindo direito líquido e certo tutelável pela via do mandado de segurança.

4 Caso o juiz entenda por homologar o acordo, o termo que for lavrado valerá como decisão irrecorrível para as partes; para a Previdência Social, quanto às contribuições que lhe forem devidas (art. 831 da CLT), a decisão é recorrível. Em resumo:

- **Em relação às partes**: sentença homologatória de acordo é **irrecorrível**. A decisão transita em julgado na data de sua homologação (súmula 100, V, TST) – somente poderá ser desfeita por **ação rescisória**.
- **Em relação à Previdência Social** (INSS): Caberá Recurso Ordinário. Desde o advento da Lei 11.457/07, quem oferta o recurso é a União, em virtude da unificação da arrecadação e fiscalização dos tributos da antiga Receita Federal e contribuições da Previdência Social com a União Federal.

17.2. Termo de conciliação

5 Do termo de conciliação deve constar o prazo e forma do seu cumprimento.

Art. 846. Aberta a audiência, o juiz ou presidente proporá a conciliação.

§ 1º Se houver acordo lavrar-se-á termo, assinado pelo presidente e pelos litigantes, consignando-se o prazo e demais condições para seu cumprimento.

§ 2º Entre as condições a que se refere o parágrafo anterior, poderá ser estabelecida a de ficar a parte que não cumprir o acordo obrigada a satisfazer integralmente o pedido ou pagar uma indenização convencionada, sem prejuízo do cumprimento do acordo.

6 Com a evolução tecnológica, o acordo firmado no sistema do Processo Judicial Eletrônico não é mais assinado pelas partes, contendo apenas a assinatura digital do juiz.

OBSERVAÇÃO!! Aplica-se, ao acordo firmado na Justiça do Trabalho, o quanto previsto no art. 412 do Código Civil:

Art. 412 do CC: O valor da cominação imposta na cláusula penal não pode exceder o da obrigação principal.

17.3. Contribuição Previdenciária em acordo judicial

7 Cumpre às partes, no acordo, discriminar a natureza das parcelas pagas com o acordo (se indenizatória ou salarial). Essa obrigação visa, sobretudo, a identificação das parcelas de natureza salarial, sobre as quais incide o dever e a responsabilidade das partes em recolher a contribuição previdenciária.

> **Art. 832, § 3º da CLT:** As decisões cognitivas ou homologatórias deverão sempre indicar a natureza jurídica das parcelas constantes da condenação ou do acordo homologado, inclusive o limite de responsabilidade de cada parte pelo recolhimento da contribuição previdenciária, se for o caso.
>
> **Art. 43 da Lei 8.212/91.** Nas ações trabalhistas de que resultar o pagamento de direitos sujeitos à incidência de contribuição previdenciária, o juiz, sob pena de responsabilidade, determinará o imediato recolhimento das importâncias devidas à Seguridade Social.

8 Dada a importância dessa identificação, não havendo discriminação, a contribuição incidirá sobre o valor total do acordo, considerando-se o montante integral de natureza salarial.

> **OJ 368.** DESCONTOS PREVIDENCIÁRIOS. ACORDO HOMOLOGADO EM JUÍZO. INEXISTÊNCIA DE VÍNCULO EMPREGATÍCIO. PARCELAS INDENIZATÓRIAS. AUSÊNCIA DE DISCRIMINAÇÃO. INCIDÊNCIA SOBRE O VALOR TOTAL.
>
> É devida a incidência das contribuições para a Previdência Social sobre o valor total do acordo homologado em juízo, independentemente do reconhecimento de vínculo de emprego, desde que não haja discriminação das parcelas sujeitas à incidência da contribuição previdenciária, conforme parágrafo único do art. 43 da Lei nº 8.212, de 24.07.1991, e do art. 195, I, "a", da CF/1988.

17.4. Conciliação na execução

9 O entendimento atual é no sentido de que é **plenamente possível a realização de acordo na fase de execução**.

10 A questão que merece destaque é: no caso de **acordo após a sentença, a contribuição previdenciária incidirá sobre o valor estabelecido na sentença ou sobre o valor do acordo?**

11 Veja-se; a sentença, ao condenar, já previa o dever de pagamento de parcelas salariais e, consequentemente, um valor de parcelas previdenciárias a serem recolhidas sobre o valor da condenação. Realizado o acordo, as partes irão modificar o valor da sentença. Qual o valor de verbas previdenciárias devidas?

12 A resposta está na Lei Previdenciária. Vejamos:

> **Art. 43, § 5º da Lei 8.212/91:** Na hipótese de acordo celebrado após ter sido proferida decisão de mérito, a contribuição será calculada com base no valor do acordo.

13 Não há dúvidas. O valor da contribuição vai incidir sobre o valor constante no acordo. Todavia, nesse caso (acordo após o trânsito em julgado da sentença) as partes **não podem prejudicar os créditos da União**. Por tal razão o TST em sua OJ 376 da SDI-1 esclarece o que isso significa.

> **OJ 376, SDI-1, TST** - CONTRIBUIÇÃO PREVIDENCIÁRIA. ACORDO HOMOLOGADO EM JUÍZO APÓS O TRÂNSITO EM JULGADO DA SENTENÇA CONDENATÓRIA. INCIDÊNCIA SOBRE O VALOR HOMOLOGADO.
>
> É devida a contribuição previdenciária sobre o valor do acordo celebrado e homologado após o trânsito em julgado de decisão judicial, respeitada a proporcionalidade de valores entre as parcelas de natureza salarial e indenizatória deferidas na decisão condenatória e as parcelas objeto do acordo.

OBSERVAÇÃO!!! É possível realizar acordo sem o reconhecimento de vínculo empregatício. Nesse caso, haverá recolhimento previdenciário? Sim. É o que dispõe a OJ 398 da SDI-1:

> **OJ 398.** CONTRIBUIÇÃO PREVIDENCIÁRIA. ACORDO HOMOLOGADO EM JUÍZO SEM RECONHECIMENTO DE VÍNCULO DE EMPREGO. CONTRIBUINTE INDIVIDUAL. RECOLHIMENTO DA ALÍQUOTA DE 20% A CARGO DO TOMADOR E 11% A CARGO DO PRESTADOR DE SERVIÇOS.
>
> Nos acordos homologados em juízo em que não haja o reconhecimento de vínculo empregatício, é devido o recolhimento da contribuição previdenciária, mediante a alíquota de 20% a cargo do tomador de serviços e de 11% por parte do prestador de serviços, na qualidade de contribuinte individual, sobre o valor total do acordo, respeitado o teto de contribuição. Inteligência do § 4º do art. 30 e do inciso III do art. 22, todos da Lei n.º 8.212, de 24.07.1991.

14 Essas alíquotas (11% e 20%) foram extraídas da Lei Previdenciária, Lei 8.212/91. Nesse caso, entende-se que o trabalhador prestou serviço para empresa como contribuinte individual e, por assim ser, segue o quando disposto na Lei Previdenciária nesse particular.

> **Art. 30, § 4º da Lei 8112/91**: Na hipótese de o contribuinte individual prestar serviço a uma ou mais empresas, poderá deduzir, da sua contribuição mensal, quarenta e cinco por cento da contribuição da empresa, efetivamente recolhida ou declarada, incidente sobre a remuneração que esta lhe tenha pago ou creditado, limitada a dedução a nove por cento do respectivo salário-de-contribuição.

15 Assim, realizado o acordo sem o reconhecimento de vínculo empregatício, não se questiona a natureza das parcelas ou do valor pago. Todo o valor pago será considerado pagamento por prestação de serviços autônomos, sobre o qual incide o recolhimento de INSS, na forma de contribuinte individual.

18. TEORIA GERAL DA PROVA

18.1. Conceito de prova

1 Prova é o meio processual idôneo a comprovar a alegação da parte, feita em juízo. Assim, a finalidade da prova é formar o convencimento do magistrado acerca da alegação formulada pela parte no processo.

2 O art. 369, do CPC, determina que são admitidos todos os meios de prova legais e moralmente legítimos, ainda que não tenham previsão expressa na lei.

3 Em regra, a prova vai ser feita sobre os FATOS narrados nos autos, pois o DIREITO deve ser de conhecimento do juiz, observadas as hipóteses excepcionais, como, por exemplo, aquelas contidas no art. 376 do CPC.

18.2. Objeto da prova

4 Como visto, em regra, o objeto de prova é o FATO e, excepcionalmente, a prova poderá recair sobre o direito. Mas, não é qualquer fato que vai ser objeto de prova; apenas aquele que está relacionado com o objeto da demanda é que requer a comprovação.

5 O fato, para que seja objeto de prova, precisa ser controverso (fato alegado que foi contestado). Se o fato for incontroverso ou se a parte o admite, não há necessidade de prova.

6 O art. 374, do CPC, determina que **prescindem de prova os seguintes fatos**:

a. Fatos Notórios: são aqueles de conhecimento comum em um determinado local e em uma determinada época histórica. Esse conceito é **relativo** e, por conta disso, pode ser que haja a necessidade de que um fato notório seja provado. É possível contestar um fato notório e, nesse caso, vai ser necessária à prova da contestação. Não é porque o fato é notório que não admite prova em contrário.

b. Fatos que, afirmados por uma parte, são admitidos pela parte contrária: Aqui, estamos falando do fato incontroverso por confissão real, uma vez que a confissão ficta é relativa e admite prova em contrário. Nesse caso, a parte admitiu o fato narrado, de tal sorte que não há qualquer prova a ser feita.

c. Fatos incontroversos: são aqueles que a parte não contesta, mas isso não significa que a parte confessou.

d. Fatos sobre os quais haja presunção de existência e veracidade: **Presunção não é meio de prova.** É um raciocínio lógico que implica concluir que, a partir de determinadas ocorrências fáticas, possa-se a acreditar na existência de outras. Ou seja: a partir de um fato, presume-se a ocorrência de outro fato. Exemplos de presunções relativas:

> **Súmula 12, TST** – CARTEIRA PROFISSIONAL.
>
> As anotações apostas pelo empregador na carteira profissional do empregado não geram presunção "juris et de jure", mas apenas "juris tantum".
>
> **Súmula 16, TST** – NOTIFICAÇÃO.
>
> Presume-se recebida a notificação 48 (quarenta e oito) horas depois de sua postagem. O seu não-recebimento ou a entrega após o decurso desse prazo constitui ônus de prova do destinatário.
>
> **Súmula 43, TST** – TRANSFERÊNCIA.
>
> Presume-se abusiva a transferência de que trata o § 1º do art. 469 da CLT, sem comprovação da necessidade do serviço.
>
> **Súmula 212, TST** – DESPEDIMENTO. ÔNUS DA PROVA.
>
> O ônus de provar o término do contrato de trabalho, quando negados a prestação de serviço e o despedimento, é do empregador, pois o princípio da continuidade da relação de emprego constitui presunção favorável ao empregado.

OBSERVAÇÃO!!! Saliente-se que, em virtude do *princípio da primazia da realidade*, não há lugar para a presunção absoluta sobre fato no processo do trabalho, uma vez que as provas estão ligadas a fatos que podem sempre ser suplantados pela comprovação daquilo que efetivamente ocorria.

18.3. Princípios sobre provas

Necessidade da prova

7 É encargo das partes de produzir prova sobre as suas alegações. Ou seja, não basta alegar, tem que provar. Daí que o sucesso de um processo decorre da qualidade da formação da prova pelas partes.

Contraditório e ampla defesa

8 Pelo contraditório e ampla defesa, a parte tem o direito fundamental constitucional de produzir provas sobre suas alegações e de produzir provas contra as alegações da parte contrária.

Licitude e Probidade da prova

> **Art. 5°, LVI da CF:** são inadmissíveis, no processo, as provas obtidas por meios ilícitos.

9 As provas ilícitas e as provas obtidas por meios ilícitos não são admitidas no processo.

Oralidade

10 A oralidade no campo da instrução processual ganha relevo no processo do trabalho, uma vez que ele é informado pelo princípio da oralidade e que a própria lei determina que os atos processuais serão praticados em audiência UNA – priorizando, assim, a prática dos atos oralmente.

Aquisição processual da prova

11 Uma vez no processo, a prova pertence ao processo e se destaca de quem a produziu. É dizer: uma vez presente a prova no processo, ela pertence ao processo e não interessa quem produziu a prova, uma vez que visa à comprovação dos fatos. Por tal motivo, provado um fato, não importará ao juiz se a prova beneficiou, ou não, aquele que a produziu.

> **Art. 371 do CPC.** O juiz apreciará a prova constante dos autos, independentemente do sujeito que a tiver promovido, e indicará na decisão as razões da formação de seu convencimento.

Livre convencimento motivado do juiz

12 Existem 03 sistemas básicos de prova. Vejamos:

- **Sistema da prova legal/do critério positivo/do tarifamento de provas:** segundo esse sistema, era a lei que dava valor à prova. Ele vem do Direito Germânico e, portanto, é influenciado por critérios religiosos e supersticiosos. Esse sistema não vigora no nosso ordenamento; mas, hoje, ainda encontramos no direito positivo hipóteses de valoração de prova por esse sistema legal. Exemplo: art. 195 da CLT e a exigência de prova pericial para o deferimento de adicional de periculosidade/insalubridade.

- **Sistema da livre convicção do magistrado:** por esse sistema, o juiz é livre para valorar a prova nos autos segundo o seu convencimento, a sua convicção. A hipótese é considerar o ato de julgamento e valoração da prova como um ato de soberania do juiz. É o que ocorre, por exemplo, no julgamento do tribunal do júri.
- **Sistema da persuasão racional ou do livre convencimento motivado:** esse é o sistema regra e está positivado no art. 371 do CPC.

13 Por esse sistema, o juiz deve analisar as provas e, através de uma fundamentação racional, apresentar o seu convencimento (valorar as provas diante dos fatos). Todavia, essa liberdade de apreciação estará condicionada a 03 fatores:

(1) O juiz deverá se ater aos fatos que fundamentam a relação;

(2) O juiz deve se ater às provas colhidas no processo;

(3) O juiz deve estar atento às regras legais sobre prova e às "regras de experiência" (art. 375 do CPC).

Busca da verdade

14 Ressalte-se que, aqui, se busca a verdade mais próxima da realidade e não a verdade formal ou material. Esse princípio se enquadra muito bem no processo trabalhista, inclusive por existir dispositivo legal próprio nesse sentido. Veja-se:

> **Art. 765, CLT** - Os Juízos e Tribunais do Trabalho terão ampla liberdade na direção do processo e velarão pelo andamento rápido das causas, podendo determinar qualquer diligência necessária ao esclarecimento delas.

15 Não se pode olvidar que, no processo do trabalho, o princípio da primazia da realidade é um alicerce de muita importância, porque fundamenta todo o direito material posto em litígio.

Lealdade processual e boa-fé

16 Os arts. 378 e 379 do CPC determinam que as provas devem ser produzidas pelas partes de forma leal e segundo os preceitos de boa-fé.

> **Art. 378.** Ninguém se exime do dever de colaborar com o Poder Judiciário para o descobrimento da verdade.
>
> **Art. 379.** Reservado o direito de não produzir prova contra si própria, incumbe à parte:
>
> I - comparecer em juízo, respondendo ao que lhe for interrogado;
>
> II – colaborar com o juízo na realização de inspeção judicial que for considerada necessária;
>
> III - praticar o ato que lhe for determinado.

18.4. Prova emprestada no processo do trabalho

17 A prova emprestada é uma prova que foi produzida em um determinado processo e que pode ser trasladada para um outro processo. Nesse caso, valerá qualquer tipo de prova: testemunhal, documental, pericial, dentre outras.

18 Há de ser ressaltado o fato de que a prova emprestada não é a simples cópia de um documento que estava em um outro processo – hipótese na qual seria mais uma prova documental no processo atual –, mas a transferência efetiva da prova de um processo para outro. Nesse sentido, prova emprestada é aquela que foi constituída em um processo e passada para outro, guardando a sua natureza. Por exemplo: digamos que foi produzida uma perícia em um processo; ao ser importada para outro processo, não será simples prova documental (cópia de uma perícia), mas uma prova pericial no processo atual.

19 No sentido de aceitação da prova emprestada no processo do trabalho, podemos encontrar o quanto consta da OJ 278 da SDI1 do TST:

> **OJ 278.** ADICIONAL DE INSALUBRIDADE. PERÍCIA. LOCAL DE TRABALHO DESATIVADO.
>
> A realização de perícia é obrigatória para a verificação de insalubridade. Quando não for possível sua realização, como em caso de fechamento da empresa, poderá o julgador utilizar-se de outros meios de prova.

20 Em síntese, o referido entendimento da conta de que, se impossível a realização da perícia, o juiz poderá se valer de **outros meios de prova, inclusive da prova emprestada** – importando-se, por exemplo, a perícia de processo com fatos similares.

21 Resumindo, podemos destacar os seguintes requisitos para a utilização da prova emprestada no processo do trabalho:

A. Que ela tenha sido produzida em um processo judicial;

B. Que ela tenha sido produzida perante uma das partes ou perante as mesmas partes;

C. Que no momento da produção da prova tenham sido observados os princípios atinentes à prova, sobretudo o princípio do contraditório;

D. Que o fato seja idêntico.

22 O cabimento da prova emprestada no processo, de acordo com a doutrina processual civil, atenderá a 03 fases. São elas:

1. Admissão da prova: uma vez recebida, o juiz admite ou inadmite a prova;

2. O estabelecimento do contraditório sobre a prova;
3. A valoração da prova conforme o princípio do livre convencimento motivado.

18.5. Ônus da prova no processo do trabalho

23 **O ônus de prova consiste no encargo atribuído por lei à parte, acerca do fato por ela invocado**. Não se trata de uma obrigação, uma vez que a parte poderá não cumpri-la. O que se tem é que, alegado o fato, se a parte pretender convencer o juiz sobre a sua veracidade, caberá a ela – que o invocou – comprovar a sua alegação. Não o fazendo, o fato narrado poderá restar não provado e comprometer a tese da parte no processo.

24 Ou seja: o ônus é um encargo que recai sobre aquele que alegou, se pretender ver a sua tese acolhida pelo juiz. Por outro lado, caberá à parte, querendo, se desincumbir, ou não, desse encargo e, consequentemente, provar, ou não, a sua alegação.

18.6. Dinâmica de distribuição do ônus da prova

18.6.1. Estática

25 A distribuição estática é aquela que consta do art. 818 da CLT e do art. 373 do CPC.

> **Art. 818** - A prova das alegações incumbe à parte que as fizer.
>
> **Art. 373.** O ônus da prova incumbe:
>
> I - ao autor, quanto ao fato constitutivo de seu direito;
>
> II - ao réu, quanto à existência de fato impeditivo, modificativo ou extintivo do direito do autor.

26 Regra geral, **o ônus é de quem alega**. O ônus será do autor com relação ao fato constitutivo e do réu com relação aos fatos impeditivos, extintivos e modificativos do direito do autor.

18.6.2. Dinâmica

27 A distribuição dinâmica do ônus parte da premissa de relativização da distribuição estática. Ou seja, procede-se à distribuição do ônus de forma diversa daquela prevista como regra geral. É o que ocorre, por exemplo na hipótese de o juiz perceber que a prova se tornou diabólica para uma das partes.

28 Considera-se prova diabólica aquela em que a parte que possui o ônus, conforme a previsão de lei, não tem condição de produzir a prova, pois muito além da sua capacidade ou porque impossível.

29 **Se a parte que tem o ônus não tem condição de produzir a prova (prova diabólica), o juiz deverá proceder à distribuição dinâmica do ônus, determinando que faça a prova a parte que tem melhor condição de fazê-la.** Note-se que o juiz apenas poderá tomar essa atitude se, com ela, não implicar criação de ônus de prova diabólica também para a parte contrária. Na verdade, o juiz deve estar atento para o princípio da aptidão para a prova, entregando o ônus de prova para aquele que tenha aptidão para produzir a prova, efetivamente.

> **Art. 373.** (...)
>
> §1°. Nos casos previstos em lei ou diante de peculiaridades da causa relacionadas à impossibilidade ou à excessiva dificuldade de cumprir o encargo nos termos do caput ou à maior facilidade de obtenção da prova do fato contrário, poderá o juiz atribuir o ônus da prova de modo diverso, desde que o faça por decisão fundamentada, caso em que deverá dar à parte a oportunidade de se desincumbir do ônus que lhe foi atribuído.
>
> §2°. A decisão prevista no §1°deste artigo não pode gerar situação em que a desincumbência do encargo pela parte seja impossível ou excessivamente difícil.

30 Ressalte-se que a IN 39/16 do TST menciona expressamente a aplicação desses parágrafos ao processo do trabalho, ao tempo em que rechaça a aplicação dos §§3° e 4° do mesmo dispositivo (os quais tratam da possibilidade de ajustar-se a distribuição de ônus de forma diversa pelas próprias partes, no contrato). Os dispositivos transcritos foram reproduzidos no art. 818 da CLT.

31 Note-se, ainda, que a decisão de inversão deve possibilitar ao novo detentor do ônus a oportunidade para dele se desincumbir, além de tratar-se de decisão interlocutória. O novo §2° do art. 818 da CLT menciona que tal decisão deve ser tomada antes da abertura da instrução e, nesse caso, a requerimento da parte interessada, poderá implicar o adiamento da audiência.

19. PROVAS EM ESPÉCIE

19.1. Prova testemunhal

1 A testemunha é a pessoa física, isenta e estranha às partes e ao objeto do processo, que possui percepções sensoriais sobre os fatos narrados no processo.

A testemunha não pode relatar opiniões ou fofocas (ex.: "ouviu dizer"). Ela deve ter ouvido ou presenciado o fato sobre o qual se pretende produzir a prova (percepção sensorial).

2 Os elementos que caracterizam a testemunha são:

a. Pessoa física;
b. Pessoa estranha ao feito;
c. Pessoa que sabe do fato litigioso em percepção sensorial;
d. Pessoa capaz de depor;
e. Pessoa que esteja em juízo.

3 Não será admitida a prova testemunhal (art. 443, CPC):

1. Quando os fatos restarem provados por documentos ou confissão da parte (confissão real);
2. Quando os fatos somente puderem ser comprovados por outro meio de prova.

19.2. Contradita

4 A contradita consiste no ato processual que tem por finalidade alegar a incapacidade, o impedimento ou a suspeição da testemunha. O **art. 829 da CLT** é o único dispositivo que trata desse tema. Estabelece uma hipótese de impedimento (**parentesco civil até 3º grau**) e uma hipótese de suspeição (**amizade e inimizade íntima**).

> **Art. 829** - A testemunha que for parente até o terceiro grau civil, amigo íntimo ou inimigo de qualquer das partes, não prestará compromisso, e seu depoimento valerá como simples informação.

5 Todavia, em razão da compatibilidade do Processo do Trabalho com as normas do CPC, serão também aplicáveis as hipóteses de incapacidade, impedimento e suspeição previstas no art.447 do Código de Processo Civil.

6 Registre-se que, de acordo com a previsão celetista, o juiz ouvirá a testemunha na qualidade de informante, sem prestar compromisso, quando entender por necessário a oitiva da pessoa indicada pela parte e que se enquadra nas hipóteses acima elencadas.

Peculiaridades da contradita no processo do trabalho

– **Amizade íntima:** a jurisprudência se consolidou no sentido de que, sendo o contrato de trabalho uma relação de trato sucessivo e continuada,

PROCESSUAL DO TRABALHO

somente haverá amizade íntima quando a relação da testemunha com parte superar o mero coleguismo de trabalho, o que ocorre quando a testemunha e a parte frequentarem suas casas reciprocamente, saírem juntas, tendo relação de amizade efetiva, capaz de demonstrar algum interesse em "ajudar".

- **Empregado que exerce cargo de confiança:** Fala-se que o empregado de confiança não tem isenção para depor, quando testemunha indicada pelo seu empregador. Todavia, essa tese não é a predominante, uma vez que o simples fato de exercer função de confiança não compromete a veracidade das informações prestadas sob compromisso.
- **Testemunha que litiga contra o mesmo empregador**: De acordo com o entendimento do TST, o simples fato de litigar contra o mesmo empregador não implica suspeição da testemunha:

> **Súmula 357, TST** - TESTEMUNHA. AÇÃO CONTRA A MESMA RECLAMADA. SUSPEIÇÃO.
>
> Não torna suspeita a testemunha o simples fato de estar litigando ou de ter litigado contra o mesmo empregador.

Momento processual para a arguição da contradita

7 A CLT não disciplina o procedimento da contradita, sendo aplicável o CPC nesse particular. A contradita deve ser arguida **logo após a qualificação da testemunha e antes do compromisso, sob pena de preclusão.**

8 Assim, a prova testemunhal seguirá a seguinte ordem:

1° ATO: Qualificação da testemunha:

> **Art. 828 da CLT**- Toda testemunha, antes de prestar o compromisso legal, será qualificada, indicando o **nome**, **nacionalidade**, **profissão**, **idade**, **residência**, e, quando empregada, o **tempo de serviço prestado ao empregador**, ficando sujeita, em caso de falsidade, às leis penais. (negritos aditados)

2° ATO: Contradita (se houver):

Em caso de situação de suspeição ou impedimento do depoente, esse é o momento de arguição da contradita. E, havendo necessidade, será produzida prova da contradita.

3° ATO: Compromisso

A testemunha deve prestar compromisso de responder conforme a verdade sobre aquilo que lhe for perguntado.

19.3. Comparecimento da testemunha

9 De acordo com a CLT, as partes levarão suas testemunhas independentes de notificação. Contudo, caso a testemunha não compareça o art.825, parágrafo único, da CLT prevê:

> **Art. 825, Parágrafo único** - As que **não comparecerem serão intimadas**, *ex officio* ou a requerimento da parte, ficando sujeitas a condução coercitiva, além das penalidades do art. 730, caso, sem motivo justificado, não atendam à intimação. (negritos aditados)

10 No **RITO SUMARÍSSIMO**, entretanto, a parte somente poderá requerer a intimação se comprovar que a testemunha foi devidamente convidada, e mesmo assim não compareceu em juízo.

> **Art. 852-H, § 3º da CLT** - Só será deferida intimação de testemunha que, comprovadamente convidada, deixar de comparecer. Não comparecendo a testemunha intimada, o juiz poderá determinar sua imediata condução coercitiva.

Número máximo de testemunhas

11 O art. 821 da CLT previu expressamente que as partes apresentarão as suas testemunhas, em número não superior a 03 para cada parte, salvo na hipótese de inquérito judicial, quando esse número é elevado a 06, e no procedimento sumaríssimo, quando esse número é reduzido a 02.

ORDINÁRIO	SUMARÍSSIMO	INQUÉRITO Judicial para apuração da falta grave
3 testemunhas para cada parte	2 testemunhas para cada parte	6 testemunhas para cada parte

> OBSERVAÇÃO!!! Deve-se salientar que a IN 39/16 prevê a inaplicabilidade ao processo do trabalho do artigo 459 do CPC (que permite às partes a inquirição direta das testemunhas), tendo em vista que conflitante com o conteúdo do art. 820 da CLT.

12 O art. 793-D prevê expressamente que se aplica a multa do art. 793-C (dano processual) à testemunha que, intencionalmente, alterar a verdade dos fatos no seu depoimento.

20. PROVA PERICIAL

1 É aquela prova realizada para a comprovação de fato que depende de **conhecimento técnico especializado**. Nesse sentido, o art.156 do CPC.

20.1. Tipos de perícia

2 São três os tipos de perícia (art. 464 do CPC). Vejamos:

1. Exame: É a perícia feita na pessoa, em bens móveis e semoventes;
2. Vistoria: É realizada em bens imóveis e lugares.
3. Avaliação: É a análise para efeito de valoração.

20.2. Indeferimento da prova pericial

3 O art. 852-H, §4º, da CLT determina que somente quando a prova do fato o exigir ou for legalmente imposta, será deferida a prova técnica.

4 O §1º do art. 464 do CPC informa que o juiz poderá indeferir a prova pericial, nas seguintes hipóteses:

> I - a prova do fato não depender de conhecimento especial de técnico;
>
> II - for desnecessária em vista de outras provas produzidas;
>
> III - a verificação for impraticável.

5 O entendimento majoritário é o de que o referido artigo é, sim, aplicável ao processo do trabalho, tendo em vista que ele é informado pelos princípios da celeridade e efetividade, além da própria CF/88 determinar que o juiz deverá observar a duração razoável do processo.

6 Poderá, portanto, o juiz do trabalho proceder em conformidade com o art. 464 do CPC.

> OBSERVAÇÃO IMPORTANTE!!! O art. 826 da CLT prevê que as partes têm a faculdade de indicar o perito. Esse artigo foi **revogado tacitamente** pelo art. 3º da Lei 5.584/70, que esclarece que ***haverá perito único, indicado pelo juízo.***

> **Art. 3º.** Os exames periciais serão realizados por **perito único designado pelo Juiz**, que fixará o prazo para entrega do laudo. (negritos aditados)

7 Às partes é permitida a indicação de **assistente técnico**. No momento da indicação do perito, o juiz deverá indicar o prazo para a entrega do laudo pericial. O parágrafo único, do art. 3º mencionado, esclarece que os assistentes técnicos deverão entregar os seus pareceres no mesmo prazo do perito, sob pena de desentranhamento dos autos.

> **Art. 3º**, parágrafo único. Permitir-se-á a cada parte a indicação de um assistente, cuja laudo terá que ser apresentado no mesmo prazo assinado para o perito, sob pena de ser desentranhado dos autos.

8 Todas as **causas de impedimento e suspeição** aplicáveis aos magistrados e serventuários da justiça, também serão aplicáveis **aos peritos**, mas **nunca** serão aplicadas aos **assistentes técnicos**.

9 Saliente-se que **nem o perito e nem o assistente técnico prestam compromisso de falar a verdade**. O perito se compromete com a isenção na sua opinião, todavia, presta um laudo opinativo, acerca da matéria posta em juízo.

20.3. Honorários do perito

> **Art. 790-B.** A responsabilidade pelo pagamento dos honorários periciais é da parte sucumbente na pretensão objeto da perícia, ainda que beneficiária da justiça gratuita.

10 O art. 790-B da CLT, prevê, portanto, que os honorários do perito ficarão a cargo da parte **sucumbente na pretensão objeto da perícia**, ainda que beneficiária da justiça gratuita. No caso do beneficiário da gratuidade de justiça, o valor poderá ser extraído de crédito do próprio processo ou de outro processo.

11 Note-se que o sucesso no processo não é o que determina o pagamento da perícia, e sim o sucesso na própria perícia.

12 Todavia, o TST pacificou entendimento que, na hipótese da parte ser beneficiária da justiça gratuita, o pagamento dos honorários deve ficar a cargo da União - **Resolução n. 35 do CSJT** e **Súmula 457 do TST**.

> **Resolução 35, Art. 1º:** Os Tribunais Regionais do Trabalho deverão destinar recursos orçamentários para o pagamento de honorários periciais, sempre que à parte sucumbente na pretensão for concedido o benefício da justiça gratuita.
>
> **Súmula nº 457 do TST** - HONORÁRIOS PERICIAIS. BENEFICIÁRIO DA JUSTIÇA GRATUITA. RESPONSABILIDADE DA UNIÃO PELO PAGAMENTO. RESOLUÇÃO Nº 66/2010 DO CSJT. OBSERVÂNCIA. (conversão da Orientação Jurisprudencial nº 387 da SBDI-1 com nova redação) – Res. 194/2014, DEJT divulgado em 21, 22 e 23.05.2014

> A União é responsável pelo pagamento dos honorários de perito quando a parte sucumbente no objeto da perícia for beneficiária da assistência judiciária gratuita, observado o procedimento disposto nos arts. 1º, 2º e 5º da Resolução n.º 66/2010 do Conselho Superior da Justiça do Trabalho – CSJT.

13 Entretanto, de acordo com o §4º, do art. 790-B, da CLT, se a parte - ainda que beneficiária da justiça gratuita - tiver crédito no processo capaz de suportar o pagamento dos honorários periciais, esse crédito servirá para o pagamento dos honorários. Assim, a União apenas será responsável pelo pagamento na hipótese de inexistência de crédito do sucumbente beneficiário da justiça gratuita.

14 E a **exigência de depósito prévio**? No processo civil, deferida a realização da prova pericial, a parte será instada a realizar o depósito equivalente aos honorários provisionais do perito. Para o TST, essa exigência é incompatível com o processo do trabalho, considerando a gratuidade que impera.

> **OJ 98 da SDI2 do TST.** MANDADO DE SEGURANÇA. CABÍVEL PARA ATACAR EXIGÊNCIA DE DEPÓSITO PRÉVIO DE HONORÁRIOS PERICIAIS
>
> É ilegal a exigência de depósito prévio para custeio dos honorários periciais, dada a incompatibilidade com o processo do trabalho, sendo cabível o mandado de segurança visando à realização da perícia, independentemente do depósito.

15 Em resumo, é incompatível com a gratuidade do processo do trabalho a cobrança de honorários provisionais de perito, de forma que essa determinação do recolhimento de honorários prévios fere direito líquido e certo da parte, que poderá manejar Mandado de Segurança, no caso de indeferimento da prova pericial por não pagamento de honorários provisionais.

16 O §3º, do art. 790-B, da CLT, esclarece que não é possível a cobrança dos honorários provisionais, de maneira que incabível em qualquer ação na justiça do trabalho.

> OBSERVAÇÃO! Ao fixar o valor dos honorários, o juiz deverá observar o limite máximo estabelecido pelo CSJT. É possível deferir o parcelamento do valor.

20.4. Honorários do assistente técnico

17 Não há previsão na lei sobre o pagamento de honorários do assistente técnico.

18 A **Súmula 341 do TST** esclarece que **a indicação do assistente é uma faculdade da parte, que deve arcar integralmente com os custos da sua**

atitude. Destarte, não sendo uma obrigação da parte, a indicação de assistente técnico implicará pagamento pela parte que o indicar, não interessando qual o resultado da perícia, do processo, ou mesmo se o juiz utilizou ou não o parecer do perito para o seu convencimento.

21. PROVA DOCUMENTAL

1 Consiste na demonstração material ou física da ocorrência de um fato. É a materialização do fato em uma prova.

2 Até 2009, a redação da CLT exigia que fossem juntados aos autos os documentos no original, em fotocópia autenticada ou na sua forma pública. Depois de 2009, **o art. 830 da CLT,** agora devidamente atualizado, previu a possibilidade de juntada dos documentos em cópias simples, cabendo ao **advogado a declaração de autenticidade** de próprio punho e sob sua responsabilidade pessoal.

3 **Restou assegurado na lei, ainda, o direito da parte apresentar os originais, em caso de impugnação**. O parágrafo único do art. 830, determina que, em caso de impugnação, o juiz notificará a parte para que apresente os originais.

4 Impugnados os documentos, o juiz notificará a parte para que ela apresente os originais **na secretaria da vara**, onde o servidor fará a autenticação dos documentos.

5 Sobre esse tema, válida a leitura da OJ 36 da SDI-1, que dispõe especificamente sobre o instrumento normativo juntado aos autos, *in verbis:*

> **OJ 36 SDI-1.** INSTRUMENTO NORMATIVO. CÓPIA NÃO AUTENTICADA. DOCUMENTO COMUM ÀS PARTES. VALIDADE.
>
> O instrumento normativo em cópia não autenticada possui valor probante, desde que não haja impugnação ao seu conteúdo, eis que se trata de documento comum às partes.

21.1. Documentos trabalhista importantes

CTPS

6 De acordo com o entendimento dos tribunais superiores, as anotações na CTPS apenas geram presunção relativa de veracidade. Assim, a parte interessada poderá produzir prova em contrário.

> **Súmula 12, TST** - CARTEIRA PROFISSIONAL
>
> As anotações apostas pelo empregador na carteira profissional do empregado não geram presunção "juris et de jure", mas apenas "juris tantum".

> **Súmula 225, STF.**
>
> Não é absoluto o valor probatório das anotações da carteira profissional.

Recibo de pagamento de salário

> **Art. 464 da CLT-** O pagamento do salário deverá ser efetuado contra recibo, assinado pelo empregado; em se tratando de analfabeto, mediante sua impressão digital, ou, não sendo esta possível, a seu rogo.

7 O recibo de pagamento é a prova da quitação de pagamento de salário. Todavia, ele poderá ser substituído pela comprovação do depósito na conta do empregado.

21.2. Momento para produção da prova documental

8 Em regra, a prova documental deve ser produzida:

- no momento da **Petição Inicial** para o Reclamante – art. 787 da CLT.
- no momento da **Defesa** para o Reclamado.

> **Art. 434.** Incumbe à parte instruir a petição inicial ou a contestação com os documentos destinados a provar suas alegações.
>
> Parágrafo único. Quando o documento consistir em reprodução cinematográfica ou fonográfica, a parte deverá trazê-lo nos termos do caput, mas sua exposição será realizada em audiência, intimando-se previamente as partes.

9 O referido dispositivo dá a impressão de que os documentos somente poderão ser juntados nesses momentos. Todavia, isso não impede, nem mesmo no processo civil, a juntada de documentos posteriores:

> **Art. 435.** É lícito às partes, em qualquer tempo, juntar aos autos documentos novos, quando destinados a fazer prova de fatos ocorridos depois dos articulados ou para contrapô-los aos que foram produzidos nos autos.
>
> Parágrafo único. Admite-se também a juntada posterior de documentos formados após a petição inicial ou a contestação, bem como dos que se tornaram conhecidos, acessíveis ou disponíveis após esses atos, cabendo à parte que os produzir comprovar o motivo que a impediu de juntá-los anteriormente e incumbindo ao juiz, em qualquer caso, avaliar a conduta da parte de acordo com o art. 5º.

ATENÇÃO!!! Da leitura do dispositivo acima, tem-se que, apenas os chamados "**documentos novos**" poderiam ser juntados depois desses dois momentos. Mas quais seriam esses "documentos novos"?

1. Aqueles que a parte comprove impossibilidade de juntada anterior;
2. Aquele documento que a parte desconhecia a existência;
3. Aquele que se refere a fatos novos.

10 Esses dispositivos do processo civil, entretanto, não se mostram compatíveis com o processo do trabalho. De acordo com o art. 845 da CLT, as provas serão apresentadas pelas partes quando da realização da audiência. Há previsão de que a defesa e a petição inicial serão acompanhadas dos documentos que provam as alegações. Todavia, a possibilidade de juntada em audiência permite a ilação de que, até o encerramento da instrução trabalhista, é possível a juntada de documentos, ainda que eles não sejam novos e ainda que a parte não tenha juntado com a petição inicial ou com a defesa.

11 **É possível a juntada de documento em fase recursal**? O TST consolidou seu entendimento na **Súmula 08**, dizendo que *a juntada de documentos na fase recursal só se justifica quando provado o justo impedimento para sua oportuna apresentação ou se referir a fato posterior à sentença.*

22. INTERROGATÓRIO E DEPOIMENTO PESSOAL

1 Ao prever o depoimento da parte, a CLT o chamou de "**interrogatório**".

> **Art. 848** - Terminada a defesa, seguir-se-á a instrução do processo, podendo o presidente, *ex officio* ou a requerimento de qualquer juiz temporário, **interrogar os litigantes**. (negritos aditados).

2 Pelo texto da CLT, antigo texto do CPC, o juiz poderá colher o interrogatório da parte. Daí que esse interrogatório do juiz seria uma faculdade do juiz, com o fito de esclarecer os fatos do processo – ato personalíssimo do juiz.

3 Por sua vez, o CPC trouxe o chamado "**depoimento pessoal**", que serve à parte contrária. O depoimento pessoal é requerido pela parte e é meio de prova, uma vez que a parte pretende obter a confissão da parte *ex adversa*; ao passo que o interrogatório pode ser determinado de ofício pelo juiz, mas também é meio de prova.

> **Art. 385.** Cabe à parte requerer o depoimento pessoal da outra parte, a fim de que esta seja interrogada na audiência de instrução e julgamento, sem prejuízo do poder do juiz de ordená-lo de ofício.
>
> § 1º Se a parte, pessoalmente intimada para prestar depoimento pessoal e advertida da pena de confesso, não comparecer ou, comparecendo, se recusar a depor, o juiz aplicar-lhe-á a pena.
>
> § 2º É vedado a quem ainda não depôs assistir ao interrogatório da outra parte.

> § 3º O depoimento pessoal da parte que residir em comarca, seção ou subseção judiciária diversa daquela onde tramita o processo poderá ser colhido por meio de videoconferência ou outro recurso tecnológico de transmissão de sons e imagens em tempo real, o que poderá ocorrer, inclusive, durante a realização da audiência de instrução e julgamento.

4 Saliente-se que o juiz poderá reinterrogar as partes quantas vezes quiser no curso da instrução. E as partes tem plena possibilidade de formular perguntas durante o depoimento da parte contrária.

5 Apesar da distinção entre interrogatório e depoimento pessoal, os dois meios de prova são praticados em um único ato processual.

6 O art. 388 do CPC traz as hipóteses em que a parte é dispensada do depoimento pessoal. Esse artigo é plenamente aplicável ao processo do trabalho.

> **Art. 388.** A parte não é obrigada a depor sobre fatos:
>
> I - criminosos ou torpes que lhe forem imputados;
>
> II - a cujo respeito, por estado ou profissão, deva guardar sigilo;
>
> III - acerca dos quais não possa responder sem desonra própria, de seu cônjuge, de seu companheiro ou de parente em grau sucessível;
>
> IV - que coloquem em perigo a vida do depoente ou das pessoas referidas no inciso III.
>
> Parágrafo único. Esta disposição não se aplica às ações de estado e de família.

23. TEORIA GERAL DOS RECURSOS TRABALHISTAS

23.1. Conceito

1 Há uma ideia de que toda manifestação judicial deve ser controlada, para que não haja abusividade. Nesse contexto, existem formas de se impugnar o ato judicial:

Não recursais

2 Existem algumas decisões que não podem ser impugnadas dentro de uma mesma relação jurídica processual. Assim, cria-se uma ação própria para impugnar uma determinada decisão, à qual se dá o nome de **ação autônoma de impugnação**. Ex.: Mandado de Segurança, Ação Rescisória, Ação Anulatória, entre outros.

3 As ações autônomas criam uma nova relação processual, geram processo novo.

Recursais

4 Recurso é uma **forma de impugnação** da decisão judicial, prevista em lei, como um remédio **voluntário**. Os recursos têm com o objetivo de **reformar, anular, integrar ou esclarecer** uma decisão judicial, **dentro do mesmo processo**.

5 **Não gera processo novo!**

> OBSERVAÇÃO!!! Em razão de ser involuntário, o **reexame necessário não é recurso** – vez que ocorre automaticamente, sem provocação pela Fazenda Pública. Trata-se de condição para a formação da coisa julgada. Sobre ele, a teor da IN 39/16, será aplicado integralmente o CPC, de forma subsidiária, art. 496 e seguintes.

23.2. Classificação

Quanto ao objeto imediato

6 O recurso pode ser de natureza **ordinária** ou **extraordinária**.

I. O recurso de natureza EXTRAORDINÁRIA é aquele em que se busca a tutela do direito objetivo. Aqui, a parte vai apenas discutir o direito e a aplicação da norma em um determinado contexto (interpretação sobre a incidência da norma), não se atendo a fatos e provas e nem à justiça da decisão (se foi um bom ou mau julgamento). Não se busca analisar a injustiça de uma decisão, mas a aplicação da norma.

II. Recurso de natureza ORDINÁRIA é aquele em que se busca a análise de fatos e do direito. Mas, a tutela imediata que se busca é do próprio direito subjetivo da parte. Aqui, a parte pode recorrer apenas por entender que a decisão foi injusta. Essa é a razão desse tipo de recurso rediscutir amplamente a matéria.

Quanto à fundamentação

7 A fundamentação do recurso pode ser **livre** ou **vinculada**.

I. Fundamentação LIVRE é aquela em que a lei não impõe qualquer vício ou defeito específico, para que se possa recorrer. Basta à parte não estar conformada com a decisão, para poder interpor o recurso. Um exemplo é o recurso ordinário.

II. Fundamentação VINCULADA é aquela em que a própria norma estabelece quais os vícios ou defeitos que desafiam recurso. Ou seja, a parte não pode recorrer sobre qualquer matéria, mas apenas aquelas descritas na lei. Exemplos: embargos de declaração (omissão, obscuridade e contradição), recurso de revista (violação da lei, da Constituição federal ou divergência jurisprudencial).

Quanto à extensão do recurso

8 O recurso pode ser **total** ou **parcial,** conquanto impugne todos os pontos da decisão, ou apenas parte deles.

Quanto à independência ou subordinação

9 O recurso pode ser **independente** ou **subordinado**.

I. Recursos INDEPENDENTES são recursos que não criam vinculação entre si (também chamado de recurso **principal**). Ele é autônomo e está condicionado, apenas, aos seus requisitos de admissibilidades.

II. Recursos SUBORDINADOS são aqueles em que há uma vinculação com outro recurso (**adesivo**). Ele é subordinado a outro recurso e **depende da admissibilidade desse outro recurso para ser conhecido**. É o que se chama de recurso adesivo.

O recurso adesivo é uma mera **forma de interposição de recurso**, uma vez que cabe em diversas modalidades de recurso. Ele vem disciplinado no art. 997 do CPC:

> **Art. 997.** Cada parte interporá o recurso independentemente, no prazo e com observância das exigências legais.
>
> § 1º Sendo vencidos autor e réu, ao recurso interposto por qualquer deles poderá aderir o outro.

Na seara trabalhista, sua aplicabilidade está disciplinada na **Súmula 283 do TST:**

> **Súmula 283, TST** - RECURSO ADESIVO. PERTINÊNCIA NO PROCESSO DO TRABALHO. CORRELAÇÃO DE MATÉRIAS.
>
> O recurso adesivo é compatível com o processo do trabalho e cabe, no prazo de 8 (oito) dias, nas hipóteses de interposição de recurso ordinário, de agravo de petição, de revista e de embargos, sendo desnecessário que a matéria nele veiculada esteja relacionada com a do recurso interposto pela parte contrária. (negritos aditados)

O recurso adesivo cabe nas hipóteses de **recurso ordinário**, de **agravo de petição**, de **revista** e de **embargos**, sendo desnecessário que a matéria nele veiculada seja relacionada com a do recurso interposto pela outra parte.

Em suma, o recurso adesivo não poderá ser admitido em todas as ocasiões, sendo necessário o preenchimento de alguns requisitos para a sua admissão. Vejamos quais são eles:

1. **Interposição de recurso por uma das partes** – é imprescindível que uma das partes tenha apresentado recurso principal, para que a outra possa apresentar o seu recurso subordinado;
2. **Sucumbência recíproca**: todas as partes recorrentes deem ser sucumbentes, caso contrário não haverá interesse recursal;
3. **Aceitação tácita da decisão**: isso significa que a parte que recorreu adesivamente aceitou tacitamente a decisão, uma vez que não apresentou recurso principal. Todavia, uma vez que a parte contrária apresenta recurso, essa parte aparentemente satisfeita resolve recorrer também, para ganhar eventuais pedidos que foram indeferidos. É aqui que se deve registrar que o recurso adesivo não serve para aquela parte que interpôs recurso intempestivo, ou até mesmo com o objetivo de completar o recurso principal já interposto. Isso porque, se houver qualquer manifestação de vontade da parte de recorrer da decisão de forma principal, não será possível manejar o recurso adesivo (não houve a aceitação tácita). Se a parte já praticou o ato de recorrer de forma principal, a preclusão consumativa impede que maneje o recurso adesivo, ainda que o principal seja intempestivo ou incompleto.
4. **Observância dos mesmos requisitos do recurso principal**: quer dizer que se houve a interposição de um recurso ordinário por uma parte e a outra parte ingressou com um recurso adesivo, ela deve cumprir com os pressupostos recursais do RO (preparo, etc.).

OBSERVAÇÃO!!! Não será admitida a interposição de recurso adesivo de recurso do Ministério Público, na função de *custos legis*.

23.3. Princípios

23.3.1. Duplo grau de jurisdição

10 É a possibilidade de reexame da decisão por instância superior. A posição majoritária é no sentido de que a Constituição não reconhece o princípio do duplo grau, apenas entendendo ele como uma regra de organização do Poder Judiciário. Ou seja, **não é um princípio constitucional**. A justificativa está nos arts. 102 e 105 da Constituição, que preveem, expressamente, hipóteses de irrecorribilidade da decisão:

Art. 102. Compete ao Supremo Tribunal Federal, precipuamente, a guarda da Constituição, cabendo-lhe:

I - processar e julgar, originariamente:

[...]

i) o **habeas corpus**, quando o coator for Tribunal Superior ou quando o coator ou o paciente for autoridade ou funcionário cujos atos estejam sujeitos diretamente à jurisdição do Supremo Tribunal Federal, ou se trate de crime sujeito à mesma jurisdição em uma **única instância**;

[...]

II - julgar, em recurso ordinário:

a) o "habeas-corpus", o mandado de segurança, o "habeas-data" e o mandado de injunção decididos em **única instância** pelos Tribunais Superiores, se denegatória a decisão.

Art. 105. Compete ao Superior Tribunal de Justiça:

[...]

II - julgar, em recurso ordinário:

b) os mandados de segurança decididos em **única instância** pelos Tribunais Regionais Federais ou pelos tribunais dos Estados, do Distrito Federal e Territórios, quando denegatória a decisão; (negritos aditados)

11 Ou seja, a própria Constituição Federal afastou a possibilidade do reexame em determinados casos, conforme visto nos artigos acima mencionados.

12 Nesse sentido, Luiz Guilherme Marinoni:

"... o duplo grau de jurisdição, compreendido como o direito à revisão da decisão proferida pelo juiz que teve, pela primeira vez, contato com a causa, não é garantido constitucionalmente, nem pode ser considerado um princípio fundamental de justiça." (MARINONI, Luiz Guilherme. **Tutela antecipatória e julgamento antecipado: parte incontroversa da demanda.** 5. ed. rev., ampl. e atual. São Paulo: Revista dos Tribunais, 2002, p. 209.)

13 É interessante registrar também, que, na seara Trabalhista, temos uma indicação de sentença irrecorrível, salvo no caso de recurso extraordinário, que é o que ocorre no rito sumário ou dissídio de alçada.

Art. 2º, § 4º da Lei 5584/70 - Salvo se versarem sobre matéria constitucional, **nenhum recurso caberá das sentenças proferidas nos dissídios da alçada** a que se refere o parágrafo anterior, considerado, para esse fim, o valor do salário mínimo à data do ajuizamento da ação. (negritos aditados).

23.3.2. Taxatividade

14 Significa que todos os recursos devem estar previstos em lei (Lei Federal). Somente a lei federal pode criar, modificar ou até mesmo extinguir os recursos, isso em razão de matéria processual ser de competência privativa da União, conforme art. 22, I da CF:

> **Art. 22.** Compete privativamente à União legislar sobre:
>
> [...]
>
> I - direito civil, comercial, penal, processual, eleitoral, agrário, marítimo, aeronáutico, espacial e do trabalho.

23.3.3. Unirrecorribilidade ou singularidade

15 Esse princípio significa que só é admitida uma hipótese de recurso, para cada decisão proferida. Mas existem exceções.

16 No Processo do Trabalho, podemos encontrar a situação similar, que ocorre quando há decisão da turma do TST que desfia embargos de divergência para a SDI-I e Recurso Extraordinário para o STF, de forma simultânea.

23.3.4. Consumação

17 Está diretamente ligado à *preclusão consumativa*. **Uma vez praticado o ato, não há mais a possibilidade de que ele seja praticado novamente**. No caso recursal, significa que, interposto o recurso, ele não mais poderá ser alterado ou repetido.

18 Todavia, quando houver complementação da decisão judicial, a parte também poderá **complementar o seu recurso**, mas apenas com relação aos pontos inéditos da decisão. Isso ocorre no caso de uma parte interpor recurso ordinário da sentença e a outra parte interpor embargos de declaração com efeito modificativo. Nesse caso, o recurso ordinário da parte terá o seu processamento sobrestado, até que o juiz profira julgamento sobre os embargos declaratórios (esse preceito estava previsto expressamente na cancelada súmula 434 do TST). Advindo a decisão de embargos, se esta modificar a decisão originária, a parte que já apresentou o RO pode ter a intenção de alterá-lo ou complementá-lo. Por tal motivo, a porte que interpôs recurso ordinário inicialmente poderá complementar seu recurso, entretanto apenas com relação às modificações perpetradas pela decisão dos embargos.

23.3.5. Fungibilidade

19 O Código Civil definiu fungibilidade:

> **Art. 85.** São fungíveis os móveis que podem substituir-se por outros da mesma espécie, qualidade e quantidade.

20 Ou seja, observando conceito de "fungível" o referido princípio estabelece que **os recursos podem ser substituídos**. A regra, entretanto, é o não cabimento do recurso inadequado, de modo que o referido princípio é visto como uma exceção.

21 Trata-se de uma exceção ao pressuposto da "adequação" de cabimento do recurso – que será visto mais a frente. Por tal razão, só será admitido em situações excepcionais, e desde que preenchidos os requisitos para sua aplicação, quais sejam:

1. **Dúvida objetiva** (dúvida interna): Isso vai ocorrer:
   - Quando a própria lei confundir a natureza da decisão;
   - Quando a doutrina e a jurisprudência divergem acerca de qual o recurso cabível;
   - Quando o próprio juiz se equivoca e confunde o tipo da decisão.
2. **Inexistência de erro grosseiro**: Isso ocorre quando a lei prevê expressamente qual o recurso cabível, e, ainda assim, a parte interpõe recurso diverso.
3. **Teoria do prazo menor:** significa que, se a parte estiver com dúvida acerca de qual recurso manejar, obrigatoriamente, ela deve interpor o recurso que tenha prazo menor de interposição (para não correr o risco de perder o prazo).

22 O TST aplica o princípio da fungibilidade, de forma a estabelecer uma maior celeridade do processo e economia processual:

> **Súmula nº 421 do TST**
>
> EMBARGOS DE DECLARAÇÃO. CABIMENTO. DECISÃO MONOCRÁTICA DO RELATOR CALCADA NO ART. 932 DO CPC DE 2015. ART. 557 DO CPC DE 1973. (atualizada em decorrência do CPC de 2015) – Res. 208/2016, DEJT divulgado em 22, 25 e 26.04.2016
>
> I – Cabem embargos de declaração da decisão monocrática do relator prevista no art. 932 do CPC de 2015 (art. 557 do CPC de 1973), se a parte pretende tão somente juízo integrativo retificador da decisão e, não, modificação do julgado.
>
> II – Se a parte postular a revisão no mérito da decisão monocrática, cumpre ao relator converter os embargos de declaração em agravo, em face dos princípios da fungibilidade e celeridade processual, submetendo-o ao pronunciamento do Colegiado, após a intimação do

recorrente para, no prazo de 5 (cinco) dias, complementar as razões recursais, de modo a ajustá-las às exigências do art. 1.021, § 1º, do CPC de 2015.

OJ 412 SDI-1. AGRAVO INTERNO OU AGRAVO REGIMENTAL. INTERPOSIÇÃO EM FACE DE DECISÃO COLEGIADA. NÃO CABIMENTO. ERRO GROSSEIRO. INAPLICABILIDADE DO PRINCÍPIO DA FUNGIBILIDADE RECURSAL (nova redação em decorrência do CPC de 2015) - Res. 209/2016, DEJT divulgado em 01, 02 e 03.06.2016 É incabível agravo interno (art. 1.021 do CPC de 2015, art. 557, §1º, do CPC de 1973) ou agravo regimental (art. 235 do RITST) contra decisão proferida por Órgão colegiado. Tais recursos destinam-se, exclusivamente, a impugnar decisão monocrática nas hipóteses previstas. Inaplicável, no caso, o princípio da fungibilidade ante a configuração de erro grosseiro.

OJ 69 SDI-2. FUNGIBILIDADE RECURSAL. INDEFERIMENTO LIMINAR DE AÇÃO RESCISÓRIA OU MANDADO DE SEGURANÇA. RECURSO PARA O TST. RECEBIMENTO COMO AGRAVO REGIMENTAL E DEVOLUÇÃO DOS AUTOS AO TRT.

Recurso ordinário interposto contra despacho monocrático indeferitório da petição inicial de ação rescisória ou de mandado de segurança pode, pelo **princípio de fungibilidade recursal**, ser recebido como agravo regimental. Hipótese de não conhecimento do recurso pelo TST e devolução dos autos ao TRT, para que aprecie o apelo como agravo regimental. (grifos e negritos aditados)

OJ 152 SDI-2. AÇÃO RESCISÓRIA E MANDADO DE SEGURANÇA. RECURSO DE REVISTA DE ACÓRDÃO REGIONAL QUE JULGA AÇÃO RESCISÓRIA OU MANDADO DE SEGURANÇA. PRINCÍPIO DA FUNGIBILIDADE. INAPLICABILIDADE. ERRO GROSSEIRO NA INTERPOSIÇÃO DO RECURSO.

A interposição de recurso de revista de decisão definitiva de Tribunal Regional do Trabalho em ação rescisória ou em mandado de segurança, com fundamento em violação legal e divergência jurisprudencial e remissão expressa ao art. 896 da CLT, configura **erro grosseiro**, insuscetível de autorizar o seu recebimento como recurso ordinário, em face do disposto no art. 895, "b", da CLT. (grifos e negritos aditados)

23.3.6. Dialeticidade

23 Significa que o recurso tem que ter **fundamentação.**

24 O contraditório impõe que haja um diálogo, para que a outra parte tenha conhecimento das razões recursais da parte recorrente (para que possa argumentar acerca delas). Do mesmo modo, o Judiciário deve saber as razões do recurso.

25 O art. 899 da CLT, por sua vez, determina que os recursos serão interpostos por uma simples petição. Todavia, a doutrina esclarece que "simples petição" não significa que não deve haver fundamentação no recurso. Significa, apenas, que os recursos serão apresentados por escrito.

26 Nesse contexto, destaca-se a Súmula 422 do TST, que dispõe sobre a interposição de recursos para o TST e a exigência de fundamentação:

> **Súmula 422, TST** - RECURSO. APELO QUE NÃO ATACA OS FUNDAMENTOS DA DECISÃO RECORRIDA. NÃO CONHECIMENTO. ART. 514, II, do CPC.
>
> Não se conhece de recurso para o TST, pela ausência do requisito de admissibilidade inscrito no art. 514, II, do CPC, quando as razões do recorrente não impugnam os fundamentos da decisão recorrida, nos termos em que fora proposta.
>
> **Art. 896, CLT.** (...) § 1º-A. Sob pena de não conhecimento, é ônus da parte:
>
> (...)
>
> II - indicar, de forma explícita e fundamentada, contrariedade a dispositivo de lei, súmula ou orientação jurisprudencial do Tribunal Superior do Trabalho que conflite com a decisão regional;
>
> III - expor as razões do pedido de reforma, impugnando todos os fundamentos jurídicos da decisão recorrida, inclusive mediante demonstração analítica de cada dispositivo de lei, da Constituição Federal, de súmula ou orientação jurisprudencial cuja contrariedade aponte.

23.3.7. Voluntariedade

27 Trata-se de uma decorrência do poder de ação das partes. Ou seja, depende de provocação da parte. Como já visto no conceito de recurso, ele é ato processual voluntário.

23.3.8. Não Reformatio In Pejus

28 Por esse princípio, a partir do momento em que a parte recorre de determinada decisão, o julgamento do seu recurso não poderá implicar um prejuízo para a parte, ou seja, uma piora da sua situação processual. Por óbvio, esse princípio não se aplica às normas de ordem pública (efeito translativo), que poderão ser conhecidas de ofício e, eventualmente, gerar prejuízo para a parte.

23.3.9. Irrecorribilidade imediata das decisões interlocutórias

29 O art. 893, §1°, da CLT, determina que as decisões incidentais (interlocutórias) não são recorríveis de imediato.

> **Art. 893, § 1º** - Os incidentes do processo são resolvidos pelo próprio Juízo ou Tribunal, admitindo-se **a apreciação do merecimento das decisões interlocutórias somente em recursos da decisão definitiva** (negritos aditados).

30 Assim, o que não é cabível na Justiça do Trabalho é o recurso imediato, mas as interlocutórias podem ser impugnadas no momento do recurso principal.

31 Imediatamente, a parte deve atender ao quanto requer a **teoria das nulidades** processuais: deve, na primeira oportunidade que tiver para se manifestar nos autos (oralmente em audiência ou por escrito, em petição simples), arguir nulidade processual, sob pena de preclusão. Na prática, é o que se chama de "protesto", quando feito oralmente, na sessão de audiência.

> **ATA DE AUDIÊNCIA. AUSÊNCIA DE PROTESTOS. NULIDADE POR VIOLAÇÃO À AMPLA DEFESA. PRECLUSÃO.** Observado na ata de audiência que o reclamado não formalizou sua insatisfação quando do encerramento da instrução processual e inexistindo qualquer registro dos protestos cabíveis, atrai-se os efeitos da preclusão. Ademais, a simples ausência de protestos em audiência tem o condão de subsumir a tal quadro fático a disciplina normativa contida no **artigo 795 da CLT, indicativo de que na primeira oportunidade que tem para falar nos autos a parte deve arguir expressamente a nulidade**. In casu, mesmo que se considere a não ocorrência da preclusão na audiência, o reclamado na primeira oportunidade que falou nos autos não arguiu a nulidade, razão pela qual a rejeição da preliminar de nulidade por cerceamento de defesa é medida que se impõe. (TRT-10 - RO: 408201180210006 DF 00408-2011-802-10-00-6 RO, Relator: Desembargador Dorival Borges de Souza Neto , Data de Julgamento: 20/02/2013, 1ª Turma, Data de Publicação: 08/03/2013 no DEJT)

32 Importante lembrar que esta nulidade não poderá ser arguida quando:

1. Dela não resultar prejuízo;

> **Art. 794**. Nos processos sujeitos à apreciação da Justiça do Trabalho só haverá nulidade quando resultar dos atos inquinados manifesto prejuízo às partes litigantes.

2. Quando for possível suprir-se a falta ou repetir-se o ato;

> **Art. 796**. A nulidade não será pronunciada:
> **a)** quando for possível suprir- se a falta ou repetir- se o ato;

3. Quando arguida por quem lhe houver dado causa.

> **Art. 796**. A nulidade não será pronunciada:
> **b)** quando argüida por quem lhe tiver dado causa.

33 Todavia, o a súmula 214 do TST traz algumas exceções a esse princípio. Ou seja, estabeleceu situações em que, determinadas decisões interlocutórias, podem ser recorridas de imediato. Vejamos quais são elas.

> **Súmula 214, TST** - DECISÃO INTERLOCUTÓRIA. IRRECORRIBILIDADE.
>
> Na Justiça do Trabalho, nos termos do art. 893, § 1º, da CLT, as decisões interlocutórias não ensejam recurso imediato, salvo nas hipóteses de decisão: a) de Tribunal Regional do Trabalho contrária à Súmula ou Orientação Jurisprudencial do Tribunal Superior do Trabalho; b) suscetível de impugnação mediante recurso para o mesmo Tribunal; c) que acolhe exceção de incompetência territorial, com a remessa dos autos para Tribunal Regional distinto daquele a que se vincula o juízo excepcionado, consoante o disposto no art. 799, § 2º, da CLT.

34 O que fazer, entretanto, no caso de apreciação de pedido liminar antes da prolação da sentença? Imagine-se que fora negado o pedido de concessão de plano de saúde e a parte tem urgência para o benefício.

35 Nessa hipótese, o TST entende que caberá mandado de segurança:

> **Súmula nº 414 do TST** - MANDADO DE SEGURANÇA. TUTELA PROVISÓRIA CONCEDIDA ANTES OU NA SENTENÇA (nova redação em decorrência do CPC de 2015) - Res. 217/2017 - DEJT divulgado em 20, 24 e 25.04.2017 (...)
>
> II – No caso de a tutela provisória haver sido concedida ou indeferida antes da sentença, cabe mandado de segurança, em face da inexistência de recurso próprio.

23.4. Efeitos recursais

23.4.1. Devolutivo

> **Art. 899 da CLT** - Os recursos serão interpostos por simples petição e terão **efeito meramente devolutivo**, salvo as exceções previstas neste Título, permitida a execução provisória até a penhora. (negritos aditados)

36 O efeito devolutivo é a regra nos recursos trabalhistas e, assim, tem aplicação em **todos os recursos**.

37 Consiste na transferência da decisão do juízo *a quo* para o juízo *ad quem*, ou seja, a devolução ao juízo *ad quem* do reexame de todas as questões envolvendo a matéria recorrida naquela decisão.

38 O efeito devolutivo se caracteriza por duas dimensões: **extensão** e **profundidade.**

39 Esse tema está disposto no art. 1.013 do CPC.

A) **Extensão:** é a análise horizontal da matéria apresentada no recurso. Isso significa que o tribunal terá a sua análise adstrita às matérias que tenham sido impugnadas no recurso. Assim, versando a decisão sobre horas extras, validade da justa causa e pagamento de adicional de periculosidade, e tendo o recurso apenas impugnado a decisão no que concerne às horas extras, o tribunal não poderá avaliar a decisão no que concerne ao pedido de adicional de insalubridade ou à validade da justa causa, exatamente porque não foram objeto de impugnação pelo recorrente – ainda que essa análise viesse a beneficiar o recorrente. Assim, apenas a matéria que tenha sido objeto do recurso é passível de ser julgada pelo tribunal; apenas a matéria objeto de impugnação do recurso estará absorvida pelo efeito devolutivo.

B) **Profundidade**: é a análise vertical.

> Art. 1.013. (...) § 1º Serão, porém, objeto de apreciação e julgamento pelo tribunal todas as questões suscitadas e discutidas no processo, ainda que não tenham sido solucionadas, desde que relativas ao capítulo impugnado.
>
> § 2º Quando o pedido ou a defesa tiver mais de um fundamento e o juiz acolher apenas um deles, a apelação devolverá ao tribunal o conhecimento dos demais.

40 De acordo com o efeito devolutivo em profundidade, impugnada a matéria, devolve-se ao tribunal todas as questões nela envolvidas. Ou seja: será devolvida toda a matéria concernente ao ponto objeto de impugnação, ainda que não renovada em contrarrazões, ou mesmo que, sobre ela não haja pronunciamento expresso na decisão recorrida.

41 A profundidade, todavia, pode ser limitada em determinados recursos – natureza extraordinária (Recurso de Revista e os Embargos do TST), que não admitem rediscussão de fatos e provas, e apenas a devolução das matérias expressamente previstas em lei.

42 O efeito devolutivo, tal qual consta do CPC e foi aqui estudado, encontra-se delineado na **Súmula 393 do TST**.

> **Súmula nº 393 do TST** - RECURSO ORDINÁRIO. EFEITO DEVOLUTIVO EM PROFUNDIDADE. ART. 1.013, § 1º, DO CPC DE 2015. ART. 515, § 1º, DO CPC DE 1973. (nova redação em decorrência do CPC de 2015) – Res. 208/2016, DEJT divulgado em 22, 25 e 26.04.2016
>
> I - O efeito devolutivo em profundidade do recurso ordinário, que se extrai do § 1º do art. 1.013 do CPC de 2015 (art. 515, §1º, do CPC de 1973), transfere ao Tribunal a apreciação dos fundamentos da inicial ou da defesa, não examinados pela sentença, ainda que não renovados em contrarrazões, desde que relativos ao capítulo impugnado.

PROCESSUAL DO TRABALHO

II - Se o processo estiver em condições, o tribunal, ao julgar o recurso ordinário, deverá decidir desde logo o mérito da causa, nos termos do § 3º do art. 1.013 do CPC de 2015, inclusive quando constatar a omissão da sentença no exame de um dos pedidos.

OBSERVAÇÃO!!! Saliente-se que **nem todo recurso tem a extensão e a profundidade do efeito devolutivo**. E isso porque, nos recursos de natureza extraordinária, em face da necessidade do prequestionamento, só devolverá ao *juízo ad quem* as matérias que forem prequestionadas pela parte recorrente.

23.4.2. Suspensivo

43 Esse efeito impede a produção de efeitos da sentença que haja sido impugnada mediante recurso. No processo trabalhista *os recursos terão efeito meramente devolutivo, salvo as exceções* – art.899 da CLT. Assim, apenas excepcionalmente, os recursos terão efeito suspensivo.

44 Vejamos quais são essas exceções:

A. **Recurso Ordinário em dissídio coletivo**: nesse caso, o presidente do tribunal poderá conceder efeito suspensivo ao recurso – Art. 7º, § 6º, da lei 7701/88 e art.14 da lei 10192/01.

> SÚMULA 279, TST - RECURSO CONTRA SENTENÇA NORMATIVA. EFEITO SUSPENSIVO. CASSAÇÃO. **A cassação de efeito suspensivo concedido a recurso interposto de sentença normativa retroage à data do despacho que o deferiu.**

OBSERVAÇÃO: esse recurso será direcionado ao TST.

B. **Nos demais recursos, o entendimento do TST é que seria através de requerimento, diretamente no juízo *ad quem***: quando a parte quisesse a aplicação do efeito suspensivo deveria ajuizar **requerimento** para que possa conseguir o referido efeito.

> **Súmula 414**, MANDADO DE SEGURANÇA. TUTELA PROVISÓRIA CONCEDIDA ANTES OU NA SENTENÇA (nova redação em decorrência do CPC de 2015) - Res. 217/2017 - DEJT divulgado em 20, 24 e 25.04.2017
>
> I – A tutela provisória concedida na sentença não comporta impugnação pela via do mandado de segurança, por ser impugnável mediante recurso ordinário. É admissível a obtenção de efeito suspensivo ao recurso ordinário mediante requerimento dirigido ao tribunal, ao relator ou ao presidente ou ao vice-presidente do tribunal recorrido, por aplicação subsidiária ao processo do trabalho do artigo 1.029, § 5º, do CPC de 2015.

45 Com a extinção da ação cautelar pelo CPC 2015, aplica-se subsidiariamente o procedimento do novo diploma processual para a obtenção do efeito suspensivo:

> **Art. 1.012.** (...) § 3º O pedido de concessão de efeito suspensivo nas hipóteses do § 1º poderá ser formulado por requerimento dirigido ao:
>
> I - tribunal, no período compreendido entre a interposição da apelação e sua distribuição, ficando o relator designado para seu exame prevento para julgá-la;
>
> II - relator, se já distribuída a apelação.

23.4.3. Translativo

46 De acordo com o referido efeito, todas as **matérias de ordem pública** serão devolvidas ao tribunal, ainda que não renovadas em sede recursal, salvo exceções.

47 A exceção está quando falamos em recurso de natureza extraordinária, pois neles não se admite efeito translativo, dada a necessidade do prequestionamento (que a matéria tenha sido expressamente invocada no juízo *a quo*, o qual deverá ter adotado tese explícita a respeito). Esse prequestionamento é tão fundamental que, ainda que a matéria se refira a competência absoluta, o tribunal não poderá alterar a decisão, se ausente o prequestionamento. Veja-se:

> **OJ 62 SDI-I.** PREQUESTIONAMENTO. PRESSUPOSTO DE ADMISSIBILIDADE EM APELO DE NATUREZA EXTRAORDINÁRIA. NECESSIDADE, AINDA QUE SE TRATE DE INCOMPETÊNCIA ABSOLUTA.
>
> É necessário o prequestionamento como pressuposto de admissibilidade em recurso de natureza extraordinária, ainda que se trate de incompetência absoluta.

23.4.4. Regressivo

47 Consiste no exercício do juízo de retratação. Não é um efeito comum aos recursos. Aplica-se, apenas, ao agravo de instrumento e, por aplicação subsidiária, ao recurso ordinário interposto contra decisão que indefere a petição inicial, art. 485, §7º do CPC.

23.4.5. Expansivo

48 É aquele de acordo com o qual o recurso atinge objeto e/ou sujeitos além do recurso.

49 A expansão pode ser objetiva e subjetiva.

Objetiva quando atinge matérias não impugnadas.

Subjetiva quando abrange sujeitos que não recorreram.

23.4.6. Substitutivo

50 Esse efeito faz com que a decisão proferida em sede recursal substitua a decisão recorrida/REFORMADA.

51 A decisão só terá efeito substitutivo quando **o recurso for conhecido** e, **no mérito** quando ele reformar, ou não, a decisão – o que importa é que tenha julgamento de mérito. Frise-se que, se o julgamento de segundo grau confirma a sentença ou a decisão recorrida, por seus próprios fundamentos, ocorre, de qualquer forma, a substituição.

52 Interessante ressaltar que, em caso de recurso que tenha por objetivo a anulação da decisão, o efeito será o rescindente e não o substitutivo.

23.5. Atos processuais sujeitos a recursos

53 A primeira informação que se deve dizer é: **só cabem recursos contra ato do juiz** (conceito *lato senso)*. Isso significa que os atos dos serventuários ou do Ministério Público não são passiveis de recurso.

54 São atos do juiz:

- **Decisão interlocutória:** é o ato pelo qual o juiz, no curso do processo, resolve questão e que não se enquadra no conceito de sentença (art. 203,§2° do CPC).
- **Sentença:** é o ato do juiz que encerra a atividade de conhecimento ou execução e implica alguma das situações previstas nos arts. 485 e 487 do CPC (art. 203,§1° do CPC).
- **Acórdão:** é o julgamento proferido pelos tribunais em colegiado (art.204, do CPC).
- **Decisão monocrática**: é o julgamento de desembargador ou ministro, de forma singular, sem submissão ao colegiado.
- **Despachos:** os demais atos do juiz praticados no processo, de ofício ou a requerimento da parte, a cujo respeito a lei não estabelece outra forma (art. 205, do CPC). Não possuem conteúdo decisório, mas apenas dispõem sobre o andamento do processo.

55 Os despachos, por serem desprovidos de conteúdo decisório, são irrecorríveis.

Art. 1.001 do CPC: Dos despachos não cabe recurso.

56 Todas as demais decisões, entretanto, enfrentam recurso no processo do trabalho, observadas duas particularidades:

a. Art. 893, §1° da CLT. As **decisões interlocutórias** seguem o princípio da irrecorribilidade imediata das decisões – já tratado nas linhas precedentes. Isso significa que as decisões **são recorríveis**; contudo, o **recurso somente** poderá ser apresentado juntamente com aquele da **decisão final**.

b. Art. 932 do CPC e súmula 435 do TST. De acordo com o entendimento sumulado, aplica-se subsidiariamente ao processo do trabalho o art. 932 do CPC. Sendo assim, essas decisões serão recorríveis mediante agravo.

> **Art. 932.** Incumbe ao relator:
>
> (...)
>
> III - não conhecer de recurso inadmissível, prejudicado ou que não tenha impugnado especificamente os fundamentos da decisão recorrida;
>
> IV - negar provimento a recurso que for contrário a:
>
> a) súmula do Supremo Tribunal Federal, do Superior Tribunal de Justiça ou do próprio tribunal;
>
> b) acórdão proferido pelo Supremo Tribunal Federal ou pelo Superior Tribunal de Justiça em julgamento de recursos repetitivos;
>
> c) entendimento firmado em incidente de resolução de demandas repetitivas ou de assunção de competência;
>
> V - depois de facultada a apresentação de contrarrazões, dar provimento ao recurso se a decisão recorrida for contrária a:
>
> a) súmula do Supremo Tribunal Federal, do Superior Tribunal de Justiça ou do próprio tribunal;
>
> b) acórdão proferido pelo Supremo Tribunal Federal ou pelo Superior Tribunal de Justiça em julgamento de recursos repetitivos;
>
> c) entendimento firmado em incidente de resolução de demandas repetitivas ou de assunção de competência;
>
> (...)

23.6. Pressupostos recursais

23.6.1. Juízo de admissibilidade

57 Quando a parte interpõe um recurso, é necessário que preencha determinados requisitos (pressupostos recursais) para ser **conhecido e julgado.** Ou seja, o juízo de admissibilidade é o momento em que se faz a análise do preenchimento, pelo recurso, dos pressupostos recursais. Não influenciam no mérito do recurso, nem versam sobre ele.

58 Em regra, os recursos são submetidos a dois juízos de admissibilidade:

A. **1º Juízo de admissibilidade:** é realizado pelo órgão prolator da decisão recorrida, ao qual se dá o nome de **Juízo *a quo*.** É a primeira análise dos pressupostos recursais, feito pelo órgão que proferiu a decisão. A ele incumbirá, apenas, conhecer ou não do recurso, por preencher os requisitos de admissibilidade. Ultrapassado esse juízo, estando preenchidos os pressupostos, é feito um segundo juízo de admissibilidade pelo tribunal.

B. **2º Juízo de admissibilidade:** é realizado pelo órgão destinatário do recurso, ao qual se dá o nome de ***ad quem*.** Essa é a segunda análise dos pressupostos recursais. O juízo de admissibilidade *ad quem* **não** está subordinado ao juízo *a quo*, podendo entender de forma diversa – assim, mesmo o *a quo* tendo conhecido do recurso, o *ad quem* poderá não conhecê-lo

58 Todavia, alterando o entendimento de outrora, o TST, na IN 40/16, esclareceu que o conhecimento do recurso de revista, pelo *a quo*, com relação a apenas algum ou alguns dos pontos de impugnação, e consequente não conhecimento com relação a outros, não devolve ao TST a análise daqueles pontos não conhecidos. Incumbirá à parte, nesse caso, manejar agravo de instrumento para dar seguimento ao que não fora conhecido.

59 Quando o juízo *a quo* analisa esses pressupostos processuais, ele se utiliza das expressões "*dar seguimento ao recurso*" ou "*negar seguimento ao recurso*".

60 Ultrapassado o juízo *a quo*, o recurso é encaminhado para o juízo *ad quem*, o qual irá "*conhecer*" ou "*não conhecer*" do recurso, novamente (2º juízo de admissibilidade). 61. Conhecido o recurso no *ad quem*, este poderá ser provido (provimento ao recurso) ou não provido (não provimento do recurso), quando da análise do mérito.

23.6.2. Pressupostos intrínsecos ou subjetivos

62 Os pressupostos intrínsecos dizem respeito à decisão recorrida, ou melhor, à existência do poder de recorrer. São eles: **cabimento**, **legitimidade** e **interesse**. Vejamos um por um.

63 **Cabimento:** Sobre esse pressuposto, deve-se analisar se a decisão é passível de recurso e, caso seja, observa-se se o recurso manejado foi o adequado para a decisão que visa impugnar. Ou seja, se a parte interpõe recurso incorreto ele não será conhecido, salvo nos casos de fungibilidade.

64 **Interesse recursal:** Analisa-se a utilidade do recurso. A parte deve comprovar que foi vencida ou que é um terceiro prejudicado. Assim como o interesse de agir, a parte deve comprovar necessidade e utilidade na interposição do recurso.

65 **Legitimidade:** Implica questionar quem pode apresentar recurso. A CLT não dispõe nada a esse respeito, mas, por força do art.769, é aplicado o art. 996 do CPC:

> **Art. 996**. O recurso pode ser interposto pela parte vencida, pelo terceiro prejudicado e pelo Ministério Público, como parte ou como fiscal da ordem jurídica.
>
> Parágrafo único. Cumpre ao terceiro demonstrar a possibilidade de a decisão sobre a relação jurídica submetida à apreciação judicial atingir direito de que se afirme titular ou que possa discutir em juízo como substituto processual.

66 Assim, podem recorrer no processo trabalhista:

1. **As partes;**
2. **O Ministério Público:** desde que tenha intervindo na fase de conhecimento, tanto como parte, como fiscal da lei. Registre-se que se o Ministério Público atuou como *custos legis* **não pode recorrer adesivamente**. O TST, todavia, estabeleceu alguns critérios para que haja legitimidade do MPT recorrer, na condição de *custos legis*. Em regra, ele somente poderá recorrer, nessa condição, na defesa de interesse público:

> **237.** MINISTÉRIO PÚBLICO DO TRABALHO. LEGITIMIDADE PARA RECORRER. SOCIEDADE DE ECONOMIA MISTA. EMPRESA PÚBLICA (incorporada a Orientação Jurisprudencial nº 338 da SBDI-I) - Res. 210/2016, DEJT divulgado em 30.06.2016 e 01 e 04.07.2016
>
> I - O Ministério Público do Trabalho não tem legitimidade para recorrer na defesa de interesse patrimonial privado, ainda que de empresas públicas e sociedades de economia mista.
>
> II – Há legitimidade do Ministério Público do Trabalho para recorrer de decisão que declara a existência de vínculo empregatício com sociedade de economia mista ou empresa pública, após a Constituição Federal de 1988, sem a prévia aprovação em concurso público, pois é matéria de ordem pública.

67 Frise-se que, com relação ao item II da OJ 237 da SDI do TST, a legitimidade recursal do MPT decorre do fato de que irá defender interesse público, pautado na violação à regra constitucional do concurso público.

3. **Terceiro juridicamente interessado:** considera terceiro interessado todo aquele que, não sendo parte do processo, pode sofrer os efeitos da decisão. Importa frisar, portanto, que se trata do terceiro

juridicamente interessado. O TST considera que o **advogado** também tem interesse de recorrer, no que toca aos seus honorários, e que ele pode, portanto, ser considerado um terceiro interessado. O perito também pode ser considerado terceiro interessado, no que toca aos seus honorários. Todavia, a tese majoritária entende que o perito presta um serviço público, não podendo, portanto, recorrer dentro do processo. O **perito** poderia apenas impetrar Mandado de Segurança, para discutir seus honorários, não cabendo recurso como terceiro interessado.

68 Por fim, é interessante mencionar a Orientação Jurisprudencial 318 da SDI-I:

> **OJ 318.** REPRESENTAÇÃO IRREGULAR. AUTARQUIA.
>
> Os Estados e os Municípios não têm legitimidade para recorrer em nome das autarquias detentoras de personalidade jurídica própria, devendo ser representadas pelos procuradores que fazem parte de seus quadros ou por advogados constituídos.

23.6.3. Pressupostos extrínsecos ou objetivos

68 Os pressupostos extrínsecos dizem respeito a fatores externos. Ou seja, não se observa o conteúdo do recurso. De acordo com a melhor doutrina, são eles: **tempestividade**, **representação**, **regularidade formal** e **preparo**.

Tempestividade

69 Tempestivo é o recurso interposto com observância do prazo previsto em lei.

70 No processo do trabalho, a lei 5584/70, art. 6º, unificou os prazos recursais trabalhistas para 8 dias.

> **Art 6º** : Será de 8 (oito) dias o prazo para interpor e contra-arrazoar qualquer recurso.

71 Todavia, essa regra comporta exceções. Quais são elas:

1. Embargos de Declaração: 5 dias (art.897-A da CLT)
2. Recurso Extraordinário: 15 dias (art. 508 do CPC)
3. Pedido de Revisão (art.2º, §1º, da Lei 5.584/70)

72 O tema tempestividade faz surgir algumas considerações acerca dos prazos e sua contagem.

1. **Litisconsortes com procuradores distintos:** não será aplicável o disposto no art. 229 do CPC.

OJ 310. SDI1. LITISCONSORTES. PROCURADORES DISTINTOS. PRAZO EM DOBRO. ART. 229, *CAPUT* E §§ 1º E 2º, DO CPC DE 2015. ART. 191 DO CPC DE 1973. INAPLICÁVEL AO PROCESSO DO TRABALHO (atualizada em decorrência do CPC de 2015) – Res. 208/2016, DEJT divulgado em 22, 25 e 26.04.2016

Inaplicável ao processo do trabalho a norma contida no art. 229, *caput* e §§ 1º e 2º, do CPC de 2015 (art. 191 do CPC de 1973), em razão de incompatibilidade com a celeridade que lhe é inerente.

2. **Feriado local**: a parte, no **momento da interposição** do recurso, tem que comprovar a ocorrência do feriado local. Tal não se confunde com o feriado forense. Sendo hipótese de feriado forense, caberá ao juízo responsável pela admissibilidade do recurso certificar o referido feriado nos autos. Não o fazendo e havendo erro na admissibilidade, a parte poderá apresentar embargos de declaração, agravo de instrumento ou agravo regimental, conforme o caso.

SÚMULA 385, TST - FERIADO LOCAL. AUSÊNCIA DE EXPEDIENTE FORENSE. PRAZO RECURSAL. PRORROGAÇÃO. COMPROVAÇÃO. NECESSIDADE ATO ADMINISTRATIVO DO JUÍZO "A QUO"

I – Incumbe à parte o ônus de provar, quando da interposição do recurso, a existência de feriado local que autorize a prorrogação do prazo recursal.

II – Na hipótese de feriado forense, incumbirá à autoridade que proferir a decisão de admissibilidade certificar o expediente nos autos.

III – Na hipótese do inciso II, admite-se a reconsideração da análise da tempestividade do recurso, mediante prova documental superveniente, em Agravo Regimental, Agravo de Instrumento ou Embargos de Declaração.

3. **Etiqueta:** a etiqueta de controle do tribunal não serve para comprovação de prazo.

284. AGRAVO DE INSTRUMENTO. TRASLADO. AUSÊNCIA DE CERTIDÃO DE PUBLICAÇÃO. ETIQUETA ADESIVA IMPRESTÁVEL PARA AFERIÇÃO DA TEMPESTIVIDADE (cancelada em decorrência do CPC de 2015) - Res. 217/2017 - DEJT divulgado em 20, 24 e 25.04.2017

A etiqueta adesiva na qual consta a expressão "no prazo" não se presta à aferição de tempestividade do recurso, pois sua finalidade é tão-somente servir de controle processual interno do TRT e sequer contém a assinatura do funcionário responsável por sua elaboração.

4. **Intimação da sentença:** É possível que o juiz designe data de audiência de publicação da sentença. Nesse caso, as partes não serão intimadas da decisão, pois já foram anteriormente intimadas da data de sua prolação (porque intimadas para a audiência de publicação). Mas, aqui, há um detalhe. O juiz tem um prazo de até 48 horas, após a data marcada para publicação da sentença, para fazê-la, sem a necessidade de intimar novamente as partes. Esse prazo ocorre em razão do art. 851,

§ 2º, da CLT: *a ata será, pelo presidente ou juiz, junta ao processo, devidamente assinada, no prazo improrrogável de 48 (quarenta e oito) horas [...].* Esclareça-se que se o juiz juntar a decisão, por exemplo, nas primeiras 24 horas, o prazo recursal começa a correr daí. Nesse sentido são as Súmulas 30 e 197 do TST.

> **Súmula 197, TST** - PRAZO.
>
> O prazo para recurso da parte que, intimada, não comparecer à audiência em prosseguimento para a prolação da sentença conta-se de sua publicação.
>
> **Súmula 30, TST** - INTIMAÇÃO DA SENTENÇA.
>
> Quando não juntada a ata ao processo em 48 horas, contadas da audiência de julgamento (art. 851, § 2º, da CLT), o prazo para recurso será contado da data em que a parte receber a intimação da sentença.

Regularidade de representação

73 Como já visto em capítulo próprio, na Justiça do Trabalho é possível que empregado e empregador postulem pessoalmente, isso significa que a presença do advogado não é obrigatória (art.791 da CLT).

74 Todavia, na esfera recursal, há limitação a esse direito. O *jus postulandi* só é admitido até a instância ordinária, ou seja, até os recursos dirigidos ao TRT, pois os recursos ao TST e ao STF dependem de representação de através de advogado, tendo em vista que são recursos que não visam a discussão de fatos e provas, mas exclusivamente a discussão do direito, o que somente será possível por meio de advogado devidamente habilitado.

> **SÚMULA 425, TST** - JUS POSTULANDI NA JUSTIÇA DO TRABALHO. ALCANCE.
>
> O jus postulandi das partes, estabelecido no art. 791 da CLT, limita-se às Varas do Trabalho e aos Tribunais Regionais do Trabalho, não alcançando a ação rescisória, a ação cautelar, o mandado de segurança e os recursos de competência do Tribunal Superior do Trabalho.

75 Vale lembrar, também, que na Justiça do Trabalho é possível o mandato tácito, decorrente da prática conjunta de ato da parte com o seu advogado.

76 Importante destacar algumas súmulas e orientações jurisprudenciais aplicáveis ao tema:

> **374.** AGRAVO DE INSTRUMENTO. REPRESENTAÇÃO PROCESSUAL. REGULARIDADE. PROCURAÇÃO OU SUBSTABELECIMENTO COM CLÁUSULA LIMITATIVA DE PODERES AO ÂMBITO DO TRIBUNAL REGIONAL DO TRABALHO. É regular a representação processual do subscritor do agravo de instrumento ou do recurso de revista que detém mandato com poderes de representação limitados ao âmbito do Tribunal

Regional do Trabalho, pois, embora a apreciação desse recurso seja realizada pelo Tribunal Superior do Trabalho, a sua interposição é ato praticado perante o Tribunal Regional do Trabalho, circunstância que legitima a atuação do advogado no feito.

OJ 319. REPRESENTAÇÃO REGULAR. ESTAGIÁRIO. HABILITAÇÃO POSTERIOR.

Válidos são os atos praticados por estagiário se, entre o substabelecimento e a interposição do recurso, sobreveio a habilitação, do então estagiário, para atuar como advogado. Se identifica com o pressuposto da PI de capacidade da parte de ser representada em juízo.

Regularidade formal do recurso

77 Trata da formalidade do recurso. O recurso pode ser manejado através de uma simples petição, a teor do que prega o art. 899 da CLT. Todavia, isso não significa que não deve haver fundamentação no recurso (princípio da dialeticidade). À exceção dos embargos declaratórios, os recursos serão interpostos com a apresentação de um,do inexistente.

Preparo

79 O requisito do preparo consiste no pagamento das **custas** e do **depósito recursal,** sempre que exigidos. A **ausência** do cumprimento do requisito do preparo, ou seja, do pagamento do valor devido, implicará não conhecimento do recurso, por **deserção**.

Custas processuais

80 As custas consistem no valor pago pela utilização do serviço público de justiça. Consistem no montante devido em virtude da tramitação do processo e consequente utilização da máquina judiciária.

81 No processo do trabalho as custas são calculadas a base de **2%** sobre o valor arbitrado à causa, sobre o valor da condenação ou do acordo, observando o limite mínimo R$ 10,64 e o limite máximo equivalente a quatro vezes o limite máximo dos benefícios do Regime Geral da Previdência Social (art. 789 da CLT).

82 A **quem incumbe** o pagamento? As custas serão pagas pelo **vencido**, assim considerado aquele que não ganhou. Por isso, o reclamante apenas pagará as custas se a ação foi julgada improcedente. Na hipótese de procedência total ou parcial, as custas ficarão a cargo do reclamado. A regra, portanto, é que não há a sucumbência recíproca, como ocorre no processo civil. Há de se observar as seguintes exceções, entretanto:

A. Na hipótese de acordo, as custas serão partilhadas pelas partes, salvo se de outra forma dispuserem. Nesses termos, se as partes silenciarem sobre a responsabilidade no pagamento das custas, a responsabilidade será de ambas.

B. No caso de ação que não verse sobre a relação de emprego, aplica-se o princípio da sucumbência recíproca, art. 3°, §3° da IN 27/2005 TST. Apesar da previsão de sucumbência recíproca quanto aos honorários advocatícios, o legislador não tratou da sucumbência recíproca para o pagamento das custas, nas ações em geral.

83 As custas serão pagas **após o trânsito em julgado** da decisão. No caso de recurso, as custas serão pagas e comprovado o seu recolhimento **dentro do prazo recursal** - art. 789,§1°, da CLT.

84 Note-se que não se exige que seja feita a comprovação juntamente com o recurso, mas apenas no prazo alusivo ao recurso. Assim, por exemplo, se a parte tem oito dias para recorrer e apresenta o recurso no 5° dia, terá até o 8° dia para fazer a comprovação do recolhimento das custas.

OBSERVAÇÃO!! Não basta o recolhimento das custas; exige-se a comprovação do recolhimento, nos autos, no prazo previsto em lei.

85 Bom lembrar que as custas serão recolhidas em **guia GRU**.

OJ 33 SDI-I DESERÇÃO. CUSTAS. CARIMBO DO BANCO. VALIDADE.

O carimbo do banco recebedor na guia de comprovação do recolhimento das custas supre a ausência de autenticação mecânica.

86 Caso a decisão não disponha a respeito das custas processuais, a parte deverá ser intimada para pagá-la e, somente após sua intimação, inicia-se o prazo para seu pagamento.

Súmula 53, TST - CUSTAS.

O prazo para pagamento das custas, no caso de recurso, é contado da intimação do cálculo.

87 Se, por força de julgamento de recurso ou embargos, o valor da condenação for acrescido, a parte somente estará obrigada a complementar as custas – para apresentação de novo recurso – se for intimada do valor expressamente majorado. Não sendo, ter-se-á por correto o valor já recolhido, e a diferença será paga apenas ao final do processo.

Súmula nº 25 do TST - CUSTAS PROCESSUAIS. INVERSÃO DO ÔNUS DA SUCUMBÊNCIA. (alterada a Súmula e incorporadas as Orientações Jurisprudenciais nºs 104 e 186 da SBDI-1) - Res. 197/2015 - DEJT divulgado em 14, 15 e 18.05.2015

I - A parte vencedora na primeira instância, se vencida na segunda, está obrigada, independentemente de intimação, a pagar as custas fixadas na sentença originária, das quais ficara isenta a parte então vencida;

II - No caso de inversão do ônus da sucumbência em segundo grau, sem acréscimo ou atualização do valor das custas e se estas já foram devidamente recolhidas, descabe um novo pagamento pela parte vencida, ao recorrer. Deverá ao final, se sucumbente, **reembolsar** a quantia; (ex-OJ nº 186 da SBDI-I)

III - Não caracteriza deserção a hipótese em que, acrescido o valor da condenação, não houve fixação ou cálculo do valor devido a título de custas e tampouco intimação da parte para o preparo do recurso, devendo ser as custas pagas ao final; (ex-OJ nº 104 da SBDI-I)

IV - O reembolso das custas à parte vencedora faz-se necessário mesmo na hipótese em que a parte vencida for pessoa isenta do seu pagamento, nos termos do art. 790-A, parágrafo único, da CLT.

88 Existem hipóteses de **isenções**, ou seja, determinadas pessoas que estão dispensadas do pagamento das custas para recorrer (**Art. 790-A da CLT**). São elas:

A. Beneficiários de justiça gratuita (Art. 790-A da CLT).

Para o empregado, o deferimento do benefício é para aqueles que recebem até salário igual ou inferior a 40% do limite máximo do benefício do Regime Geral da Previdência Social ou, ainda, à parte que **comprove** insuficiência de recursos para o pagamento das custas do processo.

OJ 269 SDI-I - JUSTIÇA GRATUITA. REQUERIMENTO DE ISENÇÃO DE DESPESAS PROCESSUAIS. MOMENTO OPORTUNO.

O benefício da justiça gratuita pode ser requerido em qualquer tempo ou grau de jurisdição, desde que, na fase recursal, seja o requerimento formulado no prazo alusivo ao recurso.

A concessão, para o empregador, depende de comprovação inequívoca da dificuldade financeira, não sendo suficiente a mera alegação.

A concessão do benefício da justiça gratuita pode ser *ex officio* ou a requerimento.

B. União, os Estados, o Distrito Federal, os Municípios e respectivas autarquias e fundações públicas federais, estaduais ou municipais, **que não explorem atividade econômica** (Art. 790-A da CLT).

ATENÇÃO! Por expressa previsão legal, não estão incluídas as entidades fiscalizadoras do exercício da profissão.

C. Ministério Público do Trabalho (Art. 790-A da CLT).

D. Estados estrangeiros e suas Missões Diplomáticas e Repartições Consulares (Convenção de Viena – ratificada pelo Brasil)

E. Empresas Brasileiras de Correios e Telégrafos (Art. 12 da Lei 509/69)

ATENÇÃO! Apenas os Correios gozam desse benefício. As empresas públicas e sociedades de economia mista, em geral, não têm isenção – súmula 170 do TST.

Massa falida

89 Neste artigo, o legislador ampliou as hipóteses de isenções em relação ao direito anterior, pois no Decreto-Lei 779/69[4], apenas a União estava isenta (art. 1º, IV), os demais entes públicos recolhiam as custas ao final. Como visto, essas isenções, todavia, não alcançam as entidades fiscalizadoras do exercício profissional, nem exime as pessoas jurídicas referidas no inciso I da obrigação de reembolsar as despesas judiciais realizadas pela parte vencedora.

90 Situação digna de destaque ocorre quando há a **inversão do ônus da sucumbência,** no segundo grau. Isso significa que, aquela parte que era inicialmente vencedora – porque vitoriosa no primeiro grau – passou a ser vencida na instância superior (porque, em virtude de provimento de recurso, foi reformada a decisão originária). Quando essa hipótese ocorrer, o TST considera que:

A. A parte vencedora na primeira instância, se vencida na segunda, está obrigada, independentemente de intimação, a pagar as custas fixadas na sentença originária, das quais ficará isenta a parte então vencida – **Súmula 25, TST**.

B. No caso de inversão do ônus da sucumbência em segundo grau, sem acréscimo ou atualização do valor das custas e, se estas já foram devidamente recolhidas, descabe um novo pagamento pela parte vencida, ao recorrer. Deverá ao final, se sucumbente, ressarcir a quantia – Súmula 25, TST**.** Note-se que o entendimento exige que o processo esteja pago. Assim, o Estado recebeu o pagamento pelas suas despesas. Desse modo, se o vencido em 2º grau quiser recorrer, não precisará realizar novo pagamento, salvo na hipótese de majoração da condenação. Todavia, ao final do processo, deverá ressarcir a outra parte do valor anteriormente pago.

23.6.4. Depósito Recursal

91 Quando existe uma condenação pecuniária, passa-se a existir mais um pressuposto recursal objetivo: o depósito recursal. Consiste em depositar em juízo, como garantia da futura execução, o valor da condenação, a ser depositado na conta vinculada de FGTS do reclamante, para que o recurso interposto seja conhecido.

4. Art. 1º do Decreto-Lei 779/69: Nos processos perante a Justiça do Trabalho, constituem privilégio da União, dos Estados, do Distrito Federal, dos Municípios e das autarquias ou fundações de direito público federais, estaduais ou municipais que não explorem atividade econômica:
[...] VI - o pagamento de custas a final salva quanto à União Federal, que não as pagará.

OBSERVE!!! Se o depósito tem a finalidade de garantir o juízo, descabe o depósito nas condenações que se refiram apenas a obrigações de fazer, não fazer ou dar coisa distinta de dinheiro.

SÚMULA 161, TST - DEPÓSITO. CONDENAÇÃO A PAGAMENTO EM PECÚNIA.

Se não há condenação a pagamento em pecúnia, descabe o depósito de que tratam os §§ 1º e 2º do art. 899 da CLT (ex-Prejulgado nº 39).

92 Seu objetivo é o de garantir a futura execução, ou seja, tem **natureza jurídica de garantia.** Essa, inclusive, foi a natureza afirmada pela TST em sua Instrução Normativa 03/93:

INSTRUÇÃO NORMATIVA Nº 3

[...] I – Os depósitos de que trata o art. 40, e seus parágrafos, da Lei n.º 8.177/1991, com a redação dada pelo art. 8º da Lei n.º 8.542/1992, e o depósito de que tratam o § 5º, I,do art. 897 e o § 7º do art. 899, ambos da CLT, com a redação dada pela Lei n.º 12.275, de 29/6/2010, **não têm natureza jurídica de taxa de recurso, mas de garantia do juízo recursal**, que pressupõe decisão condenatória ou executória de obrigação de pagamento em pecúnia, com valor líquido ou arbitrado. (negritos aditados).

93 Cumpre registrar que quando se tratar de relação que **não seja de emprego** o depósito será exigido para aquele que seja o sucumbente do processo, condenado ao pagamento de quantia – IN 27/05, art. 2º, §2º.

94 O depósito recursal deverá ser realizado em conta vinculada ao juízo e terá correção equivalente à poupança.

95 O depósito deve ser comprovado **dentro do prazo do recurso.**

Art. 7º da Lei 5584/70: A comprovação do depósito da condenação (CLT, art. 899, §§ 1º a 5º) terá que ser feita dentro do prazo para a interposição do recurso, sob pena de ser este considerado deserto.

96 Ou seja, não há necessidade de ser feito o depósito no mesmo ato da interposição do próprio recurso[5], conquanto que este seja realizado dentro do prazo. Essa é inclusive a dicção da Súmula 245 do TST:

Súmula 245, TST - DEPÓSITO RECURSAL. PRAZO.

O depósito recursal deve ser feito e comprovado no prazo alusivo ao recurso. A interposição antecipada deste não prejudica a dilação legal.

5. INSTRUÇÃO NORMATIVA Nº 3: VIII - O depósito judicial, realizado na conta do empregado no FGTS ou em estabelecimento bancário oficial, mediante guia à disposição do juízo, será da responsabilidade da parte quanto à exatidão dos valores depositados e deverá ser comprovado, nos autos,

EXCEÇÃO!!! Vale apresentar uma exceção à regra da comprovação do pagamento das custas dentro do prazo recursal: Agravo de Instrumento.

> **Art. 899, § 7º da CLT: No ato de interposição do agravo de instrumento**, o depósito recursal corresponderá a 50% (cinquenta por cento) do valor do depósito do recurso ao qual se pretende destrancar. (negritos aditados).

97 Há que se destacar, ainda, outro ponto de diferença entre o depósito recursal do agravo de instrumento e dos demais recursos. O §8º, do art. 899, inserido pela Lei 13.015/14, trouxe hipótese excepcional, na qual não será exigido o depósito recursal, no agravo de instrumento:

> **§ 8º** Quando o agravo de instrumento tem a finalidade de destrancar recurso de revista que se insurge contra decisão que contraria a jurisprudência uniforme do Tribunal Superior do Trabalho, consubstanciada nas suas súmulas ou em orientação jurisprudencial, não haverá obrigatoriedade de se efetuar o depósito referido no § 7º deste artigo.

98 Assim, a isenção do depósito recursal no agravo de instrumento dependerá do preenchimento dos seguintes requisitos:

a. tenha por finalidade destrancar recurso de revista;
b. o recurso se insurja contra decisão que contraria a jurisprudência uniforme do TST;
c. que a jurisprudência esteja consubstanciada em súmula ou orientação jurisprudencial do TST.

99 Questiona-se, entretanto, na hipótese do agravo possuir mais de um fundamento. Ou seja: é necessário o depósito quando o agravo de instrumento visa destrancar o recurso na forma do §8º, mas também por outros fundamentos (inconstitucionalidade, por exemplo)? A resposta encontra-se no art. 23 do Ato 491/2014, da SEGJUD-GP, que teve por finalidade sanar dúvidas decorrentes da Lei 13.015/14. Eis o entendimento:

> **Art. 23.** A dispensa de depósito recursal a que se refere o § 8o do artigo 899 da CLT não será aplicável aos casos em que o agravo de instrumento se refira a uma parcela de condenação, pelo menos, que não seja objeto de arguição de contrariedade a súmula ou a orientação jurisprudencial do Tribunal Superior do Trabalho.

---

pelo recorrente, no prazo do recurso a que se refere, independentemente da sua antecipada interposição, observado o limite do valor vigente na data da efetivação do depósito, bem como o contido no item VI, salvo no que se refere à comprovação do depósito recursal em agravo de instrumento, que observará o disposto no art. 899, § 7º, da CLT, com a redação da Lei n.º 12.275/2010.

> Parágrafo único. Quando a arguição a que se refere o caput deste artigo revelar-se manifestamente infundada, temerária ou artificiosa, o agravo de instrumento será considerado deserto.

100 Em resumo, se existirem outras argumentações, a dispensa de depósito não se aplicará a agravo.

Sobre o valor do depósito

101 Conforme mencionado, o depósito recursal visa a garantia do juízo para a futura execução. Por isso mesmo, o valor devido é o valor da condenação. Todavia, é inegável que exigir o depósito do valor integral da condenação consistiria verdadeira violação do direito de recorrer. Por tal motivo, em que pese seja esse o valor devido, o **TST estabeleceu um teto,** que é atualizado anualmente. Explicando melhor, existe um limite máximo a ser pago a título de depósito recursal que pode ser:

1. O valor da condenação ou,
2. O teto estabelecido pelo TST, quando o valor da condenação superar esse teto. Nessa hipótese, a cada recurso interposto é necessário um novo depósito recursal, até que se alcance o valor da condenação (e desde que o recurso apresentado demanda depósito recursal como requisito), sempre observando se o teto do novo recurso é inferior ao que falta para se chegar ao valor total da condenação. A partir daí nada mais será exigido – afinal a finalidade do depósito é garantir a execução; assim, estando a execução garantida, nada mais haverá que ser depositado.

102 Nesse sentido a **Súmula 128 do TST**:

> **DEPÓSITO RECURSAL**
>
> I - É ônus da parte recorrente efetuar o depósito legal, integralmente, em relação a cada novo recurso interposto, sob pena de deserção. Atingido o valor da condenação, nenhum depósito mais é exigido para qualquer recurso.

103 Os valores alusivos aos limites de depósito recursal serão reajustados anualmente pela variação acumulada do INPC do IBGE dos doze meses imediatamente anteriores, e serão calculados e publicados no Diário Eletrônico da Justiça do Trabalho por ato do Presidente do Tribunal Superior do Trabalho, tornando-se obrigatória a sua observância a partir do quinto dia seguinte ao da publicação.

23.7. Deserção

104 Conforme mencionado, o **desatendimento** ao requisito do preparo implica **deserção**. Considera-se deserto o recurso quando o depósito não é realizado, quando realizado de forma incorreta (porque não observada a guia de depósito correta) ou quando realizada a menor. Nessa última hipótese, ocorrerá a deserção ainda que a diferença entre o devido e o depositado seja ínfima, ou seja, equivalente a um centavo, desde que, notificada a parte para complementar, não o faça em 5 dias.

> **140.** DEPÓSITO RECURSAL E CUSTAS PROCESSUAIS. RECOLHIMENTO INSUFICIENTE. DESERÇÃO. (nova redação em decorrência do CPC de 2015) - Res. 217/2017 - DEJT divulgado em 20, 24 e 25.04.2017
>
> Em caso de recolhimento insuficiente das custas processuais ou do depósito recursal, somente haverá deserção do recurso se, concedido o prazo de 5 (cinco) dias previsto no § 2º do art. 1.007 do CPC de 2015, o recorrente não complementar e comprovar o valor devido.

23.8. Depósito recursal no litisconsórcio passivo

105 A súmula 128 do TST, acima citada, em seu inciso III, traz outra disposição pertinente ao nosso estudo. Trata-se do **litisconsórcio passivo** e a realização do depósito recursal.

> **Súmula 128, TST** - DEPÓSITO RECURSAL.
>
> III - Havendo condenação solidária de duas ou mais empresas, o depósito recursal efetuado por uma delas aproveita as demais, quando a empresa que efetuou o depósito não pleiteia sua exclusão da lide.

106 Assim, havendo mais de um réu e todos eles apresentando recurso, somente haverá necessidade de multiplicidade de depósito se a tese de defesa for de exclusão – ou seja, quando o réu pretende a sua saída do processo, com a manutenção do outro réu. Sendo defesa unitária, o depósito realizado por um dos reclamados aproveitará aos demais.

23.9. Depósito recursal na execução

107 Outra regra presente na **Súmula 128** é:

> II - Garantido o juízo, na fase executória, a exigência de depósito para recorrer de qualquer decisão viola os incisos II e LV do art. 5º da CF/1988. Havendo, porém, elevação do valor do débito, exige-se a complementação da garantia do juízo.

108 Isso significa que o recurso da execução – Agravo de Petição – será manejado pela parte sem necessidade que depósito recursal, afinal o juízo já foi garantido previamente – assunto que será aprofundado no capítulo especifico para execução.

RECURSOS QUE DEMANDAM DEPÓSITO RECURSAL	RECURSOS QUE *NÃO* DEMANDAM DEPÓSITO RECURSAL
Recurso Ordinário	Pedido de Revisão
Recurso de Revista	Embargos de Declaração
Agravo de Petição (não estiver garantido o juízo)	Agravo de Petição (estiver garantido o juízo)
Agravo de Instrumento (50%)	Agravo Regimental
Embargos de divergência	Embargos Infringentes
Recurso Extraordinário	Recurso ordinário em dissídio coletivo

OBSERVAÇÕES IMPORTANTES!

109 A **multa aplicada por litigância de má-fé não é pressuposto recursal**. A doutrina entende que se assim o fosse, isso caracterizaria uma limitação do direito de defesa da parte, uma vez que ela não poderia, nem mesmo, discutir essa multa em sede de recurso, acaso não pagasse o seu valor.

> **OJ 409 da SDI 1 do TST.** MULTA POR LITIGÂNCIA DE MÁ-FÉ. RECOLHIMENTO. PRESSUPOSTO RECURSAL. INEXIGIBILIDADE.
>
> O recolhimento do valor da multa imposta por litigância de má-fé, nos termos do art. 18 do CPC, não é pressuposto objetivo para interposição dos recursos de natureza trabalhista. Assim, resta inaplicável o art. 35 do CPC como fonte subsidiária, uma vez que, na Justiça do Trabalho, as custas estão reguladas pelo art. 789 da CLT.

110 Por outro lado, em caso de **embargos de declaração protelatórios,** o juiz pode aplicar multa de 2% e, caso haja reincidência a multa é elevada até 10% (art. 1.026, §§ 2º e 3º do CPC).

111 Nesse caso, a jurisprudência do Tribunal Superior é uníssona no sentido de que o recolhimento da multa aplicada pela interposição dos primeiros embargos de declaração considerados protelatórios, não é pressuposto de admissibilidade recursal. Contudo, conforme estabelece o mesmo artigo, na reiteração de embargos protelatórios, a multa é elevada a até 10%, fica condicionado o recolhimento para a interposição de qualquer outro recurso ao depósito do valor respectivo – à exceção da Fazenda Pública e do beneficiário da gratuidade de justiça.

OBSERVAÇÃO!! O depósito recursal pode ser substituído por fiança bancária ou seguro-garantia judicial.

112 Existem, ainda, casos de **isenções**, ou seja, determinadas pessoas estão dispensadas do depósito recursal. Vejamos:

- União, os Estados, o Distrito Federal, os Municípios e respectivas autarquias e fundações públicas federais, estaduais ou municipais que não explorem atividade econômica (decreto-lei 779/69).
- Ministério Público do Trabalho.
- Entes de Direito Público Externo (IN 03/93 do TST).
- Massa Falida (IN 03/93 do TST).
- Herança jacente (IN 03/93 do TST).
- Empresas Brasileiras de Correios e Telégrafos (Art. 12 da Lei 509/69)
- Beneficiários da justiça gratuita (§10, art. 899 da CLT).
- Entidades filantrópicas (§10, art. 899 da CLT).
- Empresas em recuperação judicial (§10, art. 899 da CLT).

OBSERVAÇÃO!!! O valor do depósito será reduzido pela metade para as entidades sem fins lucrativos, empregadores domésticos, microempreendedores individuais, microempresas e empresas de pequeno porte (§9º do art. 899 da CLT).

24. RECURSOS TRABALHISTAS EM ESPÉCIE

Art. 893 da CLT - Das decisões são admissíveis os seguintes recursos:

I - **embargos**;

II - **recurso ordinário**;

III - **recurso de revista**;

IV - **agravo**.

25. EMBARGOS DECLARATÓRIOS

1 É um recurso que tem por finalidade a correção de erro formal constante da decisão, dentre as hipóteses listadas na lei.

Art. 897-A da CLT: Caberão embargos de declaração da sentença ou acórdão, no prazo de cinco dias, devendo seu julgamento ocorrer na primeira audiência ou sessão subseqüente a sua apresentação, registrado na certidão, admitido efeito modificativo da decisão nos casos de omissão e contradição no julgado e manifesto equívoco no exame dos pressupostos extrínsecos do recurso.

25.1. Prazo

2 O diploma consolidado determina que serão cabíveis os embargos de declaração no **prazo de 05 dias**.

> **OJ 192, SDI – I** - Embargos Declaratórios. Prazo e dobro. Pessoa Jurídica de Direito Público. Decreto-Lei 779/69. É em dobro o prazo para a interposição de Embargos Declaratórios por pessoa jurídica de Direito Público.

25.2. Hipóteses de cabimento. Natureza vinculada

3 Os Embargos Declaratórios são um tipo de recurso de **fundamentação vinculada**. Isso quer dizer que somente é possível manejar esse recurso quando a decisão contiver algum dos vícios predefinidos na legislação. Ou seja: cumprirá à parte, nos embargos de declaração, apontar na decisão algum dos vícios citado no art. 897-A da CLT.

1. **Omissão:** consiste no vício de **negligência**, por faltar algo na decisão. A omissão pode ser quanto a:
   a) o pedido;
   b) a matéria de ordem pública;
   c) o fundamento que, se levado em consideração, geraria consequência jurídica diversa;
   d) deixe de se manifestar sobre tese firmada em julgamento de casos repetitivos ou em incidente de assunção de competência aplicável ao caso sob julgamento;
   e) incorra em qualquer das condutas descritas no art. 489, § 1º do CPC
2. **Obscuridade:** vício do esclarecimento. **A decisão não tem clareza.** Esse vício não está previsto expressamente no art.897-A da CLT, contudo é aceito pela doutrina majoritária como de incidência natural no processo do trabalho, por aplicação subsidiária do CPC.
3. **Contradição: incongruência da própria decisão.** Ressalte-se, ainda, que a contradição deve ser analisada diante da sentença como um todo. Ela deve ser interna, deve estar dentro da sentença (entre a fundamentação e o dispositivo da decisão).
4. **Manifesto equívoco na análise dos pressupostos extrínsecos recursais.**
5. **Erro material**: o §1º, do art.897-A, da CLT dispõe sobre o **erro material.** Em caso de erro material, **NÃO haverá necessidade de interposição de embargos,** sendo possível a arguição por meio de mera petição, todavia nada impede a sua correção pela via dos embargos.

PROCESSUAL DO TRABALHO

25.3. Efeitos

Efeito modificativo ou infringente

> **Art. 897-A,** § 2º Eventual efeito modificativo dos embargos de declaração somente poderá ocorrer em virtude da correção de vício na decisão embargada e desde que ouvida a parte contrária, no prazo de 5 (cinco) dias.
>
> **SÚMULA 278, TST** - EMBARGOS DE DECLARAÇÃO. OMISSÃO NO JULGADO.
>
> A natureza da omissão suprida pelo julgamento de embargos declaratórios pode ocasionar efeito modificativo no julgado.

4 O dispositivo legal inserido com a Lei 13.015/14, prevê, expressamente, o efeito modificativo dos embargos de declaração.

5 O significado do efeito modificativo é, como o próprio nome diz, a modificação da decisão, como decorrência do julgamento dos embargos.

6 Há de se considerar dois pontos específicos.

A) A um, a possibilidade de modificação do julgado demanda a formação do contraditório perfeito. É o que se encontra previsto no dispositivo legal transcrito, que exige, sob peba de nulidade processual, que seja ouvida a parte contrária – no prazo de 5 dias.

B) A dois, os embargos de declaração com efeito modificativo podem acarretar a necessidade de interposição de **Recurso Ordinário complementar**.

Explico.

Imagine que o Reclamado interpôs um recurso ordinário da sentença. Contra essa mesma sentença, entretanto, o Reclamante opôs embargos de declaração com efeito modificativo.

Nesta hipótese, o juiz deverá suspender o processamento do recurso ordinário até que seja prolatada, por ele mesmo, a decisão dos embargos.

Assim, se o juiz acolher os embargos, implicará alteração daquela decisão originária (e contra a qual a outra parte já apresentou o seu recurso ordinário). Esse fato poderá acarretar necessidade de alteração do recurso ordinário já apresentado, ou a sua complementação, tendo em vista que a nova decisão pode prejudicá-lo mais. Atente-se, contudo, que o recurso complementar somente poderá versar sobre a matéria que foi **alterada pelo julgamento dos embargos declaratórios.**

> OBSERVAÇÃO!!! Saliente-se que, no caso dos Embargos de Declaração com efeito modificativo, **NÃO se aplica o princípio da não *reformatio in pejus*.**

Efeito interruptivo

7 Além da modificação da decisão, os embargos possuem efeito interruptivo. Isso significa que, uma vez interpostos, interrompem o prazo do outro recurso que seja cabível contra aquela decisão. Destarte, a interposição dos embargos de declaração interrompe a contagem do prazo para interposição de outros recursos **para todas as partes,** ou seja, interrompe mesmo não sendo aquela que tenha oposto os embargos de declaração.

8 Assim, prolatada uma sentença, cabendo embargos de declaração e recurso ordinário, se apenas o reclamante apresentar os embargos de declaração, após o julgamento dos embargos, inicia-se uma nova contagem do prazo para interposição do recurso principal (*in casu,* o recurso ordinário).

9 Todavia, na hipótese de **intempestividade** dos embargos, **irregularidade de representação** ou **ausência de assinatura**, não haverá efeito interruptivo.

> **Art. 897-A.** (...)**§ 3º** Os embargos de declaração interrompem o prazo para interposição de outros recursos, por qualquer das partes, salvo quando intempestivos, irregular a representação da parte ou ausente a sua assinatura.

Efeito devolutivo

10 Devolve ao julgador apenas a análise da matéria impugnada.

25.4. Processamento

11 Os embargos são **interpostos no juízo *a quo*** e por ele são julgados. Isso quer dizer que os embargos de declaração **são julgados pelo mesmo órgão do Poder Judiciário que proferiu a decisão embargada**, sendo dirigido diretamente ao juízo que proferiu a decisão embargada – essa é a razão de não haver folha de rosto nesse recurso.

12 No trâmite regular dos embargos de declaração, por se tratar de recurso que visa apenas a correção de erro formal, não há manifestação da outra parte – **não há contraditório**. Por outro lado, a possibilidade de gerar efeitos modificativos exige que o processamento seja submetido ao contraditório.

> **Art. 897-A.** (...) **§ 2º** Eventual efeito modificativo dos embargos de declaração somente poderá ocorrer em virtude da correção de vício na decisão embargada e desde que ouvida a parte contrária, no prazo de 5 (cinco) dias.

> **142.** EMBARGOS DE DECLARAÇÃO. EFEITO MODIFICATIVO. VISTA PRÉVIA À PARTE CONTRÁRIA. (cancelado o item II em decorrência do CPC de 2015) - Res. 214/2016, DEJT divulgado em 30.11.2016 e 01 e 02.12.2016
>
> É passível de nulidade decisão que acolhe embargos de declaração com efeito modificativo sem que seja concedida oportunidade de manifestação prévia à parte contrária

13 Saliente-se, ainda, que **são cabíveis embargos de declaração contra decisão que julga embargos de declaração.** Atenta-se, entretanto, que isso somente é possível em uma única hipótese: quando vise impugnar vício da decisão proferida no primeiro embargo manejado. Assim, não se admite a interposição do segundo embargos para impugnação da decisão originária.

> OBSERVAÇÃO!!! A IN 39/16 considera aplicável ao processo do trabalho os artigos 1.022 a 1.025 e §§2º, 3º e 4º do art. 1.026 do CPC, todos referentes à disciplina dos embargos de declaração.

25.5. Embargos contra decisão monocrática do relator

14 Em razão dos poderes conferidos ao relator, art. 932 do CPC, passou a existir a necessidade da apresentação dos embargos declaratórios, a depender do conteúdo da decisão prolatada:

> **Súmula nº 421 do TST** - EMBARGOS DE DECLARAÇÃO. CABIMENTO. DECISÃO MONOCRÁTICA DO RELATOR CALCADA NO ART. 932 DO CPC DE 2015. ART. 557 DO CPC DE 1973. (atualizada em decorrência do CPC de 2015) – Res. 208/2016, DEJT divulgado em 22, 25 e 26.04.2016
>
> I - Cabem embargos de declaração da decisão monocrática do relator prevista no art. 932 do CPC de 2015 (art. 557 do CPC de 1973), se a parte pretende tão somente juízo integrativo retificador da decisão e, não, modificação do julgado.
>
> II - Se a parte postular a revisão no mérito da decisão monocrática, cumpre ao relator converter os embargos de declaração em agravo, em face dos princípios da fungibilidade e celeridade processual, submetendo-o ao pronunciamento do Colegiado, após a intimação do recorrente para, no prazo de 5 (cinco) dias, complementar as razões recursais, de modo a ajustá-las às exigências do art. 1.021, § 1º, do CPC de 2015.

15 De acordo com o TST, **cabem os embargos de declaração** da decisão monocrática do relator, quando faz uso do art. 932 do CPC, **quando a parte não pretender modificação da decisão.**

16 Por outro lado, se a parte opuser embargos com efeito modificativo, estes serão convertidos em agravo e julgados pelo colegiado.

17 O cabimento da decisão do art. 932 do CPC encontra-se previsto na súmula 435 do TST, com seguinte redação:

> **Súmula nº 435 do TST** - DECISÃO MONOCRÁTICA. RELATOR. ART. 932 DO CPC DE 2015. ART. 557 DO CPC DE 1973. APLICAÇÃO SUBSIDIÁRIA AO PROCESSO DO TRABALHO (atualizada em decorrência do CPC de 2015) – Res. 208/2016, DEJT divulgado em 22, 25 e 26.04.2016
>
> Aplica-se subsidiariamente ao processo do trabalho o art. 932 do CPC de 2015 (art. 557 do CPC de 1973).

25.6. Embargos e prequestionamento

18 Os embargos com a finalidade de prequestionar só existem em caso de **recursos de natureza extraordinária (Recurso de Revista e Recurso Extraordinário)**, uma vez que não existe o prequestionamento da matéria quando se trata de recurso ordinário, dada a devolutividade ampla do recurso.

19 Nesse sentido, a súmula 297 do TST trata da matéria:

> **Súmula 297, TST.** PREQUESTIONAMENTO. OPORTUNIDADE. CONFIGURAÇÃO.
>
> [...]
>
> II. Incumbe à parte interessada, desde que a matéria haja sido invocada no recurso principal, opor embargos declaratórios objetivando o pronunciamento sobre o tema, sob pena de preclusão.
>
> III. Considera-se prequestionada a questão jurídica invocada no recurso principal sobre a qual se omite o Tribunal de pronunciar tese, não obstante opostos embargos de declaração.

20 Destarte, considera-se prequestionada a matéria quando há adoção de tese explícita a respeito. Todavia, se a decisão não contiver a tese explícita, cumprirá à parte interessada o manejo dos embargos declaratórios, visando suprir essa omissão do julgado, provocando o tribunal a quo. Assim, julgados os embargos, sendo ou não adotada a tese explícita, a matéria será considerada prequestionada.

26. RECURSO ORDINÁRIO

1 O Recurso Ordinário é aquele cabível contra a primeira decisão definitiva ou terminativa proferida no processo. Assim, cabe contra a sentença de primeiro grau, ou contra o acórdão, de processo originário de TRT.

2 Esse recurso não tem fundamentação vinculada e as matérias poderão ser amplamente discutidas em grau superior.

3 Por isso mesmo, em sede de Recurso Ordinário é possível **analisar matérias de fato e de direito,** como pode ter o objetivo de reformar ou anular a decisão impugnada.

26.1. Prazo

4 Em regra, **08 dias,** à exceção daqueles que gozam de privilégio de prazo.

26.2. Procedimento

5 Este recurso é interposto perante o juiz *a quo* – que faz o primeiro exame de admissibilidade – e será julgada pela instância superior (*ad quem*).

6 O juízo *a quo* verifica se o recurso atende os pressupostos legais para a sua admissibilidade. Admitido o recurso, determina-se que a parte contrária venha a contra-arrazoar o recurso no prazo de oito dias – art. 900 da CLT.

Caso a interposição seja em face de sentença, o recurso será julgado por umas das turmas do TRT destinatário.

Caso seja interposto de decisões de competência originária do TRT, será julgado pela SDI-II.

Caso seja interposto em dissídio coletivo o órgão julgador é a SDC.

ATENÇÃO!!! Saliente-se que **não caberá recurso ordinário em processos de competência originária do TST**.

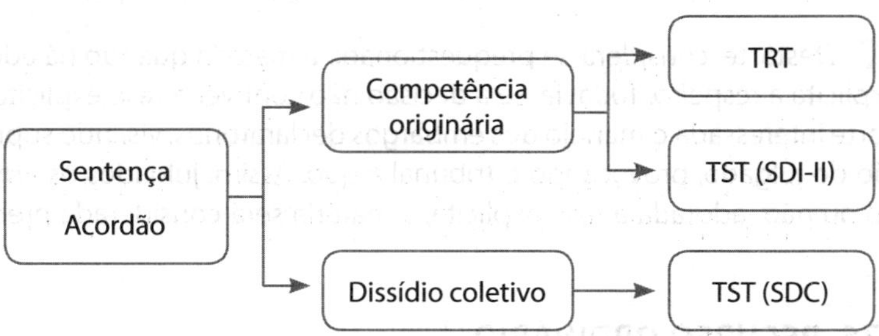

OBSERVAÇÃO!!! A súmula 8 do TST disciplina a possibilidade de juntada de documento em sede de recurso. Sabe-se, decerto, que o momento apropriado para a produção de prova documental é a petição inicial – para autor – e contestação – para o réu. Ressalva, ainda, parte da doutrina, que, com arrimo no art. 845 da CLT, admite-se a juntada de documentos até o encerramento da instrução. A questão, portanto, é saber se, após o encerramento da instrução, quando já se encontra na fase recursal, seria possível a produção de prova documental.

7 Deve-se lembrar que o recurso ordinário possibilita o **reexame** dos fatos e fundamentos. Não é, a priori, o momento para produção de novas provas. Contudo, o TST trouxe duas exceções para essa regra em sua súmula 08.

> **Súmula 8, TST** - JUNTADA DE DOCUMENTO.
>
> A juntada de documentos na fase recursal só se justifica quando provado o justo impedimento para sua oportuna apresentação ou se referir a fato posterior à sentença.

8 As exceções consistem:

1. Demonstrar **justo impedimento** para não ter produzido a prova no momento apropriado – art. 517 do CPC. Aqui, o **documento "novo" é aquele cronologicamente antigo**, ou seja, que já existia na época da sentença, mas que a parte comprova a sua impossibilidade de juntada anterior. É o mesmo entendimento aplicado para o documento que autoriza a propositura da ação rescisória:

> **Súmula nº 402 do TST** - AÇÃO RESCISÓRIA. PROVA NOVA. DISSÍDIO COLETIVO. SENTENÇA NORMATIVA (nova redação em decorrência do CPC de 2015) - Res. 217/2017 - DEJT divulgado em 20, 24 e 25.04.2017
>
> I – Sob a vigência do CPC de 2015 (art. 966, inciso VII), para efeito de ação rescisória, considera-se prova nova a cronologicamente velha, já existente ao tempo do trânsito em julgado da decisão rescindenda, mas ignorada pelo interessado ou de impossível utilização, à época, no processo.
>
> II – Não é prova nova apta a viabilizar a desconstituição de julgado: a) sentença normativa proferida ou transitada em julgado posteriormente à sentença rescindenda; b) sentença normativa preexistente à sentença rescindenda, mas não exibida no processo principal, em virtude de negligência da parte, quando podia e deveria louvar-se de documento já existente e não ignorado quando emitida a decisão rescindenda. (ex-OJ nº 20 da SBDI-2 - inserida em 20.09.2000).

2. Para comprovar **fato posterior à sentença** – art. 462 do CPC. Aqui, o documento se refere a acontecimento superveniente, ou seja, posterior à sentença.

26.3. Efeitos

9 A leitura do art. 899 da CLT nos leva a conclusão que, inexistindo regra específica, os recursos trabalhistas apenas possuem **efeito devolutivo**. Em razão de tal

PROCESSUAL DO TRABALHO

regra, a Consolidação não precisa tornar-se repetitiva e a cada recurso em espécie renovar a previsão. Assim, inexistente qualquer previsão particular quanto ao recurso ordinário, temos que ele possui apenas efeito devolutivo, consideradas as seguintes características (súmula 393 do TST):

I. **Devolutividade ampla (efeito devolutivo em profundidade)** – devolve-se para instancia superior o conhecimento de toda matéria impugnada, ainda que a sentença não tenha tratado dela por inteiro, mesmo que seja fundamento não renovado em razões finais – Súmula 393 do TST.

II. **Sem efeito suspensivo** - não há efeito suspensivo, via de regra, para os recursos ordinários. O meio apropriado, entretanto, para conseguir o **efeito suspensivo em sede de recurso ordinário é através do pedido formulado ao relator – art. 932 do CPC**.

> ATENÇÃO!!! Em caso de **dissídio coletivo** (Recurso Ordinário para a SDC, do TST) é possível fazer um pedido de **efeito suspensivo diretamente para o Presidente do TST**.

III. **Translativo:** É aplicado ao Recurso Ordinário. Consiste na transferência de matéria de ordem pública para o órgão *ad quem*.

26.4. Prescrição

11 É possível arguir e conhecer de prescrição, pela primeira vez, em sede de recurso ordinário. Assim, se o reclamado não apresentou a arguição na contestação, poderá suscitá-la no recurso ordinário.

> **Súmula 153, TST** - PRESCRIÇÃO.
> Não se conhece de prescrição não argüida na instância ordinária.

26.5. Recurso ordinário no rito sumaríssimo

11 A única diferença é o procedimento adotado, quando o processo for de rito sumaríssimo.

> ATENÇÃO!!! Não há diferença de prazo nem sobre a matéria que pode ser arguida. O cabimento e o prazo são iguais ao do rito ordinário.

12 As especificidades do procedimento sumaríssimo encontram-se no art. 895,§1°, da CLT. Vamos enumerá-las.

1. Será **imediatamente distribuído**, uma vez recebido no Tribunal.
2. O **relator** deverá liberar o recurso no **prazo máximo de dez dias**, e a Secretaria do Tribunal ou Turma deverá colocá-lo imediatamente em pauta para julgamento.
3. Terá **parecer oral do Ministério Público,** presente à sessão de julgamento, se este entender necessário o parecer, com registro na certidão.
4. Terá **acórdão consistente unicamente na certidão de julgamento,** com a indicação suficiente do processo e parte dispositiva, e das razões de decidir do voto prevalecente.
5. Se a sentença for **confirmada pelos próprios fundamentos, a certidão** de julgamento, registrando tal circunstância, **servirá de acórdão**.

13 Por fim, o art. 895,§ 2º, da CLT, dispõe que *os Tribunais Regionais, divididos em Turmas, poderão designar Turma para o julgamento dos recursos ordinários interpostos das sentenças prolatadas nas demandas sujeitas ao procedimento sumaríssimo.*

27. AGRAVO DE PETIÇÃO

1 O Agravo de Petição é recurso exclusivo da fase executiva; prevê a CLT que é o recurso cabível contra as decisões proferidas na execução.

2 O texto celetista, por mostrar-se vago, dá ensejo a uma grande discussão doutrinária. É que, de acordo como art. 897, "a", da CLT, é o recurso cabível contra as decisões do juiz, na execução. Sendo assim, resta saber qual a natureza da decisão agravável; ou seja, se cabe agravo das decisões interlocutórias na fase de execução.

3 Prevalece o entendimento de que só será cabível o Agravo de Petição em face de decisão proferida na fase de execução que se mostre definitiva ou terminativa – o que pode ocorrer na própria execução, quando, por exemplo, extingue a execução ao julgar uma exceção de pré-executividade, ou quando julga incidentes cognitivos da execução, a exemplo dos embargos à execução.

4 Por conta da divergência jurisprudencial e doutrinaria acima apontada, prevalece o entendimento de que a decisão interlocutória que gere grave prejuízo à parte, na fase de execução, estará passível de agravo de petição. Todavia, admite-se também seja impetrado mandado de segurança, nesses casos, como se infere do entendimento consolidado a seguir:

> **OJ 153 da SDI II do TST.** MANDADO DE SEGURANÇA. EXECUÇÃO. ORDEM DE PENHORA SOBRE VALORES EXISTENTES EM CONTA

PROCESSUAL DO TRABALHO

SALÁRIO. Art. 649, IV, do CPC. ILEGALIDADE. (DEJT divulgado em 03, 04 e 05.12.2008)

Ofende direito líquido e certo decisão que determina o bloqueio de numerário existente em conta salário, para satisfação de crédito trabalhista, ainda que seja limitado a determinado percentual dos valores recebidos ou a valor revertido para fundo de aplicação ou poupança, visto que o art. 649, IV, do CPC contém norma imperativa que não admite interpretação ampliativa, sendo a exceção prevista no art. 649, § 2º, do CPC espécie e não gênero de crédito de natureza alimentícia, não englobando o crédito trabalhista.

5 Vale registrar que, das **decisões proferidas em liquidação** de sentença, será cabível impugnação horizontal (embargos) – art. 884, §3º da CLT, **não sendo cabível a interposição imediata de agravo de petição.** É uma decisão interlocutória, para a qual a lei previu, expressamente, a forma de impugnação.

OBSERVAÇÃO!!! Os embargos de terceiro consistem no mecanismo adequado para desconstituir constrição judicial feita sobre um bem de terceiro. Essa constrição pode ser feita por arresto, na fase de conhecimento, como por penhora, na fase de execução. Se os embargos de terceiro forem interpostos em virtude de arresto, na fase de conhecimento, caberá Recurso Ordinário. Todavia, se os embargos de terceiro forem interpostos contra penhora, na fase de execução, caberá Agravo de Petição.

27.1. Prazo

6 Em regra, **08 dias,** à exceção dos privilegiados, que têm prazo em dobro.

27.2. Requisitos de admissibilidade

Art. 897, § 1º da CLT - O agravo de petição só será recebido quando o agravante delimitar, justificadamente, as matérias e os valores impugnados, permitida a execução imediata da parte remanescente até o final, nos próprios autos ou por carta de sentença.

7 Além dos requisitos gerais já estudados, o agravo de petição possui dois requisitos específicos. Do trecho transcrito infere-se primeiramente, que o agravante deve **delimitar na petição as matérias impugnadas**, bem assim os **valores impugnados**. Ou seja: é dever do agravante colacionar cálculo, atualizado até a data da propositura do agravo, do qual conste qual o valor que ele considera devido e, assim, qual o valor que resta incontroverso.

8 Esse requisito tem por finalidade que a execução possa prosseguir definitivamente com relação aos valores não impugnados:

> **Súmula 416, TST** - MANDADO DE SEGURANÇA. EXECUÇÃO. LEI Nº 8.432/1992. ART. 897, § 1º, DA CLT. CABIMENTO.
>
> Devendo o agravo de petição delimitar justificadamente a matéria e os valores objeto de discordância, não fere direito líquido e certo o prosseguimento da execução quanto aos tópicos e valores não especificados no agravo.

9 Além disso, o segundo requisito é a exigência de que haja a **garantia integral do juízo**. Assim, estando o juízo apenas parcialmente garantido, importará a realização de depósito do montante restante, para o conhecimento do recurso.

10 Note: não se aplicarão os tetos para depósito recursal publicados pelo TST. É devido o depósito integral.

11 Com isso, a exigência de depósito, quando o juízo estiver garantido, é indevida; ao passo que a realização de depósito, quando o juízo não estiver integralmente garantido, é requisito recursal.

> **Súmula nº 128 do TST.** DEPÓSITO RECURSAL (incorporadas as Orientações Jurisprudenciais nºs 139, 189 e 190 da SBDI-1) - Res. 129/2005, DJ 20, 22 e 25.04.2005
>
> (...)
>
> II - Garantido o juízo, na fase executória, a exigência de depósito para recorrer de qualquer decisão viola os incisos II e LV do art. 5º da CF/1988. Havendo, porém, elevação do valor do débito, exige-se a complementação da garantia do juízo. (ex-OJ nº 189 da SBDI-1 - inserida em 08.11.2000)
>
> (...)

28. AGRAVO DE INSTRUMENTO

1 O agravo de instrumento, no Processo de Trabalho, tem por finalidade **destrancar outro recurso**. Ou seja: é o recurso cabível **contra a decisão que nega seguimento a outro recurso, no seu primeiro juízo de admissibilidade**.

2 Salvo os embargos de declaração, os demais recursos do Processo do Trabalho são dirigidos, previamente, para o Juízo que proferiu a decisão impugnada, a fim de que seja analisado o cumprimento dos pressupostos de admissibilidade do recurso (é o que se chama de primeiro juízo de admissibilidade). Caso o Juízo *a quo* não conheça do recurso e, assim, impeça o seu seguimento, por entender que os pressupostos não estão presentes, o meio apropriado para impugnar desta decisão que nega seguimento ao recurso é o agravo de instrumento (artigo 897, "b", CLT).

28.1. Hipóteses de cabimento

3 A interposição de agravo de instrumento é admitida contra decisões que denegarem seguimento aos recursos a seguir:

- Recurso ordinário;
- Recurso de Revista;
- Agravo de Petição;
- Recurso Extraordinário.

4 Note-se que, tratando-se de recurso adesivo, caberá também o "trancamento" e, consequentemente, a interposição do agravo de instrumento.

> OBSERVAÇÃO!!! **Não cabe agravo de instrumento** das decisões que denegarem seguimento ao recurso de embargos ao TST. O recurso de embargos é apresentado perante o ministro relator, a quem incumbe o primeiro juízo de admissibilidade. Sendo assim, trata-se de decisão monocrática, cujo recurso cabível é o agravo regimental.

5 Admitindo-se o cabimento do primeiro juízo de admissibilidade também no agravo de instrumento, acaso negativo, alguns afirmam ser hipótese de cabimento do mandado de segurança (art. 5º, II, da Lei 12.016/09), ao passo que outros afirmam o cabimento de outro agravo de instrumento.

> OBSERVAÇÃO! O artigo 269 do Regimento Interno do TST prevê, expressamente, a hipótese de cabimento do agravo de instrumento contra decisão denegatória do recurso extraordinário.

> **Art. 269, Regimento Interno TST.** Cabe agravo de instrumento contra despacho denegatório do recurso extraordinário, no prazo de dez dias, contados de sua publicação no órgão oficial.

28.2. Processamento

6 O Agravo de Instrumento deve ser **interposto junto ao juízo que denegou seguimento ao recurso**, no **prazo de 8 dias.**

7 Muito embora a CLT não trate dessa possibilidade, está consolidada a prática do **juízo de retratação** (o juízo *a quo* que, inicialmente, proferiu a decisão de trancamento, poderia "voltar atrás").

8 Tal se deve à aplicação subsidiária do art. 523, §2º, do CPC/73, segundo o qual: *"Interposto o agravo [...] o juiz poderá reformar sua decisão".* Note-se que esse

artigo não possui correspondente no CPC de 2015, dado que, na sua origem, o CPC findava com o duplo juízo de admissibilidade, de maneira que esse recurso perdeu a sua importância.

9 Acaso o juiz se retrate, o agravo ficará prejudicado – perderá o seu objeto. Mantida a sua decisão, o agravado será intimado para apresentar a contraminuta ao agravo de instrumento, bem como as contrarrazões ao recurso principal, no prazo de 8 dias (art. 897, § 6º, CLT).

10 O agravo **será julgado pelo Tribunal que seria competente para conhecer o recurso cuja interposição foi denegada** (art. 897, § 4º, CLT) – o juízo *ad quem* do recurso originariamente trancado.

28.3. Pressupostos recursais específicos

Depósito recursal

11 Para a interposição do agravo de instrumento **não é exigido o recolhimento de custas**. Exige-se, entretanto, a realização de **depósito recursal, em valor correspondente a 50%** ***do valor do depósito do recurso*** **originário – aquele que se pretende destrancar.**

12 Há, todavia, uma exceção:

> **Art. 899, § 8º** Quando o agravo de instrumento tem a finalidade de destrancar recurso de revista que se insurge contra decisão que contraria a jurisprudência uniforme do Tribunal Superior do Trabalho, consubstanciada nas suas súmulas ou em orientação jurisprudencial, não haverá obrigatoriedade de se efetuar o depósito referido no § 7º deste artigo.

13 Note-se que, apenas nessa hipótese, o agravo não irá demandar a realização de depósito recursal. Mas, atenção, para que haja a isenção, o recurso deverá versar unicamente sobre esse tema, de forma que a isenção não será aplicada na hipótese de existirem outros fundamentos:

> **Art. 23 do Ato Normativo n. 491/SEGJUD-GP.** A dispensa de depósito recursal a que se refere o § 8o do artigo 899 da CLT não será aplicável aos casos em que o agravo de instrumento se refira a uma parcela de condenação, pelo menos, que não seja objeto de arguição de contrariedade a súmula ou a orientação jurisprudencial do Tribunal Superior do Trabalho.
>
> Parágrafo único. Quando a arguição a que se refere o caput deste artigo revelar-se manifestamente infundada, temerária ou artificiosa, o agravo de instrumento será considerado deserto.

Documentos do instrumento

14 O § 5º, do artigo 897 da CLT, prevê quais **documentos são obrigatórios para a formação do instrumento do agravo.** O instrumento tem por finalidade permitir o imediato julgamento do recurso principal, caso provido o agravo.

15 O instrumento poderá ser composto de cópias simples do processo, declaradas autênticas pelo próprio advogado (IN 16/99 TST). Ambas as partes poderão colacionar peças para a formação do instrumento – tanto o agravante, quanto o agravado. Sendo assim, ao aferir a validade do instrumento para o conhecimento do recurso, o tribunal apenas atentará para o preenchimento do requisito, não importando quem realizou a juntada das peças – OJ 283, da SDI1 do TST.

16 Há ainda de se observar o seguinte:

> **OJ 217 da SDI 1 do TST.** AGRAVO DE INSTRUMENTO. TRASLADO. LEI Nº 9.756/1998. GUIAS DE CUSTAS E DEPÓSITO RECURSAL.
>
> Para a formação do agravo de instrumento, não é necessária a juntada de comprovantes de recolhimento de custas e de depósito recursal relativamente aõ recurso ordinário, desde que não seja objeto de controvérsia no recurso de revista a validade daqueles documentos.

ATENÇÃO!!! No caso de agravo de instrumento interposto em virtude de trancamento de recurso para o TST, ele será processado nos mesmos autos do recurso trancado, sendo dispensada a formação do instrumento. É o que se encontra previsto na Resolução Administrativa 1418/2010, atendendo ao quanto já dispunha o Ato n. 342 SEJUD-GP TST, pois os recursos para o TST já se processavam por meio eletrônico.

17 Nessa mesma linha, com a instalação do processo judicial eletrônico, não será necessária a formação de qualquer instrumento nesse tipo de processo, bastando à parte a apresentação do recurso – Resolução 136/2014 CSJT.

18 Trancado o recurso por um fundamento e afastado esse no julgamento do agravo, nada impede que o juízo *ad quem* analise a admissibilidade do recurso com relação aos demais.

> **OJ 282 SDI1.** AGRAVO DE INSTRUMENTO. JUÍZO DE ADMISSIBILIDADE "AD QUEM" (DJ 11.08.2003)
>
> No julgamento de Agravo de Instrumento, ao afastar o óbice apontado pelo TRT para o processamento do recurso de revista, pode o juízo "ad quem" prosseguir no exame dos demais pressupostos extrínsecos e intrínsecos do recurso de revista, mesmo que não apreciados pelo TRT.

19 O agravo somente será recebido no **efeito devolutivo.** Em razão disso, não haverá qualquer suspensão do processo em virtude de sua interposição.

> **Art. 897, § 2º da CLT** - O agravo de instrumento interposto contra o despacho que não receber agravo de petição não suspende a execução da sentença.

29. RECURSO DE REVISTA

1 É o recurso cabível contra decisão de TRT, no exercício de competência **derivada** – haja vista, no exercício de competência originária, ser o recurso ordinário cabível.

2 Com isso, quer se dizer que cabe contra decisão de TRT no julgamento de outro recurso, de sorte que poderá atacar os acórdãos proferidos nos julgamentos do recurso ordinário e agravo de petição.

3 Como o dissídio coletivo é ação de natureza sempre originária de tribunal – podendo ser o TRT ou o TST, conforme o caso –, não caberá recurso de revista em dissídio coletivo.

4 É recurso de **natureza extraordinária** e, como tal, tem **fundamentação vinculada** às hipóteses expressamente previstas em lei. A sua destinação, nesse contexto, é a uniformização da jurisprudência nacional, não tendo, em princípio, finalidade de busca pela justiça da decisão.

5 As hipóteses sujeitas ao recurso de revista estão expressamente elencadas no art. 896 da CLT. Em nenhuma delas se admite o recurso para o reexame de fatos e provas – daí que não possui efeito devolutivo amplo.

> **Súmula 126, TST** - RECURSO. CABIMENTO.
> Incabível o recurso de revista ou de embargos (arts. 896 e 894, "b", da CLT) para reexame de fatos e provas.

29.1. Competência

6 A competência para o julgamento do Recurso de Revista é de uma das **Turmas do TST**. As turmas do TST têm competência para julgar o Recurso de Revista e o Agravo de Instrumento que visa destrancá-lo.

29.2. Requisitos específicos

7 O recurso de revista segue todos os pressupostos comuns aos demais recursos. Contudo, além dos pressupostos genéricos ele tem requisitos específicos a seguir. Quais sejam:

A. Transcendência

> **Art.896-A da CLT:** O Tribunal Superior do Trabalho, no recurso de revista, examinará previamente se a causa oferece transcendência com relação aos reflexos gerais de natureza econômica, política, social ou jurídica.

8 Esse requisito nasce para reforçar a ideia de que a decisão do caso não pode refletir, apenas, no caso concreto, mas deve transcender essa relação, demonstrando a importância necessária para a manifestação da corte máxima trabalhista.

9 Assemelha-se à repercussão geral para o conhecimento do recurso extraordinário.

10 A transcendência será aferida na forma do art. 896-A da CLT. Verificando o relator que o recurso não possui transcendência, poderá monocraticamente negar seguimento ao recurso. Desta decisão cabe agravo para o colegiado.

> ATENÇÃO! A decisão monocrática do relator que considera ausente a transcendência, no julgamento de agravo de instrumento, é irrecorrível, §5º do art. 896-A da CLT. Note-se, ainda, que apenas o juízo ad quem poderá aferir a presença, ou não, de transcendência.

B. Prequestionamento

11 O recurso de revista, como os outros recursos de natureza extraordinária, é julgado pelo Tribunal Superior do Trabalho. Nessa função, o TST atua com o objetivo de uniformizar a jurisprudência nacional – ou seja, estabelecer a interpretação da lei, a fim de que todos os órgãos jurisdicionais adotem a mesma interpretação. Por tal motivo, o TST somente julga esses recursos quando a matéria objeto do recurso já foi discutida na instância inferior. A essa discussão prévia dá-se o nome de prequestionamento.

> **Súmula 297, TST** - PREQUESTIONAMENTO. OPORTUNIDADE. CONFIGURAÇÃO.
>
> Diz-se prequestionada a matéria ou questão quando na decisão impugnada haja sido adotada, explicitamente, tese a respeito. [...]

12 Ou seja, é obrigatório que já tenha havido decisão sobre a matéria ou questão que se pretende a revisão. Aqui, o que se quer é que o juízo *a quo* tenha dado, expressamente, decisão jurídica acerca do tema; não precisa ter menção ao dispositivo legal, bastando que o juízo se manifeste.

13 Importante registrar que, quando o Tribunal Regional utiliza dos mesmos fundamentos da sentença para julgar recurso, este não está adotando, explicitamente, tese a respeito – e, consequentemente, não está prequestionada a matéria.

> **OJ 151 SDI-I.** Prequestionamento. Decisão regional que adota a sentença. Ausência de prequestionamento.
>
> Decisão regional que simplesmente adota os fundamentos da decisão de primeiro grau não preenche a exigência do prequestionamento, tal como previsto na Súmula nº 297.

14 Ausente o prequestionamento, a parte deve opor embargos de declaração, com a finalidade de que o TRT se pronuncie, sob pena de preclusão.

15 Caso o TRT permaneça silente, a matéria será considerada prequestionada (prequestionamento ficto).

> **Súmula 297, TST** - PREQUESTIONAMENTO. OPORTUNIDADE. CONFIGURAÇÃO.
>
> [...]
>
> II. Incumbe à parte interessada, desde que a matéria haja sido invocada no recurso principal, opor embargos declaratórios objetivando o pronunciamento sobre o tema, sob pena de preclusão.
>
> III. Considera-se prequestionada a questão jurídica invocada no recurso principal sobre a qual se omite o Tribunal de pronunciar tese, não obstante opostos embargos de declaração.

16 A Lei 13.015/14 acrescentou o §1º-A, ao art. 896, trazendo, para o recorrente, outras obrigações esclarecendo pontos importantes sobre o prequestionamento:

> § 1º-A. Sob pena de não conhecimento, é ônus da parte:
>
> I - indicar o trecho da decisão recorrida que consubstancia o prequestionamento da controvérsia objeto do recurso de revista;
>
> II - indicar, de forma explícita e fundamentada, contrariedade a dispositivo de lei, súmula ou orientação jurisprudencial do Tribunal Superior do Trabalho que conflite com a decisão regional;
>
> III - expor as razões do pedido de reforma, impugnando todos os fundamentos jurídicos da decisão recorrida, inclusive mediante demonstração analítica de cada dispositivo de lei, da Constituição Federal, de súmula ou orientação jurisprudencial cuja contrariedade aponte.

17 Assim, de acordo com o trecho legal transcrito, a parte passa a ter três obrigações acerca do prequestionamento: i) demonstrar, claramente, qual o trecho da decisão recorrida onde se encontra devidamente prequestionada a matéria, ou seja, onde fora adotada a tese explícita; ii) demonstrar, também de forma explícita, onde se encontra a contrariedade invocada no referido trecho – o que se encontra em consonância com o conteúdo da súmula 422 do TST; iii) fundamentar o requerimento de reforma apresentado.

29.3. Hipóteses de cabimento

A. Fase de conhecimento – Rito Ordinário

18 Na fase de conhecimento do rito ordinário, o recurso de revista será possível em três hipóteses: i) **Divergência jurisprudencial**; ii) **violação literal de disposição de lei federal;** iii) **afronta direta e literal à Constituição Federal**.

i) Divergência Jurisprudencial

19 A divergência jurisprudencial encontra-se tratada nas alíneas "a" e "b" do art. 896 da CLT e ocorre quando:

> **Art. 896.** (*omissis*)
>
> a) derem ao **mesmo dispositivo de lei federal** interpretação diversa da que lhe houver dado outro Tribunal Regional do Trabalho, no seu Pleno ou Turma, ou a Seção de Dissídios Individuais do Tribunal Superior do Trabalho, ou contrariarem súmula de jurisprudência uniforme dessa Corte ou súmula vinculante do Supremo Tribunal Federal;
>
> b) derem ao mesmo dispositivo de lei estadual, Convenção Coletiva de Trabalho, Acordo Coletivo, sentença normativa ou regulamento empresarial de observância obrigatória em área territorial que exceda a jurisdição do Tribunal Regional prolator da decisão recorrida, interpretação divergente, na forma da alínea a;

20 Assim, a divergência apta a ensejar o recurso de revista é aquela que ocorra entre a decisão recorrida e:

- Decisão de outro TRT, no seu pleno ou turma;

OBSERVAÇÃO: haverá de ser, necessariamente, de outro TRT, não sendo possível a utilização de acórdão de outra turma do mesmo TRT.

> **OJ 111.** RECURSO DE REVISTA. DIVERGÊNCIA JURISPRUDENCIAL. ARESTO ORIUNDO DO MESMO TRIBUNAL REGIONAL. LEI Nº 9.756/98. INSERVÍVEL AO CONHECIMENTO.
>
> Não é servível ao conhecimento de recurso de revista aresto oriundo de mesmo Tribunal Regional do Trabalho, salvo se o recurso houver sido interposto anteriormente à vigência da Lei nº 9.756/98.

Sendo divergência entre turmas do mesmo TRT, deverá ser instaurado o incidente de uniformização de jurisprudência dentro do tribunal. Nessa hipótese, inclusive, constatada a divergência pelo TST, ele poderá determinar que o TRT proceda à uniformização – art. 896, §4º da CLT.

- Decisão da SDI do TST;

OBSERVAÇÃO: poderá ser com relação a uma única decisão da SDI ou, ainda, com relação a uma Orientação Jurisprudencial, uma vez que esta nada mais é do que a consolidação de decisões da SDI.

> **OJ 219.** RECURSO DE REVISTA OU DE EMBARGOS FUNDAMENTADO EM ORIENTAÇÃO JURISPRUDENCIAL DO TST.
>
> É válida, para efeito de conhecimento do recurso de revista ou de embargos, a invocação de Orientação Jurisprudencial do Tribunal Superior do Trabalho, desde que, das razões recursais, conste o seu número ou conteúdo.

- Conteúdo de súmula do TST;
- Conteúdo de súmula vinculante do STF.

21 Essa divergência, de acordo com o art. 896, "a" e "b", pode se relacionar com dispositivo de lei federal, ou, ainda, com dispositivo de lei estadual, convenção coletiva de trabalho, acordo coletivo de trabalho, sentença normativa ou regulamento de empresa.

22 Nessa última hipótese, da alínea "b", a divergência somente será aceita se a norma extrapolar o âmbito do tribunal:

> **OJ 147 SDI1.** LEI ESTADUAL, NORMA COLETIVA OU NORMA REGULAMENTAR. CONHECIMENTO INDEVIDO DO RECURSO DE REVISTA POR DIVERGÊNCIA JURISPRUDENCIAL.
>
> I - É inadmissível o recurso de revista fundado tão-somente em divergência jurisprudencial, se a parte não comprovar que a lei estadual, a norma coletiva ou o regulamento da empresa extrapolam o âmbito do TRT prolator da decisão recorrida.
>
> II - É imprescindível a argüição de afronta ao art. 896 da CLT para o conhecimento de embargos interpostos em face de acórdão de Turma que conhece indevidamente de recurso de revista, por divergência jurisprudencial, quanto a tema regulado por lei estadual, norma coletiva ou norma regulamentar de âmbito restrito ao Regional prolator da decisão.

Requisitos da divergência

I) TEM QUE SER ATUAL: A divergência apta a ensejar o oferecimento de recurso de revista deve ser atual, não se considerando atual aquela que já tenha sido ultrapassada por súmula ou superada por iterativa e notória jurisprudência do TST. (§ 7º art. 896, CLT)

II) TEM QUE SER ESPECÍFICA (ESPECIFICIDADE): a situação fática tem que ser a mesma, tanto na decisão recorrida quanto na decisão paradigma, pois deve-se aplicar a mesma norma nas mesmas condições.

Súmula 296, TST. RECURSO. DIVERGÊNCIA JURISPRUDENCIAL. ESPECIFICIDADE

I - A divergência jurisprudencial ensejadora da admissibilidade, do prosseguimento e do conhecimento do recurso há de ser específica, revelando a existência de teses diversas na interpretação de um mesmo dispositivo legal, embora idênticos os fatos que as ensejaram.

II - Não ofende o art. 896 da CLT decisão de Turma que, examinando premissas concretas de especificidade da divergência colacionada no apelo revisional, conclui pelo conhecimento ou desconhecimento do recurso.

III) TEM QUE SER DEMONSTRADA E COMPROVADA: cabe ao recorrente demonstrar os pontos divergentes entre a decisão recorrente e a paradigma, além de ter o dever de demonstrar a origem do acórdão – art. 896, §8º da CLT.

ii) Violação literal de disposição de lei federal ou afronta direta e literal à Constituição Federal.

23 Das decisões dos Tribunais Regionais que violarem literal disposição de lei federal ou afrontarem direta e literalmente a Constituição Federal, será cabível o recurso de revista.

24 Quando a interposição do recurso de revista for com esse fundamento, o recorrente deverá indicar qual o dispositivo que foi violado.

Súmula 221, TST - RECURSO DE REVISTA. VIOLAÇÃO DE LEI. INDICAÇÃO DE PRECEITO.

A admissibilidade do recurso de revista por violação tem como pressuposto a indicação expressa do dispositivo de lei ou da Constituição tido como violado.

OJ 257 da SDI 1 do TST. RECURSO DE REVISTA. FUNDAMENTAÇÃO. VIOLAÇÃO DE LEI. VOCÁBULO VIOLAÇÃO. DESNECESSIDADE.

A invocação expressa no recurso de revista dos preceitos legais ou constitucionais tidos como violados não significa exigir da parte a utilização das expressões "contrariar", "ferir", "violar", etc.

B. Fase de conhecimento – Rito Sumaríssimo

25 O art. 896, §9º da CLT dispõe que somente é cabível quando **a decisão contrariar Súmula do TST, súmula vinculante do STF ou contiver violação direta e literal à Constituição Federal.**

OBSERVAÇÃO!!! Não será cabível por contrariedade a orientação jurisprudencial.

> **Súmula 442, TST** - PROCEDIMENTO SUMARÍSSIMO. RECURSO DE REVISTA FUNDAMENTADO EM CONTRARIEDADE A ORIENTAÇÃO JURISPRUDENCIAL. INADMISSIBILIDADE. ART. 896, § 6º, DA CLT, ACRESCENTADO PELA LEI Nº 9.957, DE 12.01.2000.
>
> Nas causas sujeitas ao procedimento sumaríssimo, a admissibilidade de recurso de revista está limitada à demonstração de violação direta a dispositivo da Constituição Federal ou contrariedade a Súmula do Tribunal Superior do Trabalho, não se admitindo o recurso por contrariedade a Orientação Jurisprudencial deste Tribunal (Livro II, Título II, Capítulo III, do RITST), ante a ausência de previsão no art. 896, § 6º, da CLT.

C. Fase de execução

26 O cabimento do recurso de revista na execução varia conforme a matéria discutida ou a execução. Explico.

27 Nas execuções em geral, o art. 896, §2º da CLT dispõe que, apenas, é admissível recurso de revista em execução quando houver **violação direta e literal à Constituição Federal**.

> **Súmula 266, TST** - RECURSO DE REVISTA. ADMISSIBILIDADE. EXECUÇÃO DE SENTENÇA.
>
> A admissibilidade do recurso de revista interposto de acórdão proferido em agravo de petição, na liquidação de sentença ou em processo incidente na execução, inclusive os embargos de terceiro, depende de demonstração inequívoca de violência direta à Constituição Federal.

28 Todavia, tratando-se de **execução fiscal** *ou* de controvérsia que verse sobre a **Certidão Negativa de Débitos Trabalhistas (CNDT)**, caberá o recurso de revista por *divergência jurisprudencial* (nos mesmos moldes já estudados para a fase de conhecimento de rito ordinário), por *violação de lei federal* e *violação direta e literal da Constituição Federal* – art. 896, §10, da CLT.

29.4. Processamento

29 O recurso de revista é interposto perante o Presidente do TRT, sem efeito suspensivo, sendo ele responsável pela realização do primeiro juízo de admissibilidade. Neste, além dos requisitos genéricos necessários para todos os recursos, deve-se observar o atendimento ao requisito da fundamentação vinculada, bem assim o do prequestionamento. O presidente do TRT, no juízo de admissibilidade do recurso de revista não poderá analisar a transcendência - §6º do art. 896-A, da CLT.

30 Na hipótese de o presidente denegar seguimento ao recurso, será cabível a interposição de agravo de instrumento no prazo de 8 dias. Caso receba o recurso, terá a parte contrária prazo de 8 dias para apresentar contrarrazões. Após, encaminhará o recurso ao TST.

31 No TST, sorteado o relator, será realizado o segundo juízo de admissibilidade.

> **OBSERVAÇÃO!!!** Tempestivo o recurso, ainda que contenha defeito formal que não se repute grave, poderá o TST desconsiderar o defeito ou determinar que seja sanado o vício, procedendo, em seguida, ao julgamento do mérito – art. 896, §11, da CLT.

29.5. Observações finais

32 Não caberá Recurso de Revista:

1. Das decisões proferidas no Agravo de Instrumento: o próprio art. 896 da CLT, determina que só caberá o Recurso de Revista das decisões proferidas pelos tribunais, em grau de Recurso Ordinário. Todavia, se o Agravo de Instrumento for conhecido e provido, a turma já passará para o julgamento do Recurso Ordinário e, dessa decisão do Recurso Ordinário, caberá o Recurso de Revista.

> **Súmula 218, TST** - RECURSO DE REVISTA. ACÓRDÃO PROFERIDO EM AGRAVO DE INSTRUMENTO.
>
> É incabível recurso de revista interposto de acórdão regional prolatado em agravo de instrumento.

2. Das decisões contra a Administração Pública em sede de reexame necessário.

> **OJ 334 DA SDI 1 DO TST.** REMESSA "EX OFFICIO". RECURSO DE REVISTA. INEXISTÊNCIA DE RECURSO ORDINÁRIO VOLUNTÁRIO DE ENTE PÚBLICO. INCABÍVEL.
>
> Incabível recurso de revista de ente público que não interpôs recurso ordinário voluntário da decisão de primeira instância, ressalvada a hipótese de ter sido agravada, na segunda instância, a condenação imposta.

3. Em decorrência da necessidade de fundamentação vinculada, o conhecimento do recurso de revista depende, sempre, da indicação do dispositivo violado, ainda que se trate de arguição de negativa de prestação jurisdicional.

> **Súmula nº 459 do TST.** RECURSO DE REVISTA. NULIDADE POR NEGATIVA DE PRESTAÇÃO JURISDICIONAL (conversão da Orientação Jurisprudencial nº 115 da SBDI-1) – Res. 197/2015, DEJT divulgado em 14, 15 e 18.05.2015

O conhecimento do recurso de revista, quanto à preliminar de nulidade por negativa de prestação jurisdicional, supõe indicação de violação do art. 832 da CLT, do art. 458 do CPC ou do art. 93, IX, da CF/1988.

4. Quando o recurso de revista tiver por fundamento preliminar de nulidade por negativa de prestação jurisdicional, caberá ao recorrente transcrever no recurso o trecho dos embargos declaratórios em que foi pedido pronunciamento do tribunal sobre a questão, bem assim o trecho da decisão regional que rejeitou os embargos quanto ao pedido.
5. Nas hipóteses de deserção, intempestividade, irregularidade de representação ou ausência de qualquer outro pressuposto extrínseco ou intrínseco de admissibilidade, o relator denegará seguimento, em decisão monocrática - art. 896, §14, da CLT.

30. EMBARGOS NO TST

1 Os embargos ao TST estão previstos no art. 894 da CLT e na Lei 7701/88. Seu objetivo é uniformizar a jurisprudência dentro do próprio Tribunal Superior do Trabalho, razão pela qual é um recurso exclusivo do TST.

2 Existem dois tipos de embargos ao TST:

1. Embargos Infringentes
2. Embargos de Divergência

31. EMBARGOS DE DIVERGÊNCIA

1 Conforme já estudado no item precedente, as Turmas do TST têm competência para o julgamento dos recursos de revista. Contudo, poderá haver decisão de Turma, em sede de julgamento de recurso de revista, que seja divergente de decisão de outra Turma – atualmente existem 8 Turmas no TST.

2 É dessa decisão que cabe o embargo de divergência. Esse recurso tem como objetivo acabar com a divergência interna no TST. Assim, sua finalidade principal é a uniformização de jurisprudência.

3 É dirigido à SDI do TST, e deverá ser interposto no **prazo de 8 dias**.

31.1. Hipótese de Cabimento

4 É recurso de fundamentação vinculada e, sendo assim, somente é cabível conforme a fundamentação expressa constante de lei – art. 894, II, da CLT.

5 Destarte, será cabível na hipótese da decisão recorrida ser:

1. **Divergente de decisão de outra Turma do TST;**
2. **Divergente de decisão da SDI ou OJ;**
3. **Contrária a súmula do TST;**
4. **Contrária a súmula vinculante do STF**.

6 Não se pode esquecer que, por ser um recurso de natureza extraordinária, deve haver o **prequestionamento** para sua interposição.

7 A divergência apta a ensejar os embargos também deverá ser atual, à semelhança do recurso de revista, não podendo ser superada por súmula ou reiterada e notória jurisprudência do TST – art. 894, §2º da CLT.

31.2. Processamento

8 O primeiro juízo de admissibilidade é feito ministro relator que proferiu a decisão recorrida.

9 Ele denegará seguimento ao recurso nas seguintes hipóteses:

I. se a decisão recorrida estiver em consonância com súmula da jurisprudência do Tribunal Superior do Trabalho ou do Supremo Tribunal Federal, ou com iterativa, notória e atual jurisprudência do Tribunal Superior do Trabalho, cumprindo-lhe indicá-la;

II. nas hipóteses de intempestividade, deserção, irregularidade de representação ou de ausência de qualquer outro pressuposto extrínseco de admissibilidade.

10 Ora, se o objetivo é a uniformização da jurisprudência e a decisão já se encontra em conformidade com o entendimento consolidado pela corte, nada há que ser revisado e, portanto, o recurso não será cabível.

> OBSERVAÇÃO!!! Quando se tratar de embargos em sede de julgamento de agravo, sua admissibilidade deve ser analisada de acordo com a Súmula 353 do TST. Isso porque, em regra, a decisão da Turma proferida em sede de agravo não é recorrível por meio dos embargos. Todavia, o TST prevê algumas exceções:
>
> **SÚMULA 353, TST** - EMBARGOS. AGRAVO. CABIMENTO.
>
> Não cabem embargos para a Seção de Dissídios Individuais de decisão de Turma proferida em agravo, salvo:
>
> a) da decisão que não conhece de agravo de instrumento ou de agravo pela ausência de pressupostos extrínsecos;

b) da decisão que nega provimento a agravo contra decisão monocrática do Relator, em que se proclamou a ausência de pressupostos extrínsecos de agravo de instrumento;

c) para revisão dos pressupostos extrínsecos de admissibilidade do recurso de revista, cuja ausência haja sido declarada originariamente pela Turma no julgamento do agravo;

d) para impugnar o conhecimento de agravo de instrumento;

e) para impugnar a imposição de multas previstas no art. 538, parágrafo único, do CPC, ou no art. 557, § 2º, do CPC.

f) contra decisão de Turma proferida em agravo em recurso de revista, nos termos do art. 894, II, da CLT.

11 É recurso de natureza extraordinária e, assim, não cabe para reexame de fatos e provas. Ainda, como visto, **não é cabível se a decisão recorrida estiver em consonância com súmula ou orientação jurisprudencial.**

12 Os embargos são cabíveis de decisão colegiada da Turma, ou seja, não cabe a interposição desse recurso para decisão do relator – monocrática.

OJ 378 da SDI-I. EMBARGOS. INTERPOSIÇÃO CONTRA DECISÃO MONOCRÁTICA. NÃO CABIMENTO.

Não encontra amparo no art. 894 da CLT, quer na redação anterior quer na redação posterior à Lei n.º 11.496, de 22.06.2007, recurso de embargos interposto à decisão monocrática exarada nos moldes dos arts. 557 do CPC e 896, § 5º, da CLT, pois o comando legal restringe seu cabimento à pretensão de reforma de decisão colegiada proferida por Turma do Tribunal Superior do Trabalho.

13 Vale registrar que os embargos no **rito sumaríssimo** serão cabíveis, quando a divergência for em relação a dispositivo constitucional ou súmula.

OJ 405 SDI-I. EMBARGOS. PROCEDIMENTO SUMARÍSSIMO. CONHECIMENTO. RECURSO INTERPOSTO APÓS VIGÊNCIA DA LEI Nº 11.496, DE 22.06.2007, QUE CONFERIU NOVA REDAÇÃO AO ART. 894, II, DA CLT.

Em causas sujeitas ao procedimento demanda submetida ao rito sumaríssimo, em que pese a limitação imposta no art. 896, § 6º, da CLT à interposição de recurso de revista, admite-se os embargos interpostos na vigência da Lei nº 11.496, de 22.06.2007, que conferiu nova redação ao art. 894 da CLT, quando demonstrada a divergência jurisprudencial entre Turmas do TST, fundada em interpretações diversas acerca da aplicação de mesmo dispositivo constitucional ou de matéria sumulada

14 Em **fase de execução**, os embargos somente serão cabíveis em relação a divergência quanto à interpretação de dispositivo constitucional.

SÚMULA 433, TST - EMBARGOS. ADMISSIBILIDADE. PROCESSO EM FASE DE EXECUÇÃO. ACÓRDÃO DE TURMA PUBLICADO NA VIGÊNCIA DA LEI Nº 11.496, DE 26.06.2007. DIVERGÊNCIA DE INTERPRETAÇÃO DE DISPOSITIVO CONSTITUCIONAL.

> A admissibilidade do recurso de embargos contra acórdão de Turma em Recurso de Revista em fase de execução, publicado na vigência da Lei nº 11.496, de 26.06.2007, condiciona-se à demonstração de divergência jurisprudencial entre Turmas ou destas e a Seção Especializada em Dissídios Individuais do Tribunal Superior do Trabalho em relação à interpretação de dispositivo constitucional.

15 O entendimento acima, contudo, é anterior à Lei 13.015/14, que ampliou o cabimento do recurso de revista na execução, nos casos de controvérsia envolvendo a CNDT e execução fiscal. Em virtude dessa ampliação, residente no art. 896, §10, da CLT, há de se considerar que, nesses casos, caberá o recurso de embargos da mesma forma como cabível no processo de conhecimento de rito ordinário – tendo em vista que o recurso de revista, em ambos os casos, possui a mesma matéria.

16 Por fim, sendo a admissibilidade desse recurso realizada pelo presidente da turma recorrida, a decisão que nega seguimento será monocrática, e, assim, contra ela o recurso cabível será o agravo regimental.

32. EMBARGOS INFRINGENTES

1 Consistem no recurso cabível em sede de dissídio coletivo de competência originária da TST.

2 Conforme já referenciado, o dissídio coletivo é sempre de competência originária de tribunal. Será de competência do Tribunal Regional quando a base territorial do sindicato for menor ou igual à competência territorial de um TRT. Contudo, caso o conflito ultrapasse a base territorial de um TRT, o **dissídio coletivo** passará a ser de **competência originária do TST**, bem assim aquele conflito que envolva sindicato com base territorial nacional.

3 Assim, da decisão proferida pelo TST nesse dissídio coletivo, caberá o embargo infringente, mas desde que a decisão seja não unânime. A falta de unanimidade refere-se a cada cláusula do dissídio.

Características

4 Trata-se de recurso de **natureza ordinária** - Art. 894, I, "a" da CLT c/c art. 2°, II, "c" da Lei 7.701/88. Ele deve ser interposto no **prazo de 8 dias** para a Sessão de Dissídios Coletivos do TST – **SDC**.

5 Não é cabível se a decisão recorrida estiver em consonância com súmula ou precedente judicial do TST.

Art. 2º, II, da Lei 7701/88 - em última instância julgar:
c) os embargos infringentes interpostos contra decisão não unânime proferida em processo de dissídio coletivo de sua competência originária, salvo se a decisão atacada estiver em consonância com precedente jurisprudencial do Tribunal Superior do Trabalho ou da Súmula de sua jurisprudência predominante.

6 Esse recurso deverá ser interposto no prazo de 8 dias e não requer a realização de preparo.

33. AGRAVO REGIMENTAL E AGRAVO INTERNO

1 As decisões proferidas por Tribunal, como já dito em momento anterior, podem ser colegiadas (acórdãos) ou monocráticas (proferidas por juiz singular). Isso quer dizer que a regra é a decisão ser tomada por um órgão colegiado, porque o tribunal é concebido para o julgamento em conjunto. Contudo, a legislação concedeu maiores poderes ao relator (art. 932 do CPC), de modo que ele tem atribuição para proferir decisões monocráticas em determinadas situações.

2 Por assim ser, houve a necessidade, para manter a ideia de decisão colegiada, da decisão do relator estar sujeita a um recurso com competência para julgamento do colegiado. Assim, a decisão do relator estará sujeita ao agravo interno ou regimental.

3 O agravo interno é aquele que vem estabelecido no CPC. Já o agravo regimental é aquele que é regulamentado pelo próprio tribunal.

33.1. Prazo

4 De acordo com o art. 1.021 do CPC, o agravo interno tem prazo de 5 dias. Todavia, a IN 17/99 do TST e a IN 39/16, regulamentam a compatibilidade do referido artigo com o processo trabalho, ao tempo em que informa que o recurso terá o prazo geral dos recursos trabalhistas: 8 dias.

5 O agravo regimental, no TST, tem prazo de 8 dias (RI.TST, art. 235); nos demais tribunais, seguirá o prazo previsto em cada regimento.

33.2. Embargos declaratórios, agravo e princípio da fungibilidade

6 Consoante o entendimento da súmula 421 do TST, da decisão do relator que aplica o art. 932 do CPC, caberá embargos declaratórios.

7 Todavia, quando o relator perceber que tais embargos comportam efeito modificativo da decisão, os receberá como agravo, aplicando o princípio da fungibilidade.

33.3. Multa

8 De acordo com o §4º do art. 1.021 do CPC, quando manifestamente inadmissíveis ou improcedentes os agravos, poderá ser imposta uma multa para o agravante, que variará entre 1 e 5% do valor da causa.

9 O beneficiário da gratuidade de justiça fica isento do seu recolhimento para recorrer, todavia não estará isento do seu pagamento, devendo fazê-lo ao final – IN 17/99, IV.

10 Como se trata de multa punitiva – e não de valor depositado para a garantia da execução, como ocorre com o depósito recursal – ao valor deverá ser depositado para a apresentação de novo recurso:

> **389.** MULTA PREVISTA NO ART. 1.021, §§ 4º E 5º, DO CPC DE 2015. ART. 557, § 2º, DO CPC DE 1973. RECOLHIMENTO. PRESSUPOSTO RECURSAL. BENEFICIÁRIO DA JUSTIÇA GRATUITA E FAZENDA PÚBLICA. PAGAMENTO AO FINAL. (nova redação em decorrência do CPC de 2015) - Res. 209/2016, DEJT divulgado em 01, 02 e 03.06.2016
>
> Constitui ônus da parte recorrente, sob pena de deserção, depositar previamente a multa aplicada com fundamento nos §§ 4º e 5º, do art. 1.021, do CPC de 2015 (§ 2º do art. 557 do CPC de 1973), à exceção da Fazenda Pública e do beneficiário de justiça gratuita, que farão o pagamento ao final.

34. PEDIDO DE REVISÃO

1 É o recurso que tem por finalidade a revisão de decisão interlocutória proferida por juiz, quando impõe valor da causa impugnado pela parte.

2 Trata-se de recurso contra decisão proferida em processo de rito sumário ou de alçada.

3 Conforme já referenciado, o rito sumário serve-se para causas de até dois salários mínimos vigentes. Acresce-se, então, que, em tais processos, somente será cabível recurso por violação direta e literal da Constituição Federal. Sendo assim, acaso a parte pretenda a modificação do valor da causa – para não se encontrar em situação de limitação recursal – irá apresentar impugnação ao valor da causa por meio do recurso de revisão.

Art. 2º Nos dissídios individuais, proposta a conciliação, e não havendo acordo, o Presidente, da Junta ou o Juiz, antes de passar à instrução da causa, fixar-lhe-á o valor para a determinação da alçada, se este for indeterminado no pedido.

§ 1º Em audiência, ao aduzir razões finais, poderá qualquer das partes, impugnar o valor fixado e, se o Juiz o mantiver, pedir revisão da decisão, no prazo de 48 (quarenta e oito) horas, ao Presidente do Tribunal Regional.

§ 2º O pedido de revisão, que não terá efeito suspensivo deverá ser instruído com a petição inicial e a Ata da Audiência, em cópia autenticada pela Secretaria da Junta, e será julgado em 48 (quarenta e oito) horas, a partir do seu recebimento pelo Presidente do Tribunal Regional.

§ 3º Quando o valor fixado para a causa, na forma deste artigo, não exceder de 2 (duas) vezes o salário-mínimo vigente na sede do Juízo, será dispensável o resumo dos depoimentos, devendo constar da Ata a conclusão da Junta quanto à matéria de fato.

4 Assim, conforme disposto no dispositivo supra, a parte interessada deverá apresentar o seu recurso no prazo de 48 horas, contadas da ciência da decisão que fixa o valor da causa. O recurso será interposto perante o presidente do TRT, ao qual estiver vinculado o juiz/processo.

35. PROCEDIMENTO

5 De acordo com a Lei 5.584/70, omissa a parte quanto à indicação do valor da causa, o juiz irá suprir a referida omissão, fixando valor à causa em audiência.

6 Nesse caso, em razões finais, deverá a parte apresentar impugnação ao valor fixado pelo juiz. Se, ao julgar a impugnação, o juiz mantiver o valor imposto à causa, caberá o recurso no prazo de 48 horas.

> OBSERVAÇÃO!!! Não há exigência do preparo. Entretanto, é necessária a formação de instrumento com cópias do processo.

7 É interposto perante o juízo prolator da decisão, a quem incumbirá o primeiro juízo de admissibilidade, recebendo o recurso apenas no efeito devolutivo.

8 Recebido o recurso, serão apresentadas contrarrazões, em igual prazo de 48 horas, após o que o processo será encaminhado ao TRT para julgamento.

9 No TRT, é recurso de competência do Presidente do TRT, que deverá julgá-lo no prazo de 48 horas, igualmente.

36. RECURSO EXTRAORDINÁRIO

1 A premissa inaugural é não confundir Recurso Extraordinário – REX - com os recursos de natureza extraordinária, porque são coisas distintas. Não se pode perder de vista, entretanto, que o Recurso Extraordinário tem natureza extraordinária.

36.1. Pressupostos recursais

2 Os pressupostos de todos os recursos de **natureza extraordinária** são os mesmos, pois ultrapassam a seara cível, trabalhista etc., de forma que, igualmente, não se presta ao reexame de fatos e provas (Súmula 279 do STF).

3 Na Justiça do Trabalho, todavia, exige-se o depósito recursal do mesmo valor de preparo do Recurso de Revista.

4 O RE é recurso de fundamentação vinculada, somente sendo cabível contra decisão que contenha os seguintes defeitos:

> **Art. 102 CF/88.** Compete ao Supremo Tribunal Federal, precipuamente, a guarda da Constituição, cabendo-lhe:
>
> (...)
>
> III - julgar, mediante recurso extraordinário, as causas decididas em única ou última instância, quando a decisão recorrida:
>
> a) contrariar dispositivo desta Constituição;
>
> b) declarar a inconstitucionalidade de tratado ou lei federal;
>
> c) julgar válida lei ou ato de governo local contestado em face desta Constituição.
>
> d) julgar válida lei local contestada em face de lei federal.

5 Além dos pressupostos gerais, temos, ainda, alguns pressupostos específicos cumulativos. Vejamos:

a. Prazo de 15 dias

b. **Prequestionamento**

c. **Repercussão geral:** No RE, em sede de preliminar, exige-se a demonstração de que a decisão impugnada tenha repercussão geral. A repercussão geral está regulamentada no art. 1035 do CPC.

6 O recurso é de competência das Turmas do STF.

7 Será recebido e processado apenas no efeito devolutivo, não tendo efeito suspensivo (art. 893, § 2º, CLT).

37. EXECUÇÃO TRABALHISTA

1 O objetivo da execução é a satisfação de uma obrigação contida em um título. Após a existência de um título executivo (judicial ou extrajudicial), a atividade jurisdicional se volta para a satisfação da obrigação nele consubstanciada, nos casos em que o devedor se recusa ao seu voluntário cumprimento.

37.1. Aplicação subsidiária do processo civil na execução trabalhista

2 A execução trabalhista é regida por 20 artigos, entre os arts. 876 a 892 da CLT. É bem certo que estes artigos não são suficientes, o que gera inúmeras situações de lacunas.

3 Nas **hipóteses de lacuna na execução**, será observado o art. 889 da CLT, segundo o qual **será observada a Lei 6.830/80 (Lei de Execuções Fiscais)**.

> **Art. 889 da CLT** - Aos trâmites e incidentes do processo da execução são aplicáveis, naquilo em que não contravierem ao presente Título, os preceitos que regem o processo dos executivos fiscais para a cobrança judicial da dívida ativa da Fazenda Pública Federal.

4 Logo, para que haja a aplicação da Lei de Execuções Fiscais é necessário o preenchimento de **dois requisitos**:

a) **A existência de lacuna na lei;**

b) **A compatibilidade entre princípios e regras**.

5 Com isso o **CPC** se tornou, na execução trabalhista, uma **terceira fonte subsidiária**. Ou seja, a aplicação do CPC depende da persistência da lacuna diante da LEF e, claro, quando atendidos os requisitos acima (lacuna e compatibilidade).

37.2. Título executivo

6 O título executivo é o documento que estabelece uma obrigação a ser cumprida, além de ser também o documento que especifica os elementos da obrigação. Além disso, há de ser um documento que tem força executiva perante os órgãos jurisdicionais.

7 O título executivo é um documento ao qual a **lei confere exequibilidade**. O título executivo deve se consubstanciar em uma obrigação com três características. Estas características não são do título, são da obrigação dele constante:

- Esta obrigação deve ser **certa** – a questão da certeza da obrigação. Será que é possível falar que o título traz uma obrigação certa? Como afirmar com certeza, se ainda cabem impugnações? A certeza está na presença dos elementos da obrigação: as partes e o objeto da obrigação.
- A segunda característica é a **liquidez**, que envolve a presença do *quantum debeatur*, que é a determinação do valor e/ou objeto da obrigação. Retrata a individualização do objeto da obrigação.
- A terceira característica é a **exigibilidade.** Uma obrigação se torna exigível quando a obrigação não está sujeita a condição ou termo.

37.3. Títulos executivos judiciais trabalhistas

8 Os **títulos executivos judiciais trabalhistas** representam os títulos produzidos dentro do poder judiciário.

> **Art. 876 da CLT** - As decisões passadas em julgado ou das quais não tenha havido recurso com efeito suspensivo; os acordos, quando não cumpridos [...]

9 Este artigo traz **três espécies de títulos judiciais.**

1. **Sentença transitada em julgado.** Este é o título por excelência.
2. **Sentença impugnada por recurso desprovido de efeito suspensivo.**
3. **Acordo judicial não cumprido.**

37.4. Títulos executivos extrajudiciais trabalhistas

10 Previsão no art. 876 caput da CLT.

> **Art. 876** – [...] os termos de ajuste de conduta firmados perante o Ministério Público do Trabalho e os termos de conciliação firmados perante as Comissões de Conciliação Prévia serão executada pela forma estabelecida neste Capítulo.

11 Durante muito tempo, a possibilidade de execução de títulos extrajudiciais era rechaçada na Justiça do Trabalho. Apenas com o advento da Lei 9.958/00 (que criou a Comissão de Conciliação Prévia), é que surge a possibilidade de execução de título executivo extrajudicial. Se o título judicial é aquele produzido pelo Poder Judiciário, o extrajudicial é produto direto da vontade e criação das partes.

12 A lei inseriu **dois títulos extrajudiciais:**

1) O **termo de conciliação firmado perante a comissão de conciliação prévia,** com previsão no art. 625-E, parágrafo único da CLT. Este artigo

trata da eficácia liberatória geral do título, exceto quanto às parcelas expressamente ressalvadas.

2) **O termo de ajustamento de conduta firmado perante o MPT.** Art. 5º, § 6º da Lei 7.347/85 (tem natureza jurídica de ato administrativo negocial).

13 O art. 114, VII, da CF/88 **prevê a competência da Justiça do Trabalho para as ações relativas às penalidade administrativas impostas aos empregadores pelos órgãos de fiscalização das relações de trabalho.** Dentre essas ações, estão as execuções pautadas na certidão de dívida ativa da União em relação às multas aplicadas pelo Ministério do Trabalho e Emprego (execuções fiscais).

14 A IN 39/16 prevê a aplicação subsidiária do CPC, a fim de admitir outros títulos executivos extrajudiciais:

> **Art. 13.** Por aplicação supletiva do art. 784, I (art. 15 do CPC), o cheque e a nota promissória emitidos em reconhecimento de dívida inequivocamente de natureza trabalhista também são títulos extrajudiciais para efeito de execução perante a Justiça do Trabalho, na forma do art. 876 e segs. da CLT.

15 Neste ponto, uma observação importante é o conteúdo da OJ 154 da SDI2. É negado o reconhecimento da força executiva de acordo firmado pelas partes, extrajudicialmente. Destarte, se as partes ingressarem em juízo para fazer o acordo, simplesmente, e este fora homologado, somente poderá ser desfeito pela via da ação rescisória. Mais que isso, a invalidade a ensejar a rescisão do acordo dependerá de comprovação da existência de fraude ou vício de consentimento na realização da avença, não bastando a simulação.

> **OJ 154 DA SDI-II.** AÇÃO RESCISÓRIA. ACORDO PRÉVIO AO AJUIZAMENTO DA RECLAMAÇÃO. QUITAÇÃO GERAL. LIDE SIMULADA. POSSIBILIDADE DE RESCISÃO DA SENTENÇA HOMOLOGATÓRIA DE ACORDO APENAS SE VERIFICADA A EXISTÊNCIA DE VÍCIO DE CONSENTIMENTO.
>
> A sentença homologatória de acordo prévio ao ajuizamento de reclamação trabalhista, no qual foi conferida quitação geral do extinto contrato, sujeita-se ao corte rescisório tão somente se verificada a existência de fraude ou vício de consentimento.

37.5. Competência para a execução

16 A competência na execução é regida por dois artigos da CLT: 877 e 877-A.

> **Art. 877** - É competente para a execução das decisões o Juiz ou Presidente do Tribunal que tiver conciliado ou julgado originariamente o dissídio.

> **Art. 877-A** - É competente para a execução de título executivo extrajudicial o juiz que teria competência para o processo de conhecimento relativo à matéria.

17 Esses artigos que preveem duas regras:

- A **primeira regra** refere à execução pautada em título executivo judicial, afirmando que a competência é do juízo ou tribunal que tiver conciliado ou julgado originariamente o dissídio. Em outras palavras, é a aplicação do princípio da *perpetuatio jurisdictionis* – no juízo em que tramitou o processo de conhecimento, tramitará a sua execução (art. 87 do CPC). Essa competência é determinada no momento da propositura da demanda, só sendo alterada nas hipóteses ali previstas.
- A **segunda regra** refere-se ao título executivo extrajudicial, sendo a competência do juízo ou tribunal que teria competência para o processo de conhecimento relativo à matéria. No juízo que tramitar o conhecimento, tramitará a execução. A base de determinação será a regra do art. 651 da CLT (local da prestação de serviços).

OBSERVAÇÃO!!! Para a definição da competência para o julgamento de embargos à execução, principalmente em casos de carta precatória, aplica-se a Lei 6.830/80, art. 20 e a súmula 32 do TFR. As redações são bastante parecidas. Estes regramentos determinam que a competência é do juízo deprecante, salvo se o ato impugnado for do juízo deprecado.

> **Art. 20** - Na execução por carta, os embargos do executado serão oferecidos no Juízo deprecado, que os remeterá ao Juízo deprecante, para instrução e julgamento.
>
> Parágrafo único - Quando os embargos tiverem por objeto vícios ou irregularidades de atos do próprio Juízo deprecado, caber-lhe -á unicamente o julgamento dessa matéria.

18 Há uma peculiaridade importante: a **legitimidade *ad causam*.** Há de ser analisada no polo ativo e passivo.

19 A **legitimidade ativa** está prevista no art. 878 da CLT que determina que a execução trabalhista poderá ser promovida pelas partes ou *ex officio* quando a parte estiver desacompanhada de advogado, ou seja, em *jus postulandi.*

20 A ideia da execução ser promovida ***ex officio*** é o **princípio do impulso oficial na execução** trabalhista, mas tem cabimento restrito às hipóteses de exercício de *jus postulandi* pelo exequente.

ATENÇÃO!!! Ainda sobre a legitimidade ativa, encontramos também a previsão do art. 878-A da CLT, segundo o qual o devedor poderá fazer o pagamento imediato da parte que entender devida à Previdência Social, sem prejuízo da cobrança de eventuais diferenças verificadas no trâmite da execução. É possível à União promover a execução, com base no art. 114, VII.

21 No âmbito da legitimidade passiva, a regra é esta pertença ao empregador que, normalmente, está previsto no título das reclamações trabalhistas. Mas é certo que, em hipóteses excepcionais, o empregado poderá ser executado.

22 A responsabilidade patrimonial primária é a ideia de que o próprio devedor principal responde com todos os seus bens, presentes e futuros. É a ideia do princípio da natureza real ou patrimonialidade da execução, pautado no art. 591 do CPC e no art. 5º, LXVII da CF/88.

23 É o vínculo de direito processual através do qual os **bens do devedor ficam sujeitos à execução e são destinados à satisfação do crédito do exequente.**

24 Envolve duas premissas essenciais: a) apenas os bens do devedor, tanto os **bens presentes quanto os futuros** estão sujeitos à execução, não incidindo sobre a pessoa do devedor – excepcionada a prestação alimentícia; b) assim como não passará do patrimônio do devedor, de forma que, em regra, não afetará patrimônio de terceiros.

25 Assim, a responsabilidade patrimonial refere-se à responsabilidade principal do devedor.

26 Há, entretanto, a responsabilidade secundária, com mais questões a serem analisadas.

27 Consiste na responsabilidade patrimonial e possibilidade de execução de bens de outras pessoas que não constam no título executivo. A execução atinge, portanto, não os bens do devedor, mas de terceiros que não constam do título executivo, mas que possuem um vínculo jurídico com o devedor que levam a esta conclusão.

28 Essa possibilidade está prevista no art. 790 do CPC e se aplica nas hipóteses de sucessão processual, grupo empresarial, inclusão de sócios na demanda e responsabilidade na terceirização.

37.6. Liquidação

29 Se a obrigação contida no título for ilíquida, proceder-se-á à sua liquidação. A liquidação poderá ser por simples cálculos, por artigos (que seguirá o procedimento do CPC, que denominou de liquidação pelo procedimento comum) ou por arbitramento (cujo procedimento também não fora detalhado na CLT, de maneira que aplica-se o CPC subsidiariamente).

30 Quanto à liquidação por cálculos, elaborada a conta, o juiz dará vistas às partes pelo prazo comum de 8 dias, para que, querendo, apresentem impugnação fundamentada contendo a indicação das matérias e valores de discordância, sob pena de preclusão. O procedimento será julgado por meio de uma decisão de liquidação, a ser impugnada na forma do art. 884, §3º da CLT.

37.7. Execução provisória no processo do trabalho

31 É o procedimento destinado à satisfação da obrigação constante no título executivo judicial. É provisória pois o título encontra-se impugnado por recurso, dotado apenas de efeito devolutivo.

30 Retoma-se, então, o art. 899 da CLT, que, no seu *caput*, informa que os recursos serão interpostos por simples petição e são dotados apenas de efeito devolutivo. É deste dispositivo que se absorve a ideia de que, quando o recurso for dotado apenas de efeito devolutivo, é possível a extração da carta de sentença e o **início da execução provisória**.

32 Note-se que a **execução provisória seguirá o mesmo procedimento da definitiva** – com a particularidade de parar na penhora, só podendo ir além mediante caução.

33 Sempre houve a discussão se é possível penhora em dinheiro em execução provisória, considerada a possibilidade de mudança da decisão – pendente de recurso sem efeito suspensivo.

34 O entendimento cristalizado pelo TST encontra-se na redação da súmula 417 que, atualizando a sua redação, admite a realização dessa constrição patrimonial:

> **Súmula nº 417 do TST**
>
> MANDADO DE SEGURANÇA. PENHORA EM DINHEIRO (alterado o item I, atualizado o item II e cancelado o item III, modulando-se os efeitos da presente redação de forma a atingir unicamente as penhoras em dinheiro em execução provisória efetivadas a partir de 18.03.2016, data de vigência do CPC de 2015) - Res. 212/2016, DEJT divulgado em 20, 21 e 22.09.2016
>
> I - Não fere direito líquido e certo do impetrante o ato judicial que determina penhora em dinheiro do executado para garantir crédito exequendo, pois é prioritária e obedece à gradação prevista no art. 835 do CPC de 2015 (art. 655 do CPC de 1973).
>
> II - Havendo discordância do credor, em execução definitiva, não tem o executado direito líquido e certo a que os valores penhorados em dinheiro fiquem depositados no próprio banco, ainda que atenda aos requisitos do art. 840, I, do CPC de 2015 (art. 666, I, do CPC de 1973). (ex-OJ nº 61 da SBDI-2 - inserida em 20.09.2000).

37.8. Execução definitiva

35 É a execução fundada em decisão transitada em julgado, pautada nos títulos constantes do art. 876 da CLT.

> Art. 876 - As decisões passadas em julgado ou das quais não tenha havido recurso com efeito suspensivo; os acordos, quando não cumpridos; os termos de ajuste de conduta firmados perante o Ministério Público do Trabalho e os termos de conciliação firmados perante as Comissões de Conciliação Prévia serão executados pela forma estabelecida neste Capítulo.

37.9. Execução por quantia certa contra devedor solvente

36 O objetivo da execução por quantia certa é expropriar bens do devedor com a finalidade de satisfazer o credor. Essa execução segue alguns passos. Vejamos a sequência de atos processuais na execução:

A) Expedição do Mandado de citação, penhora e avaliação

→ **art. 880 da CLT**

37 Esse mandado deve ser cumprido por **oficial de justiça**.

> Art. 880. Requerida a execução, o juiz ou presidente do tribunal mandará expedir mandado de citação do executado, a fim de que cumpra a decisão ou o acordo no prazo, pelo modo e sob as cominações estabelecidas ou, quando se tratar de pagamento em dinheiro, inclusive de contribuições sociais devidas à União, para que o faça em 48 (quarenta e oito) horas ou garanta a execução, sob pena de penhora.
>
> § 1º - O mandado de citação deverá conter a decisão exequenda ou o termo de acordo não cumprido.
>
> § 2º - A citação será feita pelos oficiais de diligência.
>
> § 3º - Se o executado, procurado por 2 (duas) vezes no espaço de 48 (quarenta e oito) horas, não for encontrado, far-se-á citação por edital, publicado no jornal oficial ou, na falta deste, afixado na sede da Junta ou Juízo, durante 5 (cinco) dias.

38 Note-se que o referido dispositivo é anterior à Lei 9.958/00 e, por isso, apenas mencionou que o mandado será acompanhado da decisão ou do acordo não cumprido. Fazendo-se sua interpretação à luz do quanto consta na referida lei, imperioso concluir que o mandado de citação será acompanhado de cópia do título executado.

*B) Será aberto um **prazo de 48 horas** para que o executado adote um dos quatro comportamentos a seguir:*

a. **Pagar a dívida** (art. 881 da CLT). Nessa hipótese, será lavrado o termo de quitação com a consequente extinção da execução.

> **Art. 881.** No caso de pagamento da importância reclamada, será este feito perante o escrivão ou secretário, lavrando-se termo de quitação, em 2 (duas) vias, assinadas pelo exeqüente, pelo executado e pelo mesmo escrivão ou secretário, entregando-se a segunda via ao executado e juntando-se a outra ao processo.
>
> Parágrafo único. Não estando presente o exeqüente, será depositada a importância, mediante guia, em estabelecimento oficial de crédito ou, em falta deste, em estabelecimento bancário idôneo.

b. **Garantir a execução, mediante o depósito da importância** (art. 882, 1ª parte da CLT).

> **Art. 882.** O executado que não pagar a importância reclamada poderá garantir a execução mediante depósito da quantia correspondente, atualizada e acrescida das despesas processuais, apresentação de seguro-garantia judicial ou nomeação de bens à penhora, observada a ordem preferencial estabelecida no art. 835 da Lei nº 13.105, de 16 de março de 2015 - Código de Processo Civil.

c. **Garantir a execução, mediante seguro garantia judicial ou nomeação dos bens à penhora**, a qual deverá seguir a ordem preferencial do CPC. Nesse caso, não é aplicável o art. 11 da Lei 6.830/80, pois a CLT expressamente indicou o CPC como fonte subsidiária – atualmente o art. 835 do CPC/15.

d. No caso do devedor se manter inerte, o oficial de justiça realizará a **penhora de tantos bens quantos bastem para a garantia da execução.**

> **Art. 883.** Não pagando o executado, nem garantindo a execução, seguir-se-á penhora dos bens, tantos quantos bastem ao pagamento da importância da condenação, acrescida de custas e juros de mora, sendo estes, em qualquer caso, devidos a partir da data em que for ajuizada a reclamação inicial.

É a aplicação do princípio da limitação expropriatória, explicitamente na Justiça do Trabalho. Aqui é que ocorrem os atos de subrogação, com a entrada do Estado no patrimônio do devedor, cumprindo a execução pelo devedor. Este artigo demonstra, também, que a contagem de juros irá considerar a data do protocolo da inicial.

O art. 883-A esclarece que a decisão judicial com trânsito em julgado poderá ser levada a protesto com a inscrição do nome do executado em órgãos de restrição ao crédito ou no BNDT, desde que transcorridos 45 dias a contar da citação do executado e, ainda, que não haja garantia do juízo.

C) Garantida a execução ou penhorados os bens (hipóteses "b", "c" e "d"), será aberto um ***prazo de cinco dias*** *para que o executado, após ciência da penhora, apresente os* ***embargos à execução.***

→ **art. 884 da CLT**

Art. 884. Garantida a execução ou penhorados os bens, terá o executado 5 (cinco) dias para apresentar embargos, cabendo igual prazo ao exeqüente para impugnação.

Essa garantia da execução, como requisito para a apresentação dos embargos, é dispensada quando o executado for empresa filantrópica ou os seus diretores. Dispensa-se, igualmente, na execução contra a fazenda pública, nesse caso em razão do regime de precatórios.

D) ***Intimação do exequente*** *para apresentação de* ***resposta aos embargos à execução*** *no* ***prazo de 5 dias****.*

O exequente terá, também, o **prazo de 5 dias** para apresentar **impugnação à decisão de liquidação** (art. 884, § 3º da CLT). O prazo do exequente se inicia da sua ciência da penhora.

E) Será aberto um **prazo de cinco dias para que o juiz** *do trabalho profira a* **sentença de embargos e eventuais impugnações**.

Esta sentença declarará **subsistente ou insubsistente a penhora**. Desta decisão cabe Agravo de Petição, art. 897, a, da CLT.

F) ***Fase de expropriação dos bens***

→ **(art. 888 da CLT)**

É nesse momento que ocorre a ***adjudicação, a arrematação em hasta pública e a remição*** (art. 13 da Lei 5.584/70). A adjudicação prefere à arrematação.

São **10 dias para avaliar**.

20 dias para a arrematação.

Depósito de 20% no momento e 24 horas para o pagamento do restante, na adjudicação.

37.10. Meios de defesa na execução trabalhista

37.10.1. Embargos à execução

38 Quando se trata de embargos à execução, a primeira polêmica refere-se à denominação. A posição majoritária é consentânea, no sentido de que esta nomenclatura tem como sinônimos os embargos do executado, embargos do devedor e embargos à penhora. Há uma corrente que o distingue dos embargos à penhora.

39 Contudo, deixando a denominação de lado, vamos ao conceito: é um meio de defesa do executado com *natureza constitutiva negativa*, que visa à desconstituição total ou parcial do título executivo ou da obrigação consubstanciada no título executivo.

40 Quanto à **natureza jurídica**, trata-se de um mero incidente processual. Não se trata, portanto, de uma ação. Isso porque a execução trabalhista sempre foi uma mera fase da execução, sendo os embargos um mero incidente. Amparo legal para os embargos: arts. 884, 885 e 886 da CLT.

- *Matérias que podem ser ventiladas no bojo dos Embargos à execução:*

41 Há quem defenda a interpretação restritiva do § 1º do art. 884 da CLT. Para essa primeira corrente, portanto, **o rol do art. 884 é taxativo**, só podendo a parte suscitar uma das três matérias previstas em lei:

a) **cumprimento da decisão ou do acordo** - devendo o executado juntar o termo de quitação;

b) **quitação**;

c) **prescrição** - trata-se, claramente, da prescrição intercorrente (cabível no processo do trabalho, conforme art. 11-A, §2º da CLT).

42 Prevalece, entretanto, o entendimento que o § 1º do art. 884 contém um **rol meramente exemplificativo**. Assim, além das matérias acima declinadas, podem ser alegadas:

a) **matérias de ordem pública** - condições da ação e pressupostos processuais;

b) **aplicação subsidiária dos arts. 475-L do CPC** (matéria da impugnação da execução civil) e 745 do CPC (matérias próprias dos embargos à execução, no caso de título executivo extrajudicial).

OBSERVAÇÃO!!! É importante observar a matéria do art. 884, § 5º, da CLT:

> **Art. 884, § 5º, da CLT:** Considera-se inexigível o título judicial fundado em lei ou ato normativo declarados inconstitucionais pelo Supremo Tribunal Federal ou em aplicação ou interpretação tidas por incompatíveis com a Constituição Federal.

43 A ideia presente no referido dispositivo é considerar inexigível o título judicial fundado em lei ou ato normativo declarado inconstitucional pelo STF, ou em aplicação ou interpretação tidas como incompatíveis com a Constituição Federal.

44 Note-se que, diante das matérias que podem ser arguidas, é possível a designação de audiência de instrução e julgamento no bojo dos embargos, em especial para a oitiva de testemunhas.

38. INCIDENTE DE DESCONSIDERAÇÃO DA PERSONALIDADE JURÍDICA

1 O incidente de desconsideração da personalidade jurídica, no processo do trabalho, seguirá o disposto para essa intervenção de terceiros no CPC (arts. 133 a 137). O cabimento da desconsideração seguirá o disposto pela lei de direito material. O incidente, por sua vez, será proposto a pedido da parte ou do Ministério Público.

2 Instaurado o incidente, suspende-se o processo até o seu julgamento, sem prejuízo da possibilidade de concessão de tutelas provisórias. Da decisão do incidente, quando na fase de conhecimento, não caberá recurso imediato, na forma do §1º do art. 893, da CLT; da decisão do incidente, instaurado na fase de execução, caberá agravo de petição, de imediato, dispensada a garantia integral do juízo; e, tratando-se de decisão de relator, caberá agravo interno.

3 Instaurado o procedimento, o sócio ou a pessoa jurídica serão citados, para manifestação no prazo de 15 dias, podendo requerer todas as provas que entenderem cabíveis.

4 Será avaliada a necessidade de instrução processual. Encerrada a instrução, se houver, será proferida decisão, de natureza interlocutória, com a possibilidade de recurso imediato na fase de execução.

5 Cabe desconsideração inversa da personalidade jurídica, sob idêntico procedimento.

39. PROCEDIMENTOS ESPECIAIS

39.1. Inquérito judicial para apuração de falta grave

1 O inquérito judicial para apuração de falta grave consiste em uma ação, cuja finalidade é buscar, junto ao Poder Judiciário, a autorização para a rescisão de um contrato de trabalho. Assim, trata-se de **ação** de natureza **constitutiva (negativa),**

utilizada para apuração do cometimento de falta grave por empregado que goza de estabilidade.

2 Há de se ressaltar que nem todos os empregados que possuem estabilidade estão inseridos em mais essa garantia.

3 O direito de somente ser dispensado pelo cometimento de falta grave apurada mediante ação judicial é para apenas alguns estáveis.

4 Destarte, nessa ação, o juiz verificará o cometimento, ou não, pelo empregado, de uma das faltas previstas no art. 482 da CLT.

39.2. Hipóteses de cabimento

5 Há grande divergência quanto às hipóteses que demandam a propositura do inquérito para a dispensa do empregado. Algumas situações não ensejam qualquer questionamento, ei-las:

1. **Dirigente sindical:** estabilidade prevista nos arts. 8º, VIII, CF e art. 543, § 3º, CLT. A previsão da necessidade de inquérito é encontrada na súmula 197 do STF[6];

> **Art. 543, § 3º** - Fica vedada a dispensa do empregado sindicalizado ou associado, a partir do momento do registro de sua candidatura a cargo de direção ou representação de entidade sindical ou de associação profissional, até 1 (um) ano após o final do seu mandato, caso seja eleito inclusive como suplente, salvo se cometer falta grave devidamente apurada nos termos desta Consolidação.

2. **Empregados membros do Conselho Nacional da Previdência Social:** com previsão no art. 3º, § 7º, Lei 8.213/91;

> **Art. 3º, § 7º** - Aos membros do CNPS, enquanto representantes dos trabalhadores em atividade, titulares e suplentes, é assegurada a estabilidade no emprego, da nomeação até um ano após o término do mandato de representação, somente podendo ser demitidos por motivo de falta grave, regularmente comprovada através de processo judicial.

3 **Empregados eleitos diretores de sociedade cooperativa**: com previsão no art. 55, Lei 5.764/71.

---

6. **SÚMULA 197, STF** - EMPREGADO COM REPRESENTAÇÃO SINDICAL - DESPEDIDA - INQUÉRITO EM QUE SE APURE FALTA GRAVE.
O empregado com representação sindical só pode ser despedido mediante inquérito em que se apure falta grave.

Art. 55. Os empregados de empresas que sejam eleitos diretores de sociedades cooperativas pelos mesmos criadas, gozarão das garantias asseguradas aos dirigentes sindicais pelo artigo 543 da Consolidação das Leis do Trabalho (Decreto-Lei n. 5.452, de 1° de maio de 1943).

4. **Estável decenal:** os empregados detentores da estabilidade decenal, ou seja, aqueles que no dia 05/10/88, já contassem com mais de 10 anos de serviço e fossem não-optantes do regime de FGTS, também só podem ser dispensados por meio de apuração da falta grave em inquérito judicial.

Art. 494 - O empregado acusado de falta grave poderá ser suspenso de suas funções, mas a sua despedida só se tornará efetiva após o inquérito e que se verifique a procedência da acusação.

39.3. Prazo

6 Ocorrida ou apurada a falta grave, o empregador **poderá suspender o empregado**. Efetivada a suspensão, o empregador deverá ajuizar o inquérito no **prazo decadencial de 30 dias**.

Súmula 403, STF - DECADÊNCIA - PRAZO PARA INSTAURAÇÃO DO INQUÉRITO JUDICIAL - CONTEGEM - SUSPENSÃO, POR FALTA GRAVE, DE EMPREGADO ESTÁVEL.

É de decadência o prazo de trinta dias para instauração do inquérito judicial, a contar da suspensão, por falta grave, de empregado estável.

7 Note-se que o prazo é decadencial pois, acaso não observado, o empregador perde o direito de dispensar o empregado por aquela falta grave. Terá que aguardar nova falta grave para intentar com ação com essa finalidade.

8 Caso o empregador não suspenda o empregado, não há prazo em lei para o ajuizamento da ação. Todavia, há de ser uma pronta e imediata resposta do empregador, sob pena de configurar perdão tácito.

OBSERVAÇÃO!!! No caso de abandono de emprego (art.482, "i" da CLT), o prazo decadencial é contado a partir do momento em que o empregado quis retornar ao serviço.

Súmula 62, TST - ABANDONO DE EMPREGO.

O prazo de decadência do direito do empregador de ajuizar inquérito em face do empregado que incorre em abandono de emprego é contado a partir do momento em que o empregado pretendeu seu retorno ao serviço.

39.4. Procedimento

9 A petição inicial desse processo deverá ser necessariamente escrita.

10 Cada parte terá direito a ouvir 6 testemunhas.

> **Art. 853** - Para a instauração do inquérito para apuração de falta grave contra empregado garantido com estabilidade, o empregador apresentará reclamação por escrito à Junta ou Juízo de Direito, dentro de 30 (trinta) dias, contados da data da suspensão do empregado.
>
> **Art. 821** - Cada uma das partes não poderá indicar mais de 3 (três) testemunhas, salvo quando se tratar de inquérito, caso em que esse número poderá ser elevado a 6 (seis).

11 Comprovada a falta grave do empregado, a sentença autorizará a rescisão do contrato de trabalho do estável por justa causa. O contrato será considerado extinto na data da primeira decisão prolatada.

12 O inquérito é uma ação de caráter dúplice, de modo que uma vez reconhecida a inexistência de falta grave praticada pelo empregado, fica o empregador obrigado a reintegrá-lo no serviço e a pagar-lhe os salários a que teria direito no período da suspensão. No caso de não ter ocorrido a suspensão, a sentença declarará manutenção do vínculo.

> **Art. 495, CLT.** Reconhecida a inexistência de falta grave praticada pelo empregado, fica o empregador obrigado a readmiti-lo no serviço e a pagar-lhe os salários a que teria direito no período da suspensão.
>
> **Art. 855** - Se tiver havido prévio reconhecimento da estabilidade do empregado, o julgamento do inquérito pela Junta ou Juízo não prejudicará a execução para pagamento dos salários devidos ao empregado, até a data da instauração do mesmo inquérito.

13 Sendo desaconselhável a reintegração do empregado – o que ficará para a avaliação do magistrado – o juiz poderá converter a obrigação de fazer (reintegrar) em perdas e danos (pagamento da indenização equivalente).

> **Art. 496** - Quando a reintegração do empregado estável for desaconselhável, dado o grau de incompatibilidade resultante do dissídio, especialmente quando for o empregador pessoa física, o tribunal do trabalho poderá converter aquela obrigação em indenização devida nos termos do artigo seguinte.
>
> **Art. 497** - Extinguindo-se a empresa, sem a ocorrência de motivo de força maior, ao empregado estável despedido é garantida a indenização por rescisão do contrato por prazo indeterminado, **paga em dobro**. (negritos aditados)

40. DISSÍDIO COLETIVO OU PROCESSO COLETIVO

1 O dissídio coletivo consiste em uma ação coletiva que busca, por isso mesmo, a satisfação de interesses coletivos. O conceito de interesse coletivo pode ser extraído do art. 81, parágrafo único, II do CDC, sendo a premissa essencial para a compreensão dessa ação.

> **Art.81, parágrafo único.** A defesa coletiva será exercida quando se tratar de:
>
> I - interesses ou direitos difusos, assim entendidos, para efeitos deste código, os transindividuais, de natureza indivisível, de que sejam titulares pessoas indeterminadas e ligadas por circunstâncias de fato;
>
> II - interesses ou direitos coletivos, assim entendidos, para efeitos deste código, os transindividuais, de natureza indivisível de que seja titular grupo, categoria ou classe de pessoas ligadas entre si ou com a parte contrária por uma relação jurídica base;
>
> III - interesses ou direitos individuais homogêneos, assim entendidos os decorrentes de origem comum.

2 Do quanto consta em lei, portanto, o conceito de interesse coletivo está voltado para aquele que transcenda o individual, envolvendo toda a categoria ou classe de pessoas ligadas entre si ou com a parte adversa por uma relação jurídica base. Por isso mesmo, trata-se de interesse transindividual ou meta individual, de natureza indivisível.

3 É, portanto, uma ação que visa solucionar conflitos coletivos.

4 Os conflitos coletivos podem ser solucionados de duas formas:

A. **Autocompositivas:** convenção coletiva de trabalho, acordo coletivo de trabalho e a mediação;

B. **Heterocompositivas:** jurisdição e arbitragem (art. 114, §§ 1° e 2°, CF). A arbitragem poderá ter o Ministério Público do Trabalho como árbitro (art. 83, XI, da LC 75/93).

5 Segundo o art. 220 do RITST, os dissídios podem ser divididos em:

1. **Natureza jurídica ou de direito:** consiste na ação que tem por objeto a interpretação e a aplicação de direito já existente. É a situação em que a norma coletiva já existe, havendo, todavia, dúvida quanto ao seu conteúdo. Essa dúvida é a presentada para o Poder Judiciário, a quem caberá a interpretação final.
2. **Natureza econômica ou de interesse:** É o dissídio que tem por finalidade a criação de novas condições de trabalho.
3. **Dissídio coletivo de greve**: engloba a natureza jurídica e econômica, dado que o Poder Judiciário terá por missão tanto a avaliação do

movimento grevista, quanto a sua abusividade, além do estabelecimento de condições de trabalho.

4. **Originário:** quando inexistentes ou ainda em vigor normas e condições especiais de trabalho ajustadas em norma coletiva;
5. **De revisão:** é o dissídio que tem por objetivo reavaliar normas e condições coletivas de trabalho preexistentes que se hajam tornadas injustas ou ineficazes pela modificação das condições que a ditaram.

6 Da leitura do texto constitucional, resta expresso que o poder normativo não é absoluto, encontrando diversos limites:

a) O poder normativo da Justiça do Trabalho atua no vazio legislativo. É o respeito ao patamar civilizatório mínimo.
b) Tem dever de observância em relação à negociação anterior que envolva as mesmas partes.

40.1. Sentença normativa

7 A decisão proferida no dissídio coletivo denomina-se sentença normativa. É o resultado da função anômala do Poder Judiciário trabalhista, e, por isso, não é uma sentença como as demais. Trata-se, na verdade, de verdadeira norma geral e abstrata, a ser aplicada a todos aqueles da categoria envolvida.

8 Exatamente por isso, a sentença não enfrentará a fase de execução, mas sim o cumprimento, a ser ajuizado perante o juiz do trabalho.

9 Da sentença constará o seu prazo que será de, no máximo, 4 anos. Dela, também constará o prazo inicial da sua vigência. Sendo assim, de acordo com a súmula 277 do TST, o conteúdo dessa sentença irá integrar os contratos de trabalho até que nova norma coletiva seja editada naquela categoria.

> **PN-120** SENTENÇA NORMATIVA. DURAÇÃO. POSSIBILIDADE E LIMITES (positivo).
>
> A sentença normativa vigora, desde seu termo inicial até que sentença normativa, convenção coletiva de trabalho ou acordo coletivo de trabalho superveniente produza sua revogação, expressa ou tácita, respeitado, porém, o prazo máximo legal de quatro anos de vigência.

10 Contra essa sentença, quando proferida por TRT, caberá recurso ordinário, no prazo de 8 dias, para a SDC do TST (art. 895, II, CLT).

> ATENÇÃO!!! Havendo acordo entre as partes, apenas o MPT poderá interpor recurso ordinário (art. 83, VI, LC 75/93 e art. 7°, § 5°, Lei 7701/88). Esse recurso poderá contar com efeito suspensivo a ser concedido pelo Presidente do TST.

11 A **sentença normativa somente produz coisa julgada formal**, segundo o entendimento do TST.

> **Súmula 397, TST.** AÇÃO RESCISÓRIA. ART. 485, IV, DO CPC. AÇÃO DE CUMPRIMENTO. OFENSA À COISA JULGADA EMANADA DE SENTENÇA NORMATIVA MODIFICADA EM GRAU DE RECURSO. INVIABILIDADE. CABIMENTO DE MANDADO DE SEGURANÇA.
>
> Não procede ação rescisória calcada em ofensa à coisa julgada perpetrada por decisão proferida em ação de cumprimento, em face de a sentença normativa, na qual se louvava, ter sido modificada em grau de recurso, porque em dissídio coletivo somente se consubstancia coisa julgada formal. Assim, os meios processuais aptos a atacarem a execução da cláusula reformada são a exceção de pré-executividade e o mandado de segurança, no caso de descumprimento do art. 572 do CPC

41. AÇÃO DE CUMPRIMENTO

1 Trata-se de uma ação de conhecimento que tem por objetivo a defesa de direitos ou interesses dos trabalhadores e que visa obter a condenação do empregador para o cumprimento de obrigações por ele assumidas em uma norma coletiva. Assim, tratando-se de norma coletiva autocompositiva (convenção coletiva e acordo coletivo), ou tratando-se de norma coletiva heterônoma (sentença normativa), a exigência do seu cumprimento será feita por meio da ação de cumprimento.

41.1. Cabimento

2 Consiste na ação cabível para providenciar o cumprimento de uma norma coletiva. Na norma coletiva, à semelhança do conteúdo de uma lei, estão presentes direitos, deveres e obrigações para ambas as partes. Descumpridas as suas obrigações, poderá a parte fazer uso da ação de cumprimento para fazê-lo cumprir. Tome-se, por exemplo, um acordo coletivo que preveja a colocação, pelo empregador, de bebedouros em todos os andares da empresa. Descumprida a obrigação, poderá o sindicato ingressar com a ação de cumprimento para fazer cumprir o quanto ajustado.

> **Súmula 286, TST** - LEGITIMIDADE - SUBSTITUTO PROCESSUAL - DEMANDA - CONVENÇÃO E ACORDO COLETIVO – SINDICATO.
>
> A legitimidade do sindicato para propor ação de cumprimento estende-se também à observância de acordo ou de convenção coletivos.

3 Assim, essa ação serve para o descumprimento de qualquer norma coletiva.

41.2. Competência

4 Com arrimo no art. 114, III, CF, compete à Justiça do Trabalho processar e julgar as ações "sobre representação sindical, entre sindicatos, entre sindicatos e trabalhadores e entre sindicatos e empregadores".

5 Trata-se, manifestamente, de ação entre sindicatos e empregadores. Além disso, é uma ação que envolve a relação de emprego. Acresça-se, por fim, que a Lei 8.984/95, art. 1º, prevê a competência da Justiça do Trabalho para conciliar e julgar os dissídios que tenham origem no cumprimento de convenções coletivas de trabalho ou acordos coletivos de trabalho, mesmo quando ocorram entre sindicatos ou entre sindicato de trabalhadores e empregador.

6 A competência funcional é **do juiz do trabalho**.

41.3. Legitimidade

7 De acordo com o art. 872, parágrafo único, da CLT, podem propor a ação de cumprimento, os empregados individualmente, ou em litisconsórcio ativo facultativo, e o sindicato da categoria.

> **Art. 872, § único.** Quando os empregadores deixarem de satisfazer o pagamento de salários, na conformidade da decisão proferida, **poderão os empregados ou seus sindicatos**, independentes de outorga de poderes de seus associados, juntando certidão de tal decisão, **apresentar reclamação à Junta ou Juízo competente**, observado o processo previsto no Capítulo II deste Título, sendo vedado, porém, questionar sobre a matéria de fato e de direito já apreciada na decisão. (grifos e negritos aditados)

41.4. Procedimento

8 A ação de cumprimento deve ser apresentada perante a vara do trabalho (competência funcional), observado o prazo estabelecido pela Lei 7.701/88.

1. sendo a ação fundada em decisão de TRT, a ação de cumprimento poderá ser proposta a partir do 20º dia subsequente ao julgamento;
2. sendo a ação fundada em decisão do TST, a ação poderá ser proposta com a publicação da certidão de julgamento.

> **Súmula 246, TST** - TRÂNSITO EM JULGADO DA SENTENÇA NORMATIVA - AÇÃO DE CUMPRIMENTO.
>
> É dispensável o trânsito em julgado da sentença normativa para propositura da ação de cumprimento.

Processo de jurisdição voluntária para homologação de acordo extrajudicial

1 Consiste na possibilidade de as partes realizarem acordo extrajudicial e submeterem a sua avença à homologação pelo juízo.

2 Nesse caso, as partes do acordo deverão estar representadas por advogados distintos, podendo o reclamante valer-se da assistência sindical.

3 Realizada a distribuição do feito, os autos são encaminhados para o juiz que deverá no prazo de 15 dias: a. Analisar o acordo, proferindo decisão de homologação ou negativa de homologação; b. Designar audiência, se entender necessário.

4 O protocolo desta ação suspende integralmente o prazo prescricional para a propositura de reclamação trabalhista, voltando a fluir o prazo do primeiro dia útil subsequente ao trânsito em julgado da decisão que negar a homologação.

EDITORA
*Jus*PODIVM
www.editorajuspodivm.com.br